《铜仁年鉴》编辑委员会

《铜仁年鉴》编辑部

主　　编　安婵娟
执行主编　滕继承
编　　辑　唐锦和　张　军　陈觉云　曾　云
　　　　　　张　洁　周唯伟
分科编审
　　政务社团科　张　洁　周唯伟
　　经管财贸科　唐锦和　陈觉云
　　工交农业科　周唯伟
　　科教文卫科　滕继承
　　县区概目科　周唯伟
文字组稿　滕继承　张　军　张　洁
图片组稿　崔小惠　周唯伟
编 审 稿　张　军

温泉博物馆外景

大美佛顶

启灵桥

闲旅游目的地”等14个“国字号”品牌。随着安江高速与思剑高速的交汇互通，石阡县到省会贵阳的距离仅为196千米，到铜仁仅为104千米，石阡至大龙高速公路即将开工建设，石阡至湄潭高速公路已纳入省高速公路建设“十三五”规划，石阡作为黔东立体交通枢纽的作用日益凸显，已成为环梵净山“金三角”突出的一角。

近年来，石阡县紧紧围绕“温泉之城·长寿石阡”目标定位，倾力打造“四季休闲、夏可养生、冬可避寒”慢生活体验城市，立足并做好山、水、茶、游、石、城和“飞地”几篇文章，积极实施大生态、大健康、大文化、大旅游四大跨越工程，奋力打造“三地一枢纽”（武陵山区扶贫攻坚示范地、全国重要的绿色生态产业基地、国际休闲旅游养生目的地和黔东地区重要立体交通枢纽），坚决打赢科学治贫精准扶贫有效脱贫这场输不起的攻坚战，努力闯出补齐短板富民、城乡联动惠民、绿色崛起丰民、创新引领兴民、和谐稳定安民、强基固本亲民的特色发展新路，全力打造宜居宜业宜游的“温泉之城·长寿石阡”。

阡城乐园

苔茶之乡

2016

铜仁年鉴

TONGREN NIANJIAN

《铜仁年鉴》编辑部　编

方志出版社
Publishing House of Local Records

图书在版编目(CIP)数据

铜仁年鉴. 2016 / 铜仁市地方志编纂委员会编. —北京: 方志出版社, 2017. 2
ISBN 978-7-5144-2343-3

Ⅰ. ①铜… Ⅱ. ①铜… Ⅲ. ①铜仁地区-2016 年鉴 Ⅳ. ①Z527.32
中国版本图书馆CIP数据核字(2017)第031209号

铜仁年鉴(2016)

编　　者: 铜仁市地方志编纂委员会
责任编辑: 冯　松

出 版 人: 冀祥德
出 版 者: 方志出版社
地址　北京市朝阳区潘家园东里9号(国家方志馆4层)
邮编　100021
网址　http://www.fzph.org
发　　行: 方志出版社发行中心
电话　(010) 67110500
经　　销: 各地新华书店
印　　刷: 重庆佳忆彩印刷有限公司

开　　本: 889×1194　　1/16
印　　张: 27.75
字　　数: 929千字
版　　次: 2017年2月第1版　　2017年2月第1次印刷
印　　数: 0001—1000册

ISBN 978-7-5144-2343-3　　定价: 280.00元

编 辑 说 明

一、《铜仁年鉴》是中共铜仁市委市人民政府主办、《铜仁年鉴》编辑部编辑、方志出版社出版发行的地方综合性、权威性的大型信息资料工具书。本书以马列主义、毛泽东思想、邓小平理论、“三个代表”重要思想和科学发展观为指导，认真贯彻落实习近平总书记系列重要讲话精神，坚持为地方经济社会更好更快地发展服务。

二、《铜仁年鉴》创刊于1998年，每年一卷，2016年卷《铜仁年鉴》是第19卷。本卷严格遵循“立足全市，记录昨天，启示明天”的原则，坚持“资政、存史、教化”的辑录方针，全面系统、翔实地记录2015年度全市国民经济和社会发展的状况、新成就、新经验及存在的问题，为社会各界人士和海外人士了解、研究铜仁提供基本地情资料，同时也为政府编修地方史志储存资料。

三、《铜仁年鉴》着力反映铜仁市在中共十八大精神的指导下，2015年全市各个方面深化改革、扩大开放、全面建设和谐幸福铜仁，向全面小康社会迈进的新进展、新举措；集中反映全市发展提速、转型加快、结构向优、活力增强、民生改善的新局面；并用图片专辑，从多方面、多角度形象地反映全市经济社会发展与时俱进新面貌。

四、《铜仁年鉴》本着从实际情况出发、框架结构相对稳定、个别调整和增强实用性的原则，本卷在上卷的基础上保持相对稳定的内容和结构。本卷共设24个部类，即：特载、大事记、铜仁市概况、名录、政治、民主党派·工商联·群团、军事、法制建设、经济管理与监督、财政·税收·商务、金融·保险、农业·气象·水务·扶贫、工业·能源·供电、规划·住建·城管、环保·旅游、交通·邮政·通信、教育、科学技术、社会科学、文化·体育·广播电视、卫生·计生·老龄·食药品管理、区·县概况、国民经济社会统计表、图片专辑。

五、本卷所用稿件，均由市直各部门、各区（县）政府，军分区、各民主党派和群众团体及有关单位提供，并经单位领导审核。“统计资料”和各区（县）的统计表由市和各区（县）部门提供，各部门提供的数据经过认真核对，翔实可靠。全书除按原文登载的报告、文件及个别行业外，均使用国家法定计量单位。但由于统计口径、统计时限、资料来源的不同，有的数字不尽一致，使用时请以统计部门的数据为准。

六、《铜仁年鉴》在撰、编、印、发行过程中，得到各级领导、有关部门和社会各界的热情关心和支持，在此谨表谢忱。由于年鉴时效性强，编辑成书时间短，加之编者能力有限，错漏之处在所难免，恳请读者提出宝贵意见，我们虚心听取，认真采纳，使《铜仁年鉴》质量不断提高。

《铜仁年鉴》编辑部

2017年1月

2015年4月13日，省委书记赵克志（前排左）在思南县张家寨镇晨曦合作社茶叶生产车间考察（当代贵州全媒体记者 文媛摄）

2015年8月17日，贵州省委书记、省长陈敏尔（中）率2015全省第二次项目建设现场观摩会代表观摩铜仁高新区电子商务产业园　（《今日铜仁》供图）

2015年12月5日，贵州省委副书记、代省长孙志刚（左二）在铜仁市碧江区漾头镇九龙村桐木坪组看望慰问贫困农户。（李枫　摄）

碧江区城市夜景

2015年2月4日，政协第一届铜仁市委员会第四次会议召开（王兵　李枫　摄）

2015年2月5日，铜仁市第一届人民代表大会第四次会议召开

2015年6月7日，铜仁市委书记、市长夏庆丰（右）率队到玉屏现场观摩重点项目建设情况

2015年11月22日，市委副书记、代理市长陈晏（中）到石阡县宣讲党的十八届五中全会和省委十一届六次全会精神并调研

松桃自治县寨英镇滚龙

碧江区招商引资项目百丽鞋业有限公司生产车间

江口县城入口处的高速公路（徐影 摄）

印江自治县新寨镇省级生态茶叶示范园区一角（王治洪　供图）

碧江区

时任贵州省委副书记、省长陈敏尔（前排右二），陪同江苏省委副书记、省长李学勇（前排右三）到同德药业调研

市人大常委会副主任、碧江区委书记陈代文（右三）到和平乡龙鱼村开展遍访贫困户

修葺一新的沿江步道

2015年，碧江区深入学习贯彻习近平总书记系列重要讲话精神，以率先在铜仁市全面建成小康社会为目标，加强党的领导，锐意拼搏、克难奋进，实现“十二五”圆满收官。

综合实力显著提升。推行县级领导带头抓项目、抓招商、抓信访、抓创建、抓招工责任制，完成地方生产总值128.63亿元，增长14.80%，连续4年保持全市第一；财政总收入30.97亿元，增长8.50%，公共财政收入11.34亿元，增长2.20%；固定资产投资完成222.36亿元，增长5.50%；城镇居民人均可支配收入为24427元，增长11.30%；农村居民人均可支配收入为9410元，增长11.30%。连续2年被评为全省同步小康创建“十佳示范区（县）”，在全市率先通过全面小康创建达标验收。

新型工业化加快发展。铜仁·苏州产业园成功落户。碧江开发区核心区实现“七通一平”，建成“一心三品”产业体系，获评全省新型工业化产业示范基地。中小企业创业园等“园中园”加快建设。深入实施工业“百千万”工程，新增规模以上工业企业58户，被评为全省大健康医药产业发展示范区。规模以上工业总产值完成104.23亿元，增长18.50%。

新型城镇化强势推进。“五城联创”深入实施，棚户区改造加快推进，“整脏治乱”“两违”整治成效明显。武陵大道建成通车，行政中心搬迁入驻。乡镇规划管理委员会实体化运行，农村集中建房协调推进，在全市率先开展“平改坡”工程。打造武陵山商贸物流集散中心，铜仁东千万吨级货运站加快建设，获评“中国西部绿色物流基地”“全省现代服务业发展示范区”。

农业现代化加快推进。编制全区“农旅一体化”总体规划，建成农业示范园区12个。和平生态农业循环示范园区被列为省级农业科技园区，坝黄现代休闲观光农业体验示范园区完成投资4.80亿元，瓦屋现代高效农业园区实现水稻全程机械化生产，灯塔马岩农业园区总体规划和控制性详细规划通过市级评审。“三个万元”工程超额完成目标。农业大数据应用平台上线，新增农业龙头企业18家。

文化旅游产业融合发展。加快“梦幻锦江”建设，中南门古城修缮工作和滨江公园景观、栈道改造提升深入推进，建成29所免费环保公厕，“水上公交”全面运营。完成第二轮地方志编纂工作。

碧江区云场坪镇大力打造四季花镇，发展乡村旅游助农脱贫致富。图为该镇路腊村荷花盛开，吸引区内外众多游客前来赏花。

乡村旅游加速发展。组建贵州高铁旅游营销联盟，吸引18家旅游电商合作发展智慧旅游。举办中国传统龙舟大赛，美誉度进一步提升。

深化改革扎实推进。完成64项改革，被评为“全省第五轮农村改革试点先进区（县）”。开展扩权强镇试点，下放权限147项。压缩行政审批许可时限56%。在全市率先颁发农村不动产产权证，完成“四权”颁证10万余本，办理产权抵押贷款12.22亿元。整合6家区属国企，组建城投集团公司。在全国首创关爱留守儿童“1234”工作法，被中央《改革情况交流》刊发。

民生福祉持续改善。深入实施“33668”扶贫攻坚行动计划，减少贫困人口0.86万人，漾头镇龙江新村精准脱贫模式成为全国标杆。建成电商运营主体195家，被评为全省电商扶贫示范区（县）。高考平均分和本科上线人数均列全市第一，城区教育“大班额”有效化解，幼教集团化办学扎实推进，乡村幼儿园加快建设，提前基本普及学前教育。“雁归工程”深入实施。建立三重医疗保障，人口计生工作保持全省“一类县”水平。中医院项目投入使用，建成省级“卫生应急综合示范区”。落实环保“十件实事”，完成节能减排任务，森林覆盖率达60%，城区集中饮用水源水质达标率100%。

社会大局和谐稳定。“六五”普法通过验收。建立法律援助工作站22个、联络点89个，法律顾问制度实现政府部门全覆盖。加快司法体制改革，区法院、区检察院被列为全省第二轮司法体制改革试点单位。巩固完善社会稳定风险评估责任追究机制，荣获“贵州省信访工作三无县”称号。开展平安碧江“五项行动”，创建“零发案”小区20个。

龙舟赛上选手们激烈角逐

碧江区结合生态移民搬迁工程，大力实施“四在农家.美丽乡村”建设，图为漾头镇龙江新村全貌

辖区内的武陵大道

和平农业园区

碧江区全景

农夫山泉厂房

2015年12月22日，万山区大扶贫战略誓师大会

万山的鼟锣文化艺术节

朱砂古镇坑道内景

万山区

万山曾是中国最大的汞工业生产基地，因汞储量名列亚洲第一、世界第三，被誉为“丹砂王国”。1966年2月经国务院批准正式设立万山特区。2011年10月，国务院批复同意撤销铜仁地区设立地级铜仁市，设立万山区。现国土面积842平方千米，人口17万人，辖9个乡（镇、街道）、85个行政村（居）。

2015年万山区生产总值381585万元，规模以上工业总产值568717万元，农林牧渔服务业总产值150418万元。财政、税收收入持续增长，实现财政总收入50602万元，税收收入47454万元。城镇居民人均可支配收入23103元，比2014年增长12.10%，农业人口人均可支配收入7001元，比2014年增长14.40%。

万山，政策优厚。2009年3月，被国务院列为第二批全国资源枯竭型城市，是贵州省唯一享受国家资源枯竭型城市政策扶持的地区。2011年10月，被国务院列为武陵山片区区域发展与扶贫攻坚规划（2011—2020年）中心城市，享受国家连片特困地区特定的扶贫开发政策。2013年5月，习近平总书记对万山发展做出肯定性重要批示，要求万山用好用活国家政策，加快推动转型可持续发展。省委、省政府及省经信委、文化厅、旅游局等13家省直部门随后相继出台专门支持万山转型发展的政策措施。

万山，山川秀丽。集山、水、林、洞于一体的喀斯特岩溶地貌自然风光独具特色。有历史悠久、风景秀丽的中华山；有鬼斧神工、惊险 刺激的夜郎谷省级风景名胜区；有山清水秀、延年益寿的挞扒洞休闲疗养胜地；有气势磅礴、欢乐喜庆的 锣民间艺术；有贵州省唯一的丹砂王国·万山国家矿山公园；有近千年汞矿开采的工业文化遗产，“汞矿遗址”已列为全国重点文物保护单位。

文化旅游　国家4A级景区—万山国家矿山公园和夜郎谷景区项目获6.80亿元投资。“两馆一场”项目已全部建设成。

大型音乐喷泉水幕电影由音乐喷泉、水幕电影、火喷、彩色激光表演等部分组成，最高喷近110米，12月底进入设备调试阶段。

万山国家矿山公园入口服务区主体建设完工，汞工业博物馆完成展陈布展，“星空影院”投入运营，玻璃栈道建成并进入验收阶段，欢乐世界开工建设，完成投资19亿元。

谢桥新区夜景一角

下溪乡兴隆村村民柑橘喜获丰收

敖寨乡黑木耳产业

青年湖新农村建设

各景区及农家乐全年接待游客46.20万人次，同比增长21.60%，实现旅游总收入2.69亿元，同比增长32.10%，接待境外游客371人次，创旅游外汇收入8.10万美元。

谢桥新城区建设　木杉河流域综合开发建设工程预计总投资8亿元，治理河道5.70千米，自龙升水库大坝起，由南向北穿越16条城市道路，止于市体育馆北侧大桥，规划设计总面积81万平米（含河道）。根据设计方案，木杉河流域综合开发建设工程采用借地利、延文脉、聚人气的理念；由水系结构即：一河：木杉河，二湖：碧湖、流花湖，四湾：樱花湾、翡翠湾、菩提湾、多福湾组成；还有景观结构即：一河：木杉河；二岸：南岸、北岸；三片：山环水绕—诗化园林、山青水秀—欢乐园林、山水田园—文化园林。两个结构体系来美化视觉、保护生态、亲水可游。在河道两临水岸堆砌驳岸黄腊石确保护岸的安全稳定和耐久。在景观结构片中修建人行观光栈道、自行车便道、观光亭、休闲广场、沙滩、小品雕塑、风雨桥设施等，并且种植大量的、多品种的乔木和灌木，打造特色鲜明的绿地水系生态廓道和“会呼吸的河流”，营造以自然景观、展示历史、城市休闲功能为主的滨水景观。

建设中的谢桥新区

万山电商城

万山区仁山公园外景

梵净江口 · 佛光之城

江口县国土总面积1869平方千米，辖6镇2乡2个街道，148个行政村10个社区（居委会），总人口24万。境内山清水秀，气候宜人，森林覆盖率达69.46%。联合国“人与生物圈”保护网成员——梵净山坐落境内。

2015年，深入推进“一业带三化、三化促一业”发展战略，坚守发展和生态两条底线，以深化改革为契机，以“投资拉动、结构调整、城乡统筹、民生保障”为着力点，推动全县经济社会持续健康又好又快发展。完成地方生产总值40.10亿元，同比增长12.60%；财政总收入3.55亿元，同比增长22.10%；一般公共财政预算收入1.80亿元，同比增长16.10%；城镇居民、农村常住居民人均可支配收入分别为22338、6839元，同比分别增长11.10%、11%；固定资产投资达102亿元，同比增长12%；金融机构存贷款余额分别为49.77亿元、44.16亿元，同比增长18.40%、13.10%。在全省10个生态重点县增比进位考核中连续两年排第2。

文化旅游优势凸显。接待游客540万人次、旅游综合收入45.20亿元。新建游客服务中心3个、星级酒店3家、农家乐及宾馆33家，旅游接待服务和管理能力不断提升。成功创建云舍4A级景区。承办“2015年梵净山生态文明与佛教文化论坛”、环梵净山国际公路自行车邀请赛等系列重大活动。在文化旅游产业发展的带动下，实现三产增加值17.60亿元，同比增长14.70%。

现代农业不断壮大。农业总产值18.50亿元，同比增长6.40%。粮食产量稳定在7万吨以上。发展县级以上农业龙头企业16家，新增农民专业合作社24个，完成农村土地流转8666.67公顷。新建精品水果、生态茶、中药材等产业基地2666.67公顷。新增1个省级农业园区、3个市级农业园区、6个县级农业园区，乡镇（街道）实现农业园区全覆盖。获得“全国休闲农业与乡村旅游示范县”农旅融合“金名片”。

新型工业快速发展。新增规模企业4家，实现规模工业增加值4.80亿元，同比增长10.30%。建成农村淘宝县级运营中心和58家农村淘宝服务站，被列为全国电商扶贫试点县；农村电商工作列全省第7名、全市第1名。

城乡面貌持续改善。建成客运中心站、小磨王隧道、凯德园区一号路、天域家园、太平河沿岸景观等重点城镇建设项目。县城建成区面积8平方千米，城镇化率41.92%。安江高速（江口段）建

县委书记袁刚（左二）、政府县长黄霞（左三）在民和调研水产养殖

江口县城

农业园区水培蔬菜

亚木沟情怀

黄牯山风景区

月上寨沙

太平河湿地公园

成通车。硬化农村公路178.90千米，行政村通畅率95%。打造云舍、提红等美丽乡村示范点15个，举办全省美丽乡村“百村大战”新农村建设现场会。

社会事业和谐进步。完成各类民生投入14.70亿元，占公共财政预算支出的82%。争取各类财政扶贫项目112个、资金8611.70万元。减少贫困人口1.05万人，贫困发生率下降4.91个百分点。城镇新增就业3052人，完成农村劳动力转移就业4200人；开工建设公租房4580套，改造棚户区3500户，危房改造及受灾损毁房屋重建1.39万户。保障性住房建设工作获全市第1，被评为全省示范县。县四中、三完小、第二幼儿园建设快速推进，江口中学申创为省级示范性普通高中，县实验幼儿园申创为市级示范幼儿园。

梭家苗寨水龙表演

世佳电气有限公司

苗药生物科技

梵之语工艺品开发有限公司

玉屏侗族自治县

玉屏历史沿革可上溯至元代，明置平溪堡，清置玉屏县，县城位于舞阳河两岸。因“舞阳河水清似玉，隔河山峰耸如屏”，故名玉屏。1984年11月7日，经国务院批准，撤销玉屏县，设立玉屏侗族自治县。

玉屏地处贵州省东部，素有“黔东门户”之称，是“中国箫笛之乡”“中国油茶之乡”“侗族文化艺术之乡”。全县国土总面积523.78平方千米，辖4镇1乡两街道，84个村9个社区（居委会），总人口15.75万人，侗族人口占80%，是全国5个、省内唯一的侗族自治县。

2015年，全县地区生产总值完成62.62亿元，“十二五”期间实现年均增速15.60%，分别比同期全国、全省、全市高7.80、3.10、1个百分点；全社会固定资产投资年均增长45.70%；全社会消费品零售总额年均增长16.70%；旅游总收入年均增长25.20%；公共预算收入和支出年均分别增长21%、21.30%；金融机构存贷款余额47.41亿元、51.53亿元，年均分别增长19.20%、11.90%；人均地区生产总值年均增长20%，城镇、农村居民人均可支配收入年均分别增长10.80%、15.30%。2015年综合测评排位上升至第25位，全面小康实现程度达95%以上。5年来，玉屏侗族自治县改革成效显著，形象品牌知名度和美誉度大幅提升，先后获得“国家新型城镇化综合试点地区”“全国民族团结进步创建活动示范县”“全国义务教育基本均衡达标县”“全国计划生育优质服务先进县”“综合改革试点县”“全省平安创建先进县”“农村金融信用县”“省级文明城市”等10余个国、省称号。

庆祝玉屏箫笛获国际金奖100年主会场

廉租房

环境优美的城市小区一角

玉屏交通便捷，区位条件优越。沪昆高速公路、铜大高速公路、沪昆客运高铁、株六复线铁路“两高两铁”贯穿全境。从玉屏县城出发，1小时左右可分别到达铜仁凤凰机场和怀化芷江机场。县、乡、村公路四通八达，全面实现乡乡通油路、村村通公路，基本实现农村客运公交全覆盖。玉屏火车站是成都铁路局与广州铁路局的折返段，大龙货站是湘黔线贵州段3大货站之一，承担着毗邻3省市5地(州)17县（市）的人流、物资集散中转；沪昆客运专线于2015年6月18日正式投入营运，玉屏迎来“高铁时代”，位于我县大龙镇一心村的铜仁南站是贵州境内除贵阳北站以外客流量最多的车站。

玉屏自然资源丰富，生态环境好，民族文化底蕴深厚。玉屏除侗族外，还有彝族、白族、傣族、壮族、苗族、回族等20余个少数民族。玉屏箫笛是中国著名的传统竹管乐器，以音色清越优美、雕刻精致而著称，它是玉屏当地侗、汉、苗、土家等多民族文化发展的结晶，具有较高的历史文化和工艺价值，与茅台酒、大方漆器并称呼为“贵州三宝”。

农业科技馆一角

安泰再生资源科技公司生产车间

2015年6月18日，沪昆高铁铜仁南站开通，铜仁迈入高铁时代

干净整洁的城市主干道

温氏养殖小区

凉亭寨园区（景区）服务大楼

黔东首郡 乌江明珠 思南县

2015年4月13日，时任贵州省委书记赵克志（左二）到思南调研茶产业

2015年8月18日，由省委常委、常务副省长秦如培（中）率队出席思南县2015年第二次全省项目建设现场观摩会

2015年8月17日，省委副书记、省委政法委书记谌贻琴（前排中）和副省长刘远坤（前排左一）率队，出席思南县2015年第二次全省项目建设现场观摩会

2015年思南县经济社会发展稳中有进、稳中向好，各项主要经济指标呈现出总量更大、质量更优、均量更高的良好态势。

（一）经济实力跃上新台阶。全年完成生产总值105.20亿元，固定资产投资195.50亿元，社会消费品零售总额22.39亿元。在非经济强县中，经济总量排全省第9位，全市第2位；固定资产投资总量排全省第8位，全市第1位；社会消费品零售总额排全省第9位，全市第1位。

（二）财税收入取得新成绩。实现财政总收入10.10亿元，国税收入3.17亿元，地税收入5.53亿元。公共财政预算收入4.91亿元，财政总支出38.89亿元，增长、增支均创历史新高。财力总量和增量居全市第一。

（三）产业结构实现新调整。完成农林牧渔业总产值44.39亿元，粮食总产值5.39亿元。实现规模工业总产值76亿元；规模工业增加值15.75亿元，县属规模工业企业达80家。接待游客293万人次，旅游总收入21.88亿元。

（四）教育文化建设进展迅速。2015年举办中国·思南第三届花灯艺术节、中央民族歌舞团"走基层·送欢乐"等重大活动30余场次；乌江水利风景区申创为国家级水利风景区，白鹭湖风景区获省级批复；完成地方文献及古籍书库创建，完成川主宫古建筑群、周和顺盐号保护性修缮工程。

（五）脱贫攻坚取得新成效。全县减少农村贫困人口3.08万人，贫困发生率下降4.99个百分点，兴隆乡、杨家坳乡实现"减贫摘帽"，长坝、香坝等18个乡镇"减贫摘帽"复核验收顺利通过，全面实现整县脱贫。

（六）基础设施实现新突破。实施交通设施基础建设项目196个，实现"乡乡通油路、村村通公路"的目标。实施国省干道改扩建项目3个，建成通村水泥路项目127个，实施县乡道及危桥改造维修项

2015年11月4日，副省长何力（右一）到思南调研

2015年10月21日，省政协副主席黄康生（前排中）到思南调研

目11个、农村公路安全保障项目17个，实施渡口便民码头20个，客运站场2个，启动思印城际快速干道、环白鹭湖公路前期工作。实施水利工程项目134个；实施电网建设项目21个；实现4G网络乡镇全覆盖。城镇化率达到45.59%。

（七）民生工程扎实推进。实施“一事一议”项目476个；农村客运招呼站、农村客运线路覆盖行政村65个。建成小康房280户，完成农村集中建房1300户、农村危房改造7499户。“新两基”工作启动实施，教育“9+3”计划圆满完成，建成标准化学校14所，课改工作获全国十大区域课改样本命名。第一人民医院、塘头卫生院、许家坝卫生院项目完成投资2.07亿元。完成孙家坝等卫生院建设项目；新农合参合率达99.32%，实现新农合大病保险全覆盖。农村劳动力转移就业1.55万人,发放就业贴息小额担保贷款960万元，扶持规模创业13户，“雁归人员”就业创业3528人。完成“农体工程”42个。全面健全“三圈五体系”机制，推进“平安思南”“7+5”治安专项整治行动，社会治安形势持续稳定。人民群众安全感和满意度分别位于全市第二位、第一位。

2015年8月25日，团省委书记涂妍（右一）率省、市有关单位负责人到思南县调研青年创业就业工作

2015年10月10日，大型贵州花灯剧《盐道》在贵州饭店首映

◀ 2015年10月17日晚，中央民族歌舞团“走基层□送欢乐”活动走进思南

木黄小城镇一角

印江经开区全景

印江土家族苗族自治县

印江土家族苗族自治县位于贵州省东北部、铜仁市西部，中国十大避暑名山——梵净山西麓，素有“中国书法之乡、中国名茶之乡、中国长寿之乡、中国蔡氏古法造纸艺术之乡”等美誉。

2015年，完成生产总值74.22亿元，财政总收入5.10亿元，公共财政预算收入2.70亿元，完成固定资产投资113.10亿元，完成工业总产值34.10亿元，城镇居民人均可支配收入21770元，农村居民人均可支配收入6701元，社会消费品零售总额12亿元。

2015年，全县三次产业结构调整为29.0：20.7：50.3，经济结构进一步优化。工业经济提质发展。推进经开区转型为电子商务产业园，入选“全国电子商务进农村综合示范县”。民营经济户数达1.40万户。现代农业快速发展。实现农业总产值31.20亿元。打造3个省级现代高效农业示范园区升级版。“梵净山”茶商标被认定为中国驰名商标。食用菌产业生产基地规模达8000万棒。有各类农民专业合作社429个，农业微型企业396家。旅游产业稳中有进。完成全县旅游产业发展总体规划修编及棉絮岭至蘑菇石生态步道建设规划。加快推进美女峰景区建设，完善长寿谷、杜鹃花海、甘川等景点配套设施。“天王寨”“罗汉村”和凤仪、亚盘林等旅游新业态建设加快推进。公路通车总里程达2838千米，实现乡镇通油路、建制村通公路两个100%目标。农村公路建设、养护管理、客运发展连续5年位居全市第一。栗子园中型水库即将完成大坝浇筑，偏岩中型水库可研报告获省发改委批复。启动2座小（一）型水库建设。病险水库除险加固、农村饮水安全工程等水利项目建设快速推进。峨岭110千伏变电站项目完成主体工程，新寨110千伏变电站项目加快推进。通信有线网络覆盖236个村，无线通信网络覆盖率达99%。完成城镇基础设施建设投资12.50亿元。争取到保障性住房、农村危房改造、小城镇建设、城镇化发展专项资金及奖励资金3.59亿元。木黄省级示范小城镇，沙子坡、杨柳等小城镇建设加快推进。城镇化率提高到43%。贫困发生率下降4.98个百分点。实施教育“9+3”计划、“4+2”教育突破工程，教育教学质量稳步提高。县人民医院创建为二级甲等医院，县中医院创建为二级甲等中医院；启动县人民医院（中医院）整体搬迁和疾控中心（卫监所）项目建设；在全市率先开展新农合第三方评审工作，启动县内外就医现场直补、重特大疾病医疗保险、大病医疗保险工作；全县新农合参合率达98%以上。城镇登记失业率控制在3.80%以内。社会保险覆盖率达95%以上。城乡低保基本实现应保尽保。森林覆盖率达60.23%。全县无较大以上安全生产事故发生，社会和谐稳定，群众安全感满意度不断提升。

杭瑞高速印江段竹林坳大桥

甘川新农村

紫薇集镇易地扶贫搬迁全景

依仁食品公司红薯粉晾晒一角

朗溪镇甘川柑橘丰收果农笑

合水镇核桃苗圃基地

土司食府辣椒丰收带动群众就近就业

木黄镇凤仪村菇农吴艳波对食用菌分类

木黄镇梵净大山有机农业公司工人捡蛋现场

▶ 电力塔基基础设施建设

100%，完成12个集中建房点规划、69个小康村寨规划，“双星三规四特五村”发展体系基本形成。湘渝大道、梵净山大道、桃源大道、景山大道、花鼓大道等城市主次干道相继建成，“四纵八横”城市路网基本形成。

社会事业不断发展、人民生活更加幸福。至2015年，减少贫困人口12.30万人，18个乡镇"减贫摘帽"。实施新农村试点60个，农村危房改造2.50万户，房屋立面改造1.60万户；完成廉租房建设3550套、教师公租房1060套，城市棚户区改造5666户。投入14.50亿元，实施各类教育工程603个。完成乡镇农民体育健身工程6个、村级农民体育健身工程117个、全民健身路径工程17个、户户通33760户、村村通19247户，建成28个乡镇综合文化站、449个农家书屋。敬老院基本实现乡镇全覆盖。城镇登记失业率控制在指标范围以内。启动卫生体制改革，全县农村新农合参保率达99.60%。

龙腾寨英

9月9日，国家档案局副局长、中央档案馆副馆长胡旺林（前排中）到松桃检查《档案法》实施情况

苗族绝技绝活——纸上飞仙

大兴将军山大思高速与松从高速交汇处

斜走大刀

盘石腊尔山红石林

市委书记陈昌旭（前排右二）到大龙调研

全省项目观摩会在大龙召开

大龙经济开发区

大龙经济开发区2015年，有六个来之不易的“继续”让每一位贵州大龙经济开发区干部职工无愧于心。

——经济增长继续保持高位运行。完成规模以上工业产值145.41亿元,同比增长26.51%；完成规模以上工业增加值24.39亿元，同比增长13.60%；固定资产投资149.98亿元，同比增长26.80%；完成财政总收入4.05亿元，同比增长11.61%。

——基础设施建设继续加快。在建基础设施项目26个，完成投资76亿元。1号主干道、G320国道改造即将完工，5号主干道舞阳河大桥建成通车，高铁站站前广场即将完成主体工程，保税仓建设、保税物流中心申报快速推进，污水处理厂完成联动调试，“两馆一中心”建成投入使用。

——引资融资继续捷报频传。招商引资完成签约资金76.10亿元，到位资金86.20亿元，综合评比名列全市前列。完成申请授信贷款融资84.78亿元，融资到位资金15.33亿元，位居全市前列。PPP项目列入国家财政部示范项目2个，名列全省第一。

——项目建设继续强劲发力。中伟锂电等一批重点项目实现投产，新型储能电池、煤电锰一体化、创益管业、蓝宝石项目加速推进，以中伟玻璃、东亿电气等为代表的轻工产业集群迅速发展，以恒泰橡塑、远大管材等承接东中部转移产业崭露头角。

——城镇建设继续扎实推进。城镇建设完成投资21.42亿元，其中建成“8+X”项目7个；城镇配套功能更加完善。

——民生事业继续同步发展。开工建设保障性住房1501套，实施棚户区改造1303

▶ 开发区工商联成立

户，完成农村危房改造556户，实施“一事一议”项目工程22个、人饮工程11个，完成贫困人口精准识别，大扶贫战略行动启动，农民人均纯收入实现10404元，城镇居民可支配收入24697元。

2015年，还有“一二三四”让大龙开发区人信心倍增。

——“一个位子”。在全省“创新开发区体制机制，加快千百亿级开发区培育升级行动计划”中，作为铜仁唯一一家开发区位列全省首批千亿级开发区培育对象。

——“两项表彰”。在全省开发区工作和小城镇建设中，分别荣获“贵州省开发区工作先进单位”和“全省小城镇建设工作先进单位”表彰，开发区和小城镇建设继续在全省保持第一梯队地位。

——“三件大事”。一是省委副书记、省长孙志刚在大龙调研时对大龙的发展给予充分肯定。二是通过全省项目建设现场观摩。三是保障沪昆高铁铜仁南站开通运营，大龙迎来高铁经济时代，步入新一轮发展快车道。

——“四块牌子”。先后创建省级外贸转型升级示范基地、省级清洁生产试点示范园区、省级返乡农民工创业示范园，大龙镇创建为省级生态示范镇，进一步提升大龙在全省创新发展、绿色发展、开放发展中的影响力和标杆地位。

第一个抵达铜仁南站的乘客与市、区领导共同剪彩

大龙互联网+智慧园区论坛

◀ 工业企业商会成立

▶ 开发区民兵团、武装部成立

▲ 开发区不动产登记局挂牌成立

交通运输部党组成员、副部长何建中（前排右二）在中央、省、市、区、镇相关负责人陪同下深入坝黄镇调研通村公路

碧江区

坝黄镇

坝黄镇地处铜仁市碧江区西部，距铜仁市区仅20千米，东临河西办事处，南连桐木坪乡、万山鱼塘乡，北接和平乡，西抵江口县坝盘乡、桃映乡等四个乡（镇）。305省道、杭瑞高速公路及锦江河穿腹而过，源于梵净山麓的毓秀锦江流经全镇。全镇总面积197.60平方千米，辖15个村（社区），237个村民组，常住人口4.18万，是一个汉、苗、侗、土家、瑶等十多个民族杂居的民族乡镇。

建镇以来，坝黄镇坚持建设绿色生态示范镇、打造铜仁后花园的发展思路，2012年，坝黄镇被列为全省100个小城镇建设示范镇，小城镇建设日新月异。工作中我们始终坚持“一城两园”的发展主目标，以小城镇建设为中心，竭力推进高效生态农业示范园区和现代化城市休闲旅游园区建设，形成长坪西瓜、龙井蔬菜和花卉、木弄草莓、宋家坝葡萄、苗哨溪油茶、高坝村中药材的产业带。龙井艾家坪生态农业观光圆、长坪农旅一体化示范园和坝黄中洲生态休闲公园渐成规模。农村基础设施建设持续改善，实现组组通水泥路的发展目标。近年来，坝黄镇先后获得全国第三批重点示范小城镇、全省文明乡镇、全省通绿色生态乡镇、全省同步小康示范镇、全省行政体系改革试点乡镇等荣誉称号。坝黄镇驶上健康、持续、快速发展的快车道。

省住建厅党组成员、副厅长宋丽丽（前排右三）等一行10人对坝黄小城镇建设工作情况进行专项检查

铜仁市人大常委会副主任、碧江区区委书记陈代文（左一）深入坝黄调研灾后重建工作

▶ 在夕阳下的坝黄，显得格外的宁静

▶ 杭瑞高速横穿坝黄腹地，形成一道靓丽的风景线

铜仁市人大常委会副主任、碧江区委书记陈代文（右二）慰问受灾群众

碧江区委副书记、区长黄洪洲（左排中）深入坝黄走访慰问困难群众

坝黄镇举办了幻彩森林音乐节，为游客们奉上了一场精彩绝伦的视觉和美食盛宴

“龙腾锦江显风采.脱贫攻坚展新颜”传统龙舟赛开幕式

“龙腾锦江显风采.脱贫攻坚展新颜”传统龙舟赛比赛现场

省民政厅领导调研老麻塘村留守儿童工作

◀ 市委书记陈昌旭（前排左二）调研老麻塘村留守儿童工作

▶ 区委常委、组织部部长、统战部部长李汉华（左二）走访困难贫困户

碧江区滑石乡

2015年，滑石乡紧扣率先小康和新城区建设目标，进一步完善农民持续增收的长效机制，加强基本公共服务体系建设，着力改善民生，促进全乡经济持续健康发展、社会和谐稳定。

一、克难求进，主要指标平稳增长　完成地方生产总产值1.20亿元，增长10.40%；农民人均年收入8100元，增长12.70%；财政拨款收入1166.80万元，招商引资1亿元，人口自然增长率控制在4.50‰以内，全乡新登记注册私营企业20家，个体工商户76户。

二、强化服务，项目建设快速推进　新城区“一纵两横”城市路网建设工程路基全部拉通。武陵山中药材项目成为全省项目观摩会项目之一；200套保障性住房主体完工；现代商贸物流园一期工程完成主体建设。

三、统筹协调，基础设施不断完善　完成集中供水点1处，解决5处人饮工程，修复沟渠3个。完成渠道防渗130米、20个点集雨自动报警器安装。对病险水库除险加固。对通村油路进行硬化。实施通组路及联户路硬化。修缮4个村级活动阵地。建成边界农贸市场1个。探索发展以休闲观光旅游为主、特色农产品生产加工为辅的“农旅一体化”工程。

四、标本兼治，人文环境日趋向好　新增绿化面积176.93公顷，对砂石、木材加工厂开展综合整治。开展“和谐平安五区”创建工作。出台“两违”整治工作问责办法，保障经费投入。对河流沟渠、山塘水库进行集中清理，投入卫生整治工作经费30余万元。

五、民生优先，人民生活逐步提质　新增土地流转面积100公顷，帮助白水大米申报“产地产品一体化”“无公害农产品”认证；发放涉农贷款122笔；加强失地农民培训。新型农村社会养老保险缴费7296人，享受养老保险待遇3453人，新农合补偿金额692万元。完成171户危房改造。低保家庭实现应保尽保，发放最低生活保障金113.95万元；开展农村脱贫攻坚工作，全年脱贫553人。

六、统筹发展，社会事业成效显著　新安装520套“村村通”，并对前期安装的设备进行维护和管理；互联网宽带等文化娱乐产品实现全覆盖。加大对教育的投入，适龄儿童入学率100%，小学辍学率为零，初中辍学率1.20%。提高医疗卫生服务水平，组织开展业务技能培训，进行人畜疫情防控。全乡人口出生率13.20‰。开展“和谐平安五区”建设；落实领导干部大接访工作。“双拥”政策有效落实。统战、人武、群团、关工委等工作成效显著，为全乡改革发展稳定作出了重要贡献。

乡党委副书记、
乡长李荣文（左一）
走访慰问困难群众

乡党委书记洪飞（左二）走访慰问困难群众

留守儿童志愿服务之家

留守儿童关怀

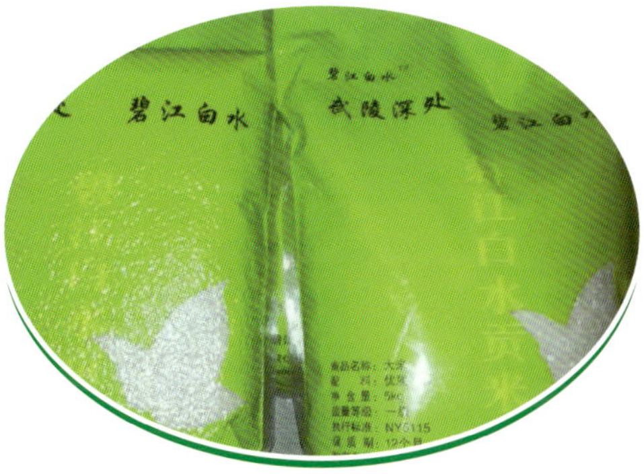

老麻塘村白水大米正式上市

醉美樱花

云场坪镇召开第二次党代会

驻村干部为留守儿童过集体生日

云场坪镇位于铜仁市碧江区东北部，距碧江城区23千米，东连湖南省凤凰县茶田镇，北接滑石乡，西、南与漾头镇毗邻，是典型的边界镇，下辖2个村和2个社区居委会，共6000余人（含流动人口），全镇面积37.04平方千米。

扎实推进扶贫攻坚、深化改革、边贸城镇、现代农业园区建设。农村人均可支配收入增加到8090元，城镇人均可支配收入达到24449元。新增市级农业示范园区1个，农村产权抵押贷款共计2023.10万元。以土地入股的形式流转63户133.33公顷给专业合作社；土地有偿流转43户100余公顷，推广杜仲、黄柏、丹参、葡萄、樱桃、观赏莲、紫薇、药赏两用的观赏花卉等新品种建设，实行农技干部对口帮扶园区种养大户制度，定期到合作社、种植大户、养殖大户进行技术指导。立足镇域山多地少，自然环境良好的实际，发展特色养殖业，采取“合作社＋基地+农户”的模式大力发展生态畜牧业。

储备边贸小城镇用地15公顷，投资3000余万元共建362套集镇住房，完成集镇农贸市场、景观沟、集镇新街、电力和通讯线路迁改等工程。投入资金60余万元对集贸市场及商场铺面进行整治，营造了良好的商贸环境。完成云场坪至路腊通村公路硬化，牛硐至苦竹坪、老屋场经马仙溪至茶田通村公路硬化，扩修并硬化了茶树井组至黄腊洞、路腊至苦竹坪通组公路，建成马仙溪公路桥，贯通大湾—茶树井旅游公路，修缮对外交通要道云马公路，实现村村通客运目标。村内道路硬化率达到98%。乡村旅游基础设施建设方面。实现农业园区规划133.33公顷，新增主干道、机耕道、生产便道计9000米，沟渠、管网2500米，观光步道6200米。完成路腊古寨立面改造、生态停车场、文化长廊、环山休闲游步道、老屋场山地步道等修建和维护，路腊樱桃、莲

碧江区云场坪镇

藕、紫薇农旅一体化园区初步成型，美丽乡村加快推进。

完成植树造林83.33公顷，森林覆盖率达到58%。

全年贫困户脱贫114户，362人。投入资金605万元，完成危房改造503户，城乡居民养老保险、新型农村合作医疗连续4年参保、参合率达100%，2年来合作医疗报销共12761人次，补助金额427.63万元，发放养老金260.75万元。

开展“给留守儿童送健康”免费体检活动

全区第二季度党建观摩会

荷花节上开展的捉鱼活动

为精准扶贫户发放鸡苗

荷花节游人如织

木沙河水幕电影

仁山文化主题公园

木杉河景观工程

万山区谢桥街道办事处

万山区谢桥街道办事处全年实现生产总值51750万元，同比增长15%，农民人均纯收入达7911元，同比增长11.73%。

一、突出“民心党建”工程，提升党建工作水平

1.精心组织干部驻村，提供村级发展动力。一是完善驻村办公、食宿等各项硬件设施设备；二是继续在各村（社区）开展村级村（党）务发布会；三是组建驻村工作分队，驻村干部按时到岗到位开展驻村工作。

2.加强基层组织建设，增强基层组织活力。一是确定整改对象，下派“第一书记”开展工作；二是制定党员发展计划，按程序做好党员发展工作；三是在非公企业和社会组织中组建党支部，开展党建工作。

3.创新党建工作，开辟党建活水源。一是探索创新“党组织+”党建扶贫新模式；二是推行“村（居）两委+乡贤参事会”乡村治理模式。

4.“民心党建+信合+”，助推精准脱贫。要求各村（社区）一是最短时间内建立规范化、标准化的精准扶贫社区服务站，并在谢桥街道实现全覆盖；二是各村(居)立即组织村（居）贤人智士，理清发展思路，编制好发展规划，做细实施方案，找准发展模式；三是做好组织评鉴工作，凡是符合政策范围内的都要纳入优惠政策范围之内，务必做到公平、公正，让真正困难群众享受政策的实惠。

5.抓好同步小康创建，带领群众奔小康。一是强化领导，明确责任。二是制定措施，分类推进。三是加大投入，强化宣传。四是开展培训，强化督查。五是全力抓好小康资料归档。

二、农业结构进一步优化，农村经济持续发展

1.农村基础设施进一步完善。完成一事一议财政奖补资金项目13个，使4个村15个组560户2556人受益。

2.农业产业结构进一步优化。一是协调好农资销售和库存及工作。二是抓好农资销售市场的监管力度。三是加强春耕生产指导。四是开展春季动物防疫注射工作。五是搞好农产品安全监管工作。

三、民生显著改善，社会事业全面协调发展

1.推进精准扶贫工作。一是对建档立卡家庭及非建档立卡贫困家庭进行核查。二是第一批扶贫资金已按要求作

正在建设中的谢桥风貌

▶宏伟大气的龙生桥

小云南水库

挞扒洞丰富的水资源

铜仁市第四小学

出安排部署，正在抓紧实施。三是规范档案归档管理。

2.做好社会救助工作，保障困难群众生产生活。深入村组入户调查，加强组村（居）处三级民主评审工作。

3.执行人口计划生育政策，全面落实二孩生育新政。全处出生117人，人口出生率为7.21‰，人口自然增长率为3.98‰。

4.加强安全生产、维稳等工作，保持社会和谐稳定。一是及时安排部署，落实人员、措施、资金；二是印发实施方案和应急预案，制定日常应急值班表，确保及时掌握安全生产动态与突发事件的上报与处理；三是深化隐患排查治理。

四、全力推进新区建设发展，提升城市品位

1.完成欢乐世界项目、木杉河二期项目等项目征地。查处“两违”建筑，解决征地拆迁矛盾纠纷。

2.抓好城市服务功能设施建设、城市管理，推进新区提档升级。对公交站台、果皮箱等设施进行完善，新建6座星级厕所，修建小公园16个，完成星级农贸市场入驻工作。实施城市道路、排水、污水管网、绿化亮化等市政基础设施建设。

挞扒洞新农村全貌

谢桥街道龙舟队胜利的姿态

楚溪夜景

万山区国际风筝节

◀省人大常委会原主任、党组书记肖永安（左三）一行在铜仁市委书记陈昌旭（左二）陪同下到九丰视察

万山区高楼坪侗族乡

高楼坪侗族乡位于万山区的南部，乡政府驻地距区政府25千米。全乡辖13个行政村1个居委会151个村民组，总人口17553人，侗族占70%。高楼坪乡在区委、区政府的领导下，团结带领全乡人民群众围绕“工业强区、农业惠民、旅游兴业”发展思路，以及“四圈两带一网”产业布局，推进“两个转型”发展战略，围绕“同步小康·三圈两带”的产业布局，推进重大项目，重点实施惠民工程。农民人均可支配收入达8850元。

一、工业强乡　高楼坪乡先后引进东奇打火机、银泰铝业等23家企业入驻，年产值达20余亿元，带动就业2000余人。4月，山东瑞驰新能源电动汽车有限公司落户我乡，项目建成后年产可达15万辆，每年可实现产值100亿元，年纳税6亿元，解决就业人口达4000人。贵州巨力机械制造和农业装备项目的落地将与万仁新能源汽车形成工业发展“双龙头”带动，对于我区加快建成黔东工业汽车新城和实现工业“双百亿”目标，助推全市现代工业转型升级、现代化农业发展具有十分重要的意义。

二、农业惠民　2015年，引进山东九丰农业有限公司投资建设，项目总投资5亿元，规划面积2666.67公顷，已建成核心区133.33公顷，项目按照“园区景区化，农旅一体化”进行规划设计，已成为西南片区最大蔬菜集散中心和国内一流的高端山地特色生态农业示范综合体，实现年生产优质蔬菜6000万公斤以上，年生产蔬菜种苗

雁归工程”示范点东奇打火机厂吸收我乡大量富余劳动力再就业

端午期间九丰引来省内外众多游客驻足

康华生态农业公司食用菌生产基地

3000万株以上，辐射带动面积达3333.33公顷，实现年产值1亿元以上，解决直接就业人口3000余人，带动就业人口1万人以上。

三、旅游兴业　万山九丰农业博览园为国家AAAA级景区，有水族馆、花卉大世界，园内奇特花卉根雕与园艺相交辉映，群鱼海峡、海龟小镇、海洋剧院以及美人表演等为主题展示海内神秘世界吸引众多游客。自开园以来，园区接待国内外各级领导500余批次，其中国家副国级领导2人，接待国内外游客100万余人次。

夜郎谷景区素着“三十里幽谷，三十里画廊，三十里世外桃源”的美誉，为全省首批旅游休闲度假示范区，目前景区正在打造集探险、漂流、观光等为一体的体验式旅游风景区，预计景区在2018年全面建成。

投资1.60亿元，全长6千米，以“江南水乡·滨河公园”为主题的云贵高原首个项目正在施工建设。项目建成后将以江南水乡·滨河公园为轴心，朱砂古镇、九丰农业博览园、夜郎谷景区融为一体，形成万山区首个全域旅游乡镇。

贵州万仁集团新能源汽车生产车间

高楼坪乡小湾村集体经济产业基地

九丰海洋馆俄罗斯美人鱼表演图

九丰农业广场雕塑

快速发展中的“农家乐”

开拓创新谋发展 锐意进取谱新篇

江口县太平镇

江口县太平镇始终坚定不移深入推进“一山一水多寨三文化”发展思路，克难攻坚、开拓创新、求真务实、奋力拼搏，全镇发生了令人鼓舞的新变化。

经济建设量值齐升，发展速度实现了由慢向快转变。全镇地方生产总值实现3.34亿元，同比增长10.80%。固定资产投资完成6.22亿元，同比增长12.10%；招商引资到位资金2.32亿元，“十二五”累积到位资金9.33亿元；非税收入完成32万元,同比增长12.80%；农村金融存、贷款余额分别上升0.98%和16.28%；农村常住人口可支配收入达8075元。

贵州省全国人大代表观摩会

基础设施不断改善，基层面貌实现了由旧向新转变。完成如意大道的提级改造，改扩建梵净山大型生态停车场，新建星级旅游公厕9座，建成环线公路和莲花大道，开通县城至黑湾河景区旅游公交。实施综合水利工程87个，实施太平风情示范小城镇建设项目，引进“梵净谷”大健康产业园等健康产业项目落户建设，建成云舍花海、湿地公园，建成莲藕基地，建成云舍欢喜罗汉广场等3个广场，凯文村芭蕉罗汉广场正在有序施工。投资3000万元规划实施太平镇污水管网项目。

产业结构优化升级，发展势头实现了由差向好转变。粮经比为28:82，大力发展茶叶、果树等产业。建成高效产业示范点8个和岑忙高效农业园区。打造3个国家4A级景区和1个国家3A级景区。建成生态植物园、栖溪酒店等宾馆和梦幻江边、寨沙侗寨等乡村旅游接待点。农家乐直接带动旅游从业人员11374人。接待游客总数385万人次，旅游总收入达30.92亿元。

民计民生全面保障，幸福指数实现了由低向高转变。“十二五”共投入民生资金7.38亿元，减贫人口5068人，贫困发生率从25.81%下降到6.79%。建成3个美丽乡村示范点、8个农村集中建房点。全面加强“两违”整治和“五化”建设，被住建部等国家7部委命名为“全国重点镇”。完成300余套廉租房、公租房等项目建设，完成319户生态移民房建设。新农合参合率稳定在97%以上。

深化改革蹄疾步稳，发展活力实现了由弱向强转变。完成“小部制”改革，推进政府职能转变。投入40余万元新建政务服务中心。实施农村林权、土地承包经营权、宅基地使用权、房屋产权确权颁证改革工作，完成林权颁证4000余本，土地流转133.33公顷，林地流转333.33公顷。

对外形象不断提升，太平名片实现了由小向大转变。云舍村被评为历史文化名村、中国传统村落。太平镇创建为全国卫生乡镇、省级文明乡镇，协办中国梵净山生态文明与佛教文化论坛、全省“宣传干部上讲台”、铜仁市首届旅游产业发展大会等国际国内大型活动和现场观摩会。“十二五”期间接待400余批次国家、省内外领导和考察组考察调研、观摩交流。

云舍

太平镇风貌

寨抱长桌宴

▼ 钟楼

▲ 民俗活动

◀ 云舍村民间造纸作坊

思唐街道党工委书记简乐友（前排右二）、办事处主任徐政仁（前排右一）带队开展创国家卫生县城整治工作

思唐街道办事处主任徐政仁（右一）到贫困户家中讲解易地扶贫相关政策

思南县思唐街道办事处

思唐街道办事处紧扣打造内陆开放型经济试验区试点县的目标，聚合大数据、大旅游、大生态、大健康等新兴产业和大扶贫重大发展机遇，谋好经济发展，筑牢民生福祉。

一、优化经济结构、强化产业支撑

一年来，街道办事处经济发展总体保持稳定。城镇居民人均可支配收入达到1.99万元，农民人均纯收入达到0.71万元。完成招商引资到位资金8000万元。实现农村居民人均可支配收入8962元，同比增长15%。

1.狠抓城市管理，强化整脏治乱　实行“五定五包”，使辖区内环境卫生得到较大提升。加大卫生整治和秩序维护力度，提升城市整体形象。通过努力，思南县通过国家检查评估，创建为国家卫生县城。

2.推进脱贫攻坚战略　一是实施精准扶贫工作。二是推进易地扶贫搬迁任务。三是实施贫困户“特惠贷”项目。四是推进脱贫攻坚战略。

3.推进城市建设、提升城市品质　一是完成盐市街123户征地拆迁工作，完成城区风貌改造、棚户区改造313户；二是开展安化历史街区征地拆迁工作。三是开展城北新区征地拆迁工作。

4.全面推进深化改革　推行大部制改革，加大综合执法改革力度，狠抓农村产权制度改革，实施“雁归工程”，开展重大决策社会稳定风险评估。发挥规划管理委员会作用，确保集市秩序，杜绝乱搭乱建行为。推进市场商贸流通体制改革。

二、保障和改善民生，维护社会和谐稳定

1.全力发展民生事业　推进新型农村合作医疗和城乡居民社会养老保险，街道城乡居民社会养老保险综合参保率达98.34%，合医综合参合率达108%。开展初级卫生保健，加强疫情监测和动态监控。推进素质教育，提高教育质量。兑现直迁移民后扶直补资金。开展对沙坨水电站思唐库区耕地淹没长补兑现工作。实施“一事一议”通组公路硬化、人行步道、村级活动场所、村庄量化和卫生净化等项目。

思唐街道党工委书记简乐友（右一）在贫困户家中宣传“精扶贷”相关政策

思唐街道党工委书记简乐友（左一）在贫困户家中与老人促膝长谈

思唐街道办事处主任徐政仁（右一）检查道路交通安全

2.全力加强社会管理　一是加强安全生产工作。二是参与整治城乡居民和干部职工滥办酒席借机敛财的不正之风。三是抓好平安建设“五项行动”创建工作。四是加大矛盾纠纷的排查化解力度。

三、全力推进依法行政，政府服务能力不断增强

1.加强干部队伍建设，转变干部作风　建立“一办法五制度”管理机制，抓好干部监督管理，实现用制度管理干部，用绩效激励干部的管理监督机制。

2.全面加强法治建设　制定实施法治政府建设规划纲要，健全依法科学民主决策机制。建立办事处聘用法律顾问制度，改进行政复议工作。利用好行政综合执法队，推进跨部门、跨行业综合执法。全面加强普法依法治理工作。

3.打造廉洁型政府　一是党政齐抓共管、落实责任，推动党风廉政建设和反腐败工作全面推进；二是注重思想教育，筑牢防线，狠抓警示教育、廉政教育、干部提醒“三项重点”工作；三是把党风廉政建设和反腐败工作融入服务，融入发展，狠抓落实。

思唐街道召开创国家卫生县城推进会议

思唐街道党工委书记简乐友（左五）在江星村组织召开群众工作会

思唐街道选举思南县第十七届人大代表投票站

思唐街道庆祝第三十二个教师节暨表彰大会

思唐街道开展扶贫日募捐活动

适应新常态　抢抓新机遇

——思南县许家坝镇

7月9日，市委组织部部长陈代军（前排右二）一行调研

10月12日，市委政法委书记张涛（左五）到我镇检查普法工作

2月12日，市人大副主任王开禄（左二）到蒲家寨慰问

6月27日，县委书记刘云成（右一）遍访慰问

许家坝镇位于黔东北乌江中下游，思南县城西南部，距县城33千米，省道304松桃至凤岗和县道528张家寨至长坝呈东西南北向交汇集镇中心穿镇而过，是思南县河西片区中心乡镇。全镇辖21个行政村、1个社区、235个村民组，全镇总人口40168人，其中集镇人口达18000人。镇内有学校18所，其中思南第九中是思南河西片区唯一一所高中。

2015年，全镇完成生产总值5亿元，社会固定资产投资2605万元，财政总收入760万元，银行存款余额2.18亿元，贷款余额1.55亿元，农民人均纯收入8430元，人口自然增长率12.50‰，人口出生率5.60‰，各项工作扎实有效推进，全镇社会政治和谐稳定。

一是基础设施建设取得新突破。投入380万元建设蒲家寨、坑水村一事一议示范村，50万元修建集镇停车场，151.50万元修建街联社区活动场所。投入57.48万元进行集镇亮化，投入760万元修建垃圾填埋场。投入48万元启动黎家坝等4个村级活动场所建设，打造长3千米的桂花大道；完成永旺街、三汇村集中建房点集中建房工程。

二是产业结构调整取得新突破。按照“3：7”的粮经比，鼓励群众发展烤烟、生态畜牧业、茶果蔬等经济产业，积极实施“三个万元”工程。完成烤烟任务156.30万斤,净产值1791.59万元。新开挖茶园66.67公顷，在不适宜种植烤烟地段种植核桃133.33公顷，种植蔬菜133.33公顷。做好高山草原生态畜牧业示范园区，重点发展“思南黄牛”和“思南白山羊”，全年牛出栏3500头，猪25000头，羊出栏10145只，畜禽23160羽，畜牧总产值达11736.48万元，比上年翻一番。

三是城镇建设工作取得新突破。完成“十三五”重点建设项目规划，以及600户棚户区改造方案编制，出台《许家坝镇规范村居民建房公告》，规范建房标准和建房程序申报。启动舟水和永旺二期两个农

万亩草场

5月13日，党员干部法律明白人培训

▼ 5月9日，低保减量提标工作动员会

6月24日，道德讲堂

村集中建房点、每个点100户的建设工作。

四是招商引资工作取得新成效。引进贵州黔泰绿色食品有限责任公司500万元，与惠民驾校签订招商引资意向性协议，完成2500万元的招商引资工作任务。

五是民生工程建设取得新突破。狠抓九年义务教育“控辍保学”工作，适年儿童入学率达100%。完成精准扶贫调查摸底3030户、贫困人口9904人；新农合总资金33.36万元、新农保总保资金15.29万元，新农合、新农保做到应保尽保。支持许家坝医院实施异地搬迁扩建，把许家坝卫生院建成可辐射河西片区的二级医院。对450户困难农户危房进行改造，规划200户廉住房正在修建中。对残疾人进行创业扶持3户2.50万元，发放重度残疾人护理补贴80人、残疾人无障碍改造10户6万元。

7月16日，验收客店村办公楼

农村客运候车厅

3月3日，炸龙活动

育苗工场

省委副书记、省长孙志刚（左六）到木黄调研

县长张浩然（左一）到木黄镇凤仪农业园区调研工作

印江土家族苗族自治县木黄镇

印江土家族苗族自治县木黄镇以创国家优质品牌和省级示范小城镇建设为抓手，着力统筹城乡建设，全镇呈现基础夯实、产业壮大、社会和谐、发展后劲殷实的良好局面，最终实现“十二五”规划圆满收官，为“十三五”发展奠定了良好基础。

一、以全省示范小城镇建设为契机，不断改善人居条件　一是加强对会师广场、会师柏景点景观和将军山、观音山山体公园的管护，加快推进3个镇村联动示范点扎建设；启动集镇应急水源工程，集镇外环线、第二幼儿园建成并投入使用；二是实施通畅、通达公路工程，维持好4条农村客运线路秩序；完成天庆市旅游公路、S304省道、燕金公路提级改造；完成大木转、石梁沟等病险水库治理和配套渠系建设，完成盘龙、昔坪等村小型农田水利工程建设，完成革底等多个土地整治项目；启动锅厂至文昌、五甲至阳坝等水毁堤防修复工程。

二、以夯实阵地和优化队伍为切入点，切实加快政府自身建设　一是平稳实现行政区划调整。撤销原新业乡、木黄镇，组建新的木黄镇，平稳实现财务、资产和人员分流、划转和整合。完成新工会组建、新一届“两代表”选举工作。二是推进综合行政体制机制改革。将职能部门整合为“四办三中心”，简化行政审批程序。三是推进行政体制改革。全面落实扩权强镇，简政放权，行政效能持续提升。四是强化廉政建设和作风建设。严格执行中央八项规定，狠刹“四风”。落实廉政建设“一岗双责”，加强反腐倡廉建设。开展工

◀木黄镇集镇全景

6月1日，贵州省纪念红军胜利80周年铜仁主题月启动仪式在木黄会师广场举行

程建设、民生等领域突出问题专项治理。五是完成第十届村居换届选举。

三、以着力改善民生重点，促进社会各项事业和谐发展　一是教育工作稳步提升，“控辍保学”、农村中小学寄宿制学校规范化建设、农村中小学生营养改善计划工作步入常态化管理。二是持续对医疗硬件、软件投入，医疗服务水平不断提高，医疗资源不断整合，医疗条件改善明显。三是农村人居环境日渐改善，实施农村危房改造、民居改造，启动建设集中建房点2个；争取实施农村环境综合整治项目1个。四是农村合作医疗参合和城乡居民养老保险覆盖面不断扩大，参合、参保对象积极性进一步增强。五是严格农村低保和临时救助申报、审批程序，连续5年对全镇最低生活保障对象户进行提标核查。新建敬老院投入使用，建立健全留守儿童关爱保护制度。六是计生“新国优”工作落实全程跟踪管理服务，加大人口信息清理力度，政策外生育得到遏制。七是完善发展规划布局，科学开发利用土地，有序推进集镇建设和产业发展；八是加强和创新社会管理，加强群众工作站（室）和综治工作中心建设，群众来信来访办结率100%。

8月26日，木黄镇第一次人民代表大会胜利开幕

11月8日，中共木黄镇一次代表大会二次全体会议在木黄镇人民政府三楼会议室召开，会议选举产生了木黄镇出席县第十三次党代会代表

木黄镇农业高效示范园区全景图

▶　已经建设完工的木黄镇凤仪村多闻天王广场

德江县玉水街道办事处

玉水街道党工委书记伍建华

玉水街道团结村集体经济项目乐子泉水厂选址

慰问特殊儿童

大岩角村香菇产业

“玉水”即玉溪河，发源于德江县城南三公里处的大龙阡，是德江县城的母亲河，“玉水虹桥”为德江古八景之一。以“玉水”为街道办事处的命名，既与城区的青龙办事处遥相呼应，又有浓厚的人文地域特色。

玉水街道办事处辖区总面积51.40平方千米，最高海拔1103米、最低海拔为436米。下设5个直属工作部门和33个基层站股室，辖13个村、社区，98个村居民小组，总人口120566人。

一、克难攻坚，加快推进项目建设

一是第七小学工程拆迁；二是楠木园棚户区改造道路建设工程征地；三是德江时代上层工程（二期）；四是德江智能停车配件生产厂工程；五是德江伟才学校建设工程；六是德务高速德江段井堡池片区建设工程；八是德江县武陵大道延伸段建设工程；九是“四在农家·美丽乡村”团结村官庄组活动广场建设工程；十是大犀山森林公园工程建设补植造林。

二、转变方式，加速调整产业结构

一是完成杂交水稻种植306.67公顷，杂交玉米209.53公顷。精品水果133.33公顷；二是开展动物春秋“两防”工作；三是实施种植业基础保险工作；四是加强农资市场监管工作；五是完成农村实用人才统计工作；六是开展人才技能培训工作。

三、关注民生，加快发展社会事业

1.教育工作实现新突破。“两基”及“普实”工作得到全面巩固，义务教育均衡发展，教育“9+3”计划、“4+2”突破工程稳步推进。

2.社会事务工作迈上新台阶。一是全面落实国家低保政策，开展提标核查工作；二是做好社会保险工作；三是开展社会养老保险工作；四是实施项目带动战略，加强基础设施建设。

玉水街道安置房一角

土家摆手舞

出龙现场

德江炸龙

新年灯会

城北新区高速公路

城北伟才学校一角

3.精准扶贫工作成效显著。为贫困农户制定“家庭增收计划”，建立现金收支台账，实行“一帮一”帮扶机制。完成精准脱贫40户161人的目标任务，完成建档立卡帮扶264户764人。

四、统筹兼顾，不断创新社会治理

一是加大“两违”整治力度。二是开展“五城联创”工作。三是履行安全生产责任。四是开展社会治安综合治理。

五、拓宽渠道，不断提升精神高地

一是围绕主题做好宣传。二是围绕改革创新做好宣传。三是围绕文化活动做好宣传。

六、多措并举，不断加强廉政建设

一是认真落实党风廉政建设“一岗双职”责任制和落实“两个”主体责任。二是加大案件查办力度。三是深化“三访”活动，完善各项制度。

我街道虽然取得一些成绩，但离群众的期盼还有一定的差距。在今后工作中，将继续真谋实干，统筹推进各项工作，更好地服务全县经济社会发展大局。

时任铜仁市委书记刘奇凡（右二）、时任铜仁市长夏庆丰（右一）、时任德江县委书记张珍强（中）指导我镇茶产业发展

县长秦智坤（前排右二）、时任镇党委书记熊飞（前排右一）、党委副书记拟任镇长何中泉（后排中）视察鸟坪合作社大棚蔬菜基地

德江县合兴镇

合兴镇位于德江县东南面，距县城全程高速22.50千米。全镇辖14个村1个社区178个村民组，6285户28685人。主要居住土家、苗族等少数民族，素有“德江南大门”之称。行政区面积为128.62平方千米，耕地面积为1389余公顷，以烤烟、茶叶、天麻、蔬菜为支柱产业，是一个典型的农业大镇。境内有历史悠久的扶阳古城遗址，有钟乳石栩栩如生的鬼洞坡溶洞，有历史传奇的永盛寺佛教文化，有赏心悦目的香炉山茶园风光。

全镇按县委“两抓两兴”要求，四在农家美丽乡村建设逐步全覆盖，城乡一体化建设初具雏形，集镇功能逐步完善。全年地方生产总值2.50亿元，工业总产值达1725万元。金融机构存贷款余额分别达到1.40亿元、0.90亿元。累计完成固定资产投资1.50亿元。农民人均可支配收入达6800元。全镇贫困人口1880人，贫困发生率7.81%，小康程度达88.50%，综合排名跃升到全县第7位。

合兴镇坚持以烤烟为基础，茶叶为支柱，天麻、核桃、果蔬等为辅助的产业结构模式，以“公司＋农户＋基地”的方法，调整农业产业结构，结合美丽乡村建设要求，年均种植烤烟400公顷以上；成效茶园1000公顷、引进茶企2家；种植天麻7.60万平方米，建成天麻加工企业1家；新建鸟坪村果蔬大棚40公顷，培育清明村蔬菜基地13.33公顷。

按照“高起点规划、高标准建设、高速度推进”的要求，累计投资5.30亿元，先后启动社区服务中心、幼儿园、客运站等23个集镇建设项目，完善集镇功能，安置各类农户846户，同时启动集镇老区扩容改造工程，集镇功能逐步完善。

“十三五”时期，合兴镇将以“大产业”为支撑，树立农业产业“接二连三”的发展理念，借助扶阳古城遗址资源，唱好绿色产业发展“稳、扩、新”三字经；以“大旅游”为引领，利用沿德高速匝道口范围内大型水库和集旅游观光休闲为一体的鸿泰茶业，打造湖光山色相辉映，商贸休闲互交融，历史人文同彰显，镇貌景区同体现的乡村旅游综合体；结合茶香古城特色，启动高效农田整治，打造集镇景区化，园区景观化，农旅一体化的风情小镇，以河流长廊经济为主线，以旅游观光为载体，以产业聚集为支撑，打造“合朋花海，浪漫田园”景观；以“大文化”为核心，构建黔东北农旅一体化全域旅游示范镇文化新品牌。根据扶阳古城悠久神奇的历史传说、人文景观和园区建设，推进“神秘之城、文化之城、休闲之城”的打造。

▶ 城乡一体化建设的鸟坪风光。这是一座正在跨越发展的小城镇新星

▶ 镇长何中泉（左一）在船山沟村调研贫困户家庭情况

◀ 镇党委书记田旭飞（右一）在清明村调研产业发展

德江白茶属轻微发酵茶，是中国茶类中的特殊珍品。图为合兴白茶基地之一的红花园茶山

茶叶产业的发展，形成了合兴镇最美茶乡休闲茶园，促进了“四在农家.美丽乡村”的打造

山清水秀，人杰地灵，叶蕊青青，冷草坝茶叶基地在沿德高速过境合兴的匝道口旁，其茶园风光秀丽，是茶余饭后合兴人民休闲的好去处

省扶贫办常务副主任王贵（前排左三）调研邮政电商精准扶贫工作

市政协副主席周建英（前排左一）、县委书记商友江（前排左二）参观指导煎茶水乡

县委书记商友江（前排中）到煎茶水乡调研

德江县煎茶镇

煎茶镇位于铜仁市西部，德江县南部，始建于隋唐，原名煎茶溪，曾为黔东北四大场镇之一，是“全国一类重点镇”、国家级卫生镇、全省双百小城镇、省级示范小城镇。2015年实现地方生产总值5.83亿元，财政收入758.63万元，固定资产投资2.09亿元；城镇居民人均可支配收入24800元，农民人均可支配收入6900元。

这一年，我镇优化产业结构，民众增收上台阶。一是以发展现代农业为稳镇战略，在调整农业结构上取得新成效。年种植烤烟609.73公顷，新建茶园88.57公顷，新增养殖大户20户，建成蔬菜大棚98个，发展无公害蔬菜60公顷，移栽花卉树苗46.67公顷，种植核桃100公顷，开展天麻试点栽培3100平方米。二是以发展商贸经济为兴镇战略，在提升服务水平上取得新成效。集镇现有个体工商户480余家，餐饮住宿88家，微小企业139家，休闲娱乐场所12家。三是以发展工业经济为强镇战略，在突破工业瓶颈上取得了新成效。

这一年，我镇强化基础设施建设，夯实新农村建设基础。杭瑞高速公路建成通车、326国道提级改造，打通了对外交通命脉；完成“一事一议”以工代赈项目85个，修通硬化村组公路56条200余千米；完成偏岩、川岩、潮溪等5个村的安全饮水工

杭瑞高速煎茶出入口

集镇全景

梦里天堂·煎茶水乡

煎茶农旅一体产业园区

程；修通产业路、机耕道100余千米。

这一年，我镇改革创新，五大块工作创“丰收”。一是创新集镇管理，把集镇卫生向市场外包，效果显著。二是创建信用乡镇，收取四级、五级不良贷款数额两项居全省之最。三是创建国家级卫生乡镇，抢抓五城联创机会，摘下“金字招牌”。四是抓好农业产业结构调整，规划建设煎茶水乡、食用菌基地、龙盘高效示范园区。五是创新信访维稳工作，21个村（社区）综治站长“三班倒”轮流接访，实现群众来信来访一条龙服务、一揽子解决。

这一年，我镇抢抓项目投资，全力推进城镇建设。一是提升“建”的速度。以围绕高速路匝道做景观，围绕大沟开发区完善配套功能，围绕公共服务延伸引入第三小学修建、污水处理厂运行、第三人民医院入驻，围绕集镇两翼抓园区建设提升小城镇建设层次。二是加大“管”的力度。通过“建管并举”，我镇小城镇建设提升了层级，丰富了内涵，在省市考评中，实现了升位进级。

这一年，我镇统筹社会事业建设，不断推进社会和谐发展。一是完成财政税收758.63万元。二是各项计生奖励扶持优惠政策得到充分落实。三是开展文化下乡，农村文化舞台日渐活跃。四是加强师资力量配备，完善教育教学基础设施，社会办学补齐了教育资源短板。五是新建20个村卫生室投入使用，新农合覆盖面达100%。六是产业扶贫项目得到有效实施，重华、小溪、潮溪3个贫困村顺利出列，减少贫困人口2500人。七是落实领导干部联系和包保责任制，安全生产形势稳定良好。八是全面落实社会治安综合治理各项措施，有效维护社会稳定和谐。九是着力抓好城乡居民社会养老保险工作，扎实做好农村五保、低保动态调整和生活救助，开展劳务和就业培训工作。各项社会事业呈现齐头并进、蓬勃发展的良好态势。

食用菌基地

茶叶基地

国家乡优质烤烟基地单元

产业好、村庄美的土家新村

新场集中建房

松桃苗族自治县盘信镇

绝美大湾苗寨

国务院发展研究中心主任、党组副书记李伟（后排右六）一行实地在盘信镇马台村调研山村幼儿园建设情况

省政协副主席蔡志君（前排右二）到欧百川故居调研

盘信镇位于贵州省松桃苗族自治县东部，国土面积162.80平方千米，距松桃县城22千米，铜仁市45千米，铜仁凤凰机场18千米，迓大二级公路、松铜高速越境而过，素有“松桃东大门”之称，是松桃县东部商贸强镇和重要商品集散地。全镇辖28行政村，1个居委会，7142户，34508人，少数民族人口约占总人口的85%。境内溪流纵横，沟谷相间，天然溶洞星罗棋布，水出洞涧，山环水绕，形成了各式各样的自然景观。

一、经济建设跃上新台阶。我镇围绕“提速赶超、转型发展、改善民生”总基调,立足经济建设，着力壮大镇域经济实力。2015年实现地方生产总值2.02亿元，同比增长17%；财政总收入267.58万元；全镇农民人均收入达6060元，同比增长19%。

二、农旅产业快速发展。全年农作物播种总面积3373.33公顷，增长1.22%；完成建设高标准有机茶基地面积33.33公顷，百合种植面积200公顷，蔬菜种植面积306.67公顷，优质核桃项目种植面积334公顷，完成“万元田”“万元山”和“151工程”的规划建设；全镇退耕还林面积368.54公顷，造林保存率93%以上。

三、基础设施不断完善。完成麦地至老木坨、盘信至满家、盘信至团结、等通村油路建设，任务总量达59.10千米；完成马路冲村七、八组与团结村油坊组的饮水工程修缮；投资880余万元完成欧百川故居修缮工程；投资30余万元实施盘信大塘清淤整治工程；完成政府片区饮水工程建设。

四、城乡建设不断规范。实施民族风情街建设工程，完成道路建设1.20千米，路灯安装60盏；实施农村集中建房项目，完成98户主体工程建设；启动盘信镇老街改造一期工程；实施盘信百川大道建设；完成危房翻新修建58户、维修67户；推进万福城项目、粮贸公司旧城改造项目、盘信新城项目的建设。

五、民生事业明显改善。一是扶贫工作扎实推进。在完成“减贫摘帽”基础上，巩固提高“减贫摘帽”工作，完成2569户9403人精准扶贫建档立卡工作。二是教育改革成效明显。完成镇中心幼儿园建设；开设山村幼儿园21所；完成教育“9+3”工作任务。三是医疗卫生体系不断健全。超额完成新型农村合作医疗收缴工作，参合率达100.13%。完成镇中心卫生院综合大楼及其公租房主体工程建设，农村医疗卫生保障体系逐步健全，医疗条件得到逐步改善。

六、文体事业丰富多彩。完成8个村农民体育健身工程建设5806.50平方米；完成数字网络电视安装703户，村村通906户，户户通1597户；组建农民文艺活动队伍12个，申报成功县级重点文物保护点3处，列入红色文化旅游点1处；推广旅游文化培训750人次。

省扶贫办党组成员、副主任张建（前排右二）到盘信镇调研万亩油茶基地建设情况

省文联主席欧阳黔森（左三）一行在市政协副主席、松桃县委书记冉晓东（左二）陪同下，到盘信镇大湾苗寨，就即将开拍的大型电视剧《绣娘》进行考察

时任铜仁市委书记刘奇凡（前排左二）到盘信镇调研美丽乡村建设工作

市委副书记、市长陈晏（左二）深入盘信镇马台村贫困户家中调研精准扶贫工作

建设中的万福城独栋花园别墅

大力发展村级集体经济。图为楼台村黄桃种植产业基地

盘信镇第八届团寨片区“励志助学”活动

寨英镇党委书记　曾庆提

寨英镇党委副书记、镇长　姜波

松桃苗族自治县寨英镇

寨英镇位于松桃苗族自治县西南部、梵净山东南麓，镇域面积200.75平方千米。其地势西高东低，海拔最高1484米，最低351米，耕地面积1169.51公顷，森林覆盖率达48%以上。寨英镇距县城58千米，铜仁市78千米，大兴机场107千米，东与普觉镇毗邻，西与乌罗镇接壤，北与孟溪镇相连，南与江口县的怒溪、太平交界，松江油路、渝怀铁路、梵净山旅游联线公路穿境而过。镇辖24个村2个居委会，276个村民组，8100户 38960人，是汉、苗、侗、土家、仡佬等民族杂居的地方。

寨英镇在历史上曾享有梵净山下“小南京”之美称。现拥有全国重点文物保护单位、中国滚龙文化艺术之乡、中国民间文化艺术之乡、全国历史文化名镇、中国独具特色名镇、全国特色景观旅游名镇、2013中国最美村镇和全国重点镇八块金字招牌。

寨英镇围绕省委、省政府“两加一推”主基调和“工业强省、城镇化带动”主战略，按照市委、市政府“四化同步、一业振兴”和县委、县政府“五县五化”的总体部署，围绕建设“美丽和谐新寨英”的发展目标，努力夯实发展基础，着力保障和改善民生，党的基层组织建设、社会主义政治文明和精神文明建设进一步加强，基础设施进一步完善，城镇居民生活水平进一步提高。团结带领全镇各族人民，进一步解放思想，坚定信心，主动作为，攻坚克难，创新实干，掀开了寨英经济社会科学发展、后发赶超、同步小康崭新的一页。

全镇社会生产总产值实现8.65亿元，完成全社会固定资产投资8200万元，农民人均纯收入达到7600元，实现工业总产值3.95亿元，全镇种植精品水果566.67公顷，实现农业总产值1.52亿元，寨英农业园区成功申报为市级农业园区，园区内发展微企15家、专业合作社18家，全镇建成电商服务站3家,全镇经济社会发展取得了较好的成效。

▼ 古镇长桌宴

▼ 小城镇一期工程

▶“伏虎罗汉”广场

▲“持国天王”广场

城镇建设日新月异

正在发展中的寨英镇

▼寨英滚龙

寨英古镇古建筑群

湘黔边区特色名镇——盘石

盘石镇地处腊尔山脉腹地，是松桃苗族自治县的东大门，全镇行政区域总面积120.90平方千米。2015年，盘石镇围绕城镇建设、企业发展、乡村旅游和民族文化等工作，结合民生事业，下大力气着力打造特色小镇、产业大镇、文化名镇品牌，取得初步成效，社会美誉度和影响力显著提升。

一、充分用好有利资源，着力打造边陲小镇　充分利用被市委、市政府列为13个“特色小城镇”及被县委、县政府列为“三星六特”小城镇建设的发展机遇，围绕打造“腊尔山片区第一村”的发展目标，以芭茅、臭脑为小城镇建设的两个节点，多渠道筹措资金2亿余元完善基础设施建设，打造具有民族特色的边陲小城镇。目前，全镇通村公路已完成96%；芭茅永利广场、臭脑农贸市场已完工，永利医院已投入使用；已完成128套公租房建设；完成危房改造444户。

二、依托龙头企业发展，促进产业结构升级　通过招商引资，3家省级龙头企业入驻盘石镇，创新整合现代农业园区产业要素、建立利益连结机制、建设科技支撑体系等措施，园区带动效应日益凸显。目前，园区产业均采取“公司（专业合作社）+基地+农户”的模式，已示范带动园区部分贫困农户共同发展主导产业的从业农户达480户，户均增加纯收入8000元以上。

三、依托苗族民俗文化，积极发展乡村旅游　盘石民族文化底蕴深厚，镇党委、政府按照“构建大景区，荟萃多主题，切合地域性，突出独特点”的发展战略，拟定了“一线多点，四季可游”的发展思路，通过组织各类群众文化活动，充分盘活镇域内苗族文化资源。在臭脑村举办第三届“苗族二月二鼓社节”民俗活动，吸引黔、湘周边上万人参与；12月31日，在响水洞民族文化村举办“响水登云梯·徒步梦之旅”全民健身徒步登山活动，全县500名健身爱好者参加。全年境内各景点共接待游客20万人次，创收46余万

芭茅村特色小镇新貌

盘石镇2015年二月二鼓社节

盘石（臭脑）新街

梵净山牧业公司全景

“响水登云梯 徒步梦之旅”登山活动

梵净山牧业养殖区工人正在饲养肉牛

元。

四、依托国家优惠政策，大力推进民生事业 进一步推进计生小单元管理模式，“双诚信双承诺”工作取得良好效果，年度以来共出生238人，其中男孩125人、女孩113人，政策符合率95.12%。社会救助及保障有续发展，今年以来发放低保资金900余万元，各类救助60余万元；农村合作医疗参合率达98%。以“平安乡镇”创建为载体，加强边区协作，积极构建新形势下治安防控体系，在全镇大力开展“平安村寨”“无毒村寨和社区”创建活动，取得显著效果。开展普法宣传，加强矛盾纠纷排查化解工作，实行夜间巡逻守护制度，强化社会治安综合治理，确保了社会政治稳定，人民安居乐业。

腊尔山红石林吸引八方游客

黔东草海游客众多

松桃苗族自治县孟溪镇

孟溪镇便民服务中心

孟溪镇敬老院

香菇基地

孟溪，原名樠溪，为汉代五溪蛮之一。因为孟排为首，且“樠”与“孟”音近，故名。宗政和四年（1115年）于境内置孟溪龙泉葛长官司，南宋理宗三年（1227年）设八乜知府，宝□元年（1253年）孟溪划属平茶承化军民府。元、明时属乌罗司（府）所辖，明隆庆二年（1568年）乌罗长官司迁孟溪黑坡城，不久城毁于火而迁小寨司。清雍正八年（1730年）随乌罗司归松桃厅。明国时期先后设镇、区、联保及乡，解放后沿袭区、乡建制。1985年改置孟溪镇，1992年原红岩、木耳两乡并入孟溪镇至今。

孟溪镇位于县境中部，北和大路乡、冷水溪乡相接，东与大坪场镇为邻，西边紧靠乌罗镇，南依普觉镇，地处渝湘黔交界处，位于贵州铜仁、重庆秀山、湖南吉首三角的几何中心。为全县重要的商品粮生产基地，主产水稻、玉米、红薯等农作物。森林覆盖率达60%，是全国重点建设镇和省级100个示范小城镇之一。矿产资源丰富，已探明的有锰、钒、铁、铅、锌、铜、铀、镉，其中锰矿控制储量2150万吨、金属铀储量470吨。

孟溪镇确立“依托铁路、整合资源、发展物流、搞活商贸、全力打造黔东码头经济强镇”发展战略，经济社会发展取得重大突破，成为“全国卫生城镇”和全国行政管理制度改革试点镇，在全省100个示范小城镇排名第25位。在县委、县政府的坚强领导下，在历届镇党委、政府的努力下，带领全镇人民团结拼搏、务实创新、攻坚克难，为同步建成小康社会不断努力奋斗！

孟溪茶灯

孟溪镇全景

思南县关中坝街道办事处

市委常委、市委组织部长陈代军（右三）到关中坝街道调研，思南县委副书记邹龙兴（左四）、关中坝街道党办领导陪同

市委常委、军分区司令员欧阳青（右二）到息乐溪村开展村容村貌整治工作

关中坝街道办事处位于思南县东面，东与凉水井镇共界，南与孙家坝镇接壤；西和思唐街道办事处毗邻,北与德江县潮砥镇接壤。街道区域面积约9500公顷。其中，耕地面积3264.25公顷，居民点178.67公顷，林地面积5000公顷，未利用地1057.08公顷。辖18个村，2个社区，共有198个村民小组，总人口46598人，流动人口11256人。辖区内有土家族、苗族、蒙古、汉族等少数民族，少数民族人口16719人，占全街道总人口的53.73%。土家族和苗族分别占全街道总人口的31.73%和17.73%。年内有贫困人口947户3222人、贫困村3个。全年实现279户1134人脱贫。

今年以来，在县委、县政府的领导下，牢固树立创新、协调、绿色、开放、共享的新发展理念，坚持抓党建促经济、抓经济带党建的思路，狠抓“两学一做”教育活动，全面理清工作思路，形成“111”发展思路，即确立以“一园（重点打造万圣山国家级森林公园，新修新华村上万圣山公路、龙洞梯步上万圣山）、一环（新修远东到狮子片区修一条快道联通滨江路形成环线，打造旅游、农业产业）、一覆盖（凉水井林家沟水库引水覆盖整个办事处人畜饮水）”的总体思路，形成了以事业凝聚干部群众共谋发展、决战脱贫攻坚、同步实现全面小康的良好干事创业氛围，推动各项工作高位推进，取得较为显著的成效。

新农村息乐溪村一角

街道开展文明行动整脏治乱工作

息乐溪村老龄协会开展第一届老龄节活动，60岁以上的老年人参加

铜仁市发展和改革委员会

全国易地扶贫搬迁现场会第四调研组走进江口

为促进水资源的可持续利用，加强环境保护，召开调整铜仁市中心城区污水处理收费标准价格听证会

松桃县易地扶贫搬迁城南安置点

碧江区漾头镇龙江新村全貌

2015年，铜仁市发展和改革委员会着力加强改革发展履职能力建设，加强宏观经济形势预判预警分析，开展区域经济发展战略、投融资体制机制和“十三五”规划等重点课题研究，全面完成党委政府安排的各项工作。

一、分解下达年度目标任务，抓好经济运行监测预警分析　提出并下达经济社会发展主要目标任务。加大对经济发展支撑性指标进行分析，提出对策措施。前三季度，实现地方生产总值487.11亿元，同比增长12.30%。

二、研究投融资体制机制，抓好项目谋划和争取　一是加强项目储备，争取项目和资金。二是做好2016年中央投资项目谋划和编报工作。三是加强专项建设基金争取工作。四是加快推进政府与社会资本合作。

三、谋划发展平台，加快推动大健康产业快速发展　申报项目38个，总投资341.51亿元。申报列入省大健康医药产业发展“6个50工程”健康养生产业项目14个，总投资237.30亿元。参与编制《梵净山生态养生大健康示范区建设总体方案》。参加省大健康医药产业赴台招商引资项目10个。

四、加强建设项目管理，推动重大工程和重点项目快速建设　全市重大项目完成投资520亿元。新开工建设项目98个以上，完工收尾项目29个以上。进行项目竣工验收1次，协助项目竣工验收9次。开展项目稽查4次，稽察项目9个，对发现的问题勒令限期整改。

五、深入市场调查研究，抓好价格监测调控管理　一是开展铜仁中心城区价格监测发布工作。征收价格调节基金57243283.05元。二是做好价格调整、收费的成本监审工作。三是加强市场价格检查和巡查。对重要商场、农贸市场等服务价格进行检查。配合省发改委价监局完成对2家银行收费检查处理工作。

六、能源开发与管理工作稳步推进　一是电力建设全面铺开。完成电力建设投资2.60亿元。开工建设2个风电场，新增测风点3处。“小康电”项目安排90个，总投资24246万元。二是能源基础设施建设稳步推进。电网建设完成投资4亿元以上。油气基础设施完成投资3.80亿元。三是紧抓安全工作不放松。开展油气化安全、煤矿生产安全管理工作和全市事故隐患大排查整治专项行动。

七、交通基础设施建设取得新进展　至9月底，公路完成投资131.78亿元，铁路完成投资15.30亿元，铜仁凤凰机场新航站楼完成投资500万元。渝怀二线取得国家发改委可研报告批复。

八、着力推进生态文明和节能减排监察工作　提前1年完成“十二五”节能目标任务。申报项目35个，落实中央预算内资金投

铜仁市第一个风电项目，石阡大顶山风电项目的建成，为铜仁市风电发展翻开了崭新的一页，实现了历史性的突破

铜仁凤凰机场改扩建工程

资项目18个。争取中央专项建设基金项目7个，到位专项建设资金2.58亿元。组织编制完成2015年巩固退耕还林成果专项规划项目实施方案。

九、粮食管理工作稳步推进　落实粮食储备规模5.57万吨。订单种植面积63333.33公顷，粮油工业总产值10.50亿元。建立“放心粮店”233家，“放心粮油”进学校1667所；全年销售放心粮油29640吨。

十、做好“十三五”规划编制工作　开展18个前期课题研究工作，形成研究成果。建立《铜仁市“十三五”规划重大项目和重大工程项目库》，纳入重点项目4000余个，投资超过3万亿元。

农夫山泉厂房实景图

贵州省松桃三和锰业集团有限公司5万吨每年电解锰生产线节能技改项目

铜仁市第一条天然气长输管道湄潭至思南天然气管道项目中焊接人员正在对管道进行焊接

漩水湾污水处理扩建工程厂区

锦江栈桥第五跨已铺通

正在建设的万山区老山口220千伏变电站

2015年5月16日，国家烟草局局长凌成兴（前排左一）在铜仁市局（公司）了解两烟生产经营情况

省局（公司）局长（总经理）陈卫东（右一）到铜仁石阡调研烟叶收购工作

铜仁市烟草专卖局（公司）

市局（公司）局长（经理）马健（左一）到江口县调研烟叶收购工作

2015年，铜仁市烟草专卖局（公司）实现主营业务收入465601万元，实现税利142019万元，同比增长21.10%；税金75698万元，同比增长41.48%。实际上交税款92273.41万元，同比增长31%，占全市公共财政预算收入的17.47%。

烟叶生产全市落实种烟主体7828户，种植面积1.56万公顷，户均种烟规模19766.67公顷，收购烟叶29250吨；实现烟叶税16274.86万元，同比增长5.39%；烟农户均收入79919.07万元。

现代烟草农业建设　推进基地单元管理创新，基本实现基地单元、片区、网格与烟叶站、收购线、客户经理一一对应。组建育苗、机耕、植保、烘烤、分级专业服务队伍，推广专业化育苗、机耕、起垄、植保、烘烤和分级。拓展应用烟叶生产基础信息管理系统，提高烟叶生产信息化水平。

援建水源工程建设　在建烟草行业援建水源工程项目1个，为石阡县獐子沟水库项目；申报项目3个，分别为沿

市局（公司）局长（经理）马健（右三）在思南县查看卷烟零售户安装的扫码枪

铜仁市局（公司）卷烟营销中心订单部电访员在电访订货

省局（公司）副局长任林（左一）到碧江区查看卷烟零售户的送货小票

省局（公司）副总经理沈宏（右三）到印江县调研烤烟生产

河县邓家溪水库、德江县潮溪水库和江口县麻冲水库。

卷烟营销工作 全市销售卷烟12.20万箱，同比增长1.17%；实现销售毛利8.82亿元（不含税），同比增长19.31%。

卷烟电子商务 探索扁平化需求反馈及服务响应机制，构建线下拜访、线上互动、移动互联“三位一体”营销服务模式，建立铜仁烟草“微信公众平台”，为客户提供立体式、快响应的服务支持。全市网上订货户数为14705户，占总零售客户15788户的94%。

专卖打假工作 坚持“端窝点、打源头、断渠道、破网络、抓主犯”的专卖工作思路，加强与法院、检察院、公安局的协作配合，查处各类案件234起，查扣各类真品卷烟368.85万支，查获假冒卷烟33.32万支，罚没款28万元。

党建工作 一是扎实开展“三严三实”专题教育活动，通过学习教育，党员干部的党性、品格和素质得到提升，工作纪律得以加强，工作作风不断改进。二是加强基层党组织建设。理顺市局（公司）党委、县（区）局（分公司）党组与机关和基层站党支部的管理体制，在各县级局成立机关党总支，以烟叶基地单元为单位设立党支部，分别将辖区范围内的党员档案资料和组织关系转入各党支部。

获奖情况 获贵州省2015年“AAA”级信用单位称号；被省烟草专卖局（公司）评为2015年度全省烟草商业安全生产工作“优秀单位”；被铜仁市政府评为2015年度全市安全生产工作“先进单位”；“烤烟井窖式移栽高效促苗技术”获2015年度贵州省科技进步三等奖。

印江县沙子坡镇烤烟移栽专业队员正在进行井窖式工序化一体化移栽服务

思南县合朋溪镇荞子溪村烟农大户吴长飞（左一）的烟田里，烟叶站副站长郎强（右一）正在对片区经理及打顶抹芽工人进行科学打顶现场培训

印江县合水镇鱼泉村烟农邵思发对专业化散叶堆积烘烤的烟叶非常满意，正在高兴的下炕

◀ 区人大常委会到和平乡召开脱贫攻坚落实情况座谈会

碧江区扶贫开发办公室

碧江区扶贫开发办公室围绕精准扶贫、农民增收、加快致富、构建和谐、全面建设同步小康的战略目标开展各项工作，取得一定成绩,达到预期效果。

一、上下联动，进一步完善精准扶贫建档立卡基础信息 一是进村入户，摸清底数，找准致贫原因。二是统筹规划，制定个性措施，精准扶持贫困户，确保精准脱贫、有效脱贫。三是强化认识，切实搞好建档立卡“回头看”工作。

二、多措并举，确保减贫对象增收脱贫 采取“六个精准”“五个一批”“四个切实”等措施，实行分类扶持、精准施策，实行精准滴灌、靶向治疗，完成减贫人口0.86万人，为总任务的100%。

三、出实招，建机制，推进深化改革新举措 一是扶贫资金贷款贴息制度改革。与农村信用合作社签订贷款贴息合作协议。下达扶贫贷款贴息资金150万元。二是精准扶贫培训机制改革。促成转移就业、自主创业为途径开展“雨露计划”培训项目。三是贫困村村级集体经济试点改革。把坝黄镇长坪村作为第一批村级集体经济改革试点，投入财政扶贫资金100万元用于发展集体经济。

四、齐心协力，推动产业项目有序进行 一是扶贫产业化项目有序开展。草地生态畜牧业项目完成任务的50%。中药材项目，完成整地面积53.33公顷。蔬菜项目种植莲藕，完成建塘建设任务的40%。脱毒马铃薯项目完成任务的55%。二是跨年度扶贫产业化项目实施顺利。油茶项目完成油茶新建666.67公顷。草地生态畜牧业项目完成基础设施建设。中药材项目中，丹参完成任务的80.60%，钩藤完成任务的85.50%。小康路项目完成任务的80%。小康水项目完成8口。

五、坝黄扶贫现代农业园区进展顺利 建园以来，入驻企业11家，完成投资5.40亿元。实现产值2.80亿元，销售收入2.10亿元，销售利润0.70亿

区委副书记、代理区长黄洪洲（左四）了解贫困群众相关情况

区委常委、宣传部长陈小燕（左三）组织扶贫工作人员召开院坝会

副区长何茂（右一）进村入户详细了解贫困户情况

◀ 副区长杨赫（右五）带领区政府办、供销社、交通局等部门到和平乡孟溪村开展脱贫攻坚专题调研活动座谈会现场

区政协副主席、教育局局长杨长印（右三）率教育局干部职工深入坝黄镇白果村调研精准扶贫工作

元；电、讯实现全覆盖，交通、水利、农业大棚、圈舍、景区化设施等基础设施建设进一步完善。

六、武陵山现代医药物流园建设项目 园区入驻企业有贵州俊达康药业有限公司、国药控股铜仁分公司、安徽亳州中药材经销商50余家、铜仁10个区县中药材展销馆、云南圣草峰生物科技有限公司等。

武陵山现代医药物流园作为贵州省第二次重大项目观摩会观摩项目之一，得到各级领导和参观嘉宾的好评。

七、“扶贫日”开展工作情况 全区扶贫开发工作大会上，募捐善款34.89万元。“扶贫日”之际，贵州南长城企业集团房地产开发有限公司被省扶贫开发领导小组授予为贵州省社会扶贫先进集体；省级扶贫龙头企业贵州省铜仁市银龙粮油购销有限公司总经理万式银被授予为贵州省社会扶贫先进个人称号。

八、电商扶贫工作情况 一是摸清全区电商发展情况底数。二是建设农村电商服务站点。三是推进电商运营中心建设。四是筹备全区电子商务工作会议。五是推动农业大数据平台上线运营。

碧江区政府办党组书记、主任代金堂（左三）向贫困户了解家庭情况

川硐街道为精准贫困户发放“脱贫鸡、致富鸡、生态鸡”鸡苗现场

碧江区监察局监察“雨露计划”

生态移民搬迁（黄道乡集镇）

援建的交通学校教学楼

铜玉铁路建设

万山区发展和改革局

2015年，地区生产总值增速在全省47个非经济强县中排名19位，在全市7个非经济强县中排名保持第1位。规模以上工业增加值增速在全省47个非经济强县中排名第23位，全市7个非经济强县中排名第1位。较好实现“十二五”规划目标，同时，也为“十三五”跨越发展打下坚实基础。

一、抓政策，加强中央和省市对接 一是资源枯竭型城市转移支付政策有望延期。二是万山区作为循环经济示范市核心区，每年可报1个以上循环经济产业方面项目。三是“城市矿产”示范基地建设项目实施方案通过省、国家评审。四是省发改委批准万山经开区为100个省级现代服务业集聚区之一。

二、抓项目，夯实基础助推经济发展 一是抓项目资金争取。获批项目个数和资金量分别名列全市第一和第三。二是抓重大项目推进。编制28个亿元项目，引进欢乐世界、太平洋百货等大项目，加快推进矿山公园等70个在建项目建设。三是抓项目规范管理。

三、抓规划，精远描绘万山跨越发展宏伟蓝图 一是聘请国家发改委投资研究所为我区编制“十三五”规划。二是加大规划期间的项目库建设。建立“十三五”规划的项目库，梳理出359个项目。

四、抓稳控，确保全区物价稳定 一是加强价格监测和监督检查，全年价格总水平基本稳定。二是规范行政事业性和经营服务性收费。三是发挥价格调节基金作用，扶持企业项目建设。四是受理群众举报投诉件和价格政策咨询，已全部办结。五是保护当事人合法权益，准确有效打击犯罪。

五、抓保障，确保全区粮食安全 完成300吨县级储备粮轮换出库和35户社会粮食供需平衡入户调查工作；新增办理《粮食收购许可证》1户，年审3户；对粮食安全生产进行15次检查，出动人员30人次，对发现的问题进行整改。

六、抓好苏州高新区对口帮扶工作 一是加强交流。二是对苏州市对口帮扶铜仁市“十三五”规划提出意见建议，目前在多方面达成初步共识。

七、铜玉铁路建设进展顺利 一是狠抓征地拆迁工作。二是狠抓工程建设。三是抓矛盾纠纷调解。

8.抓好机关党建及驻村帮扶工作。一是充实班子和干部队伍建设。二是抓好“三联三帮·助推同步小康”。

万山司保障性住房基础设施建设

、省政府、省直部门支持万山《意见》

以工代赈项目（滚子冲樱花路）

石漠化治理（高楼坪蜜枣基地）

把握新常态推进新跨越

江口县发展和改革局

净山果园被毁

查看帮扶村洪灾道路隐患

2015年，江口县发展和改革局深入贯彻落实“一业带三化、三化促一业”的发展战略，大力发扬“八争”精神，书写了江口科学发展、后发赶超、同步小康新篇章。

一、把握新常态跃上新台阶 以项目建设为抓手，千方百计扩投资、争融资、招外资、撬民资，推进重大项目有序建设。全县地方生产总值达到40.10亿元，同比增长12.60%，固定资产投资完成109.75亿元，同比增长13.60%，城镇常住居民人均可支配收入完成22338元，同比增长11.10%；金融机构存、贷款余额分别完成49.77亿元、44.16亿元，分别增长18.40%、13.10%。

二、抓住新机遇取得新成效 围绕“四个完毕”要求，强化中央预算内投资项目和专项基金建设项目的建设管理。争取中央预算内项目39个，总投资3.51亿元；争取专项建设基金项目12个，总投资49.99亿元。

三、勾画新蓝图推进新发展 围绕“四个”全面战略布局，坚持五大发展理念，抓好大扶贫、大旅游、大生态、大健康重大战略行动。一是完成《江口县国民经济和社会发展第十三个五年规划纲要（草案）》编制，科学谋划编制408个重大项目项目。二是易地扶贫搬迁工程完成3个集中安置点建设。三是实施以工代赈项目总投资867万元，解决边农村群众出行难问题，石漠化综合治理14.35平方千米。

四、塑造新形象突出新重点 一是强化价格监管和价格服务，完成对保留的62项涉企收费目录、78项行政事业性收费目录和27项政府基金类目录清单。二是加强节假日市场价格监管，开展教育、医疗、涉农等收费专项检查。三是落实价格调节基金征收和使用监管。四是做好价格评估认证工作。

现场指导灾后重建

发放禁毒宣传册

石阡县国土资源局

市国土资源局副局长周迪（右三）在副县长龚朝清（右一）陪同下深入枫香乡开展帮扶走访工作

市国土资源局与我局在枫香乡联合开展第25个“土地日”宣传知识讲座

开展“三严三实”教育活动

召开规范操办酒席专题会

一、建设用地保障工作。2015年获批各类建设用地指标115.28公顷，收储土地209.73公顷，尤其是第四届旅发大会重点建设项目用地需求得到保障。

二、矿产资源开发利用工作。开展矿山整合，完成18个乡镇砂石矿山整合协议；年检市、县发证矿山50个，收缴矿产资源补偿费67.64万元；挂牌出让重晶石、砂石矿6个采矿权，征收采矿权价款468.16万元；执行矿山企业足额缴存矿山地质环境恢复治理保证金规定，关闭煤矿5个，开展3个砂石矿山环境恢复治理工作。

三、地质灾害防治工作。落实监测人员补助经费300元/人/月；开展城区防洪地灾演练以及全县威胁100人以上地质灾害隐患点的应急演练；完成龙井小学、大沙坝九小、青阳中学及国荣高桥等6处滑坡治理工程；争取落实地质灾害应急搬迁补助资金979.20万元，解决612户受灾群众应急搬迁；争取到8个地质灾害治理项目列入2015年度三年综合治理行动计划，项目总投资3420万元，落实县级匹配资金684万元。

四、土地整治工作。完成4个省级和3个市级高标准基本农田建设土地整治项目施工；申报获批土地整治项目9个，高标准基本农田土地整治项目2个；争取到市国土资源局帮扶枫香乡鸳鸯湖村土地整治项目，已于2月2日正式开工建设。

五、不动产登记工作。成立不动产登记局、不动产登记事务服务中心，正抓紧建设办公场所；完成土地、林业、房屋不动产统一登记职责整合，落实内设机构和人员编制。

六、基础业务工作。一是开展永久基本农田划定。二是抓好土地变更调查。三是开展土地利用总体规划调整完善工作。四是推进农村宅基地登记发证工作，完成4个行政村农村宅基地确权登记。五是完成30个高标准测量标志保护更新工作，并协助省厅完成全国地理国情普查工作。六是完成2014年度土地矿产卫片执法监督检查工作。

七、党建帮扶。组织全体党员及干部职工开展“干群连心”献爱心、送温暖活动，捐助资金2万元；为白沙笔架山村、均坪村、苏坪村解决办公楼维修、办公室设备、饮水工程、修建产业路等共计资金29.30万元。

思南县发展和改革局

驻村帮扶工作部署会

以工代赈项目

检查人畜饮水

石漠化项目

一、抓项目、促投资，确保固定资产稳定增长　全县限额以上固定资产投资在建项目共434个，项目总投资386.67亿元，年度累计完成投资161.39亿元。重大项目和重点工程累计完成投资54.61亿元，完成情况占年度投资计划的103.86%。

二、争资金、抓政策，积极争取投资和政策支持　争取到中央预算内投资及省预算项目54个，项目总投资128216.25万元，其中中央预算内投资33561.63万元。巩固退耕还林成果专项资金建设项目，总投资1253.46万元，其中中央资金850万元；石漠化综合治理工程项目，总投资935万元，其中中央资金850万元；财政预算内以工代赈投资计划，总投资772万元；香坝镇雷公门安置点易地扶贫搬迁工程，项目总投资1512万元；凉水井镇安置点易地扶贫搬迁工程，项目总投资960万元；许家坝兴隆光伏扬水项目，总投资110.98万元，省预算内投资30万元；省级粮食流通项目，专项资金49万元。

三、重民生、强管理，确保民生项目顺利推进　一是2014年巩固退耕还林成果专项资金建设项目，总投资2067.20万元，目前已完成。二是2014年石漠化综合治理工程，总投资770万元，主要围绕汪家寨流域和小溪河流域治理。三是以工代赈工程。争取到思

中医院进展情况

重大项目进展黔东汽贸城

芭蕉道路硬化验收

南县2015年以工代赈项目国家以工代赈资金637万元，省财政配套50万元。四是价格调节基金，总投资160万元，主要用于扶持县域内蔬菜和精品水果发展，培育壮大农村专业合作社。

四、价格工作　一是规范幼儿园收费行为。二是严格把关《收费许可证》的审批，按照规定召开思南县公交车、出租车价格调整听证会。三是做好行政事业性收费清理工作。落实省政府关于清理整顿收费项目有关精神，取消5项、减免42项、减增1项、暂停7项收费项目。四是开展雄滩水电站上网电价核定工作以及思南县供水公司供水价格调整前期工作。五是加强节假日期间市场价格监管监督检查。以检查商品明码标价执行情况，检查节日期间车票、药品等是否存在乱涨价行为为重点。六是办理价格投诉举报。“12358”价格举报电话安排专人值守。七是依法开展刑事、民事、经济、行政案件的涉案财物以及道路交通事故车物损失价格鉴定工作，共受理各类价格认证78件，标的金额384.78万元。八是开展主要建筑材料市场价格的调研工作和县城出租车、公交车成本监审工作。

走访贫困户

水毁工程检查

粮仓建设项目

巩退项目

市局领导亲临现场指导地质灾害工作

党组书记、局长谢丹辉（右二）组织中层干部上党课

思南县国土资源局

思南县国土资源局围绕县委、县政府“大扶贫、大数据”两大战略行动，坚持以“保护资源和保障发展”为工作主线，不断创新国土资源管理方式，各项工作稳步推进。

一、用地工作　一是组织城镇批次报件一个，面积31.22公顷，组织挂牌出让土地32宗，面积8.27公顷，成交地价款80659万元，实收地价款78014万元。二是清理闲置土地42宗，其中39宗已完善用地相关手续。三是追缴4宗欠地价款，追究缴地价款1220.49万元。

二、基本农田调整与划定工作　划定永久基本农田面积65751公顷。其中，原划定基本农田面积54253.87公顷，调入面积约13944.33公顷，调出面积2447.20公顷。

三、地质灾害防治工作　一是加强领导，及时安排部署。县人民政府组织召开全县地质灾害防治暨应急处置演练工作会议，对全年地质灾害防治工作进行安排部署。二是加强地质灾害防治演练工作。各乡镇（街道）制定工作方案和应急预案，并进行应急演练。三是完善横向到边、纵向到底的防治监测网，重点把灾情易发生地作为重点，纳入群测群防网络，加强监测预警，确保群众生命财产安全。四是落实应急值班值守制度，实行24小时值班。五是推进思林地质滑坡治理项目。

四、土地开发整理工作　一是实施土地整治项目。全年实施土地整治项目9个。其中，正在组织招投标2个，即将进场施工3个，正在施工3个，已竣工1个。二是启动“十三五”土地整治规划编制工作。

五、执法监管工作　一是动态巡查力度加强。共巡查2239次，出动执法人员4800余人次。二是违法查处力度加强。查处违法用地31宗，现场制止5起，立案调查26宗，收取罚款48.60万元。三是加大项目用地清理工作。清理37个项目，追缴地价款1375.98万元。四是信访工作力度加强。接待群众来访52余人次，收到交办、转办函

局党组成员、副局长陈飞（前排右四）到胡家湾乡资助贫困大学生

局党组成员、副局长黎芝涛（右二）到胡家湾乡开展送温暖慰问活动

党组书记、局长谢丹辉（右二）到胡家湾乡开展春节慰问“送温暖·暖民心”活动

6件，已全部进行调查，并给予书面答复。

六、不动产登记工作　一是农村宅基地登记。全县14.50万宗农村宅基地，发证率达92.60%。二是日常不动产登记管理工作。办理登记事项1200余件，发放不动产权证书400余本，不动产登记证明600余本，出具房屋登记证明600余份。办理他项权利登记192本，抵押金额10.57亿元。

七、矿权工作　一是完成69个矿山年检工作。二是按时完成矿产资源补偿费、颁证权限内采矿权价款征收管理自查、申报工作。三是完成旅游资源等级初评工作。四是认真组织各乡镇（街道）、县有关部门参加全市优质水资源普查动员电视电话会议。

思南县国土资源局党组书记、局长谢丹辉（左一）陪同省国土资源厅副厅长郭强（前排右三）和市国土资源局局长余大权（前排右二）到孙家坝镇实地查看耕作层剥离项目

局党组成员、副局长黎芝涛（后排右二）到胡家湾乡开展捐资助学活动

▶　美化环境、造福子孙，国土资源局全体干部职工植树

规模牛群

人工种草

麻竹元小流域畜牧业工程

印江土家族苗族自治县发展和改革局

2015年，印江自治县的发展改革工作围绕投资拉动内需促发展“一条主线”，抓住“十三五”规划、项目争取、项目建设管理“三个重点”，力争“三大突破”，搞好“四项工作”。

一、宏观调控及经济预测　编制并印发《印江自治县2015年国民经济和社会发展计划》。完成《印江自治县一季度经济运行分析报告》《印江自治县2015年上半年国民经济和社会发展执行情况报告》《印江自治县2015年前三季度经济运行情况分析报告》和《2015年国民经济和社会发展计划执行情况及2016年国民经济和社会发展计划（草案）的报告》。

二、项目资金争取及管理　争取到位项目301个，总资金22.30亿元，同比增长16.90%。争取到位专项建设基金4.07亿元，争取量在全市所有区县中排名第一。项目涉及交通能源、社会事业、基础设施、农、林、水、牧、保障性住房、节能减排等。

三、固定资产投资和重点项目建设　完成全社会固定资产投资113亿元，列入省市重大工程和重点项目项目24个，总投资80.13亿元，全年完成投资31.33亿元。

四、行政审批和价格管理　审批建设工程项目213个，其中备案项目24个、节能登记项目63个、审批可行性研究报告51个、初步设计（实施方案）75个。

开展行政事业性收费监督检查，规范各单位收费行为；严格控制房价，坚持房地产价格备案制度；开展高中教育收费执行情况检查；开展对护国寺景区假日门票价格执行情况检查。

五、节能减排　全县万元GDP能耗同比下降2.41%，规模以上工业增加值能耗同比下降4.50%，公共机构人均综合能耗同比下降4.38%，人均水耗同比下降4.42%，公共建筑能耗同比下降8.81%。新建建筑执行强制标准比例为100%。

六、粮油管理　完成2900吨粮食和200吨食用植物油的储备。对达到轮换条件的储备粮进行更换更新。对粮食仓储、加工及销售网点进行排查，对存在安全隐患的，下达整改通知。

七、煤矿管理　境内煤矿根据国家的产业政策进行过兼并重组。杨柳乡煤矿转让给贵州国源矿业开发有限公司，白玉煤矿转让给贵州久益矿业开发有限公司，天堂突雷岩煤矿全资转让给贵州众一金彩钱矿业开发有限公司，三层岩煤矿转让给贵州蓝雁投资实业有限公司。枇杷湾煤矿、池坝煤矿、青坨煤矿由贵州万胜恒通矿业开发有限公司进行兼并重组控股并购，组建年产30万吨规模矿井。

八、编制“十三五”规划　做好印江自治县第十三个五年规划编制工作。围绕产业发展、基础设施及社会事业3类、10个总课题、44个子课题研究，《规划纲要》已在县人代会上审议通过，共12篇、44章、136节。

九、对口帮扶工作　加强苏州吴江对口帮扶对接工作，获苏州对口帮扶资金100万元。按照“同步小康·干群连心”活动要求，组织全体干部职工到罗场乡佐坪村、茶园村开展贫困村、贫困户遍访工作。对口帮扶罗场乡清河村、佐坪村、茶元村，共争取项目帮扶资金12.10万元。

建设中水池

先建后补青贮窖

蓄水池

机耕道（大石小流域）

先建后补圈舍

饲草机械

麻竹元小流域经果林工程

经果林

封山育林

副县长李兵（左四）一行督查高山、泉口小城镇建设

国土资源局党组书记、局长陈献国（右一）带领全局干部职工到县法院警示教育基地接受警示教育，为干部职工上警示教育课

德江县国土资源局

县国土资源局副局长冉茂良（右一）带领规划股工作人员到枫香溪镇现场踏勘市级土地整治项目

4月8日，县国土资源局副局长付启昌（左二）、党组副书记朱克会（右一）检查合兴镇消家湾塌陷坑现场

2015年德江县国土资源局上报建设用地5个批次115.05公顷，获批131.26公顷（含2014年批复的两个批次）；挂牌出让国有建设用地30宗83.03公顷，成交24宗68.85公顷，成交价款7.41亿元，实收土地价款5.06亿元；追缴欠缴出让金（含违约金和利息）8229.60万元；现场核实网上反映疑似违约51宗、102人次，处理网上反映未按时交纳出让金27宗、未按时开工建设39宗、疑似闲置14宗，清理改变容积率2宗、收取土地出让金823.31万元；完成村民建房1317户，审批面积13.89公顷；征收土地81.87公顷亩，涉及农户440户，处理征地遗留问题8件，涉及土地17.20公顷；挂牌出让集体建设用地6宗面积3000平方米；验收土地开发项目18个，规模面积346.20公顷，新增耕地294.93公顷；争取土地整理市级项目2个，总投资678.90万元，省级投资项目1个，总投资1532万元；正在实施省市高标准基本农田建设项目3个，总投资4150万元，积极申报合兴镇合朋片区高标准基本农田建设项目（投资估算5000万元）；完成2014年度采矿权年检工作，对符合条件的7宗砂石采矿权进行了挂牌出让，共收取采矿权价款101.76万元，对全县原有的砂石土矿山72个，整合关闭36个；完成国有土地使用权登记1658宗，办理国有土地使用权抵押登记61宗、面积1032052.5平方米,贷款融资120642万元；开展国土资源动态巡查200余次，巡查发现并制止土地违法行为34宗，立案查处7宗（土地5宗、矿产2宗）、面积约46公顷，涉及金额约200多万元；正在实施3个地灾治理项目，总投资736万元；获批4个地治理项目，项目投资共计810万元；启动不动产登记工作，完成机构整合、人员划转，逐步实现林权、房屋产权、土地权属、承包经营权等不动产一体化。

◀ 在“三严三实”学习教育活动中，县国土资源局加强道德讲堂建设，提高干部职工的思想道德素质

在精准扶贫工作中，德江县国土资源局以支部联建为载体，着里提高支部的凝聚力和战斗力，图为德江县国土资源局与楠杆乡金盆村举行联建支部授牌仪式

举行地质灾害应急演练，提高群众应急避险、救援能力，图为在潮砥镇开展地质灾害应急演练

▶ 县国土资源局扎实开展“在职党员进社区”活动，图为国土资源局工作人员在桥头社区宣讲国土资源法律法规

松桃苗族自治县工业和商务局

副省长慕德贵（前排左一）调研松桃工业经济

2015年，松桃苗族自治县工业和商务局按照“产业富县”发展思路，推动全县工业经济和商务工作持续健康发展，各项工作得到有效地推进，取得显著成效。

一、工业　2015年，全县规模以上工业企业完成产值102.92亿元，完成增加值27.55亿元，实现销售收入91.22亿元。全年生产电解锰13.74万吨，生产水泥77.74万吨，生产锰矿石558万吨，加工石材料39.04万立方米，实现供电量119914万千瓦时。实施工业类项目85个，实现63个项目投产，完成工业投资47.41亿元。累计完成固定资产投资（不含园区）39.40亿。

一是中小企业和非公有制经济发展。全县民营经济实体户数发展到20443户，实现民营经济增加值60.73亿元，完成民间投资63.11亿元。二是节能降耗和资源综合利用。督促指导企业推进节能技术改造和淘汰落后产能，并通过验收。落实重点用能企业节能监管，完成重点用能企业能耗监测和数据统计上报。三是国有企业改革。向社保拨付企业职工养老金。完成县民族综合制品厂、印刷厂、原锰矿厂、汽车队、二粮店的信访调查和答复。四是锰矿工业。开采锰矿石554万吨，生产电解锰13.21万吨，实现产值60.70亿元。同时帮助企业申报产业扶持资金，兑现电解锰企业产业扶持资金2229万元。五是建材工业。石材生产实现产值1.52亿元，水泥生产实现产值1.67亿元，商混加工实现产值8.57亿元。六是其他工业。茶叶加工实现产值51502万元；制鞋制衣等加工实现产值56298万元；苗绣等民族特色商品加工实现产值21074万元；肉食品加工实现产值15853万元；水晶球加工实现产值41985万元。

二、商业　社会消费品零售总额完成21.38亿元，有商贸流通企业756家，工商注册登记个体户9983户，商业网点13241户，注册资金38.26亿元。

一是商贸市场体系建设。规范城区再生资源回收利用站点1家。引进阿里巴巴等涉电企业46家，建立电商服务站71个。二是石油供销。有加油站40座，销售成品油16.60万吨。

春运期间，市长陈晏（前排左三）检查铜仁客车站安全生产工作，强调要强化责任意识、红线意识、底线意识，确保民众安全出行。

走进帮扶村，看望、慰问困难群众

铜仁市道路运输局

2015年，铜仁市道路运输局以建设群众满意道路运输为目标，以增强道路运输服务保障能力为主线，以改革创新为动力，以依法治运为保障，以提升效能为基础,主动适应道路运输发展新常态，改革创新、行业管理和民生服务等方面工作取得了优异成绩。

道路客运市场改革成果丰硕　“幸福农村小康车”进村到户，“幸福农村小公交”衔接镇村，县际客运班线经营权实行招投标，还组建了高速客运公司。

“智慧交通”建设笃定有力　完成智慧交通信息指挥中心平台建设，对主城区公交车、出租车安装3G音视频智能终端设备；开通“12328”全国交通运输服务热线，24小时为市民提供投诉及咨询服务。

安全生产形势持续好转　再度刷新纪录，实现连续13年无责任事故的目标。

客货运输管理不断加强　客运运输稳定增长，一方面抓农村客运覆盖率；一方面抓长途客运接驳运输。复核辖区14家危险货物运输企业资质，对从业人员进行培训，完成液体危险货物罐车加装紧急切断装置工作。新型客运站建设有序开展。

公交体制改革持续推进　优化调整11条、新增7条公交线路，增加公交车43辆，出租汽车80辆，制定主城区公交车、出租车星级评定奖励办法。

驾培维修服务扎实有力　受理各类从业资格考试申请9200余人次。举办铜仁市第三届劳动技能竞赛。对二类以上维修企业2014年度质量信誉进行考核。

“打非治违”和公交出租专项整治成效明显　开展“打非治违”，检查各类车辆18517辆次，查处各类非法违法行为5535起。

◀　对主城区城市公共交通客运车辆企业及驾驶员进行星级评定，从高到低依次分为五星、四星、三星三个等级，以此激励驾驶员进一步做好服务工作

开通10条城乡小公交线路，覆盖90余个村，惠及40余万群众。“幸福农村小公交”，有效解决了民众出行最后一公里问题。

2015年，铜仁市智慧交通信息指挥平台正式投入使用，主城区公交车、出租车实现3G音视频动态监管，“两客一危”重点营运车辆实现千里监管。同时，依托平台开通了全国统一交通运输服务热线“12328”

铜仁市交通运输局

铜仁市交通运输局按照创新、协调、绿色、开放、共享理念，全面贯彻落实全省交通运输工作会议、市委一届九次全会和全市经济工作会议精神，团结奋进、攻坚克难，圆满完成各项目标任务。

一、交通运输促投资促消费稳增长作用彰显　全市公路水路完成固定资产投资130.68亿元，公路水路客运量达10598万人次，货运量达4569.47万吨，分别较同期增长36.60%、38%。

二、交通基础设施建设实现新突破　一是在建高速公路及互通工程快速推进。二是四条地方高速公路强势推进。三是国省干线提级改造持续加快。四是农村交通基础设施水平进一步提升。五是站场和水运基础设施条件同步改善。

三、行业改革创新亮点纷呈　一是投融资体制改革创新成效明显。探索创新PPP建设模式，采取“PPP＋EPC+运营期政府补助”模式建设四条地方高速公路项目。与工商银行拟融资120亿元，用于启动全市大自然村寨通公路项目。二是“建养一体化”改革成效凸显。推行农村公路和普通国省干线“建养一体化”建设新模式，实现由破冰前行向全面提速的转变。三是道路旅客运输改革取得阶段成效。鼓励社会资本投资发展通村客运事业。整合县际客运班线，实行公车公营。推进市际班线改革进程。探索出租汽车网络预约新模式。创新推行出租车、公交车驾驶员星级评定管理办法。

四、交通运输转型升级迈出新步伐　一是绿色交通建设迈出坚实步伐。启动环梵净山旅游公路、环石阡佛顶山旅游公路和乌江生态廊道的规划建设工作。二是创建活动成绩斐然。“多彩贵

铜仁高铁站

沿河乌江

州□最美高速暨平安高速”和国省干线“畅安舒美”等创建活动进程深入推进。三是智慧交通取得新成效。实现县级智慧交通平台建设、12328电话县级分中心、铜仁市主城区电召车平台运营三大突破。四二级以上客运站全面实现联网售票。

五、行业治理能力迈上新台阶　一是依法加强农村公路管理，切实维护路产路权。对损害公路路产路权的违法行为进行专项治理，立案27起、结案27起。二是规范道路运政执法行为，“打非治违”和公交出租专项整治成效明显。开展城市客运专项整治，检查车辆7032辆，查处出租车各类违章4331起。

六、交通运输安全生产形势持续稳定　实施生命防护工程213.26千米、危桥改造12座。在思南开展我省有规模最大、规格最高的水上交通事故应急救援演练。完成春运、两节两会等重点时段的交通运输安全服务保障工作，实现水上交通连续第16个平安年，道路运输连续12年无责任事故。

1
2 3
4

1、安全、靓丽畅通万山区青年湖
2、杭瑞高速德江段
3、江口至梵净山公路亚木沟景区
4、江梵公路

1 2
3

1、中国最美高速公路杭瑞高速铜仁段
2、杭瑞高速江口段
3、江梵公路油路施工

铜仁公路管理局

铜仁公路管理局系贵州省交通运输厅、省公路局派驻铜仁市的省直正县级事业单位，主要从事普通国省干线公路建设、管理、养护工作。

全局管养普通国省干线公路1074.20千米，下辖9个公路管理段，1个路桥工程公司，1个公路养护中心，1个监理分公司；设23个养护站，8个机化站，5个治超站。

“十二五”期间，铜仁公路管理局实现干线公路管养水平稳步提升、养护生产规范化水平明显提高、依法行政能力明显改善、管养公路路况水平持续向好、行业文明建设成效显著、辖区道路基础设施进一步完善、服务功能进一步提升的既定目标，为地方经济的发展提供了良好的公路交通支撑。在省公路局历年年度绩效目标考评中均获得较好成绩。荣获“全国交通运输行业文明单位”、省公路局系统“十二五”党建工作先进党委等荣誉；石阡段、玉屏段分获全省文明单位、全省精神文明建设先进单位，江口段德旺养护站被评为全国公路系统“模范道班”；全局系统各单位先后受市级表彰20余次。

近年来，铜仁公路管理局积极探索养护运行机制改革，创新管理方式，强化行业文明建设，加大“四化段”、机化站建设和养护机械化投入力度，加强制度建设和规范化管理。推行“社会保洁与专业化养护相结合”生产模式，注重公路日常养护、预防养护、特色养护、精细养护和生态养护，通过实施生命防护工程，开展公路绿化、地质灾害处治以及创建“畅安舒美”路等措施，着力构建平安公路、和谐公路、文明公路，公路综合服务水平不断提升。

铜仁公路管理局正以交通运输部“改革攻坚、养护转型、管理升级、服务提质”十六字方针为指导，认真贯彻“养护精细、管理精心、工程精品、服务精良、应急精锐、信息精准”公路理念，以饱满的工作热情和良好的精神风貌投身于公路建管养事业，为实现同步全面小康筑牢公路交通保障。

市公路管理局局长舒琴（左四）与德江县副县长梅斌（左三）现场调度会

路政执法宣传

公路养护

石阡段抗凝保畅

党建帮扶——关爱留守儿童

铜仁市地方海事局（铜仁市航务管理局）

市地方海事航务局长李仕龙（左一）带队对水运企业落实安全生产主体责任情况进行检查

市地方海事航务局组织开展汛期水上交通安全检查

市地方海事航务局长李仕龙（前排右三）检查碧江区水上交通安全工作

组织开展船员航线延伸考试工作

铜仁市地方海事局（铜仁市航务管理局）牢固树立安全红线意识和底线思维，居安思危、警钟长鸣、依法行政、严格监管，海事航务事业稳步向前发展，实现一个连续、二个提升、三个突破。

一个连续：连续实现铜仁市水上交通安全16年平安。坚持以客、渡船为重点对象，以春运、汛期等为重点时段，以乌江、锦江等江河为重点水域，通过抓好安全生产月、打非治违、三无船舶整治、平安船舶等专项行动，开展安全生产大检查，做好两会、美丽梵净山铜仁过大年等活动举办期间的水上安保工作，实现水上交通安全零事故零死亡，实现连续16年平安。

二个提升：干部队伍的应急救助水平得到新提升；完成水上交通事故应急救援演练，此次演练是我省有史以来规模最大、规格最高的一次水上交通事故应急救援演练，演练检验了我市水上交通事故应急救援实战水平，得到省、市各级部门的一致认可和肯定。水运固定资产投资能力得到新提升；完成乡镇渡口40道和7座便民码头建设，完成水运固定资产6.50亿元，超出目标值4.85亿元。

三个突破：船检工作取得新突破；实施对仿竹排筏的检验，解决针对仿竹排筏检验没有具体实施办法的难题。乌江复航工作取得新突破；协助省交通运输厅、省地方海事局抓好乌江复航试航工作，实现乌江全面复航。水上交通安全智能化监管取得新突破；坚持科技兴安，不断加强海事航务装备及监管信息化建设，努力提升安全管理科技化水平。在思南、沿河县各选取2艘运输船舶作为监控设施试点，完成锦江重点航段、码头和船舶监控设施安装。同时，抓好向上对接工作，争取实现与省地方海事局共享即将开通的乌江智能监控系统。

◀ 全省水上交通事故应急救援演练中，进行船舶失火灭火救援演练

省水上交通安全事故应急救援演练中，船舶在思南县三桥水域列队接受检阅

铜仁市供水总公司

方兴房地产开发有限公司为感谢水厂解决工人日常用水问题特送锦旗（图左一为供水总公司总经理陈世新，左二为水厂总厂长贯秋江，左三为供水服务中心主任杨钧，左四为供水管理部主任梁健）

96015工作人员接听用户来电

水厂例行消防器材检查

公司职工参加趣味运动会

供水综合办公大楼

铜仁市供水总公司始建于1958年，现有在岗职工272人，下辖水厂3座，抽水站1座，加压站7座，日供水生产能力16.50万立方米，总资产3.70亿元。公司由市水务投资有限责任公司直属管理。按照市委、市政府提出的“老城提升、新区提速”的总体要求，城市供水基础设施不断完善，供水优质服务明显提升。铜仁市中心城区DN100–800mm供水主管道总长260余千米，干支管网长850千米,除中心城区外，供水管网还覆盖至碧江经济开发区、万山区谢桥新区、碧江川硐新区等区域，供水人口近40万人，城市供水覆盖范围69平方千米。

一、生产产值及企业收入情况　2015年实现工业总产值11499.28万元，比上年增长16.80%，全员劳动生产率44.20万元，比上年增长19.80%。

二、供水工程建设情况　有序推进9个供水及管网建设项目任务，完成投资1893万元。

三、科学管理情况　公司实现企业管理成本连续3年下降目标，在信息化、社会服务承诺、宣传等方面走在全省前列。公司严格水质检测工作，全年供水水质综合合格率达99.96%，优于国家饮用水卫生标准。不断开展职工综合素质培训工作，全体干部职工管理、技能等综合素质得到明显提升，全面加强安全生产工作，确保城市安全供水万无一失。

四、中心城区实行阶梯式水价　根据贵州省发展和改革委员会《关于调整铜仁市中心城区城市供水价格完善水价计价方式的通知》，自2015年3月1日铜仁市中心城区新实行阶梯式水价。

五、开通供水服务热线及微信公众号　2015年6月2日，供水总公司开通96015供水服务热线和微信公众号，96015供水服务热线全天24小时提供城市供排水信息、受理广大市民对城市供排水方面的咨询、投诉、报修、建议等业务；广大市民可通过微信公众号微信缴纳水费、业务咨询、在线投诉与报修。

六、民心党建工作开展情况　一是减免弱势群体水费、安装费用数十万元，优惠化肥厂433户改制企业困难职工“一户一表”安装费用4万余元；二是解决铜仁市招商引资企业方兴房地产开发有限公司（铜仁高速南站工地）施工和工人日常用水问题；三是斥资维修两城区用水户水表前管道，促进了社会和谐。

2015年，铜仁市供水总公司被省总工会、贵州省人民政府国有资产监督管理委员会等8家部门联合授予“贵州省劳动关系和谐企业”，抄表班组荣获市“五一劳动奖状”、水厂1名职工获得“五一巾帼标兵”荣誉称号。

▲ 尖岩水厂建设工程图

川硐集镇管网敷设

◀管网工程建设

◀白马洞水厂建设

万山区住房和城乡建设局

党组书记、局长　李红旗

万山区住房和城乡建设局位于谢桥新区万山产业园附一号楼，现有科室6个，局下设事业单位9个，有在职干部职工52人。

一、万山红大道建设项目　万山红大道位于万山区老城区，总长5.20千米，双向四车道，计划总投资约1.50亿元。以“一轴、两中心、三节点”的景观结构串联整个绿化景观，与沪昆高铁形成立体式交通网络。主要以“汞文化广场、朱砂广场、麻音塘广场”为主要特色，以雕塑铭牌、色彩灌木景观、特色廊架、剪纸景墙、石栈道、万山地雕、树阵广场、囗锣雕塑、造型花池、宾馆建筑改造等特色文化与周边各功能空间的衔接，目前已基本建成。

二、万山区木杉河流域综合开发建设项目　万山区木杉河流域综合开发建设项目于2015年9月1日动工，预计总投资6.30亿元，治理河道5.70千米，自龙升水库大坝起，由南向北穿越16条城市道路，止于市体育馆北侧大桥，规划设计总面积698520平米（含河道）。根据设计方案，在河道两岸修建人行观光栈道、自行车便道等设施，打造特色鲜明的绿地水系生态廓道和“会呼吸的河流”，营造以自然景观、展示历史、城市休闲功能为主的滨水景观。目前正在进行驳岸石摆放、管理用房的修建和跳外河桥的装饰。

三、保障性安居工程项目　谢桥冲广坪1608套保障性住房建设工程全部竣工验收，并分配安置；1978套公租房90%主体已竣工，874套工矿棚户区正在进行附属设施以及装饰装修工程施工；廖家公租房632套，已完成地勘工程和基础设计图，生态农业园公租房176套，以完成71、72号楼基础孔桩施工；城市棚户区和工矿棚户区改造项目共1300套，正与房开工作洽谈以商品存量房购买的方式进行安置。

四、农村集中建房项目　2015年实施的7个农村集中建房示范点全部完成工程建设，同时启动配套基础设施以及道路施工工程。

五、农村危房改造项目　我区农村危房改造工作任务1245户，年底完成改造工程竣工验收，投入资金942.36万元。现全区农村危房改造实施工程开工率达到100%,竣工率达100%，并进行资金兑现工作。

六、小康房项目　万山区2015年小康房任务220户，其中黄道乡80户，高楼坪乡70户，敖寨乡70户，年底完成220户小康房全部工程建设，即将进行配套基础设施施工。

七、争取国家项目资金方面　全年向上争取项目7个，争取到位资金1.83亿元。

万山区交通局

万山区交通运输局编制人数65名，实际在岗人数46人。海事局、公路管理所、道路运输局（万山分局）属副科级站所，交通设计室和交通工程质量监督管理站、公路管理所和路政大队实行两块牌子一套人马，道路运输局（万山分局）属市道路运输管理局垂直管理部门。

一、交通建设情况　一是国省干线（S103）郭家至黄道提级改造项目累计完成形象进度的75%；国省干道（S103）黄道至湖广桥提级改造项目初步设计已批复。二是谢桥廖家坳至茶店城市干道项目初步设计送往省建筑设计院评审。三是茶店至地幔公路提前启动提级改造工程全面竣工；乡道王灵官至下溪提级改造项目可研报告已批复，施工图上报市局审查。四是提前启动通村油（水泥）路3条，已全面完工。五是铜仁客运南站项目征地拆迁工作发放补偿资金4900余万元，已拆除95栋房屋。六是危桥改造项目。漆树湾桥完成1□桥台砌筑，下溪桥完成设计图变更，已开工建设。七是安保工程项目。老羊坪至鱼塘公路项目完成项目评审。八是灾后重建项目。茶店至大坪公路完成设计工作并上报市公路处，等待下达计划。

二、农村公路管养工作　全面完成农村公路养护148条854.41千米，投入590万余元，区县、乡道、村道好路率均为100%。

三、道路运输　一是做好春运组织管理。实行24小时值班制度和领导带班制度，设立春运服务站，确保春运安全有序。二是开展道路危险货物运输专项整治。查处2家危货运输企业，已对其进行限期整改。

五、水上交通安全　一是对6艘乡镇自用船进行登记、办证管理；二是对挞扒洞库区船舶用途性质及分类进行协商处理；三是对33只皮划艇进行登记、编号管理，与各船主签订责任状；四是与各涉水涉船乡镇签订责任状；五是对9艘脚踏游乐船进行登记，其中6艘批准发证，另外3艘正在进行办证工作。

省领导检查国省干线（S103）郭家至黄道提级改造项目建设

市领导检查铜仁南站建设

灾后重建

县乡道提级改造

松桃苗族自治县住房和城乡建设局
（城乡规划局）

局长田辉（前排右一）、副局长杨洲（左一）下乡调研

副局长石渊明（右三）在蓼皋镇稿楼村慰问

7.15洪灾后，住建局领导班子带领干部职工河边除於泥

2015年，松桃苗族自治县住房和城乡建设局（城乡规划局）围绕全县中心工作，团结拼搏，克难求进，完成城乡建设投资49.38亿元。2015年，全年新增城镇人口4.10万人，城镇化水平达到40.03%。新增城镇道路25.32千米；新增县城建成区面积1.36平方千米，县城建成区绿化覆盖率增至37.12%。

城乡规划工作　一是加强方案审查与规划编制工作。二是严格城乡规划审批。三是加强城乡规划执法与宣传。

重点市政设施项目建设　九龙大道(东段)累计完成投资2700万元；城南路网完成投资约1.60亿元；县第五中学片区路网工程正在施工招投标；东门桥桥梁改造工程完成投资约146.38万元；九龙湖环湖路网工程完成投资约6800万元；正大乡游客接待中心工程完成投资约832万元。

房地产市场监管与产权交易　一是加强房地产市场监管。二是严格房屋产权登记管理。三是进一步规范物业监管和房屋维修基金收取。

保障性安居工程实施情况　全县城镇保障性安居工程基本建成6151套（户），分配2313套。发放租赁补贴5235938.60元。

村镇建设情况　完成农村集中建房点规划编制13个，完成收储土地48.93公顷，确定对象户911户，已全部开工。第四批传统村落申报工作8月10日结束，向上提名申报并上交申报资料的达99个村，已完成网上系统录入，待住建部批复。

建筑工程质量安全监管情况　受理安全监督工程113项，新办质量监督登记备案工程41个，面积33.03万平方米；完成竣工备案登记工程84个，竣工面积39.08万平方米。加强质量安全监管，开展质量安全大检查，其间穿插开展质量两年行动、建筑工地安全专项整治、老旧危楼专项大排查大整治、建筑节能专项检查、建筑起重机械专项检查、安全文明施工专项检查。

石阡县交通运输局

省交通运输厅纪委书记翟晓辉（前排右三）一行深入石阡县调研交通工作

省交通运输厅副厅长韩剑波（左一）到石阡调研海事搜救指挥中心

省公路局党委书记李健（右二）调研石阡公路建设

省道路运输局党委副书记、局长方志江（右四）到石阡县检查指导客运站场建设

石阡县交通运输局为石阡县人民政府工作部门，内设办公室（监察室）、财务股、业务股、政策法规与安全监督股。下属事业单位（含参公）5个，分别为石阡县地方海事处，石阡县公路管理所，石阡县道路运输局，石阡县公路建设规划办公室，石阡县交通建设工程质量监督站。

一是高速公路建设。江瓮高速公路石阡段总投资76.90亿元，累计完成投资76.13亿元，工程形象进度为99%。二是国省干道建设。省道S203线冷龙至板桥19千米，工程概算总投资3.98亿元，年内工程形象进度70%。中坝旅游快速通道全长11.10千米，项目概算总投资94370.58万元，累计完成投资4.10亿元，工程总体形象进度35%。三是农村公路建设。原大关酒厂至国荣、五德大桥至坪山、荆竹大桥至坪地场提级改造工程均已相继开工建设，形象进度分别为98%、58%和54%。江瓮高速聚凤互通至聚凤集镇6.02千米公路工程，工程形象进度10%。X011线县城至中坝段道路改造项目概算总投资1000万元，改造里程共6.78千米，工程于10月中旬完工。2014年通村沥青（水泥）路项目计划24条204.60千米，截止12月25日，该批项目决算已完，所有决算项目已经送审。2015年第一批项目计划12条174.20千米，工程总体形象进度90%。四是水运发展建设。市交通运输局已完成县城、鸳鸯湖和苏阳寨便民码头的施工图评审；甘溪白岩河渡改桥全面完工。同时，完成水运十三五规划编制，大土、大院子、施场等3个水毁渡口的重建工作以及各渡口码头安全航行日常警示标识系统的修建工作。五是客运站场建设。石阡县城北一级客运站是目前铜仁市全市最大的县级综合一级客运站，该工程已全面完工；汤山镇客运站全面完成站场建设。

石阡县交通运输局2015年1月因办理2014年度委员提案成效显著被石阡县委评委提案办理先进单位。是月获2014年度石阡县人大代表建议办理工作先进单位、石阡县禁毒工作先进单位、贵州省“四在农家、美丽乡村”小康路行动计划先进单位。7月获全省机关企事业单位党建工作“先进党组”荣誉称号。

全市2015年交通运输工作暨农村公路六个同步管理现场会在石阡县召开

四通八达的园区公路

铜仁市委常委、石阡县县委书记皮贵怀（中）深入中坝旅游快速通道调研慰问

石阡高速收费站入口

全省农村公路养护管理观摩检查组来石阡县观摩检查

茶区公路

南方电网灯火辉煌

清理石阡110千伏变电站站内淤泥，以便尽快复电

两天窝隧道塌方救援现场，发电车正在布线

青春展活力

石阡供电局

石阡供电局在石阡县委、县政府的关心支持下，以党的十八大及十八大五中全会精神为指导，以中长期发展战略统揽全局，围绕保安全、促增长、优电网、强队伍、改作风核心任务，克服自然灾害频繁多发不利因素引起的困难，较好的完成了各项工作任务。

顺利完成27次县委、县政府“人代会”、党代会等重要会议和重大节假日保供电工作。特别是洪灾期间高考保电工作，在人员紧张的情况下抽调保电人员在考点值班，高考期间未发生供电中断现象。

抓重点项目协调确保电力供应，积极督促推进局在建项目推动，解决电网发展瓶颈；局班子4次上门同安江高速施工项目部、盛达水泥厂、盘江、盘兴、恒源矿业等业主对接，解决各项目业主用

十字路口的灯光

副省长刘远坤（前排中）在石阡110千伏变电站听取贵州电网公司总经理唐广学（前排右一）汇报电力抢险情况

时任铜仁市委书记刘奇凡（前排中）在石阡110千伏变电站听取石阡供电局局长罗文全（右一）汇报变电站抢险情况

电难题，协助各企业恢复洪灾用电；开展负荷开拓和优质服务。

年内，石阡县遭受历史罕见特大洪涝灾害，其波及范围之广、灾害损失之重、持续时间之长在石阡县防洪史上前所未有。洪灾导致110千伏石阡变电站两次因水淹强迫停运，7座35千伏变电站受迫停运。在上级部门、兄弟单位的援助下，在县委县政府的紧急部署下，石阡供电局迅速反应，用最短时间恢复供电，对保障社会民生、维护社会稳定发挥了极为重要的作用。市委、市政府高度评价："石阡供电局讲政治、顾大局，以不畏艰难、无私奉献、顽强拼搏的精神，体现了服务为民、心系社会的高风亮节，也充分体现了企业高度的社会责任感。"

时任铜仁市市长夏庆丰（左三）在石阡110千伏变电站听取供电部门汇报抢险情况

雨夜情

复电抢修

手拉肩扛复电忙

齐心协力

思南县住房和城乡建设局

思南县住房和城乡建设工作坚守生态和发展两条底线，围绕主基调主战略，主动适应经济发展新常态，克服资金匮乏、经济环境下行等困难，滨江山水园林城市建设和山地特色新型城镇化建设取得新突破。

一、坚持规划引领先行，强化城乡规划实施与监督管理　一是完成《思南县县城总体规划2012—2030》等各种规划的编制。二是强化城规委办公室实体运作，加强项目方案审查。三是加大城乡规划执法力度，严厉打击各种违法建设行为。

二、突出民生利益导向，继续推进民生事业创新发展　一是保障性安居工程建设取得重大突破。开工保障性住房、实施棚户区改造12009套（户），基本建成保障性住房、棚户区改造安置住房4720套，分配保障性住房4223套。二是农村危房改造工作有序推进。7499户农村危房改造工程全部竣工。争取上级专项补助资金6178.43万元。到位资金4276.12元。三是农村集中建房工作有力推进。13个集中建房点开工建设1300户，竣工1300户。四是美丽乡村建设亮点纷呈。280户小康房建设任务全部竣工；将14个乡镇25个村纳入一期农村人居环境改造规划建设；加快思林乡黑河峡社区和金龙村传统村落项目建设，完成第四批传统村落的申报。

三、围绕客观市场需求，加强房地产市场持续健康平稳发展　加大江岸名都五组团、思丰财富广场等房开项目推进力度，完成房地产开发投资15.26亿元。

四、强化重点平台建设，大力推进山地特色新型城镇化发展　一是完成招商引资签约资金15.10亿元，到位资金6.30亿元；完成项目投资4.75亿元；新开工“8+X”项目22个，建成18个。二是探索建立“1+N”联动发展模式。三是抓功能品质提升和运营招商，加快推进城市综合体项目建设。

五、夯实基础设施建设，城市综合承载能力和集聚能力明显提升　一是加快山体森林公园、市民广场公园、城区绿化景观带和景观设施建设。二是完善城镇功能，提升城市品质，加快推进重大市政基础设施项目建设。

六、传承厚重历史文化，积极开展历史文化街区申报工作　一是实施98栋木结构房屋和100栋砖混结构房屋的保护修缮。完成3000平方米石地板打纹及2000盏节能灯安装和亮化。二是编制安化历史文化街区和小桥沟历史文化街区保护整治规划并获县专家审查通过。

七、强化城市风貌管控，加速推进县城房屋平改坡项目建设　加快县城风貌改造推进工作，启动房屋平改坡项目。我县房屋平改坡已纳入2016年省、市项目观摩会项目。

八、依法推进房屋征收，积极为城市建设拓展发展空间　作出房屋征收决定项目3个，涉及征收户数236户，累计兑现各种补偿资金7505.38万元。

市传统村落保护与发展专家到我县指导传统村落申报工作

2015年全县城乡规划知识竞赛

香坝镇雷公门集中建房建设 ▶

◀ 大河坝黑鹅溪美丽乡村建设

关中坝办事处息乐溪美丽乡村建设

思南县交通运输局

思南县交通运输局紧扣“86336”举措，以交通项目建设为重点，加快补齐交通基础设施短板，全力提升运输服务水平，为助推思南决战决胜脱贫攻坚全面同步小康发挥交通先行和保障作用。

一、主要目标任务完成情况

完成交通固定资产投资13亿元。新增104个建制村通水泥路，全县建制村通水泥路达525个；新开通农村客运线路12条，新增60个行政村通客运；县公路良等路好路率95%；乡公路良等路好路率92%；道路运输完成客运量2510万人次，完成货运量415.77万吨。水路运输完成客运量265.83万人次，完成货物运输量8.55万吨。连续实现第16个水上交通安全“平安年”。

二、交通项目建设情况

重点交通项目。思南至印江城际快速干道工程和环白鹭湖旅游公路（邵家桥至长坝）均完成工可审查批复，正在开展初步设计。

普通国省干道改扩建项目。建成灯油坝至塘头、大岩关至汪家沟、塘头至板桥3个项目50千米。完成县城至灯油坝公路项目路基工程9.70千米。开工建设S305塘头到本庄（山口坳）公路改扩建项目45千米，总体形象进度达20%以上。

县乡道改造项目。建成思林水电站左岸进场公路改造项目7.05千米，新开工建设张家寨至胡家湾公路改造项目22.10千米、孙家坝至大坝场大修项目28.29千米。启动

党组书记、局长罗代标（左一）督查普通国省干道改扩建项目

党组书记、局长罗代标（右二）走访慰问贫困户

沙沟至长坝公路养护

成功举办全省水上交通事故救援演练现场会

X042长坝至王寨、X6G0温家坡至梨树沟（席家坨至温家坡段）等县乡道改造项目前期工作。

通村水泥路及窄路面加宽项目。建成通村沥青（水泥）路300.10千米，新增104个村通畅。建成窄路面加宽项目29个。

国开行扶贫贷款农村公路项目。共1687.90千米，分四批实施，第一批已全面开工建设。

客运站场项目。双塘汽车站完成工可批复和场坪工程。枫芸乡、兴隆客运站工程有序推进，完成大河坝、凉水井、思塘客运站前期工作。

乡镇渡口项目。建成渡口项目16个，惠及邵家桥、关中坝、鹦鹉溪、孙家坝等4个乡（镇、街道）。

市政道路及水库项目交通工程。开工建设南部新城纬一路项目1.35千米。实施□木寨水库公路工程5.82千米。建成过水湾水库1号人行吊桥120米。

三、行业监管情况

公路养护管理。创建“四好农村路”沙长线73千米，洪灾后及时抢通9条县乡公路，修复2座桥梁。完成32处市、县两级督办隐患点治理。完成12个乡镇28条通村客运班线安保工程。

海事航务管理。检验船舶109艘。将全县客运船舶纳入公司化规范管理。完成全省水上交通应急救援联合演练。

道路运输管理。完成出租车收费微调工作。新开通60个行政村客运班线。实现城乡执法全覆盖。完成重点时段运输保障任务。

环白鹭湖旅游公路规划效果图

思南至印江城际快速干道规划效果图

通村水泥路

S203灯油坝至塘头二级公路

S304大岩关至汪家沟二级公路

印江土家族苗族县交通运输局

局党组书记、局长张一鸣（前排中）现场查看通村公路建设

印江至沿河公路养护

2015年，全县交通运输工作以“畅通大动脉，改善微循环，推进一体化，建设新农村”为主基调，以路网完善、公路等级提升和广大群众安全便捷出行为核心，抓好交通“三个服务”，以项目建设和客运发展为载体，抓好重点项目、农村公路建设和公路管养、客运管理等工作，完成全年交通运输各项目标任务。交通运输绩效目标综合考核、农村公路养护、路政管理均获得全市第一名。

全年完成交通固定资产投资246873万元，争取到位项目资金47201万元。全县公路通车总里程达2837.66千米。全面完成全县十三五交通运输发展规划的编制与项目申报工作。

一、交通基础设施建设

通村油路建设。按照“六个同步”要求，12月底前完成40个329.90千米的通村油路项目建设。

重点项目建设。一是4月底全面完成南环路城市道路工程。二是S304新民至印江县城公路改扩建工程、江高速公路洋溪互通工程，完成总体工程形象进度80%以上。三是S303印江县城至杨柳塘公路改扩建工程、杭瑞高速公路梵净山西（印江东）互通工程，完成工程形象进度40%以上。

其它项目。完成印江至沿河公路改造工程的可研、初步设计和施工图设计。完成旅游公路、产业路、农村集中建房安置点等交通基础设施建设。协助市驻印江指挥部抓好印江至思南城际快速干道项目前期工作，进入专项评估和初步设计程序。完成中坝乡夫子坝桥、燕子岩桥建设和坪兴寨至乐茂江公路大修。

客运站场及渡口建设。完成朗溪、杨柳客运站项目和候车亭、渡口、渡改桥建设。完成柏香林客运站搬迁，在南环路设置临时客运站并投入运行。

公路养护管理

将全县农村公路养护管理全面纳入《村规民约》。做好印沿线、梵环线等县道的小修保养。抓好洪灾公路的水毁修复。开展农村公路专项整治86次，切实维护公路路产路权。

交通运输

县城内有二级资质汽车客运站（场）2个，进站车辆239台。建成乡镇客运站15个，开通客运班线79条，拥有客运车辆266台5870 座，农村客运班线开通总数达64条，投入营运的农村客运车辆190辆，农村客运通达率达89.9%。全县客运量99.80万人次，旅客周转量3207万人/千米。有城市客运车辆140辆。全县货运量1468万吨，货物周转量3426.5万吨/千米。全县有维修企业48个，机动车驾驶员培训企业3个，摩托车培训机构1个。

通往美丽乡村的油路

新建的S304新民至印江县城公路

新建的中坝客运站 ▶

沙子坡镇鱼降坡渡口右岸

新建的沙子坡至凉水通村油路

梵净山旅游公路合水段

莲花昔至棉絮岭

开着三轮采茶去

德江县交通运输局

省市公路部分领导验收“四好”农村公路

安保工程波形护栏安装

到2015年底，全县通车里程为3500千米,有港口码头3个、渡口28道，二级客运站1个,三级站3个，乡镇客运站10个、农村客运招呼站285个。全县建制村通沥青（水泥）路率达87.12%，行政村通客车率达到86%。

有各类营运车辆4860辆，从业人数1920人；载货汽车4540辆，从业人员为14139人。有经认证的驾驶员培训机构3家，有机动车维修厂（店）137户，机动车配件经营业户110户，维修从业人员1500余人。

一、基础设施建设

全年完成固定资产投资33.11亿元，占年度计划的94.02%。其中，德沿高速、德务高速公路完成建设投资24.08亿元；国省道改造设完成固定资产投资5.02亿元；农村公路机地方投资项目完成固定资产投资4.02亿元。

——沿德高速公路建设项目。项目德江段全长47千米，计划总投资49.67亿元，12月底正式运行。

——德务高速公路建设建设项目。项目德江段全长27千米，计划总投资24亿元。

——G326国道提级改造项目。项目全长79.90千米，计划总投资7.50亿元。

——德江县城至共和二级公路工程项目。全长17.30千米，总投资5.62亿元，2013年项目开工后，由于涉及工程变量及资金等原因被迫停，2015年12月复工。

——通村水泥（沥青）路建设项目。建设里程371千米，总投资2.49亿元，项目建设全部完工，解决了75个行政村的通畅。

二、行业管理

——客运秩序专项整治工作成效显著。开展城区客运

▶ 2015年沿德高速建成通车。图为官林特大桥

◀ 2015年改造的326国道

在建中县城至共和二级公路。图为曾家坝大桥

秩序专项整治工作，城区交通秩序明显好转。

——路政管理力度加强。上路巡查1640次，清理堆积物135处，拆除非公路标牌287块，立案查处路政赔偿案件24起，保障公路安全畅通。检测车辆1.25万台，超限率控制在3.50%以内，无行政败诉案件。

——安全运输生产态势平稳。开展“平安交通”、“打非治违”等专项活动，重点治理长途客运、渡口渡船以及危化运输等领域非法违法经营行为，督促客运站把“三不进站、六不出站”和“三关一监督”规定落到实处。建立健全“党政同责、一岗双责、齐抓共管”的安全生产责任体系，确保安全运输生产态势平稳，实现道路运输安全无责任事故。

三、农村公路养护

地方管养公路总里程2434千米，投入养护资金1259万元，完成路面清灌缝75.40千米，修补坑槽53675平方米，修整路肩55400平方米，疏通桥涵4380道次，清理坍方4310立方米，修复钢护栏2656米。争取200万元在危险路段修筑安保工程，避免公路交通安全事故的发生。县公路好路率为100%，综合值为80，乡公路好路率为99%，综合值为79；村道好路率达到98%，综合值为79；县、乡公路绿化率达100%。

通村公路延伸到大山深处

农村客运招呼站

建成的通村水泥路

8月6日，省水利厅副巡视员副总工程师董存波（中）到万山小云南水库调研工作

贵州省防办督查专员郭东（右三）到万山指导工作

万山区水务局

2015年，万山区水务局突出做好重点水源工程建设，大力加快城乡水利防灾减灾工程建设、病险水库专项除险加固和解决农村饮水安全问题，抓好防汛抗旱工作，水利基础设施建设得到进一步加强，城乡安全供水和水利工程前期工作扎实推进。

一、水利工程建设　以“三大会战”和“小康水”为主要抓手，贯彻生态文明建设理念，加快解决制约经济社会发展的工程性缺水问题和生态文明建设中的水利先行示范问题。争取到农村饮水安全工程类、水库除险加固工程类、抗旱应急水源工程类、2015年度“小农水”重点县工程、重点水源工程类等项目到位资金2.13亿元。骨干水源工程稳步推进。小云南和老山口水库开工建设；梅子溪水库前期工作全面完成，正开展招投标工作；中洞水库初设获批；将军坡水库可研已审待批。

二、民生水利建设情况　完成农村饮水安全工程15处，解决5798人、2200名学校师生的饮水安全问题；完成中小河流治理工程2处，治理疏浚了下溪河，石竹河，开工实施4座病险水库除险加固工程，完成17口机井配套项目工程，解决8222人的饮水问题。我区集中式饮用水源地水质和农村人畜饮水安全达标率均达100%，解决水10948人供水问题；恢复和改善有效灌溉面积8600公顷，有效灌溉面积率达97.60%。

三、第二污水处理及再生水回用工程　投资7372万元，新建日处理规模8000立方米的污水处理厂一座，配套建设日处理规模4000立方米的再生水处理系统，工程已完成三通一平及基础浇筑工作，完成800万元的项目投资。

四、水行政执法　加强水资源取水管理，对各取水单位许可证的进行清理，并做好登记。开展河道弃土弃渣巡查，查处违法行为7件，立案1件，结案1件；加大水资源费征收力度，加大对取水户的核定，采取上门收费的方式，加强同用水户多沟通，充分调动用水户缴费的积极性，收取水资源费4900元。

◀　2015年纪念中国人民抗战胜利既反法西斯战争胜利70周年大合唱比赛

2015年4月26日，市委书记刘奇凡（前排左二）到万山区丹砂湖水库调研工作

2015年12月21日，老山口水库左岸坝肩封顶

2015年12月12日，万山区中洞水库破土动工

2015年8月8日，万山区梅子溪水库破土动工

水利部领导检查鱼粮水库工程推进情况

省水利厅副厅长吴春（中）视察鱼粮水库建设情况

县委书记袁刚（右二）、副县长杨毅（左二）、水务局局长皮国华（左一）到前线指挥抗洪救灾工作

“小农水”助推闵孝农业园水培蔬菜发展

江口县水务局

2015年，江口水务局抓好“五大民生水利工程”，推进可持续发展水利。全面完成小农水重点项目的初设编制和上报，做好工程前期工作。争取上级项目资金2.06亿元投入水利建设。为全县提供水利基础支撑和保障。

一、农田水利基本建设

新增和恢复有效灌溉面积1166.67公顷，解决农村饮水安全人数2.59万人，治理水土流失面积2.88平方千米。

二、四大水利体系建设

民生水利体系　一是解决农村饮水安全问题。二是建设民生水利工程。三是小型农田水利工程，夯实农田水利基础设施建设。

平安水利体系　一是加强防洪减灾能力建设。二是打好病险水库除险加固攻坚战。三是完成防汛水毁修复项目。四是加大河道管理工作力度。

生态水利体系　实施“水土保持工程”，构建“生态水利”，加大水土保持预防监督执法力度。

资源水利体系　加强水资源管理和水行政执法，构建“资源水利”。实行水资源管理行政负责制，建立用水效率控制制度。开展水资源论证和取水许可审批，开展取水许可日常监督，做好取水计量设施安装和取水户管理。

三、防汛抗旱

为抓好防汛工作，做到预案编制到位，责任落实到位，防汛值班带班到位，物资储备到位，队伍组建到位，水毁工程和应急抢险工程修复到位。

四、骨干水源工程建设

鱼粮水库工程项目12月通过蓄水验收。渠系工程总干渠完成8.14千米，占总任务的92%。

五、安全生产

健全、落实安全生产管理制度，开展水利工程安全大检查和专项整治，全年未出现安全事故。

六、水利工程建设管理

执行项目法人责任制、招标投标制、建设监理制、合同管理制，抓工程建设管理。健全完善已开工项目招标投标及合同备案工作，把住合同审查关和水利工程变更审查关。

鱼粮水库开闸放水

江口县农牧科技局

党组书记、局长　邓明发

闵孝农业园区水培蔬菜

江口县全年农林牧渔总产值实现234381万元，同比增长7.10%；实现农业增加值91782万元，同比增长6.60%。农村常住居民人均可支配收入预计达到7865元，同比增长15.88%。全县经济作物种植面积37386.67公顷，粮经比从去年的32：68调整为30.1：69.9。

特色农业取得新成效　村华秋实现代生态农业有限公司生产的“江口红心猕猴桃”获有机转换认证。净园春茶业有限公司生产的梵净山绿茶、梵净山绿宝石、梵净翠芽、梵净春芽获国家A级绿色食品认定，并荣获贵州省著名商标。

成功举办农产品质量安全检测观摩暨培训会　全省农产品质量安全观摩暨培训会在江口县举办，人民网进行专项报道。11月，国家农产品质量安全县创建通过遴选考核。闵孝提红村获“全国一村一品示范村镇”荣誉称号。

农业产业化经营迈上新台阶　新增省级重点农业龙头企业3家、县级农业龙头企业5家，全县农业龙头企业达到72家。新增市级家庭农场示范场13家。

水稻新品种成果转化获一等奖　江口县农牧科技局种子管理站自主育成5个高产优质杂交水稻新品种，获铜仁市科学技术成果转化奖一等奖。

农业园区建设取得新进展　引进贵州源辉生态农业有限公司入驻坝盘镇挂扣村，实现人均增收1500元以上。坝盘精品果蔬产业示范园区、太平休闲观光农业示范园区获得市级农业园区认定。闵孝鱼粮溪农业公园获“铜仁市第二批休闲农业与乡村旅游示范点”称号。

新农村建设描绘新画卷　完成新农村示范点建设8个，省级新农村建设示范点2个，省级“百村试点”示范村1个，市级新农村建设示范村1个，县级示范村4个。

深化农村改革激发新活力　开展确权登记现场指界工作，组织入户调查3.44万户。“三变”促“三金”改革试点，使精准脱贫户成为拿薪金、收租金、分股金的“三金”农民，实现“三权三变三金”良性互动。中央电视台国际频道记者专程到江口采访“三变”促“三金”改革试点工作。

闵孝镇双屯村胡萝卜基地

闵孝镇提红村葡萄基地

凯德街道林家屯猕猴桃基地

领导视察林业产业建设

局党组书记、局长孙传良（前排中）带队到松桃县考察学习

石阡县林业局

石阡县林业局以“四个全面”和绿色化建设为总目标，牢固树立“规范、标准、准确、把关”的林业“工作精品年”活动意识，使全县林业生态建设的成效和质量都有较大的提高，实现森林面积、森林蓄积和森林覆盖率三个同步增长，森林覆盖率达61.49%，跃居全市第二，并获“省级森林城市”称号，佛顶山自然保护区成功升国、鸳鸯湖湿地公园通过验收，全县森林资源的经济、社会和生态效应日益明显。

全年完成营造林7600公顷；完成义务植树14.12公顷及线状小班9795米，栽植苗木36632株；完成新一轮退耕还林4066.67公顷，完成国土图斑外25°以上陡坡耕地核实面积7300公顷。建设油茶产业666.67公顷、楠竹基地136.07公顷；组建专业合作社2家；完成苗圃基地建设136.33公顷，指导各育苗生产单位落实育苗1700万株；发放林木采伐许可证682份，采伐林木3154.11立方米；完成“十三五”期间木材加工经营的许可批复41户(其中家具加工厂24户）；使用林地许可审核审批38户；聘请长期护林员203人，重点森防期护林员110人，生态护林员（专职护林员）310人；完成2015年公益林生态效益补偿资金兑现1139.50万元；受理申请更正有误林权证4本，林地流转8宗，面积350.67公顷；受理办理林权纠纷案件14起；完成森林政策性保险理赔工作，共理赔45.30万元；全年森林火灾发生率为零；在森林保护“六个严禁”执法专项行动中查处涉林案件85起。

油茶技术培训

林业局干部职工参与林业苗圃基地建设

印江土家族苗族自治县水务局

印江土家族苗族自治县水务局是县人民政府水行政主管部门。2015年，全局上下抢抓中央、省委、市委和县委关于加快水利改革发展机遇，实施水利扶贫，重点抓住骨干水源工程建设、民生水利建设和水利重点薄弱环节，推进水利建设和水务改革发展，为建设小康社会提供水利支撑。

小型水利工程产权改革 继续以产权制度改革为核心，全面深化小型水利工程管理体制改革，年底完成全县调查登记工程1433处。

防汛抗旱 完成新寨乡抗旱应急水源配套工程和10眼机井配套实施建设，工程总投资1130万元，保证25180人的抗旱应急供水。

饮水安全工程 中央预算内饮水安全项目27处，总投资1514.35万元，2015年4月动工，12月全面完工，解决农村饮水安全2.63万人、学校3351人。

水库建设与管理 完成石万、亚盘林两座病险水库除险加固建设，完成投资580万元，实际灌溉面积64公顷。修复湄坨水库总干渠放水隧洞27米，完成投资45万元，保证灌溉面积354公顷。续建粟子园中型水库，新开工绿荫塘、山岔小（一）型水库，工程总投资93163万元，年内完成投资18520万元。

偏岩中型水库内业设计已完成，方案编制上报待批。清渡河小型水库可研通过技术审查和复审。岩口大型水库、龚家沱和马尿水小型水库的前期工作正在稳步推进。

中小河流治理项目 建设印江河朗溪—中坝防洪堤防、永义堤防项目，完成投资2785万元，河道综合治理7.09千米，新建防洪堤6.35千米，河段清淤2.40千米。工程建成后保护人口1.34万人，保护农田100公顷。

农村小水电建设 雷公岩电站增效扩容改造项目，工程总投资96万元,10月通过县级验收，并投入运行。

印江一中堤防工程

小型农田水利重点县项目

农村饮水安全工程

栗子园中型水库

永义堤防工程

印江土家族苗族自治县农牧科技局

印江土家族苗族自治县农业现代化工作，以现代高效农业园区为载体、以“三个万元”工程为抓手，大力发展茶叶、果蔬（食用菌）、生态畜牧业等主导产业；围绕主干道、重要节点发展绿色生态农业；农业基础逐步完善，农业经营主体较快发展，农产品销售渠道进一步拓宽，农产品品牌得到较大提升，农业现代化进程快速推进。

农业园区助推农业高效发展。全县有各级农业园区17个，实现农业园区建设乡（镇、街道）全覆盖，农业园区实现产值17.77亿元，销售收入15.30亿元，销售利润4.15亿元，覆盖园区群众17.80万人。

“三个万元”工程引领群众增收致富。按照“选好种植区域、选好种植主体、选好种植品种”和“集中连片种、集中连片管”的要求，创建“万元田”、“万元山”示范基地6753.33公顷，完成产量5.58万吨，实现产值5.19亿元，带动农户3万余户，实施区域参与农户户均增加纯收入5000元以上。

农业社会化服务支撑产业发展。创建动物防疫示范乡镇2个、示范村17个，开展病虫害统防统治13733.33公顷、病虫害统防统治2481.33公顷，重大动物疫病免疫密度达到应免疫数的100%。

农村清洁能源建设有序推进。完成板溪镇凯塘村沼气集中供气站、印江县生态循环农业示范基地建设项目、梵净大山公司500 立方米大型沼气工程，朗溪河西村甘川农村生活污水处理工程、勤丰农牧业综合开发有限公司500 立方米大中型沼气工程有序推进。

农业产业化建设稳步推进。新增农产品加工企业2家、新增各级重点龙头企业15家、农民专业合作社35家、农产品加工企业2家；培育家庭农场32家；新增市级休闲农业与乡村旅游示范点1个。获得无公害农产品产地认证企业18个；无公害农产品6084公顷获产地认定证书；有机食品认证申报已有23个企业取得有机转换证书。

农产品质量安全保障有力。县、乡完成农产品监测14064批次抽样检测；完成种子产地检疫数量29万千克，产地检疫各类苗木107000株，检疫双杂17批次11万千克，调运苗木7批次7万株；完成动物产地检疫生猪7.59万头，牛3.04万头，羊2.74万只，家禽35.79万羽，成功创建“国家农产品质量安全县”。

全面深化改革工作稳步推进。开展17个乡（镇、街道）农村土地承包经营权权属调查，完成23个村244个组6492户3906.67公顷外业调查和内业矢量化、公示审核、签字确认、建立数据库。完成团山村农村土地确权登记，建立团山村农村土地资源数据库。成立崔山村集体经济组织大众专业合作社，制定《崔山村集体资金股权量化方案》，200万元集体资产已全部量化到全村。

县委书记田艳（左二）指导刀坝镇黄精种植工作

县长张浩然（前排左二）指导缠溪镇新农村工作

中国长寿之乡绿色发展联盟领导指导茶叶园区工作

油菜基地

林下养鸡

无公害柑桔基地

湄坨园区带动就业

超市现场抽样检测

▶ 木黄园区核心区全景

“十二五”收官之年，开创德江水利新局面

——德江县水务局

水务局局长陈东（左二）、副局长唐金（右一）、大队长文杰（右三）到煎茶查看煎茶水乡小山塘规划情况

水务局局长陈东（左二），副局长唐金（左三），大队长文杰（右一）检查观音滩水库安全生产情况

水务局局长陈东（左三），副局长唐金（右一），大队长文杰（左一）到稳坪镇检查水土保持工程建设情况

水务局局长陈东（左二）陪同县委常委、县人武部政委李志军（左三）到潮砥查看脐橙园区高效节水灌溉建设情况

2015年，完成水利投资38194万元，计划实施水利项目130个（处），实际开工建设141个（处），完工122个（处），完工率86.52%。通过建设，全县水利基础设施保障能力得到提升，民生水利建设实现较快发展，水利抗灾减灾取得明显成绩，水土保持生态建设取得新进展。

一、水利建设“三大会战”成效明显

1.骨干水源工程建设较好推进。一是长丰水库完成大坝安全蓄水鉴定；二是观音滩水库提前84天实现大坝封顶；三是大木尧水库实现大坝截流施工。

2.引提水工程快速推进。一是梅子坝水库—煎茶镇抗旱应急水源完工；二是龙泉乡抗旱应急水源工程开工。

3.地下水机井工程及地面配套全面完工。实施13口机井及配套，完工13口。

二、大美德江“小康水”行动计划扎实推进

1.实施农村饮水安全工程86处，新增解决5.60万农村人口和0.39万名师生饮水安全，农村饮水安全得到更好保障。

2.农田有效灌溉面积增量突显。完成农田水利投资3793.50万元，新修和改造渠道51.10千米，敷设输水管道35千米，新增和恢复改善灌面1733.33公顷。

3.农村水质检测中心完工并投入运行。

三、城市供排水设施不断完善　一是城郊水厂正式投入运行，城市安全供水保障率明显提升；二是对污水处理厂部分设备进行维修更换，实现污水处理稳定达标排放；三是完成污水处理二期工程年度投资；

观音滩水库

长丰水库

2015年小农水重点县建设（沟渠）

四是完成城南污水收集管网三期工程投资。

四、防洪安全保障不断提升　完成平原楠坪河道治理工程、楠杆天井河道治理工程、煎茶蛇盘溪河道、泉口堤防工程、山洪灾害防治非工程。

五、水生态环境进一步改善　一是完成坡耕地综合治理工程扫尾投资；二是泉口银甲河小流域治理工程全面完工；三是玉溪河虹湖工程建设完成形象进度80%；四是玉龙湖人行桥工程建设完成形象进度90%。

六、农村小水电开发进一步推进　完成闹水岩二级电站增效扩容工程建设，改造引水渠道800米，新增装机360千瓦。

七、防汛安全工作目标顺利实现　开展3次汛前安全检查，备足防汛抗旱物资，坚持汛期24小时值班制，及时发布汛情信息，全年无水利安全生产事故发生。

八、水资水政工作进一步加强　一是实行最严格水资源管理，强化水资源优化配置和节约保护。二是推进水行政审批制度改革。三是水行政执法工作进一步加强，依法行政能力进一步提高。四是强化宣传，营造水资水政工作良好环境。

九、水务体制改革有序推进　一是设立供排水管理站。二是建立健全水利工程建设管理机制。三是基本完成小型水利工程管理体制改革。四是深化水资源管理体制改革。五是水利投融资改革不断深化。

人工湖附坝及跳礅

海溪沟洼排工程

松桃苗族自治县
农牧科技局

中央电视台到盘石园区录制跑山牛

铁皮石斛培育室一角

盘石镇响水洞生态羊

一年来，在县委、政府的正确领导和上级业务部门的大力支持及关心下，松桃农业工作以园区建设为载体，积极扶持和培育新型农业经营主体，实现了农业农村工作持续健康发展。

2015年，完成农林牧渔业总产值39.52亿元，同比增长7.30%。其中，实现农业产值25.25亿元，同比增长8.90%；完成农林牧渔业增加值24.88亿元，同比增长7.10%；实现农业增加值16.14亿元、农林牧渔服务业增加值0.58亿元，同比增长8.60%和2.10%。完成固定资产投资4005万元，完成任务3800万元的105.40%。

一、农业结构调整和创建　完成蔬菜16766.67公顷，新植茶园1400公顷，新增投产茶园733.33公顷，全县投产茶园面积达到7400公顷，新增水果面积40公顷，油料作物种植11733.33公顷，创建“三个万元”工程95206.67公顷，其中：完成万元田4300公顷，万元山4906.67公顷，带动项目实施区农民人均纯收入达万元以上人数12.70万人。

二、主体培育　加大农业产业化经营组织培育和农产品品牌建设，新增龙头企业12家，全县农业产业化重点龙头企业达到80家，其中省级龙头企业5家，市级龙头企业38家，县级龙头企业37家；新增农民专业合作社119家，全县农民专业合作社达到780家；新增家庭农场12家，全县达到75家。

三、园区建设　以“农业改革创新年”为契机，在突出抓好正大、盘石、长兴、普觉、太平5个省级园区，同步抓好大路、盘信、大坪、寨英、孟溪、世昌、平头7个市级园区的同时，创建蓼皋、迓驾、石梁等15个县级农业园区，实现农业园区乡镇全覆盖。

四、招商引资　完成固定资产投资4005万元，招商引资签约项目10个，签约资金4.84亿元，实现开工项目10个，到位资金1.55亿元。

五、惠农政策兑现工作　兑现农机购置补贴资金234.10万元，补贴各类农机具1413台套，受益农户1320户；兑付水稻、玉米、油菜和小麦良种补贴面积38533.33公顷，补贴金额708万元；完成水稻政策性保险因灾赔付面积7233.33公顷，拨付农户保费150.90万元。

六、农业综合执法　一是农业执法全年出动执法车辆80余车次，执法人员450余人次，检查全县28个乡镇368个农资经营门店703户次。规范经营21起。二是加强农产品质量安全监管，完成蔬菜、水果、食用菌、茶叶等抽检样品共500个，合格率99.80%。年内未发生农产品质量安全事故。

七、村深化改革　一是加强农村土地承包经营权确权登记颁证试点工作力度。完成试点乡镇永安乡农村土地承包经营权确权登记颁证航拍工作。二是集体经济组织建设工作。全县有168个村农村集体经济组织年收入达3万元以上，18个村集体经济收入达10万元以上85.50%，绿色防控覆盖率73.50%。

“十二五”期间，以国家现代农业示范区为契机，加快农业产业结构调整，全面落实各项强农惠农政策，松桃农业建设成效已成为省市样板。

喜获15块“国字号”名片　松桃先后获得“中国名茶之乡”“全国科普示范县”“全国科技进步示范县”“全国粮食生产先进县”“国家现代农业示范区”“全国茶叶科技示范基地”“国家大鲵自然保护项目县”“国家扶贫开发工作重点县”“国家茶叶产业技术体系示范县”“全国小型农田水利建设重点县”“国家科技富民强县项目示范县”“中央财政现代农业建设示范项目县”“全国100个喀斯特石漠化综合治理试点县”“全国生猪调出大县”“国家现代农业示范区”等国家级名片。

农技干部成绩突出　王思见、龙光秀、向前光、石乔龙、杨顺礼、杨正文等8名农牧科技干部分别荣获“全省粮食增产工程和粮油高产创建工作显著贡献农业科技人员奖”“贵州省土壤目会先进个人奖”“神龙奖”“贵州省农业丰收奖二等奖”“省草原监理工作优秀工作者奖”“省三农新闻宣传二等奖”等荣誉称号。

松桃嘟嘟食品有限公司外景

长兴万寿菊基地一角

◀ 正大农旅示范一角

沿河土家族自治县农牧科技局

玉米绿色增产增效技术示范推广项目验收

泉坝镇捷梁村丹参、瓜蒌种植示范基地

2015年，沿河自治县农牧科技局着力产业强农、科技兴农、生态美农、依法护农、增收富农，强化产业结构调整，农业农村经济保持良好的发展势头。

一、粮油生产稳步发展。粮食作物总播面积52346.67公顷，油料作物总播面积9100公顷，农村居民人均可支配收入6640元，同比增长11.40%。

二、主导产业效益明显。一是种植蔬菜1.68万公顷，产值7.60亿；二是新建果园666.67公顷，果园总面积达6413.33公顷，投产果园2800公顷，产值2.57亿元；新建茶园1680公顷，生态茶园总面积12406.67公顷，投产茶园6600公顷，产值5.91亿元，综合产值8.93亿元。

三、“三个万元”工程有新突破。实施“三个万元”工程96处，面积5333.33公顷，项目实施区域农民人均收入达1.01万元，实现人均收入达万元的目标。

四、园区建设快速提升。打造沙子、官舟、谯家、新景4个省级现代高效农业示范园区升级版，建省、市、县现代高效农业园区26个，覆盖22个乡镇（街道），总面积1.50万公顷，实现总产值22.30亿元。

五、农业行政执法力度大。检查农资市场271个次，市场检查面达到100%。签订农产品质量安全承诺书350余份，立案查处违法经营农资行为6起，共处罚款人民币0.71万元。

六、组织化、标准化不断提高。有农业产业化经营组织83 家，登记注册的农民专业合作社211 个；新增“三品一标”无公认证6个，总数达17个。

七、农村改革稳步推进。开展中界镇、黑水镇农村土地承包经营权确权登记颁证试点工作；22个乡（镇、街道）成立农村土地流转服务中心和产权交易中心，新增土地流转面积1000公顷，土地流转面积达18666.67公顷。为905户农户协调办理农村土地承包经营权抵押贷款4450万元。

土家姑娘采摘茶

中界镇孙家葡萄基地

中界镇引进百香果试种成功

蔬菜基地黄瓜设施栽培示范

沿河土家族自治县林业局

市林业局局长付君（中）检查营造林工作

县林业局局长黎玉东（右三）实地指导和开展全国森林资源连续清查工作

2015年，沿河土家族自治县林业局全面实施造林绿化、城镇绿化、通道绿化、水系绿化，林业各项工作有序推进。

一、营林绿化工作完成情况　一是营造林绿化工作。二是通道及城镇（郊、区）绿化。三是加快苗木建设。四是推进花卉苗木产业发展。

二、继续深化林业改革　一是加强组织机构建设，成立贵州沿河乌江国家湿地公园管理局。二是强化林权管理。加强制度建设，帮助林农获取林权抵押贷款，调处林权纠纷，流转林地面积248.67公顷。获中央和省森林保险费350.25万元，对公益林和商品林纳入保险。

三、加大森林资源管理力度　一是实行年森林采伐限额。二是规范征占用林地审批。三是清理整顿规范木材经营加工市场。四是强化森林植物检疫防治工作。五是开展森林保护"六个严禁"执法专项行动。六是强化火源管理，落实主体责任。七是加强天然林保护。

四、重视队伍建设和基层林业站管理　一是提升林业干部队伍业务能力。二是关心基层林业站建设。三是重视国有林场建设。

五、其他工作　一是公益林生态补偿。二是退耕还林还草补助资金兑现。三是加强机关党支部建设。四是加强社会治安和信访维稳工作。五是抓好"干群连心"和"减贫摘帽"工作。六是编制林业"十三五"规划和"三个专题"规划。七是加强党风廉政建设，履行"主体责任"和监督责任。

此外，还加强精神文明建设、林业行政审批窗口服务、社会创新管理、安全生产、维稳、统战宣传、禁毒、普法教育、计划生育、林业统计、涉密保密、档案管理等各项工作，按时完成县委、县政府交办的其它各项任务。

沿河县委书记任廷浬（中）参加绿色贵州三年行动计划造林

全民义务植树

◀ 坡耕地水土流失综合治理工程实现生态效益和产业发展双赢

沿河土家族自治县水务局

局长刘朝强安排年度工作

省市重点项目甘溪水库大坝即将封顶

2015年，沿河土家族自治县水务局着力建设生态水利、民生水利和可持续发展水利，加快全县水利工程建设，推进水利体制改革发展，取得一定成绩。

一、民生水利显见新成效　一是全面完成2015农村饮水安全工程建设任务。二是水质检测中心投入运行。三是小型农田水利重点县项目建设形象进度和资金支付实现双80%。四是完成4个防汛水毁项目及1个土地出让金项目。五是完成2014水土保持坡耕地综合治理项目市县验收。六是配合完成沙坨电站下游乌江岸坡水毁修复工程验收。七是完成山洪灾害非工程措施补充完善和调查评价项目验收。八是完成大河坝电站和浑水大塘电站小水电增效扩容工程。九是完成中界乡大龙防护堤中小河流治理工程。十是完成34座小（二）型水库的验收。十一是完成地下机井工程省级打井任务。

二、重点项目取得新突破　一是甘溪水库完成年度投资任务16000万元。二是当坝水库完成年度投资3835万元。三是邓家溪水库获初步设计批复。四是县城污水处理二期工程完成投资1790余万元。

三、项目谋划实现新开局　编制上报贵州省武陵山大型灌区沿河片区发展规划和44座小型水库建设规划；完成沿河县易涝治综合规划；完成白泥河重点山洪沟综合治理规划和72处重点山洪灾害点治理规划。争取到2016年坡耕地水土流失综合治理项目和小型农田水利重点县建设项目。完成甘溪江边和后坪乡邓家溪中小河流治理方案；完成2016年农村饮水安全提质增效实施方案编制上报；完成四家溪、潭子水、标水塘等3座病险水库除险加固项目实施方案编制和批复。

四、防汛抗旱再上新台阶　一是开展安全大检查。二是认真落实防汛责任制。三是进一步完善预案。四是强化应急值守。五是加大防汛抗旱经费投入。

五、水务改革迈出新步伐　完成农村小型水利产权制度改革验收；承接服务监管对象7家，下放审批权2项；积极推行项目PPP建设模式，吸纳引进社会资本参与水务项目建设管理；正在有序开展农业综合水价改革。

铜仁市公安局

全市公安机关在市委、市政府和省公安厅的领导下，忠诚履职，勇于担当，不断攻坚克难，确保全市政治案事件、暴恐案事件、群体性事件、舆情炒作事件、重大恶性案件、群死群伤安全事故零发生。全市刑事发案下降6.56%、命案下降35.55%、八类暴力犯罪案件下降10.80%、“两抢一盗”案件下降9.90%、毒品犯罪案件下降6.35%。破获刑事案件同比上升17.77%，破获抢劫、抢夺、盗窃、伤害、涉恶案件、经济犯罪案件分别上升42.50%、206.67%、28.38%、5.29%、38%、6.73%，查处治安案件上升18.54%。全市人民群众安全感达97.55%，同比上升0.29个百分点，全省排名第二；人民群众满意率达95.94%，同比上升0.34个百分点，全省排名第五。全市公安工作和队伍建设获中央、省、市领导批示肯定30余次；举办全省公安现场会4次；在省级以上会议经验交流发言7次；411名民警和36个集体立功受奖。

省政府党组成员、公安厅长郭瑞民（前排右二）调研铜仁公安工作

市长陈晏（前排左二）春节慰问公安执勤民警

成功破获贵州“3.29”特大网络传销案

抗洪抢险

2015年，石阡县公安局深入开展“今冬明春严打整治行动”“飓风一号”等专项行动。圆满完成“两会”、第三届苔茶节、“敬雀节”、省委主要领导来阡视察等安保工作。公安工作总体态势良好，全县社会大局持续稳定。

一是全力维护社会政治稳定。全年侦办从事邪教活动案3起,治安处理7人，发放反邪防邪宣传资料1万余份。及时发现并劝返重点信访人员6批51人次。调处矛盾纠纷446起。局领导接访50次、带案下访8次，受理信访案件32起，办结30起。二是严厉打击违法犯罪活动。开展“今冬明春严打整治”“飓风一号”“2015年秋冬禁毒严打严管”等专项行动。侦破刑事案件破246起，立案同比下降19.80%，抓获各类违法犯罪人员302人，打掉各类刑事犯罪团伙8个，破获命案7起，实现连续8年命案全破的目标，抓获网上在逃人员51人。三是确保社会治安持续稳定。受理行政案件783起，查处714起812人。圆满完成“两节”“两会”，省、市各级领导来阡视察调研及旅发大会系列安保任务150余次。在县城区新建5个巡逻岗亭，设立2个卡口、4个治安检查站，形成内围和外围分层设防、站卡结合、堵控严密的防控格局。四是全面提升队伍素质。组织开展“轮训轮值、战训合一”实战培训。组织4期培训班，培训民警168名。石阡县公安局警务实战及体能达标获团体全省、全市第一名。年内获集体三等功1个，个人三等功11人，市级“文明示范窗口”2个，“文明服务标兵”2人，省级“文明服务标兵”1人，“文明示范窗口“1个，花桥派出所荣获2015年“省级青年文明号”称号，5名民警被市政府授予全市“基层先进工作者”称号，十名民警被县委、县政府授予“十佳形象警察”称号。

石阡县公安局

市委常委、县委书记皮贵怀慰问“平安夜”执勤特警

局长王勇（前排左三）深入旅发大会现场指导安保工作

特警大队全市比武第一名

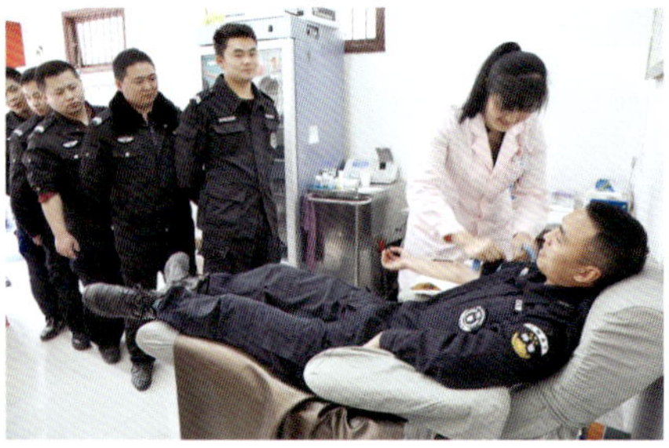

石阡县公安局组织参加无偿献血活动

铜仁市公安特巡警2015年野外拉动演练在石阡县成功举办

松桃苗族自治县公安局

县委常委、政法委书记、公安局长龙震辉（前排左三），松桃县公安局政委冉劲松（前排左五），松桃县公安局副局长石兵(前排左二)出席监管特殊管理病区挂牌仪式

局党委副书记、政委冉劲松（左二）在“7•15”洪灾中率队抢险救灾

2015年，松桃苗族自治县公安局在县委、县政府和市公安局的坚强领导下，开拓创新，锐意进取，全力维护社会和谐稳定，为促进全县经济社会发展、保障人民安居乐做出积极贡献。

全年共立刑事案件735起，破案256起，破案率34.80%。其中，破5起命案积案受到贵州省副省长、公安厅长孙立成的充分肯定和高度赞扬。查处治安案件1156起，查处率100%，排查化解矛盾纠纷1226起。配合黔东南州公安机关完成中共中央政治局常委、国务院总理李克强赴黔东南州黎平县视察工作安保任务，受到省厅、市局通报表扬。完成“7·15”百年不遇特大洪灾抢险救援工作，受到新华网、光明网、央视等全国主流媒体的争相报道。创新监管特殊病区管理，工作经验被省厅推广，厅党委委员、副厅长曾海燕对此作出重要批示：“松桃、镇宁做法很好，全省各地要学习借鉴”。开通《松桃警事》栏目，建成全省唯一一个县级技术侦察前移阵地，出入境管理大队被省厅命名为省级“文明示范窗口”，全年19个集体、102名个人立功受奖，一幕幕感人的画面，一份份可喜的成绩，无不展现出松桃公安“敢于亮剑、奋力拼搏、亲民爱民、勇攀高峰”的良好精神风貌。

县公安局开展集中统一清查行动

县公安局为民服务为群众送水，解燃眉之急

县公安局抓获命案积案场景

松桃县特（巡）警大队警街面巡逻

印江土家族苗族自治县公安局

印江土家族苗族自治县公安局围绕“平安印江、法制印江、绿色印江、生态印江建设”这个核心任务，顽强拼博、无畏牺牲、无私奉献，为促进印江绿色健康发展，保障人民群众生命财产安全，维护全县社会大局稳定作出了贡献。

全县刑事案件发案数较去年同期下降30.90%。执法质量、刑事侦查、网络安全、禁毒等多项主抓工作考评排名全市前列。

一、维稳安保工作　一是创新矛盾纠纷排查化解消除不安定因素隐患。构建“3+1”道路交通事故矛盾纠纷化解体系，获瑞民厅长批示肯定。二是提高化解信访积案动力。办理各类信访件156起，当场答复的141起，受理信访案件46起，办结答复46起。三是严防境内外敌对组织、敌对势力的渗透破坏活动。四是严格特殊人群管理和重点人员管控。五是重点整治，超前排查，确保安保警卫期间社会治安环境稳定。

二、案事件办理工作　全年刑事案件立案746起，较去年同期1098起减少339起，破317起，刑事打击多项指标在全市排名前列。一是现行案件，做到快速侦破。二是系列案件，做到合成打击。三是专项行动，做到精准打击。

三、社会治安整治工作　剔除“三个隐患”，堵住源头、确保平安。一是持续开展治安乱点整治，消除治安隐患。二是持续加大公共安全监管消除公共安全隐患。三是消防安全监管领域实现重特大火灾事故零发生。四是道路交通安全监管领域实现安全畅通。五是进一步深化“扫黄、禁赌”工作。

四、基础设施建设工作　一是基础设施建设稳步推进，公安局、合水派出所新业务办公用房已正式投入使用，新寨、缠溪、板溪派出所新业务用房主体工程已完工，拘留所业务用房、警犬基地建设项目已全面启动。二是装备建设逐步改善，全年装备经费投入360万元。执法执勤、刑事技术、防暴处突、科技信息化等装备基本实现适应实战需求。

五、队伍建设工作　持续开展纪律作风建设，形成作风建设常态抓、抓常态，长期抓、抓长期的良好局面。通过不定期地开展督促检查，对违反制度的39人进行了通报。全县公安民警政治意识得到较大提升，服务基层、服务群众的意识明显提高，拒腐防变的防线进一步筑牢。

六、公安改革工作　一是主办侦查员制度改革试点工作成效初显。二是积极探索农村道路交通治理“印江模式”。三是户籍制度改革稳步推进。

开展禁赌宣传工作

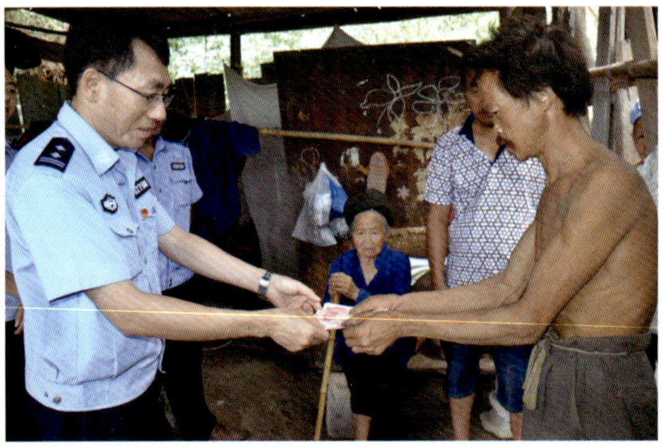
精准扶贫慰问困难户

节前走访慰问

铜仁市第三届运动会安保工作

落实党风廉政建设“两个责任”

军警联勤武装巡逻

110为民保安宁主题宣传日

大力整治酒驾醉驾

开展危爆物品专项检查工作

强化警务实战训练

▶ 中国·印江首届书法文化节安保工作

江口县旅游局

2015年，江口县旅游局加大旅游资源整合力度，促进产业融合互进，拓展旅游宣传推广，加强旅游管理服务，全年接待游客565万人次，实现旅游总收入45.17亿元，接待入境游客13700人次，外汇收入355万美元。

一、旅游项目建设　完成亚木沟4A级景区、鱼粮溪公园3A级景区创建，提高江口旅游风情小镇、太平镇寨沙踩歌堂建设速度，加强云舍景区旅游管理服务体系建设。加快闵孝鱼粮溪开发建设，加大民和黄牯山、怒溪黄岩旅游项目招商力度；完善江口旅游基础设施建设，提升旅游硬件设施和文化品位。

二、国家A级景区创建　亚木沟、云舍申创为国家4A级旅游景区，鱼粮农业公园创建为国家3A级旅游景区及市5星级园区。

三、酒店、宾馆、农家乐管理　完成7户星级农家乐评定，完成6家酒店的备案登记，完成三星级以上酒店、3A级以上景区和游客服务中心等旅游集散地的免费无线网络建设。

四、旅游行业综合执法　开展旅游安全生产联合大检查、旅游市场秩序专项整治行动各4次。实行24小时受理旅游投诉，旅游投诉受理率、结案率、满意率均达100%。

五、旅游宣传营销平台建设　打造县内旅游线路产品，与周边县市合作推出精品路线。开设江口旅游广播宣传专栏，在国家、省市专题宣传报道江口旅游。策划新闻选题，邀请媒体采访20余次。

六、旅游品牌　江口县被农业部和国家旅游局评为全国休闲农业与乡村旅游示范县。梵净山景区被评为“美丽中国”最受欢迎生态旅游景区、国家生态旅游示范区、中国“森林氧吧”。云舍景区被列为第三批全国特色景观旅游名镇名村、贵州“十佳美丽乡村”之“最具看点名胜乡村”。

江口县旅游局局长吴建芳（右一）与县领导视察景区洪灾情况

江口县智慧旅游服务中心

“感受多彩贵州 回归最美村镇”联合采访首日寻访羌寨活动

美丽梵净山铜仁过大年 云舍腊八节活动

景区农家乐服务环境美化

石阡县文体广电新闻出版旅游局(版权局)

2015年，石阡县文体广电新闻出版旅游局 (版权局)围绕铜仁市第四届旅发大会在石阡召开为主线，以“抓项目、争非遗、搞活动、办赛事”为宗旨，不断推动石阡县的文化体育的大繁荣、大发展。

抓项目　获得7个乡镇级、40个村级农民健身工程项目；利用市第四届旅发大会在阡召开的契机，开展招商引资，做好县全民健身中心建设的前期工作；对县国标体育场建设采取紧盯质量、倒排工期的措施，确保年内竣工。

争非遗　开展非物质遗产保护工作，完成国家级非遗项目“石阡木偶戏”的数字化录入；完成石阡“农历二十四节气—说春”国家级非遗保护项目的视频制作；在人民广场开展“传承非物质文化，守护我们的精神家园”活动；开展非遗进校园工作。

搞活动　将仡佬毛龙申报为省级民间体育赛事，举办“‘龙腾狮舞闹元宵’2015年贵州石阡毛龙节暨全国舞龙大赛”，有来自浙、湘、渝、川、黔的20只竞技龙和本县的100条毛龙参赛，央视、贵州卫视、凤凰、腾讯等40余家媒体相继报道。

举（承）办“五德桃花节”“2015年采茶节”等大型活动，举办“石阡县第六届全国全民健身日健身舞大赛”；组织“贵州省乒乓球二级裁判员”培训。

办赛事　“李宁·红双喜杯2015中国乒协会员年赛（贵州石阡站）”比赛在石阡举办，这是全国性体育赛事第一次在石阡举办，创造全国此项赛事的参赛人数最多赛事。

保文物　继续完善万寿宫古建筑保护群的维修、楼上古寨的消防防雷工程，获得6个文物保护项目，总投资1673万元。为石阡县文物的修缮保护提供了资金支持。

培企业　放开网吧经营管理审批权限，全面放开网吧准入门槛。在原有的19户的基础新增8户，实现全县的乡镇集镇所在地、旅游景区全覆盖。

送图书下乡送科技知识活动

举办2015年全国乒协会员联赛

2015年建成的石阡县非遗博物馆

松桃苗族自治县

文体广电新闻出版旅游局

2015年，松桃苗族自治县文体广电新闻出版旅游局坚持“两加一推”“四化同步·一业振兴”和“五县五化”发展战略不动摇，在重点工程上求突破，全县文化体育广播影视新闻出版旅游等事业产业呈现出丰富多彩、欣欣向荣、繁荣发展的良好局面。

一、坚持社会主义先进文化前进方向，民族文化繁荣发展

一是免费开放出新招。二是群众文化活动多。三是传统活动氛围浓。四是对外交流活动效果好。五是文艺创作成绩斐然。

二、坚持新闻“三贴近”原则，民生舆论影响力显著增强

一是内宣工作成效明显。全年共播出稿件2278件，制作专题30余件，专题报道近800篇，播出精准扶贫100篇，抗洪救灾中40余篇等。二是外宣工作迈上新台阶。在市级电视台上稿160篇、省级电视台上稿20篇、中央电视台上稿10篇、抗洪救灾现场直播2次。

三、坚持文化遗产保护与利用并重的原则，传统优秀文化得到弘扬

一是文化遗产得到有效保护。二是文化遗产得到充分利用。三是非遗传承成效明显。

四、坚持“开展体育运动、增强人民体质”的方针，全民健身运动丰富多彩

一是实施6个乡镇级44个村级农民体育健身工程和4条全民健身路经工程，县文体中心项目开工建设，完成图书馆老年门球场改造及钢架棚建设，完成长兴镇灯光篮球场建设。二是举办、参加各种赛事，并取得好成绩。三是成立篮球协会和足球协会。

五、坚持为民服务的宗旨，广电事业稳步推进

一是完成农村公益电影放映6079场次。二是高山无线覆盖转播台基础设施建设项目完成总投资80%以上。三是完成县城天一国际影城和环球国际影城两家数字影院的建设。

六、坚持监管与繁荣并举的方针，社会文化环境不断净化

一是定期开展文化市场巡回检查；二是开展安全生产隐患排查；三是开展“清源”“净网”等专项行动。

七、坚持加快旅游业富民工程建设，旅游产业优化升级

一是旅游经济突破较大。二是景区建设加快推进。三是招商引资成功落地。四是旅游品牌成功创建。

苗族四月八·情歌场上

“新春七天乐”群众文化活动·舞蹈《我们的中国梦》

文化下乡

“金秋放歌·幸福松桃”活动

苗族六月六·情歌对唱

铜仁市教育局

教育9+3专项督查反馈会

全市教育工作会

2015年，全市教育工作坚持以“提质量、强内涵”为重点，全面完成年度目标任务，并取得了新突破。

学前教育创新突破。乡镇以下农村地区从119所公办幼儿园增加到2005所，覆盖面从10%增加至100%。全面推行学前教育“集团化”办园，组建幼教集团32个。市委书记夏庆丰应邀出席第四届反贫困与儿童发展国际研讨会，作了专题国际交流发言，引起国内外专家学者共鸣和热议。以市政府名义申报的“贫困地区办普惠学前教育之路”获教育部主办的第四届全国教育改革创新典型案例特别奖。

义务教育均衡发展。全市小学从1074所调整到929所，新增初中学校5所，建成农村寄宿制学校108所，主城区新增城镇义务教育学校12所，建设标准化农村留守儿童之家137个，创建“三类示范”校57所，建设少年宫87所。玉屏县顺利通过省、国家义务教育基本均衡发展评估验收。

高中教育质量提升。全市35093人参加普通高考，文、理科成绩600分以上220人，居全省第四位。一本二本上线13805人，专科以上共录取30973人，录取率达88.26%；有13名学生被清华大学、北京大学录取。

职业教育切实增强。完成7所中职学校“百校大战”建设工程，重点打造7所特色中职学校。碧江、思南等5个区县通过中等职业教育发展工作市级督导评估。

与会代表在玉屏县参观

校园足球三级联赛高中总决赛

中共铜仁市委党校(铜仁行政学院)

市委组织部部长陈代军（左二）到校指导工作

2015年，市委党校(行政学院)充分发挥干部培训、党性锻炼、科研资政的职能作用，校（院）事业发展呈现出健康有序的良好局面。

一、以开展“三严三实”专题教育为主线，着力加强“四大建设”

1.加强思想政治建设。一是强化理论武装。深化教职工对党的方针政策、重大时事政治、重要纪律规定的学习。二是开展“全民阅读·书香铜仁”的主题读书活动，为教职工学习理论、政策法规提供条件。

2.加强干部队伍和支部建设。公开招聘、选调人员，选派教师外出学习培训，以提高教学水平。实现支部生活正常化、经常化、制度化。

3.加强党风廉政建设。履行党委主体责任和纪委监督责任，强化主体责任和执纪监督，抓好廉政警示教育，开展集中专项整治。

二、以抓好干部培训、教学科研、决策咨询为主业，充分发挥校（院）职能作用

1.培训规模有新突破。举办各类培训班47期，培训干部4996人次，培训人数比2014年提升9.47%。

2.教学质量有新提升。一是创新教学模式。深化研讨式、案例式、现场教学和异地教学等教学方法的运用。二是严把教学质量关。执行新进教师和新专题试讲制度，实现传帮带教师培养机制。三是聘请领导和客座教授丰富教学资源。

3.学员管理有新提高。加大督查力度，让学员树立良好的纪律意识。继续采取组织员管理等管理模式，实现学员学风进一步好转。

4.科研工作有新成效。一是申报市委重大决策课题8个，4个课题获立项并结题。二是将科研成果运用于教学工作，增强教学针对性和实效性。三是发挥决策咨询作用，10名教师入选市委重大决策智库成员，8人被政研室聘请为市委重大决策课题评审专家。四是发动学员参与科研。鼓励学员参与决策咨询。五是鼓励教师撰写理论文章，参与校外理论研讨交流。

三、以提高党校办学管理水平为目标，不断加强和创新党校工作

1.创建基层党员短期教育实训基地。一是建立“党校+基地”培训模式，开辟教育培训第二课堂。二是打造农村党员的学习阵地，农村党员干部能够在家门口参加培训。三是搭建市外干部来铜学习新平台。《组工通讯》和全国基层组织建设工作《情况通报》向全国推广介绍经验做法。

2.行政后勤管理更加精细化。形成分工明确、责任到位、监督有力、衔接紧密、运转高效、科学规范的精细化管理长效机制。

公务员初任培训班

郭智敏到校上课

铜仁学院
TONGREN UNIVERSITY

转型跨越 砥砺前行

铜仁学院坐落于“中国西部名城”——贵州省铜仁市，其办学历史可追溯至1920年美国基督教会创办的明德中学。此后历经铜仁师范、铜仁师范专科学校、铜仁师范高等专科学校等历史时期，2006年2月14日正式更名为铜仁学院。2015年9月，学校整体搬迁至川硐教育园区，实现“一校一址”办学目标。学校先后被评为全国文明单位、全国民族团结进步模范单位、全国大中专学生“三下乡”社会实践活动先进单位等荣誉称号。2010年，获得贵州省高等学校学士学位授予权单位资格；2013年，通过教育部本科教学工作合格评估；2014年，加入教育部指导的地方应用技术大学联盟；2015年，跻身贵州省人民政府确定的首批向应用型转型发展省级试点高校行列。

学校抓住贵州省首批向应用型转型高校试点、申报全国百所“十三五”应用型本科产教融合发展工程项目高校和国家“双一流”建设的机遇，围绕“上水平，出特色”的总体要求，深化教育教学改革，推进应用转型建设，创建特色鲜明的高水平教学服务型大学。学校进一步明确“明德·致用”“铜仁需求·国家标准”“依托梵净·服务发展”“苦心励志·追求卓越”的核心办学理念；制定“内涵发展、特色发展、跨越发展”三大战略；确立以理念引领、学科建设、本科教育（专业建设）、硕士点获批和博士点培育为重点的“双一流”建设路径；构建坚守大学根本、分类推进转型、密切产教融合的转型机制；深化专业学院整合和学科专业优化调整、专业退出机制、创新“山”型人才培养模式、课程模块化、教师分类管理、科研管理、宣传思想文化体系构建、党建与干部建设、后勤社会化市场化、国际化办学等教育教学改革；形成“一点（专业硕士点）两站（院士工作站、博士后科研工作站）三院（专业学院、特色学院、科研研究院）”的办学格局。毕业生年终就业率达97.24%，居全省高校榜首。

今年，学校荣获全国第五届教育科学研究成果奖，实现国家级奖项的重大突破；与贵州师范大学联合培养硕士研究生，通过贵州省学位办硕士授予权建设单位评估，实现硕士点建设的破冰和人才培养层次的跃升；继荣获贵州省第一十次哲学社会科学11项成果奖后，又斩获首批哲学社会科学创新团队，实现后发赶超；荣获13项国家社科、自然、中国博士后基金项目和全国教育科学“十三五”规划教育部重点课题，实现科学研究的总体提升；社会服务横向经费超1000万元，实现新的跨越！

一所办学水平突出、办学特色鲜明的教学服务型大学在武陵深处蓄势而立！

梵净山高等教育与职业教育研究院揭牌

博士后科研工作站揭牌仪式

与马来西亚高校共建“人才培养合作基地”并组建博士班

▶ 与贵州师范大学签署联合培养教育硕士专业学位研究生协议

铜仁学院产教融合创新发展联盟成立大会

图书馆

校园风光

校园风光

校园风光

铜仁学院南大门

江口县教育局

江口教育改革和教师节表彰大会

全省校园足球四级联赛高中总决赛联席会在江口举行

受表彰个人与县领导班子合影留念

办学条件明显提升：2015年启动了县四中、县三完小、县第二幼儿园新校园及12个“全面改薄项目等工程建设。

队伍建设：2015年完成新聘教师145人，其中，安置师范免费毕业生34人。“特岗计划”80人。幼儿教师招聘外地优秀教师选聘8人，人才引进13人。加强教师业务培训，全县共培养市级名校长6名。建立铜仁市名校长工作室5个。2015年教师节县级表彰先进个人110名，市级表彰11名。

教育资助：2015年共计发放资助资金4350.88万元；受惠师生达94165人次。

信息化管理：新增班班通25套，到2015年底，全县共建成500套班班通；购置计算机2658台。捐赠电脑46台。购置大型活动音响设备1套；购置考试阅卷系统1套，全县接入光迁学校56所。

课改稳步推进：成立“3223”课改核心团队；教研员下校听课平均每人262节，课改培训16场，培训教师4403人；2015年全县中考成绩、小学六年级终端检测总平均分排名全市第一。

工作缩影：江口中学申创为省级示范性普通高中，实验幼儿园申创为市级示范性幼儿园，淮阳中学申创为市级示范性普通高中。9月8日，召开了推进教育改革与发展暨2015年教师节表彰大会。成功举办了2015年小学生市级足球总决赛；2015年全省校园足球高中组总决赛在江口举行；桃映中学女子足球队获全省校园足球四级联赛第二名、全市冠军。县三中代表铜仁市参加2015年中国汉字听写大会贵州赛区比赛，获一等奖，两名学生晋级全国总决赛，代表贵州参赛。义务教育初步均衡发展、教育“9+3”计划、“4+2”教育突破工程顺利通过市级、省级考核评估验收；校园安全工作被省、市评为“校园安全先进单位”。

桃映中学女足获全省初中组第二名

全省校园足球四级联赛高中总决赛在江口举行

举办亲子环保行活动

德江县教育局

贵州伟才实验学校一角

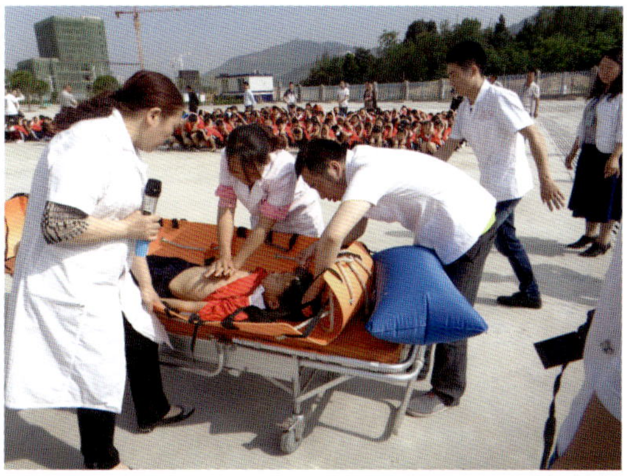

防震减灾应急疏散演练活动现场

德江县优先将教育作为四大支撑工程之一纳入全县重大战略，保证教育在全县经济社会发展中的重要战略地位。全县争取资金近16亿元改善办学条件，创建各类示范校155所，形成“一校一景，一校一特，百花齐放，多彩校园”的生动局面。

◆学前教育：新建、改扩建乡镇中心幼儿园18所，实施山村幼儿园259个，实现各乡镇公办幼儿园和山村幼儿园全覆盖，学前三年毛入园率92.10%。

◆义务教育：实施义务教育阶段学校工程项目167个，实现农村中小学“校校有食堂”的目标。新建4所乡镇中小学教学楼，5所城区中小学校，实施4所中小学校塑胶运动场。全县小学适龄儿童入学率为99.50%，初中阶段入学率为97.50%，九年义务教育巩固率为94.40%。

◆高中教育：完成德江一中整体搬迁并创建为省级二类示范性高中，完成德江职校整体搬迁工程，启动德江二中整体搬迁工程建设，改扩建煎茶中学。高中阶段毛入学率达94.60%。

◆高等教育：新建贵州工程职业学院，并获教育部批复；对县中等职业技术学校进行升级改造，与铜仁学院共建乌江农林经济学院。两所大学的开办实现我县高校“零”的突破，也实现铜仁市县级城市有两所大学的创举。

◆民办教育：启动建设集学前教育、小学和初中、高中教育于一体的伟才实验学校；启动建设集小学、初中为一体的龙冈学校，修建德兴中学、洪恩国际幼儿园。

此外，还安装1648套“班班通”，为143所中小学接入宽带网络，采购图书200万册、建设81所学校图书室，在43所中小学建设计算机教室，在2所中小学建设视频录播室，在8所中小学建设标准化实验室，采购学生课桌5000套，中小学办学条件得到极大改善。

德江县以“4+2”特色教育活动为载体，以“四在学校·幸福校园”为抓手，强化学校管理，丰富学生校园文化生活，做到“月月有活动、校校有亮点、乡乡有特色、次次有新意”，促进校风、教风、学风的逐步淳正，教育教学质量得到全面提升。

德江县第三届中小学生乒乓球比赛现场

德江县第十二届“园丁杯”篮球赛现场

全市校园足球三级联赛小学初中总决赛现场

教育厅厅长王凤友（左三）在市县领导陪同下调研石阡教育工作

市委常委、常务副市长、县委书记皮贵怀（前排左四）陪同省政协副主席班程农（前排左三）在大屯小学调研

克难攻坚突重围 继往开来谱新篇

石阡县教育局

石阡县委、县政府始终把教育作为推动全县经济社会持续健康快速发展的战略性、基础性、先导性工程来抓，创造了石阡教育新的历史。

一、以资金投入为抓手，从办学条件方面助推教育提速。一是农村寄宿制学校标准化：投入资金6389万元，实施31所项目学校薄改工程，农村寄宿制学校小学寄宿率33.68%，初中寄宿率77.83%。二是标准化运动场全覆盖：投入1.40亿元，建成运动场37个，实现中心完小以上学校标准化运动场建设全覆盖。三是学前教育提质升级：投入资金1000万元，新建、改扩建幼儿园25所，建筑面积16122平方米。四是实施高中阶段教育突破工程：高中阶段教育新征地近20公顷，投入资金6.60亿元，建筑面积达25.50万平方米。五是教师保障性住房建设：建成教师公租房和周转房2720套，投入资金15196万元，建筑面积111640平方米。

二、以队伍建设为抓手，从师资配置方面助推教育提速。一是进一步完善教师补充机制。新增教师204人，其中高中教师41人，初中教师48人，小学教师54人，幼儿教师61人。二是建立教师、校长定期轮岗交流机制。坚持义务教育阶段学校教师、校长轮岗交流制度，校长、教师交流率分别达10%以上。三是加强教师培训，储备优质教育资源。累计培训教师12097人次。

三、以精细化管理为抓手，从办学水平方面助推教育提速。一是加强综合治理，营造良好的育人氛围。建立健全政府主导、部门联动、社会参与的校园综合治理长效机制，开展校园及周边环境整治。二是建立家庭、学校、社会的“三位一体”管理摸式。聘请离退休老干部到学校开展法制教育和德育教育巡回讲座，开办家长培训班，发挥社会、家长和学校“三位一体”管理的能动作用。

四、以“五大改革”为抓手，从内涵发展方面助推教育提速。一是在经费筹措上抓改革。组建教育融资平台，成立社投公司，采取“争、挤、贷、融”等形式筹措教育专项经费2.50亿元。二是在优化布局上抓改革。探索“一个中心，三个基本点”布局调整管理模式，形成小学教育片区化，初中教育乡镇化，高中教育城镇化的发展格局。三是在人事制度上抓改革。建立教师教材教法考试末尾淘汰制或逆向调动机制，适度引进研究生和县外在职名师，充实教师队伍，激发教师活力。四是在教育内涵上抓改革。以“四无”学校创建为抓手，“六在校园”活动为载体，打造书香校园、人文校园、生态校园、激情校园。五是在课堂教学上抓改革。围绕“生态教育、旅游教育”发展目标，以课堂改革为核心，全面推进中小学课堂教学改革，构建“生态心课堂”。

“4+2”特色教育——花桥中学唢呐教学活动

“4+2”特色教育——石阡中学仡佬蹦蹦鼓

“4+2”特色教育——长官司小学兔子舞

“生态心课堂”成果展示

石阡县启动普通高中课堂教学改革战略工程

松桃苗族自治县教育局

县教育局党组书记、局长田茂军同志在“第四届反贫困与儿童发展国际研讨会暨亚太儿童早期发展2015年会”上作经验交流发言

县教育局“三严三实”专题民主生活会

2015年，松桃苗族自治县教育局聚焦“九着力”，夯实“九落实”，圆满完成了全年教育工作目标任务，荣获2015年度全市教育“9+3”计划、“4+2”教育突破工程和“山村幼儿园”建设三项教育重点工作综合考核“一等奖”。

一是着力在党的建设上抓落实。组织党员为社区群众服务，选派人员到村担任“第一书记”，开展“干群连心·同步小康”驻村工作，落实帮扶资金78.50万元。

二是着力在推进“新两基”工作上抓落实。完成6个乡镇义务教育初步均衡发展以乡镇推进县级督导评估验收工作。“十二五”县域义务教育阶段学校办学水平综合督导评估工作全面完成。基本普及高中阶段教育工作被市认定为“基本合格县”。

三是着力在攻坚教育“9+3”计划上抓落实。执行控辍保学“双线”目标责任制和“七长”负责制。小学、初中辍学率，县职校学生流失率均控制在省标准范围内。获全省实施教育“9+3”计划“先进单位”。

四是着力在深化教育改革上抓落实。山村幼儿园计划“松桃经验”，得到陈鸣明副省长的肯定性批示。建立两大幼教集团，实行学前教育“抱团”带动发展，建立“一统筹、二交流、三共享、四统一”管理机制。完成16所中小学教师优化组合工作。

五是着力在改善办学条件上抓落实。新建、扩建、闲置校舍改建幼儿园；实施“全面改薄”标准化农村寄宿制学校；完成地质灾害治理项目、普通高中改善办学条件等项目建设任务；“百校大战”项目学校建设新增面积203511.26平方米；高平国际实验学校和县鸿合学前教育基地建设项目有序推进。推进教育信息化建设，完成313套“班班通”建设和2间录播室建设，采购电脑分发到村级小学。

六是着力在加强师资队伍建设上抓落实。公开招聘教

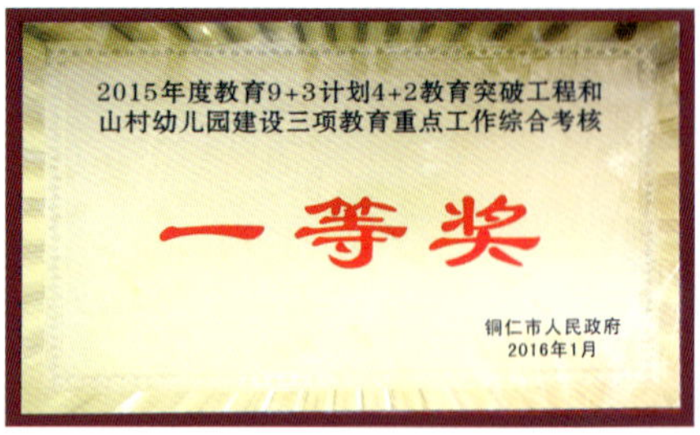

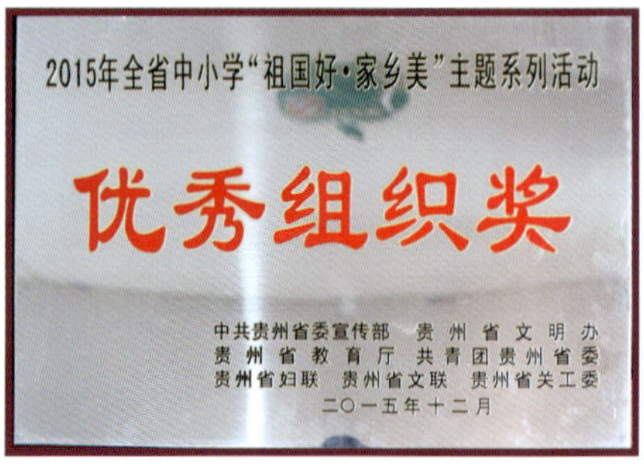

全县首届中小学生校园主持人大赛

“控辍保学”宣传

师，引进免费师范生，招聘特岗教师。组建“名校长工作室”“名师工作室”“骨干教师成长共同体”，评选认定“县级骨干教师”。完成各级培训。加强师德师风建设，开展争做“四有”“三者”好教师主题教育活动。

七是着力在实施教育惠民政策上抓落实。开展教育资金专项检查和民生铸廉三年行动计划。为高校生办理生源地助学贷款，贷款金额2263.25万元。各类民生资金已及时兑现，惠及学生76000余人。

八是着力在促进学校内涵发展上抓落实。把培育和践行社会主义核心价值观列入学校工作的重要议事日程。对全县留守儿童困境儿童进行“拉网式”全面排查，落实教管责任。执行教学常规管理“四个一”和教学质量监测“四个一”规定。

九是着力在保障校园安全稳定工作上抓落实。为学校配备消防灭火器，安装应急照明灯、应急疏散标志和视频监控系统。会同相关部门依法取缔无证流动摊点，整治、取缔网吧。创建省级“安全文明校园”1所、市级“平安校园”5所、市级“消防安全示范校”2所。

松桃中等职业学校学生技能大赛

▶松桃民族中学『八面鼓』表演

沿河土家族自治县教育局

2015年，沿河土家族自治县教育局加快教育基础能力建设、深化教育教学改革、着力加强教师队伍建设、全面推进素质教育，奋力推进普及十五年教育。

一、大力实施“4+2”教育突破工程 建成山村幼儿园121所。完成受灾害威胁学校搬迁治理。完成“全面改薄”标准化农村寄宿制学校建设。实施21所学校优美教室工程。完成16个标准化“农村留守儿童之家”和8所“乡村学校少年宫”建设。完成2所中学整体搬迁工作。启动县中职校运动场建设项目主体施工。

二、全面加强师资队伍建设 一是充实部分紧缺学科教师和农村边远学校教师。二是完善教师队伍管理机制。三是积极开展教师培训

三、教育经费保障给力 建立教育民生资金监管机制。落实教育精准扶贫措施，下拨三区人才支持计划专项资金55万元。办理生源地信用助学贷款2462人，助学贷款金额近1500万元。

四、教育教学质量稳步提升 推进基础教育课程改革，构建教育教学质量评价机制，教育教学质量得到提升，人民群众对教育工作的满意度大幅提升。

五、全面推进“4+2”特色教育 开展中小学生“科技之春”小制作小发明评比，举行“祖国好、家乡美”暨“4+2”特色教育第三届中小学生土家族舞蹈大赛，开展“墨香校园·中华美德颂”“以书为伴·智慧人生”“写规范字·做君子少年”书法绘画露天现场比赛活动。组织学生参加贵州省第二届青少年科普知识竞赛。

沿河县委书记任廷浬（右一）在沿河民族中学调研

沿河土家族自治县县长何支刚（前排左三）在学校调研

县教育局局长杨树昌（中）、副局长周勇（右一）在学校检查指导工作

中小学生土家族舞蹈大赛

沿河民族中学校园一角

铜仁市食品药品监督管理局

省委书记陈敏尔（前排左一）在全省项目建设观摩会上视察我局主办的道地药材博物馆

副省长何力（前排左四）在思南县观摩加强基层食品安全工作会议现场点

2015年，铜仁市食品药品监督管理局以确保人民群众饮食用药安全为目标，大力净化食品药品市场秩序，较好地完成了全年的各项工作任务。

一、机构改革打通“最后一公里”　市、县、乡镇、村四级食品药品监管系统机构设置基本完成，共有行政人员524名。乡（镇、办事处）一级将原有的工商分局变更为食品药品监管分局，同时在政府内设机构中设置食品药品监督管理站和食品安全委员会办公室。村（社区）一级由乡（镇、办事处）政府明确人员。

二、农村集体聚餐不断优化　在全面推进农村集体聚餐备案指导工作的基础上，将群众自行举办的各类自办宴席纳入备案指导管理。一是将集体聚餐食品安全纳入村规民约。二是按规模实行分级管理。三是明确聚餐主办者和厨师团队是食品安全第一责任人。四是明确备案管理工作程序。五是统一全市集体聚餐申报备案统计报表格式、内容，规定区县食药监管局、乡镇（办事处）食药监管站、村（社区）统计报表报送时限。

三、高标准打造武陵山现代医药物流园　在我局的帮扶下，国药控股铜仁分公司、贵州俊达康药业有限公司等批发企业入驻园区，园区全面投入运营后，预计年销售额可达50亿元。物流园作为2015年全省第二次项目建设现场观摩会的主要观摩点后，我局针对性的开展帮扶指导工作，保证现场观摩会顺利进行，同时还举办了中国武陵山（铜仁）首届中药材暨新医药博览会。

四、重拳出击，强化行政执法　全市食品药品案件立案319件，结案274件，罚没款207.64万元，没收药品货值金额40.75万元。其中：食品案件立案229件，结案196件；药品案件立案58件，结案51件；医疗器械案件立案24件，结案21件；保健食品案件立案8件，结案6件。

副市长张矛（前排左一）参加食品安全宣传周活动

副市长夏虹（右二）带队检查食品药品安全工作

问题食品和无证经营药品集中销毁现场

抢抓改革机遇 谋划发展新篇

——改革崛起中的沿河土家族自治县人民医院

院长 张 栩

中层干部会议

沿河土家族自治县人民医院建于1950年，迄今已有60余年的发展历史，经过不懈努力，医院从小变大，由弱变强，实现了长足发展和质的飞跃。该院是全县唯一一所集医疗、教学、科研、预防、康复、保健、急救为一体非营利性县级综合医院，是全县唯一一家二级甲等综合医院、爱婴医院，是全县120急救中心。承担全县70多万以及周边毗邻地区人民群众的医疗服务工作。

医院现有卫生专业技术人员443人，正高职称1人，副高职称41人，中级职称98人。共设科室（部门）50余个，病区15个，临床专业学科25个，6个医技科室，其中普外科内镜技术、泌尿外科内镜技术、妇科内镜技术、消化内科内镜技术、人工髋关节置换技术于2015年12月已通过省级二类技术评审。儿科为市级重点建设专科，“全国综合医院中医药示范单位”顺利通过评审验收，急诊科（ICU）、神经外科、普外科、神经内科、呼吸内科、新生儿科、五官科为医院重点专科，骨科、泌尿外科、儿科、中医科、针灸康复科等科室正在申报省、市重点专科。腹腔镜下胆囊切除术、经腔镜单孔疝修补术、经腔镜肝脏部分切除术、钬激光经尿道前列腺电切术、钬激光经皮肾镜下钬激光碎石术、髋关节置换术、脊柱内固定术、颅内血肿清除术、经超声雾化白内障摘除术及耳鼻喉科手术等均已成熟。

医院已整体搬迁至沿河乌江二桥河西桥头，新院交通方便，院内环境优雅，新院按照三级综合医院标准设置规划建设，全院规划面积7.07公顷，现有建筑面积34000平方米。内科综合楼、传染病区以及行政综合楼已经动工修建，将于2018年竣工投入使用，届时全院建筑面积将达到9万多平方米。现有编制床位490张，开放床位600张。新配置的西门子1.5T核磁共振、64排螺旋CT、DR、数字减影血管造影X线机、数字胃肠机、乳腺机、全自动生化分析仪等以及新建的ICU病房、层流洁净手术室、消毒供应中心等设施设备均已投入使用。

医院全景

医院已与浙江省恩泽医疗集团台州医院、中南大学湘雅医院、第三军医大附属医院（大坪医院、新桥医院）、重庆医科大学附属儿童医院、贵州省人民医院、遵义医学院附属医院、重庆市黔江中心医院、江苏省张家港市第一、第六人民医院和铜仁市人民医院等省内外多家“三甲”医院建立了医疗技术协作和帮扶关系，与贵州医科大学附属医院建立了医联体关系，同时还是多家高等医学院校的教学实习基地，是中国千家农村医院数字化扶持工程项目医院。

在深入推进县级公立医院综合改革的同时，医院积极创建“患者至上”医院文化，开展了“深化医改、学医为民、服务乡亲”等系列改革活动，取得了较好的社会效益。还在全市率先启动合理用药“驾照式”积分管理工作。

目前医院在建设规模、病种诊治范围、设备设施，专业人才结构、诊疗质量和水平等方面，都达到了一定水平。医院始终坚守“关怀、服务”理念，秉承“博爱、敬业、奋进、创新”院训，坚持公立医院的公益性，深化医院改革，强化管理和提升医疗服务质量和水平，目前正在积极创建三级综合医院，在“十三五”末，将达到三级乙等综合医院，以期为广大患者提供更加安全、有效、便捷的医疗服务。

精准扶贫会议

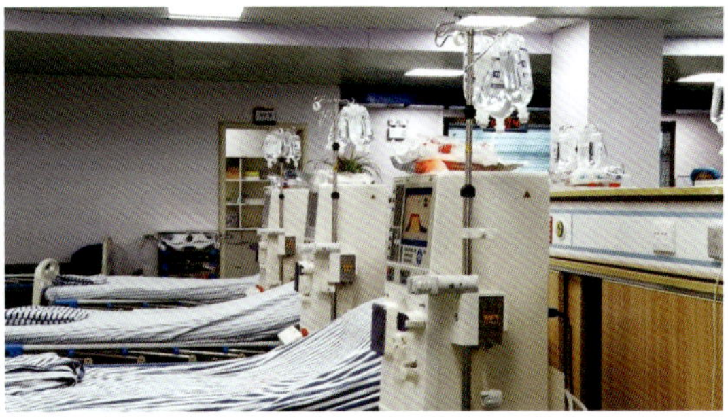

血液透析中心

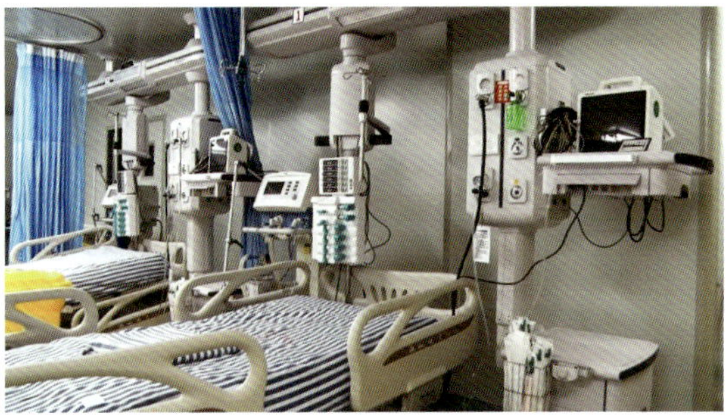

ICU病房

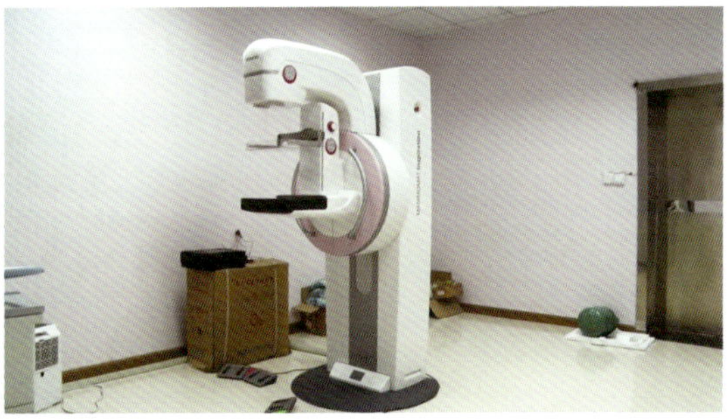

乳腺钼靶机

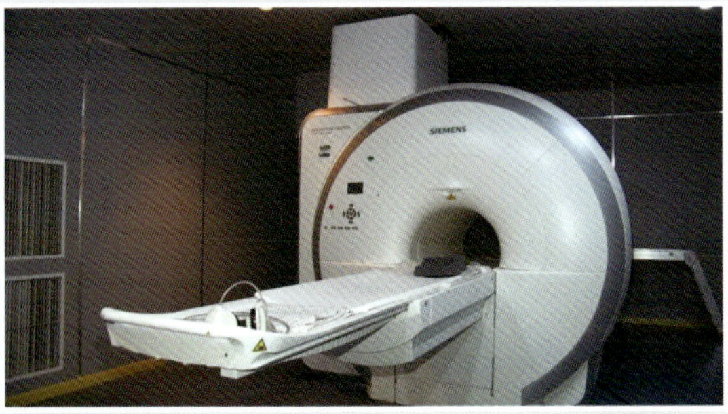

核磁共振

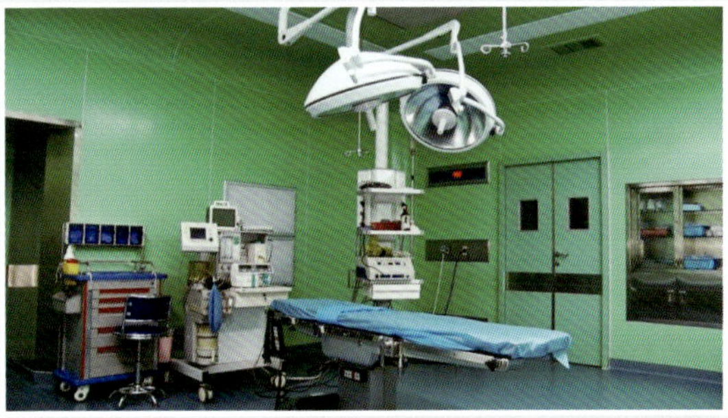

层流手术室

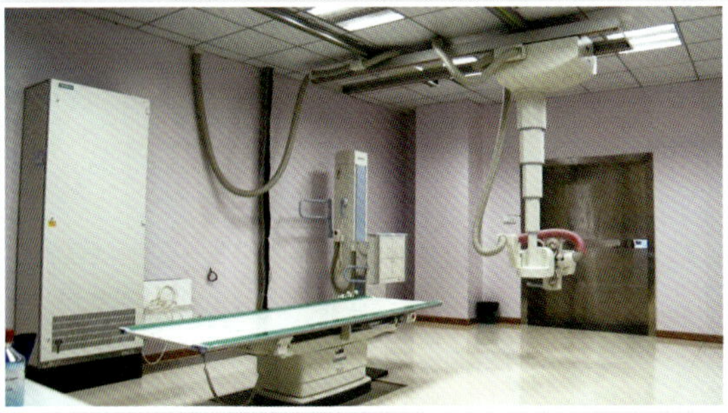

DR机

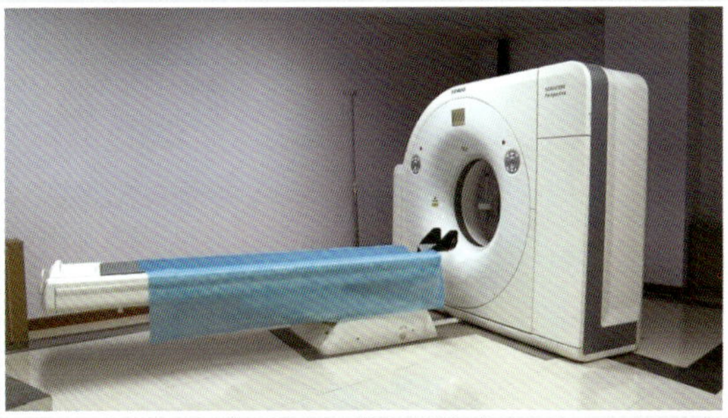

CT

沿河土家族自治县
卫生和计划生育局

省卫计委相关领导到沿河调研卫生计生工作

局长杨凯（左一）在二医督查精准扶贫医疗救助一站式结报工作开展情况

▼ 铜仁市卫计委主任苏天前（左一）到沿河乡镇指导精准扶贫工作

2015年全县卫生计生宣传工作会议

县卫计局委群众传输脱贫致富思路

2015年，沿河土家族自治县卫生和计划生育局扎实推进卫生和计划生育各项工作，取得了较好的成绩。

一、县委、县政府下达的各项工作任务完成情况　（一）固定资产投资和招商引资工作。累计完成固定资产投入8200万元，完成2亿元的招商引资工作。（二）民生实事和重点工作。县人民医院完成整体搬迁；黄土镇中心卫生院和泉坝镇卫生院建设项目主体完工，10个村级卫生计生服务室进入装修阶段，14个村卫生室改扩建项目全面完工。（三）干群连心和党建帮扶工作。一是干群连心村中界小水田村。二是党建帮扶村中寨镇红色村。

二、业务工作完成情况　（一）卫生工作　一是新型农村合作医疗工作。全县参合率达到99.27%，行政村覆盖率达到100%。补偿资金19557.07万元，本年度资金使用率达到82.35%，住院实际补偿比为59.02%。二是基本公共卫生服务均等化工作。累计建立电子健康档案460504人（份），电子健康档案建档率102.30%；单苗接种率均达95%以上；乙、丙类传染病发病率控制在上级下达任务目标内。三是实施国家基本药物制度工作。四是疾病预防控制工作。五是妇幼保健工作。六是卫生监督综合执法。七是滥用阿片类物质成瘾者社区药物维持治疗工作。八是创卫工作。九是乡镇卫生院等级评审工作。十是县级医院综合改革工作。　（二）计划生育工作　一是人口出生控制工作。二是避孕节育手术。三是流动人口服务管理。四是现孕妇女掌握。五是“双诚信双承诺”工作、“三按月”工作、综合治理出生人口性别工作、孕优工作、利益导向工作。六是宣传教育工作。七是依法行政工作。八是实施改革生育服务证制度和“金人工程”。

铜仁市公积金管理中心与贵阳市公积金中心就如何提升服务开展交流讨论

市公积金中心开展“三严三实”专题教育党课

铜仁市住房公积金管理中心

2015年，铜仁市住房公积金管理中心以“三严三实”专题教育为抓手，全面加强思想建设、组织建设、作风建设和党风廉政建设。认真落实宏观调控政策，主动作为，不断提升服务水平。先后出台了《铜仁市住房公积金异地贷款实施细则》和《铜仁市住房公积金补息贷款暂行办法》，及时落实住房公积金购买二套房首付比例下降政策，改善公积金缴存职工的居住环境，促进铜仁市房地产市场平稳健康发展。

2015年，全市归集住房公积金150539万元，同比增长14.90%，占全年任务数的108.41%；审批发放住房公积金贷款6311户、135124.60万元，贷款户数、金额同比分别增长10.40%、8.59%，占全年任务数的112.60%。至12月31日，全市住房公积金归集总额为650636.58万元，累计归集余额为462274.28万元；累计审批发放公积金贷款614384.55万元，帮助职工购建住房495.05万平方米，贷款余额为457982.07万元。

中心党组到松桃县迓驾镇迓驾村开展驻村帮扶活动

市公积金中心开展践行“三严三实”做健康公积金演讲比赛，图为中心党组书记、主任张进为演讲比赛作动员讲话

▶ 市公积金管理中心职工开展上门服务，上门办理贷款面签手续

◀ 市公积金中心走进房开企业开展走访调研

三伏天为环卫工人送解暑饮用水

对洪水退后留下的白色垃圾进行清理

碧江区环境卫生管理局

碧江区环境卫生管理局于2015年9月挂牌成立，为市城市管理局碧江分局下属正科级事业单位，共有环卫人员1597人，垃圾中转站19座，裸露式垃圾斗点共计195个，各种作业车辆42辆。负责碧江区的垃圾清运、主次干道冲洗保洁、机械化作业、公厕管理、河道步道公园卫生管理等工作。

一、沿江步道严格管理，卫生干净环境美丽

沿江步道实行三班制全天候保洁，区环卫局实行领导干部分段包干责任制，除常规工作外，每天19点至22点以及双休日对城区环境卫生进行督查。成绩得到各级领导肯定，并在贵州日报头版头条和贵州新闻联播中刊登、播放。

卫生干净、环境美丽的沿江步道，成为铜仁主城区一道靓丽的风景线，成为打造“梦幻锦江、生态碧江”的城市形象窗口。

二、强化公厕管理措施，公厕管理水平不断提升

一是免费公厕实行图斑管理，按照定人、定责、定岗的原则，采取“日督查、周通报、月考核”工作制度，严格公厕保洁标准。二是对其他权属单位公厕进行卫生监督、检查和指导。三是对公厕设施设备进行及时维修维护。四是公厕保洁要求达到“六无四净”标准，确保公厕等级达标，设施完好，干净整洁。五是打造现代信息化免费公厕。在沿江栈道的公厕安装免费WiFi试点服务。

三、严格作业程序，确保垃圾日产日清

落实“五定一清”制度，规范作业和安全运行责任制。对垃圾中转站、代运单位、裸露式垃圾斗点做到随满随拉，不冒尖，不外溢，压缩式中转站随倒随压，及时转运。运输过程中，要求驾驶员全程实行密闭式运输，杜绝运输过程中抛洒，避免二次污染。

四、加强团结协作，环卫卫生管理水平不断提档升级

一是进一步整合管理资源，全面推行环卫局、办事处和卫生协管员“三位一体”的管理模式，形成各相关部门协调联动机制；二是发挥环卫部门监管职能，加大对城区主次干道环境卫生的监管力度。

五、健全长效保洁机制，道路清扫保洁质量全面提高

一是不断完善各项管理制度，全面实行“日检查、周考核、月评比”和定期不定期的现场检查评比工作制度。二是保洁实行五位一体的保洁模式。实行人扫机扫相结合，洗扫车分片包段。拟定洒水车应急预案，在特殊情况下及时实施降温、降尘、抗旱作业。三是不断加大城区冲洗力度。成立60人的环卫专业冲洗队伍，利用凌晨和晚间对城区主次干道进行冲洗。

六、加强慰问帮扶，关爱环卫工人

环卫工人节期间，慰问部分工作表现好或家庭条件困难的环卫工人。炎热的夏季，为环卫工人送去饮用水、西瓜，让他们在辛苦工作时感受到社会对他们的重视与关怀。

▶ 收到解暑饮用水的环卫工人脸上乐开了花

▲清理洪灾后的淤泥

支援桐木坪乡灾后冲洗工作

冲洗队伍对淹没路段进行冲洗

县领导调研“整脏治乱”工作

开展庆祝贵州省第十八个环卫工人节活动

石阡县城市管理局

2015年，石阡县城市管理工作围绕“山水园林泉茶”城市定位，调整城市管理体制，以依法行政为准则，以群众需求为导向，以队伍建设为保障，践行教育实践，科学管理、优化服务，推进城市管理各项工作，为创造整洁优美的人居环境做出了积极贡献。

一、抓队伍建设，强保障

按照上级部门的安排部署，紧扣省《建设系统行政执法队伍规范化建设标准》，推进行政执法队伍规范化建设，着力打造一支“政治合格、作风过硬、业务熟练、纪律严明、保障有力、人民满意”的行政执法队伍。

二、抓观念转变，强责任

按照“统一领导、各司其职、规范管理、突出实效”的城市管理体制的改革思路，推进城市管理工作有序开展。在10个城管岗亭的10个网格中，城管队员、环卫管理员、城市协管员，实行“定岗位、定责任、定目标、定奖惩、包效果”的管理模式，网格化管理成效明显，卫生与秩序得到有机结合，双重管理与考核，实现全天无缝保洁和垃圾日产日清。

夜郎风情街

干净舒适的河边小巷

三、抓目标任务，强效果

一是规范市容秩序。加大对占道经营治理力度，遏制占道经营和倚门设摊现象；逐步规范或取缔未经审批的露天烧烤、夜市排档，规范主次道路、背街小巷的摊点，定点、定时、定经营范围进行疏导。做好划行规市与疏堵结合的整合，规范河西大道原泉鑫小区一带夜市烧烤摊点，打造国际名豪夜市小吃街。规范整治河东荣华商业街农贸市场和河西泉鑫小区市场，监管临江大桥菜农临时占道经营；处理沿街两侧乱张贴、乱涂写、乱刻画等违法行为，城镇市容环境有了较大改观；按照网格化“定人、定岗、定责”和门前“三包”责任制加强对环卫工人的监管督查力度；加大对车辆乱停乱放的巡查整治力度，规范人行道自行车、摩托车的摆放，同时完善人行道可停区域摩托车位。加大对脏车入城的查处力度，设立两个脏车入城查处点；改造城区门头广告，统一标准、统一规格，对河东、河西进行全面升级改造。

二是加强环境卫生保障。加强作风建设，以制度管理提升工作效率。始终把工作实效与廉洁、勤政、务实、高效结合起来，实现队伍素质明显提高，工作能力明显加强，服务水平明显改善，作业质量明显进步，经济效益明显上升；加强环卫工人队伍管理，确保城区清扫保洁质量，加大对城区大环境的清扫保洁力度，确保城区大街大巷的清洁。

三是市政园林亮化工作。及时维修维护检测恢复，其设施功能的有效发挥，保障城市环境的绚丽。

整齐规范的户外广告

城管局全体党员干部祭扫“困牛山”烈士墓

城管环卫作业车冲洗护栏

环卫工人加班加点冲洗街道

旅发大会花卉摆放

碧江区民政局

2015年碧江区民政工作在区委、区政府的领导下，在上级业务部门的指导下，各项工作顺利推进。

一、社会救助工作　一是城乡低保工作。二是特困人员供养（农村五保供养）。三是城乡医疗救助。四是临时救助。

二、救灾救济工作　一是冬春灾民生活救助。二是防灾减灾宣传活动。三是灾害排查工作安排。四是灾后恢复重建。五是开展政策性农房灾害保险。

三、优抚双拥工作　一是优抚工作。二是拥军优属工作。三是安置工作。

四、基层政权和社区建设工作　一是完善社区服务网络工作。二是社区网格化管理工作。三是村（居）务监督委员会建设工作。四是农民市民化改革及城中村改社区工作。五是基层社区建设及村务公开民主管理工作。

五、社会福利、招商项目工作　1.社会福利。一是孤儿基本生活费发放。二是民办养老机构管理。三是困境儿童统计。四是流浪乞讨人员救助。五是福利机构的安全生产检查。2.项目建设和民政项目库完善。

六、老龄工作　一是高龄补助发放及老年人统计。二是农村互助幸福院建设。三是基层老年协会规范化建设。四是医养结合试点。五是城乡社区居家养老服务。六是老龄事业发展十二五规划检查评估。七是老年维权。

七、专项社会事务管理　一是区划地名工作。二是社会组织管理。三是婚姻登记。四是殡葬工作。五是慈善工作。六是福利彩票发行。七是民政自身建设。八是社会工作。

9月10日，省民政厅副厅长甄燕驰（右一）、铜仁市副市长杨同光（左一）视察碧江区居家养老服务中心

11月9日下午，市人大常委副主任、碧江区委书记陈代文（左一）查看搬迁新建区殡仪馆建设项目进度

1月9日，碧江区民政局召开“砚台山”命名评审会

1月12日，分管民政副区长杨通国（右二）现场办公会–调研殡葬馆搬迁工作

8月28日，碧江区慈善总会举行2015年“圆贫困生大学梦”助学金发放仪式

易地扶贫搬迁楠木园安置点新貌

易地扶贫搬迁合兴镇安置点新貌

德江县水库和生态移民局

德江县水库和生态移民局树立“抓移民就是抓经济、抓发展、抓稳定”的思想，实现“搬得出、稳得住、逐步能致富”的目标，顺利推进各项工作。

一、水利水电移民工作　一是推进四个集镇和八桥两路项目完善工作。集镇供电、通信、广电和长堡过境公路、十三米桥移交行业部门管理，其他项目完成验收，待相关资料完善后移交接管。二是乌江沙沱水电站德江库区移民补偿投资概算执行情况清理及投资余缺调剂实施方案通过省级审查。三是落实沙沱水电站德江库区长补资金，开展耕园地长补兑现工作。四是基本完成沙沱处遗项目勘察设计等前期工作。五是开展蓄水后库岸失稳、塌滑等监测监控及处理等后续工作，完成潮砥至小溪公路库岸失稳治理勘察、设计工作。六是指导龙泉乡、煎茶镇基本完成观音滩水库正常蓄水位线下直迁移民12户66人搬迁安置和补偿兑现工作。七是指导合兴镇完成大木尧水库移民安置监督评估单位选定委托并进场开展有关工作，完成直迁移民3户21人搬迁安置，基本完成补偿兑现工作。八是长丰水库移民安置工作基本完善。九是配合有关部门开展沙滩水库、潮溪水库、共和水库移民前期工作。

二、易地扶贫搬迁工作　一是协同有关乡镇完成易地扶贫搬迁对象精准识别工作，最终列入易地扶贫搬迁对象5100户22938人。二是完成今年易地扶贫搬迁对象1443户6706人的精准识别、核实工作，并全部签订申请书、审批表及旧房拆除及宅基地复垦协议。三是完成明年易地扶贫搬迁对象4999户22574人的精准识别、核实工作。三是开展2012–2015年度扶贫生态移民工程清理工作，正在完善项目扫尾相关工作。四是完成8个安置点建设任务，建设移民住房1053套，搬迁安置移民1053户5041人。

易地扶贫搬迁高家湾安置点新貌

沙沱水电站德江库区外迁移民集中安置点建成后新貌

服务纳税人

工作会议

铜仁市国家税务局

2015年，铜仁市国家税务局围绕税收现代化主题，紧扣贵州省国税局“1133”工作思路，全市国税收入保持稳定增长，核心业务建设、队伍建设和文化建设等方面显著提升。

一、依法征税，税收收入稳定增长 全市国税各项收入完成334989万元，同比增长10.06%，增收30633万元。完成省国税局预期目标的101.20%，完成市政府年度预期目标的95.17%。税收收入增速名列全省国税系统第二位。

二、依法治税，税收环境持续优化 深化税务行政审批制度改革。公开行政审批的文件内容、“税务行政处罚权力清单”，并适时开展督查落实。推行税务法律顾问制度，全市12个国税机关实现法律顾问全覆盖。

加强税收宣传教育。结合2015年税收宣传月活动，举办“镜头看税收”摄影赛、开展税收文艺创作活动。开展以“法治铜仁”为主题的普法活动。松桃自治县国税局被授予“全省国税系统法治税务示范基地”称号。

三、加强核心业务建设，征管服务质效稳步提升 一是践行好服务大局、服务税户、服务基层“三个服务”。二是深化税收征管改革，夯实税收征管基础。三是推进税收信息化建设。

四、加强干部队伍建设，队伍整体素质不断增强 一是优化队伍结构提升干部素质。二是开展文明行业创建活动。三是扎实开展党建工作。

五、落实责任转变职能，党风廉政建设和作风建设成效显著 一是进一步加强党风廉政建设。二是扎实开展“三严三实”专题教育。三是抓好群教活动“回头看”和作风建设“巩固深化拓展”工作。

六、大力规范行政管理，内管效能逐步提升 一是加强行政管理工作。二是进一步规范财务管理。三是积极推进规范津贴补贴和基建管理工作。

夯实征管基础

服务社会

税法宣传

铜仁市地方税务局

2015年，铜仁市地方税务局紧紧围绕市委、市政府和省地税局的各项工作部署，全力聚焦依法组织税收收入这个中心，紧抓“金税三期”推广上线和“三严三实”专题教育两条主线，攻坚克难、真抓实干，圆满实现“十二五”完美收官。

一、勤征收，组织收入好中有快

2015年，全市地税系统共依法组织收入550708万元，同比增收79076万元，增长16.70%，占市政府年度预期目标的103.30%，为助推地方经济社会发展承载了更多担当。

二、强管理，重点工作稳中有进

一是毫不动摇推进“金税三期”建设。市局党组先后召开各类部署会议13次，市局“一把手”先后4次逐一深入到各县区局督战，全市地税系统11家单位均开启“5+2”、“白+黑”工作模式。历时两个多月奋战，7月16日和9月8日，全市地税全面实行双轨和单轨运行，金税三期系统如期成功上线，铜仁地税与全省同步迈向税收现代化的新征程。

二是毫不松懈开展“三严三实”专题教育。坚持把税收任务完不完成作为检验专题教育取不取得实效的标准，把纳税人满不满意作为衡量地税干部工作称不称职的标准，把群众好不好评作为测评地税部门作风建设到不到位的标准，扎实开展“三严三实”专题教育一系列活动。

三是毫不含糊推进依法治税。继续按照税收优惠一律取高限，弹性税率一律取低限的原则，充分运用政策红利，支持企业发展。2015年，共为32096户纳税人减免地方各税14765.81万元。

2015年，市地税局机关被授予“全国文明单位”。有1个办税服务厅被评为“全国巾帼标兵岗”，6个县区局被授予“全市文明单位”，3名同志获铜仁市首届“五一劳动奖章”，1名同志被评为铜仁市首届“巾帼标兵”。

省地税局党组书记、局长季可（前排中）在铜仁调研

省局党组成员、总会计师任亚林（左排中）到铜仁地税指导金税三期上线工作

市局党组书记、局长王梅林（前排右二）到碧江区办税服务厅调研

全市地税系统召开金税三期双规运行工作分析推进会

铜仁市地税局被授予“铜仁市廉政文化进机关”示范点

ICBC

中国工商银行铜仁分行

◀ 铜仁分行与市人大调研组共同考察铜仁大龙经济开发区锂电产业园、飞地经济园、兴隆玻璃厂等建设项目，并对企业对金融产品需求情况进行了解

▲ 工行城区支行积极组织开展秋季工会活动，提倡员工用健康的体魄和阳光的心态投入工作，助推城区支行提速发展

▼ 工行九龙支行员工风采

2015年，工行铜仁分行抓重点，定措施，想办法，全面推进各项工作。年末各项存款余额90.97亿元，较年初净增8.51亿元，各项贷款余额106.88亿元，较年初净增17.63亿元，盈利增长保持平稳，主营业务指标均较好地完成全年目标任务。

一、服务实体经济　一是支持重点项目建设和重点领域，涉及交通、文化旅游等。二是支持民生领域，拓展棚户区业务改造市场，实现“新项目、新客户、新目标”的拓展。

二、大力发展普惠金融　年末小微企业贷款余额20亿元，较去年同期增加1.70亿元，户数363户，较去年同期增加59户。一是加大小微企业金融支持力度，确保“三个不低于”目标实现。二是强化宣传,以创新带动业务拓展。三是梳理目标，拓展“贵园信贷通”业务。

三、重点领域金融服务　一是助力“大众创业、万众创新”。创新推出“贵园信贷通”，支持6个园区的15户小企业，累计投放贷款金额1.23亿元。二是化解产能过剩，发展绿色信贷。投向节能环保项目和服务的贷款余额12.80亿元，对重污染领域在融资上给予控制。

四、消费者权益与保护　一是银行业消费者权益保护规制建设。落实消费者权益保护工作牵头管理部门及负责人；调整消费者权益保护工作委员会,组织推动辖内消保工作；制定消费者权益保护工作重大事件应急预案；制定消费者权益保护工作监督考评机制。二是进一步清理和规范服务收费项目。三是加强公众教育四是开展“普及金融知识万里行”活动。

工行铜仁分行参加铜仁市直单位纪念建党94周年和抗日战争胜利70周年全市合唱大赛，并荣获大赛优秀奖

六一国际儿童节到来之际，工行铜仁分行青年志愿者走进福利儿童院开展献爱心活动

石阡县农村信用合作联社

财政部驻贵州省监察专员办事处副处长田鹏（中）到石阡调研

省联社副主任袁赞礼（前排右一）到石阡调研

2015年，石阡县农村信用合作联社围绕“聚焦支农支小，注重精细管理、整合竞争能力、深化信用工程、巩固普惠金融、强化风险管控”的总体要求，把优化业务结构、提高发展质量放在更加突出的位置，建立科学有效的风险管控机制和激励约束机制，通过全体员工共同努力，在“新常态”下各项工作稳步推进，全面实现年初确定的工作目标。

1.各项存款余额420955万元，比年初上升72392万元。

2.各项贷款余额347595万元，比年初上升51769万元。

3.按照《省联社办公室关于做好个体工商户建档全覆盖工作的通知》全面完成个体工商户建档面达100%；

4.按照金融信用县验收标准，对162家企业（含专业合作社）进行建档评级授信；

5.与石阡县25家单位签订诚信单位合作协议；

6.银行卡全年计划完成数22500张，实际完成数为47980张，完成占比213.24%；公务卡全年计划完成数600户，实际完成数633户，完成占比105.50%；网上银行、手机银行全年计划完成数12500户，实际完成数12994户，完成占比103.95%；ATM（CRS）机全年计划8台，实际新增11台，完成占比137.50%；银联POS终端279户；村村通313户，覆盖率100%，活跃率100%；年末电子替代率达67.74%，比年初增长14.62%。安装农村现金流通综合服务平台门头280个，发放村村通代理商户补贴42.52万元，电子银行业务得到广大客户的认可，也大幅度提高了使用率。

在新的一年里，我社将始终坚持支农支小市场定位，坚持稳健经营方针，以固本强基、提质增效、创新转型为重点，更加注重服务实体经济，更加注重加强风险管控，更加注重推进精细化管理，更加注重实施创新驱动，更加注重提

省联社驻铜仁审计中心党工委书记、主任陈洲（左三）到石阡国荣调研

石阡联社反假币、反非法集资宣传活动

思南农村商业银行股份有限公司

董事长徐晖（中）到思林支行调研信用工程

董事长徐晖（中）到塘头开展支行开展晚训

监事长何应龙（右四）组织开展植树造林活动

行长余光华（右一）到思南特殊学校捐赠

2015年，思南农村商业银行股份有限公司发挥“三套马车”的作用，团结带领全行干部员工，努力克服各种困难，奋力拼搏，较好地完成省联社、铜仁党工委下达的各项工作任务。

一、努力拓宽营销渠道，各项业务发展上台阶

1.存、贷款稳步增长。各项存、贷款余额分别为51.24亿元、36.87亿元，存贷款市场份额位居县域金融机构首位。累放涉农贷款35.31亿元，同比增加1.77亿元，涉农贷款投放量占县域金融机构的95%。累计发放小微企业贷款7.25亿元，同比增加0.61亿元。

2.经营效益稳步提升。实现各项财务收入3.80亿元，同比增加5100万元，贡献各类税收4096万元。

3.电子银行业务发展迅速。手机银行用户新增1218户，有网上银行967户，布放POS机具309台。信合卡新增3.57万张。“信合村村通”POS终端实现行政村全覆盖。

4.科技建设扎实推进。集中授权系统正式运行，办公自动化升级改造完成，事后监督系统、股金管理系统、业务综合查询系统、固定资产管理系统等正试运行，新大楼中心机房和异地值守及远程监控中心即将投入使用。

5.支农惠农工作成效显著。建档评级信用农户129793户，授信51亿元；创建信用乡（镇）12个；创评信用村382个；行政事业单位评级授信20个。农户小额信用贷款余额17.54亿元；重点支持26个农业龙头企业、35个农民合作社、2个现代农业种养殖基地（园区）的发展；全行授信微型企业（含个体工商户）736户，授信金额5.32亿元。累放个人建房贷款3.60亿元；累放茶业、烤烟等“精准扶贫”产业项目5.40亿元。

二、坚持“凡进必考”和“公开竞聘”原则选人用人，加强干部队伍建设

提拔34名中层干部，163人岗位发生变动，轮岗率达51.59%。一是在主办会计的选用中实行“凡进必考”。二是总行各部室负责人和各支行行长职位实行“公开竞聘”。

三、扎实开展“三严三实”专题教育活动

一是积极参加专题学习研讨。二是积极开展讲党课活动。三是深入查找“不严不实”问题。

四、认真开展专项整治

明确专项整治重点任务，对文山会海、“庸懒慢浮贪”、公款送礼、公款吃喝、奢侈浪费、“三公”经费开支过大等问题亮剑。对公务用车编制管理、公务用车管理、公务用车经费预算管理作出规定。对规范精简文件种类、处理程序、强化公文审核把关等作出具体要求。合理使用“三公经费”。

◀ 时任贵州省委书记赵克志（右一）到思南农商行支持的晨曦茶专业合作社调研

召开全县金融夜校动员大会

思南创建农村金融信用县动员会议

▶ 思南农商银行团委登山活动

沿河土家族自治县财政局

2015年，沿河土家族自治县财政工作按照“有力聚财、高效生财、合理用财、科学理财”的思路，破解经济社会发展中的难题，保障和改善民生，推动全县经济社会又好又快发展。

一、加强收支管理，全年预算任务圆满实现　继续强化征管措施，加强财政体制改革，为保工资、保运转、保民生、保稳定，以及促发展、建和谐提供财力保障。

1.财政收支任务圆满完成

实现财政收入总计434664万元。其中：一般公共预算收入39089万元、上级补助收入290954万元、地方政府债务转贷收入75064万元、调入资金29557万元。一般公共预算支出完成365375万元，上解上级支出853万元，地方政府债务还本支出75064万元。

2.财政收入结构进一步优化。加强非税收入管理，优化非税收入征管，降低非税收入占比。非税收入完成7912万元，同比下降16.90%，减少1614万元。

二、着力攻坚克难，各项工作取得新成效　一是抓项目争取，项目和资金到位成效明显。争取到上级财政专项资金15391万元，完成投资9884万元。二是抓债务管理，防范和化解财政金融风险。建立地方政府性债务管理机制，对政府性债务实行动态管理。三是抓财政改革，财政体制进一步深化。四是抓党建，党的建设和扶贫攻坚同步推进。抓好干群连心和小康寨建设，实施驻村帮扶工作。小康寨项目建设覆盖19个乡镇、3个街道办事处337个村1145个自然寨，新增受益6万多户28万人。

三、强化工作落实，财政事业发展全面推进　一是强化征管，狠抓协调，财政实力稳步增长。二是调整优化支出结构，促进经济社会和谐发展。三是完善财政管理制度，提高财政管理水平。四是强化财政纪律执行和监督，确保财政资金发挥效益。

县财政局长魏宗尧（左四）带领班子成员到和平街道办事处南山村开展精准扶贫工作

县财政局研究部署精准扶贫攻坚工作

塘坝镇农发年产8万千克茶叶加工项目

黑水农发高标准农田建设项目一角

目　录

特　载

大事记

铜仁市概况

名　录

政　治

民主党派·工商联·群团

军　事

法制建设

发展管理与监督

财政·税收·商务

金融·保险

农业·气象·水务·扶贫

工业·能源·供电

城建·住房·管理

环保·旅游

交通·邮政·通信

教　　育

科学技术

社会科学

文化·体育·广播电视

卫生·计生·食品药品管理·老龄

区·县概况

国民经济社会统计表

特　　载

政府工作报告

（2015年2月5日，铜仁市市长夏庆丰在铜仁市第一届人民代表大会第四次会议上）

各位代表：

现在，我代表市人民政府向大会作工作报告，请予审议，并请市政协委员和其他列席人员提出意见。

一、2014年政府工作回顾

过去一年，在省委、省政府和市委的坚强领导下，在市人大、市政协的监督和支持下，我们紧扣主基调主战略，围绕“稳中求快、快中保好”总基调，大力实施“四化同步、一业振兴”发展战略，较好地完成市一届人大三次会议确定的各项目标任务，全市呈现出快速发展、亮点突出、民生改善、社会和谐、民族团结、政治稳定的新局面。

（一）经济发展稳中有进、增比进位显著提升。综合位次重大突破。生产总值完成647.7亿元，增长14.3%，增速全省第6。人均GDP达到20868元，首次突破20000元。全市经济发展综合测评全省第4，是增比进位综合排名以来最好的一年；经济发展群众满意度全省第5。核心指标增幅较快。固定资产投资（不含跨区项目）完成905.9亿元，增长26.7%，增速全省第5，其中产业投资占固定资产投资比重达到41.6%，排名全省第3；公共财政预算收入完成50.1亿元，增长12%；社会消费品零售总额完成134.3亿元，增长13%，增速全省第4；旅游总收入增长23.8%，增速全省第3；金融机构存、贷款余额分别为754.1亿元、601.7亿元，增长14.2%、27.2%，增速全省第4、第2；城镇、农村常住居民人均可支配收入分别达到20279元、6243元，增长11.3%、14.4%，增速均列全省第2。工业发展亮点纷呈。实现工业增加值140.8亿元，增长14.3%，增速全省第2，工业对GDP的贡献率达到21.3%。新增2000万元以上规模企业97户，达到470户。铜仁卷烟厂、复烤厂易地技改项目获国家批复，大龙煤电锰一体化项目获核准，铜仁东站1000万吨改扩建项目与广铁集团签约。发展质量和民生事业明显改善。工业经济、城镇人口、民营经济、县域经济比重分别达到21.7%、41%、57%、79%，分别提高0.7、3、4、1个百分点。在全省先行启动“普十五”教育，山村幼儿园建设两年行动计划得到习近平总书记、刘延东副总理肯定性批示，入选“2014中国全面小康十大民生决策”和教育部公平教育范例。保障房建设总量、完成任务数、考核指标均居全省第1，保障房进园区、进校园、进乡镇成为全省推广模式。全面小康实现程度提高4个百分点。

（二）改革红利不断释放、对外开放深入推进。围绕市场深化改革。市级国有投资公司改革迈出新步伐，启动市场主体三年倍增计划，市场主体、注册资本分别增长28%、52%；加快现代物流体系建设，创建省级电子商务示范基地。围绕资源深化改革。“三权”抵押押贷款试点深入推进，实现抵押贷款3.6亿元，增长71.1%，乡镇农村产权交易中心开始运行；“园区景区化、农旅一体化”铜仁模式成为全省经验；“以水养水”的小康水管理体制改革成为全省样板。围绕扶贫深化改革。精准扶贫机制改革得到国务院扶贫办高度肯定，全国扶贫办主任座谈会在铜召开，总结推广铜仁模式；家庭农场试点改革得到国家农业部肯定并在央视宣传，农村集体经济“三社合一”发展模式获国家人社部、全国供销总社肯定；“雁归工程”探索出返乡创业新模式，引导扶持3.7万“雁归”人员就业创业。围绕体制机制深化改革。完成市县两级机构改革，启动乡镇撤并和城中村改社区工作；公开部门权力清单，健全招投标体系，推行电子化招投标模式；制定政府性投资项目借用管还一体化管理办法，完善招商引资优惠政策；出台创新基层公共文化服务机制实施方案，理顺市区管理体制，完善城市公交改革。围绕金融创新深化改革。探索“政银企农”合作共赢金融扶贫铜仁模式，获国开行授信资金30亿元；“引银入铜”设立银行和延伸分支机构11家；成立小额贷款公司44家、融资担保公司15家。围绕对外开放建平台。苏州对口帮扶深入推进，与贵阳、遵义等市结为友好城市，与中科院过程工程研究所、厦门大学等6所高校、院所签订战略合作协议，积极开展对外交流合作。与贵阳海关、省检验检疫局分别签署合作备忘录，获批在大龙开发区设立保税仓，检验检疫部门进驻，已规划建设对外经济商务区，构建高效服务对外开放平台。

（三）产业结构提升转型、协调发展不断增强。三次产业结构由上年的25.4：29：45.6优化为23.1：29.9：47，二、三产业占经济总量的76.9%，提高2.3个百分点。新型工业发展巩固提升。完成500万元以上规模工业总产值630亿元、实现利润11.7亿元。完成工业投资310亿元，增长26%，其中纳入省级重点调度项目324个，占全省的25.6%。全市12个工业园区完成规模工业总产值500亿元，占全市规模工业总产值的80.6%，其中黔东工业聚集区完成规模工业总产值430亿元、增加值100亿元，分别占全市的68.2%、65.2%，聚集效应更加凸显；新开工产业项目340个，轻重工业比从29：71调整为33.7：66.3，结构更加优化。现代农业发展成效显著。大力实施“三个万元”工程，深入推进“三品”战略，着力打造现代农业园区升级版，建成万元田15.2万亩、万元山15.7万亩，创建园区高标准产业基地79.2万亩，新增标准化规模养殖场105个，非粮占比达到85.2%，农产品加工转化率达到43%，完成一产增加值149.7亿元，增长6.5%，获中国驰名商标2个、贵州著名商标8个。现代服务业发展取得新进展。接待旅游人数达到2540万人次，实现旅游总收入194.5亿元。梵净山景区进入国家5A级景区预备名单，九龙洞、苗王城、万山国家矿山公园、思南石林创建4A级景区。成功举办第二届中国梵净山生态文明与佛教文化论坛、市第三届旅发大会和纪念黔东革命根据地创建暨红二·红六军团木黄会师80周年座谈会。新开通深圳、上海、杭州等航线。创海、武陵山商城等成功申报省级电子商务示范企业，110家电商企业入驻淘宝网·铜仁馆，京东商城项目洽谈进展顺利。笑哈哈国际商贸物流城、西南商贸物流园等大型商贸市场开业运营。

（四）基础设施不断改善、城镇建设加快推进。项目建设更加扎实。松铜高速建成通车，全市高速通车里程达到400公里。沿德高速、安江高速、沪昆高铁铜仁段、铜玉高铁、铜仁南高铁站加快推进，德江至务川高速开工建设，铜仁凤凰机场完成改扩建。观音滩、木瓜溪等12座骨干水源工程加快建设，鱼粮、小云南等4座水库大坝封顶，新开工建设马岩、老山口等6座骨干水源工程，解决35.8万人饮水安全问题。电网建设改造、“四在农家·美丽乡村”六项行动计划分别完成投资6.2亿元、78.4亿元。城市建设提升提速。启动城市建设三年大会战和中心城区十大功能提升工程，推进五城联创，实行规划严管，完成铜仁市城市总规、中心城区15平方公里控规、中心城区风貌规划、中心城区地下空间综合利用规划、8县县城总规和17个示范镇总规、控规等，新建和改造城市主干道165公里、城市公园和广场11个、农贸市场3个。出台支持房地产业持续健康发展意见，完成房地产投资144.3亿元。实现乡镇规划委员会全覆盖，乡规委的设立在全国先行。完成21个传统村落保护规划编制和100个农村集中建房点规划，集中建房点共竣工近8000户，集中建房经验在全省推广。全市完成城镇基础设施建设投资120亿元，城镇化率提高到41%，中心城区建成区面积达到44.7平方公里、人口增加到38.3万人，山水园林城市建设快速推进。

（五）民生事业创新发展、公共服务持续改善。全市财政民生支出203.5亿元，占公共财政支出的78%，民生十件实事全面完成。全市减少贫困人口22万人，实现思南、德江两县和瓦溪乡等14个乡镇"减贫摘帽"。全市城镇新增就业4.5万人，转移农村劳动力就业7.8万人，发放就业小额担保贷款3.9亿元。全市各项社会保险参保264.4万人次，新农合参合率98.8%。实施教育"9+3"计划和"4+2"突破工程项目986个；建成山村幼儿园1358所，全市学前三年毛入园率达到86.8%；化解中心城区学校"大班额"60.2%，提升14.2个百分点；川硐教育园区骨干工程基本建成，铜仁学院、铜仁一中等学校实现搬迁。完成三甲以上医院全省医学检验互认，新建计生服务站88个，完成13所乡镇卫生院达标工程建设，城镇、农村计生失独家庭补助标准每人每月分别提高到340元、170元，人口计生实现"双降"。建成保障房4.7万户，完成农危房改造6万户，实施生态移民搬迁2.9万人。环保十件实事全面完成，获批全国土壤污染综合防治示范区。社会稳定风险评估"铜仁经验"形成机制，社区网格化管理顺利推进。深入开展领导干部大接访活动，排查化解矛盾纠纷。加强社会治安综合治理，平安铜仁建设有力推进，安全生产平稳可控，群众安全感达到95.9%。

（六）政府自身建设得到加强、政务环境不断优化。深入开展党的群众路线教育实践活动，扎实推进"三个开刀"专项整治和"科长大评议"活动。严格落实中央八项规定和省市十项规定，狠刹"四风"，"三公"经费支出下降20%，压缩5%行政经费用于教育支出。启动第二批"两集中、两到位"改革，下放市级行政审批事项27项。建立政府法律顾问制度、重大决策专家咨询制度和事前调研制度，设置市长会客厅，开通政府微信平台、市民服务热线。主动接受人大法律监督和政协民主监督，特邀市人大、市政协领导列席市政府常务会、城规委会，认真办理人大代表建议和政协委员提案，2014年提案办理工作在省"两会"期间被省政协表彰。加强与各民主党派、工商联和无党派人士的协商，自觉接受新闻舆论和社会公众监督。全面落实党风廉政建设主体责任，开展民生特派工作，勤政廉政建设取得新成效。

同时，民族宗教、国防教育、统计、双拥、档案、气象、人防、科普、老龄、外事侨务、住房公积金管理、保险等工作取得新成绩，工会、共青团、妇女儿童、文学艺术、残疾人、红十字、计生协等事业取得新进步。

各位代表，经过多年的努力，特别是近几年来的艰苦奋斗，全市发展格局更加科学，空间布局更加优化。我市人均GDP达到3000美元，城镇常住居民人均可支配收入超过20000元，高速公路里程达到400公里，这些都是标志性的阶段成果。特别是我们努力适应新常态，抢抓新机遇，增强新动力，形成了加快发展的新格局：一是大交通格局逐步形成。今年县县通高速，沪昆高铁铜仁南站建成通车，铜仁东1000万吨货运站及大龙货运站启动建设后，将大幅提升我市客货运输能力。力争年内贵阳经襄阳至郑州高铁开工建设，特别是铜玉高铁建成后，将向北延伸到凤凰、张家界、襄阳，向南延伸至黎平经从江到广州，与环省高铁遵义—德江—思南—印江—江口—铜仁相汇合，并且环省高铁在省委、省政府的推动下有望提前启动，"十三五"规划期内努力实现县县通高铁。铜仁凤凰机场改扩建完成、黔北机场获批，一市两机场已成定局。乌江航道、锦江航道疏浚通航后，水运即可通江达海。环省高速、环省高铁的快速推进，推动我市高速、高铁、航空、水运四网基本成型，为融入全国综合交通网络打下坚实基础，我们将从公路时代直接迈向高铁时代，奠定铜仁百年发展的大格局，打开迎接大企业、引进大项目、规划大产业的时间窗口。二是经济发展空间格局已经形成。黔东工业聚集区、环梵净山"金三角"文化旅游创新区、乌江生态经济走廊"两区一走廊"的经济发展空间格局已基本成型，"三个组团"的聚集能力、规模效应已经显现。“5个100工程”的规划布局和不断推进，整合了资源，形成了要素聚集高地和新的经济增长极。围绕高速、高铁、机场、水运码头等重要交通节点，规划建设一批特色城镇，使城镇体系布局更加优化。农村集中建房顺利推进，农村要素资源不断汇集，形成了镇村联动发展的新模式。三是产业发展新格局初步形成。以锰汞为主的冶金化工产业和循环经济产业、食品产业、石材产业、能源产业已渐成体系，文化旅游业正在提速发展，现代农业园区、“三个万元”工程、种养加一体化正在引领农业转型发展，大健康医药产业、电子商务正在向铜仁高新区、梵净山环线一带悄然布局，融合“一二三次产业”的六次产业形态悄然落地，很多产业从无到有、从小到大，产业幅不断拓宽，产业链不断延长。四是城镇发展格局更加优化。全市已形成中心城区、县城、小城镇、美丽乡村集中建房点四级城乡统筹发展的城镇体系，在全市规划构建了“一轴两带两组群”的城镇空间布局，并同步推进玉屏大龙同城化发展，德（江）思（南）印（江）组团发展。在中心城区初步形成了“一核两轴五区九组团”的空间功能布局，规划建设了“四纵九横”城市骨架路网，在这个大的空间布局下，按照“产城互动、景城融合、教城一体”的推进模式，按照“规划先行、拉开路网，建设新区、提升老区，产业支撑、产城一体”的原则，更加优化了城镇空间布局，提升了中心城区发展要素的聚集能力。五是用发展和生态两条底线统领发展的格局牢牢定型。我们始终坚持在发展中保护生态，正在把生态环境优势转化为生态经济优势。森林覆盖率达到54.9%，名列全省第2，清新的空气，清甜的山泉，青翠的树木，清洁的土地，良好的生态环境，已成为助推我市加快发展的战略性资源，一些对环境质量要求高的产业和企业，越来越多地选择我市作为生产基地、科研基地和大健康疗养地或抗衰老总部基地。我们完全可以利用良好的生态环境，大力发展生物制药、有机食品等养生大健康产业和体育健身特别是户外运动、生态旅游等服务业，把生态优势转变成生态产品、生态产业，推动形成产业生态化、生态产业化。发展新格局的形成是我们从“边城”变成“前沿”的过程，是武陵高峰变成发展高地的过程，是发展要素加快流动形成现实生产力的过程，是我们有区位更有区位优势的过程，是自然生态、社会生态、政治生态融合聚力的过程。

“五大格局”的形成，得益于市委、市政府的战略谋划，得益于“四大新动力”的和谐共振。一是深化改革释放新动力。市委、市政府始终坚定不移向深化改革要动力，推出了100多项既有年度特点、又有利于长远制度安排的改革任务。通过深化改革改出了资源、改出了资金、改出了效益、改出了活力，进一步放活了市场，优化了环境，增强了内生动力。二是扩大开放积聚新动力。市委、市政府始终坚持开放带动战略，瞄准重点地区、重点对象，开展广泛的区域合作，引进大批企业落户铜仁，加快了发展转型。检验检疫部门入驻铜仁，大龙保税仓开始筹建，正在争取建设航空口岸和海关入驻，即将构建起全方位的对外开放平台。三是要素聚集催生新动力。黔东工业聚集区强势崛起，环梵净山“金三角”文化旅游创新区迅速壮大，“园区景区化、农旅一体化”深度融合，中心城区和县城快速发展，小城镇建设和农村集中建房加快推进，土地利用、资金投放、技术创新更加节约集约，促进发展要素聚出了规模优势、聚出了核心竞争力。四是以“八争”为突出特点的干部精气神迸发新动力。党的群众路线教育实践活动激发干部创业热情，“三个开刀”整治活动促进作风大转变，增比进位增强后发赶超信心，大规模的干部培训和“普十五”教育使万众素质得到提升，特别是“八争”工作促使了一批打基础、管长远的项目落地建设，使更多“铜仁经验”在全国全省得到肯定和推广。全年争取项目1303个、投资规模246.1亿元；争取上级补助资金264.2亿元；争取融资规模280亿元和1.5亿美元；争取改革试点31个；争取政策支持23项；争取引进人才591人；争创经验树典型79个；召开省级以上现场交流会或座谈会50多次。

各位代表，过去一年的成就来之不易。是省委、省政府和市委正确领导的结果，是市人大、市政协监督支持的结果，是全市各族干部群众团结奋斗的结果，我们要多为百姓点赞、多为基层加油、多为干部鼓劲！我代表市人民政府，向全市各族人民表示衷心的感谢!向人大代表、政协委员，向各民主党派、工商联、无党派人士、各人民团体和各界人士，向驻铜部队、武警和消防官兵、人民警察，向各位老领导、老同志，向省直各部门各单位、兄弟市州，表示衷心的感谢!向关心铜仁建设的港澳台同胞、海外侨胞和国际友人，表示衷心的感谢!

在充分肯定成绩的同时，我们也清醒地看到存在的困难和问题：经济总量小，人均水平低，贫困人口多，增收难度大，全面建成小康社会任务仍然艰巨；固定资产投资重大项目后续不足，大项目大企业少，实体经济“两头受挤”的局面依然没有改变，增比进位的稳固性仍需加强，发展基础仍需夯实；行政审批有待进一步精简提速，部门服务意识和服务水平有待进一步提升，发展软环境有待进一步优化。面对困难，我们必须牢记使命，敢于担当，毫不懈怠，扎实有效解决问题，决不辜负人民的厚望。

二、2015年政府工作目标和主要任务

今年是全面深化改革的关键之年，是全面推进依法治市的开局之年，也是全面完成“十二五”规划的收官之年。我们既要牢牢把握全国全省经济发展的新常态，又要深刻认识我市推进科学发展、实现后发赶超的新常态，适应进入城市时代、城乡统筹发展的新常态，适应实施开放带动、锐意改革创新的新常态，适应坚持以上率下、敢于拼抢争快的新常态，准确把握宏观政策向好、经济走势趋好、自身条件变好的发展趋势，主动把铜仁的工作放到全国全省新常态的大背景中去思考和谋划，更加注重扩大投资规模，更加注重做大经济总量，更加注重做强实体经济，全力向上争取支持、向外引进投资、向内挖掘潜力，始终保持高于全国、高于武陵山区、高于全省的增长速度，始终保持经济发展总量、质量、均量“三量”齐升的良好势头，努力在新常态中赢得主动、抢占先机，把全面小康宏伟蓝图书写在黔东大地上!

今年政府工作的总体要求是：全面贯彻党的十八大和十八届三中、四中全会精神，以邓小平理论、“三个代表”重要思想、科学发展观为指导，深入贯彻落实习近平总书记系列重要讲话精神，根据中央和省委关于今年经济工作的战略部署，紧紧围绕主基调主战略，牢牢把握稳中求进工作总基调，坚守发展和生态两条底线，主动适应经济发展新常态，大力推进“四化同步、一业振兴”，坚持开放带动、投资拉动、创新驱动，全面深化改革、扩大开放，更加注重稳增长、调结构、转方式、惠民生、防风险，把握节奏、精准发力、提升亮点，推动经济社会持续健康又好又快发展。

主要预期目标是：生产总值增长14%左右，其中一、二、三产分别增长6%、17%、16%，力争完成得更好一些；规模以上工业增加值增长16%以上；公共财政预算收入增长13%以上；固定资产投资增长25%；社会消费品零售总额增长14%以上；旅游总收入增长20%；进出口总额、实际利用外资、引进省外到位资金分别增长20%以上；工业经济、城镇人口、民营经济、县域经济比重分别达到23%、44%、58%、80%；城镇、农村常住居民人均可支配收入分别增长10%、14%以上；城镇化率提高3个百分点；城镇新增就业5.4万人；居民消费价格涨幅控制在3%左右，人口自然增长率控制在5.9‰以内；节能减排指标控制在省下达计划范围内；全面实现小康程度提高4个百分点。

各位代表！做好今年各项工作，确保完成上述目标并完成“十三五”规划编制，必须全面落实好省委书记赵克志同志提出的“六个战略”要求，树立大生态理念、加快大通道布局、发展大健康产业，不断开创发展新局面。当前，我们既要完成“赶”与“转”的双重任务，又要领跑武陵山区、争创武陵之都，只有始终坚持在党的领导下，用法治引领改革发展破障闯关、加强政府自身建设，用改革开放推动经济社会后发赶超、民生持续改善，才能实现与全国全省同步建成全面小康社会的目标。

在全面深化改革方面，必须坚持战略导向、问题导向、需求导向，扎实抓好标志性系统性改革。大力推进乡镇规划委员会实体化运行和乡镇“小部制”改革，理顺乡镇管理体制，推动镇村联动发展，促进乡镇工作转型升级。加大社区管理体制改革，像重视村支两委一样重视城市社区队伍建设，通过购买服务方式，培养建设社会服务工作队伍。探索建立以社区党组织为核心、社区管委会和社区服务中心、物业公司等参与组成的“一核多元”社区共治机制，充分发挥居民互助自治能力。加大市场体系改革，探索建立有形的农产品交易市场、虚拟的网上电子商务市场、规范的资本和产权交易市场“三类市场”体系。继续深入推进农村“三权”制度改革，建立市级产权交易中心。统筹推进市属国有企业改革、事业单位临聘人员管理制度改革和资源配置体制、投融资体制、扶贫开发机制等改革，提高改革举措的针对性和有效性。狠抓改革措施落实。以抓铁有痕、踏石留印的劲头和钉钉子精神，强化查岗查哨，强化督查整改，既抓好改革方案出台，又抓好改革方案落地。建立督促评估机制，发挥第三方评估机构和社会舆论作用，让市场主体和人民群众评判改革成效。

在全面推进依法行政方面，必须把守纪律、讲规矩作为政治红线，把清正廉洁作为从政底线，把高效勤政作为起码要求，加大法治政府建设力度。始终坚持把公众参与、专家论证、风险评估、合法性审查、集体讨论决定作为政府重大决策的法定程序，健全政府法律顾问制度，制定政府决策第三方评估办法和政府决策纠错问责实施办法，落实重大决策终身责任追究制度，探索建立领导干部述职述廉述法“三位一体”考核制度。严格规范文明公正执法，建立健全行政裁量权基准制度、执法全过程记录制度和部门联合执法协作机制，探索开展有条件的领域跨部门综合执法、有条件的区县跨乡镇综合执法试点工作。加大有限政府建设力度。自觉接受人大法律监督和政协民主监督，认真办理人大代表建议和政协委员提案。高度重视民主党派、工商联和无党派人士的意见和建议，充分发挥工青妇等人民团体的桥梁纽带作用。加强行政监察和审计监督，主动接受司法监督、新闻媒体监督和社会公众监督。坚持法定职责必须为、法无授权不可为，大力推进减政、减负、减支，对权力集中的部门和岗位实行分事行权、分岗设权、分级授权、定期轮岗，制定实施政府权力清单、责任清单、负面清单制度，推进政府购买公共服务工作。扎实抓好政务服务、公共资源交易、电子政务平台建设，深入推进行政审批“两集中、两到位”“并联审批”“全程代办”等制度，开展“一门办、一章结、一费清”试点工作，弱化事前审批、强化事中事后监管。清理“红顶中介”机构，加大市场化中介机构培育。组建大龙开发区、铜仁高新区行政审批局。继续举办市长会客厅，建立市政府开放日，完善市民服务热线职能职责。推进决策、执行、管理、服务、结果全过程公开，努力做到行政事务“一网办理”、行政权力“一览无余”，提高政务服务透明化法治化水平。加大有效政府建设力度。提高数字管理能力，善于搜集数据、归纳数据、分析数据、运用数据，在数据里面看发展趋势、找发展机遇，始终做到“眼中有目标、心中有数字、手中有办法”。提高标准管理能力，善于将工作任务转化为一系列工作标准，做到每项工作都有明确的目标指向、技术要求、完成时限，每项任务都可分解、可量化、可检查、可考核。提高程序管理能力，使各项工作更加依法依规、管理有序，特别是政府类投资重大项目，必须履行基本建设程序。提高细节管理能力，树立精细管理理念，深入实施“整改微行动”，以小行动取得大成效，以小创新促进大提升，全方位、全过程提高管理效率和工作水平。提高风险管理能力，牢固树立底线思维，加大政府债务、房地产市场和民间高利贷等风险的管控，及时规避、消除和妥善应对各种风险。提高“八争”工作能力，始终把“八争”作为新常态下拼抢争快的重要抓手，既要严格遵守中央八项规定，又要转变工作方法，多加强与上级部门的沟通联络、对接汇报，做到以情动人、以诚感人，探索建立“八争”工作新机制，实现“八争”新突破。加大廉洁政府建设力度。认真执行中央八项规定和省市十项规定，持之以恒地狠刹“四风”。认真落实党风廉政建设主体责任，严格遵守廉政准则，落实重大决策过程记录制度，建立项目建设廉政档案。强化对不履行或滥用行政权力的问责和曝光，坚决查处权钱交易等腐败案件，深入开展“三个开刀”专项整治行动和民生特派工作，营造风清气正的政务环境。

三、2015 年经济社会发展的重点工作

围绕实现全年目标，重点抓好以下工作：

（一）推动扩大投资迈上新台阶。把投资作为支撑经济增长的主动力，确保全年完成500万元以上固定资产投资750亿元。扩大交通投资。完成交通投资197亿元。确保沿德、安江高速公路和松铜高速松桃两河口至渝湘高速段建成通车，加快铜玉高铁、沪昆高铁铜仁南站、德江至务川高速公路及思林、沙沱电站船闸建设，开工建设渝怀铁路复线、环省高速公路铜仁段、铜仁至怀化高速、黔北机场，启动锦江航道疏浚工程，争取开工建设贵阳经襄阳至郑州高铁，加快昭黔铁路、印江至秀山高速前期工作，统筹使用国家投资、世行贷款、农发行贷款，加快通村公路建设，抓好铜仁客运北站、南站和松桃等县客运站建设，建成铜仁凤凰机场新航站楼主体工程、中心城区公交站场。扩大水利投资。完成水利投资15亿元。继续实施水利建设“三大会战”，完成调水工程规划，加快观音滩等18座骨干水源工程建设，力争新开工建设大兴水利枢纽等5座骨干水源工程，完成地下机井建设237口，新增蓄水容积2580万立方米，新增有效灌溉面积2.4万亩，改善、恢复灌溉面积8.5万亩。扩大能源通讯投资。完成能源投资18亿元，通信投资8.1亿元。抓紧建设碧江500千伏输变电工程，加快推进大龙、万山老山口等5座220千伏输变电工程和17座110千伏项目建设；加快推进页岩气勘探和松桃盘石等风电场建设，争取沿河核电站进入国家“十三五”规划，争取将中缅、中卫天燃气管网连接到铜仁，统筹抓好天燃气管道建设。实施信息基础设施建设三年大会战，新建移动4G基站1200个，新增1.2万数字电视用户。扩大民生投资。完成民生投资108.6亿元，其中社会事业和社会治理项目投资8亿元，“三农”建设项目投资29.5亿元，环境保护项目投资8亿元。扎实抓好“十三五”规划。围绕国家实施“一带一路”和长江经济带战略，围绕重大思路、重大目标、重大项目、重大工程、重大改革、重大政策举措，开展前期课题研究，搞好科学论证，精心编制“十三五”规划，争取把更多牵引发展全局的公共服务项目、基础设施项目和战略性产业纳入规划，挤入国家和省里的盘子。

（二）推动新型工业化发展迈上新台阶。以实施工业“三年大攻坚”为抓手，扩总量、调结构、强园区、优服务、增效益，确保完成工业投资400亿元、2000万元以上规模工业总产值670亿元。推进结构转型升级。按照“传统产业生态化、特色产业规模化、新兴产业高端化”的要求，实施“传统产业振兴、特色产业壮大、承接产业转移示范、战略性新兴产业培育、生产性服务业提升”五大工程，加快打造石材、水、茶叶、中药材、特色食品“五张名片”，加快建设铜仁卷烟厂、复烤厂易地技改项目，推动锰汞产业整合，企业兼并重组，促进传统优势产业向中高端迈进。确保碧江海螺和石阡佛顶山水泥、万山净山酒业等重点项目竣工投产，加快大龙煤电锰一体化、康蓝光电等项目建设，推动碧江好彩头食品、江口农夫山泉、石阡大关酒业二期、广英矿山机械开工建设，力争在页岩气勘探、锰锂电池创新等方面取得新突破。确保建材、冶金、化工行业新增产值67.4亿元，确保服装、鞋帽、食品、饮料及其他行业新增产值46.8亿元。推进产业园区升级。实施创新驱动战略，完善科技开放合作机制，推进科技工作站进园区、科技工作者进企业。扶持锰工程技术中心、远盛钾业中试等技术研发和转化。支持大龙开发区申报国家级开发区、铜仁高新区争创国家级电子商务示范基地，加快万山双转型发展；加快大龙、碧江、松桃园区建设，做大总量，做优产业，发挥龙头带动作用；推动玉屏、万山、印江、思南、德江、铜仁高新区等园区扩规模提质量，为提档升级打好基础；促进石阡、江口、沿河等园区继续发展壮大。把提高标准化厂房的入驻率和单位面积产值作为园区考核内容，从筑巢转向更加注重引凤，力争碧江、松桃工业园区产值分别突破100亿元、80亿元，万山、玉屏工业园区产值突破50亿元，确保黔东工业聚集区完成工业总产值450亿元、工业增加值107亿元、工业投资245亿元，率先实现突破。推进电子信息产业发展。以加快智慧城市建设为切入点，推动三大电信运营商建设铜仁中心城区公共场所免费WIFI项目，并力争示范镇和县城全覆盖。加快天网工程和电子政务云建设，整合数据资源，力争建立市级大数据中心，催生增值服务，发展数据交易市场，促进信息消费。加快推进阿里巴巴

50家“农村淘宝”电商试点建设并扩展到500家，丰富淘宝网·铜仁馆内容，逐步建立起“智慧城市保便民、天网工程保平安、电子政务保效率、电子商务保商机”覆盖各领域的信息产业，确保新增产值11.8亿元。推进大健康医药产业发展。强势推进以铜仁高新区为重点的生物制药产业园区和以梵净山区域、苗王城区域为重点的健康养生基地建设，大力发展大健康医药产业。推动与汉方集团的合作，加快胎盘白蛋白生产基地建设；推动与软银的合作，设立10亿元的铜仁再生医学基金，促成再生医学院早日落地；推动与国家卫计委科研所的合作，争取筹建中国干细胞工程试验室铜仁分基地；推动信邦集团中药饮片生产线尽快投产。策划举办“中国生态文明与营养健康产业发展（梵净山）论坛”，让抗衰老与养生大健康和旅游深度融合，努力把我市建成全省甚至全国大健康医药产业发展示范区。推进新型建材建筑业发展。引进扶持新型节能建筑材料企业，推广运用地（水）源热泵。做大做强梵净山建筑工程有限公司，力争两年内实现资质升级，进入省重点扶持的100个建筑骨干企业名单。通过兼并重组、股份合作等形式，确保各区县新增1家二级以上施工总承包企业、2家三级以上施工总承包企业，并以乡镇为单位建立工匠培训制度、从业资格认证制度、房屋质量验收制度，各乡镇建立1家以上劳务分包企业，把更多的农民转变成建筑工人，实现增收致富。确保建筑业实现增加值64亿元，增长20%。做好工业服务。深入开展“双服务”活动，实施工业“百千万”工程，狠抓卡行铜仁、先照后证、贵园信贷通等政策措施落实，确保生产要素保障到位。继续做好个改企、小改规、规改股、股上市工作，帮助企业抓好营销，鼓励政府采购本地产品。

（三）推动现代农业发展迈上新台阶。推进农业集约化经营。以稳定粮食生产为重点，实施现代农业创新改革年为抓手，农业园区建设和“三个万元”工程为载体，按照“增加数量、扩大规模、提升档次、丰富内容”的思路和各区县“完善一个、升级一个、新增一个”、各乡镇“创办一个”的要求，强势推进“七进园区”和园区景区化“十个一”工程，争创1个国家级、10个省级农业园区和一批3A级以上景区，实现“园区景区化、农旅一体化”发展，以园区示范带动千家万户。优化农业结构。以提高科技含量为重点，按照“三品”战略，围绕茶叶、蔬果、食用菌、中药材、油茶等特色产品，培育一批10亿元级以上的特色产业，扶持壮大一批龙头企业、农产品专业市场和专业会展中心，建设无公害绿色有机农业大市。依托华西希望集团、铁骑力士集团、东太集团等重点企业，新发展代养户500户，确保畜牧渔业产值占农业总产值的42%。继续推进“梵净山”茶叶品牌整合和中国驰名商标申报工作，重视马铃薯的主粮功能，确保经济作物比重提高到65%以上，新增市级以上龙头企业超过40家、农民专业合作社500家，农产品加工转化率超过46%。着力建设开放型农业。瞄准台湾、江浙、成渝等地区，加大农业招商力度，大力发展农产品电子商务，组织引导农业经营主体参加各类博览会、展销会，让我市优质农产品走向广阔的市场。拓宽农民增收渠道。推动一二三产业融合发展，加快构建新型农业经营体系，增加农民经营性收入；深化农村集体产权制度和土地制度改革，增加农民财产性收入；加大农村劳动力技能培训和转移力度，增加农民工资性收入；及时兑现各种惠农政策，增加农民转移性收入。加大精准扶贫力度。以建立扶贫攻坚先行先试示范区为目标，以扶产业发展、扶基础设施、扶民生改善为抓手，创新精准扶贫管理模式，切实做到六个到村到户，加强扶贫资金审计，加快扶贫开发向造血式、参与式、整体式转变，在巩固提升已“减贫摘帽”县、乡镇成果的同时，确保完成年度“减贫摘帽”任务。做大农村集体经济组织。加快村办企业、新型职业农民的发展和培育，用好“3个15万元”、妇女小贷等优惠政策，加大“五场两馆两社”建设力度，推进村级集体股份量化改革试点，开展人均收入超过万元、集体经济收入超过百万元的“双超”村创建活动，逐步消除空壳村。

（四）推动以文化旅游业为主的第三产业发展迈上新台阶。推动旅游发展转型升级。重点围绕旅游项目招商、市场营销、专业服务，着力开发自然、生态、人文相融合的复合型旅游产品，做出文化内涵，构建"快旅慢游"服务体系，努力打造以"一山两江四文化"为核心的旅游发展升级版，确保实现旅游总收入230亿元，增长20%。提升景区建设水平。加快推进13个重点景区建设，继续把梵净山景区做大做强，把思南以石林、温泉为重点的景区做成熟，把石阡温泉城做出品质，提高梵净山西线印江区域的可进入性，加大梵净山世界自然遗产、万山汞矿世界文化遗产的申报力度，形成环梵净山"金三角"一小时旅游经济圈，完成投资18.9亿元；力争梵净山景区早日获批国家5A级景区，充分利用我市首批24个国家级乡村旅游扶贫示范点和3个特色旅游民族村寨建设机遇，加快"四大天王寨、十八罗汉村"建设，推出一批精品旅游线路，丰富旅游产品体系。加大旅游市场营销。以举办"美丽梵净山·铜仁过大年"、第三届中国梵净山生态文明与佛教文化论坛、市第四届旅发大会等活动为引领，用好微信、微博、淘宝网等网络平台及各类媒体进行宣传营销，营造全域旅游、全民旅游的浓厚氛围。加密航班航线，加快高铁站场旅客换乘和旅游服务设施建设。推进长三角、珠三角、川渝、长沙等重点客源地驻地营销，各招商分局既引项目又招游客。抓好自驾游、团队游，探索建立科学合理的旅游补贴机制，落实好引入世界前10名酒店管理团队的优惠政策，不断提升旅游接待水平。加快现代服务业建设。实施服务业集聚区三年行动计划，重点支持生产性服务业，如现代物流、连锁经营、金融商务会展等业态的发展，加快玉屏箫笛产业园建设，创建文化创意产业园。对蔚蓝航校、民生银行VIP商务机队抓好落地服务。在高速公路服务区、匝道口规划建设地方特产品牌连锁店和游客服务中心。继续实施"五个升级工程"，积极培育市场主体，完善市场体系，推动现代服务业提速转型。

（五）推动山水园林城市建设迈上新台阶。以实施城市建设三年大会战为抓手，优化生产生活生态空间布局，统筹地上地下空间利用，多让自然"增绿"、多为规划"留白"、多给文化"添韵"，加快建设山水园林城市。加快农民市民化进程。深化户籍制度改革，力争到2017年，促进全市约18万农业转移人口落户城镇，引导约28万人就近就地城镇化，改造约25万人居住的城镇棚户区和城中村、城郊村。做大中心城区。围绕构建"武陵之都·仁义之城"的定位和"一核两轴五区九组团"的空间规划布局，实施以东山、中南门古城为核心的城市文化传承保护工程，加快推进以大明边城、木杉河城市湿地公园、三江公园、民族风情园为节点的城市旅游区建设，重点规划打造架梁山、文笔峰、天云山、砚台山等城市山体森林公园、凉湾库区及九龙洞城市湿地公园和坝黄、和平等城市农业公园，不断充实生态空间。继续完善城区生产生活功能，实施好中心城区十大功能提升工程，加快雨污分流、污水收集管网建设，争取申报建设为全国海绵城市试点市。完成川硐教育园区骨干工程建设，逐步完善社会服务功能。建成武陵大道及延长线、睿力大道、五福大道、环东大道，启动环城大道、凉湾大道、黑岩平大道建设，拉开新区城市骨架。力争凉湾新区实现搬迁、川硐园区全面入驻、大兴新区融合加快、三寨片区框架成型、灯塔园区宜业宜居、谢桥片区整容提质、主城老区疏导提升，确保碧江区政府搬迁到川硐、万山区政府搬迁到谢桥，用现代建筑承载特色地域文化元素。合理配置城区教育、医疗卫生资源，加快推进市委党校、工业学校、旅游学校建设，完成市人民医院整体搬迁。规划建设一批小区公园、绿荫步道和"快旅慢游"步行街、美食街、旅游风情街，提升梦幻锦江旅游品质。做美县城。围绕产城互动、景城融合、教城一体模式，推进县城产景城融合，实现宜居宜业宜游目标。按照功能分区、设施配套原则，完善各县城市与园区交通路网建设和功能配套，以城聚产、以产兴城、产城联动，加快做大城市体量。把区域生态、教育、卫生等作为重要资源和吸引力进行科学布局，融入城镇总规和控规，用景区标准推进城市建设。各县城和17个示范镇完成城镇控制性详细规划。推动思南、德江撤县设市和江口撤县设区工作，推进玉屏大龙同城化发展，德（江）思（南）印（江）组团发展。规划建设思南至印江城市道路。做特小城镇。结合小城镇特别是17个示范镇的资源优势，找准定位，合理安排城镇规模，不搞大拆大建，不搞劳民伤财的形象工程，打造绿色小镇和民族村镇。把小城镇作为统筹城乡发展、镇村联动的前沿阵地，用“统规划、统建设、统就业、统保障、统公共服务”的办法，推动镇村联动建设有新突破，推进“四在农家·美丽乡村”六项行动计划和农村集中建房，稳妥开展乡改镇、乡镇合并和村改居工作。做精城市管理。深入开展五城联创，严打“两违”行为，继续加大城区交通拥堵、车辆乱停乱放、背街小巷环境整治力度，加快农贸市场、公厕、停车场等公共设施建设，推行标准化、精细化管理和公共服务外包，提升城市综合管理水平，努力建设人民享有美好幸福生活的城市。

（六）推动投融资保障工作迈上新台阶。争地方债券发行规模。准确研判国家地方债券发行政策，争取进入省级债券发行盘子；高质量谋划和包装一批保障房、交通、水利、土地整理及民生项目，增加发行一般债券规模。争取100亿元的土壤治理专项债券一期20亿元发行成功。争企业融资规模。利用资本市场，积极培育东太、梵净山农业等15家民营企业上市挂牌融资，鼓励创业投资机构和股权投资机构投资中小微企业，利用中小企业集合债券、中小企业私募债等融资工具，拓宽融资渠道。大力推行PPP模式。引导社会资本参与公共事业和基础设施建设，包装实施一批供排水、能源、市政干道等公共基础设施项目。推行产业园区整体PPP模式。深化政银企合作。深入开展“引银入铜”工作，推动印江农信社改制为农村商业银行，积极稳妥发展村镇银行、农民资金互助合作社、小额贷款公司、融资性担保公司，发起设立产业投资基金，鼓励企业利用融资租赁、发行债券等方式融资，鼓励交通、公用事业等领域的未来收益权证券化。加强债务风险防控。按照锁定存量、严控增量、分类施策、逐步化解的要求，逐一落实债务资金借用管还具体方案，化解债务风险，确保债务资金借得了、管得住、用得好、还得上。力争全市金融机构新增存款130亿元、贷款150亿元以上。

（七）推动生态文明建设迈上新台阶。坚守生态底线。围绕构建“一核四区四带”生态安全格局，争取把铜仁建成全国生态文明示范市。大力实施新一轮退耕还林工程和通道绿化工程三年行动计划，启动实施裸露山体生态恢复工程，完成石漠化治理三位一体规划，新增营造林40万亩以上，分别完成石漠化、水土流失治理144平方公里、193平方公里，森林覆盖率提高到56%以上。加大污染治理。开展饮用水源地环境保护、污水处理设施建设和城乡垃圾无害化处理，推进全国土壤污染综合防治示范区、固废综合利用示范区建设，完善松桃水晶产业园第三方治理模式。深化国家环境保护模范城市创建工作。继续实施环保十件实事，推进城镇绿化、亮化、美化、净化工程和锦江流域污染治理工程，完成城市绿地系统规划和城市湿地资源保护规划，加快城市山体森林公园和湿地公园建设，提高人均公园绿地面积、绿地率和绿化覆盖率。创新生态文明建设体制机制。完善生态环境监测信息发布机制，公开环境质量信息，拓宽社会参与生态保护渠道，支持对破坏生态环境行为提起公益诉讼。出台锦江河流域保护条例，建立公众参与第三方监督制度和环境损害赔偿制度。

（八）推动对外开放迈上新台阶。强化区域协作。深化与苏州的对口合作，继续开展多层级、多领域、多批次的交流互访、项目合作。积极开展与重庆、湖南相邻市州的交流合作，抓好与贵阳、遵义等友好市州合作协议的落实，借助沪昆高铁融入贵阳城市圈、长株潭城市群，走向珠三角，融入长江经济带。构筑开放平台。继续深化与中科院过程工程研究所、省产业研究院、中南大学、厦门大学、大连民族学院等高校、院所的合作，建立多领域的科技创新平台；争取多结对国际友好城市，力争铜仁凤凰机场航空口岸建成和海关派驻，启动建设对外经济商务区，规划建设乌江生态经济走廊农产品出口基地，加大大龙开发区省级综合外贸转型升级示范基地建设，依托进出口中介服务机构，积极开展报关、报检、外运、退税和汇兑融资等进出口环节服务，逐步建立一批外贸综合服务企业（平台）。聚力招商引资。进一步优化招商引资环境，坚决破除影响投资的体制性障碍和隐形壁垒，大力营造重商、安商、敬商的良好氛围。不断创新招商引资模式，坚持市县招商、乡镇招工，坚持领导干部带头招商，实施对口重点城市定点招商、专业招商、商会招商、委托招商，围绕石材、温泉、旅游等优势资源，以及新材料、新能源开展专项招商，做到月月有活动、县县有动作，确保实现招商引资到位资金800亿元以上。

（九）推动民生保障工作迈上新台阶。按照住有所居、学有所教、病有所医、老有所养、业有所就的总体要求，办好民生十件实事。扩大就业创业。深入实施“雁归工程”，推进大众创业、万众创新，城镇新增就业5.4万人。深入实施“人才培养引进科技创新”工程，大力推进铜仁高新区、大龙开发区人才开发试验区建设。提高保障水平。继续完善新农合医疗管理制度和重特大疾病再保险工作，参合率稳定在98%以上；按照“一个统一、五个同步”要求，统筹推进城乡社会保障体系建设。推行棚户区改造货币化安置。提升教育事业。继续推进“普十五”教育和山村幼儿园建设两年行动计划，全力攻坚教育“9+3”计划和“4+2”突破工程，市级贫困学生救助资金提高到500万元；实现铜仁学院、铜仁一中整体搬迁，抓好武陵大学申办工作，启动铜仁职院全国优质高职院校创建工作，继续推进铜仁职院、幼儿师专集团化办学，加大实行政府订单采购、定向专业学生培养制度。加强卫生计生事业。像抓教育一样抓医疗卫生事业，启动实施医疗卫生服务能力提升三年行动计划，全面推进县级公立医院综合改革、乡（镇）卫生院标准化建设。推进医教融合、医养一体，鼓励高校、医院、养老院集团化发展。开展农民跨省就医费用结报试点。全面加强计生工作，实现人口计生“双降”目标。强化食品药品安全监管。发展文体养老事业。加快推进文化惠民工程、全民健身体育工程建设，继续开展环梵净山国际公路自行车邀请赛、中华传统龙舟大赛等体育赛事活动，积极备战省九运会，开展好年度迎新年长跑活动、梵净山登山大赛、广场舞等群众性文化体育活动。深入推进全国民族团结进步示范市和全国双拥模范城市创建活动，加强梵净山佛教文化研究，深化红二方面军在黔东的历史研究。重视老龄事业，加大老年服务设施建设，完善服务功能，探索建立农村老人日间照料中心和社区老年服务中心。创新社会治理。继续深化社会稳定风险评估“铜仁经验”，抓好平安铜仁建设五项行动计划，加快戒毒所、艾滋病关爱院建设。加强社会治安综合治理，加大农村治安专项整治，妥善化解矛盾纠纷。严格落实安全生产责任制，实现安全生产“双降”目标。

各位代表，勤奋成就事业，奋斗创造未来。让我们紧密团结在以习近平同志为总书记的党中央周围，在省委、省政府和市委的坚强领导下，围绕确定的目标任务，保持战略定力，增强发展动力，发扬苦干实干精神，奋力做好今年经济社会发展各项工作，为全市跨越发展、同步小康做出新的贡献！

附:《政府工作报告》有关术语说明

固定资产投资统计口径：2014年固定资产投资统计口径为“50万元以上投资项目”，2015年固定资产投资统计口径改为“500万元以上投资项目”。2015年固定资产投资是按“500万元以上投资项目”的统计口径来测算、安排、统计。

规模以上工业统计口径：2014年规模以上工业产值和增加值的统计口径为“主营业务收入在500万元以上工业企业”，2015年规模以上工业产值和增加值统计口径改为“主营业务收入在2000万元以上工业企业”。2015年规模以上工业产值和增加值是按“主营业务收入在2000万元以上规模工业企业”的统计口径来测算、安排、统计。

六个战略：2014年12月20日，省委书记赵克志参加铜仁分组讨论全省经济工作会议精神时，提出了“六个战略”要求。即：在战略理念上坚守发展和生态两条底线，在战略思路上坚定不移地贯彻主基调主战略，在战略抓手上全方位推进新一轮对外开放，在战略设计上把科技创新作为重点，在战略主体培育上扭住市场这个关键，在战略实施上发挥好政府主导推动作用和市场在资源配置中的决定性作用。

教育“9+3”计划：指我省实施的九年义务教育及三年免费中等职业教育计划。

“4+2”教育突破工程：学前教育突破工程、农村寄宿制学校建设攻坚工程、高中阶段教育突破工程、高等教育突破工程，中小学围墙安全工程、优美教室工程。

八争：争政策、争项目、争资金、争人才、争创经验树典型、争召开现场会、争融资规模、争改革试点。

农村三权：林权、土地承包经营权、农村集体建设用地使用权。

以水养水：以政府引导、公司经营、协会管理、群众参与为主要内容，厘清政府、市场、协会、用水户之间的权利、义务和责任，实现水利工程的良性运行，建立水资源的高效配置机制。

三社合一：农村村级集体经济合作联社、农民专业合作社、农民资金互助合作社“三社合一”。

雁归工程：引导和扶持铜仁籍在外人员返铜创业就业，助推经济社会又好又快发展的重大工程。

“四在农家·美丽乡村”六项行动计划：“小康路、小康水、小康房、小康电、小康讯、小康寨”六项基础设施建设。

中心城区十大功能提升工程：⑴实施川硐教育园区基础设施建设工程。完成垃圾转运及公厕、消防、农贸市场、公交首尾站建设工程和教育、卫生、治安建设工程，建成公交综合站场、第三幼儿园。⑵开工建设妇女儿童中心和青少年活动中心。⑶实施中心城区交通组织优化工程。⑷启动火车站站前广场改造工程。⑸开工建设铜仁客运南站。⑹开工建设市规划展览馆、城建档案馆，建成市档案馆、图书馆。⑺开工建设新城区供排水工程。⑻完成天云山殡仪馆搬迁。⑼实施中南门古城改造工程。⑽开工建设东门桥至梵净山大道工程，实施梵净山大道、百花路改造。

五城联创：同步创建全国文明城市、国家卫生城市、国家园林城市、国家环境保护模范城市、中国优秀旅游目的地城市。

环保十件实事：⑴完成锦江河中心城区段排污口整治，大小江中心城区段水质稳定在国家二类水质标准。⑵完成铜仁市污水处理二期2万吨工程、碧江区漩水湾污水处理厂扩建工程建设，切实规范污水处理厂运行管理。⑶开展机动车污染防治工作，在市县主城区实行黄标车辆限行管理。⑷完成县级以上公路主干道可视范围内及辖区内主要河流裸露垃圾治理。⑸推进全国土壤污染综合防治示范区建设。⑹完成万山固体废物综合利用示范区二号主干道和七号次干道及两侧附属基础设施50%工程量建设。⑺开展城市建筑及道路扬尘污染治理。⑻创建10个市级生态示范村。⑼完成环境监测能力达标建设，市监测站发布空气质量监测六指标数据。⑽开展城市噪声污染治理。

三个开刀：即在党政机关向“不找熟人办不成事”开刀，在司法系统向“有理有据得不到公正结果”开刀，在乡村、社区向“没得关系得不到公平对待”开刀。

两集中、两到位：“两集中”是指将分散到各科室的行政审批职能向一个科室集中、部门行政审批服务科向政务服务中心集中；“两到位”是指部门行政审批（服务）项目进驻政务服务中心落实到位、部门对窗口工作人员授权到位。

环省高速公路：为破解全省沿边民族地区交通瓶颈，省委、省政府决定，从2014年到2018年，建设一条投资约1978亿元、长1952公里、连接省内所有沿边地区的高速公路带。沿线涉及遵义、铜仁、六盘水、毕节、黔南、黔东南、黔西南等7个市（州）、35个县（市、区）、340个乡（镇）。

一轴两带两组群：杭瑞高速沿线城镇发展轴，乌江沿岸城镇和特色产业带、玉铜松城镇和产业聚合带，铜仁城市组群和乌江中游城镇组群。

一核两轴五区九组团：“一核”即以东山、中南门、江宗门及三江汇流处为传承佛教文化、民族文化、红色文化、生态文化于一体的文化核心；“两轴”即贯穿新城与老城的铜兴大道及梵净山大道发展轴、包括木杉河在内的锦江景观轴；“五区”即产业园区（铜仁高新区、碧江灯塔开发区、万山开发区）、川硐教育园区、历史文化传承保护区、休闲商贸娱乐区（包括谢桥片区、东太大道沿线、茅溪片区等）、生态屏障区（包括架梁山、文笔峰、东山、天云山、砚台山等山体森林公园）；“九组团”即正大组团、大兴组团、川硐组团、凉湾组团、三寨组团、灯塔组团、老城组团、老开发区及谢桥组团、茶店—老山口—万山镇组团。

“四纵九横”城市路网：即铜仁中心城区规划建设的路网骨架。“四纵”为金鳞大道—东太大道—武陵大道、梵净山大道—铜兴大道、灯塔—环东大道、寨桂—灯塔—环城大道；“九横”是在环城快速路内部自北向南形成的9条横向主干道。

权力清单：以列出清单的方式明晰政府部门权力范围和政务运作程序，给权力划定边界，明确政府该做什么、怎么行使权力，做到法无授权不可为。

责任清单：以列出清单的方式明晰政府部门职责内容和履职范围，解决职责交叉问题，理顺政府与市场的关系，加强事中事后监管和社会公共服务，明确政府管什么、怎么管市场，做到法定责任必须为。

负面清单：政府以清单方式明确列出禁止和限制企业投资经营的行业、领域、业务等，清单以外则充分开放，企业只要按法定程序注册登记即可开展投资经营活动。

水利建设“三大会战”：骨干水源工程、引提灌工程、地下水（机井）利用工程建设。

一带一路：是丝绸之路经济带和21世纪海上丝绸之路的简称。丝绸之路经济带指我国与西亚各国之间形成的带状经济合作区域，范围大致在古丝绸之路上。这一地区资源丰富，东连亚太经济圈，西连欧洲经济圈，被认为是世界上最长、最具有发展潜力的经济大走廊。21世纪海上丝绸之路指与陆上丝绸之路相对应的我国对外贸易和文化交往的海上通道，航线东通日本、朝鲜半岛，南至东南亚、印度洋地区，西达西亚和东北非等区域。

长江经济带：沿长江发展形成的带状经济区域，覆盖上海、江苏、浙江、安徽、江西、湖北、湖南、重庆、四川、云南、贵州等11省市。

大数据：又称巨量资料，指那些大小超出传统意义上的尺度，一般的软件工具难以捕捉、存储、管理和分析的数据，具有体量大、多样性、价值密度低、处理速度快的特点。大数据产业指一切与大数据产生与集聚、组织与管理、分析与发现、应用与服务相关的经济活动集合。

大健康产业：包括以医疗服务机构为主的医疗产业，以药品、医疗器械以及其他医疗耗材产销为主的医药产业，以保健食品、健康产品产销为主的保健品产业，以健康检测、评估咨询、调理康复为主的健康管理服务产业等。

“双服务”行动：即开展服务企业、服务项目大行动，帮助解决企业和项目在落地、生产、经营过程中遇到的棘手问题。

“百千万”工程：即省级重点抓100户企业“立标杆”，市级重点抓1000户企业“强骨干”，县级抓10000户企业“夯基础”。

七进园区：现代水利设施为主的基础设施进园区、现代农业装备设施进园区、花卉苗木进园区、电子商务进园区、消费主体进园区、有机生产标准进园区、文化和科普进园区。

先照后证：指工商登记由原来的前置许可审批改为后置许可审批，即先申领营业执照，再办理有关许可证，以降低市场主体准入“门槛”，激发创业积极性。

园区景区化十个一工程：一个游客服务中心、一个停车场、一座公厕、一条旅游公路、一个体验场所、一处休闲设施、一批引导标识、一批购物场所、一批餐饮住宿设施、一批水电配套设施。

三品：品种、品牌、品质。

五场两馆两社：“五场”即家庭农场、家庭林场、家庭养殖场、家庭手工场、家庭连锁商场（商店）；“两馆”即家庭旅馆、家庭餐馆；“两社”即农村集体经济合作社、农民专业合作社。

快旅慢游：指随着高速公路和高铁网络的完善，游客花费在旅途中的时间逐渐缩短，停留在景区景点的时间逐渐增加，从“走马观花”式观光游转变为深度体验式游览。

五个升级工程：乡镇杂货店升级为超市、县城马路市场升级为专业市场、铜仁主城区沿街店面升级为大型综合市场、城市社区的沿街零担叫卖升级为商业网点、小广告和熟人营销升级为网上门店。

PPP模式：即公私合营模式，是英文单词Public-Private-Partnership的字母缩写，指政府与私人组织之间，为了合作建设城市基础设施项目，或提供某种公共产品服务，以特许权协议为基础，彼此之间形成一种伙伴式的合作关系，并通过签署合同来明确双方的权利和义务，以确保合作顺利完成，最终达到比单独行动更为有利的结果。

一个统一、五个同步：“一个统一”即党政机关、事业单位建立与企业从制度和机制上化解“双轨制”矛盾；“五个同步”即机关与事业单位同步改革，职业年金与基本养老保险制度同步建立，养老保险制度改革与完善工资制度同步推进，待遇调整机制与计发办法同步改革，改革在全国范围同步实施。

一核四区四带生态安全格局：一核即梵净山生态保护核；四区即麻阳河自然保护区、乌江水源涵养区、佛顶山自然保护区、黔东植被保育区；四带即乌江、锦江、舞阳河、松桃河生态建设带。

砚台山山体森林公园：是指正在规划建设的北至川硐教育园区市人民医院、南至东风林场粮田坳、西至清水大道火车站和铜仁职院、东至滨江大道的山体。

民生十件实事：⑴实现沿河县和18个贫困乡镇“减贫摘帽”，减少农村贫困人口20万人以上。⑵新开工保障性安居工程75613套（户），改造农危房4万户，实施集中建房1万户，搬迁扶贫生态移民2.6万人。(3)城乡居民最低生活保障标准增幅达到10%以上。城镇居民基本医疗保险和新农合政府补助标准提高到360元。(4)“四在农家·美丽乡村”六项行动计划小康路建成3050公里，小康水解决28.4万农村人口饮水安全问题，小康房建成2500户，小康电新建及改造线路957公里，小康讯新增344个行政村通宽带，小康寨打造示范县2个、示范乡10个、示范村33个。(5)“3个15万元”政策带动就业8000人以上，公益性岗位安排就业困难人员7800人。实施“桃源铜仁·锦绣计划”，实现妇女手工技能培训1500人。(6)完成21所学校地质灾害治理，建设488所山村幼儿园。完成12所城镇义务教育学校工程建设，主城区学校“大班额”化解程度达到80%以上。(7)实施22个乡镇卫生院规范化建设，新建116个村卫生室。(8)建成市残疾人托养中心，落实重度残疾人护理补贴制度。(9)建成3个示范小城镇污水处理设施。(10)建设2所“育新工程”专门学校，创建1家“阳光工程”企业示范点，“天网工程”新增2000个摄像头。

中共铜仁市委书记夏庆丰在市委一届九次全会上的讲话

（2015年12月10日）

受市委常委会委托，我向全会报告工作。

即将过去的2015年，是我市实现“十二五”圆满收官、谋划“十三五”伟大征程的关键之年。一年来，市委常委会坚持以邓小平理论、“三个代表”重要思想、科学发展观为指导，全面贯彻落实党的十八大和十八届三中、四中、五中全会精神，深入学习贯彻习近平总书记系列重要讲话精神，团结带领全市各族人民，紧扣主基调主战略，大力实施“四化同步”发展战略，大力推进“两区一走廊”经济空间布局，坚持用综合生态观引领发展，追求良好“大生态”，营造发展“小气候”，全市经济社会呈现出持续向好的新局面。预计全年实现生产总值760亿元，增长12.5%；完成全社会固定资产投资1220亿元，增长12.16%;实现财政总收入99.5亿元，增长12.7%；分别实现城镇、农村居民人均可支配收入25200元、7400元，分别增长12%、13.5%。

一年来，市委常委会工作主要体现了以下几个特点：

一是集中精力谋划“十三五”规划。市委常委会认为，编制好“十三五”规划对全市经济社会跨越发展、同步小康具有重大意义，决定市委一届九次全会专门研究市“十三五”规划。及时成立市委“十三五”规划建议起草组，规划建议起草期间，市委认真开展调研，先后召开12次专题座谈会，听取有关人士的意见和建议，在广泛征求意见和多次修改完善的基础上，形成了提请这次全会审议的《中共铜仁市委关于制定国民经济和社会发展第十三个五年规划的建议（讨论稿）》。二是举全市之力坚决打赢脱贫攻坚战。坚持以改革创新为动力，以“减贫摘帽”为目标，把脱贫攻坚作为经济社会发展的头等大事和第一民生工程，用心、用情、用力全面落实中央和省委要求，扎实抓好精准扶贫、精准脱贫工作，加快推进同步小康步伐。三是坚持把统揽经济社会发展全局摆在突出位置。面对国内外经济深度调整和国内经济下行压力，坚持把保总量、保质量、保速度、保位次作为首要任务，保持定力，科学施策，统筹做好稳增长、调结构、惠民生、防风险各项工作。四是坚持把大健康大生态大文化提到更加重要的位置。充分利用独特的生态、文化资源，坚持把生态优势转变为生态农业、生态工业、生态旅游等经济优势，重点发展生态水、旅游养生、医药保健、绿色食品大健康产业，全力打造梵净山生态养生大健康产业园。五是坚持用综合生态观引领发展。积极构建干部清正、政府清廉、政治清明的政治生态，实体经济强劲、市场要素聚集的经济生态，社会和谐稳定、群众安居乐业的社会生态，青山常在、碧水常流的自然生态，全力用综合生态观引领铜仁发展。六是坚持党对经济社会发展的领导。始终把主要精力放在把方向、抓大事、谋全局上，强化责任担当，深化对经济社会发展规律的认识，善于理清改革创新的思路，着力破解影响发展的瓶颈制约，真正做到守土有责、守土负责、守土尽责。

一年来，我们主要抓了以下几个方面的工作。

一、持续深化理论武装，凝聚强大发展合力

坚持把理论学习作为坚定政治方向、增强党性修养和提升工作能力的基础。始终把学习习近平总书记系列重要讲话作为首要政治任务，充分发挥市委学习习近平总书记系列重要讲话精神研究小组示范作用，先后组织传达学习8次、集中学习5次，举办党员干部专题学习研讨班16期，组建市县乡三级宣讲团15个，开展主题宣讲2835场次，运用各种宣传方式推动学习进企业、进机关、进校园、进社区、进农村，利用市级报纸、电视、网络等媒体平台刊登、刊播重要报道、评论288条次，在中央和省级主流媒体平台刊发学习理论文章11篇、新闻报道32次，始终做到真学、真懂、真信、真用。通过学习，进一步坚定了理想信念和宗旨意识，理清了发展思路，找准了目标定位，增强了推进科学发展、后发赶超、同步小康的信心和决心。

深入学习贯彻习近平总书记对贵州工作的重要指示精神，进一步认清了铜仁发展的优势和潜力。习近平总书记对贵州发展作了许多具有战略性、前瞻性、导向性的重要指示，提出“贵州已经进入后发赶超、加快全面小康社会建设的重要阶段”的科学论断，指出“希望贵州守住发展和生态两条底线，培植后发优势，奋力后发赶超，走出一条有别于东部、不同于西部其他省份的发展新路”。省委书记陈敏尔同志在省委中心组学习读书会上指出，要善于运用辩证思维谋划经济发展工作，要守住“速度、收入、脱贫、安全”四条发展底线，守好“山青、天蓝、水清、地洁”四条生态底线。这一系列重要指示，言简意赅、语重心长，就像一盏明灯，指明了贵州发展的未来和方向，是我们推进科学发展、后发赶超、全面小康的重要遵循。

习近平总书记视察贵州后，我们及时召开全市领导干部大会、市委常委（扩大）会议，对总书记视察我省时的重要讲话和省委中心组学习读书会精神进行专题传达学习，坚持把学习贯彻习近平总书记重要讲话精神和省委主要领导指示要求贯穿到“三严三实”专题教育全过程。同时，结合铜仁实际对习近平总书记视察我省时的重要讲话精神进行了任务分解，科学拟定了85个专题，由市级领导、区县和市直部门主要领导分别领题，研究提出贯彻措施。切实推动讲话精神在铜仁落地生根、开花结果，推动铜仁在守底线、奔小康中走新路、走前列。

二、牢牢抓住发展第一要务，加速经济发展转型升级

牢牢把握全国全省经济发展新常态，准确把握宏观政策向好、经济走势趋好、自身条件变好的发展趋势，主动把铜仁的工作放到全国全省新常态大背景下思考和谋划，更加注重扩大投资规模、做大经济总量、做强实体经济，全力向上争取支持、向外引进投资、向内挖掘潜力，全市经济发展保持总量、质量、均量“三量”齐升的良好势头。

狠抓重大基础设施建设，推动扩大投资迈上新台阶。坚持把投资作为支撑经济增长的主动力，预计全市重大项目完成投资520亿元。加快交通基础设施建设，高速公路通车里程达596公里，年底实现县县通高速；沪昆高铁铜仁南站建成通车，铜玉高铁加速建设；铜仁凤凰机场开通十条航线，游客吞吐量全年预计完成35万人次；年底完成思林、沙坨水电站通航设施建设。高速、高铁、航空、水运立体交通网络初步成型。加快水利设施建设，继续实施水利建设“三大会战”，加快骨干水源工程建设，新增蓄水容积2580万立方米，新增有效灌溉面积2.41万亩；积极开展“小康水”行动计划，着力建设农村饮水安全工程，有效解决28.41万农村居民和5.6万学生的饮水安全问题；全面深化“建管养用一体化”改革，全省山区现代水利现场交流会在我市召开。加快能源和信息基础设施建设，抓好大数据建设，以“互联网+”推动新业态发展，预计全年能源行业完成投资18亿元以上，启动信息基础设施建设项目96个，新建移动4G基站1200个，移动4G信号实现乡镇全覆盖。

大力实施工业强市战略，推动新型工业化发展迈上新台阶。牢固树立“产业强则铜仁强、实业兴则铜仁兴”理念，坚持把工业作为强市之基、发展之要，以绿色化、信息化、服务化为引领，加快培育构建特色优势产业体系，奋力推进铜仁工业经济加速发展，为2020年与全国全省同步全面建成小康社会奠定坚实的物质基础。大力实施工业“三年大攻坚”，积极扩总量、调结构、强园区、优服务、增效益，预计全市规模工业总产值完成603亿元、增加值完成158亿元。推进产业转型升级，大力实施“五大工程”，加快打造石材、水、茶叶、中药材、特色食品“五张名片”。武陵锰业一期4万吨生产线建成投产，碧江海螺水泥400万吨生产线建成投产，铜仁卷烟厂、铜仁复烤厂易地技改项目加快推进，大龙银星汞业、万山银河化工等企业加快转型。推进产业园区升级，按照“产业园区化、园区城镇化、产城一体化”的发展思路，支持铜仁高新区申报国家级高新区、大龙开发区申报国家级开发区，加快碧江开发区、万山开发区、梵净山生态养生大健康产业园区建设，推进黔东工业聚集区加快发展，预计12个开发区、工业园区完成工业总产值495亿元。推进新型建材建筑业发展，引进扶持新型节能建材企业，推广应用地源热泵，做大做强以梵净山建筑公司为龙头的建筑业企业，全市建筑业产业增加值达64亿元。推进大健康医药产业发展，出台促进新医药大健康产业发展的实施意见，强力推进以铜仁高新区为重点的生物制药产业园区和以梵净山区域为重点的大健康养生产业园区建设，加大大健康产业招商，汉方集团、信邦药业等医药企业纷纷落户铜仁，碧江区成功申报为省级大健康医药产业发展示范区。推进民营企业发展，深入开展“双服务”活动，大力实施工业“百千万”工程，推进卡行铜仁、先照后证等政策措施落实，千方百计帮助停产企业复产、生产企业稳产、新建企业达产。扎实做好个改企、小改规、规改股、股上市工作。积极引导民营企业入园发展，社会投资活力进一步激发，民营经济增加值达437亿元，民营经济占GDP比重达58.9%。

大力实施城镇化带动战略，推动山水园林城市建设迈上新台阶。按照“老城提升、新区提速、县有新区、镇有新街、村有新寨”的思路，以实施城市建设三年大会战为抓手，重点打出“五规融合、五线管控、五园兴城、五城联创”组合拳，加快推进山水园林城市建设，全市城镇化率达44%。围绕构建“武陵之都·仁义之城”和“一核两轴五区九组团”的空间规划布局，按照“产城融合、教城一体、景城互动、同城联动”发展模式，积极拓展城市空间，完善城市公共服务，做大做强中心城区。碧江、万山两区政府实现顺利搬迁；主城区十大功能提升工程有序推进，主城区面积近45平方公里，建成路网40公里，城区道路达180公里，人口达40万人。我市“城市经营”模式列入全国新型城镇化十大范例。按照功能分区、设施配套原则，完善各县城与园区的交通路网和功能配套，县城生产生活、生态环境日益改善，集聚能力不断增强。结合小城镇的资源优势，找准定位，以落实“十条意见”为核心，加快推进农村集中建房、易地扶贫搬迁和镇村联动发展，着力打造特色小镇和民族小镇，17个示范小城镇8+X项目建设顺利推进，完成投资40.9亿元。深入推进全市“整脏治乱攻坚年”专项行动，着力解决“五脏五乱、五差五臭”突出问题，大力实施“厕所革命”，在市级新闻媒体开设“认认他是谁”专栏，加大对不文明行为的曝光力度，营造干净、有序、优美的生活环境，深受广大市民和游客的好评。美籍华人黄洪涛先生回铜亲眼见证了家乡的变化，专门来信对铜仁的发展点赞。

大力发展现代山地特色高效农业，推动农业现代化发展迈上新台阶。大力发展现代山地特色高效农业，努力形成现代农业产业链条，实现农业“接二连三”。推进农业集约化经营，以实施“农业改革创新年”为抓手，现代农业园区建设和“三个万元”工程为载体，围绕“农业园区化、园区景区化、农旅一体化”，强势推进“七进园区”和园区景区化“十个一”工程，新增省级农业园区9个，实现总产值162亿元，实现县级农业园区乡镇全覆盖。优化农业结构，按照“三品”战略要求，大力发展茶叶、蔬果、食用菌、中药材、油茶等特色产业，全市新增市级以上龙头企业101家，农产品加工转化率达46%，梵净山茶成功申报为中国驰名商标。创新农业经营模式，积极推行“公司+代养户”的农业经营管理模式，累计创建“万元山”“万元田”各42万亩，实现总产值98.4亿元。全省农民资金互助工作试点现场会和山地生态畜牧业发展现场会在我市召开。

大力发挥文化旅游资源优势，推动三产发展迈上新台阶。加快推进以环梵净山“金三角”文化旅游创新区为重点的旅游景区建设，规划建设梵净山佛教文化园，扎实推进四大天王寨、十八罗汉村建设，建成6条以梵净山为核心的旅游精品线路，新增3个4A级景区，A级旅游景区达到18个，全域旅游格局初步形成。加快完善旅游服务网络，推进“旅游厕所革命”，完成81座厕所改扩建。全市15个重点旅游景区完成投资22.55亿元，梵净山景区荣获“国家生态旅游示范区”称号。加大旅游市场营销，成功举办第三届中国梵净山生态文明与佛教文化论坛、环梵净山国际公路自行车赛、梵净山登山大赛、市第四届旅游产业发展大会等活动，营造全域旅游、全民旅游的浓厚氛围。全年预计接待游客3000万人次，实现旅游收入230亿元。举办迎接沪昆高铁开通招商引资推介会和“铜仁生态美·梵净天下灵”赴苏州、厦门等地开展旅游招商推介活动，签约项目9个，签约资金56.9亿元。加快现代服务业发展，启动电商“十大工程”，推进农村电子商务试点项目，建成500个农村电商综合服务站，实现电子商务快速推进、强势起飞。铜仁高新区获批国家级电子商务示范基地，石阡、印江、德江获批全国电子商务进农村综合示范县，我市成为阿里巴巴全国首个农村淘宝市级试点市、中国妇女发展基金会“@她创业计划—母亲电商服务站”试点市、国家扶贫办友成扶贫基金会电商扶贫试点市。全市从事电商企业达680家、网店1218家，网络零售额达5.4亿元，全省电商扶贫现场推进会在我市召开。加快推进义乌小商品市场、金铜小商品市场、西南商贸城等现代流通服务业市场建设，商贸流通结构进一步优化。

大力发扬“八争”精神，推动“抓四资促四业”取得新成效。以争项目、争资金、争融资规模、争改革试点、争政策、争人才、争创经验树典型、争开现场交流会“八争”为抓手，大力实施“抓四资促四业”三年行动计划，积极对接协调、向上争取，促使了一大批打基础、管长远的项目落地建设，使更多“铜仁经验”和“铜仁声音”在全国全省得到肯定和推广。全市共争取政策119项、项目966个、资金452亿元、人才2690人、融资225.77亿元，扶持创办小微企业、农村专业合作社、家庭农场分别达5000个、699户、347户，完成城镇新增就业5.4万人。

三、大力加强生态文明建设，生态优势持续提升

坚守发展和生态两条底线，把生态资源作为铜仁最大的战略资源，把生态优势作为最大的战略优势，坚持“梵天净土·桃源铜仁·拒绝污染”，确保青山常在、空气常新、碧水常流、土壤常净。

大力加强环境保护。扎实推进水污染治理，实施重点流域环境保护河长制，完善城镇和园区污水处理系统建设，建成生活污水处理厂15个。强化城镇集中式饮用水源保护，全市5条主要河流10个地表水监测断面达到III类水质标准，中心城区集中式饮用水源地达标率达到100%。加强锦江河整治，强化主城区锦江河沿岸排污口治理，锦江流域内河面漂浮物清理已基本形成常态化管理机制。扎实推进大气污染治理，实施工业节能五大攻坚计划和大气污染防治行动计划，实施PM2.5大气污染治理工程，建立严格的环境因子监测、会商、发布机制，空气质量继续保持优良。扎实推进土壤污染防治，建立健全国土空间开发保护制度，落实土地用途管制，严守生态红线和底线，确保土地资源集约节约利用。加强重金属污染防治，推进国家级土壤污染治理修复示范城市建设，土壤污染综合防治示范区建设方案通过环保部专家评审。

大力加强生态建设。深入推进林业生态建设，全面落实2015年绿色贵州建设三年行动计划，全市完成营造林56.5万亩，完成通道绿化林业建设8万亩，森林覆盖率达57%，位居全省第二，实现林业总产值50亿元。全省林业现代高效农业园区建设现场会在我市召开。深入推进农村环境整治，全面启动农村环境综合整治项目建设工作，争取到中央农村环境保护专项资金2545万元。深入推进美丽乡村建设，加大特色村、民族村、传统村落的保护和传承，完成建设项目178个，完成投资4.59亿元。全省新农村建设暨美丽乡村“百村大战”现场会在我市召开。美丽乡村正成为幸福生活的家园、增收致富的田园、观光休闲的公园、寄托乡愁的故园、投资兴业的乐园。

大力推进绿色发展。实施循环发展引领计划，推进企业循环式生产、产业循环式组合、园区循环式改造，加快万山循环经济示范区建设，支持其创建国家级示范区。大力发展节能环保产业，引导企业实施节能项目、强化节能监察监管，降低单位产品能耗，提高工业废弃物资源化利用水平，废渣综合利用取得明显进展，工业固体废渣综合利用率达45%以上，提前一年完成“十二五”节能目标任务。

四、着力抓好改革开放，发展活力显著增强

坚持把抓改革、扩开放、促创新作为发展的永续动力，坚持战略导向、问题导向、需求导向，扎实抓好标志性系统性改革，增强全市经济社会发展活力。

加快推进重点领域和关键环节改革。坚持把改革作为全市经济社会发展的关键一招，召开9次市委全面深化改革领导小组会议，听取改革工作情况汇报，解决改革中遇到的困难和问题。推进管理体制改革，积极探索开发区（高新区）投资领域特别管理措施体制改革，开发区建设新优势、新活力进一步释放；开展以乡镇规划管理委员会实体化运行、乡镇小部制改革、乡镇综合执法为重点的乡镇综合改革，乡镇工作加快转型升级。我市“云上编制”管理获中央编办网上名称管理工作创新奖，乡镇“小部制”改革荣获全国改革创新“接地气.一招鲜.见实效”评选一等奖。推进经济体制改革，大力推进农村“三权”改革，创新“三权融资”模式，全市农村“三权”抵押贷款4亿元惠及农户5421户。开展资源分布地图和产业定位地图绘制工作，有效解决了招商引资工作“前沿一公里”制约瓶颈。着力推进投融资体制改革，大力推广PPP融资模式，鼓励社会资本参与政府基础设施、公共服务等各领域建设，成功签约9个PPP合作项目，总投资36.23亿元，大兴水利枢纽工程、铜仁高新区二期新建产业园等11个项目被国家发改委列入PPP项目推介目录推介。推进司法体制改革，试点开展法官、检察官办案负责制，试点法院、检察院的司法改革工作稳步推进。推进生态文明体制改革，建立健全生态文明考核体系，编制了铜仁市生态文明建设规划，引导全市领导干部牢固树立经济、社会、生态可持续发展的绿色政绩观。启动国有林场改革，在全省率先制定《铜仁市示范性家庭林场认定办法》。推进社会体制改革，出台《关于加快推进新一轮户籍制度改革的实施方案》，放开户籍迁移政策，实现市内户籍迁移业务网上“一站式”办理。加快推进职业教育改革，以铜仁职院为龙头，以各区县中等职业学校为基础组建职业教育集团，实现抱团发展。铜仁市医护学校、乌江电子科技学校成为全国首批现代学徒制改革试点学校。推进纪律检查体制改革，出台《党委（党工委、党组）主要负责人向上级纪委述责述廉实施办法（试行）》，各级党委（党组）两个责任意识进一步增强；乡镇纪检监察体制改革积极推进。

加快科技创新步伐。深入贯彻落实六大科技行动计划，全市科技创新支撑能力不断提高。组建铜仁科学院，铜仁学院成功申报院士工作站，设立锰、钾市级科技专项，与中科院过程研究所联合开展科技攻关，与省产业研究院、中南大学、厦门大学、大连民族大学等高校、院所签订战略合作协议，建立多领域的科技创新平台。加快科技成果转化与运用，3家企业成功获批省级创新型企业，4家企业成功获批高新技术企业，5家企业获省级科技创新支持。加快推动金融创新，在全省率先启动扶贫小额信贷“精扶贷”工程，再创铜仁金融扶贫新模式、新经验。

加大对外开放。抢抓苏州对口帮扶机遇，积极开展教育、卫生、旅游等多层次、多领域、多批次的交流互访、项目合作，对口帮扶深入开展。今年5月，江苏省委副书记、省长李学勇率团来铜考察，有力推动对口帮扶工作进入崭新阶段。铜仁·苏州工业园建设快速推进。积极开展与重庆两江新区、黔江区及湖南相邻市州的交流合作，积极落实与贵阳、遵义等友好城市的合作协议。开通南京至铜仁旅游航线、铜仁至上海航线，大龙开发区保税仓及大龙综合型外贸转型示范基地获批建设，启动铜仁凤凰机场航空口岸申建工作，对外开放基础进一步夯实。以“万亿招商项目千次推介对接”活动为主线，全力打好招商引资“组合拳”，重点强化“五大产业”招商，招商引资成效显著。引进好彩头、屈臣氏、宅尚、西拓等一批大项目、好项目，全市签约项目728个，签约资金1167.68亿元。

五、全力推进民生各项事业，群众福祉大幅提升

坚持把保障和改善民生作为发展的根本目的，全力落实民生改善政策，努力解决事关群众切身利益的突出问题，人民群众幸福感不断提升。预计全年投入民生支出232亿元，民生支出占公共财政支出的比重达80.18%。

扎实抓好扶贫开发工作。坚持围绕“四个切实”“六个精准”，深入实施“33668”扶贫攻坚行动计划，扎实推进科学治贫精准扶贫有效脱贫十二项扶贫攻坚计划，打好脱贫攻坚战，预计全年减少贫困人口19.46万人，贫困发生率下降到18.49%；沿河县和九江等18个乡镇如期完成“减贫摘帽”任务，在全省9个市州中率先实现省级整市“摘帽”。率先在全省启动精准扶贫识别工作，开展精准扶贫建档立卡“回头看”，完成25.5万户89万人贫困对象双识别工作和首轮遍访工作。积极争取草地生态畜牧业、核桃、中药材等产业化扶贫项目，获得产业化扶贫项目资金2.1亿元，16个省级扶贫园区预计完成投资45.5亿元，园区总产值达到38.4亿元。引导金融机构先后开发“三权贷”“精扶贷”等金融产品，整合更多资金参与扶贫开发，发放小额信用贷款117.1亿元，惠及贫困农户9.31万户，率先在武陵山区与国开行开展“开发性金融支持扶贫产业合作项目”，开发性融资授信资金33.2亿元。积极争取政策性金融易地扶贫搬迁项目，已获批易地扶贫搬迁项目资金80.5亿元，到位30.5亿元。

扎实抓好各项民生工作。统筹推进城乡劳动力就业创业工作，转移农村劳动力就业7.6万人，深入实施“雁归工程”，全年回铜创业就业人员3.5万人，创办企业、个体工商户5000户，带动就业1.85万人。启动机关事业单位养老保险制度改革，建立“基本医疗保险、大病保险、医疗救助”三重医疗保障，健全和完善社会救助统筹协调机制，城乡低保工作得到持续改进和加强，全市各项社会保险参保274.3万人次，基金征缴14.47亿元。加快实施医疗卫生服务能力提升三年行动计划，全面推进县级公立医院综合改革、乡（镇）卫生院标准化建设，城乡医疗卫生服务体系进一步完善，每千人拥有床位数达到4.42张，市人民医院实现搬迁。全力实施教育“9＋3”计划和“4＋2”突破工程，深入推进基本普及十五年教育和义务教育基本均衡发展，贵州健康管理职业技术学院获省政府批筹。全面完成山村幼儿园建设两年行动计划，全市建成山村幼儿园2005所，提前两年实现基本普及学前教育目标。习近平总书记、刘延东副总理先后对我市山村幼儿园建设做法作出肯定性批示；10月22日，我市山村幼儿园建设做法在第四届反贫困与儿童发展国际研讨会上作经验交流发言，获得普遍认同。全力推进保障性安居工程建设，实施保障房进园区、进乡镇、进学校工程，全年开工建设保障性安居工程77605套（户），完成52916户农村危房改造任务。文化产业稳步发展，积极推进市文化产业集团组建工作，推进县域文化产业发展“三个一工程”，松桃苗绣基地获省级文化产业示范基地称号，松桃梵净山文化旅游开发有限公司手工编织研发创意项目被列入全国特色文化产业项目。

加强和创新社会治理。积极推进社会稳定风险评估工作常态化，引入第三方独立评估机构或邀请第三方人员开展稳评工作，实现风险评估全覆盖。以实施重大突出矛盾纠纷和信访问题集中化解“百日攻坚战”为抓手，深入开展领导干部大接访活动，全市共排查矛盾纠纷11451起，调处11174起，成功率97.58%；市、县两级领导干部包案化解信访案件1240件，已化解1085件，化解率87.5%。深入推进“百县千乡万村无邪教创建示范工程”，全省防邪反邪工作现场会在我市召开。深化特殊人群服务管理，刑释解戒人员安置帮教“六强六新”经验在全省推广。扎实开展平安铜仁建设“五项行动”，天网地网工程延伸建设工作率先在全省实现全国、省、市、县四级联网共享。全面推进社区网格化服务管理，成功创建“零发案”小区508个，有效整治各类治安乱点，人民群众安全感明显提升。

六、加强依法治市，加快法治社会建设

坚持把全面推进依法治市、加快建设法治社会作为最基本的方略，贯穿于改革发展稳定的各个层面，一体部署、一体督办、一体落实，不断凝聚后发赶超、同步小康的合力。

坚持依法治市，加快法治化进程。设立市人大常委会立法机构，组建立法工作队伍及立法咨询专家库，做好地方立法承接。坚持法定职责必须为、法无授权不可为，推行政府权力清单、责任清单、负面清单制度，全面推行政府法律顾问制度。开展市级城管综合执法，有效推动行政执法权下沉。城市规划、环境保护、食品安全、文化市场等领域执法力量不断得到加强。继续推进司法公开平台建设，积极落实立案登记制度，做到有案必立、有诉必理，健全司法责任问责机制，严禁干扰司法办案，司法公信力全面增强。建立健全市、县、乡、村四级法律援助服务网络，继续开展百名律师进驻“干群连心室”法律服务和“律师进社区”试点，法律援助、法律服务“最后一公里”有效畅通。

坚持扩大人民民主，支持人大政协依法依章履行职能。加强对人大工作的领导，健全人大讨论、决定重大事项和依法监督“一府两院”制度，支持建立人大代表、市民列席人大常委会制度。支持人大及其常委会依法行使选举任免权，加强对选举工作的领导。强化代表议案建议的办理和督办工作。支持人大加强自身建设，加大对人大代表的教育培训，积极为人大开展工作创造良好条件。积极开展乡镇人大规范化建设，全省乡镇人大规范化建设工作现场推进会在我市召开。加强对政协工作的领导，开展对口协商、专题协商、界别协商、提案办理协商，出台《关于进一步推进社会主义协商民主建设的实施意见》和市政协专门委员会与党政工作部门对口联系制度，推动协商民主广泛、多层、制度化发展。加强乡镇政协工作联络组建设，强化智力支边扶贫工作，全省智力支边工作现场会在我市召开。支持政协牵头发起并建立武陵山片区政协主席联席会机制，并在铜仁成功召开了第一次联席会议。

坚持广泛调动各方面积极性创造性，凝聚团结发展力量。充分发挥统一战线法宝作用，深入贯彻落实中央、省委统战工作会议精神，召开市委统战工作会议，积极争取省统一战线智力帮扶武陵山片区（铜仁）扶贫开发帮扶项目44项，帮扶资金4600多万元。着力推进民族团结进步创建活动进机关、进乡镇、进企业等“八进”活动，争取中央及省级少数民族发展项目资金1824万元。“同心共创·同步小康”行动成为全省统一战线的工作亮点和品牌。民主党派、工商联、党外知识分子服务发展成效显著，对台、外事侨务等工作有序开展，市委统一领导、统战部门牵头协调、有关各方各负其责的大统战工作格局初步形成。积极发挥群团组织作用，突出“与党同心、与时俱进、与群众共甘苦”的总体要求，召开市委群团工作会议，出台加强和改进群团工作的实施意见，支持群团组织在扶贫开发、维护权益、促进就业创业等方面积极作为、发挥作用。关心支持部队建设，促进军民深度融合、共同发展，国防馆建设顺利推进，完成铜仁市国防动员综合训练基地一期工程，国防教育、人防交通战备、民兵预备役和双拥工作成效明显。

七、大力加强党的建设，构建有感召力的政治生态

严格落实管党治党政治责任，构建有感召力的政治生态，全市上下进一步形成了集中统一，团结和谐、干事创业的良好氛围，为守底线、走新路、奔小康提供坚强的政治保障。

切实加强宣传思想工作。深化拓展“铜仁学习大讲堂”理论学习平台建设，开通“铜仁微学习”和“铜仁政务微信”，深入推进“中国梦”宣传教育。全市开展形势政策宣讲解读1400余场次，直接受众12万人次。大力弘扬社会主义核心价值观，开展“明礼知耻·崇德向善”等主题实践活动，深入挖掘、发现和宣传先进典型，打造“我们的价值观”主题宣传场所1000余个，新建和完善“农村文化墙”5767块，覆盖全市85%以上的村寨，开展道德讲堂4172场次。深入开展榜样力量塑造活动，刘仁平获全国第五届道德模范提名奖，4人荣登“中国好人榜”、16人荣登“贵州好人榜”，表扬了1000余名基层先进工作者，激发干部群众创业奉献、攻坚克难的强大正能量。进一步完善重大事件和敏感问题应急发布机制，推动各级各部门扎实做好突发事件和舆论导控。精心策划选题，组织开展高密度、大尺度、高质量的对外宣传，承办了全国地方新媒体发展高峰论坛暨第八届中国地市新闻网联盟年会，传播了铜仁好声音、展示了铜仁新气象。

切实加强基层组织建设。深入实施“民心党建”工程，精准选派2446名“第一书记”到村任职，选派12027名驻村干部组建2877个驻村工作组，实现了全市所有村（居）全覆盖。全面推广“手绘民情地图”，适时完善、动态管理“民情大数据”。驻村干部走访群众136万人次，绘制民情地图1.43万张，为群众办实事7.39万件，协调解决资金1亿余元。“民心党建”工程荣获第三届全国基层党建创新优秀案例。统筹推进各领域基层党建工作，积极探索加快村级集体经济发展路径，牢固树立城市社区大党建工作理念，加强非公党建、城市社区党建、社会组织党建，基层基础堡垒不断夯实。

切实加强领导班子和干部队伍建设。坚持正确用人导向，坚持“二十字”好干部标准，围绕全面建成同步小康目标任务，选好善谋发展、善惠民生、善抓落实、善于改革的“四善”型干部，坚持从经济发展主战场、基层一线、艰苦地区、扶贫开发一线培养选拔干部，统筹抓好党外干部、女干部、少数民族干部和年轻干部的培养选拔，领导班子结构进一步优化。加强干部的监督管理，严格执行领导干部报告个人有关事项制度，对拟提拔为副处级及以上干部、后备干部人选、转任重要岗位人选，坚持“凡提必核”“凡备必核”。举办各类专题培训班，强化领导干部在推进经济建设、政治建设、文化建设、社会建设和生态文明建设方面的能力素质。出台《铜仁市人才开发试验区建设实施方案》等文件，组团赴苏州揽才、参加第三届中国贵州人才博览会招才，引进各类人才2056人。

扎实开展“三严三实”专题教育。严格按照中央和省委要求，有序推进“三严三实”专题教育。市委常委会带头完成专题党课，带头召开三次专题研讨会，带头开展“两个遍访”，认真收集民意，广泛了解民情，巩固和拓展了反“四风”、改作风、树新风的成果。全市各参学对象以开展“两个遍访”、联系服务群众“细胞工程”为契机，认真收集民意，广泛了解乡情，打通联系服务群众“最后一公里”中存在的问题，查摆“不严不实”问题300余个。持续狠抓教育实践活动后续整改、专项整治“回头看”“三个开刀”专项整治行动和整改“微行动”，以即知即改的良好作风推动“不严不实”问题的整改落实。全市共查处“三个开刀”典型问题79件89人。

切实加强党风廉政建设。强化对党规党纪的学习教育，始终绷紧廉洁自律之弦，做到在党言党、在党忧党、在党为党。强化警示教育，开展廉政教育、警示教育活动171场次；组织全市正县级以上领导干部及其配偶400余人到铜仁监狱听取服刑人员现身说法。扎实开展党风廉政建设突出问题集中专项整治行动，狠抓五级联动约谈，全市共约谈干部职工6518人，甄选约谈问题线索1664条1409人，958名党员干部主动向组织报告个人问题。强化“两个责任”落实，全市共查处落实“两个责任”不力问题105个，党政纪处分17人，组织处理88人，公开曝光典型案例13起，达到了“问责一个、警醒一片、教育一方”的效果。强化正风肃已，认真落实中央八项规定和省委十项规定精神，持续保持“四风”问题露头就打的高压态势，全市共查处违反八项规定精神问题284个，党政纪处分192人。强化纪律审查，认真贯彻廉洁自律准则和纪律处分条例，坚持以“零容忍”态度，把纪律和规矩挺在前面，抓早抓小，快查快结，让纪律严起来、立起来、紧起来，全市共立案1381件，党政纪处分1323人，挽回经济损失3997.39万元。强化民生监督，完善五位一体民生监督工作模式，重点查办农村危房改造、学生资助金补贴等领域发生的违规违纪问题，共发现民生类问题3920个，党政纪处分1144人，移送司法机关82人，挽回经济损失9791万余元。强化项目廉政档案建设，出台建立项目建设廉政档案的实施意见，建立政府投资类项目、招商引资项目及国有资产处置类项目建设廉政档案，实行责任追究终身制，实现对项目全方位、多角度的预防监督，确保项目建设顺利推进。强化巡视反馈意见的整改落实，将省委巡视反馈意见的整改落实工作作为构建综合生态格局的重要抓手，按照“标本兼治、务求实效，统筹兼顾、突出重点，上下联动、合力攻坚”的原则，坚持“两个责任”一起抓，突出建章立制立规矩，注重真督实导促落实，做到从严惩处正导向，达到了整改提高、推动发展的目的。

各位委员，一年来，市委常委会高度重视自身建设，要求常委同志严格遵守党章、密切联系群众、狠抓工作落实、带头廉洁自律，坚持民主集中制，严肃党内生活，为全市作出示范。始终注重发挥领导核心作用，坚持统揽全局、协调各方，充分调动各方面力量，形成全市上下齐心协力推动转型发展、同步小康的良好氛围。

各位委员，以上报告是市委常委会今年以来所做的主要工作。这些工作成绩的取得，是党中央和省委正确领导的结果，是全市各级党组织和广大党员干部团结拼搏、攻坚克难、苦干实干、改革创新的结果，是各民主党派、工商联、无党派人士和社会各界积极参与、全力支持的结果，是各位委员忠诚履职、无私奉献的结果，更是历届市委持续奋斗、开拓创新的结果。在此，我谨代表市委常委会，向我们的老班长国勋、奇凡同志，向在座的各位同志，向全市广大党员和干部群众，向各民主党派、工商联、人民团体和无党派人士，向驻铜人民解放军、武警官兵和公安干警，向所有关心、支持和参与铜仁改革发展的同志们、朋友们，表示衷心的感谢！

在充分肯定成绩的同时，我们也清醒地认识到存在的困难和问题：经济总量小、人均水平低，贫困程度深，全面建成小康社会任务仍然艰巨；重大项目、领军型企业、领军型人才在推动发展中还存在总量不足；民生改善、公共服务供给方面与全省全国的差距仍然较大；在城镇化推进过程中，随着城镇人口的增加，社区管理还存在没有及时跟上的问题；少数干部在推动落实的过程中还存在作风漂浮，工作不实的问题；反腐败任务仍然艰巨，作风建设永远在路上。这些问题，我们必须在今后的工作中努力加以解决。

各位委员，同志们，真诚希望大家对市委常委会的工作提出意见和建议，帮助我们把工作做得更好。让我们紧密团结在以习近平同志为总书记的党中央周围，牢记总书记的嘱托，团结带领全市广大党员干部群众，按照“四个全面”战略布局，坚定践行五大发展理念，坚持主基调主战略，进一步解放思想、开拓创新，求真务实、真抓实干，为与全国全省同步建成全面小康社会而努力奋斗！

铜仁市市长陈晏在市委一届九次全会上的总结讲话

（2015年12月11日）

市委一届九次全会圆满完成所有议程，即将胜利闭幕。会议主题鲜明、重点突出、内容丰富、讨论充分，释放出强烈的发展信号和鲜明的工作导向，充分体现了市委带领全市人民与全国全省同步建成全面小康社会的坚定信心和决心。会议在大家的共同努力下，开得很成功，是一次团结的大会、务实的大会、创新的大会。下面，我就贯彻落实好全会精神特别是庆丰书记的重要讲话要求，讲三点意见。

一、进一步统一思想、凝聚共识、坚定信心，加快形成决战决胜同步小康的强大合力

会议期间，大家结合各自工作实际，畅所欲言，对庆丰书记所作的报告、讲话和市委《建议》进行了热烈讨论。大家一致认为，庆丰书记代表市委常委会所作的工作报告，是一个总揽全局、务实创新、振奋人心的好报告。庆丰书记所作的重要讲话，通篇贯彻了党的十八届五中全会和省委十一届六次全会精神，特别是习近平总书记和陈敏尔书记的重要讲话精神，精准把握发展大势和铜仁市情，充分体现了对铜仁决战脱贫攻坚、同步全面小康的战略谋划和责任担当，深刻阐述了铜仁“十三五”发展的总体态势、基本理念、后发优势、主攻方向和战略路径，是我们抓好“十三五”期间各项工作的基本遵循和行动指南。市委的《建议》进一步确定了全市“十三五”的重大战略、重大工程、重大举措，精心绘制了全市“十三五”发展蓝图，完全符合中央、省委要求，高度契合铜仁实际，充分凸显铜仁特点，是指导今后五年全市经济社会发展的纲领性文件。在讨论中，大家主要形成了以下重要共识：

一是成绩振奋人心，发展信心更足。庆丰书记在讲话中用“经济社会发展增速持续高于全国、高于全省、高于武陵山区目标‘三个高于’”，《建议》用“经济发展速度最快、城乡面貌改变最大、环境治理成效最好、开放创新环境最优、群众获得实惠最多‘五个最’”，对我市“十二五”期间经济社会发展成就进行了总结。这“三个高于”“五个最”，说出了广大干部群众的切身感受，激起了广泛共鸣。这五年，在市委、市政府的坚强领导下，全市上下齐心协力，奋力拼搏，付出的艰辛历历在目，收获的成绩值得点赞，良好的势头需要倍加珍惜。庆丰书记用“七个必须”系统总结了我市“十二五”发展的成功经验，非常精准、非常管用，是“十二五”时期广大干部群众用辛勤的智慧和汗水换来的宝贵精神财富，是决战决胜全面小康最大信心的底气所在，必须毫不动摇地坚持下去。

二是理念切合人心，发展思路更清。庆丰书记指出，“十三五”发展要在全面贯彻落实“四个全面”战略布局，坚持五大发展理念，坚持省委“加速发展、加快转型、推动新跨越”主基调，运用科学布局、精心对局，善于破局、优化格局“四局”思维，突出抓好大扶贫、大数据两大战略行动，深入推进新型工业化、新型城镇化、农业现代化、旅游产业化“四化”同步发展，优化“两区一走廊”经济空间布局，统筹推进经济建设、政治建设、文化建设、社会建设和生态文明建设，坚决打赢科学治贫、精准扶贫、有效脱贫攻坚战，推动富民强市和黔东崛起。这些理念与中央、省委主基调、主战略环环相扣、一脉相承，体现铜仁市情与发展路线紧密结合，将我市发展理念提升到了一个新境界，必将对铜仁未来发展产生持久深入的影响。大家纷纷表示，要把这些重要理念贯穿于我市“十三五”发展的各领域和全过程，进一步理清思路，科学谋划和统筹抓好经济社会发展各项工作。

三是蓝图凝聚人心，发展底气更足。庆丰书记在讲话中，要求牢牢把握做牢基础、做强产业、做大城市、做优科教、做美环境、做实民生“六个跨越重点”，精心织好“十张网”，在“十三五”发展中具有全局性、战略性、关键性，与《建议》提出的“五个新跨越”互为衔接、互为配套，共同描绘了到2020年铜仁实现全面小康的宏伟蓝图，充分体现了铜仁的发展导向、群众期盼，充分彰显了市委的责任担当和小康自信。只要全市上下齐力同心，紧盯目标不动摇，补齐短板不松劲，集中力量攻难点，就一定能够建成一个实实在在、不含水分、人民得实惠、老百姓认可的小康社会。

四是举措深得人心，发展决心更大。庆丰书记在讲话中提出，要抓好大扶贫战略行动、重大产业培育、新型城镇化、改革开放、重大基础设施建设、大生态建设、大健康跨越工程、大文化跨越工程、重大民生工程等“九大重点任务”，涉及到全市经济社会发展各个领域和各个方面。《建议》提出将铜仁建成长江经济带承接产业转移示范区、生态文明示范区、内陆开放型经济试验区、民族团结进步示范区、国家级生态屏障区、长江上中游重要节点中心城市“五区一中心”，把铜仁置于全国全省和武陵山区域大格局中去谋划，既为全市后发赶超明确路径、提供动力，又为长远发展积蓄后劲、开辟空间，都是铜仁“十三五”期间的关键举措，都是铜仁抢抓机遇推进在武陵山区崛起的好招实招。大家表示，要把这些举措领会好、贯彻好、落实好，充分发挥其在决战决胜同步小康中的强大作用。

在讨论中，大家还提出了很多真知灼见。对这些意见和建议，能够纳入《建议》的，我们已尽可能充分采纳；对一些重点工程、重点项目、重点政策等方面的建议，我们将在编制《纲要》和专项规划时充分考虑；对一些具体工作建议，我们将在今后的工作推进中积极予以采纳。

二、悟透精神实质，吃透核心要义，精准把握“十三五”发展的战略任务

学习贯彻全会精神，要找准方法、抓住关键，把握精神实质和核心要义，真正领深悟透，切实做到精准把握、精准贯彻、精准落实。

第一，精准把握“十三五”发展的战略目标。到2020年与全国全省同步全面建成小康社会，是铜仁“十三五”时期的战略总目标。对现阶段的铜仁来讲，最大的短板是贫困，我市还有89万贫困人口尚未脱贫，是全面建成小康社会“短板中的短板”。尽快补齐“短板”，我们要深刻理解中央和省委对扶贫攻坚的新定位、新思路、新举措和新目标，坚定不移以脱贫攻坚统揽经济社会发展全局，扎实推进“33668”扶贫攻坚行动计划，实施好精准扶贫“1+14”配套文件，大力实施大扶贫战略行动。要更加注重转变经济发展方式，更加注重增强扶贫对象自我发展能力，更加注重基本公共服务均等化，更加注重解决制约发展的突出问题，努力走出一条体现中央和省委、省政府精神，具有铜仁特色的脱贫致富、同步小康新路。

第二，精准把握“十三五”发展的战略动力。实现“十三五”发展目标，关键要解决好发展动力问题。一是坚持以改革激发动力。始终坚持战略导向、问题导向、需求导向、民生导向，紧紧围绕政府治理能力、产业园区、市场主体、城乡统筹、扶贫开发、投融资体制、生态文明建设、社会事业等重点领域深化改革，着力破除制约发展的体制机制障碍，充分释放改革红利，不断增强经济社会发展活力和动力。二是坚持以开放激发活力。强化与珠三角、长三角、成渝和长株潭经济区协作，努力把铜仁建成贵州向东开放的前沿阵地和长江经济带内陆开放型经济试验区。加强与武陵山片区的区域合作，深化与苏州对口帮扶城市合作。实施市场主体三年倍增计划，注重引进国际国内大企业、知名跨国公司等龙头骨干企业，培育壮大外贸经营主体。加大投融资力度，强化PPP项目策划包装，引导社会资本参与基础设施、公共服务等领域项目建设，释放民间资本活力。三是坚持以创新挖掘潜力。把创新摆在发展全局的核心位置，强化理念创新、路径创新、方法创新、合作创新，发挥科技创新引领作用，推动各行各业弯道取直、创新发展，着力营造“大众创业、万众创新”的良好氛围，让创新创业创造在全市上下蔚然成风。特别是要抓好全国全省实施“大数据”战略的重大机遇，深入实施大数据战略行动，加快发展大数据产业、大数据应用、大数据创新、大数据治理为核心的创新体系，为经济社会跨越发展蓄积潜力、释放活力、增添动力。

第三，精准把握“十三五”发展的重点平台。重点平台建设，是全市实现弯道取直、后发赶超的战略支撑。一是要狠抓开放平台建设。通过建立铜仁海关、设立口岸、检验检疫机构，为企业出口提供方便快捷的服务。全面提升开放创新平台，鼓励企业针对行业技术发展趋势，大力引进具有行业领先水平的技术和高端装备。二是要狠抓“扶贫云”平台建设。探索“互联网+”扶贫新模式，实现大数据对扶贫开发的精准管理、动态管理、科学管理，确保扶贫对象精准、扶贫措施精准、脱贫成效精准。三是要狠抓实体创新平台建设。搭建以大龙开发区、铜仁高新区为主体，碧江开发区、万山开发区、梵净山生态养生大健康产业园为支撑的“2+3”增比进位实体创新平台，大力推进众创、众包、众扶、众筹等新模式新业态发展，培育创新创业主体，打造创新创业平台，营造创新创业氛围。四是要狠抓就业创业平台建设。积极促进充分就业，大力发展就业吸纳能力强的产业，发挥小微企业就业主渠道作用，做好返乡农民工、高校毕业生、城镇困难人员、退役军人、搬迁移民等重点群体就业工作。

第四，精准把握“十三五”发展的战略抓手。这次全会认真贯彻落实大扶贫、大数据两大战略行动基础上，充分结合铜仁发展优势和现实需要，提出抓好大生态、大健康、大文化三大跨越工程，并确定了一系列具有很强操作性的战术抓手，指向和要求都非常明确，需要进一步着力统筹实施好。全市各级各部门要紧紧围绕国家、省关于重大基础设施建设的政策导向，大力弘扬“八争”精神，加快推进交通、水利、能源基础设施建设，全面提升基础设施投资效益；要以继续实施“农业园区化、园区景区化、农旅一体化”“33668”扶贫攻坚计划、三年市场倍增计划、36项改革行动、“抓四资促四业”“产城景融合”“五规融合、五线控制、五园兴城、五城联创”“民心党建工程”“四在农家·美丽乡村”六项小康行动计划等重点抓手，全力推进经济社会跨越发展。对于此次全会明确的新抓手，要抓紧制定具体的实施办法和工作方案，搞好资金筹措和项目安排，尽快启动实施，尽早落地见效。

三、敢于拼抢争快，强化责任担当，确保全会精神落地生根开花结果

苦熬不如苦干，苦等不如实干。各区县各部门要迅速行动起来，勇于担责，善于落实，拼抢争快，切实算好时间账、任务账、进度账，尽快将目标任务项目化、资金化、进度化、责任化，确保全会精神迅速高效落实。

第一，学习贯彻精神要实。各级各部门要认真学习好、领会好、贯彻好全会精神，把五大发展理念作为一切工作的关键，科学谋划好“十三五”规划，深入实施好大扶贫、大数据两大战略行动和大生态、大健康、大文化三大跨越工程，切实把思想和行动统一到全会和庆丰书记重要讲话精神上来，把战略理念、发展理念转化为工作举措和具体行动，切实破解发展难题、培植后发优势、推动跨越发展。要按照转方式、补短板、防风险“三个核心”要求，抓紧对会议明确的目标任务和工作举措进行深化细化，并落实到具体工作中。各级领导干部要充分发挥“四带头”作用，带头深入学习文件，带头深入调查研究，带头深入做宣传，带头深入抓落实，切实做到早学一步、学深一层、带动一片。要广泛组织面向基层的宣讲活动，通过多层次、广覆盖的宣讲，回答热点难点问题，回应群众关注关切，推动全会精神深入群众、深入人心，引导全市广大干部群众为实现全面小康而共同奋斗。

第二，编制发展规划要准。全会结束后，市发改委要按照市委的《建议》和庆丰书记的讲话要求，抓紧推进铜仁“十三五”规划纲要起草工作，确保全会精神在规划纲要中得到全面、准确、具体的体现。各区县、各相关部门要依据市委的《建议》，抓紧完善本地本部门的专项规划，继续广泛征求意见，集中各方智慧，切实增强规划的科学性和民主性、前瞻性和可操作性，重点强化与国家、省、市各相关规划的有效衔接，重点突出项目规划，尽最大努力把铜仁交通、水利等重大基础设施项目、重点产业布局规划挤进国家、省和长江经济带“十三五”规划的盘子。各级各部门要根据省委的《建议》，对涉及我市“十三五”需要争取国家、省支持的重要事项进行认真梳理，第一时间了解掌握国家、省政策走向、项目去向和资金投向，争取国家、省“十三五”期间给予我市更大力度的支持。

第三，推进任务落地要快。市委办、市委督查室要抓紧对市委《建议》和庆丰书记讲话中提出的重点任务进行梳理分解，逐条明确时间表、路线图、责任单位和责任人，形成相互关联的任务链和责任链，确保全会确定的每项任务都有人抓、有人管、有人负责。要把全会的一些原则性规定细化为操作性举措，明确“作战路径”，制定“作战方案”，形成一个个可以操作执行和检查评估的政策、工程和项目，推动全会精神项目化、事项化、工程化落实。要整合督查资源，集中督查力量，强化跟踪督查、随机督查、定点督查，加大暗访力度，精准开展督促检查，确保全会各项部署执行到位。对于落实全会精神不力的，要抓住典型、及时曝光、严肃问责。

第四，工作方式方法要新。各区县各部门在抓落实的过程中，要讲究工作方法。既要从实现全面小康社会目标倒推，厘清到时间节点必须完成的任务，又要从迫切需要解决的问题顺推，明确破解难题的途径和方法。要充分发挥大数据在抓落实中的独特作用，依托大数据和电子政务平台，建立详实的电子化工作台账，对全会精神落实工作进行目标化、动态化、精准化管理，用大数据全程跟踪、监测、评估各区县各部门落实工作情况，让工作运行处处留痕。

第五，年终任务完成要好。现在距离年底只有20天的时间，各区县、各部门要以学习市委一届九次全会精神为新动力，按照全会提出的要求，一手抓“十三五”发展的规划，一手抓各项目标任务完成，确保“十二五”收好官、“十三五”开好局。一要切实统筹好经济运行工作。要围绕经济社会发展各个领域、各项重点、各项指标，对照“十二五”规划、年初确定的目标任务，按照对标、对表、对人进一步落实责任，倒逼进度，抓紧时间，一鼓作气，全力冲刺，确保总量提升、发展提速、质量提高，确保市委、市政府年初确定的目标顺利完成。二要切实维护好社会和谐稳定。要高度重视安全生产，加强对危险化学品、易燃易爆物品、道路和水上交通、人员密集场等重点领域的安全检查，避免各类事故发生。加强食品药品市场监管和餐饮卫生管理，确保人民群众健康安全。深入开展“平安铜仁”建设工作，保持良好的社会秩序，坚决防止重特大群体性事件、重大刑事案件、重大疫情和重大网络舆情事件发生。三要切实保障好群众生产生活。各级领导干部要时刻把群众冷暖放在心上，采取各种措施，切实安排好群众生产生活。要关心关注贫困群众的冷暖尤其是留守儿童、残障人群、空巢老人等特殊困难群体的生活，帮助他们解决实际困难和问题。要通过政府主导、社会救助等多种方式，确保困难群众过好冬。四要切实谋划好明年各项工作。明年是实施“十三五”规划的第一年，开好局、起好步非常重要，各区县、各部门要对照全市“十三五”的发展定位、发展目标，抓紧明确各自的发展目标、工作重点和思路举措，做好目标任务的责任分解工作。要继续发扬“八争”精神，尽早确定明年的重大项目实施计划，争取更多项目挤入国家和省的规划盘子。要超前谋划好明年第一季度的工作，确保起好步、开好头。

同志们，蓝图已绘就，序幕已拉开，号角已吹响。我们要坚决贯彻落实中央、省委和市委的决策部署，坚定决战决胜贫困同步小康的信心和决心，奋力完成我市“十三五”规划的战略任务，为全面建成小康社会、努力实现黔东崛起而不懈奋斗！

中共铜仁市委关于制定铜仁市国民经济和社会发展第十三个五年规划的建议

（2015年12月11日中国共铜仁市第一届委员会第九次全会会议通过）

“十三五”时期，是铜仁决战脱贫攻坚、全面建成小康、推动黔东崛起的决胜阶段。按照党的十八届五中全会和省委十一届六次全会精神，结合具体实际，中共铜仁市委就制定“十三五”规划提出如下建议。

一、“十二五”时期我市经济社会发展取得前所未有成就，为实现全面建成小康社会和黔东崛起奋斗目标奠定了坚实基础

“十二五”期间特别是铜仁撤地设市以来，市委团结带领全市各族人民，抢抓国发2号文件、武陵山片区扶贫攻坚规划等重大历史机遇，坚定不移贯彻落实“两加一推”主基调和工业强省、城镇化带动主战略，大力发扬“苦干实干、开放创新”新时代铜仁精神，全面推进“四化同步、一业振兴”战略，加快构建“两区一走廊”经济空间布局，全市基础条件日益改善，发展速度明显加快，社会事业加速进步，民生保障全面加强，全面完成“十二五”规划目标任务，书写了铜仁科学发展、后发赶超、同步小康崭新篇章。

“十二五”时期是铜仁综合实力全面跃升、经济发展速度最快的五年。规划建设黔东工业聚集区、环梵净山“金三角”文化旅游创新区、乌江生态经济走廊，完成13个产业园区总体规划和初步建设，建成84个省级市级现代高效农业示范园区，创建18个A级景区，工业化、城镇化、农业现代化加快推进，产业结构不断优化，实体经济加快发展，综合实力显著增强。地区生产总值预计年均增长14.6%，达到760亿元，发展增速实现高于全国、高于全省、高于武陵山区的目标；人均GDP水平接近4000美元，财政总收入年均增长23.2%，金融机构存贷款余额分别达900.78亿元和710.77亿元，三次产业结构由2010年的32.3：26.3：41.4调整为21.2：30.8：48.0。

“十二五”时期是铜仁基础设施投入空前、城乡面貌改变最大的五年。坚定不移抓投资、强基础、争项目，累计完成固定资产投资4581.8亿元，是“十一五”的6倍，年均增长41.1%，制约铜仁发展的瓶颈正逐个击破。交通建设突飞猛进，铜大、杭瑞、思剑、松铜、安江、沿德高速建成通车，高速公路通车里程达596公里，实现县县通高速目标。开工建设渝怀铁路二线，启动贵阳经襄阳至郑州高铁、铜仁至吉首铁路前期工作，铜玉高铁建设加快推进，沪昆高铁铜仁南站建成通车；完成铜仁·凤凰机场改扩建，启动黔北机场建设。通村公路、通乡油路覆盖率提前实现“双百”目标。实施国家新农村水利扶贫试点，开工建设水库26座，实施农田灌溉项目143个，新增解决153.4万农村居民的饮水安全问题，工程性缺水问题得到有效缓解。完成电网建设投资36.58亿元，乌江沙沱水电站建成发电。新建基站5959个，4G网络信号实现乡镇全覆盖。推进城市建设三年大会战，实施中心城区十大功能提升工程，城市基础设施不断完善，城区面积达150.32平方公里，城镇化率达43%，中心城区面积扩大到44.7平方公里，人口达38.3万人。

“十二五”时期是铜仁生态保护明显加强、环境治理成效最好的五年。大力推进国家环境保护模范城市创建工作，实施通道绿化工程三年行动计划，启动实施环保“十件实事”，累计完成营造林307.03万亩，退耕还林67.3万亩，治理石漠化面积435.66平方公里，森林覆盖率达57%。新增省级森林公园2个、国家湿地公园7个，梵净山申遗扎实推进，佛顶山成功申报为国家级自然保护区，石阡、印江、江口纳入全国生态文明示范工程试点县。化学需氧量、氨氮、二氧化硫等主要污染物排放总量均控制在要求范围内，各类生态环境指标持续向好，农村环境综合整治全面推进，乌江、锦江治理成效明显。

“十二五”时期是铜仁改革红利有效释放、开放创新环境最优的五年。深化重点领域和关键环节改革，制定实施全面深化改革36项行动计划，行政审批、财税金融、商事制度、农村产权、精准扶贫等各项改革全面推进。率先开展乡镇工作转型升级，乡镇“小部制”改革获全国改革创新“接地气·一招鲜·见实效”评选一等奖，“民心党建”工程获第三届全国基层党建创新优秀案例。扎实推进55项国家级和省级先行先试改革试点，家庭农场发展获农业部肯定，“城市经营”模式列入全国新型城镇化十大范例，铜仁成为阿里巴巴全国首个农村淘宝市级试点市。对外开放进一步扩大，中国梵净山生态文明与佛教文化论坛成为国际性盛会，苏州对口帮扶深入推进，与武陵山片区市县交流加深，大龙开发区、铜仁高新区、梵净山生态养生大健康产业园申创为省级示范园区。

“十二五”时期是铜仁社会事业全面发展、群众获得实惠最多的五年。民生事业和社会治理全面发展，人民群众获得感、安全感、幸福感不断增强。农民人均纯收入年均增长17.3%，城镇居民可支配收入年均增长15.5%，分别达到7400元和25200元。扎实推进“33668”扶贫攻坚行动计划，贫困人口减少到89万人，贫困发生率下降到23.66%，7个重点县125个重点乡镇整体摘帽。累计城镇新增就业18.89万人，农村劳动力转移就业37.6万人。全面实施教育“9+3”计划和“4+2”突破工程，九年义务教育巩固率、学前三年毛入园率、高中阶段毛入学率、高等教育毛入学率分别从40.17%、69%、49.42%、20%提高到89.92%、91.7%、85%、30%。成功创建全国科技进步示范市。开工建设城镇保障性住房15.9万套，改造农村危房24.2万户，完成易地扶贫搬迁2.8万户12万人。文化艺术、卫生计生、社会保障等公共服务体系不断完善，刑事治安案件大幅度下降，安全生产形势持续稳定向好。“四在农家·美丽乡村”六项行动计划成效明显，全面小康实现程度达89.3%，碧江、玉屏同步小康创建达标。

通过五年发展，铜仁进入了后发赶超、加快全面小康建设的重要阶段，站在了改革开放和社会主义现代化建设的新起点。今天的铜仁，发展思路更加科学，发展理念更加务实，城乡统筹更加有力；各级班子状态持续向好，各族干部群众精气神持续向好，改革发展局面持续向好，铜仁人在加快发展、后发赶超、同步小康的鲜活实践中底气十足、志气昂扬、信心倍增。五年的历程让我们深深感到，铜仁是一片充满希望和活力的热土，是一片环境优美、潜力无限的梵天净土，只要我们不甘落后、奋起直追、敢拼敢搏，就一定能撕掉贫困的标签，实现全面小康、黔东崛起的奋斗目标。

五年的发展历尽艰险，取得的成就鼓舞人心，创造的经验弥足珍贵。五年的发展启示我们，在新起点上推进全面小康建设：必须坚定不移贯彻主基调主战略，毫不松懈地谋发展、抓发展、促发展，始终保持高于武陵山片区其他市州的发展速度，做到“赶”与“转”并举、“量”与“质”并立、“稳”与“进”并重，努力在后发赶超中加快转型，在转型升级中跨越赶超。必须坚定不移守住发展和生态两条底线，既要绿水青山又要金山银山、宁要绿水青山不要金山银山、绿水青山就是金山银山，着力将生态优势转化为经济优势、发展优势，在科学发展中筑牢生态屏障，在生态建设中加快转型跨越，确保两条底线一起守、两个成果一起要。必须坚定不移推动集聚发展，着力挖潜力、聚内力、借外力，加强根本性、战略性、长远性重大问题的市级统筹，运用市场机制合理配置各种资源，全面提升要素集聚能力、产业集聚能力、结构优化能力，让有限资源发挥最大价值。必须坚定不移推进改革创新，向改革要动力，向创新要活力，向发展放权力，搭建对内对外开放平台，构建外联内畅战略通道，推动形成后发赶超强大动力。必须坚定不移保障改善民生，把民心所向作为决策之据，把群众所盼作为发展之要，把群众所需作为问题之首，全面解决好学有所教、劳有所得、病有所医、老有所养、住有所居等问题，做到发展依靠人民、发展为了人民、发展成果由人民共享。必须坚定不移拼抢争快，继续发扬“八争”精神，激励各级领导干部坚定争的信念、明确争的方向、突出争的重点、凝聚争的激情、比拼争的成效，甩开膀子、找准路子，力争在全国全省开放新棋局中拼出一条新路，拼出一个跨越赶超新局面。必须坚定不移从严治党，把抓好党建作为最大政绩，时刻把党的规矩挺在前、纪律挺在前、责任挺在前，全面落实从严治党主体责任和监督责任，深入实施“民心党建”工程，大力营造干部清正、政府清廉、政治清明的政治好生态，为全面建成小康社会提供坚强保障。

二、全面准确把握“十三五”的形势任务，奋力推进铜仁经济社会发展历史性新跨越

科学谋划“十三五”发展，必须在深刻分析形势与任务、机遇与挑战基础上，积极适应新常态，牢固树立新理念，科学引领新发展，奋力实现新跨越。

（一）“十三五”时期是全市科学发展、后发赶超、同步小康的决胜阶段。从国际看，以效率、和谐、持续为标准的绿色发展成为全球发展重要考量，特别是“工业4.0”“互联网”时代到来，大量新兴产业不断涌现并快速扩张，为我们谋划战略性新兴产业，推动绿色发展带来了难得契机。从全国看，经济发展转入以中高速、优结构、新动力、多挑战为特征的新常态，新型工业化、信息化、城镇化、农业现代化同步发展孕育了巨大发展潜能。特别是国家“一带一路”、长江经济带和京津冀协同发展等区域性战略，为我市承接东中部产业转移、对外开放合作提供了良好契机。从全省看，随着国家对贵州支持力度不断加大，全省主基调主战略深入实施，全省战略性通道全面贯通，对外开放大格局已经形成，贵州已迎来加快发展最好时期。特别是省委十一届六次全会全面部署了“十三五”经济社会发展，在主基调基础上明确提出推动5个方面新跨越，在主战略基础上突出抓好大扶贫、大数据两大战略行动，为我市“十三五”发展指明了奋斗方向和目标路径。我们必须乘势而上、主动作为。从全市看，经过“十二五”持续快速发展，我市基础条件日益改善，“两区一走廊”经济空间布局逐步成型，工业化、城镇化进入加速发展阶段，发展环境不断优化，区位优势、生态优势、资源优势、劳动力优势正在叠加释放，全市上下团结奋进、干事创业激情空前高涨，这些因素为经济社会持续快速健康发展创造了有利条件。与此同时，也要清醒看到，我市经济总量小，人均水平低，实体经济弱，自主创新能力不强，基础设施建设仍需完善；一些党员领导干部能力和素质不适应发展的新形势和新要求，社会事业发展与民生诉求还有较大差距，人民群众生活水平有待进一步提高。

综合分析市情，我市最大的短板是贫困，最大的瓶颈是交通，最弱的基点是实体经济滞后，最弱的支撑是人才资源匮乏，最大的风险是快速发展中的社会利益调整不公，贫穷落后仍是主要矛盾，加快发展仍是主要任务，脱贫攻坚是头等大事，同步小康是首要任务。

（二）“十三五”时期守底线、走新路、奔小康的总体要求和发展理念。高举中国特色社会主义伟大旗帜，全面贯彻党的十八大和十八届三中、四中、五中全会精神，以马克思列宁主义、毛泽东思想、邓小平理论、“三个代表”重要思想、科学发展观为指导，深入贯彻习近平总书记系列重要讲话精神，按照全面建成小康社会、全面深化改革、全面依法治国、全面从严治党战略布局，坚持创新、协调、绿色、开放、共享五大发展理念，坚持守底线、走新路、奔小康工作总纲，坚持加速发展、加快转型、推动新跨越主基调，深入推进工业强省和城镇化带动主战略，突出抓好大扶贫、大数据两大战略行动，着力抓好大生态、大健康、大文化三大跨越工程，深入推进新型工业化、新型城镇化、农业现代化、旅游产业化“四化同步”发展，优化“两区一走廊”经济空间布局，统筹推进经济建设、政治建设、文化建设、社会建设、生态文明建设和党的建设，坚决打赢科学治贫精准扶贫有效脱贫攻坚战，推动富民强市和黔东崛起，确保与全国全省同步全面建成小康社会。

贯彻落实守底线、走新路、奔小康，最根本的是遵循坚持人民主体地位、坚持科学发展、坚持深化改革、坚持依法治国和坚持党的领导五条原则，守住发展和生态两条底线，把创新、协调、绿色、开放、共享发展理念牢固树立起来，贯彻落实到发展各领域全过程，切实以发展理念转变引领发展方式转变，以发展方式转变推动发展质量和效益提升。

——坚持创新发展理念，将创新摆在发展全局的核心位置，积极搭建创新平台，大力培育创新主体，广泛吸引国内外创新企业、科技领军人才落户铜仁，发挥科技创新在全面创新中的引领作用，不断推进制度创新、科技创新、文化创新、管理创新和模式创新、市场创新、产品创新、业态创新，大力培育发展新技术、新产业、新业态、新机制，以创新引领发展，使创新成为常态，让创新蔚然成风。

——坚持协调发展理念，提高发展平衡性、包容性和可持续性，用辩证思维谋划经济社会发展，注重补短板、破瓶颈、弥不足，加快形成平衡发展结构，促进眼前和长远相统筹、全局和局部相配套、渐进和突破相衔接，推动城乡区域协调发展、经济社会协调发展、四化同步融合发展，在协调发展中拓宽发展空间、加强薄弱环节中增强发展后劲、增强硬实力同时提升发展软实力，把单项发展动能聚合成整体发展势能，不断增强各个方面、各个领域发展的协调性。

——坚持绿色发展理念，坚持把保住良好自然生态作为守底线、走新路、奔小康重要前提和基础，自觉遵循天人合一理念和知行合一准则，用好绿色优势，打好生态品牌，建立健全四条生态底线保护机制，加快绿色铜仁、健康铜仁、生态铜仁建设，全面构建生态廊道和生态屏障，建成铜仁永续发展、永远美丽的“生态环保网”，促进人与自然和谐共生，确保铜仁青山常绿、碧水常流、空气常新、土壤常净，让人民群众获得更多生态福利。

——坚持开放发展理念，以开放倒逼改革、以改革助推发展，聚焦重点开放区域，主动承接“一带一路”、长江经济带和京津冀协同发展，尽快走出去，加速引进来，广泛引进先进生产力和生产要素，增强发展动力、激发社会活力，实现借船出海、借梯上楼，努力开出一条新路子，放出一片新天地，把铜仁建成贵州向东开放的前沿阵地。

——坚持共享发展理念，把增进人民福祉、促进人的全面发展作为根本出发点和落脚点，强势推进“六个小康”行动计划，突出解决好各类民生短板，坚决打赢科学治贫精准扶贫有效脱贫攻坚战，促进社会事业和公共服务全面进步，维护社会公平正义，使全体人民群众在共建共享发展中有更多获得感。

（三）“十三五”时期经济社会发展实现新跨越的奋斗目标。紧紧围绕与全国全省同步全面建成小康社会的宏伟目标，牢牢守住增长速度、人民收入、贫困人口脱贫、社会安全四条发展底线和山青、天蓝、水清、地洁四条生态底线，精心织好交通、水利、能源、通讯、生态环保、产业布局、基层基础发展“七张网”和社保低保、医疗医保、教育发展民生“三张网”，全面夯实发展基础，厚植发展优势，千方百计扩投资、增融资、招外资、撬民资，持之以恒抓产业、引企业、扶创业、保就业，积极打造政治生态好、经济生态活、社会生态优、自然生态美的武陵之都，用综合生态观引领发展，加快推进长江经济带承接产业转移示范区、生态文明示范区、内陆开放型经济试验区、民族团结进步示范区、国家级生态屏障区、长江上中游重要节点中心城市“五区一中心”建设，把铜仁打造成贵州东联“一带一路”、长江经济带和京津冀的出省战略通道，国际休闲养生旅游目的地，推动铜仁在守底线、奔小康中走新路走前列，建设经济健康发展、社会协调进步、民族文化繁荣、生态优势突显、民主法治健全的美好幸福新铜仁。

——经济发展和结构调整实现新跨越。地区生产总值年均增长13.5%左右，固定资产投资累计突破一万亿，推动发展由“十二五”时期注重增速“三高于”向速度与质量并重的优化“两区一走廊”空间布局、优化增速排位、优化经济结构、优化生态建设、优化民生保障“五优化”转变，发展空间格局更加科学合理，促进“H型”发展布局向“田型”网状发展布局优化。投资效率和企业效益明显上升，促进工业化和信息化深度融合，产业迈向中高端水平，新产业新业态不断成长，服务业比重进一步上升，农业现代化水平显著提高，消费对经济增长贡献明显加大。新兴产业增加值占生产总值比重、户籍人口城镇化率、科技进步对经济增长贡献率加快提高，发展速度、质量和效益同步提升。基本形成适应经济社会发展需要的交通、水利、通信等基础设施体系。

——生态建设和环境保护实现新跨越。生产方式和生活方式绿色、低碳水平上升。能源、矿产资源开发利用效率明显提高，能源和水资源消耗、建设用地、碳排放总量得到有效控制，主要污染排放总量大幅度减少，森林覆盖率大幅度提升，空气质量指数稳定上升，重点流域水质优良率继续提升，土壤环境质量明显改善，生态横向补偿和流域补偿实现突破，开展碳排放交易。城乡人居环境持续改善，主要生态系统进入良性循环，生态文明先行示范区建设取得突出成效。

——扶贫攻坚和民生改善实现新跨越。现行标准下农村贫困人口实现全部脱贫，贫困县乡全部摘帽，解决区域性整体贫困。城乡居民收入保持两位数增长，收入差距缩小，中等收入人口比重上升。城乡就业更加充分。教育现代化取得重要进展，基本普及十五年教育，实现十二年免费义务教育。医疗卫生服务供给能力和服务质量显著增强。文化、社保、住房等公共服务体系更加健全，基本公共服务主要领域指标接近全国平均水平。物价总水平保持基本稳定。

——深化改革和扩大开放实现新跨越。全面深化改革步伐加快，在重要领域和关键环节改革上取得决定性成果，各方面制度更加成熟定型，政府职能进一步转变，行政效能进一步提高，发展环境进一步优化，社会生产力进一步解放和发展。开放平台和合作机制更加完善，“引进来”与“走出去”取得重大进展，对外开放水平明显提升，发展动力和活力进一步增强。

——社会建设和法治保障实现新跨越。中国梦和社会主义核心价值观更加深入人心，爱国主义、集体主义、社会主义思想广泛弘扬，崇德向善、诚信互助的社会风尚更加浓厚。提高全民科学文化素质。依法治市取得明显成效，法治政府基本形成，各类社会主体合法权益得到切实保障，社会公平正义得到有效维护，社会治理水平进一步提升，民族关系更加团结和睦，社会更加和谐稳定。

三、突出抓好大扶贫战略行动，坚决打赢科学治贫精准扶贫有效脱贫攻坚战

牢固树立科学治贫、精准扶贫、有效脱贫理念，把脱贫攻坚战作为首要任务、头等大事和第一民生工程，大力实施“33668”扶贫攻坚计划和“1+14”精准扶贫配套文件，稳定实现贫困对象“两不愁、三保障”，实现贫困地区农民人均纯收入增长幅度高于全国平均水平，基本公共服务主要领域指标接近全国平均水平，创建全国精准扶贫示范区、武陵山扶贫攻坚示范区。

（一）构建大扶贫工作格局。坚持市区县抓落实、重在乡村的工作机制，形成“党委主责、政府主抓、干部主帮、基层主推、社会主扶”的大扶贫格局。实行各级党政一把手负总责，从市到县成立由党政主要领导为双组长的扶贫开发工作领导小组，层层签订军令状、落实责任制。严格考核各级党委、政府提高贫困人口生活水平、减少贫困人口数量、改善贫困地区生产生活条件的工作实绩。深入推进领导干部遍访贫困村贫困户活动。强化各级干部与贫困人口的定点挂帮、对口帮扶机制，做到不脱贫不脱钩。引导广大基层组织站在扶贫开发第一线，打牢解决贫困问题的工作基础。开展好“扶贫日”活动，引导社会各界关心支持参与扶贫事业，促进个人、企业和社会组织投身扶贫开发。

（二）深入推进精准扶贫精准脱贫。围绕大数据管理抓落实，加快打造全市“扶贫云”平台，探索“互联网+”扶贫新模式，实现大数据对扶贫开发的精准管理、动态管理、科学管理。突出扶持对象精准，完善建档立卡，对贫困人口实施精细化管理。突出项目安排精准，落实目标、任务、资金和权责“四到县”，建好精准扶贫项目台账。突出扶贫资金精准，推广资源变股权、资金变股金、农民变股民“三变”经验，探索财政扶贫资金和农村集体资源量化到户、股份合作、入股分红、流动发展。突出措施到户精准，聚焦“两有户、两困户、两无户、两因户、两缺户”，细化“六个到村到户”措施，做到精准滴灌、靶向治疗。突出因村派人精准，全面落实向贫困村选派“第一书记”，充实配强驻村工作组，增强农村脱贫第一线核心力量。突出脱贫成效精准，完善退出机制，实现贫困县乡全部摘帽，贫困村全部出列，贫困人口全部实现稳定脱贫。突出考核评价精准，建立差异化考核制度，完善问责激励双重机制，把扶贫开发实绩考核延伸到贫困乡镇和贫困村。突出督促检查精准，制定实施精准扶贫督查办法和工作台帐，加大跟踪督查、随机抽查、明察暗访等力度，严肃查处不干事、不落实、不作为的行为。

（三）坚决打赢脱贫攻坚战。全面落实精准扶贫系列政策措施，实施“五个一批”工程，打好脱贫攻坚组合拳。抓好产业扶贫，设立产业化扶贫专项基金，加快贫困乡村电子商务、乡村旅游、劳务经济发展。抓好易地扶贫搬迁，对一方水土养不活一方人的贫困群众实施搬迁，对生态特别重要和脆弱的区域实行生态保护扶贫，提高贫困户搬迁比例和搬迁补助标准，用活用好增减挂钩政策，确保全面完成30万人搬迁任务。对在贫困地区开发水电、矿产资源占用集体土地的，试行给原住居民集体股权方式进行补偿，探索对贫困人口实行资产收益扶持制度。抓好社会保障扶贫，完善新型社会救助制度体系，稳步推进农村扶贫标准与低保标准“两线合一”，进一步推进城乡低保“减量提标”，确保“两无”贫困人口在政策兜底保障下一个不漏脱贫。抓好教育扶贫，将农村贫困学生资助经费纳入年度财政预算，完善资助体系，对农村建档立卡贫困家庭学生从小学到大学的相关费用“应助尽助、精准资助”。抓好医疗扶贫，建立基本医疗保险、大病保险、医疗救助“三重医疗保障”，加快贫困地区县乡村三级医疗卫生服务网络标准化。抓好返乡农民工创业就业，大力实施“雁归工程”，深入实施培训扶贫“1户1人”计划，让更多农民工就近就业。抓好财政金融扶贫，创新金融服务，充分发挥开发性金融和政策性金融作用，鼓励国家政策性银行、各类金融性机构创新金融产品参与扶贫开发，为贫困户提供更多贷款支持。

四、突出抓好大数据战略行动，着力推动工业强市

坚持把工业作为强市之基、发展之要，加快推进新型工业化，深入实施大数据战略行动，促进工业化与信息化深度融合，推进产业发展达到中高端水平，全面构建特色优势产业体系。

（一）实施大数据战略行动。抢抓国家大数据战略和网络强国战略机遇，发挥大数据商业应用价值、民生服务价值和政府管理价值，大力推动政府部门数据共享，稳步推动公共数据资源开放，统筹规划大数据基础设施建设，推进政府治理精细化，推进商事服务便捷化，促进安全保障高效化，加快民生服务普惠化，打好大数据战略行动突围战。加快“智慧铜仁”建设，实施电子政务云、智慧交通云、智慧物流云、智慧旅游云、智慧工业云、电子商务云、食品安全云工程，实施“数据铁笼”计划，谱写“云上铜仁”新篇章。实施“互联网+”行动计划，以铜仁高新区大数据信息产业示范基地为核心，大力发展以互联网、物联网、农村电商为重点的大数据产业，推动大数据在农业、医药、交通、旅游、社会保障等行业领域应用，形成大数据产品体系，完善大数据产业链，把铜仁建成国家级电子商务示范市、电商扶贫示范区。结合我市空气、水质、森林、湿地等各类生态要素，建立中国梵净山健康养生指数和发布机制，推动“梵天净土·桃源铜仁”数字化、产品化。

（二）优化产业空间布局。围绕“两区一走廊”经济空间布局，推进黔东工业聚集区强势崛起，加快思（南）德（江）印（江）产城融合示范区建设，打造全域统筹、东西互动、相互支撑的两大经济增长极。坚持差异发展、错位发展、特色发展，发挥比较优势，找准承接方向，拓展发展空间，全面构建立足铜仁、面向全省、承接东部产业转移、融入成渝湘鄂、辐射武陵山区的特色产业体系，重点培育新型材料、装备制造、新型建材、能源环保、健康医药、特色轻工、生产服务、大数据“八大产业”，力争把我市建成西部精细化工基地、西部新能源新材料产业基地、西部石材产业基地、全国承接产业转移基地、全国营养大健康中医药产业基地“五大基地”。

（三）大力发展特色产业。振兴传统产业。用绿色化、信息化、服务化提升传统产业，加快转变发展方式，推进传统产业由粗放分散向集约集聚转变，由初级加工向精深加工转变。建立质量品牌激励保护机制，支持企业实施品牌战略，推进行业整合和品牌提升。支持锰产业、汞产业及加工制造业整合重组，转型发展，壮大形成产业链条。培育新兴产业。通过培育和引进重点企业，建立产业技术创新战略联盟，突破关键共性技术，大力发展新能源、新材料、装备制造、节能环保等新兴产业，力争把大数据产业、营养大健康中医药产业、能源产业、新型建材产业、新材料产业培育成“5个百亿级”产业，打造铜仁特色产业名片。承接产业转移。主动承接东部产业转移，找准承接方向，打造承接载体，优化承接环境，培育壮大优势骨干产业规模，推进产业结构优化升级。

（四）推动产业集约集聚。按照集中集约集群发展要求，着力打造一批特色鲜明的园区升级版，提高园区聚集度。推进以大龙开发区、铜仁高新区为主体，碧江开发区、万山开发区、梵净山生态养生大健康产业园为支撑的“2+3”重点平台建设，力争培育1000亿元级产业园区1个，500亿元级2个，300亿元级3个。支持大龙经济开发区申创国家级经济开发区，铜仁高新区升级为国家级高新技术产业开发区，加快铜仁苏州产业园区建设，形成承接产业转移示范效应，推动黔东工业聚集区建成全国新型工业化示范基地。创新产业园区经营管理，推广“园区+企业+平台公司”模式，推动产业园区向投资主体多元化、资金来源社会化、经营管理灵活化发展。鼓励支持各区县在市内外、省内外开展“飞地经济”合作、共建共享园区。按照“个转企、小升规、规改股、股上市”目标路径，千方百计扶持大企业，放手发展民营经济、中小企业，形成大企业顶天立地、中小企业铺天盖地、小微企业勇闯天地的发展新局面。发挥“万户小老板”“3个15万元”及中小企业发展专项资金引导作用，促进小微企业壮大发展，推动大众创业、万众创新。

五、深入实施城镇化带动战略，统筹推动城乡协调发展

按照城乡协调发展要求，积极争取国家推进绿色城市、智慧城市、森林城市建设和城际基础设施互联互通政策支持，主动融入黔中城市群、长江中游城市群、成渝城市群，走山地特色城镇化发展之路，加快建成武陵山区域中心城市、长江上中游重要节点中心城市。优化城市空间布局，着力构建以主城区为中心，以玉碧松城市圈、乌江特色城市群为重要支点，以特色乡镇特色村落为网点的新型城镇体系，实现城乡一体化发展新突破。

（一）做大做强中心城区，打造长江上中游重要节点中心城市。按照“产城融合、教城一体、景城互动、同城联动”发展模式，做大“一城四区九组团”城市构架，完善城市设施，提升城市品质，增强带动能力。做大城市规模，依法有序推进行政区划调整，推动江口撤县设区，拓展主城区发展空间。完善城市设施，积极争取国家对城市基础设施建设政策支持，加快城市路网、地下管网、燃气网、信息网、供排水网等基础设施建设，加快建设一批城市公园、湿地公园、农业公园等城市配套基础设施，推进海绵城市、智慧城市、低碳城市、森林城市建设试点，推进绿色生态城市建设，变见缝建房为见缝插绿，提升城市品质。优化城市功能，把以中南门古城为核心的老城区打造成城市文化传承保护区和旅游商贸融合区，把川硐新区打造成文化教育卫生新城，把谢桥新区、老城区北站至东关等区域打造成城市服务功能提升区，把灯塔片区打造成现代物流中心、新兴产业集聚新区。推进产城融合，加快推进川硐教育园区、灯塔工业园区、铜仁高新区、凉湾片区物流产业园建设，建成武陵山区最具竞争力的教育、医疗、文体、休闲养老服务中心，提升中心城区综合实力。

（二）做优做特县城，实现规模化特色化发展。实施城乡规划建设精品工程，推进城镇建设总体规划与经济社会发展规划、产业发展规划、土地利用总体规划、环境保护规划“五规融合”，实施城市农业公园、工业园区、湿地或山体森林公园、市民广场公园、教育卫生园区“五园兴城”，强化城市建设红绿蓝紫黄“五线管控”，抓好全国文明城市、全国卫生城市、国家园林城市、国家环境保护模范城市、中国优秀旅游目的地城市“五城联创”，完善城镇设施，提升城市功能，打造“山水园林”相融合的宜居宜业宜游城镇。加强对“武陵之都·仁义之城”城市文化资源的挖掘、整理和品牌打造，把玉屏（大龙）建成黔东工业新城、箫笛之乡，松桃建成黔渝湘边区苗族文化城，思南建成黔中首郡、乌江明珠，德江建成黔东北枢纽中心城市、傩戏之乡，沿河建成铜仁北入长江桥头堡、土家文化城，印江建成避暑之都、书法之乡，石阡建成国际休闲养生基地、温泉之乡，江口建成佛光之城。全力支持德江、思南撤县建市，支持玉屏开展新型城镇化综合试点，努力形成独具地域个性的特色城市文化品牌。

（三）做精做美小城镇，推进镇村联动发展。抓好示范小城镇建设，规划建设一批交通枢纽型、旅游景点型、绿色产业型、商贸集散型、移民安置型小城镇，结合农村集中建房发展各类区域性中心村，促进城镇与乡村协调发展。加快推进镇村联动，促进镇村要素流动联通、基础设施联建、产业发展联营、公共服务联享、农民市民化身份转换联动，努力实现城乡居民基本权益平等化、城乡公共服务均等化、城乡居民收入均衡化、城乡要素配置合理化、城乡产业发展融合化，把乡镇打造成就地城镇化前沿阵地。

（四）完善城乡统筹机制，加快推进户籍人口城镇化。按照以人为核心的新型城镇化要求，认真落实中央“三个1亿人”城镇化行动计划，深化户籍制度改革，促进有能力在城镇稳定就业和生活的农业转移人口举家进城落户，并与城镇居民享有同等权利，提高户籍人口城镇化率。实施居住证制度，努力实现基本公共服务常住人口全覆盖。加强对农业转移人口就业创业培训和服务，切实解决好住房社保、医疗卫生、子女教育等问题，促进进城农民安居乐业。加快推进农业转移人口市民化制度建设，健全财政转移支付同农业转移人口落户数量挂钩机制，维护进城农民土地承包权、宅基地使用权、集体收益分配权，支持引导其依法自愿有偿转让上述权益。

六、实施大生态跨越工程，推动绿色发展取得新突破

生态优势是铜仁发展战略制高点，绿水青山就是金山银山。必须坚持绿色富市、绿色惠民，抓住长江经济带构建沿江绿色生态廊道的重大机遇，深入实施大生态跨越工程，加强生态环境保护，促进生态优势转化为发展优势、经济优势，把铜仁建成生态文明示范区。

（一）筑牢生态安全屏障。围绕国家主体功能区规划，完善主体功能区政策，落实主体功能区规划，对重点功能区实行产业准入负面清单，把铜仁打造成武陵山生态廊道和生态屏障。加强土地用途管制，以主体功能区规划为基础统筹各类空间性规划，推进“多规合一”，实现一本规划、一张蓝图。建立由空间规划、用途管制、领导干部自然资源资产离任审计、差异化绩效考核等构成的空间治理体系。推进国家和省主体功能区建设试点。积极申报创建国家公园、省级自然保护区，支持印江创建国家森林城市。以梵净山自然保护区为核心，麻阳河自然保护区、乌江水源涵养区、佛顶山自然保护区、黔东植被保育区为支撑，乌江、锦江、舞阳河和松江河生态廊道为纽带，构建“一核四区四廊道”生态安全屏障。

（二）实施生态建设工程。深入实施绿色铜仁建设三年行动计划，加强退耕还林、封山育林、通道绿化、城区绿化、裸露山体等重点生态修复工程建设，加快林业生态体制机制改革创新，确保“十三五”期间森林覆盖率达到65%。实施山水园林湖湿地生态保护和修复工程，筑牢乌江、锦江重要生态屏障。深入实施生态建设、水利建设、石漠化治理“三位一体”规划，推进石漠化综合治理。坚持以生态文明引领经济社会发展，建立健全“山青、天蓝、水清、地洁”四条生态底线保护机制。

（三）加强环境治理和保护。深入实施环境污染治理设施建设三年行动计划、大气污染和水污染防治行动计划，推进土壤污染防治，全面实施重点流域环境保护长效机制，制定出台保护梵净山、锦江河等地方性法规，让铜仁青山常在、碧水常流、空气常新、土壤常净。坚持城乡环境治理并重，加强土壤污染防治和耕地质量保护，加强农业面源污染防治，改善土地资源质量。实行最严格的环境保护制度，强化环境保护问责，推行联防联控和流域共治，形成政府、企业、群众齐心协力保护生态、治理环境的大格局。加强生态环境保护教育，培养人民群众环保意识，让保护生态环境成为每个公民的自觉行动，推动全社会形成绿色消费自觉。加大环境保护司法力度，严厉打击污染环境、破坏生态等违法犯罪行为。

（四）全面推进绿色发展。全面推行绿色循环低碳发展模式，加快天然气、页岩气开发利用，优化能源结构，建设清洁低碳、安全高效的现代能源体系。大力发展节能环保产业，推动节能环保技术应用，建立绿色低碳循环发展产业体系。实施循环发展引领计划，推进企业循环式生产、产业循环式组合、园区循环式改造，加快万山循环经济示范区建设，支持其创建国家级示范区。积极发展新能源和可再生能源产业，实施新能源汽车推广计划，坚持节约优先，树立集约节约循环利用资源观。强化约束性指标管理，落实能源和水资源消耗、建设用地等总量和强度双控行动。加快发展以节能环保低碳为主的新型建筑建材业，推广绿色建筑和建材。实行最严格的水资源管理制度，以水定产、以水定城，建设节水型社会。加强生活垃圾分类回收和再生资源回收的衔接，推进生产系统和生活系统循环衔接。坚持最严格的资源管理制度、节约用地制度，严格控制征占林地和农村集体建设用地规模。积极开展耕地轮作休耕体制试点。

七、大力推进农业现代化，加快发展现代山地特色高效农业

坚持走产出高效、产品安全、资源节约、环境友好的现代农业发展新路，把山地特色作为农业发展基本方向和根本路径，加快转变农业发展方式，开辟农业结构调整新途径，拓宽农民增收致富新渠道，迈出美丽乡村建设新步伐。

（一）加快转变农业发展方式，促进产业融合发展。坚持农业园区化、园区景区化、农旅一体化发展，高标准建设现代农业园区，推进农业园区乡镇全覆盖，促进农业集约化生产，提高农业综合效益。推动农业结构调整，促进多种形式适度规模经营，全面提高农业质量效益和竞争力。实施“双百”工程，把生态茶、生态畜牧业、中药材、农业与乡村旅游、“两烟”培育成100亿元级支柱产业，把精品果（干鲜果）、无公害蔬菜、经济林培育成100万亩规模产业，进一步提高经济作物占种植业比重，提高畜牧业产值占农业总产值比重，提高二三产业占农村经济比重，提高农业收入在农村居民收入中比重，推进农业产业规模化发展。延伸农业产业链，着力发展以农产品储藏保鲜、精深加工为主体的第二产业，加快发展以农业观光旅游、农业物流为主体的第三产业，促进现代山地特色农业“接二连三”、一二三产业融合发展，实现“第六产业”集约集群发展。

（二）加快培育新型农业经营主体，提升农业专业化水平。稳定农村土地承包关系，积极推进农村产权制度改革，完善土地所有权、承包权、经营权分置办法，依法推进土地经营权有序流转，构建培育新型农业经营主体的政策体系。建设以企业为龙头、农户家庭经营为基础、专业合作社为纽带、社会化服务为支撑的立体式复合型现代新型农业经营体系。加快培育农业专业大户、家庭农场等新型经营主体，健全家庭农场管理和服务制度，促进种养大户向家庭农场转变、自然人农业向法人农业过渡。加快农村集体经济建设，鼓励农户和农村集体经营组织成立专业协会、合作组织，推进农民合作社规范化建设。探索培育农民合作、供销合作、信用合作“三位一体”的专业合作社，培养新型职业农民。拓展农民增收渠道，完善农民收入增长支持政策体系。加快构建覆盖全程、综合配套、便捷高效的农业社会化服务体系，培育多种形式的经营性服务组织，开展政府购买公益性服务试点。

（三）加快农产品品牌建设，提升山地特色农业竞争力。按照好品种、好品质、好品牌要求，加快特色农产品品牌培育，着力打造“梵净山”特色品牌。将梵净山茶等中国驰名商标，德江天麻、梵净蘑菇等特色品牌作为全市特色产业发展的公共品牌，努力提升特色农产品市场竞争力，实现品牌化发展。推进农业标准化和信息化建设，实施农产品质量安全示范市创建工程，健全从农田到餐桌的农产品质量安全全过程监管体系、现代农业科技创新推广体系、农业社会化服务体系，促进“梵净山”特色农业绿色无公害有机发展。坚持把电子商务作为促进农业增效、农民增收、农村繁荣的战略性新兴产业来抓，加快推进农村电子商务服务站点行政村全覆盖，全力打造农村电商铜仁品牌，让更多特色农产品走向市场、走向全国、走向全球。

（四）加快推进美丽乡村建设，提升农村居民生活品质。深入开展新农村建设行动，以“六个小康”行动计划为抓手，全面改善农村生产生活生态条件。深入实施农村环境综合整治工程，加快建设农村垃圾和污水处理设施，保护好山水园林湖生态系统。突出山地特色和地域民族特色，统筹民居建筑风貌，集中力量打造300个宜居宜业宜旅示范村，建成一批依山傍水、显山露水、记得住乡愁的美丽乡村。保护传承传统文化、耕读文明，加强生态细胞和文化元素的保护，集中保护建设100个少数民族村寨和100个传统文化村落，形成一批集和谐家园、产业乐园、山水田园、世外桃源为一体的新农村，实现生产生活生态“三生共美、美美与共”美好愿景。

八、全力实施大健康大文化跨越工程，建设国际休闲养生旅游目的地

充分利用生态和特色文化资源优势，深入推进大健康、大文化跨越工程，把铜仁蔚蓝的天空、清新的空气、清澈的河流、优质的水源、浓郁的民族风情等优势资源转化为产业优势和特色旅游商品，吸引更多人才、客商到铜仁创业兴业置业，为铜仁发展聚人气、生财气、汇文气，把铜仁建成国际休闲养生旅游目的地。

（一）实施大健康跨越工程。抢抓国家支持战略性新兴产业发展的机遇，促进生态产业化、产业生态化，真正让绿水青山就是金山银山的发展理念在铜仁落地生根。大力发展以水、酒、茶、食品、药、休闲养生等为重点的大健康医药产业，大力推进医教相融、医养一体，加快梵净山生态养生大健康产业示范区建设，积极申创国家级示范园区，着力打造全国山地特色营养健康养生基地。加快铜仁生物制药产业园区和碧江区武陵山现代中医药物流园建设，将铜仁建成西南地区具有影响力的中医药交易中心、全省医药创新产品制造中心、药品物流中心。开发利用景观水、饮用水、医药水、高端水等系列产品，把水产业打造成为支柱产业。

（二）实施大文化跨越工程。实施民族特色文化强市工程，均衡配置公共文化资源，鼓励和引导社会力量参与公共文化服务，基本建成覆盖城乡、便捷高效、保基本、促公平的现代公共文化服务体系。大力发展文化产业，充分利用资源优势，积极发展文化创意、影视服务、文化会展等产业，做大做强骨干文化企业。深度挖掘和利用民族文化、生态文化、红色文化、佛教文化丰富内涵和独特魅力，打造更多文化精品，培育新型文化业态。大力传承民族文化，制定完善少数民族文化保护发展规划，高度重视文物和非物质文化遗产保护工作，挖掘传承民俗民间文化，让民族文化基因代代相传；保护利用生态文化，合理开发利用梵净山、乌江、锦江等生态文化资源，让生态资源成为支撑铜仁永续发展的基础性战略资源；大力弘扬红色文化，教育引导广大干部群众从厚重的红色资源中汲取营养，继承弘扬革命先辈精神，自觉践行社会主义核心价值观；突出梵净山佛教文化内涵，办好梵净山生态文明与佛教文化论坛，建成“四大天王寨、十八罗汉村”人文景观、梵净山佛教文化园、弥勒文化博物院。加大东山古建筑、中南门古城等古街区、古建筑、传统村落修复保护力度，传承铜仁文脉，守护共同的文化家园。推进文化与科技融合发展，继续实施文化信息资源共享、数字图书进农家、农村文化“种子工程”。

（三）加快推进旅游业发展。把山地特色旅游作为战略性产业来抓，以转型升级、提质增效为主线，推动旅游产品向观光休闲度假并重转变、旅游开发向集约型转变、旅游服务向优质化转变，推动旅游发展与新型工业化、新型城镇化、农业现代化深度融合，全面推进环梵净山“金三角”文化旅游创新区建设，构建“快旅慢游”全域旅游体系，建设国际休闲养生旅游目的地。按照“梵天净土·桃源铜仁”文化品牌定位，着力打造“一山两江四文化”旅游产品体系。梵净山东线围绕打造“健康”品牌发展观光游，西线围绕打造“长寿”品牌发展体验游，将梵净山申创为世界自然遗产和5A级景区。加快建设乌江画廊、百里锦江、九龙洞、思南石林等4A级以上景区景点，着力建设一批3A级以上农业园区景区，挖掘一批最具魅力的民族村寨、古村古镇、传统村落，建成一批山地公园、湿地公园、森林公园，打造一批田园风光、民族风情、亮丽风景的乡村旅游，确保每个区县都有一个省级重点景区。大力开发温泉旅游资源，将石阡温泉风景名胜区打造为国家级温泉群风景名胜区。积极发展休闲度假旅游，推动户外山地运动、健身休闲、竞技表演与旅游融合发展。发挥中医药优势，发展特色医疗、疗养康复、美容保健等医疗旅游。结合养老服务业、健康服务业发展，积极开发多层次、多样化的老年人休闲度假产品，推动形成专业化的老年旅游服务品牌。按照旅游新六要素要求，加大旅游交通基础设施建设力度，推动全域旅游交通体系建设。强化旅游集散中心作用，加强与周边知名景区合作，打造精品旅游线路。巩固珠三角、湘渝川等传统客源市场，重点开拓以上海、苏州、杭州为主的华东客源市场，依托海上丝绸之路，积极拓展韩国、东南亚等国际客源市场。积极推进“互联网+”运用，对旅游品牌、产品、线路、交通、购票等全部实现线上线下同步推进，景区景点全部实行数字管理，为游客提供更加方便快捷舒适服务，推动旅游服务升级发展。

（四）加速升级现代服务业。积极发展金融保险、现代物流、信息技术服务、现代商务服务、电子商务、检验检疫、研发设计等生产性服务业。积极发展健康服务、商贸服务、旅游工艺、家政服务、养老服务、休闲娱乐等生活性服务业。着力扩大居民消费，引导消费朝着智能、绿色、健康、安全方向转变，增加公共产品、公共服务供给，以扩大服务消费为重点带动消费结构升级。放宽市场准入，加强服务业综合改革，优化服务业发展环境，推动生产性服务业向专业化和价值链高端延伸，促进生活性服务业向精细化、品牌化、个性化转变，加快形成具有鲜明特色的现代服务业产业体系，不断提高服务业总体发展水平。大力发展现代物流业，依托高速公路、高速铁路、航空水运，规划建设一批有产业支撑的现代物流园区，加快培育一批与现代产业体系相配套的物流企业，构建立体化全方位现代物流体系，把铜仁打造成武陵山区现代物流枢纽城市和全国区域性物流节点城市。大力推进物联网技术运用，引导快递企业与电子商务企业深度合作，促进线上线下互动创新，共同发展体验经济、社区经济、逆向物流等便民利商新业态。

九、加大投资强度，继续全力推进以交通水利为重点的基础设施建设

基础设施是全面小康、黔东崛起的重要支撑。必须紧紧围绕国家、省对重大基础设施的政策投向，策划编制好项目，全力争取国家“七大重大工程包”和全省基础设施大会战项目支持，全面提升基础设施投资效率。

（一）加强交通基础设施建设。实施高速铁路、高速公路、水运、航空、城市道路、城市轨道交通、通村通乡公路、综合管廊（地下管线共用通道）“八路”共建战略，加快融入国家大路网，构建互联互通、快速便捷、四通八达的立体交通网络，把铜仁打造成贵州东联“一带一路”、长江经济带和京津冀的出省战略通道、武陵山区交通枢纽中心。抢抓国家对西部地区铁路等重大基础设施投资政策，加快建成铜玉城际铁路，建设渝怀二线、昭黔铁路，规划建设贵阳至襄阳高速铁路，遵义至铜仁环省高铁，铜玉城际铁路向北经凤凰至张家界、向南延伸至从江接贵广高铁，力争重庆经铜仁至怀化高铁，形成东联长江中游城市群、长三角、环渤海，南接珠三角，西融黔中城市群，北入成渝城市群的铁路大通道网。开工建设铜仁至怀化、沿河经木黄到松桃、印江至秀山等8条高速公路，畅通高速公路路网连接通道。加快畅通乌江航道，规划建设思南新港、德江共和等5个港口，形成通江达海水运通道。加快铜仁凤凰机场提档升级，建成黔北机场，推动通用机场建设，提升航空承载能力。加快城市道路建设，合理布局城市道路资源，形成外联内畅的城市交通格局。实施农村公路三年大会战，加大国省干道改造养护和旅游公路建设力度，推进基础设施向县以下延伸，实现村村通水泥路、村村通客运。推进城市综合管廊建设，争取列入全国地下综合管廊试点城市。加快建设铜仁东站和大龙两个千万吨级货运站，支持碧江建设陆运无水港，德江建设黔北综合物流中心，为产业发展提供有力支撑。

（二）加强水利基础设施建设。全力构建骨干水源工程、农田水利灌溉、城乡居民安全饮水现代水利体系，形成水资源保护有力、开发利用有效、生产生活用水有保障的现代水利网，加快建成全国山区水利综合改革示范区。突出大中型水库建设和现代山区水利改革两个重点，大力实施水利建设三年行动计划，规划建设一批大型水库和中小型水库，力争思南花滩子、江口车坝河等4座大型水库和56座中小型水库开工建设，实现“县县有中型水库，乡乡有稳定供水源”，基本解决工程性缺水问题。推进病险水库除险加固、中小河流治理、防洪综合整治工程，建立山洪灾害防治预警系统，提高防御洪涝灾害能力。加强水源地保护和水质监测管理，改善城乡供水水质。积极发展规模化集中式供水工程，集镇供水向周边农村辐射工程，提高城市供水保障能力。

（三）加强能源基础设施建设。加快发展以核能、水能、风能、生物质能等为支撑的新能源产业，力争沿河核电站纳入国家和省“十三五”规划并开工建设，努力把铜仁建成西部新能源产业基地和武陵山区新能源开发利用示范区。抢抓国家电力体制改革机遇，放开售电侧市场，培育配售电业务主体，逐步放开增量配电投资业务，形成售电侧竞争市场。加强储能和智能电网建设，大力发展分布式能源，构建以城乡居民用电用气输配管线优化布局为重点的能源保障网，实现县县通燃气、村村有稳定供电电源。

（四）加强信息基础设施建设。树立像抓交通水利建设一样抓信息基础设施建设的理念，加快骨干网络优化、城乡网络全覆盖、农村宽带延伸等重大信息基础设施建设，基本实现光纤进小区，解决带宽瓶颈问题。加快推进“三网融合”步伐，实现全市信息通信“一张网”。推进智慧城市建设，加快全域免费WIFI建设，构建信息化与新型工业化、新型城镇化、农业现代化、旅游产业化融合发展的现代信息体系。建成全市统一的公共安全信息系统、政务信息系统、社会事务信息系统、市民服务信息系统，构建快捷、高效、安全的现代信息通讯网，建成武陵山大数据产业发展和信息交换中心。

十、切实保障和改善民生，促进全民共享改革发展成果

按照人人参与、人人尽力、人人共享要求，坚守底线、突出重点、完善制度、引领预期，让改革发展成果更多更实更公平地惠及广大人民群众。

（一）推进教育优先发展。落实立德树人根本任务，把增强学生社会责任、创新意识和创新能力作为重点任务，贯穿国民教育全过程。深入实施教育提升工程，积极发展学前教育，大力加强基础教育，全面普及15年教育，实现12年免费义务教育，让教育更加优质公平。整合农村义务教育经费保障机制和城市义务教育奖补政策，建立统一的城乡义务教育经费保障机制，实现“两免一补”经费随学生流动可携带。统一对城乡义务教育学生（含民办学校学生）免除学杂费、免费提供教科书、补助家庭经济困难寄宿生生活费。大力发展职业教育，继续推进川硐教育园区建设，加快推进产教深度融合，支持铜仁职业技术学院申创国家优质高职院校，建成贵州健康管理职业技术学院。大力提升高等教育，优化铜仁学院、铜仁职院专业设置，加快推动铜仁学院向应用性综合大学转变并申创武陵大学。积极发展特殊教育、民族教育和继续教育，支持和规范民办教育发展。加快推进教育信息化建设，优化城镇新建小区教育资源配置，扩大优质教育资源覆盖面。加强师资队伍建设，实施乡村教师支持计划。全市教育整体水平超过全国平均水平。

（二）促进大众创业就业。坚持“众创、众包、众扶、众筹”，推进全民创业行动计划，实施就业创业促进工程，激发市场主体创造活力，建立多层次多样化的返乡创业格局。开展创业型城市建设，培育创业型企业，构建良好的创业生态系统。完善创业扶持政策，鼓励以创业带动就业，建立惠及人人的创业平台。积极促进充分就业，大力发展就业吸纳能力强的产业，发挥小微企业就业主渠道作用，做好返乡农民工、高校毕业生、城镇困难人员、退役军人、搬迁移民等重点群体就业工作，推动终身职业技能培训制度，完善就业服务体系。

（三）加快健康铜仁建设。优化城乡卫生资源配置，完善市县乡村四级医疗服务网络，提升医疗卫生服务能力。对40万以上人口的县人民医院（含中医院）按照三级医院标准进行规划建设。深化公立医院改革，建立符合医疗行业特点的人事薪酬制度。鼓励社会力量兴办健康服务业。规范基本药物制度，探索县乡村一体化药品配送模式，实施药品电子监管，满足群众用药需求。推进分级诊疗和卫生信息化，实行新农合、大病医保、医疗救助一站式服务，积极推进“智慧医疗”建设，构建广覆盖多层次多元化医疗卫生服务体系。大力推进医疗机构专业人才继续教育。完善突发公共卫生事件应急和重大疾病防控机制。优化公共卫生监测和医疗质量监管服务。落实食品安全战略，建立覆盖全过程的食品安全监督制度，形成严密高效、社会共治的食品安全体系，让人民群众吃得安全、吃得放心。落实人口发展战略，全面落实一对夫妇可生育两个孩子政策。提高生殖健康、妇幼保健、托幼等公共服务水平。广泛开展全民康体运动，促进群众体育和竞技体育全面发展。倡导健康生活方式，加强心理健康服务。

（四）提高社会保障水平。推进全民参保计划，实施社会保障兜底工程，全面建成覆盖城乡居民的社会保障体系。推进城乡居民基本养老保险制度建设，完善职工养老保险个人账户制度，健全多缴多得激励机制，发展职业年金、企业年金、商业养老保险。推进居民基本医疗保险制度城乡统筹，推行医疗医保医药“三医”联动，推动新型农村合作医疗保障制度、城镇职工医保和城镇居民医保“三保统筹”，加快完善医疗救助保障体系，完善新型农村合作医疗和大病保险政策，形成“基本+补偿+救助”的多层次全面医疗保障体系，实现城乡居民公平享有基本医疗保障。健全失业保险制度，完善工伤、生育保险制度。推进社会救助体系建设，健全以城市低保、农村低保、农村五保供养、城乡医疗救助、灾害应急救助为基础，以临时救助、慈善援助为补充的新型社会救助体系。大力发展社会福利事业和残疾人事业。建立农村留守儿童和妇女老人关爱服务体系。加快推进城镇保障房、易地扶贫搬迁安置房建设和农村危房改造，改善中低收入家庭的居住环境，实现居者有其屋的目标。

十一、全面推进改革开放创新，为经济社会发展提供动力

坚持把改革、开放、创新贯穿经济社会发展各领域，以改革激活力，开放强动力，创新掘潜力，为经济社会发展提供持续动力。

（一）深化重点领域和关键环节改革。深入落实中央和省委全面深化改革各项决策部署，坚持战略导向、问题导向、民生导向，不断提高改革含金量，增强群众获得感。深化行政审批制度改革，加强公共资源交易平台建设，完善权力清单、责任清单、负面清单制度，促进权力规范透明、阳光运行。深化商事制度改革，资源配置体制机制改革，激发市场活力和创造力。深化财税金融和投融资体制改革，强化PPP项目策划包装，引导社会资本参与基础设施、公共服务等领域项目建设，释放民间资本活力。发挥金融杠杆作用，支持各类金融机构创新金融产品，创新金融服务。深化国有投资公司改革，搭建为地方经济和中小企业融资服务平台。鼓励引导企业到资本市场融资。深化乡镇综合改革，探索镇村联动机制，开展市直管镇试点。深化干部监督制度改革，建立廉政谈话常态机制；建立项目建设廉政档案制度，推动工程项目安全廉洁高效运行。

（二）全面推进对外开放。拓展开放发展空间，深度对接和融入“一带一路”、长江经济带和京津冀协同发展区，加强与珠三角、长三角、成渝和长株潭经济区协作，把铜仁建成贵州向东开放的前沿阵地和长江经济带内陆开放型经济试验区。办好中国梵净山生态文明与佛教文化论坛，加强与武陵山片区区域合作，深化与对口帮扶城市合作。积极利用友好城市、侨社关系，推动铜仁与海外多层次、多领域合作。积极搭建开放平台，建立铜仁海关、航空口岸，推进关检直通，促进对外贸易发展。加快商贸物流、仓储配套、保税仓库建设，制定政策扶持物流企业加快发展，降低企业物流成本，提高企业全要素生产率。申创保税物流中心，探索跨境电子商务平台建设，建设对外商务经济区。围绕扩投资、增融资、招外资、撬民资、抓产业、引企业、扶创业、保就业“四资四业”，大力开展招商引资，全力引进一批核心竞争力强、辐射带动面大、科技含量高的产业项目。积极引进战略投资者，注重引进国际国内500强企业、大型央企、民企、知名跨国公司等龙头骨干企业，培育壮大外贸经营主体。

（三）大力实施创新驱动战略。把创新摆在发展全局的核心位置，强化理念创新、路径创新、方法创新、合作创新，努力实现弯道取直、赶超跨越。发挥科技创新引领作用，整合科研机构资源，成立铜仁科学院，集中科技人才智慧研发应用技术，形成产学研一体化格局。成立市级学部委员会，统筹科研课题。依托铜仁学院、铜仁职院等市内高校和省内外科研院所技术力量，加快锰产业、锂电池、页岩气、农用机具、中成药工程等研发中心建设，加强院士工作站和博士科研工作站建设。以铜仁高新区为核心建设科技孵化基地，加快培育创新型领军企业、科技小巨人企业、小巨人成长企业、科技型种子企业，形成科技型企业成长梯队，塑造创新驱动发展主体骨干。建立铜仁市科技成果交易转化平台，鼓励企业针对行业技术发展趋势，大力引进具有行业领先水平的技术和高端装备。搭建开发区增比进位创新实体平台，制定增比进位指标体系，推动各平台比学赶超、竞相发展。坚持汇众智搞创新、汇众力增就业、汇众能助创业、汇众资促发展，培育创新创业主体，打造创新创业平台，营造“大众创业、万众创新”良好氛围。

十二、加强和改善党的领导，为全面完成“十三五”规划目标提供坚强保障

发展是解决所有问题的根本。全市各级党委要紧紧围绕守底线、走新路、奔小康工作总纲，深化对经济社会发展规律的认识，全面提高领导发展能力和水平，更加富有成效地推动经济社会跨越发展。

（一）完善党领导经济社会发展工作体制机制。坚持党委总揽全局、协调各方，加强制度化建设，改进工作体制机制和工作方式，强化全会决策和监督作用。完善党委研究经济工作机制，加强对地方重大经济问题的调查研究，善于运用辩证思维、底线思维、战略思维谋划发展，使党对经济工作的领导更加自觉和高效。坚持全面从严治党，落实“三严三实”要求，严明党的纪律和规矩，落实好党风廉政建设主体责任和监督责任，持续深入开展“三个开刀”专项整治行动，健全改进作风长效机制。强化权力运行制约和监督，着力构建不敢腐、不能腐、不愿腐的体制机制，为经济社会发展营造风清气正的政治生态。

（二）提高社会治理法治化水平。坚持走中国特色社会主义法治道路，推动科学立法、严格执法、公正司法、全民守法，把经济社会发展纳入法治轨道。加强党对立法工作的领导，完善党对立法工作中重大问题的决策程序。根据立法权限，依法对城乡建设与管理、环境保护、历史文化保护等方面的事项制定地方性法规。建设法治政府，依法设定权力、行使权力、制约权力、监督权力，依法调控和治理经济，推行综合执法和跨区域联合执法，把政府活动全面纳入法治化轨道。严格规范执法程序，建立健全行政裁量权基准制度，全面落实行政执法责任制，建立重大决策终身责任追究制度及责任倒查机制。完善司法保障和监督，构建开放、动态、透明、便民的阳光司法机制。健全依法独立公正行使审判权和检察权制度，优化司法运行机制。建立完善法律援助、司法救助体系，建立乡镇公共法律服务中心。建立司法工作人员廉政档案制度。加强法治文化建设，增强全社会特别是公职人员尊法学法守法用法观念，在全市形成良好法治氛围和法治习惯。坚持系统治理、依法治理、综合治理、源头治理，提高社会治理法治化水平。深入推进平安铜仁建设，完善立体化治安防控体系建设，建立政法信息综合管理平台，推进“天网工程”覆盖到村，解决好特殊人群服务管理问题。全面落实社会稳定风险评估机制，完善社会矛盾排查预警和调处化解综合机制，把信访纳入法治化轨道，推进公共安全法治化，促进社会治理精细化，构建全民共建共享的社会治理格局。

（三）广泛团结凝聚各方面力量。充分发扬民主，践行党的群众路线，提高宣传组织群众的能力，弘扬“苦干实干、开放创新”的新时代铜仁精神，激发各族群众守底线、走新路、奔小康的自觉自信。加强政治工作，正确处理人民内部矛盾，最大限度凝聚全社会推进改革发展、维护社会和谐稳定的共识和力量。强化社会主义精神文明建设，高度重视和做好意识形态领域工作，牢牢把握意识形态工作的领导权管理权话语权，准确及时研判意识形态领域新情况新动向，坚决维护意识形态安全。支持人大及其常委会充分发挥国家权力机关作用，有效发挥人民政协作为协商民主重要渠道和专门协商机构作用，推进协商民主广泛多层制度化发展。充分发挥民主党派、工商联和无党派人士作用，巩固发展最广泛的爱国统一战线。促进各民族团结奋斗、共同繁荣发展，建成全国民族团结进步繁荣发展示范区。引导宗教与社会主义相适应。充分发挥工会、共青团、妇联等人民团体的桥梁纽带作用，广泛凝聚群众力量。加强全民国防教育、人防战备和国防力量建设，密切军政军民团结，积极支持驻铜人民解放军、武警消防部队现代化建设，提高国防动员和后备力量建设质量。

（四）加强基层组织建设。加强基层政权、经济组织、自治组织、群团组织和社会组织建设，健全企业、民营医院、民办学校、产业园区等党组织建设，实现党的组织和党的工作对经济社会各领域全覆盖。加强社区党建，通过组织共建、人才共育、活动共办、文化共培、平安共筑“五共”社区建设，构建强核心、凝人心的社区党建双向互动工作模式。提升基层党组织引领经济发展、推动工作落实、带动群众致富能力，打通服务群众“最后一公里”。坚持把“民心党建”工程作为精准脱贫、同步小康重要抓手，推行市县乡干部交流挂职任职，选好配强基层党组织领导班子，统筹抓好乡镇党委书记、村党组织书记和农村致富带头人“三支队伍”建设，提升基层干部发展经济、改革创新、依法办事、化解矛盾、带领群众的能力，实现生态美、产业优、班子强、百姓富。

（五）强化干部人才队伍建设。树立正确的用人导向，按照“信念坚定、为民服务、勤政务实、敢于担当、清正廉洁”标准，严格落实选拔任用组织程序，重点培养使用善谋发展、善惠民生、善抓落实、善抓改革的“四善”型干部，推动形成干部工作的良好风气。加强干部教育培训，提高干部的思想政治素质和执政能力，完成市委党校新校区建设，将新市委党校建设成全市干部党性锻炼暨红色文化体验基地、武陵山区干部教育培训中心。深化与对口帮扶地区合作，积极引进高层次、外向型、发展型、创新型领导干部充实市县政府及重要部门领导班子，优化各级领导班子知识结构和专业结构。选派更多年轻干部到对口帮扶单位挂职学习、集中培训，提升各级领导干部推动发展、强化管理的能力和水平。建立健全目标管理、岗位责任、激励关怀、约束问责"四位一体"从严管理干部机制，把严的要求、严的纪律、严的措施贯穿干部队伍建设全过程。完善政绩考核评价体系和奖惩机制，树立敢为、快为、善为的工作导向，打造政治过硬、能力过硬、作风过硬的干部队伍。落实人才优先发展战略，实施高层次创新型人才遴选培养计划和"百千万人才引进计划"，大力引进科技领军人才、企业家人才、高技能人才。健全人才评价和激励机制，完善人才服务保障体系。

（六）建立任务落实机制。坚决贯彻中央、省委和市委各项决策部署，按照本建议确定的发展思路、主要目标、重点任务、重大举措，制定我市"十三五"规划纲要和专项规划。各级各部门要从实际出发，制定本地区"十三五"规划。各级各类规划要有明确反映创新、协调、绿色、开放、共享发展理念的指标，增加政府履行职责的约束性指标。各级各部门要切实做到谋划发展"扣扣子"、责任履行"担担子"、工作落实"钉钉子"，确保"十三五"规划建议目标任务落到实处。

实现"十三五"奋斗目标，任务艰巨，责任重大。全市各级党组织和广大党员干部群众要更加紧密地团结在以习近平同志为总书记的党中央周围，万众一心，锐意进取，顽强拼搏，奋发有为，为全面建成小康社会、实现黔东崛起而努力奋斗！

中共铜仁市委书记夏庆丰
在全市经济工作会议上的讲话

（2015年12月30日）

这次全市经济工作会议的主要任务是，深入贯彻中央经济工作会议和全省经济工作会议精神，认真落实市委一届八次、九次全会部署，回顾总结今年经济工作，分析当前经济形势，研究部署明年经济工作。

中央经济工作会议是在"十二五"收官、"十三五"开局和全面建成小康社会决胜阶段召开的一次重要会议。习近平总书记发表了重要讲话，全面分析了当前国际国内经济形势，明确提出了明年经济工作的指导思想、大政方针和主要任务，阐述了坚持中国特色社会主义政治经济学必须把握的重大原则。李克强总理的重要讲话，全面总结了今年经济工作，阐述了明年经济深化发展主要预期目标和宏观经济政策，对明年经济工作进行了具体部署，对落实好会议精神提出了明确要求。12月28日，全省经济工作会议召开，陈敏尔书记科学总结了贵州"十二五"期间经济社会发展，精辟论述了"新常态怎么看、新常态下怎么干"的问题，从保持坚定清醒、努力在新常态下有更大作为，坚持知行合一、推动五大发展理念在贵州落地生根、开花结果，处理好"五个关系"三个方面对明年全省经济发展进行了科学分析和精辟论述。孙志刚代省长回顾总结了今年经济工作，对明年经济工作进行了系统安排。中央和省委领导的重要讲话，思想深刻，立意高远，既管当前又管长远，是适应新常态的辩证法，引领新常态的方法论，是指导我们做好明年经济工作的纲领性文件。我们要坚持把思想和行动统一到中央和省委决策部署上来，深刻认识国内国际经济发展态势趋势，深刻认识引领经济发展新常态基本要求，深刻认识经济工作总体要求，深刻认识推进重大结构性改革任务，深刻认识经济工作重大部署，紧扣铜仁实际，抓好落实。

下面，结合市委常委会讨论精神，我讲四点意见：

一、坚定信心、保持定力，不折不扣贯彻落实中央和省委的重大部署

今年以来，全市各级各部门深入学习习近平总书记系列重要讲话特别是视察贵州时的重要讲话精神，坚定不移贯彻省委确定的主基调主战略，认真落实市委各项决策部署，深入推进“四化同步”战略，加快构建“两区一走廊”经济空间布局，预计地区生产总值增长12.7%，固定资产投资增长20.4%，公共财政预算收入增长11.7%，城镇和农村居民人均可支配收入分别增长11.2%、11.7%，实现了“十二五”圆满收官，为“十三五”发展奠定了坚实基础。

即将过去的一年，是铜仁在认识新常态、适应新常态、引领新常态这个经济发展大逻辑下开展工作的重要一年。在中央经济工作会议上，习近平总书记就引领经济发展问题作了全面深刻的论述，并指出了一年来各地认识这个大逻辑的三种情况：第一种是认识逐步深入，适应更加主动，引领已经开始。这种情况在不断增加。第二种是认识还不到位，一知半解，适应不太主动，引领基本无为，流于口号化。这种情况比较普遍。第三种是很不适应，没有摆脱“速度情结”“换挡焦虑”的思维定势，结果行动上自觉不自觉逆向而行。总书记指出的这三种情况，在我市都不同程度存在。 在全省经济工作会议上，陈敏尔书记就引领新常态进行了重要说明，要求深化对新常态“怎么看”的认识，做到客观地看、辩证地看、历史地看、对照自身不足和问题看，保持战略上的平常心态，趋利避害、扬长补短，应时而变、顺势而为，在解决问题过程中提高认识、取得进步。深化对新常态下“怎么干”的认识，把供给侧与需求侧统筹起来，把结构调整与体制改革统筹起来，把政府公共供给与产业企业市场化供给统筹起来，推动实现更高质量、更有效率、更加公平、更可持续的发展。我们要更加坚定发展信心，始终保持战略定力，更加突出问题导向，采取有力应对措施，推动全市经济社会发展迈上新台阶。

认识新常态，适应新常态，引领新常态，最根本的就是要坚决贯彻中央和省委的决策部署。党的十八大以来，以习近平同志为总书记的党中央，先后提出了“五位一体”总体布局、“四个全面”战略布局和五大发展理念，创新并丰富了中国特色社会主义政治经济学理论，作出了实施结构性改革的重大战略部署，体现了党中央对新常态下经济形势的深刻洞察和准确把握，标志着我们党对经济社会发展规律的把握更加娴熟，宏观经济政策调控更加精准，展示了中央高超的驾驭能力和强大的战略定力。今年以来，省委全面贯彻落实习近平总书记视察贵州时的重要讲话精神，作出守住“速度、收入、脱贫、安全”四条发展底线，守好“山青、天蓝、水清、地洁”四条生态底线，为全省“守底线、走新路、奔小康”指明了目标和方向。省委十一届六次全会在主基调主战略基础上明确提出推动五个方面新跨越，突出抓好大扶贫、大数据两大战略行动。陈敏尔书记在全省经济工作会议讲话中强调更加聚焦产业创新、更加聚焦统筹城乡发展、更加聚焦生态文明先行先试示范区建设、更加聚焦扩大内陆开放和全面深化改革、更加聚焦民生社会事业，要求处理好稳增长与防风险、补短板与做长板、供给侧与需求侧、向上向外争取支持与向下向内狠抓落实、敢作敢为与善作善成的关系，切中全省经济社会发展要害，体现了强烈的政治意识和责任担当，彰显了省委的战略自信。全市上下要坚决贯彻中央和省委决策部署，自觉与党中央和省委保持高度一致。

认识新常态，适应新常态，引领新常态，最关键的就是继承发扬好“十二五”时期积累的宝贵物质财富和精神财富。“十二五”期间，我市经济社会发展持续向好，各项工作都有新突破，办成了一系列大事，办好了一系列实事，攻克了一系列难事，书写了铜仁科学发展、后发赶超、同步小康崭新篇章。我们完成了撤地设市，实现了从地区时代迈入城市时代。规划建设黔东工业聚集区、环梵净山“金三角”文化旅游创新区、乌江生态经济走廊，新型工业化、新型城镇化、农业现代化加快推进，发展增速实现高于全国、高于全省、高于武陵山区的目标。我们坚定不移抓投资、强基础、争项目，累计完成固定资产投资4581.8亿元，年均增长41.1%，制约铜仁发展的瓶颈正在各个击破，实现县县通高速，迈入了高铁时代，工程性缺水问题得到有效缓解，城镇化率达44%。大力推进国家环境保护模范城市创建工作，森林覆盖率达57%。深化重点领域和关键环节改革，制定实施全面深化改革36项行动计划，行政审批、财税金融、商事制度、农村产权、精准扶贫等各项改革全面推进。对外开放进一步扩大，中国梵净山生态文明与佛教文化论坛成为国际性盛会。民生事业和社会治理全面发展，教育事业取得长足进步，医疗卫生事业显著改善，脱贫攻坚扎实推进，特别是山村幼儿园建设在第四届反贫困与儿童发展国际研讨会上作交流发言，并获得第四届全国教育改革创新典型案例奖，人民群众获得感、安全感、幸福感不断增强。我们大力弘扬“八争”精神，争出了活力，争出了精气神。这些成绩和经验说明，只要我们不甘落后、奋起直追、敢拼敢搏、不懈奋斗，铜仁完全能够后来居上、后发赶超、大有可为。

认识新常态，适应新常态，引领新常态，最重要的就是清醒认识市情、充分估计困难、敢于直面问题。经过“十二五”持续快速发展，我市基础条件日益改善，发展环境不断优化，区位优势、生态优势、资源优势、劳动力优势、政策优势、改革优势正在叠加释放，全市上下团结奋进、干事创业激情空前高涨，这些因素为经济社会持续快速健康发展创造了有利条件。与此同时，也要清醒看到，我市经济总量小，人均水平低，实体经济弱，自主创新能力不强，基础设施建设仍需改善；有的党员领导干部能力和素质不适应发展的新形势和新要求，社会事业发展与民生诉求还有较大差距，人民群众生活水平有待进一步提高。综合分析市情，我市最大的短板是贫困，最大的瓶颈是交通，最弱的基点是实体经济滞后，最弱的支撑是人才资源匮乏，最大的风险是快速发展中的社会利益调整不公。大发展小困难，小发展大困难，不发展最困难。坚持把发展过程中的利益调整好，始终维护社会大局和谐稳定，是我们最应该把握好的事情。贫穷落后仍是主要矛盾，加快发展仍是主要任务，脱贫攻坚是头等大事，同步小康是首要任务。生态优势是我们最重要的战略资源，但污水处理、土壤治理、垃圾处置仍面临艰巨任务，稍有不慎，就会造成生态恶化，生态建设既要保持好建设好绿水青山，又要防止因垃圾、污水等处理不当所带来的生态隐患负能量。对此，我们要有充分的准备，客观冷静地分析形势，把困难估计得更充分一些，把问题根源剖析得更精准一些，把应对措施准备得更周密一些，始终牢牢把握经济工作主动权，不断夺取经济社会发展新胜利。

二、突出重点、以点带面，着力解决关系经济发展全局的重大问题

明年全市经济工作总的要求是：全面贯彻党的十八大和十八届三中、四中、五中全会、中央和全省经济工作会议精神，深入贯彻习近平总书记系列重要讲话精神，加强和改善党对经济工作的领导，按照“五位一体”总体布局和“四个全面”战略布局，牢固树立和贯彻落实创新、协调、绿色、开放、共享的发展理念，主动适应经济发展新常态，坚持改革开放，坚持稳中求进工作总基调，坚持稳增长、调结构、惠民生、防风险，坚守发展和生态两条底线，紧紧围绕主基调主战略，大力推进“四化同步”发展，突出抓好大扶贫、大数据两大战略行动和大生态、大健康、大文化三大跨越工程，着力扩投资、增融资、招外资、撬民资，着力抓产业、引企业、扶创业、保就业，增强发展动力，努力实现脱贫攻坚、同步小康的良好开局。

明年我市经济增长预期目标为12.5%以上、工作目标为13.5%，固定资产投资增长预期目标为22%，公共财政预算收入增长预期目标为13%左右。全市各级各部门都要围绕目标，正确把握好速度与效益的辨证关系，千方百计保持较快的增长速度，确保经济持续健康稳定发展。在具体工作中，我们要始终做到“九个坚持”。

（一）坚持把新型工业化作为经济发展的最大引

擎。我市经济总量小，主要原因是工业经济不发达、产业结构不优。全市上下要坚持把新型工业化作为最大的引擎，主动适应结构性改革“三去一降一补”的新要求，推动传统产业转型升级和战略性新兴产业加快发展，提高工业经济质量和效益。明年，发改、工信等部门要带头研究制定降成本的具体方案，真正推动降成本落到实处。一要在传统产业向高端提升上取得新进展。要主动适应工业4.0、“互联网+”和绿色化趋势，大力促进工业化与信息化、农业现代化、旅游产业化深度融合，深入实施工业“百千万”工程，推进工业三年大攻坚行动，突出抓好一批重点技术改造项目，提高产品科技含量，降低产品生产成本，促进产业转型升级，放大传统产业优势。要围绕改善有效供给，对产品供给侧进行改造提升，选准链条延伸切入点，在科技研发和品牌打造上下功夫，着力向高端价值链突破。要突出重点领域、行业、企业，大力发展循环经济和节能环保产业，淘汰落后产能，化解企业库存，降低企业成本。二要在抢占战略性新兴产业制高点上取得新进展。要围绕国内外战略性新兴产业发展动态和方向，把大数据作为最大的转型抓手，深入实施大数据战略行动，加快“云上铜仁”建设，大力推进电子政务、智慧交通、智慧物流、智慧旅游、智慧工业、电子商务、食品安全“七朵云”建设，打造“数据铁笼”，着力构建方向准确、规划科学、运用高效、融合发展的大数据产业发展格局。加快推进与贵阳市、贵安新区合作，深化大数据交易、梵净山生态健康养身指数等应用合作，建设大数据服务外包呼叫中心。明年要把吸引大数据人才作为人才工作的重点，力争引进10名大数据高端人才，促进大数据产业发展。要全面加快以水、酒、茶、食品、中药材、休闲养生等为重点的营养大健康医药产业发展，加快梵净山生态养生大健康产业园建设，培育百亿级大健康产业集群。大力发展新能源、新材料产业，加快风力发电、生物质能发电项目建设，推动沿河核电规划建设，探索开展分布式能源建设，善于运用先进信息技术对传统金属材料产业进行改造提升，推动合金材料、锰锂电池材料、锰盐等产业发展取得新突破。三要在园区建设上取得新进展。要创新园区公司制管理模式，引导支持园区经营公司从单一融资平台向复合投资经营平台转化，推动产业园区向投资主体多元化、资金来源社会化、经营管理市场化发展。要抢抓结构性改革机遇，主动承接东部沿海发达地区产业转移，大力聚集高端和成龙配套项目，提高园区集约集聚发展水平。要完善园区考核办法，加强动态管理和分类考核，研究制定具体的激励措施，努力把园区建成科学发展的主导区、率先转变发展方式的示范区。妥善处理搭建园区平台和引进企业的关系，形成园区良性发展态势，实现园区可持续发展。这里强调一下关于软环境建设问题，近阶段接到群众反映，有的地方以安全检查或“整脏治乱”为名，乱检查、乱罚款、乱拖车，对良好的投资环境造成了不良影响。对此，各区县要引起高度重视，加大整治力度，全力巩固和营造良好的投资环境。四要在企业主体培育上取得新进展。要全面落实国家支持企业融资相关政策，深入实施“3个15万元”政策、“万户小老板”创业行动计划，全力做好保障企业要素供给“加法”，减轻企业负担“减法”，鼓励技术创新“乘法”，淘汰落后产能“除法”，为企业发展壮大营造良好的环境，推动大众创业、万众创新。

（二）坚持把新型城镇化作为引领消费的最大举措。城镇化是最大的内需和经济增长潜力。城镇化每增长1个百分点，产生的直接消费将拉动GDP增长1.5个百分点。要坚持把新型城镇化作为引领消费的最大举措，扎实开展城乡建设精品年行动，加快山地特色新型城镇化建设步伐。一要全面提升城镇发展理念。充分认识城市发展是农村人口向城市集聚、农业用地按相应规模转化为城市建设用地的过程，人口和用地要匹配，城市规模要同资源环境承载能力相适应的客观规律，端正城市发展指导思想，因地制宜、因势利导，提高城市工作科学性，控制总量，限定发展容量，提升城市发展质量。统筹好空间、规模、产业三大结构，把握好城市发展空间布局和功能定位，努力建设生态引领型中心城市。始终坚持“先环境、后开发，先规划、后建设，先储备、后出让，先安置、后拆迁，先地下、后地上”的原则和“高端化、精品化”理念，打造持续性和宜居性城市。二要全面提升城镇规划水平。坚持以规划为引领，统筹推进经济社会发展规划、城市总体规划、控制性详规、土地利用总体规划、产业发展规划“多规合一”，支持玉屏“多规合一”试点县、全国新型城镇化建设试点县的建设，全力优化城镇空间布局，实现一张蓝图绘到底。要统筹生产、生活、生态三大空间，坚持以人为本，道法自然，多“蒸小笼”、不“摊大饼”，多为城市“种绿”、多为生态“留白”，变见缝插房为见缝插绿、见缝栽树，构建体现地域特点、传统文化、民族风情的城市风貌，提升城市发展的宜居性。三要全面提升城镇建设水平。统筹改革、科技、文化三大动力，把提高户籍人口城镇化率作为首要任务，运用大数据等现代科技手段加快智慧城市建设，传承好城市文脉，建设有文化品位、生活温度的城市，提高城市发展的持续性。要强化红线、黄线、蓝线、绿线、紫线“五线”控制，做好城市风貌建设管理，切实保住城市的风貌和特色。扎实开展主城区城市功能“十大提升”工程建设，推进基础设施向乡村延伸，统筹城乡发展。要坚持实施工业园区、城市农业公园、城市湿地或山体森林公园、教育卫生及文化产业园区、市民广场公园“五园兴城”，增强城镇综合承载能力。四要全面提升城镇管理水平。扎实推进全国文明城市、全国卫生城市、国家园林城市、国家环境保护模范城市、中国优秀旅游目的地城市“五城联创”和全国“双拥”模范城市建设，完善城镇设施，提升城市功能。扎实开展“整脏治乱”攻坚年行动，加大“五脏五乱，五差五臭”整治力度，切实提升市民素质，培育城市精神，塑造城市品质，提高城市软实力。五要全面提升城镇化水平。积极统筹政府、社会、市民三大主体，推动政府有形之手、市场无形之手、市民勤劳之手同心发力，提高各方推动城市发展的积极性，集聚促进城市发展的正能量。探索打通脱贫攻坚易地扶贫搬迁和房地产市场之间的关系，逐步降低房地产库存。深化户籍制度改革，促进有能力在城镇稳定就业和生活的农业转移人口举家进城落户；扎实抓好农村转移人口服务保障工作，加强就业创业培训和服务，切实解决好群众衣食住行教等问题，维护进城农民土地承包权、宅基地使用权、集体收益分配权等合法权益，确保农民搬得出、住得下、不失业、能安心，实现农民进城“双保险”。

（三）坚持把农业现代化作为经济发展的最大基础。习近平总书记指出：“现代高效农业是农民致富的好路子。”要坚持把山地高效农业作为做好“三农”工作的基本方式和根本途径，走出一条产出高效、产品安全、资源节约、环境友好的现代农业发展新路。一要扎实抓好农业园区提质升级，按照“农业园区化、园区景区化、农旅一体化”发展思路，深入实施“三个万元”工程和园区建设“十个一批”工程、园区景区化“十个一”工程，大力提升34个省级现代农业示范园区装备水平、科技水平、产业化和景区化水平。二要扎实抓好农业主导产业发展，重点抓好茶叶、蔬果、食用菌、中药材、油茶等特色产业发展，加大“品种、品质、品牌”建设力度，着力在“梵净山”特色品牌打造上取得更大突破。要围绕加快电子商务产品上行要求，更加注重延伸农业产业链条，丰富农业产品上行有效供给，促进现代高效农业实现“接二连三”发展。三要加大农业市场主体培育力度，创新专业合作社、生态农庄、家庭农场培育模式，积极构建农民合作、供销合作、信用合作“三位一体”农业发展新格局。大力支持发展农村集体经济，全力消除空壳村，继续推进十万元村、百万元村建设。四要加快推进电子商务发展，坚持党政主导与企业主体、线上与线下、上行与下行、平台企业植入与小微电商培育、园区电商聚集与电商城乡延伸成网、能人引进与自主培养相结合的发展思路，加大政策扶持力度，扎实推动在电商主体培育、电商平台建设、“铜货”上行、电商发展基础、电商人才培养、示范创建上实现提升，加快形成“政府推动、示范带动、主体涌动、园区联动”的发展格局，努力把我市打造成国家级电子商务示范市，推动电子商务成为加速发展新引擎。

（四）坚持把旅游产业化作为跨越发展的最大潜力。旅游业是一个关联性强、辐射力度大的新兴服务业。要充分利用我市旅游业快速发展的良好态势，围绕山地特色旅游发展战略，紧扣旅游产业转型升级这条主线，全力打造顺应高铁经济时代趋势的旅游新业态，大力发展全域旅游，开启铜仁“旅游+融合”发展新征程。一要大力推进农旅深度融合，依托34个省级现代农业示范园区和中药材、特色食品等农业资源优势，打造一批融培育、栽种、旅游餐饮、休闲度假、交易为一体的特色观光农业基地和休闲农业、创业农业基地，培育一批休闲牧场、休闲渔业基地。二要大力推进文旅深度融合，深度挖掘“一山两江四文化”内涵，加快佛教文化园、四大天王寨、十八罗汉村建设。坚持以开展民族文化旅游年为契机，大力推进特色鲜明、具有自主知识产权的民族民间传统手工艺品、特色食品、白酒等旅游商品开发，打造具有铜仁特色的旅游商品品牌。支持具备资源优势、市场条件好的区县创建旅游产业园区，加快培育以休闲度假、户外运动、宾馆饭店等专用品加工生产为重点的制造业。三要大力推进旅游与体育产业深度融合，发挥铜仁环境优美、气候宜人等优势，大力发展山地户外运动等康体运动旅游产业。四要全力推进旅游与养生养老等大健康服务业深度融合，加快发展避暑休闲、温泉度假、健康养生、旅游养老等新业态，推进医药产业开发，打造健康养生服务体系，建设世界知名休闲养生目的地。五要举办好市第五届旅游产业发展大会，充分利用高速、高铁、航空带来的旅游发展机遇，进一步巩固珠三角、湘渝川等传统客源市场，重点开拓长三角客源市场，积极拓展韩国、东南亚等国际客源市场，全力推进旅游产业跨越发展。

（五）坚持把打赢脱贫攻坚战作为改善民生的最大承诺。脱贫攻坚、同步全面建成小康是我们对全市人民的庄严承诺。要坚持把脱贫攻坚作为头等大事和第一民生工程，深入实施大扶贫战略行动，紧扣“扶持谁”“谁来扶”“怎么扶”“如何退”四个问题，按照“五个一批”和省委“33668”行动计划要求，细化目标任务和工作举措，切实做到扶贫对象精准、措施精准，脱贫精准、出列精准。要打好“两个基础”。一是着力打好精准识别这个最根本的基础，高标准、高质量做好建档立卡“回头看”工作，进一步摸清弄准底数，做到贫困群众信息精准，贫困户低保户数字精准，“五个一批”脱贫措施精准，督促考核评价精准。二是打牢作风这个关键基础，坚持把脱贫攻坚作为贯彻落实“三严三实”的实际行动。各级各部门党政“一把手”要带头研究政策、带头理清思路、带头制定措施、带头抓好落实。要做到“三个强化”。一是强化交通基础设施建设，坚持把交通作为改变铜仁发展区位、赢得发展机遇的关键工程，一刻也不松懈地抓好交通基础设施建设。二是强化产业发展，围绕国家和省产业政策导向，立足铜仁实际，编制生成产业项目，最大限度争取国家和省里政策支持。三是强化公共服务供给，扎实抓好公共服务均等化建设。要实现“三个突破”。一是统筹实施好易地搬迁脱贫，在尊重群众意愿的基础上科学选择搬迁点，通过采取集中安置和货币安置等方式，抓好移民就业创业和社会保障，确保搬得出、稳得住、能致富，在易地搬迁脱贫上取得突破。二是扎实推进生态补偿脱贫，引导群众参与退耕还林、耕地轮作休耕等，在生态补偿脱贫上取得突破。三是统筹使用好民政、卫计和新农合等方面资金，逐步扩大补偿范围、提高补偿标准，让群众“少花钱、看好病”，切实防止因病致贫、因病返贫现象发生，在解决“因病致贫、因病返贫”大额医疗费用救助上取得突破。要做到“两个兜底”。一是对无劳动能力的低保户，以及大病、严重长期慢性病患者，残障智障家庭进行全面兜底。二是对因学致贫建档立卡户，以及因学返贫户融资扶贫资金担保和贴息进行兜底保障。要建立“如何退”的机制。研究制定“如何退”的方案，建立退出过渡和监测机制，完善后续保障措施，确保退得出、退得好、不返贫。要坚持人人参与、人人尽力、人人享有，扎实守好民生底线，统筹抓好教育、医疗、公共文化服务、保障性住房、社会保障、社会救助、食品药品安全和安全生产等重点工作，坚决落实好各类民生政策，下更大力气解决普惠性民生问题，保障群众基本生活和基本公共服务。加快推动铜仁学院向应用型综合大学转变并申创武陵大学，积极支持铜仁职院申办本科职业院校，加快建设贵州健康管理职业技术学院，推进贵州工程职业学院达标建设和规范化运行。要以办好“民生十件实事”为着力点，努力保住基本、兜住底线、注重公平，让全体人民在共享发展中有更多获得感。

（六）坚持把实施大生态跨越工程作为共享发展的最普惠福利。坚持把大生态作为最普惠的福利，全力推动绿色发展、绿色崛起和绿色惠民。一要大力实施生态建设工程。深入实施绿色铜仁三年行动计划和林业产业三年倍增计划，扎实推进城乡绿化、美化、亮化行动和通道绿化工程，加快城市森林公园和湿地公园建设，增加人均公园绿地面积，提高绿化覆盖率。二要切实加强环境治理和保护，深入推进锦江流域污染防治工程，完善生态环境监测信息发布机制，公开环境质量、环境管理等信息，拓宽社会参与生态保护的渠道。健全公众参与第三方监督制度和环境损害赔偿制度，严守生态底线，继续办好“环保十件实事”。要切实加强环保设施建设三年攻坚，尽早解决环保设施总量不足问题。三要大力推进产业生态化、生态产业化。充分利用生态优势，重点发展一批有机生态循环农业产业、生态林业产业、生态旅游产业，打造一批集产业、观光、旅游为一体的生态循环农业示范区，深度开发一批休闲、度假、养生生态旅游产品，形成既有生态效益，又有经济效益的生态产业，实现生态产业化发展。大力发展循环经济，致力于发展科技含量高、经济效益好、资源消耗低、环境污染小的名牌产品、优势企业和支柱产业，形成有利于资源节约和环境保护的产业体系，实现产业生态化发展。

（七）坚持把“抓四资促四业”作为赶超发展的最有力抓手。深入推进“抓四资促四业”，创新招商引资模式，提升服务企业水平，全力推进大众创业、万众创新，切实保障就业，改善民生。一要千方百计扩投资，扎实抓好重点项目储备，全力推进发展“七张网”和民生“三张网”建设，争取更多项目、产业纳入国家和省“十三五”规划。二要千方百计增融资，盯紧抓牢重点领域，创新方法手段，推进政府与社会资本合作，用好股权融资、债券融资，积极发展互联网金融、众筹金融、普惠金融和绿色金融，推动金融业弯道取直、后发赶超。三要千方百计招外资，建立外资参与产业发展机制，完善外资引入政策体系，拓宽外资引入渠道，探索外商投资运行管理体制改革，强化投资环境综合整治，优化外商服务管理。四要千方百计撬民资，强化PPP项目策划包装，引导社会资本参与基础设施、公共服务等领域项目建设，释放民间资本活力。五要持之以恒抓产业，促进新型工业快速增长，大力发展现代山地高效农业产业体系，推动文化旅游业加快发展，大力发展大数据、大健康、大文化等新兴产业。六要持之以恒引企业，建立精准、权威的信息数据平台，创新招商引资模式，用好苏州市和大连民族大学对口帮扶机遇，引进更多企业落地，推动铜仁·苏州工业园加快建设。七要持之以恒扶创业，抢抓国家推动大众创业、万众创新机遇，认真落实扶持政策，扎实推进“三证合一”“先证后照”等改革，营造良好的创业环境。八要持之以恒保就业，探索建立重要产业、重大项目就业岗位对接机制，建立重点企业用工联系制度，稳定就业岗位、提高就业质量。

（八）坚持把加大基础设施建设作为保障发展的最有力支撑。体系完备和功能完善的基础设施是经济快速健康发展的支柱。要抢抓中央和省加强基础设施建设的重大政策机遇，加快基础设施建设。一要着力加大交通基础设施建设，大力推进高速铁路、高速公路、水运、航空、城市道路、轨道交通、通村通乡公路、城市综合管廊“八路”共建战略，重点推动贵阳至襄阳高速铁路，铜玉城际铁路向北经凤凰到张家界、向南延伸至从江接贵广高铁等建设，加大城际轨道交通规划建设力度，为实现县县通高铁或城际铁路打下坚实的基础。二要着力加大水利基础设施建设，把解决工程性缺水放在更加突出的位置，突出抓好大中型水库建设和现代山区水利改革，加快构建以乌江、锦江、舞阳河三大水系为重点，以河流、水库、山塘为支撑的水资源网。大力实施水利建设“三年行动计划”，力争推动思南花滩子、江口民和等大型水库工程开工建设，加快形成以骨干水源工程、农田水利灌溉工程、城乡防洪工程、城乡居民饮水安全工程等为体系的民生水利保障网。三要着力加大能源基础设施建设，加快构建以风电、生物质能、核电站、页岩气、天然气等为支撑的新能源产业网；加快构建以产业发展、城乡居民用电用气输配管线优化布局为重点的能源保障网，推进西五县500千伏输变电站建设。四要着力加大现代通讯设施建设，加大骨干网络优化、城乡网络全覆盖、农村宽带延伸等重大信息基础设施建设力度，突出武陵山区大数据产业发展中心建设和智慧城市建设，加快构建以三网融合和全域免费WIFI建设为保障，以智慧城市、智慧旅游、智慧政府高效安全运行为目标的“出市宽、市内联、覆盖广、资费低”的现代通讯网。

（九）坚持把结构性改革作为引领发展的最大转型。引领经济发展新常态，必须做好改革这篇大文章。要突出问题导向，坚持用改革的办法提高供给结构适应性和灵活性，解决有效供给不适应市场需求变化的问题，实现资源优化再配置，促进经济发展提质增效。一要深入推进供给侧结构性改革，打出系列组合拳，重点抓好新型城镇化、脱贫攻坚、民生改善、生态产品等供给侧结构性改革，在提质增效、配优资源、激活主体上下功夫，更好适应市场需求变化，优化资源配置，提高全要素生产率，提升产业竞争力和产品市场占有率。二要深入推进行政管理体制改革，继续推动简政放权、放管结合、优化服务，建立健全市场准入负面清单、政府权力清单、责任清单制度，加快政府职能转变和效能提升。三要深化商事制度改革，完善“3个15万元”配套政策和落实机制，推广复制“三权”“三变”“三金”改革经验，培育壮大各类市场主体。四要深化物流业改革，科学编制好全市“十三五”现代物流业发展规划，认真实施“互联网+”高效物流行动计划，不遗余力构建开放通道和物流体系，全力加快铁路、高速公路网、货运航线网络、便捷水运通道为一体的立体开放通道体系建设，大力扶持物流企业和物流园区发展，降低企业物流成本。五要更加注重促进投资贸易便利化，促成铜仁航空口岸落地建设，大力发展跨境电子商务等新型贸易方式，鼓励国内外知名企业到铜仁设立企业总部、地区总部、采购中心、研发中心，引导和支持企业发展成为出口主体，扩大进出口规模，做大开放型经济蛋糕。六要认真落实生态文明体制改革总体方案，探索建立资源有偿使用和生态补偿制度，健全环境治理和生态保护市场体系，积极开展土壤污染重金属治理行动，探索推进耕地轮作休耕试点，完善生态文明绩效评价考核和责任追究制度，推动我市生态文明建设走在全国全省前列。

三、统筹兼顾、顺势而为，妥善处理好经济发展中几个重大关系

要主动适应引领经济发展新常态，善于站在全局和战略的高度想办法、谋对策，用科学的方法论认识、推动经济工作，增强辩证思维，找准主要矛盾和矛盾的主要方面，妥善处理好存在困难和问题，推动经济持续健康发展。这里，我重点强调六个方面需要处理好的关系。

（一）处理好补短板与扬长板的关系。一个地方经济发展，既有优势也有劣势，既有长板也有短板，关键要结合实际，因地制宜、因势利导，善于把长板做长，把短板补齐，提高整体发展水平。但对长板和短板要辩证地看，长板里面有短板、短板里面也有长板，一时的长板随着时间推移可能变为短板，短板补齐了就成了长板。比如大生态是我们的长板，但生态基础薄弱、生态产业链不长等又是短板，如果我们不注意补齐这些短板，长板优势也会丧失。同样，短板中也能做出长板，我们在发展中探索出的山村幼儿园建设、农村集中建房和“民心党建”工程等经验做法，在全国全省都有影响。全市各级各部门都要正确处理好短板与长板的关系，结合本地发展实际，不断解放思想、务实苦干，既注重找差距、补短板，又善于抓亮点、做样板。

（二）处理好发展速度与发展质量的关系。“十二五”时期，我市经济社会发展成效显著，成绩鼓舞人心、催人奋进。明年是“十三五”的开局之年，良好的开端是成功的一半。我们要在继续保持“十二五”发展态势的同时，进一步优化“两区一走廊”经济空间布局、优化经济结构、优化增速排位、优化生态建设、优化民生改善，更加注重处理好发展速度与发展质量和效益的关系，实现又好又快发展，为脱贫攻坚、同步小康赢得主动，拼得先机。要坚持稳中求进工作总基调，既有“稳”的底线，更有“进”的拼劲，既不盲目冲动，也不保守错失发展机遇。在确定经济发展指标时，既要考虑宏观经济发展环境，又要立足自身微观经济发展实际，既要综合考虑“十三五”发展目标的实现，又要量力而行、实事求是，既要实现快增长，更要实现好增长、可持续增长。要始终坚持以提高经济发展质量和效益为中心，着眼于保持中高速增长和迈向中高端水平“双目标”，坚持稳政策稳预期和促改革调结构“双结合”，打造大众创业、万众创新和增加公共产品、公共服务“双引擎”，实现投资有回报、产品有市场、企业有利润、员工有收入、政府有税收、环境有改善。

（三）处理好供给侧与需求侧的关系。从发展形势判断，当前我市最大的实际是经济总量小，脱贫攻坚、实现全面小康的刚性需求很大、有效供给不足，这既有总量的问题，又有结构性的问题。要解决好这个问题，需要把供给侧与需求侧结合起来，在战略上打好持久战，战术上打好歼灭战，在供给和需求两端双管齐下、同步发力、共同作为。从供给侧看，表面上我们是需求不足，实际上是有效供给不足。要通过实施供给侧结构性改革，切实降低落后产能、提高有效供给和全要素生产率，实现由低水平向高水平供需平衡的跃升。要减税降费减轻企业负担，以结构调整促进转型升级，改善和创新产业企业的市场化供给。从需求侧来看，投资仍然是拉动我市经济增长的第一动力，补齐脱贫攻坚、民生发展短板等方面扩大消费的潜力巨大。要继续发挥投资的关键作用，以政府投资撬动民间投资，推动基础设施、产业、生态、民生等项目投资，保持投资较快增长。要顺应消费结构加快升级的趋势，积极发展新的消费模式，着力做好消费拉动经济增长这篇大文章。

（四）处理好城市与农村的关系。铜仁要美，农村和城市必须各美其美、美美与共。中央城市工作会议把城市工作放在更加突出的战略位置来对待，是在继续巩固“三农”重中之重位置的基础上，通过加强对城市工作领导，提高户籍城镇化率、提升城市宜居水平，实现以城带乡、城乡互动，最终实现城乡一体化发展。我市城乡一体化发展水平低，与发达地区相比，还有很大差距。要围绕统筹城乡一体化发展目标，健全城乡一体化机制，推动城乡要素流通自由化、公共服务均等化。要统筹城乡规划建设，按照“多规合一”的要求，形成覆盖城乡、完善配套的规划体系，优化城乡居住环境、生态空间和产业布局。要坚持市场导向和问题导向，加大改革力度，推进城乡要素平等交换和公共资源均衡配置，实现富民强村。需要强调的是，推进城乡“一体化”，不是要城乡“一样化”，农村不能复制城市，城市也取代不了农村。城乡之间，在社会形态上理应一个样，从经济收入到社会保障、公共服务和生活质量，要力求做到均衡均等；但城乡要各有特色，城就是城，乡就是乡，要注重互补协调，实现城市让生活更美好，乡村让城市更向往。

（五）处理好脱贫攻坚与经济发展的关系。贫困的根源是不发展或慢发展，扶贫的目的就是促进发展。发展是全体人民的发展，扶贫就是要解决困难群体的发展问题。贫困是我市最大的短板，如果基础不扎实、脱贫不彻底、脱贫又返贫，全面建成小康社会就不能真正实现。发展是扶贫的基础，无论是发展生产脱贫一批、发展教育脱贫一批、生态补偿脱贫一批，还是易地搬迁脱贫一批、社会保障兜底脱贫一批，说到底都要靠发展作保障。补齐短板是挖掘经济发展空间的过程，是破解经济发展中的深层次矛盾和问题的过程。要把脱贫攻坚工作放在经济社会发展的大局中去思考，注重布局贫困地区的产业发展，把脱贫攻坚作为新的经济增长点，以脱贫攻坚工作促进经济发展，促进脱贫攻坚与经济发展相辅相成、相得益彰。

（六）处理好优化经济空间布局与协调发展的关系。布局是战略，抓好了布局就抓好了战略。我市“两区一走廊”经济空间布局是H型结构，顺应我市经济发展阶段性形势。但长远看，这种空间布局不是经济学上最优、最有效率的结构，经济学上最优的结构应该是“米”字型结构。所以，我们经济空间布局优化的目标就是要实现从H型到“日”字型再到“田”字型，最后形成“米”字型的经济空间布局。各区县都要立足全市经济空间布局，主动理清发展思路，找准产业定位，坚持产业发展与区域经济社会发展相融合、与城市规划相融合、与交通发展相融合、与资源配置相融合，优化本区域内的产业布局，引导产业从分散向规模和集约化集中，形成各具特色、富有活力的区域产业布局。

四、加强领导、强化措施，扎实开展工作精品年重大活动

要扎实开展工作精品年活动，不断提高工作的精细化、精准化和精品化水平，确保创造的所有实绩可共享、能传承、经得起实践、人民和历史的检验。全市各级各部门要坚持以开展工作精品年活动为契机，大力发扬“八争”精神，全力争政策、争项目、争资金、争树典型经验、争人才、争召开现场会及经验交流会、争融资规模、争改革试点，扎实抓好政策研究、科学谋划工作思路和举措、认真抓好贯彻落实，推动工作出精品、出成效。

（一）研究政策要精细。干部队伍的能力素质，决定一个地区的发展成效。近年来，国家对西部、对贵州、对武陵山区发展非常关怀，密集出台了系列含金量很高的扶持政策和举措，为我们加快发展提供了强大政策支撑。但我们有的干部学习文件走马观花，没有真正吃透文件精神，没有把政策的含金量转化为发展的真金白银，没有把政策隐含的空间最大限度地挖掘出来。前不久，我到一个县去调研，在问到易地扶贫搬迁政策时，县、乡、村三级干部都不知道。这充分暴露了我们一些干部学习文件不深、政策研究不透、政策利好不争、政策使用不好的问题。对此，大家务必要高度重视，坚持把学习研究政策作为一种政治要求，作为提升推动经济发展能力的抓手，全面提升把方向、出主意，谋发展、抓落实的能力，推动工作出精品。

（二）决策部署要精确。作决策是党加强对经济工作领导的基本方式。精确决策凝聚人心，科学部署推动发展。我们要把决策部署精确作为出精品、促发展的关键。要加强党委领导经济社会发展的制度建设，完善党委研究发展战略、定期分析经济形势、重大政策等工作机制，提高谋全局、抓大事的科学决策水平。要加快完善决策机制，更加注重对经济形势的分析和研判，注重发挥专业研究机构作用，提高科学决策能力。各级领导干部要带头尊法、学法、守法、用法，自觉依法行政，做到依法决策。要完善重大决策事项协调机制，充分调动人大代表、政协委员、民主党派、工商联、无党派人士和群团组织推动经济社会发展的积极性、主动性、创造性，广泛汇聚社会各界力量推动发展，形成全市一盘棋、上下一条心、拧成一股绳的强大合力。

（三）贯彻执行要精准。从实践看，很多时候我们工作干不好，并不是缺战略、缺思路、缺资源，而是缺执行力。要建立和健全抓经济工作“一把手”负责制，着力形成主要领导亲自抓、分管领导具体抓、班子成员协同抓经济工作的良好格局。要建立经济运行过程管理机制，制定和健全管理台账，详细记载目标责任人、完成时限、完成进度、存在问题等，真正做到落实细化、有的放矢。要建立工作倒逼机制，根据目标任务倒逼相关单位和部门、具体责任人积极履职、认真履职，做到一级抓一级，层层抓落实。要加快建立大督查工作机制，注重定点督查与不定点督查、明查与暗访、面上督查与深入督查、专职督查与专业督查、督查与巡视相结合，既督查工作推动落实，又督查干部转变作风，以良好作风保障工作高效落实。要强化督查成果运用，做好督查归类、分清层次，明确责任、推动整改。对督查中发现的一般性问题要及时报告、限期整改；对需要市级层面统筹解决的问题，相关领导要负起责任；对一些深层次、政策性、体制机制性问题，市委常委会要专题研究，出台和完善相关意见办法，确保贯彻执行的精准性，为工作出精品提供保障。今后，凡是民生任务艰巨、维稳任务繁重、矛盾交织凸显的地方，党政主要领导必须既挂帅又出征，既当指战员又做突击兵，亲自带头冲锋陷阵、解决存在的困难和问题。对那些遇到困难打退堂鼓，看到风险挂免战牌的庸官、懒官，要坚决予以调整和处理。

（四）工作成效出精品。建立科学管用的工作标准化体系是推进工作精品化的有力抓手和重要保证。各级各部门要立足部门行业实际，突出地方特色，抓紧按照“优于同级、引领下级”的要求，建立完善各项工作标准化体系，不断提高工作的精细化、精准化水平，确保各项工作提质量、降成本、增效益，力争在经济发展、社会治理、文化建设、生态文明、民生事业等方面出精品、树典型、争一流。要通过开展精品年活动来检验各级干部，从中选拔一批政治上靠得住、工作上有能力、作风上过得硬、群众信得过的干部；淘汰一批作风漂浮、责任心不强、对群众不负责任的干部，真正打造一支能吃苦、善改革、真干事、出实绩的干部队伍。对领导干部来说，既要干事出精品，又要干净守法纪。要严守党的政治纪律和政治规矩和清正廉明、廉洁自律两条“红线”，坚决做到在执行上级决策部署上不打折扣、不做选择、不搞变通，始终做政治上的明白人。

同志们，做好明年经济工作责任重大，使命光荣。我们要紧密团结在以习近平同志为总书记的党中央周围，坚持以五大发展理念为统领，全面贯彻落实党的十八大、十八届五中全会和省委十一届六次全会精神，坚定信心、锐意进取，脚踏实地、奋发有为，奋力实现“十三五”良好开局，奋力谱写脱贫攻坚、同步小康的崭新篇章！

铜仁市市长陈晏在全市经济工作会议上的讲话

（2015年12月30日）

刚才，庆丰书记作了重要讲话，深刻分析了当前经济形势，对明年经济工作作了全面部署。讲话充分体现了中央和全省经济工作会议精神，完全符合铜仁实际，具有很强的思想性、指导性、针对性和可操作性，大家要深刻领会，认真抓好落实。下面，我讲四点意见。

一、今年经济工作的总体情况

今年以来，面对错综复杂的国内外经济形势，在省委、省政府和市委的坚强领导下，我们按照“守底线、走新路、奔小康”的总要求，紧扣主基调主战略，大力实施“四化同步”发展战略，大力推进“两区一走廊”经济空间布局，坚持用综合生态观引领经济社会发展，坚持改革开放创新，积极主动适应新常态，统筹稳增长、调结构、惠民生、防风险，全市经济社会发展呈现出经济实力增强、发展质量提升、民生持续改善、社会和谐稳定的良好态势。

（一）经济发展提质增效，综合实力跃上新台阶。地区生产总值突破700亿元，预计达到760.73亿元，增长12.7%；人均GDP达到24459元。完成固定资产投资1090.72亿元，增长20.4%，其中产业投资占比达到36.5%、排名全省第5。公共财政预算收入和支出分别完成56亿元、299亿元，增长11.7%、15%，其中地方税收占比达到80.3%、排名全省第3。城镇、农村居民人均可支配收入分别达到22491元、6962元，增长11.2%、11.7%，增速全省第1、第4。社会消费品零售总额完成165.71亿元，增长11.9%，增速全省第4。存贷款余额分别达到938.13亿元、718.85亿元，增长31%、19.1%。全市全面小康实现程度达到89.3%，碧江、玉屏率先通过同步小康达标验收，其余8个区县实现程度均在80%以上。

（二）经济结构不断优化，转型升级迈出新步伐。三次产业结构由上年的23.1∶29.9∶47调整为22.6∶29.1∶48.3，二、三产业比重达到77.4%，比上年提高0.5个百分点。工业经济取得突破。大力实施工业三年大攻坚，着力扩总量、调结构、强园区、优服务、增效益，传统产业转型、新兴产业壮大同步推进，存量、增量同步提升。规模以上工业企业新增70户，总数达到525户、居全省第3。实现工业增加值160.55亿元，增长12.2%，增速全省第2。战略性新兴产业增加值占生产总值的比重达到1.6%，其中大数据信息产业增长49.23%、大健康医药产业增长26.78%、规上农产品加工业增长15%、新型建筑建材业增长15.38%、旅游总收入增长23.5%、文化产业增长20%。12个产业园区完成规模工业总产值555亿元，占比从80.6%提高到92%，聚集效应显著提升。现代山地特色高效农业加快发展。新增9个省级农业园区、总数达到34个，市级农业园区达到50个，园区总产值达到162亿元。创建万元山、万元田各42万亩，茶叶、蔬果、食用菌、中药材、油茶等特色产业不断发展壮大，梵净山茶成功申报为中国驰名商标。农业产业化经营组织新增342个，总数达到2500个，实现总产值118亿元，占农林牧渔业总产值的42.7%；新增市级以上龙头企业101家，农产品加工转化率达到46%。生态畜牧业产值比重达到38%。预计实现农林牧渔业增加值172亿元，增长6.4%，增速全省第4。以旅游为重点的第三产业快速发展。扎实推进四大天王寨、十八罗汉村建设，新增4A级景区3个，A级景区达到18个，梵净山景区获国家生态旅游示范区称号。成功举办第三届中国梵净山生态文明与佛教文化论坛、全市第四届旅发大会等活动，接待游客突破3000万人次，旅游收入达到240亿元、增速全省第3。电子商务快速发展，建成600个农村电商综合服务站，全市从事电商企业达700余家、网店1300余家，网络零售额达到5.4亿元。我市成为阿里巴巴全国首个农村淘宝市级试点市，铜仁高新区获批国家级电子商务示范基地，石阡、印江、德江获批全国电子商务进农村综合示范县。一批大型物流中心陆续建成，金融保险等服务业加快发展，商贸服务体系逐步完善。预计实现第三产业增加值367.58亿元，增长15.2%，增速全省第5。

（三）城镇建设快速推进，城乡面貌发生新变化。完成城市基础设施建设投资130亿元以上，城镇化率达到44%。中心城区建设提速。桃园大道、五福大道、环东大道、睿力大道铁路桥等城市路网工程建设加快，清水大桥、环东路、梵净山大道等城市改造工程进展顺利，建成武陵大道铁路桥，完成百花路改造，碧江、万山两区行政中心顺利搬迁，中心城区面积达到45平方公里，人口达到40万。县城品质明显提升。建成一批山体公园、城市农业公园、市民广场，城市品位不断提升，县城生产、生活、生态环境质量日益改善。玉屏成功申报为全国第二批新型城镇化综合改革试点县。示范小城镇和美丽乡村建设加快。实施“8+X”项目262个，完成投资40.9亿元，“六项行动计划”完成投资48.34亿元，实施集中建房10000户。城镇管理力度加大。深入推进“整脏治乱”攻坚年专项行动，着力解决“五脏五乱、五差五臭”突出问题，城市形象不断提升。

（四）基础设施显著改善，发展条件得到新提升。交通瓶颈加快突破。完成交通固定资产投资176亿元。沪昆客专铜仁段建成通车，铜仁南站投入使用；铜玉铁路加快建设，铜仁至吉首铁路前期工作启动。沿德、安江高速公路即将通车，德江至务川高速公路加快推进，通车里程新增186公里、达到596公里，实现县县通高速。实施国省干线提级改造398.6公里、县乡公路提级改造49.4公里，建成通村水泥路3083公里。铜仁凤凰机场新航站楼开工建设。思林、沙坨水电站通航设施基本建成。水利建设工程加快推进。完成水利投资16.5亿元，新开工骨干水源工程5个，实施水利项目799个，新增蓄水容积2580万立方米，水利供水能力达到10.9亿立方米，新增有效灌溉面积2.41万亩。新增排水渠和雨水管79.34公里，新增污水处理能力4万吨/日，生活污水日处理能力20.1万吨，城镇污水处理率86.8%。实施农村饮水安全工程项目622个，解决36.56万农村居民和7万农村学校师生饮水安全问题，工程性缺水问题得到基本解决。电力信息基础设施加快完善。完成电网投资5.75亿元，新增线路53公里。完成信息基础设施投资6.8亿元，实施信息基础设施项目96个，新增175个行政村通宽带、151个自然村通电话，4G信号实现乡镇全覆盖。

（五）生态建设持续加强，绿色发展展现新优势。生态建设力度加大。编制完成《铜仁市生态文明建设规划》，完成植树造林3.77万公顷、水土流失治理4919公顷、石漠化综合治理14435公顷，森林覆盖率提高到57%。环境整治工作加强。以环保“十件实事”、锦江流域治理等重点项目为抓手，全面创建国家环境模范城市。建成13家汽车尾气监测站，淘汰黄标车3900辆。加强城镇集中式饮用水源水质保护，锦江水质常年保持在Ⅱ类标准。城市（县城）环境空气质量达标率99.9%。绿色产业发展加快。完成循环经济产业示范园区建设规划，成功创建全国循环经济试点城市。新医药大健康等生态产业加快发展，农夫山泉、汉方集团、信邦药业等落户铜仁。

（六）改革创新深入推进，对外开放催生新动力。深化改革成效显著。推进行政管理体制改革，深化以乡镇规划管理委员会实体化运行、乡镇综合执法等为重点的乡镇综合改革，乡镇小部制改革荣获全国改革创新一等奖。大力推进农村“三权”改革，“三权”融资4亿元。推进投融资体制改革，大力推广PPP模式，11个项目列入国家发改委推介目录。商事制度改革深入推进，完成机关公务用车制度改革。科技创新力度加大。建立多领域的科技创新平台。3家企业成功获批为省级创新型企业，4家企业成功获批为省级高新技术企业，5家企业得到省级科技创新专项资金支持。对外开放成效明显。深化苏州对口合作，铜仁·苏州工业园建设快速推进。启动铜仁凤凰机场航空口岸申建工作，大龙开发区保税仓及大龙综合型外贸转型示范基地获批建设。开通国内直达航线10条，旅客年吞吐量突破34万人次。强化招商引资工作，全年签约项目728个，签约资金1168亿元。“八争”工作取得实效。以“八争”为抓手，大力实施“抓四资促四业”三年行动计划，一大批打基础、管长远的项目落地建设，更多“铜仁好经验、铜仁好声音”在全国全省推广传播。

（七）社会事业加快发展，民生保障取得新成效。扶贫攻坚成效显著。深入实施“33668”扶贫攻坚行动计划，扎实推进科学治贫、精准扶贫、有效脱贫，完成扶贫生态移民8818户38191人，减少贫困人口19.46万人，贫困发生率下降到18.5%。就业创业工作稳步推进。突出抓好高校毕业生、城镇困难家庭和返乡农民工等重点人群就业，城镇新增就业人数4.72万人。深入实施“雁归工程”，在外人员回铜创业就业7.06万人，新增企业、个体工商户1.02万户，带动就业3.7万人。社会保障体系日趋完善。全市各项社会保险参保274.3万人次，基金征缴达到14.47亿元。城乡居民养老保险制度、城乡居民医疗保障制度实现全覆盖，城乡低保工作得到加强，城乡社会救助体系基本建立。开通疾病应急救治绿色通道，对重特大疾病患者进行兜底保障。教育事业发展全面提升。深入实施教育“9+3”计划和“4+2”突破工程，深入推进基本普及十五年教育和义务教育基本均衡发展。全面完成山村幼儿园建设两年行动计划，建成山村幼儿园2005所，提前两年实现基本普及学前教育目标。铜仁学院成功申报院士工作站，铜仁职院实现国家民委与省政府“省部共建”，贵州健康管理职业技术学院获省政府批准筹建。医疗卫生事业加快发展。实施医疗卫生服务能力提升三年行动计划，市人民医院实现搬迁。全面推进县级公立医院综合改革、乡镇卫生院标准化建设，城乡医疗卫生服务体系进一步完善，每千人拥有床位4.42张，每千人拥有执业医师1.59人，每千人拥有注册护士1.89人，每万人拥有全科医师1.03人。保障性安居工程全力推进。实施保障房进园区、进乡镇、进学校工程，开工建设保障性安居工程77605套，完成农村危房改造52916户。文化产业稳步发展。积极推进市文化产业集团组建工作，推进县域文化产业发展“三个一工程”，加快全国民族团结进步示范市创建工作，农村文化“种子工程”成功列入第三批国家公共文化服务体系示范项目，松桃苗绣基地获省级文化产业示范基地称号。社会治理持续加强。社区网格化管理顺利推进，社会治安综合治理得到加强，信访维稳形势平稳向好，群众安全感持续上升，经省测评为97.26%，列全省第4位，比2014年上升1.38个百分点，上升3位。安全生产控制考核指标下降。

在经济下行压力持续加大的情况下，这些成绩的取得来之不易，弥足珍贵。实践证明，只要我们认真贯彻省委、省政府和市委各项决策部署，保持战略定力，战术执行得力，勇于攻坚克难，就一定能够实现与全国全省同步建成全面小康社会的宏伟目标。

在充分肯定成绩的同时，我们要清醒看到存在的困难和问题，主要有：一是经济总量小的短板亟待补齐。当前，我市投资增速放缓，项目推进减慢，资金保障力度不够，经济总量小、人均水平低仍然是我们发展中面临的最大问题。二是产业发展滞后的短板亟待补齐。资源开发利用水平低、产业科技含量不高等问题依然突出，主导产业规模小、聚集度不高、支柱型引领型企业缺乏。三是贫穷落后的短板亟待补齐。全市仍然有70万人口没有脱贫，贫困人口多、脱贫任务重，贫困仍然是我们的主要矛盾。四是社会事业发展滞后的短板亟待补齐。公共医疗卫生、公共文化设施和优质教育资源等历史欠账较大。五是政府职能转变不到位的短板亟待补齐。权力部门化、部门利益化现象不同程度存在，少数干部不作为、慢作为、乱作为，一些政策措施不落实，执行力不高。对这些问题，要坚持用发展的办法、改革的举措和扎实的作风努力加以解决。

做好明年经济工作面临的机遇和具备的有利条件：一是加快发展、推动跨越面临重大机遇。中央对明年经济工作提出宏观政策要稳、产业政策要准、微观政策要活、改革政策要实、社会政策要托底的五大政策支柱和去产能、去库存、去杠杆、降成本、补短板的五大战略任务。省委、省政府提出推动五个新跨越，在主战略基础上突出抓好大扶贫、大数据两大战略行动。为我市加快经济发展、加快产业培育和企业壮大带来良好机遇。二是后发赶超、强势崛起具备坚实发展基础。经过多年的努力，特别是近几年来的艰苦奋斗，今天的铜仁比以往任何时候的发展基础都更加坚实、产业结构都更加合理、内生动力都更加强劲、产业发展都更加稳健。高速公路、高速铁路、民用航空、水上运输四位一体的综合交通体系基本成型，铜仁的发展站在了一个新的更高的起点上。三是大生态、大旅游、大健康已经成为经济社会发展的长板。生态优势是自然赋予我们的宝贵财富，是铜仁最大的比较优势。随着交通环境改善，铜仁区位优势凸显，经过多年的培育和发展，旅游业已成为推动我市经济社会发展的优势产业。大健康产业作为战略性新兴产业，是贯彻落实省委、省政府决策部署的需要，也是转化我市生态优势、壮大特色产业基础的自觉选择。四是脱贫攻坚、全面小康凝聚更多发展共识。全国脱贫攻坚，国家补短板、贵州是机遇、铜仁得实惠。我们紧紧围绕全面建成小康社会的宏伟目标，始终坚守发展和生态两条底线，精心织好发展“七张网”和民生“三张网”，积极打造政治生态好、经济生态活、社会生态优、自然生态美的武陵之都，提出了把铜仁建设成为“五区一中心”的战略部署，加快发展、跨越发展正当其时。面对经济发展新常态，我们要用历史、辩证、发展的眼光审视铜仁面临的新形势，深刻认识铜仁发展的新常态、新机遇，推进铜仁加快发展、后发赶超，在守底线、奔小康中走新路、走前列。

二、关于明年经济工作主要预期目标及基本考虑

明年是全面建成小康社会决胜阶段的开局之年，是推进结构性改革攻坚之年，是实施“十三五”规划的第一年，做好明年的经济工作至关重要。我们要认真践行五大发展理念，贯彻五大支柱政策，落实五大战略任务，大力推进供给侧改革，全力转方式、补短板、防风险，以更快的节奏、更实的作风，加快做长大生态、大旅游、大健康三块长板，加快补齐脱贫攻坚、产业发展、基础设施、基本公共服务等短板，加快构建大交通带来大物流、大物流吸引大产业、大产业促进大发展的发展格局，确保“十三五”实现良好开局。

明年经济工作的主要预期目标是：地区生产总值增长预期目标为12.5%以上、工作目标为13.5%，一产增长6%、二产增长14%、三产增长15%以上，规模以上工业增加值增长13.5%。全年减少农村贫困人口20万人以上，7个贫困县、125个贫困乡镇摘帽、450个贫困村出列，贫困发生率下降5.32个百分点以上。固定资产投资增长22%。公共财政预算收入增长13%左右。社会消费品零售总额增长13%以上。金融机构存贷款余额分别达到1050亿元和900亿元。引进省外资金增长15%以上。旅游总收入增长20%以上。城镇、农村居民可支配收入分别增长15%、13.5%以上。城镇登记失业率和物价指数分别控制在4.2%、2.5%以内。城镇化率提高3个百分点，达到47%。节能减排指标控制在省下达计划范围内。

我们将经济增长预期目标定为12.5%以上，工作目标定为13.5%，主要基于以下考虑。一是充分考虑与全面建成小康社会相衔接。明年是“十三五”开局之年，起好步至关重要。在经济新常态下，如果明年增速低于12.5%，后几年发展压力将会逐年加大，经济发展余地将会不断缩小。将经济增长预期目标定为12.5%以上，工作目标定为13.5%，既是确保完成“十三五”时期各项目标的需要，更是实现“十三五”开门红的需要。二是充分考虑经济增长的支撑因素。从产业支撑看，一、二、三产业需分别增长6%、14%、15%。多年来，我市一产增加值一直保持6%以上，规模以上工业增加值年均增长14%，二产比重达29.1%，三产中运输仓储和邮政业、批发零售业、住宿餐饮业、金融业、房地产业、营利性服务业、非营利性服务业年均增长分别为15%、13%、7.5%、19%、11%、14%、15%。据分析测算，三次产业实现上述目标是有条件的。从需求支撑看，要实现预期目标12.5%以上、工作目标13.5%，固定资产投资需增长22%。综合分析项目建设情况，明年固定资产投资保持在22%增长是有可能的。从消费支撑看，明年社会消费品零售总额增长13%以上完全可以实现，消费拉动经济增长7个百分点左右能够实现。三是充分考虑后发赶超的压力动力。从2016年全省各市州初步安排的经济增长预期目标来看，贵阳市为11%以上，遵义市、六盘水市、毕节市、黔东南州为12%以上，安顺市、黔南州为13.5%以上，黔西南州为14%以上。我市这个增速，既是保持发展势头不掉队的现实需要，也是力争进入全省第二梯队、走出一条赶超型、调整型、跨越式、可持续发展之路的客观要求。四是充分考虑在武陵山区继续保持良好发展态势的需要。“十二五”时期，我市各项主要指标增速在武陵山片区均居于前列，但经济总量排在第2位，与怀化市还有较大差距。2016年怀化市的经济增速定为9.5%，我市安排这个增速，将加快缩小与怀化市的差距，进一步拉大与武陵山区其他市州的差距，为建成“武陵之都”打下坚实基础。在守底线、走新路、奔小康进程中，我们需要这样的发展速度，我们也有自信和能力实现这样的发展速度。

做好明年的经济工作，要更加注重四个方面：

第一，必须在保持经济较快增长、尽快做大总量的同时，更加注重质量和效益，更加注重长期可持续。目前，我市人均GDP仅为全省平均水平的78.9%，城镇居民可支配收入仅为全省平均水平的89.7%，差距显而易见，不容丝毫懈怠。要进入全省第二梯队，继续领跑武陵山区，我们在保持较快经济增长的同时，要更新发展理念，更加注重投资的质量和效益，提高全要素生产率，走低碳绿色发展之路，走出一条以充分就业，劳动生产率、投资回报率、资源配置效率提高为显著特征的发展新路。

第二，必须在转变发展方式、优化产业结构的同时，更加注重转型发展，更加注重结构调整。经济新常态下，培育战略性新兴产业、壮大支柱产业、改造提升传统产业的机遇不容错过，铜仁转变发展方式、优化提升产业结构正当其时。要更加注重产业结构调整加减乘除法并举，着力加强供给侧结构性改革，提高供给体系质量和效率。要大力增加创新资源供给，发挥大数据、“互联网+”的乘数效应，打造众创、众包、众扶、众筹等支撑平台，形成线上与线下协同创业的创新格局。

第三，必须在加快动力转换、促进创新驱动的同时，更加注重挖掘新增长点，更加注重培育新增长点。铜仁基础设施滞后，工业化、城镇化质量和水平不高，投资需求空间大。要发挥投资的关键作用，实施一批带动性强的重大项目，挖掘投资新增长点。充分发挥消费的基础性作用，发现和培育消费新增长点。经济新常态下实现动力转换，正是铜仁挖掘和培育新增长点的好时机。在培育新增长点上，我市有大生态、大健康、大文化方面的比较优势。我们要把眼光放宽一些、放远一些，积极培育大生态、大健康、大文化等消费热点，加强创新创造，提供个性化消费产品。

第四，必须在尊重经济规律、适应市场需求的同时，更加注重市场决定性作用，更加注重市场主体地位。当前，铜仁处在大发展时期，经济社会发展时间紧、任务重、资金需求大。新常态下发挥市场配置资源的决定性作用正是铜仁转变政府职能的好机遇，有利于增强经济发展内生动力。发挥市场在资源配置中的决定性作用，吸引社会资本进入基础设施、市政公共服务等领域，既有利于减少政府债务，缓解筹资压力，又有利于激发市场活力，促进社会资本充分涌流，让政府性资金更多投放到民生改善和社会保障领域。要适应生产小型化、智能化、专业化的新特征，掀起大众创业、万众创新浪潮，让民营经济、新兴产业和小微企业活力涌动。

三、关于明年经济工作的重点任务

根据市委研究的意见，明年要重点抓好以下工作：

（一）围绕大扶贫战略行动打好攻坚战。脱贫攻坚是“十三五”时期铜仁经济社会发展的首要任务、头等大事和第一民生工程。要用脱贫攻坚统揽经济社会发展全局，深入实施“33668”扶贫攻坚行动计划，全面落实“1+14”配套政策，打好脱贫攻坚组合拳。强化责任落实。建立“政府主抓、干部主帮、基层主推、社会主扶、群众主体”的大扶贫工作体制机制，落实“市领导包乡、县领导包村、乡领导包户、党员干部包人”的扶贫开发四包责任制，层层签订军令状，层层压实责任，层层传导压力。强化产业扶贫。围绕资源优势、产业基础，实施扶贫产业“双十”工程，建设基地规模化、生产标准化的集中连片产业带10个、扶贫产业园区10个，积极培育具有山地特色的草地生态畜牧业、生态茶、果蔬、中药材、核桃、油茶、食用菌等支柱产业。强化政策资源整合。贯彻好、落实好、运用好脱贫攻坚各项政策，推进脱贫政策与农村低保、新农合、医疗救助、危房改造、教育资助等政策无缝对接，把脱贫政策项目化、货币化、时间化、进度化、任务化，发挥政策最大效益。整合扶贫、农委、教育等部门培训资源，对2.5万名贫困地区农村青壮年劳动力进行规范化技能培训；整合政府和社会资源，积极开展民营企业千企帮千村精准扶贫行动，鼓励和支持各类企业参与实施贫困自然村寨整体搬迁。强化精准脱贫。探索“互联网+”脱贫管理新模式，建立“扶贫云”。深入实施“五个一批”攻坚工程，通过发展生产脱贫9.2万人、易地扶贫搬迁脱贫4.8万人、生态补偿脱贫1.8万人、发展教育脱贫1.9万人、社会保障兜底脱贫2.1万人。

（二）围绕大数据战略行动打好攻坚战。积极推进大数据基础设施建设。大力实施光网工程和宽带乡村工程，建设3G、4G基站15730个，完成信息基础设施建设投资13.58亿元。积极发展大数据产业。以铜仁高新区云计算数据中心、大数据呼叫中心和大数据信息产业示范基地建设为引领，加快“智慧铜仁”建设，打造“云上铜仁”系统平台。大力培养和引进大数据人才，从业人员达到5000人以上。积极培育智能终端零配件与产品制造，加快推动新型电子元件、电脑配件、可穿戴设备等高端产品的规模化生产，力争大数据产业产值实现20亿元以上。积极推进电商创新发展。开展全国农村电子商务示范市创建活动，深入实施阿里巴巴集团“千县万村”计划，积极推进农村淘宝村级服务站、邮乐购服务站、母亲电商服务站、供销e家服务站建设，确保1000个农村电子商务服务站投入使用。完善电商物流体系，建立区域内物流补贴机制，打造农产品进城、工业品下乡的双向流通体系，确保电子商务交易额增长30%以上。积极运用大数据发展成果。实施“互联网+”行动计划，大力推进大数据与其他产业融合发展，着力在城市管理、交通运输、全域旅游、医疗卫生、健康养生和园区发展等应用上率先突破。启动实施“数据铁笼”工程，推进电子政务云的应用拓展和推广覆盖。建成智慧生态云，建立中国梵净山养生指数发布机制。

（三）围绕“四化同步”打好攻坚战。

在新型工业化发展上取得新突破。深入落实“百企引进”“千企改造”工程和“双培育”“双退出”行动计划，加快推进新型工业化步伐，确保完成规模工业总产值770亿元、规模工业增加值185亿元以上。推进园区升级发展，着力完善基础设施。启动铜仁高新区、大龙开发区、碧江经开区、万山经开区智慧园区建设。加快铜仁东站货运场改扩建、大兴水利枢纽工程、大龙五号主干道、松桃九龙湖水库、万山老山口220kV输变电工程等重点基础设施建设，建成万山、玉屏双桥、思南关中坝二期、江口凯德4个园区污水处理厂。强化园区分类指导考核，创新园区投融资体制，改革园区投融资平台，增强园区自我发展能力。着力提高园区产业集聚水平，力争园区规模以上工业总产值占比82%以上，黔东工业集聚区规模以上工业总产值占比67.5%以上。实施三大工程，着力构建产业体系。实施特色产业壮大工程，加快铜仁卷烟厂、复烤厂易地技改扩能，推进石阡武陵石材、碧江好彩头食品等重点项目全面建成投产，推动江口农夫山泉开工建设，扶持江口苗药、信邦制药中药饮片等项目发展壮大。实施新兴产业培育工程，推进大龙锂电产业园、新华高端机械装备制造、高新区汽摩产业园等重点项目建成投产。实施传统产业振兴工程，加快大龙煤电锰一体化项目建设，确保石阡佛顶山水泥厂建成，推动武陵锰业全面建成。力争全年新开工产业项目120个以上，竣工投产80个，新增入规企业70户以上，新增产值50亿元以上。提升服务水平，着力降低企业成本。深入开展工业"百千万"工程和民营企业服务年活动，在降低企业成本上出实招。围绕企业准入难、政策落地难、项目审批难，加快推进公共服务平台建设，创新公共服务模式，着力降低企业交易成本。围绕解决企业融资难、融资贵问题，落实好"贵园信贷通"政策，搭建企业融资担保平台，降低企业财务成本。落实国家电力优惠政策，争取更多大户用电企业进入省级交易平台，开展电力直接交易，降低企业用电成本。落实国家结构性减税、出口退税等税费政策，降低企业税费成本。按照以奖代补、滚动扶持的方式，落实物流补贴政策，降低企业物流成本。

在城镇化建设上取得新突破。围绕打造长江上中游重要节点中心城市目标，走山地特色城镇化发展之路。大力推进五规融合，大力实施五园兴城，大力加强五线管控，大力开展五城联创，全力打好城镇化建设和管理攻坚战，确保常住人口城镇化率提高3个百分点、户籍人口城镇化率提高6个百分点。推动中心城区发展实现新突破。坚持"规划引领，拉开路网，提升老城，建设新区，产业支撑，产城一体"的思路，完成环东路、清水大桥改扩建和睿力大道铁路桥、武陵大道延伸线建设，畅通中心城区对外通道。建成新区桃园大道、五福大道、环东大道，开工建设远信大道、凉湾大道，形成城市发展重心北移新格局。加快桃源广场、新城示范区、会展城及安置区建设，建成汽车南站、北站，力争博物馆、文化馆、图书馆、科技馆、奥体馆和妇女儿童活动中心、青少年活动中心等项目全部开工建设，提升城市公共服务能力。坚持"产城互动，景城融合，教城一体"的发展模式，使城市公共基础设施和公共服务设施更好地服务园区，让园区创业就业、创造财富和聚集人口。完善川硐教育园区建设，使教育园区成为人才培育和聚集的龙头。建设砚台山、锦江、木杉河、凉湾水库等一批山体公园和湿地公园，让城区对接景区、景区拉动城区，推进中心城区宜业宜居宜游，提升城市品质。推动县城扩容提质。构建体现地域特点、传统文化、民族风情的城市风貌，实现县城各美其美。力争开工建设大龙至碧江至松桃城市间快速干道、思南至印江城市快速干道，支持玉屏实施国家新型城镇化综合改革试点、碧江国家产业融合示范区和德江省级新型城镇化综合改革试点建设。推动镇村联动发展。加快打造"五型"特色小城镇，推动镇村规划联动、要素流动联通、基础设施联建、产业发展联营、公共服务联享，建设12个市级新农村示范点、100个农村集中建房点，打造60个示范村。推动城镇管理精细化。深入推进"整脏治乱"攻坚年专项行动，重点改造提升一批小巷道路、人行道、排水沟、路灯等市政设施，新建改造一批农贸市场、社区用房、公共停车场、公交站场、公共厕所等服务设施，打造一批精品社区、精品小区。加快智慧城市建设，提高城市管理服务的数字化、精细化、集成化水平，为市民提供便利化、个性化服务。扎实推进国家卫生城市创建工作，力争将中心城区创建为国家卫生城市，将印江、思南、玉屏、德江创建为国家卫生县城。

在现代山地高效农业发展上取得新突破。加快主导产业发展。把生态茶、生态畜牧业、中药材产业、农业与乡村旅游、"两烟"五大产业培育成100亿级产业，把精品水果、无公害蔬菜、经济林3大产业培育成100万亩规模产业，发展壮大一批龙头企业，扶持农产品专业市场建设，大力推动特色产业规模化、标准化、专业化、集约化发展。大力推广温氏"六统一保"肉猪规模养殖模式、努比亚"10+1"肉羊规模养殖模式，新增猪牛羊代养户1000户，生态畜牧业产值比重达到30%。加快铜仁梵净山茶城建设，举办首届梵净山茶文化节。加快果蔬产业发展，实现蔬菜播种面积200万亩，新增水果种植面积8万亩，投产果园达到30万亩，粮食总产量稳定在120万吨左右。加快园区景区化农旅一体化发展。实施园区建设“十个一批”、园区景区化“十个一”工程，提升省级园区装备化、科技化、产业化和景区化水平，形成以省级为骨干、市级为重点、县级为支撑的协同发展格局。创建国家级农业科技示范园区1个，确保省级农业园区达到40个、市级园区达到60个、县级园区达到110个。加快创新农业经营方式。大力推广“三变”改革经验，鼓励农民通过合作与联合的方式发展规模种养业、农产品加工业和农村服务业。以土地经营权入股农民专业合作社、农业产业化龙头企业，培育家庭农场260个，让农民更多分享农业全产业链和价值链增值收益。鼓励龙头企业为农户提供贷款担保服务，发展村企互动的产销对接模式，建设一批产加销基地，推动农业“接二连三”。加快农产品品牌化发展。把梵净山茶等中国驰名商标和德江天麻、梵净蘑菇、思南黄牛等11个地理标志产品作为特色产业发展的公共品牌，提升特色农产品市场竞争力，实现品牌化发展。

在现代服务业发展上取得新突破。加快全域旅游发展。围绕打造山地特色休闲旅游目的地目标，加快建设以梵净山为重点的15个省级重点景区，加快建设四大天王寨、十八罗汉村，规划建设梵净山周边风貌及民居改造、梵净山弥勒文化园和74个国家级乡村旅游扶贫示范村。加快推进梵净山申遗工作，力争将梵净山创建为5A级景区，玉屏茶花泉等景区创建为4A级景区。加快完善旅游交通基础设施，推进旅游景区交通互通互联。围绕快旅慢游服务要素，加快新建一批旅游停车场、旅游公厕，推进旅游集散中心、游客接待中心、旅游服务中心、特色旅游购物街区建设。实现全市3A以上旅游景区、三星以上旅游饭店、城市游客集散场所免费WIFI全覆盖。全年接待游客3600万人次以上，旅游收入达到280亿元以上。加快现代服务业发展。大力实施“十百千”工程，落实和完善支持政策，加快信息平台、结算中心、仓储配送等配套设施建设，大力发展连锁经营等新型业态，促进现代交通体系、物流配送体系、电子商贸体系和现代产业体系配套融合。实施五大物流园聚集区、乌江航道三港口四码头和60个物流重点项目，打造一批大型卖场、城市商业街区和仓储物流基地，引进和培育知名商业品牌，支持本土商贸企业扩大市场覆盖面。推进城乡居民商贸服务体系建设，完成30个农贸市场标准化改造、2个省级示范商贸流通市场建设。

（四）围绕项目建设打好攻坚战。推动铜仁脱贫攻坚、同步小康，重点在项目，铜仁要在武陵山区和贵州东部强势崛起，关键靠项目。提高项目规划和建设水平。全市上下要牢固树立“抓项目就是抓发展，抓大项目就是抓大发展”的理念，把主要精力集中到狠抓重大项目上来，把智慧凝聚到推动重大项目建设上来。要坚定不移围绕项目谋发展，在项目储备、策划、包装上狠下功夫，积极引进大项目、好项目，为铜仁加快发展提供强大支撑；要坚定不移围绕项目强服务，在项目审批、项目管理、项目服务上狠下功夫，想项目单位之所想、急项目单位之所急，为项目实施提供优质服务；要坚定不移围绕项目抓落实，在项目落地、要素保障、协调配合上狠下功夫，明确职责、加大督查、强化考核，重点围绕省市重点项目，按照“预备项目抓前期、新建项目抓开工、续建项目抓进度”的要求，为项目顺利建设提供有力保障，推进重点项目早开工、早竣工、早投产、早见效，使铜仁成为项目建设的福地、创业就业的宝地、经济发展的高地。确保全年完成固定资产投资1330亿元以上。全力以赴抓好重大项目建设。完成交通基础设施投资180亿元。力争建成铜仁至玉屏城际铁路，加快推进渝怀铁路复线建设。加快建设德江至务川高速公路，开工建设铜仁至怀化高速公路，力争印江至秀山、石阡至大龙、大龙至江口、沿河经印江至松桃等高速公路全部开工建设。建成铜仁凤凰机场新航站楼，加密优化航班航线。实施国省干道改造200公里、县乡道改造172公里、通村水泥路2800公里。完成水利基础设施投资15亿元。加快建设观音滩、马岩等7座中型水库和当坝、谢家桥13座小型水库，新开工建设青山冲、偏岩、陆家坝3座中型水库和军屯、朝溪等7座小型水库，力争1–2座大型、7座中型和18座小型水库开展前期工作或开工建设。继续实施小康水行动计划，解决25万农村居民饮水问题。完成能源基础设施投资20亿元，加大城乡配电网建设力度，开工建设10个输变电工程，建成松桃盘石风电场，力争开工建设天然气支线管网。狠抓项目建设资金保障。千方百计保障项目前期工作经费，明年市本级财政预算安排项目前期工作经费不少于5000万元，各区县不少于1000万元。超前谋划项目，扎实开展项目前期工作，紧盯国家投资方向精准申报，力争更多项目列入国家、省项目投资计划。扩大项目融资，积极创新融资方式，除加大市级融资规模外，重点提高区县融资能力，大力争取地方债券发行规模，争取获得金融机构更大支持，保障重大项目建设资金需求。大力推行PPP模式，包装实施一批供排水、能源、市政干道等城市公共基础设施项目，引导社会资本参与公共事业和基础设施建设。切实防范金融风险，制定好债务资金借用管还方案，确保债务资金“借得到、管得住、用得好、还得上、无风险”。突出抓好招商引资。健全“一个项目、一名领导、一个班子、一套方案、一抓到底”的招商工作机制，把大数据作为产业招商的重中之重，结合省内外会展平台，大力引进国内外500强企业或行业龙头落户铜仁，确保招商引资到位资金920亿元。多措并举打造项目建设精品工程。把2016年作为项目建设精品年。严格执行项目建设基本程序，强化“四制”管理，引入第三方机构对项目建设进行评估，实行项目建设全过程管理，做到项目谋划高起点、项目设计高水平、项目审批高效率、项目监管高质量、项目验收高标准、项目投资高效益。全面推行项目廉政档案建设，加强监察、审计监督，严防工程建设领域的腐败发生。

（五）围绕三大跨越工程打好攻坚战。

打好大生态跨越行动攻坚战。良好的生态环境，是最优良的公共产品，是最普惠的民生福祉，必须全力守住山青、天蓝、水清、地洁的生态底线，加快推动生态产业化、产业生态化。在“建”上下功夫。围绕构建“一核四区四廊道”生态安全屏障，大力实施新一轮退耕还林工程、绿色铜仁三年行动计划、裸露山体生态恢复工程，新增营造林40万亩以上，完成退耕还林还草52万亩，治理石漠化144平方公里、水土流失193平方公里。森林覆盖率提高1个百分点，达到58%以上。实施环境污染治理设施建设三年行动计划，推动国控、省控污染源在线监控设施建设，提升环境监管能力。开工建设碧江、德江、松桃生活垃圾焚烧发电建设项目。在“治”上下狠劲。落实主体功能区规划，建立由空间规划、用途管制、差异化绩效考核等构成的空间治理体系，对重点功能区实行产业准入负面清单。围绕全国土壤污染综合防治先行区、全国固废综合利用示范区、国家餐厨废弃物资源化利用和无害化处理试点城市建设，进一步把三块“国家牌照”项目化、实物化。加快推进松桃县重金属治理项目和万山经开区固废填埋场建设，争取再谋划实施一批重大环保示范工程。围绕创建国家环境保护模范城市，突出城乡饮用水源保护、垃圾和污水处理三个重点，全面实施重点河流治理保护“河长制”，建立农村生活垃圾“村收集、乡转运、县处理”机制，大力实施主城区、县城和集镇生活污水截污纳管项目，确保主要河流监测断面达到规定类别，县城集中式饮用水源地达标率100%，城乡垃圾处理率提高5个百分点以上，城镇污水处理率达到90%以上。在“产”上求突破。依托现有产业基础，大力发展生态产业。新增油茶8万亩、生态茶20万亩、食用菌菌材林10万亩、核桃12万亩、竹子5万亩、花卉苗木2万亩。大力发展循环经济，推进国家循环经济示范市和大龙开发区国家循环化改造示范试点建设，推动生态产业化、产业生态化取得实效。

打好大健康跨越行动攻坚战。加快补齐医疗卫生短板。像抓教育一样下更大的决心抓好医疗卫生事业。深入推进医疗卫生服务能力提升三年行动计划，着力构建医疗卫生服务、公共卫生服务、医疗保障和智慧医疗“四张网”，实施“卫生十大工程”，全面提升医疗卫生服务能力，让人民群众方便看病、看得起病、看得好病。实施百院建设工程，加快推进松桃、德江、印江县人民医院新院建设，将石阡县人民医院创建为三级综合医院。大力实施10个乡镇卫生院标准化建设，新改扩建村级卫生室527个，乡镇卫生院标准化率达到80%以上，实现乡村医生签约服务全覆盖。推进市级医学重点学科建设，实施市级农村订单定向医学生培养工程，完成150名招生计划。加快推进医养结合。大力开展国家医养结合示范市创建活动，优化健康养生与医疗机构的资源配置，实现医养无缝对接。启动"智慧医疗"建设，探索建立健康档案，开展电话约诊、上门巡诊、健康体检、保健咨询等服务。充分利用铜仁学院、铜仁职院师资优势，培训专业医护人员，落实持证上岗制度。加快建设老年人日间照料中心、活动中心、互助式服务中心等社区养老服务设施，引入社会资本为社会福利院、敬老院提供医疗服务，实现城市社区老年人日间照料服务全覆盖，农村社区达到50%以上。加快发展营养健康产业。充分利用良好的生态资源，大力发展以水、酒、茶、食品、药、休闲养生等为重点的营养大健康医药产业。加快建设梵净山生态养生产业园区，积极申创国家级营养大健康医药产业示范园区。

打好大文化跨越行动攻坚战。大力构建铜仁特色文化体系，提升铜仁文化附加价值，不断增强文化软实力，提升文化竞争力。实施一批文化惠民工程。启动实施全市农村综合文化服务中心及文化广场建设。加快推进现代公共文化服务体系建设，继续实施文化信息资源共享、农村公益电影放映、农家书屋、农村远程教育等文化惠民工程。抓好乡镇、村级农民体育健身工程和全民健身路径工程。推进数字图书馆、数字博物馆、城乡电子阅报栏建设，推进城乡公共文化服务均等化进程。实施文化产业发展工程。出台支持文化产业发展的政策措施，营造发展文化产业的良好环境。创新文化产业投融资体制机制，搭建产业发展平台，吸纳更多社会资本参与文化产业发展。力争启动武陵山文化创意产业园建设，大力发展文化创意、节庆会展、演艺娱乐等文化产业。完成文化产业集团组建工作，促进文化产业多领域、多层次融合发展。办好一批文化活动和大型体育赛事。高端打造梵净山生态文明与佛教文化论坛。组织开展"梵天净土·桃源铜仁"群众文化活动和以"书香铜仁"为主的全民阅读活动。继续办好环梵净山国际公路自行车邀请赛、梵净山登山大赛、中国传统龙舟大赛和第三届市运会。深入开展全民健身系列活动。

（六）围绕改革开放创新打好攻坚战。深化关键环节改革。深化供给侧结构性改革，矫正要素配置扭曲，改善供给结构，扩大有效供给，提高全要素生产率。深化城乡体制改革，完善小部制改革，探索市直管乡镇试点。深化农村"三权"制度改革，拓宽产权融资渠道，推进城乡经济要素合理流动、有效配置。深化经济领域改革，创新投融资体制机制，深化国有企业和财税体制改革。深化商事制度改革，全面实施不动产统一登记。推进公务用车制度改革。深化农民市民化改革，推进户籍制度全面实施，落实进城落户农民建立住房公积金制度等配套政策，把计划生育政策与户口登记脱钩，全面解决无户口人员登记问题。深化民生领域改革，基本完成医疗卫生体制和公立医院薪酬制度改革。加快推进科技创新。发挥科技创新引领作用。整合科研机构资源，成立铜仁科学院。加大科技投入，增强科技创新能力，新增省级科技孵化器1个。引导创新要素向企业集中，创建一批拥有自主产权的企业和品牌，确保全市专利申请量1000件以上，授权300件以上，商标新注册量500件以上。扩大对外开放。加快大龙开发区申创国家级经济开发区步伐，完成铜仁凤凰机场航空口岸建设，做好国家保税物流中心申报工作，规划建设一批外贸进出口基地，引进一批外贸综合服务平台，开展报关、报检、外运、退税和汇兑融资等进出口环节服务。深化与苏州市对口合作，加快推进铜仁·苏州产业园建设。积极开展与重庆、湖南毗邻地区的交流合作，抓好友好城市合作协议落实，积极融入成渝、长株潭城市群和黔中经济圈。

（七）围绕共享发展打好攻坚战。大力促进创业就业。深入实施雁归工程，实施就业创业促进工程，落实创业扶持政策，做好返乡农民工、高校毕业生、城镇困难人员、退役军人、搬迁移民等重点群体就业工作，实现城镇新增就业5万人以上、失业人员就业1.1万人以上，新增市场主体2万户以上。优先发展教育事业。深入推进"新两基"工作，基本普及十五年教育，加快推进教育信息化。完成20所中小学标准化建设、50所山村幼儿园提质升级。将铜仁一中创建为省级一类示范性高中，支持思南中学创建省级一类示范性高中。加快推进贵州健康管理职业技术学院建设，加快铜仁学院申办武陵大学进度，推动铜仁职院“省部共建”的落实，加快打造国家骨干高职院校，支持铜仁幼专、贵州信息工程职业学院加快发展。提高社会保障水平。扩大基本养老、基本医疗、失业、工伤、生育保险覆盖面，确保全市基本社会保险参保覆盖率达到85.7%以上。全面落实临时救助制度，实现城乡低保减量提标，增幅达到10%以上。健全完善三重医疗保障体系重特大疾病保障机制，推进三医联动、三保合一。完善保障政策，更加注重对特定人群特殊困难的精准帮扶，对因灾因病致贫等特殊人群实施特惠保障。完成农村危房改造5万户、小康房2500户、城市棚户区危旧房改造40337套，新建城市公共租赁住房10825套。创新社会治理。深入推进平安铜仁建设“五项行动”，强化社会治安防控体系建设。强化应急处置和公共安全监管，加大矛盾纠纷化解力度，实施“12349”县域信访管理新模式，营造平安和谐稳定环境。狠抓安全生产。强化红线意识、底线意识，落实党政同责、一岗双责安全生产责任制，深入开展隐患排查治理专项行动，统筹抓好道路交通、非煤矿山、建筑施工、危化物品、地质灾害、消防等领域的安全生产工作，确保安全生产形势持续稳定向好。

四、需要解决的几个问题

（一）切实增强抓发展的紧迫感责任感。“十三五”是我市可以大有作为、必须奋发有为的重大战略机遇期，我们面临脱贫攻坚、同步小康，推动经济持续健康发展、保持区域竞争优势，应对各种风险挑战、维护社会和谐稳定三大艰巨任务，不进则退，不快也退，不优仍退。各级干部特别是党员领导干部必须强化紧迫感、使命感和责任感，以“等不起”“慢不得”“坐不住”的姿态加快发展，决战脱贫攻坚。要自觉强化政治、使命、责任“三个担当”，不折不扣落实好市委重大决策部署，不折不扣抓好经济社会发展各项工作，特别是要紧盯增比进位、项目建设现场观摩会等重大载体平台，保持干的锐气、争的骨气、拼的豪气、创的勇气、胜的底气，干出一流的业绩，交出一份满意的答卷。

（二）切实提高工作执行力。一分部署，九分落实。明年的经济社会发展工作目标已定、任务已明，现在关键就是抓执行、抓落实、抓落地，把安排部署的目标任务一步步变为现实。各级干部要勇于担当、敢于作为、苦干实干，大力发扬“八争”精神，提振精气神，以“扣扣子”“钉钉子”“马上就办”的作风狠抓落实，坚持高效理政、实干兴政、廉洁从政、依法行政，提高执行力，干出新事业。

（三）切实提高工作创新力。经济工作没有创新就体现不出发展，只能是一种克隆、复制、粘贴和守成。我们必须适应经济发展新常态和人民群众新需求，坚持用“创新、协调、绿色、开放、共享”理念统领发展，以形成工作精品为目标，大力建设创新政府，全力打造创新铜仁。要用创新的理念转变经济发展方式，优化经济结构，改善生态环境，提高发展质量和效益。要用创新的思维优化劳动力、资本、土地、技术、管理等要素配置，推动大众创业、万众创新。要用创新的办法解决发展中存在的各种难题，通过制度创新、科技创新、文化创新、业态创新，大力培育发展新技术、新产业、新业态。

（四）切实加大督促督办力度。要坚持目标导向，盯住重要工作、重大项目抓好督促督办；坚持问题导向，锁定困难、问题抓好督促督办；坚持需求导向，围绕进度、质量抓好督促督办。坚持精准导向，抓住关键环节、节点、责任人抓好督促督办。要整合力量，强化协同配合，提高督查督办的协同性。创新督办方式，坚持面上和点上相结合，日常和集中相结合，明查和暗访相结合，提高督查督办的有效性。强化成果运用，提高督查督办的针对性。要强化追踪落实和追责问责，增强督促督办的威慑力。

同志们，目标凝聚人心，实干铸就辉煌！做好明年经济工作意义深远、责任重大，我们要认真贯彻落实中央、省委、市委的决策部署，保持定力，真抓实干，为做好经济社会发展各项工作，推动铜仁跨越发展、同步小康作出新的更大的贡献！

大　事　记

1月

2日至3日，中央党校国际战略研究所副所长周天勇率课题调研组到思南县，就健康技术产业园区发展进行调研。301医院原副院长（少将）郭渝成，国务院研究室社会司司长邓文奎，科技部调研室原主任胥和平，科技部火炬中心副主任杨跃承，中国银监会研究室副主任王科进，301医院国际医学中心主任田桦，中国保健协会秘书长徐华锋等参加调研。中央政策研究室经济局局长白津夫主持调研座谈会。

7日，贵州理工学院党委书记曾羽，党委副书记、院长龙奋杰率队到铜仁市考察。市委书记刘奇凡，市委副书记、市长夏庆丰与考察团一行座谈。夏庆丰主持座谈会，副市长肖洪陪同考察并参加座谈。

8日，2015年部分省市春运暨农村交通安全宣传工作座谈会在印江自治县召开。公安部交管局宣教处及宣传处、道路交通安全研究中心宣教室，与安徽、浙江、广东、广西、重庆、四川、云南等省区市交管局负责人参加座谈。省公安厅交通管理局党委副书记、政委胡益林出席。会前，参会人员考察了该县农村道路交通“五在乡镇”社会化管理模式。会议对印江农村道路交通社会化管理模式给予充分肯定，与会人员将考察体会结合各省市具体情况作了经验交流

11日，昆明经铜仁至上海虹桥往返航线首航成功。这是铜仁凤凰机场继2014年以来开通长沙、深圳、杭州、昆明航线后开通的一条新航线，同时也是2015年开通的第一条新航线。

14日，市委书记刘奇凡在铜仁人民会堂会见苏州市委组织部副部长、市委老干局局长周昌明和来铜挂职的苏州市干部。

15日，由市委、市政府主办，天津市工商联、中国民生银行天津分行、天津市贵州商会协办的铜仁市·天津市招商引资推介洽谈会在天津市举行。市委常委、市委政法委书记、市公安局局长张涛主持会议。副市长夏虹向天津市民营企业家介绍铜仁良好的生态资源、富集的矿产资源、丰富的人力资源等方面的情况，推介大健康医药产业、大数据产业、装备制造业、城市基础设施建设等方面的200多个招商项目。

17日，市委、市政府召开全市电子商务发展大会，并举行农村淘宝铜仁市运营中心揭牌仪式。市委书记刘奇凡，中国社会科学院信息化研究中心主任汪向东，市委副书记、市长夏庆丰，省商务厅副厅长沈新国出席会议并讲话。商务部中国电子商务研究院副院长李鸣涛，农业部信息中心副主任吴秀媛，中国友成企业家扶贫基金会理事长助理孙毅，阿里巴巴集团副总裁梁春晓，市政协主席陈达新，市委副书记李建和市领导宗文、刘婕、肖洪等出席电商发展大会和揭牌仪式。梁春晓在揭牌仪式上讲话，夏庆丰主持揭牌仪式，李建主持电商发展大会。

20日，全国汞污染防治技术研讨会在铜仁市召开。中科院高能所、环保部对外合作中心、中国环科院等国家环境保护汞污染防治工程技术中心组建单位与中科院北京综合研究中心等单位专家学者参加，副市长肖洪出席会议并致辞。

20日至21日，省委副书记、省长陈敏尔深入铜仁市沿河自治县农村、社区和企业，实地了解群众生产生活情况，走访慰问全国人大代表、老党员、贫困群众和困难企业，代表省委、省政府送来诚挚的问候

和新春的祝福。强调要按照习近平总书记对贵州提出的守住发展和生态两条底线的要求，注重大生态理念、大通道布局和大健康产业，念好山字经，做好水文章，打好生态牌，推动经济社会又好又快发展。夏庆丰陪同调研。

22日，市委召开常委（扩大）会议，传达贯彻省委副书记、省长陈敏尔来铜调研时的重要讲话精神。

22日至25日，来自全国100多家旅行社的负责人走进铜仁市石阡、江口县各旅游景点考察踩线。

25日上午，出席省十二届人大三次会议的铜仁代表团在贵阳召开组团会。市委书记刘奇凡主持会议。会议推选刘奇凡为铜仁代表团团长，夏庆丰、雷甘霖为副团长。

是日下午，铜仁市出、列席省政协十一届三次会议人员分别学习讨论省委书记赵克志的讲话，审议省政协常委会工作报告和提案工作情况报告，陈达新、邓应明、陈康、杨同光、王能军、杨晓敏、姜流等15名省政协委员参加各界别组的讨论和审议。

26日，出席省十二届人大三次会议的铜仁代表团集中审议省长陈敏尔代表省政府所作的《政府工作报告》。省人大代表谌贻琴、唐世礼、周忠良、刘远坤、王江平、刘奇凡、夏庆丰、雷甘霖等参加审议，刘奇凡主持。

28日，省政府批准省文化厅确定的第四批省级非物质文化遗产代表性项目名录公布，铜仁17项非物质文化遗产入围。

是月，经过中国野生动物保护协会召开专家评审，铜仁市被命名为为“中国黔金丝猴之乡”。

2月

1日，市委召开常委（扩大）会议，传达学习省十二届人大三次会议、省政协十一届三次会议精神，研究有关工作。市委书记刘奇凡主持会议并讲话。

是日，铜仁市举办“武陵之都引领武陵发展”梵净山西部发展论坛。该论坛由市委宣传部主办，厦门大学深圳研究院承办。国家发改委社会发展中心主任杨宜勇，国务院发展研究中心原研究部部长李善同作题为《武陵之都引领武陵发展》专题讲座，市委常委、宣传部部长刘婕主持讲座。

4日，中国人民政治协商会议第一届铜仁市委员会第四次会议在铜仁人民会堂隆重开幕。刘奇凡作重要讲话，陈达新作市政协常委会工作报告，时晓军作市政协一届三次会议以来提案工作情况的报告。

5日，铜仁市第一届人民代表大会第四次会议在铜仁人民会堂隆重开幕。372名代表出席会议。夏庆丰代表市人民政府向大会作《政府工作报告》。

9日至10日，中国共产党铜仁市第一届纪律检查委员会第五次全体会议在铜仁召开。出席会议的市纪委委员31人，列席348人。铜仁市委书记刘奇凡出席全会并作重要讲话。全会审议通过了郭智敏代表市纪委常委会所作的《严格执行党规党纪，强化监督执纪问责，坚定不移推进党风廉政建设和反腐败斗争》的工作报告。

9日至11日，2015中国·武陵山区（铜仁）第三届农产品交易会以“政府搭台、企业唱戏”的运作方式，在铜仁市锦江广场举行。展会设标准商品展位84个，全市国家级、省、市、县级龙头企业与农民合作社、专业大户等特色农产品参会销售。参加企业92家，突出展示8类179个规格产品。

13日，市委书记刘奇凡，市委副书记、市长夏庆丰会见来铜考察的阿里巴巴集团资深总监、农村淘宝项目总经理孙利军一行，双方就推动农村电子商务发展进行座谈交流。夏庆丰主持座谈会，市委常委、常务副市长宗文介绍铜仁市农村电子商务发展情况。

15日，铜仁市与省水投公司在铜仁人民会堂签订涉水项目合作框架协议书。省水利投资（集团）有限责任公司党委书记、董事长金康明，市委副书记、市长夏庆丰出席签约仪式。

25日，铜仁市“绿色贵州建设”三年行动计划在万山谢桥新区启动。

28日，全市党的建设工作会议在铜仁人民会堂召开。市委书记刘奇凡讲话，市委副书记李建主持。

3月

5日，市委召开常委（扩大）会议，传达学习习近平总书记、刘云山同志在省部级主要领导干部学习贯彻党的十八届四中全会精神全面推进依法治国专题研讨班上的重要讲话精神，习近平总书记在与浙江省委督查室座谈时的重要讲话精神，结合实际研究贯彻落实意见。市委书记刘奇凡主持会议并讲话。

是日起，铜仁市在全市对领导干部利用职权和职务上的影响为亲属经商办企业、投资入股、承揽工程等谋取利益问题进行专项清理，进一步促进全市领导干部廉洁从政。

6日，市委全面深化改革工作会议在铜仁人民会堂召开，总结2014年改革工作，安排部署2015年工作。市委书记、市委全面深化改革领导小组组长刘奇凡出席并讲话，市人大常委会主任雷甘霖、市政协主席陈达新出席，省委改革办专职副主任、省委依法治省办副主任郑云跃到会指导并讲话，市委副书记、领导小组副组长李建主持会议。

7日，省委常委、省委政法委书记、副省长秦如培率省有关部门负责人调研沪昆客运专线贵阳以东段及沿线场站建设情况。

9日，市委书记刘奇凡会见中央驻黔金融部门和省直综合部门来铜挂职干部。他希望挂职干部充分发挥“金融”和“地方”两个优势，迅速投入工作角色，多出优秀作品，共同把铜仁打造成贵州新的开放前沿和发展高地。

是日，铜仁市出台《铜仁市规范党员干部和国家公职人员操办酒席管理办法》，深入治理党员干部和国家公职人员巧立名目违规操办酒席、借机敛财等问题，遏制大操大办各类酒席不良风气。

11日，市委副书记、市长夏庆丰到国家水利部向矫勇副部长汇报铜仁市水利扶贫工作。水保司司长刘震、水利部移民局局长唐传利、规计司副司长王磊、农水司副司长顾斌杰出席汇报会。副市长肖洪和市水务局等相关部门负责人参加汇报会。

是日，市委深化作风建设巡回督导组第一轮巡回督导工作汇报会召开。

12日至14日，省纪委常委、省监察厅副厅长、省委教育实践活动领导小组办公室专职副主任张美圣率省委第二专题调研督查组到铜仁市就开展党的群众路线教育实践活动整改落实“回头看”工作开展调研督查。

13日，市委副书记、市长夏庆丰赴国务院扶贫办汇报铜仁市扶贫工作。国务院扶贫办副主任欧青平听取汇报，开发指导司司长海波、扶贫发展中心副主任陈畅飞、国际合作和社会扶贫司巡视员曲天军出席汇报会。副市长肖洪和市扶贫办等相关部门负责人参加汇报会。

是日，市委副书记、市长夏庆丰到新华社拜会新华社秘书长刘正荣、副总编辑夏林，新华社办公厅主任冯斌、扶贫办主任来江铭及新华社扶贫工作队部分干部参加会见。副市长肖洪和市扶贫办等部门负责人一同拜会。

14日，松桃自治县获得“国家卫生县城”殊荣。

16日，铜仁市召开领导干部会议，传达学习十二届全国人大三次会议和全国政协十二届三次会议精神。市委书记刘奇凡主持会议并讲话，市委副书记、市长夏庆丰传达。

是日，全市民生领域整治铸廉三年行动暨市直部门2015年自查自纠工作启动会召开，会议宣读了《铜仁市民生领域开展整治铸廉三年行动实施意见》。

20日至21日，中央电视台4频道、7频道、10频道、中国日报、香港商报、香港文汇报、人民网、新华网、新浪网、网易等全国20多家知名媒体的近百名记者来到“温泉之城·长寿石阡”，体验温泉、生态、长寿及敬雀节、采茶节、桃花节等多元文化。

23日至24日，中央农村工作领导小组副组长袁纯清带领中央农办农村二局副局长谢德新，国务院扶贫办规划财务司巡视员徐晖一行到铜仁市江口县，就农村扶贫开发工作开展专题调研。省政府党组成员、省委农工委书记、省水利厅厅长黄家培，市委书记刘奇凡，市委副书记、市长夏庆丰，省委农工委专职副书记、省农委副主任杨兴友，省扶贫办总农艺师杨小翔陪同调研。

23日至26日，省委第三巡回督导组组长、省人大农业与农村工作委员会原主任委员何述祥一行，深入铜仁市印江、沿河、松桃等县就党的群众路线教育实践活动整改落实“回头看”工作和“三严三实”专题教育活动准备情况进行调研。督导组先后深入印江自治县峨岭镇、沙子坡镇、县委群众工作部，沿河自治县谯家镇、沙子镇、县国库集中支付局，松桃自治县迓驾镇、寨英镇等乡镇和基层单位开展实地督导检查。

25日，市政府召开廉政工作会议，贯彻落实国务院、省政府廉政工作会议精神，研究部署今年政府系统党风廉政建设和反腐败工作。

25日至26日，由商务部组织的台商大陆（贵州）行工商建设研究会企业家代表团到铜仁市投资考察，寻求投资合作项目，搭建交流和沟通平台。商务部台港澳司副巡视员康文，省商务厅厅长助理黄营，工商建设研究会理事长、春保森拉天时钨钢合金股份有限公司总裁、国民党中常委、代表团团长廖万隆等30余名台湾企业家随团参访。在为期两天的考察中，代表团一行先后到铜仁高新区、大龙经济开发区、江口县，考察铜仁市投资创业环境和产业项目需求。

26日，全市民族工作会议召开。市委书记刘奇凡强调要深入学习贯彻中央、全省民族工作会议精神，进一步强化责任感、提高敏锐性，扎实推进全国民族团结进步示范市建设，始终把民族工作烙在心中、抓在手上、扛在肩上，奋力谱写民族团结繁荣发展新篇章。

是日，铜仁市2015年第一次重点项目集中开工仪式在碧江经济开发区举行。市委书记刘奇凡宣布项目集中开工，并与主席台领导和企业家代表为新项目开工培土奠基。市委副书记、市长夏庆丰致辞，市委副书记李建主持。此次集中开工重点项目29个，总投资达106.82亿元，其中产业类15个、基础建设类7个、社会发展和民生类5个、经贸流通类2个，产业类和基础建设类项目占总项目的75.8%。

是日，全市旅游工作暨文明创建命名表彰大会召开。

27日，铜仁市召开科学技术奖励大会，总结2014年科技工作，安排部署2015年工作。

29日，2015·住房和城乡建设部世界遗产专家委员会会议在铜仁梵净山生态植物园会议中心召开，会议介绍了住建部世界遗产工作情况，公布了住建部世界遗产专家委员会委员名单，并为委员授予聘任证书。中科院院士、中科院地质与地球物理研究所研究员刘嘉麒出席并讲话，中科院植物研究所研究员马克平主持会议，住建部城建司副司长章林伟出席并讲话，省住建厅副厅长陈维明出席并讲话。市委副书记李建代表市委、市政府致欢迎辞。

4月

1日至2日，省政协副主席孙国强率省政协、省经信委相关人员到铜仁市就工业园区建设和发展情况进行专项调研。市委书记刘奇凡陪同调研。孙国强一行先后深入大龙石阡“飞地产业园”、大龙经济开发区和碧江工业园区，对重力科技公司、中伟锂电项目、东亿电气、汇成煤电锰一体化项目、贵州中伟集团玻璃厂、百丽鞋业公司、农夫山泉、食品产业园、贵州信邦制药集团等项目进行实地调研。

3日，全省产业园区工作座谈会在铜仁市召开。省政协副主席孙国强出席会议并讲话，副市长、大龙经济开发区党工委书记张明出席会议并致辞。各市（州）经信部门、大龙经济开发区、碧江灯塔工业园区负责人就园区建设发展情况作了交流发言。

是日，市委召开常委（扩大）会议，传达学习省党政代表团学习习近平总书记宁德扶贫开发重要思想座谈会精神。

7日至8日，由省商务厅主办的全省电子商务培训暨农村电子商务现场会在铜仁市召开。省商务厅副厅长沈新国主持。培训会特邀了中国社科院信息化处研究中心主任汪向东、阿里巴巴集团阿里研究院总监陈亮、京东集团胡栋梁、贵州电子商务云运营有限公司余娟前来授课。与培训人员到铜仁高新区的IBM培训基地、农村淘宝铜仁运营服务中心、农村淘宝大兴镇社区服务站走访参观。

8日，民建铜仁市工作委员会正式成立。省政协原副主席、民建贵州省委主委、省社会主义学院院长、省中华职教社主任武鸿麟，市委书记刘奇凡出席成立大会并共同为民建铜仁市工委授牌。省委统战部副部长、省社会主义学院党组书记何萍，民建贵州省委专职副主委余维祥，民建贵州省委副主委、贵州财经大学副校长徐大佑，民建贵州省委秘书长严兴亚，市委常委、市委统战部部长陈康出席会议。

是日，应市委宣传部邀请，央视科教频道“地理·中国”栏目摄制组到铜仁，围绕梵净山区域核心资源拍摄制作纪实探索类的系列专题片《秘境梵净山》。该片是继该栏目推出德江洋山河《金扁蛋的秘密》之后又一推介铜仁的重要科普专题片。

11日，全国政协常委、人口资源环境委员会副主任李成玉到铜仁市调研万山区资源枯竭型城市转型发展工作。省政协人口资源环境委员会副主任郭万泉，省供销社巡视员王川徽，市政协主席陈达新陪同调研。

12日至13日，省政协副主席、省工商联主席李汉宇率全国工商联城市基础设施商会、天津市贵州商会考察团来铜仁市进行投资考察与洽谈，并召开助推铜仁经济发展招商引资项目推介会。考察团到碧江区灯塔工业园区百丽鞋业、农夫山泉考察产业发展情况和投资环境。

12日至14日，省委书记赵克志深入铜仁市印江自治县、思南县、石阡县，就扶贫开发和同步小康工作进行专题调研。省委常委、省纪委书记宋璇涛，省委常委、省委秘书长廖国勋参加调研。

15日，市委召开全市领导干部大会，传达学习贯彻省委书记赵克志在铜调研时的重要讲话精神。市委书记刘奇凡在会议上讲话。

15日至17日，省政协副主席蔡志君率队来铜调研名人故居保护和利用情况。

17日至19日，应山东省潍坊市政协邀请，市政协主席陈达新率队赴潍坊考察，与潍坊市政协座谈交流并签署两市政协友好合作框架协议。

18日，移动互联社交新媒体发展方向和趋势论坛在江口县生态植物园国际会议中心召开，国家互联网信息办移动网络管理局局长徐丰、网络社会工作局局长黄其正，国家新闻出版广电总局版权管理司司长于慈珂，中国红十字基金会秘书长刘选国，省委宣传部副部长、省互联网信息办主任谢念，陕西省委宣传部常务副部长薛保勤，市政府市长助理朱剑敏，《华商报》总编辑、麦田群主鲍剑，民革深圳市委副主委游忠惠等出席。

19日，铜仁市大数据产业发展领导小组召开第一次会议，夏庆丰出席并讲话。

19日至22日，“铜仁生态美·梵净天下灵”—上海·苏州采风团的上海电视台、上海日报、苏州日报、姑苏晚报等15家主流媒体走进铜仁，感受原生态的铜仁青山绿水和厚重的民间民俗文化。

20日，铜仁市首个致公党基层支部在铜仁学院成立。致公党贵州省委秘书长、贵州省侨联副主席潘志建，市委常委、市委统战部部长陈康到会祝贺并讲话。

21日，全省供销社学习贯彻中央11号文件专题工作会暨农民资金互助合作社试点现场会在铜仁市召开。中华全国供销合作总社监事会副主任汤益诚，省供销社党组书记、主任张达伟，副市长、大龙经济开发区党工委书记张明参 加会议。

21日至22日，水利部水文局局长邓坚、长江委水文局局长王俊一行，在省水文水资源局局长高永春的陪同下，来铜仁检查水文测报及安全生产汛前准备工作。检查组先后来到思南水文站、玉屏水文站实地检查安全生产、水文检测情况，观看了铜仁市“水文远程测控 及综合信息管理系统”运行情况，听取全市水文测报及安全生产汛前准备情况汇报。

21日至23日，以中国驻苏里南大使杨子刚为团长的外交部驻外使节团一行，在省外事（侨务）办党组成员、副主任刘宝昌的陪同下到铜仁市考察经济社会发展情况，市委副书记李建陪同考察。来铜考察的驻外使节团成员包括中国驻瑞典、塞尔维亚、安提瓜和巴布达大使，驻釜山、珀斯、琅勃拉邦、亚丁、卡尔加里总领事，驻越南、厄立特里亚、新加坡使馆 参赞，外交部各局（司）有关负责人等。使节团一行先后考察德江县高家湾现代高效农业示范园，印江自治县民族博物馆，江口县云舍村、寨沙侗寨，松桃自治县正大乡梵锦茶业公司、现代高效茶叶产业示范园区、“农村淘宝”店，碧江区周逸群烈士纪念馆、中南门古城，大龙开发区重力科技环保公司、东亿电气公司，详细了解各地资源禀赋、产业分布、市场前景、就业形 势等基本情况。

22日至23日，国家民委副主任丹珠昂奔率国家民委国际交流司司长俸兰和国家民委相关人员来铜仁市考察民族文化发展工作。丹珠昂奔先后考察了苗王城、梵锦茶业、松桃民族中学、梵净山、佛教文化苑、寨沙侗寨。省民宗委主任吴军，市委常委、市委统战部部长陈康，副市长王润华陪同调研。

28日，云舍景区“五一”开园仪式暨首届土家“女儿会”在江口县云舍村举行。市委书记刘奇凡，市委副书记、市长夏庆丰，省旅游局巡视员杨俊，省扶贫办党组成员、总农艺师杨小翔，市人大常委会副主任王开禄，市政协副主席周建英出席开园仪式。刘奇凡宣布开园，夏庆丰致辞。

30日，市委召开常委（扩大）会议，传达学习《中共中央办公厅印发〈关于在县处级以上领导干部中开展“三严三实”专题教育方案〉的通知》《中共贵州省委办公厅印发〈关于在县处级以上领导干部中开展“三严三实”专题教育的实施方案〉的通知》、省委书记赵克志“三严三实”专题党课精神，《中共贵州省委办公厅印发〈中共贵州省委常委十项公开承诺〉的通知》精神，审议铜仁市关于开展“三严三实”专题教育实施方案。市委书记刘奇凡主持会议并讲话。

5月

4日，市委召开全市领导干部大会，宣布省委关于市委主要领导职务调整的决定：夏庆丰任中共铜仁市委书记；刘奇凡不再担任中共铜仁市委书记、常委、委员职务，另有任用。省委组织部副部长郑德川出席会议并讲话。

6日，市委书记、市长夏庆丰会见来铜考察的天津泰达集团总经理、泰达股份董事长胡军，天士力控股集团董事局主席助理、天士力中药科技发展有限公司董事长刘岩一行，围绕环保产业、大健康医药产业、中药材种植及加工等方面进行座谈。

7日至8日，省委常委、省委统战部部长刘晓凯就信访维稳工作到铜仁市调研。

7日至8日，国家发展改革委党组副书记、副主任何立峰到铜仁市印江自治县、思南县调研扶贫开发工作并召开座谈会。省委常委、常务副省长、贵安新区党工委书记秦如培，市委书记、市长夏庆丰，副市长肖洪陪同调研。

8日，全省检察宣传工作会议在松桃自治县召开，会议深入学习贯彻全国、全省检察长会议和全省宣传部长会议精神，安排部署全省检察宣传工作。省检察院党组副书记、常务副检察长何冀出席会议并讲话。

9日，全市农村集中建房现场观摩会暨第一季度经济形势分析会召开。

12日至16日，市人大常委会主任雷甘霖率队前往苏州，学习苏州市人大立法和生态文明建设有关经验，商洽对口帮扶有关事宜，考察人大代表工作有关情况。市人大常委会副主任童礼元、熊光奎随同考察。

14日，全市党风廉政警示教育大会在铜仁人民会堂召开。市委书记、市长夏庆丰讲话，会议由市委副书记阳向东主持，市委常委、市纪委书记郭智敏通报了上年以来全市违纪违法案件查处情况。

16日，国家烟草局党组书记、局长凌成兴深入铜仁市调研“两烟”产业工作情况。副省长刘远坤，市委书记、市长夏庆丰，省烟草局局长陈卫东，贵州中烟公司总经理白云峰，市政协主席陈达新，副市长肖洪参加调研。

16日至17日，江苏省委副书记、省长李学勇率江苏省党政代表团来铜仁市考察，并出席江苏省苏州市对口帮扶铜仁市工作座谈会，深入推进对口帮扶工作。省委副书记、省长陈敏尔，副省长刘远坤，省政府秘书长唐德智及省直有关部门主要负责人，市委书记、市长夏庆丰，市领导阳向东、宗文、陈代文陪同考察。座谈会由刘远坤主持。江苏省人大常委会副主任、党组副书记、江苏省对口支援工作领导协调小组副组长史和平，江苏省政府秘书长张敬华，苏州市委副书记、市长周乃翔参加考察座谈。

19日，国家开发银行行长郑之杰来铜仁市调研金融扶贫工作。省政府副秘书长颜伟，省政府副秘书长、金融办主任周道许，国家开发银行贵州省分行行长徐元，市委书记、市长夏庆丰陪同调研。郑之杰一行先后到松桃自治县正大乡农业产业园区及江口县云舍村、寨沙侗寨，松桃自治县正大乡农业产业园进行实地调研。

20日，铜仁市召开首届五一劳动奖状(奖章)、五一巾帼标兵岗(标兵)表彰大会暨"中国梦·劳动美"职工法律知识抢答赛决赛。会议授予碧江区住房和城乡建设局等18个先进单位"铜仁市五一劳动奖状"、胡刚等66名先进个人"铜仁市五一劳动奖章"荣誉称号，授予碧江区妇幼保健院项目科等5个集体"铜仁市五一巾帼标兵岗"、谭芬等23名个人"铜仁市五一巾帼标兵"荣誉称号。江口县总工会获得知识抢答赛决赛一等奖。

20日至21日，省供销社党组副书记、主任张达伟，党组书记、副主任苗宏，党组成员、副主任徐仕光一行来铜仁市调研农民专业合作社、农村电子商务和农民资金互助合作社建设发展等情况。

24日至29日，贵州理工学院原副院长、省委党建调研督导组组长高克新率省委党建调研督导组来铜调研基层党建工作。

25日，市委书记、市长夏庆丰在铜仁人民会堂会见大连民族大学校长刘玉彬一行，双方就开展校地、校校合作，人才培养、干部培训等方面进行座谈。

25日至27日，市人大常委会组织铜仁市选举产生的省十二届人大代表先后到思南塘头和玉屏大龙就示范小城镇建设情况进行集中视察。市人大常委会主任雷甘霖、贵州省社会主义学院副院长张景梅、贵州民族大学研究生处处长杨正万等代表参加视察活动。

26日，全省第二期学前教育三年行动计划暨山村幼儿园建设现场推进会在铜仁市召开，会议总结了全省2011年以来实施学前教育三年行动计划的成果，安排部署贵州省第二期学前教育三年行动计划及基本普及学前教育工作。副省长陈鸣明出席会议并讲话，市委书记、市长夏庆丰致辞，省政府副秘书长樊新中主持会议，省教育厅副厅长李奇勇对全省第二期学前教育三年行动计划暨山村幼儿园建设作工作安排，副市长夏虹在会上作交流发言。市政协副主席周建英参加会前观摩。

28日，全国政协人口资源环境委员会副主任郑晖带领调研组莅临铜仁市开展"扶贫工作与人口问题"专题调研，全方位了解铜仁市扶贫开发工作。全国政协人资环委副主任秦大河、马大龙，全国政协常委宇如聪等一同调研。调研组先后到铜仁职业技术学院、松桃自治县正大乡实地查看职业教育扶贫、扶贫生态移民住房、扶贫农业园区发展等情况，并召开座谈会。

27日至28日，国家民委副主任罗黎明率民族工作"十三五"专项规划调研组到铜仁市调研，并在玉屏自治县召开油茶产业发展座谈会。国家民委经济发展司司长乐长虹、副司长温军、副巡视员李钟协，大连民族大学校长刘玉彬，省民宗委主任吴军、副主任徐飞参加调研。市委书记、市长夏庆丰，市委常委、市委统战部部长陈康，市委常委、副市长赵铸陪同调研。

28日至31日，2015中国（贵州·遵义）国际茶文化节暨茶产业博览会在遵义市湄潭县举办。市委书记、市长夏庆丰在参加开幕式期间到铜仁市茶企展位巡展。市人大常委会主任雷甘霖，原人大地工委主任田建高，副市长肖洪一同巡展。

29日至30日，苏州市政协党组副书记、常务副主席邱岭梅率考察组来铜对接合作交流事宜。

6月

1日，省委组织部副部长，省人社厅党组书记、厅长夏一庆率省委组织部调研督导组到铜仁调研党的建设和组织工作。

1日至3日，省人大代表履职交流座谈会在江口县召开。省人大常委会副主任周忠良出席会议并讲话。各市、州人大常委会分管代表工作副主任及部分省人大代表分别作经验交流发言，铜仁市人大常委会副主任陈建萍介绍铜仁创新代表履职载体、充分发挥代表作用的做法和经验。

2日至4日，省人大常委会副主任傅传耀率检查组来铜仁市开展《中华人民共和国消防法》《贵州省消防条例》执法检查。

4日，市委书记、市长夏庆丰会见来铜仁市调研的省委党史研究室主任徐静一行，双方就纪念周逸群烈士诞辰120周年活动筹备情况、“红二、红六军团转战贵州及其与长征的胜利”课题研究工作情况、万山区申报补划革命老区工作情况进行交流座谈。市委常委、市委宣传部部长刘婕主持座谈会。

5日，贵州省军区宣布铜仁军分区党委第一书记任职大会在铜仁军分区召开，省军区副司令员陶勇出席会议并宣读任职通知，夏庆丰任中共铜仁军分区委员会委员、常委、第一书记。

8日至10日，市委书记、市长夏庆丰率铜仁市党政代表团到重庆市黔江区、酉阳县、秀山县考察，学习借鉴武陵山区域兄弟区县在产业发展、城市建设、扶贫开发、旅游发展等方面的先进经验。

16日，市委书记、市长夏庆丰会见至铜仁调研的省国土资源厅厅长朱立军一行，双方围绕地质灾害综合防治、不动产登记、土地耕作层剥离、国土资源督查等工作进行交流座谈。

是日，铜仁市与华龙村集团健康养生基地项目签约仪式在铜仁人民会堂举行。市委书记、市长夏庆丰，华龙村集团董事长龙华阶出席签约仪式。

18日，沪昆高铁铜仁南站开通仪式在大龙隆重举行。

19日，铜仁市在铜仁东1000万吨铁路货运站建设项目现场与全省同步举行2015年全市第二批重大项目集中开工仪式。市委书记、市长夏庆丰宣布项目集中开工。此次集中开工重大项目37个，总投资199.73亿元。

20日，2015“好彩头杯”中国传统龙舟大赛（贵州·碧江）在碧江区国家4A级景区大明边城龙舟基地隆重举行。来自贵州省及湖南、湖北、重庆等地共59支男女传统龙舟队2500余名运动员竞逐锦江，吸引约15万名群众观赛。

25日，全省智力支边工作现场会在石阡县召开，省政协副主席班程农，市委书记、市长夏庆丰出席会议并讲话。

是日，全省刑满释放人员安置帮教工作现场会在思南县召开。省委政法委副书记、省综治委副主任、省综治办主任杨舟，省司法厅党委书记、厅长吴跃出席会议并讲话。省司法厅副厅长卢庆祥主持会议。市委常委、市委政法委书记、市公安局局长张涛致欢迎辞。

是日，全省山区现代水利现场交流会在思南县召开。省政府党组成员、省委农工委书记、省水利厅党组书记、厅长黄家培出席并讲话，市委书记、市长夏庆丰在思南县塘头试点区参加参观。省水利厅党组成员、副厅长涂集主持会议，省水利厅党组成员、副厅长鲁红卫、吴春，省水利厅副巡视员董存波出席并讲话，副市长肖洪致辞。

是日，2015中国（贵州）第一届国际民族民间工艺品文化产品博览会铜仁赛区在大明边城正式开赛，副市长夏虹出席并讲话。博览会收到设计比赛作品231件。

26日，铜仁市纪念建党94周年暨抗日战争、世界反法西斯战争胜利70周年合唱大赛总决赛在铜仁幼专大礼堂隆重举行。

27日，铜仁市与天津泰达集团在铜仁人民会堂签订战略合作协议，双方重点在环保、区域开发、金融、城市基础设施等领域开展合作。市委书记、市长夏庆丰，泰达控股董事长、泰达集团董事长张秉军出席签约仪式并讲话。

28日，铜仁市举办2015年铜仁市大健康产业资源推介会暨项目签约仪式。中国民营企业500强企业太极集团、上海新黄浦集团，中国医院类300强企业国药控股湖南大健康产业有限公司，贵州省异地商会及珠三角、长三角、成渝片区企业30余家参加签约仪式。

29日，主题为“心灵环保·世界和谐”的2015中国梵净山生态文明与佛教文化论坛在铜仁梵净山隆重开幕。全国政协常委、副秘书长、民革中央副主席何丕洁，中科院院士、中国人与生物圈国家委员会主席许智宏，省政协副主席班程农出席会议并讲话，铜仁市委书记、市长夏庆丰致辞，国家宗教事务局办公室主任陈红星，中国佛教协会副会长演觉、永寿，柬埔寨、泰国、缅甸驻昆明总领事馆总领事和韩国驻驻副总领事，中国生物多样性委员会秘书长、住房和城乡建设部世界遗产专家委员会副主任委员马克平，中国宗教杂志社社长韩松，中国人与生物圈国家委员会秘书长王丁，省旅游局巡视员杨俊，省委统战部秘书长邵刚，省民宗委副主任吴建民，省林业厅副厅长黎平，省佛教协会会长心照，农夫山泉总经理文绳灶等出席开幕式。市委副书记阳向东主持开幕式。

是日，市委书记、市长夏庆丰在梵净山生态植物园会见柬埔寨、泰国、缅甸驻昆明总领事馆总领事索科拉丁、素查·亮桑彤和吴昂觉悟。

是日，市委书记、市长夏庆丰会见大韩民国驻大连总领事白范钦。

是日，2015中国梵净山“人与生物圈计划”战略研讨会在梵净山栖溪酒店召开。中科院院士、中国人与生物圈国家委员会主席、北京大学原校长许智宏出席作主旨演讲，并为中国人与生物圈国家委员会梵净山培训基地授牌，中科院水生生物研究所研究员、中国人与生物圈国家委员会秘书长王丁主持会议，市委副书记阳向东致辞，省林业厅副厅长黎平，副市长胡洪成出席会议。

30日，全市精准扶贫暨新一轮基层组织建设先进典型命名表彰大会在铜仁人民会堂举行。市委书记、市长夏庆丰出席会议并讲话。

是日，市委书记、市长夏庆丰会见由闽昇公司董事长黄文耕率队的闽商考察团一行并进行工作座谈。市人大常委会副主任、碧江区委书记陈代文主持座谈会。

7月

1日，市人大常委会主任雷甘霖、市委副书记阳向东在市公安局接见慰问全市公安机关英模民警代表。

3日，全省见义勇为英雄事迹巡回报告会在铜仁人民会堂举行。市委副书记阳向东，市领导张涛、熊光奎、杨晓敏接见报告团一行。

4日，市委召开常委（扩大）会议，传达学习习近平总书记视察贵州省重要讲话精神，省委书记赵克志，省委副书记、省长陈敏尔等省委领导在省委中心组学习读书会上的重要讲话精神，对全市学习贯彻工作进行安排部署。市委书记、市长夏庆丰主持会议并讲话，强调要把学习贯彻习近平总书记重要讲话精神作为当前和今后一项重要政治任务，自觉把思想和行动统一到习近平总书记重要讲话精神上来，统一到省委的安排部署上来，以高度的政治责任感和强烈的历史使命感，统一思想认识、坚守“两条底线”、更加奋发有为，努力在贵州省走出一条有别于东部、不同于西部其他省份的发展新路上勇于探索、先行先试、作出贡献。

5日，市委书记、市长夏庆丰在市政府二会议室会见IBM全球高级副总裁兼中国开发中心总经理王阳、上海宅尚生活用品有限公司总经理邬文刚一行。

6日至8日，省政协副主席班程农率队到铜仁就生态畜牧业发展情况进行调研。省农委副主任、省畜牧兽医局局长黄晓，省水库和生态移民局副局长罗用能，省畜牧兽医局副局长廖正录参加调研。市政协主席陈达新，市委副书记阳向东陪同调研。班程农一行先后前往德江县米阳山南方现代草地畜牧业示范基地、兴丰牧业公司，思南县许家坝高山草原生态养殖产业示范区绿量农业公司种牛种羊场、人工草场，松桃自治县盘石省级现代高效农业生态畜牧区德康牧业、努比亚牧业、梵净牧业种牛种羊场、人工草场，玉屏自治县温氏牧业养殖小区、在建猪场等地实地调研。

7日，2015年上半年全省投资促进工作运行调度会在铜仁召开。省投资促进局局长季泓主持会议。

8日，以“明礼知耻·崇德向善”“中国梦·劳动美”为主题的贵州省2015年劳动模范先进事迹巡回演出报告会在铜仁人民会堂举行。

是日，广东省农业厅与铜仁市人民政府召开座谈会，双方签订战略合作协议。

8日至10日，副省长、省公安厅厅长孙立成来铜仁市调研，先后对德江、沿河、印江、思南等县公安工作进行调研视察，听取基层意见建议。

9日，省统一战线智力帮扶武陵山片区（铜仁）扶贫开发工作第三次联席会议在贵阳召开。省委常委、省委统战部部长刘晓凯出席会议并讲话。省政协副主席、致公党贵州省委主委谢晓尧，省政协原副主席、民建贵州省委主委武鸿麟，民革贵州省委主委王世杰出席会议并发言。省委统战部副部长、省社会主义学院党组书记何萍主持会议。铜仁市委书记、市长夏庆丰作工作汇报，市领导陈康、皮贵怀、杨同光、王能军、杨晓敏出席会议。皮贵怀在会上汇报省知联会智力帮扶石阡县工作情况。

13日，韩国中央级媒体《明日新闻》刊登韩国驻大连总领事白范钦《中国贵州省追求环境和经济的共同发展》一文，介绍铜仁发展概况和良好生态环境。文中有作者对市委书记、市长夏庆丰的采访内容。

16日，省政协副主席、省工商联主席、省商会会长李汉宇率省司法厅、乌江公司有关领导和省商会相关企业家到铜仁市沿河自治县思渠镇一口刀村开展遍访贫困村、贫困户“两遍访”工作。市委书记、市长夏庆丰，市委常委、市委统战部部长陈康，副市长肖洪，市政协副主席时晓军，市长助理朱剑敏陪同调研。

18日，全市融资工作推进会召开，市委书记、市长夏庆丰出席会议并讲话。农发行贵州省分行副行长吴飚到会讲话。

22日，市委召开常委（扩大）会议，传达贯彻省委工作会议精神，全省“三严三实”专题教育暨党风廉政建设集中专项整治推进大会精神，安排部署铜仁市贯彻落实工作。市委书记、市长夏庆丰主持会议并讲话。

是日，在全省第八轮双拥模范城（县）命名表彰大会上，铜仁市被命名为“全省双拥模范城”，这是铜仁市第一次获得此项殊荣。

22日至23日，缅甸联邦共和国若开民族党主席、民族院议员埃貌率若开民族党干部一行20人组成考察团到铜仁市交流考察。

23日至24日，怀化市委书记彭国甫，市委副书记、市长赵应云率领怀化市党政考察团到铜仁市，就精准扶贫、城市建设、特色农业、旅游开发等经济社会发展情况进行考察。

28日，全省新农村建设暨美丽乡村“百村大战”现场会在铜仁市江口县召开。副省长刘远坤出席会议并讲话。

是日，中央统战部副部长、全国工商联党组书记、常务副主席全哲洙率队到铜仁市开展商会工作专题调研。省政协副主席、省工商联主席李汉宇，省委统战部副部长、省工商联党组书记、常务副主席刘朝容，省工商联党组副书记、副主席吴维方陪同调研。市委书记、市长夏庆丰汇报铜仁工作情况。

28日至29日，中国食品工业协会会长、第十一届全国人大财政经济委员会主任委员、贵州省原省长石秀诗，铁道部原副部长蔡庆华一行来铜考察万山汞矿博物馆、川硐教育园区建设以及梵净山文化旅游产业发展情况。

30日至31日，国家文物局副局长童明康率队来铜考察世界文化遗产预备名单准备工作。省文物局副局长张勇，副市长杨同光陪同考察。童明康一行先后考察了碧江区东山古建筑群、周逸群烈士陈列馆、陈家巷，万山区汞矿技工学校、苏联专家楼、黑硐子等地，对申报世界文化遗产预备准备工作情况进行了指导和评价。

31日，市委书记、市长、铜仁军分区党委第一书记夏庆丰，市政协主席陈达新，市委副书记阳向东率市双拥慰问团看望慰问驻铜人民解放军指战员、武警和消防官兵，送去慰问金和慰问品，代表市四家班子和全市各族人民向他们致以诚挚的慰问和节日的祝贺。

是日，武陵山片区扶贫开发金融服务工作座谈会召开。市委常委、常务副市长宗文出席会议并致辞。人民银行武汉分行副行长赵军，人民银行长沙市中心支行副行长侯加林，人民银行重庆营管部副主任宋军出席会议。人民银行贵阳市中心支行副行长肖杰主持会议。武陵山片区省、市（州）人民银行分行、支行相关负责人参加会议。

8月

3日，副省长王江平深入铜仁市大龙开发区、铜仁高新区、碧江区，围绕工业园区发展、基础设施建设、管理体制、主导产业等进行调研并主持召开座谈会，分析当前工业园区发展形势，安排部署工业园区下步工作。

5日，市委书记、市长夏庆丰在铜仁人民会堂会见江苏省昆山市昆山台协协会会长李邦欣一行。

8日，市委书记、市长夏庆丰在铜仁人民会堂会见青岛红星集团董事长、党委书记郭汉光一行，并就大龙红星锰业公司下步发展进行座谈。

是日，3家韩资企业与铜仁市万山区签署合作协议。该次合作为韩资企业首次落户铜仁。韩方拟投资5亿元人民币在万山区建立韩国馆，创建中韩创新经济合作城，建设中韩创新经济总部基地、韩国国际商区、保税仓库、保税物流、企业加工及综合物流等项目。

9日至10日，市委中心组举行学习读书会。市委书记、市长夏庆丰强调，深入学习贯彻落实习近平总书记在贵州省视察指导工作时的重要讲话精神，切实把思想和行动统一到中央和省委的决策部署上来，深入实施“四化同步”发展战略，构建“四位一体”大生态格局，推动铜仁在守底线、奔小康中走新路、走前列，推动黔东崛起。

9日至17日，第十届全国少数民族传统体育运动会在内蒙古鄂尔多斯举行，铜仁“苗族八面鼓”荣获表演项目综合类一等奖。

11日，市委书记、市长夏庆丰在铜仁人民会堂会见中国农业银行贵州省分行行长王青山一行。

12日，全国政协常委、贵州省原省长林树森到铜仁市考察教育、交通、城镇建设、工业发展等工作。市委书记、市长夏庆丰，市政协主席陈达新，市委常委、常务副市长宗文，市政协副主席、松桃县委书记冉晓东陪同考察。林树森实地考察了碧江区天翔纺织实业有限公司、农夫山泉、百丽鞋业及铜仁高新区汉方大健康产业园、松桃民族中学、铜玉铁路锦江特大桥施工现场等。

16日，中国武陵山（铜仁）首届中药材·新医药博览会开幕式在碧江区武陵山现代医药物流园举行。

17日，省委书记、省长陈敏尔率领2015年全省第二次项目建设现场观摩会第一组代表，从贵阳搭乘动车走进铜仁市，观摩市主抓项目。

是日，2015中国武陵山（铜仁）首届中药材·新医药博览会暨中药材·新医药健康养生招商签约仪式在碧江区武陵山现代医药物流园举行，16家企业进行现场签约，共签约项目16个，签约总投资额103亿元。

18日，全省卫生监督工作推进会在铜仁市召开。

23日，全市领导干部会议召开，宣布省委关于陈晏任中共铜仁市委委员、常委、副书记的决定。省委组织部副部长郑德川出席会议并讲话。市委书记夏庆丰主持会议并讲话，陈晏讲话，雷甘霖、陈达新等市领导出席会议。

24日，全市“整脏治乱”攻坚年动员大会在铜仁人民会堂召开，系统部署全市整脏治乱工作。市委书记、市长夏庆丰出席会议并讲话。

24日至26日，由省政协党组副书记、副主席陈海峰和省政协副主席左定超、蔡志君率领的省政协常委视察团一行，前往印江自治县、沿河自治县视察精准扶贫工作。市委书记、市长夏庆丰，市政协主席陈达新陪同视察。视察团先后到印江岩口大型水库拟建点、朗溪镇河西村甘川、木黄会师广场、木黄镇凤仪村食用菌现代高效农业扶贫示范园区，沿河谯家镇省级现代高效农业示范园区、乌江沙沱水电站、沙子街道十二盘村、中界镇孙家村中药材示范基地实地查看、听取汇报，详细了解各扶贫村经济社会发展情况以及各项工程、园区建设情况。

26日至27日，市一届人大常委会第二十七次会议召开。决定接受夏庆丰辞去铜仁市人民政府市长职务的请求；决定任命陈晏为铜仁市人民政府副市长，决定陈晏为铜仁市人民政府代理市长；决定接受张观涛辞去铜仁市一届人大常委会副主任职务的请求。

27日，市委书记夏庆丰和市委副书记、市政府党组书记陈晏，在铜仁人民会堂会见省机场集团有限公司董事长、总经理申振东一行。

28日，水利部移民局局长、扶贫办主任唐传利率领水利精准扶贫调研组来铜调研，实地调研铜仁水利精准扶贫项目，并召开座谈会。

是日，由中国工程院院士、教授、华南农业大学原副校长罗锡文带队的考察组一行，来铜调研山地农业现代化与绿色植保情况。

31日，省委常委、省委统战部部长刘晓凯到铜仁市调研督查“三严三实”专题教育和党风廉政建设集中专项整治工作，并召开座谈会听取有关工作情况汇报。

是日，市委书记夏庆丰，市委副书记、代理市长陈晏在铜仁人民会堂会见美国国际数据集团（IDG）亚洲区总裁徐洲、中国国家地理地道风物科技公司副总经理马蕾及美国Sayee集团总裁朴景一行。

是日，市委书记夏庆丰，市委副书记、代理市长陈晏会见民航贵州监管局局长王勇，贵州机场集团有限公司副总经理、贵阳机场股份公司总经理官兵一行。

9月

1日至3日，巴西华侨华人促进中国和平统一联合会会长朱玉郎率海外（南美）台商和企业家一行17人到铜仁市考察经济贸易工作。考察团先后到万山、碧江、江口、玉屏和大龙经济开发区，实地考察了铜仁西南国际商贸城、义乌城、大明边城、云舍、梵净山、寨沙侗寨、茶花泉、石阡产业园等项目和景点，就铜仁市经济贸易工作和文化旅游产业的发展情况进行深入了解。

2日，市委书记夏庆丰，市委副书记、代理市长陈晏，市人大常委会主任雷甘霖，市政协主席陈达新分别带队看望慰问抗战老战士、老同志，为他们送去党和政府的关怀与温暖，感谢他们在反抗外敌争取民族独立的斗争中作出的贡献，并通过他们向全市抗战老兵表达崇高敬意和良好祝愿。

8日，市委书记夏庆丰会见来铜参加第八届全国地方新媒体发展高峰论坛暨中国地市新闻网联盟年会的全国网络媒体记者并接受采访。

是日，市委副书记、代理市长陈晏率队到贵阳拜会贵州中烟公司总经理白云峰，双方就铜仁卷烟厂易地技改项目建设交换意见，并商定铜仁卷烟厂易地技改项目于今年内实质性动工建设。

9日，全市庆祝第31个教师节表彰大会暨文艺晚会在铜仁大剧院举行。市委书记夏庆丰出席会议并致辞市委副书记、代理市长陈晏主持表彰大会。副市长胡洪成宣读《中共铜仁市委铜仁市人民政府关于表彰2015年全市教育系统先进集体、先进个人和教育教学质量获奖学校的决定》。

是日，国家卫计委科教司开展“卫生适宜技术推广武陵山区行”活动在铜仁市启动。

10日，市委书记夏庆丰，市委副书记、代理市长陈晏会见省农村信用社联合社党委书记、理事长宋锐，党委副书记、副理事长、主任蔡湘一行，双方就深化政银合作，实现互利共赢进行深入交流。

10日至11日，中国共产党铜仁市第一届委员会第八次全体会议在铜仁人民会堂举行。市委委员38人、候补委员7人出席会议，市纪委委员和有关方面负责人列席会议。全会由市委常委会主持。市委书记夏庆丰作重要讲话。全会审议通过《中共铜仁市委关于加快推进新型工业化培育构建特色优势产业体系的决定》《中共铜仁市委关于决战决胜绝对贫困实现精准脱贫的实施意见》。

10日至11日，全省农信社支持扶贫开发现场观摩会在铜仁市召开。

11日，全市2015年秋冬季现代农业产业发展大会在铜仁人民会堂召开，市委书记夏庆丰出席并讲话。

12日，铜仁市国防动员综合训练基地揭牌启用仪式举行，贵州省军区副司令员陶勇、市委书记夏庆丰共同为基地揭牌并分别作讲话。

15日，省高级人民法院党组书记、院长孙潮来铜调研指导司法改革试点工作。

是日，贵州省首家农村淘宝县级运营服务中心在印江自治县正式开业。

16日，省政协副主席孔令中率省政协科技教育委员会、省科技厅、省科技风险投资管理中心等相关人员到大龙经济开发区，对省科技风险投资有限公司采取股权投资方式扶持的大龙汇成新材料有限公司和贵州重力科技环保有限公司两家企业进行调研，了解企业的发展情况。市委书记夏庆丰，市政协主席陈达新陪同调研。

17日至18日，中国共产党铜仁军分区第十八次代表大会召开。省军区参谋长洪晓荣出席会议，市委书记、军分区党委第一书记夏庆丰出席并讲话，市委常委、铜仁军分区司令员欧阳青主持开幕式，政委费光明代表军分区第十七届党委作工作报告，政治部主任雷勇代表军分区纪委作工作报告。

17日至18日，全省山地生态畜牧业发展暨产业化扶贫现场会在铜仁市召开。副省长刘远坤出席会议并讲话，会议通报全省山地生态畜牧业发展情况和下一步打算以及全省草地畜牧业产业化扶贫工作情况。铜仁市、黔东南州、黔南州、黔西南州，玉屏自治县、凤冈县、务川自治县、开阳县，贵州智顺养殖农民专业合作社、广东温氏集团作交流发言。会前，与会人员实地参观了思南绿量公司现代草地畜牧业基地、江口县特种冷水鱼繁育养殖基地、松桃贵州努比亚公司种羊场、玉屏温氏公司种猪扩繁场等项目。

20日，市委书记夏庆丰率队到大连民族大学考察，先后参观教育设计学院、生命科学学院、土木工程学院、建筑学院、环境与资源学院和铜仁研究院等二级学院和科研院所，随后与大连民族大学举行校地合作交流座谈会。期间专门抽出时间看望了在大连参加培训的铜仁教师、医生和铜仁籍学生。

20日至21日，吉利集团副总裁毛勇一行在铜仁市实地考察大龙开发区、铜仁高新区和碧江经开区建设发展情况，并与铜仁市就加强合作、共同发展进行座谈交流。市委副书记、代理市长陈晏全程陪同考察并主持召开座谈会。

25日，贵州省第十二届人民代表大会常务委员会第十七次会议决定，确定铜仁市人民代表大会及其常务委员会自2015年10月1日起，可以依法对城乡建设与管理、环境保护、历史文化保护等方面的事项制定地方性法规。

28日，铜仁市在万山欢乐世界建设项目现场与全省同步举行2015年第三批重大项目暨PPP项目集中开工仪式。全市有41个重大项目暨PPP项目与全省同步开工，项目总投资146.51亿元，年度计划完成投资35.18亿元。

10月

5日，第一届中国（玉屏）国际箫笛制作大赛在玉屏箫笛文化展示体验园举行。市委书记夏庆丰出席活动并讲话。

6日，全国第三届竹笛艺术节暨纪念玉屏箫笛金奖百年“相约茶花泉”文化活动周开幕。中国音乐学院院长赵塔里木，中国非物质文化遗产保护协会会长马文辉，市委副书记、代理市长陈晏，市委常委、市委宣传部部长刘婕，市委常委、铜仁军分区司令员欧阳青，副市长杨同光，市政协副主席王能军、杨晓敏出席并观看。

8日，铜仁市举行“三证合一、一照一码”营业执照的启动仪式。企业原需办理的工商营业执照、质监部门组织机构代码证、税务部门税务登记证照由此转变为“三证合一、一照一码”登记制度。

10日，全市电子商务发展现场推进会在印江自治县召开。市委书记夏庆丰出席并讲话。市委副书记、代理市长陈晏主持会议。阿里巴巴农村淘宝贵州大区总经理戈新县，市领导宗文、皮贵怀、陈代军、陈代文、肖洪、夏虹、张明、冉晓东等出席会议。

11日，市委召开常委会议，传达学习习近平总书记在中央政治局第二十六次集体学习、纪念中国人民抗日战争暨世界反法西斯战争胜利70周年重要讲话精神和《中国人民抗日战争暨世界反法西斯战争胜利70周年纪念活动总结报告》精神，对铜仁市学习贯彻工作进行安排部署。

12日，铜仁市在铜仁人民会堂与美国蒙特利公园市签署《中华人民共和国贵州省铜仁市和美利坚合众国加利福尼亚州蒙特利公园市关于建立友好城市关系的谅解备忘录》《中国铜仁学院与美国加州西来大学合作协议》和《（中国）贵州省铜仁第一中学与美国兰姆师教育留学中心合作协议书》，双方将在缔结友好城市、教学科研、学术交流等方面开展实质性合作。

是日，市委书记夏庆丰会见北京华胜天成科技股份有限公司常务副总裁朱红仙一行。

是日，市委副书记、代理市长陈晏率市直有关部门和碧江区、铜仁高新区、大龙开发区负责人赴吉利集团考察招商，并与吉利集团联合举办了铜仁市汽车装备制造业专题招商引资推介会，与来自全国各地的45家汽车零配件生产供应商、采购商开展座谈，就深化合作事宜深入交换意见建议。

16日，省十二届人大代表专项视察铜仁市文化旅游创新区发展情况并在铜仁召开座谈会，市委书记夏庆丰参加并听取省人大代表的意见和建议，围绕铜仁市旅游跨界融合、实现全域旅游发展进行深入探讨。

19日至20日，武陵山片区政协主席联席会第一次会议在铜仁召开。贵州省政协党组副书记、副主席黄康生到会听取意见并讲话。中共铜仁市委书记夏庆丰到会祝贺并致欢迎辞。铜仁市政协主席、联席会第一次会议轮值主席陈达新主持会议。中共铜仁市委常委、市政府副市长、国家民委驻铜仁市联络员赵铸代表国家民委派驻武陵山片区联络员发言。武陵山片区政协主席联席会18个成员单位主席、秘书长出席会议。

20日至21日，省政协党组副书记、副主席黄康生到铜仁市石阡、思南、德江三县，就县域经济发展、城镇建设情况等进行工作调研。

21日至24日，第四届反贫困与儿童发展国际研讨会暨亚太儿童早期发展2015年会在北京召开。市委书记夏庆丰出席研讨会，期间作为优秀学前教育事业突出贡献代表受国务院副总理刘延东接见。夏庆丰在研讨会建成公益普惠的学前教育体系板块作《从100个到2005个，山村幼儿园建设可复制、可推广》专题国际交流发言，引起会上600多位国内外专家学者共鸣和热议。

21日至22日，全省电商扶贫现场推进会在印江自治县召开。

25日至27日，市委书记夏庆丰，市委副书记、代理市长陈晏率铜仁党政代表团到浙江吉利集团考察，双方就深化合作，促进吉利汽车零配件生产企业落户铜仁等有关事宜进行深入洽谈。

27日，全省流动图书延伸服务现场会在松桃自治县召开。

29日，全省“多彩贵州文明行动”整脏治乱专项行动现场推进会在铜仁市召开，省委常委、省委宣传部部长张广智出席会议并讲话。

31日，民建企业家考察团到铜仁市考察并座谈，考察团由民建中央联络部副部长汪洋带队。市委副书记、代理市长陈晏，副市长夏虹，市政协副主席汤志平陪同考察和座谈。市政府秘书长吴洋富主持座谈会。

11月

2日，市委召开全市领导干部会议，传达贯彻党的十八届五中全会精神和省委领导干部会议精神。夏庆丰、陈晏分别传达党的十八届五中全会精神、省委领导干部会议精神。

是日，由省委宣传部、省文明办主办的“道德之光·贵州骄傲”——贵州省第四届道德模范先进事迹巡回报告活动走进铜仁，通过歌舞、诗朗诵、小品、相声等多种形式，艺术再现全省第四届道德模范刘兴顺、尹颖、罗朝敏等模范代表的先进事迹和高尚情操。

4日，全省乡镇人大规范化建设工作座谈会在石阡县召开。省人大常委会副主任周忠良主持会议并讲话。

是日，全省加强基层食品安全工作会议在思南县召开。副省长、省食品药品监管体制改革专题组组长、省政府食品安全委员会主任何力出席会议并讲话，

5日，铜仁文化旅游推广活动在江苏省苏州市拙政园举行，铜仁市委副书记阳向东、苏州市政府副市

长王鸿声出席推广活动并为“铜仁文化旅游推广中心”揭牌。活动期间，阳向东与苏州市委副书记陈振一见面座谈。

5日至6日，全省农业综合开发政策业务培训暨现场观摩会在思南县召开。

6日，铜仁市与中国全联旅游业商会考察团在铜仁人民会堂进行座谈并签署战略合作框架协议。世界旅游经济论坛副主席、全国工商联原副主席宋北杉，中国全联旅游业商会会长王平，市委书记夏庆丰出席会议并讲话，座谈会由市委常委、市委统战部部长陈康主持，副市长张明，市政协副主席、市工商联主席、市商会会长谢卫出席会议。

9日，铜仁市与贵阳银行战略合作协议签署仪式在铜仁人民会堂举行。

15日至16日，国务院扶贫开发领导小组专家咨询委员会主任委员范小建率队来铜调研精准扶贫和农村贫困标准、低保标准“减量提标、两线合一”工作并召开汇报会。

20日，全国桃源文化研讨会暨陶渊明诞辰1650周年（365—2015）纪念会在铜仁学院举行。

20日至24日，第八届中国品牌媒体高峰论坛暨2015中国品牌媒体高峰论坛颁奖盛典在铜仁举行。来自全国各地的100多家品牌传媒、200多位媒体主要负责人及10多位著名高校新闻传播学院院长、教授、博导参加论坛，并实地考察铜仁市梵净山、苗王城、铜仁大峡谷等旅游文化景点。

25日，市委书记夏庆丰在铜仁人民会堂会见国星集团有限公司董事长王志刚一行。

26日，全市召开“新两基”（义务教育基本均衡发展和基本普及十五年教育）暨教育重点工作推进会。

26日至27日，省委常委、省委宣传部部长张广智深入铜仁市印江自治县、沿河自治县调研基层公共文化服务体系建设情况。

27日，2015年全市项目建设末位督办现场会在印江自治县召开，市委书记夏庆丰，市委副书记、代市长陈晏出席会议并讲话。

28日至30日，铜仁市第四届旅游产业发展大会暨2015贵州梵净山温泉长寿文化旅游节在石阡县中坝温泉小镇隆重举行。原国务委员戴秉国致贺信，省人大常委会副主任周忠良，副省长蒙启良，省政协副主席蔡志君，省人大常委会原党组书记、常务副主任肖永安，中华全国新闻工作者协会党组书记、常务副主席翟惠生，国务院资深参事、中矿联总顾问王秉忱等国家、省直有关单位负责人出席开幕式。

29日至30日，市委书记夏庆丰，市委副书记、代市长陈晏率由市人大常委会主任雷甘霖，市政协主席陈达新等市领导及各区县党政主要负责人，市直有关部门负责人参加的党政代表团，赴贵阳、贵安新区学习考察。

12月

2日，铜仁市在碧江区茅溪易地扶贫搬迁安置项目点与全省同步举行新一轮易地扶贫搬迁集中开工仪式。

3日，省委宣讲团党的十八届五中全会及省委十一届六次全会精神宣讲报告会在铜仁市举行。

是日，市委副书记、代市长陈晏会见中国建筑工程总公司副总经济师、基础设施事业部总经理张翌一行。

5日至6日，省委副书记、代省长孙志刚深入铜仁市调研，宣讲中央扶贫开发工作会议精神。强调要按照省委常委(扩大)会议和陈敏尔书记要求，把学习贯彻中央扶贫开发工作会议精神作为一项重要政治任务，把脱贫攻坚作为“十三五”期间头等大事和第一民生工程来抓，坚持以脱贫攻坚统揽经济社会发展全局，加快推进大扶贫战略行动，精准谋划，苦干实干，坚决打赢脱贫攻坚战。

9日，由广东、海南、湖南、贵州省铜仁市组成的“三省一市”铁路护路联防工作会议在铜仁市召开。

是日，铜仁市被国家发展改革委、财政部、住建部列入国家循环经济示范城市（县）建设地区名单并予以公示。

10日至11日，中国共产党铜仁市第一届委员会第九次全体会议在铜仁人民会堂举行。会议审议通过了《中共铜仁市委关于制定铜仁市国民经济和社会发展第十三个五年规划的建议》《中国共产党铜仁市第一届委员会第九次全体会议决议》，市委书记夏庆丰作了讲话。

11日，铜仁市实施大扶贫战略行动誓师大会在万山区体育馆召开。省政协副主席陈海峰出席会议并作重要讲话，市委书记夏庆丰，省扶贫办主任叶韬出席并讲话，市委副书记、代市长陈晏主持会议。

是日，省政协副主席陈海峰到铜仁市万山区调研现代高效农业示范园项目。

14日至16日，创建全国民族团结进步示范市试点“互观互检”活动代表团到铜仁市观摩检查。国家民委监督检查司司长陈乐齐及来自相关省、自治区的15个创建全国民族团结进步示范市（地、州、盟）负责人参加观摩检查。省民宗委主任吴军主持汇报会，市委书记夏庆丰陪同观摩并作工作汇报，市委副书记、代市长陈晏陪同观摩。

16日，国家民族事务委员会与贵州省人民政府共建铜仁职业技术学院协议签约仪式在铜仁职院举行。国家民委副主任陈改户，副省长陈鸣明出席会议并讲话。

18日，市委副书记、代市长陈晏会见来铜考察的中国建筑第四局有限公司董事长、党委书记卢遵荣一行，并就双方合作事宜展开座谈。

23日，市委副书记、代市长陈晏会见重庆银行总行党委副书记、纪委书记黄常胜一行，并就双方合作事宜进行座谈。

24日，市委书记夏庆丰，市委副书记、代市长陈晏在铜仁人民会堂会见碧桂园贵州区域总裁黄士冯一行。

26日，铜仁市在大兴水利枢纽工程项目现场与全省同步举行2015年第四批重大项目暨八大领域十大工程项目集中开工仪式。共集中开工81个项目，涉及交通、水利、大数据、大生态、城镇化、教育、卫生、文化、旅游等领域，总投资490亿元，其中，列入全省第四批集中开工的重点项目36个，总投资170亿元。

29日，铜仁市与中国建筑第四局有限公司举行项目合作洽谈会，双方就印秀高速公路（铜仁段）、新区城市综合管廊、奥体中心、大龙经碧江到松桃城市快速干道、新区城市开发等合作事项进行详谈。市委副书记、代市长陈晏，中建四局副总经理罗战平出席。

30日，全市经济工作会议在铜仁人民会堂召开。市委书记夏庆丰作重要讲话。

是日，沿德高速公路开通运营，铜仁市实现县县通高速公路的目标。

31日，铜仁市人民政府与中国建筑股份有限公司在贵阳签订战略合作协议。省委常委、常务副省长、贵安新区党工委书记秦如培到会见证签约。中国建筑工程总公司党组成员、副总裁马泽平出席签约仪式。市委副书记、代市长陈晏致辞。

是日，铜仁市举行铜仁至怀化高速公路开工仪式。

铜仁市概况

基本情况

【自然地理】铜仁市地处贵州省东北部，西、南境与本省遵义、黔东南两市（州）交界，东、北境与湖南、重庆两省（市）接壤，位于东经107°46′～109°25′，北纬27°07′～29°05′，东西长171千米，南北宽219千米，行政区域总面积18003平方千米。

地貌形态：铜仁市处于云贵高原向湘西丘陵过渡的斜坡地带，一般海拔在500～1000米之间。最高海拔为武陵山脉主峰梵净山巅东南面的凤凰山2572米，最低海拔为东部碧江区境的下施滩205米。武陵山脉横陈市境中部，形成东西境域两种不同的地貌特征。武陵山脉以东呈低山丘陵地貌，地势连绵起伏，相对高差较小，一般高差在200米左右。武陵山脉以西是岩溶山原地貌，多为深切峡谷，悬崖陡壁，最大切割深达500～700米，远离河谷的山原，一般地面高差在300米左右。全境以山地为主，由于岩溶化的碳酸盐岩地层出露面积大，各区县都有不同面积和不同规模的岩溶地貌发育，其溶沟密布，石芽丛生，石林、峰丛、峡谷、洼地、溶洞、漏斗、暗河等非常普遍。特殊的地貌特征，形成了千姿百态的自然风光，极具旅游观光价值。

气候特征：铜仁市属中亚热带季风湿润气候区，其基本气候特征为春温多变，绵雨较多；夏季炎热，光照充足；秋温速降，多阴多雨；冬少严寒，无霜期长。年平均气温16℃左右；最冷月为1月，平均气温2～6℃；最热月为7月，平均气温24℃～28℃。境内在相同高度比较下，西部气温高于东部。境内降雨充沛，年平均降雨量为1100～1400毫米，集中于4～8月，占全年平均降雨量的60%～65%。全年日照数为1250小时，太阳总辐射值为3266.7～3735.2兆焦/米2。年均无霜期为290余天。境内由于地形复杂，各地海拔高程悬殊，地貌类型多样，因此气候的立体分布特征十分明显，有“一山有四季，十里不同天”的气候特征。这种气候状态，给农业的立体开发、综合发展、多种经营提供了有利的气候环境。但由于同一地带的海拔高程悬殊，气候的垂直变化较频繁，加上季风强弱及其进退时间在各年差异不同，气象的年际间变化也很大，因而自然灾害较多。

水文条件：市境降水充沛，江河密布，是全省水文条件较好的地区。境内河流以梵净山至佛顶山山脉为分水岭，分属两大水系，东以锦江流域为主的沅江水系，西为乌江水系。全市总长达10千米以上、流域面积大于20平方千米的河流有221条。由于受地形地貌影响，境内降雨类型基本是地形雨，东部为降水高值区，常年降水量在1300毫米以上；西部为降水低值区，常年降水量基本在1200毫米以下。同时因地质和地表植被影响，东部浅层地下水较多，河流水源补给稳定；西部地下水多在深层伏流，加上森林植被条件差，因而地表和地下水的径流条件不及东部。由于河流比降大，水流速度快，常有暴涨暴落现象，容易对水利灌溉和水运事业造成灾害。

土壤状况：铜仁市属中亚热带红壤地带，但由于地处云贵高原向湘西丘陵过渡的斜坡面，生物气候具有明显的过渡性特征，因此过渡类型土壤——黄红壤也有分布，黄壤分布更广。主要土壤类别有红壤、黄壤、石灰土、水稻土等8个土类，16个亚类，47个土属，161个土种。多样的土壤类型为农业的多种经营提供了土壤条件；但普遍存在着不同程度的水土流失，土层薄，熟化程度不高，具有“冷、烂、锈、粘、酸、瘦”的特性，对现代农业生产极为不利。

植被类型：境内植被种类繁多，主要由中亚热带植物组成。在区域分布上，由于土壤气候的差异，植被区系成分明显不同：梵净山以东主要有中湿性常绿阔叶、针叶林等类型，代表树种有油茶、樟、马尾松等；中部是境内植被保存最完好的区域，主要有湿润性常绿阔叶、针叶林等类型，代表树种有甜槠、烤树、楠木等，同时在梵净山还有珙桐、紫薇、冷杉等珍稀树种生长；梵净山以西主要有中生性常绿阔叶、针叶林等类型，代表树种主要有柑橘、柏木、李子、乌桕等。良好的植被为人们的生产、生活提供了良好的生态环境。2015年，全市森林覆盖率达57%。

（瞿政平）

【自然资源】铜仁市处于武陵山脉西段，地质地貌复杂，地势起伏较大，地下与地面组成物质均呈纷繁多样的特点。

土地资源：耕地主要分布于河谷阶地、低山河谷，低山丘陵或剥夷面、低中山山脚、山腰及山谷盆地和断陷盆地等地面。从土地利用的分布状况来看，土地资源开发潜力较大，可以实行林、果药、茶、桑、畜等综合开发。

矿产资源：铜仁市成矿地质条件良好，矿藏丰富，已发现与不同程度探明储量的矿产有59种，其中金属矿产有：汞、锰、金、银、钨、锡、铜、铁、铅、锌、钒、钼、铂、镍、镁、铌钽、碲、硒、镉、镓、锗、钴，共22种；能源矿产有：煤、铀、地下热水，共3种；非金属矿产有：石灰石、白云石、重晶石、方解石、硅石、萤石、石煤、长石、磷、硫铁、碧玉石、花岗岩、大理石、黑滑石、石膏、石棉、紫袍玉带石、辉绿岩、脉石英、水晶石、石英砂、页岩、板岩、砂岩、水泥用粗面岩、建设用砂、含钾页岩、毒砂、陶瓷用高岭土、砖瓦用粘土、砷、水泥用粘土，共32种；水气矿产有：地下水、矿泉水，共2种。汞矿和锰矿储量最为丰富，是境内驰名中外、最具特色的优势矿产。汞矿主要分布于万山、碧江、松桃等县（区）。锰矿集中分布于松桃、碧江等县（区），已探明的远景储量12000万吨，工业储量为6000万吨，仅探明储量则位居全国第三位，且含锰品位高达17～25%。此外，储量较大的还有：煤矿，主要分布于沿河、思南、德江、石阡、印江等县，已探明C+D+E级储量达3亿吨。铁矿，主要分布于石阡、沿河、德江、印江、江口等县，已探明的储量共达7249万吨。磷矿，主要分布于松桃、碧江、沿河等县（市），总储量为400万吨。此外，有色金属、稀有金属钨、锡、钼、钡、硒、钽和稀土矿产也多有分布。其中，硫铁矿储量为22873万吨，硫铁矿，主要分布在德江、沿河、思南、印江、石阡等地。重晶石储量为980万吨，含钾岩矿储量为35亿吨，主要分布于碧江区、万山区。白云石矿储量上亿吨，磷矿石储量3700万吨，萤石储量115万吨。地下热水，主要分布在石阡境内，总流量为58.45～62.4升/秒。

水资源：境内降雨量充沛，多年平均水资源总量为125.21亿立方米左右，其中，地下水资源量为29.24亿立方米，人均拥有水资源量4018立方米。在水能方面，由于各条河流河源地势较高，河流比降大，全市水能资源较为丰富，拥有水能资源理论蕴藏量326.15万千瓦，是全国平均水平的1.5倍，全市可开发量达262万千瓦。

生物资源：铜仁市由于光、热、水、土资源丰富，地形地貌适宜，为多种生物的共生繁殖提供了良好的自然条件。境内植物资源主要有森林、草丛、药用植物、农作物品种和果树品种植物5大类；动物资源主要有畜禽品种、水生动物、野生动物3大类。

在植物资源方面：一是森林资源。共有树种627种，分属89科，283属，以用材林和经济林为主，薪炭林、防护林、竹林、特用林所占比重较小。在森林树种中有不少列为国家珍稀濒危保护植物，其中列为国家一级重点保护的有珙桐、紫薇；列为二级重点保护的有钟萼木、连香树、鹅掌楸；列为三级重点保护的有穗花杉、金杉槭、厚朴、凹叶厚朴、花榈木、楠木、白辛树、丽江铁杉、华铁杉、苌苞铁杉等。珍稀树种大多数集中在梵净山自然保护区。二是草种资源。境内天然牧草大体可分为6大类，共计160种，即禾木科牧草类74种，豆科牧草类16种，杂草类38种，水生青科类3种，饲树类4种，饲用藤灌木类25种。三是药材品种资源。境内有药用植物500种以上，已考察准确的高等药作植物有100科，227属，413种。其中有清热解毒植物药96种；止咳、祛痰、平喘植物药44种；止血植物药43种；驱风除湿、舒筋活血植物药60种；补中益气，散寒解表植物药33种；其他功能的植物药95种。此外，在省内外都畅销的民间常用植物药有珠子参、雪里见、蛇莲、八爪金龙、穿心莲，以及小蘗属、十大功劳属植物等。产量较大的植物药有莫茱萸、杜仲、厚补、黄柏、五倍子、金银花、瓜蒌、射干、半夏、天麻等。境内大型真菌也很丰富，蕴藏有33科、77属、151种。其中竹黄、灵芝、茯苓、乌勃等21种可作药用。含抗癌物质或有抗癌作用的有采绒草盖菌、菱红菇等12种。还有香菇、木耳、松乳菇等30种，是城乡居民广为喜爱的美味山珍。四是农作植物品种资源。栽培植物主要有粮食作物、油料作物，以及其他经济作物和蔬菜，共计812个地方品种，其中粮食作物主要有水稻、玉米，以及薯类、麦类、豆类、杂粮等594个品种；油料作物主要有油菜、花生等11个品种。其他经济作物主要有烟草、青麻、向日葵、茶叶、蚕桑等53个品种；蔬菜主要有叶菜类、根菜类、茄果类、甘蓝类、鳞茎类、水生菜类、瓜类、野生菜类等13类，154个品种。五是果树品种资源，境内栽培水果主要有柑橘、橙、柚、桃、李、梨、杏、柿、枣、苹果、葡萄、板栗、枇杷等。境 内各山区还盛产猕猴桃、刺梨、红籽、八月瓜等多种营养丰富的野生果品。近年来，人工栽培猕猴逐渐普及。

在动物资源方面：一是畜、禽品种资源。家畜以猪、牛、羊、狗为主，也有少量马、驴、兔等饲养。家禽以鸡、鸭为主，也有少量的鹅、鸽饲养。近年来，开始有人注重山鸡、蓝孔雀等野禽、珍禽饲养。二是水生动物资源。境内水生动物以鱼类最广，共有5目16科93种，种属最多的有鲤科、鲍科、鳍科。近年来，开始了人工繁殖鳝鱼。除鱼类外，还有两栖动物大鲵、青蛙等；有爬行动物鳖、龟等；有软体动物蚌、螺等；有节肢动物日本沼虾、秀丽白虾等。大鲵被称为世界“山水之珍”，属国家二类保护动物，本区是主要产区，境内各县均有分布，以梵净山及其周围最多。鳖又名“甲鱼”“团鱼”，是高级滋补动物，肉质鲜嫩清香，其甲可人药，主治阴虚、痨热不蒸、症聚积等症，境内各溪河、塘库和沼泽等水域均有，是鳖的丰产区。三是野生动物资源。境内共有各类野生动物大约400余种，其中兽类动物约60余种，有列为国家一类保护动物的黔金丝猴、黑叶猴；有列为国家二类保护动物的熊猴、红面猴；有列为国家三类保护动物的林麝、毛冠鹿和穿山甲。黔金猴又叫灰金丝猴、白肩仰鼻猴，在世界上仅分布于本区梵净山，是非常珍贵的濒危物种；黑叶猴主要分布于本区麻阳河国家级自然保护区。境内两栖动物分属2目8种11属，大约40余种，珍稀两栖动物除大鲵外还有尾斑瘰螈、大绿蛙、合征姬蛙、棘指角蟾等4种。爬行动物分属3目8科23属，约50余种，其中蛇目有32种，毒蛇有7种，有较高药用价值和食用价值的13种。境内鸟类动物分属16目35科约200余种，其中留鸟类、夏候鸟类等繁殖鸟约占65%，冬候鸟类、旅鸟类等非繁殖鸟约占35%，列为国家保护的珍稀鸟类有鸳鸯、红腹角雉、白冠长尾雉和红腹锦鸡等4种。鸳鸯通常在北方繁殖，然而境内梵净山亦有鸳鸯繁殖，更显现出铜仁市自然环境的特殊魅力。

（瞿政平）

【旅游资源】 铜仁市地处武陵山脉，地形多样，地貌独特，峰峦叠翠，溪河交错，林丰草茂，气候宜人，加上历史悠久，民俗古朴，地方民族文化颇具特色，革命遗址留存不少，自然和人文景观触目皆是。

自然景观：境内岩溶地貌发育，形成了以岩溶景观主要特色的自然风光。奇山、异石、溶洞、暗河随处可见，共有自然风景名胜40多处。武陵山的主峰梵净山，堪称“武陵之源，名岳之宗，地球和人类之宝”，它有10多亿年前的古老地层，有冰川时期大自然留下的奇迹，有地球上同纬度保存最完好、最典型的原始森林，被列为国家级自然保护区，被联合国教科文组织列为全球“人与生物圈”保护区网的成员单位。梵净山的姊妹山——佛顶山，位于市内石阡县南境，山势峻秀，森林茂密，奇峰罗列，其主峰海拔高达1869.3米，珍稀动植物名目繁多，是境内又一引人入胜的名山。麻阳河国家级自然保护区，植被保存完好，野生动植物资源丰富，以黑叶猴为主的国家一二类保护动物有37种，有南方红豆杉、银杏等国家重点保护植物12种，被誉为地球上少有的几个动植物"基因库"之一。保护区内集峰丛、陡崖、溶洞为一体，富有奇、险、幽、静等绝妙景观，是生态旅游一块圣地。境内溶洞遍布各地，较大的溶洞有20多处。铜仁市九龙洞洞深1700米，最高处50多米，总面积达3.48万平方米，分2层8厅，以雄、奇、险、静而著称，被贵州省列为第一批"十大风景区"，2004年1月被定为国家级风景名胜区。思南石林，形态各异，柱状、剑状、塔状、锥状交相映趣，各具其妙，出露面积达4.9平方千米，是中国同纬度保存最完整、出露面积最大的连片喀斯特石林。同时，境内地热资源丰富，出露的温泉有33处，其中石阡城南温泉清澈透明，水温终年保持在45℃左右，流量为10.4升/秒，具有"久晴不涸，久雨不涨，四时如一"的特点，在明万历年间即已开发，距今已达400多年的历史，是国内最古老的温泉之一。迄今，仅在石阡境内即发现地热矿泉13处，共19个出露点。2009年，国务院批准石阡温泉群为国家级温泉群风景名胜区，同时被中国矿业联合会命名为"中国温泉之乡"。此外，西部绝壁叠嶂的乌江，穿插于境内5个大峡谷，形成了200多里的天然山峡长廊；东部碧波荡漾的锦江，两岸奇峰林立，峭壁嵌绿，构成了一幅"清水出芙蓉，天然去雕饰"的十里锦帛画廊。2009年3月在亚太环境保护协会中国委员会、香港中国城市研究院、中华口碑中心等联合举办的第三届中华100大生态亲水美景口碑金榜评选活动中，"十里锦江城市天然水体景观"位居"2009中华十大生态亲水美景"第四名。

人文景观：境内有文物古迹128处，其中古遗址4处，古墓及历史人物墓葬29处，古建筑及历史纪念建筑物64处，石刻石碑32处，还有至今保存完好的明代古尸等等，一一记录了铜仁市悠久的历史。铜仁市是全省惟一的革命老区，有革命遗址、烈士故居和革命纪念建筑物共80余处，其中红军早期革命将领周逸群烈士故居、中共中央湘鄂西分局枫香溪会议会址、黔东特区革命委员会旧址、中国工农红军二六军团木黄会师旧址、石阡会议会址等为省级重点文物保护单位。红色旅游资源极具品位。本市属多民族杂居地区，在悠久的历史发展中，创造并留传着多姿多彩而古老的民族文化和民族风情。民间经久不衰而一直沿袭下来的傩堂戏，是从一种古老的崇拜祖先，驱逐鬼疫的宗教祭祀活动演化而成，堪称"戏剧活化石"；境内的傩戏博物馆是世界唯一的傩文化博物馆，其傩戏面具、服饰、唱本、以及各处法器，可供有关专家考察和研究。民间有过年、元宵、社日、以及端午、四月八、六月六、七月半传统节日，都有浓厚而独特的民间习俗，汇集成丰富多彩的民族风情，为旅游观光增添了无穷的情趣。

（瞿政平）

【建置沿革】 早在商周时期，境内已形成有氏族部落，属巴人、濮人势力范围。春秋时期，西部和北部属巴国南境，东部和南部大部分范围属濮人的势力范围，称荆州西南裔，泛称南蛮或荆蛮。春秋后期至战国初期，境内大部属楚，并置黔中郡所辖。战国后期，黔中郡为秦所控制。西南地区夜郎王国和鳖国兴起后，今境南部属夜郎，西北部属鳖国。秦统一中国后，今境全部"纳入职方"，大部属黔中郡；西南局部属象郡，石阡境始有建置夜郎县。成为今贵州省境归属中央行政区划最早的一块版土。也由此为后来贵州建省称"黔"结下了历史渊源。

在随后的历史变迁中，汉时其东北大部属武陵郡，隶于荆州；西南局部分属巴郡和牂牁郡。三国时思南、德江境曾设万宁县，沿河境设汉复县；东边境仍属武陵郡。晋至南齐未见多大建置变化。梁武帝至隋朝，东南部属夜郎郡，并于今玉屏、石阡境置夜郎县，原铜仁市境置静人县，后撤静人县改属辰溪县，隶于沅陵郡；中部置南阳郡；西部属涪陵郡。

盛唐时期改郡设州，今境分置或归属为黔、思、锦、叙、奖、费、夷七个经制州，亦称正州，为中央王朝直接管辖，封建地主经济相对成熟。随后受制于整个大西南落后经济的影响，便又降为羁縻州。宋时，东属沅州，西属思州，西北角属绍庆府。元时继唐宋“羁縻州制”实行“土司制”，先为思州土司一统天下，置新军万户府，旋改思州军民安抚司，再改军民宣抚司，今境东西两部第一次出现统一。

元顺帝时期，思州军民宣抚司所属镇远州归顺大夏政权，建思南道都元帅府，旋改思南宣慰司，由此今境分思州地为思州、思南两宣慰司。至明永乐初，思南宣慰司辖17个长官司，思州宣慰司辖22个长官司。

明永乐十一年（1413年）“两思”田氏土司为争施溪、黄道溪与大万山边界砂坑，积久成怨，朝廷屡禁不止，导致撤两宣慰司设铜仁、思南、石阡、乌罗府，共辖5县、10长官司。在西南地区率先改土设流，并促成贵州建省，为贵州省的形成与发展、为国家政治制度的进一步统一演绎了极其重要的一幕历史。

明正统三年（1438年）废乌罗府，其大部并入铜仁府，局部并入思南府。是时，铜仁府辖铜仁县和省溪、乌罗、提溪、大万山、平头著可5长官司；思南府辖安化（驻府郭）、印江、务川3县和沿河祐溪、郎溪蛮夷2长官司；石阡府辖石阡、葛彰葛商、西北苗民3长官司和龙泉县（仅凤冈县）。今玉屏自治县、万山特区南部属思州府（治所今岑巩县）所辖。

清代，曾于雍正五年（1727年）割湖广平溪卫建玉屏县，隶属思州府。雍正八年（1730年）置松桃厅。嘉庆二年（1797年）升为直隶厅，领1卫1吏目14汛。道光十二年（1832年）今境内共设有3府、1直隶厅、6县，另加1县丞，1吏目。即铜仁府：领铜仁县、正大营县丞、省溪吏目；石阡府：领龙泉县；思南府：领安化、印江、务川县；松桃直隶厅；玉屏县（隶于思州府）。光绪六年（1880年），铜仁县移驻大江口省溪吏目驻地，并将省溪吏目改驻大万山。光绪六年（1880年），安化县署由思南移驻大堡（今德江县）。

结束封建帝制以后，由于政权更迭不已，建制变动过于频繁，然行政区划日趋成熟。民国元年（1912年）撤铜仁县（治所今江口县）并入铜仁府（治所今铜仁城）。民国2年（1913年）改铜仁府为铜仁县（治所今铜仁城），与此同时，改思南府为思南县，改石阡府为石阡县，改松桃直隶厅为松桃县。另外恢复原铜仁县（治所今江口县）改名江口县，安化县改名德江县，以原思南府沿河祐溪吏目驻地设沿河县，以原铜仁府省溪吏目设省溪县（原万山特区）。玉屏县、印江县建置不变。民国3年（1914年），以铜仁县正大营县丞驻地设正大营分县，隶属松桃县兼管；以原四十八溪主簿驻地设四十八溪（今甘龙口）分县，隶属松桃县兼管。民国24年（1935年）6月，经国民政府军事委员会委员长行营核准，在贵州省建立11个行政督察区。其中第六行政督察区专员公署驻思南，辖思南、德江、印江、沿河、石阡等县；第九行政督察区专员公署驻铜仁，辖铜仁、江口、松桃、玉屏、省溪等县。民国25年（1936年）1月，正大营分县并入铜仁县，甘龙口分县并入松桃县。同年3月，全省缩编为8个督察区，原第六、第九行政督察区合并为第六督察区，专员公署驻铜仁，辖铜仁、江口、松桃、玉屏、石阡、省溪、思南、德江、印江、沿河、后坪（治所今沿河县后坪乡）11县。民国26年（1937年）11月，督察区重新设置，德江、后坪2县划属第五督察区（治所今遵义市），其余9县隶属第一督察区（治所今镇远县）。民国30年（1941年），撤省溪县，辖地分别并入铜仁、玉屏2县；撤后坪县，辖地分别并入沿河、务川2县。民国32年（1943年）2月，全省改设6个行政督察区。第六督察区专员公署驻铜仁，辖铜仁、江口、玉屏、松桃、印江、石阡、思南、德江、沿河9县。至此，境内行政区域基本固定，建置相对稳定。

1949年11月至12月，境内各县相继解放，其行政建制仍沿袭民国时期行政区划设置，铜仁区辖铜仁、玉屏、松桃、江口、印江、石阡、思南、德江、沿河9县，专员公署为省人民政府行政派出机关，驻铜仁县。

1956年9月，撤销松桃县，设立松桃苗族自治县。

1958年12月，在“一大二公”思想指导下，撤销玉屏、江口二县，并入铜仁县。此时，各县辖区撤乡建人民公社。1961年8月，在总结“大跃进”和人民公社化运动的失误之后，贯彻“调整”方针，恢复玉屏、江口两县。

1966年12月，为强化汞矿区管理，分玉屏高楼坪、黄道、新庄和铜仁敖寨等4个公社设立万山特区。其间，万山特区曾经历1968年9月一次撤销，随之于1970年8月按原行政区域和建制恢复。

1967年2月7日，铜仁“文化大革命”造反派夺权，由此先后建立过几种形式的“铜仁地区革命委员会”。此时“专区”行政建制“法定”称谓未变，但同级“革命委员会”使用了“地区”这一行政建制称谓；同时“地区革委”和“地区革委核心小组”分别取代了专署和地委。1970年，全国统一改“专区”为“地区”，这是本行政区域在法定意义上正式改用“地区”建制称谓之始。

中共十一届三中全会以后，通过拨乱反正，于1979年取消各级革命委员会，建立各级人民政府。是年1月，根据省革委《黔发（1978）157号》文，铜仁地区建制基础上的“革命委员会”改称行政公署，作为贵州省人民政府行政派出机关的铜仁地区行政公署（简称“行署”）至此开始，行政公署驻铜仁县，下辖铜仁县、江口县、印江县、石阡县、思南县、德江县、沿河县、玉屏县、松桃苗族自治县、万山特区，共8县1自治县1特区。下面分设69个区，作为县（自治县、特区）派出机构，设置7个区级镇，下辖411个公社。2011年10月22日，国务院批复撤销铜仁地区设立地级铜仁市；是年底，以新建铜仁市首届中共代表大会和人民代表大会选举产生铜仁市首届党政领导机构为标志，完成“撤地设市”任务，实现新旧建制更替。是时，铜仁市人民政府驻碧江区，下辖江口县、石阡县、思南县、德江县、玉屏侗族自治县、印江土家族苗族自治县、沿河土家族自治县、松桃苗族自治县和碧江区、万山区。

在现代化建设新时期，境内县乡建制变动情况有：1983年9月撤销玉屏县，建立玉屏侗族自治县；1986年10月撤销沿河县，设立沿河土家族自治县；1986年12月撤销印江县，设立印江土家族苗族自治县；1987年8月撤销铜仁县，设立铜仁市。以上各自治县、市等仍辖原行政区域。乡级建制变动情况有：1984年1月将人民公社改为乡人民政府，通过建乡建镇调整，境内设60个区、10个区级镇，区（镇）下辖369个乡、21个乡级镇、4个民族乡。1987年全面落实民族政策，新建民族乡79个，全区60个区、10个区级镇，下辖315个乡、22个乡级镇、83个民族乡。1991年，开展建镇并乡撤区，自此乡级建置为39个乡、56个民族乡、69个镇、4个街道办事处。2006年8月，铜仁城拓展东城区建立灯塔街道办事处，乡级街道办事处增加到5个。2011年1月5日，贵州省人民政府批复，将铜仁市谢桥街道办事处及其所辖谢桥、唐家寨、楚溪、龙门坳、石竹、瓦屋坪6个村和谢桥社区居委会划归万山特区管辖；谢桥街道办事处大坳村划归铜仁市环北街道管辖。2011年完成“撤地设市”后，城镇化建设步伐加快。2012年至2015年期间，省政府先后多次批复同意撤销部分镇、乡、民族乡，另设立部分街道办事处和镇。

2015年底，铜仁市辖江口县、石阡县、思南县、德江县、玉屏侗族自治县、印江土家族苗族自治县、沿河土家族自治县、松桃苗族自治县和碧江区、万山区，共173个乡级建制单位，其中13个乡，38个民族乡，96个镇，26个街道办事处。

（瞿政平）

附一：

2015年底铜仁市行政区划一览表

县、区	所辖乡、镇、办事处及政府驻地
碧江区（辖5个民族乡、4个镇、4个街道办事处，区人民政府驻川硐）	市中街道办事处（驻下南门）、河西街道办事处（驻凉水井）、环北街道办事处（驻北关）、灯塔街道办事处（驻灯塔）、漾头镇（驻漾头）、坝黄镇（驻龙井）、川硐镇（驻川硐）、云场坪镇（驻云场坪）、瓦屋侗族乡（驻瓦屋）、和平土家族侗族乡（驻和平）、六龙山侗族土家族乡（驻瓮墁）、桐木坪侗族乡（驻桐木坪）、滑石侗族苗族土家族乡（驻滑石）
万山区（辖6个民族乡、1个镇，2个街道办事处，区人民政府驻谢桥）	谢桥街道办事处（驻谢桥）、茶店街道办事处（驻茶店）、万山镇（驻老街）、高楼坪侗族乡（驻高楼坪）、黄道侗族乡（驻黄道）、敖寨侗族乡（驻敖寨）、下溪侗族乡（驻下溪）、鱼塘侗族苗族乡（驻鱼塘）、大坪侗族土家族苗族乡（驻大坪）
江口县（辖2个民族乡、6个镇，2个街道办事处，县人民政府驻双江）	双江街道办事处（驻磨湾村）、凯德街道办事处（驻金钟村）、闵孝镇（驻哨上）、太平镇（驻太平）、民和镇（驻民和）、坝盘镇（驻坝盘）、桃映镇（驻桃映）、怒溪镇（驻怒溪）、德旺土家族苗族乡（驻德旺）、官和侗族土家族苗族乡（驻官和）
玉屏侗族自治县（辖2个乡、3个镇，2个街道，县人民政府驻平溪）	平溪街道（驻皂角坪村）、皂角坪街道（驻皂角坪）、大龙镇（驻大龙堡）、田坪镇（驻田坪）、朱家场镇（驻朱家场）、新店乡（驻新店）、亚鱼乡（驻亚鱼）
松桃苗族自治县（辖6个乡、17个镇，5个街道办事处，自治县人民政府驻蓼皋）	蓼皋街道办事处（驻坪块社区）、大兴街道办事处（驻大兴）、九江街道办事处（驻炮里）、世昌街道办事处（驻道水）、太平营街道办事处（驻太平）、盘石镇（驻臭脑）、盘信镇（驻盘信）、大坪场镇（驻大坪场）、普觉镇（驻普觉）、寨英镇（驻寨英）、孟溪镇（驻孟溪）、乌罗镇（驻乌罗）、甘龙镇（驻甘龙）、迓驾镇（驻迓驾）、长兴堡镇（驻长兴堡）、牛郎镇（驻牛郎）、正大镇（驻正大营）、平头镇（驻平头司）、大路镇（驻大路）、冷水溪镇（驻冷水溪）、木树镇（驻木树）、黄板镇（驻黄板）、长坪乡（驻务旮）、妙隘乡（驻妙隘）、石梁乡（驻石梁）、永安乡（驻永安）、瓦溪乡（驻大坳）、沙坝河乡（驻沙坝）
石阡县（辖2个乡、9个民族乡、7个镇，县人民政府驻汤山）	汤山镇（驻县城）、龙塘镇（驻龙塘）、花桥镇（驻花桥）、五德镇（驻五德）、中坝镇（驻中坝）、白沙镇（驻白沙）、本庄镇（驻本庄）、龙井仡佬族侗族乡（驻龙井）、石固仡佬族侗族乡（驻石固）、青阳苗族仡佬族侗族乡（驻青阳）、枫香仡佬族乡（驻枫香）、坪山仡佬族侗族乡（驻坪山）、甘溪仡佬族侗族乡（驻甘溪）、国荣乡（驻国荣）、大沙坝仡佬族侗族乡（驻大沙坝）、坪地场仡佬族乡（驻坪地场）、聚凤仡佬族侗族乡（驻聚凤）、河坝场乡（驻河坝场）
印江土家族苗族自治县（辖1个乡、13个镇，3个街道办事处。治县人民政府驻峨岭）	峨岭街道办事处（峨岭村）、龙津街道办事处（驻红光村）、中兴街道办事处（驻中坝）、板溪镇（驻板溪）、天堂镇（驻天堂）、木黄镇（驻木黄）、合水镇（驻合水）、朗溪镇（驻朗溪）、缠溪镇（驻缠溪）、洋溪镇（驻洋溪）、沙子坝镇（驻沙子坝）、新寨镇（驻新寨）、刀坝镇（驻刀坝）、紫薇镇（驻永义）、杨柳镇（驻杨柳）、杉树镇（驻杉树）、罗场乡（驻罗场）

续表

县、区	所辖乡、镇、办事处及政府驻地
思南县 （辖8个民族乡、17个镇，3个街道办事处，县人民政府驻思唐）	思唐街道办事处（驻文化社区）、关中坝街道办事处（驻沙洲社区）、双塘街道办事处（驻双塘社区）、鹦鹉溪镇（驻鹦鹉溪）、凉水井镇（驻凉水井）、张家寨镇（驻张家寨）、许家坝镇（驻许家坝）、塘头镇（驻塘头）、合朋溪镇（驻合朋溪）、大坝场镇（驻大坝）、孙家坝镇（驻孙家坝）、邵家桥镇（驻邵家桥）、瓮溪镇（驻瓮溪）、文家店镇（驻文家店）、青杠坡镇（驻青杠坡）、大河坝镇（驻大河坝）、亭子坝镇（驻亭子坝）、香坝镇（驻香坝）、长坝镇（驻长坝）、板桥镇（驻板桥）、思林土家族苗族乡（驻思林）、胡家湾土家族苗族乡（驻胡家湾）、三道水土家族苗族乡（驻洋恩坝）、杨家坳土家族苗族乡（驻杨家坳）、宽坪土家族苗族乡（驻宽坪）、枫芸土家族苗族乡（驻枫芸社区）、天桥土家族苗族乡（驻天桥）、兴隆土家族苗族乡（驻兴隆场）
德江县 （辖8个民族乡、11个镇，2个街道办事处，县人民政府驻青龙）	青龙街道办事处（驻桥头社区）、玉水街道办事处（驻新寨社区）、煎茶镇（驻煎茶）、潮砥镇（驻青龙嘴）、稳坪镇（驻宛坪）、枫香溪镇（驻袁家湾）、合兴镇（驻铺子湾）、复兴镇（驻七星场）、高山镇（驻铁水坝）、泉口镇（驻泉口）、长堡镇（驻长堡）、共和镇（驻牛渡滩）、平原镇（驻杉园）、堰塘土家族乡（驻梅子坝）、龙泉土家族乡（驻龙兴场）、沙溪土家族乡（驻万坝）、钱家土家族乡（驻挖断渠）、长丰土家族乡（驻黄家堡）、荆角土家族乡（驻青草坝）、楠杆土家族乡（驻新街）、桶井土家族乡（驻十字路）
沿河土家族自治县 （辖2个乡、17个镇，3个街道办事处，自治县人民政府驻和平）	和平街道办事处（驻丁字口社区）、沙子街道办事处（驻新沙）、团结街道办事处（驻燎原社区）、谯家镇（驻谯家铺）、夹石镇（驻夹石）、淇滩镇（驻淇滩）、官舟镇（驻官舟）、客田镇（驻客田）、洪渡镇（驻洪渡）、土地坳镇（驻竹花）、思渠镇（驻思渠）、黑水镇（驻垄堡）、晓景乡（驻晓景）、中界镇（驻中界）、甘溪镇（驻甘溪）、板场镇（驻板场）、泉坝镇（驻泉坝）、中寨镇（驻中寨）、黄土镇（驻黄土坎）、新景镇（驻新仲）、塘坝镇（驻塘坝）、后坪乡（驻河心）

（张军）

【民族·人口】 铜仁市历来是个多民族地区。据第六次人口普查资料显示，铜仁地区有汉、土家、苗、侗、仡佬、羌、蒙古、瑶、回、壮、布依、彝、满、维吾尔、高山、傣、朝鲜、傈僳、普米、水、黎、白、哈尼、畲、土、藏、京、拉祜、毛南、东乡、保安、独龙、佤、景颇、纳西、仫佬、赫哲、阿昌、鄂伦春、柯尔克孜、达斡尔等民族。2015年，全市户籍人口436.78万人，常住人口312.24万人。人口自然增长率为5.87‰，比上年上升0.09个千分点。

（瞿政平　张军）

名　　录

注：姓名后面加“*”号的是在2015年内因提职、免职、调职、机构调整和离退休及其他原因而去职的，没有“*”号的为年内仍在职。

中国共产党铜仁市委员会

书　记　刘奇凡*
　　　　夏庆丰
副书记　夏庆丰*　陈　晏
　　　　李　建*（土家）　阳向东
常　委　刘奇凡*
　　　　夏庆丰
　　　　陈　晏
　　　　李　建*（土家）
　　　　阳向东
　　　　陈　康
　　　　宗　文*
　　　　郭智敏（女）
　　　　杨德华（土家）
　　　　梁　伟*（侗）
　　　　刘　婕（女，满）
　　　　张　涛
　　　　皮贵怀
　　　　张　矛（挂职）
　　　　赵　铸（挂职）
　　　　欧阳青
　　　　陈代军
秘书长　梁　伟*（侗）
　　　　杨维权（土家）
副秘书长　商友江*（常务）
　　　　张　凯（常务）
　　　　杨启明*
　　　　田　杰
　　　　崔武德*（土家）
　　　　蒙胜思（苗）
　　　　田志宏
　　　　安启洪（土家）
　　　　郑　敏（女，侗）
　　　　汤行忠
　　　　姚晓叶
　　　　罗洪祥
　　　　冯　华
　　　　钱　刚
专职纪检员　罗洪祥*　赵相林（苗）
市委督查室主任　陈琪

中国共产党铜仁市委员会工作部门

市委组织部

部　长　皮贵怀*
　　　　陈代军
副部长　熊放鸣（常务，土家）
　　　　李仕江
　　　　彭爱华*（女，土家）
　　　　石月元（女，苗）
　　　　谢　辉*（苗）
　　　　龚　仆
　　　　石炳凤（苗）
部务委员　姚向东*（侗）
　　　　唐　虹*（女，土家）
　　　　成　军（仡佬）

市委宣传部

部　长　刘　婕（女，满）
副部长　任坚强（女，土家）
　　　　张选明
　　　　庹　颖*（女、土家）
　　　　田　琼*（土家）
　　　　杨红军
　　　　卫建和
文明办主任　任坚强（女，土家）
　副主任　卫建和*　勾文明
外宣办主任　田　琼*（土家）
　副主任　旷永新（土家）
文改办副主任　吴　岗

市委统战部

部　长　陈　康
副部长　蒙胜思*（常务，苗）
　　　　徐　敏（常务）
　　　　沈江风*
　　　　韦　敏
　　　　王继承（土家）
　　　　汪　劲（仡佬）

市委群众工作部（市信访局）

部　长（局　长）　梁　伟*（侗）
副部长（副局长）　冯　华（常务，土家）
　　　　　　　　　张献全
　　　　　　　　　高　晴（女，侗）
群工中心（投诉受理及信访信息中心）主任
　　　　　　　　　　　　刘建荣（侗）

市委台湾工作办公室

主　任　沈江风*
　　　　韦　敏
副主任　黄　琳（女，壮）

市委政法委

书　记　张　涛
副书记　龙秀刚（苗）
　　　　郑顺恩（土家）
专职纪检员　刘披星（土家）
政治部主任　鲁明亮*（土家）
　　　　　　汪中军
维稳办副主任　冉启胜（土家）
综治办主任　郑顺恩（土家）
综治办副主任　杨　林（仡佬）
执法监督室主任　贺诗江*
法学会副会长　丁　莉（女，侗）
见义勇为基金会办公室主任　任利军
610办公室专职副主任　罗永才（侗）

市委政策研究室

主　任　崔武德*（土家）
　　　　钱　刚（土家）
副主任　邓仕雄（苗）
　　　　杨通平

市委党史研究室

主　任　韩江华（回）
副主任　徐明忠（土家）
　　　　彭　辉（土家）

市机构编制委员会办公室

主　任　安启洪（土家）
副主任　阎　政
　　　　任明冰（土家）
专职纪检员　严　岚（女，土家）
事业单位登记管理局局长　何邦富

市直机关工委

书　记　郑　敏（女，侗）
副书记　李　欧（苗）
　　　　龚晏彪
纪工委书记　杨华军（土家）

市委党校

校　　长　皮贵怀

党委书记、常务副校长　安　平（女，土家）

党委副书记、纪委书记 杨　俊*（苗）

纪委书记　肖　娟（女，土家）

副 校 长　石炳凤*（苗）

任敬廷（土家）

刘　静（侗）

谢　辉（苗）

曹　勇（侗）

教 育 长　张月勇（土家）

铜仁日报社

党组书记、社长　马仲星*（苗）

侯长青（苗）

总编辑　侯长青*（苗）　庹　颖（女，土家）

副社长　张春阳*

副总编辑　罗小莉（女，侗）

王全香*（女，土家）

王能方

专职纪检员　肖才宏

铜仁网站

站　长　黄江中

市委讲师团（社科联）

团长（副主席）　张 强*（土家）

杨　俊（土家）

社科联主席　周　慈（土家）

副团长（副主席）　孙国祥*　牟长飞（土家）

市委离退休干部工作局

局　长　彭爱华*（女，土家）

石炳凤（苗）

副局长　张安华（土家）

杨洪轩（苗）

张　艳（女，土家）

市老年大学

校　长　张安华（土家）

副校长　尚　空（侗）

市委保密委办公室（市国家保密局）

主　任（局长）　李 建

副局长　万再荣（土家）

铜仁市人民代表大会常务委员会

主　任　雷甘霖（仡佬）

副主任　张观涛*（土家）

龙卫东*（女，土家）

童礼元

刘泽木（侗）

熊光奎（土家）

王开禄

陈代文（土家）

陈建萍（女，苗）

叶德恩（苗）

秘书长　冉　敏

副秘书长　龙淑珍（常务，女，苗）

彭占钧（土家）

内务司法与民宗委主任　李　强（苗）

财经委主任　武少文

教科文卫委主任　周厚吉（苗）

农业和农村委主任　陶小林

选举任免与联络委主任　安万武（土家）

环保与工业城建委主任　严天朝

法制委员会主任　陈荣强（土家）

研究室主任　陈荣强*（土家）　鲁明亮

信访室主任　张辉兵*（苗）

专职纪检员　杨亚群（土家）

机关党委书记　詹　懿

铜仁市人民政府

市　　长　夏庆丰*

陈　晏（代理）
副 市 长　宗　文*（常务）
杨德华（土家）
陈明华*（挂职）
张　矛*（挂职）
赵　铸（挂职）
肖　洪（土家）
王润华*（女，苗）
杨同光
夏　虹
张　明（土家）
胡洪成（侗）
顾　　问　路　军
市长助理　朱剑敏*（挂职）
张文聪（挂职）
邹智明（挂职）
秘 书 长　杨维权*（土家）
吴洋富
副秘书长　田运栋（常务，土家）
杨　震*
吴天燕（侗）
黄来生*（土家）
崔德国*
杜胜贵*（苗）
彭治安*（土家）
李俊宏
余大权
张　峰
田　琼
安　波（土家）
李　亚（苗）
何智强*
郎　韬
袁纯江*（土家）
市纪委派驻市政府办公室纪检组长　翁锡钗（女）
市政府办公室机关党委书记　彭　进（苗）
金融办主任　杜胜贵*（苗）　郎　韬
应急管理办公室专职副主任　何智强（土家）
王　宇（苗）
公共资源交易管理委员会办公室专职副主任
刘永富（土家）
国防教育办公室主任　崔德国*
石批林*
副主任　郝甦明*
刘本强
督查室主任　杨小平（土家）
市烤烟卷烟生产领导小组办公室主任
袁纯江*（土家）　熊莲（女，土家）

中国人民政治协商会议铜仁市委员会

主　　任　陈达新（土家）
副 主 任　周建英（女，侗）
王能军（仡佬）
时晓军
谢　卫（侗）
龙　海（苗）
冉晓东（土家）
汤志平
杨晓敏（苗）
秘 书 长　李科良
副秘书长　方红卫*（常务，女，侗）
万显和（常务）
刘平松
钱　刚*（土家）
提案委员会主任　韩应富（土家）
经济委员会主任　宋喜成（土家）
经济委员会副主任　杨　渊*
人口资源环境委员会主任　胡光荣
教育科技文化卫生体育委员会主任　龙志刚（苗）
教育科技文化卫生体育委员会副主任
石建成（苗）
社会与法制委员会主任　蔡文森*（土家）
饶继勇
文史与民族宗教委员会主任　龙云清（苗）
委员联络委员会副主任　张　涛

智力支边扶贫联系小组办公室主任　李　燕（女，侗）
研究室副主任　安怀宇（土家）
办公室机关党委书记　黄培荣

中共铜仁市纪律检查委员会
（含监察局）

书　记　郭智敏（女）
副书记、监察局局长　张　智（苗）
副书记　陆鸿登
　　　　蔡光莲*（女，侗）
　　　　黄道成（土家）
常　委　文皓玉*（土家）
　　　　于　红（女，满）
常委、监察局副局长　唐　英（土家）
　　　　　　　　　　张　翼（侗）
常　委　麻文久（苗）
常委、秘书长　杜晓军（土家）
监察局副局长　刘嘉赋（土家）
组织部部长　彭　江（侗）
宣传部部长　唐永湖（土家）
党风政风室主任　陈世佳
信访室主任　姚源龙（侗）
案件监督管理室主任　冷雪梅（女，苗）
第一纪检监察室主任　杜　奎*（土家）
第二纪检监察室主任　麻文久（苗）
第三纪检监察室主任　吴洪权
第四纪检监察室主任　杨　宏*（土家）
第五纪检监察室主任　吴　翔（苗）
案件审理室主任　田富饶
纪检监察干部监督室主任　严　杰（土家）
机关服务管理处主任　钟层俐

军事机构

中国人民解放军铜仁军分区
司令员　欧阳青
政　委　费光明
参谋长　张志斌
政治部主任　雷　勇
后勤部长　王　成（土家）

中国人民武装警察部队铜仁市支队
支 队 长　杜永光
第一政委　张　涛
政　　委　陈存杰
副支队长　王　吉*
　　　　　胡智成
副政治委员　兰官富*　刘建明
参 谋 长　蔡清林*　胡华俊
政治处主任　杨雁冰
后勤处处长　占　靓

铜仁市公安消防支队
支 队 长　曾宪国
政　　委　吴　磊
副支队长　曾德国　王　勇
参 谋 长　王　勇*　杜元飞
政治处主任　陆承燃（侗）
后勤处处长　樊炳桥
防火处处长　郭　勇（穿青）

政法系统

市中级人民法院
党组书记、院长　祝　铭
副院长　彭坤毅（常务）
　　　　张　洁（女，土家）
　　　　冉明生
　　　　杨　彬（侗）
政治部主任、机关党委书记　胡　华（侗）
纪检组长　邹筑新

铜仁市人民检察院
党组书记、检察长　范建军
副检察长　肖　亚（常务，土家）

徐福亮
田志刚（土家）
杨志刚（土家）
纪检组长　田金明（苗）
机关党委书记　陈鱼飞（土家）
政治部主任　邹远志（侗）

市公安局

党委书记、局长　张　涛
党委副书记、副局长　谭克冬
夏康宁
副 局 长　张　涛
盛锡明（侗）
尹贵德
机关党委书记　李守忠
政治部主任　韩政龙（苗）
纪委书记　李明华（苗）
消防支队政委　吴　磊
交警支队支队长　金　超
有组织犯罪侦查支队支队长　龙　靖（苗）

市司法局

党组书记、局长　陆鸿登（侗）
副 局 长　杨万隆（土家）
陈燕林（女，侗）
机关党委书记 陈德进（土家）
专职纪检员　杨政勇（土家）
政治部（警务部）主任　吴子平

民主党派和工商联机关

市工商业联合会（商会）

主　　席　谢　卫（侗）
党组书记　韦　敏*
王继承（土家）
副主席（副会长）　苏学宁（女）
石　光（苗）

民革铜仁市委

主　　任　杨晓敏（苗）
专职副主委　张强宝（苗）
副 主 委　王晓玲（女，侗）
陈旭鸿（女，土家）

农工党铜仁市委

主　　委　王能军
专职副主委　王荣海（土家）
副 主 委　谭　斌（土家）

九三学社铜仁市委

主　　委　杨同光
专职副主委　李胜君（苗）
副 主 委　王　飚（侗）
廖延林（仡佬）
代　鸣

群团组织

铜仁市总工会

主　　席　熊光奎
党组书记、副主席　龙久和（苗）
经审委主任　高　鉴
副 主 席　代松华（女，苗）

共青团铜仁市委员会

书　记　杨　云*（女，土家）
张　勇（土家）
副书记　皮春丽*（女，仡佬）
张　峰*
周复宗
王　颖（女，土家）

市妇女联合会

主　席　刘艳阳（女）
副主席　杨海英（女，侗）
田筑玉*（女，苗）

黄　佳（女，侗）

市文学艺术界联合会

党组书记　张春阳
主　　席　龙险峰（苗）
副 主 席　谭晓虹（女，侗）
　　　　　刘照进（土家）

市残疾人联合会

党组书记、理事长　李志勤*（女）
　　　　　　　　　黄来生
副理事长　蔡承米　付文华　张　君
专职纪检员　张安侃（苗）

市计划生育协会

会　　长　戴振华（土家）
执行副会长　李琼（女，土家）
专职副会长　任龙廷（土家）

市科学技术协会

党组书记、主席　李国忠
副主席　方　俊

市红十字会

常务副会长　袁丽君*（女，侗）
　　　　　　张　武（女，土家）
副　会　长　田景强
　　　　　　王贵军（仡佬）

铜仁市人民政府工作部门

市政府法制办公室

党组书记、主任　宋　强（土家）
市政府行政复议委员会办公室专职副主任
　　　　　　冉光周（土家）
副主任　杨大进（侗）

市政务服务中心（行政投诉中心）

党组书记、主任　龙新林（苗）
行政投诉中心主任　刘榕生
副主任　田荣华（土家）
　　　　石容芬（女，苗）
行政投诉中心副主任　崔思潮
纪检组长　覃　江（苗）

市发展和改革委员会

党组书记、主任　项长权*
　　　　　　　　李云德
副主任　罗秀红*（常务，女，土家）
　　　　龙群跃*（常务）
　　　　姬高生*
　　　　冯姝蓉（女，土家）
副主任、重大项目办副主任　胡宪文
重大项目办副主任　田晓军
机关党委书记　彭永祥（土家）
总经济师　陈任平（苗）
总规划师　吴承芳（侗）
纪检组长　陶　强（仡佬）
价格监督检查和反垄断局局长　涂　强（土家）
能源办主任　张　建

市农业委员会

主　　任　王　飚（侗）
党组书记　罗兴体
副 主 任　杨　恩（常务，土家）
　　　　　宋建华
　　　　　马芝新（土家）
纪检组长　龙成学（苗）
总畜牧兽医师　罗　添
总农艺师　杨　文*（土家）
总经济师　肖红权（侗）
机关党委书记　郭建莉（女，侗）
产业办主任　潘大权

市工业和信息化委员会

党组书记、主任　吴继君（侗）

副主任　杨启伟*（常务，侗）
陈代才（常务）
秦会刚*（苗）
姚元贵（侗）
游先胜
机关党委书记　梁新民（侗）
总经济师　罗　雷
总工程师　游先胜*
纪检组长　姚本法（侗）

市民族和宗教事务委员会

主　　任　苏天前*（土家）
党组书记　方门照（仡佬）
副 主 任　王贵勇（常务）
陈　璇（女，土家）
罗友元（侗）
专职纪检员　徐全新（女，土家）

市卫生和计划生育委员会

主　　任　田　艳*（女，土家）
苏天前（土家）
党组书记　罗秀红（女）
副 主 任　陈 尧
邹圣福
段绍华（苗）
罗秀红（女）
熊　明
纪检组长　张景渠（土家）
机关党委书记　卢　文（土家）
市委保健办专职副主任　熊　明*（土家）

市旅发委

党组书记、主任　陈丽萍（女）
副 主 任　舒　勍
徐　剑（土家）
李　勇*（土家）
刘　姗（女，土家）
纪检组长　王永芳（苗）

市档案局（地方志编纂委员会办公室、档案馆）

局长（主任、馆长）　安婵娟（女，土家）
副局长（副主任、副馆长）　滕继承（苗）
黄　维（土家）
专职纪检员　杨辉军*（侗）

市扶贫开发办公室

党组书记、主 任　席佐成（土家）
副 主 任　符宁强（土家）
史开文
曾 杰（女，苗）
专职纪检员　高月萍（女）
总经济师　张绍军（侗）
总畜牧师　张廷刚（土家）
总农艺师　韦　伟（土家）
外资项目管理中心主任　胡映萍
园区办主任　符宁强（土家）
园区办副主任　安成武（侗）
张伶俐（土家）

市人民防空（交通战备）办公室

党组书记、主任　李　林（侗）
副 主 任　杨　军　裴　勇（土家）
总工程师　吴国生（苗）
专职纪检员　谢鲁锋（土家）

市人力资源和社会保障局

党组书记、局长　李仕江
副 局 长　陈达天*（土家）
余晓松*（苗）
王志斌（侗）
姚向东（侗）
副局长、就业局局长　龙 勇（侗）
机关党委书记　杨新华（苗）
总经济师　王　刚*
纪检组长　王建芝（女，回）
总经济师　陆宏豇（土家）

市财政局

常务副局长　陈吉山

副 局 长　龙晓成（苗）

曾凡军（仡佬）

总会计师　徐　跃*

农发办主任　张海虹（女，土家）

纪检组长　廖川黔

总经济师　吴朝晖（女，苗）

支付局局长　蔡恩勇（仡佬）

机关党委书记　余方红（彝）

市民政局

党组书记、局长　赵培成*（仡佬）

杨　强（土家）

副 局 长　杨　强*（土家）

高　鸿（苗）

王继承*（土家）

陈达天（土家）

辛莉沙*（女）

纪检组长　蔡文艺（土家）

机关党委书记　袁世宣（土家）

社会救助局局长　皮烈进

市老龄办副主任　王嗣新（土家）

费树发（仡佬）

市水库和生态移民局

党组书记、局长　陈　敏（侗）

副局长　张国标（土家）

田永池（土家）

田国祥

专职纪检员　刘长征（侗）

总工程师　张金乾（土家）

总会计师　俞丽梅（女，侗）

市科技局

党组书记、局长　安孝荣（侗）

副 局 长　马　俊（回）

陈　涛（女，土家）

专职纪检员　何艾林（土家）

市国土资源局

党组副书记、副局长　周　迪（苗）

副 局 长　胡　波（侗）

纪检组长　何福光（土家）

总工程师　阎玉金

机关党委书记　田　海（土家）

总规划师　王　涛

市住房和城乡建设局

党组书记、局长　刘晓林（土家）

副 局 长　王黔江（侗）

张承敏

夏兴江（土家）

纪检组长　丁建忠（土家）

机关党委书记　卢国民（苗）

风景名胜区管理处处长　方平安（土家）

总工程师　祝　成

住房保障管理局局长　陈太雄（土家）

九龙洞风景名胜区管理处处长　姚敦华（侗）

建筑勘察设计院院长　吴　翔

房屋征收补偿管理处处长　杨　赫（苗）

房屋产权管理处处长　张　琦（侗）

市城乡规划局

局　　长　赵震洋

党组书记　张　萍*（女）

副 局 长　侯定琴（女）

田　强（土家）

杨清华（苗，挂职）

总规划师　崔友军（苗）

专职纪检员　王鹏飞（苗）

市交通运输局

党组书记、局长　李世凡（土家）

副 局 长　何建华（土家）

严循光*（土家）

席龙海*（侗）
陈文军（侗）
机关党委书记　曾杰希
纪检组长　岳秀鹏
总工程师　杨通明*
总规划师　蔡永鹏
市公路处
处　长　刘本强*
市道路运输局
局　长　熊　林（苗）
市地方海事局
局　长　冯　冈（侗）

市水务局
党组书记、局长 汪世平
副 局 长　郭锡亭
罗惠云*（苗）
张翊斌（土家）
总工程师　冉隆彪（土家）
大型灌区建设管理局局长　张学军（土家）
纪检组长　刘胜华（土家）
机关党委书记　罗运武（苗）

市林业局
党组书记、局长　付　君（苗）
副 局 长　徐金胜（土家）
高世娟（女，土家）
机关党委书记　曾庆英（女，土家）
林业特色产业办主任　安启明（土家）
总工程师　赵之瑞（仡佬）
纪检组长　彭业文（土家）

市商务局
党组书记、局长　石维江（苗）
副 局 长　杨振江（侗）
段广英*（女，回）
黄国第（侗）
吴钊辉

总经济师　龙秀明（苗）
纪检组长　杨　军（侗）
机关党委书记　于珠亮
开发区管理办公室主任　杨黎波（侗）

市文体广电新闻出版局
党组书记、局长　詹凤华
副 局 长　姚源清（侗）
王慧英（女）
余晓松（苗）
黄隆武*（土家）
纪检组长　张　伟（土家）
文物局局长　张吉翔（土家）
机关党委书记　熊开宇（土家）
广播电视台台长　张选明

市审计局
党组书记、局长　任廷跃（侗）
副 局 长　田仁华（土家）
文玉宏（土家）
姚茂海（侗）
纪检组长　田　峰（土家）
经济责任审计联席会议办公室主任　游正茂*（仡佬）
总审计师、固定资产投资审计评审中心主任
陈　静（女，侗）

市统计局
党组书记、局长　周登波（土家）
副 局 长　陈文军*（侗）　满晓林（苗）
高　文
专职纪检员　曹明月（女）
总经济师　张羽波（土家）
总统计师　杨宁辉（侗）

市环境保护局
党组书记、局长 李明刚
副 局 长　王　江*（回）　罗　群
张　力（土家）　罗　勇（苗）

总工程师　邹　琼（女）
纪检组长　廖　军（侗）

市安全生产监督管理局

党组书记、局长　罗贤善（侗）
副 局 长　陈兴友（土家）
　　　　　周红卫（土家）
　　　　　沈启胜（苗）
纪检组长　陈国登
总工程师　卢大忠（苗）

市机关事务管理局

党组书记、局长　姚晓叶（女，侗）
副 局 长　朱庆珍（女，仡佬）
　　　　　崔典宗（土家）
　　　　　杨　毅*（土家）
　　　　　许义达（苗）
总工程师　唐　勇
纪检组长　许义达*（苗）　郝甦明

市供销合作社联社

党组书记、主任　符宁强（土家）
副 主 任　李大千
　　　　　黄隆武（土家）
机关党委书记　宋益平（女，苗）
纪检组长　胡光飞

市住房公积金管理中心

党组书记、主任　张　进（土家）
副 主 任　蒋　斌
　　　　　田晓锋（苗）
纪检组长　区　群（女）

市投资促进局

局　　长　曾　红（女，侗）
党组书记　杨启伟
副 局 长　罗红荣（苗）　陈　浩
　　　　　黄　啸（侗）

贵州梵净山国家级自然保护区管理局

局　　长　张维勇
党委书记　杨劲松（满）
副 局 长　杨传东　雷孝平
纪委书记　姚茂海（侗）

市教育局

党组书记、局长　龙丽红（女，苗）
副 局 长　姚元居*（侗）
　　　　　黄国刚（仡佬）
　　　　　龙宪碧（苗）
　　　　　叶通贤
纪检组长　周弼琪（仡佬）
机关党委书记　龙国华（苗）
市政府教育督导委专职副主任　佘小华（女，土家）
招生考试院院长　梁启汉（苗）

市城市管理局（综合城市执法局）

党组书记、局长　寇启聪（苗）
副 局 长　龙树明（苗）
　　　　　陈　林（土家）
　　　　　石俊民（苗）
纪检组长　杨云飞（侗）
机关党委书记　许桂英（女，土家）

公共资源交易中心（产权交易中心）

主　　任　唐　平（苗）
党组书记　陈丽玲（女，土家）
副 主 任　张　萍（女，土家）
　　　　　黎鹏飞*（土家）
　　　　　文启顺（土家）
纪检组长　贺　进（苗）

铜仁科学院

院　　长　李黔军
副 院 长　田国祥　杨华军（土家）
纪委书记　张高明（土家）

铜仁学院

党委书记　李树新
院　　长　侯长林（苗）
党委副书记　饶小华
纪委书记　彭吉黔（仡佬）
副 院 长　戴　亮（土家）
　　　　　罗红芳（女，苗）
　　　　　王嘉福

铜仁职业技术学院

党委书记　杨春光（苗）
院　　长　张景春（女）
党委副书记　覃礼涛（土家）
纪委书记　雷国平（土家）
副 院 长　樊黔江*（土家）
　　　　　杨政水
　　　　　李黔军
　　　　　张命华（苗）
　　　　　徐　联（女，土家）
工会主席　强寿荣（仡佬）
铜仁工业学校党委书记　罗世友（苗）

铜仁幼儿师范高等专科学校

党委书记　彭远斌（侗）
党委副书记、校长　冉贵生（土家）
党委副书记、纪委书记　朱保贤（土家）
副 校 长　李以盛（仡佬）
　　　　　邓　川（女，苗）
　　　　　付万福（土家）
铜仁市旅校党总支书记　鲁　丽（女）
铜仁市旅校校长　王锡林（侗）

铜仁广播电视大学

校　　长　田海燕（女，土家）
副 校 长　杨大江（侗）
　　　　　宋友德（苗）
专职纪检员　李剩勇

铜仁一中

党委书记、校长　汪　澪（苗）
副 校 长　刘大春*（苗）
　　　　　袁景涛（苗）
　　　　　石金贵（苗）
纪委书记　李茂潮（仡佬）

中央、省直部门在铜单位

铜仁市烟草专卖局（贵州省烟草公司铜仁市公司）

局长、经理　马　健（回）
副 经 理　田劲松（土家）
　　　　　黎　含（土家）
　　　　　吴霁霖（女，苗）
总会计师　邓江润（土家）
纪委书记　龙兴权

国家统计局铜仁调查队

队　　长　杨再兴（土家）
副 队 长　欧永华
纪检组长　杨江涛（侗）

铜仁供电局

局　　长　方　珂
党委书记　张义洪
副 局 长　温良彪（土家）
　　　　　杨　韬（土家）
　　　　　林　虎
纪委书记　周　超（苗）
总会计师　蒋天有（土家）

中国人民银行铜仁市中心支行

党委书记、行长　任向阳
副 行 长　马新康
　　　　　郑　敏（侗）
　　　　　高黎平（女，土家）
纪委书记　杨亚军

中国银行业监督管理委员会铜仁监督分局

党组书记、局长　王赤灵
副 局 长　张胜利
　　　　　何天佳（侗）
纪委书记　石兴成（苗）

中国工商银行铜仁分行

行　　长　田朝进（土家）
副 行 长　崔华智（土家）
　　　　　周云强
　　　　　田德明（土家）
　　　　　王学宽（仡佬）
行长助理　安智明（土家）

中国农业银行股份有限公司铜仁分行

行　　长　代　英*（女，土家）
　　　　　骆东辉
副 行 长　陈文贵（土家）　任达辉
　　　　　马　杰　廖自勇（苗）　郭　鹏*
纪委书记　任达辉

中国农业发展银行铜仁分行

党委书记、行长　杨运祥（布依）
副 行 长　冯　凌（女，土家）
　　　　　杨　忠（土家）
　　　　　胡兴卫（侗）

中国建设银行股份有限公司铜仁分行

党委书记、行长　吴晓楠（苗）
党委副书记、副行长　赵　浪（女，苗）
副 行 长　孙　锰（土家）
　　　　　张连飞（土家）
纪委书记、工会主席　钟方乾
风险主管　黄文萍（女）*

中国银行股份有限公司铜仁分行

党委书记、行长　罗义勇
副 行 长　高　超（土家）
　　　　　张晓军（土家）
　　　　　刘　章

贵州省农村信用社联合社铜仁审计中心

党工委书记、负责人　陈　洲（苗）
副主任　王相坤（土家）

中国人寿保险股份有限公司铜仁分公司

总 经 理　侯　学（土家）
副总经理　王建国（土家）
　　　　　王志刚（土家）
总经理助理　舒　敏（女）

中国人民财产保险股份有限公司铜仁分公司

党委书记、总经理　雷礼明
副总经理　谢先德
　　　　　彭　念（土家）
　　　　　梁廷勋（侗）

太平洋财产保险股份有限公司铜仁中心支公司

总 经 理　胡时可
副总经理　瞿华军（侗）　胡时可*
总经理助理　杨　超

太平洋人寿保险股份有限公司铜仁中心支公司

总 经 理　代　毅
副总经理　汤晓惠（女，侗）
　　　　　王　琴（女，侗）
银团总监　田　刚（土家）

市国家税务局

党组书记、局长　刘　辉
副 局 长　何闽全（土家）
　　　　　王秋江（女，苗）
　　　　　李洪勋
　　　　　许义阳（土家）
纪检组长　梁传东
总经济师　陈　军（侗）

总会计师　郭发松（侗）

市地方税务局

党组书记、局长　王梅林
副 局 长　郑世敏（侗）
　　　　　朱　豪（土家）
纪检组长　赵红民
总会计师　邓　操（苗）
稽查局局长　杨玉辉（侗）
总经济师　谭永京
机关党委书记　刘　芳（女）

中国石油化工股份有限公司铜仁石油分公司

经　理　欧仕煊（侗）
党委副书记　曹永权（土家）

中国邮政集团公司铜仁分公司

党组副书记、总经理　杨德勇（苗）
党组书记、副总经理　孟庆松
副总经理　黄　华

市气象局

党组书记、局长　杨水泉*　李　勇
纪检组长　申　庆*　吴登秀（女）
副 局 长　李 勇*　冉国辉　白　翔
气象防灾减灾中心主任　晏理华

市质量技术监督局

党组书记、局长　吴和国（仡佬）
副 局 长　朱喜林（侗）
　　　　　毛国学
　　　　　强自高
总工程师　安宗乾（土家）
纪检组长　孙　林（土家）
总工程师　安宗乾（土家）

市工商行政管理局

党组书记、局长　李云德*　　邹龙兴（土家）
副 局 长　王　毅（土家）
　　　　　孔宪金（苗）
　　　　　龙成林
纪检组长　吴　平（苗）

贵州省无线电管理局铜仁分局

局　　长　王道武（侗）
副 局 长　罗应刚（侗）
监测站站长　田　伟（土家）

中国电信股份有限公司铜仁分公司

党组书记、总经理　李　康
副总经理、纪检组长　郑光华
财务总监、副总经理　张艳俊
副总经理、工会主席　饶胜高

中国移动通信集团贵州有限公司铜仁分公司

总经理　吴键德
副总经理　王朝相（土家）
　　　　　狄笑书
　　　　　邵茂文（仡佬）

中国联通铜仁分公司

总经理　尹华政（土家）
副总经理　晏卫国（土家）
　　　　　杨正国（土家）
　　　　　易　勇
　　　　　杨雪峰（土家）
纪委书记　晏卫国（土家）

市食品药品监督管理局

党组书记、局长　王大洪
副 局 长　张　清
　　　　　邵尧亮
　　　　　黄朝友（土家）
稽查局局长　田　英（女）
药检所所长　洪乃云（侗）
纪检组长　车流恒

药品总监　陈建强（高山）
食品总监　曹德卫（苗）

市水文水资源局
党工委书记　袁　军（侗）
局　　长　杨卫东（苗）
纪委书记　吴文嵩
副 局 长　杨　明（侗）
总工程师　吴　静（苗）

碧　江　区

中共碧江区委员会
书　　记　陈代文（土家）
副 书 记　杨　彪*（土家）
黄万清（侗）
李俊宏*（仡佬）
文皓玉（土家）

碧江区人大常委会
主　　任　金　勇
副 主 任　许明铁（侗）
柳大明（土家）
田水清（土家）
王晓玲（女，侗）
张应林（苗）
曾运华
杨俊英（女，侗）

碧江区人民政府
区　　长　杨　彪*(土家)
副 区 长　杨通国（常务）
胡志勇（土家）
史明涛（挂职）
孙明松（挂职）
张东亚（挂职）
陈志刚（土家）
熊　莲*（女，土家）
何　茂（土家）
谭欧阳（苗）
王　晋（挂职）
杨　赫（苗）
钟世军（挂职，侗）

政协碧江区委员会
主　　席　刘先银（侗）
副 主 席　沈俊亭
杨秀雄（土家）
邵锦波（土家）
田碧虎（土家）
刘远德（侗）
杨长印（土家）
宋　宇（土家）

碧江区人民武装部
政　　委　卫心博
部　　长　饶干忠（土家）

中共碧江区纪律检查委员会
书　　记　罗钧贤（土家）

碧江区人民检察院
检 察 长　李茂才（仡佬）

碧江区人民法院
院　　长　田　咏（侗）

万　山　区

中共万山区委员会
书　　记　田玉军
副 书 记　张吉刚（苗）
娄　玲（女，仡佬）
邹智明（挂职）

万山区人大常委会

主　　任　李孟辉
副 主 任　杨克金（侗）
　　　　　杨泽武（侗）
　　　　　张林华（女，侗）
　　　　　向国珍（女，侗）
　　　　　杨义长（侗）
　　　　　罗锦建*

万山区人民政府

区　　长　张吉刚（苗）
副 区 长　龙成林*（常务，苗）
　　　　　郭德强（常务，土家）
　　　　　朴婷姬（女，朝鲜）
　　　　　吴亚军（挂职）
　　　　　杨德胜（侗）
　　　　　柳　斌（土家）
　　　　　王庆新（侗）
　　　　　郭　振
　　　　　石慧云（女）
　　　　　高　菊（女，侗）

政协万山区委员会

主　　席　吴泽军（侗）
副 主 席　何祥猛
　　　　　周　勇
　　　　　冯世刚（侗）
　　　　　肖丽琴（女）
　　　　　刘洪森（侗）
　　　　　冯　兵

万山区人民武装部

政　　委　王进伟
部　　长　陈明国

中共万山区纪律检查委员会

书　　记　袁继鸿（土家）

万山区人民检察院

检 察 长　田国强（土家）

万山区人民法院

院　　长　龙章云（苗）

松桃苗族自治县

中共松桃苗族自治县委员会

书　　记　冉晓东（土家）
副 书 记　吴洋富*（苗）
　　　　　龙群跃

松桃苗族自治县人大常委会

主　　任　唐永明（苗）
副 主 任　谢廷扬（土家）
　　　　　唐琪先*（苗）
　　　　　宋真道
　　　　　姜　宏（土家）
　　　　　龙文久（苗）
　　　　　吴家永（苗）

松桃苗族自治县人民政府

县　　长　吴洋富*（苗）
　　　　　龙群跃（代理）
副 县 长　田　江（常务，土家）
　　　　　张　武*（女，土家）
　　　　　龙胜和
　　　　　龙正江（苗）
　　　　　黄　啸（侗）
　　　　　刘唐远（苗）
　　　　　田兴国（侗）
　　　　　黄利成（挂 职）
　　　　　王荣海（挂 职）
　　　　　王　馨（挂 职）

政协松桃苗族自治县委员会

主　　席　桑士棕

副 主 席　吴真发（苗）
　　　　　姚能武（土家）
　　　　　杨　烈（女，侗）
　　　　　龙健清（苗）
　　　　　田如刚（苗）
　　　　　龙昌兴（苗）
　　　　　冉启江

松桃苗族自治县人民武装部

政　　委　王建军
部　　长　涂荣华

中共松桃苗族自治县纪律检查委员会

书　　记　吴廷友（苗）

松桃苗族自治县人民检察院

检 察 长　李　强（土家）

松桃苗族自治县人民法院

院　　长　刘国辉

玉屏侗族自治县

中共玉屏侗族自治县委

书　　记　王俊铭
副 书 记　杨德振（侗）
　　　　　徐　敏*
　　　　　刘洪斌（侗）

玉屏侗族自治县人大常委会

主　　任　张运祥（侗）
副 主 任　杨世木（侗）
　　　　　余晓芳（侗）
　　　　　姚茂刚（侗）
　　　　　姚敦云（侗）
　　　　　黄　晋
　　　　　李长锦
　　　　　汪红涛

玉屏侗族自治县人民政府

县　　长　杨德振（侗）
副 县 长　蒲　章（常务，土家）
　　　　　张　涛*（侗）
　　　　　罗　宁（侗）
　　　　　杨永华（侗）
　　　　　田筑玉（女，苗）
　　　　　杨　渊（侗）
　　　　　熊　方（挂职）
　　　　　李永娟（女）
　　　　　吴　艳（挂职，女，蒙古）
　　　　　刘学良（挂职）
　　　　　赵　靓（挂职，女，满）
　　　　　穆仕超*（挂职）
　　　　　王　翔*（挂职）

政协玉屏侗族自治县委员会

主　　席　姚敦发（侗）
副 主 席　何建昌（侗）
　　　　　高　敏（侗）
　　　　　吴群英（侗）
　　　　　姚沅平（侗）
　　　　　戴　刚
　　　　　姚金水（侗）
　　　　　陈　钊

玉屏侗族自治县人民武装部

政　　委　郭华军*
部　　长　苏照辉

玉屏侗族自治县纪律检查委员会

书　　记　夏学文（侗）

玉屏侗族自治县人民检察院

检 察 长　蔡文平（苗）

玉屏侗族自治县人民法院

院　　长　李成海（土家）

江 口 县

中共江口县委员会

书　　记　袁　刚（土家）
副 书 记　黄　霞（女，土家）
　　　　　余大权*（土家）
　　　　　杨　云（女，土家）
　　　　　滕兴奇*（挂职）
常　　委　谯　勇*（土家）
　　　　　席龙海*（侗）
　　　　　杨秀明（土家）
　　　　　罗时跃（侗）
　　　　　罗继才
　　　　　令狐庆
　　　　　王家齐*（挂职）
　　　　　张成山*（挂职）
　　　　　龚　仆※
　　　　　彭治安（土家）
　　　　　杜　奎（土家）
　　　　　刘　敏（挂职）

江口县人大常委会

主　　任　李燎原（苗）
副 主 任　刘仕明
　　　　　覃超英（土家）
　　　　　梅文海（土家）
　　　　　杨祖培（侗）
　　　　　罗菊珍（女，侗）
　　　　　代　峰（土家）
　　　　　李文强（土家）

江口县人民政府

县　　长　黄 霞（女，土家）
副 县 长　席龙海*（常务，侗）
　　　　　彭治安（常务，土家）
　　　　　徐建福
　　　　　张兴国（土家）
　　　　　刘鸿丽（女，土家）
　　　　　张成山（蒙古，挂职）
　　　　　杨　毅（土家）
　　　　　王家齐*（土家，挂职）
　　　　　刘　敏（土家）
　　　　　杨　剑（土家，科技）

政协江口县委员会

主　　席　涂晓华（苗）
副 主 席　饶绍君（侗，常务）
　　　　　王　玲（女，侗）
　　　　　滕建杰（苗）
　　　　　杨军祥（土家）
　　　　　杨　平（土家）
　　　　　江　河（侗）

江口县人民武装部

部　　长　令狐庆
政　　委　邱业跃

中共江口县纪律检查委员会

书　　记　谯　勇*（土家）
　　　　　杜　奎（土家）

江口县人民检察院

检 察 长　姚华权

江口县人民法院

院　　长　唐正洪（土家）

石 阡 县

中共石阡县委员会

书　　记　皮贵怀
副 书 记　黄万清（侗）
　　　　　黄　忠（土家，挂 职）
　　　　　钱　刚（挂 职）

石阡县人大常委会

主　　任　周胜龙（仡佬）
副 主 任　马绿春（回）
　　　　　周明权（仡佬）
　　　　　王宏鹏（仡佬）
　　　　　刘德新（苗）
　　　　　陈德琳（女，仡佬）
　　　　　夏宽忠

石阡县人民政府

县　　长　黄万清（侗）
副 县 长　陈代才*（常务）
　　　　　高应军（常务）
　　　　　孙海超（挂职）
　　　　　李开红（挂职）
　　　　　游德江
　　　　　徐再高（白）
　　　　　张静霞（女，土家）
　　　　　王刚强（仡佬）
　　　　　龚朝清

政协石阡县委员会

主　　席　付贵兰（女，土家）
副 主 席　刘成华（侗）
　　　　　杨越盛（侗）
　　　　　周忠绪（仡佬）
　　　　　陈朝江（仡佬）
　　　　　卢仁富（苗）
　　　　　夏和银（羌）

中共石阡县纪律检查委员会

书　　记　郑丽清（女）

石阡县人民检察院

检 察 长　李世昌

石阡县人民法院

院　　长　陈晓磊（土家）

印江土家族苗族自治县

中共印江土家族苗族自治县委员会

书　　记　陈代军*
　　　　　田　艳（女）
副 书 记　张浩然（土家）
　　　　　吴国才（苗）
　　　　　韩世伟
　　　　　余　文

印江土家族苗族自治县人大常委会

主　　任　王朝文（苗）
副 主 任　万再杨（土家）
　　　　　王天跃（土家）
　　　　　严　政（土家）
　　　　　张　莉（土家）
　　　　　杨晓凤（苗）
　　　　　任明洪（土家）
　　　　　杨天贵（苗）

印江土家族苗族自治县人民政府

县　　长　张浩然（土家）
副 县 长　江　旭（常务，侗）
　　　　　代忠义（土家）
　　　　　田德明（挂职）
　　　　　贾　涛（挂职）
　　　　　舒　勍（挂职）
　　　　　田　猛（土家）
　　　　　王　刚（苗）
　　　　　王　丹*（挂 职）
　　　　　杨　春*
　　　　　杨洪波*

政协印江土家族苗族自治县委员会

主　　席　何圣仙（女，土家）
副 主 席　任达志
　　　　　陆治邦（土家）

严黔闽
王新华（土家）
严志宏（土家）
杨孝华（土家）
王　斌（苗）

印江土家族苗族自治县人民武装部
政　委　刘胜春
部　长　陈治华

印江土家族苗族自治县纪律检查委员会
书　记　杨　宏（土家）

印江土家族苗族自治县人民检察院
检察长　杨胜龙（土家）

印江土家族苗族自治县人民法院
院　长　肖明俊（女）

思　南　县

中共思南县委员会
书　记　胡洪成*（侗）
　　　　刘云成
副书记　刘云成*
　　　　邹龙兴*（土家）
　　　　张延高（土家）

思南县人大常委会
主　任　周贤龙（土家）
副主任　周学彪（土家）
　　　　谭　军（土家）
　　　　龚仙桥（女，土家）
　　　　何　剑*（苗）
　　　　杨胜立（土家）
　　　　陈　鸿（土家）
　　　　汪卫华（苗）
　　　　樊建华

思南县人民政府
县　长　刘云成*
　　　　张延高（土家）
副县长　张延高*（常务，土家）
　　　　杨启明（常务，仡佬）
　　　　安德琼（女，土家）
　　　　李建琴（土家）
　　　　黄　辉*（土家）
　　　　安亿军（土家）
　　　　龚　仆
　　　　黄仕军

政协思南县委员会
主　席　冉亚江（土家）
副主席　黎宗发（苗）
　　　　赵相忠（苗）
　　　　旷永东（土家）
　　　　邢　华（女）
　　　　方　宁（苗）
　　　　陈明贵（苗）

中共思南县纪律检查委员会
书　记　刘昌龙（侗）

思南县人武部
政　委　秦礼军（侗）
部　长　蒋智胜

思南县人民法院
院　长　毛明生（仡佬）

思南县人民检察院
检察长　简　洁（土家）

德　江　县

中共德江县委员会
书　记　张珍强（土家）

副书记　李云德*
商友江（土家）
黄继荣

德江县人大常委会

主　　任　简宜山*（土家）
何先美（土家）
副主任　陈明光（苗）
王治桢（女，土家）
郑国文（土家）
陈旭东（土家）
李映红（土家）
叶　华（土家）

德江县人民政府

县　　长　李云德*
商友江（土家）
副县长　何先美*（土家）
梅　彬（土家）
王　英*（女）
杨绪鹏（土家）
李　兵（土家）
周　文
赵贡良(土家)
池　成(挂职)
罗仕跃（土家，挂职）
李　鹏(挂职)
朱建国（挂职）

政协德江县委员会

主　　席　陈　健
副主席　史天龙（土家）
张　霞（女，土家)
吴应仕（土家）
张观安（土家）
胡国仁（土家）
陈　琳（女，土家)

沿河土家族自治县

中共沿河土家族自治县委员会

书　　记　任廷浬（土家）
副书记　何支刚（土家）
龙海成（苗）
符宁强（土家）

沿河土家族自治县人大常委会

主　　任　席　宁（土家）
副主任　田淑媛（女 土家）
赵　勇（土家）
冷应芬（女 苗）
肖忠甫（土家）
高文智（土家）
崔永龙*（土家）
李仕学（土家）

沿河土家族自治县人民政府

县　　长　何支刚（土家）
副县长　曹　勇*（侗）
杨雪峰（苗）
刘明军（土家）
宋　斌
宋　雷
仲天宝
罗　玲（女，回）
赵　杰（土家）
冉　然（土家）
王　颖（女，土家）
张金乾（土家）
崔永龙（土家）

政协沿河土家族自治县委员会

主　　席　马增力（土家）
副主席　田书忠（土家）
朱天碧（土家）

秦　琼（土家）
杨　超（土家）
杨　静（女，土家）
赵茂虎（土家）
张碧霞（女，土家）

沿河土家族自治县人民武装部

政　　委　高　文*
　　　　　李世怀（侗）
部　　长　苟玉平

中共沿河土家族自治县纪律检查委员会

书　　记　田　斌（土家）

沿河土家族自治县人民检察院

检察长　苏　维

沿河土家族自治县人民法院

院　　长　肖印海（土家）

政　　治

中国共产党铜仁市委员会

【概况】 2015年，铜仁市委紧扣全省主基调主战略，全力优化“两区一走廊”经济空间布局，大力实施“四化同步”发展战略，着力构建政治生态好、经济生态活、社会生态优、自然生态美的美好幸福新铜仁，全市经济社会发展呈现出持续向好的新局面。全年实现生产总值770.89亿元，增长12.7%；完成规模以上工业增加值167.07亿元，增长12.2%；完成50万元及以上固定资产投资1091.62亿元，增长20.5%；实现财政总收入98.2亿元，增长11%；实现城镇、农村居民人均可支配收入22471元、6931元，分别增长11.1%、11.2%。全面小康实现程度达到89.3%，碧江区、玉屏自治县率先通过同步小康达标验收。

一、持续深化理论武装，凝聚强大发展合力

始终把学习贯彻党的十八大、十八届三中、四中、五中全会及习近平总书记系列重要讲话精神作为首要政治任务，坚持用党的最新理论成果武装头脑、指导实践、推动工作，在思想上、政治上、行动上与党中央保持高度一致。充分发挥市委学习习近平总书记系列重要讲话精神研究小组示范作用，先后组织传达学习8次、集中学习5次，举办党员干部专题学习研讨班16期，开展主题宣讲2835场次，推动学习进企业、进机关、进校园、进社区、进农村。习近平总书记视察贵州后，及时召开全市领导干部大会、市委常委（扩大）会议，专题传达学习习近平总书记视察贵州时的重要讲话和省委中心组学习读书会精神。结合铜仁实际对习近平总书记视察我省时的重要讲话精神进行任务分解，拟定85个专题，由市级领导、区县和市直部门主要领导分别领题研究贯彻措施，并召开市委中心组学习会进行研讨交流，切实推动讲话精神在铜仁落地生根、开花结果，为铜仁守底线、走新路、奔小康提供坚强政治保证。

二、牢牢抓住发展第一要务，加速经济发展转型升级

1.狠抓重大基础设施建设，推动扩大投资迈上新台阶。坚持把投资作为支撑经济增长的主动力，全力推进基础设施建设，重大项目完成投资523.78亿元。加快交通基础设施建设，高速公路通车里程达596.6千米，实现县县通高速目标；沪昆高铁铜仁南站建成通车，铜玉高铁加快建设；铜仁凤凰机场新航站楼建设快速推进，国内通航城市增至10个，旅客年吞吐量突破34.3万人次；思林、沙坨水电站通航设施基本建成，高速、高铁、航空、水运立体交通网络初步成型。大力实施水利建设“三大会战”，加快骨干水源工程建设，新增农田有效灌溉面积0.16万公顷；积极开展“小康水”行动计划，着力建设农村饮水安全工程，解决36.56万农村居民和6.99万学生饮水安全问题，全省山区现代水利现场交流会在铜仁市召开。加快能源和信息基础设施建设，完成能源基础设施投资20亿元以上、信息基础设施投资6.8亿元，4G信号实现乡镇全覆盖。

2.大力实施工业强市战略，推动新型工业化发展迈上新台阶。牢固树立“产业强则铜仁强、实业兴则铜仁兴”的理念，坚持把工业作为强市之基、发展之要，大力实施工业“三年大攻坚”，积极推进传统产业振兴、特色产业壮大、新兴产业培育、生产性服务业提升和产业承接转移“五大工程”，加快培育构建特色优势产业体系。积极推进产业转型升级，武陵锰业一期4万吨生产线、碧江海螺水泥400万吨生产线建成投产。按照“产业园区化、园区城镇化、产城一体化”发展思路，扎实推进产业园区升级，支持铜仁高新区申报国家级高新区、大龙开发区申报国家级开发区，加快碧江开发区、万山开发区、梵净山生态养生大健康产业园区建设，推进黔东工业聚集区加快发展。加快推进大健康医药产业发展，出台促进新医药大健康产业发展的实施意见，汉方集团、信邦药业等医药企业落户铜仁，碧江区成功申报为省级大健康医药产业发展示范区。深入开展“双服务”活动，大力实施工业“百千万”工程，抓好卡行铜仁、先照后证等政策措施落实，积极引导民营企业入园发展，民营经济增加值达437亿元，民营经济占GDP比重达58.9%。

3.大力实施城镇化带动战略，推动山水园林城市建设迈上新台阶。坚持以实施城市建设三年大会战为抓手，重点打出“五规融合、五线管控、五园兴城、五城联创”组合拳，加快建设山水园林城市，全市城镇化率达44%。按照“产城融合、教城一体、景城互动、同城联动”发展模式，积极拓展城市空间，完善城市公共服务，做大做强中心城区。碧江、万山两区行政中心顺利搬迁；主城区十大功能提升工程有序推进，建成路网40千米，城区道路达180千米，主城区人口达40万人。按照功能分区、设施配套原则，完善各县城与园区的交通路网和功能配套，县城集聚能力不断增强。加快推进农村集中建房、易地扶贫搬迁和镇村联动发展，着力打造特色小镇和民族小镇，17个示范小城镇完成投资40.9亿元。深入推进“整脏治乱”攻坚年行动，着力解决“五脏五乱、五差五臭”突出问题，着力营造干净、有序、优美的生活环境，受广大市民和游客好评。

4.大力发展现代山地特色高效农业，推动农业现代化发展迈上新台阶。坚持以实施“农业改革创新年”为抓手，现代农业园区建设和“三个万元”工程为载体，围绕“农业园区化、园区景区化、农旅一体化”，强势推进“七进园区”和园区景区化“十个一”工程，新增国家级示范农业园区1个，省级现代农业园区9个，实现产值164.6亿元，实现县级农业园区乡镇全覆盖。大力实施品种、品质、品牌“三品”战略，加快发展茶叶、蔬果、食用菌、中药材、油茶等特色产业，全市新增市级以上龙头企业101家，农产品加工转化率达46.01%，梵净山茶成功申报为中国驰名商标。积极推行“公司+代养户”的农业经营管理模式，累计创建“万元山”“万元田”各42万亩。全省农民资金互助工作试点现场会、全省山地生态畜牧业发展现场会在铜仁市召开。

5.大力发挥文化旅游资源优势，推动三产发展迈上新台阶。加快推进重点旅游景区建设，规划建设梵净山佛教文化园，扎实推进四大天王寨、十八罗汉村建设，建成6条以梵净山为核心的旅游精品线路，新增4A级旅游景区3家，A级景区总数达到21家，全年接待游客3100万人次，实现旅游收入240.18亿元。梵净山景区荣获“国家生态旅游示范区”称号。成功举办2015中国梵净山生态文明与佛教文化论坛、环梵净山国际公路自行车赛和全市第四届旅游产业发展大会。加快电子商务发展，启动电商“十大工程”，建成农村电商综合服务站600个，铜仁高新区获批国家级电子商务示范基地，石阡、印江、德江获批全国电子商务进农村综合示范县，铜仁成为阿里巴巴全国首个农村淘宝市级试点市、中国妇女发展基金会“@她创业计划—母亲电商服务站”试点市、国务院扶贫办友成扶贫基金会电商扶贫试点市。全市从事电商企业达700家、网店1300余家，网络零售额达到5.8亿元，全省电商扶贫现场推进会在铜仁市召开。

三、加强生态文明建设，生态优势持续提升

坚持把生态资源作为铜仁最大的战略资源，把生态优势作为最大的战略优势，着力加强生态建设，竭尽全力守住山青、水清、天蓝、地洁的生态底线。着力构建山上生态屏障，全面落实绿色贵州建设三年行动计划，完成营造林3.77万公顷，完成通道绿化林业建设0.53万公顷，全市森林覆盖率达57.92%，全省林业现代高效农业园区建设现场会在铜仁市召开。着力构建良好水体环境，开展河道环境专项整治行动，实施重点流域环境保护河长制，完善城镇和园区污水处理设施建设，5条主要河流10个地表水监测断面达到III类水质标准，中心城区集中式饮用水源地达标率为100%。着力构建良好空气环境，大力实施工业节能五大攻坚计划和大气污染防治行动计划，开展机动车尾气污染防治，推进油气污染治理和节能减排工作，铜仁中心城区空气优良率97.5%。着力加强土壤污染防治，加强重金属污染防治，推进国家级土壤污染治理修复示范城市建设，土壤污染综合防治示范区建设方案通过环保部专家评审。着力加强农村环境整治，争取到中央农村环境保护专项资金2545万元，获得省级农村环境保护专项资金188万元，全面启动农村环境综合整治项目和传统村落项目的建设工作。着力发展新型循环生态产业，实施循环发展引领计划，推进企业循环式生产、产业循环式组合、园区循环式改造，加快万山循环经济示范区建设，支持其创建国家级示范区。

四、全面深化改革开放，发展活力显著增强

1.加快推进重点领域和关键环节改革。坚持把改革作为经济社会发展的关键一招，召开8次市委全面深化改革领导小组会议，研究出台改革方案和意见66项，55项国家级和省级先行先试改革试点全部启动实施。着力推进管理体制改革，探索开发区投资领域特别管理措施体制改革，开发区建设活力进一步释放；开展以乡镇规划管理委员会实体化运行、乡镇“小部制”改革等为重点的乡镇综合改革，乡镇工作加快转型升级。“云上编制”管理获中央编办网上名称管理工作创新奖，乡镇“小部制”改革获中央编办“接地气、一招鲜、见实效”创新做法征集活动一等奖。着力推进经济体制改革，大力实施农村“三权”改革，创新“三权融资”模式，累计发放农村“三权”抵押贷款4亿元，惠及农户5421户。着力推进投融资体制改革，大力推广PPP融资模式，成功签约9个PPP合作项目，总投资36.23亿元，大兴水利枢纽工程、铜仁高新区二期新建产业园等11个项目被国家发改委列入PPP项目推介目录。着力推进司法体制改革，试点开展法官、检察官办案负责制，试点法院、检察院司法改革工作稳步推进。着力推进生态文明体制改革，建立健全生态文明考核体系，编制铜仁市生态文明建设规划。着力推进社会体制改革，加快推进新一轮户籍制度改革，放开户籍迁移政策，实现市内户籍迁移业务网上“一站式”办理。加快推进职业教育改革，铜仁市医护学校、乌江电子科技学校成为全国首批现代学徒制改革试点学校。着力推进纪律监察体制改革，出台《党委（党工委、党组）主要负责人向上级纪委述职述廉实施办法（试行）》，扎实推进乡镇纪检监察体制改革。加快科技创新步伐，组建铜仁科学院，铜仁学院成功申报院士工作站，建立多领域科技创新平台，3家企业获批省级创新型企业，4家企业获批高新技术企业，5家企业获省级科技创新支持。

2.全面提升对外开放水平。深化与苏州对口合作，教育、卫生、旅游、园区建设等领域合作深入推进。与苏州合作共建铜仁·苏州产业园区，在苏州拙政园设立铜仁文化旅游推广中心。与重庆两江新区、黔江区、湖南湘西以及贵阳、遵义等市结为友好城市。大龙开发区保税仓获批，启动铜仁凤凰机场航空口岸申建工作，大龙综合型外贸转型示范基地获批，对外开放平台进一步拓展。全市签约招商引资项目728个，签约资金1167.68亿元。

五、全力关注和改善民生，群众福祉大幅提升

1.扎实抓好扶贫开发工作。坚持把脱贫攻坚作为头等大事和第一民生工程，围绕“四个切实”“六个精准”，深入实施“33668”扶贫攻坚行动计划，扎实推进科学治贫精准扶贫有效脱贫十二项扶贫攻坚计划，全年减少贫困人口19.46万人，贫困发生率下降到15.54%；沿河县以及九江等18个乡镇如期完成“减贫摘帽”任务，在全省9个市州中率先实现整市“摘帽”。率先在全省启动精准扶贫识别工作，开展精准扶贫建档立卡“回头看”，完成25.5万户89万人贫困对象双识别工作和首轮遍访工作。积极争取草地生态畜牧业、核桃、中药材等产业化扶贫项目，获得产业化扶贫项目资金2.1亿元。引导金融机构开发“三权贷”“精扶贷”等金融产品，发放小额信用贷款117亿元，惠及贫困农户9.31万户，与国开行开展“开发性金融支持扶贫产业合作项目”，开发性融资授信资金33.2亿元。积极争取政策性金融易地扶贫搬迁项目，获批易地扶贫搬迁项目资金80.5亿元，到位30.5亿元。

2.扎实抓好各项民生工作。统筹推进就业创业工作，转移农村劳动力就业7.6万人，深入实施“雁归工程”，全年回铜创业就业人员3.5万人，创办企业、个体工商户5000户，带动就业1.85万人。启动机关事业单位养老保险制度改革，建立“基本医疗保险、大病保险、医疗救助”三重医疗保障，健全完善社会救助统筹协调机制，推进城乡低保“双线合一、减量提标”，社会保险参保人数274.4万人次。加快实施医疗卫生服务能力提升三年行动计划，全面推进县级公立医院综合改革、乡镇卫生院标准化建设，城乡医疗卫生服务体系进一步完善，每千人拥有床位数达到4.42张。市人民医院实现搬迁。全力推进保障性安居工程建设，开工建设保障性安居工程77605套（户），完成52916户农村危房改造任务。全力实施教育“9＋3”计划和“4＋2”突破工程，深入推进基本普及十五年教育和义务教育基本均衡发展，贵州健康管理职业技术学院获省政府批筹。全面完成山村幼儿园建设两年行动计划，全市建成山村幼儿园2065所，提前两年实现基本普及学前教育目标，山村幼儿园建设经验在第四届反贫困与儿童发展国际研讨会上作经验交流发言，获得第四届全国教育改革创新典型案例奖。

3.加强和创新社会治理。积极推进社会稳定风险评估工作常态化，引入第三方独立评估机构或邀请第三方人员开展稳评工作，实现风险评估全覆盖。实施重大突出矛盾纠纷和信访问题集中化解“百日攻坚战”，深入开展领导干部大接访活动，全市排查矛盾纠纷11451起，调处11174起；市、县两级领导干部包案化解信访案件1773件，化解1734件，化解率97.8%。深入推进“百县千乡万村无邪教创建示范工程”，全省防邪反邪工作现场会在铜仁市召开。深化特殊人群服务管理，刑释解戒人员安置帮教“六强六新”经验在全省推广。扎实开展平安铜仁建设“五项行动”，天网地网工程延伸建设工作在全省率先实现全国、省、市、县四级联网共享。全面推进社区网格化服务管理，创建“零发案”小区508个，人民群众安全感明显提升。

六、加强依法治市，加快法治社会建设

1.坚持依法治市，加快法治化进程。设立市人大常委会立法机构，组建立法工作队伍及立法咨询专家库，做好地方立法承接。推行政府权力清单、责任清单、负面清单制度，全面推行政府法律顾问制度。开展市级城管综合执法，推动行政执法权下沉，城市规划、环境保护、食品安全、文化市场等领域执法力量不断加强。扎实推进司法公开平台建设，积极落实立案登记制度，健全司法责任问责机制，严禁干扰司法办案，司法公信力全面增强。建立健全市、县、乡、村四级法律援助服务网络，继续开展百名律师进驻“干群连心室”法律服务和“律师进社区”试点，法律援助、法律服务“最后一公里”有效畅通。

2.坚持扩大人民民主，支持人大政协依法依章履行职能。加强对人大工作的领导，健全人大讨论、决定重大事项和依法监督“一府两院”制度；支持人大及其常委会依法行使选举任免权，加强对选举工作的领导；支持人大加强自身建设，加大对人大代表的教育培训，积极为人大开展工作创造良好条件；积极开展乡镇人大规范化建设，全省乡镇人大规范化建设工作现场推进会在铜仁市召开。加强对政协工作的领导，出台《关于进一步推进社会主义协商民主建设的实施意见》

和市政协专门委员会与党政工作部门对口联系制度，推动协商民主广泛、多层、制度化发展；加强乡镇政协工作联络组建设，强化智力支边扶贫工作，全省智力支边工作现场会在铜仁市召开。支持政协牵头发起并建立武陵山片区政协主席联席会机制，成功举办第一次联席会议。

3.坚持广泛调动各方面积极性创造性，凝聚团结发展力量。充分发挥统一战线法宝作用，积极争取省统一战线智力帮扶武陵山片区（铜仁）扶贫开发帮扶项目44项，帮扶资金4600多万元。着力推进民族团结进步创建活动进机关、进乡镇、进企业等“八进”活动，争取中央及省级少数民族发展项目资金1824万元。“同心共创·同步小康”行动成为全省统一战线的工作亮点和品牌。积极发挥群团组织作用，突出“与党同心、与时俱进、与群众共甘苦”的总体要求，支持群团组织在扶贫开发、维护权益、促进就业创业等方面积极作为、发挥作用。

七、认真谋划“十三五”规划，开启铜仁发展新篇章

市委召开一届九次全会对“十三五”规划进行专门研究和安排部署。“十三五”时期铜仁市经济社会发展的总体要求是：高举中国特色社会主义伟大旗帜，全面贯彻党的十八大和十八届三中、四中、五中全会精神，以马克思列宁主义、毛泽东思想、邓小平理论、“三个代表”重要思想、科学发展观为指导，深入贯彻习近平总书记系列重要讲话精神，按照全面建成小康社会、全面深化改革、全面依法治国、全面从严治党战略布局，坚持创新、协调、绿色、开放、共享五大发展理念，坚持守底线、走新路、奔小康工作总纲，坚持加速发展、加快转型、推动新跨越主基调，深入推进工业强省和城镇化带动主战略，突出抓好大扶贫、大数据两大战略行动，着力抓好大生态、大健康、大文化、大旅游四大跨越工程，深入推进新型工业化、新型城镇化、农业现代化、信息产业化“四化同步”发展，优化“两区一走廊”经济空间布局，统筹推进经济建设、政治建设、文化建设、社会建设、生态文明建设和党的建设，坚决打赢科学治贫精准扶贫有效脱贫攻坚战，推动富民强市和黔东崛起，确保与全国全省同步全面建成小康社会。地区生产总值年均增长13.5%左右，固定资产投资累计突破一万亿。重点抓好十项重大任务：一是突出抓好大扶贫战略行动，坚决打赢科学治贫精准扶贫有效脱贫攻坚战；二是突出抓好大数据战略行动，着力推动工业强市；三是深入实施城镇化带动战略，统筹推动城乡协调发展；四是实施大生态跨越工程，推动绿色发展取得新突破；五是大力推进农业现代化，加快发展现代山地特色高效农业；六是全力实施大健康大文化跨越工程，建设国际休闲养生旅游目的地；七是加大投资强度，继续全力推进以交通水利为重点的基础设施建设；八是切实保障和改善民生，促进全民共享改革发展成果；九是全面推进改革开放创新，为经济社会发展提供动力；十是加强和改善党的领导，为全面完成“十三五”规划目标提供坚强保障。

八、加强党的建设，着力构建有感召力的政治生态

1.加强宣传思想工作。深化拓展“铜仁学习大讲堂”理论学习平台建设，开通“铜仁微学习”“铜仁政务微信”，深入推进“中国梦”宣传教育，全市开展形势政策宣讲解读1400余场次，直接受众12万人次。大力弘扬社会主义核心价值观，开展“明礼知耻·崇德向善”等主题实践活动，打造“我们的价值观”主题宣传场所1000余个，新建和完善“农村文化墙”5767块，覆盖全市85%以上的村寨，举办道德讲堂4172场次。深入开展榜样力量塑造活动，刘仁平获全国第五届道德模范提名奖，4人荣登“中国好人榜”，16人荣登“贵州好人榜”，表扬了1067名基层先进工作者。精心策划选题，组织开展高密度、高质量的对外宣传，承办了全国地方新媒体发展高峰论坛暨第八届中国地市新闻网联盟年会，传播了铜仁好声音、展示了铜仁新气象。

2.加强基层组织建设。统筹推进各领域基层党建工作，积极探索加快村级集体经济发展路径，牢固树立城市社区大党建工作理念，加强非公党建、城市社区党建、社会组织党建，基层基础进一步夯实。深入实施“民心党建”工程，精准选派2446名“第一书记”到村任职，选派12027名驻村干部组建2877个驻村工作组，实现全市所有村（居）全覆盖。驻村干部走访群众136万人次，为群众办实事7.39万件，协调解决资金1亿余元。“民心党建”工程荣获第三届全国基层党建创新优秀案例。

3.加强领导干部队伍建设。坚持正确用人导向和“二十字”好干部标准，围绕同步小康目标任务，着力选好配强善谋发展、善惠民生、善抓落实、善于改革的“四善”型干部，统筹抓好党外干部、女干部、少数民族干部和年轻干部的培养选拔，干部结构进一步优化。严格执行领导干部报告个人有关事项制度，坚持“凡提必核”“凡备必核”。举办各类专题培训班，提高领导干部在推进经济建设、政治建设、文化建设、社会建设和生态文明建设方面的能力素质。出台《铜仁市人才开发试验区建设实施方案》等文件，组团赴苏州揽才、参加第三届中国贵州人才博览会招才，引进各类人才2056人。

4.扎实开展“三严三实”专题教育。严格按照中央和省委要求，有序推进“三严三实”专题教育。市委常委会带头完成专题党课，带头召开三次专题研讨会，带头开展“两个遍访”，认真收集民意，广泛了解民情，巩固和拓展反“四风”、改作风、树新风的成果，查摆“不严不实”问题300余个。持续狠抓教育实践活动后续整改、专项整治“回头看”“三个开刀”专项整治行动和整改“微行动”，以即知即改的良好作风推动“不严不实”问题的整改落实，查处“三个开刀”典型问题79件89人。

5.加强党风廉政建设。认真落实中央八项规定和省委、市委十项规定精神，保持“四风”问题露头就打的高压态势，查处违反八项规定精神问题284个，党政纪处分192人。强化警示教育，开展廉政教育、警示教育活动171场次；组织全市正县级以上领导干部及其配偶400余人到铜仁监狱听取服刑人员现身说法。扎实开展党风廉政建设突出问题集中专项整治行动，狠抓五级联动约谈，约谈干部职工6518人，甄选约谈问题线索1664条1409人，958名党员干部主动向组织报告个人问题。强化“两个责任”落实，查处落实“两个责任”不力问题105个，党政纪处分17人，组织处理88人，公开曝光典型案例13起，达到了“问责一个、警醒一片、教育一方”的效果。强化纪律审查，认真贯彻廉洁自律准则和纪律处分条例，坚持以“零容忍”态度，把纪律和规矩挺在前面，抓早抓小，快查快结，全市立案1381件，党政纪处分1323人，挽回经济损失3997.39万元。强化民生监督，完善五位一体民生监督工作模式，发现民生类问题3920个，党政纪处分1144人，移送司法机关82人，挽回经济损失9791万余元。强化项目廉政档案建设，出台建立项目建设廉政档案的实施意见，实行责任追究终身制，实现对项目全方位、多角度的预防监督。按照“标本兼治、务求实效，统筹兼顾、突出重点，上下联动、合力攻坚”的原则，扎实抓好省委巡视反馈意见的整改落实工作，坚持“两个责任”一起抓，突出建章立制立规矩，注重真督实导促落实，做到从严惩处正导向，达到了整改提高、推动发展的目的。

【市委书记夏庆丰在第四届反贫困与儿童发展国际研讨会作专题交流发言】 10月21日至24日，第四届反贫困与儿童发展国际研讨会暨亚太儿童早期发展2015年会在北京召开。联合国秘书长潘基文发来贺信并派代表出席，中央政治局委员、国务院副总理刘延东出席开幕式并作主旨演讲，澳大利亚前总理茱莉亚·吉拉德以及来自美国、蒙古等11个国家的教育部长，亚太34个国家的代表，联合国儿童基金会等20多个国际组织的600多名代表出席研讨会。市委书记夏庆丰作为优秀学前教育事业突出贡献代表受到刘延东副总理接见，并在研讨会上作题为《从100个到2005个，山村幼儿园建设可复制、可推广》的专题交流发言，重点介绍了铜仁市通过抓规划布局、抓师资建设、抓资金保障、抓教材建设、抓营养干预、抓可持续发展、抓政策保障等一系列举措，把山村幼儿园建设从试点推广到所有行政村全覆盖的经验，得到与会领导和各国嘉宾的关注和好评。

【省委书记赵克志来铜仁市调研】 4月12日至14日，省委书记赵克志深入铜仁市印江自治县、思南县、石阡县就扶贫开发和同步小康工作进行专题调研，强调全省上下要把推进“33668”扶贫攻坚行动计划作为当前和今后一个时期扶贫开发工作的总抓手，坚持选择一条好的路子、发展一个好的产业、建设一个好的班子，走出一条不同于发达地区、有别于周边省份的扶贫开发路子。要大力发扬“弱鸟先飞”意识、“滴水穿石”精神和“四下基层”“马上就办”作风，立下愚公志，打好攻坚战。要着力加强乡镇党委书记、村党组织书记、农村致富带头人“三支队伍”建设，特别是要坚持正确用人导向，把能力突出、作风过硬、群众公认的基层干部选拔到乡镇党委书记岗位上来，增强农村脱贫第一线的核心力量。要秉持追赶、领先、跨越的精神，弯道取直、提速转型，全力推动经济社会又好又快发展，确保完成全年目标任务。省委常委、省纪委书记宋璇涛，省委常委、省委秘书长廖国勋陪同调研。

【省委副书记、省长陈敏尔来铜仁市调研】 1月20日至21日，省委副书记、省长陈敏尔深入铜仁市沿河自治县调研，强调要注重大生态理念，按照习近平总书记对贵州提出的守住发展和生态两条底线的要求，坚持生态产业化、产业生态化，实现发展与生态相辅相成、相互促进。要注重大通道布局，做到通道到哪里，生产力布局就到哪里，实现产城景互动，城与乡融合，以大交通促进大流通，带动大发展。要注重大健康产业，系统谋划大健康产业规划、空间布局、项目指南和政策支持，以大健康引领相关领域加快发展。要念好“山”字经，做好水文章，打好生态牌，把绿色贵州三年行动计划实施好，因地制宜发展山地现代高效农业，重视山水特色的新型城镇化和美丽新农村建设。特别是沿河自治县，要与上游的思南县一道，依山傍水搞好县城规划，共同打造最美江城的姊妹篇，成为乌江流域的两颗明珠，成为贵州省融入长江经济带的前沿阵地。要重视水系保护建设和水上航运事业发展，借助乌江全线通航的机遇，深化航运企业改革，形成新的增长点。要重视水系的形成、保护和利用，把山水与人文相结合，实现山水、田园、乡村、社区共生共荣，形成多彩贵州的美丽画卷。

5月16日，省委副书记、省长陈敏尔来铜仁调研电子商务特别是农村电子商务发展情况，强调要坚持从贵州实际出发，把农村电子商务摆在更加突出的位置来抓，加快建立开放、规范、诚信、安全的农村电子商务发展环境，把农业生产资料送下去，把特色农产品卖出去，千方百计增加农民收入。要抓住中国电子商务峰会落户贵阳的机遇，结合举办大数据博览会等活动，与时俱进地创新农村电子商务发展的理念和模式。要紧紧围绕地域农产品特色和标识，与发展山地现代高效农业示范园区深度融合，按照规模化、标准化、品牌化的基本思路，积极谋划建设一批农村电子商务园区。要整合有关方面力量和资源，与供销社、农信社、商贸流通网络和现代物流体系等有机结合，共同推动农村电子商务发展。要进一步加大政策支持力度，抓紧编制实施全省农村电子商务发展规划，尽快制定出台支持农村电子商务发展的一揽子政策措施，加快把农村电子商务培育成为新的增长点。

【省委副书记、代省长孙志刚来铜仁调研】 12月5日至6日，省委副书记、代省长孙志刚深入铜仁调研，宣讲中央扶贫开发工作会议精神。他指出，中央举全党全国全社会之力打赢脱贫攻坚战，为贵州扶贫开发和经济社会发展提供了难得历史机遇。当前和今后一个时期，要按照省委常委（扩大）会议和陈敏尔书记要求，把学习贯彻中央扶贫开发工作会议精神作为一项重要政治任务，把脱贫攻坚作为“十三五”期间头等大事和第一民生工程来抓，坚持以脱贫攻坚统揽经济社会发展全局，举全省之力，集全省之智，卧薪尝胆，苦干实干，坚决打赢这场输不起的攻坚战。铜仁市要贯彻精准扶贫、精准脱贫基本方略，围绕解决“扶持谁”“谁来扶”“怎么扶”“如何退”四大问题，进一步把扶贫对象、扶贫主体、扶贫路径、扶贫措施搞精准，层层分解任务、层层压实责任、层层传导压力，挂图作战，挂牌督办，把中央和省委、省政府脱贫攻坚决策部署落细落小落实。要千方百计争取国家和对口帮扶城市及各方支持，促进自我发展能力显著提升，推动各项事业上台阶、上水平。要自觉践行五大发展理念，强力实施大数据战略行动，以大数据理念和“互联网+”思维促进脱贫攻坚，推动传统产业转型升级，大力提高政务服务效率，全面提升社会管理水平。在促进本土企业发展壮大的同时，要加大招商引资力度，加快引进一批核心竞争力强、辐射带动力大的企业和转型升级后的产业，积极培育新的经济增长点。要始终把人民群众的冷暖尤其是困难群众的生活放在心上，切实做好年底困难群众生活保障工作。

【中央农村工作领导小组副组长袁纯清来铜仁调研】 3月23日至24日，中央农村工作领导小组副组长袁纯清来铜仁市专题调研农村扶贫开发工作。他指出，这些年来，铜仁市委、市政府和各级各部门在贵州省委、省政府的正确领导下，认真贯彻党中央、国务院各项方针政策，特别是习近平总书记关于精准扶贫重要论述，不断完善发展思路，立足实际，整合资源，脚踏实地，创新实干，基础设施不断改善，产业发展风生水起，精准扶贫措施到位，扶贫开发成效显著。袁纯清表示，此次专题调研，对铜仁扶贫开发工作的好做法好经验有了较为全面了解，将为全国提供有益借鉴。将认真汇总大家提出的意见建议，积极支持铜仁经济社会加快发展，推动早日全面建成小康社会。

【中国食品工业协会会长、第十一届全国人大财政经济委员会主任委员、贵州省原省长石秀诗来铜仁考察】 7月28日至29日，中国食品工业协会会长、第十一届全国人大财政经济委员会主任委员、贵州省原省长石秀诗深入铜仁考察万山汞矿博物馆、川硐教育园区建设以及梵净山文化旅游产业发展情况，强调要深入贯彻落实科学发展观，牢牢抓住万山资源枯竭型城市转型，大力实施“产业原地转型、城市异地转型”的转型发展战略。要进一步加快教育园区基础配套设施建设，以小财政办大教育，穷财政办美教育。要实现梵净山文化旅游产业跨越式发展，在生态健康、休闲度假、佛教文化等方面创造全新的旅游发展模式，助推梵净山文化旅游经济圈建设，促进经济社会又好又快、更好更快发展。

【国务院扶贫开发领导小组专家咨询委员会主任委员范小建来铜仁调研】 11月15日至16日，国务院扶贫开发领导小组专家咨询委员会主任委员范小建来铜仁调研精准扶贫和农村贫困标准、低保标准“减量提标、两线合一”工作，强调要贯彻落实习近平总书记在视察贵州时提出的“通过扶持生产和就业发展一批，通过移民搬迁安置一批，通过低保政策兜底一批，通过医疗救助扶持一批”的扶贫攻坚行动计划要求，把“减量提标、两线合一”作为社会保障兜底扶贫的重要抓手，深入推进“减量提标、两线合一”试点工作。要切实加强对“减量提标、两线合一”工作的统筹领导、协调对接，主动作为、精准发力，进一步理清农村低保和扶贫工作之间的关系，着力做好两项制度的衔接，建立健全各项保障制度，真正实现低保政策和扶贫政策从程序、识别对象、管理等各方面的有机统一、无缝衔接，全面实现农村低保保障兜底，确保在2020年与全国同步全面建成小康社会。

【全国政协常委、贵州省原省长林树森来铜仁考察】 8月12日，全国政协常委、贵州省原省长林树森来铜仁考察教育、交通、城镇建设、工业发展等工作，深入碧江区天翔纺织实业有限公司、农夫山泉、百丽鞋业及铜仁高新区汉方大健康产业园、松桃民族中学考察，并听取铜玉铁路建设有关工作汇报，指出要大力发展教育事业，加大投入力度，完善基础设施，提升教师素质，提升教育水平，抓好“普九”义务教育工作，逐步普及高中教育。要继续加大交通基础设施建设力度，完善交通网，构建立体化、多层次交通格局，发挥交通在助推地方经济发展中的引擎作用。

【全国政协常委、人口和资源环境委员会副主任李成玉调研万山转型发展工作】 4月11日，全国政协常委、人口资源环境委员会副主任李成玉来铜仁调研万山资源枯竭型城市转型发展工作，指出万山要牢记习近平总书记嘱托，坚定信心，凝聚共识，用足用活国家扶持政策，继续深入推进产业原地转型，加速产业升级，全面加快城市异地转型，统筹城乡发展，切实强化民生保障，不断提升群众幸福指数。省、市各级要给予大力支持，共同推进万山转型更好更快发展，为实现与全国全省同步全面建成小康社会作出积极贡献。

【江苏省委副书记、省长李学勇率江苏党政代表团来铜仁考察】 5月16日至17日，江苏省委副书记、省长李学勇率江苏省党政代表团到铜仁考察，省委副书记、省长陈敏尔，副省长刘远坤等陪同考察。李学勇说，2015年是第一阶段对口帮扶三年计划的收官之年，也是帮扶工作向下一阶段转进的重要一年，江苏省将在已有阶段性成果的基础上，认真谋划编制“十三五”对口帮扶规划，重点围绕助力扶贫开发、增强基本公共服务、深化产业园区合作、加强干部人才培养交流等四个方面，加大帮扶力度，拓展合作领域，助力铜仁增强发展内生动力。对口帮扶是党中央交给江苏的光荣任务，是江苏义不容辞的重大责任，坚信经过双方的共同努力，帮扶工作一定会取得新的成效。希望两省以深化对口帮扶工作为契机，坚持优势互补、互利共赢，更加深入推动两地交流合作不断迈上新台阶，共同落实好“四个全面”战略布局，造福两省人民。陈敏尔代表省委、省政府和全省各族人民感谢江苏人民多年来对贵州发展的大力支持和帮助。他说，江苏省委、省政府高度重视对口帮扶工作，位置站得高，工作做得实，干部派得好，带着感情、举全省之力推动对口帮扶工作，充分体现落实中央决策部署、助力贵州同步小康的政治责任感和对贵州人民的深情厚谊。市委书记夏庆丰汇报铜仁市经济社会发展和对口帮扶工作情况。座谈会上，江苏省向铜仁市捐赠帮扶资金和教育资金5000万元，并签署了《苏州市铜仁市关于共建产业园区的框架合作协议》。

【省委常委、省委统战部部长刘晓凯来铜仁调研】 5月7日至8日，省委常委、省委统战部部长刘晓凯到铜仁调研信访维稳、统战以及工会、共青团、妇联工作，强调要用好统一战线这个法宝，在民主党派组织建设、成员发展、负责人培养选拔，多党合作、协商民主制度化、多样化、规范化，县级统一战线工作、经济统战工作中争取走前列。要充分发挥工青妇的优势，在协同做好信访维稳工作中勇于创新、主动作为。要带着感情和责任认真做好信访维稳工作，注重从源头上防范和化解社会矛盾，切实打牢维稳基础，全力维护社会稳定，不断开创铜仁信访工作新局面。

8月31日，省委常委、省委统战部部长刘晓凯来铜仁市调研督查“三严三实”专题教育和党风廉政建设集中专项整治工作，强调各参学单位党委（党组）要深入学习贯彻习近平总书记系列重要讲话精神，按照省委书记、省长陈敏尔的重要讲话要求，始终把纪律和规矩挺在前面，把严守政治纪律和政治规矩放在首位，做政治上的明白人，确保“三严三实”专题教育和党风廉政建设集中专项整治工作各项要求落到实处，取得实效。

【省委常委、省委政法委书记、省政府副省长秦如培来铜仁调研】 3月7日，省委常委、省委政法委书记、省政府副省长秦如培率省有关部门负责人来铜仁调研沪昆客运专线铜仁南站建设情况，强调要加大施工力度，按照时间节点细化工作量，抢时间、抓进度，全力推进沪昆客运专线铜仁南站站前广场配套工程建设，按时完成施工任务。要做好现场督查工作，保质量、抓安全，把好质量关和进度关，快速推进项目建设，保证工程项目按期完成。省铁投公司要积极支持铜仁铁路建设，切实解决存在的困难和问题。

【省委常委、省委宣传部部长张广智来铜仁调研】 2月3日至4日，省委常委、省委宣传部部长张广智深入铜仁农村、社区、企业、学校调研基层宣传思想文化工作，强调要坚持不懈地培育和践行社会主义核心价值观，注重典型引领、注重以文化人、注重制度规范，不断巩固广大群众的思想道德基础。要把道德讲堂、干群连心室、农家书屋等作为基层文化建设的重要方面来抓，创新宣讲形式，丰富授课内容，让群众喜闻乐见。要加强历史文化的挖掘、保护和传承，切实把民族民间文化发扬光大，提升地方文化底蕴和影响力。

11月26日至27日，省委常委、省委宣传部部长张广智深入铜仁的印江自治县、沿河自治县调研基层公共文化服务体系建设情况，强调要牢固树立以人民群众为中心的工作导向，把加快完善基层公共文化服务体系作为重中之重，结合实际、科学规划，注重内涵、突出特色，避免千篇一律。要充分展示民族文化元素和地方特色，合理规划布局，加快统筹实施，既要注重社会效果，也要兼顾经济效益。要推动文化基础设施项目与群众文化需求有效对接，不断挖掘传承和保护利用好民族民间文化，加强公共文化产品的生产供给，多层次、多样化地满足人民群众的文化需求。

【“三严三实”专题教育】 根据中央、省委的统一部署，为扎实开展“三严三实”专题教育，市委制定印发《关于在县处级以上领导干部中开展“三严三实”专题教育实施方案》，并于4月30日启动全市“三严三实”专题教育。5月14日，市委书记、市长夏庆丰为全市处级以上党员领导干部上“三严三实”专题党课。市委坚持把问题导向贯穿专题教育全过程，深入开展学习研讨，认真查找不严不实问题，明确整改措施，抓好整改落实。持续狠抓教育实践活动后续整改、专项整治“回头看”“三个开刀”专项整治行动和整改“微行动”，查处违反中央八项规定精神问题284个，通报典型问题113起136人，查处“三个开刀”典型问题79件89人，查处落实“两个责任”不到位问题74起105人。

【制定“十三五”规划建议】 为贯彻落实党的十八届五中全会和省委十一届六次全会精神，制定实施好“十三五”规划建议，市委成立由市委书记任组长、相关领导任副组长，有关部门负责同志参加的文件起草小组，于4月份启动建议起草调研、听取意见等工作。市委高度重视建议起草工作，先后召开3次常委（扩大）会议进行部署，分别由市委书记、副书记、市委常委主持召开14个座谈会征求意见建议，并召开2次常委会会议对建议内容进行审议。《中共铜仁市委关于制定铜仁市国民经济和社会发展第十三个五年规划的建议》经市委一届九次全会审议通过《建议》总结了“十二五”经济社会发展主要成就和基本经验，分析“十三五”时期铜仁发展面临的形势，阐述总体要求和发展理念，提出主要奋斗目标和重大战略举措。

【抓四资促四业】 为全力做好稳增长、促改革、调结构、惠民生、防风险各项工作，保持全市经济持续快速健康发展，市委一届八次全会提出要深入实施抓四资促四业三年行动计划。9月10日，下发《中共铜仁市委办公室铜仁市人民政府办公室关于印发全市抓四资促四业三年行动计划（2015—2017年）的通知》，明确了抓四资促四业的总体要求、工作目标、工作重点和保障措施。《通知》要求，要千方百计扩投资，夯实经济增长基础；千方百计增融资，激活经济增长动能；千方百计招外资，注入经济增长活力；千方百计撬民资，挖掘经济增长潜力；持之以恒抓产业，加快经济转型升级；持之以恒引企业，充分释放市场活力；持之以恒扶创业，扎实抓好众创工程；持之以恒保就业，全力关注改善民生。2015年，全市完成50万元及以上固定资产投资1091.62亿元；存贷款余额分别达到980.31亿元、716.77亿元；实际利用外资总额0.81亿美元，新增外资企业4家；PPP项目实现社会融资32.72亿元；实现工业总产值685.81亿元，旅游综合收入240.18亿元，农业总产值189.68亿元；引进省外3000万以上项目469个，到位资金629.6亿元；新增创办小微企业5000户，扶持发展带动力强的农村专业合作社699家，扶持发展家庭农场347户；完成城镇新增就业4.72万人，职业技能培训2.6万人，城镇登记失业率3.71%。

【脱贫攻坚工作】为贯彻落实"四个切实""六个精准"要求和深入实施"33668"扶贫攻坚行动计划，打好脱贫攻坚战，制定下发《中共铜仁市委关于决战决胜绝对贫困实现精准脱贫的实施意见》《中共铜仁市委铜仁市人民政府关于落实大扶贫战略行动坚决打赢脱贫攻坚战的实施意见》等文件，出台精准扶贫1+14配套政策和十二项扶贫攻坚行动计划，启动了"精准扶贫云""精准扶贫指数"建设，在全省率先开展贫困人口双识别和建档立卡"回头看"工作，全面完成首轮领导干部遍访贫困村贫困户工作。全年减少贫困人口19.46万人，贫困发生率下降到15.54%。沿河县以及松桃自治县九江等18个乡镇如期完成"减贫摘帽"任务，在全省9个市州中率先实现整市"摘帽"。全省扶贫工作会议、全省电商扶贫推进会先后在铜仁市召开。中央电视台《新闻联播》《经济半小时》等国家级电视媒体多次对铜仁市扶贫开发工作进行报道。

【电子商务产业】市委把电子商务作为重要战略性新兴产业来抓，坚持党政主导与企业主体、线上与线下、上行与下行、平台企业植入与小微电商培育、块块联动与条条延伸、能人引进与自主培养相结合，推动电子商务强势起飞。先后召开全市电子商务发展大会、全市电子商务发展现场推进会，安排部署电商产业发展工作，制定出台《铜仁市电子商务发展规划2015—2020》《铜仁市电子商务产业发展三年行动计划（2015-2017年）》，建立电商发展扶持奖励机制，全力支持电商产业发展。全市建成农村淘宝、邮政邮乐购等农村电商综合服务站点600个，完成目标任务500个的121.8%，实现网上交易30余万笔，交易金额达2200余万元，推动解决就业人数近10万人，受益群众300余万人。全市从事电子商务企业达700余家，网店1218余家，网络销售额达5.4亿元。铜仁高新区获批国家级电子商务基地，石阡、印江、德江获批全国电子商务农村示范县，铜仁成为阿里巴巴全国首个农村淘宝市级试点市，中国妇女发展基金会"@她创业计划—母亲电商服务站"试点市，国家扶贫办友成扶贫基金会电商扶贫试点市。

【八争工作】全市大力发扬"八争"精神，围绕国家、省重大战略部署、重大基础设施项目、优势特色产业、重大民生问题等，改革创新，主动出击，争政策、争项目、争资金、争树典型经验、争人才、争召开现场会及经验交流会、争融资规模、争改革试点，为发展赢得了先机和资源，有力推动经济社会快速发展。全市争取到政策119项、项目966个、资金452亿元、人才2690人、融资225.77亿元，扶持创办小微企业、农村专业合作社、家庭农场分别达5000户、699家、347户，完成城镇新增就业4.72万人。一批打基础、管长远的项目落地建设，一批"铜仁经验""铜仁模式"在全省乃至全国得到肯定和推广。

【"整脏治乱"工作】为贯彻落实省委书记陈敏尔，省委副书记、省委政法委书记谌贻琴，省委常委、省委宣传部部长张广智重要指示精神和全省"整脏治乱"专项行动电视电话会议精神，市委常委会专题研究制定《全市"整脏治乱"专项行动攻坚年实施方案》，明确对公共厕所脏、集贸市场脏、街巷院落脏、车站码头脏、饮食摊点脏；乱吐乱扔、乱贴乱画、乱排乱倒、乱搭乱建、乱停乱行；物业管理差、工地管理差、的士服务差、医疗服务差、门前三包差；阴暗角落臭、垃圾堆放臭、排污沟管臭、河道河岸臭、油烟排放臭“五脏五乱、五差五臭”突出问题进行集中整治。8月24日，市委召开全市“整脏治乱”攻坚年动员大会，启动实施为期一年的“整脏治乱”攻坚年行动。全市新建或改建了一批农贸市场和公共厕所，全面实现公厕免费开放，城市形象显著提升，城镇主次干道干净整洁常态化，车辆乱穿乱行现象明显改善，门面摊位占道延伸现象基本杜绝，城市基础设施得到较大改善，环境卫生“脏乱差”现象得到有效遏制，整治工作取得明显成效。

【沪昆高铁铜仁南站开通运行】6月18日，沪昆高铁铜仁南站开通仪式在大龙举行，标志着铜仁正式迈上高铁时代。

【全市电子商务发展大会】1月17日，全市电子商务发展大会在铜仁人民会堂召开。会议指出，近年来，铜仁市坚持把电子商务作为重要战略性新兴产业来抓，努力推进电子商务后发先行、强势起飞、抢占先机，对外战略性通道全面打通，一批物流园区相继建成，淘宝网“特色中国·铜仁馆”线下基地和网商园迅猛发展，特别是与中国社科院信息化研究中心和阿里巴巴的联手合作，让铜仁发展电商产业具备了“天时、地利、人和”。会议强调，全市上下要抓住重点工作领域和方向，严格按照国家和省的政策导向，千方百计挖掘和释放政策红利，不断学习外地先进理念和经验，善用专家、企业家的智慧和力量，大力推进全市电商产业加快发展，奋力把铜仁打造成中国电子商务示范市。要大力培育以网店为主的电商主体，把网店做多、做大、做强，形成抱团发展态势。要建好用活电商平台，让铜仁人民享受到更多的电商发展红利。要完善电商配套服务，大力推广物联网、互联网、云计算、大数据的应用，加快网络建设，重点加强农村地区信息基础设施建设，提高城乡宽带网络普及和接入能力。要大力策划网络营销，做到以一流的营销卖好一流的产品。要扎实培育电商人才，通过建立淘宝大学、网上创业导师团和电子商务创业孵化基地等，持续培养电子商务经营管理人才和实用操作人才。

10月10日，全市电子商务发展现场推进会在印江自治县召开。会议指出，发展电子商务是铜仁市实现弯道取直、后发赶超的战略选择。全市上下要顺应形势、适应趋势、发挥优势，坚持“党政主导与企业主体、线上与线下、上行与下行、平台企业植入与小微电商培育、块块联动与条条延伸、能人引进与自主培养”六个相结合的发展思路，通过线上促线下、下行促上行、营销促生产、虚拟促实体、开放促改革，加快形成“政府推动、示范带动、主体涌动、园区联动”的发展格局。会议强调，要大力培育电子商务骨干企业，加快引进电子商务知名企业，大力发展农村电商经营主体，努力在电商主体培育上取得新提升。要加快建设全市综合性电子商务公共信息服务平台，建设骨干电子商务平台，打造电商行业交流合作平台，完善社区电商服务平台，努力在电商平台建设上取得新突破。要加大农特产品标准化体系建设，打造更多铜仁网货品牌，进一步拓展特色产品销售渠道，努力在推动“铜货”上行上取得新进展。要抓好信息基础设施建设，加快构建市、县、乡、村四级物流配送体系，努力在电商发展基础上实现新突破。要加大电商专业人才引进和培训力度，切实破解人才紧缺难题，努力在电商人才培育上取得新提高。要积极开展市级电子商务示范乡镇、示范村、示范基地和示范企业创建工作，努力在示范创建上取得新成效。

【主城区建设推进大会】2月27日，铜仁市主城区建设推进大会在铜仁人民会堂召开。会议指出，撤地设市三年多来，市委、市政府坚持把主城区建设作为重中之重来抓，确立了建设山水园林城市的发展方向和建设“武陵之都·仁义之城”的城市定位，提炼了“厚德铸铜·仁义致远”的城市精神，探索“产城互动、景城融合、教城一体”的联动发展模式，城市格局迅速突破，城市功能不断提升，城市面貌日益变化。会议强调，要坚持三区一体，按照“聚”的思维，推动碧江区、万山区、铜仁高新区各展所长、各担所能，优势互补、抱团发展，迅速实现由小变大、由弱变强。要坚持重心北移，严格按照规划推进城市空间、发展重心向北移动。要坚持职能下沉，通过授权执法、配置资源等方式，调动和发挥基层办事的积极性，实现“大事”有人管、“小事”有人干。要认真学习和运用好城市管理的标准和方法，用干净检验一切，用追责细化管理，用难题倒逼创新，推动城市管理升级。

【全市领导干部大会】 5月4日上午，市委召开全市领导干部大会，宣布省委关于市委主要领导职务调整的决定：夏庆丰任中共铜仁市委书记；刘奇凡不再担任中共铜仁市委书记、常委、委员职务，另有任用。

8月23日下午，市委召开全市领导干部大会，宣布省委关于铜仁市主要领导职务调整的决定：陈晏任中共铜仁市委委员、常委、副书记，提名为铜仁市人民政府市长候选人；夏庆丰不再担任铜仁市人民政府市长职务。

【中国梵净山生态文明与佛教文化论坛成功举办】 6月28日至30日，主题为“心灵环保·世界和谐”的2015中国梵净山生态文明与佛教文化论坛在铜仁梵净山隆重举行。全国政协常委、副秘书长、民革中央副主席何丕洁，中科院院士、中国人与生物圈国家委员会主席许智宏，省政协副主席班程农出席会议并讲话，铜仁市委书记、市长夏庆丰致辞，国家宗教事务局办公室主任陈红星，中国佛教协会副会长、北京广济寺方丈演觉，柬埔寨驻昆明总领事馆总领事索科拉丁，泰国驻昆明总领事馆总领事素查·亮桑彤，缅甸驻昆明总领事馆总领事吴昂觉悟，韩国驻沈阳总领事馆驻大连办公室副总领事白范钦，中国佛教协会副会长、四川省佛教协会会长、峨眉山全山方丈永寿，中科院植物研究所研究员、中国生物多样性委员会秘书长、住房和城乡建设部世界遗产专家委员会副主任委员马克平，中国宗教杂志社社长韩松，中科院水生生物研究所研究员、中国人与生物圈国家委员会秘书长王丁等出席开幕式。论坛期间，在生态文明与佛教文化、梵净山申遗、梵净山生物圈保护区等方面达成了十二条共识，即：1.生态文明建设需要文化助力。2.人文与自然完美结合是梵净山佛教生态学的基石，也是“梵天净土·桃源铜仁”的品牌内涵。3.弥勒是快乐幸福的象征，由此乐居铜仁，大慈佛国，成为建设铜仁和梵净山的未来愿景。4.论坛搭建平台，让更多的人认识铜仁，提升了梵净山的影响力、知名度。5.“中国的多彩贵州，世界的梵天净土”。6.梵净山以“生物多样性”和“生态过程”申报世界自然遗产。7.梵净山完好的植被垂直带普、丰富的生物多样性和保存完好的水青冈林具备申报世界自然遗产三个必要条件。8.梵净山满足《世界遗产公约操作指南》关于完整性和保护管理方面的要求。9.梵净山生物圈保护区在保护和发展中一直传递“人与生物圈计划”的理念，推崇可持续发展的模式，是生物圈保护区发展的典范。10.梵净山佛教文化中“天人合一”“和谐共生”的朴素思想，促进着生物多样性和生态环境保护，印证了“人与生物圈计划”既可以保护自然资源、文化资源，又可促进社会经济可持续发展的新模式。11.梵净山完整的生态文明系统孕育了生物多样性和文化多样性，不仅在中国是独有的，在世界上也是独有的。把生态资源转化为生态优势，发展健康产业，促进了当地经济深化发展，推进了人与自然的和谐共生。12.梵净山成立“中国人与生物圈保护区网络（CBRN）成员培训基地”，为推崇“人与生物圈计划”的保护发展理念、培训专业的自然保护人员提供了理想的场所，为其他保护区的保护和发展作出了典范。

【全省项目建设现场观摩会走进铜仁】 8月17日，省委书记、省长陈敏尔，省政协主席王富玉，省委副书记、省委政法委书记谌贻琴，省委常委、常务副省长秦如培率领全省第二次项目建设现场观摩会代表走进铜仁观摩。代表们进企业、进园区，一边走、一边看、一边议，实地观摩铜仁市电子商务、大健康等产业发展情况，大家一致认为，“互联网+”、大数据、“线上线下”已经成为铜仁产业发展的关键词，成为当地干部、投资者口中的高频词，通过观摩看出了铜仁项目建设的亮点，看到了产业发展的希望，看到了两个底线一起守、两个成果一起要的丰硕成果。

【全市“三严三实”专题教育暨党风廉政建设集中专项整治推进大会】 7月30日，全市“三严三实”专题教育暨党风廉政建设集中专项整治推进大会召开，市委书记、市长夏庆丰出席会议并讲话，强调全市各级各部门要突出从严过硬、坚持实处发力，扎实开展好“三严三实”专题教育，确保专题教育不偏不空不虚，有特色、见实效。要牢牢把握学习教育这个重点，把学习习近平总书记重要讲话精神作为首要政治任务，迅速掀起热潮、形成声势、抓出实效，推动总书记讲话精神在黔东大地和各族干部群众中落地生根、开花结果。全市各级党委（党组）要把开展“三严三实”专题教育暨党风廉政建设集中专项整治，作为履行党风廉政建设主体责任的重要任务，作为扎实推进“三严三实”专题教育的重要载体，作为从严管党治党把纪律挺在最前面的重要抓手，不断增强全面从严治党的系统性、预见性、创造性和实效性，奋力开创党建工作新局面，为实现同步全面小康目标而努力奋斗。

【市委一届八次全会】 9月10日至11日，市委一届八次全会在铜仁人民会堂召开。会议听取和讨论了市委书记夏庆丰的重要讲话，审议通过了《中共铜仁市委关于加快推进新型工业化培育构建特色优势产业体系的决定》《中共铜仁市委关于决战决胜绝对贫困实现精准脱贫的实施意见》。全会号召，全市各级党组织和广大党员干部要更加紧密地团结在以习近平同志为总书记的党中央周围，在省委坚强领导下，鼓起劲来抓发展，弯下腰来拔穷根，携起手来走新路，为实现铜仁市工业大发展、扶贫大突破，确保与全国全省同步全面建成小康社会、推动黔东崛起而努力奋斗。

【市委党的群团工作会议】 11月16日下午，市委召开党的群团工作会议。市委书记夏庆丰出席会议并讲话，强调要以十八届五中全会、省委十一届六次全会精神为指引，认真学习领会习近平总书记和省委书记陈敏尔关于群团工作的重要讲话精神，始终坚持政治性、先进性、群众性，做到与党同心、与党同行，让群团组织在推动铜仁实现新跨越、同步建成全面小康社会中唱响更多好声音，释放更多正能量。

【全市表彰千名基层先进工作者慰问大会】 10月21日，全市表彰千名基层先进工作者慰问大会在铜仁人民会堂召开，对2011年撤地设市以来各行各业涌现出来的1067名基层先进工作者进行通报表扬。会议指出，撤地设市以来，铜仁人民特别是战斗在各行各业一线、默默奉献的广大基层工作者，用实际行动和骄人业绩，生动诠释了苦干实干、开拓创新的铜仁精神，彰显了建设“武陵之都·仁义之城”的软实力，凝聚起实现科学发展、后发赶超、同步小康的强大精神力量。会议强调，当前，铜仁正处在全面转型、后发赶超的关键时期，全市先进基层工作者要率先践行、身体力行，引领“劳动最光荣、劳动最伟大、劳动最美丽”的社会风尚，不断为铜仁的精神文明建设注入新的正能量。广大职工和劳动群众要自觉向先进基层工作者学习，在工作中比学赶超、争当文明健康社会风尚的引领者。各级各部门要尊重劳动、尊重知识、尊重人才，大力宣传基层工作者先进事迹，努力营造学习、尊重、争当先进基层工作者的良好氛围，共同开创铜仁发展新局面。

【全市第四届旅游产业发展大会】 11月28至30日，全市第四届旅游产业发展大会暨2015贵州梵净山温泉长寿文化旅游节在石阡县中坝温泉小镇举行。原国务委员戴秉国致贺信，省人大常委会副主任周忠良，副省长蒙启良，省政协副主席蔡志君，省人大常委会原党组书记、常务副主任肖永安，中华全国新闻工作者协会党组书记、常务副主席翟惠生，国务院资深参事、中矿联总顾问王秉忱，国家旅游局副巡视员、中国旅游协会副会长、温泉分会秘书长张越，中国野生动物保护协会副秘书长李青文，以及省政府副秘书长张汉林，省政协副秘书长石超，省人社厅厅长夏一庆，省旅游局局长李三旗，省文化厅党组书记、厅长徐静，省供销社党组书记、主任苗宏等出席。开幕式上，铜仁市被授予中国全联旅游业商会铜仁直属商会、铜仁市旅游业商会、中国黔金丝猴之乡，石阡县被授予佛顶山国家AAAA级旅游景区、中国鸳鸯之乡、中国香果树之乡。

【市委一届九次全会】 12月10日至11日，市委一届九次全会在铜仁人民会堂召开。全会听取和讨论了市委书记夏庆丰受市委常委会委托作的工作报告，审议通过《中共铜仁市委关于制定铜仁市国民经济和社会发展第十三个五年规划的建议》。全会号召，全市各级党组织和广大党员干部群众要紧密团结在以习近平同志为总书记的党中央周围，鼓起劲来抓发展，弯下腰来拔穷根，携起手来奔小康，为全面完成“十三五”规划目标任务、实现经济社会发展历史性新跨越而不懈奋斗。

【实施大扶贫战略行动誓师大会】 12月11日下午，全市实施大扶贫战略行动誓师大会在万山区体育馆召开。省政协副主席陈海峰出席会议并作重要讲话，市委书记夏庆丰，省扶贫办主任叶韬出席并讲话。会议强调，全市各级各部门要深入贯彻落实中央、省委关于脱贫攻坚的战略决策部署，定好全市脱贫攻坚作战图，把作战的号令传达到每一个战区，把进军的旗帜交到每一个基层战斗组织，以“贫困不除愧对组织”的使命感和“群众不富寝食难安”的责任感，以“不摘掉老百姓的贫困帽，就摘掉自己乌纱帽”的坚定决心，紧扣“扶持谁”“谁来扶”“怎么扶”“如何退”重点环节，确保如期打赢精准脱贫这场硬仗。

【全市经济工作会议】 12月30日，全市经济工作会议在铜仁人民会堂召开。会议指出，2015年以来，在省委、省政府领导下，铜仁市按照“守底线、走新路、奔小康”的总要求，紧扣主基调主战略，大力实施“四化同步”发展战略，全力优化“两区一走廊”经济空间布局，坚持开放创新，主动适应新常态，统筹稳增长、调结构、惠民生、防风险，全市经济社会发展呈现出经济实力增强、发展质量提升、民生持续改善、社会和谐稳定的良好态势。会议强调，做好2016年经济工作，要全面贯彻党的十八大和十八届三中、四中、五中全会、中央和全省经济工作会议精神，深入贯彻习近平总书记系列重要讲话精神，加强和改善党对经济工作的领导，按照“五位一体”总体布局和“四个全面”战略布局，牢固树立和贯彻落实创新、协调、绿色、开放、共享的发展理念，主动适应经济发展新常态，坚持改革开放，坚持稳中求进工作总基调，坚持稳增长、调结构、惠民生、防风险，坚守发展和生态两条底线，紧紧围绕主基调主战略，大力推进“四化同步”发展，突出抓好大扶贫、大数据两大战略行动和大生态、大健康、大文化、大旅游四大跨越工程，着力扩投资、增融资、招外资、撬民资，着力抓产业、引企业、扶创业、保就业，增强发展动力，努力实现脱贫攻坚、同步小康的良好开局。

（市委办公室）

纪检监察

【概况】 2015年，全市各级纪检监察机关认真贯彻上级的决策部署，按照全面从严治党要求，聚焦中心任务，深入推进监督执纪问责，坚决遏制腐败蔓延势头，为铜仁改革发展营造了良好政治生态，赢得了群众点赞。全省民调显示，人民群众对全市党风廉政建设满意度提高6.69个百分点，对干部廉洁从政认可度提高7.66个百分点。

一、统筹兼顾协调推进，纪检领域改革成效初显

一是“两个责任”渐进落实。协助市委制定《关于落实党风廉政建设主体责任和监督责任的实施办法（试行）》《铜仁市党委（党组）落实党风廉政建设主体责任和纪委（纪检组）落实监督责任清单（试行）》，进一步明确责任、细化任务、推动落实，督促各级领导班子及领导干部自觉履行“两个责任”。修订《铜仁市党风廉政建设责任制考核办法》，明确考核内容，改进考核方式，由市委常委带队对区（县）和市直单位党委（党组）责任制落实情况进行了检查考核。加强对“两个责任”落实情况的专项检查，对105名履行“两个责任”不力的党员领导干部进行问责，其中党政纪处分17人、组织处理88人，公开曝光典型案例13起24人，倒逼了“两个责任”落实。二是“两个为主”进一步加强。分别出台区（县）、市管企业纪委书记、副书记和市纪委派驻纪检组长、副组长提名考察办法，进一步规范工作流程，明确提名方式，严格选人程序。制定《铜仁市纪检监察机关线索处置和案件查办报告办法（试行）》，规范下级纪委向上级纪委报告线索处置和执纪审查工作，开展对问题线索大起底，集中排查、统一管理、规范处置、跟踪督办，确保问题线索件件有着落。三是“两个全覆盖”深入推进。协助市委制定《中共铜仁市委关于推进市纪委派驻机构全覆盖的意见》，采取单独派驻和归口派驻的方式，对市直72个部门纪检派驻机构实现全覆盖，确保监督无盲区；改进考核方式，出台《铜仁市纪委监察局派出（驻）机构目标管理绩效考核办法》，采取驻在部门、所在纪工委、市纪委分别考核，按权重综合评定的方式考核派驻机构干部，督促其强化对驻在部门领导班子和领导干部的监督。认真贯彻落实《中国共产党巡视工作条例》和省委《实施办法》，配合省委巡视组在铜开展巡视工作，对省委巡视组交办的问题线索优先办理，对巡视反馈的问题督促整改、立行立改。

二、驰而不息正风肃纪，党风政风持续向好

一是加强对重大决策部署贯彻落实情况的督查。严明政治纪律和政治规矩，严查无视纪律和妄议中央等违纪行为，严格执行组织纪律，对档案造假、不如实报告个人有关事项等欺骗组织行为依纪查处。开展对十八届中央纪委五次全会、十一届省纪委四次全会精神贯彻落实情况的监督检查，对落实不力的13个市直部门予以通报。开展对各级党委（党组）领导班子及成员执行民主集中制、执行项目廉政档案制度等情况的监督检查，督促各级党委（党组）班子及成员整改问题400余个。二是加大对违反贯彻落实中央八项规定精神的查处。坚持经常性全覆盖督查和问题线索核查相结合，注重节前抓提醒打招呼、节中抓暗访督查、节后抓查处曝光，严查公款送礼、公款吃请、公款旅游、公车私用、违规发放津补贴及其他铺张浪费等突出问题，查处违反中央八项规定精神问题312起，处理党员干部433人，党纪政纪处分220人。中央纪委监察部网站公开曝光铜仁市违纪违规问题41起60人，省纪委监察厅网站曝光162起201人，市级媒体曝光215起273人，释放了越往后执纪越严的强烈信号。三是群众反映强烈的突出问题专项整治见成效。针对群众反映强烈的突出问题，集中开展了五项专项整治，着力回应群众关切。组织开展“三个开刀”专项整治行动，查处“三个开刀”典型问题157件172人，党政纪处分149人，公开曝光59起66人。开展领导干部收受红包、礼金、礼券、购物卡等专项清理行动，查处违规收送节礼41件44人，党政纪处分35人，全市280名领导干部主动上交礼金575.84万元。开展领导干部亲属在其管辖区域违规经商办企业、投资入股、承揽工程等专项清理，给予党纪处理1人，组织调整1人。开展党员干部和国家公职人员违规打麻将专项整治，查处违规打麻将、赌博33件75人，党政纪处分63人。开展大操大办婚丧酒席专项整治，出台《铜仁市规范党员干部和国家公职人员操办酒席管理办法》，查处违规操办酒席36件43人，党政纪处分27人、组织处理16人。全省民调显示，人民群众对铜仁市作风建设满意度提高5.37个百分点。

三、加大纪律审查力度，坚

决遏制腐败蔓延势头

一是信访举报工作得到加强。推进信访举报平台建设，开通区（县）纪委12388信访举报电话，开设市纪委监察局网站“我要举报”栏目，畅通了群众举报投诉渠道。出台《铜仁市纪委监察局奖励实名举报人员暂行办法》，奖励实名举报人员11人。制定《铜仁市纪委监察局信访举报工作规程》，明确了信访举报件办理流程，按照问题线索处置“五类标准”要求，规范处置信访举报件3123件，同比增长51.23%。二是办案保障机制进一步完善。认真落实中央《关于在查办党员和国家工作人员涉嫌违纪违法犯罪案件中加强协作配合的意见》和省委《实施办法》，充分发挥市委反腐败协调小组组织协调作用，加强纪检监察机关与公检法、审计等单位的协作配合，形成反腐败合力。制定《铜仁市领导干部干预插手纪律审查登记备案办法（试行）》《铜仁市纪委申请使用和组织实施“两规”措施操作规程（试行）》，确保纪检监察机关依纪依法开展纪律审查工作。三是纪律审查力度持续加大。紧盯“三个时间节点”，重点查处“三类人员”，坚持抓大不放小、抓重不放轻、抓早不放缓，探索实践监督执纪“四种形态”。对反映党员干部问题线索及时处置，谈话函询1429人；党纪轻处分和组织处理1386人；党纪重处分和作出重大职务调整385人；涉嫌违法犯罪，移送司法机关105人。全市各级纪检监察机关持续保持反腐败高压态势，立案1555件，同比增长111.3%，其中县处级干部28件29人；结案1412件，同比增长107.3%。四是党风廉政突出问题集中专项整治达到预期效果。根据市委统一部署，市、区（县、高新区、开发区）党委（党工委）和纪检监察机关对领导班子、党员干部存在的党风廉政建设突出问题全面开展大排查、大起底，按照“四个一批”要求，扎实推进集中约谈工作。全市纪检监察机关甄选出约谈问题线索1664条，约谈1409人（县处级53人），其中，市委常委及“五人小组”主谈27人，市纪委班子主谈36人。约谈期间，全市958人主动向组织报告个人问题，410人主动上交违纪款354.87万元。坚持宽严相济，认真区别对待，对在约谈中不如实说清问题的党员干部给予了纪律处理。

四、强化民生监督，专项监察成效凸显

一是完善民生监督机制。认真落实《关于在全省民生领域开展整治铸廉三年行动意见》，制定铜仁市《实施意见》及《铜仁市加强民生监督工作的意见》。完善“五位一体”民生监督工作机制，探索“4+N”专项监察和民生监督网格化管理模式，建立民生监督工作定期调度、定期通报、排名约谈等机制，确保了民生监督工作深入推进。二是突出专项监察重点。围绕群众反映强烈的突出问题和重要领域，开展农村危房改造、学生资助金、小微企业补助、新农村示范建设工作经费四个市级层面专项监察和农村低保、生态林补助、“一事一议”等10余项县级层面专项监察，发现问题4600余个，立案1258件，党政纪处分1314人，移送司法机关85人，涉及金额1亿余元。全市172个民生监督组每个组平均查办案件7.3件，是2014年的2.6倍，实现所有乡镇办案“零”的突破。同时，充分发挥查办案件的治本功能，开展宣布处分决定同步进行警示教育，让群众直观感受到民生监督成效。铜仁市专项监察工作在全省民生监督工作现场推进会上作了经验交流发言。三是强化问责倒逼落实。严格执行“一案双查”，对发生普遍性、系统性问题的领域，实行责任倒查，严肃追究监管部门直接责任人和分管领导的责任，倒逼落实监管主体责任。全市监管部门有86名领导干部因落实不力受到追究，其中因家电下乡监管失职，被党政纪处分61人；因学生资助金监管失职，被党政纪处分15人；因农村危房改造监管失职，被党政纪处分8人；因小微企业补助监管失职，被党政纪处分18人。

五、加大廉政教育宣传，干部自律意识进一步增强

一是注重警示教育。召开全市警示教育大会，组织全市正县级以上领导干部及其配偶400余人在铜仁监狱听取服刑人员现身说法，编发《铜仁市违纪违法领导干部忏悔录》，向领导干部家属发出“构筑反腐防线，共建美满家庭”倡议书。组织市直部门“一把手”和重点岗位负责人830余人旁听公开庭审。督促各区（县）党委及时召开警示教育大会，市直部门开展警示教育活动170余场次，党员干部遵规守纪意识进一步增强。二是加强廉政宣传。建立党风廉政建设和反腐败工作通报制度，采取召开新闻通气会、党外人士座谈会等形式，通报2015年度党风廉政建设和反腐败工作情况。加强各级纪检监察网站、微信、短信平台的廉政教育宣传，并在省级以上主流媒体宣传铜仁党风廉政建设成效、经验及好做法1500余条。在市广播电视台开辟“廉政大家谈”直播栏目，组织42名区（县）和市直部门党委（党组）主要负责人开展“主体责任”访谈。深入开展廉政文化“八进八增”活动，全省廉政文化进医院现场推进会在铜仁召开。评定命名24个市级廉政文化示范点，开展川硐教育园区廉政文化基地、廉政文化示范一条街创建活动，制作一批大型廉政文化公益广告牌宣传栏，营造崇尚廉洁的良好氛围。三是开展理论研究。充分发挥市纪检监察学会和在铜省级廉政文化实证研究基地的作用，整合纪检监察机关和市内高校人才资源，以征文、研讨会等方式加强理论研究。完成“三个开刀”、民生监督实践与探索等3个省市重点课题。编辑《党风廉政建设理论研究文集》，取得一批具有针对性、指导性、实践性的理论成果。完成市纪检监察学会换届选举工作，命名3个市级实证研究基地。

六、加强自身队伍建设，履职能力有新提升

一是持续深化“三转”。聚焦主业主责，继续开展议事协调机构再检查再清理，调整市纪委监察局牵头或参与议事协调机构为19个，各区（县、高新区、开发区）精简为15个；机构编制和人员配备进一步向执纪倾斜，全市纪检监察机关执纪监督部门数和人员力量比例分别提升到76.3%和70.8%。开展纪检监察干部兼职或分管其他业务工作情况的督查，防止职能发散等问题反弹。出台《关于推进乡镇纪检监察体制改革的意见》，明确乡镇纪委书记由同级党委委员担任，进一步突出乡镇纪检机关的主业。二是强化教育培训。认真开展“三严三实”专题教育，把教育范围拓展到全市纪检监察干部。以开展“三严三实”专题教育为契机，市纪委领导班子开门纳谏倾听诤言，认真查摆并整改自身“不严不实”问题，高标准高质量召开专题民主生活会。以中心学习组、党支部学习、“道德讲堂”等形式，认真组织学习中央、省委、市委全会及有关重要会议精神和新修订的《准则》《条例》。开展“大轮训”，全市培训纪检监察干部3100余人次，针对性的提升了纪检监察干部的履职能力。三是从严监管干部。严格执行省纪委“三严守九严禁”和《铜仁市纪检监察干部行为准则》等规定，从严教育、监督、管理纪检监察干部。加强对纪检监察干部作风、效能、廉洁等情况巡查暗访力度，坚决严惩“灯下黑”问题。全市查处违纪违法纪检监察干部24人，其中党政纪处分13人，调离纪检监察系统4人、移送司法机关1人，通报违反办案纪律、跑风漏气、以案谋私的纪检监察干部2人。

（市纪委、市监察局）

组　织

【概况】2015年，铜仁市委组织工作围绕“两加一推”主基调和“四化同步”发展战略，选干部配班子、建队伍聚人才、抓基层打基础，着力为推动铜仁科学发展、后发赶超、同步小康提供坚强的组织保证和人才支撑。

一、高质量推进“三严三实”专题教育

一是强化党性教育。全市应讲党课党委（党组）班子成员827人全部完成专题党课。全市各参学单位层层举办正反面典型教育280场次。二是深入开展研讨，做到真学真悟。市委中心组及全市10个区（县）、76个市直单位完成三次专题研讨。三是微处整改入手，确保精准破题。各参学单位以开展“两个遍访”、联系服务群众“细胞工程”为契机，认真收集民意，广泛了解乡情，着力在服务基层、服务群众中体现专题教育工作的成效。

二、着力加强领导班子和干部队伍建设

紧跟铜仁发展需要，扎实推进开放型创新型服务型发展型领导班子和干部队伍建设。一是坚持标准，选准用好考实发展型干部。及时提请市委常委会议讨论干部任免16批次365人次。2014年度市管干部考核工作在“上评、下评、内评、外评”的基础上，增加实绩考核、德的考核、依法行政考核等内容。进一步简化和规范乡（镇、街道）党政正职审批工作，对乡（镇、街道）党政正职任免职审批程序进行再完善。积极开展干部人事档案专项审核和数字化建设工作。二是强化监督，推进严管干部长效化常态化。认真抓好“一报告两评议”工作，统筹推进各项整改治理工作。扎实抓好“12380”短信举报平台建设及日常受理和查核工作。制定《用操行积分加强干部管理监督的探索方案》，切实加强干部的日常监督管理。三是突出实效，着力提升干部推动发展的能力。先后到苏州市委党校及农村干部学院、大连民族大学等地举办各类专题培训各级各类干部600人次。全年举办各类培训班21个，培训各级各类干部1380人次。

三、创建人才培养引进和科技创新示范市

制定出台《铜仁市人才开发试验区建设实施方案》《铜仁市人才开发试验区高层次人才认定办法(试行)》等政策，研究制定关于加强民族地区人才队伍建设的意见、律师行业领军人才培养计划、人才开发试验区人才培养引进补贴办法和引进人才绿色通道实施细则等配套措施。启动大健康、大旅游、大数据、金融人才引进工作。设立铜仁市高层次人才服务中心。挂牌成立铜仁学院院士工作站，为铜仁高层次人才的培养、经济的转型升级提供强有力的技术支撑和平台支持。在铜仁高新区、大龙开发区成立创新创业服务中心和生产力促进中心，为人才开发试验区人才创新创业提供保姆式跟踪服务。

四、深入实施“民心党建”工程

以“民心党建”为统领，坚持“可行、落地、实效”标准，统筹推进各领域基层党建工作。一是形成齐抓共管党建工作格局。让落实党建责任制成为新常态。设立“一室五中心”，形成“大党建”工作格局。二是固本强基狠抓基层组织建设。从机关、企事业单位精准选派2446名“第一书记”到村任职。选派12027名驻村干部，组建2877个驻村工作组，实现全市所有村（居）全覆盖。全面推广“手绘民情地图”，完善“民情大数据”，对96.9万农户家庭信息进行了全面核查。制定出台《关于进一步规范村（居）干部报酬指导意见》，报酬采取“基本报酬+任期补贴+绩效奖金+养老保险”模式进行规范，村干部报酬平均可达1300元/月，有集体经济的村可达到1700元/月。积极采取“村两委+乡贤”等模式探索乡村治理。探索加快村级集体经济措施，按照“资源开发型、盘活资产型、市场经营型、旅游引领型、资金投入型、项目扶持型、产业带动型”等发展模式发展村级集体经济。三是统筹推进各领域党建不断拓展。以“双千双助”活动为载体，打造非公和社会组织党建升级版。按照“一核多元”社区党建治理模式促进社区有效治理。

五、加强组织部门自身建设

坚持每周五的“组工讲坛”和“桃源讲堂”。在全市组织系统启动“精准扶贫·组工干部在行动”活动，切实加强组织部门参与决战决胜绝对贫困的坚定性和组工干部在一线参与精准扶贫的主动性。组织成立了登山徒步、棋牌、羽毛球、乒乓球、篮球、书画摄影、读书和影视鉴赏7个兴趣小组，干部职工利用业余时间健康愉快、持续有序地开展各类活动。进一步整合力量，完善激励机制，加强涉组涉干舆情监测和网络宣传引导，刊发影响力文章数量稳步增加。组织开展全市组织系统优秀网宣员评选活动，进一步调动网宣员积极性。《“民心党建”工程促进干群连心·同步小康》获第三届全国基层党建创新优秀案例。大力推进市、县组织部门“大组工网”分级保护建设工作。编制《市、县组织系统“大组工网”涉密信息系统分级保护建设方案》，并通过专家评审会的评审、论证。

【优化党建机构配置，成立“一室五中心”】　铜仁市委组织部为切实发挥好党建办的职能作用，进一步形成职责明确、配置优化、相互协调、运转高效的工作格局，根据机构编制方案及现有职能科室配置要求，市、县两级均按照“对上保留、对内统筹”和“职级不变、职责整合”原则，在不改变机构设置和人员编制、职级的前提下，设立了“一室五中心”(党建综合室、农村社区党建中心、机关（企事业）单位党建中心、非公企业和社会组织党建中心、党员教育中心、党代表联络服务中心)，形成“大党建”工作格局。同时，配套建立党建工作联络员会议、党建工作人员例会、党建工作人员分片指导乡镇（街道）党建工作等制度，有效提升工作效率和质量。

【完善村干部报酬结构】　进一步规范村（居）干部报酬，充分调动村干部工作的积极性、主动性和创造性，根据中央、省、市有关文件精神，经市委常委会研究同意，制定出台《关于进一步规范村（居）干部报酬指导意见》。规定享受报酬待遇的村干部为支书、主任和文书，报酬采取“基本报酬+任期补贴+绩效奖金+养老保险”模式进行规范。2015年，村干部平均可达1300元/月，有集体经济的村可达到1700元/月。

【探索加快村级集体经济措施】按照省委组织部关于村级集体经济的各项部署和市委、市政府《关于加强农村集体经济组织建设的意见》精神，积极鼓励区县因地制宜、大胆探索，并拟从市级层面研究出台扶持政策和指导性意见，把“合作经营”作为发展村级集体经济的一项基本原则，按照“资源开发型、盘活资产型、市场经营型、旅游引领型、资金投入型、项目扶持型、产业带动型”等发展模式，采取“一村一品”分类推进、整合惠农项目资金等措施和市级指导、区县把关、乡镇负责方式，因村制定切实可行的发展村级集体经济工作方案。同时，创新财政资金投入方式，采取投资、参股、控股等形式，将财政资金合法注入村级集体经济组织，加快铜仁市村级集体经济的发展。

（市委组织部办公室）

宣　传

【概况】2015年，铜仁市宣传思想文化工作紧紧围绕中央、省委战略部署和市委有关要求，紧盯全国全省宣传部长会议确立的工作目标任务，以深入学习习近平总书记系列重要讲话精神和党的十八届三中、四中、五中全会精神为主线，坚持在“谋划、创新、推动、服务”上着力，全力抓好理论武装、加大新闻宣传、强化舆论引导、深化文明创建、加快文化发展，为推动实现铜仁后发赶超、同步小康提供了强大的思想感召力、文化凝聚力和精神推动力。

一、狠抓工作谋划，工作策划和推动水平有效提升

坚持“站高看全局、科学定目标、联动推工作”的思路，加强工作策划。一是看势谋全局。根据中央、省委和市委关于宣传思想文化工作部署，围绕“为何抓、抓哪些、怎么抓”总思路，拟定印发全市宣传思想文化工作要点和精神文明建设、对外宣传、文化改革发展、互联网信息等分项工作要点。二是因势定目标。按照“确保完成上级任务、积极开展工作创新”要求，自定目标、自加压力，确立工作目标，增强目标意识。三是顺势推工作。充分把握市委对宣传思想文化工作高度重视的有利机会，借力使力，通过建章立制，推行工作专项化、决策常态化，乘势而上、顺势而为，促使每项工作落细落小落实。

二、强化理论武装，各级领导干部谋发展、抓发展的理想信念、思想意识和决策智慧进一步增强

1. 多形式强化理论学习。推进党委（党组）中心组学习常态化，通过学习引领，以上率下，不断提高领导干部的理论水平和执政能力。制定市委中心组2015年理论学习计划，并为中心组23次集中学习做好有关服务工作。围绕加强中心组学习制定印发系列文件，推动全市各级党委（党组）中心组学习。及时调整充实铜仁市学习习近平总书记系列重要讲话精神学习研究小组成员，认真拟定学习计划，实行学习专题、个人领题、聚智破题等方式，推动领导干部对重要理论的学而信、学而用、学而行。围绕推动重大理论的学深学透，收集编印并向市委中心组成员及各区县和市直各部门发放铜仁市党委（党组）中心组《学习资料选编》，汇编《学习习近平总书记系列重要讲话精神征文选粹》《铜仁市“习近平总书记系列重要讲话精神学习研究小组”成员学习研讨文章》，为各级党委（党组）中心组学习提供丰富的学习参考。为市委中心学习组成员集中征订发放《学习活页文选》《党建》《习近平谈治国理政》等重要理论学习辅导资料。深化拓展“铜仁学习大讲堂”理论学习平台，紧扣全市大局和铜仁发展需要，按照“高规格举办、多层面参与、新主题引领”要求，先后邀请北京江山多娇规划院院长原群、国务院发展研究中心经济学家李善同、国家发改委社会发展中心主任杨宜勇、中国农科院农业资源与区域规划研究所研究员吴永常博士等5位知名专家学者作《旅游发展》《武陵之都引领武陵发展》等场次专题讲座，接受教育培训学习1300余人次，丰富和提高铜仁市党员领导干部的理论水平和执政理政能力，“铜仁学习大讲堂”作为政策学习和理论宣传大平台的影响力更大、作用更显著。大胆创新“指尖上的学习”方式，新开通并编发“铜仁微学习”33期，拓宽干部群众理论学习平台，关注人数5000多人。继续坚持把全民阅读作为提升全民素质的重要渠道，组织开展2015年“全民阅读·书香铜仁”系列活动，通过组织发动、开辟阅读专栏、优秀图书巡回展，广大干部职工积极参与读经典，推进“书香铜仁”文化品牌打造。

2. 积极开展理论宣讲。围绕提高理论骨干和德师的理论素养，提升宣讲能力，举办一期全市理论骨干暨德师培训班，参训人员60余人。组织15人参加全省基层理论宣讲干部培训和哲学社会科学科研骨干研修班学习。组建5个宣讲组到各地各单位开展16场“深入学习贯彻习近平总书记视察贵州重要讲话精神”宣讲报告。推行电视转化视频宣讲模式，组织下级下属单位和部门干部观看学习培训2800余人次。各区县组建宣讲团深入乡镇、村（社区）累计开展宣讲活动1430余场次，接受学习教育群众125200余人次。围绕推动重要会议精神、重大创新理论的学习宣传贯彻，组织开展16场以“‘四个全面’战略布局暨全国‘两会’精神”为主题的社科理论下基层宣讲活动，受教干部群众2400余人。配合省委讲师团、省社科联在铜仁市开展大健康产业等两场报告会。

3. 加强理论学习成果转化。先后组织开展深入学习贯彻党的十八届四中全会和习近平总书记系列重要讲话精神、新《安全生产法》颁布实施、“三严三实”专题教育理论征文活动，收到新《安全生产法》征文116篇、习近平总书记视察贵州重要讲话精神征文104篇、“三严三实”专题教育优秀理论文章88篇。组织开展社会主义核心价值观和学习习近平总书记系列重要讲话精神网络知识竞赛活动2次，38881名干部群众参与答题，开辟铜仁市理论学习成果转化开展网络知识竞赛的先河。组织编印发放64000多份干部理论学习资料，11月20日集中进行全市干部职工理论考试，参考率达到98%以上。

4. 切实加强农村思想建设。围绕惠农政策、知识传播、技术推广、文艺下乡、法律宣传等方面内容，市级层面组织开展4次“六进村”“三下乡”集中服务活动，提高基层农民群众理解政策、运用科技的水平，促进思想观念的进一步转变。深入推进农村“文化墙”建设，全市新建成农村文化墙新建和完善5767块，覆盖面积达81153平方米，村寨覆盖达到85%，推进社会主义核心价值观在基层农村的建设普及，弘扬农村道德新风尚，提振农村社会正能量。

5. 扎实开展“三严三实”专题教育。组织开展专题党课课件评选活动，收到区县和市直各部门优质课件62件，评选出一等奖5篇、二等奖10篇、三等奖15篇、优秀奖20篇。精心组织开展三次市委中心组学习“三严三实”专题教育研讨会。在全市组织开展

“三严三实”优秀理论文章评选活动，从收到的88篇理论文章中评选出一等奖5篇、二等奖10篇、三等奖15篇。

三、强化新闻宣传，舆论引导能力进一步增强

1. 抓重点宣传。精心实施主题宣传工作，组织实施“深化改革进行时”“加强守住‘两条底线’”“全面深化改革先行先试”“电商·民生”等主题宣传工作，推出主题新闻报道480余篇，为全市“四化同步·一业振兴”、同步小康创建工作营造浓厚舆论氛围。抓好重大节日主题宣传，策划传统节日和公民道德宣传日、撤地设市纪念日、扶贫日等重大节日的宣传报道。开设“记者新春走基层”栏目，专项报道基层故事、好声音，推出系列报道180余篇。围绕市委、市政府中心工作，市属新闻媒体开设宣传专栏75个，推出专题专版72个，全面宣传铜仁市经济社会发展取得的新成效。围绕社会治安综合治理和禁毒、普法工作等组织策划开展一系列宣传报道，推出新闻稿件120余篇，集中反映了铜仁市在推进法治社会建设，加强社会治安综合治理、禁毒，实施普法工作中取得的成效和经验，营造了良好的社会法制环境。精心策划抗战胜利70周年宣传，开设《关注抗战老兵》栏目，刊发稿件20余篇，策划《抗战记忆》专题4个版，全面反映铜仁抗战史。围绕重点工作、重大活动、形象宣传等，开展专题集中采访（访谈）24次，制作刊播公益宣传户外广告762块。

2. 加强新闻策划。围绕重要会议、重点工作、重大外宣活动高质量策划新闻宣传，先后策划做好了“两会”、2015年全省第二次项目观摩会、全市“整脏治乱”攻坚年动员大会等30余项重要会议的宣传，策划制作“图解政府工作报告”等重大会议专题专版报道。策划了铜仁市迎接高铁时代、全面深化改革、雁归工程、打造山水园林城市、五城联创、农村集中建房等工作的宣传。组织抓好了“三严三实”专题教育活动、2015年梵净山生态文明与佛教文化论坛、“美丽梵净山·铜仁过大年”等重大活动的宣传报道工作。

3. 创新和改进宣传方式。深入挖掘和发现宣传典型人物及典型事迹，推出典型宣传报道150余篇，集中宣传农村电商典型人物、典型事例10余人次。对铜仁市获得的5个全国文明村镇、4个全国文明单位在市属媒体作了集中宣传。开设《致富故事》专题栏目，挖掘宣传报道致富典型。4月底，组织新闻媒体记者对印江木黄镇高石坎林场护林感人先进事迹从铜仁守住发展和生态“两条底线”的高度，进行了深度报道。

4. 加强新闻宣传机制建设。认真落实季度新闻通气会制度、选题征集制度等工作机制。坚持重点工作报道提示制度，发布了重点新闻报道提示31期，制定重点工作宣传方案28份。通过季度新闻通气会，征集重点新闻报道选题64个。构建了走转改长效机制，组织开展了新春走基层、同步小康驻村干部奔赴基层、走基层等“走转改”活动。认真谋划媒体融合发展工作。开展清理整顿中央、省、市新闻单位驻地方机构工作。鼓励市属传统主流新闻媒体突出特色加强新媒体建设，用新媒体、新技术发展壮大主流媒体声音，报纸新闻与读者的互动性不断增强，广播电视节目实现了在线点播和在线收听，报纸、广播电视原创新闻实现了“微信”推送，传播形式实现了多样化。

5. 强化舆论监督。充分发挥舆论监督作用，组织作风建设新闻监督队伍开展了明察暗访工作。在市属新闻媒体继续开设“曝光台”“热点直击”“百姓评说”“梵净语丝”等栏目，通过评论、言论、集中曝光等方式积极发挥媒体舆论监督作用。先后曝光了对在执行党纪党规党法过程中搞变通、隐形“四风”问题和违反中央八项规定精神问题等30余起进行了集中曝光。曝光市民不文明行为60余次。对主城区环境空气质量和全市环境空气质量实行日报和周报。

四、打好外宣组合拳，对外知名度和影响力进一步提升

1. 新闻外宣成效显著。结合“两区一走廊”“民心党建”“扶贫开发”向中央、香港驻黔和省主流媒体推送铜仁市外宣选题100余个，集中推出系列报道10余次，在中央级媒体、香港台湾和省级媒体刊发铜仁市经济社会发展成效专题10余次。协调人民日报、新华社等中央、省、市20余家媒体对印江最美护林员罗运仙、思南青冈坝党支部书记冷朝刚等典型进行全面深入采访报道，刊播系列报道30余条次，网络新媒体转载有关报道300余条次。全市在中央、省级及港澳台媒体刊（播）铜仁外宣稿件8242条（次）。

2. 策划重大外宣活动。策划实施了春节央视连线直播铜仁市民俗活动，以及“美丽梵净山·铜仁过大年”春节系列活。配合完成CCTV-10《地理中国》栏目在铜仁市梵净山的专题节目摄制工作。协调完成CCTV-4《走遍中国》《美味中国》等栏目来铜拍摄、2015中国传统龙舟大赛（贵州·铜仁碧江）、上海苏州主流媒体走进铜仁、台湾中天电视台及联合报走进铜仁、“飞越多彩贵州”铜仁专题拍摄推介等大型主题宣传活动，各类大型活动对外宣传系列稿件在中央、省级媒体刊发4000余条次。尤其在全国扶贫日当日，央视新闻联播头条刊发铜仁市精准扶贫新闻报道，引起社会广泛关注。

3. 加强新闻发布制度建设。完善了新闻发言人联络制度、新闻发布通报制度，进一步推动了党委政府新闻发布制度科学化和规范化，重要新闻发布常态化。针对群众关心的“城市建设、公共管理、交通安全、民生诉求”等重点、热点问题，每月组织召开一次“铜仁市人民政府例行新闻发布会”，全年全市召开20余场次新闻发布会。

4. 加强外宣报送。编辑整理各级新闻媒体对铜仁的重点报道以及撰写对外宣传工作简报17期，上报月度工作小结12次，撰写主题外宣稿件16篇。完成全市招商引资专题片和全市水资源招商引资专题片文字角本撰写、“铜仁舰”文化建设图文统筹编辑和舰歌创作、面向全国公开征集铜仁城市LOGO并组织推广、首都机场上海高速户外广告制作投放、全民全域旅游及自驾游宣传策划以及省在铜召开全省各类会议的宣传。协助完成《贵州日报》铜仁专版开设的各类专题策划，支持开辟“武陵论见”评论专栏，组织撰写刊发10余篇有关全市经济社会发展先行先试的评论文章。完成了《梵净山共识》《梵净山故事》等外宣书刊编撰工作。

五、强化互联网建管用，抢占网络铜仁“新高地”

1. 网络宣传持续有力。持续推动“微铜仁”发展，围绕市委、市政府中心工作，日均稳定在7条，全年发布300余期2100多条，原创采编信息120余条，转化阅读量近500多万人次，通过引领推动，矩阵宣传、市属媒体和网络媒体联动，搭建出宣传铜仁新平台。在贵州省政务新媒体建设发展经验交流会上，“微铜仁”获“政务微信优秀公众号”，市互联网信息办公室授予了“先进组织单位”表彰。策划组织了“抗战胜利70周年”、全市“两会”、大数据新医药健康产业发展等重大主题和重要活动网上宣传。开展了“多彩贵州有多彩”系列网络文化传播活动·贵州高铁茶香行采访团在铜仁市进行主题采访活动，全国46家知名网络媒体及省、市部分媒体采访团68名记者赴铜仁市开展集中采访，采写刊播新闻报道80余篇，图片60多组，微博300余条，40余个微信公众号、100多家网站转载相关报道。通过与同程网络科技有限公司合作，打造铜仁旅游旗舰馆，整合铜仁旅游资源，结合各地活动主题适时推出旅游路线推进，实现线上线下结合发展。9月8日，2015年全国地方新媒体发展高峰论坛暨第八届中国地市新闻网联盟年会在铜仁市召开，来自全国18个省、市（自治区）150多家地市级主流媒体的相关负责人200余人、国内知名门户网站的行业专家代表出席。为了更好地塑造“武陵之都·仁义之城”的城市品牌形象，扩大铜仁的知名度，面向全国公开征集铜仁市城市logo形象标识征集和审定运用工作，有力提升了铜仁的知名度。

2. 舆情导控精准有度。加强网络监控，实行“7×24小时”值班制，形成了舆情导控联动机制，实现属地网络媒体舆情及有害信息能第一时间发现和引导，市外网络媒体有害信息能及时发现并按照程序协调处置。向省委网信办上报处置舆情及有害信息

118条，其中较大事件舆情6起，重大事件舆情2起，制作舆情快报、专报52期，市领导签批35条次，发现处置网上舆情2365条次。建立与铜仁市内相关单位之间网络舆情沟通会商机制，主动向相关部门进行信息沟通600余次。建立了统一网络舆情通报处置机制，整合各部门类似职责和工作力量，简化流程，提高工作效能。组建了1个核心团队、12个区（县、高新区、开发区）工作团队、50余个市直部门工作团队和172个乡（镇、街道）工作团队的“1+12+50+172”网评员队伍，组建了上百人的网评员队伍。

3. 网络管理严格有序。加大网上新闻来源检查处罚力度，在全市开展互联网新闻信息服务集中检查和日常管理，打击网络政治谣言和有害信息工作等活动。对出现问题的“铜仁论坛”“铜仁在线”“铜仁视窗”“新铜仁”微信公众号等6家网站和微信公众号进行约谈，对“铜仁论坛”、铜仁在线”“铜仁视窗”三家网站进行了关停处理。组织网安、工信、文广、发改等部门开展了属地网络联动检查。选派5人次参加省委网信办举办的“互联网政策法规培训班”“网评培训班”“新闻传播能力建设培训班”。与多彩贵州网合作，举办新闻宣传舆论引导“一员三责工作法”专题培训班，培训100余人次。积极开展受理网络违法和不良信息举报，制定举报中心工作制度，开通铜仁市违法和不良信息举报平台，督促各区县网信办和主要新闻网站认真落实网上违法和不良信息举报工作。形成重大信息网络发布和网信政策解读联席机制，利用月新闻发布会及季度新闻通气会，对重大信息网络发布、网络舆情通报和网信政策解读，宣传推广方式立体发散。

六、围绕打造“武陵之都·仁义之城”，扎实推进精神文明建设，市民文明素质和城乡文明程度进一步提高

1. “明礼知耻·崇德向善”主题实践活动深入推进。一是主题实践活动深入推进。在全市机关、校园、家庭、社区、乡村、窗口、企业、商户、交通、旅游等十大行业广泛深入开展了内容丰富、形式多样的“明礼知耻·崇德向善”主题实践活动。二是先进典型选树卓有成效。成功推荐松桃县刘仁平入选全国第五届道德模范提名奖，举行“铜城仁者”2014年度人物颁奖典礼，表彰年度人物和提名奖人物各10名，启动了“铜城仁者”2015年度人物征集评选工作。推荐身边好人有效线索602条，推荐身边好人”典型人物60人，4人荣登“中国好人榜”，16人荣登“贵州好人榜”。承办了全省第四届道德模范先进事迹巡回报告团赴铜宣讲活动，撰写了铜仁市五名入选2014年度“中国好人榜”的事迹小传，为中央文明办编印中国好人事迹汇编提供资料。积德榜”建设实现全市社区（村）全覆盖，建设“积德榜”2943个。三是道德讲堂建设制度化推进。实行月通报制度，强势推进了区县“宣传部长上讲堂”活动。组织开展了市级骨干德师队伍培训，承办了全省“宣传部长上讲堂”观摩活动，组织开展了“宣传部长上讲堂”宣讲比赛铜仁市级复赛，推荐选手参加全省决赛获二等奖，市委宣传部获全省五个优秀组织奖之一。坚持每月集中一批宣传系统干部深入机关、乡村、企业、学校开展宣讲活动，并将“三严三实”专题党课贯穿于“道德讲堂”建设全过程，充分发挥党员领导干部在“道德讲堂”建设中的引领推动作用。全市建成道德讲堂6500多个，2015年开展道德讲堂活动4172场次，其中，开展“宣传部长上讲堂”3000余场次。四是群众性精神文明创建深入推进。命名了25个市级文明乡镇、18个文明村、133个文明单位、6个文明社区和铜仁市首届十大名镇。以市国税系统为试点单位，启动铜仁市文明行业创建工作。结合“明礼知耻·崇德向善”主题实践活动，广泛开展了“文明细胞工程”创建活动。五是社会主义核心价值观宣传氛围浓厚。着力打造“街头正能量”“村头正能量”，广泛宣传社会主义核心价值观“三个倡导”24字，使24个字深入人心。全市打造“我们的价值观”主题公园、主题广场、主题街道、主题社区1000余个，对城区90个公交站台橱窗公益广告分配给市级以上文明单位发布，并要求主城区423辆安装有

LED显示屏的出租车全部插播社会主义核价值观24字内容。刊发核心价值观大型户外公益广告17433幅（块）。铜仁日报社刊发“讲文明树新风”公益广告275.75版，广播电台播出“讲文明树新风”公益广告6460次、7120分钟，电视台播出“讲文明树新风”公益广告4.1936万次，铜仁网站发布公益广告295期796幅。春节期间组织开展了“弘扬我们的价值观·家家户户贴春联”送春联进村、进社区活动，赠送春联40000余幅，年画30000余张。组织开展铜仁市第三届“讲文明树新风”公益广告大赛，收到平面类、广播类、视频类公益广告参赛作品273件，评选表彰了三类获奖作品66件。六是推进志愿服务工作制度化。组织召开了全市志愿服务工作推进会。志愿服务队伍不断壮大，截至10月底，全市实名认证注册志愿者128875人，成立志愿者协会15个、志愿服务队伍763支。全市每年开展志愿服务活动30余万人次，服务时间近100万小时。5家志愿服务团队获全省优秀志愿服务组织，10人获全省优秀志愿者称号。

2. 全国文明城市创建工作水平不断提升。一是“五城联创”工作有序推进。继续深化市级领导和市直单位帮联城市社区共创共建工作。充分利用新闻媒体和城区LED显示屏等广泛宣传文明行动，刊播先进典型，曝光不文明行为。二是全面启动并有序推进了“整脏治乱”攻坚年行动。投入2000万元专项经费，对主城区沿江步西门桥至三江公园段的基础设施进行了修复和美化。投入近2亿元，推动木杉河湿地公园、仁山公园以及各市民广场公园建设。投入8.65亿元，改扩建城区桃园大道、五福大道、环东大道、清水大桥等路网建设，新增城区隔离护栏12000米等，投入200万元城区路灯、地砖进行维修。市级财政每年解决500万元推进城区农贸市场的建设。实施“厕所革命”，各区（县）改造和建设公厕53座，全部实现免费开放。在铜仁主城区以市容市貌、市场管理、道路交通、城市噪音、广告发布等为整治重点，出动整治人员26000余次，拆除延伸棚1615个，取缔占道摊点1337个，规范门店4776个（次）。清理垃圾2080吨。治理污水沟38条。清理不规范、破损广告810余处，查扣不规范广告牌150余个。取缔燃煤灶222个。治理工地出口21个。查处工程车带泥上路车辆55台次，违规倾倒渣土18车次。查处各类交通违法行为12365起，其中醉驾8起，酒驾20起，无证驾驶52起，行政拘留22人，不按规定停车1401起，违反禁令标志846起，违停拍照3437张，暂扣机动车185辆，暂扣驾驶证189本。拖离乱停乱放车辆661辆，锁扣小车105辆。清理石墩160余个，拆除钢架棚12个。加大对户外广告集中整治，在城区道路和高速公路沿线拆除未经审批的广告牌231块、横幅193幅，覆盖墙体广告236幅。坚持清理、封号、打击多措并举，查封手机号码320余个，让“野广告”无处藏身。开展了“野广告”、传单广告和不雅广告的专项治理，增设便民信息栏60余个，方便企事业单位和广大市民规范张贴广告、发布信息。加大督查问责，对主城区进行一周三查，对区（县）督查坚持一月一督查，并将督查结果在市级媒体公开通报。在媒体开设“认认他是谁”曝光栏，监督不文明行为，全市各级各类媒体曝光不文明行为3482起，其中，涉及国家公职人员130起，问责91人。三是“四在农家·美丽乡村”创建深入推进。积极争取了省级农民文化家园项目21个，项目资金105万元，为农村文化建设提供了良好示范。四是“高速公路文明大道”和“军民共建文明示范街”创建深入开展。深入开展“高速公路文明大道”和“军民共建文明示范街”创建活动。继续开展“军民共建文明示范街”活动。

3. 未成年人思想道德建设成效显著。一是“祖国好·家乡美”主题系列活动广泛开展。评选出10名“美德少年”。开展“童心向党”歌咏和中华经典优秀童谣诵读传唱活动，评选出20个歌咏和26个诵读优秀节目。开展“美德校园·道德讲堂我来讲”活动，全市中小学校共建“道德讲堂”1899个，开展道德宣讲活动55960余场次。开展“书香校园·明礼知耻”读书活动，选送的石阡县中、小学组代表队获全省“明礼知耻·崇德向善”中小学生文明礼仪知识竞赛三等奖。开展“墨香校园·中华美德颂”书法绘画大赛，收到各类参赛作品549件，分中小学组评选出优秀作品120件。开展“做一个有道德的人”网上寄语活动和优秀童谣征集，征集到“做一个有道德的人”网上寄语活动和优秀童谣43余首，向省文明办推荐30首。二是乡村学校少年宫建设扎实推进。积极争取并实施了25个中央和省乡村学校少年宫建设项目，承办全省2015年乡村少年宫建设现场培训会。组织全市69个各级文明单位对口帮扶69所乡村学校少年宫活动。三是“净化社会文化环境”专项整治行动取得实效。会同工商、公安、交警、文体广电等部门，持续开展“文明·净网行动”“护校行动”、互联网上网服务营业场所专项整治行动等，出动执法人员6340人次，检查1587家次，责令改正23家次，受理举报3件，立案调查11件，办结案件29件，警告18家次，罚款42001元，责令停业整顿5家。四是未成年人心理辅导工作有序开展。全市开展各类心理健康专题讲座32场次，征集到心理征文作品319件，开展心理咨询辅导活动34次，4316余中小学生受益。五是协同开展“千校万师”培训工作。组织全市480名中小、中职学校思想道德教育骨干教师分30批次参加了全省的“千校万师”培训工作。

4. 信息报送和发布工作质量得到明显提高。截至10月底，编发铜仁精神文明简报20期、铜仁市“五城联创”工作动态18篇。及时向中国文明网、贵州文明网等媒体推送铜仁市精神文明创建工作信息，被中国文明网采稿21篇，省文明网采稿965篇，市文明网发稿1043篇。

七、深挖底蕴推创作，文艺创作欣欣向荣

1. 文学文艺创作硕果累累。出台《铜仁市文艺创作五年工作计划》（2015—2019），唐玉林的长篇小说《沧桑武陵三部曲》入选第九届茅盾文学奖参评目录，安元奎的散文《二十四节气》被中国作家协会列为2015年度少数民族文学重点作品扶持项目篇目，30余名作家在《民族文学》等刊物发表作品，出版文学作品集2部，发表文艺理论文章20余篇。推荐选手覃春江参加第十届中国音乐金钟奖贵州选拔赛荣获总决赛三等奖。田淼自编、自导、自演戏剧小品《大学录取通知书》参加全国第四届大学生艺术展演获二等奖。青年歌手黄旭获得“2015亚洲音乐大赛国际总决赛”声乐组民族唱法金奖。青年歌手覃春江，在第十届中国音乐金钟奖贵州赛区选拔赛决赛中获三等奖。铜仁市剧作家创作的《汪五的哈哈》《闹灯记》《小桥流水》《乌江汉·土家妹》四个大型剧本入选贵州省戏剧创作中心编辑。签约拍摄大型电视剧《绣娘》《大乌江传奇》。启动“深入生活、扎根人民”主题实践活动。开展了土家山歌的挖掘整理工作，新收录土家山歌100余首。启动了铜仁市歌的征集评选活动，征集到歌曲200余首。

2. 群众文化活动深入开展。策划组织举办2015年新春团拜会文艺演出。着力开展2015“快乐铜仁”主题系列文化活动，重点开展“全民阅读·书香铜仁”、激情锦江大擂台、健身操展演、羽毛球、乒乓球、山地自行车、徒步走等比赛，有2万余名群众直接参与活动中。组织开展中国梦·少年梦”校园文化、“我奉献我快乐”志愿服务活动。组织开展纪念建党94周年、遵义会议召开80周年暨抗日战争、世界反法西斯战争胜利70周年合唱大赛和“网友大合唱”活动。在组织参加全省纪念建党94周年、遵义会议召开80周年暨抗日战争、世界反法西斯战争胜利70周年合唱大赛中，铜仁市派出的两支代表队获组织奖二等奖。松桃秀玲健身队表演的广场舞《鼓动天地》在2015年全国广场舞大赛预赛中，从全国754支参赛队中脱颖而出，获贵州赛区第一名。

八、深化文化体制改革，打通制约文化产业发展瓶颈，加快文化产业快速发展

1. 改革任务顺利推进。成立了9个专题小组，划分9个改革事项。制定《铜仁市文化旅游改革专项小组工作规则》，各专题小组结合各自改革要点制定了《2015年铜仁市文化旅游专项小组工作台账》，制定时间表、路线图，明确目标和任务。小组办公室采取工作台账督查、资料管理督查、信息报送督查、电话询问和现场查看等方式对各专题小组工作推进情况进行督查，并及时将相关信息上报小组组长、副组长，做到“半月一督查、一月一上报”工作机制，加强改革任务考核与督查，改革工作任务得到稳步推进。

2. 推动改革工作落地生根。玉屏箫笛研发基地建成全国首家箫笛博物馆，新入驻企业近10家，成功签约9个项目，签约资金12亿元。大明边城获得2015年度中央文化产业发展专项资金300万支持，新增加近30个文化体验项目，武陵山（铜仁）民族文化产业园入驻小微文化企业27家，松桃苗绣基地获得2015年贵州省文化产业示范基地称号。全市文化产业单位达1027个，个体工商户2282户，从业人员1.7万人，收入32.7亿元，全市文化产业增加值达到14.62亿元，占GDP的比重为2.26%。继续推进2014年创新基层公共文化服务机制建设工作，制定《创建基层公共文化服务机制试点工作任务细化分解表》，以“梵天净土·桃源铜仁”系列文化品牌为重点，挖掘地方文化，打造地方特色品牌，开展形式多样的文化活动。成功将玉屏县申报为省级公共文化服务体系示范县，并积极申报创建国家公共文化服务体系农村文化“种子工程”示范项目。统筹推动打造铜仁网+，推动“智慧城市”建设。

3. 文化走出去取得新突破。组团参加第十一届深圳文博会，松桃、印江2个重点项目进行现场签约，签约金额达到7.8亿元，占全省签约总金额75.2亿元的10.37%。加大文化品牌形象宣传力度，举办2015“美丽梵净山·铜仁过大年”、2015“好彩头杯”中国传统龙舟大赛、纪念玉屏箫笛金奖百年暨“相约茶花泉”文化活动周等活动。

九、强化决策信息服务和调查研究，服务中心工作的能力进一步增强

1. 舆情信息工作扎实开展。建立健全基层舆情信息员管理和培训办法，每季度通过《业务通讯》对各单位上报舆情数量进行通报，督促各地各单位加大舆情信息的撰写及报送力度。不断拓宽舆情收集范围，加强综合分析，提高舆情信息报送质量，前8个月即报送舆情信息2363余篇（条），被省委宣传部单篇采用214篇、综合采用266篇，中宣部综合采用57篇。全年接受省委宣传部研究室特约信息300余篇。提前超额完成省委宣传部下达的舆情信息工作目标任务。

2. 认真抓好部刊《铜仁宣传》工作。编辑出版《铜仁宣传》6期。向《贵州宣传》投稿40篇，图片50多张，采用13篇、消息报道11篇、图片32幅。积极向“微学习贵州宣传”撰稿投稿。在省委宣传部下发的前3期《业务通讯》中，铜仁市被采用36期，采用量居全省第一。

3. 调查研究工作实效增强。结合铜仁实际设置10个调研课题，分别由部班子成员领衔调研，明确了调研工作重点和目标要求，各调研报告收集完毕。

十、强化基层基础，干部队伍建设不断加强

深入开展全市宣传文化系统党员干部“三严三实”教育，进一步增强全体党员干部的党性意识和宗旨意识。认真贯彻落实各级党风廉政建设有关精神，切实推进全市宣传文化系统党风廉政建设和反腐败工作，塑造宣传文化队伍作风正、学风浓、操守好的良好形象。认真开展新闻单位驻地方机构清理整顿工作，理顺管理体制。围绕基层工作加强年，组织开展宣传干部、机构编制、乡镇文化站所调查统计工作，为工作决策提供有力的参考。

（市委宣传部办公室）

统　战

【概况】2015年，铜仁市委统战部深入学习贯彻习近平总书记系列重要讲话、中央、省委统战工作会议及《中国共产党统一战线工作条例（试行）》精神，主动适应新常态、把握新机遇，努力推进新形势下统一战线各项工作，为铜仁实现科学发展、跨越赶超、同步小康汇聚力量。

一、抓好贯彻落实，掀起统一战线学习热潮

一是召开“两个会议”，认真传达落实。中央、省委统战工作会议召开后，市委高度重视，及时召开常委会专题听取统战部门汇报，同意市委统战部提出的5条贯彻意见建议。11月，召开市委统战工作会议，认真总结近年来全市统战工作，安排部署当前和今后一个时期统战工作任务。二是抓好“三类学习”，开展组织培训。市县两级统战部门一把手和领导班子率先垂范，带头学习会议和《条例》精神，为本单位、本部门的干部作专题辅导；市县统战干部通过阅读文件、记读书笔记、撰写体会文章等形式加强学习；召开情况通报会、座谈会等，组织广大党外代表人士深入学习领会会议和《条例》精神实质。市县举办统战干部、党外干部、非公有制经济代表人士培训班31期，培训人数1400多人，召开学习贯彻座谈会32次。三是通过“三种渠道”，扩大宣传影响。在市级媒体及统战部网站、微信平台等开辟专栏，加强对中央、省委统战工作会议的宣传；把中央统战工作会议和《条例》精神，列入全市干部理论学习考试内容和市委党校、市社会主义学院培训内容；印制5000余册《条例》，分送市、县四家班子领导、行政事业单位和广大党外代表人士，在全市上下掀起了学习贯彻会议和《条例》精神的热潮。

二、助推扶贫攻坚，彰显统一战线独特价值

继续争取省统一战线大力开展智力帮扶武陵山片区（铜仁）扶贫开发工作。7月，省委统战部在贵阳召开省统一战线智力帮扶武陵山片区（铜仁）扶贫开发工作第三次联席会议。会上，省委常委、省委统战部部长刘晓凯出席会议并作重要讲话，省统一战线各帮扶单位分别就2015年帮扶工作作交流发言。省委常委、省委统战部部长刘晓凯，省领导左定超、谢晓尧、蔡志君、顾久、武鸿麟等亲自关心关注武陵山区（铜仁）扶贫开发工作，安排部署，推动对口帮扶工作。省统一战线各帮扶单位心系铜仁、情倾铜仁，积极引资引智，搭建合作平台，创造发展良机。2015年中央、省统一战线到铜仁市开展帮扶活动37次，召开座谈会、培训会50余次，培训人员2500多人，建言献策220条，实施帮扶项目44项，引进帮扶资金6481.5多万元。

三、夯实政治基础，汇聚统一战线发展合力

一是民主党派组织建设上新台阶。4月，成立民建铜仁市工作委员会、致公党铜仁学院支部。12月，成立民盟铜仁市综合支部、民进德江支部。2015年底，有民革、民盟、民建、民进、农工党、九三学社、致公党7个民主党派组织。二是政党协商工作有新成效。代市委拟定《关于加强政党协商的工作方案》，为政党协商提供了政策依据和有力支撑。全年，市委召开4次专题协商座谈会对拟出台的相关文件，充分听取民主党派、无党派人士和工商联负责人的意见建议。召开2次情况通报会，向民主党派、无党派人士传达学习党风廉政建设情况、省委十一届六次全会和市委统战工作会议精神。首次召开调研协商座谈会，针对民主党派组织撰写的调研报告，充分听取民主党派、工商联负责人和无党派人士以及相关职能部门的意见建议，取得较好效果。三是党外代表人士队伍建设有新加强。重点会同市委组织部、市法院、市检察院召开专题会议，按照《条例》要求，进一步推动在县级政府班子、市县两级人民法院、人民检察院领导班子中配备党外干部工作。市扶贫办、市规划局、市卫计委等9个单位和人大、政协4个专委会主要领导由党外人士担任，10个区（县）政府班子采取任职和挂职方式配齐党外副区（县）长。

四、发挥自身优势，抓好统一战线活动品牌

一是深入开展“同心共创·同步小康”行动。市级层面对10个符合条件的“同心共创·同步小康”示范基地进行命名授牌，各区（县）共建设5大类“同心共创·同步小康”示范基地86个，全市统一战线实施“同心共创·同步小康”项目67个，投入资金4000多万元。二是稳步推进“民族团结进步示范市创建”工作。积极推进民族团结进步创建活动进机关、进乡镇、进企业等“八进”活动，顺利通过全国民族团结进步示范市创建“互观互检”活动现场观摩检查，不断推动民族团结进步创建工作向纵深发展。三是成功举办2015年中国梵净山生态文明与佛教文化论坛。认真做好以“心灵环保、世界和谐”为主题的2015中国梵净山生态文明与佛教文化论坛的方案制定、主题策划、嘉宾邀请、论文编辑等工作。围绕进一步强化梵净山佛教名山的定位，积极申办第五届世界佛教论坛，认真做好梵净山佛教文化园和“四大天王寨、十八罗汉村”规划建设等工作。四是切实加大对外交流。充分发挥9家直属商会的作用，加大“请进来、走出去、走下去”力度，积极参与招商引资工作。重点做好与全国工商联直属商会的联系，并与全国工商联7家直属商会成功对接，就相关项目进行具体洽谈。协同市工商联组织各区（县）到江苏苏州、宜兴等地开展招商引资活动，推介项目200余个。组织本市商会及企业家300余人到区（县）开展送商上门活动。在省委统战部、省侨联的牵线搭桥下，铜仁市与美国蒙特利公园市签署友好城市协议，推动双方加强友好交往、开展教学科研、深化学术交流等。

2015年，中共中央政治局委员、中央统战部部长孙春兰来贵州调研时，铜仁市委统战部作为全省市州统战部代表在座谈会上发言，汇报铜仁市统战工作情况，还分别在《中国统一战线》业务采编交流会、全省统战部长会议、全省培养选拔党外干部和少数民族干部工作座谈会、全省高校统战工作会议上作交流发言。

（市委统战部办公室）

群众工作·信访

【概况】全市群众（信访）工作坚持从改革、发展、稳定的大局出发，不断创新机制、落实措施、畅通渠道、规范秩序、压实责任，推动问题解决，全市信访问题化解取得实效，社会和谐稳定，党群干群关系更加密切。把工作重心放在源头预防、问题解决、服务群众、教育稳控和维护稳定上，以重大突出矛盾纠纷和信访问题集中化解“百日攻坚战”为抓手，重点开展公开接访、矛盾纠纷和信访突出问题排查化解、包案督访、督查督办等工作，信访部门为党分忧、为民解难的能力和水平得到不断提升。

全年铜仁市各级群众工作部门接待群众来信来访7126批18674人次。其中办理群众来信（含网上、电话传真等信访件）488件；接待群众来访6638批18186人次，同比分别上升19.45%、24.26%。各区(县)接访4001批10263人次，市群众工作部接访2637批7923人次。群众到省上访495批838人次，同比分别下降11.45%、17.84%。实行“及时交、定时清、准时结”，第一时间回应诉求，防止变成重信重访，全年累计排查矛盾纠纷和信访问题2869件，化解2586件，化解率达90.13%。全面抓实中联办、省联办转交办件化解工作，省、市领导包案件办结率达100%；完成信访事项复核42件。充分发挥信访部门的牵头抓总、协调各方，推动事要解决的作用，调查研究热点难点问题，反映社情民意，提出意见建议，市委群工部向市委市政府报送《信访专报》42期，《群工信息》38期供领导决策参考，为促进经济社会稳步发展发挥应有作用。

一、领导重视，成效明显

书记、市长亲自接访、阅批大量群众来信，就信访工作出重要指示和批示。相继以市委常委会议、市政府常务会议、市信访联席会议研究信访工作12次；市委群工部组织召开全市信访工作现场会、工作安排会议、推进会、培训会等23次；区(县)党政主要领导定期研究群众信访工作，分析信访形势，分管领导及时就阶段性工作和重要信访问题的处理作出部署；各级各部门通过层层落实责任，进一步巩固了大信访工作格局。加强接访处访，形成长效机制。推动市、县级领导干部到群众工作中心现场随机接访群众、调处化解信访事项。全年市领导累计接访230批1070人次，市委书记夏庆丰亲自批阅处理群众来信52件，由市委办、政府办直接交办到相关区县和市直部门并跟踪督办；区（县）领导累计2068人次公开接访，共接访1190批2453人次。同时，对各区（县）县级领导干部公开接访群众情况进行视频调度和抽查，并半月汇总通报，推动及时就地解决问题。加强领导包案，力促问题解决。将省领导包案督访铜仁市的12件、省联席办四轮集中交办的1181件、省交办重要领域重点行业580件、省巡视组交办的117件、省委“三严三实”专题教育领导小组办公室交办的3件、省交办因生态文明建设引发信访问题2件、省督查处交办的5件全部纳入市、县领导包案化解范围并全部完成化解，有力推动“事要解决”。

二、多措并举，创新改革

总结提炼运用玉屏自治县“4X3”矛盾纠纷化解工作机制和“1148”矛盾纠纷调解工作法，思南县妇女信访代理制度、印江自治县“县乡村三级信访代理员”机制、石阡县“五步工作法”等铜仁市信访工作中创新的机制和方法。优化接访大厅接访方式。将市直19个部门组合成6个接访团，按照“一站式接待、一条龙办理、一揽子解决”的工作模式，“一厅式”处理群众反映的问题，市直部门领导轮流到市群众工作中心接访群众，增强了问题解决的力度。制定和完善接访工作“六个一必须”和“十五个化解规范”的接访工作制度规范，办信工作更加规范，增速提效。信访工作制度更加健全和完善。建立和完善《关于进一步做好信访事项受理办理程序问题核查工作的通知》《铜仁市信访信息排查研判上报化解处置工作制度（试行）》《铜仁市群众（信访）工作考核办法》《关于进一步做好市直部门领导进驻市群众工作中心接访的通知》《律师代理信访制度》等，充实信访工作目标责任状内容，规范信访接待、督查督办、信访信息上报、不稳定因素排查、领导包案等制度。全面加强群众（信访）工作宣传，正确引导舆论导向。组织各区（县）深入乡镇（街道）和乡村（社区）开展《信访条例》宣传活动，发放宣传册20000余份，引导群众依法信访。在《贵州群众工作》刊载信息15篇、省信访局网站信息57篇，市委内网门户网站-群众工作板块32篇，《群工信息》38期，贵州日报、铜仁日报信访信息3篇。铜仁市委群工部信访宣传工作在全省市州中名列第二，被省群众工作中心通报表扬。按省群众工作中心（省信访局）的相关工作要求，充分发挥调研手段在推动创新改革和提高工作质量、工作效能中的作用，结合铜仁实际，市委群众工作部（市信访局）承担22个课题调研任务。市委群众工作部（市信访局）领导高度重视调研工作，3月26日，中共铜仁市委群工部(铜仁市信访局）常务副部长、市信访局局长冯华主持召开调研工作安排会，成立调研课题组。2015年市委群工部（市信访局）各调研课题组按照所承担的调研课题，认真及时组织开展调查研究工作。各组结合实际认真完成调研课题22篇，各区（县）完成187篇，全市共完成209篇。

三、“百日攻坚战”

根据省委的统一部署，市委、市政府把打好打赢“百日攻坚战”放在突出位置来抓。市委、市政府分别召开全市“百日攻坚战”视频会议作出安排部署。市委书记夏庆丰等市领导多次听取汇报，亲自安排、亲自部署。一是狠抓安排部署。认真落实省委、市委及省联席办关于组织开展信访维稳“百日攻坚战”的要求，对省委、省联席办交办铜仁市的矛盾纠纷和信访问题，集中交办给责任主体单位开展化解工作，组织开展重点信访突出问题的治理。二是狠抓调度督查。市“百日攻坚战”督导工作组10个牵头单位对各区（县）矛盾纠纷和信访问题集中排查化解“百日攻坚战”工作开展情况及重点交办案件化解情况进行督导检查，累计查访34个乡镇（街道）及县直部门，走访群众69批134人次，督导检查信访案件56件。省交办铜仁市第一、二、三季度1064件全部化解；第四季度交办的119件完成化解54件，按计划在2016年2月底前全面化解。

四、规范信访程序

一是打造“阳光信访”，实现公开透明，提高信访公信力。通过深化信访信息系统应用、做实视频接访、办好网上信访，进一步规范信访工作行为、压实责任主体责任，把信访职权置于阳光下运行，把履职情况置于社会监督，以此推动信访工作规范、高效和廉洁运行，在“阳光信访”上取得新进展。二是强化工作责任，及时就地解决群众合理诉求。通过强化基层基础、推进领导接访包案、强化责任追究等工作，全力推动形成一级抓一级、层层抓落实的工作格局。同时，按照《信访条例》规定时间受理办理，强化首办责任，严格工作程序，提高受理办理工作效率，不断提高初信初访办结率，在“责任信访”上形成新常态。三是严格工作规范，更好地维护群众合法权益。运用法律政策来衡量群众诉求，按照“诉求合理的解决问题到位、诉求无理的思想教育到位、生活困难的帮扶救助到位、行为违法的依法处理”的要求，推动责任主体部门认真负责地解决群众诉求。坚持法定途径优先解决问题，通过严格落实诉访分离、强化初信初访办理、依法打击违法上访等措施，引导群众依法有序表达诉求，自觉维护信访秩序，在“法治信访”上求取新成效。

（市委群众工作部　钟华　黄俊）

台湾事务

【概况】 2015年，铜仁市台办工作认真贯彻落实中央、省委和市委对台工作部署，紧紧围绕市委“四化同步，一业振兴”发展战略，以扎实开展“三严三实”专题教育为动力，深化铜台经贸文教合作与交流，圆满完成各项工作任务。

一、对台宣传有特色、有亮点

向省台办报送宣传稿件160多篇（幅），《贵州与台湾网》采用110篇（幅），在全省9个（州、市）排名第2位。首次进行入岛宣传，4月16—19日，国台办海峡两岸出版交流中心与台湾中天电视台、联合报资深记者一行3人组成的“魅力东方·走进铜仁”摄制组在铜仁拍摄采访。拍摄的专题片于2015年5—6月在联合报、中天综合台、中天亚洲台、中视主频和联合新闻网等台湾主流媒体专题刊播，在岛内引起较大的反响。邀请省委统战部副部长、省台办主任周素平到铜仁为铜仁市干部职工和部分师生作台海形势教育。市台办分别在石阡县委党校、江口县委党校为两县2015年党外干部培训班作《当前台海形势和对台工作》专题讲座。全市组织涉台形势教育等学习宣讲活动10场次，参加人数700人次。

二、对台联络与涉台事务有创新

2015年，实施铜仁市“走访台企、助推发展”活动，到台企开展调查摸底、走访慰问活动，实行台办班子成员联系台企制度，建立台企信息台帐、台企联系人台帐、台企困难问题定员定时解决台帐、台企困难问题协调联动处理机制。全年走访台企4家20次，开展座谈16次，梳理和解决台企问题4件。解决台胞台属信访案件3件。积极开展传统节假日走访慰问，全年走访慰问台胞台属300多户。全市完成调研文章12篇，获省台办三等奖1篇，获优秀奖2篇。

三、联帮工作与“同心共创”有成效

班子成员及干部多次到玉屏县亚鱼村党建扶贫工作点调研，走访慰问返乡农民工、贫困学生、计生困难户等各类困难群众50余户，发放慰问金5万余元，为该村解决党建、综治等帮扶资金4万余元。党建扶贫工作队积极协调市直相关部门争取项目资金800余万元，实施水库沟渠、村级活动室、乡村公路建设等基础设施建设项目。深入到联帮社区指导“五城联创”工作6次，开展志愿服务义务劳动12次，帮扶资金7500元。

【全市对台工作会议召开】 2月28日，召开全市对台工作会议，贯彻落实全国全省对台工作会议精神，总结2014年工作，安排部署2015年对台工作。市委常委、市委统战部部长陈康出席会议并讲话，市委对台工作领导小组成员单位、市直有关部门、各区县党委分管领导、统战部长、台办主任参加会议。

【铜台交流空前频繁】 2015年，邀请接待来铜台胞团组6批次103人，铜仁市赴台团组5批次50人。主要交流活动有：3月25—26日，商务部组织的台商大陆（贵州）行台湾工商建设研究会企业家代表团来铜开展经贸考察活动。4月3日—7日，2015年首届云贵川女子篮球冠军友谊赛暨贵州省铜仁市首届海峡两岸大中学生女子篮球友谊赛在铜举行，台北市立大学主任秘书陈显宗为团长的台湾团队来铜进行篮球比赛。4月8日，台湾元培医事科技大学交流考察团来铜开展校际交流活动。4月9日—15日，铜仁职院院长张景春为团长的文化教育交流考察团赴台，学习考察台湾高校先进的教学管理理念和办学模式。4月23日—29日，以市委常委、常务副市长宗文为团长的经贸交流考察团赴台，与台湾企业界、农业界人士广泛接触。6月6日—12日，以市委常委、市委宣传部部长刘婕为团长的文化交流考察团与贵州经贸文教交流协会、花莲文化创意产业园区管理机构、台北亚太文化创意产业协会等相关负责人座谈交流。6月13—19日，以区长张吉刚为团长的万山区经贸文化交流考察团赴台与台湾贵州经贸文教交流协会签订合作框架协议。7月4—10日，以副县长田猛为团长的印江自治县农经考察团，在台举行资源推介会。7月11—12日，台湾新生报苗栗县特派员江乾松、中华日报资深记者叶苍秀等组成的台湾宗教媒体交流团来铜开展佛教文化交流和考察活动。8月5—6日，昆山台协会会长、耀马车业（中国）有限公司董事长李帮欣等台协会企业家来铜考察。9月1—3日，巴西台商、巴西华侨华人中国和平统一联合会会长朱玉郎一行来铜考察，召开经贸座谈会，探索两地的经贸合作事宜。

（市台办综合科）

直属机关工作

【概况】一、围绕转变作风，开展“三严三实”专题教育

制定《市直机关工委开展“三严三实”专题教育实施方案》和“三严三实”学习研讨方案，明确每个专题的集中学习不少于3次，每次不少于1天时间，每次专题学习确定一个主题。全年组织开展“三严三实”专题研讨会3次。带头边学边查边改，对梳理出的领导班子“不严不实”问题进行汇总，明确整改任务。全年走访区（县）机关工委10次、到市直基层党组织调研指导30余次，为帮扶村解决帮扶资金13万元，与铜仁一中1名困难学生结对帮扶。

二、突出工作重点，切实抓基层打基础

制定《2014—2018年市直机关党员教育培训工作方案》，分别举办党员发展对象、入党积极分子和新发展党员培训班，有270余名党员发展对象和入党积极分子参加培训。对市直各机关党组织进行合理设置，新设立党委3个、党支部1个，选举换届、增补直属党组织委员30个，调整党组织隶属关系4个，撤销直属党总支部1个。制定了《中共铜仁市直机关工委2015年发展党员工作计划》，着力抓好不合格党员处置工作，全年处置不合格党员7名。深入开展创先争优活动，全年，市直机关获市级命名的党建工作先进党委（党组）5个、“五好基层党组织”12个。组织召开铜仁市直机关纪念中国共产党成立94周年暨创先争优活动表彰大会，表彰先进基层党组织44个、优秀共产党员94名、优秀党务工作者48名，先进党员志愿者服务队15支，优秀党员志愿者15人。从留存党费中拨出72500元，对44个市直单位的145名困难党员、老党员、长期生病住院的党员进行走访慰问。组织130个市直党政机关和企事业单位（包括部分二级机构）党组织与130个行政村（社区）党组织组建联合党支部。借助市直机关党建网和微信公众平台，宣传机关党建工作动态和先进事迹，全年编发微信163期，信息652条（含网站），单位简报58期。组织市直机关党员志愿者开展无偿献血活动，19个单位百余名党员志愿者计献血16200毫升。成功承办市直单位纪念建党94周年抗战胜利70周年合唱大赛暨全市合唱大赛选拔赛，35支市直单位合唱队参加活动，选送的铜仁学院、市文广局两支代表队在全市比赛中均获得一等奖。从市直单位选送的16个节目中评选出5个优秀节目代表市直单位参加全市“经典诵读大赛”，所选送的市电视台节目获一等奖。制定出台了《2015年廉政文化进机关活动实施方案》，对新发展的280名入党积极分子、110名预备党员及新上岗的98名党务干部分期进行了党风廉政知识和警示教育培训。全年组织党风廉政集中学习15

次，工委主要领导上党风廉政专题党课2次、班子成员上党风廉政专题党课3次、纪工委书记作党风廉政专题教育一次。按要求进行案件查办，全年听取案件查办汇报8次，查处违纪人员13名。

三、着眼科学有效，积极开展绩效考核

全面完成2014年度绩效目标考核工作和106个市直单位拨付绩效奖金的审核工作。下发《2015年度各区（县、高新区、开发区）和市直单位绩效考核指标评审方案》，从相关部门抽调65名领导干部组成7个评审组完成对2015年各项考核指标的集中评审。按照省直目标办的要求，对省直机关作风（行风）“不满意度”进行测评。积极开展日常督促检查，对全市2014年度农村集中建房各区（县）主要领导联系点建设情况进行考核排名，参与全市乡镇深化改革和各区（县）贯彻落实市委一届八次全会精神情况暗访督查工作。

（市直机关工委办公室）

机构编制

【概况】 2015年，市编委办主动适应机构编制管理新常态，服务经济社会发展大局，主动作为，进行一系列改革，优化经济社会发展的体制机制环境，规范机构编制管理，提升行政效能，较好完成全年改革任务，为铜仁市与全国全省同步全面小康做好体制机制服务保障。乡镇“小部制”改革被省编办评为创新奖，中央全面深化改革领导小组、省委全面深化改革领导小组专刊转载，得到省委书记陈敏尔批示；“云上编制”获全国网上名称管理工作创新奖；“不纳人”改革得到中央编办肯定；教育资源均衡配置改革、乡镇敬老院管理体制改革、综合执法改革等紧扣民生服务，被省编办高度肯定。办支部获市委表彰为“五好基层党组织”。

一、“十项改革”有新突破

（一）深化乡镇行政体制改革，促进乡镇工作转型升级。1.深化乡镇行政管理体制改革。进一步落实市委市政府《关于贯彻落实〈中共贵州省委办公厅贵州省人民政府办公厅关于加快100个示范小城镇改革发展的十条意见〉的意见》《中共铜仁市委办公室铜仁市人民政府办公室关于贯彻落实〈中共贵州省委贵州省人民政府办公厅关于开展乡镇行政管理体制改革试点工作的意见〉的指导意见》《铜仁市人民政府关于深化行政管理体制改革的实施意见》《铜仁市机构编制委员会贯彻执行省编委〈关于行政区划调整中规范乡镇机构编制管理的通知〉的指导意见》，开展多次督促检查。各区（县）制定权限下放方案，玉屏下放51项，印江下放117项，江口下放118项，碧江下放147项，石阡下放192项，思南下放195项，德江下放192项，松桃下放195项，沿河下放195项，开展业务培训，进行综合执法，示范小城镇乡镇行政管理体制改革有序推进。所有区（县）行政区划调整乡镇机构设置统一规范。

2.推进乡镇运行机制“小部制”改革，激发乡镇活力。贯彻落实《中共铜仁市委铜仁市人民政府关于加快推进乡镇工作改革创新的意见》和《中共铜仁市委办公室铜仁市人民政府办公室关于乡镇机构运行机制“小部制”改革的意见》，开展多次明察暗访，跟踪督导。定期对存在的问题进行研究，每月以简报形式，向市委报告改革推进情况。2015年5月20日至23日，抽调各区（县）“小部制”改革办公室相关人员组成5个“小部制”改革检查验收组，对除玉屏外的9个区（县）“小部制”改革工作进行交叉检查验收。各区（县）党委政府高度重视，均制定实施方案，进行精心部署，主要领导亲自挂帅成立领导小组，抽调精干力量组建办公室，落实专项工作经费。及时召开动员部署会，组织乡镇领导到玉屏自治县观摩学习。建立督查督办制度，通过督查，对工作推进不力的乡镇领导实行约谈。通过督查，建立整改台账，组织部长亲自督办。有的县还出台“小部制”改革正规化建设标准。各乡（镇）推进措施有力，制定工作方案，成立领导小组，将小部制改革作为书记主管的重要工作。召开动员部署会，统一干部职工思想。迅速组建“三办三中心”，实行相对集中办公，建立“三办三中心”示意图和工作流程图，有的以“三办三中心”组建党支部，有的还建立办事咨询台。各乡（镇）开展干部双向选择，竞争择优上岗，一批素质高，能力强的干部成为了“三办三中心”的主力军，开展了AB岗培训，建立完善“三办三中心”各项工作制度。

落实市委书记、市长夏庆丰的“同意所提建议，并在玉屏先行推广，同时对各县的推进情况加大指导和推进。”批示精神，及时与玉屏自治县沟通协商，在玉屏先行推广以“三办三中心”为单元，组建党支部统筹“三办三中心”干部教育和管理的新机制。玉屏自治县进一步深化改革，推行“四在乡镇”活动，即宿在乡镇严管理，学在乡镇强素质，美在乡镇优环境，干在乡镇创事业，打造“小部制”升级版。5月25日，《人民日报》以《只进一个门办妥千家事》专门报道，贵州改革情况交流第57期用《铜仁市积极改革构建乡镇管理“大部制”格局》进行专题转载，中央全面深化改革领导小组改革情况交流第199期以《贵州铜仁市探索乡镇管理大部门制改革》进行专题报道，陈敏尔书记对此亲自批示。“小部制”改革获省编办表彰创新奖。

3. 乡镇规划管理委员会实体化运行成为全国亮点。组成调研组深入各区（县）乡镇开展督查，各区（县）完成乡镇（街道）规划管理委员会办公室机构设置、人员编制、职能配置。印发《乡镇规划管理委员会议事规则》，推行乡镇综合执法，大力整治违规占用土地，违章建筑等。乡规委实体化运行使铜仁打造了一批特色鲜明、环境优美、设施配套、功能完善、产业发达的“黔东美镇”和美丽乡村，走出了一条高效管理和利用农村土地资源的铜仁特色小城镇发展道路，成为全国亮点。

（二）推进事业单位登记制度改革，简政放权。进一步简化事业单位登记管理手续和流程，将事业单位年检制度改为年度报告公示制度。实行事业单位开办资金查验改为确认登记制。全面完成市直事业单位2014年度192家法人年度报告网上提交审核工作，实现100%。在事业单位在线网上公示185家，不需要公示的7家，法人变更95家，补办法人证书2家。研究制定了事业单位法人年度报告管理办法，建立日常监管机制。

（三）探索机构编制审批和评估制度改革，创新管理方式。加强机构编制审批条件的研究，结合铜仁市实际，建立《铜仁市机构编制审批管理意见》，对全市行政机关、事业单位的机构设立、职责配置、人员编制、领导职数审批管理进行详尽规定。建立《铜仁市机构编制评估管理意见》，建立评估专家库。采用评估对象和评估专家“双随机”抽取制度。科学合理制定评估内容和指标，开展评估2次。一是市政府职能转变和机构改革评估。采取部门自查自评与机构编制评估组实地评估相结合的方式，重点对涉及机构改革调整的市农委、发改委、旅发委、卫生和计生委、商务局、水库和生态移民局、投促局、机关事务管理局、食品药品监督管理局、工商局、质监局等11个部门（单位）的履职情况和机构编制执行情况进行评估。二是组成4个机构编制评估组对区（县）政府职能转变和机构改革情况进行实地评估。市县评估评估报告经过市编委办审定。编委会高度肯定这一做法。

（四）推进教育机构编制资源均衡配置改革，为解决民生难题提供保障。抓住教育这一基础民生，市编办深入各区（县）中小学校调查研究，研究解决两区教育机构编制资源严重不足的问题。在调研基础上，研究草拟《铜仁市教育机构编制资源优化配置方案》，由市政府印发实施。探索教职工编制管理与人事管理相结合，总量控制和计划使用相结合，区（县）教育局总量管理与学区派遣相结合，促进县域内的教师交流轮岗和均衡优化配置。优化教学机构布局和编制配置，探索建立学区管理机制，推进集团化办学，深化中小学校后勤服务社会化改革，充分使用机构编制资源，均衡配置全市教育资源，发挥机构编制最大效益。

（五）探索乡镇、社区养老保障机构编制改革，为解决农村养老问题提供体制保障。开展全市养老机构现状的调查研究，出台《关于农村敬老院创新运行模式和完善管理体制的意见》。建立农村敬老院服务全覆盖管建模式，要求原则上每个乡镇设立1个农村敬老院。探索创新农村敬老院运行模式，鼓励“公办民营”“医养一体”，进一步完善管理体制，落实举办主体责任，充分挖掘乡镇现有资源，提升农村养老服务水平，促进农村敬老院规范化建设，逐步形成布局合理、功能完善、管理规范的农村五保供养服务机构网络。

（六）探索网上名称、标识管理改革，加强党政机关和事业单位网站管理。探索建立党政群机关、事业单位和社会组织网站开办审核、资格复核、网络名称、官方标识管理办法，大力推进网络红页建设和网站挂标工作。全市有7880个机构，党政机关1242个，事业单位6638个；其中注册中文域名7379个，注册率达93.6%。政务域名1159个，公益域名6220个。邀请中央编办域名管理中心专家对全市机构编制干部进行网上名称和标识管理方面的培训。

（七）深化行政执法体制改革，推进综合执法。开展行政执法体制改革调研，摸清了执法机构底数。调整了市区两级城市综合执法和环卫管理体制和运行机制，坚持“重心下移、属地管理、权责一致”的原则，科学合理的划分市区城市综合执法和环卫管理事权，碧江、万山、大兴城市综合执法大队和环卫站从市城市管理局（城市综合执法局）管理调整为在碧江、万山、高新区分局的统一部署和指导下，由两区政府和铜仁高新区管委会进行管理。报送《铜仁市综合行政执法试点实施意见》，由两办行文印发。在思南县召开全市综合执法试点启动会。选取印江、松桃作为城市综合执法试点，碧江、思南等区（县）也自发开展试点。在全市13个示范乡镇推行综合设置执法机构，整合执法力量，实现“一支队伍管全部”。在思南试点跨乡镇区域综合执法试点，改变乡镇无人执法、人情执法等现状。

（八）继续推进政府职能转变，持续简政放权。1. 围绕经济调节、市场监管、社会管理、公共服务四大职能，进一步优化职能配置。制定区（县）政府职转变和机构改革评估验收实施方案并开展评估验收。

2. 积极做好行政审批制度改革。印发《关于报送市政府工作部门权力清单和责任清单的通知》，完成权责清单的审核工作，确定行政权力和责任3530项，其中，行政许可258项，行政处罚2842项，行政强制有98项，行政征收21项，行政给付3项，行政检查70项，行政确认21项，行政奖励25项，行政裁决4项，其他类188项。

3. 推进市县乡产权登记制度改革。整合住建、林业、农委、国土等部门的不动产登记职责，在国土部门组建不动产登记局，建立市县乡级产权交易平台。

（九）继续推进大龙大兴托管体制改革，推进全面托管。完善大龙、大兴托管体制，进一步落实托管协议，明确市县相关部门下放和委托管理权限开展一系列调研。探索大龙开发区、铜仁高新区建立行政审批局，统一行政审批权，建立综合行政执法局，统一行政执法权。方案经市委全面深化改革领导小组第十七次会议审定。

（十）继续推进事业单位分类改革，提升事业单位管理水平。深化事业单位法人治理结构试点改革。总结第二批试点单位经验，建立健全试点单位内控制度，推进支持政策进一步落实和优化，不断落实事业单位自主权。一是下发《关于在推进事业单位法人治理结构建设试点工作中改革主管部门管理模式的意见》；二是完成主管部门对试点单位监督考核和评价机制的建立。三是出台《铜仁市事业单位机构编制创新管理办法》。对市级统筹管理事业编制，建立总量管理制度，统筹调配事业编制，加强事业机构编制核定，严格事业机构设立，积极推进事业单位的撤销和整合，分类管理事业机构编制，严格公益一类事业单位机构编制管理，区别管理公益二类事业单位，探索高校和公立医院不纳入编制管理。创新公益服务提供主式，强化事业单位机构编制监督管理。

二、两项改革事项纳入全国试点

1.“云上编制”改革。创造性地引入“互联网+”，创新机构编制管理方式。在一无资金设备二无技术团队的情况下，借势借力，主动汇报，积极沟通，提出三定查询分析系统、职能交叉分析系统、清单查询导航系统、部门（单位）网上“一站式”办事管理平台等大数据云计算设想，研发打造“云上编制”管理平台。得到中央编办领导和域名中心的大力支持，域名中心领导和技术团队多次赴铜仁共同讨论，做规划，做方案，开发数据平台。7月6日召开全市“云上编制”启动会。依托中央编办事业发展中心政务云平台，打造“云上编制”管理平台，实现机构编制管理评估用数据说话，权力运行全程电子化、处处留“痕迹”，做到“人在干、云在算、天在看”，有效解决机构编制管理中，缺乏定量分析，缺乏科技手段，主观性、随意性较大的问题，提高政府权力运行的科学监管和自我约束。“云上编制”得到中央编办充分肯定，获全国2015年网上名称管理工作创新奖。

2.高校和公立医院“不纳入”改革。如何破局铜仁编制总量小需求大的状况，市编办主要领导到中央编办事改司汇报想法。中央编办领导高度肯定铜仁思维超前，锐意改革的积极性，事改司仲崇东副司长亲自率队莅临铜仁调研考察，明确铜仁可以对高校和公立医院进行不纳入编制管理探索试点。在调研的基础上，铜仁市出台《铜仁市事业单位机构编制创新管理办法（草案）》，率先提出高校和公立医院不纳入编制管理改革意见。

（市编办综合科　张德智）

政策研究

【概况】　2015年，市委政研室深入学习领会陈敏尔书记对政研工作重要指示精神，坚持把敏尔书记的指示精神转化为当前和今后一个时期全市党委政研事业的基本原则和根本路径，以“钉钉子”的精神紧扣省委战略部署和全市工作中心，当好市委的智囊团和参谋部，富有成效开展文稿服务、重大课题、精准调研、深化改革、小康创建、精品党刊等工作，逐步形成“1+6”的工作格局。

一、扎实抓好文稿服务

先后参与起草铜仁市新型工业化发展决定、决战决胜绝对贫困实现精准脱贫实施意见、加强和改进党的群团工作实施意见、推进社会政治协商民主建设实施意见等政策文件，参与撰写市委一届八次全会、九次全会、全市经济工作会等会议的重要文稿，牵头制定铜仁市国有企业薪酬绩效考核办法、大生态跨越工程建设考核方案、“十三五”规划建议等重要文件。全年参与市委市政府重要政策文件起草30多次，参与起草市领导讲话稿、署名文章20多篇。

二、着力提高重大课题质量

市委政研室始终按照“选题精准、研究深入、成果实用”原则，立项招标市委重大课题15个，课题研究涉及经济发展、生态治理、资源开发、民主法制、社会治理、民生保障等10多个领域。其中《铜仁市实施“民心党建”工程的实践与探索》获全省重大调研课题优秀课题一等奖，《铜仁市深入开展“三个开刀”整治行动实践与探索》被列为2015年省委重大决策调研课题。充分发挥智库成员服务决策作用。全年召开智库成员座谈会5次，50多名智库成员先后参与市委决策咨询6次，智库成员撰写调研报告21篇，11名智库成员领衔11个市委重大课题研究工作，36人担任市委重大课题评审专家。

三、创新开展调查研究

市委政研室围绕贯彻落实习总书记视察贵州重要讲话精神，完成生态建设、农村电商发展等7个重点调研；完成省委政研室安排的县域经济发展、农村集体经济、数字化党建工作等12个专题调研；根据市委主要领导安排，完成镇村联动、全面小康创建等5个点题调研；围绕重点领域和关键环节改革，完成推进乡镇工作转型升级、乡镇规划委员会实体化运行等6个精准调研；编发《决策与调研》33期，其中现代农业园区建设发展模式比较、城乡商贸升级行动计划等5期获市委主要领导肯定性批示，青杠坝村“五强”建设做法、农村电子商务发展做法转化为深度典型新闻报道在《贵州日报》刊发。

四、蹄疾步稳推进改革

先后承办市委深改组会议8次、改革工作推进会1次。全市24项规定改革稳步推进，139项自选改革全面落地，55项国家级省级改革试点全部推开，区县578项改革成效明显。全市改革经验获国家级领导肯定性批示1次，省部级领导肯定性批示13次，正厅级领导批示26次。

五、统筹推进全面同步小康

经过省受理申请、审核前置指标、统计监测、人民群众认可度测评、实地验收、公示等程序，碧江区、玉屏自治县被认定为2014年度贵州省同步小康创建达标县。2个区（县）、32个乡（镇）、369个村达到示范标准。在2015年度全省同步小康创建示范县、示范乡镇评选活动中，全市22个示范点入选，其中示范县2个、示范乡镇10个、示范村10个。完成2014年度县级政府行政服务群众满意度问卷调查工作。2015年省《小康简报》采用信息47条位居全省第4位，采用典型调研11条位居全省市、州第1位。

六、全面提升党刊影响力

《今日铜仁》将专题策划与重点聚焦相结合，先后策划现代高效农业园区、区委书记谈守底线走新路奔小康、山村幼儿园等专题，全年出刊12期，字数达150多万字。《铜仁视窗》以专刊、会刊为抓手，全年出刊4期，用图400多幅。

（市委政研室）

保　　密

【概况】2015年，全市保密工作全面贯彻落实全国、全省保密工作会议精神以及市委、市政府和市委保密委的部署和要求，紧紧围绕“三大管理”，全面实施《铜仁市“十二五”保密事业发展规划》，认真开展保密宣传教育、监督指导、检查查处、技术防护和“三严三实”专题教育等工作，完成全年各项保密工作任务，在省、市年度目标绩效管理考核中荣获一等奖。

【贯彻落实全国全省保密工作会议精神】 全国和全省保密工作会议召开后，市委高度重视会议精神的贯彻落实。3月16日，市委书记刘奇凡主持召开市委常委会会议，传达学习会议精神，听取市委保密办工作情况汇报，分析全市保密工作形势，研究解决制约全市保密事业发展的重点难点问题。会议议定保密宣传教育及保密工作责任制考核，再次强调做好新形势下的保密工作，要始终坚持“党管保密”与“依法保密”原则有机统一，在法治轨道上推进保密工作，进一步强化各级党政“一把手”的领导责任。要求各级领导干部要时刻保持清醒头脑，主动适应信息化发展要求，从更新观念、健全制度、规范管理和升级技术手段等方面改革创新，打造保密工作升级版。要准确把握保密工作的阶段性特征，强化责任落实，加强联动配合，深入推进保密工作“三大管理”，着力围绕重点领域、重点部位、重点环节、重点人员，提升保密工作能力。各级保密部门要协同有关部门依法做好责任制执行情况的监督考核和责任追究工作，切实把维护国家秘密安全的重任落到实处，确保党和国家秘密的绝对安全，不断提高保密工作的法治化、科学化水平。

3月27日，召开全市保密工作会议，市委常委、市委宣传部部长刘婕代表市委出席会议并讲话。同时，全市各级保密部门积极作为，主动汇报，通过组织集中学习、修订制度、保密检查等方式督促机关、单位抓好中央、省委、市委决策部署贯彻落实。万山区出台《区委、区政府领导班子保密工作责任制规定》《关于加强党政机关和涉密单位网络保密管理的规定》，印江自治县出台《印江自治县党政机关和涉密单位网络保密管理实施办法》。

【聚焦“三大管理”】 依据《国家秘密定密管理暂行规定》，市保密局主动对接具有原始定密权的单位做好定密授权有关工作。开展国家秘密确定、变更和解除统计，举办定密培训班，把定密管理情况纳入日常保密检查内容。市委办公室印发《关于加强涉密文件信息资料保密管理的通知》，对涉密文件信息资料的制作、收发、使用、保存、销毁等环节进一步予以规范。组织国家保密科技测评中心贵州省分中心对全市在用涉密网络依法进行了现场检测工作。市委领导先后20余次作出批示和指示，通过推荐、培训、考核，全市有4人被省国家保密局聘为涉密信息系统分级保护方案评审专家，参与有关工作。主动与组织、人事等部门协调对接，落实涉密人员上岗、在岗、离岗管理工作。保密部门靠前指导，组织开展涉密人员保密教育培训和签订保密承诺书。全市涉密人员签订承诺书覆盖率达70%，万山区、思南县保密委还与机关单位签订保密工作责任书，形成人人有责任、人人抓落实的工作格局。

【夯实保密工作基础】 一是深入开展保密宣传教育，举办保密技术检查培训。全年派出50人（次）参加国家、省举办的各类培训和保密技术检查活动。市委和各区（县）党委均把保密法律法规纳入中心组学习内容，保密法律法规纳也纳入新进公务员、新提拔领导干部、新进事业单位人员培训内容，受教育培训人数8500余人。二是严格涉密载体清退销毁管理。全年市委保密办对市直各部门2014年度涉密文件资料、涉密光介质等涉密载体进行集中清退和销毁，累计销毁涉密文件和内部信息资料20余次近16吨，销毁光盘900多张，报废涉密计算机35台，销毁硬盘60块。区（县）累计清退销毁文件资料20余吨，清退硬盘52块。同时，市保密局和碧江区、石阡县依据有关规定对涉密载体管理不善，存在严重安全保密隐患的单位领导进行保密约谈。三是扎实开展保密检查工作，全年按照省国家保密局的工作部署，结合铜仁市实际，修订完善保密检查工作制度，组织开展开展保密检查10次，受检单位700余个，计算机2220余台。四是做好保密服务保障工作。在会议保密服务方面，万山区创新提出了“三个凡是一律”（即凡是存储涉及会议资料的计算机，一律不准连接互联网；凡是多余废弃原件，一律统一存放在安全场所；凡是涉及敏感问题的信息，一律不准上政府网站）规定。加强保密技术保障。全年，8个区（县）和37个市直单位完成保密技术防护专用系统配备安装工作，涉密计算机违规连接互联网监控平台的作用进一步发挥，确保国家秘密的安全。五是按省保密局部署，与黔南州、黔东南州国家保密局开展保密技术专项协作活动。

【保密干部队伍建设】 扎实开展“三严三实”专题教育。一是局班子带头，切实加强政治理论和业务知识学习，提高保密干部的思想政治素质和履职能力。二是聚焦对党忠诚、个人干净、敢于担当，坚持问题导向，认真查找不足，着力打造一支政治强、业务精、作风正、纪律严的保密干部队伍。三是加强内部管理，严格各项纪律，为各项工作的顺利开展提供制度保障。四是加强与各部门的协调配合，争取各部门对保密工作的重视和支持。玉屏自治县新增一名副局长职数。五是积极选派保密干部参加驻村工作。

（市保密局　张博）

党史研究

【概况】 2015年，市委党史研究室在市委的领导和省委党研室的指导下，深入践行“三严三实”要求，开放创新、苦干实干，推动全市党史工作取得新进展。

一、编纂抗战题材书籍，传承民族抗战精神

为纪念中国人民抗日战争暨世界反法西斯战争胜利70周年，市委党史研究室组织开展对铜仁抗战史料的征集工作，编纂出版《烈火硝烟御外辱》（27万字）和《黔东抗战岁月纪》（30万字）。两书真实再现了黔东优秀儿女不畏强暴、舍身忘死，为民族而战，为祖国而战，为尊严而战，为争取抗战胜利不惜流尽最后一滴血的光辉历史，对激励广大干部群众克服艰难险阻，实现铜仁后发赶超、同步小康提供了精神动力。

二、强化过程督导，提高课题研究质量

为保障《红二、六军团转战贵州与长征胜利》课题铜仁部分及铜仁市社科重点课题《仁义之城——红二方面军的摇篮》的研究质量，市委党史研究室进一步强化过程督导，对子课题实施情况定期进行督查，了解工作进度和存在问题。10月22日，全市党史课题督查推进会在松桃自治县召开，推动课题研究工作有序开展。在市区（县）党史部门的共同努力下，《红二、六军团转战贵州与长征胜利》课题铜仁部分（8万字）顺利完成，并上报省委党史研究室。《仁义之城——红二方面军的摇篮》课题可在2016年结题。

三、创新宣教方式，党史“九进”工作取得新成效

一是组织拍摄反映黔东革命根据地历史的教育片——《力量之源》。该片在铜仁综合门户网上线展播后，受到网友热捧，国内知名视频网站——优酷网予以转播。二是与铜仁市委组织部合作，在“铜仁组工”微信公众平台开设铜仁党史专栏。把铜仁党史上的人物、故事、重要事件以简短通俗的语言编辑发布在公众平台，使党员群众在阅读中潜移默化的接受党史教育，并达到普及党史知识的效果。三是开展送书上门活动。向市直机关、农村、企业、军营、社区、学校免费赠送各类红色书籍1000余册，光碟200余张。四是编写完成红色黔东系列宣传读物（《省溪纵队》《文子全》《铜仁抗战风云》）的初稿，逐步印刷发行。

四、开展协作交流，提升“开门办史”深度和广度

为认真贯彻落实夏庆丰书记率铜仁市党政代表团到黔江、西阳、秀山考察学习时提出“市委党史研究室与酉阳县党史办对接，在红色文化研究、挖掘、利用方面加强合作”的工作要求。市委党史研究室组织草拟了与酉阳党史部门开展红色文化研究保护利用协作的工作预案上报市委分管领导。10月23日，组织各区（县）党史研究室主任及业务骨干赴酉阳南腰界考察红色文化保护与开发情况，并与酉阳政协提案委、党研室、红色景区管理办、南腰界乡党委政府负责人进行座谈。双方在红色文化保护方面达成共识，双方积极筹建党史研究联络小组，以加强对协作工作的领导，推行党史研究协作的制度化、常态化。

五、加强调研指导，推进区（县）党史工作均衡发展

为实现全市党史工作整体提升，室领导多次到碧江、万山、江口、松桃、玉屏等区县进行督促指导。班子成员对各自联系指导区（县），采用电话联系、书信往来、实地调研等形式，加强了对各区（县）的联系指导。帮助解决各区（县）在党史课题立项、党史书籍编印过程中存在的问题和困难。特别是加大对万山补划革命老区工作的指导力度，使万山区顺利通过贵州省革命老区补划专家组评审。

（市委党研室　赵文长）

党校·行政学院

【概况】 2015年，市委党校（铜仁行政学院）围绕市委市政府的中心工作和决策部署，深入学习贯彻党的十八届四中、五中全会精神和习近平总书记系列重要讲话精神，以助推全市经济社会又好又快发展为己任，充分发挥干部培训、党性锻炼、科研资政的职能作用，校（院）事业发展呈现出健康有序的良好局面。

一、开展“三严三实”专题教育，着力加强校（院）“五大建设”

校（院）突出教育主题，强化问题导向，着力解决干部作风中存在的“不严不实”问题。按照规定动作先后开展党委书记上党课、专题学习教育、3次专题研讨会、专题民主生活会以及整改落实和立规执纪等工作，在促进校（院）教职工特别是县（处）级以上领导干部作风转变上取得很好的效果。结合“三严三实”专题教育，重点加强“五大建设”。

（一）加强领导班子建设。一是强化政治纪律意识。校（院）领导班子始终把政治纪律和政治规矩挺在前面，在思想上、政治上和行动上时刻与以习近平同志为总书记的党中央保持高度一致，在强化规矩意识、增强看齐意识方面率先垂范、以身作则。全年开展党委中心组学习4次，参与教职工政治学习25次，政治敏锐性、遵规守纪意识不断增强。二是扩大民主集中制成果。始终坚持民主集中制，执行“三重一大”议事制度和月报制度，实行重大问题事项均由党委会议集体研究决定，公开党委班子及成员权力清单，实现民主决策、科学决策、依法决策，全年研究议定设施建设、物资采购、人事任免、培训经费等方面重要事项近100项。三是狠抓制度管理。坚持用制度管权管人管事，对校（院）事务实行依法依规管理，主要领导不再具体抓人事和财务，分管领导以制度为依据抓好具体工作。全年先后修订党委会议制度、财务管理制度、物资采购管理制度、基建和维修管理制度、工会服务管理制度等，进一步弥补管理漏洞、规范了办事程序，堵住了权力寻租的空间。

（二）加强教职工思想政治建设。始终坚持党校姓党、党校教师姓党原则，把政治学习教育贯彻于教职工的思想活动之中。一是强化理论武装。利用每周四的政治学习，不断深化教职工对主要方针政策、重大时事政治、重要纪律规定的学习和把握。全年开展教职工政治学习25次，重点学习了十八届四中、五中全会、全国党校工作会议、习近平总书记系列重要讲话及省市重要会议、文件和各项纪律规定精神。二是举办专题辅导和道德讲堂活动。按照年初制定的教职工理论学习计划，由校（院）专家开展学习习近平总书记系列重要讲话精神、当前经济形势分析、中国传统文化等专题报告和道德讲堂，让全体教职工接受系统的、专题的学习教育，道德修养进一步增强。三是开展“读书月”活动。在校（院）范围内开展“全民阅读·书香铜仁”的主题读书活动，将教职工与学员作为参与对象，以新建的阅文室为活动阵地，广泛开展了国学经典晨读、名家名著选读等，营造良好的校园学习环境。

（三）加强干部队伍建设。一是严格按照干部选拔任用的程序和规定，面向社会公开招聘1名工人，从其它单位选调2名工作员，支持2名教师考读省委党校在职研究生，完成3名科级干部的转正考核工作。二是加大教师队伍外出学习培训力度，先后选派近40名教师到北京大学、中央党校、国家行政学院、贵州省委党校、苏州市委党校和大连民族学院等地学习培训，进一步丰富教师阅历，提高其教学水平。

（四）加强党风廉政建设。校（院）把党风廉政建设贯穿于党校工作全过程，切实履行“两个责任”。一是强化领导责任和执纪监督。校党委将党风廉政建设责任制的落实与党校业务工作同部署、同落实、同检查，层层签订责任状，切实履行“一岗双责”；校纪委把监督检查贯穿于各项工作之中，推进提醒、谈话、打招呼常态化，定期对各项工作落实、纪律规定执行情况进行督查通报。二是抓廉政警示教育。全年传达学习各级有关党风廉政建设和反腐败工作的重要会议、文件、通报和讲话精神等40余次，开展警示教育和爱国主义教育活动3次，党委班子上廉政党课3次，开展了党委书记对班子成员、班子成员之间、分管领导对各处室的廉政约谈，约谈38人，进一步筑牢教职工的思想防线。三是开展集中专项整治。结合“三严三实”专题教育，先后开展了“三个开刀”专项治理，党风廉政建设突出问题集中专项整治，违规收受红包、礼金、礼券、购物卡，领导干部亲属违规经商办企业，干部职工违规打麻将操办酒席整治清理，“四风”问题整改落实回头看等专项整治行动，有效强化了教职工的作风建设。

（五）加强党支部建设。校（院）加强支部建设，注重夯实堡垒作用。各支部定期开展组织生活、支部学习和文体活动，支部生活实现正常化、经常化、制度化。2015年，第一支部和第三支部进行了换届选举、支委改选，第三支部荣获全市“五好基层党组织”称号；“三八”节期间开展登山文体活动；“七一”期间开展纪念建党94周年系列活动，评选表彰优秀党员和党务工作者、重温入党誓词，参加全市举办的红歌合唱大赛；10月，到松桃等地开展党员现场教学系列活动；11月，到芷江接受爱国主义教育；12月，各支部开展党员评议和组织生活会，党员干部分别提交1篇“三严三实”心得体会和1万字的读书笔记；退休支部党员多次到校关心和了解党校工作，与教职工开展联谊活动。

二、抓好教学培训科研，业务工作水平不断迈上新台阶

（一）教学质量有新提升。教学上，不断创新模式、丰富载体，更加注重针对性和实效性，教学质量有了新提升。一是深化研讨式、案例式、现场教学和异地教学等教学方法的运用，除在县干班和中青班开展“铜仁——苏州”两段式教学外，在其它班次相应开设异地拓展课程、结构化讨论课程等。二是重视教学水平和师资力量的提高。全年开展6次教学研讨活动，解决了教学过程中的系列难题。严格执行教师试讲制度，6月、12月开展新专题试讲活动，重点拟定教学帮扶计划，以传帮带的形式锻炼和培养年轻教师；逐渐加大领导干部上讲台力度，先后邀请省委党校副校长、秘书长，市委书记、市长等近40名省市领导到校（院）授课，极大丰富了教学资源。三是创建实训基地，创新培训载体。充分利用基层优势资源，在全市创建了6个市级、10个县级党员干部短期教育实训基地，开辟党校第二课堂，更加注重理论与实践的结合、注重对农村党员干部的教育培训。全部基地完成挂牌，部分基地投入使用，社会反响良好。

（二）培训人数有新突破。全年举办各类培训班次47期，培训干部达4996人次，培训人数比2014年提升9.47%。其中举办县干班、中青班、基层党组织书记培训班等主体班33期3259人次；举办全市人大干部培训班、计生协会培训班、“农村法律明白人”培训班等部门班14期1737人次，部门班培训人数较上年增加52.9%。完成省委党校2015年在职研究生铜仁教学点的招生、考试和管理工作，报考人数达700多人，录取104人，为历年之最。

（三）学员管理有新提高。联合市纪委、市委组织部不断强化学员管理工作，在学员报到、学前教育、跟班管理等各个环节中，加大对执行各项纪律规定的宣传力度和督查力度，让学员自觉树立良好的纪律意识。随意请假、旷课、迟到、早退等问题有了根本转变，公车伴读、相互宴请、代写作业等作风问题有了明显好转，学员学风得到转变。

（四）科研工作有新成绩。一是开展2015年全市党校系统课题申报工作。设立校级重点课题3个，一般课题7个，组织教职工和各区（县）委党校积极申报。二是申报市委重大决策课题8个，其中，《铜仁市融入长江经济带战略研究》《铜仁市迎接“高铁时代”对策建议研究》等4个课题获得立项并结题。三是全年编印学报《知行铜仁》6期，《铜仁市情研究》5期，校（院）教研人员全年发表论文62篇，其中省（市）级刊物刊发16篇，地（市）级刊物刊发36篇，并将科研成果运用于教学工作，增强了教学针对性和实效性。10名教师入选铜仁市委重大决策智库成员、8人被市委政研室聘请为市委重大决策课题评审专家。四是积极发动学员参与科研。在各类培训班中积极鼓励学员努力参与决策咨询。2015年，学员在校学习期间完成的论文和调研报告有近300多篇，其中，发表12篇，获得领导签批的有4篇。五是鼓励教师撰写理论文章，参与校外理论研讨交流活动。全年先后选派教师参加1次省级理论研讨会、3次地市级理论研讨会。有6篇文章获奖，入选研讨会论文集。

三、举办全省党校系统运动会，不断完善行政后勤服务功能

（一）成功举办运动会，树立校（院）新形象。8月初，成功举办全省党校系统第11届职工运动会，10个代表团394人参会，参与人数为历届之最。期间，各工作组认真负责、团结协作，各环节工作有条不紊、细致到位，铜仁代表队取得优异的比赛成绩，很好的展示了校（院）的策划能力、组织能力、接待能力、办会水平和竞技水平，在全省党校系统树立了良好新形象。

（二）基础设施大幅改善，接待能力有所提升。通过举办运动会，校（院）基础设施得到大幅改善，接待能力随之提升。一是硬件设施得到大幅改善。运动会前，新修缮两个篮球场、一个羽毛球场，安装校园路灯系统，硬化校园路面，新修学员2食堂、更新学员食堂设施及学员公寓楼床上用品等，后勤接待能力得到提升。二是新校区建设工程有新进展。10月，市城规委会讨论《校园改扩建工程概念性规划方案》初稿，拟修改完善后再次上会研究。三是校园环境得到美化。植树节期间，协调市林业局提供树苗，组织教职工和学员开展植树活动，植下200多株紫薇树，不断为教职工和学员提供舒适、美好的工作和学习环境。

（三）行政后勤管理更加精细化。深入推进“精细化”管理工作，确保各项工作扎实高效推进。5月，制定出台《精细化管理实施方案》，计划用1–2年的时间，实现校（院）岗位定位化、工作流程化、考核标准化、制度规范化和管理信息化，逐步建立起分工明确、责任到位、监督有力、衔接紧密、运转高效、科学规范的精细化管理长效机制，使党校各项工作走上制度化、规范化、科学化的轨道。

（四）省市领导更加重视校（院）发展。校（院）教职工积极作为、奋力有为，整体形象和地位不断攀升，省市领导更加关心和重视校（院）工作，助推各项事业发展步入快车道。全年先后有刘奇凡、韩卫东、唐宗举、周感华、夏庆丰、陈代军、皮贵怀等省市领导到校开展调研和指导工作，帮助解决工作中遇到的实际困难。

四、开展对外交流和联系基层，全力提升校（院）形象和地位

（一）加大慰问帮扶力度。校（院）不断加大对困难群众的慰问帮扶力度，助推全市精准扶贫与同步小康工作。一是开展民心党建帮扶。深入开展“干群连心·同步小康”驻村帮扶工作，抽调1名挂帮干部、2名驻村干部帮扶碧江区枫木坪村，校（院）领导经常深入扶贫联系点访贫问苦，解决帮扶资金、物资计4万余元。二是开展贫困村遍访工作。8月，校（院）领导深入碧江区川硐村和新寨村开展困难群众遍访工作，走访10户贫困户，为每户送上慰问金500元，并将遍访信息录入省精准扶贫系统。三是开展计生帮扶和老党员慰问活动。联系帮扶云场坪镇20户计生户，每户落实帮扶资金1000元。“七一”节期间，校领导深入帮扶村慰问5名老党员和抗战老兵，分别送上慰问金500元。四是开展党员进社区服务活动。组织党员干部多次深入社区联系点开展义务劳动和志愿服务，为锦鸿小区修建两个20多米的花坛，美化小区的人居环境。

（二）加强对县级党校的指导。校（院）把统筹县级党校资源、发挥全市党校系统的整体优势作为工作的重要目标，把各区（县）委党校的业务指导纳入工作内容。校（院）领导及相关处室多次到各区（县）委党校调研和指导工作，以听取汇报、实地调研、现场指导、召开党校系统常务副校长会议等方式，为推动县级党校发展、特别是中专体制升格评估工作问诊把脉。

（三）广泛开展校际交流活动。校（院）重视校际间的相互交流与学习，以博采众长来促进自身发展。先后有重庆秀山党校、安顺西秀区党校来校交流学习和开展异地培训，多次派遣教职工到重庆、湖南和省委党校参加理论研讨和工作经验交流活动。在交流学习过程中，不断发现自身短板、借鉴先进经验、宣传推介工作，对加强和改进校（院）工作有着重要意义。

（四）强化对外宣传工作。围绕中心工作和亮点工作，全年编印《党校工作》16期51条信息，在省委党校网站、铜仁日报、铜仁网站等公众媒体上刊载新闻30余条；开通“铜仁党校”微信平台，并安排专人进行管理，建立专项信息员队伍。

（市委党校〈行政学院〉办公室）

铜仁日报社

【概况】2015年，铜仁日报社紧紧围绕市委市政府稳中求进工作主基调，大力推进‘四化同步’发展战略，牢牢把握主旋律、主基调、主战略，突出重点，高端策划，服务基层，按照“三严三实”要求切实抓好报业创新发展工作，着力强化“政治家办报”理念，全年刊发330期，有力地发挥党报主流媒体的新闻宣传和舆论引导作用。

一、着力为全市经济社会发展营造良好舆论氛围

1. 突出重点抓好主题宣传报道。一是认真做好习近平总书记视察贵州重要讲话精神的学习贯彻和宣传报道，刊发《要深入学习贯彻习近平总书记重要讲话精神，把精准脱贫、同步小康作为当前和“十三五”核心目标》《市委召开常委（扩大）会议传达学习习近平总书记视察贵州重要讲话精神》等重点稿件20余条。转发贵州日报《走出一条有别于东部不同于西部其他省份的发展新路》《坚持两个重中之重把“三农”工作抓实抓好》《书写好既要绿水青山又要金山银山的大文章》《打通民生保障和经济发展相得益彰的路子》《确保全省各级党组织坚强有力党员干部真抓实干》5条评论员文章。二是围绕学习贯彻党的十八届三中、四中、五中全会精神开展系列主题宣传，开办相关专题栏目，全方位、多角度深入阐述全会精神，营造良好的宣传舆论氛围。在各新闻版面对各地的各部门学习贯彻全会精神进行常规动态报道，在《国内国际》版转载人民日报系列评论员文章，刊发新华社通稿，进行全面深入解读。三是圆满完成市“两会”主题报道。在相应版面开设专题栏目，围绕《市政府工作报告》的主要精神，开设“聚焦两会”“代表委员话发展”等专栏，就城市建设、经济建设、文明建设、平安建设等情况进行了访谈，全方位、多角度宣传报道“两会”精神。四是围绕“三严三实”专题教育活动深入开展系列主题宣传，开设了《深入开展三严三实专题教育》专栏，重点围绕“严以修身”“严以律己”、严以用权”三个专题进行重点宣传报道，着力打造“三严三实”专题教育的浓厚氛围。

2. 高端策划强势推进常规新闻宣传。一是做好铜仁市创建全国民族团结进步示范市的新闻宣传。在报眼位置不定期地刊登公益广告，在二、三版开设《创建民族团结示范市》栏目，刊发稿件推介示范创建典型单位、典型人物、典型事迹的宣传报道50余条。二是做好精准扶贫、全国第二个扶贫日、城市公交体制改革、乡镇改革创新、农村集中建房、殡葬改革的综合宣传报道。精心策划开设《精准扶贫·助力小康》《守底线 走新路 奔小康》等栏目，刊发稿件20余篇。完成2015年度苏州对口帮扶铜仁、省第九届运动会、农村留守儿童关爱服务工作、廉政教育“八进”工作、新时期扶贫开发等工作的宣传报道，刊发相关稿件200余条。三是做好“民心党建”工程品牌培树和宣传。开设《民心党建·同步小康》栏目，宣传一批具有“铜仁符号”，反映“民心党建”工程实施以来的工作特点和成效的典型事例，特别是宣传“村两委+”的乡村治理模式探索和推进，以及村级集体经济发展等方面的内容。刊发稿件90余条。四是围绕全市“整脏治乱”攻坚年动员大会精神主题，在《铜仁日报·武陵都市》新设“曝光台”，策划开设固定栏目“认认他是谁”，以2个整版刊发稿件70余篇进行集中曝光，并在《铜仁新闻网》《铜仁微报》《铜仁时讯》同步推出。

3. 围绕重要节点重大活动集中宣传营造氛围。一是精心组织策划2015年全省第二次项目现场观摩会新闻报道工作，组织专题专版16个，发稿100篇。其中，刊发重点稿件10条，本报评论员文章4篇。二是做好2015年梵净山生态佛教文化论坛活动报道工作，刊发稿件50余条。三是在重点版面连续推出纪念中国人民抗日战争暨世界反法西斯战争70周年公益广告，在“八·一”期间，策划军营特稿1个专题版，开设《关注抗战老兵》栏目，刊发稿件20余条，策划了《抗战记忆》专题4个版，全面反映铜仁的抗战史，营造了相关节日气氛。四是全面重点宣传报道撤地设市以来取得的成果，在撤地设市纪念日活动期间，刊发4篇综述稿件及评论，同时开设“我与城市共嬗变”专栏，刊发系列文章。五是开设《建设绿色铜仁》《关注传统手艺》《身边好人》等弘扬正能量的栏目。继续做好《五城同创》《培育社会主义核心价值观》等公益宣传。配合2015年全国1%人口抽样调查专项行动，刊发了相关专题稿件、及公益广告。精心办好《法制周刊》，办40期，刊发稿件1200余条，反响良好。

全年刊发稿件8000余条，其中2015年生态文明佛教论坛、全省第二次项目观摩会、撤地设市纪念日、全国第二个扶贫日、环梵净山自行车赛、梵净山登山大赛等重大活动报道80余条，纪念中国人民抗日战争胜利暨世界人民反法西斯战争胜利70周年活动专题专版4个，配合全省“整脏治乱”现场推进会推出专题2个版，专题报道40余条。

4. 围绕全市重点工作精心组织集中宣传报道。一是积极发挥舆论媒介监督作用，将笔尖对准群众普遍关心的民生类宣传。开设“五城联创”栏目，对城市建设中涉及的旧城改造、道路修建、环境治理、以及招商引资、产业聚集区建设、新农村建设等重点工作进展情况进行报道。集中策划并报道了铜仁城区城市建设推进会、铜仁市电子商务发展大会、美丽梵净山·铜仁过大年主题系列活动、铜仁城市定位专家学者座谈会等一系列重点报道。二是重点宣传全面深化改革工作。2014年系列推出《全面改革先行先试》26篇文章的基础上，2015年重点推出《全面深化改革一年来》栏目，刊发综述报道《潮平两岸阔 风正一帆悬》，从一版到四版，三个半版，图文并茂，发展手机报、新闻网、微报同步刊登。同时开设“全面深化改革进行时”栏目，刊发文章20余篇。三是策划开设《“第一书记”》专栏，做好第一书记选派到村任职工作的宣传，深挖个人典型，全方位宣传展现在基层发展致富项目、调整产业结构、帮扶困难群众等工作情况，刊发稿件30余条。对全市111名好支书进行连续宣传。四是深入做好依法治市、平安铜仁宣传报道，尤其是实施平安铜仁建设“五项行动”、加大矛盾纠纷排查化解、推广基层综治工作站、全面推行“一村一警”警务机制等工作的宣传报道。

5. 聚焦“两个责任”落实和“四风”问题强化媒体监督。一是对违规操办酒席、违反规定打麻将行为、违规经商办企业“三项治理”工作中的负面典型进行公开曝光。二是配合全市“整脏治乱”专项活动，在报眼位置刊发《五城联创》公益标语广告，在其他版面不定期刊发公益广告。按市文明办要求，在《铜仁日报·武陵都市》开设“曝光台”对不文明现象进行曝光。开设栏目《整脏治乱在行动》对各区（县）整脏治乱进行宣传报道，让广大市民参与到这项行动之中。

二、加快推进传统媒体与新兴媒体的融合发展

1. 积极拓展新媒体助推传统媒体发展。配合多彩贵州网《铜仁时讯》《铜仁发展手机报》进行品牌提升，实现“一省一手机报”合并，将原《铜仁发展手机报》更名为《贵州手机报·铜仁时政版》，《铜仁时讯》更名为《贵州手机报·铜仁时讯版》，《手机报》的影响力得到进一步提升。《铜仁微报》用户数、转载量较往年有较大幅度的增加，“铜仁一指通”APP客户端的得到广大用户的认可，下载量稳步上涨。

2. 注重推进队伍建设和版面创新。进一步加大新媒体新闻采编队伍培训力度，信息发布速度、发布质量较以往都得到较大提升，《铜仁新闻网》以全新版面风格得到广大网民的认可，日访问量达万余次。

3. 着力加强管理拓宽经营渠道。加强经营管理，努力克服困难，开展广告运营策划，做好机制性的广告服务，策划一系列专题专栏的新闻宣传报道，进一步拓宽经营渠道。

4. 立足重点策划强势推动报网并行。对市委、市政府的重大举措、点题宣传和市委宣传部2015年度重点宣传报道工作，做到策划先行，有的放矢，进行多次重点策划，将各个策划以报纸、网站互动形式进行宣传，引起社会各界的共鸣，进一步增强报纸影响力。

5. 抢抓发展机遇，着力提升报社的社会影响力。积极向上争取报纸发行政策，《铜仁日报》发行价格从原来的288元/年增加到360元/年，发行量从原2.9万份/年增加到3.8万份。

三、全面推进思想、组织、作风、反腐倡廉和制度建设

1. 抓管理提升干部职工政治业务素质。一是强化制度管理。按照政治家办报的原则，把制度建设和人才队伍建设放在重中之重。在《铜仁日报社管理手册》基础上，进一步制定完善相应的管理制度；研究制定《铜仁日报高级专业技术人才培养工程规划》，鼓励大家申报专业技术职称，从而达到培养名记者、名编辑的目的。二是加强教育培训。针对采编人员人手少、新手多的情况，积极实施“品牌编辑”“品牌记者”培养计划，采取多种形式对新进人员进行业务素质培训。实行采编例会与经营例会分时、分类召开，进一步强化专业意识、职责意识、集体意识。三是优化采编流程。2月，成立《铜仁日报》编辑委员会，作为党组领导下的采编工作决策指挥机构。总编辑为编委会主任、副总编辑为副主任，另有3名采编骨干为编委成员。除时政部主任外，编委会成员均参加总值班。编委会下设总编室，负责采编工作的统筹协调，指挥调度。进一步改进值班机制，实行白班和夜班分设，1、2版和国际国内新闻版为夜班，其它的为白班。坚持稿件“四审制度”，从责任编辑到值班主任，再到总值班，最后集体视频审稿。每日1、2版和国际国内新闻版，由总编辑最后复审。

2. 抓人才强化时政规范化报道。一是选好配强时政记者。时政部记者，特别是市委书记和市长的专职记者均政治素质好、业务能力强。书记专职记者继续实行A、B角跟班制。二是注重时政报道的规范化建设，通过全面认真梳理采编风险点，多方征求意见，形成《铜仁日报时政报道操作规范及注意事项》，注重环节管理，做到精准精细。三是抓好通联队伍建设，着力发挥通讯员队伍的作用。通过建立通联制度，加强对通讯员的联络指导、奖励、考评及聘任等管理工作。通过对通讯员队伍培训，提升通讯员队伍的整体水平。5月，在印江自治县召开2015年《铜仁日报》通联工作会。同时分别在其他区（县）进行骨干通讯员培训，累计培训人次达300余人次。

3. 抓素质全面推进思想、组织、作风、反腐倡廉和制度建设。一是以制度建设为抓手，不断完善各项规章制度，确保年度党风廉政建设工作的落实。注重加强教育，筑牢防线，采取多种形式，组织党员干部认真学习中央、省、市重要文件精神及纪委会议精神，坚持正面教育为主，大力宣传中央关于党风廉政建设的方针、政策和重大成果，增强党员干部遵纪守法的自觉性和拒腐防变的能力。二是严格执行领导干部廉洁从政的各项规定，切实加强党员干部职工的作风建设，自觉做到为民、务实、清廉。注重加强班子成员之间的沟通了解，互相支持，发扬民主集中制，严格执行“三重一大”集体决策制度，重大决策集体研究，形成会议纪要，集思广益，不搞一言堂。三是反对“四风”，严格执行“三公”，认真贯彻落实党员干部报告个人相关事项的规定，加强干部职工反对形式主义、官僚主义、享乐主义和奢靡之风“四风”建设；严格执行“三公”经费公开，严控汽车用油，实行每个月在单位公示栏进行公开、公示，主动接受群众监督。四是班子成员严格执行不准接受礼金、有价证券和有价凭证。在工作、生活、纪律等各个方面严格要求自己，规范亲属家眷的行为，没有违纪违规和收受现象。

4. 严格按照中央和省、市要求扎实开展“三严三实”专题教育。一是召开党组会议，专题研究“三严三实”专题教育工作前期筹备工作，明确党组成员负责抓好此项工作，制定“三严三实”专题教育实施方案，同时形成党组主要负责人讲话初稿。二是5月22日召开党组扩大会研究方案，下午召开党员大会，社长侯长青作动员讲话并为全体党干部上专题党课。三是7月下旬和9月下旬分别组织开展了“严以修身”“严以律己”专题研讨活动，社党组及社班子成员、中层以上干部分别就个人的思想认识、工作体会作书面发言和座谈交流。

5. 着力“走、转、改”抓联建服务基层。加强与玉屏自治县田坪镇长岭村的支部联建帮扶工作，解决该村经费5万元，并对村里20户计生困难户进行“一帮一”接对帮扶活动。协调20余万元资金，修建温室养猪；处理矛盾纠纷10余起。两次组织报社党总支全体党员和积极分子到长岭村开展支部联建活动，听道德讲堂报告，到田间地头体验干农活，深入查民情访民意，以“走、转、改”和抓支部联建为载体积极服务基层。此外，落实3万元资金支持梵净山社区整治工作；为禁毒联系镇江口县闵孝镇解决5000元工作经费，帮助宣传禁毒工作10余次；为综治联系乡镇德江县枫香溪乡解决综治经费

5000元；落实3万元资金支持江口云舍建设，全年筹集和协调帮扶资金30多万元。

（铜仁日报社）

离退休干部

【概况】2015年，铜仁市老干部工作紧紧围绕“为党的事业增添正能量”这个主题，积极适应新常态，谋求新发展，取得了新的成绩，呈现出老干部政治生活待遇不断改善、老同志发挥作用的平台和方式不断丰富、老同志满意度不断提高的良好局面。

一、认真落实“两个待遇”，强化老同志的组织归属感

一是以“七个坚持”（坚持重大节日走访慰问老干部、坚持组织老干部集中学习、坚持向老干部通报情况、坚持重大问题征求老干部意见、坚持组织老干部参加重要会议和重大政治活动、坚持组织老干部就地就近参观考察、坚持做好老干部思想政治工作）为抓手，将老干部的政治待遇落到实处。二是以严格落实“三个机制“为重点，解决好老干部的实际问题和困难，将老干部的生活待遇落到实处。邀请医疗方面的专家定期举办健康保健知识讲座及义诊，把健康养老作为一项常规性重点工作抓好抓实。建立特殊困难老干部“一对一”结对帮扶机制，对家庭困难老干部及老干部遗孀定期进行走访慰问，帮助解决生产生活困难。落实离休干部门诊医疗费，在省内率先开通异地居住老干部看病直接报销通道（除遵义外），消除老干部看病报账后顾之忧。

二、抓好老干部思想引导，深化老干部的政治认同感

一是以深入学习宣传“两个提纲”为抓手，采取多种形式，深入学习贯彻提纲精神。组织召开全市老干部工作会议，进一步深入学习贯彻全国离退休干部“双先”表彰大会和全省老干部工作会议精神，把离退休老干部思想和行动统一到中央精神上来，为更好地做好离退休干部工作打下基础。二是积极发挥老干部党校、老年大学的培训、辅导作用。将老干部培训列入干部教育培训计划，让老干部受到教育，开阔眼界。三是有力推进离退休干部党支部建设。健全完善离退休干部党支部学习、组织生活、报告工作、联系党员、党费收缴管理等制度，成立了临时党支部，进一步抓好离退休干部党支部书记培训，不断优化离退休干部党支部组织设置，实现离退休老干部党员全覆盖，离退休干部党组织凝聚力、战斗力进一步增强。

三、积极开展正能量活动，增强老干部的社会责任感

在全市老干部中深入开展“为党的事业增添正能量”活动，并通过各种平台，各老年组织以各种形式扎实推进活动开展。一是加强管理，充分发挥铜仁市老干部活动中心作为五星级老干部活动中心作用，为老干部提供最佳党政治学习、健身娱乐场所。按照“天天有活动、月月有赛事”的要求，积极组织老干部开展各种学习、文娱、体育活动，为老干部发挥余热提供载体。二是在全市重大活动中，积极发挥老同志各方面优势。在全市举办庆“三.八”“纪念建党94周年暨抗日战争·世界反法西斯战争胜利70周年”、全市第二届老年人体育节等大型庆典活动。三是充分发挥全市各级关工委“五老”作用，引导老同志在体验美好生活的同时，回报社会、奉献社会。全市839名“五老”人员与731个驻村工作组结对并登记，3个离退休党支部与3名驻村干部、1个村级党支部结对开展工作。倡导成立“老干部帮扶困难群众志愿者”队伍，组织老同志与留守儿童、孤儿开展一对一对口帮扶。关工委“五老”人员深入乡村、学校开展法制宣传、关爱留守儿童、致孤儿童、开展社会主义核心价值观宣讲活动等，为培养合格的社会主义建设者和接班人作出新的贡献。何振坤、熊明英、朱澄洁、郝炳然、霍光星等78位离退休干部被评为“贵州魅力老人”和“美丽贵州.魅力老人”。市关工委、思南县关工委获全国“先进集体”表彰。

（市委离退休干部工作局办公室）

老年大学工作

【概况】铜仁市老年大学成立于1987年5月，座落于碧江区鹭鸶路

84号，校园面积10000余平方米，建筑面积1600平方米。现有在职职工10人，每学期在校学员700多人，22个班级，开设13个专业。校园环境幽雅，设施完善，信息便捷，为中老年人提供舒适的学习环境。

2015年铜仁市老年大学立足品牌特色，提升办学成效。学校充分发挥优势，打造精品专业，强化办学特色，把精品课程建设与设置特色课程结合起来，大力推进老年大学教学规范化、科学化管理。以舞蹈、合唱为精品课程聘请学术造诣高、具有丰富授课经验的教师授课，逐步形成一支结构合理、人员稳定、教学效果好的教师梯队。着力打造精尖班级，以舞蹈1、2班、合唱1、2班为重点，积极搭建平台，向公众展示，并得到社会的认可。1月31日，合唱1班赴台湾参加“享受音乐最美合唱”2015年新年音乐会，获金奖，唱响2015年开门红。4月18日，贵阳市黔灵合唱团与合唱1班举办交流演出，通过交流活动相互学习取长补短，提高了演出技艺，增进了友谊。5月18日，合唱1班赴韩国光州举办的《2015年“夕阳秀”中韩友谊合唱节》，获第二名。6月24日，在参加铜仁市纪念建党94周年暨抗日战争胜利70周年合唱大赛中市老年大学组织合唱团、女子合唱团120人参加比赛，分别获得一等奖和组织奖。

市老年大学通过开展教师教学研讨会、班主任、班干部座谈会、经验交流会、教学观摩、选送优秀论文等不同类型和形式的教学研讨活动，促进互帮互学，不断更新知识，不断改革教学内容和教学方法，以适应教学需要。2015年是贵州老年教育发展30周年，为了提高全市老教工作者的理论、业务知识，市老年大学报送作品参加评选，取得三等奖。

市老年大学坚持交流学习，促进学校发展。10月28日，由铜仁市老年教育领导小组主办，市老年大学承办的渝湘黔边区市县老年大学第二届文化交流活动在铜仁隆重举行，活动以“传导正能量·共铸武陵魂”为主题，以“发展老年教育，繁荣民族文化”为品牌，通过活动的开展实现边区各市县老年大学之间的相互交流、信息互通、共享资源、相互学习，达到了增进友谊的目的，提高了办学知名度。同时大力宣传“武陵之都·仁义之城”的城市定位，展现铜仁市“厚德铸铜·仁义致远”的城市精神，为发展铜仁、推介铜仁作出积极的贡献。

市老年大学负责区（县）老年教育指导工作，全市建老年学校290所，在校学员24033人，其中乡镇126所、建校率达81.82%，碧江区、玉屏自治县、江口县、印江自治县、沿河自治县、万山区建校率达100%；街道办事处8所，建校率61.54%；社区39所，建校率23.53%，村117所，建校率达4.47%。

（市老年大学）

铜仁市人民代表大会常务委员会

【概况】2015年，市人大常委会在中共铜仁市委领导下，围绕市委“四化同步，一业振兴”发展战略，依法履职，召开常委会9次，听取和审议“一府两院”专项工作报告20个，组织专题调研、执法检查、集中视察、工作评议、专题询问等30次，接待群众来信来访223人次，圆满完成市一届人大四次会议确定的各项目标任务，为加快推进铜仁经济社会发展作出新贡献。

2015年，市人大常委会成功争取到全省首批启动地方立法工作，全省人大代表履职现场会、全省乡镇人大建设工作会议先后在铜仁召开。乡镇人大规范化建设经验为基层人大工作提供了可复制、可推广的成功范例，得到省人大常委会的高度肯定，部分省、市人大来铜考察学习。

一、围绕中心服务大局，促进全市经济社会又好又快发展

1. 在推进经济健康发展方面。听取和审议2015年上半年国民经济和社会发展计划执行情况的报告，审查和批准2015国民经济和社会发展计划草案。听取和审议新型工业化发展情况报告。听取“十三五”规划纲要编制、生态茶产业发展、招商引资、电子商务工作推进情况报告。针对“雁归工程”、农业生态环境保护、《贵州省开发区条例》贯彻实施情况等方面存在的问题开展专题调研。审议通过铜仁高新区和碧江经济开发区、万山经济开发区总体规划。

2. 在推进财政平稳运行方面。听取和审议2014年财政决算、2015年上半年和全年财政预算执行情况报告，批准2014年市本级财政决算和2015年预算草案。听取和审议2014年全市和市本级财政预算执行情况和其他财政收支审计工作情况报告。批准2015年市本级财政预算调整方案。

3. 在推进生态环境保护方面。听取和审议锦江河流域污染治理和生态保护情况报告。

4. 在推进民生持续改善方面。听取和审议学前教育和大班额化解工作情况报告。听取和审议气象探测环境保护和气象防灾减灾工作情况报告。依法对市卫生计生委开展工作评议。

5. 在推进重点工程建设方面。依法对中心城区“十大功能提升工程”和城市建设管理开展专题询问。组织市人大代表深入安江、沿德高速公路建设工地开展视察。组织市人大代表集中视察川硐教育园区建设情况。

6. 推进重大事项落实。申报并实施《铜仁市国家工作人员向宪法宣誓办法》和《关于建立审计查出突出问题整改情况向市人大常委会报告机制的暂行办法》两项课题。审查并批准市人民政府关于城市快速干道沿线一期土地收储项目、污水处理二期工程项目和铜仁南站站前广场建设项目等9个融资议案。为纪念铜仁撤地设市，常委会讨论决定，10月22日为铜仁撤地设市纪念日。

二、围绕依法治市，促进法治铜仁建设

1. 在立法筹备工作方面。省十二届人大常委会第17次会议决定，授予铜仁市地方立法权。自2015年10月1日起，铜仁市将围绕城乡建设与管理、环境保护、历史文化保护等事项，有序制定地方性法规，服务经济社会发展，推进依法治市进程。《铜仁市地立法条例（草案）》，提交常委会第29次会议审议。

2. 在宪法和法律宣传方面。围绕《宪法》宣传日，组织开展了《宪法》及相关法律知识竞赛活动。开展《中华人民共和国立法法》《中华人民共和国预算法》《中华人民共和国行政诉讼法》和《中华人民共和国环境保护法》等法律法规专题讲座，全面推进“六五”普法工作，听取“六五”普法依法治理工作情况报告。

3. 在法律实施和司法监督方面。开展《中华人民共和国消防法》贯彻实施情况执法检查。听取《中华人民共和国红十字会法》和《中华人民共和国老年人权益保障法》。协助省人大开展《贵州省人体器官捐献条例（草案）》《贵州省专利条例（草案）》《贵州省食品安全条例（草案）》等法律法规修改工作。配合省人大开展《中华人民共和国消防法》《贵州省扶贫开发条例》《贵州省林地管理条例》等法律法规的执法检查。听取和审议市中级人民法院行政审判工作情况报告和市人民检察院监所检察工作情况报告。

4. 在选举任免工作方面。全年依法任免国家工作人员52人次。探索对“一府两院”国家机关工作人员的任后监督，听取市教育局、市城市管理局、市食品药品监督管理局、市住房和城乡建设局主要负责人履职情况报告。

三、围绕代表主体地位，促进代表作用充分发挥

1. 在强化与代表的联系方面。明确市委常委、市人民政府副市长和市中级人民法院院长、市人民检察院检察长分别联系2名人大代表，市人大常委会组成人员通过工作调研、视察、培训等方式走访慰问代表390名。加强代表履职培训。先后组织220名省、市人大代表赴全国人大培训基地、市委党校参加履职培训。

2. 在强化代表作用发挥方面。全市各级人大组织706次、9196人次人大代表参加了工作评议、调研视察和执法检查等活动。继续开展“四在农家·美丽乡村”代表助推活动，全市各级人大代表积极参与并争取项目859个，美化村寨环境1737个，协调资金16320万元。持续深入开展千名人大代表进驻“干群连心室”活动，全市3472名人大代表进驻“干群连心室”，组织开展培训或法律知识宣讲4782场次，收集群众意见建议7854条，为群众办实事好事9567件。全市1718名人大代表在基层一线带动示范，建立示范基地690个，带头或参与组建农民专业合作社60多个，带动了当地群众致富增收。

3. 在强化代表建议督办方面。市一届人大四次会议期间收到代表建议113件，办结72件，比上年提高28.7个百分点。其中，主任会议领衔督办的10件建议全部办结。

四、围绕“三严三实”专题教育，促进常委会自身建设

1. 在开展“三严三实”专题教育和“两个遍访”工作方面。常委会根据市委要求和活动的安排部署，认真开展“三严三实”专题教育。按照省委、市委开展“两个遍访”工作的要求，常委会班子成员深入基层，完成16个贫困村、32户贫困户的遍访工作，为联系点、贫困户协调解决资金400多万元。

2. 在推进乡镇人大规范化建设方面。拟定《关于加强乡（镇、街道）人大规范化建设的实施意见》，深化乡镇人大规范化建设“三到位、五规范、八个有”经验。铜仁市在全省县乡人大工作和建设会上作经验交流发言，铜仁经验得到省人大常委会党组书记、副主任龙超云的充分肯定和与会人员的广泛好评，《人民代表报》《贵州日报》专门刊发文章，推广铜仁经验。

3. 在推进人大宣传工作方面。制作乡镇人大规范化建设代表访谈电视专题和代表助推扶贫攻坚、服务精准扶贫专题访谈节目，制作代表风采和代表访谈电视专题11期，集中宣传报道了20名优秀代表的先进事迹。认真办好《铜仁人大》、铜仁人大信息网、铜仁人大微信公众平台。

【基层人大规范化建设经验得到肯定和推广】 铜仁市人大常委会制定出台的《关于加强乡（镇、街道）人大规范化建设的实施意见》，推行“三到位、五规范、八个有”的做法，深化和促进乡镇人大规范化建设，取得良好效果，并在“全省县乡人大工作和建设会”上作经验交流发言，“铜仁经验”得到省人大常委会党组书记、副主任龙超云的充分肯定和与会人员的广泛好评。先后有上海、重庆、江苏、浙江、湖南、湖北、内蒙等省（市）150多个市、县人大系统前来铜仁考察学习。贵州省8个市（州）均组成考察组实地考察观摩借鉴。《人民代表报》《贵州日报》《人大论坛》等多家媒体都作翔实报道，专门刊发文章推广铜仁经验。并获2015年度铜仁市改革创新奖。

（市人大常委会办公室）

铜仁市人民政府

【概况】 2015年，铜仁市地区生产总值增长12.70%，人均GDP达到24459元；新增规模以上工业企业75户，总数排名全省第3；规模以上工业增加值增长12.20%，增速全省第2；第一产业增加值增长6.40%，增速全省第4；旅游总收入增长23.50%，增速全省第3；固定资产投资增长20.40%，其中产业投资占比达到36.50%、排名全省第5；公共财政预算收入和支出分别增长12.90%、16.90%，其中地方税收占比达到80.01%、排名全省第2；金融机构存贷款余额分别增长31%、19.10%；社会消费品零售总额增长11.90%，增速全省第4；城镇、农村居民人均可支配收入分别增长11.20%、11.70%，增速全省第1、第4。群众安全感达到97.30%，排名全省第4位。全面小康实现程度达到89.30%，碧江、玉屏率先通过全面小康达标验收。经济发展始终保持总量、质量、均量“三量”齐升的良好态势，主要经济指标增速位居武陵山片区各市州首位，实现高于全国、高于全省、高于武陵山区的目标。

一、经济发展取得新成就，综合实力跃上新台阶

全年实现地区生产总值770.89亿元，首次突破700亿大关，按可比价格计算，比2014年增长12.70%，其中：第一产业实现增加值191.10亿元，增长6.70%；第二产业实现增加值221.21亿元，增长13.80%；第三产业实现增加值358.59亿元，增长14.90%。全市人均地区生产总值24712元（以常住人口计算），净增3886元，按可比价计算，比上年增长12.40%，按人民币汇率（2015年末）折合3806美元。

1.产业结构进一步优化。全市第一产业增加值占地区生产总值的比重为24.80%，第二产业增加值比重为28.70%，第三产业增加值比重为46.50%。

2.农村经济较快发展。实现农林牧渔业总产值312.48亿元，按可比价计算，比2014年增长6.90%，其中：农业产值189.68亿元，增长8.10%；林业产值11.26亿元，增长9.10%；牧业产值85.94亿元，增长4%；渔业产值12.86亿元，增长9.40%；农林牧渔服务业产值12.74亿元，增长2.90%。

主要农作物播种面积有增有减。粮食作物播种面积353012公顷，同比下降0.80%；油料作物播种面积85959公顷，增长1.10%；蔬菜播种面积95708公顷，增长3.80%。年末实有茶园面积99809公顷，增长9%；果园面积27061.70公顷，增长7.40%。

主要农产品产量稳步增长。实现粮食总产量134.90万吨，比2014年增长0.30%，其中稻谷产量48.65万吨，增长0.30%；油料产量14.72万吨，增长3.10%；茶叶产量2.62万吨，增长13.40%；水果产量23.54万吨，增长11.10%。

畜牧业、渔业积极发展。肉类产量25.03万吨，比2014年增长0.60%，水产品产量4.83万吨，增长7.10%。

3.工业经济发展较快。新增2000万元以上规模企业78户，实现工业增加值160.55亿元，按可比价计算，比2014年增长12.20%，工业经济对GDP的贡献率达到20.50%。

主要工业产品产量较快增长。铁合金产量87.10万吨，比2014年增长14.20%；发电量118.49亿千瓦小时，增长5.40%；精制茶1.50万吨，增长10%；卷烟69亿支，下降1.40%；白酒18.60万升，增长137.70%。

工业效益持续增长。规模以上工业企业资产总额304.50亿元，比2014年增长18.20%，实现营业收入446.90亿元，增长19.20%，实现利润总额12.30亿元，增长13.50%，实现税金总额10.20亿元，增长6.60%。

建筑业快速增长。实现建筑业增加值60.66亿元，按可比价格计算，比2014年增长17.70%。资质以上建筑企业实现产值38.90亿元，增长20.50%，施工面积427.06万平方米，增长6.40%，竣工面积194.80万平方米，增长50.60%。

4.固定资产投资快速增长。完成全社会固定资产投资1261.20亿元，比2014年增长9.30%，其中：含跨区项目中，500万元以上口径完成固定资产投资752.40亿元，增长12.70%；不含跨区项目中，500万元以上口径固定资产投资完成717.20亿元，增长20%。

500万元以上口径（含跨区）固定资产投资分类来看，按国民经济行业划分，第一产业完成投资58.20亿元，增长12.60%；第二产业完成投资138.40亿元，增长20.60%；第三产业完成投资555.80亿元，增长10.90%。按投资构成划分，建筑工程完成投资610.50亿元，增长16.50%；安装工程完成投资25.80亿元，增长7.90%；设备工器具购置完成投资60.10亿元，下降9.10%；其它费用完成投资55.89亿元，同比增长5%。按投资产业划分，工业投资（含工业园区基础设施投资）完成189.10亿元，增长21%；公路投资完成105.70亿元，下降11.80%；房地产开发投资完成110.90亿元，增长10.80%。

从固定资产投资资金来源看，2015年到位资金835.30亿元，增长11.10%，其中：国家预算内资金172.60亿元，下降0.30%；国内贷款174.40亿元，增长59.90%；自筹资金375.60亿元，下降12.80%。

5.财政税收和金融保险快速增长。实现财政总收入98.02亿元，比2014年增长11%，其中公共财政预算收入56.61亿元，增长12.90%。公共财政预算收入中，税收收入45.29亿元，增长20%，非税收收入11.32亿元，下降8.60%，税收收入占公共财政预算收入的比重达80%，提高4.70个百分点。财政总支出366.86亿元，增长15.80%，其中公共财政预算支出299.47亿元，增长16.90%。公共财政预算支出中，一般公共服务支出31.11亿元，增长20.80%；教育支出71.72亿元，增长26.40%；科学技术支出2.93亿元，增长90.80%；社会保障和就业支出31.76亿元，增长16%，医疗卫生支出34.09亿元，增长22.30%，农林水事务支出47.93亿元，增长9.50%，交通运输支出3.90亿元，增长23.50%。

各项税收完成较好。实现税收总额87.14亿元，比2014年增长14.30%，其中:国家税收收入33.50亿元，增长10.10%；实现地方税收收入53.64亿元，增长16.90%。地方税收收入占公共财政预算收入的比重达94.80%，比2014年提高1.90个百分点。

金融机构运行良好。年末全部金融机构存款余额980.31亿元，比年初增长30%，其中个人存款余额521.08亿元，增长10.30%。全部金融机构贷款余额716.77亿元，增长19.10%。

保险业快速发展。实现保费收入17.06亿元，比2014年增长31.30%，其中：财产保险保费收入8.76亿元，增长27.10%；人寿保险保费收入8.30亿元，增长27.70%。赔款支出5.35亿元，增长18.10%，其中：财产保险赔款3.99亿元，增长24.30%，人寿保险赔款1.36亿元，增长3%。

6.市场消费稳定增长。实现社会消费品零售总额165.64亿元，比2014年增长11.90%，从销售单位所在地看：城镇实现消费品零售额131.24亿元，增长11.80%；乡村实现消费品零售额34.40亿元，增长12.10%。

市场物价小幅上涨。全市居民消费价格总指数为102.20%，比2014年上涨2.20%，其中:食品上涨3.90%、烟酒及用品上涨3.10%、衣着下降1.80%、家庭设备用品及维修服务上涨2%、医疗保健和个人用品上涨0.40%、交通和通讯下降0.80%、娱乐教育文化用品及服务上涨3.50%、居住上涨2.40%。

7.交通运输和邮电通信业较快发展。交通运输、仓储和邮政业实现增加值44.37亿元，按可比价计算，比2014年增长8.50%。全市公路通车里程24807.40千米，增加1954.40千米，其中高速公路里程595.60千米，新增186.90千米，实现全市10个区县通高速；机动车保有量476120辆，增长22.85%，其中:汽车保有量184921辆，增长21.93%;摩托车保有量291109辆，增长23.45%。实现公路营运性旅客运输量2678.54万人，营运性旅客周转量278568.16万人/千米，营运性货物运输量2998万吨，营运性货物周转量575616万吨/千米；实现水路旅客运输量670.50万人，旅客周转量17276.30万人/千米，货物运输量37万吨，货物周转量1394.70万吨/千米；实现航班飞行5446架(次)，运输旅客34.30万人次，运输货邮32.74吨。

实现邮电业务收入19.88亿元，比2014年增长7. 50%，其中：电信业务收入17.62亿元，增长7.70%；邮政业务收入2.26亿元，增长6.10%。年末固定电话用户16.74万户，移动电话用户231.35万户，宽带用户20.13万户，电话普及率为部79.46/百人(常住人口计算)。

8.对外贸易增长较快，旅游业快速发展。直接进出口总额1.76亿美元，比2014年增长24.10%，其中：出口1.75亿美元，进口0.01亿美元。

接待旅游人数3100.02万人次，比2014年增长22%；实现旅游总收入240.18亿元，增长23.50%。

9.教育、文化、卫生全面发展。各级财政对教育事业的投入71.72亿元，比2014年增长26.40%。2015年，全市有普通高等学校4所，招生11685人，在校生29132人，毕业生6006人。有中等职业学校13所，招生17587人，在校生44015人，毕业生10546人。有高中教育学校40所，其中：教育部门办高中32所，招生33941人，在校生98032人，毕业生28200人；社会力量办高中8所，招生6421人，在校生13182人，毕业生2912人。有初中教育学校215所，其中：教育部门办初中198所，招生63230人，在校生197973人，毕业生70623人；社会力量办初中17所，招生2617人，在校生8914人，毕业生2628人。有小学教育学校929所，其中：教育部门办小学906所，招生50762人，在校生325809人，毕业生63765人；社会力量办小学23所，招生848人，在校生8157人，毕业生2412人。有幼儿园635所，其中：教育部门办幼儿园253所，在园39216人；社会力量办幼儿园382所，在园28767人。

有文化馆、艺术馆11个、图书馆11个；农家书屋2690个，数字农家书屋50个；新建村级农民体育健身工程301个，乡镇农民体育健身工程37个。有广播电视台11个，广播综合人口覆盖率为89.53%，比2014年提升0.72个百分点，电视综合人口覆盖率为97.32%，提升0.30个百分点，广播电视农村直播卫星用户631365户。

有卫生机构3480个（含私营和村卫生室），其中：综合医院82个，乡镇卫生院159个，社区卫生服务机构56个，村卫生室2839个，妇幼保健院（所、站）11个，疾病预防控制中心（防疫站）11个。卫生技术人员16258人，其中：执业（助理）医师4821人，注册护士6344人。卫生机构实有床位数18747张。参加新型农村合作医疗人数360.71万人，参合率达99.28%，比2014年提高0.47个百分点。

10.就业形势保持稳定。完成城镇新增就业4.72万人，比2014年增长4.80%，城镇登记失业率为3.71%。完成职业技能培训2.60万人，增长1.96%；转移农业劳动力7.70万人，增长0.04%。

社会保障进一步加强。全市参加基本养老保险累计人数106832人（不含中央及省驻铜单位和行政事业单位），比2014年增加1268人；参加失业保险累计人数98098人，增加5778人；参加基本医疗保险累计人数463951人，增加3117人；参加工伤保险累计人数157066人，增加2257人；参加生育保险累计人数149025人，增加21701人。全市城乡居民社会养老保险累计参保人数1779368人，增加65243人。2015年全市城乡享受最低生活保障29.07万户，共计62.63万人，其中：城市最低生活保障3.19万户，共计6.17万人；农村最低生活保障25.88万户，共计56.46万人。

社会福利和社会救助健康发展。有福利院11个，床位1081张，集中供养人数718人；敬老院136个，床位9660张，集中供养人数8667人。

11.人民生活稳步提高。城镇居民人均可支配收入22471元，比2014年增长11.10%，其中：工资性收入14375元，增长17.40%；经营净收入3820元，下降6.10%；财产和转移净收入4276元，增长9.40%。人均消费性支出14026元，增长13.90%，其中：食品消费支出4041元，增长9.70%，城镇家庭恩格尔系数为33.20%；衣着消费支出1228元，增长4.50%；居住消费支出3273元，增长17.50%；生活用品及服务消费支出925元，下降7.70%；医疗保健消费支出758元，增长30.80%；交通和通信消费支出1690元，增长24.60%；教育文化和娱乐服务消费支出1825元，增长25%；其他商品及服务消费支出286元，增长6.70%。2015年城镇居民人均住房建筑面积39.90平方米。

全市农村居民人均可支配收入6931元，比2014年增长11.20%，其中：工资性收入3211元，增长9.70%；经营净收入2409元，增长11.40%；财产和转移净收入1311元，增长14.80%。人均生活消费支出6399元，增长19%，其中：食品消费支出2295元，增长14.50%，农村家庭恩格尔系数为40.90%；衣着消费支出405元，增长16.60%；生活用品及服务消费支出425元，增长19.30%；医疗保健消费支出483元，增长25.40%；交通和通讯消费支出636元，增长15.30%；教育文化和娱乐消费支出793元，增长22.70%；居住消费支出1268元，增长28.10%；其他消费支出94元，下降0.70%。农村居民人均住房面积36.60平方米。

12.环境综合治理取得新成绩。各级财政用于节能与环境保护的财政预算支出为6.80亿元。生活垃圾无害化处理率为82.33%，比2014年提高14.50个百分点。全市污水处理厂处理能力为17.81万立方米/日，处理污水4345.39万立方米，处理率达86.82%。化学需氧量排放量40751.65吨，较2014年削减1.73%；氨氮化物排放量4057.76吨，削减11.68%；二氧化硫排放量77462.28吨，增长4.59%；氮氧化物排放量19337.56吨，增长4.28%。初步核算，单位GDP能耗同比下降6.01%。

13.安全生产工作得到加强。发生各类事故87起，比2014年下降13.9%；死亡73人，下降12.10%；伤104人，下降20%；经济损失减少148.58万元，下降

18.8%。发生较大事故2起、死亡7人，事故起数下降71.40%、死亡人数下降75%。亿元地区生产总值安全生产事故死亡人数为0.095人，比上年下降25.80%。

二、基础设施建设实现新跨越，发展后劲得到新提升

高速铁路、高速公路、民用航空、水上运输综合交通网初步成型。沪昆高铁铜仁段建成通车，铜玉城际铁路加快推进，渝怀二线铁路开工建设。高速公路通车里程从28千米增加到596千米，实现县县通高速目标。通乡油路、通村水泥路实现全覆盖。铜仁凤凰机场改扩建工程完工，新航站楼开工建设，开通北京、上海、广州等10个城市的直达航线，旅客年吞吐量突破34万人（次）。黔北机场启动建设。思林、沙坨电站通航设施基本建成。开工建设水库28座，完成病险水库除险加固218座，新增供水量1.50亿立方米，新增农田有效灌溉面积30793.33公顷，新增解决153万农村居民和39.80万学生饮水安全问题，工程性缺水问题得到改善。新建、扩建500千伏、220千伏、110千伏变电站23座。新建移动通信基站5959个，新增通宽带行政村1430个，实现自然村通电话和移动4G网络乡镇全覆盖。

三、结构转型迈出新步伐，产业发展取得新突破

“两区一走廊”经济空间布局基本成型，三次产业结构由32.3：26.3：41.4调整为22.6：29.1：48.3。建成9个省级经济开发区和1个省级高新技术产业开发区。规模以上工业企业达到530户。黔东工业聚集区规模以上工业总产值占全市比重达65.50%以上。获批国家级科技农业示范园区，建成省级现代高效农业示范园区34个，其中5个进入全省15强，建成市级农业园区50个，建成万元田、万元山各2.80万公顷，培育和引进国家级龙头企业6个、省级龙头企业52个。创建国家A级旅游景区21个，其中4A级10个。举办全市旅游产业发展大会、梵净山生态文明与佛教文化论坛、中国传统龙舟大赛、梵净山国际山地自行车赛、梵净山国际登山节等系列活动。接待游客突破3000万人（次），旅游总收入达到240.18亿元。银行保险等金融机构数量增多，铜仁高新区成为国家级电子商务示范基地，石阡、印江、德江列入全国电子商务进农村综合示范县。一批大型物流中心相继建成。

四、城市建设有新进展，城乡面貌发生新变化

编制完成城市总体规划、中心城区控制性单元规划等系列规划，中心城区规划和管理支撑体系初步形成。普遍设立乡镇规划管理委员会。全市城区面积达到150平方千米，常住人口城镇化率达到43%。中心城区面积从25平方千米扩大到45平方千米，城区人口从14.60万人增加到40.90万人。县城发展实现扩容提质，以17个示范小城镇为引领的小城镇建设加快推进，“六个小康”建设改善群众生产生活条件。

五、生态建设取得新成效，绿色发展呈现新优势

编制完成《铜仁市生态文明建设规划》。完成植树造林39.40万公顷、石漠化综合治理435.66平方千米，森林覆盖率从49.80%提高到57%。完成中小河流治理64条154千米，梵净山、锦江生态保护取得进展，锦江水质常年保持在Ⅱ类标准。建成生活污水处理厂22个，日处理能力9.41万吨，城镇污水处理率达到86.80%。推进节能减排，淘汰落后产能26家。实施PM2.5大气污染治理，实现空气质量自动监测县城全覆盖，空气质量保持优良。创建为全国循环经济试点城市。

六、改革开放释放新活力，创新发展催生新动力

实施36项改革行动142项改革任务，55项改革试点取得突破。新增市场主体10万户，新增注册资本856亿元。金融扶贫铜仁模式成为全国样板，精准扶贫模式、家庭农场改革得到国家肯定，新农合大病商业保险市级统筹在全省率先实施，以水养水管理体制改革在全省推广，完成31个乡改镇、11个镇改街道、4个乡镇撤并工作。大龙保税仓获批，航空口岸申报有序推进。与苏州市对口合作不断深化，铜仁·苏州工业园加快建设。与大连民族大学和中国科学院等高校、院所合作加深，与周边市州交流加强。

加大招商引资力度，累计签约项目3571个，到位资金3324亿元。弘扬“八争”精神，更多“铜仁好经验、铜仁好声音”在全国全省推广传播。

七、社会事业创出新业绩，民生保障实现新改善

全市财政民生支出累计924亿元，占公共财政支出的80.20%。实现7个国家扶贫工作重点县和125个贫困乡镇减贫摘帽，减少贫困人口102.70万人。社会保障体系日趋完善，社会救助体系基本建立，城乡居民大病医疗保险全面实施，城乡基本养老服务体系取得进展。城镇登记失业率控制在4.20%以内。建成保障性住房22.70万套，改造农村危房24.20万户。创建省级示范性普通高中13所，率先在全省普及高中阶段教育，农村义务教育学生全部享受免费营养餐。建成山村幼儿园2005所，获全国教育改革创新典型案例特别奖，入选中国全面小康十大民生决策。川硐教育园区基本建成，铜仁学院、铜仁职院、铜仁幼专、铜仁一中完成整体搬迁。市人民医院搬迁并创建为三甲综合医院，县级医院综合诊疗能力建设普遍加强，乡镇卫生院标准化建设全面推进，每千人口拥有医疗机构床位数达到4.42张。人口出生率和自然增长率实现双降。社会管理得到加强，信访工作取得新成效，社会稳定风险评估铜仁经验在全国推广。“平安铜仁”创建活动成效明显，群众安全感持续提升，荣获全省平安建设先进市称号。创建为全国科技进步市和国家知识产权示范城市，开展全国双拥模范城、全国民族团结进步示范市创建工作，国防后备力量建设得到加强。监察、审计、统计、档案方志、民族宗教、机构编制、外事侨务、国防教育、人防战备、水文气象、妇女儿童和残疾人等事业全面发展。人民群众生活质量和水平不断提高，经济社会发展满意度持续位居全省前列。铜仁职院纳入国家民委与省政府“省部共建”。铜仁成为阿里巴巴全国首个农村淘宝市级试点市。办理人大代表建议113件、政协委员提案210件，办结率、回复率、满意率和基本满意率为100%。

【铜仁市调整提高企业退休人员养老金】铜仁市从2015年1月1日起，对2014年12月31日前按规定办理退休手续并按月领取基本养老金的企业退休人员增加基本养老金。这是铜仁市连续11年调整提高企业退休人员基本养老金。

实施后，退休人员（不包含建国前老工人），每人每月增加基本养老金110元，再按本人缴费年限每满1年增加3.50元；建国前老工人，按照参加革命工作时间的不同时段，每人每月分别增加550元、530元、510元。在普遍调整的基础上，对企业退休退职高龄人员以及其他特殊群体再适当增加基本养老金。

此次调整涉及人员29122人，每人月均增加养老金229.15元，调整后月人均养老金达2024.35元，全市每月增发养老金667.34多万元。

【铜仁17项非物质文化遗产入围第四批省级“非遗”代表性项目】1月28日，省政府批准省文化厅确定的第四批省级非物质文化遗产代表性项目名录公布，铜仁17项非物质文化遗产入围。

松桃苗族自治县的“苗族‘巴狄熊’口传经典”入选新增项目的民间文学类；江口县的瓦寨锣鼓、石阡县的薅草锣鼓入围新增项目的传统音乐类；松桃苗族自治县的茶灯入围新增项目的传统戏剧类；沿河土家族自治县的土家族高台狮灯入围新增项目的传统体育、游艺与杂技类；石阡县的石阡苔茶制作技艺、德江县的土家熬熬茶制作技艺、思南县的花烛制作技艺入围新增项目的传统技艺类；江口县的羌历年入围新增项目的民俗类。沿河土家族自治县花灯戏、石阡县的傩戏入围扩展项目传统戏剧类；松桃苗族自治县的苗族武术、沿河土家族自治县的赛龙舟入围扩展项目的传统体育、游艺与杂技类；松桃苗族自治县的苗绣入围扩展项目的传统美术类；江口县的豆制品制作技艺、石阡县的印染工艺、印江土家族苗族自治县砂陶制作工艺入围传统技艺类。

【铜仁市出现低温凝冻天气】1月29日，铜仁市出现低温凝冻天气，最低气温-3.6℃，大兴、万山、梵净山、苗王坡等地势高处出现冻雨、电线结冰和道路结冰，部分公路封闭。市气象局连日发布道路结冰黄色和橙色预警。

受强冷空气影响，1月28日白天到夜间，全市大部最低气温降至1℃以下。至29日，沿河西部、德江西部、石阡东部、印江北部、松桃东部及北部、万山大部、碧江东北部及南部、梵净山等地势高处最低气温在-1℃以下，万山最低气温-3.6℃，大兴、万山、梵净山及地势高处出现冻雨和道路结冰，万山电线结冰厚度为31毫米，碧江、玉屏为27毫米。

【铜仁市9名科技人员确定为贵州省首批高层次创新型人才培养对象】2月14日，省人才工作领导小组召开会议，研究确定贵州省首批高层次创新型人才培养对象272名，其中“十”层次培养对象3名，“百”层次培养对象33名，“千”层次培养对象236名。铜仁市推荐的铜仁市人民医院黄胜、铜仁学院李宗宝、冷森林、王霞，铜仁职院张华琦、胡美忠、刘玉梅、吴强、张家俊9人被确定为省首批千层次创新型人才培养对象。

【铜仁茶叶获百年世博中国名茶金骆驼奖】7月9日，中国茶最高奖项——百年世博中国名茶金奖、金骆驼奖在北京揭晓。来自贵州梵净山茶业集团旗下梵锦茶业的“一天一叶”茶品牌成为自玉屏箫笛1915年在巴拿马世博会夺金后，铜仁在世博会上再次夺金的品牌。

【西南地区最大游乐园项目落户铜仁】7月18日，由中行世融（北京）投资有限公司投资约40亿元的中国长寿村——挞扒洞旅游综合开发暨贵州万山欢乐世界项目在铜仁人民会堂正式签约。

市政府常务副市长宗文受市委书记、市长夏庆丰委托，代表市委、市政府向合同的正式签约表示祝贺。中行世融（北京）投资有限公司负责人及万山区党政主要领导参加签约仪式。中国长寿村——挞扒洞旅游综合开发项目位于万山区谢桥办事处，占地面积约490公顷，总投资约20亿元。贵州万山欢乐世界项目位于万山区谢桥办事处，占地面积约80公顷，投资20亿元建设内容有陆地公园、水上乐园、冒险王国、田园农庄等。

【贵州省电子商务进农村示范县座谈会在铜召开】7月21日，贵州省电子商务进农村示范县座谈会在铜仁市召开。省商务厅总经济师黄筑筠主持会议，省商务厅副巡视员章森青出席，副市长张明出席并讲话。

截至7月，铜仁市从事电子商务企业达到680家，进入淘宝网、阿里巴巴网店等平台的个人、企业网店总数218家，铜仁馆入驻企业170余家，网店总数达1280家，交易单数100余万单，实现销售额3.60亿元。

会议要求，要突破制约农村电子商务发展的各种因素，积极帮助协调解决实际困难和具体问题，实现农村电商健康可持续发展。

贵阳市、遵义市、铜仁市、黔南州、黔西南州商务局负责人出席座谈会。石阡、印江、德江等8个全国电子商务进农村综合示范县作交流发言。

【铜仁市人民政府常务会议】

1月4日，市长夏庆丰主持召开第1次常务会议

一、审议《铜仁市迎接高铁时代推进高铁经济带建设组织实施方案》

议定：

1. 原则同意《铜仁市迎接高铁时代推进高铁经济带建设组织实施方案》，按照会议研究意见修改完善后报市委审定。

2. 要围绕沪昆高铁、贵阳至郑州高铁、环省高铁建成通车后，铜仁市直接从公路时代迈向高铁时代的大格局变化，加强对全市经济社会发展中长期规划的战略性研究，特别是要对在区域经济一体化中的发展定位、产业带建设，以及城镇体系的空间布局和重要节点城镇的规划建设，交通体系的互联互通、物流体系等重点配套基础设施的规划建设进行研究，做到规划编制项目化、措施具体化，并作为“十三五”规划内容，开展好课题前期研究。

3. 参照省里建立市迎接高铁时代推进高铁经济带建设部门联席会议制度。

二、审议《铜仁市生态文明建设规划（2014—2025）》

议定：

1. 由市发改委根据《贵州省国家生态文明先行示范区建设实施方案》，拟定铜仁市生态文明建设实施方案报审。

2. 市发改委待贵州省生态文明建设规划编制出台，聘请专业机构修改完善《铜仁市生态文明建设规划（2014—2025）》和组织专家评审后，报市政府常务会议研究。

三、审议《铜仁市现代物流业改革实施方案》

议定：

1. 原则同意《铜仁市现代物流业改革实施方案》，按照会议研究意见修改完善后报市委审定。

2. 由市发改委启动《铜仁市现代物流业发展规划（2015—2025）》编制工作。

3. 由市商务局成立市级现代物流业行业协会。

4. 同意设立现代物流业发展专项资金，通过对物流企业的交税额度、就业人数和车辆数量等核心指标的考评，并按照有关政策对贡献率高的企业进行补贴。

四、审议《铜仁市市级储备粮（油）管理办法（试行）》

议定：

1. 同意《铜仁市市级储备粮（油）管理办法（试行）》，按程序送签后印发实施。

2. 由宗文、肖洪分别带队，对铜仁市储备粮（油）的储备情况进行1次抽查。

五、审议《铜仁市落实粮食行政首长负责制确保粮食安全实施方案》

议定：

1. 同意《铜仁市落实粮食行政首长负责制确保粮食安全实施方案》，按程序送签后印发实施。

2.由宗文负责，加大向上争取，力争中储粮储备库项目落户玉屏自治县。

六、审议《铜仁市裸露山体生态修复治理实施方案》

议定：

1.原则同意《铜仁市裸露山体生态修复治理实施方案》，由生态修复治理各牵头单位负责，在半个月内分别研究提出牵头治理内容的细化方案。细化方案要具体到区块、项目点，绘制出图斑，并明确每个治理区块、项目点的责任单位、推进时间和资金筹措方案。

2.按照“谁开发、谁建设、谁破坏、谁治理”原则，建立裸露山体生态修复治理的长效机制，对各项生态恢复资金实行滚动使用。

3.开展裸露山体生态修复治理工作要与城市建设规划、通道绿化建设、旅游景区建设等相衔接，由杨德华、杨同光、夏虹分别牵头对主城区、旅游景区景点、高速公路两边的生态修复治理进行督导。

4.由市林业局筹备在市“两会”前召开全市裸露山体生态修复治理动员会。

七、审议市文体广电新闻出版局《关于市广播电视信息网络中心减持股份以偿还相关债务的请示》

议定：由宗文牵头，对市广播电视信息网络中心债务问题进一步研究后，提出科学合理的化解方案后按程序报审。

八、审议碧江区政府《关于江宗门片区开发建设有关事宜的请示》

议定：

1. 原则同意碧江区政府《关于江宗门片区开发建设有关事宜的请示》（碧府呈〔2014〕201号），按会议研究意见修改完善后报市委审定。

2. 由市国土资源局、市城乡规划局对江宗门片区开发建设项目的各项指标进行审查，必须与《铜仁东山古建筑群保护规划（2008—2027）》相符合。

3. 江宗门片区开发建设项目中新增的二期1.87公顷土地的招拍挂必须符合中南门历史街区保护规划和《铜仁东山古建筑群保护规划（2008—2027）》，与一期GP-11-09地块7.40公顷进行打捆，统一进行招拍挂。

4. 江宗门片区开发建设项目的拆迁安置费用由香港铜锣湾集团有限公司负责，征地拆迁和维稳工作由碧江区政府负责。

九、听取关于市直机关干部职工团购房项目建设情况的报告

议定：

1. 原则同意启动市直机关干部团购房项目二期工程，按照"房价不低于2000元/平方米、土地出让金按新的房价重新进行测算、参加二期团购的人员范围为第一批团购房截止时间前的市直机关正式职工"的讨论意见修改后向市委常委会报告。

2. 由市机关事务管理局、市国土资源局、市城乡规划局按会议研究意见重新对二期工程的土地出让价进行测算后再招拍挂，并督促项目业主单位把一、二期工程应配建的学校等公共产品统建到位。

十、审议《铜仁市"12345"市民服务热线工作绩效管理考核办法（试行）》

议定：同意《铜仁市"12345"市民服务热线工作绩效管理考核办法（试行）》，按会议研究意见修改完善并按程序送签后印发实施。

十一、研究梵净山及万山汞矿遗址申遗等相关事宜

议定：

1. 梵净山申报世界自然遗产和万山汞矿遗址申报世界文化遗产工作由市申遗领导小组和申遗办统筹负责。

2. 涉及申遗的区县要参照市里成立申遗工作领导小组及其办公室，确保有专人负责申遗工作。万山区可在万山矿山国家地质公园管理局加挂万山申遗办牌子，实行合署办公。

3. 由市财政对梵净山申报世界自然遗产工作专项经费200万元和万山汞矿遗址申报世界文化遗产工作专项经费80万元纳入2015年市级财政预算，由市申遗领导小组统筹使用。涉及区县要按比例配套相应经费，并按时拨付到位。

4. 由市申遗办负责对编制梵净山申报世界自然遗产地保护管理规划、黔金丝猴生态走廊带、万山汞矿遗址延伸等专项规划进行统筹研究，并提出规划编制经费分摊比例方案后按程序报审。

5. 在权属不变的情况下，同意将碧江区云场坪汞矿遗址纳入万山汞矿遗址范围统一申报世界文化遗产，但云场坪周边的环境保护和整治，以及企业改制等工作由碧江区负责。

6. 由杨德华带队到国家住建部汇报梵净山申报世界自然遗产工作推进情况，由杨同光带队到国家文化部汇报万山汞矿遗址申报世界文化遗产工作推进情况，争取国家部委的支持。

1月24日，市长夏庆丰主持召开第2次常务会议

一、传达贯彻省委农村工作会议暨全省扶贫开发工作会议精神和审议《关于以改革创新加快推进农业现代化的实施意见》《2015年扶贫开发工作安排意见》

议定：

1. 原则同意《关于以改革创新加快推进农业现代化的实施意见（送审稿）》《2015年扶贫开发工作安排意见（送审稿）》，按会议研究意见修改完善后报市委审定。

2. 召开全市农业农村和扶贫开发工作会议，贯彻落实省委农村工作会议暨全省扶贫开发工作会议精神。

3. 由肖洪牵头，对《关于以改革创新加快推进农业现代化的实施意见（送审稿）》中有关2015年主要目标任务的数据进行再研究再测算。

二、审议《2015年政府工作报告（送审稿）》《铜仁市2014年国民经济和社会发展计划执行情况与2015年国民经济和社会发展计划草案的报告》和《铜仁市2014年全市和市本级财政预算执行情况与2015年全市和市本级财政预算草案的报告》

议定：

1. 原则同意《2015年政府工作报告（送审稿）》《铜仁市2014年国民经济和社会发展计划执行情况与2015年国民经济和社会发展计划草案的报告》《铜仁市2014年全市和市本级财政预算执行情况与2015年全市和市本级财政预算草案的报告》和《2014年市本级财政预算执行结果和2015年预算草案安排意见》，按会议研究意见修改完善后报市委审定。

2.《2015年政府工作报告》在提交审议讨论时，要将固定资产投资、规模以上工业等相关数据统计口径的变化，中央和省对GDP增速保持合理区间的有关要求，全省对财税收入、结构、增速的要求，建议提案办结率的提法，民生十件实事、城市功能提

升十大工程完成情况等进行专门的解释说明，以便更好地统一思想、凝聚共识；《铜仁市2014年国民经济和社会发展计划执行情况与2015年国民经济和社会发展计划草案的报告》和《铜仁市2014年全市和市本级财政预算执行情况与2015年全市和市本级财政预算草案的报告》在提交审议讨论前，要在文件中明确提出中央和省的相关政策要求、有关数据变化的依据。

3. 由肖洪牵头，研究提出春节假期后上班第一天全市干部进行义务植树的方案，按程序送审。

三、审议《铜仁市推进新型城镇化三年大会战实施方案》

议定：

1. 原则同意《铜仁市推进新型城镇化三年大会战实施方案》，按会议研究意见修改完善送审后，行文下发实施。

2. 由杨德华牵头，结合“五城联创”工作，加大对主城区环境卫生、园林绿化、裸露山体、违章建筑、临街铺面、乱摆摊位、乱树广告、乱喊喇叭等的整治清理力度，原则上每隔3天要冲洗1次城市主干道，完成主城区背街小巷的亮化工程。

3. 由杨德华牵头，市公安局具体负责，春节前开展对入室盗窃等违法犯罪行为的集中打击行动。

四、审议《铜仁市人民政府关于促进健康服务业发展的实施意见》

议定：

1. 原则同意《铜仁市人民政府关于促进健康服务业发展的实施意见》，按会议研究意见修改完善后报市委审定。

2. 由肖洪、杨同光、夏虹牵头，按照“动养身、静养神、文养心”的产业培育理念，继续深化研究健康服务业、大健康医药产业的产业内涵、产业模式、产业抓手、产业布局、产业链条，将大健康医药产业发展实施意见与促进健康服务业发展的实施意见合并成一个文件。

五、审议《铜仁市贵阳市深化友好合作协议责任分解方案》

议定：原则同意《铜仁市贵阳市深化友好合作协议责任分解方案》，按会议研究意见修改完善送审后，行文下发实施。

六、审议《铜仁市实施政府与社会资本合作（PPP）总体方案》

议定：

1. 原则同意《铜仁市实施政府与社会资本合作（PPP）总体方案》，按会议研究意见修改完善后报市委审定。

2. 要按照积极、稳妥的思路推进PPP项目，市发改委、市财政局要对接好国家、省相关部门对实行PPP模式的一些最新政策和有关精神，为铜仁市推进PPP项目提供更好的指导。

3. 由市政府办公室拟发通知，市直各部门按照公共建设项目、公共服务（产品）提供两种类型，于春节前对铜仁市哪些项目适合做PPP、选择什么推进模式等问题进行全面梳理后，按程序报市政府。

4. 由市发改委研究提出对存量项目进行PPP改造、如何选择PPP模式、如何推进PPP项目的实施方案，按程序送审。

5. 由市发改委、市财政局研究提出加大对PPP项目的监管、约束及PPP项目流标或中标后企业提出苛刻条件的应对预案，并按程序送审。

七、审议市民政局《关于提高城乡居民最低生活保障标准请示》

议定：原则同意市民政局《关于提高城乡居民最低生活保障标准请示》，由杨同光牵头，市民政局、市财政局召集10个区（县）政府分管负责同志，对提标后市、区（县）两级需新增财政负担资金数额进行测算，并提出具体解决方案按程序送审后报市委审定。

八、审议《铜仁市突发事件信息报送和应急值班工作规定》

议定：

1. 原则同意《铜仁市突发事件信息报送和应急值班工作规定》，按会议研究意见修改完善后报市委审定。

2. 要加强向上报送突发事件信息的规范力度，对突发事件性质的界定要严谨科学，措辞用语要准确得当；各级领导要严格把关，坚持实事求是，坚决杜绝假报虚报，并建立健全信息假报虚报的问责制度。

3. 要建立统一、科学的突发

事件信息报送体系，按照“块块统筹、条条负责”的要求和“先报告再直报”原则进行信息报送，处理好直报与抄报的关系。

九、审议《铜仁市推进可再生能源建筑应用发展绿色建筑管理办法》

议定：原则同意《铜仁市推进可再生能源建筑应用发展绿色建筑管理办法》，按会议研究意见修改完善后印发实施。

十、审议市人力资源社会保障局《关于给予陈明华同志记二等功的请示》

议定：原则同意市人力资源社会保障局《关于给予陈明华同志记二等功的请示》，按程序报市委审定。

十一、审议《铜仁市市直机关事业单位临时用工管理办法（试行）》

议定：

1. 原则同意《铜仁市市直机关事业单位临时用工管理办法（试行）》，按照会议研究意见修改完善后报市委审定。

2. 由市人力资源社会保障局对所有市直临时用工人员，再次进行摸底、分类、评估，研究提出分类处理方案报审。

3. 所有市直临时用工人员的临时聘用关系要与原工作单位进行脱钩，由市人力资源社会保障局负责通过市场化的方式，委托劳务派遣公司进行统一管理。

4. 2016年1月24日起，一律停止新增临时用工人员，实行零增长。对所有财政拨款的市直机关事业单位的工勤服务一律实行外包服务制，不允许再直接临聘工作人员，由市人力资源和社会保障局发文通知。

5. 加强对市直机关事业单位借调人员的管理，实行年度批复制，不允许各单位擅自以短期学习等名义借调人员。

十二、审议《贯彻全省武警执勤目标“四防一体化”建设暨“三共”活动工作会议实施方案》

议定：同意《贯彻全省武警执勤目标“四防一体化”建设暨“三共”活动工作会议实施方案》，“两看”目标AB门建设所需资金实行市县分级负责。

十三、审议《铜仁市花卉苗木产业发展规划（2015—2017年）》和《关于加快发展花卉苗木产业发展三年行动计划》

议定：

1. 原则同意《铜仁市花卉苗木产业发展规划（2015—2017年）》和《关于加快发展花卉苗木产业发展三年行动计划》，将两个文件合二为一并按照会议研究意见修改完善后报市委审定。

2. 市级花卉苗木基地重点布局在碧江坝黄至江口县城一带和大兴至正大一带，各区县结合各自实际进行布局；要把市花“紫薇”、市树“桂花树”和金丝楠木作为铜仁市花卉苗木产业发展的重点。

3. 市园林局要作为市场主体介入到花卉苗木发展市场，将市级财政每年安排的花卉苗木产业发展专项资金与市园林局的主城区绿化资金统筹使用；同时鼓励社会资本发展花卉苗木产业。

4. 市林业局、市旅发委要研究，将花卉苗木基地建设与农业园区和乡村旅游结合，实现农旅一体化发展，并适当规划建设一批花卉苗木销售市场。

十四、传达贯彻全省发改、财税、商务和投资促进工作会议精神

议定：原则同意市发改委、市财政局、市商务局、市投资促进局贯彻落实全省相关会议精神的建议意见，由市政府办牵头，统筹召开相关会议抓好落实，原则上全市商务工作会和投促工作会合并召开。

十五、审议《铜仁全面提升医疗卫生服务能力三年行动计划（2015—2017）》

议定：

1. 原则同意《铜仁全面提升医疗卫生服务能力三年行动计划（2015—2017）》，按会议研究意见修改完善后报市委审定。

2. 同意设立市级疾病应急救助基金，每年按200万元列入市财政预算；市级每年统筹安排5000万元专项资金，加大对基本医疗与公共卫生的投入。

3. 市级医疗卫生机构进人必须要有中级以上职称和基层工作经验。

2月25日，市长夏庆丰主持召开第3次常务会议

一、审议《15亿元债券资金使用方案》

议定：按会议研究意见修改完善后报市委审定。

二、听取市发改委关于铜仁市“十三五”规划编制工作开展情况的报告

议定：

1. 各级各部门在编制规划时，要主动加强与上级相关部门的沟通和对接，借助上级部门有关研究发展规划或直接参与规划编制的专家智力，掌握国家、省“十三五”规划编制方向和重点，确保铜仁市“十三五”规划与国家、省“十三五”规划的衔接，争取更多项目挤入国家、省“十三五”规划盘子。

2. 市政府每2个月听取1次“十三五”规划编制推进情况汇报，各副市长对分管部门规划编制和直接负责的课题研究实行1月1调度。各副市长和分管部门主要负责人在全国“两会”前后到国家、省有关部门进行沟通汇报，做好规划编制的衔接工作。

3. 铜仁市“十三五”规划总体目标要与2020年实现与全国全省同步小康的目标相结合，把实现同步小康作为规划目标的底线。同时，要与武陵山片区区域发展与扶贫攻坚规划相衔接，争取将扶贫规划中未启动实施的重大项目纳入国家和省“十三五”规划。

4. 每个专项规划的编制经费按15万元纳入财政预算，其中对交通、水利、产业发展、城市建设等重点规划，根据实际编制情况进行核拨。

5. 碧江区、万山区、铜仁高新区、大龙开发区的“十三五”规划纳入市级统筹范围。

6. 市发改委邀请国家、省发改委的规划编制专家到铜开展规划编制的专题培训。

三、审议《中广核贵州铜仁核电厂址保护协议》

议定：原则同意《中广核贵州铜仁核电厂址保护协议》，按照会议研究意见修改完善后按程序报市委审定。

四、审议《2015年度市政府工作部门全面深化改革工作计划》

议定：

1. 原则同意《2015年度市政府工作部门全面深化改革工作计划》，按照会议研究意见修改完善后报市委审定。

2. 围绕问题导向，按“抓标志性系统性改革、重质量不求数量、注重基层首创精神”原则，由各副市长牵头，召开专题会议研究、审定管口部门的改革事项，区分工作重点与改革创新。

3. 由市政府法制办牵头，对全面推进依法治市方面的改革事项，拿出具体意见按程序报审。

五、传达贯彻全国全省审计工作会议精神

议定：

1. 同意市审计局《关于传达贯彻全国全省审计工作会议精神的情况报告》中所提的贯彻意见。

2. 按“能公开尽量公开”原则，加大对审计结果的公开力度，主动接受各界监督。

3. 对拟开展的领导干部经济责任审计，征求市委组织部意见后按程序报市委审定。

4. 凡审计后需要督办落实的事项，按程序报审后纳入市政府督查室的督办事项。

5. 要通过对乡镇的延伸审计，分年度按比例加大对村居“两委”的审计力度，力争5年内实现村居“两委”审计全覆盖。

六、审议梵净山投资公司《关于铜仁生态产业观光基地项目合作事宜的请示》

议定：按会议研究意见对项目重新选址后再上会研究。

七、审议《铜仁市人民政府向社会力量购买服务实施方案》

议定：

1. 原则同意《铜仁市人民政府向社会力量购买服务实施方案》，按会议研究意见修改完善后报市委审定。

2. 通过政府向社会力量购买服务来培育市内的社会中介组织，形成与经济社会发展相适应的公共服务资源配置体系和供给体系。

八、听取市公安局关于全市派出所建设3年攻坚战工作情况报告

议定：

1. 关于公安派出所主要负责人进入同级党委、政府班子的问题，由市编委办根据有关规定提出建议意见后按程序报审。

2. 社区协勤辅警人员问题，按向社会力量购买服务的方式，由市公安局、市人力资源社会保障局研究提出具体方案后按程序报审。

3. 公安派出所业务用房建设，按属地管理原则，由各区县政府负责，市政府督查室负责督办。

九、传达贯彻全省禁毒工作会议精神

议定：

1. 由市禁毒办以市禁毒委名义将铜仁市禁毒工作开展情况向市委报告。

2. 同意近期召开全市禁毒工作会议，由市禁毒办负责会务工作。

3. 市禁毒办代起草《中共铜仁市委铜仁市人民政府关于进一步加强禁毒工作的意见》后按程序送审。

4. 设置市禁毒委员会办公室(正处级机构)、区县禁毒委员会办公室(正科级机构)、乡(镇、街道办事处)禁毒委员会办公室(副科级机构）和将玉屏、松桃、沿河毒品检查站转型为综合检查站的问题，由市编委办根据有关规定提出建议意见后按程序报审。

5. 市级禁毒工作经费和“阳光工程”奖励扶持经费由宗文同志负责统筹解决。

6. 各区县强制隔离戒毒场所的建设，市发改委要帮助各区县加大项目争取力度，市政府督查室督促各区县加快建设进度。

7. 各区县社区戒毒专职人员配备，由市政府督查室进行督办，确保配备到位。

十、听取市城乡规划局关于温州商贸大厦项目推进情况的报告

议定：

1. 按原县级铜仁市人民政府挂牌出让时“容积率≤7，建筑密度为≤40%，绿地率≥25%，建筑限高≤100米”规划指标，由贵州神鹰投资发展有限公司加快推进项目建设。

2. 在贵州神鹰投资发展有限公司出具省城规委或省城规办同意按省城规委咨询专家建议“容积率≤10.5，建筑密度≤60%，绿地率≥25%，停车位0.5个/户，建筑限高≤120米”的指标进行规划建设的正式批复和省监察厅认可的意见书后，可按规定重新进行招拍挂，加快推进项目建设。

3. 若贵州神鹰投资发展有限公司在2015年6月30日前对上述两种解决方案未作出选择，由市政府依法清算收回地块。

十一、审议市文明委《关于命名铜仁市2010—2013年度文明乡镇、十大名镇、文明村、文明单位（社区）的请示》

议定：原则同意市文明委《关于命名铜仁市2010—2013年度文明乡镇、十大名镇、文明村、文明单位（社区）的请示》，按会议研究意见修改完善后报市委审定。

十二、传达贯彻全省旅游工作会议精神

议定：原则同意召开全市旅游工作会议，对2015年旅游工作进行安排部署。

十三、审议市旅发委《关于给予曾伟开除公职处分的请示》

议定:同意市旅发委《关于给予曾伟开除公职处分的请示》。

十四、审议市交通运输局《关于审议梵净山环线水毁实施方案的请示》

议定：原则同意市交通运输局《关于审议梵净山环线水毁实施方案的请示》，报市委审定。

十五、审议市国企改革办《关于铜仁市进出口公司改制相关费用的请示》

议定：原则同意市国企改革办《关于铜仁市进出口公司改制相关费用的请示》，按会议研究意见修改完善后报市委审定。

3月21日，市长夏庆丰主持召开第4次常务会议

一、传达贯彻《中共中央办公厅关于印发〈中央全面深化改革领导小组2015年工作要点〉的通知》《中共中央办公厅关于印发〈贯彻实施党的十八届四中全会决定重要举措2015年工作要点〉的通知》精神和审议《2015年度市政府工作部门全面深化改革工作计划》

会议认为，2015年是全面深化改革的关键之年，是全面推进依法治国的开局之年，我们要紧紧围绕中央关于全面深化改革工作的总体部署，认真贯彻落实党的十八届四中全会精神，进一步解放思想、积极探索，始终坚持战略导向、需求导向和问题导向，按照“四个全面”的战略部署，将全面深化改革与全面依法治市进行有效衔接，统筹推进，

重点围绕体制调整、机制完善、政策优化和工作创新，牢牢把握全面深化改革的工作重点和努力方向，以抓铁有痕、踏石留印的作风，扎实推进全面深化改革工作，确保各项改革举措更加符合中央和省委、市委要求，更加体现铜仁特点，更能顺应群众期盼，让人民群众共享改革成果。

议定：

1. 原则同意《2015年度市政府工作部门全面深化改革工作计划》，按会议研究意见修改完善后报市委审定。

2. 由宗文牵头，召集市政府办公室、市政府法制办和市发改委，研究提出铜仁市十大系统性标志性改革事项按程序送审后报市委审定。

3. 要注重基层首创精神，对各区县的改革举措进行收集汇总，并将好的做法提升到市级层面进行推广，作为市政府改革的重要内容。

二、研究土地出让有关事宜

议定：

1. 同意《铜仁市川硐城市快速路南部沿线控制性详细规划A-07-04号地块国有建设用地使用权出让方案》《铜仁市川硐城市快速路南部沿线控制性详细规划A-05-05号地块国有建设用地使用权出让方案》《谢桥新区高速公路出口片区控规（B-06-03）地块国有建设用地使用权出让方案》《谢桥新区高速公路出口片区控规B-06-02号地块国有建设用地使用权出让方案》《谢桥新区高速公路出口片区控规B-12-05-01地块国有建设用地使用权出让方案》《铜仁市川硐教育片区控规B-11-02地块国有建设用地使用权出让方案》《铜仁市川硐教育片区控规B-12-01地块国有建设用地使用权出让方案》《铜仁市川硐教育片区控规B-12-10地块国有建设用地使用权出让方案》《铜仁市武陵山现代医药物流园地块一国有建设用地使用权出让方案》《铜仁市武陵山现代医药物流园地块二国有建设用地使用权出让方案》《铜仁市川硐城市快速路南部沿线控规B-07-01地块国有建设用地使用权出让方案》《铜仁市灯塔循环经济工业园区控规02-59地块国有建设用地使用权出让方案》《铜仁市猪鬃厂地块国有建设用地使用权出让方案》《铜仁市外运片区大江坪桥西侧地下空间开发利用规划地块国有建设用地使用权出让方案》《铜仁市响塘龙、夜背湾控制性详细规划XY-F-05号地块国有建设用地使用权出让方案》《铜仁市灯塔循环经济工业园区控制性详细规划01-37地块国有建设用地使用权出让方案》《铜仁市灯塔循环经济工业园区控制性详细规划01－67（A）地块国有建设用地使用权出让方案》《铜仁市灯塔循环经济工业园区控制性详细规划01－49(A）地块国有建设用地使用权出让方案》《铜仁高新区控规（一期）A-05号地块国有建设用地使用权出让方案》《铜仁高新区控规（一期）A-02-01B号地块国有建设用地使用权出让方案》《铜仁高新区控规（一期）A-21-02-1号地块国有建设用地使用权出让方案》《铜仁高新区控规（一期）A-06、A-07-01号地块国有建设用地使用权出让方案》《铜仁高新区控规（一期）A-07-02号地块国有建设用地使用权出让方案》《铜仁高新区控规（一期）A-10-01号地块国有建设用地使用权出让方案》《铜仁高新区控规（一期）A-12-02号地块国有建设用地使用权出让方案》《铜仁高新区控规（一期）A-09号地块国有建设用地使用权出让方案》《铜仁高新区控规（一期）A-03-01、A-03-02号地块国有建设用地使用权出让方案》《铜仁高新区控规（一期）A-14-02号地块国有建设用地使用权出让方案》《铜仁高新区控规（一期）A-17-01号地块国有建设用地使用权出让方案》《铜仁高新区控规（一期）A-15-01号地块国有建设用地使用权出让方案》《铜仁高新区控规（一期）A-20号地块国有建设用地使用权出让方案》《铜仁高新区控规（一期）A-21-01号地块国有建设用地使用权出让方案》。

2. 由杨德华牵头，市国土资源局、市城乡规划局和碧江区政府按照会议研究意见，对《铜仁市碧江新区现代商贸物流园项目地块一国有建设用地使用权出让方案》《铜仁市碧江新区现代商贸物流园项目地块二国有建设用地使用权出让方案》《铜仁市碧江新区现代商贸物流园项目地块三国有建设用地使用权出让方案》《铜仁市碧江新区现代商贸物流园项目地块四国有建设用地使用权出让方案》《铜仁市碧江新区现代商贸物流园项目地块五国有建设用地使用权出让方案》进行修改完善后按程序报审。

3. 由杨德华牵头，市国土资源局、市城乡规划局对全市在工业性用地上建设商业设施并向公众出让的项目进行全面清理，并提出处理建议意见按程序报审。

三、审议《铜仁市农村互助幸福院建设三年行动计划（2015—2017）》

议定：

1. 原则同意《铜仁市农村互助幸福院建设三年行动计划（2015—2017）》，按会议研究意见修改完善后报市委审定。

2. 按“重点推进，逐步推广”原则，力争用5年时间到2020年全面完成村级建设农村互助幸福院的目标任务。

3. 由市民政局商市财政局，研究提出农村互助幸福院建设市、区（县）财政分担比例方案报审。

四、审议《铜仁市2015年殡葬改革提升工程实施方案》

议定：

1. 原则同意《铜仁市2015年殡葬改革提升工程实施方案》，按会议研究意见修改完善后报市委审定。

2. 殡葬改革工作要执行政府定价，分类收费，减轻群众负担，特别对城乡低保户家庭、“三无”老人等重点救助对象的殡葬收费要适当补贴。

五、审议市财政局《关于设立铜仁公私合作项目财政支持基金和采购铜仁公私合作项目财政支持基金及其金融机构有限合伙人综合金融服务的请示》

议定：原则同意市财政局《关于设立铜仁公私合作项目财政支持基金和采购铜仁公私合作项目财政支持基金及其金融机构有限合伙人综合金融服务的请示》，报市委审定。

4月14日晚，市长夏庆丰主持召开第5次常务会议

听取铜仁高新区管委会关于香港鸿基伟业国际投资集团有限公司在铜仁高新区投资项目合同执行情况的报告。

议定：

1. 由市政府法制办和铜仁高新区按照规定，依法处理原铜仁地区行署与香港鸿基伟业国际投资集团有限公司签订的《锰锂电池及其关键材料精深加工项目投资协议》，并停止提供综合用地。

2. 对香港鸿基伟业国际投资集团有限公司未按协议利用的41.74公顷工业用地，应按原供给地价即享受补贴后的最后价格进行收回。

3. 根据香港鸿基伟业国际投资集团有限公司与广东广英实业公司签署的合同，由铜仁高新区负责督促双方尽快进行资产移交，抓好组织生产，争取2015年第二次全省项目观摩会前投入运营。

4. 由宗文牵头，铜仁高新区、市政府法制办、市发改委、市财政局和铜仁能源投资公司在4月25日前，根据国家战略性新兴产业补贴规定，对太阳能储能用钛锰聚合物锂离子电池项目补贴事宜作进一步认定。如此前兑现的补贴符合相关规定和相关批复程序，应予维护。如兑现的补贴不符合相关规定及程序，应立即整改到位。

5. 由宗文全权负责处理在后续涉及香港鸿基伟业国际投资集团有限公司的所有事宜。

5月15日，市长夏庆丰主持召开第6次常务会议

一、传达贯彻李克强总理、陈敏尔省长在全国、全省推进简政放权放管结合职能转变工作电视电话会议上的讲话精神

会议认为：推进简政放权、放管结合、职能转变工作，紧紧把握了完善社会主义市场经济体制、加强社会建设的要害，是深化行政体制改革和经济体制改革的核心，具有牵一发动全身的重要作用。各级各部门要进一步取消和下放行政审批事项，建立健全权力清单、负面清单和责任清单制度。推进“两集中、两到位”，以“让铜仁成为办事最方便、最简化的地方”为目标，在为群众办事和项目建设上再造流程、优化审批程序，提供最便捷、优质的服务，切实解决好政策落实“最先一公里”和“最后一公里”问题，激发市场主体创

造活力，促进实体经济发展，推动经济社会加快发展。

议定：

1. 成立推进简政放权放管结合职能转变领导小组，由夏庆丰任组长，宗文任常务副组长，统筹推进工作。

2. 全面清理国务院和省级取消、下放至市级的行政审批事项，做好承接落实。对5个“再砍掉一批”事项进行清理，在各单位部门自我清理的基础上，领导小组按照流程再造、并联审批、大监管的方式，根据各单位部门的职能职责进行鉴定，确保每个单位不漏项。同时，根据中央“下放的权力以取消为主”的精神，凡市级制定的行政审批和收费事项，一律取消。

3. 深化政务服务平台、公共资源交易平台、电子政务平台“三个平台建设”，优化审批流程，压缩审批时限，提高审批效率，在流程再造时要按照马上就办、马上办结的理念清理每一个审批事项和办结时限。由宗文、路军牵头，组织有关单位部门到福建、苏州参观学习、汲取经验。

4. 由张明牵头，深化“三证合一、一照一号”改革，构建以信用为核心的新型市场监管机制。

5. 由市编委办牵头，市政府法制办、市人力资源社会保障局、市发改委参与，对市直部门职能职责进行进一步清理。

6. 将政务服务规范化建设列入区县党委、政府绩效考核内容。

7. 由宗文牵头，加快政务服务中心建设，尽快投入使用。要健全中介机构监管机制，强化管理，规范中介服务。推进“两集中、两到位”工作，确保部门审批职能归并到位。市监察局对单位执行情况进行暗访，并将暗访情况报市委、市政府。

8. 加强顶层设计，建立综合审批机制、综合监管执法机制、综合服务机制，把铜仁建成简政放权、放管结合、职能转变工作的示范。

二、传达贯彻《国务院关于加强地方政府性债务管理的意见》（国发〔2014〕43号）《国务院关于清理规范税收等优惠政策的通知》（国发〔2014〕62号）和《国务院关于税收等优惠政策相关事项的通知》（国发〔2015〕25号）文件精神

会议认为，当前宏观经济形势复杂严峻，经济下行压力持续加大，国发〔2015〕25号文件的出台对国发〔2014〕62号文件作出进一步补充和完善，释放促进经济发展的政策空间，有利于稳定投资，激活更多资本、技术投入。各级各部门要认真学习政策、研究政策、宣传政策、用好政策，发挥好政府“有形的手”的作用，通过政策扶持引导，坚定企业发展信心，切实加快重点项目建设，扩大有效投资，努力促进铜仁市经济持续较快增长。

议定：

1. 按照国发〔2015〕25号文件要求，规范落实各项优惠政策。已出台的各项优惠政策，按“赶前不赶后”原则，初步设立3年过渡期，根据部分产业发展规律，可适度延长至5年。如中央、省另有规定，按照中央、省规定执行。

2. 由宗文、张明牵头，召集市投资促进局、市工商联、市各大商会及市级重点招商引资企业，传达学习国发〔2015〕25号文件精神。

3. 对今后制定出台各项优惠政策，要按照国发〔2015〕25号文件规定办理；对新签订的招商引资合同，要把握好政策界限。

4.继续加大招商引资力度，探索新的招商模式，引进更多企业，吸引更多资金、先进技术落地，促进经济社会在新常态下实现更好发展。

三、审议《铜仁市人民政府恩施华龙村集团关于健康养生基地投资开发建设的合作协议书》

议定：原则同意《铜仁市人民政府恩施华龙村集团关于健康养生基地投资开发建设的合作协议书》，按会议研究意见修改完善后报市委审定。

四、审议《2015年度苏州对口帮扶铜仁工作计划》和市发改委《关于推进苏州对口帮扶共建园区的请示》

议定：原则同意《2015年度苏州对口帮扶铜仁工作计划》和市发改委《关于推进苏州对口帮扶共建园区的请示》，按会议研究意见修改完善，并征求市委组织部、宣传部和统战部意见后，按程序报市委审定。

五、审议《铜仁市城镇居民大病医疗保险实施办法》

议定：原则同意《铜仁市城镇居民大病医疗保险实施办法》，报市委审定。

六、审议《铜仁市贯彻落实安全生产“党政同责、一岗双责”暂行规定》

议定：由胡洪成牵头，组织市直相关部门召开专题会议，对《铜仁市贯彻落实安全生产“党政同责、一岗双责”暂行规定》修改完善后再提交市政府常务会议研究。

七、审议市监察局《关于给予田智仁行政撤职处分的请示》

议定：同意市监察局《关于给予田智仁行政撤职处分的请示》，按有关程序办理。

八、审议市教育局《关于实施幼儿园生均公用经费有关事项的请示》

议定：

1. 原则同意市教育局《关于实施幼儿园生均公用经费有关事项的请示》。

2. 按照属地管理、区县为主的原则，各区县负责本地山村幼儿园生均公用经费，并将政府投入与社会捐资助学相结合，发挥社会各界力量参与山村幼儿园的建设。

3. 按“生均公用经费标准逐步达到、覆盖范围逐步达到”原则，2015—2016年只实施山村幼儿园生均公用经费，其中政府开办的山村幼儿园生均公用经费标准为每人每年300元，民间资本开办的山村幼儿园生均公用经费标准为每人每年200元。到2017年以后根据财力情况和中央转移支付情况再逐步提高经费标准，并按照山村幼儿园、公办幼儿园、普惠性民办幼儿园的优先顺序逐步扩大覆盖范围。

5月28日下午和29日上午，受市长夏庆丰委托，常务副市长宗文主持召开第7次常务会议

一、审议梵净山投资公司《关于梵净山三联线水毁工程建设的请示》

议定：

1. 原则同意梵净山投资公司《关于梵净山三联线水毁工程建设的请示》，报市委审定。

2. 由梵净山投资公司按水毁工程项目基本建设程序，在6月底前完成梵净山三联线水毁工程建设，并在组织竣工验收后移交。

3. 按规定时间、规定建设程序完成三联线水毁工程恢复后，江口县、松桃自治县、印江自治县必须按时接收并负责今后的管养工作。

4. 由梵净山投资公司将梵净山三联线水毁工程建设资金筹集到位，并按照精简节约的原则用好建设资金。

二、审议梵净山投资公司《关于审定铜仁客运北站建设模式及相关事项的请示》

议定：

1.由市发改委、梵净山投资公司提出把铜仁客运北站建设项目作为铜仁第一个完整PPP模式试点包装和公开招投标的方案，报市委审定。

2. 在铜仁客运北站建设项目进行PPP模式推进中，要兼顾梵净山投资公司和社会资本投资方的发展和利益，探索一条PPP模式下利益共享的路子。

三、审议铜仁旅游投资公司《关于完善向重庆银行申请贷款5亿元有关事宜的请示》

议定：原则同意铜仁旅游投资公司《关于完善向重庆银行申请贷款5亿元有关事宜的请示》，报市委审定。

四、审议《关于分级负担筹集2015年度铜仁市航线航班培育资金的请示》

议定：

1. 原则同意《关于分级负担筹集2015年度铜仁市航线航班培育资金的请示》，报市委审定。

2. 由王润华牵头，针对高铁开通、区域资源共享、航线培育促销等问题，围绕如何“科学的飞”，召集相关部门召开专题分析会，聘请第三方专业机构对铜仁凤凰机场运营数据进行精准分析，对航线航班培育资金问题进行系统研究。

3. 由王润华牵头，就铜仁凤凰机场航线航班培育资金与湖南湘西州比例分担问题进行协商。

五、审议《铜仁市大兴农产品综合批发市场建设方案》

议定：

1. 由梵净山投资公司作为项目业主，商市发改委、商务局、城乡规划局在15天内提出铜仁市

大兴农产品综合批发市场选址方案并按程序送审。

2. 铜仁市大兴农产品综合批发市场必须符合城市建设规划，提出选址方案时要进行系统说明，提出详细理由和数据指标支撑，并公开征求社会和群众意见。

六、审议《铜仁市落实泛珠三角区域深化合作工作实施方案》

议定：原则同意《铜仁市落实泛珠三角区域深化合作工作实施方案》，按会议研究意见修改完善后报市委审定。

七、审议《铜仁市金融支持中小微企业发展的意见》《铜仁市加快金融生态环境建设的意见》和《铜仁市促进知识产权质押融资工作的意见》

议定：原则同意《铜仁市金融支持中小微企业发展的意见》《铜仁市加快金融生态环境建设的意见》和《铜仁市促进知识产权质押融资工作的意见》，按会议研究意见修改完善后按程序报市委审定。

八、审议《铜仁市创新政银合作促进农业农村发展实施方案》和《关于深入推进铜仁市农村信用工程建设的实施意见》

议定：

1. 由市政府分管同志负责，召开专题会议对《铜仁市创新政银合作促进农业农村发展实施方案》修改完善后再报市政府常务会议研究。

2. 原则同意《关于深入推进铜仁市农村信用工程建设的实施意见》，按照会议研究意见修改完善并按程序报审后行文。

九、审议《铜仁市促进民营医疗机构发展与管理办法（试行）》

议定：原则同意《铜仁市促进民营医疗机构发展与管理办法（试行）》，按照会议研究意见修改完善后按程序报市委审定。

十、听取市工信委关于2014年产业园区综合考核评价工作的情况汇报

议定：

1. 原则同意市工信委关于2014年产业园区综合考核评价工作的情况汇报，按会议研究意见修改完善后报市委审定。

2. 对产业园区综合考核评价体系进一步完善，将“八争”情况纳入产业园区综合考核评价内容，支持鼓励科技创新、资本创新、公共平台创新、体制机制创新，将创新作为对产业园区综合考核评价加分因素进行综合考虑。

十一、审议《铜仁市商事登记管理办法及后续监管工作方案》

议定：

1. 原则同意《铜仁市商事登记管理办法及后续监管工作方案》，按照会议研究意见修改完善后按程序报市委审定。

2. 由夏虹牵头，召集相关部门召开专题会议，对《铜仁市商事主体前置改后置行政审批事项权责清单》中的事项逐一审查。同时，市政府法制办对《铜仁市商事登记管理办法及后续监管工作方案》进行规范性审查。

十二、审议市城乡规划局《关于规范中心城区房屋屋顶建设行为相关事宜的请示》

议定：由市城乡规划局牵头，市政府法制办等相关部门参与，外出考察学习其他地方成功经验，15日内提出简化、可操作、符合铜仁实际的方案再提交市政府常务会审议。

十三、审议《铜仁市主城区公共交通客运车辆星级评定奖励办法（试行）》

议定：

1. 原则同意《铜仁市主城区公共交通客运车辆星级评定奖励办法（试行）》，按会议研究意见修改完善后按程序报市委审定，并报市人大常委会备案。

2. 公共交通客运车辆星级评定奖励办法要做到奖惩结合、与新闻媒体监督结合，要合法合规、群众认可。

十四、审议《铜仁市门楼号牌管理办法》

议定：

1. 同意《铜仁市门楼号牌管理办法》，报市人大常委会备案。

2.《铜仁市门楼号牌管理办法》生效时间由市民政局商市公安局确定，所需资金由市民政局进行测算后提出方案报市政府研究。

十五、审议《铜仁市老年公寓老年养护楼公建民营运营方案》

议定：原则同意《铜仁市老年公寓老年养护楼公建民营运营方案》，按会议研究意见修改完善后按程序报市委审定。

十六、审议《铜仁市住房公

积金补息贷款暂行办法》

议定：原则同意《铜仁市住房公积金补息贷款暂行办法》，按会议研究意见修改完善后报市人大常委会备案。

十七、审议铜仁水务投资公司《关于开展资产证券化融资的请示》

议定：原则同意铜仁水务投资公司《关于开展资产证券化融资的请示》，铜仁水务投资公司要与东海证券股份有限公司协商，争取降低综合利率。

十八、审议《铜仁市关于实施2015年“四在农家·美丽乡村”小康寨行动计划“百乡千村”示范点工程的意见》

议定：

1. 原则同意《铜仁市关于实施2015年“四在农家·美丽乡村”小康寨行动计划“百乡千村”示范点工程的意见》，按会议研究意见修改完善后报市委审定。

2. 由市财政局负责，拟订全市财政一事一议、地质灾害搬迁、生态移民搬迁等项目资金的统筹使用方案报审。

十九、审议《关于进一步加强禁毒工作的意见》和《铜仁市社区戒毒社区康复“阳光工程”建设就业优惠扶持办法》

议定：

1. 原则同意《关于进一步加强禁毒工作的意见》和《铜仁市社区戒毒社区康复“阳光工程”建设就业优惠扶持办法》，按会议研究意见修改完善后报市委审定。

2.强化组织领导、强化教育宣传和强化经费保障，以最坚决的态度、最严厉的措施、最有效的办法，全面加强和改进铜仁市禁毒工作。

二十、传达贯彻全省政府法制工作会议精神

议定：

1. 由市政府法制办按会议研究意见对《关于传达贯彻全省政府法制工作会议精神的情况报告》修改完善后向市委常委会汇报。

2. 原则同意市政府法制办所提贯彻建议，将依法行政工作指标纳入市级各部门目标绩效考核，安排依法行政示范县及10%的市直部门主要负责同志向市政府作依法行政述职，组织各区县政府及市直部门开展对新修订的《中华人民共和国行政诉讼法》的学习培训。

6月19日下午，市长夏庆丰主持召开第8次常务会议

一、听取市发改委PPP项目推进工作情况汇报

议定：

1. 7月10日前，由宗文牵头，各副市长召集分管部门，对可进行PPP模式运作的项目进行梳理，在确保项目质量和可操作基础上，尽可能多的编制PPP项目。

2. 各分管副市长和市直各部门要认真研究国家发改委公布的第一批PPP项目推介目录，学习好的做法和经验，结合铜仁市实际，找准能够纳入国家推介目录的PPP项目，进行深度包装运作，在国家公布的第二批PPP项目库中争取占总投资额1%的份额。

3. 由宗文牵头，在已上报的PPP项目中遴选操作性强的项目进行重点推进。

4. 由宗文牵头，召集市发改委、市编委办、市人力资源社会保障局等部门，研究设立铜仁市政府和社会资本合作服务中心，确保全市PPP项目有机构管有专人抓。

5. 由梵净山投资公司先筹集500万元作为PPP项目前期经费，7月底前确保筹集到位1000万元。

二、审议市卫生计生委、铜仁职院《关于培育农村定向订单医学生有关问题的请示》

议定：

1. 农村定向订单医学生2015—2017年招生计划调整为500人，相关专业设置应科学合理，具体方案由夏虹牵头研究确定。

2. 市人力资源社会保障局牵头商有关部门和单位，确定《铜仁市农村定向订单医学生培养协议书》中关于违约金的合理标准，提出解决好农村定向订单医学生定向分配相关政策问题的方案，按程序报审。

3.由夏虹、胡洪成牵头，研究提出筹建铜仁护理学院的方案报审。

三、审议《贵州铜仁高新区汽摩及零部件产业园项目合同书》

议定：

1. 原则同意《贵州铜仁高新区汽摩及零部件产业园项目合同书》。

2. 由夏虹牵头，市工信委根据国家产业政策要求，帮助投资方申请进入国家摩托车生产准入一级目录企业。

四、审议市公安局《关于解决设立市戒毒所（市阳光康复医院）投入运行相关事宜的请示》

议定：由杨德华、张涛牵头，召集7个重点县和万山区进行专题研究后再报。

五、审议《铜仁市城乡低保减量提标方案》

议定：原则同意《铜仁市城乡低保减量提标方案》，报市委审定。

六、听取市创建国家环保模范城市办公室关于创建国家环境保护模范城市有关问题的报告

议定：

1. 同意成立创建国家环保模范城市工作领导小组，比照贵阳市、遵义市创模工作组织机构确定。将创建国家环保模范城市工作纳入市委、市政府考核督查范畴。

2. 由张明牵头，提出创建国家环保模范城市工作宣传方案，按程序送审。

3. 由市环保局牵头，提出抽调人员名单，结合市文明办、城管局现有力量，统筹推进创建国家环保模范城市工作。

4. 同意2015年创模工作经费增拨到150万元，年底根据工作开展情况进行调整。

七、审议市交通运输局《关于支持解决市公共交通运输有限责任公司贷款问题的请示》

议定：

1. 同意市公交公司向农行融资贷款2400万元，由梵净山投资公司提供贷款担保，铜仁桃源公路开发建设公司出具贷款所需相关手续及资料。

2. 由宗文牵头，针对梵净山投资公司借款相关事宜，研究探索梵净山投资公司股权化投资模式。

八、传达贯彻《省人民政府关于发布政府核准的投资项目目录（贵州省2015年本）的通知》（黔府发〔2015〕22号）文件精神

议定：各级各有关部门要深入学习贯彻《省人民政府关于发布政府核准的投资项目目录（贵州省2015年本）的通知》（黔府发〔2015〕22号）精神，按照政府核准的投资项目目录编制和审批项目。

7月22日上午，市长夏庆丰主持召开第9次常务会议

一、传达贯彻省委工作会议精神

会议认为，赵克志书记、陈敏尔省长的重要讲话和省委出台的文件（黔党发〔2015〕12号），准确把握了贵州省发展的阶段性特征，系统谋划了贵州省的发展新路，全面部署了现阶段和今后一个时期全省走新路的重点任务，既是明方向又是给方法，具有很强的思想性、指导性和可操作性，对于谋划和开辟铜仁发展的新路、推动铜仁在黔东崛起具有重大意义。

议定：

1. 各级各部门要深刻领会、准确把握赵克志书记、陈敏尔省长的重要讲话精神，按照省委、省政府要求，结合铜仁发展实际，谋划铜仁未来的发展路径，把习近平总书记“走出一条有别于东部、不同于西部其他省份的发展新路”要求落实下去。

2. 市直各部门要对照年初目标任务查缺补漏，强化措施，加快推进，确保全面完成2015年各项目标任务，为“十二五”规划圆满收官、“十三五”规划开好局、起好步打好基础。要推进项目建设，抓好全省项目建设现场观摩会的各项准备工作。

3. 市政府各分管领导、市直各部门要抓好“十三五”规划编制工作，加大与国家部委和省厅的工作汇报和对接力度，要项目、要政策，全力争取铜仁市更多重大工程、重点项目、重要政策纳入国家和省“十三五”规划组织实施。

二、传达贯彻全省“三严三实”专题教育暨党风廉政建设集中专项整治推进大会精神

会议指出，赵克志书记的重要讲话，为铜仁市开展“三严三实”专题教育活动和党风廉政建设专项整治活动指明了方向，各级各部门要认真学习、深刻领会，切实把思想统一到省委对党风廉政建设和反腐败斗争的形势判断和要求上来，以更加坚定的立场、更加有力的措施、更加扎实的工作，全力抓好政府系统党

风廉政建设和反腐败工作。

议定：各级各部门要按照省委和省纪委的要求，开展好“三严三实”专题教育活动和党风廉政建设专项整治活动，特别是各级领导干部要自觉行动起来、主动把自己摆进去，不折不扣抓好自查自纠和整改。

三、审议松桃自治县政府《关于松桃苗人古城整体城镇化建设项目有关事宜的请示》

议定：原则同意松桃自治县政府《关于松桃苗人古城整体城镇化建设项目有关事宜的请示》。

四、审议《梵净山饮用矿泉水产业资源储备和商业开发项目投资协议书》

议定：

1. 由张明牵头，市投资促进局、水务局、国土资源局、林业局等有关部门参与，按双方责、权、利明确的要求，重点从以下5个方面对《梵净山饮用矿泉水产业资源储备和商业开发项目投资协议书》进行修改和完善后，按程序报市委审定。①把引进屈臣氏集团（香港）有限公司作为投资开发上述项目的前置条件。②投资主体必须是屈臣氏集团（香港）有限公司在国内具有法定地位的法人机构；③双方应就投资开发年限协商达成一致意见，并按照科学合理的开发时序推进投资开发；④市林业局等部门应明确投资开发的地域范围、主要方向，市环保局等部门应加强水环境监测，在保持生态完好的前提下实现有序开发、科学开发；⑤项目建设用地要在政策框架内，通过双方协商达成一致，共同处理好项目建设设计要求与建设实际、投入成本之间的关系。

2. 由杨德华牵头，肖洪协助，市水务局、国土资源局等部门参与，编制中高端饮用水商业开发的水资源利用规划，规划范围重点包括梵净山、佛顶山、麻阳河及腊尔山地区。

3.培育和打造本土的水资源品牌，将生态优势转化为跨越发展优势。

五、审议市卫生计生委《关于汉方集团在市人民医院老院投资建设医院的请示》

议定：

1. 原则同意市卫生计生委《关于汉方集团在市人民医院老院投资建设医院的请示》，按会议研究意见修改完善后报市委审定。

2. 力争10月1日前将市人民医院全部搬迁到川硐新院，并启动二期工程建设。由市卫生计生委提出市妇幼保健院搬迁方案报审。

3. 由夏虹牵头，市卫生计生委负责，统筹推进汉方集团与区县签订的其它合同事项，督促汉方集团加快推进胎盘血、医药物流、大龙医院和大兴医院改扩建等项目建设进度。

4. 由夏虹牵头，市卫生计生委负责，按照1月1调度的要求，推进《铜仁市全面提升医疗卫生服务能力三年行动计划（2015—2017年）》实施，抓好卫生工作3年攻坚。

六、审议市教育局《关于高校和市直高中校长基金有关问题的请示》

议定：

1. 原则同意市教育局《关于高校和市直高中校长基金有关问题的请示》，报市委审定。

2. 由胡洪成牵头，市教育局按严格规范、集体决策、公平公正使用、能接受审计和合规性审查的要求，拟订“校长基金”的使用管理办法，按程序报审后实施。

3. 省级示范性高中的管理坚持属地管理原则，市级原则上只管理铜仁一中和市民族中学。

七、审议《铜仁市全面提升普通高中教育教学质量三年行动计划》

议定：原则同意《铜仁市全面提升普通高中教育教学质量三年行动计划》，按程序报市委审定后，以市政府名义印发实施。

八、审议《铜仁市2015年推进主城区公共厕所免费开放工作方案》

议定：

1. 原则同意《铜仁市2015年推进主城区公共厕所免费开放工作方案》。

2. 由碧江、万山两区负责辖区内所有公厕的免费开放工作，并于9月1日前实现主城区所有公厕免费开放。城区公厕管理可试行1年服务外包。

3. 由市城管局制定《主城区公共厕所免费开放的管理和奖补办法》送审后实施。此后，主城区所有公厕实行分类管理，对达到示范性要求的给予一定的奖励或补助。市城管局要按“免费、干净、整洁、24小时开放”要求，抓好免费公厕的管理检查和分类评级工作。

4. 市城管局按布局合理、功能完善和人性化要求，制定新建公厕的规划和建设方案及老旧厕所的改造方案。市、区两级按照管辖权限、规划要求、新建或改造方案，分别抓好主城区所有公厕的新建或改造工作。

九、审议《铜仁市人民政府关于加强“村改居”工作的实施意见》

议定：市民政局借鉴国内其他地方的成熟做法，对《铜仁市人民政府关于加强“村改居”工作的实施意见》进行细化研究并征求意见后，提交市政府常务会研究。

十、审议市人力资源社会保障局《关于给予朱剑敏同志记二等功的请示》

议定：原则同意市人力资源社会保障局《关于给予朱剑敏同志记二等功的请示》。

十一、审议《铜仁市公共资源统一平台建设方案》

议定：由市发改委、财政局对《铜仁市公共资源统一平台建设方案》进行审查立项后，按项目规定流程办理。

十二、审议《铜仁市农村产权交易管理办法（试行）》

议定：原则同意《铜仁市农村产权交易管理办法（试行）》，按会议研究意见修改完善后实施。

8月4日下午，市长夏庆丰主持召开第10次常务会议

一、传达贯彻省委常委会议精神

会议指出，省委常委会议全面传达了习近平总书记等中央领导同志的重要讲话和对贵州工作的重要指示精神，认真分析研究了当前贵州省的经济形势和经济工作，对新阶段全省各项工作如何走新路、上台阶提出了一系列新要求。

会议认为，习近平总书记等中央领导同志的重要讲话和指示，是对贵州的整体肯定和高度认可，是对贵州干部的信任、贵州工作的肯定、贵州发展的认可，是对贵州美好前景的期待，我们深受鼓舞、倍感温暖。

会议强调，全市上下要把思想和行动统一到中央和省委对当前形势的判断和对各项工作的部署上来，全力以赴抓好贯彻落实，奋力实现跨越发展、后发赶超、同步小康。要坚决按照陈敏尔书记提出的“四个务必保持”（务必保持坚定清醒的政治态度、务必保持奋发赶超的发展势头、务必保持担当负责的精神状态、务必保持风清气正的政治生态）和“六个不变”（坚持省委确定的重大决策部署不变，坚持既定的发展战略和发展路径不变，坚持正确的用人导向不变，坚持良好的精神状态不变，坚持现有的工作力度和节奏不变，坚持实践证明行之有效的方法抓手不变）要求，自觉讲政治纪律、守政治规矩，做到言行一致、表里一致、始终一致，绝不在重大政治和原则问题上偏离方向，始终保持坚定的政治立场、鲜明的政治态度，坚决抵制一切不讲政治纪律、不守政治规矩的言论和行为。要严明工作纪律，各区县、市直各部门（单位）党政主要负责同志离开铜仁必须报告，不得以在市里调研、开会等理由缺席市委、市政府召开的重要会议。要倍加珍惜当前良好的发展势头、政治生态和干部群众干事创业的精气神，进一步卯足干劲、提升状态，以快节奏、慢不得、等不住、不喘气的责任感和使命感，换好气、挂好挡、加好油，按下后发赶超的快进键，跑出同步小康的加速度，为把铜仁建设成为政治生态好、经济生态活、社会生态优、自然生态美的美好幸福新铜仁而不懈奋斗。

议定：

1. 落实省委陈敏尔书记提出的“四个务必保持”和“六个不变”等重要指示精神，落实好省委的各项决策部署。

2. 按“三严三实”要求抓好经济社会发展工作，保持好经济稳定增长、项目投资快速增长、三次产业协调发展、增比进位稳中有进势头。把“八争”作为拼抢争快的重要抓手，持之以恒弘扬“八争”精神，确保铜仁市发展速度只能快不能慢、增比进位只能进不能退、“八争”成绩只能

好不能差，确保在增比进位、精准脱贫、同步小康中取得好成绩。

3. 千方百计保障和改善民生。在抓好交通、教育等公共事业基础上，把产业发展的短腿补上来、把卫生事业的短板拉上去；要按照“33668”扶贫攻坚行动计划抓好扶贫开发工作，实现精准扶贫、精准脱贫、同步小康；抓好安全生产、社会稳定工作，防止群体性事件和重大刑事案件发生。

4. 抓好“四资四业”工作。抓产业、引企业、扶创业、保就业，扩投资、增融资、招外资、撬民资，抓实抓好发展实体经济和培育有核心竞争力的优秀企业各项工作。

5. 由宗文牵头，张明协助，做好2016年全国“两会”期间贵州·北京大数据产业发展招商推介活动的相关筹备工作。

二、审议市财政局《关于追加市直社保资金预算的请示》

议定：

1. 原则同意市财政局《关于追加市直社保资金预算的请示》，并报市委常委会审定。

2. 由市财政局、人力资源社会保障局在研究省里和其他市州相关政策的基础上，结合铜仁实际，对市人力资源社会保障局提出需追加的社保项目和资金预算进行重新测算、综合研究，提出综合解决方案后报审。

3. 由杨同光牵头，市人力资源社会保障局负责，市监察局、卫生计生委、食品药品监管局等部门配合，在调研医保资金使用管理情况后，完善使用管理办法报审。

三、审议《北京南苑=铜仁=海口往返航线运营定额补贴协议》

议定：原则同意《北京南苑=铜仁=海口往返航线运营定额补贴协议》，按程序报市委审定。

四、审议市卫生计生委《关于市妇幼保健院整体搬迁至原市第二人民医院有关事宜的请示》

议定：

1. 同意将市妇幼保健院整体搬迁至市人民医院原二医片区，并报市委常委会审定。

2. 由夏虹牵头，按“既考虑市人民医院债务偿还压力，又兼顾市妇幼保健院后续发展”原则，对市妇幼保健院补偿市人民医院的资金进行综合测算。市妇幼保健院现有的业务用房按程序进行公开拍卖，拍卖所得作为市妇幼保健院补偿市人民医院的款项。

3. 全市卫生医疗机构在建立有效偿还机制的基础上，筹措发展建设资金，实施好医疗卫生服务能力3年行动计划，全面提升全市医疗服务能力、公共卫生服务能力和基本医疗保障水平。

五、听取市发改委关于国家发改委七大工程包项目推进及投融资政策有关情况的汇报

议定：

1. 向市委专题汇报国家发改委七大工程包项目推进及当前投融资政策有关情况。

2. 由各分管副市长牵头，8月4日晚召集分管部门，学习研究省发改委《关于做好中央发行专项建设债券支持重点领域建设有关工作的通知》（黔发改投资〔2015〕1256号）和国开行贵州分行《全力以赴落实政策争取额度切实发挥推动全省经济增长积极作用》，农发行贵州分行《关于做好专项基金有关工作的建议》等文件精神，对申报国开行、农发行的项目进一步梳理，在做好第一批项目申报的基础上，做好后续两批项目的谋划包装，确保报得出、报得上、报得多，抢抓机遇，抢占政策窗口，争取更多融资支撑全市经济社会快速发展。

3. 由宗文牵头，8月5日上午召集各区（县）、铜仁高新区、大龙开发区主要负责同志，对下步投融资工作进行安排部署，抢抓国开行和农发行当前信贷规模大、周期长、成本低的重要黄金窗口机遇期，争取更大融资规模。

4. 市级平台公司要抢抓国家发行企业债券支持重点项目建设的机遇，围绕7大工程包重点加强城市停车场、城市地下综合管廊、健康养老等战略性新兴产业专项债务做好项目包装，申请发行企业债券。

5. 由市级统筹，按分口出资的原则筹集5000万元作为重大项目前期工作专项资金，并报市委常委会审定。

六、审议《2015年普通高校家庭经济困难新生入学资助项目实施方案》

议定：原则同意《2015年普

通高校家庭经济困难新生入学资助项目实施方案》。由市教育局牵头，对申请助学贷款对象按照贫困户、计生独生子女户、临时困难户等类别进行分类，细化助学贷款贴息方案。申请对象属于贫困户的，或同时属于贫困户、计生户的，以扶贫资金贴息为主；属于计生独生子女户或双女结扎户的，由计生利益导向资金贴息为主；属于临时性困难户的，从民政、红十字会、社会募捐等渠道进行贴息救助，确保铜仁市大学新生不因家庭经济困难而上不起学。

9月6日上午，代理市长陈晏主持召开第11次常务会议

一、审议《全市抓四资促四业三年行动计划（2015—2017年）》

议定：

1.原则同意《全市抓四资促四业三年行动计划（2015—2017年）》，按会议研究意见修改完善后报市委常委会审定。

2.各牵头单位要根据《全市抓四资促四业三年行动计划（2015—2017年）》所确定的目标任务，强化责任分解，以项目化方式提出落实的子方案。

二、审议铜仁能源投资公司《关于与重庆祥龙天然气有限公司成立合资公司共同建设我市天然气管道项目的请示》

议定：入铜天然气管道路径暂不选定。在先行做好市内天然气管道终端建设的基础上，待天然气供气端口形势明朗后，再择优选择入铜天然气管道路径。

三、审议铜仁能源投资公司《关于在川硐教育园区建设示范性分布式能源项目有关问题的请示》

议定：由宗文牵头，召集相关部门召开专题会议修改完善后再提交市政府常务会议研究。

四、审议铜仁能源投资公司《关于在铜仁市中心城区发展区域集中供能（冷、热）有关问题的请示》

议定：由宗文牵头，召集相关部门召开专题会议修改完善后再提交市政府常务会议研究。

五、审议《铜仁市创建国家智慧城市工作方案》

议定：原则同意《铜仁市创建国家智慧城市工作方案》，根据会议研究意见修改完善后按程序印发实施。

六、审议铜仁军分区《关于解决铜仁市国防动员综合训练基地部分建设经费的请示》

议定：原则同意解决铜仁市国防动员综合训练基地一期工程建设经费1000万元。其中，由市发改委通过项目向省发改委争取解决一部分，不足部分由市财政向市级融资平台公司拆借。报市委常委会审定。

七、传达贯彻全省公安局局长座谈会精神

议定：

1.县乡两级公安机关主要负责同志进同级党政班子的问题，由市公安局专题报市委研究。

2.市公安局增设有关机构的问题，由市编委办负责，按照科学合理、合法合规设置的原则，提交市编委会研究后报市委常委会审定。对需要省编委办批复的，按程序报省。

2.平台建设、设备装备等经费保障问题，由市财政局负责，市发改委参与，对市公安局收支情况进行测算，拿出明细清单，按“多渠道筹资、分轻重缓急排序、合理调配资金”的原则，提出有效解决方案报审。

八、审议《铜仁市道路交通安全三年攻坚实施方案》

议定：原则同意《铜仁市道路交通安全三年攻坚实施方案》，根据会议研究意见修改完善后按程序印发实施。

九、审议《铜仁市企业在资本市场挂牌融资奖励实施细则（暂行）》

议定：原则同意《铜仁市企业在资本市场挂牌融资奖励实施细则（暂行）》，按会议研究意见修改完善后报市委常委会审定。

十、审议《关于加快推进新型工业化培育构建特色优势产业体系的决定》

议定：原则同意《关于加快推进新型工业化培育构建特色优势产业体系的决定》，按会议研究意见修改完善后报市委常委会审定。

十一、审议《关于决战决胜贫困实现同步小康的实施意见》

议定：原则同意《关于决战决胜贫困实现同步小康的实施意见》，按会议研究意见修改完善后

报市委常委会审定。

十二、审议《关于进一步加强“村改居”工作的实施意见》

议定：由杨同光负责，召集市民政局、国土资源局、城乡规划局等部门按照会议意见，对《关于进一步加强“村改居”工作的实施意见》修改完善后再提交市政府常务会议研究。

十三、审议《关于进一步深化医药卫生体制改革的意见》和《铜仁市医疗保障制度三保合一方案》

议定：原则同意《关于进一步深化医药卫生体制改革的意见》和《铜仁市医疗保障制度三保合一方案》，征求省卫生计生委对铜仁市深化医药卫生体制改革的意见并修改完善后报市委常委会审定。

十四、审议《铜仁黔东中学搬迁至原铜仁学院东风林场校区办学工作方案》

议定：原则同意铜仁黔东中学搬迁至原铜仁学院东风林场校区办学。由胡洪成牵头，对《铜仁黔东中学搬迁至原铜仁学院东风林场校区办学工作方案》进行细化研究后报市委常委会审定。

9月29日上午，代理市长陈晏主持召开第12次常务会议

一、传达学习《中国共产党巡视工作条例》《中共贵州省委办公厅关于深入开展学习宣传贯彻〈中国共产党巡视工作条例〉的通知》

会议认为，8月3日，中共中央颁布实施新修订的《中国共产党巡视工作条例》（以下简称《条例》），充分体现了以习近平同志为总书记的党中央全面从严治党的新部署，体现了把纪律挺在前面、强化党内监督和用好反腐利剑的新理念。通过开展巡视工作，对存在的问题早发现、早提醒、早处理，有利于更好地警示干部、保护干部。全市各级政府和组成部门及直属单位要认真按照省委、市委的决策部署，深刻认识学习贯彻《条例》的重大意义，准确理解《条例》的精神实质和内容，深刻把握巡视工作的新要求。

议定：

1. 市政府党组成员要带头学习《条例》，全市各级政府和组成部门及直属单位要召开党组（党委）会议传达学习《条例》，深刻领会好《条例》的内涵和要求。

2. 把学习领会《条例》和深入学习贯彻习近平总书记系列讲话精神紧密结合起来，抓好《条例》内容的学习，准确把握《条例》在责任和要求、机构和人员、范围和内容、方式和权限以及工作程序等方面对巡视工作的规定，吃透精神、领会实质，努力学深悟透、融会贯通，使学习《条例》的过程成为增强党章意识、纪律意识、规矩意识和组织意识的过程。

3. 把学习领会《条例》与开展“三严三实”专题教育活动结合起来，教育引导党员干部严守政治纪律和政治规矩，敬畏权力、敬畏法纪，盯住“四风”问题新动向，抓好作风建设。各级党员干部尤其是党员领导干部，要解决好自身在“四风”方面存在的突出问题，建立问题清单，抓好整改落实，做到即行即改、立行立改、全面整改，通过学习和贯彻《条例》改进作风、凝聚合力、优化环境。

二、传达学习《中共中央关于四川南充拉票贿选案查处情况及其教训警示的通报》、省委组织部关于认真学习贯彻中纪委《转发〈河南省关于新乡市委原书记李庆贵落实党风廉政建设主体责任和新乡市纪委落实监督责任不到位问题的通报〉的通报》精神的通知

会议认为，中央和中纪委的两个通报文件，再一次表明党中央坚决惩治腐败的态度和决心，彰显从严治党、从严治吏的标准和力度，充分警醒我们在履行党风廉政建设主体责任和监督责任、严肃组织人事纪律上丝毫不能放松。两起案件与当地管党治党责任严重缺位、领导干部党性观念不强和组织人事纪律不严密切相关，集中反映出两个地方的原有领导干部履行党风廉政建设主体责任和监督责任不到位，执行党的组织人事纪律不到位。全市各级政府和组成部门及直属单位应深刻汲取教训、举一反三，与正在开展的“三严三实”专题教育有机结合，抓好党员干部的学习教育，筑牢拒腐防变思想防线。各级领导干部要带头严守政

治纪律和政治规矩，认真履行党风廉政建设主体责任和第一责任人职责，严肃组织人事纪律，带头改进作风、接受监督，抓好分管领域和本单位、本系统的党风廉政建设，为构建铜仁良好的政治生态贡献力量。

议定：

1. 各级领导干部在政治上一定要立定脚跟、头脑清醒，自觉加强党性修炼，始终坚守政治信仰，时刻保持立场坚定，确保在任何时候、任何情况下都立得住脚跟、稳得住心神、经得住考验，练就金刚不坏之身，经受住东西南北风的千磨万击。

2. 各级各部门在日常言行中要严守政治纪律和政治规矩，在政治上、思想上、行动上始终与习近平同志为总书记的党中央保持高度一致，严格按党纪国法办事，自觉遵从组织程序，坚决服从组织决定，把政治纪律和政治规矩作为选拔使用干部的重要尺度。

3. 全市政府系统广大党员干部在重大的价值取向上要旗帜鲜明，始终牢记自己的第一身份是共产党员、第一责任是为党尽责、为民服务，始终坚持党的原则第一、党的事业第一、人民的利益第一的观念，全心全意为党和人民工作。在重大原则问题上要旗帜鲜明，坚决贯彻执行中央、省委、市委的方针政策和工作部署，对中央、省委、市委决定的事情不能妄议，必须不折不扣地执行。在重大考验面前要旗帜鲜明，始终听从中央指挥、服从中央的号令，决不允许自行其是、阳奉阴违。

4. 全市政府系统广大党员干部要进一步增强政治敏锐性，对背离党性的言行要坚决斗争，对违反政治纪律的苗头性倾向性问题要坚决、及时予以纠正，对违反政治纪律的行为要坚决予以制止。

三、审议《2015 年度市级政务服务工作规范化建设考核任务分解表》

议定：原则同意《2015 年度市级政务服务工作规范化建设考核任务分解表》，按会议研究意见修改完善后印发实施。

四、审议市价调基金委员会办公室《关于价格调节基金 2015 年预算的请示》

议定：原则同意市价调基金委员会办公室《关于价格调节基金 2015 年预算的请示》，报市委审定。

五、研究文化、旅游、交通等八个领域十件实事（十大工程）有关事宜

议定：由宗文牵头，市发改委按项目化、具体化、目标化和有标志性、引领性、带动性、可能性的要求，以 3 年为建设时限，对八个领域十件实事（十大工程）项目清单进行重新筛选后，报市委常委会审定。

六、审议《贵阳银行与铜仁市政府债务平滑基金设立方案》《贵银铜仁 PPP 发展基金设立方案》和《贵银铜仁电子商务产业基金设立方案》

议定：原则同意《贵阳银行与铜仁市政府债务平滑基金设立方案》《贵银铜仁 PPP 发展基金设立方案》和《贵银铜仁电子商务产业基金设立方案》，按会议研究意见修改完善后报市委常委会审定。

七、审议市城乡规划局《关于规范中心城区房屋屋顶建设行为相关事宜的请示》

议定：原则同意市城乡规划局《关于规范中心城区房屋屋顶建设行为相关事宜的请示》，按会议研究意见修改，在铜仁网站、铜仁日报、铜仁广播电视台等媒体上公开征求社会意见后，修改完善按程序报审。

八、听取市国土资源局关于睿力集团未开发建设土地有关情况的汇报

议定：由杨德华牵头，拟定睿力集团未开发建设土地处置工作方案后报审。

九、审议市国土资源局《关于向中信银行贵阳公园路支行申请 5 亿元土地收储项目贷款的请示》

议定：原则同意市国土资源局《关于向中信银行贵阳公园路支行申请 5 亿元土地收储项目贷款的请示》。

十、传达贯彻全省留守儿童困境儿童关爱救助保护工作现场推进会精神及审议《铜仁市加强留守儿童困境儿童关爱救助保护工作实施方案》

议定：原则同意《铜仁市加

强留守儿童困境儿童关爱救助保护工作实施方案》，按程序报市委审定后以两办名义下发执行。

十一、审议市交通运输局《关于在主城区开展出租汽车电召业务的请示》

议定：

1. 同意在主城区按照分步实施的原则稳步推进出租汽车电召业务。

2. 由市发改委按程序对电召出租汽车收费标准进行审定，由市城管局对电召出租汽车泊位进行规划。

十二、审议市监察局《关于给予杨晓初开除公职处分的请示》和《关于给予杨胜美、周莉开除公职处分的请示》

议定：同意市监察局《关于给予杨晓初开除公职处分的请示》和《关于给予杨胜美、周莉开除公职处分的请示》，按规定程序办理。

10月24日上午，代理市长陈晏主持召开第13次常务会议

一、传达贯彻全省扶贫开发大会精神

会议认为，扶贫开发是当前的一项重大政治任务、重大发展任务、重大民生任务和重大行动部署，全市上下要认真深入学习贯彻习近平总书记重要讲话精神，深刻领会全省扶贫开发大会精神实质，全面贯彻落实好全省扶贫开发大会各项决策部署，牢固树立科学治贫、精准扶贫、有效脱贫理念，始终把扶贫攻坚作为主战场，把扶贫事业作为主业，把扶贫规划作为“十三五”核心规划，把扶贫开发作为新的经济增长点，强化基础设施建设、产业扶贫、扶贫生态移民、社会保障扶贫、教育扶贫、医疗扶贫、返乡农民工就业创业、财政金融扶贫等八大工作抓手，以贫困不除愧对历史的使命感、群众不富寝食难安的责任感、只争朝夕背水一战的紧迫感，确保“到2020年全市所有农村贫困人口全部脱贫和落实兜底政策，全市所有国家扶贫开发工作重点县全部脱贫摘帽”，实现“不让一个民族掉队，不让一个地区掉队”，更加自觉、更加主动地打赢打好扶贫开发这场输不起的攻坚战。

议定：

1. 肖洪牵头做好全市扶贫开发动员誓师大会相关筹备工作。根据会议意见，按照有创新、有特色和项目化、资金化、时间化、进度化、任务化的要求，对照全省“33668”扶贫攻坚行动计划、全省扶贫开发大会精神以及市委关于决战决胜绝对贫困实现精准脱贫的实施意见，完善铜仁市扶贫开发“1+X”政策配套措施，11月20日前完成文件起草，做到时间表、路线图明确，把任务细化分解、主抓责任落实、目标任务到人。

2. 由宗文牵头，提出组建市级扶贫投融资平台方案按程序报审。

3. 由市政府督查室和市扶贫办负责，抓好建档立卡、精准扶贫、驻村帮扶“回头看”工作。

二、审议《铜仁市人民政府关于扩投资促消费稳企业进一步加快发展若干政策措施的通知》

议定：

1. 原则同意《铜仁市人民政府关于扩投资促消费稳企业进一步加快发展若干政策措施的通知》。由宗文同志牵头，市发改委根据会议研究意见修改完善后，10月底前按程序行文下发执行。

2. 由宗文牵头，市财政局、市发改委算好政策兑现资金帐，确保政策能落实、见实效。

三、审议市财政局《关于“四在农家·美丽乡村”基础设施建设六项行动计划融资贷款有关事项的请示》

议定：同意“四在农家·美丽乡村”基础设施建设六项行动计划融资贷款4810万元，专项用于建设小康寨行动计划。

四、审议市公安局《关于专项招聘特种应急队员的请示》

议定：同意市公安局《关于专项招聘特种应急队员的请示》，按程序实施。

五、审议市交警支队《关于启动铜仁中心城区交通组织优化工程建设的请示》

议定：

1. 原则同意启动铜仁中心城区交通组织优化工程建设。

2. 优化工程建设必须符合基本建设程序，按照相关程序和规定组织招投标。

3. 力争春节前完成工程建设，并做好工程建设期的交通组

织方案，确保群众出行通畅。

六、传达贯彻首届国际山地旅游大会精神

议定：

1. 立足铜仁市旅游资源禀赋优势，把发展山地旅游工作抓紧抓好。

2. 由市旅发委编制《铜仁市“十三五”山地旅游发展规划》。重点围绕“做什么、怎么做”进行规划，推进山地旅游与佛教文化、大健康产业、“四在农家·美丽乡村”相融合，实现山地旅游全域发展。

3.市旅发委拟订《铜仁市加快发展山地旅游的意见》按程序报审。

4.由胡洪成带队，赴黔西南州兴义市实地考察学习山地旅游发展的经验做法，并适时向省委、省政府申请承办国际山地旅游大会。

七、审议《关于实施重点行业以奖代补推动工业经济稳增长工作方案》

议定：

1.原则同意《关于实施重点行业以奖代补推动工业经济稳增长工作方案》，按会议研究意见修改完善后行文执行。

2.市工信委、市财政局将10月和11月以奖代补资金兑现到位。

八、审议《铜仁市公务用车制度改革方案及配套政策》

议定：原则同意《铜仁市机关公务用车制度改革总体方案》和《铜仁市市级机关公务用车制度改革实施方案》，按会议研究意见修改完善后报市委常委会审定。

11月5日、6日上午，代理市长陈晏主持召开第14次常务会议

一、传达党的十八届五中全会和全省领导干部大会精神

会议认为，十八届五中全会是在全面建成小康社会进入决胜阶段召开的一次重要会议。全会审议通过的《中共中央关于制定国民经济和社会发展第十三个五年规划的建议》，具有很强的战略性、前瞻性、指导性、针对性，是制定“十三五”规划、引领今后5年中国经济社会发展的行动指南，是制定全市“十三五”规划的重要遵循和理论依据。全省领导干部大会及时传达全会精神，结合省情提出贯彻措施，充分体现高度的政治敏锐性和强烈的政治责任感，充分表明坚决拥护、全力支持、扎实落实党中央决策部署的坚定决心和担当精神。全市政府系统要全面准确把握五中全会和全省领导干部大会的精神实质，准确把握中央对“十三五”形势的判断，紧紧围绕“四个全面”战略布局，深刻理解“创新、协调、绿色、开放、共享”五大发展新理念，准确把握“十三五”经济社会发展的目标任务、工作重点和主要措施，找准“十三五”期间全市全面建成小康社会的热点和难点问题，找差距、补短板，抓机遇、促发展，把五中全会和全省领导干部大会精神贯穿于政府工作的全过程、各方面，以更加饱满的精神状态、更加有力的工作措施、更加扎实的工作作风，把中央和省确定的各项部署和工作要求落到实处，确保2015年经济社会发展各项目标圆满完成、“十二五”圆满收官、2016年经济社会发展取得“开门红”，确保与全国全省同步实现全面小康。

议定：

1. 政府系统特别是领导干部要带头深入学文件、带头深入作研究、带头深入做宣讲、带头深入抓落实，把五中全会精神和全省领导干部大会精神贯彻好落实好。

2. 各级各部门要在吃透上情、把握市情、掌握外情的基础上，谋划好铜仁市“十三五”规划，梳理总结并继承发扬“十二五”的好经验、好做法，认真研判、精准分析“十三五”形势，分析“十三五”经济社会发展的主要问题和支撑条件，把铜仁市重大项目谋划好，开放的平台搭建好，改革的措施制定好。

3. 各级各部门要加大同中央和省有关部门的对接力度，争取获得中央和省更多的政策、资金支持，争取更多项目挤进国家和省“十三五”规划盘子。

4. 各级各部门要对照年初制定的目标任务，逐项梳理，强化工作措施，确保全年目标任务全面完成。要落实好安全生产责任制，加强交通运输、危化品、人员密集场所等领域的安全防范工作，防止重特大安全生产事故发生。要抓好社会稳定工作，防范

重大群体性事件、重大刑事案件、重大舆情和网络舆情事件发生，确保社会和谐稳定。要抓好民生保障工作，把人民群众特别是困难群众生活冷暖放在心上，多为人民群众做实事、解难事。

二、传达《中共中央关于部分省市县党委书记违纪违法案件及其教训警示的通报》精神

会议认为，《通报》表明党中央有腐必惩、有贪必治，遏制腐败蔓延势头，敢于揭短亮丑的决心和信心。全市各级人民政府及部门，务必认真学习领会中央《通报》精神，切实把思想和行动统一到《通报》精神要求上来，坚决贯彻落实中央和省委、市委关于全面从严治党的各项部署，切实维护党纪国法的权威和尊严，认真执行政治纪律、组织纪律、廉洁纪律、群众纪律、工作纪律、生活纪律和各项法规法纪，努力建设风清气正的良好政治生态。

议定：全市各级人民政府及组成部门要坚决做到八个“必须”。①必须绝对对党忠诚，坚持党的宗旨，强化思想建设，绝不能阳奉阴违、妄议中央。②必须严守党的政治纪律和政治规矩，真正把纪律和规矩挺在前面，绝不能逾越雷池、触碰红线。③必须决定理想信念，牢记职责使命，绝不能私欲膨胀、泯灭党性。④必须严格执行民主集中制，依纪依法行使手中权力，绝不能独断专行、我行我素。⑤必须认真践行“三严三实”，脚踏实地、主动作为，绝不能欺上瞒下、搞形式主义。⑥必须严格遵守中央八项规定精神，自觉抵制歪风邪气，绝不允许顶风违纪、拉拉扯扯。⑦必须手握戒尺，加强自律，真正做到清正廉洁，决不能自身不净、家风不正。⑧必须严格落实党风廉政建设“两个责任”，强化责任追究力度，决不能敷衍塞责、守土失责。

三、审议《铜仁市高速公路、高速铁路沿线和“5个100工程”周边自然村寨改造整治工作方案》

议定：

1. 原则同意《铜仁市高速公路、高速铁路沿线和“5个100工程”周边自然村寨改造整治工作方案》，按照会议研究意见修改完善后，按程序审签印发，要抓紧实施，扎实推进，确保2017年全面完成任务。

2. 由市城乡规划局、市住房城乡建设局按程序委托有资质的设计单位对自然村寨房屋建筑风貌进行总体设计，拿出5—6个可供选择的既整体协调又各具特色的风貌设计方案报审。

3. 在改造整治中，注意对传统文化村寨的保护，注意与生态移民工程的对接，“两高”沿线和“5个100工程”周边大的节点村寨的改造整治方案必须报市政府审定。

四、审议《铜仁市物业管理办法》

议定：由市住房城乡建设局按会议研究意见对《铜仁市物业管理办法》修改完善后，按程序报市人大常委会进行前置审查。

五、审议市农委《关于生态茶产业发展相关工作的请示》

议定：

1. 原则同意建设梵净山茶城。由肖洪牵头，市农委结合中南门古城改造和尚都步行街建设，拟定梵净山茶城具体建设方案和建设模式报审。

2. 同意举办首届梵净山茶文化节，由市农委负责做好相关筹备工作。

六、审议《铜仁市产业园区增比进位综合考核办法（试行）》

议定：原则同意《铜仁市产业园区增比进位综合考核办法（试行）》，按照会议研究意见修改完善后按程序行文执行。

七、审议碧江区政府《铜仁·苏州共建产业园区实施方案》

议定：由碧江区政府负责，按照会议研究意见对《铜仁·苏州共建产业园区实施方案》修改完善后按程序再行研究。

八、审议《铜仁市城镇职工和居民基本医疗保险转诊转院管理暂行办法》

议定：原则同意《铜仁市城镇职工和居民基本医疗保险转诊转院管理暂行办法》，按照会议研究意见修改完善后按程序行文执行。

九、审议《铜仁市县级公立医院医疗服务价格调整工作方案》

议定：原则同意《铜仁市县级公立医院医疗服务价格调整工作方案》，按照会议研究意见修改完善后按程序行文执行。

十、审议《关于进一步加快医疗卫生事业改革发展的意见》

议定：原则同意《关于进一步加快医疗卫生事业改革发展的意见》，按会议研究意见修改完善后提交市委常委会审定。

十一、审议《铜仁市人民政府重大行政决策程序规定》等6项制度

议定：

1. 原则同意《铜仁市人民政府重大行政决策程序规定》《铜仁市人民政府规范性文件制定程序和监督管理办法》《铜仁市人民政府行政执法全过程记录制度》《铜仁市人民政府行政联合执法工作制度》《铜仁市人民政府重大行政处罚备案制度》《铜仁市人民政府重大行政许可备案制度》6项制度，按会议研究意见修改完善后报市委深化改革领导小组审议。

2.《铜仁市人民政府重大行政决策程序规定》等6项制度于2016年1月1日起执行，其中《铜仁市人民政府行政执法全过程记录制度》《铜仁市人民政府行政联合执法工作制度》《铜仁市人民政府重大行政处罚备案制度》《铜仁市人民政府重大行政许可备案制度》实行试行。

十二、审议市公安局《关于传达贯彻全省公安强制隔离戒毒工作会议精神有关事宜的请示》

议定：

1. 原则同意铜仁市强制隔离戒毒所从各区县抽调20名民警；新增辅警、工勤人员按照《铜仁市市直机关事业单位临时用工管理办法（试行）》，由市公安局提出临时用工方案按程序报审；特殊岗位津贴无政策依据不予支持。

2. 对没有列入工程概算的安防设备、戒毒人员生活设施、办公设备等所需经费，从市“两保一促”资金中解决。要拿出清单、算好账，不超过500万元情况下据实核拨；如超过500万元，提交市委常委会审定。

3.关于患艾滋病吸毒人员的生活和医药经费问题，由市公安局与各区县自行协商解决。

4.由民政部门按相关规定负责因病死亡和无人料理的强制隔离戒毒人员的善后工作。

十三、审议《铜仁市“梵净山信贷通”黔东工业企业融资试点办法》

议定：由夏虹牵头，市金融办按会议研究意见，结合“贵园信贷通”提出方案送审。

11月25日上午，代理市长陈晏主持召开第15次常务会议

一、传达学习《中国共产党廉洁自律准则》和《中国共产党纪律处分条例》

会议认为，《准则》和《条例》，全面贯彻中央关于从严治党的部署要求和习近平总书记系列重要讲话精神，是党的十八大以来加强党的建设、严明党的纪律、全面从严治党的理论创新、实践创新、制度创新的最新成果，为实现“两个一百年”奋斗目标和中华民族伟大复兴的中国梦、协调推进“四个全面”战略布局和中国特色社会主义“五位一体”总布局奠定了坚实的政治基础和作风基础。全市政府系统要深入学习，认真贯彻，时时刻刻按照《准则》和《条例》的要求来规范工作和生活，时时刻刻把纪律和规矩挺在前面，时时刻刻牢牢守住廉洁自律的底线。

议定：

1.要做学习贯彻《准则》和《条例》的先行者。全市政府系统各级党员干部尤其是领导干部，要坚持先学一步、深学一层，迅速组织党组（党委）会议传达学习，以更高的标准、更严的要求、更实的举措抓好学习贯彻，全面掌握《准则》和《条例》的内涵和要求，做到以身作则、率先垂范、学思践悟，提高纪律意识、规矩意识，真正使纪律“立起来、严起来”。

2.要做严格遵守《准则》和《条例》的示范者。全市政府系统各级党员干部特别是领导干部，要坚持把严守政治纪律和政治规矩排在首位，做到敢于担当、敢于较真、敢于斗争，不让做的坚决不做，让别人不做的自己首先坚决不做，带头遵守和执行好《准则》和《条例》，做到“心不动于微利之诱，目不眩于五色之惑”，争做遵守党规党纪的示范者，以为民务实的具体行动和造福于民的工作实绩赢得组织和广大人民群众的信任。

3.要做坚决执行《准则》和《条例》的捍卫者。全市政府系统

各级领导干部要带头履行好党风廉政建设主体责任，带头执行《准则》和《条例》。要强化监督执纪问责，对违纪行为“零容忍”，捍卫党规党纪的严肃性和权威性。要坚持把纪律和规矩挺在前面，坚持抓早抓小、动辄则咎，维护党纪法规的严肃性和权威性，使纪律成为管党治党的尺子、党员不可逾越的底线。

二、审议《铜仁市市属国有企业负责人履职待遇、业务支出管理办法》

议定：原则同意《铜仁市市属国有企业负责人履职待遇、业务支出管理办法》，按会议研究意见修改完善后提交市委常委会审定。

三、审议铜仁水务投资公司《关于发行定向资管计划的请示》

议定：原则同意铜仁水务投资公司《关于发行定向资管计划的请示》，提交市委常委会审定。

四、审议市金融办《关于研究设立铜仁贵银投资发展基金相关事宜的请示》

议定：同意市金融办《关于研究设立铜仁贵银投资发展基金相关事宜的请示》。

五、传达贯彻全省扶贫生态移民专题会议精神

议定：

1. 原则同意市水库和生态移民局提出的贯彻意见。做好扶贫生态移民规划，抓好精准识别，争取更多份额挤进全省130万人扶贫生态移民规划。突出重点，把整村、整寨、整组搬迁和贫困户作为扶贫生态移民搬迁重点。责任到人，做到区县四大班子领导干部包点、乡科级干部包村、村组干部及驻村干部包户。抓好落实，确保每个环节有时间节点、每项工作落实到人。做好资金保障，在向上争取的同时，多渠道筹措整合资金，确保扶贫生态移民工程推进。

2. 肖洪牵头，按会议研究意见拟定铜仁市贯彻实施意见，按程序报市委常委会审定。

六、审议《铜仁市残疾人康复中心公建民营租赁协议书》

议定：原则同意《铜仁市残疾人康复中心公建民营租赁协议书》，按会议研究意见修改完善后提交市委常委会审定。

七、审议市旅游发展改革领导小组办公室《关于铜仁市第五届旅游产业发展大会有关事宜的请示》

议定：同意市旅游发展改革领导小组办公室《关于铜仁市第五届旅游产业发展大会有关事宜的请示》，提交市委常委会审定。

八、审议市监察局《关于给予杨通国、谭欧阳行政处分的请示》

议定：同意市监察局《关于给予杨通国、谭欧阳行政处分的请示》，按有关程序办理。

12月7日下午，代理市长陈晏主持召开第16次常务会议

一、审议铜仁水务投资公司《关于提前终止浙江海亮融资租赁公司融资租赁合同的请示》

议定：原则同意铜仁水务投资公司《关于提前终止浙江海亮融资租赁公司融资租赁合同的请示》，提交市委常委会审定。

二、审议《铜仁市生态文明建设规划（2015—2025）》

议定：原则同意《铜仁市生态文明建设规划（2015—2025）》。由肖洪牵头，市发改委负责，突出产业生态化、生态产业化和国家环境保护模范城市创建两个重点，做好开发区域与国家有关规定、指标体系与“十三五”规划两个衔接，结合会议讨论意见修改完善并再次征求相关部门意见后按程序行文执行。

三、审议《铜仁市水利建设三年行动计划实施方案》

议定：原则同意《铜仁市水利建设三年行动计划实施方案》，按会议研究意见修改完善后提交市委常委会审定。

四、审议《铜仁市水资源保护管理办法》

议定：原则同意《铜仁市水资源保护管理办法》，按照会议研究意见修改完善后按程序行文执行。

五、审议《铜仁市两城区基础教育提升五年行动计划（2016—2020年）》

议定：市教育局按照会议研究意见对《铜仁市两城区基础教育提升五年行动计划（2016—2020年）》修改完善，并征求碧江区、万山区政府意见后再报市政府常务会议研究。

六、审议《铜仁市实施乡村

教师队伍建设“五个一工程”方案（2015—2020年）》

议定：原则同意《铜仁市实施乡村教师队伍建设“五个一工程”方案（2015—2020年）》，按会议研究意见修改完善后提交市委常委会审定。

七、审议《关于加快特殊教育发展的实施意见》

议定：原则同意《关于加快特殊教育发展的实施意见》，按会议研究意见修改完善后提交市委常委会审定。

八、审议《铜仁市关于进一步推进户籍制度改革的实施办法》

议定：原则同意《铜仁市关于进一步推进户籍制度改革的实施办法》，按会议研究意见修改完善后报市委深化改革领导小组审定。

12月17日上午，代理市长陈晏主持召开第17次常务会议

一、审议《2015年全市及市本级财政预算调整方案（草案）》

议定：原则同意市财政局《2015年全市及市本级财政预算调整方案（草案）的请示》（铜财呈〔2015〕177号），提交市委常委会审定。

二、审议《铜仁市桃源文化产业集团筹建方案》

议定：原则同意市文体广电新闻出版局《铜仁市桃源文化产业集团筹建方案的请示》（铜文体广电新呈〔2015〕134号），按会议研究意见修改完善后提交市委常委会审定。

三、审议《铜仁市对“5个10强”企业进行通报表扬的实施方案》

议定：原则同意《铜仁市对“5个10强”企业进行通报表扬的实施方案》，按会议研究意见修改完善后提交市委常委会审定。

12月25日下午，代理市长陈晏主持召开第19次常务会议

审议市财政局《关于全市及市本级2016年财政预算的请示》

议定：原则同意市财政局《关于全市及市本级2016年财政预算的请示》，按会议研究意见修改完善后提交市委常委会审定。

（市政府办）

机关事务管理工作

【概况】 2015年，市机关事务管理局坚持“管理、保障、服务”的工作主线，贯彻落实《机关事务管理条例》《公共机构节能条例》《党政机关国内公务接待管理规定》和中央八项规定、省、市十项规定，紧紧抓住建设节约型机关，积极推进机关事务法治建设，着力深化公务用车制度和机关后勤服务社会化改革，全面完成办公用房清理、经营性资产剥离、公务接待、公共机构节能等各项目标任务。

一、围绕主基调、主战略，做好市委、市政府的重点项目和重要工作

一是做好市直部分单位搬迁相关工作，按照夏庆丰书记“快定快装快搬，以支持两区联动”的批示精神，拟定将涉及土地挂牌出让、长期租房办公、机构改革撤并建多处分散办公的16家市直单位搬迁至碧江区新行政中心的办公用房分配方案，年底装修完毕并搬迁入住。二是筹划市直机关干部职工二期团购房项目，牵头协助完成项目规划、立项等前期准备工作。三是配合铜仁榕信投资有限公司完成花果山酒店装修及配套设施建设工作，于5月正式投入运营。同时，协助该公司按照招商协议开展优惠退税工作。四是公务用车制度改革工作顺利推进。配合市纪委集中整治无牌执法执勤车辆，对195辆涉及车辆提出分类处置意见；开展全市公务用车专项清理工作，摸清全市5790辆公车底数，建立公车管理数据库，专项清理市直第一批125个参改单位731辆公务用车，建立一车一档，做好车改前期准备工作；牵头拟定公车改革实施方案及相关配套管理办法并组织实施，封存涉改车辆，组建为市委、市人大、市政府、市政协提供调研接待等用车保障的市级车辆保障中心。

二、认真履行管理、服务、保障职责，为全市经济社会快速发展发挥职能作用

一是在公产管理中加强对市级国有资产的集中统一监督管理，加强经营性资产剥离的指导、统计和清理工作，开展对全市各级党政机关楼堂馆所、办公用房和驻外办事处机构专项清

理；完成市环保局老办公楼的资产处置，严格审核贵阳办事处、市民政局等单位资产招租方案和市城管局、市投促局招商分局等单位办公用房租金拔付工作，配合市卫计委、市民宗委协调房屋拆迁补偿相关事宜等，确保国有资产保值增值。二是基建维修改造工作从严把关，对35个市直单位办公用房维修改造工程项目进行严格审核，送审资金2323.24万元，审减金额326.05万元。三是公务用车管理严格执行“零预算”购车和公车配备使用政策相关规定，规范购置审批和集中采购、车辆上户等工作程序。四是公务接待工作进一步严格接待标准、范围和流程管理，全年完成接待任务397批次，接待领导和来宾3711人次，与上年同比接待批次和人次分别上升9.8%、6.9%，接待费用下降8.6%。五是公共机构节能法制化管理，对全市公共机构能源消耗进行统一考核并纳入年终绩效；对市直136名公共机构能源消耗统计人员进行专业培训；牵头会同市政府督查室、发改委对27家公共机构进行节能监督检查；碧江区第二中学、德江县人民医院顺利通过国家及省公共机构节能示范单位创建检查验收。六是后勤保障服务到位，做好7名市级交流领导干部食宿、市四家班子领导及机关干部职工用餐等后勤保障服务4万余人次；优质高效地完成四大班子及相关单位交办的文印工作任务，印制公文2600余份、扶贫攻坚誓师大会文件政策汇编6000本。

（市机关事务管理局办公室）

政务服务和行政投诉

【概况】2015年，市政务服务中心认真贯彻落实全市经济工作会议及政务服务规范化建设会议精神，以扎实开展“三严三实”专题教育活动为契机，大力推进政务服务规范化建设，全面加强精细化管理，各项工作都取得一定的成绩。全市各级政务服务中心累计受理办件3137224件，同比增加26.55%，办结3125439件，按期办结率为100%。其中市政务中心累计受理办件47711件，同比增加5.68%，办结47156件，按期办结率为100%。

一、全面推进政务服务规范化建设

1. 精心安排部署。为贯彻落实《省政府办公厅关于印发2015年度市县级政务服务中心规范化建设考核标准的通知》等文件精神，加快推进市、县两级政务服务规范化建设，积极与市绩效办对接，请示市委政府同意后，将政务服务规范化建设纳入了对区县党委政府及市直部门年度绩效目标考核；草拟并报请市政府出台了《铜仁市人民政府办公室关于印发2015年度市级政务服务工作规范化建设考核任务分解方案的通知》（铜府办发〔2015〕159号）。

2.强化了场地建设。为满足一市两区（铜仁市、碧江区、万山区）政务中心规范化建设和功能拓展需要，通过汇报、争取，市委、市政府研究决定将市级和碧江区政务中心搬迁至铜仁国际会展城，建筑面积达16500㎡。新办公楼主体工程完工，进行内部装修工作；德江、江口、沿河、玉屏、石阡、思南县政务中心按照省政府政务服务规范化建设3000平米的要求，搬迁了新址，其余的碧江、万山、松桃、印江县（区）政务中心也积极开展装修工作。

3.通过了验收考核。2015年是贵州省政务服务规范化建设验收之年。市、区县两级政务服务规范化建设于2015年10月份顺利通过了省考核组的验收考核，市政务中心取得全省第四名的好成绩。

二、全面启动网上办事大厅建设

铜仁市级网上办事大厅于2015年7月20日正式上线运行。2015年底有40个部门完成网上办事大厅数据库建立，各部门均参照《贵州省行政审批事项办事指南（模板）》，对照本部门审批事项就事项名称、权力来源、设定依据、申请条件、申请材料、收费标准、法定时限（承诺时限）、审批流程、审批公示等内容逐项进行梳理、填报，完成数据录入工作，特别是流程再造环节，按要求明确各个节点承办岗位、审批权限、运行程序、承诺时限、经办人及联系电话，主动接受社会监督。为了让申请人更加了解、熟悉运用网上办事大厅，市政务中心还制作了《网上办事大厅使用指南》，介绍了网上办事大厅的登录注册、网上申报、网上预约、咨询投诉、表格下载和网上查询等应用内容，让申请人足不出户就能实现与进厅部门进行网上互动交流和申报办事，极大地方便了办事群众。同时10个区县的网上办事大厅建设参照市级同步启动运行。

三、深化行政审批制度改革

1.继续巩固“两集中、两到位”改革成果。为全面推进部门集中进驻和充分授权，在完成第一、二批共32个市直部门的职能归并和集中进驻工作基础上，扎实推进“两集中、两到位”向“三集中、三到位”发展（“三集中、三到位”即行政审批服务职能向一个科室集中，该科室又向政务中心集中，审批服务事项办理向电子政务平台集中；做到事项进驻到位，授权到位，电子监察到位），逐步实现中心之外无审批，平台之外无审批，促进行政审批权力公开、规范运行。

2.积极探索并联审批、“三证合一”改革。为缩短审批时限，提高行政效能和服务质量，2014年铜仁市出台了《铜仁市市级行政审批事项并联审批办法（试行）》，但相关的配套政策和措施有待完善。2015年，中心草拟《铜仁市建设项目并联审批操作规程》，报请市政府专题会审查研究通过，并与贵州省投资项目在线监管平台进行了对接融合，该平台进入试运行阶段，通过运行后将与行政审批数据交换系统实现联动办理。2015年中心按照并联审批流程办理了11个项目的行政审批事项，平均减少工作时限在30天以上。

全面启动“三证合一”“一证一码”工作。根据市委、市政府安排，中心积极配合市工商、质监、税务等部门抓好企业登记“三证合一、一证一码”工作，调整了工商、质监窗口布局，设置了“三证合一”窗口，梳理了相关要件资料，制订了“三证合一”办理流程及一次性告知单，并通过政务中心网站、公示栏等载体对外进行了公布。2015年度，“三证合一”窗口按新流程办结企业登记事项1000余件，大大减少了企业的商务成本。

四、优化流程、强化监督，进一步规范服务行为

1.中心印发了《关于核对进驻市政务服务中心事项名称的函》，要求进驻部门对照市政府公告（〔2015〕1号），逐条清理、校对审批事项名称，对与公告事项名称不相符的情况，需向市法制办书面报告原因及相关依据，由法制办请示市政府同意后统一更改。全面规范了市级审批事项名称，为推进网上办事大厅建设奠定了基础。

2.中心印发了《关于进一步优化审批流程的通知》，要求进驻部门进一步精简进驻事项审批要件，减少审批环节，使办理时限在法定时限基础上平均压缩50%以上，并及时将相关更改信息录入中心门户网站和电子监察系统，接受广大群众和电子监察系统的监督。

3.进一步强化监督考核。中心完善印发了《2015年度窗口及窗口工作人员考核办法》，严格执行早晚4次打卡制、4次巡查制和领导带班巡查制，逐日公示考勤和巡查情况，逐月量化考核分值并进行通报，按季评选“优质服务之星”，形成了日公示、月通报、季评选、年考核的窗口管理新模式，切实规范工作人员的行为准则。

五、畅通投诉渠道，切实维护投诉人的合法权益

市行政投诉中心坚持“有案必立、立案必果、依法办案”的原则，切实履行工作职责，依法维护了投诉人的合法权益。全年收到投诉件42件，受理29件，办结29件，按期办结率为100%；因非受理范围而不予受理的13件，都一一告知其不予受理的原因及正确的解决渠道。在受理的案件中，市纪委、监察局交办12件，书面投诉10件，在市行政投诉中心网站投诉3件，电话投诉4件。

六、加强思想宣传和精神文明建设，进一步提升干部职工的综合素质

一方面，狠抓学习型、创新性机关建设。组织、引导干部职工认真学习政治理论、法律法规和业务知识，并派员到福州、泉州等发达地区考察学习；邀请市政协领导、市委党校教授、铜仁德师到中心举办讲座，讲授社会主义核心价值观、十八届四中五中全会精神和“三严三实”相关知识；组织开展业务知识竞赛、“庆三八.徒步走”和“团队熔炼”户外拓展等活动，进一步提升干部职工的理论素养、业务能力，增强团队协作意识，丰富业余文化生活。另一方面，狠抓道德讲堂建设和文明单位、青年文明号单位、民族团结示范单位创建工作。联合市文明办开展“明礼知耻·崇德向善在窗口”文明创建活动，在全市政务服务系统中评选出了20个“文明窗口”、26名“服务标兵”；中心两名职工被市文明办评选为“铜仁最美青年”。组织开展了第二届全市政务服务系统“明礼知耻·崇德向善”文化活动月系列活动，包括经典文学诵读比赛、演讲比赛、政务服务VCR评选活动，营造了团结奋进、和谐融洽、文明高雅的团队氛围。2015年度被中共铜仁市委评定为“民族团结进步创建模范单位”，被共青团铜仁市委评定为“青年文明号”单位。

【积极探索并联审批、“三证合一”改革】为缩短审批时限，提高行政效能和服务质量，2014年铜仁市出台《铜仁市市级行政审批事项并联审批办法（试行）》，但相关的配套政策和措施有待完善。2015年，中心草拟《铜仁市建设项目并联审批操作规程》，报请市政府专题会审查研究通过，并与贵州省投资项目在线监管平台进行了对接融合，该平台进入试运行阶段，通过运行后将与行政审批数据交换系统实现联动办理。同时，全面启动“三证合一”“一证一码”工作，配合市工商、质监、税务等部门抓好企业登记“三证合一、一证一码”工作，调整了工商、质监窗口布局，设置了“三证合一”窗口，梳理了相关要件资料，制订了“三证合一”办理流程及一次性告知单，并通过政务中心网站、公示栏等载体对外进行公布。

（市人民政府政务服务中心）

公共资源交易·产权交易

【概况】2015年，市公共资源交易中心（市产权交易中心）服务重大建设项目，不断开创公共资源交易工作新局面。全市公共资源交易完成交易项目3058项，交易总额264.04亿元，实现增收节支9.26亿元。市公共资源交易中心完成交易项目960项，交易总额164.76亿元，实现增收节支7.22亿元。

一、坚持改革创新，整体提升公共资源交易服务效能

（一）推进公共资源交易节支增效。

为重大项目提供优质服务，发挥招投标服务重大项目建设的助推作用。市政府驻贵阳办事处房产租赁经营权公开拍卖，起拍价为50万元，拍卖成交价292万元，资产增值达242万元，是原租金的11.23倍，增值率为484%，创下贵州拍卖史上的最多竞价轮次和中心拍卖史上增值率最高两个第一；在全省乃至全国率先启用财政部新出台的“竞争性磋商”方式，完成由市财政局和深圳金砖城市国开先导基金管理有限公司进行的政府采购活动，工作信息被贵州改革工作动态第36期采用。

（二）推进公共资源交易信息化平台建设。

1.抓好新业务用房装修工程建设。中心搬迁至铜仁国际会展城的新办公大楼后，与市政务中心按程序进行办公楼业务用房装修设计，审定装修工程（含暖通工程）招标控制价为940.65万元。装修工程土建部份于11月完成招投标，12月15日进场施工。

2.抓好电子交易信息化基础设施建设。为贯彻落实《市人民政府办公室关于推进公共资源交易电子化招投标工作的实施方案的通知》，中心组织编制《中心信息化基础设施建设项目实施方案》，经市发改委批复，项目估算总投资为937.29万元（直接投资892.21万元，间接费45.08万元）。

3.开发完成电子交易平台软件系统。与通联支付网络服务股份有限公司贵州分公司签订《网上招投标系统网上支付合作协议》，与贵州省电子证书有限公司签订《铜仁市公共资源交易中心电子认证项目合同》，为中心电子交易平台提供网上交易支付、电子认证服务。

（三）搭建农村产权交易

平台。

按照《铜仁市人民政府办公室关于印发铜仁市农村产权交易工作实施意见的通知》要求，中心制定出台《铜仁市农村产权交易平台建设工作实施方案》，依托公共资源交易平台，加挂铜仁市农村产权交易中心牌子，设置农村产权交易接件咨询窗口。协调督促各县参照市级农村产权交易中心运行模式，在公共资源交易中心加挂农村产权交易中心牌子，设置"农村产权服务窗口"。市政府办正式印发《铜仁市农村产权交易管理办法》，中心制定农村产权交易规则。

二、坚持规范管理，保障公共资源交易阳光运行

（一）加强对交易活动主体的监管。

1. 按照中心《关于建设工程项目投标活动有关事宜的通知》要求，1月1日起，对参与建设工程项目投标活动的投标单位及人员进行登记管理。75家代理机构、641家投标单位、1806名投标活动人员在市交易中心进行登记。

2. 实行行贿犯罪档案查询工作。中心交易的建设工程、政府采购、土地矿权等项目累计查询6000余件（次），涉及交易项目840个。

3. 加强评标专家的抽取和管理工作。制定《评标专家随机抽取管理制度》《评标专家抽取流程》，印发《关于进一步加强评标专家抽取管理的通知》。市级交易中心抽取评标专家911次，抽取评标专家4632人。

4. 加大评标专家申报工作力度。向省评管办申报两批次201名本地评标专家进入到省综合评标专家库。

（二）推进信息规范发布。

制定完善各项政务公开规章制度，通过贵州省政府采购网、贵州省住房和城乡建设厅网、铜仁日报、中心网站等媒体发布招标公告1154条，发布中标公示1002条。中心网站发布新闻通知173条，工作简报48期，网站日均页面浏览量2500余人（次）。

（三）维护交易公平公正。

接到招投标项目质疑27件，全部按程序进行公平公正处理。同时，配合市县纪检监察部门查询项目开评标档案，协助市县两级纪检部门35余批（次）200余件（次）的项目交易档案查证工作。

三、坚持统筹兼顾，推进各项任务的完成

在做好公共资源交易常规工作的同时，努力做好服务民生、服务群众、服务企业工作。

1. 深入基层扶贫帮困。中心班子成员先后11次到江口县铁厂村、碧江区凉湾村、松桃自治县盐井村和大坳村，走访慰问贫困户38户，发放慰问金、解决相关经费13.40万元；单位及干部职工参加全市"扶贫日"公募活动，捐助扶贫资金2.30万元，获得"爱心单位"奖牌。

2. 编制企业产品参与公共交易名录。与市住建、工商、工信委共同编制《铜仁原有企业和外来落地企业产品参与公共交易名录》，鼓励、支持在铜生产的所有企业依法参与投标竞标。

民　政

【概况】 2015年，全市民政对象167.1万人，其中城市低保6.6万人、农村低保56.4万人、农村五保供养对象2.2万人、优抚对象2.6万人、老年人60.3万人、其他民政对象39万人。全市民政机关干部职工823人，其中市级32人、县级272人、乡级519人，民政直属事业单位干部职工527人，其中市级256人、县级271人。铜仁市民政局内设办公室、优抚和复员退伍军人安置科（市退伍军人和军队离休退休干部安置领导小组办公室、市拥军优属拥政爱民领导小组办公室）、救灾和社会救济科（市减轻自然灾害委员会办公室）、基层政权政和社区建设科、社会福利和社会事务科、规划财务审计科、人事教育科（离退休干部工作科）等7个科室，设市纪委派驻纪检组、市监察局派驻监察室、机关党委；有15个下属事业单位，其中有老龄办1个正县级单位（内设综合科、宣传教育科、事业发展科、政策研究科），社会救助局（内设综合科、农村低保科、城市低保科、五保供养科、医疗救助科）、玉屏军供站（内设办公室、财务科、保障科）2个副县级单位，民间组织管理局、殡葬管理局、地名办、慈善总会办、信息中心（社会工作办公室)、福彩中心、老年中心、军休中心、救助站、惠民医院、福利院、茶场等12个正科级单位。

【社会救助】 2015年，全市有城市低保对象319053户61739人，月人均综合补助水平286元；农村低保对象258833户564583人，月人均综合补助水平140.8元；对农村低保季节性缺粮户发放救助粮食769.9万斤，惠及74427户129280人。累计发放城乡低保金11.77亿元，其中城市低保金2.22亿元、农村低保金9.55亿元；农村五保供养对象22150人，发放五保供养金4119.7万元；医疗救助21.7万人次，发放医疗救助资金1.42亿元；临时救助18964人次，发放临时救助金1722.8万元。全市社会救助累计137万人次，发放救助金14.5亿元。一是以编密织牢城乡低保兜底网为重点，逐步推进城乡低保“两线合一”工作。为有序推进“减量提标、双线合一”工作，市委市政府高度重视，在该年第6次市委常委会上，提出低保政策的“六个严”要求，即严格按照收入核查为核心依据科学认定低保对象，严禁将城乡低保作为奖惩措施，严禁将城乡低保与其他政策挂钩执行，严禁在申请城乡低保待遇时设置与低保政策无关的障碍，严禁将城乡低保作为发展产业奖励，严禁将城乡低保作为化解矛盾问题的消化器。在制度上保障了“减量提标、两线合一”政策的贯彻落实。按照省政府要求，到2020年农村低保对象占农村居民人口占比减至6.5%，低保减量任务所面临困难和压力大。市政府4月21日召开专题会进行安排部署，制发《铜仁市城乡低保减量提标方案》和《铜仁市社会保障兜底扶贫攻坚行动实施方案》，提出到2020年，农村低保标准与扶贫标准实现“两线合一”，达到小康水平，全市农村低保保障人数将减至25万人。全市在减量提标工作中主要是把好“四个关口”：严把“收入核查关”，始终坚持“谁调查、谁签字、谁负责”的原则，抽派5202名国家干部、10312名村组干部开展入户核查，做到核查范围到位、核查内容到位、核查力量到位、核查责任到位；严把“民主评议关”，建立了民主评议“两审查、两监督”制度，确保民主评议过程公开透明和评议结果公正；严把“审核审批关”，依据“三环节、十步骤”工作程序，实行程序化管理，做到环环相扣，杜绝暗箱操作；严把“张榜公示关”，以村(政)务公开栏、民生项目监督查询系统为平台，将审核审批结果晒在阳光下，接受群众监督，长期公示。城市低保对象新增908户2297人，退出2471户6122人，较上年减少1563户3825人；农村低保对象退出79387户239069人、新增34843户90512人，较上年减少44544户148557人。二是以敬老院“三项指标”任务为重点，稳步推进农村五保供养工作。全市农村五保供养集中供养标准达到7700元/年、分散供养达到3641元/年，投入使用敬老院136所，使用床位9512张，集中供养人员8040人，集中供养率36%，床位利用率85%，有134所敬老院办理了事业单位法人登记，法人登记率为98.5%。市编委办出台《关于农村敬老院创新运行模式和完善管理体制的意见》，以农村敬老院为载体，积极探索出了“四个模式”完善农村养老服务机构。三是以抓医疗救助托底一批为重点，逐步提高医疗救助保障水平。认真贯彻落实《国务院办公厅转发民政部等部门关于进一步完善医疗救助制度全面开展重特大医疗救助工作意见的通知》和《铜仁市困难居民医疗救助实施办法（试行）》等文件精神，全面推进重特大疾病医疗救助工作和一站式即时结算服务，实现了医疗救助与基本医疗保险、大病保险相衔接，重点救助对象政策范围内住院自负费用救助比例超过70%，医疗救助托底救助效果明显，有效缓解农村“因病致贫、因病返贫”。2015年资助参保参合178180人，救助金额986.68万元，其中资助参保11169人85.6万元、资助参合167011人901.08万元；直接救助39204人次，救助金额13241.86万元，其中住院救助38202人次（救助2万元以上的有614人次）13029.48万元、门诊救助1002人次212.39万元。四是以健全救急难工作机制为重点，扎实推进救急难工作。经市政府同意，制发《铜仁市救急难工作实施方案》，建立了救急难主动发现机制、快速响应机制、对象认定等五大机制，同时还建立救急难个案会商制度、逐级信息报告制度和零报告制度，确保救急难工作横向边纵向到底。以第四季度为例，全市临时救助10211人次，其中城市低保2073人次、农村低保3483人次、农村五保336人次、低收入3043人次。救助原因分别是因病4020人次、因学1062人次、因灾505人次、交通事故51人次、刑满释放133人次、意外事件106人次、丧葬补助101人次、生活困难3701人次、流浪乞讨218人次、失地51人次、资助外出务工人员返乡92人次、失业105人次、特殊66人次。五是以健全和完善监督检查机制为重点，补齐制度短板。分别采取了明察和暗访、交叉绩效考核及专项整治等多种方式对全市城乡低保、医疗救助、临时救助等社会救助政策落实情况进行监督检查，通过民政部门内部层级监督与积极协助外部监督相结合、明察与暗访相结合、平时检查与重点督查相结合，确保社会救助政策公正实施、有效落实。针对发现的问题，制发《县、乡低保经办人员和村（居）干部近亲属享受低保待遇备案制度》《建立健全社会救助监督检查长效机制的实施意见》和《铜仁市社会救助工作绩效考核办法（试行）》等一系列制度，逐步补齐一些制度短板。

【**救灾救济**】2015年，全市10个县（区）先后遭受洪涝、风雹、滑坡和泥石流等自然灾害，其中遭遇“6.2”梵净山区域特大洪涝灾害，属全省灾情最重的市州。受灾人口90.53万人次，紧急转移安置8.08万人次，因灾死亡失踪4人；农作物受灾面积1.98万公顷，农作物绝收0.38万公顷；因灾倒塌房屋2343间，因灾损坏房屋10957间。造成直接经济损失17.37亿元，其中洪涝灾经济损失16.25亿元，占93.55%，没有发生大范围旱灾。灾情发生后，各级党委、政府高度关注，国家减灾委、民政部及时启动铜仁市救灾应急响应，省财政厅、民政厅、水利厅等及时向铜仁下拨救灾应急资金，派出工作组，帮助和检查指导铜仁市开展抗灾救灾工作。全市各级党委、政府，带领广大干部群众和人民解放军指战员、武警官兵团结奋战，农委、财政、民政、水利、国土、交通、林业等部门及时成立减灾救灾领导小组，加强组织领导，认真履行职责，进一步健全分级管理、条块结合、属地管理为主的应急管理体制，加强防范和处置机制建设，不断健全预测预警、灾情会商制度和联动机制，加强与驻铜部队的协作。在应急准备方面，将预案体系建设工作列入目标管理考核内容，市级完成修订《铜仁市自然灾害救助应急预案》，10个区（县）完成本级《自然灾害应急救助预案》的修订工作。市民政局成立减灾中心，各区（县）也筹备成立减灾中心。全市有灾害信息员1800余名。加大救灾应急保证物资投入，应急保障能力进一步提升。铜仁市救灾物资储备库投入使用，石阡县、沿河自治县救灾仓库投入使用，印江自治县、德江县的县级救灾仓库项目动工建设。全市各级民政部门储备价值900余万元的棉衣、棉被、帐篷、应急手电筒、简易床等生活类救灾物资。基本能确保自然灾害发生12小时之内，受灾群众能得到初步救援救助。在预警防范方面，完善监测预警体系，市委、市政府及有关部门多次召开会议发布水、雨情预测预报，部署抢险救灾工作。市减灾委成员单位、市防汛抗旱指挥部成员单位等部门加强沟通协调与合作，不断规范灾情会商机制，全年组织召开各类会商会议10多次。依托现代科学技术手段，进一步提高自然灾害预报预警信息的时效性、覆盖面、针对性，提高灾害防范的有效性。市减灾委办公室、市民政局通过《国家自然灾害信息管理系统》逐级上报91次各类自然灾害。在应急处置与救援方面，市减灾委、市民政局先后2次启动自然灾害救助应急响应，其中Ⅱ级响应、Ⅲ级响应各1次；灾区党委、政府及时启动相应层级救灾应急响应，组织转移安置受灾群众，开展先期救援救助工作。洪灾期间，市政府派出由民政、财政、农业、水利等相关部门组成的督查组，分赴各地就抗洪救灾工作落实和冬春需救助调查工作进行督查。应急救援期间，省财政厅、省民政厅下拨救灾应急资金4901多万元，紧急调拨救灾帐篷500顶用于解决受灾群众生活困难问题。在恢复重建和善后工作方面，按照“当年毁损、当年完成恢复重建任务”的目标要求，有序开展灾后恢复重建工作，全市因灾倒塌和严重损坏民房及地质灾害隐患点年内需恢复重建民房8548户35420间，年内基本完成恢复重建任务。扎实做好冬春救助工作，各级共投入资金8906万元，其中中央6160万元、省级1147万元、市县1599万元，有534217名因灾生活困难群众得到救助。各区（县）严格按照《贵州省自然灾害救助款物管理办法》的规定，坚持专款专用、重点使用、无偿使用的原则。对救灾款的发放坚持民主评议、张榜公布、公开发放，自觉接受群众和审计部门的监督。在培训教育方面，民政部门加强灾害信息员培训鉴定工作，基本建立灾害信息员制度，组织开办全市乡镇网络报灾业务培训，有200余名民政干部接受业务培训和鉴定。“5.12”防灾减灾日，组织了市减灾委成员单位和碧江区减灾委成员单位39家单位共同开展防灾减灾宣传活动，现场发放宣传单18000余份、宣传手册12500余份、宣传品2500余份。推进城乡社区减灾能力建设，积极创建综合减灾示范社区，2015年江口双龙、印江城中、德江煎茶等3个社区被民政部评定为“全国综合减灾示范社区”，全市累计获得“全国综合减灾示范社区”达11个。在全市实施政策性农房灾害保险。由省、市、县三级财政为每户农村农户补助10元保费，保额1万元。全市参保农户858206户，为1316户因灾房屋倒损群众理赔428万元。

【养老服务】 2015年，全市60岁以上老年人口605854人，其中65岁以上407582人，80岁以上59785人，100岁以上195人，纯老家庭67888人。全市投入运营的各类养老服务机构867个，其中城市福利院4个、光荣院1个、农村敬老院145所、城乡居家养老服务站（点）92个、农村互助幸福院620个和民办养老机构5个。在建项目有老年公寓养护楼3个、老年人日间照料中心6个。养老服务床位1.67万张，每千名老人养老服务床位占有率30.15‰。规范城市居家养老服务管理，按照市老龄委《关于加快推进和完善城市居家养老服务工作实施意见》，对全市正常运转的33个城市居家养老服务站，从工作机制、服务设施、服务人员、服务水平等方面，进一步进行规范。倡导碧江区委托海都集团管理城区居家养老服务的社会管理经验，抓居家养老服务质量提升。新增碧江、万山、玉屏、德江4个老年人日间照料中心项目。市老年公寓养护楼以公建民营租赁方式于9月29日和铜仁恒盛建材有限公司签定运营租赁合同，实现社会化管理。扎实推进农村养老服务网络建设，新增500个农村互助幸福院项目建设，各区（县）政府每年对每个农村互助幸福院要落实10000元的管理维护经费，以保证每个农村互助幸福院能正常运转。获得中央彩票公益金支助的农村互助幸福院项目146个。创新开展村级老年协会管理，建立村级老年协会2410个，切实加强老年维权规范管理工作，发放高龄老年人生活补贴3903万元，免费办理老年优待证4588本，切实推进养老服务创制，推行医养结合，市政府明确在医疗机构增挂老年人疗养病房标牌。联合公安消防部门对159家各类社会福利机构（公办社会福利院、农村敬老院、民办养老机构、儿童福利院）开展消防专项排查，全市各级社会福利机构2015年内未发生安全管理事故。组织开展各类养老服务从业人员培训166人，其中民政系统养老行业行政管理人员培训19人、养老机构护理人员远程培训73人、养老护理员远程培训鉴定31人、养老行业机构管理人员培训43人。完成经济困难高龄失能老人调查摸底工作，建立经济困难高龄失能老人补贴制度。全市高龄老人80-89岁40263人、90-99岁3930人、100岁以上197人。高龄老年人中低保对象29161人、特困供养对象5972人。60岁以上经济困难失能老年人中轻度失能33402人、中度失能25127人、重度失能11082人。60岁以上经济困难失能老年人低保对象60169人、特困供养对象9859人。

【社会福利】 2015年，全市孤儿4692人，其中机构养育儿童1139人、机构代养儿童45人、社会散居孤儿3501人、事实无人抚养儿童1人、贫困家庭儿童3人、其他3人。全年发放孤儿生活费3600多万元，机构集中供养的孤儿每人每月1000元，社会散养孤儿每人每月600元，通过社会化发放方式逐月发放到位。7个新建儿童福利院建设项目，碧江、石阡、沿河3个儿童福利院完成主体封顶，江口县儿童福利院儿童部项目主体基础施工，市儿童福利院脑瘫康复中心及印江、松桃两个儿童福利院完成招标。组织开展好“明天计划”和受艾滋病影响儿童救助工作，把受艾滋病影响儿童纳入孤儿生活费发放制度，全市有27名受艾滋病感染的儿童享受到孤儿救助。健全流浪儿童生活、教育、管理、返乡保障制度。提高流浪儿童救助保护工作专业化和社会化水平，全市11个救助站共救助未成年人150多人次。在碧江区开展未成年人社会保护试点。新建流浪未成年保护中心项目3个，玉屏自治县流浪未成年保护中心建设项目主体工程封顶验收，印江、松桃两自治县流浪未成年保护中心建设项目完成招标。加强留守儿童困境儿童关爱救助保护工作。针对毕节“6.9”事件，铜仁市于6月12日晚召开全市留守儿童关爱工作紧急电视电话会议，安排部署相关工作；市两办先后出台《关于做好全市农村留守儿童关爱工作的紧急通知》和《铜仁市加强留守儿童困境儿童关爱救助保护工作实施方案》，并派出3个督查组，对各区（县）工作开展情况进行专项督查。在全市范围内全面排查0–18周岁农村留守儿童个人基本情况、家庭数据情况、监护情况、生活状况、社会救助情况及义务教育阶段学生控辍保学情况等。据调查，全市0–14岁农村留守儿童108587人，其中0–5岁21834人、6–14岁86753人。实际有监护人106356人，占比98%，实际无监护人2231人，占比2%；享受救助帮扶59850人，占55.1%。探索推进建立困境儿童分类保障制度，完成困境儿童基础数据的摸底统计，全市有困境儿童22219人。依法办理收养登记，开展收养评估试点工作。建立适合孤儿身心发育的养育模式，完善和规范孤儿收养工作，全年办理收养登记12例。落实生父母有特殊困难无力抚养的子女和社会散居孤儿收养相关政策、长期查找不到生父母的打拐解救儿童通过收养回归家庭政策。推进贫困重度精神障碍患者救治政策落实；组织开展好《精神卫生社会福利机构基本规范》贯标工作，完成发改资金资助精神病人福利机构建设。市级救助站救治救助各类肇事肇祸精神病人56人次。市精神病院认真贯彻实施《精神卫生社会福利机构基本规范》行业标准，创新完成贯标工作，被省民政厅评为全省2015年民政目标专项工作创新奖。秉承“扶老、助残、救孤、济困”宗旨和“安全运行、健康发展”方针，完成福利彩票发行工作。2015年，全市有投注站316个，中福在线销售厅1个。全市全年销售福利彩票16047余万元，同比增长1099万元，增幅7.35%。其中电脑票14238万元，同比增长2.28%；即开票693万元，同比下降17.30%，中福在线1116万元，同比增长446.5%。中出双色球一等奖二注，分别为1000万元和707万元。市惠民医院2015年完成门诊就诊15000人次，住院治疗680人次，年末住院病人350多人，无偿救助全市送来的精神疾病患者100多人，救助“110”和救助站送来的患者80余人。全年三级查房落实率100%，出入院诊断符合率98%，治愈好转率97%，处方合格率98.5%，基础护理合格率98.8%。在病人生活方面，确保食品卫生安全，注重营养搭配，对重症患者根据临床需要提供营养食品。该院组织“关爱功臣”巡回医疗队对全市10个区（县）2600多名1–6级革命伤残军人、在乡复退军人、烈属开展巡回义诊，为他们建立健康档案。对全市30多名伤残退伍军人进行伤残等级鉴定。该院2015年被民政部授予“全国文明优抚事业单位”称号。市儿童福利院2015年收有养员183人，其中婴幼儿52人、青少年儿童127人、孤寡老人4

人。新入养员16人，其中安全岛4人、区（县）派出所送来12人。开展家庭寄养、院内模拟家庭养育、疾病看护养育、收养融和集中供养4种养育模式，收养9人，其中涉外收养6人、国内收养3人。重视孤残儿童教育和医疗康复，在校接受教育的学生114人，设门诊病床20张，开设3个功能训练室、引导式教育、熏蒸室等，为院内及各区（县）提供脑瘫、智障、自闭症儿童免费康复125人次，其中脑瘫79人、智力低下23人、孤独症12人、脑损伤5人、唐氏5人、多动1人。市茶场健全和完善行政管理制度，各项管理落到实处，维护职工稳定和安全保障，继续做好与外租承包商的服务保障和国有资产守护工作。

【慈善工作】 2015年，认真贯彻落实《国务院关于促进慈善事业健康发展的指导意见》，以“公信慈善、透明慈善、活力慈善、和谐慈善”为特色，创新铜仁市慈善事业又好又快发展。认真做好第二届贵州省慈善项目推介会工作，编制《铜仁市慈善事业发展项目推介汇编》《慈善成果宣传册》《铜仁市情简介》等资料160套，达成慈善项目意向签约资金360万元，资金用途主要是社会服务类和教育类。成功召开全国衣恋助学工作会议，6月24日，韩国衣恋集团“衣恋阳光助学”项目研讨会在铜仁市召开，来自全国12个省份慈善总会和韩国衣恋集团的60余名嘉宾参会。铜仁市慈善总会荣获“衣恋阳光助学优秀项目奖”和“2014年优秀单位赴韩国访问奖”。自2011年韩国衣恋集团在铜仁市开展慈善助学项目以来，开设15个“衣恋阳光班”，资助贫困高中生750名，资助金达675万元，项目辐射该市的碧江、松桃、印江、石阡等5个区（县）。加大慈善募捐力度。2015年市慈善总会办公室募集各类善款418.7万元，主要有浙江万向集团募集慈善助学扶老项目208万元、中国衣恋集团慈善助学124.2万元、贵州省慈善总会慈善助学25万元、中华慈善总会慈善“情暖万家”活动资金20万元、马可波罗经销商定向资金6万元、铜仁天鑫实业有限公司助学资金35.5万元；募集善物折价18.8万元，主要有中华慈善总会“情暖万家”活动慰问物资毛毯500床价值10万元、贵州福花纺织品有限公司学生衣服棉被等物资价值8.8万元、衣恋集团学生班服660套价值5.6万元及笔记本700本价值1.6万元。开展慈善助学扶老活动。分别在铜仁二中、石阡民族中学、松桃民族中学、印江一中共开4个“衣恋阳光班”，每个班50名品学兼优的贫困高中生，每名学生每年可得到资助金3000元，3年每名学生可得到资助金9000元，从高一资助到高三。浙江万向集团慈善助学扶老项目资金200万元，资助全市1060名贫困大学生和孤寡老人，其中大学生950名、孤寡老人110名。开展2015年慈善金秋助学活动，资助108名贫困大学生，每生一次性资助5000元，支出助学金54万元。开展慈善助医、助困活动。资助大病患者10人，支出救助金8万元；资助因灾返贫、因病返贫6人，支出救助金3万元；开展“微笑列车”唇腭裂患者修复手术10例；开展0至16周岁先天性心脏病儿童的医疗救助工作，救助70名先心病儿童。开展困难群众走访慰问活动。中华慈善总会、省慈善总会领导在石阡县参加集中发放仪式和走访慰问活动。中华慈善总会募捐资金20万元，毛毯500床，集中慰问100户贫困家庭和2个敬老院。加强慈善自身建设，加大宣传力度，充分利用铜仁报刊、电视、广播、网站等新闻媒体，结合福利彩票广泛宣传慈善典型、慈善事迹、慈善人物，大力弘扬慈善精神，褒扬乐善好施的时代风尚，扩大慈善影响，增强人们的慈善意识；加强慈善队伍能力建设，通过学习会、交流会、培训会等多种形式，努力提高慈善从业人员的思想政治素质和业务工作能力，培养造就高素质，具有创新能力的慈善职业专业人才团队；加强内部管理，坚持依法行善，健全信息披露、财务管理和项目实施监督体系和建设，促进慈善事业公开、公正、公平发展。

【优安双拥】 2015年，全市以双拥创建为契机，以落实省43号文件精神为突破，进一步提高优抚对象各种待遇，提升双拥工作水平。扎实做好双拥创建迎检工作，做好铜仁市首次申报省级双拥模范城的迎检工作，市双拥办整理迎检材料20多本，印制画册50本，制作宣传光碟，利用各类媒体开办“双拥专栏”，筹资80余万元新建双拥陈列馆，营造双拥氛围。铜仁市和石阡、思南、沿河、江口4县成功获得省第八次双拥模范城（县）表彰命名。拥军优属活动常态化，全市各级党委、政府和社会各界利用元旦、春节和“八一”等重要节日，走访慰问部队和优抚对象9000人次，送去慰问金600万元，慰问品价值70万元。市慰问团领导亲赴上海看望慰问“铜仁舰”官兵，并策划制作舰仓铜仁形象模板，宣传展示铜仁。成功举办铜仁市“军民融合致富追梦”表彰大会，表彰铜仁市众享生态农业科技开发有限公司等10个先进单位和王明礼等10名十佳优秀创业复员退伍军人。优抚保障方面，市、区（县）民政部门编印了《复退军人相关政策宣传手册》，发放到人手一册，并在“八一、国庆”等重大节日通过座谈会、走访慰问等方式宣传和解答政策。发放近6万块光荣牌。对享受抚恤补助的复员退伍军人，按照200元的标准发放春节、八一慰问金。全市复员退伍军人实行了免费乘坐公交车、游公园，市内公交车上全部张贴了“优抚人员凭证上车”标志。提高优抚对象数据信息精细化管理工作，通过优抚对象二代身份证录入工作，全市优抚对象26930人，全年发放优抚资金1.48亿元。清明节期间，开展了烈士祭扫活动，民政部门按照规定组织烈士遗属赴云南等地扫墓，如石阡、思南、松桃、江口等县共组织50多位烈士遗属，组织有序，安全返回。9月30日，全市隆重举行了烈士公祭日活动。为纪念抗日战争70周年，为62位抗战老兵颁发纪念章，并每人发放5000元的一次性经济补助。依照法定程序完成21人退伍军人残疾评定工作。完成优抚事业单位维修改造项目申报工作，争取上级资金300多万元。春节前铜仁市光荣院康复楼凌完工，设置了30张床位，购置价值9万元的系列康复健身器具，组织两期共120人优抚对象康复疗养活动，期间举办优抚政策与医疗保健讲座，效果很好。做好复退军人信访维稳工作，全年接待群众来访100余人次，办理回复市领导批转的人民来信4件，妥善地化解一批信访难题。在退役士兵安置方面，接收2014年冬季退役士兵1016人，其中符合政府安排工作条件退役士兵68人。出台本年度退役士兵安置规范性文件，组织全市29名城镇退役士兵“双考”安置工作，各区（县）按照40%录取安排了17人，将符合安排工作条件的转业士官51人，按照政策安排工作岗位。及时发放自主就业退役士兵一次性经济补助。指导各区（县）开展自主就业退役士兵职业教育和技能培训工作，按照县情、市场用工需求，结合退役士兵技能选择，采取灵活多样的培训方式，全年培训600多人。市军休中心抓好军休人员政治生活“两个待遇”落实工作，坚持定期走访慰问军休人员，建立政治学习等制度，积极组织老同志参加社会各界举办的各项政治活动和专题讲座以及医疗保健讲座；按上级文件精神，每月按时给离、退休干部发放离退休金和各项补贴，及时调整军休人员的离退休费标准和生活待遇，严格执行医疗改革，组织开展丰富多彩的文体娱乐活动，活跃军休人员的晚年生活，做好基础性服务管理工作。市玉屏军供站完成保障任务194批次31151人餐次，其中过往部队官兵3385人次、转运新兵45批次3866人，住宿1076人天次；保障民兵应急演练1480人餐次；保障新兵接兵团集训28天21000人餐次。送上盒饭28批4250盒。收到部队表扬意见27条。该站被民政部、总后勤部评为“全国军供站正规化建设先进单位”。

【社区基政】 2015年，全市有基层群众组织2955个，其中社区居委会数210个，村委会数2745个，村（居）委会成员9879人，村（居）委会主任2955人（其中女性村（居）委会主任264人）。基层民主自治建设进一步提升，全市村务公开民主管理完善率96.4%，同比提升8个百分点；居务公开民主管理完善率68.08%，同比提升21个百分点；农村社区建设覆盖率91.15%，同比提升6个百分点；和谐社区达标率85.1%，同比提升11个百分点。思南县申报省级农村社区建设全覆盖示范创建达标认定，万山区、思南县申报省级村务公开民主管理示范创建达标认定，万山区、玉屏自治县申报省级居务公开民主管理示范创建达标认定，万山区、玉屏自治县、江口县申报省级和谐社区示范创建达标认定。社区服务体系项目建设，全市有社区服务机构3645个，其中农村社区服务机构2938个；社区服务站2807个，其中农村社区服务站2727个。加强民主自治和民主管理，有序推进依法治村，依法处理村（居）换届选举信访事项，受理信访175件并全部办结；推行村务发言人制度和“四议两公开”，建立健全村务监督制度、村务公开制度、民主评议村委会成员制度，对村干部进行法律培训，落实村委会成员任期和离任经济审计制度，开展“十佳村规民约”征集评选活动和民主法治示范单位、示范村（社区）创建工作。创新基层社会治理，探索城乡社区建设工作“一核多元”。江口县双月社区着力打造服务型、创业型、文化型、平安型、清廉型的“五型”，被民政部授予“全国和谐社区建设示范单位”。万山区推行“八个一”社区模式，即一个居民议事室、一个警务室、一个日间照料室、一个四点半学校、一个减灾防灾室、一个卫生计生室、一个文体活动指导站、一个室外活动场所。碧江区市中办事处推行“4+1”城市管理模式创新社区治理。德江县推行“2+2”模式强化基层治理。印江自治县探索创新“村两委+乡贤”治理模式。玉屏自治县新店乡老寨村、江口县闵孝镇鱼良溪村和石阡县汤山镇金庄村被评为“全国民主法治示范村（社区）”。

【社会组织】 2015年，全市新增社会组织81个，登记在册的社会组织总数达到869个，其中社会团体533个（市级社团99个，县级社团434个、农村专业经济109个），民非336个（市级30个，县级306个）。社会组织在推动行业建设、公益服务、慈善救助、文化娱乐、社区协同等领域发挥了积极作用。建立直接登记与双重管理相结合的混合型登记制度，开展行业协会商会类、科技类、公益慈善类、城乡社区服务类社会组织和其他类型社会组织登记工作。2015年，全市直接登记有9个社会团体，其中市级4个、县级5个。按照去行政化相关工作要求，全市调查有行业协会商会179个，主要分布在17个行业，督促其逐步实行脱钩。取消市级社会团体分支机构、代表机构成立登记、变更登记和注销登记3项行政审批项目。开展2014年社会组织年度检查，全市应检724个，实际参检594个，参检率82%，合格率98.3%。撤销名存实亡社会组织17家。制定市社会组织行政处罚自由裁量权指导标准（试行）。加强社会组织能力建设，制定《铜仁市社会团体章程示范文本》，规范社会组织内部治理。组织全市社会组织负责人和登记管理机关80余人，参加省厅在玉屏举办的贵州省社会组织负责人培训班。开展全市社会组织基本数据录入和社会组织网上年检工作，市级录入72家（社团58家、民非14家），开展网上年检36家。

【社会事务】 2015年，各项社会事务管理得到规范加强。一是加强区划地名管理。省政府于2015年1月至3月分别对沿河、印江、玉屏3个自治县行政区划调整进行了批复。6月份，省民政厅分别对松桃自治县、石阡县行政区划调整进行了调研审核，市人民政府上报省人民政府审批。根据省民政厅、省民宗委《关于进一步做好民族乡行政区划调整有关工作的通知》精神，思南、德江、万山、碧江等区县部分乡镇行政区划调整涉及民族乡，暂缓调整。地名普查工作，中央补助铜仁市地名普查专项资金341万元，其中市级10万元、区（县）331万元，市财政匹配65万元，各区（县）财政匹配924万元。各区（县）全部采取政府购买服务方式，由市统一招投标，各区（县）分别签订购买服务合同。沿河、印江、松桃、碧江区（县）完成县级行政区域界线联合检查工作，完成与黔东南州接边县第三轮行政区域界线联合检查和与遵义市接边县第三轮行政区域界线联合检查工作。二是发展社会工作。完成全市民政系统社会工作从业人员情况调查，全市民政系统社会工作从业人员10969人，其中社区10180人、社会福利346人、殡葬服务138人、社会救助113人、婚姻登记53人、优抚安置50人、社会慈善48人、减灾救灾30人、收养服务6人、社工服务4人。积极探索高职院校开办社工专业的新路子，铜仁职院2015年招收社工专业高职生43名，在全省率先实现高职院校开办社工专业之先例，同时全市有两所高校培养社工专业高级人才，在校生本科170人、高职43人。组织参加社会工作人才资格培训和考试，民政系统76名报考学员参加，参加全国社工资格考试人数达87人，创历史新高。考试合格取得社工师的5人，全市社工资格考试合格人数累计16人。组织实施国家社工“三区计划”，选定德江、江口作为全省首批10个实施地区之一，每个项目单位国家投入20万元，共计40万元，项目为期一年。德江县主要在煎茶敬老院开展老年人社会工作服务，由铜仁海都社会工作服务中心负责；江口县在双月社区开展社区老年人服务社会工作，由铜仁学院负责。铜仁市儿童福利院的“铜仁市特殊群体青少年行为矫正项目”成功入选全国首批青少年事务社会工作示范项目，全国100个示范项目，铜仁市成为全省唯一入选项目。配合省民政厅做好铜仁市社会工作人才岗位开发和人才统计相关工作，指导民办社工服务机构开展工作。有效推进志愿服务工作，成立铜仁市志愿者联合会，玉屏、万山、沿河成立志愿服务联合会，加上已成立的印江、思南两县，全市县级志愿者机构成立覆盖率50%。开展“志愿云”系统实名注册，全市组建网络志愿服务团队360个，网上实名注册人数达12.5万人，参与志愿服务总时长达20万余小时。三是加强殡葬管理，全市拥有殡仪馆9个，殡仪服务中心1个，城市经营性公墓9个，骨灰集中存放厅9个，农村公益性公墓1200个。全市火化遗体数4991具，同比增加600具，火化率24%，城区火化区集中治丧率100%。市委市政府决定将2015年定为殡葬改革提升年，出台了《铜仁市2015年殡葬改革提升工程实施方案》，重点实施惠民、公益、绿色、阳光等四项殡葬工程。思南县政府落实30万元工作经费，沿河自治县下拨办公经费12.8万元。重点推出思南县塘头镇青杠坝村公益性公墓建设典型，该村通过回归社会、回归公益、回归自然、回归文明的多元融合式发展，建成生态化、节约化、园林化的农村公益性公墓，初步探索出一条喀斯特地区同步推进农村公益性公墓建设的新路子，受到省委赵克志书记的肯定和鼓励。各区（县）均出台惠民殡葬政策，对城乡低保对象、农村五保对象、重点优抚对象等特殊困难群体，给予丧葬对象每人1000—3000元的基本殡葬补助；对城乡一般困难群众，给予丧葬对象每人600—2000元的基本殡葬补助。全市补助惠民殡葬资金238万元。印江自治县惠民殡葬政策做到了全覆盖，对全县范围内死亡人员主动到殡仪馆火化的，一次性补助火化及相关费用1000元；对民政对象再给予600—2000元救助。德江县对火化后将骨灰实行生态节地葬法的一次性奖励3000元，对不属于火化对象的居民死亡后，自愿火化且未二次装棺埋葬的奖励2000元。各区（县）殡管所、执法队对殡仪馆、公墓及殡葬用品市场进行清理，实施殡仪服务三公开一清单制度，殡葬服务行为进一步规范。四是流浪乞讨救助管理。与市档案局联合举办了全市生活无着的流浪乞讨人员救助管理档案业务培训会；召开全市救助管理系统培训会，启用全国救助管理信息系统第三期。全市11个救助站，救助各类受助人员4600多人次。市救助管理站加强站内管理，提高规范化服务，全年救助求助人员1326人次，其中跨省对象499人次、未成年人78人次、老年人129人次、安置痴呆傻9人次、精神病人182人次、医疗救助68人次、街面救助125人次。全年救助资金270.4万元。五是婚姻登记，全市各级婚姻登记机构有婚姻登记员（含乡镇）86人，办理婚姻登记45077对，其中：结婚39978对、离婚5099对。基本完成2003年以后的婚姻登记历史数据补录工作，进一步规范（无）婚姻登记记录证明相关工作，不再向任何部门和个人出具（无）婚姻登记记录证明。组织婚姻登记员79人参加培训。

【民政自身建设】 2015年，民政能力建设全面提升。一是民政信息宣传和政策理论研究不断加强。充分利用各种宣传渠道，创新方式，回应社会关切，全年在铜仁日报、铜仁论坛、铜仁网等本地主流媒体上发布各类稿件12篇。向全国、省民政学会上报理论文章5篇，有5篇政务信息得到省委办办公厅、省政府办公厅登发。二是民政法治建设全面推进。编制了《铜仁市民政局权力清单和责任清单目录》，梳理审定市级现有行政权力事项10项，其中：行政许可5项；行政处罚2项；行政监督检查2项；行政给付1项。对2014年1月1日起至2014年12月31期间的行政许可与行政处罚案卷进行全面自查，办理社会组织行政许可19件（其中民间组织管理局14件，殡管局5件），行政处罚7件，没有要求举行听证的处罚案件，没有被依法认定为错案的案件，并按要求立卷归档。2015年铜仁市制定出台的民政工作文件有：市人民政府《关于进一步加强"村改居"工作的实施意见》、市委办市政府办《铜仁市关于加快推进城市社区建设工作实施方案》《铜仁市加强留守儿童困境儿童关爱救助保护工作实施方案》、市政府办《铜仁市民政服务能力提升行动计划（2015-2020年）》《铜仁市养老与医疗机构推行医养结合实施方案》《铜仁市农村互助幸福院建设五年行动计划（2015-2019）》《铜仁市门楼号牌管理办法》《铜仁市城乡低保减量提标方案》《铜仁市贯彻落实黔府办发〔2014〕43号文件精神的实施方案》《铜仁市2015年殡葬改革提升工程实施方案》《铜仁市2015年度退役士兵安置工作实施方案》，市民政局《铜仁市救急难工作实施方案》《铜仁市社会救助工作绩效考核体系》《铜仁市社会团体章程示范文本》。三是民政规划和资金项目管理更加科学规范。完成"十二五"规划终期评估，成立了"十三五"民政专项规划编制工作领导小组，多次召开民政"十三五"规划编制会议。召开全市民政公共服务项目现场观摩会，开展中央彩票公益金资助项目实施情况专项督查，推动以项目带动发展。2015年市级财政部门预算及专项匹配民政民生资金共计为8798.40万元，其中农村低保匹配3056万元，城市低保匹配2069万元，优抚安置资金匹配895万元，社会福利资金匹配107万元，项目建设资金匹配1380万元，其他民政事业费及工作经费523万元。部门预算768.40万元。与上年度相比，增加了293.50万元。四是党风廉政建设不断加强。认真落实"一岗双责"党风廉政建设责任制，严格执行中央八项规定、省委十项规定，结合"三严三实"专题教育深入开展"四风"问题自查自纠，市直民政系统没有被通报或调查处理的情况。下发《铜仁市民政领域整治铸廉三年行动工作方案通知》文件，对2013年至2015年民政涉农资金进行3次专项检查。开展城乡低保等民生政策落实情况集中暗访，走访调查33个乡镇，67个村和18所农村敬老院，针对暗访发现的7个方面问题，一对一下发通报进行整改。五是信访维稳工作得到切实加强。制定了《铜仁市民政局接访制度》，对来访信件进行调查处理，及时回复。全年来信来访共168件次，其中来信55件次，来访113件、132人次，市县两级民政部门初信初访办理率分别均达80%以上，省厅交办的19件信访件，办结率100%。落实领导包案督访化解矛盾纠纷和信访工作，领导下访回访包化解矛盾纠纷案6件。制定了《铜仁市民政系统信访应急预案》，在重大节假日和重要时段均安排专人24小时值班，全年未发生涉及民政业务的群体性事件。六是党建和精神文明等工作再上新台阶。结合"三严三实"专题教育，集中开展县级领导干部遍访贫困村贫困户活动，深入思南县青杠坡镇田庄村、茶溪村15个村民组共走访慰问困难家庭30户，发放慰问金2万元，解决青杠坡镇田庄村、茶溪村帮扶资金10万元。由县级领导干部带队开展金秋慈善助学走访慰问调查活动，全年为7个党建、综治、计划生育等帮扶联系单位解决帮扶资金36万元。组织参加全市纪念抗日战争胜利暨世界反法西斯战争胜利70周年歌咏大赛，全市民政系统首届“福彩杯”职工篮球赛。组织干部职工到帮扶小区、卫生责任区开展自愿服务、法制宣传等活动，积极参与“五城联创”，推动“武陵之都·桃源铜仁”建设。组织参与全市六进村、法制、禁毒等宣传活动，充分发挥民政在社会管理创新中的积极作用，为提高全民素质贡献民政力量。七是干部队伍建设取得新成果。全年开展各类学习培训23次，其中党组中心组学习12次。市民政局年度内推荐正县级干部3名，提拔任用科级干部3人，调任正科级干部1名。

【陈敏尔省长到北京301医院亲切看望铜仁市先心病儿童】 2015年3月11日上午，在北京出席十二届全国人大三次会议的省委副书记、省长陈敏尔前往301医院，亲切看望通过第六届大爱无国界义卖活动资助的铜仁市贫困家庭先天性心脏病患儿。第六届“大爱无国界”义卖活动发起人、王毅外长夫人钱韦，铜仁市委副书记、市长夏庆丰陪同看望。在北京301医院外科大楼，陈敏尔认真听取“大爱无国界——为贫困山区孩子送去‘心’希望先心病儿童救助行动·贵州行”活动及患儿治疗情况介绍，代表省委、省政府和赵克志书记，向外交部、中华慈善总会和301医院对贵州的关心支持特别是对患儿的精心救治表示衷心感谢。他说，“大爱无国界”义卖活动，既救治了贫困患儿又帮扶了贫困家庭，充分体现了“外交为民，大爱无疆”的精神，我们要把这种精神传递回去，传播开来，吸引更多爱心人士广泛关注与参与。2014年10月，经铜仁市外事侨务办争取，第六届“大爱无国界”义卖活动以王毅外长夫人钱韦女士名义在京举办，92家驻华使馆和国际组织驻华机构代表及14家国内企事业单位参与，筹集善款366万元，通过中华慈善总会资助铜仁市小儿先天性心脏病手术项目。当年12月14日至15日，外交部、中华慈善总会到印江自治县开展“大爱无国界”为贫困山区孩子送去“心”希望活动，钱韦女士赴印江出席了该活动。该项活动使70名铜仁贫困家庭患儿重获健康，手术成功率为100%。

【国家减灾委民政部工作组到铜仁市检查洪涝灾情指导救助工作】 2015年，针对铜仁等地遭受的严重洪涝灾害，国家减灾委、民政部于6月5日16时紧急启动国家Ⅳ救灾应急响应，并派出由民政部救灾专员方志勇为组长的工作组赶赴铜仁市检查洪涝灾情和指导救助工作。工作组一行在省民政厅副厅长刘忠平及省减灾中心负责人的陪同下于6月7日上午抵达铜仁后，直接赶赴重灾的松桃自治县世昌乡火连村、江口县闵孝镇沙坝河村查看灾情和救灾工作情况。通过实地察看和听取汇报后，工作组认为，贵州铜仁等地近期遭受的洪涝灾害，受灾范围广，持续时间长，损失大。灾情发生后，省委、省政府及灾区各级党委政府和民政等有关部门在灾后救助等方面做了大量工作，灾区人心安定，社会稳定。工作组将尽快如实向民政部、财政部汇报贵州近期遭受的严重灾情，争取中央财政对贵州给予大力支持。就做好下一步的救助工作，方志勇提出如下要求：一是要把群众生命安全放在首位，凡是有地质灾害风险的要及时转移安置群众，制定完整、科学、合理的解决方案。二是要切实保障受灾群众的生活，帮助和支持受灾困难群众恢复生产、重建家园。三是要高度重视灾害防范，加强防灾减灾宣传，提高灾区群众的防灾减灾意识，最大限度地减少灾害损失。

【铜仁市召开首届“军民融合致富追梦”先进事迹报告会暨表彰大会】 2015年9月15日，铜仁市首届“军民融合致富追梦”先进事迹报告会暨表彰大会在铜仁大剧院召开，市委常委、副市长杨德华出席表彰会并讲话，市委常委、铜仁军分区司令员欧阳青，市人大常委会副主任叶德恩，副市长杨同光，市政协副主席王能军出席，铜仁军分区政委费光明主持，政治部主任雷勇参会。会议号召广大复员退伍军人继续发扬传统，树立信心，在保持军人本色中立志“致富追梦”，自强不息，拼搏进取，在积极转变角色中投身“致富追梦”。为表彰先进，树立典型，引导和激励广大复员退伍军人自强不息、建功立业，营造关心支持复员退伍军人创业发展的良好社会氛围。经市委、市政府和铜仁军分区研究决定，授予铜仁市众享生态农业科技开发有限公司等10个复员退伍军人创办的单位“军民融合致富追梦”先进单位称号；授予王明礼等10名复员退伍军人“军民融合致富追梦”十佳优秀创业复员退伍军人称号；授予秦松等10名复员退伍军人“军民融合致富追梦”十佳优秀创业复员退伍军人提名奖。

（市民政局　戴应进）

民族宗教

【概况】全市民族宗教工作以中央、全省民族工作会议精神为引领，以创建全国民族团结进步示范市和举办2015中国梵净山生态文明与佛教文化论坛活动为抓手，以着力提高适应新常态的能力为础基，全面深入推动各项工作落实。

一、民族工作

（一）深入学习宣传贯彻中央和全省民族工作会议精神。1.学习宣传中央和全省民族工作会议精神。及时召开党组会议专题学习研究中央、省民族工作会议精神；将学习中央、省民族工作会议精神纳入党员领导干部学习培训内容，3月13日市民宗委主要领导到市委党校为县干班学员作中央、省民族工作会议精神学习辅导报告。

2.结合铜仁实际，制定出台工作意见。在充分调研的基础上，拟定《中共铜仁市委 铜仁市人民政府关于加强和改进新形势下民族工作的意见》及《中共铜仁市委办公室 铜仁市人民政府办公室关于贯彻落实〈中共铜仁市委铜仁市人民政府关于加强和改进新形势下民族工作的意见〉重要举措分工方案》，报送市委、市政府审定出台。这为推动全市民族工作提供了基本遵循。

3.助推召开全市民族工作会议，并就做好全市新形势下民族工作进行安排部署。3月26日召开全市民族工作会议，就贯彻落实中央民族工作会议精神及创建全国民族团结进步示范试点市工作进行安排部署。9月16日再次召开全市民族团结进步创建工作推进会，为“互观互检”达标验收进行再安排再部署。

（二）增进各民族交往、交流、交融，促进平等团结和谐的民族关系。1.民族团结和睦指数统计监测工作有序开展。印发《铜仁市民宗委关于做好2015年民族团结和睦指数统计监测工作的通知》，落实民族团结和睦统计监测工作经费8万元，指导各区县加强做好统计监测，外来少数民族流动人口的调查统计工作，在全市121个城市社区设置专（兼）职民族工作联络员235名。认真开展涉及和影响民族关系、民族团结的摩擦纠纷和矛盾隐患排查工作，8月29日成功化解1起新疆籍流动少数民族到松桃自治县因摆摊设点引发的纠纷；每季度按时完成相关统计监测表及少数民族流动人口综合信息、少数民族关系排查和评估报告上报。

2.民族团结进步创建工作有序推进。制定《铜仁市创建全国民族团结进步示范市2015年工作要点》，并将其工作完成情况纳入对各区（县）及市直部门的年度绩效目标考核。全市完成三批1470个模范单位的命名授牌工作。市委、市政府首次将贵州傩文化博物馆等9个单位和集体命名为“市级民族团结进步教育基地”，成功申报省级民族团结进步示范单位39个。全省11个民主党派及省直相关部门，就帮助铜仁市全面完成创建全国民族团结进步示范市的目标任务形成共识，并形成对接帮扶机制。12月14日至17日全国民族团结进步示范试点州（市、地、盟）互观互检到铜仁市举行，省民宗委吴军主任主持互观互检汇报会，国家民委及与会的全国15个州（市）对铜仁民族团结进步创建工作给予高度评价和充分肯定，认为铜仁经验可借鉴、可复制，为全国民族团结进步创建工作树立了标杆。

3.切实推动城市和社区民族工作。在深入调研的基础上，先后制定《铜仁市民宗委关于进一步做好新形势下城市社区民族工作的实施意见》《铜仁市民宗委城市社区民族工作试点实施意见》，明确以主城区的碧江、万山为重点，带动印江、松桃两县率先启动实施。落实城市民族工作专项经费7万元，碧江区东门社区率先创建少数民族人口信息管理、援助、服务、宣传、活动、沟通协作“六大”平台，为全市做好成市民族工作做出示范。

4. 严格办理民族成份确认和变更工作。按要求采购配备民族成份规范化信息化管理相关设施，完成相关信息登记工作。及时组织信息化系统管理人员培训，9月正式启动网上试运行工作。全年办理民族成份变更审核4783人(其中纸质2299人，网上审批2484人)。

5. 注重信息报送和宣传教育工作。一是制定《2015年全市民族政策法规宣传教育工作计划》和《2015年度铜仁市民宗委宗教普法和依法治理工作计划》；二是全年完成动态信息报送101条，被市级以上媒体采用50余条，完成舆情上报4期；三是全年维护、更新本委机关网站、微信发布各类信息百余条，超额完成《贵州民族报》征订任务；四是多形式开展“民族团结进步宣传教育月”活动。10月17日市政府副市长胡洪成作电视讲话，10月28日由市民宗委主办，碧江、万山区承办的民族团结进步宣传月集中宣传活动在碧江区锦江广场举行，通过现场解答、发放宣传资料、有奖竞猜活动等方式，使整个宣传活动取得良好效果。在组织参加省民宗委举办的“团结奋斗推动跨越，和谐发展齐奔小康”主题征文活动中，市民宗委获优秀组织奖，选送参赛作品获奖9篇，其中一等奖1篇、二等奖2篇、三等奖2篇，优秀奖4篇。认真开展“六五”普法工作，对5月1日颁布实施的《贵州省促进民族团结进步条例》进行多形式、宽领域的深入广泛宣传。

（三）围绕改善民生，推动民族地区加快经济发展。1. 加强少数民族发展项目资金申报、监督管理、检查力度。2015年落实中央、省级少数民族发展资金项目139个1899万元，大部分项目完成备案工作。以“民生领域三年铸廉行动”为抓手，切实加强项目资金监督管理，2015年6月、10月，由市民宗委分管副主任、专职纪检员并从各区（县）抽调相关人员组成5个检查组，分别深入各项目实施点开展两次专项检查，工作做到有通报、有整改、有落实；提前完成2016年度中央民族发展资金项目申报38个，其中民族特色村镇廊带建设项目1个（含一镇五村），少数民族特色村寨建设17个项目，传统手工艺扶持项目20个。

2. 着力抓特色民族村寨建设。及时启动特色民族村镇规划编制工作，与铜仁学院协作选派专家深入10个区县开展调研，共完成93个特色村寨，19个特色小镇的基础材料上报及初稿编制。积极配合省委重大课题调研组完成对全市少数民族特色村镇的调研工作。

3. 民贸民品优惠政策落实成效明显。全市有56户民贸企业获得中央财政贴息贷款资金7.07亿元，获得中央财政贴息资金450.63万元。

4. 狠抓竞争性项目的申报。一是组织全市完成项目申报41个，资金837万元。其中产业发展项目23个，资金670万元，贷款贴息项目18个，资金167万元；二是加强与大连民族大学沟通，帮助玉屏、万山申报发展食用菌及油茶产业科究项目，3月23日获得全国政协副主席、国家民委主任王正伟肯定批示，5月27日至28日国家民委副主任罗黎明率由国家民委、发改委、财政部组成的民族工作“十三五”专项规划调研组到铜仁市玉屏油茶基地调研，省民宗委吴军主任主持调研汇报会。

5. 民族统计监测工作有序开展。建立由铜仁学院经济管理学院参与的民族统计监测队伍。12月29日，举办了由各区县民宗局分管副局长、从事统计监测的工作人员参加的统计监测工作培训会。

6. 全面完成对2014年度项目实施情况的效益分析、总结等工作。

（四）促进民族地区社会事业全面发展。1. 以少数民族职业教育示范为抓手，推动民族教育事业发展。认真开展调研，制定民族职业教育扶持方案，成功将铜仁职院纳入国家民委和省政府共建职业院校，并于2015年12月16日正式签约；2015年落实省级民族文化教育专项经费99万元。全面完了2014年度56个民族文化教育项目实施，分别投入省级民族专项资金70万元、市级90万元。

2. 推动民族文化繁荣发展。支持各相关区（县）围绕民族团结进步及地方旅游产业发展，有序开展民族节庆活动及民族陈列室（馆）建设。松桃苗族“四月八”、玉屏侗族“赶坳节”、石阡仡佬族“敬雀节”等民族传统节日如期举办。进一步完善少数民族节庆目录。

3. 积极备战全国第十届少数民族传统体育运动会。选送的“苗族八面鼓”在全国民运会上一举夺得表演项目“一等奖”。

4. 扎实推进民族语言文字及古籍保护工作。共投入资金18万元分别支持苗王城“双语和谐广播站”、盘信镇后寨小学双语教学试点建设。2015年松桃自治县在乡镇事业单位招考中将民族语言测试列入应试课目。完成《铜仁市民汉双语干部教育现状及需求调研报告》等论文撰写，以及十二五期间民族古籍工作评估工作。认真组织开展民族古籍项目的申报实施。组织古籍工作者民间知名传承人12名，撰写自己从事古籍工作文章。“贵州省民族古籍研究基地”于7月21日在铜仁学院正式签约并授牌。建立“梵净山民族古籍传承展示基地”，解决民族民间优秀古籍传承人的传承场地问题。完成铜仁市民族古籍工作30年总结材料的撰写。

5. 配合省做好民族干部人才教育培养工作。完善铜仁市少数民族干部人才信息库，并就推动少数民族干部人才队伍建设建言献策。5月15日在全省培养选拔少数民族干部座谈会上，市民宗委代表铜仁市在大会上作交流发言。并代表贵州出席中央组织部、中央统战部、国家民委联合举办的《少数民族干部培养、选拔、任用》工作座谈会。7月30日召开铜仁市培养选拔党外干部和少数民族干部工作座谈会，并就做少数民族干部队伍建设进行安排部署。为期1个月的全市第一期少数民族干部培训班，于9月6日在市委党校开班，共55名学员参加培训。分别在松桃苗绣公司、碧江区祯通公司各举办一期苗绣、叶脉绣培训班，参训人数达100余人次。命名首批市级民族工艺大师20人。

6. 切实抓好人口计生“三结合”工作。调整充实市民宗委计生“三结合”工作领导小组，明确责任人，制定了帮扶工作计划，与计生帮扶户签订协议书。

二、宗教工作

（一）着力提高宗教工作法治化水平。1. 建立和完善相关宗教执法程序，宗教行政执法过错责任追究制度，行政执法案卷管理、评查制度。确保在宗教执法中做到四个一律，即投诉一律登记填表、现场调查一律做有记录、责令改正一律书面通知、案结一律出具终结报告，做到一案一件，案件齐全；

2. 深入实施全国宗教工作系统“六五普法规划”，建立宗教普法宣传教育机制，聘请律师为单位法律顾问。深入开展“宗教政策法规学习月”等活动。6月27日组织全市佛教界代表人士进行宗教政策法规培训，石阡、江口等县先后组织开展“国法与教规的关系”为主题的活动；三是巩固和深化宗教教职人员认定备案、宗教活动场所财务监督管理两个专项工作成果，继续解决遗留问题，推进两项工作的常态化管理。

（二）着力开展宗教领域突出问题治理，促进宗教领域和谐稳定。1. 切实推动宗教“六个试点示范”工作。结合铜仁市的工作实际研究制定工作方案，并单列专项工作经费12万元。一是将石阡列为全市佛道教领域乱象治理试点示范县和道教正一派散居道士认定试点示范县。采取“一点一方案、一寺一对策”的措施，取缔佛教场所2处，过渡1处。按照“三个一批”的原则，把散居于民间的正一派240余名道士统一进行培训纳入管理；二是将德江列为全市依法治理基督教私设聚会点试点示范县。通过“三个一批”的原则，进一步规范基督教场所的管理；三是将万山列为全市民间信仰管理示范试点区。按照“五有”标准，从全区42处民间信仰点中评选区级民间信仰示范点4处，乡级2处，乡镇备案管理9处，对其中登记备案的6个示范场所进行授牌管理；四是将石阡列为全市天主教民主办教试点示范县。通过健全组织机构、宣传引导、检查指导等方式，逐步完善民主办教的各项机制，理顺教会秩序，树立良好教风；五是将思南列入全市宗教事务行政试点示范县，通过开展行政执法检查，加强宗教三级网络建设，规范行政执法程序，提高对宗教事务管理的法制化水平。

2. 健全机制，依法做好对“五非”问题的处置。建立对协管员、信息员的奖励考核办法，全市现有宗教协管员128名，联络员1535名。进一步完善处置宗教领域突发事件应急预案，按时拟定和上报“五非”治理和处置工作计划措施。

3. 加强和改进宗教团体建设。全面推进宗教教职人员认定备案、宗教活动场所财务监督管理工作常态化管理，完成主要教职人员任职备案35人，实际教务负责人82人。

*（三）成功举办2015中国梵净山生态文明与佛教文化论坛。*作为生态文明贵阳国际论坛的分论坛——中国梵净山生态文明与佛教文化论坛，从2013年开始，市民宗委作为主要部门承担筹备事务，持续举办。2015中国梵净山生态文明与佛教文化论坛于6月28日至30日成功举办。全国政协、省政协有关领导、国家宗教局办公室主任陈红星、中佛协驻会副会长演觉大和尚、中佛协副会长峨眉山方丈永寿大和尚、省民宗委吴建民副主任及印度佛学专家阿达睦等众多重要嘉宾莅临论坛指导，与会专家学者、高僧大德对于生态文明与佛教文化的关系进行了战略性、前瞻性深入的探讨，成果丰硕、反响良好，达到了预期目的。7月16日，省委副书记谌贻琴批示：“这个主题论坛办得很好，很有特色、很有效果。希望铜仁市再接再厉，提升水平、提升影响力，努力把这个主题论坛打造成生态文明贵阳国际论坛的一张名片”。

人力资源和社会保障

【概况】 2015年，铜仁市人力资源和社会保障工作坚持“民生为本、人才优先”工作主线，扎实推进就业创业、社会保险、人事人才、劳动关系和党的建设、作风建设等各项工作，人力资源和社会保障重点工作目标任务全面完成。在就业创业工作方面。全市新增“雁归人员”创业就业3.55万人，“雁归人员”创办企业、个体工商户5326户，“雁归人员”专业技术人才、经营管理人才和技能人才3018人，其中高层次人才174人，分别完成目标任务数的101.43%、106.52%、100.6%、145%，全市完成城镇新增就业5.49万人，失业人员再就业1.11万人，就业困难人员就业0.61万人，转移农村劳动力就业7.7万人，完成职业技能培训2.55万人，分别完成目标任务数的101.67%、100.91%、101.67%、101.31%、110.85%，城镇登记失业率控制在4.2%以内。在社会保险工作方面。全市完成各项社会保险参保274.4万人次，基金征缴16.18亿元，其中城镇职工基本养老保险、城乡居民基本养老保险、失业保险、城镇基本医疗保险、工伤保险、生育保险参保分别完成10.66万人、176.9万人、9.8万人、46.38万人、15.7万人、14.59万人，分别完成任务数的101%、100.5%、100%、100.17%、100.6%、113.9%，基金征缴分别完成74462.4万元、13837.2万元、7070.8万元、56620.3万元、5710.3万元2115.0万元，分别完成任务数的130.6%、107.3%、105.5%、121.2%、105.7%、125.9%，社会保障卡持卡人数达到105.34万人，完成任务数的101.29%。在人事人才工作方面。全市党政人才、专业技术人才、技能人才分别达到1.92万人、11.54万人、7.13万人，分别占“十二五”规划目标任务数的128%、144.25%、237.67%。在劳动关系工作方面。企业劳动合同签订率为96.2%，建工会企业集体合同签订率为97%，劳动人事争议仲裁结案率为97%，举报投诉案件结案率为98%，劳动监察“两网化”管理覆盖率县级中心城镇达到100%，比计划指标分别提高2.7个、12个、7个、3个、5个百分点。

一、全面深化改革

根据市委、市政府全面深化改革工作安排，重点抓以下4项改革工作。一是“雁归工程”成效日益明显。认真贯彻落实《铜仁市雁归工程实施方案》，会同相关部门大力推进雁归工程6大服务体系建设和14项政策措施落实，雁归工程服务机构更加健全，其中驻外服务机构23个；建立完善雁归工程数据库，收集创业项目584个，收集铜仁籍在外人员113万人的基本信息；充实创业专家指导团队，创业指导人员达到559人；加快雁归工程“两园”建设，创业园、创业孵化园服务功能更加完善；召开返乡人员座谈会146次，举办雁归工程专场招聘会70场。通过实施雁归工程，全市新增“雁归人员”创业就业3.55万人，促进“人口红利”回归，带动了就业，拉动了消费，为全市经济社会发展注入新的活力。二是市直机关事业单位临时用工管理改革有序推进。起草《铜仁市市直机关事业单位临时用工管理办法（试行）》，市委、市政府审定印发实施。按照该管理办法，市人社局对市直机关事业单位临时用工进行全面调查、统计，督促用工单位按照社会化、市场化和依法用工、从严控制、平稳过渡有关要求，规范临时用工管理。全年市直机关事业单位通过劳务派遣、劳务外包形式用工有37家，涉及临时用工人员658人。三是机关事业单位养老保险制度改革顺利启动。按照省人社厅机关事业单位养老保险制度改革工作安排开展调研，对全市机关事业单位职工进行分类统计，对相关数据进行分析测算，及时启动机关事业单位养老保险制度改革工作。按照“一个统一，五个同步”要求，在实施机关事业单位工资制度改革时，从职工工资中扣缴养老保险费。四是农民工工资支付保障机制更加完善。市人社局拟定《铜仁市农民工工资支付保障办法》并报市政府审定印发实施。按照属地管理、分级负责、谁主管、谁负责的原则，各相关部门按照职责分工，加强对用人单位监督管理，规范用人单位支付农民工工资行为，2015年全市拖欠农民工工资案件同比下降11.2%。

二、推进就业创业工作，就业形势保持稳定

一是认真落实就业促进计划。大力促进高校毕业生、返乡农民工、就业困难人员、扶贫生态移民、失地农民等重点人群就业工作，全市高校毕业生就业1.1万人，返乡农民工就业3.5万人，公益性岗位安置就业7443人。二是围绕全市产业发展和企业用工需求，结合“雁归工程”“5个100”工程，采取校企合作、订单培训等方式、开展全方位、多层次职业技能培训和创业培训，培训范围不断扩大，培训质量不断提高。三是加大就业创业扶持力度。认真落实公益性岗位补贴、技能培训补贴、职业介绍补贴、社会保险补贴和就业小额担保贷款等就业创业扶持政策，不断加大就业创业扶持力度，推动大众就业、万众创新。全市支付就业专项资金1.79亿元，发放就业小额担保贷款1.34亿元，扶持创业1466人，带动就业4984人。四是加强公共就业服务。大力推进充分就业社区、创业型城市创建和基层服务平台、人力资源市场服务体系建设，认真组织开展就业咨询、创业指导、企业用工服务和“就业援助月”“春风行动”、民营企业招聘周、高校毕业生就业服务月等就业专项服务活动，就业服务体系不断完善，就业服务水平明显提升。全市举办各类就业招聘会61场，提供就业岗位8.13万个。

三、全面推进社会保险工作，社会保障体系不断完善

以社会保险扩面征缴为重点，认真落实各项社会保险政策，完善社会保险制度，加强社会保险经办能力建设，社会保险体系不断完善。一是狠抓社会保险扩面征缴。以促进民营企业、个体工商户、灵活就业人员和城乡居民参加社会保险为重点，不断扩大社会保险覆盖面，提高基本社会保险覆盖率，全市基本社会保险覆盖率达到84.46%。二是认真落实各项社会保险政策。全市按省人社厅《关于将相关人员纳入城镇企业职工基本养老保险有关问题的通知》文件参保人员达到2050人；及时完成企业退休人员待遇调整、城乡居民基础养老金调整、失业金标准调整和城镇居民医疗保险政府补助标准调整工作，企业退休人员养老金月人均增加233.17元，城乡居民基础养老金由55元提高到70元，失业金标准每人每月从850元提高到1120元，城镇居民医疗保险政府补助标准每人每年从320元提高到

380元。三是完善社会保险制度。启动机关事业单位养老保险制度改革，调整失业保险缴费费率，失业保险费率由3%降至2%。不断完善医疗保险制度，建立城镇居民大病医疗保险和医疗保险转诊转院管理制度，医疗保险付费方式改革稳步推进。健全“工伤补偿、工伤预防、工伤康复”三位一体的制度体系，工伤认定、劳动能力鉴定和工伤预防工作进一步规范。四是完善社会保险基金监督机制。积极推进社保基金非现场监督工作，全面推广应用社会保险基金监督软件系统，对预警信息进行及时核查处理；认真组织开展社保基金专项检查，不断增强基金监督检查的针对性，确保社会保险基金安全完整。五是不断完善“五险合一”软件系统功能。全面推广应用社会保险基金财务软件，积极推进银行与社保经办互连互通，加快推进社会保障卡发行应用，社会保险信息化管理水平不断提高，进一步规范社会保险经办服务流程，加强社会保险内控管理，社会保险经办服务能力明显提升。

四、推进人事人才工作，人才支撑作用不断增强

认真落实《公务员法》《事业单位人事管理条例》等政策法规，进一步深化机关事业单位人事制度改革，不断加强人才培养引进工作，大力推进公务员、专业技术人员和技能人才队伍建设，人事人才工作取得新进展。一是不断深化人事制度改革。认真落实公务员凡进必考和事业单位新增人员公开招聘制度，规范考录（聘）程序，严肃考风考纪，确保公务员招录和事业单位新增人员招聘工作公开、公平、公正和考试安全。2015年全市招录公务员（人民警察）453人，市直事业单位公开招聘新增人员408人。不断规范公务员和事业单位工作人员管理，机关事业单位人员调配、考核、奖惩等工作顺利开展。认真落实事业单位人员聘用和岗位设置管理制度，稳步推进职称改革，各系列职称申报评审工作顺利完成，送省评审4527人，市级评审4067人，基层副高职称申报认定62人。二是加强人才队伍建设。认真组织开展机关事业单位工作人员培训，选派参加省外培训班学习16人，选派参加“千人赴港”培训38人，组织乡镇公务员示范培训116人，公务员初任培训483人，事业单位新增人员培训462人，参加专业技术人员继续教育3万人次；加大技能人才培养力度，积极推动技工院校和民办职业培训学校发展，完成职业技能培训2.3万人。加大人才引进力度，组团参加苏州春季人才交流大会和第三届中国贵州人才博览会，组团到省内外重点高校招聘引进人才，全市引进博士研究生28人、副高职称2人、硕士研究生198人、紧缺专业本科生625人。认真做好专家服务工作，开展专家慰问、专家疗养、万名专家服务基层活动和“百千万人才”、留学人员科技项目、博士后科研工作站申报工作。全市有5人入选省“千人创新创业人才”。市文化科技产业创新研究中心获得批准设立博士后科研工作站。三是认真落实工资福利政策。认真落实机关事业单位工资收入分配政策，按照国务院和省政府的统一安排，调整机关事业单位在职人员基本工资标准和津贴补贴，涉及干部职工101218人；增加离退休人员离退休费，涉及离退休人员24862人，机关事业单位工作人员工资待遇逐步提高。进一步规范机关事业单位职工工资审核备案工作，维护工资政策的严肃性。四是切实加强军转干部工作。认真落实军队转业干部安置任务，安置军转干部8人、随军家属1人。开展转业军官和自主择业军转干部服务以及企业军转干部解困维稳工作，积极开展春节、八一期间走访慰问活动和重大节庆活动期间维稳工作。

五、加强劳动维权工作，劳动关系和谐稳定

一是加大劳动保障监察执法力度。积极开展日常巡查和农民工工资支付、清理整顿人力资源市场、打击非法用工、禁止使用童工等专项执法检查活动，全市劳动监察机构检查用人单位4516户，涉及劳动者20.47万人；对2166个用人单位进行用工年检，督促15个用人单位补签劳动合同，督促10户用人单位缴纳社会保险费59.28万元，为31608名劳动者追讨工资44702.66万元，受理举报投诉案件1047件，立案

1022件，结案1022件；处理劳动侵权突发事件和群体性事件2起，涉及劳动者152人。加快推进劳动监察“两网化”建设，全市“两网化”覆盖率达到90%。二是积极推进和谐劳动关系建设。加强企业集体合同、劳动合同、劳动用工备案和劳务派遣管理，劳动关系三方协调机制基本形成；加强企业工资宏观指导，企业工效挂钩、国有企业薪酬制度改革有关工作稳步推进。加强劳动人事争议仲裁，积极推进劳动人事争议仲裁庭规范化建设，进一步完善案件受理、案件审理机制、劳动人事争议调解仲裁工作水平不断提高。全市立案受理劳动争议案件498件，涉及劳动者735人，结案483件，结案率97%。

六、夯实工作基础，工作能力和服务水平不断提升

大力推进基层就业和社会保障服务设施建设，实施县级服务平台项目10个，投入使用2个；实施乡级服务平台项目168个，投入使用168个，基层平台覆盖率达97.67%。加强人力资源社会保障规划，“十二五”就业、社会保险、人事人才三个专项规划目标任务全面完成，启动“十三五”规划编制工作。积极推进“数字人社”建设，不断规范统计渠道，提高数据质量，人力资源社会保障综合统计、专项统计工作顺利开展。加快推进人力资源市场建设，全市公共人力资源服务机构22个，批准设立民办人力资源服务机构17个。加快推进人力资源社会保障网站建设，全面推广应用就业信息系统、劳动关系信息系统、社会保险信息系统、公务员管理信息系统、事业单位人事管理信息系统等系统软件，人力资源社会保障信息化水平不断提高。

【构建和谐劳动关系“四四三”管理模式】 市委办、市政府办印发《铜仁市市直机关事业单位临时用工管理办法（试行）》《铜仁市农民工工资支付保障办法》，该管理模式在全市全面推行，为从源头上预防侵犯劳动者权益案件发生，构建和谐劳动关系作积极探索。该管理模式的相关经验得到国家、省有关部门和社会的关注，被省委《信息摘报》（第213期）摘录，在《中国劳动保障报》《贵州日报》《铜仁日报》等报刊重要版面进行刊发，中国就业网、新民网、大河网、贵阳网等多家媒体进行了相应报道。该管理模式中提出的“实名制发放工资、行业主管部门监督、工资支付诚信”三项措施，被写入2016年1月国务院办公厅印发的《关于全面治理拖欠农民工工资问题的意见》。“四四三”管理模式的主要内容为：“四举措”保障农民工工资按月支付。一是建立实名制发放工资制度。二是建立行业主管部门监督制度。三是建立工资保障联席会议制度。四是建立工资支付诚信档案制度。全市2015年督促用工单位按月发放农民工工资4.47亿元，有效化解年末集中讨薪的社会风险；督促用人单位缴存工资保障金1.2亿元，动用工资保障金支付农民工工资763万元，欠薪、逃薪案件发生率显著降低，突发性事件同比下降86.6%；全年接到劳动侵权举报投诉案件1061件，比2014年减少424件；突发事件2件152人，比2014年减少13件1142人。“四转变”规范机关事业单位临时用工。一是变无序用工为计划管理用工。二是变直接用工为社会化、市场化用工。三是变单一就业为引导自主创业就业。四是变无责可追为有责可追。全年市直机关事业单位临时用工人员工资按月足额发放，社会保险参保率达100%，未发生劳动维权、劳动争议案件；市直机关事业单位临时用工人数为2313人，比2014年减少616人，按每人每年各项费用支出3万元计，每年至少节约财务开支1800万元。“三覆盖”扫除劳动监察执法盲点。一是实现“两网化”管理全覆盖。二是实现乡镇、街道执法人员全覆盖。三是实现动态监管全覆盖。

【雁归工程】 铜仁市以实施“雁归工程”为载体，认真贯彻落实“雁归兴贵”行动计划，促进农民工返乡创业就业。全年引导在外人员回铜创业就业3.55万人，2.3万名雁归人员进入各类园区创业就业，创办企业、个体工商户5326户，人民网、新华网、共产党员网、《中国劳动保障报》《贵州日报》《中国人才》杂志、凤凰网等100余家媒体报道铜仁市的“雁归工程”。

铜仁市雁归工程的主要做法有：市委书记、市长联名于元旦在新闻媒体上向在外亲友致新年家信，介绍铜仁经济社会发展情况和创业就业优惠政策，邀请在外亲友回乡创业就业。市委、市政府出台实施《铜仁市雁归工程实施方案》，统筹城乡资源，着力培育创业就业热土，获得市年度改革创新二等奖。聚集12个区（县、高新区、开发区）和34个市直部门（单位）力量，完善在外人员回铜创业就业服务平台。聚集分散在各部门（系统）的税收优惠、金融扶持、技能培训等14项支撑政策，形成扶持创业就业政策体系，充分发挥政策的叠加效应。转变人才工作思路，坚持“铜才铜用、外才铜用”，把各类“有用之人”都纳入人才资源开发服务范围。转变服务理念，通过建立在外人员信息数据库、雁归人员数据库，主动联系在外人员和雁归人员，变被动服务、粗放服务为主动服务、精细服务。在实施“雁归工程”基础上，按照省政府“雁归兴贵”计划要求，强化工作措施，积极推进农民工等人员返乡就业创业。设立服务机构。在全国大中城市设立“雁归工程”服务站23个，在市和各区（县、高新区、开发区）人社部门设立“雁归工程”办公室，在各乡（镇、街道）设立“雁归工程”服务中心，在各村（社区）明确了信息员；建立数据库；搭建信息服务平台。在市、区（县）报纸、门户网站和人社网站开辟了“雁归工程”信息专栏，提供政策咨询服务，发布企业用工信息6.3万个、创业项目670个；对外公布办公电话、电子邮箱、QQ群，主动打电话联系在外人员21万余人次；大力宣传雁归创业典型97个。四是开展系列服务活动。举办雁归工程招聘会56场，现场达成就业意向性协议2.45万人；在春节前后开展“雁归·暖冬”服务活动，设159个服务点为返乡过年人员提供亲情服务；各区（县）、乡镇召开“故乡行.家乡情”座谈会146场，引导在外人员回乡创业就业；各区（县）到高校举办了急需紧缺人才专场招聘会27场；鼓励雁归人员发展各类创业协会89个和专业合作社143个，实现创业资源共享、优势互补、抱团发展。建设创业就业平台。市人社局出台创业孵化园和创业园建设指导标准，各区（县）依托经济开发区、工业园区、高新技术区等现有资源，完善相关配套服务功能和优惠政策，初步建成11个创业孵化园和10个创业园，积极引导雁归人员进入园区创业就业。大力发展电子商务，做大电子商务产业，吸纳了大量雁归人员创业就业。组建创业专家指导团队。市、区（县）组建雁归人员创业专家指导团队，有创业指导专家559名，对雁归企业实行“一对一”的创业指导工作，为雁归人员创业提供风险预测、技术支持、政策咨询等服务。成立以市长为组长、各成员单位主要负责人为成员的“雁归工程”领导小组，聚集各区县和34个市直部门力量，形成齐抓共管就业创业工作局面。保障财政投入。市财政年预算安排500万元、各区（县）财政预算安排不得少于300万元，建立“雁归工程”专项经费，用于鼓励扶持雁归人员创业就业，保障各项工作正常开展。建立考核激励机制。把雁归工程列入对各区县和市直相关单位绩效考核内容，明确了目标责任。开展了创业创新大赛，表彰雁归创业之星40人，评选创业项目15个、创业设计项目15个。强化督促检查。市委、市政府将“雁归工程”实施情况作为十项重点改革事项之一进行“回头看”督查，市人大常委会进行专题调研检查，促进各项政策有效落实。

（市人力资源和社会保障局办公室）

档案方志

【概况】2015年，全市各级档案部门着力提高档案工作服务经济社会发展的能力和水平，实现全市档案事业持续稳定健康发展。

一、档案工作

（一）加强档案法制建设。坚持“系统抓、抓系统”模式，对全市各级各单位的档案工作开展执法检查20批次，受检单位20个次。印发《铜仁市档案系统“六五”法制宣传教育规划》，开展档案法制宣传活动72批次。精简行政审批项目，制定行政执法自由裁量基准，清理规范行政权力流程，设立法律顾问室，加强依法治档。

（二）改善档案事业发展环境。争取党委、政府重视，市领导听取档案工作汇报和实地视察档案工作5次，帮助解决实际问题。市和各区（县）均出台《关于加强和改进新形势下档案方志工作的实施意见》，各级党委明确联系领导，档案工作纳入年度绩效考核，档案保护费纳入本级财政预算，有力助推档案事业发展。

（三）推进档案信息化建设。全市各级国家综合档案馆按照《铜仁市档案方志信息化建设“十二五”规划》的要求，采取重点突破，以点带面的方式开展档案信息化工作，档案目录数据库和全文数据库建设成效显著。石阡档案馆积极创建全市县级档案方志信息化建设示范点，沿河自治县档案馆成功创建全市县级档案资源数据库建设示范点。在示范点的带动下，部分区（县）档案馆把利用率较高的部分民生档案进行全文数字化，累计430万幅。全市档案信息网站数量明显增长，管理水平得到提高。

（四）加快档案基础设施建设步伐。一是县级综合档案馆建设工作突破。纳入《中西部地区县级档案馆建设规划》的8个新建档案馆项目均开工建设或建成使用。二是市国家档案方志馆建设工作得到重视。市委市政府同意将市档案方志馆建设纳入统一规划，独立修建符合《档案馆设计规范》和《档案馆建设标准》的市级一类档案方志馆，建设用地审定批准，建设方案基本定稿。

（五）档案基础业务建设有成效。一是全面贯彻落实国家档案局8、9、10号令，上门业务指导3041批次，指导单位1226个次，举办业务培训班111期，培训学员5252人次，全市各级党政机关、企事业单位档案工作规范化程度明显提高。企业档案工作进一步加强，改制企业的档案，按规范要求得到妥善处置。二是开展重点建设项目档案工作登记、跟踪服务和竣工档案专项验收，促进全市重点工程建设项目档案管理进一步规范。三是着力抓全市林权制度改革档案、社会主义新农村建设档案和社会保险业务档案等工作，并取得成效。四是全市档案馆测评、档案资源建设、国家重点档案抢救与保护、档案开发利用等工作都取得了新进展，印江自治县档案馆成功创建国家二级档案馆，沿河、碧江积极申创国家一级档案馆；各级各类档案馆馆藏档案1788个全宗646993卷；完成国家重点档案抢救30647卷。五是档案查阅利用、档案陈列展览、爱国主义基地教育等方面工作都取得新成效。六是公开出版和内部参考的档案编研成果76种。

二、方志工作

（一）抓好全国第五次地方志工作会议（以下简称会议）和《全国地方志事业发展规划纲要（2015—2020年）》（以下简称《规划纲要》）精神的学习贯彻和落实。召开党组会议和干部职工会议，专题学习、讨论会议和《规划纲要》精神，制定学习计划、印发学习材料、撰写心得体会。

（二）二轮志书编纂扫尾工作。一是《铜仁地区通志》完成招标、出版合同签订、通审通校、终审意见及出版社意见的消化打磨等工作，计划在2016年上半年出版发行。二是完成《石阡县志》和《印江自治县志》复审工作，指导和推动两部县志顺利通过终审，《石阡县志》于11月出版发行，《印江自治县志》计划在2016年下半年出版，实现铜仁市二轮志书的全面收官，按全国规划要求完成时限（2020年）提前4年完成任务。三是启动乡镇志的编纂工作。沿河自治县、德江县分别启动《淇滩镇志》《潮砥镇志》相关工作。

（三）推进综合年鉴业务的编纂工作。一是《铜仁年鉴》（2014年）出版发行，《铜仁年鉴》（2015年）完成资料搜集、编审和统稿工作。二是推动印江自治县和江口县启动县级综合年鉴的编纂工作，实现全市县级综合年鉴全覆盖。三是完成对沿河、松桃、德江、万山、印江、江口、思南、碧江8个区（县）的2015年综合年鉴的评审。

（四）开展方志、年鉴队伍业务培训。一是全年举办全市性培训班2期。第一期（6月中旬）为市委组织部和市档案（方志办、档案馆）联合举办的“全市档案方志队伍业务培训班”，培训时间7天，参培人员65名。第二期（9月中旬）为市委组织部、市档案（办馆）、市委党史研究室联合举办的“全市史志理论业务大连民族大学培训班”，培训时间7天，参培人员13名。二是选派11名干部参加“贵州省乡镇志暨《中国名镇志》编纂业务培训班”培训；选派1名领导参加在福建省举办的“全国新任地方志办主任培训班”培训。

（五）开展地方志业务交流。参与《湘西州志》的审稿、终审工作；先后与四川的自贡市、河南省焦作市互换志书，交流工作经验，取长补短。

（市档案局〈方志办〉办公室）

中国人民政治协商会议铜仁市委员会

【概况】2015年，市政协在中共铜仁市委的领导和省政协的指导下，在市人大、市政府的大力支持下，高举爱国主义、社会主义伟大旗帜，牢牢把握团结民主两大主题，认真履行政治协商、民主监督、参政议政职能，紧扣中心、精准发力，激情履职、主动作为，全市政协事业呈现出勃勃生机与活力，为铜仁圆满完成“十二五”目标任务作出积极贡献。市政协作为全省唯一的市州政协参加全国地方政协工作经验交流会，高端展示市政协助推扶贫攻坚的典型经验；在全省政协工作经验交流会上作重点发言，全面介绍市政协创新履职的工作经验，得到省政协主席王富玉的充分肯定。

一、切实加强学习

一是开展“三严三实”专题教育。开展领导干部践行“三严三实”专题研讨3次，认真举办“三严三实”和党风廉政专题党课，筹备党组“三严三实”专题民主生活会。把从严从实要求贯彻到政协工作的方方面面，牢固树立“对党忠诚、个人干净、敢于担当”的形象，讲政治、守纪律、讲规矩的意识明显增强。二是加强政治理论学习。通过党组中心组学习读书会、理论专题研讨、专题党课、常委会议专题讲座等形式，深入学习贯彻中共十八大和十八届三中、四中、五中全会及习近平总书记系列重要讲话精神，进一步增强中国特色社会主义道路自信、理论自信、制度自信。认真学习贯彻《中共中央关于加强社会主义协商民主建设的意见》《中国共产党统一战线工作条例》等最新政协、统战政策法规，更加坚定对中国共产党领导的多党合作和政治协商制度的信心。深入学习贯彻省委、市委重要会议精神，自觉把思想和行动统一到省委、市委的决策部署上来，进一步增强与市委方向一致、目标一致、工作一致的自觉性和使命感。三是加强业务培训。选派干部参加全国政协、省政协举办的培训班和各级党校的干部培训62人次，在大连民族学院举办全市政协干部第二期培训班，在苏州举办第五期政协委员培训班，完成对一届委员普遍轮训一遍的目标。

二、推进协商民主

一是搭建协商平台。举行1次市长与政协委员座谈协商、开展4次常委会议专题协商和提案办理协商、每月进行1次专委会对口协商或界别协商，探索开展微信网络议政和电视访谈协商，形成以全会协商为龙头，专题协商为重点，对口协商、界别协商和提案办理协商为常态的协商格局，搭建起全方位的协商平台。党政领导、部门负责人、民主党派人士、政协委员和界别代表等1200余人次在政协参与各类协商，广泛凝聚共识，形成了合力。二是拓宽议政渠道。在市级媒体开办《政协委员话发展》访谈协商专题栏目，组织委员和社会公众围绕医疗、教育、交通、文化等热点问题协商建言、互动交流，拓宽了协商渠道。围绕推进梵净山申报世界自然遗产工作、残疾人凭证免费乘坐市内公交车、加强农村生活垃圾治理等群众关注的热点难点问题，组织开展提案办理协商、调研座谈协商、视察现场协商等，协商领域更宽、渠道更畅。三是推进基层协商。全面加强乡镇（街道）政协工作联络组规范化建设，为协商民主向乡镇延伸搭建载体。以万山区为试点，重点在完善组织架构、建立工作规则、保障专人专抓等方面探索创新，取得了突出成效。召开全市乡镇(街道)政协工作联络组建设推进会，全面总结推广万山做法，建立符合中央精神、富有铜仁特色的乡镇（街道）政协联络组织模式，得到省政协的认可和推广。四是弘扬民主精神。认真践行活跃有序、体谅包容的民主理念，坚持不打棍子、不扣帽子、不抓辫子，开展热烈而不对立的讨论、真诚而不敷衍的交流、尖锐而不极端的批评。先后围绕“十三五”规划纲要编制、“一府两院”工作报告、新医药健康产业发展、新型节能建筑材料推广应用、文物保护与宣传、发展锦江水上户外运动等课题开展深入协商。在各类协商议政活动中，各方畅所欲言，积极发表真知灼见，提出许多有深度、有价值、可操作性强的意见建议，增强了协商议政实效。

三、服务发展大局

一是提案助推发展。全年向有关部门交办210件委员提案，采取党委政府和政协联合督查督办、在新闻媒体公开办理情况、开展提案办理视察和协商等方式，推进提案办理落实，取得显著成效。《进一步加大农村扶贫工作力度的建议》《推进大健康产业发展的建议》《加快我市电子信息产业发展的建议》《关于促进我市生态文明制度建设的建议》等一批提案，得到市委市政府及有关部门的高度重视和采纳办理，研究出台一系列推进发展的措施。二是专题调研建言发展。围绕农业现代化和构建大健康产业体系，组织开展打造无公害绿色有机农产品大市和大健康产业发展专题调研，提出抓好产业规划布局、提高农业生产效益、打造大健康产业园区等建议，市委市政府主要领导作出批示，要求相关部门认真研究采纳。为更好地发挥科技创新引领作用，组织开展全市科技进步专题调研，建议以科技创新对接和服务产业发展，提高发展质量和效益，对促进全市科技进步和产业升级发挥了积极作用。围绕提高全民守法意识、加快城区公共交通发展、推动传统村落保护与发展等课题进行深入调研，相关建议成为重要决策参考。三是专项视察促进发展。围绕现代高效农业示范园区建设、全市农村集中建房、“五城联创”、松桃县城建设等工作开展视察，推动了一批重点发展项目和重大民生工程加快建设，促进了城乡协调发展不断加快、农村群众居住条件不断改善。组织住铜省政协委员对乌江流域铜仁段生态建设和环境保护情况进行专项视察，提出科学编制规划、推进流域环境综合整治、发展生态环保产业等建议，还从整个流域生态环境保护和治理的角度，提出需要省级层面统筹解决的问题，为推进乌江生态经济走廊建设争取更多支持，被市政府市长陈晏评价为“思路清晰、问题准确、措施有效”。四是发挥优势聚力发展。在坚持把政协独特优势转化为推动铜仁科学发展的资源优势。用好政协“话语权”，积极在全国政协、贵州省政协等高层协商平台上反映铜仁诉求，争取政策红利，传播铜仁声音。围绕乌江生态经济走廊、黔东工业聚集区建设、腊尔山少数民族聚居区脱贫发展等重大问题，向全国政协和省政协提交提案39件。发挥人民政协大团结大联合优势，发起建立武陵山片区政协主席联席会机制，打破行政藩篱，以联名提案、联动调研、联合视察、共同建议等方式，合力争取国家层面支持，齐心协力打造武陵山发展共同体。

四、助力脱贫攻坚

一是民主评议聚焦扶贫。组织委员和群众代表对市扶贫办精准扶贫工作开展情况进行专项民主评议。按照“总结经验精准、查找问题精准、意见建议精准、推动工作精准”的原则，深入贫困村贫困户开展调研，广泛听取意见建议，向市扶贫办提出并督促整改存在的突出问题，增强了思想共识和工作合力。二是智力支边情系扶贫。发挥智力支边独特优势，开展引资助学、教育培训、咨询服务等活动，协调资金1452万元投入智力支边联系点建设，在产业扶贫、基础设施建设、教育帮扶等方面取得了明显成效。抢抓全省统一战线智力帮扶铜仁扶贫开发的机遇，做好牵线搭桥工作，争取到民建中央思源工程基金会、天津商会、香港慈恩基金会来铜开展慈善捐助活动，为贫困群众解决了燃眉之急。三是上下联动助力扶贫。建立以市区（县）政协各联系1个智力支边点，市区（县）政协主席会议成员各联系1个乡镇（街道）政协工作联络组、联系帮扶1户企业，市区（县）政协委员各连线1个干群连心室、联系帮扶1户贫困户为主要内容的“五个一”制度。全年全市各级政协干部和广大政协委员为联系企业协调解决困难182件，深入贫困村慰问贫困户2511户，协调各类帮扶资金9348万元，实现了联系服务基层制度化常态化。扎实开展“两个遍访”活动，认真做好思南县塘头镇蜂桶槽村党建帮扶工作，选派3名干部驻村帮扶，累计协调资金900余万元，用于解决基础设施、产业发展等群众所思所盼的问题。

五、加强自身建设

一是制度建设不断完善。协助市委出台《关于加强人民在政协民主监督的意见》，该文件为全省首个关于加强人民政协民主监督的意见，明确了政协民主监督的主体、对象、内容、方法和形式，规范了组织协调、知情反馈、沟通联系等程序，为政协“能监督、敢监督、真监督”提供了坚强的制度保障和组织保障。协助市委出台加强市直党政部门与政协专门委员会对口联系工作的意见，修订实施专门委员会通则，建立主席会议成员走访政协参加单位、提案办理结果公开等多项制度，提升了政协履职规范化水平，为政协富有成效履行职能，活跃有序地开展工作提供了保障。获市直改革创新二等奖。二是干事创业激情高涨。鼓励和支持班子成员既支持发展、又投身实践，较好地完成市委安排的铜玉铁路建设、安江高速公路、卷烟厂及复烤厂易地技改等项目统筹协调工作，牵头组织重点产茶县参加全省春季、秋季斗茶赛取得优异成绩。激发专委会和界别活力，经常性组织开展送医疗、送教育、送法律、送科技、送文艺下乡活动。设立市政协委员联络委员会，制定实施委员履行职能量化考核办法，创新委员联络和服务方式，提升了委员履职热情和能力。把道德讲堂、党员讲坛与机关集中学习相结合，打造了机关“双周学习”新品牌，大力推行精细化管理和标准化服务，机关上下比学赶帮、干事创业的氛围更加浓厚。全面落实党风廉政建设主体责任，认真学习《中国共产党廉洁自律准则》和《中国共产党纪律处分条例》，将党风廉政建设工作与政协业务工作同部署、同督促、同落实，推动党风廉政建设工作深入开展，营造了风清气正的良好氛围。获市直绩效目标考核一等奖。三是经常性工作常抓常新。完成《铜仁百景》《铜仁百俗》编辑出版任务，争取到国家旅游局原局长邵琪伟和省政协原主席龙志毅分别作序，成为推介“梵天净土·桃源铜仁”的精品力作。扩大对外宣传。在《人民政协报》专题专版宣传铜仁政协履职成效，应邀参加《中国政协》杂志新闻宣传会并作经验交流发言，在省级以上主流媒体刊发稿件340余篇，充分传递了正能量。认真开展内外联谊，主动加强与苏州、潍坊市政协友好合作交流，积极参加区域政协联谊活动，精心举办市政协新年茶话会，组织开展市政协书画院“书画师进校园”活动，进一步丰富内外联系渠道，努力为铜仁发展聚众智、汇人脉、集人气。

【市政协一届四次会议】 2015年2月4日至7日，市政协一届四次会议在铜仁市碧江区开幕。市委书记刘奇凡出席会议并作《凝心聚力携手奋进 奋力谱写铜仁改革发展新篇章》的重要讲话。市政协主席陈达新代表市政协常委会作工作报告，市政协副主席时晓军代表市政协常委会作一届三次会议以来提案工作情况的报告。市委副书记、市长夏庆丰，市人大常委会主任雷甘霖和市委、市人大、市政府、市政协、铜仁军分区其他班子成员和市“法检”两长出席会议。会议期间，委员们学习讨论市委书记刘奇凡作的重要讲话，听取并审议通过市政协常委会工作报告、市政协提案工作情况报告，列席市一届人大四次会议，听取并协商讨论政府工作报告和其他有关报告，会议共收到提案231件，经审查立案221件，实际交办210件。

【武陵山片区政协主席联席会第一次会议】 2015年10月19日至20日，武陵山片区政协主席联席会第一次会议在铜仁召开。省政协党组副书记、副主席黄康生到会听取意见并讲话。市委书记夏庆丰到会祝贺并致欢迎辞。市政协主席、联席会第一次会议轮值主席陈达新主持会议。市委常委、市政府副市长、国家民委驻铜仁市联络员赵铸代表国家民委派驻武陵山片区联络员发言。武陵山片区政协主席联席会18个成员单位主席、秘书长出席会议。

武陵山片区政协主席联席会由铜仁市政协提议，黔江区、宜昌市、恩施自治州、邵阳市、怀化市、张家界市、湘西自治州政协联合发起，益阳市、常德市、娄底市、遵义市、武隆县、丰都县、石柱自治县、彭水自治县、酉阳自治县、秀山自治县政协参与，共18个成员单位。本次会议深入贯彻习近平总书记在2015减贫与发展高层论坛上的重要讲话精神，围绕《武陵山片区区域发展与扶贫攻坚规划》与国家“十三五”规划纲要有效衔接，以助推交通基础设施互联互通和争取国家政策支持为主题开展广泛深入协商，审议通过《武陵山片区政协主席联席会章程》《武陵山片区政协主席联席会共同建议》和《武陵山片区政协主席联席会第一次会议纪要》，形成了推动武陵山片区共同团结进步、共同发展繁荣、共同实现小康的共识，发出了深化合作共赢、扩大开放创新、打造武陵山片区发展共同体的响亮声音。《武陵山片区政协主席联席会共同建议》提出49项政策和项目诉求呈报全国政协。

【全省智力支边工作现场会】 2015年6月25日，全省智力支边工作现场会在铜仁市石阡县召开，总结推广铜仁智力支边助推扶贫工作的成功经验。这是全省智力支边工作现场会连续三年两次在铜仁市召开。会前，市委办、市政府办印发《关于加强新形势下智力支边扶贫工作的意见》，成为全国、全省第一个专门针对智力支边扶贫工作的文件。《意见》明确了智力支边扶贫坚持“围绕中心、服务大局”等四项原则，包括开展咨询服务等七项任务，推动与现代农业产业园区建设等五个相结合，推动智力支边扶贫工作“全新升级”，成为会议一大亮点。

省政协副主席班程农，市委书记、市长夏庆丰出席会议并讲话。省政协秘书长李月成参加现场观摩。市政协主席陈达新致辞。省政协副秘书长石超主持会议。市委常委、石阡县委书记皮贵怀，市政协副主席王能军出席会议并作交流发言。市政协秘书长李科良出席会议。农工党贵州省委、民进贵州省委、遵义市、铜仁市、黔西南州支边办、石阡县作大会交流发言，其他民主党派省委、省工商联和市州作了书面经验交流。

（市政协办公室）

民主党派·工商联·群团

工　　会

【概况】2015年，铜仁市总工会突出服务职工群众，着力抓好职工思想教育和素质提升，着力加强职工维权服务帮扶和构建和谐劳动关系、着力以改革创新精神加强自身建设狠抓各项工作的落实。

一、实施“五大行动”，创新推动工会工作上台阶

（一）开展建功立业劳动竞赛活动，引导全市广大职工积极投入经济建设主战场。一是抓好劳模评选表彰工作。认真做好全国、省劳动模范（先进工作者）评选推荐工作，荣获全国劳模3名，省劳模36名；启动开展首届铜仁市五一劳动奖状（奖章）、五一巾帼标兵岗（标兵）评选表彰工作，对18个“铜仁市五一劳动奖状”、66名“铜仁市五一劳动奖章”和5个“铜仁市五一巾帼标兵岗”、23名“铜仁市五一巾帼标兵”进行授牌表彰。二是做好劳模管理服务工作。建立各级劳模（先进工作者）数据库，健全完善劳模档案信息400条，实现动态化管理；按时完成2015年25名全国劳模补贴审核上报和2014年23名全国劳模补贴发放工作。三是积极创建劳模创新工作室。全市新建劳模创新工作室18个。四是大力开展职业技能劳动竞赛活动。积极组队参加省总举办的制茶、数控、电脑设计、焊工等职工技能大赛，全省制茶比赛中，铜仁市选手刘仁军、蔡宏樟分别荣获手工乌龙茶一等奖、手工红条茶优秀奖；联合有关部门举办第三届的士车驾驶员和驾校教练技能比赛、全市护士岗位技能竞赛、全市动物卫生监督知识竞赛、“五比一创”劳动竞赛活动等，在全省护士岗位比赛中荣获决赛团体一等奖、重症监护护理组一等奖等各类殊荣，全市参加活动单位达210余家职工8700余人。

（二）积极开展和谐劳动关系创建活动，促进职工队伍稳定和社会和谐。一是积极开展劳动关系和谐企业创建活动。明确2015年劳动关系和谐企业重点创建示范单位3个，向上申报省级劳动关系和谐企业6家。二是加强工会组织规范化建设。明确乡镇工会规范化建会目标59个；继续推进铜仁新型“职工之家”创建活动，全市新建示范单位122家，完成全国模范“职工之家”4家、全国“模范职工小家”4家、省级模范“职工之家”8家、省级“职工小家”5家以及2个全国优秀工会干部的推荐申报工作。三是扎实开展“农民工集中入会”行动。采取每个小组包干指定方式进行督查指导，以示范带动、整体推进的方式最大限度地把农民工组织到工会中来。农民工会员数达26万人。四是积极开展工资集体协商要约活动。明确工资集体协商典型示范达标建设单位10个以上。进一步抓好市、区（县）两级工资集体协商指导员队伍建设，明确专（兼）职指导员14名。五是认真按照要求抓好厂务公开民主管理工作。明确厂（院校）务公开示范建设单位10个以上，完成10家省厂务公开民主管理示范单位申报推荐工作。

（三）抓好职工素质提升工作，不断提升工会服务科学发展、服务职工群众的能力和水平。一是认真抓好“明礼知耻·崇德向善在企业”全市职工践行社会主义核心价值观主题宣教活动。推荐各类好书20本、发放推荐书籍2000册、收集读书心得80余篇；扎实开展“廉政教育进企业”工作，市郊供电局、铜仁妇女儿童医院、石阡农村信合等3家单位被评为全市“廉政教育进企业”示范单位。二是开展“劳模上讲堂”活动。各级工会到机关、园区、工地等开展劳模先进事迹报告会70多场次，弘扬劳模精神；宣传发动200多个基层工会近8000余人收看了“五大行动”等工会工作宣教片。三是加强职工理论知识培训。全市工会系统开展新闻信息宣传、工资集体协商指导员、财务知识培训等共22期1386人。同时加强工会干部队伍自身建设，组织市、区（县）两级工会系统干部70人分批分期赴青岛、苏州市总工会干部学校开展工运理论和素质提升、工会经费税务代收工作培训。四是加强职工书屋建设。申报全国职工书屋示范点1家、省级职工书屋示范点10家。五是开展书香三八——阳光女性·幸福中国征文活动。积极组织广大女职工参加书香“三八”——“健康女性·幸福中国”征文活动，收集整理上报征文稿件20篇。六是认真抓好职工志愿者队伍建设。联合市道路交通运输局、教育局、广播电视台、交警大队等部门，组织350台出租车、25辆公交车、375名驾驶员开展了“仁义之城·爱心送考”职工志愿者服务活动。七是认真开展好全市职工文体活动。围绕省九运会，先后举办全市职工羽毛球、乒乓球等比赛，获省九运会网球女子团体冠军、男子团体第三名。

（四）推进维权帮扶工作，切实维护职工合法权益。一是维护职工合法权益。2015年5月全总对铜仁农民工工资清欠维权工作给予通报表扬；全市受理劳动纠纷案件249件，办理处置196件，转相关部门处理53件，追讨民工工资8323万元，协调工伤补助985万余元，涉及职工、农民工6975人。2015年，市总工会荣获“全省法律援助先进集体”，工会干部旷晓明等10人荣获“全省法律援助先进个人”称号。二是开展走访慰问和农民工“平安返乡”服务活动。全市筹集慰问资金685.2万余元，慰问困难职工、农民工、单亲困难职工子女7189人；帮助2854名品学兼优的贫困学子解决上学问题，全市工会筹集金秋助学资金260多万元；联合有关部门启动开展农民工“平安返乡”暨“雁归·暖冬志愿服务”行动。三是积极开展促进就业活动。积极与人社局、智鼎人才市场等联合组织开展“春风行动”“就业援助招聘活动”“农民工专场招聘会”“高校毕业学生——阳光就业行动”等招聘会共39场，提供就业岗位2.5万多个，达成用工意向1.8万余人。四是大力实施工会“一十百千万”雁归圆梦工程。在市、区（县）总工会组织实施“一十百千万”雁归圆梦工程，帮助返乡农民工实现创业就业，投入帮扶资金228万元重点帮扶雁归示范企业38个、扶持自主创业103个。五是启动建立工会法律服务律师团。市、区（县）总工会启动建立法律服务律师团，进一步推进职工法律维权服务，提高工会法律服务工作水平。六是积极推进职工医疗互助保障试点工作。在市直行政事业单位启动开展职工医疗互助保障试点工作，积极探索实施职工医疗大病补助。参与单位达66个、职工5227人，收取互助金52.27万元。七是认真开展“双万”活动和“爱心之家”建设活动。全市结对帮扶272人，“爱心之家”挂牌11家，投入资金15万元。八是开展安全生产宣传工作。联合有关部门到海螺水泥厂、百丽鞋厂等企业和工业园区开展“职业病”防治检查工作。九是开展抗洪救灾工作。积极配合地方党政做好抗洪救灾工作，全市工会系统共筹集并投入抗洪救灾资金66.8万元。十是开展无偿献血活动。联合市献血委员会开展以“我为人人、人人为我”为主题的职工（农民工）无偿献血活动，活动期间给予城区250名职工（农民工）献血误工补助5万元。

（五）组织实施“节能减排大参与”行动，着力动员广大职工在铜仁“中国梦”建设中作出新贡献。一是开展“节能减排‘五小’”活动。组织开展小发明、小革新、小改造、小设计、小建议等节能减排“五小”活动，征集“五小”优秀成果101项，拟推荐上报“五小”优秀成果40项。二是开展节能减排宣传活动。积极参加全国节能宣传周活动和全国低碳日宣传活动，全市工会发放节能减排宣传资料5000余份

(册)；充分利用工会网站、微信普及节能环保知识，不断提高职工的节能环保意识。

（六）加强自身建设，提高服务能力和水平。一是扎实开展“三严三实”专题教育，切实抓好机关作风建设。查摆出领导班子“不严不实”问题4条、班子成员“不严不实”问题6条，针对存在的问题提出了具体整改措施，做到立行立改，切实推动作风建设。二是深入开展面对面、心贴心、实打实服务职工在基层“六个一”活动。领导班子成员深入联系区（县）、重点企业调研16次，服务帮扶困难职工21户，开展“工会大讲堂”活动7次。三是加强工会机关“五种管理”能力建设。在全市工会机关切实加强提高“数字管理”“标准管理”“程序管理”“细节管理”和“风险管理”五种能力建设，着力提高工会干部的工作能力和服务水平。四是加强工会经费收缴和管理工作。健全完善工会、财政、税务协调推动工会经费财政计拨、地税代收工作机制；联合市财政局、人民银行铜仁支行积极开展基层工会依法开设银行独立账户、经费实行独立核算工作；开展工会经费财务大检查和中央财政专项帮扶资金管理使用情况专项审计审查工作，进一步规范全市工会经费收、管、用工作。五是加强黔湘渝工会工作交流协作。由铜仁高新区管委会、市总工会牵头，邀请湘西自治州、凤凰县、花垣县、酉阳县、秀山县总工会于6月在铜仁高新区举办黔湘渝园区工会工作交流协作座谈会暨首届黔湘渝“和谐杯”文体联谊活动，活跃了边区职工群众的文化体育生活。

【实施工会“一十百千万”雁归工程】一是开展“创业扶持”。市、区（县）总工会分别帮扶1家以上“雁归人员”创办的企业，为企业贷款贴息3万至5万元；扶持10名“雁归人员”自主创业并提供创业指导服务，为每个自主创业的“雁归人员”贷款贴息3千至5千元。二是开展“技能帮您找工作”。市、区（县）总工会联合人社部门分别为100名共1300名“雁归人员”免费提供职业技能培训并取得技能认证，为每名“雁归人员”提供500至1000元的技能认证经费补助，申请该项目经费的“雁归人员”办理电工等级证的人数达1015人。三是开展“招聘会送岗位”。市、区（县）总工会分别为1000名共1.3万名“雁归人员”提供就业服务，会同市人社局等有关部门举办各种招聘会提供就业岗位2.5万多个，达成用工意向1.6万余人。四是开展“维护劳动权益”，向全市10000名“雁归人员”赠送《职工劳动权益手册》，进一步提升农民工法律知识水平和依法维权意识。同时，抢抓省总开展的“雁归圆梦”工程为契机，加大扶持力度，全市明确重点帮扶雁归示范企业38个、扶持自主创业103个，投入帮扶资金228万元。

【“中国梦·劳动美——全市职工法律知识大竞赛”系列活动】2015年3月启动开展了以“学法知法守法用法、全面推进依法治市”为主题的“中国梦·劳动美—全市职工法律知识大竞赛”系列活动。开展法律知识进“家”活动：将涉及劳动关系、职工维权等方面的《劳动法》《劳动合同法》《工伤保险条例》《职业病防治法》《女职工劳动保护特别规定》等法律法规编印成《职工实用法律法规手册》1万册赠送全市各基层工会；开展网上法律知识有奖答题活动：充分运用网络宣传载体，开设了工会法律知识网上答题系统，全市各级工会认真组织职工踊跃参与答题，参与人数达2万余人，并随机抽出500名幸运答题者，发放纪念品价值1万余元；举办“中国梦·劳动美——全市职工法律知识”抢答赛：各基层工会积极开展法律知识抢答赛选拔赛，并抽派39支参赛队156名选手参加了5月19日至20日举办的全市职工法律知识抢答赛预决赛。据统计，全市参与法律知识竞赛的职工达600多人，市、区（县）总工会及市直基层工会举办抢答赛预赛、决赛30多场。

（市工会办公室）

共青团

【概况】2015年，铜仁市共青团工作切实把加强青少年理想信念教育作为根本任务，把做好新形势下青年群众工作作为重要职责，把投身美好幸福新铜仁建设作为工作主线，把加强团干部作风建设作为关键环节，创造性地推进各项工作，取得较好成绩。

一、实施“青春向心力”工程，引领青少年思想政治建设

一是组织开展“明礼知耻·崇德向善”青少年道德讲堂、“红领巾道德讲堂”专题讲座。开展“优秀传统文化在我身边”活动、“缅怀先烈·共圆梦想”主题队日活动及“网上祭英烈”寄语活动。举办了铜仁城区首届全民健身暨“庆五四——拥抱青春·放飞梦想”徒步活动、“红领巾相约中国梦——关注少代会·当好小主人”主题队日活动、“庆六一·童心接力中国梦”少儿书画比赛、“流动少年宫·城乡小学生手拉手”体验活动、“相会在七夕·情定亚木沟”交友派对活动。二是加强对新媒体的运用力度，开通“铜青声”微信公众号、“青年之声·铜仁”平台，全年在各级新媒体上发布宣传报道186次，发布新浪微博515条，腾讯微博广播428条，微信272条。

二、实施“青春争先力”工程，助推铜仁经济社会建设

一是开展“最美青工”推荐、评选活动。铜仁市王雷当选全国“岗位践行价值观·青春建功中国梦”寻找“最美青工”第二季全国“最美青工”。在全市范围内评选了22名“最美青工”。二是开展“青春聚力改革·创业创新创优”青年文明号创建、命名工作。对市政府政务服务中心等40个青年文明号集体进行授牌，铜仁供电局电费收费班等41个青年集体被命名2015—2016年度铜仁市“青年文明号”创建集体。铜仁市贵州创淘电子商务有限公司获全国青年文明号命名，全市9个青年集体获2013-2014年度省级“青年文明号”称号。三是树立青年典型，塑造学习榜样。团市委联合市文明办、市直机关工委开展“最美青年”评选活动，评出“最美青年”30名。四是围绕“五个100”工程，组建青年突击队235支，评选表彰“全市优秀青年突击队”“全市优秀青年突击手”各10个。思林发电站#4机组A修青年突击队获2014年度贵州省“千支突击队·立功献青春”五星级青年突击队称号。

三、实施“青春攻坚力”工程，抓实共青团品牌工作

一是抓好希望工程建设。全年全市各级共青团组织筹集希望工程资金2092.3365万元，其中，援建希望小学5所，援建希望食堂1所，援建希望宿舍1所，援建希望童园81所；募集物资（衣物、文具、图书等）55578件，折合金额324.203万元；救助贫困学生2703人次，募集助学款748.903万元。承办了“2015姚基金希望小学篮球季贵州站（铜仁）”公益活动。二是狠抓春晖行动工作。开展了“春晖行动——我与家乡共发展”系列活动，全市计开展春晖行动宣传12场次，座谈会32场次，发放资料3000余份。积极树立春晖行动先进典型，全市7名春晖使者获“优秀春晖使者”，荣获春晖行动先进集体、春晖行动贡献奖集体各1个，荣获春晖行动先进个人、春晖行动贡献奖个人各1名。积极争取春晖行动相关项目。松桃县2名学生被致公培养计划录取;碧江区3名教师参加春晖行动农家女培训项目。三是开展青年创业就业工作。以“雁归·暖冬志愿服务行动”为平台向广大返乡人员发放了《铜仁市雁归工程实施方案》等宣传资料10万余份。积极参与“青春范·创业号”—“接在外奋斗的贵州小伙伴回家过年”主题活动。动员大学生毕业生、有技能有想法的年轻人回乡创业，2015年开通运营青年创办的村级农村淘宝服务站80个，组织开展电商业务及普及知识培训5场次。在铜仁高新区建立铜仁市青年创业孵化园，投入资金40余万元。开展创业沙龙、大学生走进园区等活动5场次。开展了市级青年创业带富示范点申报评选工作，申报命名了40个市级青年创业带富示范点。

四、实施“青春感染力”工程，展示青年模范带头作用

一是做好志愿者工作。成立铜仁市志愿服务联合会，2015年底，全市实名注册志愿为129916人。组织开展“雁归·暖冬志愿服务行动”“3·5”学雷锋志愿服务活动、“圆梦行动·爱心助考”高考志愿服务活动、组织志愿者志愿者参与2015年中国梵净山生态文明与佛教文化论坛志愿服务活动、“相会在七夕·情定亚木沟”

交友派对志愿服务活动、铜仁市撤地设市4周年纪念日暨首个市民日志愿服务活动、12·5国际志愿者日走进福利院志愿服务活动。二是加强青少年维权工作。建立铜仁市预青专项组QQ群，编写上报预青专项信息49期。组织召开了“共青团与人大代表、政协委员面对面“座谈会，团市委提交的《关于强化预防青少年违法犯罪工作保障的建议》被市“两会”纳入重点督办提案和建议。建立了共青团铜仁市委法律援助站，全年处理各类来访咨询31例。联合市检察院、市关工委举办全市合适成年人队伍培训班，对全市105名合适成年人进行培训。在高校开展4场“因艾黔行——公益报告进校园”活动。德江、江口、玉屏、石阡、印江、沿河留守儿童自立自强中心建设项目建设完成投入使用。开展“花季护航—法治精神进校园”系列宣传活动48场，发放各类宣传资料2万余份，为近3万名中小学生（包括留守儿童）普及和宣传了与青少年相关的法律法规。

五、深入开展团的基层组织建设，提升团员青年自身能力

一是完成全国、全省、全市“两红两优”推报及命名表彰工作。9名团员青年获“全省优秀共青团员”，8名团干部获“全省优秀共青团干部”、8个基层团委获“全省五四红旗团委”；10个团支部获“全省五四红旗团支部”称号。命名表彰32个市级“五四红旗团委”、34个市级“五四红旗团支部（总支）”、52名市级“优秀共青团干部”和58名市级“优秀共青团员”。二是加强团干部队伍建设。推荐派出8批次共32名团干部到北京、贵阳、苏州等地学习培训。与市委组织部、市委党校联合举办全市基层团干部培训班，100名基层团干部接受培训。与市银监局联合选派9名金融系统优秀年轻干部到基层团委挂职，进一步深化了银团合作，提高了团组织农村金融服务水平。三是开展“团干部如何健康成长”大讨论活动。结合团干部“常态化下沉基层”“走进青年、转变作风、改进工作”大宣传大调研活动和市委关于领导干部遍访贫困村贫困户的工作部署，组织机关干部走访慰问创业青年、农村留守儿童和基层团干部，了解基层实际情况、为青年排忧解难。开展了主题为“自省自励、懂得感恩，克服缺点、虚功实做，坚定信念、远离贪腐”的“团干部如何健康成长”大讨论活动。

（团市委办公室）

妇女联合会

【**概况**】2015年，市妇联组织聚焦妇女减贫脱贫，聚力妇女创业就业等方面做了大量细致的工作，取得丰硕成果。市妇联获2015年全省妇联目标绩效管理考核奖第一名、工作创新奖第一名；获铜仁市2015年度特别贡献奖。被中国妇女发展基金会列为“@她创业计划”全国首批两个试点单位之一；《中国妇女报》头版头条以《贵州铜仁:“母亲电商”打造创业扶贫新模式》宣传报道了铜仁市母亲电商工作情况。

一、参与经济建设有新业绩

全市全年发放妇女小贷11528万元，扶持1359名妇女创业，带动妇女就业4000余人。完成“三女”（持家女、锦绣女、家政女）培训1560名。开展了全市“汇丰锰业”杯巾帼创业就业摄影大赛，编辑出版了2015年第一期《铜仁视窗》妇女创业就业专刊3000册。“松桃苗绣”获贵州省唯一国家地理保护标志，石丽平所在公司列入全国特色文化产业项目，获得“贵州省文化产业示范基地”“贵州省妇女手工创意设计示范基地”称号，杨丽企业成功注册“黔绣”商标。

二、社会化维权工作有新举措

将妇女信访代理补助经费纳入司法行政机关人民调解个案补贴范围。10月，召开了全市妇女信访代理工作推进会。全年为妇女代理信访案件86件，为50名妇女提供法律援助。《贵州群众工作》第三期刊登了铜仁市《深化“暖心大姐”信访代理品牌，探索妇女参与群众工作新思路》的典型材料。市妇联撰写的《从女性性别角度对建设公共厕所的几点建议》，得到相关部门的高度评价并采纳。

三、文明家庭建设有新发展

举办全市“最美家庭”与慈母、贤妻、孝女先进事迹报告会，评选出“铜仁最美家庭”42户，在《铜仁日报》上进行专题宣传报道，晒出家庭照片1220幅。开展“书香家庭·亲子共读”活动，组织开展“千名学子感恩母亲”教育活动。举办家庭教育专题知识讲座30余场次；积极创办网上家长学校，铜仁市网上家长学校获全国家长学校建设实验基地称号。在全省率先探索开展0—3岁儿童早期家庭教育工作，

四、自身建设有新进步

加强建设学习型、廉洁型、服务型、创新型“四型”党组织，取得了显著成效。6月，被市委组织部评为先进党组，并作为市直机关唯一代表，在全市作交流发言；被市直机关工委评为先进基层党组织、先进党员志愿者服务队。推动解决落实“妇女人均一元钱”工作经费，实现了10个区县全覆盖。市妇联领导班子先后8次深入党建联系点开展调研帮扶工作，全年解决帮扶资金物资项目7.6万元，开展各种调研、宣讲、培训、帮扶活动8次。着力打造升级版“妇女之家”14个，投入资金16.7万元，有效树立服务型基层妇联组织品牌。启动了“万名妇干下基层 五级联动强服务”活动，开展“进万家门、访万家情、结万家亲”活动。招募“爱心妈妈”7800余名，帮扶留守儿童13000多名，编织“恒爱行动”毛衣710件。

五、积极主动开展“八争”工作

2015年市妇联争取到全国、省妇联各类妇女儿童关爱项目资金物资661.7万元，争取到苏州市妇联对口帮扶资金40万元，用于留守儿童关爱、巾帼刺绣女培训和母亲电商服务站工作。成立了贵州省妇女儿童发展基金会铜仁市工作站，募集社会爱心资金149万元。农村留守家庭关爱工作，获得时任全国妇联副主席喻红秋的肯定批示。以“深化‘暖心大姐’信访代理品牌，探索妇女参与群众工作新思路”为题，被刊登在2015年《贵州群众工作》第三期。

六、完成妇女儿童“两个规划”终期评估工作

市妇儿工委要求各区（县）督促其成员单位攻坚“两个规划”重难点指标。推动市政府办印发了《关于开展“两个规划”实施情况督查工作的通知》，对市直31个妇儿工委成员单位进行督查。10月，顺利通过省妇儿工委督导组的终期评估工作督导。11月，国务院妇儿工委办副主任张立赴铜开展“两个规划”工作调研，并给予充分肯定。

【探索“母亲电商”服务站有新成效】为引领广大妇女积极投身大扶贫发展战略，市妇联主动将“互联网+服务”思维融入到妇女创业就业中，探索打造了社区服务型O2O“母亲电商服务站”，形成全市妇女电商创业扶贫工作的新亮点。挂牌成立了“铜仁市巾帼电商创业培训基地”“铜仁市母亲电商创业指导中心”。在碧江区建立了“母亲电商服务站”旗舰店，建设了8个“母亲电商社区服务站”。争取到“@她创业计划”玫琳凯基金60万元，解决和带动下岗女性、进城务工妇女、女大学生创业就业500余人。该项工作荣获铜仁市2015年度特别贡献奖；被中国妇女发展基金会列为“@她创业计划”全国首批两个试点单位之一；《中国妇女报》头版头条以《贵州铜仁:“母亲电商”打造创业扶贫新模式》宣传报道了铜仁市母亲电商工作情况。

【动员社会力量关爱妇女儿童有新举措】成立贵州省妇女儿童发展基金会铜仁市工作站，募集社会爱心资金149余万元。全年争取到上级各类妇女儿童关爱项目物资资金662余万元，其中争取到中国妇基会“母亲健康快车—导乐分娩关爱服务”6个项目点，共计480万元的设备器材。市妇联与市司法局联合出台《关于进一步加强婚姻家庭纠纷调解和信访代理工作的意见》，将妇女信访代理补助经费纳入司法行政机关人民调解个案补贴范围。10月，召开全市妇女信访代理工作推进会，总结交流典型经验，安排部署下步工作。全年为妇女代理信访案件86件，为50名妇女提供法律援助，有效地维护妇女的合法权益。

（市妇联办公室）

工 商 联

【概况】2015年，市工商联牢牢把

握“两个健康”工作主题，深入开展“三严三实”专题教育，在教育培训、调查研究、参政议政、招商引资、县级工商联“五好”建设、驻村帮扶等方面取得一定的成绩，圆满完成各项工作务。民营经济占全市GDP比重持续提高，达58.9%。

一、加强学习教育，提升思想政治水平

采取多种形式，组织非公有制经济人士认真学习贯彻党的十八届五中全会，全国工商联第十一届六次常委会、省委十一届六次全会、全市经济工作会和市委一届八次、九次全会精神；组织市直属商会及江口县商会非公经济人士200余人，在江口县举办庆祝中国共产党成立94周年暨“民营企业家守法诚信廉洁自律”主题教育活动；全市90余名民营企业管理人员参加省工商联举办的“优秀会员企业家成长计划”培训班；市直属商会70余人参加市政府和厦门大学举办的“武陵之都·引领武陵发展论坛”讲座；14家民营企业负责人参加省工商联举办的公司上市培训；42名非公有制企业家参加由市委组织部、市委统战部、市工商联在大连民族学院联合举办为期5天的“铜仁市民营企业家培训班”；一名副主席和5名非公有制经济人士参加由省工商联组团赴德国、瑞士，开展商会及经贸交流合作洽谈活动。

二、加强调查研究，积极参政议政

组织非公有制经济人士紧紧围绕制约民营经济发展，社会热点、难点问题深入基层工商联、直属商会和会员企业开展调研，撰写调研报告和提案，全年撰写调研报告5篇、团体提案6件，部分意见和建议得到了相关部门的采纳和借鉴。市直属各商会会长、非公企业家代表多次参加市委、市政府主持召开的经济工作、政企座谈会，纷纷为铜仁市经济社会发展建言献策。

三、抢抓机遇，招商引资工作取得新突破

一是抢抓机遇精准招商。中央统战部副部长、全国工商联党组书记、常务副主席全哲洙7月率队来铜开展商会工作专题调研，对市工商联（商会）工作给予了充分肯定，表示愿意为铜仁招商引资工作牵线搭桥。市委市政府高度重视该项工作，省政协副主席、省工商联主席李汉宇，市委书记夏庆丰，市委统战部部长陈康，市政协副主席、市工商联主席谢卫等领导多次率工商联等市直部门赴全国工商联汇报、对接招商引资工作。二是走出去请进来招商。全年有十多批次200余人来铜投资考察，初步达成意向性项目40余个。三是联合招商。谢卫主席率市委统战部、市投促局、大龙开发区、铜仁高新区有关负责人及各区县工商联主席赴苏州、宜兴等地开展招商引资工作。四是送商上门。组织市直属商会相关企业家及银行负责人200余人赴松桃县、江口县和思南县开展送商上门活动。五是委托招商。委托苏州市工商联（总商会），在苏州商会杂志设置专栏免费推介铜仁的重点招商引资项目。2015年，经全市各级工商联牵线搭桥，推介或间接引进项目60余个，涉及资金160多亿元。

四、优化五大平台，服务非公经济能力进一步增强

一是优化法律服务平台。与铜仁黔锦律师事务所共同建立民营经济法律服务工作站，同市司法局共同组织律师为全市100余名民营企业家开展法律知识培训。二是优化金融服务平台。推荐民营企业到冠群驰骋投资管理有限公司贷款；组织14家民营企业负责人参加上市培训；与上海股权托管交易中心股份有限公司共同建立“上海股权托管交易中心·贵州省铜仁市工商业联合会企业挂牌孵化基地”；与中国银行铜仁市中心支行、贵州银行等金融部门召开银企交流座谈会，帮助企业解决贷款、融资难题。三是优化经济服务平台。与市国税、地税、工商等部门共同签署《铜仁市民营企业家服务联席会议制度》，组织100余名民营企业家参加第24个税收宣传月启动仪式并进行相关培训；组织20余名企业家参加检察开放日活动。四是优化用工服务平台。组织30多家民营企业参加雁归工程活动招聘会，提供就业岗位200余个，达成就业意向人数122人。五是优化人才服务平台。推荐贵州天龙啤酒有限公司董事长陈先进、贵州省松桃梵净山苗族文化旅游产品开发有限公司董事长石丽平参加“贵州省2015年度贵商人物”评选活动，分别获得“贵州省十大创富精英”和“贵州省十大返乡创业标兵”称号；认真开展民营企业家职称评审工作，申报专业涉及工程、农业、会计三大类，高中初级职称送评202人，其中：报省级评审称118人（高级、中级），市级评审84人（中级、初级）。通过省级评审获得高级职称98人，通过市级评审获得中级职称36人、初级职称16人。

五、做好中心工作，工商联工作迈上新台阶

（一）县级工商联“五好”和“双百双千”工作。碧江、玉屏、江口、石阡、印江、德江、沿河县工商联作为全省第二批县级工商联“五好”建设单位上报省工商联获得批准。组成调研组多次对上述区县创建工作进行调研和指导。通过多方协调，为省级美丽乡村示范点碧江区漾头镇茶园山村，解决相关项目资金110万元用于基础设施建设。全市新建商会组织45家（市级2家，县级43家），新交非公有制经济人士朋友456名，引进项目29个，涉及资金14.23亿元。

（二）社会公益、驻村、禁毒帮扶和五城联创工作。积极引导广大非公有制经济人士在精准扶贫、捐资助学、社会公益、关爱老人方面累计捐赠各类资金2000多万元；为石阡县五德镇政府综治办、李家园村分别解决综治工作经费、驻村工作经费各0.5万元。协调县供电局、水务局为李家园村增设变压器一台（价值10万元），解决自来水建设项目资金30万元；为“独生子女”、孤寡老人和困难群众发放慰问金0.4万元、棉被20床；发放中华红丝带健康包160个；5月、12月，两次组织干部职工赴万山区鱼塘乡开展禁毒帮扶工作，捐助中华红丝带健康包260个、发放禁毒宣传资料200余份。为帮联小区碧江区线务站小区解决技防设施改造经费1万元。

（三）工商联自身建设工作。一是选派1名县级干部到北京民族干部培训班学习2个月，1名副县级干部出国考察学习，1名科级干部参加铜仁市第29期中青班为期2个月的集中学习，3名干部赴大连参加“铜仁市民营企业家培训班”学习培训，2名干部参加省工商联组织的“会员组织数据填报”培训。二是指导成立市广东商会、市旅游业商会，完成铜仁市福建商会的换届工作，全市有市直属商会9个、会员总数12295个（企业会员705个、团体会员195个、个人会员11395人）。三是继续开展“三个开刀”专项整治行动。建立公车燃油使用、公车维修保养、单车结算台账，强化精细化管理，“三公”经费与上年相比有了明显下降。

【市工商联获2014年度全国地市级和中心城区工商联项目奖】2015年初，由全国工商联、中华工商时报举办的2014年度工商联（商会）工作亮点系列评选结果揭晓，铜仁市工商联“创新招商引资工作机制”获全国十大地市级和中心城区工商联项目奖，是贵州省唯一家获此殊荣的单位。

【铜仁市工商联召开一届四次执委会暨助推县域经济发展——走进松桃资源推进会】3月24日至25日，市工商联在松桃县召开一届四次执委会暨助推县域经济发展——走进松桃资源推进会。工商联执、常委，各区县工商联主席、市直属商会会长等120余人参会。工商联党组书记韦敏传达学习党的十八届三中、四中全会，省委十一届五次全会，省、市经济工作会议及省工商联十一届三次执委会精神。会议选举增补了陈云珍等6名执委和杨勤等22名常委。

【苏州市工商联考察团来铜考察交流】3月30至4月1日，苏州市政协副主席、市工商联主席、总商会会长姚东明率苏州市工商联考察团一行12人来铜考察交流。考察团一行实地考察铜仁市碧江灯塔工业园区和铜仁高新区部分企业及锦江河旅游资源。市委统战部部长陈康，市人民政府副市长夏虹，市工商联主席谢卫出席座谈会。会上，夏虹副市长对铜仁市招商引资资源作了推介。姚东明主席对铜仁市良好的生态环境和投资环境表示高度赞赏，他希望苏铜两地企业家精诚合作，达到优势互补。希望两地工商联进一步深化交流合作，强化企业对接，不断挖掘合作潜力，在发展中建立良好的合作关系，携手共创美好未来。

【全国工商联城市基础设施商会天津市贵州商会考察团来铜考察】 4月12日至14日，由省政协副主席、省工商联主席、省总商会会长李汉宇带队，全国工商联基础设施商会、天津市贵州商会企业家一行70余人来铜经贸考察。13日，召开助推铜仁经济发展招商引资项目推介会，李汉宇主席出席会议并作重要讲话。推介会上，全国工商联城市基础设施商会、天津市贵州商会、北京成龙慈善基金会、深圳美芝装饰设计工程股份有限公司共向全市捐赠善款270万元。

【铜仁市工商联深入开展民营企业家守法诚信教育实践活动】 7月1日，市工商联在江口县举办庆祝中国共产党成立94周年“守法诚信 廉洁自律”主题演讲比赛。活动中，谢卫主席指出，在经济发展新常态下，民营企业家更应做到守法、诚信，要坚定理想信念，做发展升级的推动者；要强化守法意识，做依法经营的自律者；要倡导公平竞争，做市场秩序的维护者；要恪守诚信美德，做义利兼顾的实践者；要树立奉献理念，做共同富裕的促进者。随后，全市各商会民营企业家代表180余人进行了守法诚信宣誓，并开展“守法诚信、廉洁自律、服务社会、圆梦中国”集体签名活动。演讲比赛中，14名选手紧紧围绕“守法诚信·廉洁自律”主题结合市场经济民营企业发展的时代背景进行声情并茂的演讲，抒发对党的热爱之情，表达了民营企业家爱党爱国之心和对党的感激之情，努力营造守法诚信的良好社会氛围。

【市工商联举办非公有制经济代表人士“迎中秋 庆国庆 话发展”联谊会】 9月22日，市工商联主办2015年铜仁市非公有制经济代表人士“迎中秋·庆国庆·话发展”联谊会。市委副书记、代理市长陈晏出席并讲话。市政协主席陈达新，市委统战部部长陈康，副市长张明，市工商联主席谢卫出席联谊会。陈晏代表市委、市政府向各位企业家朋友和广大客商致以节日的问候，并衷心感谢大家为全市经济社会发展所作的积极贡献。他希望非公经济人士要保持定力、坚定信心，适应新常态、把握新机遇，力争在新一轮经济社会发展中实现更大作为。铜仁各大商会、全省项目观摩会企业代表，市直相关部门、铜仁高新区、大龙开发区等有关负责人参加联谊会。

【市政协副主席、市工商联主席谢卫率队赴苏州宜兴等地招商引资】 10月15日至18日，铜仁市政协副主席、市工商联主席、商会会长谢卫率市直相关部门及铜仁市各区县工商联主席赴苏州、宜兴等地开展招商引资活动。苏州市政协副主席、市工商联主席姚东明、苏州市委统战部副部长、市工商联党组书记谢正才及苏州市50余名民营企业家参加推介会。铜仁市投促局、铜仁高新区、大龙开发区、碧江经开区分别作了招商引资推介。此次推介会共推介项目200余个，初步达成意向性项目20个。10月17日，考察团一行参观江苏省华东石材市场并召开座谈会。会上，双方就如何做好铜仁石材市场、打开市场销路、提升品牌形象进行了深入交流。

【市政协副主席、市工商联主席谢卫到玉屏自治县田坪镇开展遍访工作】 12月24日，市政协副主席、市工商联主席谢卫到玉屏自治县田坪镇庆寨村、罗家寨村开展遍访工作，为贫困户送去慰问金和慰问品。

（市工商联　徐信）

文学艺术

【概况】 2015年，铜仁市文学艺术界联合会着力打造黔东“德艺双馨”文艺领军队伍，深入挖掘铜仁丰厚的历史文化、红色文化、民族文化、佛教文化和生态文化资源，创作生产一批既有鲜明时代特色，又有鲜明地域特色的优秀作品，努力建设梵净文化体系，构建武陵文艺高地，为建设文化强市，实现铜仁全面建成小康社会的奋斗目标提供了价值引导力、文化凝聚力、精神推动力。

一、创新激励机制

第一届市委常委会第115次会议审议并通过《铜仁市文艺创作五年工作计划（2015—2019）》，市委办、市政府办以铜党办发〔2015〕43号文件在全市印发，将实施计划所需经费纳入每年全市文化发展基金予以解决，为组织实施文艺精品创作扶持，办好《铜仁文艺》季刊、提高《梵净山》文学双月刊质量，开展“深入生活、扎根人民”主题实践活动等提供了保障新机制。设立文艺创作扶持基金，出台《铜仁市文艺创作扶持基金实施暂行管理办法》，加大对优秀作品的扶持力度，鼓励现实题材、爱国主义教育题材、重大革命和历史题材，挖掘反映铜仁民族文化、生态文明题材文学艺术作品创作和出版，积极推出一批具有铜仁元素的优秀文艺作品。

开展三项评奖。市委宣传部、市文联主办，市作协、市诗联学会承办“我和城市同嬗变”主题征文评选，14件作品获等次奖，12件作品获优秀奖；市文联举办第四届“梵净山年度文学奖”评选，五件新人新作获奖，《中国作家》杂志主编王山、省文联副主席、省作协主席欧阳黔森等出席并颁奖；开展第二届铜仁市优秀文艺期刊评比活动，对10个区县文联主办的文艺刊物进行评比，《印江文学》《黔东作家》《乌江文学》《松桃文学》《石阡文艺》荣获2015年度全市优秀文艺期刊奖，6名责任编辑被评为优秀责任编辑，从整体上促进各区、县文联内刊办刊质量与水平的提高。

二、不断巩固和拓展文艺新阵地

办好“两刊”。编印《梵净山》文学双月刊六期，发挥创刊30年品牌效应，打造“黔东实力作家群”；编印《铜仁文艺》季刊四期，以书法、美术为主，涵盖戏剧、曲艺、摄影、音乐、舞蹈、民间文艺、电视艺术九个艺术门类作品。

编辑出版系列文丛。编辑出版“美丽乡村·文化村落·黔东名镇”系列丛书第二辑《本庄的表达》，《黔东文学精品文丛》，《2015年度铜仁作家作品选》等，做到每年出一批作品，推一批文艺家，展示一批文化名镇。

建设采风创作和成果展示基地。德江被列为中国作家创作基地、石阡白沙镇被省美协列为创作基地、江口被贵阳画院列为创作基地、沿河被《散文诗》杂志社列为创作基地，并分别授牌；市文联先后在梵净山文化旅游区、学校、特色民族村寨建立铜仁市“文艺创作基地”“文艺成果展示基地”，在铜仁凤凰机场等地建立“铜仁作家书店”“书画创作培训基地”，为市内外的广大文艺家深入黔东大地提供了创作条件和文艺作品展示平台。

建设网络文艺新阵地。在建好“梵净山文艺网”“武陵作家”QQ群的基础上，新建“铜仁文艺”微信群，抢占新媒体时代文学艺术发展的制高点，构筑铜仁“精神高地”。

三、扶持文艺新人

通过“请进来、走出去”方式培养优秀文艺人才。积极推荐中青年作家（编辑）到鲁迅文学院少数民族作家（编辑）班深造学习，组织参加全国文联组联工作会、全省市州县文联负责人研修班、西南六省作协工作联席会议，开拓视野。邀请叶辛、王山、刘庆邦、弋舟等名家与贵州籍作家何士光、欧阳黔森、戴冰等来铜举办文艺讲堂、改稿，提升文艺创作水平。

实施铜仁市“1+X”文艺人才传帮带工程，首期60名省级以上知名作家艺术家传帮带130名文艺新人。各协会努力推荐发展国家级、省级和市级新会员，大力培养铜仁文艺领军人才队伍。推进文艺进校园，发现和培养文艺苗子，为铜仁文艺事业持续繁荣培养新生力量。

四、打造梵净文化系列文艺活动品牌

开展“深入生活、扎根人民”主题实践活动。通过市区县文联、协会联合开展百名作家、百名书画摄影家走进玉屏茶花泉、仡佬民俗文化村、生态文明示范区开展“深入生活、扎根人民”主题创作实践活动，特邀湘黔渝边区知名作家走进本庄镇开展采风创作和座谈交流活动，组织作家、艺术家跨境联盟开展作家艺术家蹲点深入生活，创作了一批接地气、有温度的精品佳作。

组织开展“中国梦”主题文艺创作活动。市区县文联和协会团结广大文艺工作者，围绕“中国梦”主题和地域重点题材，创作上千件优秀文艺作品，出版《心灵的守望—黔东作家访谈录》《茶园山文化解读》《思南石林神话故事集》《思南非物质文化遗产》《乌江船工号子》《思南民间歌谣》《思南民间故事》《乌江——远去的歌谣》《夜郎国都在思南——乌江就是牂牁江》《乌江奇石荟萃》《石阡故事》《魅力德江》《松桃密码》等20余部文化专著。

承办全省少数民族文学创作改稿班和首届武陵山区青年文学笔会。由省文联、省民宗委主办，省作协、市委宣传部、市文联共同承办了第八届贵州省少数民族文学创作改稿班暨贵州少数民族文学创作会议。与此同时，省作协、市委宣传部、重庆市作协、湖南省作协、湖北省作协主办，市文联承办了武陵山区首届青年文学笔会，共有60多位知名作家出席，会上，还共同签署了“关于轮流承办武陵山区青年文学创作暨高峰论坛交流协作会议倡议书”，市委、市人大常委会、市政府、市政协主要领导和分管联系领导出席并致欢迎词。

围绕中心，开展系列文艺主题创作、展示和义拍义卖等活动。印江自治县承办了“严寅亮杯”全国书法作品大赛；石阡县承办了邱石冥文化陈列馆开馆仪式暨贵州省第八届行草书大展，省人大常委会副主任周忠良出席并宣布开幕，省书协驻会副主席、秘书长杨昌刚，省美协副主席乔任侠等出席并颁奖。邱石冥文化陈列馆开馆仪式暨贵州省第八届行草书大展还举行“温泉之城·长寿石阡”贵州省第八届行草书大赛颁奖仪式、“贵州省美术家协会创作基地”授牌仪式、贵州省第八届行草书大赛获奖作品展、“新锐·实力”铜仁15人书法精品展、“黔东名家书画作品义拍义卖”系列活动，其中，37件黔东名家书画作品义拍义卖总额18.2万元，将用于送文化下乡、资助残疾人艺术等慈善文化公益事业，是铜仁市首次举办本土书画作品义拍义卖活动，吸引全市上百家企业参加。

实行“上下联合、左右互动”，在省文联和省级文艺家协会的大力支持下，市区县文联和协会还联合开展作家进校园、名家论经典、中国梵净山生态文明与佛教文化论坛活动“梵净山书画展”、2015年“石阡电视专题采风邀请赛”“和谐杯”渝湘黔二省一市边区书法邀请赛、中国（贵州）第一届国际民族民间工艺品文化产品博览会书画大赛铜仁选拔赛、“祖国好·家乡美”书画征文、梵净山第三届风光摄影大赛、中国·玉屏风光风情摄影大赛、“纪念中国人民抗日战争暨世界反法西斯战争胜利70周年”爱国主题教育、贵州铜仁·湖南怀化文艺交流等“请进来、走出去”采风创作以及“六进村”、送春联进万家、党建帮扶、社区帮联、综治联系等文艺惠民活动。

市作协、美协、摄协等协会先后与重庆市的黔江、酉阳，湖南的张家界、湘西、怀化，湖北的恩施，贵州的遵义、黔东南等市、州、区的文联及文艺家协会联合开展采风、展览、交流等活动，极大开阔全市广大文艺家的学习创作视野，提高了创作水平。市诗词楹联学会还参加湖北恩施举办的湘鄂黔渝毗邻民族地区第七次诗词年会、重庆秀山主办的第八届中国楹联文化研讨会，激发了创作热情与灵感，创作了大量好作品。

五、文艺创作成果丰硕

作家安元奎的散文《二十四节气》被中国作协列为2015年度少数民族文学重点作品扶持项目，作家唐玉林被省委宣传部、省文联作为“黔山七峰”之一面向全省、全国推出并在《文艺报》专版展示，铜仁籍作家江晨舟（网名Fresh果果）的小说《花千骨》多次再版并改编为同名电视剧、漫画，唐玉林、林亚军、林盛青、滕树勇、何立高、张吉翔、龙秀海等人的六件作品获第六届贵州省政府文艺奖，末未、龙险峰分获第二届贵州少数民族文学创作“金贵奖”，梁沙获第二届尹珍诗歌奖新人奖；张顺永、徐进、张西铭、林亚军的四个大型剧本入选《贵州省创作剧本丛书现实题材卷》，林亚军、张璋的戏剧小品获贵州首届“群星奖”

二等奖，张学金、雷云飞获三等奖，田淼指导的戏剧小品分获第四届大学生艺术展演全国二等奖、全省一等奖；王安刚、侯兴平获贵州省书法艺术“青年十佳”，赵胜选荣获贵州省第八届行草书大赛一等奖，宋德芳、杨芳坤获二等奖；沈国青的国画《烽火岁月》入选民革中央、中国文联、中国美协“民族魂”——纪念中国人民抗日战争暨世界反法西斯战争胜利70周年美术作品展，杨小兵的国画《侗乡情》获第七届贵州省美术作品展铜奖，杨修林、王晓晴获贵州美术2014年度“优秀美术家”称号，张清雪获“成就奖”；滕树勇的摄影《灾后救援大接力》获第25届全国摄影艺术展优秀奖，杨兴华获贵州省摄影艺术“青年十佳”；黄旭获2015亚洲音乐大赛国际总决赛声乐组民族唱法金奖，覃春江获第十届中国音乐金钟奖贵州选拔赛三等奖；《舞阳河》（江子 词曲）获“黔岭歌飞”贵州省第二届少数民族歌曲创作作品大赛二等奖，《相约九龙》（龙瀑 词、田应昌 曲）获三等奖；卢慧指导的舞蹈获贵州第四届大学生艺术展演舞蹈类一等奖，田淼指导的舞蹈获三等奖。郑一帆、末未、陈丹玲、安元奎、罗漠、崔晓琳、梁沙、苗裔等作家在《民族文学》《山花》《星星诗刊》《长江文艺》《贵州作家》《花溪》等文学报刊发表作品120余件。2015年，铜仁市作家郑一帆加入中国作协，版画家张清雪加入中国美协，摄影家李铭亨、罗登权、郑剑玺加入中国摄协，音乐家祝修明加入中国音协，市诗词楹联学会吴光权、刘兴林、田越英加入中国楹联学会，33人加入省级协会，展示了铜仁文艺繁荣发展新形象。

（市文联　谭晓红）

残疾人联合会

【概况】2015年，市残联把残疾人事业融入全市经济社会发展大局整体推进，进一步改善残疾人平等参与社会生活的物质条件和社会环境，推动全市残疾人事业持续健康发展。

市残疾人托养中心建设项目动工建设，总规模8000平方米，中央彩票公益投资1600万元；全市发放9080名一级重度残疾人护理补贴资金，由省、市、县财政按50%、20%、30%比例拨付，市级拨付各区（县）资金总额123.456万元；投入资金970.985万元，5752名不同类别残疾人得到不同程度的康复或康复训练服务；投入资金310.3万元，创建残疾人创业就业示范点17个、示范户120户，辐射带动305名残疾人就业脱贫；投入资金86万元，举办26期残疾人职业技能和农村实用技术培训，免费培训残疾人1760人。采取多种形式新增残疾人就业1291人；投入资金73.32万元，为767名残疾人实施了教育补助；投入资金75万元，为1500名智力、精神和重度残疾人实施了“阳光家园”居家托养服务。

【“两个体系”建设成效明显】政府主导，残疾人基础服务设施建设取得突破性进展。市康复中心（康复医院）采取“公建民营”方式引进资金和技术力量，将其打造成武陵山片区的示范性康复医院。市残疾人托养中心建设纳入了全市2015“民生十件实事”，完成一期4000平方米，二期4000平方米（在建）。规范基层组织建设。在全市172个乡（镇、街道）配备残联专（兼）职理事长和专职委员，并将其纳入全市干部理论培训统一计划，联合市委组织部，在市委党校举办1期乡（镇、街道）残联理事长培训班，培训时间7天。为172个乡（镇、街道）残疾人专职委员落实每人600元工作补贴。

【服务残疾人民生更加深入】把残疾人创业就业作为改善残疾人民生推动同步小康的重要举措，印发《扶持残疾人创业就业实施办法》，全面组织实施“残疾人百点千户万人创业就业工程”，明确每年各区（县）创建1-2个残疾人创业就业示范点，10户以上残疾人家庭创业示范户，每个示范点市级补助5－10万元，每户家庭创业示范户市级补助0.5－2万元。补助资金33万元，在江口、印江、石阡等县开展残疾人创业就业“整县推进”工程。联合市委组织部实施基层党组织助残扶贫工程，采取能人夫户、党员干部帮、一帮一，三帮一，不拘形式多方帮助贫困残疾人家庭发展生产、增加收入，帮扶活动以贫困残疾人家庭“不脱贫、不脱钩”为工作目标和要求，149户贫困残疾人家庭得到帮扶脱贫，投入资金29万元。

【残疾人工作载体更加丰富】进一步提升全社会扶残助残、支持残疾人事业的责任感和主动性，积极创造和谐友爱的残疾人事业发展人文环境。“全国助残日”期间，市领导走访慰问市特教学校和市儿童福利院康复基地，送慰问金各1万元；市残联解决市特殊教育学校职业培训基地建设经费10万元，改善了办学条件。以文体竞技活动为载体，树立残疾人精神榜样。精心组织残疾人运动员参加了3次国际比赛和全国第九届残运会暨第六届特殊奥林匹克运动会、公开赛，共获6枚金牌、6枚银牌、5枚铜牌，充分展示了残疾人的体育才华，发挥全市残疾人体育赛事综合效应和示范引导作用，推动残疾人体育运动项目的普及和提高，同时选拔出一批优秀残疾人体育运动苗子。强化残疾人职业培训，组织符合条件的有驾驶意愿的残疾人在专业驾驶培训学校培训，14名残疾人获C5驾驶执照，市残联补助每人培训费5000元；协调市就业局，委托国家级残疾人职业培训机构铜仁玉昆中专在市特殊学校举办了计算机维修工、中式烹调、家畜饲养、种植业4个专业3期培训，581人获职业技能等级证书；开展残疾人精准扶贫，对符合条件的3.3万名残疾人建立精准帮扶对象数据库。以行业扶贫，产业项目扶贫，社会力量帮扶，定点联系结对帮扶等多种方式，因地制宜、分户施策，积极帮助残疾人扶贫对象理清发展思路、找准发展路径、改善基础设施、落实增收项目，促进贫困残疾人脱贫增收。

（残联　詹吉亭）

中国国民党革命委员会铜仁市委员会

【概况】2015年民革铜仁市委以着力提高“五种能力”为主线，切实加强自身建设，以深入推进坚持和发展中国特色社会主义“五学三贡献”学习实践活动为载体，认真学习贯彻中共中央、贵州省委，民革中央、贵州省委的重要会议精神，各项工作取得新成绩，为助推铜仁市经济社会科学发展作出新的贡献。

一、履职工作成绩突出

（一）建言献策效果明显。民革铜仁市委担任各级政协委员，人大代表的党员51人，全年提交提案89件，建议8件，社情民意4件。其中，在省“两会”上提交建议2件，提案10件，以民革省委的名义报送提案3件；在市“两会”上提交建议2件，党派提案7件，委员提案20件，大会发言4件；在各区（县）“两会”上提交建议4件、提案49件。《关于加快发展铜仁文化旅游产业的建议》获市长重点督办件，《关于做大做强铜仁中心城市的建议》在市政协大会上作重点发言，获夏庆丰书记重点批示。全年编发社情民意7条，其中市政协采用2条，民革省委采用2条，省政协采用1条，省人民政府采用2条。德江县支部被评为民革省委“参政议政先进基层组织”，陈琴被评为“参政议政优秀个人”，《铜仁市农村外出务工人员返乡创业就业情况调研报告》被评为“八佳参政议政成果”。

（二）民主监督、政治协商受到重视。民革铜仁市委及其政协委员、人大代表、特约人员积极参加相关部门民主监督工作会议、旁听法检两院司法诉讼10次共4人。参加中共铜仁市委、市政协、市委统战部组织的各类民主协商会、座谈会、通报会6次，并积极建言献策，部分意见建议得到采纳。参与市“十三五”规划建议、市政府工作报告、全市经济社会发展重大事项等问题协商，提出“加快铜仁生态文明建设”“推进山村幼儿园建设”等意见建议，得到与会领导的充分肯定和高度重视。

（三）调查研究取得新突破。一是积极参加市委统战部、市政协组织的视察、调研活动，认真思考，积极发言；二是民革铜仁市委就民营企业融资难、铜仁市全民守法情况等重点、热点问题深入开展调研，完成3个重点调研课题，得到有关部门的关注和采纳。其中，2015年与民革贵州省委联合开展的关于民营企业融资难的调研，对民营企业突破发展瓶颈提出建议。幼专支部主委李以盛牵头开展的“铜仁市山村幼儿园可持续发展”调研获2015年市委重大决策问题研究课题，形成的调研成果得到各级领导和社会认可，极大助推了铜仁市教育均衡发展，对全省、全国都有决策参考意义。习近平总书记、刘延东副总理，省委书记陈敏尔、副省长陈鸣明先后在相关材料上作出重要批示，高度肯定铜仁对山村幼儿园建设的探索和努力。2015年10月，夏庆丰书记在第四届反贫困与儿童发展国际研讨会暨亚太儿童早期高峰论坛发展作的山村幼儿园建设专题发言，引起研讨会上600多位国内外专家学者共鸣和热议。

二、自身建设工作规范有序

（一）思想宣传工作成效显著。1. 有序推进“五学三贡献”学习实践活动向纵深发展。

一是把开展“五学三贡献”学习实践活动作为重要的政治任务，制定2015年《开展“五学三贡献”学习实践活动的工作方案》，明确指导思想、目标任务、活动内容和工作要求。二是强化全体党员端正学习态度，以多种形式开展理论学习，切实提高民革党员的政治理论修养。三是创新活动方式，把学习中共十八大精神与学习民革十二大精神、党章党史相结合，与学习多党合作理论相结合，与学习、树立和践行社会主义核心价值体系活动相结合，采取集体学习、撰写学习心得、自学等多种形式，在党员中掀起热潮。印江自治县支部举办民革知识竞赛活动，激发党员学习热情。邀请民革贵州省委领导深入基层支部，开展宣讲活动，营造了浓厚的学习氛围。全年组织专题学习9次，培训会1次，推荐基层组织班子成员、优秀党员35人次参加中央、省、市社会主义学院、党外干部培训班学习。四是评选先进典型，树立履职尽责榜样。3人获得民革省委“贵州民革学习实践活动优秀党员”荣誉称号，13人获民革铜仁市委“五学三贡献”学习实践活动先进个人表彰，并通过《贵州民革》杂志、贵州民革网站、市委统战部网站进行广泛宣传，为全市民革党员树立“身边”的榜样，进一步激发党员爱岗敬业的热情。组织开展了向民革党员蔡立忠学习的活动，号召广大党员学习其自觉践行社会主义核心价值观的高尚风范。

2. 精心策划纪念中国人民抗日战争胜利暨世界法西斯战争胜利70周活动系列活动，关爱抗战老兵。

一是组织书画界党员进行主题创作。遴选《英烈永存》等8幅美术作品参加民革省委举办的纪念抗战胜利70周年书画作品展，中国画《烽火岁月》作为民革省委唯一代表参加民革中央、中国美术家协会举办的纪念抗战胜利70周年美术作品巡展。二是开展“寻找身边的抗战老兵”活动。学院支部与民革市委看望、慰问铜仁市106岁高龄的抗战老兵杨昌文，并邀请民革省委为其录制音视频史料。三是开展缴纳特殊党费活动。号召全体党员为“中国远征军黔籍抗日殉国将士纪念碑”修建捐资，共募集修建资金20700元。四是开展开展“观故居，走多党合作之路”“瞻仰抗战遗址·缅怀先烈”爱国主义教育活动。组织党员代表重走滇西抗战之路、参观民革前辈李根源故居，表达民革党员对抗战英烈和民革前辈的深切缅怀之情。

3. 宣传工作进一步加强、影响扩大。

一是拓宽宣传渠道，开通微信宣传群、QQ群等信息交流平台，以图文并茂的形式及时向全体党员通报宣传动态，充分调动广大党员的积极性和参与度。二是依托报纸、报刊、网站、电视等新闻媒体加大对外宣传力度，认真开展宣传工作，全年编写简报86期，专报26期，电视台新闻报道10次，比上年度提升270%。在人民政协、民革中央、贵州民革、贵州政协报刊或网站等各级媒体刊发信息140余篇（条），2名党员分别接受省、市新闻媒体访谈。三是《团结报》订量迅增，2015年共订阅了200份，位居全省第一。

（二）组织建设稳步推进。2015年，民革贵州省委决定开展以“五学三贡献六加强”为主题的“组织建设年”活动，制发了

"组织建设年"活动实施方案，出台《民革贵州省委关于进一步加强基层组织建设的指导意见》，民革市委按照其精神结合实际也制发相关意见，组织建设稳步发展。一是党员发展依规进行，结构趋向合理，党派特色初现。全年发展新党员18人。二是内部组织结构健全，活动开展有力度，社会影响在扩大。按照民革中央，省委的要求与党员发展地具体情况，适时调整了各专委会的成员，相继成立了民革铜仁市委法律服务中心、中山书画院、中山艺术团。三是通过开展以"五学三贡献六加强"为主题的"组织建设年"活动，切实地加强了与基层支部的领导班子建设，对基层支部首次推行年度目标考核，民革市委与基层支部的"五种能力"得到显著提高，支部与统战部及党员相关单位中共党组织的沟通与联系更加顺畅，支部活动与相互交流的形式内容不断创新，与发达地区民革组织交流合作不断取得新进展。支部活力、凝聚力、张力、履职力全面增强。

（三）制度与机关建设更趋规范。一是完善修编原有的制度。二是分别制定各专委会、法律服务中心、中山书画院、中山艺术团的组织管理制度。三是制定《支部工作年度考核办法》，通过量化考核，提升支部调研报告、议案、提案、社情民意的精品率。四是严格遵守中共中央八项规定和中共贵州省委十项规定，推进机关工作规范化、程序化，发挥机关的综合协调、服务保障作用。完成各类重大会议和活动的材料起草、会务组织、后勤接待等工作。

三、社会服务工作亮点纷呈

（一）发挥自身联系广泛与特色优势，智力帮扶特色鲜明。一是发挥"民革贵州省委企业家联谊会"作用，为民革党员所办农业企业加强交流、优势互补、整合资源、合力推动农业产业化升级，为周边农民无偿提供技术服务。二是积极联系、推动校企合作，铜仁市旅游学校在大明边城挂牌建立教学实训基地、铜仁职院校外实训基地挂牌，贵州道兴建筑质量检测公司在铜仁职院工程学院挂牌建立建筑质量检测中心。三是依托民革市委法律服务中心平台，对农民工进城就业，失地农民土地征用、房屋拆迁等方面进行法律宣传与咨询，并对经济困难的群众进行法律援助。为民革党员、人民群众、招商企业提供法律咨询20余次，办理司法援助法律案件30件。四是依托省级名师教育平台、幼专支部幼教资源，深入边远地区开展教育支边、示范性教学活动10次，培训教师500余人次，学生40个班次。五是依托"中山书画院""中山艺术团"，开展丰富多彩的文艺活动，产生了较好的社会影响。六是依托民革医务工作者开展义诊下农村活动。

（二）立足当下，讲求实效，继续关爱困难群众与学生。市委及各支部通过慰问群众、关爱孤残儿童、看望慰问贫困母亲、义送春联送祝福等多种形式帮助困难群众解决实际问题，共帮扶困难群众600余户，帮扶物资、资金共计40余万元；帮扶困难学生400名，帮扶资金10万余元。如市直一支部与市委先后两次到市特殊教育学校开展主题活动，送蛋糕，献真情，和全体师生家长欢聚一堂，载歌载舞，共度佳节。德江县支部开展慰问困难党员活动。市直三支部、四支部与碧江总支部联合碧江区坝黄镇苗哨溪村开展帮扶活动。市直一支部、四支部、五支部联合到江口县怒溪镇田坝溪村开展帮扶助学活动。

（三）着眼长远，凸显特色，综合打造一区县一新村社会服务新亮点。一是全力协调项目资金，着力改善基础设施。协调交通项目资金260万余元，为江口县民和镇军屯村修建通村公路。松桃自治县支部、印江自治县支部、市直五支部分别深入边远少数民族寨，向通村公路修建伸出援手。思南县支部出资金、出技术帮扶思南县大河坝镇黑鹅溪村"互联网+"电子商务信息平台建设。二是着力引进推广现代山地高效农业科技，特别是台湾山地高效农业发展与经营管理模式。三是着力构建与发挥民革法律服务中心、三农工作专委会、"中山书画院"、"中山文化艺术团"等平台，切实全面开展综合社会服务工作。2015年协调省发改委为思南县香坝镇先峰村新农村建设安排项目资金2000万元，2015年到位500万元；为德江县钱家乡黄土村新农村建设落实第二批资金600万元（总资金1600万元），松桃自治县列入2016新农村建设帮扶计划。

（四）结对帮扶社会服务新模式。2015年，民革铜仁市委相继与民革苏州市委、天津南开区委、上海市联一总支、金山区委、虹口区委、福建宁德市委等分别签订“同心共创”帮扶协议。在联系联谊，在爱心助学、农技培训、结对帮扶等方面，取得了明显成效。其中，民革苏州市委为江口县三中投入近20万元修建音乐室，每年资助江口县一中困难学生50名，免费派2名教师前来支教，在苏州免费为江口培训教师。

四、密切关注台海形势、创新开展祖统工作

认真学习领会中共中央对台工作的大政方针，认真贯彻祖统工作的政策与精神，密切关注台海形势，举办了台情形势专题讲座，接待台湾来铜考察8人次。邀请台商到铜考察、交流，原中国国民党15-18届中央委员，台湾国际青年商会总会长，中国国民党妇女部主任，台湾区电机电子工业同业公会组大陆首席代表颜素秋，台湾禾榕国际股份有限公司、宝凯（临沂）农业有限公司总经理，中国淡宁书法学会理事长孙莹宝于7月10至12日到铜仁考察，双方就两岸经济、文化、教育等问题进行友好交流。组队赴澳门参加了“中华情·两岸三地纪念抗战胜利70周年演讲比赛”，参赛选手取得很好成绩，展示了铜仁市苗族、侗族、土家族青年学子的风采。进一步深化铜仁市三所高校与台湾高校合作模式。印江支部走访慰问印籍台胞台属。

（民革铜仁市委办公室）

中国农工民主党铜仁市委员会

【概况】2015年来，农工党铜仁市委在中共铜仁市委和农工党贵州省委的领导下，紧紧围绕全市科学发展、后发赶超、同步小康建言献策，认真履行参政议政和民主监督职能，各项工作取得成效。

一、政治理论学习得到加强

通过市委会、支委会和专题学习会等形式，认真学习中共十八届四中、五中全会精神和习近平总书记视察贵州重要讲话精神，中央统战工作会议和《中国共产党统一战线工作条例（试行）》。深入学习全国、省、市“两会”精神，农工党中央、省委有关会议精神。精心组织，积极参加农工党省委举办的纪念农工党成立85周年“学精神、学党章、学党史”知识竞赛，荣获第二名。选派童明镜代表农工党省委参加全国“学精神、学党章、学党史”知识竞赛荣获三等奖。11月在广州市社会主义学院举办党员培训班，全市各支部39名骨干党员参加培训，本期培训班是农工党铜仁市委举办的首期外省培训班。培训期间，全体参训党员聆听了农工党党史、广州同心大讲堂等专题讲座，赴黄埔军校旧址、辛亥革命历史博物馆、大元帅府、七十二烈士墓进行现场教学接受爱国主义教育，赴广东惠州的农工党中央党史教育基地——邓演达纪念园参观学习，重温邓演达先生生平事迹与农工党的光辉历程。共选派30余名党员参加中央统战部苏州培训中心、省社院、市社院等学习培训。

二、农工党中央和苏州市委对口帮扶工作有新突破

10月29日至11月2日，农工党中央妇女工作委员会主任孙晓梅率调研组一行，就铜仁市关爱留守儿童及妇幼保健工作情况进行专题调研。7月，农工党苏州市委来铜开展对口帮扶工作，在江口县举行农工党苏州市委对口帮扶铜仁市签约、捐赠仪式。现场捐赠“科普一点通”仪器1台，新华字典和图书1800册。设立江口县第二小学同心公益奖教金，开展题为《学校文化建设的思考与实践》的培训讲座。11月第二次到该小学开展对口帮扶活动，拟连续三年为其提供每年3万元的资金帮扶，同时还赠送“花季音乐教室”乐器设备。

三、履行党派职能凸显成效

在省政协十一届三次会议上，王能军委员向大会提交提案5件。其中，《关于请求加大支持贵州大龙经济开发区申报国家级经济技术开发区力度的建议》《关于

在铜仁市万山区建立含钾页岩资源研发中心的建议》2件提案作为农工党省委提案提交；牵头与农工党省委杨瑞东委员、遵义市毛良知委员提交《关于列项建设“大龙经石阡至遵义湄潭高速公路”的建议》联名提案1件；个人提案2件分别是《关于整合新型农村合作医疗与城镇居民基本医疗保险制度的建议》《关于加大对万山资源枯竭型城市转型发展扶持力度的建议》。在市政协一届四次会议上，提交《关于进一步加大铜仁市马铃薯产业化发展助推主粮化的建议》等党派提案8件，提交《关于进一步提升铜仁城市文明形象的建议》等个人提案或联名提案18件，其中《关于进一步加大铜仁市马铃薯产业化发展助推主粮化的建议》《关于引导规范铜仁市物业服务行业及市场的建议》和《关于加强基层食品安全监管能力建设的建议》3件被列为市政府重点督办提案，《关于全面加强社区卫生服务工作的建议》被评为优秀提案。2015年，组织各支部社情民意信息员开展了社情民意专题培训，共提交社情民意23篇，农工党省委采用5篇，居全省第二位。联合农工党遵义市委向农工党省委提交《关于规划建设贵州环省高速公路黔东北（道真—务川—沿河）段的建议》。农工党市委选送的《万山资源枯竭型城市转型发展调研报告》被农工党中央评为三等奖，同时被中共贵州省委统战部评为优秀调研报告。以此报告改编为省政协委员提案，并作为农工党省委“政协委员”话贵州2015第四期的内容在贵州电视台播出。4月农工党省委秘书长蒙爱军率文史联络委到石阡就“六和文化”进行调研，对该县“六和文化”建设现状、推广情况“问诊把脉”，提出意见建议。农工党市委先后组织开展铜仁市产业园区发展现状和债务化解、乌江流域（铜仁段）生态环境保护、全市职业教育空间布局、建立区域性远程影像中心等调研，分别形成了调研报告上报相关部门。特别是8月开展的乌江流域（铜仁段）生态环境保护调研，中共铜仁市委十分重视，专题召开了由市委、政府领导和30多个部门参加的调研座谈会，所提意见建议得到中共铜仁市委、市政府的采纳。这是铜仁市首次政党协商会，开启铜仁市协商调研之先河。

四、社会服务工作反响良好

2月，农工党市委主委王能军一行深入碧江区六龙山乡瓮慢村、牛场村和玉屏自治县平溪镇杨柳村走访慰问困难群众，为他们送去大米10袋、毛毯10床、现金2000元。由农工党市委牵线搭桥，广东同心圆慈善基金会援建的江口县快场村卫生室建成投入使用。9月，先后到玉屏自治县平溪镇杨柳村、石阡县白沙镇三合村小学开展慰问捐赠活动，为杨柳村13户计生贫困家庭送去慰问金13000元、大米13袋，为三合村小学30名家庭贫困学生捐赠助学金12000元、为受灾困难群众送去慰问金3000元。在第八届中国环境与健康宣传周期间，市医支部医疗专家到市福利院开展义诊活动，市委联合举办以“农村环境与健康”主题的第八届中国环境与健康宣传周活动，得到群众的一致好评。10月，开展第27届国际科学与和平周敬老院义诊活动。为玉屏、江口两县中医院协调到5名参加江苏南京和广州市佛山中医学科建设团队实训班名额，无偿提供15天的培训。碧江、玉屏、综合、江口、石阡、德江等支部先后开展“同心义诊·服务基层”、健康体检活动、法律专题讲座、免费义诊、送医下乡等各类活动近20次，惠及群众近10000人次，免费发放药品价值近30000元，发放医学预防知识宣传资料1000余份，为群众送去福音和温暖。

五、组织发展和宣传工作更上新台阶

2015年发展新党员20名，其中科级干部3名、高级职称8名、研究生1名。农工党员达229名。新成立铜仁学院支部、铜仁职院支部，现有基层支部11个。以开展基层组织“达标争优”活动为契机，切实加强基层组织工作。各支部以及全体党员积极参与“达标争优”，人人争当先进，此项工作得到党派省委高度肯定，并向全省推广。8月，农工党贵州省委2015年基层组织“达标争优”活动经验交流会在铜仁市江口县召开。在农工党省委2015年基层支部“达标争优”活动中，德江县支部、玉屏自治县支部被评为“示范性支部”；碧江区支部、万山区支部、江口县支部、石阡县支部被评为“优秀支部”；综合支部被评为“达标支部”。市委被农工党中央授予“中国农工民主党优秀地市级组织”荣誉称号，成为全省2个优秀市级组织之一。2015年共编印《铜仁农工党工作简报》72期，在《贵州政协报》、农工党省委网站等市级以上媒体发表信息近100篇次。

六、坚持和发展中国特色社会主义学习实践暨“五学三贡献”活动扎实推进

组织各支部党员代表到毕节、遵义学习调研，吸纳先进经验。组织市医支部、石阡支部到石阡县大沙坝乡开展“五学三贡献”义诊活动，接诊当地群众200多人次，党员龙丽娟捐赠价值5000余元的药品现场免费发放。7月组织市医支部、玉屏支部到田坪镇街上开展义诊活动，接诊群众500多人，开出处方签近200人次，免费测量血压300多人，免费发放价值10000余元的药品，让老百姓在家门口享受到了更好的医疗服务。农工党医疗专家还与田坪镇有关部门人员及卫生院负责同志座谈，为镇卫生院的发展提出意见和建议。王能军等农工党市委领导先后多次深入帮扶企业走访调研，详细了解生产经营情况，为企业发展出谋划策。石阡支部为联系点中坝镇卫生院协调2名到县中医院免费学习名额，专题培训该镇医务人员和村医48人次。玉屏支部为联系点平溪镇杨柳村和茅坪村争取社会发展和贫困帮扶资金约15万元，帮助贫困户和计划生育三结合户60户。通过积极主动争取、多次深入调研、召集专家座谈、与有关部门对接，坚持和发展中国特色社会主义“五学三贡献”学习实践活动省、市共建江口基地、石阡基地如期挂牌，将成为全市、乃至全省农工党各级组织参观、学习、考察、调研的重要场所。

七、基层支部活动丰富多彩

江口支部联合在闵孝镇中练村开展“博爱送万家”暨“义诊”活动，为30户困难群众送去价值8000元的大米、棉被、药品等物资。德江支部联合开展“康恩贝健康之旅——老年病防治”博爱行动，为困难家庭的前列腺疾病老年患者争取到康恩贝集团200件价值9万余元的“前列康”药品支持。开展“5·8世界红十字日”义诊咨询活动，现场义诊群众150余人，免费发放药品价值2300余元，发放宣传资料1000余份。并在“5·8红十字博爱周”活动期间，到全县14个敬老院巡回义诊，同时结合全国第七个“防灾减灾日”为全县中小学、社区、企业举办应急救护培训。石阡支部联合开展“迎旅发·强技能”2015年旅游服务人员培训，惠及该县华源国际大酒店、石阡宾馆等酒店200多名从业人员。教育支部与德江支部联合在德江一中成功举办2015年教学大练兵活动，有效促进教师提高科研水平。玉屏支部开展赴茶花泉学习考察活动，并组织专题探讨推介茶花泉景区和宣传油茶文化。综合支部联合开展帮扶工作，为印江自治县木黄镇燕子岩村协调解决村取水点管线建设项目资金4万元。万山支部开展医疗服务社区活动，现场体检群众100多人次，发放宣传资料600余份，解答医疗咨询200多人次。碧江区支部组织召开助推瓦屋乡“同心产业园”发展座谈会，围绕园区建设积极建言献策。协调党员创办的“铜仁广泰医院”作为碧江区“同心医院”示范点并挂牌。市医支部联合开展赴碧江区和平乡献爱心义诊活动，接诊200余人，发放宣传资料100余份并免费发放药品及为患者进行理疗、针灸、艾灸、小针刀、神经组织注射等治疗。

八、党员建功立业成果丰硕

刘五星、谢国祥、李阳三人分别被省人社厅、省卫计委评为“贵州省卫生和计划生育工作先进个人”；张霞被中共铜仁市委、市人民政府评为“铜仁市基层先进工作者”；童明镜荣获农工党中央组织的坚持和发展中国特色社会主义学习实践活动“学精神·学党章·学党史”知识竞赛决赛三等奖；肖洪飞荣获农工党贵州省委组织的纪念中国农工民主党建党85周年“学精神·学党章·学党史”知识竞赛三等奖；李全晖创办的铜仁民生大药房有限公司被铜仁市授予统一战线“同心共创·同步小康”民营示范企业。

（农工党铜仁市委办公室）

军　　事

铜仁军分区

【概况】 2015年，铜仁军分区深入学习贯彻习主席系列重要讲话精神，牢牢把握“整顿、备战、改革、规划”的总要求，按照“举旗铸魂、精武强能、转型融合、整风肃纪、守住底线”的工作思路，狠抓以提高打胜仗能力为核心的各项工作落实，圆满完成年度工作任务，确保部队安全稳定和高度集中统一。

一、思想政治建设富有成效

坚持用习主席系列重要讲话精神领航正向，用党的创新理论占领思想阵地，官兵理想信念坚定、思想根基牢固。

1.创新理论武装入心入脑。按照抓党委中心组带机关、抓机关带人武部的思路，全年组织4期党委机关带人武部理论学习和1期基层理论轮训，注意理想信念的潜移默化效果，营造大道理小讲、深道理浅出的理论氛围。

2.思想政治教育扎实有效。严格落实政治教育基本制度，以两项重大教育活动为主线，对照“四有”军人标准要求，广泛开展“新一代革命军人样子”大讨论和“政治工作怎么看、怎么检验，立起什么样子”大讨论，邀请专家辅导授课，不断提高教育效果。

3.党委机关和干部队伍建设有新进步。及时修订完善《常委会议事决策规则》，常委会议事决策更加科学化、民主化、制度化和规范化。隆重召开军分区第十八次党代会，选举产生了中共铜仁军分区第十八届委员会和新一届纪律检查委员会。注重干部能力素质培养，坚持每周一讲活动，采取以会代训、院校培训、任务磨砺等方式，全面提高干部能力素质。制定出台了《按照“三严三实”要求，从严管住管好干部的措施》《增比进位实施细则》和《干部能效考核评估办法》，树立“靠素质立身、凭实绩进步”的用人导向。

4.“三严三实”专题教育整顿成效明显。坚持把“三严三实”专题教育整顿作为年度大项工作来筹划。以召开党委专题民主生活会为牵引，广泛开展谈心交心活动，常委深入基层征集官兵、职工意见建议247条，对照“四个说清楚”“五个方面问题”，认真撰写对照检查材料，切实向组织说清楚、交明白账。沿河县人武部坚持主官主抓，先后3次召开党委会专题研讨问题整改情况，研究制定整改措施，确保了整改末端落实。军分区“主动向沉疴痼疾开刀”的做法被成都军区《战旗报》头版头条刊载。

5.政治工作准备持续有力。围绕战时政治工作要求，修订完善政治工作作战方案及配套计划。紧贴强军实践加强新闻报道和理论研究，全年在省级以上媒体上稿546篇，刊发政研文章37篇、要讯48篇（条）。思南县人武部新闻报道及政研上稿数量位居分区人武部前列。

二、军事斗争准备稳步推进

1.战备工作抓得紧。强化实案化、实战化训练，修订完善各类计划方案，解决了预案和行动“两张皮”的问题。加强对战备物资器材和民兵巡逻执勤装备进行规范和补充。4月中旬和11月上旬，先后两次组织铜仁市军地联训联演、联合植树造林暨联考联评，累计出动人员2000余人、各型车辆116台（次）、土木工具1700余件，有效提高战备拉动能力。

2.训练基础打得牢。突出抓好首长机关训练，开办每周“干部网上夜校”、开展“周标一图”活动，机关干部的业务素质明显提升；突出“三能”和新老“六会”训练，全年完成首长机关训练45天，315小时，体能训练240小时。结合手榴弹实投，制作模拟训练器材，开展针对性训练，完成全区官兵手榴弹实投任务。

3. 大项任务完成好。出动民兵预备役人员，遂行多样化军事任务10余次，完成抗洪抢险、事故救援、森林灭火、安保执勤、卫星残骸回收等急难险重任务。圆满顺利完成新兵代训任务。军分区组队参加省军区参谋尖子比武集训，荣获团体第一名、个人综合成绩前三名、12个科目6个单项第一的历史最好成绩。在省军地联考联评中，石阡县获得总评第三名，单兵战技第二名、水上救援和3000米越野第五名；万山区获得总评第九名、森林灭火第四名；江口县获得制度性检查优胜单位、水上救援第二名的优异成绩。坚持“全员准备、全力准备、全面准备”，采取普通课目个人训、重点课目集中训、难点课目专题训的方式，圆满完成成都军区半年军事训练监察考核任务，其中作战指挥实用知识考核、体能（3000米跑）、指挥员专业、手枪实弹射击以及司令部、政治部和后勤机关专业及格率均为100%，受到成都军区考核组的充分肯定。

4. 后备力量建设抓得实。深入贯彻省军区“四新”建设现场观摩会精神，严密组织国防潜力数据调查，扎实搞好民兵干部调整、民兵出入转队、整理上报数据表册等工作落实，较好完成民兵组织整顿工作。2月份，组织全市乡镇武装部长集训，所属10个区（县）人武部副部长、170个乡（镇、办事处）武装部长及新交流干部共185人参加集中培训，进一步强化了专武干部业务素养。采取“小兵种大集中、多层次岗位练兵、全要素比武竞赛”等方式，分系统、分层次、分专业组织各类民兵军事训练20余期；完成各类初高级院校2.5万余人学生军训任务。

三、综合保障能力不断增强

着眼实战化需要，狠抓后装科学化管理、规范化建设和综合保障等工作落实，不断提高综合保障效益。

1.专业队伍建设有新加强。采取比武集训、拉动演练、伴随保障等方式，突出抓好后装专业训练，不断提高后装综合保障能力。先后选派11名仓库保管员、7名台站值勤维护人员参加省军区仓库保管员集训和传输台站骨干集训，有效提高装备维修保养能力。

2. 后装管理水平有新提高。严格落实各项规定，进一步完善配套党委理财措施，及时修订完善《军分区财务管理规定》《军分区机关、人武部行政消耗性费用限额标准》等规定。有序推进后勤改革，统一组织全区符合安装条件的公务用车进行OBU电子标签的安装调试，对辖区内的ETC通道进行测试，确保军车规范运行。

3.清理整治有新成效。坚决贯彻执行总部和两级军区关于财务大清查和营房系统“五个专项治理”的一系列指示要求，实事求是抓清查、抓整改、抓治理，做到底数清、情况明，整改有序有力有效。

4. 营区综合治理有新面貌。先后对分区营区道路、抽水房、干休点老干部住房和干部公寓楼等进行维修改造，营造了栓心留人的环境，军分区机关营区被表彰为全军“十二五期间健康营区”。强力推进铜仁市国防动员综合训练基地建设，协调市委、市政府先后投入经费1000万余元，完成基地一期工程建设，确保了新兵顺利入住训练，得到军地各级一致好评。

四、安全稳定工作扎实有效

1.安全理念更加牢固。结合重大活动、任务转换、重要敏感时节，第一时间传达学习上级首长有关安全稳定工作的重要指示，按计划、分阶段开展安全教育，加强安全法规学习，进一步强化官兵、职工“我的安全我负责、他人安全我有责、单位安全我尽责”的意识。按照“动员部署、学习教育、队列训练、自查自纠、总结提高”的步骤，扎实开展“条令月”活动，取得较好效果。

2. 安全管理更加科学。健全安全工作责任制，组织全区干部、职工、战士分层次签订各类承诺书。坚持每季度党委议管、每两月视频大交班会讲评安全管理情况、采取不打招呼的方式进行检查，形成军分区机关按制度指导工作、人武部按制度正规运转、官兵按制度规范的良好氛围。严格落实人员管理制度，对机关工勤人员、驾驶员实行集中居住和教育管理，坚持每日课前点名，确保人人在组织中、人人在教育中。

3.隐患排查更加彻底。坚持人武部每季度、军分区每半年和重大节日组织一次安全隐患集中排查整治，及时发现和消除安全隐患。在全区开展涉密文件资料清理归档工作，对保密室、档案室、传真室、文印室等重要部门的文件资料、涉密载体进行清理清查，有效堵塞失泄密漏洞。三季度采取自查与普查相结合的方式，对营区办公楼、各类库室、食堂、对外租赁房屋的消防设备、水电线路、监控系统等场所和设施进行拉网式排查，及时消除安全隐患。

五、参建参治取得新的成绩

坚持把省军区关于“四项工作”的目标任务融入市委、市政府工作全局，努力寻求军事力量参与的切入点、突破口。围绕“五城联创”持续推动“军民共建文明示范街”创建工作，启动北门社区商业一条街综合整治任务，组织展开铜仁市争创“全省双拥模范城”的创建工作。认真贯彻落实省军区安顺座谈会精神，积极与市委、市政府有关部门协调协作，在市、县、乡、村四级分别组建成立植树造林民兵团、营、连、排，并按照2015年植树造林2万公顷的任务指标进行规划实施。协调地方党委、政府，强化对全区10个民兵团的行政领导和组织指挥，出动民兵栽种各类苗木4700万余株，造林2.54万公顷，超任务指标0.54万公顷。11月13日，在思南县组织召开第二年植树造林誓师大会，成建制组织1500余名民兵参与植树造林活动，种植水杉4万余株，绿化荒山达30余公顷，掀起植树造林攻坚热潮。发挥军地桥梁纽带作用，持续推进市国防馆建设。军分区牵头申请命名的海军“铜仁舰”正式入列服役，得到地方党委、政府的高度认同。有效开展精准扶贫，组织官兵扶贫捐款1.6万元；积极参加以交通、能源、通信、水利为重点的基础设施建设，协调资金修复思南县息乐溪村毁损道路，结对帮扶118名贫困学生完成学业。思南县伤残退伍军人王明礼用自己的伤残金、工资积蓄投入到荒山绿化园区，创建茶叶生产基地，带领农民和退伍军人增收致富，其先进事迹得到贵州省委书记赵克志的高度肯定。5月7日《贵州日报》头版头条、6月11日，《战旗报》头版头条分别以《绿色的怒放》《保持革命军人好样子》为题报道了思南县退伍军人王明礼扶贫攻坚、赤诚奉献，谱写生命赞歌的先进事迹。印江自治县退伍军人卢方武，面对洪水与火灾不退缩，临危不惧、舍身救人，受到当地人民群众高度赞扬，并入选贵州好人榜和中国好人榜候选人。9月15日，联合铜仁市委、市政府召开“铜仁市首届军民融合致富追梦先进事迹报告暨表彰大会”，挖掘、宣传一批优秀退役军人和民兵创业致富典型，营造了广大退役军人和民兵带头创业发展的浓厚氛围。

【组织冬季野营拉练】 1月6日至7日，铜仁军分区开展“重走长征路，铸魂履使命”为主题的冬季野营拉练活动，组织碧江、万山区、松桃县人武部官兵、职工和民兵应急分队490余人，携带轻武器若干支，车辆39台，帐篷30余顶，平均机动距离165，徒步行军平均58公里，跨区域、多方向组织实施战备拉练。拉练以“连锁反应条件下应急维稳救灾行动”为背景，按照重走长征路与重塑理想信念相结合、练体能与练战术相结合、强能力素质与强思想作风相结合的思路，根据实案、实兵、实装、实地的要求，采取机关调控、整体联动、分片实施的方式，重点围绕战备转级、紧急出动、行军与输送、战斗勤务、指挥所开设、宿营、进入阵地、实弹射击、转移阵地等内容展开了演练。通过拉练，强化了官兵的使命意识和打仗意识，历练了军人特有的思想、意志和作风，锻炼提高军分区部队遂行“双应一体”任务的能力素质。

【成都军区政委朱福熙到铜仁军分区视察工作】 1月15日至16日，成都军区政委朱福熙率工作组到铜仁军分区视察工作。朱福熙一行详细了解铜仁党管武装、经济社会发展、军分区部队全面建设情况和铜仁红色文化，尤其是红二六军团在铜仁的历史，充分肯定了军分区成建制组织民兵植树造林的典型做法，要求军分区部队要切实抓实、抓好、抓出成效，推动参加和支援西部大开发工作落地。

【召开军分区党委十七届十次全体（扩大）会议】 1月23日，铜仁军分区党委召开十七届十次全体（扩大）会议，传达学习两级军区党委扩大会议精神，总结2014年工作，部署2015年任务，表彰先进单位和个人。会议审议通过《关于召开中国共产党铜仁军分区第十八次代表大会的决议（草案）》。市委书记、军分区党委第一书记刘奇凡的书面讲话稿下发与会代表，党委副书记欧阳青代表军分区党委作工作报告，党委书记费光明主持会议并讲话。会议还传达学习了省委赵克志书记在贵州省军区党委十三届四次全体（扩大）会议上的讲话精神，陈敏尔省长在沿河自治县走访困难党员时的讲话精神以及市委书记刘奇凡，市委副书记、市长夏庆丰在全市经济工作会议上的讲话精神。军分区党委委员，军分区机关干部，各区（县）人武部政工科长（干事）等人参加会议。会议期间，分别召开了军事、后勤，政治工作对口会。

【集训专武干部】 2月2日至7日，铜仁军分区组织全市170名乡镇武装部长集训。此次集训紧紧围绕基层武装工作和军民融合发展需求，按照“抓基层打基础，抓队伍强素质，抓规范促发展”的思路，采取“院校式教学、连队化管理、过兵的生活”等方法，围绕专武干部“基本常识、基本技能、基本规矩、基本方法和基础体能”，设置了人民武装工作、民兵整组和征兵工作、党管武装工作知识、民兵政治工作规定、抢险救灾与维稳执勤、轻武器操分解结合、风力灭火机操作与使用等课目，观看铜仁市2012年军地联合实兵演习纪实，进行队列和指挥训练、轻武器实弹射击考核、3000米考核和军事理论考核，组织参观见学活动，推选了3名优秀专武部长作体会交流发言，表彰3个集训先进单位和20名优秀学员。通过集训，增强专武干部的责任感和紧迫感，培养更多基层武装工作的“明白人”和“带头人”，进一步推动和促进基层武装工作落实。

【参加铜仁市“绿色贵州”三年行动计划启动仪式】 2月25日，铜仁军分区组织260余名官兵和民兵预备役人员参加铜仁市“绿色贵州”三年行动计划启动仪式义务植树活动。在专业技术员的现场指导下，官兵们发扬吃苦耐劳的精神和连续作战的工作作风，以强烈的使命感和较高的标准要求，累计种植香樟树5000余株，绿化荒山约3公顷。当天，军分区所属10个区（县）人武部响应号召，共投入兵力4000余人次，同步开展植树造林2228.2公顷。

【开展“缅怀革命先烈、继承优良传统”扫墓活动】 4月1日，由铜仁军分区政治部、市文明办、市国防教育办公室组织的“缅怀革命先烈、继承优良传统”清明扫墓祭奠活动在铜仁市烈士陵园举行。扫墓过程中，通过向烈士敬献花圈、回顾革命先烈英勇事迹、重温入党誓词等方式，在缅怀革命先烈中汲取红色资源营养成分，以史铸魂、以史励志、以史明责。官兵们表示，要用革命先烈“前仆后继、不怕牺牲”的牺牲奉献精神激励自己，坚定理想信念；以实现伟大的“中国梦”“强军梦”为目标，时刻铭记肩负的历史使命，继承先烈遗志，弘扬优良传统，以务实创新、科学发展、后发赶超的精神，为建设美好幸福新生活，为实现中华民族的伟大复兴而努力奋斗。活动由军分区政治部主任雷勇主持，市委常委、市委宣传部部长刘婕，市委常委、铜仁军分区司令员欧阳青、军分区政委费光明，市人大副主任龙卫东、市政府副市长王润华、市政协副主席杨小敏、军分区参谋长张志斌等军地领导出席，军分区机关全体官兵和碧江区、万山区人武部干部职工、民兵应急骨干分队队员，以及部分市直机关干部和铜仁市大中小学生共600余人参加活动。

【召开党委第一书记任职大会】6月5日，铜仁军分区召开党委第一书记任职大会。根据《中国人民解放军政治工作条例》，经省军区党委研究决定，增补中共铜仁市委书记夏庆丰为中共铜仁军分区委员会委员、常委、第一书记。省军区副司令员陶勇，中共铜仁市委书记、市长夏庆丰，市人大常委会主任雷甘霖，市政协主席陈达新，军分区党委副书记、司令员欧阳青，军分区党委常委、参谋长张志斌，军分区党委常委、纪委书记、政治部主任雷勇，军分区党委常委、后勤部部长王成出席会议。大会由军分区党委书记、政委费光明主持。陶勇宣读夏庆丰任铜仁军分区党委第一书记的任职通知。夏庆丰对省军区党委、首长对他的高度信任表示衷心感谢，作了表态发言。陶勇代表省军区党委、王盛槐司令员、谢武忠政委，向夏庆丰担任铜仁军分区党委第一书记表示祝贺，向长期以来关心支持省军区部队建设的铜仁市各级党委、政府和领导表示衷心的感谢。结合党管武装和军民融合发展主题提出了希望。铜仁市国动委各成员单位负责人、武警铜仁市支队支队长、消防支队政委、军分区全体官兵在军分区主会场参加会议，各区（县）人武部党委第一书记、区（县）国动委主任，人武部全体干部、职工和民兵应急骨干分队队员在各人武部分会场参加会议。

【迎接成都军区半年军事训练监察考核】6月14日至15日，成都军区考核组莅临铜仁军分区，围绕作战指挥实用知识、手枪射击、识图用图、3000米跑和军分区首长机关战术作业、整建制拉动演练、专业训练等军事科目进行考核，对军分区军事训练登统计、党委议训记录、训练保障、训练中政治工作和后装保障等静态指标进行综合检查。其中作战指挥实用知识考核、3000米跑、指挥员专业、手枪实弹射击以及司令部机关、政治部机关和保障机关专业及格率均为100%，受到成都军区考核组的充分肯定。

【成都军区副参谋长苏巍到铜仁军分区调研指导工作】6月23日至24日，成都军区副参谋长苏巍率工作组到铜仁军分区调研指导。苏巍一行在军分区欧阳青司令员、张志斌参谋长的陪同下，围绕军分区战备工作、军事训练、后备力量建设等情况进行检查、调研和指导，看望部队官兵，详细了解军分区近年来全面建设、驻地经济社会发展及年度工作完成情况。

【召开“四新”建设专题研讨暨任务部署会】6月24日至25日，铜仁军分区组织召开“四新”建设专题研讨暨任务部署会。会议采取调研、研讨、任务部署的形式，先后到江口县“退伍军人生态畜牧养殖示范基地”、铜仁越e一族车队、大龙经济开发区红星锰业、东亿电器、贵州中伟投资公司现场调研，尔后组织召开铜仁市“四新”建设专题研讨暨任务部署会，紧紧围绕“四新”建设“建什么、怎么建、在哪建”等问题展开讨论，研究《铜仁市“四新”建设实施方案》，旨在理清发展思路，明确方式方法，部署具体任务。军分区政委费光明、参谋长张志斌出席，碧江区、江口县、玉屏自治县、思南县、德江县、沿河自治县人武部部长参加会议。

【参加省军地“联考联评”考核】6月26日至7月4日，铜仁军分区组织万山区、石阡县、江口县3个单位300余人赴贵州省国防动员综合训练基地，参加由贵州省委、省政府、省军区联合主办的国防后备力量建设军地“联考联评”。铜仁军分区党委常委、铜仁市联系武装工作副市长等军地领导全程跟踪指导，官兵们团结一致，展示了军分区官兵过硬的作战本领和水平，在全省30个参考单位中，石阡县获得总评第三名，单兵战技第二名、水上救援和3000米越野第五名；万山区获得总评第九名、森林灭火第四名；江口县获得制度性检查优胜单位、水上救援第二名的成绩，考评成绩在2014年基础上又上台阶，再创佳绩，受军地领导一致好评。

【抗洪抢险】7月14日至15日，松桃自治县境内普降暴雨，导致城内严重内涝。灾情就是命令，时间就是生命，灾情发生后，松桃自治县人武部立即启动抢险救灾应急预案，组织民兵应急骨干分队50人全力投入抗洪抢险。铜仁军分区司令员欧阳青赶紧急赴抗洪抢险前线，现场察看灾情情况，听取灾情和民兵救灾情况汇报，亲自率领民兵预备役人员驾驶冲锋舟转移被困群众、抢救物资。经过连续奋战，紧急转移群众5518人，集中安置538人。

【省军区副司令员陶勇、副参谋长孙光调研新兵训练筹划工作情况】7月29日，贵州省军区副司令员陶勇、副参谋长孙光带工作组到市国防动员综合训练基地实地调研新兵训练筹划工作情况。陶勇、孙光一行围绕承训营区食宿保障、训练场地、娱乐及军营文化建设等进行了实地察看和深入研究，详细听取了铜仁军分区关于承办2015年度秋季新兵训练工作筹备情况汇报，了解承训场地需要进一步完善的项目，就进一步抓好新训筹划工作作了强调。铜仁军分区司令员欧阳青、政委费光明、参谋长张志斌、后勤部部长王成，玉屏自治县委副书记、县长杨德振，县人武部政委罗利荣陪同调研。

【省军区司令员王盛槐到市国防动员综合训练基地检查调研】8月17日，贵州省军区司令员王盛槐率工作组到铜仁市国防动员综合训练基地检查调研。王盛槐一行实地察看基地建设基本情况，听取基地筹建情况汇报，就代训新兵事宜和训练场地的选址进行指示和明确。王盛槐强调：一要着眼新兵训练特点，在9月5日前务必搞好能够满足新兵训练时的就餐、洗漱、休息等生活基本设施建设，保证新兵入营后就能感受到军营大家庭的温暖；二要切实完善好军营文化设施建设，彻底清除原有场地痕迹，营造好温暖和谐的氛围，真正打造出军营的样子，让入营新兵在生活、训练过程中能够真正感受到军营文化的熏陶和部队尚武精神的感召；三要保证安全底线，立足训练基地现有布局，逐个项目逐一完善，在完成能够满足新兵入营的基本食宿、训练的场地建设后，根据训练、生活需要，及时跟进建设，进一步拓展完善，既求快更求好。

【举办纪念抗战胜利70周年军体运动会】 为纪念中国人民抗日战争暨世界反法西斯战争胜利70周年，8月，铜仁军分区举办纪念抗战胜利70周年军体运动会。市委常委、市委宣传部部长刘婕，市委常委、铜仁军分区司令员欧阳青，军分区政委费光明、参谋长张志斌、政治部主任雷勇、后勤部部长王成出席运动会并现场观摩督导。此次运动会围绕军事基础科目共设3000米、10米*5往返跑、俯卧撑、仰卧起坐等9个竞技项目，来自军分区机关、各区县人武部参赛运动员、裁判员等200余人参加。通过激烈角逐，27名参赛运动员分获个人单项奖一、二、三名，碧江区、松桃自治县、印江自治县分获团体奖前三名。

【铜仁市国防动员综合训练基地挂牌成立】 9月12日，铜仁市国防动员综合训练基地正式挂牌成立，贵州省军区副司令员陶勇，铜仁市委书记夏庆丰共同为基地揭牌并讲话和致辞，市委副书记、代市长陈晏主持揭牌仪式，市委常委、铜仁军分区司令员欧阳青，铜仁军分区政委费光明出席揭牌仪式。揭牌仪式后，陶勇在夏庆丰、陈晏、欧阳青、费光明的陪同下，实地察看医务室、澡堂、官兵宿舍、食堂等建设使用情况，对基地的下一步如何完善提出了要求。铜仁市国防动员综合训练基地的建设，是溶合铜仁市政府提出的综合考虑市县党校、公安、武警、消防和党政单位的培训需求，立足玉屏戒毒所，占地13.2公顷，有12栋2.15万平方米建筑的基本条件，铜仁军分区积极协调市委、市政府先后投入经费1000万余元，完成基地一期工程建设。建成后可同时容纳1200至1500人生活训练，住宿、娱乐等各类设施配套齐全，可进行军事战技、应急动员、反恐防恐、抢险救灾等基础性、系统性、专业性训练，填补铜仁市该类训练基地空白，且交叉保障玉屏县各项训练、教学任务，为全市国防动员后备力量建设打下良好基础。

【召开首届“军民融合致富追梦”先进事迹报告会暨表彰大会】9月15日，铜仁市首届“军民融合致富追梦”先进事迹报告会暨表彰大会在铜仁大剧院隆重举行。会议由军分区政委费光明主持，市委常委、铜仁军分区司令员欧阳青，市人大副主任叶德恩，市政府副市长杨同光，市政协副主席王能军，军分区政治部主任雷勇，后勤部部长王成出席表彰会。为表彰先进，树立典型，引导和激励广大复原退伍军人牢记宗旨、永葆本色、自强不息、建功立业，营造关心支持复员退伍军人创业发展的良好社会氛围。市委、市政府和铜仁军分区研究决定，授予铜仁市众享生态农业科技开发有限公司等10个复员退伍军人创办的单位为“军民融合致富追梦”先进单位称号；授予王明礼等10名复员退伍军人为“军民融合致富追梦”十佳优秀创业复员退伍军人称号；授予秦松等10名复员退伍军人为“军民融合致富追梦”十佳优秀创业复员退伍军人提名奖。会上，思南县退伍军人王明礼、石阡县退伍军人杨秀前、德江县退伍军人张观胤、沿河自治县退伍军人田应湖四人分别作先进事迹报告，杨同光副市长宣读表彰决定，为获奖集体和先进个人颁发奖项。市双拥工作领导小组成员单位相关负责人，铜仁军分区、武警铜仁市支队、消防铜仁市支队官兵代表以及碧江区入伍新兵代表，各区县分管领导，各区县民政局、双拥办等单位的相关负责人共500余人参加会议。

【召开中共铜仁军分区第十八次代表大会】9月17日至18日，中共铜仁军分区召开第十八次代表大会。贵州省军区参谋长洪晓荣代表省军区党委出席大会并讲话，市委书记、铜仁军分区党委第一书记夏庆丰出席会议并讲话，铜仁军分区党委副书记、司令员欧阳青主持会议并讲话，军分区党委书记、政治委员费光明向大会作党委工作报告，军分区纪委书记、政治部主任雷勇向大会作纪委工作报告。大会总结回顾军分区5年来全区部队和国防后备力量建设的基本情况和主要经验，确定今后5年的奋斗目标和主要任务；审议通过中共铜仁军分区第十七届委员会工作报告、中共铜仁军分区纪律检查委员会工作报告；选举产生中共铜仁军分区第十八届委员会、新一届中共铜仁军分区纪律检查委员会；第一次全体会议选举夏庆丰为铜仁军分区党委第一书记，费光明为铜仁军分区党委书记，欧阳青为铜仁军分区党委副书记，选举产生新一届纪委书记、副书记。军分区参谋长张志斌、后勤部部长王成和来自全市基层官兵、职工等党代表共68人出席会议。

【省军区政委谢武忠看望慰问新兵一营全体官兵】10月15日，贵州省军区政委谢武忠到铜仁市国防动员综合训练基地看望慰问新兵一营全体官兵，深入班排、医务室和训练场，现场了解新兵训练，实地检查内务卫生设置、营连库室设施规范、伙食医疗保障等情况，肯定铜仁军分区前期为保障新兵训练，全力推进训练基地建设所做的工作，就抓好新训工作作强调。

【成都军区政治部主任刘念光到军分区检查调研】10月20日，成都军区政治部主任刘念光率工作组到铜仁军分区检查调研。刘念光一行在省军区政治部主任魏文波的陪同下，围绕铜仁军分区学习贯彻古田政工会精神、红色资源开发利用等情况进行检查和调研。听取军分区党委汇报，充分肯定军分区在贯彻两级军区指示要求，党委班子建设和官兵精神面貌等方面呈现出积极向上的良好状态，以及在完成成都军区半年军事训练监察考核任务、组队参加省军区参谋尖子比武集训、军地联考联评、代训新兵等大项年度任务方面所取得的成绩，并就抓好当前和今后一段时期重点工作作了指示。

【组织军地联训联演、联考联评、联合植树造林“三联”活动】11月12日至13日，为深入贯彻习主席“能打仗、打胜仗”、“贵州要守住生态和发展两条底线”重要指示和贵州省军区“‘四新’建设观摩活动暨第二年植树造林任务部署会”精神，以参加贵州省第三波次军地联考联评和第二年植树造林任务为牵引，采取军分区首长机关带人武部的方式，在思南县梵净山中学和思南县晨曦合作社组织以军地联训联演、联考联评、联合植树造林、年终检查考核为主要内容的应急战备演练和市级联考联评、植树造林誓师大会，来自碧江区、万山区、思南县等10个区（县）官兵1200余人参加活动。此次活动围绕紧急出动、摩托化机动、徒步行军、野战宿营、指挥所开设等内容组织第四季度战备演练，采取观摩与演示、普考与抽考相结合的方式，组织3000米越野、森林灭火、挡土墙堆砌等科目考核，举行联考联评和第二年植树造林誓师大会，种植水杉40000余株，绿化荒山30余公顷。

【海军装备研究院到石阡县龙塘海军希望小学举行捐赠仪式】11月19日，海军装备研究院到石阡县援建龙塘海军希望小学举行捐赠仪式。海军装备研究院政治部主任刘成军代表海军装备研究院向龙塘海军希望小学捐资10万元和价值5万余元的海军特色服装，并向学校老师和困难学生代表送去慰问金。海军后勤部、海军装备研究院曾于2001年共同捐资为龙塘小学校修建教学楼，学校更名为“龙塘海军希望小学”。刘成军实地查看龙塘海军希望小学建设情况后，对学校的发展给予充分肯定，海军装备研究院将一如既往地支持学校的建设发展，以这次捐赠为新的起点，不断加大援建力度，构建常态化援建机制，并祝愿学校、老师为国家培养出更多的人才，并希望孩子们好好学习，长大后为祖国发展做出贡献。铜仁军分区司令员欧阳青受铜仁市委书记夏庆丰，市委副书记、代市长陈晏委托，向海军装备研究院刘主任一行的到来表示热烈的欢迎和衷心感谢。海军装备研究院政治部组织纪检处处长张波，石阡县人武部部长吴秀章、政委高龙，共青团石阡县委书记文静、石阡县教育局、龙塘镇相关负责人和部分学生家长参加捐赠仪式。

【省军区政治部主任魏文波到军分区进行年度综合检查考核】12月1日至2日，贵州省军区政治部主任魏文波率工作组到铜仁军分区进行年度综合检查考核。魏文波一行采取评、考、查、看、谈等方式，先后到军分区机关、石阡县人武部、思南县人武部、江口县人武部、松桃自治县人武部进行年度检查考核，对军分区党委班子成员进行问卷调查和考核，对人武部思想政治、战备训练、后装保障、安全稳定、参建参治等工作落实情况进行检查考核。期间，魏文波参观周逸群烈士纪念馆，在参观周逸群烈士纪念馆和周逸群烈士故居过程中，就如何保护、开发利用好红色资源，充分发挥其在国防建设中的教育功能提出了明确要求。

【组织民兵应急维稳骨干集训】12月16日至25日，铜仁军分区组织民兵应急维稳骨干集训。此次集训结合铜仁市民兵训练实际和遂行多样化军事任务需要，为解决军分区民兵应急维稳训练人才缺乏、组训能力弱的问题，组织全市民兵骨干170余人进行了集中训练。按照“缺什么补什么，弱什么强什么，需要什么学什么”的思路，采取外请教员、多媒体教学、理论辅导、技能训练等方法，围绕队列、基础体能、防暴队形、警棍盾牌术、紧急情况处置和轻武器射击等科目展开训练。通过集训，民兵骨干的业务素质、组织指挥和应急处置能力得到提升，为储备一批具有丰富军事理论和实践能力、综合素质高的民兵骨干教员队伍打下坚实基础，确保遇有任务，民兵分队能够随时拉得出、送得上、起作用。

【代训2015年度新兵】9月至12月，根据贵州省军区《关于做好2015年度新兵代训任务的通知》精神，铜仁军分区在市国防动员综合训练基地为陆军某旅代训新兵。代训新兵工作在军分区欧阳青司令员、费光明政委的领导下，成立代训新兵领导小组，由军分区张志斌参谋长、政治部雷勇主任任组长。主要以《陆军军事训练与考核大纲》《陆军军事训练指导法》《新兵训练教材》和相关条令法规为依据，以培养合格兵为目标，以新兵入伍训练10个课目（含心理行为训练课目）为主要内容，按照“思想工作实效化、组训方法规范化、日常管理科学化、行为养成条令化、综合保障集约化”的思路，遵循“先易后难、由浅入深、分步细训、循序渐进、逐步提高”的原则，按照“正规化、战斗化”的要求和“精、细、准”的标准，突出抓新兵思想政治教育、军事训练和安全管理工作落实，打牢新兵政治思想、军事技能、作风纪律、身体素质基础，帮助新兵努力实现“两个转变”，打牢合格战斗员坚实基础，圆满完成新兵代训任务。

公安消防支队

【概况】2015年，全市消防部队紧紧围绕“改革、稳定、发展”主题，服务“四个全面”战略布局，广泛凝聚共识、抢抓机遇、创新奋进，全市火灾形势持续稳定，部队建设持续推进，为经济发展、和谐社会建设创造良好的消防安全环境。

一是以“平安铜仁”创建工程为抓手，着力提升群众消防安全感，全市火灾形势高度稳定。推动市政府将消防工作纳入政府督察督办内容，落实“党政同责、一岗双责”，在全省率先提请人大对全市6个区（县）和12个市直部门开展了“一法一条例”执法检查，推动责任落实。市委书记夏庆丰，市委常委、政法委书记、公安局长张涛，副市长杨同光等领导先后听取消防工作汇报，带队开展消防检查。提请市政府出台《铜仁市行业部门火灾隐患排查整治及消防安全管理标准》，落实行业部门监管职责。部署开展监督执法“三清一攻坚”专项检查，深入排查执法工作中存在的薄弱环节和短板，规范执法行为。在贵州民族报、铜仁日报、铜仁电视台、铜仁广播电台等主流媒体分别开办消防宣传专栏，建立了铜仁消防官方微博、微信平台，微信公众号，定期发送消防安全常识和业务指导信息。深入乡镇、学校、社区巡回开展“消防宣传黔东行”，群众消防安全意识稳步提升。狠抓火灾隐患排查整治，先后开展电火箱“闪电行动”“今冬明春火灾防控”“劳动密集型企业”“消防安全攻坚会战”、重大火灾隐患整治、夏季消防安全检查、彩钢板检查等专项行动。全年发生火灾330起，死亡4人，受伤7人，直接经济损失7182835元。同比上年“三升一降”（火灾起数上升了62.56%，死亡人数下降33.33%，受伤人数上升250%，直接财产损失上升2.51%），火灾形势持续平稳。

二是以“民生建设”架构体系为主业，着力提升综合应急救援能力，部队忠勇善战敢打必胜。始终坚持安全稳定这一底线，严格部队管理，严肃组织纪律，深化“五无”创建和“条令条例”常态化学习活动，定期分析安全形势。建立“部队管理曝光台”，充分利用营区监控加强对基层部队日常管理秩序的远程督导，督促基层提升部队正规化管理水平。始终坚持党委议训、领训，建立了部队管理及战训工作联系点常态化工作机制。不断强化技战术合成训练和实战演练，提升部队“攻坚打赢”能力，圆满完成各项救援任务，赢得各级领导和广大人民群众的高度赞誉。

三是以“全面小康”发展战略为契机，着力提升后勤保障效能，基层基础建设持续夯实。推动各级政府严格执行最低经费保障标准，极力破解消防部队经费、营房、装备建设发展瓶颈和难题，为部队建设发展提供有力支撑。2015年，全市消防部队业务经费预算3466.65万元，完成百花路消防站原址改造、松桃、印江新建营房投入使用，新购置的1辆化学洗消车、2个模块化（高层建筑和化学危险品）、1件重型支撑装备和公安部消防局配发的3辆城市主战车投入执勤备战，为圆满完成灭火和应急救援任务奠定了坚实基础。

四是以“三严三实”主题教育为载体，切实筑牢爱民为民忠诚警魂，牢固树立部队良好形象。深入开展“三严三实”主题教育、“三个开刀”纪律作风整顿、“领导干部工作生活待遇问题专项清理整治”等“三大活动”，从官兵思想、组织纪律、工作状态和生活作风等“四个方面”狠抓部队作风建设，确保部队高度稳定，巩固部队良好形象。

【强化典型引领】 争先创优和典型培树工作成效喜人，涌现了“全省拥政爱民模范单位”万山大队，全国“最美青工”王雷，“全省拥政爱民模范先进个人”罗强、李宗庭，“铜城仁者”蒙祖刚、李果等先进集体和个人，3人荣记个人二等功、19人荣记个人三等功，20个单位和100余人次被各级表彰奖励。

【部队攻坚克难能力持续提升】 全市消防官兵始终牢记职责使命，不断提升应急救援水平，“6.26”谢桥南站30吨纯苯槽车追尾泄漏事故处置、“7.15”松桃特大洪灾救援、“7.30”铜仁市实验中学美术楼坍塌事故救援等急难险重任务，赢得各级领导和广大人民群众的高度赞誉。2015年，全市消防部队共出动1008次（含增援），出动车辆1958辆次，出动警力8978人次，抢救被困人员1755人，疏散被困人员6224人，抢救财产价值5608.7万元，实现了应急救援零失误、参战官兵零伤亡。

（消防支队办公室）

武警铜仁市支队

【概况】 2015年，武警铜仁市支队工作支队按照“抓作风强核心、抓能力谋打赢、抓质量提标准、抓整改正风气、抓特色促内涵”工作思路，始终聚焦强军目标和积蓄“先进梦”发展后劲，严肃认真整风整改、聚精会神抓细抓常，年度工作稳步推进、全面建设提力加速。

一、紧紧围绕“三严三实”抓作风树形象，班子核心领导作用不断加强

一是坚持深学体悟，更新思维观念。及时研究解读政策法规、更新补充学习材料、收集整理首长讲话、深入蹲点调查研究，3次党委中心组带机关干部理论学习、2次“三严三实”专题教育整顿集中组学、13次讨论交流、2次笔记展评，重点学习习主席“四个全面”、作风改进重要论述及上级首长讲话、重要文件和会议精神，班子思维眼界不断开阔、思想认知不断提升、人心意志不断凝聚，在中央二类以上报刊发表理论文章10余篇。二是借力整风整改，转变工作作风。坚持带头剖析，从问题切入、向积弊开战，制定10项学习教育制度、6项配合活动、8项整治方案、6个专题党课教育计划、7个民主生活会实施步骤，7次召开常委会、4次召开领导小组会、7次召开协调会、6次召开动员部署会、4个回合征求官兵意见，始终以认真较真的态度肃清涉郭徐案件流毒影响、推进8个专项清理整治任务，清退超编干部3名、处理违纪违规干部6名，责令13名干部作检查，机关事业经费相比2014年压减20%，压减（合并）会议、工作组18个，精简文电45份，无超占兵员，无超标准住房用房、配车用车及超规格接待问题，带头模范践行“三严三实”要求。三是立纪律规矩，倡导民主团结。认真贯彻《军队党委工作条例》、总部总队党委“三个规范性”文件，抓好民主集中制学习运用。召开常委会研究议题121项，调整使用干部18人，选送技术学兵70人，推荐学员苗子13人，发展党员56人，选取士官68人，群众认可、上下满意。四是注重集智攻关，解决发展难题。坚持务实求实、聚力推动解决部队发展难题，协调市委召开机关迁建推进会3次，召集梵投公司、通号集团等相关单位召开协调会2次，积极协调推动新机关迁建工作。协调地方党委政府投入经费160万元购买巡逻车8台，解决干部绩效奖励经费93.5万元，与铜仁市图书馆设立读书服务站、司法局设立法律服务站、铜仁学院设立心理服务站，城区部队官兵医疗补助纳入地方财政预算基本实现，一些制约部队发展的难题和惠及官兵利益的问题逐步解决；依法解决了原三中队土地置换的历史遗留问题，协调地方党委政府规划用地28亩，督促开发商按合同优先选用商铺220平方米、赔偿过渡金130万，有效维护了部队切身利益。

二、持续推进古田政工会议精神贯彻落实，政治工作成效日益突显

一是牢筑强军信念。立足开口小、切入准、解疑惑，分干部、士官、义务兵三个层面开展小课辅导8堂，组织“四查四看”大排查、“新一代革命军人样子”大讨论、党史军史警史知识竞赛、“铸牢军魂、争做‘四有’军人”主题演讲、“强军故事会”“强军风采”合唱比赛等配合活动，深入推进“学习践行强军目标、做新一代革命军人”主题教育。二是改善政工环境。投入253.5万元建成机关及13个中队网络思想教育应用系统、7个中队荣誉室（玉屏、万山、碧江、江口、印江、德江、石阡）、6个中队俱乐部（玉屏、万山、碧江、印江、德江、石阡）、5个中队文体活动室（玉屏、万山、印江、德江、石阡）、7个单位篮球场（一、万山、玉屏、松桃、印江、思南、石阡）；投入7.7万元规范、制作、安装大、中队“双争”标语、评比栏；补足各类文化用品，文化设施逐步完善、警营文化环境明显改观。三是活跃文化氛围。大力开展“五个育才活动”；持续抓好“小乐队”培训评比；每月组织“主题板报评比”；广泛开展“三好”读书活动；开展元旦、春节文艺晚会、猜灯谜、“八一”卫士杯篮球赛、小乐队评比竞赛等文艺活动；持续抓好新闻报道员、教歌员（指挥员）、歌手、体育裁判员培训；新购2650余册图书，以此培养小能人、汇聚正能量。各中队“小乐队”及玉屏中队葫芦丝队、万山中队吉他队、思南中队快板队、石阡中队蹦蹦鼓、印江中队书法兴趣小组等“一队一特色”警营文化格局步形成，文化氛围愈发浓厚。四是发挥职能效用.集中组织《纲要》培训，坚持“三个必考”(晋职必考、集训必考、每季度必考)、坚持周三“学法规、守法规、用法规”活动不断线、严格落实“指导员之家”，深入开展“四个人人会讲”，干部能力素质进一步提高；围绕“七个一”(集中上一堂专题教育课、进行一次婚恋观教育、开展一次警示教育、进行一次政策法规辅导、组织一次大讨论、搞好一次思想剖析、领导与部属普遍谈一次心）开展干部作风纪律教育整顿活动，严格正风肃纪，严肃查纠消极作为、散懒违纪、违规办事的人；发放3.5万元慰问6名困难干部、为2名干部家属协调办理工作调动、采取有力措施积极解决干部休假难问题，干部队伍更加纯洁、团结；配强“三战”骨干力量，增配宣传车辆1台，规范“三战”作业箱、研习“三战”战法，在“卫士-15”演习、“A101”机动备勤及遂行急难险重任务中充分运用政治工作“八个到现场”，确保部队随时拉得出、叫得响、打得赢。

三、坚持向实战化要战斗力，军事训练卓有成效

一是围绕实战谋。以“六个研究”为抓手，党委每季度议训、1次专题分析训练形势、1次反思式分析特勤排建设，制定《实战化训练“八落实”措施》《军事训练奖惩措施》《特勤排、应急班考比拉抗方案》，研究总结“19步综合体能训练法”，实战化训练演练标准得到真正立起来、落下去。二是紧贴实战训。深入学习贯彻新《军事训练与考核大纲》，大力开展训风演风考风专项整治活动，用好考比拉、“四考四带”、培训考核、季度岗位标兵评比等抓手，坚持真难严实组织1期战训法集训，3期勤训轮换，3期应急班、1期狙击手、军体士官、教练员集训，1次军事竞赛暨创纪录比武活动，6次实兵实装紧急拉动，3次营区防袭演练，促进了战斗力加快生成；紧盯实战化训练“八落实”，采取训练监察督训、专项检查研训、季度考评促训等方法，精心组织部队开展专勤专训、阶段训练、“五小练兵”“战术训练月”等工作，促进了实战化训练末端落实。三是聚焦实战建。投入经费100.9万元，配齐装备6类，改造支队综合训练场，建成7个单位障碍场、2个单位移动式障碍物，选定3处防暴器材实投实射场地，勘测确定10处中队射击训练场，协调7个县区中队共享消防大队攀登楼为开展实战化训练提供了有力保障。四是立足实战备。在随时响应的处突力量上，以城区、东片区和西片区三个协作区为模式，适时组织兵力抽组、紧急拉动演练，提升快反能力；在信息主导的执勤力量上，投入20.7万元建成动中通3G平台、集群通信系统、机关营区安防系统，拓展升级各单位联动报警系统；在专业抢险的救援力量上，协调地方党委政府购买皮划艇1艘，投入近3万元配齐扑灭山火、抗洪抢险装备；在精干多能的保障力量上，突出建好训好“一组五队”，与运输公司、医药公司、华联超市签订保障协议，按照最大出动量460人标准补充战备物资。

四、瞄准“三大战役”抓中心履使命，圆满完成多样化任务

牢固树立中心居中意识，紧紧围绕“三大战役”打好主动仗。一是聚焦中心抓统揽。认真学习贯彻总部“湖北会议”、总队执勤目标“四防一体化”建设暨三共活动工作会议精神，协调市委召开常委会研究“四防一体化”建设，研究制定“第三场维稳战役”工作措施27条、值班暂行规定34条，精心组织修订各单位“三圈”防逃制逃处置方案、标绘执勤方案图，确保各级思想向中心聚、力量向中心融、经费向中心投。二是从严治勤抓正规。针对执勤中存在的倾向性问题，先期组织开展本级执勤安全教育整顿。紧盯“三班四哨两小时一小组”、突出“五控三到位”（周边目控、哨兵互控、领班直控、干部查控、网络监控，确保一线哨兵履职到位，基层干部实地查勤到位，勤务制度落实到位），坚持日查一队、周查一片、月查一遍，及时发现和纠治问题，执勤水平不断提升；组织二中队正规化执勤试点，规范执勤场地、执勤动作、登记统计，演示执勤设施操作、情况处置程序、一班哨组织与实施等课目，执勤秩序不断正规；严肃查处违反执勤纪律15人，2个单位作检查，中心意识不断树牢。2015年，二中队、碧江中队、玉屏中队成功处置目标险情4起。三是重点建设抓清患。加大请示汇报力度，积极协调地方党委政府投入经费630余万元建设AB门，11个执勤单位中10个建成上勤；投入经费41.6万元改造二中队3个巡逻哨、玉屏和碧江中队自卫哨，新建沿河中队2号哨，更换调整摄像头60个，消除目标隐患95处，目标安防系数得到提升。四是紧贴任务抓备战。按照总部、总队“三大战役”部署，立足应对最复杂最困难情况，把重大节日、“两会”“六四”“7.5”“9.3”等关键时段、敏感时期作为重点，搞好情报信息研判，完善战备执勤方案，储备各类物资器材，特勤排落实AB队备勤、应急班全员全装全时待命，适时组织紧急拉动、方案演练，有效提升部队应对各种复杂情况的能力。全年出动兵力5476人次，圆满完成德江炸龙机动备勤、松桃抗洪抢险、梵净山景区安保、联勤巡逻等临时勤务171起。

五、落实“五个转变”抓正规保安全，建队带兵质量有所提升

坚决贯彻总队从严治军集训精神，全面落实治军带兵新要求，强力推进新一轮正规化。一是加强作风纪律建设。注重课堂上学、操场上练、工作上纠有机结合，坚持日有行政督察、周有队列训练、月有配合活动、季有小结讲评，运用行政“曝光台”，制作“六个严禁”“八个从严”警示卡，开展“六个一”活动（一次大讨论、一次内部关系大排查、一次赊账欠款清查、一次角色互换、一次安全行车警示教育、一次士兵婚恋调查），邀请交警支队干警2次授课，组织机关干部、驾驶员及部分干部家属参观铜仁市车辆事故警示教育基地，刚性执行禁驾禁酒令，官兵作风养成不断提升、部队管理秩序不断正规。二是提升正规化建设质量。投入经费152万元改造机关办公楼、营院，新建4个车库，打造二中队、碧江区中队和玉屏自治县中队试点，统一规范全部队窗帘、水杯、标签、座签及制度标牌等内容，对所有单位营产营具进行喷漆刷新和维修，提升正规化建设层次。三是夯实安全发展基础。深入学习贯彻安全工作“八个基本规范”“五长一员”集训、安全工作交叉检查讲评会精神，制定安全管理措施17条、反恐防袭措施26条，安委会3次分析形势、4次深入一线排查隐患，排查“三个不放心问题”249个，治理233个，正在治理10个，6个需长期关注。

六、紧盯“四个坚持”抓经常打基础，部队发展根基逐步夯实

坚持把工作重心放在抓经常

打基础上，努力提升强根基、固根本、蓄底气的质量。一是注重科学统筹。重新修订完善年度帮建计划，建立主官包片、常委定点、股（室）挂钩联系责任制，派出5批工作组89人（次）蹲点及9人代职实施面对面指导；半数以上基层中队建成“一部四室”。二是突出帮抓重点。对3名大队主官进行交流任职，选配3名经验丰富的机关干部充实中队主官，运用《大队按纲抓建三十八条》《基层组织工作规范手册》实施有力指导，强化前沿指挥所作用和推进三大组织联建联创；坚持周三干部法规学习，集中组织两期干部《纲要》培训，狠抓业务学习、军事训练、座谈研讨、实地参观、演示观摩、考核评比6个内容，有效提升了干部抓建能力。三是狠抓末端落实。运用好年初制定《基层经常性基础性工作落实细则》，紧盯工作末端落实主体责任，确保事有专管之人、人有专负之责、时有限定之期、效有跟踪巩固，经常性基础性工作落实质量不断提升。

七、围绕“三个服务”抓保障增效益，后勤保障水平逐年改善

一是建强后勤队伍。组织1期军械员、炊事员、卫生员、驾驶员培(复)训及1次后勤技能大比武，落实每月司务长集体办公和业务学习制度，选送26名后勤技术学兵参加总队以上培训，后勤队伍素质得到加强。二是正规后勤管理。深入开展“八节”“菜篮子”工程及“伙食管理规范年”活动，投入经费10余万元新建玉屏中队猪圈、石阡中队蔬菜大棚，规范8个中队菜地（一、二、玉屏、松桃、印江、思南、德江、沿河），改造7个中队猪圈（一、二、印江、德江、江口、思南、沿河）。组织56名干部、23名家属体检，落实伤病员周汇报，搞好季节性疾病教育防控，防疫防病工作扎实有效。三是推进基础工程建设。持续优化官兵住用设施，德江中队入住新营房，完成松桃（约3.33公顷）、思南（约2公顷）、沿河（约1.2公顷）中队征地规划，推动江口中队规划。四是提升应急保障能力。调整完善应急保障预案，加强“一组五队”建设，投入经费7万余元补充战备物资，组织3次训练演练，应急保障力量得到加强。

【党委扩大会议】 1月23日至25日，铜仁支队召开党委四届九次全体(扩大)会议。会议传达贯彻总队党委四届六次全体(扩大)会议精神，全面回顾总结2014年工作，对2015年工作进行安排部署，表彰2014年度先进单位和个人。中共铜仁市委常委、政法委书记、公安局局长张涛出席会议并讲话。党委书记、政委陈存杰代表支队党委常委会向全会作了题为《严肃认真整风整改 聚精会神抓细抓常 持续为努力实现“先进梦”继续发展后进》的工作报告。党委副书记、支队长杜光永作了题为《围绕强军目标 狠抓工作落实 持续推进部队全面建设向上向好发展》的讲话。

7月20日，铜仁支队隆重召开党委四届十次全体(扩大)会议。支队党委书记陈存杰代表党委常委会作了题为《认真较真抓整改 苦干实干抓经常持续用心用力推进年度工作高标准落实》工作报告，党委副书记杜光永作了题为《坚持问题导向 着力破解难题 不断提升支队法制化建设水平》的讲话。会议号召全体官兵紧扣总队党委“稳字当头、实字为要、重心下移、狠抓落实”总要求，坚持“五抓”思路，认真较真抓整改、苦干实干抓经常，努力提升建设质量水平，高标准实现“两个确保”。

【德江炸龙机动备勤】 3月5日元宵节，德江县城迎来一年一度的炸龙节活动，根据市委、市政府的统一安排部署，3月5日7时，铜仁支队派出191名官兵、出动车辆8台协助公安机关担负炸龙节时的机动备勤任务。支队与当地公安联系，成立联合指挥部，加强协调，支队长杜光永、参谋长胡华俊亲自组织指挥，科学部署兵力，全体官兵牢固树立“大局意识、窗口意识、责任意识”，充分发扬“四个特别”精神，固结协作，依法执勤、文明执勤，耐心劝说和疏散拥堵人群，连续作战12个小时，圆满完成执勤任务，充分展现武警部队威武之师、文明之师的良好形象，受到当地政府和人民群众的高度赞誉。

【7·15松桃抗洪抢险】7月15日凌晨，松桃县城突降暴雨，导致县城内松江河水位骤升，城内居民区和地下商场全面受灾，主要干道全部淹没，人民群众的生命财产安全受到了极大的威胁。接到县委、县政府和上级用兵指令后，松桃中队官兵迅速出动，到受灾区域内参与转移被困人员，抢救受灾物资，疏通道路交通，积极帮助灾后重建工作等。此次抢险救灾行动，中队共投入官兵68人次，奋战一昼夜，转移受灾群众数十人，抢救物资至少四百多万元，有力的保卫驻地人民群众生命财产安全。

【重大活动安保任务】全年，支队累计出动兵力6085人次，完成各类临时勤务178起。其中武装押解58起，出动兵力283人次；武装联勤巡逻97起，出动兵力4530人次；武装设卡6起，出动兵力123人次；大型活动现场安保11起，出动兵力350人次；景区安保执勤3起，出动兵力487人次；武装抓捕1起，出动兵力20人次；武装查缉1起，出动兵力9人次；抢险救灾3起，出动兵力36人次；机动备勤2起，出动兵力247人次。圆满完成任务。

【处置执勤事件】2015年9月4日下午，碧江区中队协助戒毒所成功处置一起戒毒人员脱逃。下午17时03分，铜仁市碧江区拘留戒毒所向中队发出协助信号，一名在押人员翻越戒毒所脱逃。中队接到协助信号后，正在中队检查工作的总队部长张晓华和支队政委陈存杰及副参谋长廖军立即到达现场组织指挥处置，担负当日勤务值班的指导员张琪迅速集合中队人员，向戒毒所了解基本情况后，根据中队老兵已退伍离队，在位人员少的情况，按照协同处置方案，分三路在戒毒所周围进行追捕和搜捕，17时10分，中队三人应急小组组长张自军在戒毒所南侧废弃砖瓦厂内发现脱逃的在押人员。追铺人员迅速将逃犯押运回戒毒所，圆满处置此次脱逃事件。

【铜仁支队受表彰】2015年，支队先后被贵州省政府表彰为“拥政爱民模范单位”，被铜仁市评为民族团结进步创建活动“示范军警营”“民族团结进步模范单位”
武警铜仁市支队积极投身武陵山片区区域发展与扶贫攻坚，促进民族地区的“三个文明建设”，在抢险救援、捐资助学和扶贫济困中当好主力军和先锋队。近年来，在坚决打赢处突维稳主动仗，维护驻地社会稳定的同时，先后投入资金和物资近200万元，修建蓄水池4座、硬化场地1000平方米、捐赠桌椅500套、修盖乡敬老院1栋，解决了扶贫点的实际困难。2015年7月，支队先后3次为身患白血病的患者接力义务献出2000毫升血小板，及时挽回了患者生命，赢得驻地群众的好评。

【玉屏自治县中队受表彰】2015年，玉屏自治县中队在总队年度考核总评优秀，被省公安厅、省总队表彰为“三共”活动先进单位，连续三个季度被支队表彰为季度先进，在支队组织的歌咏、演讲和知识竞赛中取得第一名，3人荣立三等功、1人荣立二等功，1个班荣立集体三等功。近年来，玉屏县中队连续12年被评为“先进单位”，连续3年被总队树立为“标兵中队”并荣立集体三等功，多次被表彰为“执勤先进单位”，党支部连续10年被总队、支队表彰为“先进基层党组织”，29人次荣立三等功，10人考入部队各类院校。

【一中队争创先进中队】2015年，一中队深入贯彻总队、支队党委扩大会议精神，围绕打造反恐尖兵、争创先进中队目标，按照建强队伍蓄底气、落实制度促规范、精训实备提能力、敢战善战谋打赢工作思路，狠抓正规化建设、实战化训练，全面建设进步明显，总队年终考核军事训练等级总评为一级，3个季度被支队表彰为先进基层中队，参加总队特战预备队员集训获得第三、1人获得全能第十、2名获得狙击第二、第四，参加总队强军文化文艺汇演获得一等奖，参加支队小乐队、知识竞赛、歌咏比赛均获得第一名，1人荣获武警部队士官人才三等奖，1人被总队表彰为优秀“四会”政治教员、2人被表彰为“四会”优秀教练员、3人被表彰为训练能手，1人被铜仁市委表彰为见义勇为先进个人，3人被支队表彰为“十佳岗位标兵”，3人荣立个人三等功。

【省总队政委韩云鹏检查指导工作】 10月19日至20日，省总队政委韩云鹏率总队组织处黄夷处长、郑成刚干事和干部处陈鹏干事莅临铜仁支队检查调研支队党委班子和部队建设情况。工作组分别与党委常委、正营职干部、机关干部进行谈话。经过谈话了解，韩政委对支队党委班子建设给予充分肯定：一是注重理论学习，思维层次不断提升；二是注重模范带头，示范效应明显增强；三是注重坚持原则，工作导向日益鲜明；四是注重较真精神，正风肃纪强硬有力。同时也指出部队建设有了新的可喜变化：一是政治建队工作成效明显；二是官兵能打胜仗能力不断提升；三是正规化建设质量逐步上层次；四是部队建设发展后劲不断充实；五是后勤规范化管理收效明显；六是教育活动持续朝深处走、往实里干。

【省总队司令员高国成检查指导工作】 11月19日至20日，总队司令员高国成率工作组深入铜仁支队进行检查调研。19日，深入德江中队详细查看中队新建营房建设情况。并与德江县委县政府领导就综治工作进行座谈。20日，深入沿河自治县中队、松桃自治县中队、一大队一中队、新训大队检查调研，为即将复员退伍老兵和刚授衔的新战士送去祝福和问候。

【省总队领导五次来铜仁调研指导工作】 2月3日，省总队政治部副主任韩建华率总队第一批工作组一行3人深入铜仁支队检查调研。工作组主要对支队贯彻落实党委扩大会议精神、涉徐涉周清理清查工作、新兵“第二适应期”、执勤带新等工作以及防寒保暖工作表示肯定，并对存在的问题，进行面对面、手把手教方法、理思路、传经验、带作风。检查期间，韩副主任从目标任务定位要准、涉徐涉周资料清理要细、安全隐患排查工作要实、查勤力度密度要大四个方面做重要指示，勉励官兵再接再厉、务实创新、再创标兵。

6月10日，总队政治部陈东升副主任率第二批工作组深入铜仁支队检查调研，着重围绕考察帮建支队级党委班子、检查上半年工作落实情况、指导部队搞好半年工作总结和指导部队抓好安全稳定工作，另外指导支队召开了党委常委专题民主生活会。

6月22日，总队郭游文副司令员率领工作组深入铜仁支队检查调研，郭副司令员到达支队后首先听取了支队党委的工作汇报，并组织部分机关干部进行了座谈了解，对党委工作和党委常委进行了民主测评，指导支队党委班子召开了“三严三实”专题民主生活会。

9月6日，总队后勤部部长张晓华率工作组一行对支队安全工作进行检查。张部长认真听取了支队党委工作汇报、到基层单位（碧江、万山、江口、思南、德江、印江、沿河、松桃、一中队、教导队）实地检查、与部分官兵谈话、查阅相关资料，与支队党委交换工作意见。

11月9日，总队郭副司令员率第三批工作组对铜仁支队进行考帮建，对铜仁支队党委班子、营团职干部以及部队按纲建队、遂行任务能力等进行了全面检查评估。期间，先后听取了支队党委工作汇报，组织对党委班子建设情况以及正营以上干部进行了民主测评、民主推荐；与班子成员、部门副职及机关股长、大队主官进行了个别谈话；检查考核了支队机关及一中队、玉屏、碧江、印江、松桃五个单位。

（武警支队　王勇　韩毅）

人民防空交通战备

【概况】 2015年度，铜仁市人民防空（交通战备）办公室在市委、市政府和铜仁军分区的领导下，较好完成各项工作任务。全市人民防空和交通战备建设迈上新台阶。

一、聚焦核心建设，人民防空和交通战备能力建设有新突破

人民防空方面，办机关搬迁新办公楼，办公条件和战备值班有力改善。启动人防地面应急指挥中心信息系统建设，组织人防机动指挥所开展应急训（演）练

50余次；完成人防音响警报器调频升级，集中开展“9·18”人防音响警报器试鸣演练和群众性疏散演练活动。完成二级以上重要经济目标调整报审工作（省政府、省军区批复7个一级重要经济目标，市政府批复15个二级重要经济目标），并组织二级以上重要经济目标单位开展防护方案编制。交通战备方面，完成辖区内新建公路的战备勘察、民用动力预案修订和民用运力数据更新、国防交通数据上报等工作；联合市公路管理局开展1次战备道路应急救援演习和1次战备钢架桥架设演练。

二、着眼重点突破，人防工程建设和人防执法有新发展

市城区完成人防工程专项规划编制（草案），沿河县人防工程专项规划（2014—2030）通过评审；完成全市人防建设第十三个五年规划（草案）编制。推进“结建”人防工程建设，年内全市报建防空地下室面积68384平方米，竣工验收防空地下室面积2.8万平方米，征收易地建设费2126万元；加大对全市人防工程的安全检查，落实管理措施，人防工程处于完好状态。严格依法行政，梳理“权力清单、责任清单、负面清单”，落实政务信息公开，完成2014年7月1日至2015年6月30日实施的行政许可、行政处罚的案卷评查。全年无行政审批不规范行为、无行政执法过错行为，未发生干部职工职务犯罪。

三、立足宣传教育，人民群众防空防灾意识有新增强

结合“5·12”防灾减灾日、“9·18”国防教育日等重要时机，市、县人防办集中开展宣传活动，发放宣传资料8000余册，人防知识解答500多人次，受教育群众5万余人次。推进人防宣传进学校“试点”工作，在市、县选定12所中（小）学校为人防宣传教育基地，组织开展人民防空知识讲座和防空袭人口疏散演练等宣传教育工作。

四、突出素质建设，班子和队伍建设水平有新提升

坚持以党建工作为引领，以开展“三严三实”专题教育为载体，抓好党组、机关支部建设和党员队伍素质建设，提升班子驾驭全局能力，打造高效务实队伍。把“同步小康·民心党建”工作、综合平安建设、“明礼知耻·崇德向善”主题实践活动、“整脏治乱”专项行动、“民族团结创建”等工作纳入重要议事日程，推进机关精神文明建设，树立机关文明形象。年内，为帮扶村、帮联社区以及贫困户解决帮扶经费11万余元。严格落实党风廉政建设主体责任和监督责任，全办干部职工无违法违纪违规行为。

（人防办公室　林铁根）

法 制 建 设

政　　法

【概况】2015年，铜仁市委政法委以提升平安建设知晓率和人民群众安全感、满意度为目标，大力推动“五个转变”，有效防控各类风险，全面加强平安铜仁、法治铜仁和过硬队伍建设，群众安全感和满意度继续攀升并保持在95%以上，全市政法综合工作和多个单项工作走在全省前列。

一、对敌反恐取得新成效

扎实推进国家安全人民防线建设和“无邪教创建”活动，防邪反邪“四帮一扶”措施、“4321工作法”得到中央610办推广。严密防范和严厉打击敌对分子、间谍分子破坏活动，侦办反间谍专项案件多起，打击了境外间谍情报机关及敌对势力对全市的渗透破坏活动。摧毁了邪教窝点，打击处理了“法轮功”人员、“门徒会”人员、“实际神”人员、“主神教”人员。深入开展防范打击暴力恐怖专项行动，领导公安局组建“飞豹突击队”，建立军警联勤武装巡逻、卡点查缉、重点关注人群管控、重点区域反恐协作联动机制。

二、维稳安保取得新成效

社会稳定风险评估升级版“铜仁经验”在全国推广。着力完善矛盾纠纷隐患排查、化解、稳控、处置“四位一体”长效机制，开展重大突出矛盾和问题排查化解“百日攻坚战”，妥善处置重大突出矛盾纠纷。统筹建立县级矛盾调解中心、乡级综治工作中心、村级综治工作站“三个平台”，组织排查矛盾纠纷13060起，调处13598起，调处成功13048起，成功率96%。建立“案访比”考核、执法办案信访预警、案件交叉评查纠错、诉讼风险提示和第三方参与矛盾化解机制，依法办结一批上级交办的重大突出矛盾和信访积案。圆满完成系列抢险救援等急难险重维稳安保任务。

三、平安建设取得新成效

统筹推进碧江、印江、思南3个区（县）社会管理创新综合试点。创新“社区干部+物业管理+网格工作”治安防控三位一体模式，建立了“一格九员”管理机制。大力推进“平安家庭”创建，全面实行“一村四员一警一助理”农村治安防控模式。深入推进平安铜仁建设“五项行动”，得到了省委常委、省委政法委书记秦如培批示肯定。安置帮教“六强六新”经验得到省委副书记谌贻琴批示。新建高清探头10200个、报警点1012个、卡口102套，组织各县建立专职巡防队伍37支1298人。法律“六进”活动深入培育“农村法律明白人”7860人。继续深化7＋X治安整治行动，有效整治“黑拐枪”“黄赌毒”“盗抢骗”。

四、夯实基础取得新成效

强化政法基层基础建设，基层政法机关经费保障、基本建设迈出新步伐。落实人均公用经费最低保障，全市政法经费投入大幅增长。组织法院系统改扩新建投入使用38个基层法庭，建成科技法庭27个。组织检察系统新建2个区（县）业务用房，成立9个基层检察机构，新设生态环保检察室。组织公安系统新建一批公安业务技术用房和派出所、监管场所业务用房。购置反恐防暴装甲车、防暴水炮车、无线图传指挥宿营车等新型警务装备。创建集市流动警务室68个、社区警务室43个、农村警务室110个。组织司法行政系统新建维修41个司法所。全市乡（镇、街道）村

（居）两级实现综治工作中心（站）全覆盖。

五、信息运用取得新成效

市政法委、综治办建立综治信息化综合平台、“6995”治安防控信息平台。组织法院系统率先在全省运行审判流程和执行信息网上公开平台，全面推行法官办案全程上网和审判流程信息化，实现审判活动全程留痕、重大案件庭审活动全程录音录像、远程视频接访、网上申诉信访、看守所远程讯问。组织检察系统建成案件信息公开系统和“贵州检察12309”网上网下一体化服务平台，实现案件查询、诉讼咨询、业务办理等网上网下一站式服务。组织公安系统建成铜仁公安信息资源查询系统（一搜通）、协同办公系统、短信平台。

六、改革创新取得新成效

网格化服务管理、社会稳定风险评估纳入市委深化改革先行启动的36项行动计划。社会稳定风险评估获得市委深化改革创新奖。涉法涉诉信访“123”工作法，得到省委副书记、省委政法委书记谌贻琴批示肯定，并在全省推广。制定出台《办理刑事案件联席会议制度》《办理涉法涉诉信访事项会商制度》《关于办理赌博刑事案件的指导意见》《关于取保候审工作联系衔接的实施办法》《未成年人违法和轻罪记录封存工作实施办法》《关于对违法干预司法机关办案行为实行登记备案报告的规定》等20余项制度。

七、服务民生取得新成效

深入实施“民心警务”工程，让民意引领警务、让警务保障民生。组织法院系统制定审判护民、亲民、便民、利民措施50余项；推广巡回审判、周末法庭、夜间法庭和上门立案、预约办案、小额案件速裁等工作举措，最大限度方便群众诉讼。组织检察机关开展涉农涉民生专项监督检查，挽回经济损失1200余万元。组织公安机关开通12345市民热线，推进千警进千户、惠民保平安、四帮四促、干群连心室等“民心警务”模式。组织司法行政机关深入开展“律师进社区”“律师进信访室”活动。全面开展政法干部挂帮边远接边村、遍访贫困村贫困户等工作。

八、队伍建设取得新成效

继续深化政法队伍建设“654”工程，政法队伍政治思想、领导班子、能力素质、纪律作风建设加强。率先在全省成立市县两级反邪教协会，落实人员编制3名。深入开展“三严三实”专题教育，大力加强政法队伍作风教育，深入开展“六个开刀”专项活动，政法干警违法违纪起与2014年相比下降了39.25%。大力培育和弘扬“忠诚为民、公正廉洁、实干争先”的新时期铜仁政法精神，涌现了全国先进检察院思南检察院、全国优秀公安局碧江分局，全国模范法官赖桑、全国“六五”普法先进个人张劲等一批先进典型和英雄模范人物。

（市政法委办公室）

公　安

【概况】2015年，全市公安机关坚持“两严两服务两提高”主线，以提升群众安全感、提升群众满意度、提升群众对平安建设知晓率和降刑事发案“三升一降”为目标，坚持“八项建设”与“四项建设”同融同建，坚持平安铜仁建设“五项行动”和“六大攻坚”互动互促，推动全市公安工作转型升级，向数据化、精准化、法治化方向迈进，提升新常态下维护国家安全和社会稳定的能力水平，努力创造安全稳定的社会环境、公平正义的法治环境和优质高效的服务环境，有效维护全市社会政治和治安大局持续稳定。

一、确保国家政治安全，深入推进反恐对敌斗争，维护社会稳定能力明显提升

始终把确保国家政治安全、政权安全放在首位，旗帜鲜明，主动作为，确保了影响政治安全的重大敏感事件零发生、危及政治安全的非法聚集和“街头政治”活动零发生、暴力恐怖案事件零发生。严密防范和打击暴力恐怖活动，建立了全市反恐工作联席制度，组建了反恐专业队伍，市局成立了“飞豹突击队”，建立了军警联勤武装巡逻、卡点查缉、重点部位安全防控机制。各区、县先后开展了爆炸、刀斧砍杀，劫持人质、驾车冲撞、防毒气泄漏等演练，9月1日，市局开展了车辆联勤武装巡逻、反恐制暴演练、装备武器演示、水上突发事件处置等训练演练，提高了应对处置暴力恐怖突发事件的能力水平，有力维护了国家安全和政治稳定。

二、提升群众安全感，深入推进“六大攻坚战”，打击犯罪能力明显提升

紧紧围绕确保提升群众安全感，结合工作实际，部署开展了命案预防暨侦破、黑拐枪、禁赌治黄、盗抢骗、禁毒人民战争三年攻坚、打击非法集资犯罪“六大攻坚战”和今冬明春严打整治等系列专项行动，有力打击了各类违法犯罪活动。全市立刑事案件12111起，同比下降1.08%；破案3382起，破案率为27.92%；刑事拘留2542人，同比上升5.78%；逮捕、直诉1526人，同比上升5.70%；抓获网上在逃人员616名。受理治安案件11891起，同比下降10.72%，查处11470起，查处违法人员9942人，同比分别下降5.88%、上升15.45%。依法查处涉外案件5起，抓获犯罪嫌疑人8人，处理涉外事件9起。一是命案侦防水平不断攀升。牢固树立“命案必防”“命案必破”“命案必治”“命案必诉”观念，以降命案、控发案、多破案为主攻，以开展民转刑命案预防和治理工作为突破口，成功侦破思南八中卢某某被杀案、石阡“1·12”杀人焚尸案、德江“4·03”强奸杀害女学生案、印江吕某某被杀案、碧江“4·16”抢劫杀人案案件，2015年45起现行命案全部侦破，破获命案积案10起，抓获命案积案逃犯10人。二是打击黑拐枪犯罪取得新成效。成功打掉玉屏县“11·16”杨某黑社会性质组织犯罪团伙1个，打掉恶势力团伙25个，抓获犯罪嫌疑人175人。立案拐卖案件98起，同比下降3.4%，销案38起，解救妇女、儿童5人，解救越南籍妇女7人。立涉枪案件61起，涉爆案件20起，打击处理58人，收缴枪支102支、子弹8592发。三是打击盗抢骗成效显著。为破解多发性侵财犯罪高发低破、打不胜打的工作困境，先后建立类案侦查机制、情报会商机制、合成作战机制三大机制，有效掌握了打击多发性侵财犯罪的主动权。全市立侵财犯罪案件9649起，同比下降3.83%，破案2416起，破案率为26.35%，同比上升5.75%，刑拘犯罪嫌疑人783人，摧毁侵财犯罪团伙43个。成功破获了玉屏县欧某跨区域系列砸车盗窃车内财物案、印江县叶某诈骗团伙案、杨某盗窃摩托车团伙案。四是禁赌治黄专项整治战果显著。深入开展禁赌治黄攻坚战，党委成员包片督导，包案督办，逐级立下军令状、签订责任书，坚决铲除黄赌毒瘤。共查破赌博案件271起，捣毁赌博团伙12个、查处涉赌场所302家，抓获赌博违法犯罪嫌疑人1948人，收缴赌资356余万元。查破卖淫嫖娼案件171起，抓获违法犯罪人员256人。清查各类场所560家、宾馆216家、保健按摩226家次、洗浴场所302家次、歌舞娱乐场所339家次，其它场所98家，依法取缔7家。五是涉众经济犯罪攻坚战成效显著。积极主动与有关部门协同联动作战，深入开展了“打非、打假、打传”等专项行动，摸清底数，深挖线索，严厉严打各类经济犯罪，案件高发势头得到有效遏制，全市经济犯罪形势有所好转。共立各类经济犯罪案件393起，同比下降41.1%，破案341起，挽回经济损失4000余万元。成功侦破了松桃汇森堂药业有限公司虚开增值税专用发票案、“9·17”制造销售假冒伪劣食盐案、松桃红十字医院诈骗新农合基金案。六是禁毒人民战争成效显著。深入开展禁毒人民战争三年攻坚战，破获毒品案件324起，成功破获了部目标案件2起、省目标案件2起和德江“3·22”张连福团伙贩毒案、“6·14”王存彦团伙贩毒案、松桃“9·01”周志勇等人运输毒品案等大要案件，缴获各类毒品34.51千克，抓获贩毒人员375名。开展集中踏查罂粟31次，查处非法种植罂粟案件34起，查处违法犯罪嫌疑人34名，铲除罂粟8739株。

三、开展平安铜仁建设，深入推进平安“五项行动”，社会治安管控能力明显提升

按照市委、市政府深入推进平安铜仁建设“五项行动”部署要求，全市公安机关充分发挥职能职责，深入部署，层层落实责任，全面推动“五项行动”取得实效。一是深入开展了背街小巷亮化建设摸底排查工作，严厉整治背街小巷偷盗、涉毒、涉邪等治安混乱问题，彻底改善了背街小巷治安环境，推动全市亮化、硬化、绿化背街小巷208条，整治背街小巷治安乱点501处。二是扎实开展天网地网工程延伸建设工作。建设完成高清监控点2000个，报警点300个。在人防方面，建专职治安巡防队伍10支2163人，城区义务治安巡逻队100支1568人，乡镇义务治安巡逻队261支5964人。在物防方面，全面实施门禁系统、围墙防爬刺、社区住户防盗门、单元防盗门、内置防盗网，各地主城区防盗系统安装率达78.6%。三是以禁毒人民战争三年攻坚战为载体，大力实施吸毒人员收戒管控行动，不断完善戒毒设施和功能，创建“无毒害”区（县）1个、“无毒害”乡（镇、办事处）103个、“无毒害”村（居、社区）1444个、“无毒害”单位536个、“无毒害”学校897所。四是积极主动与综治等部门密切配合，全面推进社区网格化服务管理，督促指导各个小区人防、物防、技防等安全防范措施落到实处，切实加大治安巡逻防控和整治力度，成功创建“零发案”小区508个，其中，物业式小区107个、单位式小区276个、松散式小区125个。五是深入宣传报道公安工作和队伍建设，市局联合市直政法各部门共同出资200万元，积极主动与各大主流媒体协调配合，在铜仁日报开设了法制周刊，在铜仁电视台开办了《平安时空》，在法制生活报、铜仁网、微铜仁均开设了专栏。出台了《新闻宣传奖励办法》，每年预算20万元用于奖励。优化完善了《铜仁公安》门户网站和微博公众平台，创建了《铜仁公安》微信平台，成立了宣传工作专班。相继策划了新春走基层、巾帼英雄、缅怀公安英烈、打击“黄赌毒”、命案侦破、警务改革等系列重大主题报道。2015年在省市级以上媒体刊发或播出稿件4000余条，石阡、松桃公安机关抗洪抢险先进事迹先后在央视《新闻联播》《焦点访谈》播出。发布微博7495余条，粉丝24829人；发布微信信息357期，关注用户数达4万余人，每周阅读总数均达10万人次以上，66条单条阅读数超过1万人次，最高达7万人次，阅读数等综合指标跃居全市政务微信第一、全省政务微信前三名。应《今日头条》邀请参加了全国“端·政——数说政务新媒体”大会，被评为全国“最具影响力头条号”、全国2015政府网站政务微信卓越奖。碧江交警自编自导的微电影《坚守》入围全省公安民警“三微”电影大赛。

四、深入推进基础信息化建设，精准打击处理能力明显提升

坚持“基础工作信息化、信息工作基础化”导向，深入推进基础信息化建设与应用，全市公安精准打击处理能力明显提升，成效日益突出。一是在省厅警务多彩云建设的强力支持下，建成了警务综合平台、一搜通、DQB系统，整合了案事件、人口信息、在逃人员、现场勘查、出入境、禁毒、治安等警种业务信息，成功将天网系统有效接入市、县交警、消防部门和市局图侦、网安、技侦等部门，信息互通共享初步形成，从“信息孤岛”成功走向“集成共享”。二是按照“边采边用、边建边用”的原则，以建立“完整、准确、鲜活”的数据库为目标，不断拓展基础信息采集范围和渠道，明确了各警种的信息采集职责，构建了全警采集、全警录入、全警应用、全警共享的信息采集工作机制，切实扩充了基础信息大数据，警务多彩云日渐集成。三是高度重视信息化深度研判应用工作，在全省率先在刑侦支队成立了图侦大队（正科级），在市局选调了3名民警、各县公安局轮流每次抽调2名民警到图侦大队专门开展案件分析研判工作。在市、县、乡（镇）派出所三级监控中心，建立日常值守机制，分别建立一支专门视频巡查队伍，对辖区内的社会治安情况、易发时段、重点场所及路段，实行全天候实时动态监控。深入开展了全警信息化应用培训，提升了民警信息化应用能力水平。健全完善了情报信息研判应用机制，实现了数据资源的战果转换，特别是在指挥调度、警务督查、侦查破案、社会治安防控以及服务民生等方面应用成效凸显。

五、以“情指一体化”建设为重点，深入推进犯罪实时控制

机制建设，警务实战化水平明显提升

一是建立了“情指一体化”指挥体系 强力推进市、县公安机关“情指一体化”大厅建设，按照“四统一”（即统一规划、统一标准、统一报审、统一验收）要求，全面完成市局指挥中心、交警支队和万山、印江、思南、德江、石阡、松桃、江口、玉屏县公安局标准化综合指挥大厅建设，实现了110接警、视频联网监控、指挥调度、情报研判为一体化运作体系。交警支队“情指一体化”建设及运用的经验成效获省交警总队高度肯定，5月21日在铜仁市召开全省现场会加以推广。二是完善了“巡处一体化”接处警规范化建设。成功整合了市局与碧江、万山两城区110接处警指挥调度平台，根据全市人口分布、道路状况和治安形势，合理划分57个巡区，建立治安岗亭（流动岗亭）57个，每个网格配备15名以上民警（含辅警），采取“四班三运转”模式，扎实开展巡逻防控工作。切实构建了巡区民警网格内即时处警、岗亭警力就近处警、街面巡逻组（快反中队）快速处警、动中备勤武装处警、执法办案队专业处警的“五级处警模式”。三是加强了常态化应急处置机制建设。加强应急处突队伍建设，市局积极组建了100人的飞豹突击队和24人的快反突击队，配备狙击手3名和排爆员1名，各区县也组建了突击队（快反中队）。全市突击队队员达412人，特（巡）警警力达2456人。制定完善了各类方案预案。严格应急处突队伍的整体作战和快速反应能力的训练、演练，切实开展了铜仁市公安特（巡）警2015年度野外拉动演练、特巡警综合体能、技能、狙击步枪精确射击和长短枪互换射击大比武活动，全市公安快反处突、协调指挥、远程机动等应急处置能力明显提升。四是加强了实战保障机制建设。大力推进标准化实战警务保障建设，投入1520万元建立完善了市局教育训练基地、飞豹突击训练基地、辅警培训基地和10个区、县特巡警营房基地建设。投入3000余万元，新增了反恐防暴装甲车1辆，特种装备车5辆，现场图传指挥车1辆，防暴水炮车1辆，运兵车4辆，巡逻车8辆，工作保障车12辆，巡逻摩托车20辆，巡逻电动车20辆，新购防暴盾牌、头盔、防暴服、防刺服、护目镜、折叠长警棍等反恐处突重型防护、应急救援、常规巡逻装备600余套。

六、加强派出所规范化建设，深入推进派出所建设三年攻坚战，基层基础保障能力明显提升

切实加强以派出所等级评定为抓手的派出所正规化建设，深入推进社区警务建设、户口清理整顿、安全防范管理、重点人口管控、流动人口管理和行业场所管理，基层派出所警力保障、组织建设、业务用房建设工作取得显著成效。积极争取党委政府支持，全市公安机关派出所主要领导进入乡镇、办事处党政班子的有74人，达42.28%。扎实推进城乡社区警务室规范化建设，推动警务前移、警力下沉，建成社区警务室43个、农村警务室110个。全市公安机关派出所总警力达到1119人，占县级公安机关总警力的42.41 %。专职社区民警122名，达34.17%，民警进驻“干群连心室”全市2895个行政村全覆盖。强力推进“一村一警务助理”建设，积极争取市委、市政府的大力支持，以市综治委名义下发了《关于推行村级警务助理的通知》，全市2807个行政村配备警务助理2808名，配备率100%。积极协助省厅深入开展派出所工作任务、统计报表、考核指标“三项清理工作”，将原由派出所填报的9类65种92张填报表减少至4类10种18张，实现了减负增效的初步目标。大力推动基层基础设施建设上台阶、上水平，监管场所建设规模75943平方米，派出所建设规模4930平方米，新建派出所31个、拘留所8个、看守所3个、戒毒所2个。成功创建全国一级派出所20个、二级派出所41个、一级刑事技术室3个、一级责任区刑警队3个。

七、深化公安改革，深入推进公安行政管理改革，创新服务能力明显提升

以问题为导向，以改革创新为动力，深入贯彻落实市委和省公安厅深化公安改革的决策部署，统筹协调，深入推进公安行政管理改革。坚持突出重点、争出亮点，在户籍制度改革、创新人口服务管理等事项上下功夫、求突破。拟定下发了2015年全市公安机关警务机制改革分工方案，提出了2015年完成的9项重点改革任务，在市委要求完成的2大项6小项"规定动作"基础上，增加3项"自选动作"，明确了改革事项内容和进度、责任领导、责任部门、完成时限等，任务分解到人，层层传导压力，层层落实责任。大力推广"互联网+防范""互联网+侦查""互联网+管理""互联网+民生""互联网+监督"五种"互联网+"新型警务，公安部、省委改革办、省委政法委、省公安厅大力推广，被省委改革办明确为2015年全省改革典型案例，《法制日报》《人民公安报》人民网等10余家媒体作了深度报道。深入推进户籍制度改革，市政府审定下发《关于加快推进新一轮户籍制度改革的实施方案》，放开户口迁移政策，实现市内户籍迁移业务网上"一站式"办理，下放人口信息变更审批权限，推出户籍办理、身份证办理等一系列便民利民措施，进一步规范了户口登记管理制度，解决了无户人员落户问题。全市办理无户人员登记入户2000余人，办理居住证74967个，查办虚假户口1074人，转入城镇户口38757人，全市户籍城镇化率13.06%，人口城镇化率45.21%。市局共清理出791项权力责任清单，其中涉及交警593项，治安176项，出入境6项，禁毒1项，网安10项，法制1项，消防4项。下放行政审批项目3大项8小项（其中交警部门1大项5小项、消防部门2大项3小项）。深化民心警务模式，推进千名民警进驻干群连心室、集市流动警务室，落实便民利民措施，打造网上服务新平台，推行网上民心警务，实现由"面对面"变为"键对键"，最大限度地让数据多跑腿、让群众少跑路。推出"淘帮办"网上车管便民利民业务，开通"网上车管所""微信车管所"。深化文明示范窗口建设，推出"包干服务""错时服务""指尖服务"、微笑加高效服务。在市局出入境管理大厅增添了自助发证机、申请易、自助签注机，极大地提高了办证效率，方便了办证群众。2015年全市依法受理、审批中国公民因私出国（境）申请68589人次，受理驾驶人业务227449件，办理驾驶人考试业务140245人次、各类机动车业务343917件。

八、维护社会公平正义，深入推进执法规范化建设，执法公信力明显提升

紧紧围绕全面推进依法治市、加快建设法治社会的总部署、总要求，牢牢把握促进社会公平正义这一核心价值追求，大力推进执法规范化建设。一是全面完成执法办案场所规范化建设。高标准建成市局办案中心，完成全市公安办案场所"一区四室"改造任务，严格执行"四个一律"规定，有效杜绝了执法安全问题。二是切实加强执法监督。深入总结松桃县公安局全省试点工作成效，全面推行刑事案件"统一审核、统一出口"工作，严格对无同步录音录像资料案件一律不予审核，并纳入执法规范化重点目标考评，有效确保了讯问犯罪嫌疑人同步录音录像机制落到实处。三是健全完善执法制度。市局法制支队成立了案审大队，建立了重大疑难刑事案件请示报告制度，成立了重大疑难刑事案件审查委员会，制定了《铜仁市公安机关重大疑难刑事案件集体议案实施办法》《铜仁市公安机关人民警察执法过错责任追究实施办法》和《执法过错责任认定程序规定》等执法制度，有效促进了执法规范化工作。积极推行法律顾问制度，成立了铜仁市公安局法律顾问室，为公安决策、依法行政以及重大疑难敏感案事件处理提供了理论和法律支持，有效防控法律风险，共提供法律咨询200余次，回复法律请示16次。四是执法整治不断强化。部署开展为期一年的严格规范执法行为专项活动，重点对全市公安机关在执法思想信念教育、健全和完善刑事案件审核把关机制、加强取保候审案件的清理、健全和完善执法管理制度建设、规范涉案财物管理、深入推进执法公开工作、精减行政许可事项，简化行政审批程序方面存在的执法突出问题进行专项整治，及时查处整改了存在的执法突出问题。受理行政复议案件32起，维持13起，撤销重作5起，撤回申请9起；受理刑事复核案件6起，维持4起，未结2起，受理刑事国家赔偿复议申请1起，维持1起。五是加强执法培训。组织开展执法资格培训4期，组织894名民警参加了执法资格考试，全市累计获初级执法资格民警2557人、中级835人、高级14人，民警执法理念和执法水平进一步加强。推行办案民警跟班学习常态化机制，对各区县公安局在执法质量考评中个案成绩在60分以下主办民警，到市局法制支队跟班学习半个月，考核合格后返回原单位。落实一轮8期47人次。

九、防事故保平安，深入推进安全隐患排查整治，公共安全管理能力明显提升

牢固树立防微杜渐，居安思危意识，大力加强公共安全监管，深入部署开展了全市公安机关公共安全隐患大排查大整治专项行动，紧紧抓住重点领域、重点行业、重要部位，全面排查整治治安、消防、交通、监管等各类公共安全隐患，切实解决影响公共安全的突出问题，有效预防和遏制重特大公共安全事件、事故的发生。一是深入推进道路交通安全三年攻坚，全面推广印江农村道路管控模式，在全省率先采取“兵团作战”和“合成作战”方式，相继开展了道路交通安全冬季百日整治、城区道路交通秩序专项整治、春运酒后驾驶集中整治、“道路交通安全大排查大整治”“农村道路交通安全合成整治”“事故隐患大排查大整治”“打非治违”集中整治、铜仁主城区交通秩序集中整治行动、公交出租行业安全文明大教育大承诺大整治活动等12项专项行动，始终保持对“三超一疲劳”、酒后驾驶等重点交通违法的严查严管高压态势。排查整治安全隐患627处，查处各类交通违法行为1247596起，同比上升19%，处罚616499人次，同比上升36%。共发生统计内道路交通事故67起，死亡53人，受伤96人，同比分别下降1.47%、7.02%、11.21%。全面落实消防安全网格化管理措施，切实加强消防安全监管，部署开展了电火箱“闪电行动”“今冬明春火灾防控”“劳动密集型企业”“消防安全攻坚会战”、重大火灾隐患整治、夏季消防安全检查、彩钢板检查等专项行动。共检查场所单位12231家次，发现火灾隐患或违法行为10861处，督促整改10217处。发生火灾237起，死亡4人，受伤7人，直接财产损失5378509元，过火面积11626.2平方米，受灾户数87户，受灾人数112人，未发生较大以上火灾事故，全市火灾形势持续稳定。加强危爆物品安全管理，制定了《铜仁市公安机关民爆物品管理“六个严禁”》，坚持每季度对全市23家营业性爆破作业单位和42家非营业性爆破作业单位进行安全检查，发现安全隐患149起，当场整改93起，限期整改56起，受理涉爆案件17起，行政处罚13人，立涉爆刑事案件6起，刑事打击3人，吊销5名爆破作业人员资格许可证，收缴过期炸药8646.24千克、雷管26774枚。检查烟花爆竹生产企业5家、经营批发企业20家、零售单位802家、零售点1896处、烟花爆竹储存库25个，发现各类安全隐患253条，当场整改201条，限期整改52家，取消非法零售点113处，没收不合格产品、“三无”产品6904件（箱）、礼花弹623枚，受理烟花爆竹行政案件25起，刑事案件6起，打击处理21人。深入加强监所安全管理。切实加强监管场所隐患排查整治，加强基础设施建设，进一步修订了《铜仁市公安机关监管场所管理“五严禁”》，严密防范措施，严格内部管理，深入推进看守所“五化建设”，开展监管场所安全隐患大排查大整治专项行动，排查整改安全隐患42起，确保了监管场所未发生责任事故、未发生在押人员非正常死亡、未发生民警意外伤亡、未发生民警违法违纪违规行为。加强重大活动安全管理，强力推进公安警卫基层基础建设，健全完善了大型活动审批和群众自发性节庆聚集活动风险评估机制。圆满完成“两节”“两会”、中国人民抗日战争暨世界反法西斯战争胜利70周年纪念活动、十八届五中全会、“美丽梵净山、铜仁过大年”、遵义会议80周年纪念活动、“中国梵净山生态文明与佛教文化论坛”、铜仁市第四届旅游产业发展大会等重大活动安保和中央领导过境玉屏“A202”、赵克志、陈敏尔、李学勇等领导到铜视察调研重要警卫任务11起，实现了大事不出、小事也不出，确保了绝对安全、万无一失。2月13日，组织200名警力连夜奔赴黎平县，协助完成国务院总理李克强来黔视察警卫任务，得到了各级领导的一致好评。

十、深入推进基层基础建设，公安警务保障能力明显提升

全市公安机关抓住“十二五”期间国家支持公安机关基础设施建设历史机遇，积极争取、大干快上，大力推进“基建强警”工程，推动了全市公安基础设施建设上台阶、上水平。一是争取国家政策扶持取得突破。全市积极申报64个规划项目，建22个，占34.4%；规划建设面积28.51万平方米，实际建设10.86万平方米，占38.1%；争取中央投资5.1亿元，到位2.44亿元，占47.8%，全省排名第二；争取省、市政策配套资金4420万元、1709万元。二是业务技术用房建设取得突破。10个区县公安局和市局业务技术用房11个项目，竣工使用10个，达90.9%，竣工率全省名第一。市局信息化指挥平台、大情报信息系统、刑事技术、技术侦查、网络安全专业用房得以保证，科技设备装备明显提升。三是基层所队标准化建设取得突破。中央投资监管场所建设规模75943平方米，派出所建设规模4930平方米。新建派出所31个、拘留所8个、看守所3个、戒毒所2个，项目建设严格按照公安部规定，打造了一批“精品工程”，碧江分局、万山分局刑侦大队和煎茶、双江、五德、许家坝派出所等被评为全国公安机关“五十百千”示范单位。四是配套设施建设取得突破。市局狠抓警务改革，整合碧江、万山两城区接警工作，在全省率先建成实战化、扁平化指挥中心。八个区县公安局标准化指挥中心建成运行。德江、思南、印江县公安局业务技术用房建设，得到副省长、公安厅长孙立成的高度赞扬和充分肯定。五是项目建设管理取得突破。始终坚持共建共享，将业务用房与行政办公用房统筹考虑，整合各警种通用设施和场地馆所，采取统一建设、集中使用，最大限度实现集约化。在项目建设中，严格执行法律法规，按照中央规定标准控制建设投资和建筑面积，超规模、超标准、超投资“三超”问题零发生，违规举债建设零发生。

十一、开展“三严三实”专题教育，深入推进队伍正规化建设，依法履职能力水平明显提升

坚持不懈狠抓公安队伍建设，为履行职责使命提供坚实保障。深入扎实开展了“三严三实”专题教育活动，制定了12项具体方法措施，开展了上党课、观看警示教育片、警示巡展、局党委中心组学习扩大专题研讨会、“三严三实”专题演讲比赛等系列活动。进一步深化“六个开刀”活动，深入开展以“八查八改”为重点的“作风大整顿、满意大提升”纪律作风教育整顿，聘请警风警纪义务监督员49名，切实提高了民警遵纪守法的自觉性，筑牢了拒腐防变防线。在“七·一”节市四大班子领导亲切接见全市公安功模代表，组织了升旗仪式、上党课以及警营文化活动成果汇演等系列活动。11月18日，举行了全市公安机关“践行‘三严三实’铸造忠诚警魂”主题演讲比赛，充分展示了全市公安工作和广大民警践行“三严三实”情况，取得良好效果。加强干部人事管理，调整配备实职干部159名，其中副县级5名、正科21名、副科133名、提拔调整县级公安机关班子成员24名，6名区县公安局长、74名派出所长进同级党政领导班子。新招录民警101人，引进公安部属院校公安专业人才4人，武警反恐退役士兵1人，新招聘事业编制67人，其中市局面向部队退役士兵专项招聘反恐、防暴、救援应急处突队员24名，警务辅助人员604名。解决民警职级待遇357名（副县级16名，正科199名，副科142名），解决连续在基层派出所工作15年副科待遇9名，职务与职级并行享受副县级待遇16名，科级待遇287名。协助市委组织部提拔调研员2名，副县级实职干部5名。为民警及其家属申报特别慰问金、救助金、补助金，医疗、伤残救助金，子女助学金37.7万元，成立了铜仁市警察协会，收到民警风险救助基金100万元。创新入警训练、警衔晋升、职务晋升、交流学习的方式和内容，进一步增强培训工作针对性、实效性，投入教育培训经费362.5万元，投入培训基地建设、装备器材、课题研发等费用354.9万元，举办各类培训班149期次、受训7326人次。大力加强公安思想政治常态化建设，发扬“忠诚为民、公正廉洁、实干争先”的铜仁公安精神，铸造忠诚警魂，培育、树立一批公安先进典型。2015年，全市有733名民警和55个集体立功受奖。沿河县公安局法医曾庆洲被省委省政府评为先进工作者，松桃县公安局特巡警大队被省委宣传部命名为“学雷锋示范点”，消防支队“飞扑哥”贺兵被省委宣传部命名为岗位学雷锋标兵，全省“最美辅警”辅警冯兵、肖祥，“最美警嫂”市局国保支队冉兵妻子田仁碧；市局刑侦支队满延周，松桃县公安局易天明被市委市政府评为先进工作者。

（市公安局办公室）

检　　察

【概况】2015年，全市检察机关以“让党满意，让人民满意”为工作目标，深入贯彻“四个全面”战略布局，认真践行“三严三实”要求，坚持法治引领，忠实履行检察职责，为守底线、走新路、奔小康做出了应有贡献。

一、严守发展与生态两条底线，主动服务全市工作大局

认真学习贯彻习近平总书记的重要指示精神，围绕市委、市政府的决策部署，主动适应经济发展新常态，积极探索新思路新举措，全力服务美好幸福新铜仁建设，取得良好效果。

一是保护青山绿水，护航生态文明建设。认真开展生态·环境保护检察专项行动，市检察院制定了《服务生态文明建设的意见》，加大对破坏生态环境犯罪的打击力度，共批准逮捕滥砍滥伐、非法占用林地、重大环境污染等犯罪嫌疑人21人，提起公诉118人；监督立案破坏生态环境犯罪案件51人；立案侦查生态环境领域职务犯罪案件29人。依法履行监督职能，督促相关部门开展依法治理锦江河、乌江等重点河流、农村生活环境改善等联合执法行动22次，清理整顿非法造纸、河道采砂等排污企业42家，关停或整改24家。推动建立联席会议制度、生态破坏和环境污染恢复性治理等长效机制26个，针对环境污染发出督促履职检察建议书622份，相关部门采纳535份，监督开展“补植复绿”，补植树木12000余株。省检察院在碧江区检察院召开了全省检察机关生态环境保护检察专项行动推进会。

二是保障企业发展，服务经济建设。市检察院制定了《服务企业发展的意见》《保障梵净山和万山汞矿遗址申报世界遗产的意见》，不断细化和落实措施。围绕保障经济开发区、工业园区、大数据产业等实体经济发展，积极开展打击侵犯知识产权、金融诈骗等破坏社会主义市场经济秩序犯罪活动，共批准逮捕犯罪嫌疑人68人，提起公诉102人，努力营造平安、法治的社会环境。积极搭建服务平台，召开检察长、董事长“两长座谈会”12次，共同研讨破解发展瓶颈，努力营造亲商、护商的良好氛围。深入开展督促起诉工作，在国有土地、环境保护、矿产资源开发等重点领域、行业办理督促起诉追收国有资产案件71件，追回国有资金2.7亿元。

三是坚持改革创新，服务法治社会建设。自觉把检察工作融入全面推进依法治市加快建设法治社会工作大局，认真落实各项任务。积极稳妥推进司法体制改革，碧江区检察院作为全省第二批改革试点单位，改革试点工作全面启动。依法开展提起公益诉讼试点工作，探索建立提起生态环境公益诉讼制度，市检察院与环保、国土等市直六部门召开公益诉讼联席会，联合出台《关于建立公益诉讼联动机制的实施意见》，建立了联动机制。强化对司法活动的监督，创新完善了《办案期限监控预警催办制度（试行）》等12项机制，为建立高效权威的司法制度、全面推进依法治市进行了有益探索。

二、深入推进平安铜仁建设，全力维护社会稳定

认真履行审查批捕、起诉职能，坚持运用法治思维和法治方式处理社会问题，保障社会安定有序、人民安居乐业。

一是依法打击严重刑事犯

罪。坚决打击危害国家安全、暴力恐怖、涉黑涉恶等各类犯罪活动，共批准逮捕各类犯罪嫌疑人2103人，提起公诉3121人；重点打击严重影响人民群众安全感的故意杀人、故意伤害、强奸、抢劫、抢夺、盗窃等犯罪，批准逮捕1053人，提起公诉1299人；依法惩治危害食品、药品安全和侵犯妇女儿童、农民工合法权益的犯罪，批准逮捕141人，提起公诉116人，切实保障人民群众生命财产安全。

二是着力化解社会矛盾。贯彻落实宽严相济刑事政策，对无逮捕、起诉必要的，依法不批准逮捕734人、不起诉210人；通过刑事和解、刑事司法救助、附条件不起诉、邀请有专门知识的人出席法庭发表意见等方式，加强释法说理，妥善处理案件71件，有效化解矛盾，减少社会对抗。完善涉法涉诉信访事项依法导入、纠错、终结机制，共受理各类来信来访240件，其中导入法律程序72件，全部依法进行妥善处理。坚持检察长接访、联合接访、带案下访，加强远程视频接访系统和“贵州检察12309”网上网下一体化服务平台的利用，畅通诉求渠道，检察环节没有发生越级访、重复访、非正常访和信访积案。

三是积极参与社会治理。认真开展禁毒治黄、非法集资集中整治、打击治理电信网络新型违法犯罪等专项行动，共批准逮捕犯罪嫌疑人367名，提起公诉455名。积极参与深化平安铜仁建设“五项行动”，开展边远接边村治安整治等社会治理活动26次，解决平安创建资金15万余元，推动织牢平安防控体系。积极支持和配合有关部门开展特殊人群服务管理“六项工程”建设，认真落实帮教措施，加强对未成年人犯罪嫌疑人的教育挽救，营造平安成果人人共享的良好局面。

三、坚持惩防并举，大力推进反腐倡廉建设

按照中央关于反腐败斗争的决策部署，加大查办和预防职务犯罪工作力度，促进干部清正、政府清廉、政治清明。

一是保持惩治腐败的高压态势。有案必查、有腐必惩。坚持“老虎、苍蝇”一起打，查办职务犯罪工作不断取得新突破，共立案侦查贪污贿赂、渎职侵权职务犯罪案件129人，同比增长9.3%；为国家挽回经济损失1700余万元。突出查办大要案，立案侦查贪污贿赂大案110人，渎职侵权重特大案15人；立案侦查县处级国家工作人员12人，同比增长71%，为历年最多。积极查办民生领域职务犯罪，立案侦查发生在群众身边、损害群众利益案件39人，查办基层组织人员职务犯罪案件11人。狠抓办案安全、质量、效率，严格执行各项程序制度，没有发生违法办案、安全事故和生效无罪判决案件。

二是努力从源头上预防腐败。围绕预防腐败更加有效，着力推进系统化、专业化、精准化预防。认真落实惩治和预防职务犯罪年度报告制度，向市县两级党委、人大、政府报送高质量的预防报告17份，得到批示肯定35次。积极构建“点、线、面”相结合的社会化预防机制，思南县、沿河县检察院分别建成集“声、光、影”于一体的警示教育基地；推动预防职务犯罪工作纳入市县两级党委、政府年度绩效管理考核和预防教育进党校。开展专项预防调查95次、案例分析28件、预防宣传警示教育1530次、行贿犯罪档案查询5810件，发放宣传资料20000余份，向发案单位发出预防建议89件。深入推进生态环境、重大工程、民生领域专项预防，开展“守住生态底线”主题“检察开放日”活动、专项预防宣传；跟踪预防重点工程建设项目45个，挂牌督办4个，为国家120亿元项目资金安全提供司法保障。

四、严格法律监督，保障公正司法

全面履行对诉讼活动的法律监督，强化自身监督，尊重和保障人权，守护社会公平正义。

一是强化诉讼监督，保障法律统一正确实施。严格依法开展立案监督、侦查监督、审判监督、执行监督，共监督纠正应当立案而不立案、不应当立案而立案、量刑畸轻畸重、执法不严等违法行为299件，纠正漏捕69人、漏犯65人。认真开展社区服刑人员脱管、漏管专项工作，监督纠正脱管、漏管、虚管198人，收监执行38人；监督特赦罪犯165人；纠正违法减刑、假释、暂予监外执行案件9件，全市检察机关监所部门统一更名为“刑事执行检察局”，市人大常委会听取并审议高票通过了市院《关于刑事执行检察工作情况的报告》。审查民事行政申诉案件98件，提请抗诉15件；监督民事执行案件10件。

二是强化自身监督，确保严格依法规范执法。扎实开展规范司法行为、“三个开刀”专项整治活动，按照“见人、见事、见案件、见责任追究”要求，对近两年所办理的案件全面进行了质量评查，整改涉案款物管理、采取强制措施等司法不规范问题14个；建立和完善《统一业务应用系统办案规范化、标准化检查办法》《案件质量评查办法》等监督制约机制，推动整治不规范司法行为成为新常态，进一步推进了执法规范化。推进检察统一业务应用系统改进升级，强化对执法办案的全程、动态管理和监控，统一受理案件4950件，发出可能超期办案等预警提示50件，纠正文书不当、程序违法等104件。上线运行电子卷宗扫描系统，规范律师接待工作，依法保障律师执业权利。依法开展查办职务犯罪案件“全面、全部、全程”同步录音录像，共录音录像199件，做到应录尽录，保障了严格公正文明规范司法。

三是坚守法律底线，严防冤假错案。认真落实罪刑法定、疑罪从无等法律原则，坚守防止冤假错案底线，坚守证据裁判规则，依法排除非法证据、要求补正或解释18人，依法对不构成犯罪的不捕87人，对事实不清、证据不足的不起诉66件，依法退回补充侦查760件；提出抗诉25人，改判9人。如2013年5月，被告人胡国发在碧江区文笔峰对2名幼女实施强奸后，将其掐昏推下悬崖，跌落在半山腰树丛中获救，一审以强奸罪判处被告人有期徒刑9年，市检察院于2015年10月27日依法提起抗诉，二审改判为故意杀人罪（未遂）14年、强奸罪9年，决定执行有期徒刑20年，守住了法律底线。2015年，提起公诉的生效判决案件，全部为有罪判决。

五、加强队伍建设，筑牢检察工作发展基础

全面落实从严治检要求，强化教育、管理和监督，提高队伍素质，努力打造一支忠诚干净担当的检察队伍。

一是切实加强队伍思想建设。立足队伍实际，扎实开展“三严三实”专题教育，认真学习习近平总书记系列重要讲话及中国特色社会主义理论体系，强化思想武装，进一步提高检察人员的党性修养，树立政治意识、大局意识、责任意识和规矩意识，坚定理想信念，严守党的政治纪律和政治规矩，自觉把各项检察工作置于党的绝对领导之下。全年，检察工作得到市领导批示肯定8次。

二是切实加强队伍作风建设。认真落实党风廉政建设责任制，深入推进机关作风效能建设，大力倡导“当日事当日毕”“谁主管谁负责”工作理念，坚决整治“庸懒散慢贪”及司法不规范方面存在的问题，立案并给予纪律处分1人。进一步完善和落实考勤考核机制、劳动纪律、限时办结制、工作日志管理等制度，认真开展中层干部述职述廉，对干警履职、执纪、守纪等情况晒在“阳光下”，全市检察干警争先创优、务实干事，推动了检察工作全面开展。全年，有5个集体、19人获得市级以上表彰，市检察院被省委、省政府授予“全省文明单位”称号。

三是切实加强队伍执法素质和执法能力建设。大力推进第二批基层检察院建设“4+1”创建工程，有3个院开展创建，松桃、石阡2个县检察院被省检察院评为“示范院”、江口县检察院被评为“先进院”，省检察院在松桃县检察院召开了全省检察机关基层检察院建设“4+1”创建推进会。全力抓好涉密信息系统建设，市县两级检察院全部通过测评验收，有力地推进信息化现代化建设。大力实施检察骨干工程并对检察骨干实行动态管理，积极开展岗位练兵、专项业务等教育培训，与浙江大学、中国政法大学合办检察业务培训班，组织干警参加各类学习培训500余人次，队伍执法能力稳步提升，涌现出了玉屏县检察院李琴、碧江区检察院邱长虹、蒲德静等一批被省检察院、高检院表彰的“最佳辩手”“办案能手”业务标兵。

六、自觉接受监督，提升检察工作公信力和群众满意度

牢固树立监督者首先必须接受监督意识，不断丰富接受外部监督的形式和途径，坚持从人民群众的新期待新要求出发改进检察工作。

一是自觉接受人大法律监督及政协民主监督。全市检察机关积极配合人大常委会开展检查调研52次，向人大及其常委会报告工作35次。认真落实人大代表的意见和建议，市一届人大四次会议召开后，市检察院对代表、委员提出的88条意见和建议进行了认真梳理，召开党组中心学习组会议，传达学习，逐条研究贯彻落实措施。走访各级人大代表379人（次），邀请各级人大代表、政协委员视察检察工作和参加庭审观摩、检察开放日等重大活动33次。10月份，市检察院邀请部分市人大代表、政协委员和检察机关“三员”视察了松桃、思南、石阡等县检察院工作，有力地推动了检察工作依法开展。

二是大力推进检务公开。着力抓好检务公开大厅建设，加强案件信息公开系统运用，实现案件查询、诉讼咨询、业务办理等网上网下“一站式”服务，公开各类案件信息4508条、生效法律文书1508份，受理案件信息查询485件（次），办理当事人及辩护人会见、阅卷等事项230件（次）。深入推进平安建设大宣传行动，市县两级检察院全部开通了官方微信、微博，及时发布重大检察工作动态信息231条；深化“检察开放日”活动，2015年市检察院举办了3次开放日、2次“开门评检”活动，确保检察权在阳光下运行。

（检察院办公室）

审　判

【概况】2015年，市法院全年受理各类案件24111件，结案23062件，同比分别上升24.8%和23.96%；法定审限内结案率为99.16%。其中，市中级法院收案2938件，结案2635件，同比分别上升34.89%和29.04%；法定审限内结案率为98.45%。

一、履行审判职能，维护司法公正

依法惩治刑事犯罪。受理刑事案件2675件，审结2519件，同比分别上升6.15%和4.65%。判处罪犯2351人，其中判处五年以上有期徒刑188人。严厉打击危害社会治安犯罪，审结八类严重暴力犯罪案件336件415人，提升人民群众安全感；审结危害食品、药品安全，破坏生态环境等涉及民生、生态犯罪案件105件147人，切实维护人民群众生命健康安全；对贪污贿赂、渎职等犯罪保持高压态势，审理了省政协民族与宗教委员会原副主任杨正明受贿等职务犯罪案件共79件96人，其中县处级以上干部7人。加强人权司法保障和量刑规范化，96件案件启动非法证据排除程序，53名被告人免于刑事处罚，651名被告人被依法宣告缓刑；对87件92名未成年人轻罪记录予以封存，加强对未成年人的特殊保护。

妥善审理民商纠纷。受理民商事案件14566件，审结13935件，同比分别上升34.10%和34.27%。加强对妇女、儿童、老人和残疾人等弱势群体的司法保护，审结相关案件3283件；依法审结土地权益纠纷，中小企业融资、房地产开发及销售合同等与经济发展密切相关案件1065件，涉案标的额8.96亿元。印发了《审理人身损害赔偿案件指导意见（试行）》，进一步统一裁判尺度。继续注重调解和简易程序适用，民事一审调撤率为60.91%，简易程序适用率为81.71%，大量矛盾纠纷以柔性方式及时化解。

努力化解行政争议。受理行政诉讼案件442件，审结379件，同比分别上升45.87%和38.32%。其中，行政机关败诉107件，败诉率27.94%，同比下降0.6%；协调撤诉94件，协调率24.54%。审查非诉行政执行案件997件，裁定准予执行963件，准执率为96.59%。市中级法院与市法制办联合制定《行政复议与行政审判工作联系制度》，加强良性互动。发送司法建议38次，促进依法行政。

大力提升执行成效。受理执行案件4584件，执结4391件，同比分别上升28.04%和25.28%，执结率为95.79%，执结标的总金额

10.31亿元。开展“转变执行作风、规范执行行为”“涉民生案件集中执行”专项活动，全市法院共清理执行积案690件，执结678件，执行到位金额7688万元；执结涉民生案件36件，执行到位金额252万元，综合执行成效位居全省法院第一。建立网络“总对总”“点对点”执行查控系统，与商业银行实现信息共享对接，通过网络冻结、扣划存款4642万元；打击拒不执行判决、裁定行为，罚款2件2人，拘留116件126人，移送追究刑事责任7件12人；运用中国诉讼资产网和淘宝网公开拍卖涉案资产68件，变现涉案资产920万元。

受理各类申诉案件134件，审结129件，同比分别下降29.84%和27.93%；受理各类再审案件31件，审结23件，同比下降34.07%和47.73%，其中依法改判2件。受理和审结减刑假释案件707件，同比下降5.98%；促使罪犯主动履行民事赔偿5.3万元、执行财产刑67万余元、退缴赃款51万余元，罪犯管钦志因未执行财产刑被裁定不予假释案被最高法院公布为严格司法典型案例。推进“阳光减刑”，邀请人民陪审员参与审理217件，邀请人大代表、政协委员旁听庭审22件33人次。

二、推进司法改革，促进司法公正

深入推进司法改革试点。继续深入推进全市法院审判权运行机制改革试点工作，实施院长、副院长、审委会委员带头办案制，主审法官、合议庭办案责任制。经省高级法院和市委批准，市中级法院确定德江法院和印江法院为市级司法体制改革试点法院，探索法官员额制；经市中级法院申报，省司法改革工作领导小组确定碧江区法院为全省第二批司法体制改革试点法院，并正式启动。司法改革试点工作取得显著成效，审判长、独任法官签发裁判文书共11290份，院长、副院长、审委会委员带头办案1277件；优势审判资源得到充分发挥，办案质量大幅提升，办案周期大幅缩短，平均办案周期仅为法定审限的50%左右，初步实现“让审理者裁判、由裁判者负责”的工作目标。市中级法院审判权运行机制改革获2014年全市改革创新三等奖。

优化人民法庭设置。按照省高级法院要求，并经市委批准，将全市63个人民法庭撤并为32个，审判资源进一步整合。采取“中心人民法庭+诉讼服务点+巡回审判点+司法联络员”“四位一体”的服务方式，确保服务功能覆盖到每一个乡镇、村寨，实现减法庭，增服务的目标。

实施行政审判管辖改革。2015年5月，确定碧江区法院和思南县法院集中管辖行政案件。其中，碧江区法院管辖万山、玉屏、松桃、江口、思南五区县行政案件；思南县法院集中管辖碧江、印江、石阡、德江、沿河五区县行政案件。改革以来，行政审判不当干预得到有效预防，原告胜诉率同比上升5%。上诉率、申诉率分别为45.7%、2.1%，均低于全省平均数。

落实立案登记制改革。2015年5月1日起，全市法院全面实行立案登记制，凡是符合受案条件的，一律当场登记立案；需要补正的，一次性书面告知；不予立案受理的，作出书面裁定。做到有案必立，有诉必理。改革后当场立案率达98%。

实行轻刑快审改革。省高级法院和市中级法院分别确定碧江区、玉屏自治县法院为试点法院，对可能判处三年以下有期徒刑且被告人自愿认罪的轻微刑事案件实行快速审理。共适用轻刑快审程序审理230件，适用率为46%，平均结案周期6.7天（法定审限为20天），当庭宣判率为96%，服判息诉率达100%，刑事审判质效大幅提升。

强化失信被执行人名单制度改革。加大对“老赖”的惩治力度。通过官方微博、“平安铜仁”微信、区县电视台、广场电子显示屏向社会公布了671名失信被执行人名单，并纳入社会征信系统，予以信用惩戒。被公布名单的116名失信被执行人主动履行义务2734万余元。碧江区法院被最高法院确定为有效实施失信被执行人名单制度示范法院。

三、完善工作机制，保障司法公正

严格审判管理机制。加强案件质量评查、裁判文书评查，对发回重审和改判案件定期研讨;按照《审判流程节点管理实施细则》，通过预警、催办、院庭长督办、公示等措施严防案件超审限；修订了《全市基层法院业务监督管理办法（试行）》，将审判执行业务的指标评价权重提高到80%；继续实行案件审判质效通报，全力提升办案质量。2015年1月至9月，在省高级法院定期通报的20个审判质效评估数据中，全市法院共有16项指标优于全省平均值，6项质效指标同比均有提升。其中，民事案件调解率、实际执行率等7项指标在各市州法院排名第一；民事一审调撤率等5项指标排名第二。

落实维护稳定机制。实施“涉诉信访问题依法终结”“诉讼与信访分离”和“信访事项导入司法程序”三项制度，办结相关部门交办的涉诉信访案件336件。落实院、庭长接访，依法回应群众合法合理诉求，全市法院接待群众来访1173人次，来信172件次，信访总量同比下降12%。继续实施《办案风险评估、防范、化解办法》，共评估防范化解风险案件1500余件，维护社会稳定。

健全司法为民机制。认真落实《关于在全市法院实施“民心审务工程”的意见》，提升诉讼服务水平，实现立案引导、风险提示、法律释明和判后答疑等“一站式”服务；开通12368电话服务热线，市中级法院自主设计运行了“诉讼费管理系统”，通过网上交费、POS机交费等方式，缩短交费流程，率先在全省法院开展交费、退费服务试点。加强对困难当事人救助力度，“减免缓”诉讼费148万余元，救助刑事案件被害人、特困申请执行人和涉诉信访困难当事人147名，发放救助金210万元。

加强信息化建设。推行法官办案全程上网和审判流程信息化，实现审判活动全程留痕；市中级法院自主创新建成案件信息查询系统，率先在全省法院运行审判流程和执行信息网上公开平台，当事人凭密码可以随时查询案件审判、执行信息；全市法院建成科技法庭27个，实现对全部重大案件庭审活动全程录音录像；建成远程视频接访、网上申诉信访、看守所远程讯问（开庭）系统，便捷当事人参与诉讼、信访；启用高清视频会议系统、数据备份系统、庭审直播和门禁系统。市中级法院举办了信息化培训，逐步推行办案、办公自动化、无纸化，提高信息化应用水平。

四、加强队伍建设，践行司法公正

深化思想政治建设。深入学习贯彻党的十八届四中、五中全会精神，习近平总书记系列重要讲话精神和省委、市委全会精神，扎实开展“三严三实”专题教育，全体干警理想信念、法治信仰、宗旨意识得到进一步强化。深入学习党的《准则》和《条例》，强化干警党规党纪意识。市中级法院制定施行了《关于加强基层党支部建设和党员队伍建设的实施细则》，落实《基层党组织“五级”预警机制》，提升基层党建水平。

抓好领导班子建设。市中级法院在全市率先出台党组，党组书记、院长，领导班子成员，纪检监察部门履行党风廉政建设主体责任和监督责任四个《责任清单》，明确了61项责任。此项举措得到市纪委、市政法委高度肯定，要求在全市政法部门推广。进一步完善市中级法院班子联系基层制度，切实帮助基层解难题、促发展。落实法院领导干部双重管理规定和主体责任延伸，制定了《铜仁市基层法院领导班子考核方案（试行）》，强化对基层法院班子建设监督指导。

推进司法廉洁建设。市中级法院开展“廉洁司法集中教育”“党风廉政建设突出问题集中专项整治”“深化‘向有理有据得不到公正结果开刀’专项整治”活动，着力改进司法作风。全市法院开展司法巡查2次、审务督察25次，提醒谈话32人。成立市中级法院问责委员会，加大对队伍的管理和问责力度，做到责任追究“凡举必查、凡查必果”。全年查处违纪违法案件4件4人。

狠抓司法能力建设。实施“法律精英人才计划”，出台《2015年全市法院教育培训计划》，全市法院组织干警参加各类培训班112期1980人次。从基层法院抽选了3名年轻干警到市中级法院挂职锻炼，选派2名中层干部到基层法院挂任副院长。手机APP

移动学习平台安装运用全面覆盖，实现随身阅读、随时学习。大力开展优秀裁判文书和调研文章评比、庭审示范观摩、司法警察岗位大练兵活动，司法能力进一步提高。全市法院2篇调研文章在第十届西部法治论坛上获优秀奖，全省法院和铜仁政法系统仅有铜仁市法院系统获奖。

五、自觉接受监督，强化司法公正

接受人大、政协监督。市中级法院逐项梳理、督办落实市一届人大四次会议代表审议意见，并向市人大常委会报告办理情况。向市人大常委会专题报告行政审判工作，获高票通过。成立人大代表、政协委员联络室，聘请12名市人大代表、政协委员为执法监督员。实施了《关于强化监督联络工作的实施意见》《与人大代表定向结对联络暂行办法》，健全“一对一”定向结对联络机制；邀请各级人大代表、政协委员旁听案件庭审471人次，座谈、视察、调研210余次；坚持定期向市人大常委会报送重要工作报告、信息简报；通过手机短信平台，每月向辖区市级以上人大代表、政协委员发送法院工作信息，全年累计发送1.06万条。

全面接受社会监督。以市中级法院成为“全国司法公开示范法院”和“贵州省司法公开三大平台建设试点法院”为契机，大力推进司法公开。全市法院在中国裁判文书网公布生效裁判文书5137份；积极推进人民陪审员“倍增计划”，市中级法院与市妇联联合制定了《进一步加强妇联干部担任人民陪审员的工作意见》，扩大人民陪审员增选面。全市法院人民陪审员达333人，一审陪审率达80.36%，司法民主不断扩大。实施《市中级法院平安铜仁大宣传方案》，在市级以上媒体刊载宣传文章429篇，与铜仁电视台联办“平安时空”节目34期；开展“审判委员会开放日”活动2次、法院“公众开放日”活动21次、网络庭审直播1次，召开新闻发布会15次，保障人民群众知情权；加强全市法院官网、微博、法院信箱建设，广泛听取社会各界意见。

2015年，全市法院获得中央国家机关表彰3次、省级表彰15次、市级表彰34次。其中，市中级法院司法警察支队被最高法院评为全省法院唯一的“全国法院司法警察先进集体”；市中级法院民一庭、印江县法院、德江县法院煎茶人民法庭被省高级法院表彰为“全省法院先进集体”；碧江区法院法官赖桑被最高法院通报表扬为“先进个人”、江口县法院法官杨光汉被省委、省政府表彰为“全省先进工作者”；思南县法院法官刘加凯见义勇为英勇负伤，被记三等功，受到人民群众广泛赞誉。

（法院办公室）

司法行政

【概况】2015年，全市司法行政机关紧紧围绕“平安建设、法治建设、队伍建设”三项重点工作，坚持服务大局、服务群众，将司法行政工作融入到全市经济社会发展之中，忠诚履职，真抓实干，成效明显，亮点较多，为全市经济社会发展做出积极贡献。

一、普法宣传教育工作

开播“以案释法”电视栏目，全年录制17期“以案释法”电视栏目。与市总工会联合举办“中国梦·劳动美”全市职工法律知识抢答赛决赛。对各区、县及市直部门开展“六五”普法和人大决议五年实施情况进行全面检查验收；继续做好“农村法律明白人”培养，在市委党校举办两期“农村法律明白人”骨干培训班，共计160人参加培训。全市各级普法机构共开展法制宣传2530次，出法制宣传专刊5200期，接受宣传群众约34万人次，发放宣传资料200万余份。组织培训720期，受训群众96632人次。为师生上法制课8403次，受教育师生40余万人次。

二、律师工作

组织全市执业律师开展重温执业宣誓誓词和签定诚信执业承诺书活动，建立完善全市律师执业诚信档案；开展律师依法治国教育活动，全市执业律师的政治思想素质和业务工作能力得到进一步提升；制定出台《铜仁市司法局关于进一步推进律师行业党建工作的指导意见》，实现党的组织和党的工作在全市律师行业全覆盖。在市群众工作中心成立

"信访律师室"，安排65名律师轮流值班接待、解答涉法涉诉信访，共接待来访群众245人次，在引导群众依法解决问题、有效化解矛盾方面发挥了积极作用。全市各律师事务所共担任法律顾问135家，承办刑事诉讼辩护及代理334件，民事诉讼代理1099件，行政诉讼代理44件，非诉讼法律事务18件，提供法律援助49件，成功调解87件。办理咨询和代写法律文书10453件，参加公益活动69次，为公益活动捐款4万余元。

三、法律援助工作

全市各级法律援助机构共受理法律援助案件2022件，代书836份，接待群众咨询7945人次，为群众挽回经济损失1765万元；制定出台了《铜仁市刑事法律援助工作实施细则》，为全面深入开展好铜仁市刑事法律援助工作奠定了良好的基础；开展"法律援助大回访"。全市回访刑事法律援助案件180件，民事、行政法律援助案件1820件，满意率达98%。

四、特殊人群服务管理工作

强化对社区矫正对象、刑满释放人员日常监管工作，全市有81名社区矫正对象因违反监管规定被依法收监，其中撤销缓刑23名，撤销假释3名，对暂予监外执行罪犯决定收监执行55名，共开展拟适用社区矫正前调查评估807件。为集中展示近年来铜仁市刑满释放人员安置帮教工作取得的成效，进一步推动全市刑满释放人员安置帮教工作发展，6月25日，全省刑释人员安置帮教工作现场推进会在铜仁市思南县成功召开；严格执行政策、认真审核把关，按照"不错放一人、不漏放一人"的要求，圆满完成全市142名拟特赦社区服刑人员的审核报批工作。

五、基层基础工作

新创建规范化人民调解委员会3个，进一步丰富和完善了"大调解"工作格局；市政府办下发《铜仁市人民调解员调解案件补贴方案》，各区县结合实际，制定"个案补贴"和"以奖代补"激励办法。全市各级人民调解组织共排查各类民间纠纷13060件，调解纠纷13598件，成功13048件，成功率96%，防止民间纠纷转化为刑事案件603件1754人，防止群体性上访206件1236人，防止群体性械斗6件210人。11月下旬在铜仁市广播电视台"平安时空"栏目增设"身边的调解故事"电视子栏目；出台《铜仁市基层法律服务工作者诚信执业举报投诉查处制度》，开展执业监督检查2次。

（司法局办公室）

依法行政工作

【概况】2015年，市政府以"抓示范引领，制度、机制建立，法制机构建设和执法队伍培训，强化全市各级各部门法治意识的培养和执法水平的提升"为目标，全面推行依法行政，加快法治政府的建设。

【依法行政】市政府认真贯彻落实全省政府法制工作会议精神，组织召开了全市政府法制工作会议，并制定印发依法行政和政府法制工作要点，落实依法行政责任制，全面安排部署年度依法行政和政府法制工作。明确思南、玉屏两县政府及市发改、工商、交通、地税部门负责人向市政府述法，进一步提升全市领导干部的依法行政意识。制定了各县级政府和市直部门依法行政绩效考核指标，采取平时台账和年终检查相结合，进行全过程考核，确保依法行政与经济社会发展同部署同检查同考核。

【依法行政示范县创建】市政府明确将玉屏、思南两县作为铜仁市依法行政示范创建县，市政府法制办及时就玉屏、思南两个示范县创建的时限、指标等进行调研并提请市政府审定下发《铜仁市关于创建依法行政示范县的指导意见》，明确95项创建指标，从行政权力的依法设置、依法行使、有效监督以及依法行政推进措施等方面进行细化、量化，为示范县提供创建指南。玉屏、思南两县政府以示范创建为契机，及时出台创建方案，创新工作方式方法，在提升领导干部法治意识、运用法治思维解决矛盾纠纷以及开展部门和区域联动执法等方面取得了积极的成效。

【制度建设】一是开展地方立法准备工作。修订后的《立法》颁布后，授予设区的市具有城乡建设与管理、环境保护、历史文化保护三方面的立法权，市委于8月份研究解决同意在市政府法制办设立法规科负责政府规章的立法工作，并解决两名事业编制。二是加强规范性文件监督管理工作。市政府审定出台《铜仁市人民政府规范性文件制定程序和监督管理实施办法》及工作开展流程图，并组织37个市直部门的办公室、法规科负责人及法律顾问共80余人开展培训，从源头上规范规范性文件的制发行为。全年市政府制发的规范性文件共26件，各县（区）政府及市直部门报备的规范性文件共55件。三是加强制度建设。按照市委、市政府要求，为有效规范政府及部门的重大决策行为，市政府审定下发了《铜仁市人民政府重大行政决策程序规定》。为更好地规范行政机关的执法行为，经过深入调研，法制办草拟并呈请市政府审定下发《铜仁市人民政府行政执法全过程记录制度（试行）》《铜仁市人民政府重大行政处罚备案审查制度（试行）》和《铜仁市人民政府重大行政许可备案审查制度（试行）》、等制度。同时，建立了与中级法院协调联席工作机制，出台《铜仁市中级人民法院铜仁市人民政府法制办公室关于建立行政复议与行政审判工作联系制度的实施意见》，实现了行政审判与行政复议的良性互动。

【法律顾问】根据省人民政府办公厅《关于推进政府法律顾问工作的意见》要求，一是全面推行政府法律顾问制度。全市各区、县政府（管委会）和绝大多数市直行政部门建立了法律顾问机制，思南、玉屏两个依法行政示范县还在乡镇政府建立了法律顾问制度。二是积极参与涉法咨询论证。市政府法制办（政府法律顾问室）全年审查政府性合同87件，办理省政府、市委、市人大常委、市政府各部门送来的法律法规规章（征求意见稿）、规范性文件及其他征求意见89件，参与政府涉法事务的法律咨询论证130余次。根据市政府安排，法制办于8月初在市政务服务中心开设法律咨询服务窗口，由市政府法律顾问实行轮流值班，为办事群众提供免费法律咨询服务。全年窗口共接待来访群众13人，解答继承、工伤、房屋买卖等方面的法律咨询12件。市政府法律顾问积极履职，认真代理行政复议应诉案件，积极参加行政执法培训，法律顾问的作用得到有效发挥，有效预防了行政决策的法律风险。

【行政执法监督】一是组织开展规范行政执法自由裁量权工作。为规范行政裁量权的行使，市政府审定出台了《铜仁市人民政府行政执法自由裁量权基准制度（试行）》，要求市政府各部门细化量化行政处罚自由裁量权，全年有19个部门完成量化工作并报送了法制办备案。二是认真开展行政执法检查。市政府法制办与住建、规划、监察、政务服务中心通力合作，对全市城乡建设、规划系统和市直行政机关依法行政及行政审批“两集中、两到位”落实情况等开展执法检查，进一步规范了行政执法行为。三是加强行政执法培训。市政府法制办与市规划、审计、农委、安监、食药监、工商、质监等部门联合举办10期，对1600余名行政执法人员申领行政执法资格证的培训，各级各部门还按照省里统一安排开展了违规持有执法证的清理工作，经清理，全市违规持有执法证达600多人，市政府要求各级各部门及时进行处理，确保执法主体适格。

【行政复议】一是全面推行行政复议委员会试点工作。2015年，市政府在市级行政复议委员会试点工作的基础上，市政府下发《铜仁市全面推行区县人民政府行政复议委员会试点工作的通知》，率先在全省实行区、县政府全面推行行政复议委员会试点，十县、区政府均制定工作方案稳步推进试点工作，并明确了机构和人员，有力推动试点工作的开展。二是认真办理行政复议案件。市政府复议办进一步畅通复议渠道，依法审理行政复议应诉案件，受理立案行政复议案件110件，结案102件，办理行政应诉案件23件，与2014年5件相比，同比增长360%，其中审判机关维持行政机关决定12件，切实维护群众合法权益。复议委员会召开议决会8次，集中议决案件21件，并将行政复议案件受理情况、办理进度和处理结果于每月在铜仁政府法制信息网上进行公开，自觉接受社会和群众的监督。

【机关自身建设】一是深入开展学习教育。按照中央、省委和市委的工作部署，2015年，法制办认真开展了以“学习三严三实，践行三严三实”为主题的专题教育，制定专题教育实施方案，积极组织学习并认真开展专题研讨，深入开展交心谈心，办党组及成员进行了深刻自我剖析，并有针对性地制定了整改措施，组织全办干部职工赴湖南芷江开展警示教育活动，学习教育取得预期成效。同时，按照省公务员局和上级机关的要求，法制办先后分三期将全部班子成员派送到香港参加法治建设学习培训，将部分中层干部派送参加政府法制工作的学习培训，进一步提高全办干部职工的法制工作水平。二是加强干部队伍建设。法制办于4月经市委考察任命一名党组成员、副主任，配齐配强班子成员，还严格按照干部选拔任用规定，年内提拔任用5人到科级领导岗位，有效激发了工作活力。三是开展联建帮扶工作。市政府法制办派出两名干部挂帮驻村玉屏自治县田坪镇江口村开展帮扶工作，为该村协调解决8万元公路维修资金，并为困难党员和群众捐资捐物，联建帮扶工作取得积极成果。

（市政府法制办公室）

发展管理与监督

发展和改革

【概况】2015年，全市发改系统全面贯彻习近平总书记系列重要讲话，特别是视察贵州时的重要指示精神，按照“四个全面”战略布局，认真落实市委、市政府重大决策部署，牢牢坚守发展和生态两条底线，主动适应和引领经济新常态，较好的完成全年各项工作目标任务，实现了“十二五”圆满收官。

2015年，全市实现地方生产总值770.89亿元，增长12.7%。实现规模工业增加值167亿元，同比增长12.2%。完成全社会固定资产投资1260亿元，其中50万元以上不含跨区项目固定资产投资1091亿元，增长20.4%；实现财政总收入98.02亿元，其中公共财政预算收入56.61亿元，增长12.9%；完成社会消费品零售总额165.7亿元，增长11.9%；城镇、农村居民人均可支配收入达到22491元、6962元，同比分别增长11.2%、11.7%，分别排名全省第1、第4。

一、围绕经济运行抓好监测调度，积极做好政策研判工作

全市始终注重把握发展大势、研判经济走势，抢抓新机遇，适应新常态，主动当好市委、市政府的参谋助手，为促进全市经济平稳较快发展积极建言献策。一是统筹做好全年经济社会发展目标任务细化分解和运行动态监测调度。及时将主要经济指标、国民经济核算基础支撑性指标按季度细化分解下达到各区县和市直各相关部门，将重大项目和固定资产投资按月分解下达至各区县和相关责任单位，每季度对全市主要指标与全省各市州、武陵山片区指标进行对比分析，每月对敏感性指标、重点行业领域和重点工程进行专题调度监测分析，针对存在的问题及时召开调度会研究对策措施，第三季度面对国内宏观经济持续下行压力，及时组织相关部门研究，向市政府提出了《关于扩投资促消费稳企业进一步加快发展若干政策措施》、制定出台了《铜仁市项目建设“200日攻坚战”实施方案》等措施建议，较好地克服了宏观经济下滑的不利影响，确保全市经济平稳较快发展。二是围绕十三五规划，切实抓好重大问题研究。坚持问题导向、工作导向和转化导向，组织开展了新常态下铜仁经济社会发展战略和思路、融入长江经济带、精准扶贫与同步小康建设、新型城镇化和城乡统筹发展、现代高效农业和工业园区（经开区）与产城一体发展研究等18个重大问题研究，提出了一些具有前瞻性、针对性和可操作性的政策措施，在各级各部门的支持和帮助下，编制完成《铜仁市国民经济和社会发展第十三五个五年规划纲要》，并经市人大一届五次全会审查通过。三是围绕改革发展重大问题，加强对宏观经济的研究。密切跟踪国家宏观政策走向，及时对当前宏观经济形势和经济运行的热点难点进行了分析研究，对铜仁市如何融入长江经济带发展，大健康医药产业、现代服务业发展，加快“两区一走廊”经济空间布局等提出了一系列具有决策参考价值的意见建议。

二、着力抓好重大工程项目建设，充分发挥投资的支撑性作用

按照“四资四业”活动要求，始终坚持把谋项目、争政策和资金作为发改的中心工作，把扩大有效投资作为加快发展的着力点，较好地发挥了投资对稳增长的支撑作用。一是全力争取项目和资金，确保投资稳步增长。全年争取到国家专项建设基金和公共财政预算转移支付投资分别为50.24亿元、113.64亿元，争取到272个项目列入贵州省PPP项目库，总投资2202亿元，31个项目纳入国家PPP项目库。完成交通、水利、房地产、工业、能源通讯等重点领域投资分别为176亿元、22.64亿元、145亿元、388.3亿元、18.5亿元。二是大力推进重大工程和重点项目建设。257个重大项目完成投资523.78亿元、超年初预期目标23.78亿元，计划完工项目34个、实际完工64个，计划新开工113个、实际新开工115个，预备项目开工10个，均超额完成全年目标任务。三是有效开展了项目建设督促稽查工作。2015年，对公检法、社会发展、节水灌溉、农村公路、退牧还草等重点民生领域项目先后配合国家、省稽察办开展5次稽查工作，同时，会同市财政局联合对“十二五”以来的污水设施和环资项目进行了专门检查，确保中央预算内投资项目有序快速推动建设。此外，会同市纪委启动了项目建设廉政档案工作。

三、协调推进重点改革任务落实，加快对外开放合作步伐

围绕年度全面深化改革任务，积极主动配合各级各部门完成各项改革任务，重点抓好市发改委牵头的改革事项。一是投融资改革不断深化。制定出台了《铜仁市实施政府和社会资本合作（PPP）总体方案》《铜仁市存量项目PPP运作方案》《铜仁市基础设施和公共服务项目特许经营管理办法》等方案和办法，进一步健全投融资工作机制。二是价格改革取得重大进展，对全市行政事业性和经营服务性收费进行全面清理，共取消收费项目25项，停征1项，降低2项，转经营性收费3项，合并收费项目10项。对行政事业性收费实行目录管理，强化执收单位收费行为的监管。三是生态文明改革稳步推进，在贯彻落实中央、省委改革思路的同时，结合市情，完成《铜仁市“十三五”生态文明建设研究》《铜仁市生态文明先行示范区建设实施方案》和《铜仁市生态文明建设规划（2015-2025）》的编制工作。四是开放合作取得新成效。开展铜仁·凤凰机场航空口岸的规划建设工作，大龙保税仓正式获批建设。铜仁·苏州产业园区成功签约并启动建设。与贵阳、安顺、张家界等周边地区的合作交流进一步深化。此外，在各级各部门的通力配合和支持下牵头完成的《铜仁市机关公务用车制度总体改革实施方案》获省公车改革办批复同意。

四、生态文明建设取得明显成效，节能减排力度不断加大

始终坚持绿色发展，坚守生态底线，把生态资源作为铜仁市后发赶超的重要战略性资源，全市生态环境持续向好，大生态发展理念逐步形成。一是生态文明建设和循环经济稳步推进，成功举办了梵净山生态文明与佛教文化论坛，石阡、印江成功申报为全国生态保护与建设示范区。铜仁市成功申报为国家循环经济示范城市。铜仁市循环经济产业示范园区申报成为省级循环经济示范园区。石漠化治理等重大生态工程顺利推进，完成湿地保护建设7427公顷、水土流失治理911.89公顷、石漠化综合治理144.35平方公里，乌江流域生态补偿机制加快完善。二是污水和垃圾处理能力进一步提升，全市在建污水处理设施项目共56个，项目全部建成后可日收集处理污水27.87万吨，污水收集管网将达到约1072公里，其中建成污水处理厂15个，污水收集处理能力达到11.45万吨/日，建成污水收集管网439公里，城镇污水处理率达到86.8%；建成垃圾处理项目10个，垃圾处理能力达到1475吨/日。三是深入开展节能减排工作，公共机构能源消耗定额管理和万家企业节能低碳考核等工作扎实推动。积极开展执法监察，加强项目节能评估审查的执行力度，单位GDP能耗同比下降5.2%，全面完成省下达节能减排指标任务。

五、着力加强价格调控监管，各项业务工作目标任务全面完成

在价格工作方面，进一步规范收费秩序，清理乱收费现象，优化发展和投资环境，减轻企业和群众负担，完成对市中心城区供水水价的调整工作和部分行业收费的定调价工作，制定了松桃县城区居民生活垃圾处理费等收费标准。价格监测调控体系不断完善，强化了重要商品和服务价格的监测、分析和预警，对居民消费价格指数和鲜菜价格指数进行及时通报。在能源工作方面，进一步增强了全市能源生产能力，全社会用能保障继续巩固，清洁能源使用占比进一步提高，认真组织开展油气化安全工作，牵头完成全市“小康电”相关工作，编制完成《铜仁市“十三五”能源发展规划》。在粮食工作方面，落实粮食储备规模5.57万吨，全市续建粮库建设项目7个、仓容22万吨，启动了粮食应急体系建设，下达了应急成品粮油储备，坚持不懈地抓好粮食安全生产，全面开展依法管粮和质检体系建设。（市发改委办公室）

国土资源管理

【概况】2015年，市国土资源局紧紧围绕全市经济社会发展大局和省厅工作部署，以提高资源配置的质量和效益为中心，着力从“保发展、护生态、转方式、惠民生、促改革、严管理”方面抓落实，大力实施国土资源管理改革、耕地保护质量提升、国土资源节约集约利用、地质找矿突破战略、地质灾害综合防治、国土资源督查六大行动，全力服务经济社会发展，全市国土资源工作取得了较好成绩。

一、早谋划、多举措，倾力做好保障工作

1. 做好用地保障。一是加大争取新增建设用地指标力度。2015年上报部、省和市政府建设用地报件143宗、面积3427.9公顷，获批2905.2公顷（其中新增建设用地面积2711.9公顷），占全省计划指标的19.5%；二是加大清理和盘活存量土地力度，盘活使用存量土地392.4公顷。三是加大农村集体建设用地使用权流转力度。2015年全市流转农村集体建设用地使用权354宗、面积15.9公顷，较好的满足了小型企业落地需求。四是加大供地力度。2015年挂牌出让土地2137.95公顷，土地出让成交价款53.89亿元。

2. 做好用矿保障。一是加大找矿力度。完成松桃普觉锰矿（整合）、松桃桃子坪锰矿详查，完成高地锰矿普查，3个锰矿的资源储量均超过1亿吨，其中松桃普觉锰矿（整合）超大型锰矿床新探明锰矿资源量1.92亿吨，位居亚洲第一。全市累计查明锰矿资源储量6亿吨，保有资源储量5.5亿吨，锰矿资源储量位居全国第一。2015年新开工实施了万山、漾头、新晃、瓦屋4个图幅的1:5万区域调查，全市1:5万区调覆盖率达到33%；二是加大矿权设置和供应力度。2015年全市挂牌出让采矿权28个，收取采矿权价款2107.07万元。

二、重科学、严查处，着力做好资源保护工作

1. 做好土地利用总体规划修改工作。2015年4月10日，局部调整后的土地利用总体规划获省政府批复。按照部、省的统一安排部署全面启动土地利用总体规划的修改完善工作。

2. 做好永久基本农田划定工作。调整了基本农田划定领导小组，报请市政府下发《铜仁市人民政府办公室关于印发铜仁市永久基本农田划定工作方案的通知》，聘请省厅专家对铜仁市永久基本农田划定工作进行培训。全市所有区县将城市周边及千亩以上坝区永久基本农田划定核实举证成果交省厅审查。根据《铜仁市土地利用总体规划（2014-2020年）》，划定永久基本农田保护面积602.1万亩，其中涉及3个万亩大坝38619.64亩、6个5000亩大坝41800.98亩、42个千亩大坝，总的比目标任务多14.4万亩，多补划的基本农田作为预补划，主要用于不可预见性的能源、交通、水利等建设占用基本农田的调整。

3. 做好执法监察工作。2015年全市累计开展动态巡查18177次，发现国土资源违法案件444宗，其中：土地违法行为227件，立案查处70宗，拆除构筑物共计312平方米，没收构建物共计168平方米，收缴罚没款共计230.51万元；发现矿产资源违法行为17宗，立案查处16宗，收取罚没款7.1万元。

三、以人为本、防治结合，尽力做好维护民生工作

1. 做好地质灾害防治工作。认真查：全市有地质灾害隐患点1202处(特别危险91处)，涉及全市12区（县）164个乡镇(街道办事处)，其中：100人以上隐患487处，纳入省级监测补助的有408个；50至100人的地质灾害隐患点237个。建防网：加强并调整充实了地质灾害防治领导机构，织密了群测群防网络，巩固和推进了“十有县”建设，严格落实值守制度。重治理：继续做好地质灾害治理，争取到地质灾害治理项目50个，到位资金2.17亿元；完成受地质灾害威胁的14所学校的工程治理。抓演练：在抓好这些常规工作的基础上，按照“全覆盖、不漏点”的原则组织完成市、县、乡突发性地质灾害应急预案和各隐患点的防灾预案演练。全年发生地质灾害3起（其中成功避让了松桃县太平营乡和世昌乡的2起地质灾害），受灾人数465人，无人员伤亡，因灾造成直接经济损失385万元。

2. 做好生态保护工作。一是开展砂石土矿山整治工作。报请市政府印发了《铜仁市砂石土矿山整顿和整合关闭工作实施方案》，县级编制的砂石土矿业权设置方案报省厅审批，获得省厅复函。省政府对铜仁市下达的砂石土采矿权控制数为328个，截至2015年底，全市整合关闭砂石土矿345个，砂石土采矿权减少到323个，全面完成控制指标。二是做好土地开发整理工作。2015年共申报省级项目10个、资金2.36亿元，安排市级土地整理项目20个、资金8252.4万元。三是实施矿山地质环境保护工程。2015年省厅下达铜仁市15个“矿山复绿”任务（市下达至县增加至19个），项目涉及7个县区，复绿面积5.79公顷；初步验收11个，其余项目编制竣工资料。

四、大胆创新、大力推进，做好国土资源改革创新工作

1. 推进非农建设占用耕作层剥离工作。国土部门边探索、边推进，市、县两级联动，积极共同推进该项工作。各区、县编制完成耕作层剥离再利用专项规划（2014-2020年），2015年上报省厅的102个批次都编制了耕作层剥离方案，落实耕作层剥离资金2785.73万元，编制完成设计方案并实施剥离面积1736.97亩，完成剥离量39.488万立方米并储存堆放，利用区主要用于新增耕地开发和增减挂钩使用，部分用于高标准基本农田建设。

2. 推进不动产统一登记工作。完成机构人员整合工作，市、县（区）均印发了不动产统一登记机构编制方案，确定了不动产统一登记机构设置、人员编制、业务范围并落实了办公场所。明确市不动产登记中心为市国土资源局所属财政全额预算管理的正科级公益一类事业单位；各县不动产统一登记中心为县国土资源局所属财政全额预算管理的副科级事业单位；机构人员整合工作采取从市、县（区）事业编制总量内调剂、相关部门划转等方式，全市划转事业编制228名。将市房地产交易所更名为市房地产登记所，连人带编整体划转，由市住房和城乡建设局所属事业单位划转调整为市国土资源局所属事业单位。市本级、玉屏县、碧江区、沿河县、江口县、德江县、印江县实施挂牌；玉屏县、碧江区实施登记颁证工作，全市发放不动产产权证书411本、发放不动产产权证明7本。2015年11月11日，铜仁市不动产登记局和铜仁市不动产登记中心正式挂牌。

3. 推进生态文明建设工作。积极参与全市生态文明建设方案的起草工作。提出了国土资源领域生态文明建设的初步方案上报市委办，力争将国土资源领域生态文明建设内容列入市委重大安排。

（市国土资源局办公室）

统　计

【概况】全市各级统计部门紧紧围绕党委、政府的中心工作，坚持以服务经济社会发展为己任，以敬业担当奉献为职守，攻坚克难、开拓创新，各项建设取得了长足进步和快速发展，为全市经济跨越式发展和社会全面进步发挥了重要作用。

一、高质量完成统计报表和统计调查工作

高质量完成国民经济核算、农业、工业、投资、房地产、建筑业、商贸、能源、劳资、人口等统计专业报表。认真开展畜牧业、农村住户贫困监测、批零住餐、文化产业、劳动力抽样、服务业等统计调查；高标准完成1%

人口抽样调查；协助市委组织部完成非公企业人才资源调查、协助市委宣传部完成文化产业调查工作。全年全市及各区（县）均没有迟报拒报情况发生。

二、优化统计服务工作

市统计局在全力做好“国民经济和社会发展统计公报”“全省地、州、市统计信息月度交换资料”“渝、鄂、湘、黔边区季度交换资料”《铜仁经济要情》《铜仁工业统计快报》《铜仁领导干部手册》《铜仁统计年鉴》等各类常规统计产品的同时，结合市委、市政府的安排部署，重点加强对热点、难点问题的调查研究和统计分析，先后撰写《武陵山片区经济社会发展对比分析》《铜仁市建设全面小康社会进程分析和预测》等大量经济运行分析材料和专题调研报告，同时开展区（县）经济运行情况监测，坚持从数据中发现问题，把数据诠释成文字，把文字演绎成观点，把观点提炼成对策建议，使统计服务变被动为主动。

三、强化统计队伍建设

全年全市统计系统共40人次先后参加国家局和省局组织的基础班、提高班的培训学习。组织4名干部参加“全省千人赴港计划的统计管理与经济发展专题培训班的学习；1名干部赴美国参加了“大数据在政府统计中的应用培训”。切实加强基层统计人员的业务培训。除了充分利用年报、专业工作会等有关会议加强了对基层统计人员的培训外，全年还对100户新增规模以上工业企业统计人员进行集中培训，对参与1%人口抽样调查的300多名调查员进行系统培训；全年全市参加统计从业资格考试397人，其中合格368人，合格率达92.7%。切实加强统计干部的交流和培养。对领导班子的分工进行轮岗；从普查中心调入2名干部到局机关工作、交流1名干部在执法支队工作，从计算中心调入1名干部到局机关工作，对综合科、办公室负责人进行了调整；提拔了2名科级干部和1名副科级干部；从区（县）调入业务骨干2名。

四、加强统计法制建设

以“点面结合、上下联动”的方式抓实统计法治宣传教育，全年发放宣传资料600余份，宣传物品60余件。成立铜仁市统计局法律顾问工作室，聘请了法律顾问。从严开展统计执法工作。以“查检结合、上下联动、严查实处”的方式在全市开展为期3个月的重点领域统计专项执法检查，共检查一套表联网直报企业（项目）138家，立案查处12件，给予警告处罚11件，给予警告并处以罚款1件。以执法协调形式纠正“贵州三特梵净山旅业发展有限公司”长期推脱和不按时报送统计报表的错误行为。

五、规范机关事务管理

市统计局始终把制度建设作为强化机关管理的重中之重，不断建立和完善相关制度，坚持用制度管人、管物、管事、管数。一是建立健全各项管理制度。重新制定了《铜仁市统计局职工考勤制度》《铜仁市统计局首问责任制度、督办工作制度、责任追究制度（试行）》《铜仁市统计局办公用品管理制度》《铜仁市统计局公务接待制度》《铜仁市统计局公务车辆管理办法》《铜仁市统计局科室及个人绩效目标考核办法（试行）》等12项机关管理制度，着力建立“事前重防范、事中重监管、事后重考核”的长效管理机制，切实使干部职工在文明行政、依法行政、廉洁行政上，心中有准绳、行为有规范、做事有标杆。修改完善《铜仁市统计局区县工业统计数据量化评估制度》《铜仁市统计局区县固定资产投资统计数据量化评估制度》《铜仁市统计局区县社会消费品零售总额统计数据量化评估制度》《铜仁市统计局区县GDP统计数据量化评估制度》。二是强化制度执行。一方面是领导班子成员以身作则，率先垂范，对局各项规章制度带头严格遵守，对数据评估，建立相关专业统计数据评估小组，实行联合评估；另一方面是强化督促检查，建立了《铜仁市统计局机关作风明察暗访工作方案》，对局相关制度执行情况进行了明察暗访。

六、提升统计行风建设

全市统计系统切实强化部门党风政风和行业作风建设。一是扎实开展了“三严三实”专题教育。党组成员结合“三严三实”要求和市统计局干部职工中存在的“不严不实”的问题，给全体干部职工上5次专题党课，特别是根据“三严三实”的本质要求，结合统计工作实际，提出统计工作的“三严三实”，即“严执法、实查处，严审核、实数据，严队伍、实机制”，为“三严三实”在统计系统生根发芽、开花结果赋予新的思想内涵和指明前进的动力方向。深入开展了“严以修身、严以律己、严以用权”专题研讨，共收集班子“修身不严、律己不严、用权不严”问题清单6条，制定整改措施18条；收集班子成员“修身不严、律己不严、用权不严”问题清单12条，制定整改措施36条。二是着力加强了反腐倡廉建设。编印《铜仁市统计系统廉政建设知识要点和典型案例读本》，多方位、多渠道收集“两个责任”“一岗双责”“七个有之”“五个必须”“贵州省党员干部作风‘十不准’”“贵州省党员干部政治纪律‘十严禁’”“贵州省党员干部‘八个决不允许’”等党风廉政建设方面的知识要点和违反廉政纪律、组织纪律、廉洁自律以及统计系统违法违纪违规方面的典型案例，并编印成册，人手一本，切实让干部职工在工作、生活中自学、自查、自纠，自重、自省、自警，自觉加强党性锻炼。深入开展“廉政知识每日一读”活动。通过贵州移动-企业通信助手平台每天向干部职工发送一条《中国共产党章程》《党员干部廉洁从政若干准则》、中央“八项规定”等方面的廉政知识短信，让干部职工随身学、随时学，日积月累、积少成多，并把廉政教育扩大到区县统计局负责人，切实使党风廉政建设常抓不懈、警钟长鸣。重点开展党风廉政建设突出问题集中专项整治，对落实“两个责任”方面存在的突出问题、“四风”方面存在的突出问题、损害群众利益方面存在的突出问题进行全面自查清理。

七、加强统计精神文明建设

成功举办第十一届渝鄂湘黔边区统计协作会。此次会议是历届渝鄂湘黔边区统计协作会规格最高、参与市（州）、区（县）和人员最多的一届，参会范围扩大到重庆巴南区、南川区，湖南怀化市3个市、区（县）统计局，参会人数达100多人。开展干部职工生日慰问活动，在职工生日当天为干部职工送上一条祝福短信，送去一份生日礼物。组织全体干部职工参加“建党90周年暨抗日战争胜利70周年合唱大赛”。组织干部职工到全国爱国主义教育基地——抗日胜利芷江洽降旧址参观，接受爱国主义革命传统教育。组织相关工作人员参加全市“宪法”及相关法律知识竞赛。扎实开展了党建帮扶，为帮扶对象——坝黄镇高坝田村协调了5万元资金建设了40余亩辣椒示范基地，协调解决了500余人的人畜饮水困难，协调解决了村地质灾害搬迁集中建房的管网和坡坎问题；到帮扶村开展孤儿、留守儿童、残疾人、孤寡老人、困难群众和贫困学生慰问、“六一”儿童节慰问、“七一”困难老党员慰问等活动。

（市统计局办公室）

铜仁调查队

【概况】2015年国家统计局铜仁调查队紧紧围绕国家经济社会发展大局和贵州调查总队的部署，以“三个提高”为中心，以服务基层、服务民生、服务发展、服务决策为方向，依法治统，从严治队，抓住新机遇，顺应新常态，迎接新挑战，扎实做好各项统计工作，为经济社会持续健康发展提供更加坚实的统计保障。

一、严格执行国家调查方法制度，及时全面完成各项调查任务

（一）住户调查工作。

一是完成铜仁市及碧江区居民收支调查（国家样本和分市县样本）的季报工作；二是完成碧江区农民工监测的季报工作；三是完成碧江区劳动力样本框的摸底核实、小区图的绘制和下半年劳动力月度调查工作及铜仁市六个国家调查区县劳动力调查的审核、验收、汇总上报；四是完成碧江区2016年样本轮换的前期入户摸底调查工作，并且积极地指导辖区内各区县合理的进行样本轮换于9月份组织召开了一次全市范围的辅助调查员业务培训工作。

2015年铜仁城乡常住居民可支配收入快速增长，其中农村常住居民可支配收入6960元，增长11.7%，增速全省排名第四，城镇常住居民可支配收入22491元，增长11.2%，增速全省排名第一。

（二）价格调查工作。

一是认真做好数据采集工作，加强数据质量控制，做好数据分析，做好信息宣传。二是做好2016年工业品价格调查新增企业的核实和权数调查工作。三是做好消费价格权数调查和新基期准备工作。从铜仁的实际情况出发，通过开展专项调查、专家评估等多种方式，完成2016年碧江区和思南县的消费价格指数权数、零售产品价格指数权数、农资价格权数和低收入居民价格权数的调查工作。开展新旧规格品代码的转换、新软件测试以及新增规格品的录入，以及新采价点的确定等准备工作，确保2016年1月1日起正常使用新规格品和新程序。

2015年12月份，铜仁市居民消费价格总水平同比上涨2.0%，环比下降0.3%，同期比上涨2.2%。全年价格总体平稳运行。上半年，由于受翘尾因素的影响，同比价格指数在高位运行，下半年，翘尾因素消失后，同比价格指数回落，低位运行。环比价格指数上半年比较平稳，下半年涨幅较大，主要原因是香烟，猪肉，鲜菜等价格都在下半年涨价，引起涨幅波动较大。

从八大类商品及服务项目价格的变化来看，12月与上年同月相比，8大类商品及服务价格呈"6升1平1降"的态势：受猪肉、禽类等价格上涨影响，食品价格上涨4.0%；受香烟价格上涨影响，烟酒类价格上涨5.0%；受男、女士服装价格上涨影响，衣着价格上涨0.4%；受空调等家用电器价格上涨影响，家庭设备用品及维修服务价格上涨0.1%；受教材、文娱费等价格上涨影响，娱乐教育文化用品及服务价格上涨0.4%；受物业管理费用价格上涨影响，居住价格上涨0.6%；受首饰等个人用品价格下降影响，医疗保健和个人用品价格下降0.2%；交通和通讯价格与上年持平。

从全省九个中心城市来看，2015年全年与上年比，铜仁市的居民消费价格指数为上涨2.2%，与都匀市并列第二。

（三）企业与服务业调查工作。

一是继续保持良好势头做好规模以下工业调查工作，切实做好目录企业数据比对和回查工作，确保数据的逻辑性、匹配性和协调性"三性"统一。同时积极与市县统计局开展业务合作，切实做好做实了规下工业非目录企业的核实核查工作，夯实了基层基础工作及数据采集管理。

二是新规下服务业工作打开新局面。在各区县局队的通力合作下，完成规模以下服务业的新旧样本轮换工作，联网直报工作得到有效推进，通过高强度、高密度的集中攻坚，碧江区的联网直报率达到100%。三是巩固并强化批发零售住宿餐饮行业调查工作机制，分散细化工作目标，改善过去短期集中采集大规模数据的工作模式，进一步提升数据的准确度和代表性。四是深入开展新设立小微企业及个体经营户跟踪调查工作。五是扎实开展建筑业小微企业抽样调查。

（四）农民工市民化进程动态监测调查工作。

一是在确定住宅抽样框前组织培训，按方案要求抽选外来务工人员较为集中的建筑物，确保摸清建筑物楼层和住宅数，生成可靠的住宅抽样框，形成调查住宅底册；二是在实地调查前召开培训会议，针对问卷指标进行逐个讲解，确保调查人员吃透调查方案，了解指标含义；三是在调查开始前，派出专业人员先调查两户进行示范，使统计员和社区工作人员熟悉调查流程，掌握调查技巧；四是在调查过程中随时电话联系，全程提供指导，时刻掌握调查进度。

二、开展数据分析研究，提供统计产品提升服务调查对象水平，切实加大服务统计基层力度。

一是加强调查信息采集分析工作。经编审共上报政务信息和分析资料40余篇，总队采用20余篇。

二是完成总队布置的专题调研。组织完成创业园区调研，农村电子商务调研，围绕地方经济社会发展撰写了大量调查分析报告。

三是拓展空间服务社会经济发展，每月编发《铜仁价格通报》《铜仁调查》分析资料，将数据信息更直观化的呈现给相关部门和社会群众，共享信息资源，让领导及相关部门能及时准确地掌握调查队系统反映民生民意的各项调查数据。

四是加强部门合作，铜仁调查队联合铜仁市统计局、铜仁市农业委员会在全市范围内开展住户和畜禽监测数据质量检查工作；与各区县调查队、统计局和市场监督管理局多方联动，在全市范围内开展样本村居非目录企业核查、核实工作。各部门的合作推动建立优势互补，相互支持、相互配合和统计数据及信息资源共享的长效机制，加强了部门联系、提高了工作效率。

五是做好统计宣传。在第六个中国统计开放日来临之际，铜仁调查队紧紧围绕“统计服务民生”的主题，全队上下“各显身手、百花齐放”，“统一主题、统一步调”齐心协力开展开放日系列活动，形成铜仁调查队系统合力联动的宣传格局，积极提升铜仁调查队系统整体形象。

（国家统计局铜仁调查队）

审　计

【概况】 2015年，铜仁市审计局围绕“守底线、走新路、奔小康”，服务市委、市政府工作大局，突出对经济和社会中的热点、难点和领导关注、群众关心的民生问题开展审计监督，较好地完成2015年各项工作任务，为促进依法行政、维护财经秩序、推进廉政建设、优化经济发展环境等方面发挥了积极的作用。

2015年，铜仁市审计机关完成审计项目600项，查出主要问题金额128.69亿元，其中：违规金额26.46亿元，管理不规范金额102.43亿元，核减投资额12.59亿元，促进财政增收节支19.39亿元。移送纪检机关处理案件线索10件，移送相关部门处理事项9件。

一、开展稳增长促改革调结构惠民生防风险政策措施落实情况跟踪审计

根据省厅统一部署，累计组织250人次，通过“同级审”与“上审下”相结合的方式，先后对市本级和各区、县2015年1至12月稳增长等政策进行跟踪审计，累计抽查项目299个，重点抽查了重大水利工程、农村人口安全饮水、污水处理、高标准农田、乡镇卫生院项目建设和微型企业等项目，涉及资金139.69亿元。全市审计机关坚持边审计边整改，整改完成金额2.41亿元，促进各有关部门积极采取措施加快推进项目进度。

二、深化财政预决算审计，促进财政管理水平与资金绩效提高

进一步深化了财政预算执行审计，以财政体制改革和审计监督全覆盖为主线，拓展审计广度和深度，完成预算执行审计和财政决算审计77项，审计查出主要问题金额69.15亿元。市本级在预算执行审计中，对审计整改问题提出了审计建议，引起了市人大常委会的高度重视，市人大常委会出台了《关于建立审计查出突出问题整改情况向市人大常委会报告机制的暂行办法》法规。铜仁市审计局通过市政府、市审计局门户网站，首次向社会发布了市本级财政预算执行审计结果公告。

三、突出民生重点，加强专项资金审计

以促进有关部门和项目实施单位加强对专项资金的管理，保障惠民强民富民政策的贯彻落实，审计单位55个，审计专项资金总额58.29亿元，审计查出主要问题金额7.05亿元。主要是组织开展全市城镇保障性安居工程跟踪审计和开展万山区农村危房改造项目资金审计。整合全市审计资源，抽调22人参加省厅统一组织的2012-2014年全省扶贫资金交叉审计。

四、加强政府投资项目审计，促进投资管理规范和投资效益提高

全市审计机关全面落实“事前评审、事中跟踪、事后结（决）算”的投资审计监督机制，完成预算评审项目262项，核减预算评审金额8.24亿元。完成竣工结决算审计项目181项，核减工程结算价款4.35亿元。在预算评审中逐步推行社会中介机构参与预算评审，积极探索组建社会中介机构参与审计“备选库”，建立了“委审分离”制，并对社会中介机构实行优胜劣汰的动态管理。

五、加强对权力的监督制约，深化领导干部经济责任审计

全年审计领导干部共39人，其中：县处级领导7人，乡科级领导32人。审计查出违规金额9.27亿元，管理不规范金额30.27亿元。根据《关于贯彻落实党的纪律检查体制改革实施方案的意见》要求，起草并报审出台了《铜仁市党政领导干部和国有企业领导人员经济责任审计实施办法》和《铜仁市主要领导干部经济责任轮审制度》。首次推行乡、镇党政领导经济责任审计延伸审计村居两委，进一步扩大审计覆盖面。

（市审计局办公室）

质量技术监督

【概况】2015年，铜仁市质监部门认真贯彻落实党的十八大和十八届四中全会、省委十一届五次全会及市委一届七次全会等重要会议精神，紧紧围绕市委市政府决策部署、省质监局工作安排和铜仁经济社会发展需要，科学制定年度工作计划，圆满完成各项工作任务。

一、积极发挥牵头和协调作用，抓好质量兴市工作

一是代起草的《铜仁市质量工作考核办法》和《关于调整充实铜仁市质量兴市工作领导小组成员单位的通知》由市政府审定印发，《铜仁市质量发展三年行动计划（2015-2017年）》《贯彻落实〈铜仁市质量发展三年行动计划（2015-2017年）〉任务分工实施方案》和《铜仁市2015年度质量工作考核评分细则》经质量兴市工作联席会议审定。二是组织完成各区（县）、铜仁高新区、大龙开发区管委会对本地区2015年度量化质量目标值的报备工作，对产品质量、工程质量、生态及环境等8个质量目标进行量化报备。三是联合举办了1期产品质量合格率统计调查业务培训班，指导各基层局做好本地区产品质量合格率统计调查工作，客观科学的反映本地产品质量水平。四是组织召开了质量兴市工作联席会议，对质量兴市工作进行再研究、再安排、再部署，审定了各区（县）政府2015年度质量工作考核量化目标报备方案。五是首次组织了对各区（县、自治县）、大龙开发区的质量工作考核。六是组织开展了烟花爆竹、金属面夹芯板、塑料管材管件、复混肥料、装修装饰材料（胶合板）、装修装饰材料（木工板）、蒸压加气混凝土砌块、纸巾纸、建筑安全玻璃、建筑石材等10类工业产品的质量提升活动。

二、强化产品质量监管工作，确保产品质量安全稳定

一是继续加强名品牌培育申报工作。重点培育帮扶了12家企业申报2015年度贵州省名牌产品，其中10个产品通过了评审并公示；指导石阡苔茶贵州省知名品牌创建示范区的编制规划和筹建工作；指导和帮扶德江县申报的“贵州省知名品牌创建示范区”通过省专家组审查并进入筹建阶段；完成贵州省名牌产品获证企业监督检查工作，对贵州德江县康奇药植开发有限责任公司生产的山沟沟牌德江天麻、贵州省印江土家族苗族自治县净团茶叶有限公司生产的净团牌绿茶、印江土家族苗族自治县宏杨食品厂生产的洪发卢山牌酱油等3家企业3个产品进行贵州省名牌产品证后监督检查，指导企业持续保持名牌产品质量水平。二是认真做好获证企业的证后监管工作。按照省质监局工作安排，开展了获证企业的年审自查、年审抽查及巡查回访等证后监管工作，51家企业参加了年审自查，年审自查率达到100%；按要求的10%比例进行年审实地抽查工作，抽查了5家涉及危化品、建材、农资的生产企业。三是科学安排产品质量监督抽查工作和后处理工作。省、市两级产品质量监督抽查共对铜仁市农业生产资料、建筑材料、危险化学品、人造板、包装材料、橡胶及塑料制品、烟花爆竹、家具、配制眼镜9大类产品159家生产企业生产的257批次工业产品(不包括食品)进行了抽查(其中，省级监抽106批次，市级监抽151批次)，综合判定合格243批次，产品抽样综合合格率为94.55%，铜仁市工业产品质量水平稳步上升；采取帮、扶、管、查、约谈等多种形式，抓好14个不合格产品的后处理工作；按季度对辖区内的工业产品质量状况进行了分析，进一步明确下一步监管措施，为政府宏观管理质量提供了科学的决策依据。四是进一步加强工业产品质量分类监管工作。按《贵州省获得工业产品生产许可证产品质量分类监管实施办法》和国家质检总局《工业企业产品质量分类监管试行办法》要求，进一步加大了96家获得工业产品生产许可证企业的分类监管力度并实施了动态管理，提高产品质量监管效能，督促工业企业落实产品质量安全主体责任。五是严格执行铜仁市工业产品质量安全突发事件应急处置工作预案。建立健全工业产品质量安全突发事件应急反应机制，提高铜仁市工业产品质量安全突发事件应急处置能力，切实做到“有效预防、反应迅速、措施有力、处置得当”，没有发生工业产品质量安全事故。六是认真组织开展“质量月“活动。按照活动安排，紧扣“质量安全 人人有责”活动主题，具体开展了以质量兴市领导小组办公室下发了《关于开展2015年“质量月”活动的通知》、下基层乡镇学校企业咨询服务、“光明计量进校园”、聘请质量安全特邀监督员、开放实验室、免费开展检验检测服务、“电梯安全周”、打击制售假冒伪劣产品活动等12项活动。活动得到了新闻媒体单位的大力支持，全市各新闻媒体共计报道了“质量月”活动情况50多场次/篇，营造了政府重视质量、企业追求质量、社会崇尚质量、人人关注质量的良好社会氛围。

三、进一步夯实标准化基础工作

一是组织开展辖区企业标准的备案改革试点工作。根据《国务院关于印发深化标准化工作改革方案的通知》要求，积极做好企业标准备案登记工作的试点，大力向区县市场监管局和相关企业宣传改革的精神和内容，全市90户企业上传标准到国家总局企业自我公开声明的平台上，上传的户数位居全省前列。二是抓好第八批全国农业标准化示范区项目建设工作。国标委将沿河沙子空心李种植标准化示范列为全国第八批农业标准化示范项目后，项目单位按要求开展第二年度的工作。三是认真搞好企业商品“条形码”续展工作。全年续展58户，续展率全省第一。四是认真组织项目申报和实施工作。组织全市申报地方标准立项，共向省质监局申报11个，3个项目获得立项。《梵净山 茶叶》和《石阡苔茶》（修订）等10个地方标准于3月15日发布实施，为全市统一茶叶品牌提供技术支持。五是积极开展德江天麻地理保护示范区创建工作。根据德江天麻产业发展的需要，积极指导帮扶德江县申报德江天麻地理标志产品保护示范区，获准创建省级地理标志保护产品示范区。六是做好铜仁城市管理标准化创建前期工作。根据市政府领导安排，完成赴苏州市的考察学习，上报了考察学习方案并得到了市委、市政府主要领导的充分肯定。

四、计量及认评认证工作得到加强

1. 计量工作。

一是抓好计量发展规划贯彻落实。代起草的《铜仁市人民政府关于贯彻落实贵州省计量发展规划（2013—2020年）的实施意见》和《铜仁市人民政府办公室关于印发铜仁市贯彻实施计量发展规划2015年行动计划的通知》印发，成为全市当前和今后一段时间开展计量工作的刚领性文件。二是加快量传溯源体系建设。推动新建市级社会公用计量标准13项、县级社会公用计量标准3项。市级完成1项（煤气表）计量标准新建项目工作，机动车检测线12项标准装置经专家审查通过，待现场考核提出的问题整改完毕后由现场考核组报请省质监局（审核中心）批准后可对机动车检测设备开展检定工作。县级取得加油机、水表、煤气表3个社会公用计量标准证书，可向社会开展检定工作。三是宣传推动测量管理体系认证。贵州省石阡和记绿色食品开发有限公司、贵州爽珍绿色食品有限公司、贵州省思南县凉水井综合制品厂、贵州省松桃县金瑞锰业有限责任公司4家企业取得了测量管理体系认证证书，超额完成年度目标任务。四是加强能源计量工作。全市23家重点用能单位按35%目标对剩下的9家重点用能单位开展审查，除其中4家因倒闭、停产不具备审查条件外，均按《重点用能单位能源计量审查规范》

(JJF1356-2012)要求开展了审查，能源计量审查覆盖率为100%。五是组织开展“计量惠民生、诚信促和谐”双十工程。在41家道路交通、公用事业等领域深入开展“计量惠民生、诚信促和谐”活动。共检定计量器具115306台，其中电表111637块、水表753块、煤气表2000块、衡器916台(件)。六是加强定量包装商品净含量计量监督管理。安排抽查了大米，酱油、化肥、水泥、调味料、肉制品、茶叶等11类82个批次产品，净含量检验合格78个批次，检验合格率95.1%，净含量标识标注合格82个批次，净含量标识标注合格率为100%。

2. 认评认证工作。

一是加强实验室资质认定管理。建立长效监管机制，印发《计量及认证认可行政许可事中事后监督管理实施细则》，为指导和开展行政许可事项事中事后监管提供了依据，确保获得资质认定实验室的基本条件和能力持续满足相关规定和要求；按照分级管理规定，安排区（县）市场监管局对全市获得资质认定的62家实验室开展了巡查监管，按15%的比例对13家开展监督检查；会同市交警支队对全市24家机动车检验机构按季度开展了专项检查，组织12家建材类实验室和5家食品类实验室参加省质监局开展的实验室能力验证，保证检测数据真实、可靠、准确。二是宣传推动、指导帮扶申报有机产品认证和创建国家有机产品认证示范区。指导德江天麻申报有机产品认证和创建国家有机产品认证示范区，其中有3家天麻生产企业于7月份获得了3张天麻有机产品转换证书；德江县政府于4月份成立了由常务副县长任组长，分管副县长任副组长，相关部门负责人为成员的创建领导小组申报创建国家有机产品认证示范区。三是组织开展检验检测服务业统计工作。组织指导59家检验检测机构在国家认监委检验检测统计直报系统上填报2014年度统计数据，对机构的基本情况、财务状况、业务状况等进行统计，为各级政府制定政策和规划、进行宏观管理和决策提供依据。四是推动机动车安检机构实施“三检合一”。牵头联合印发《市质监局市公安局交警支队市环保局市道路运输局关于建立推进道路客货运输车辆“三检合一”工作联席会议制度的通知》，对道路客货运输车辆检验项目优化整合实施“三检合一”，全市具备条件的10家机动车安检机构实施“三检合一”，提高了检验工作效率。五是抓好强制性认证产品监管。对辖区在有效期内的10家强制性认证产品生产企业获得的33张3C证书，建立了电子台账管理档案，实施动态巡查和指导管理，未发现有无证生产或在证书失效后继续生产的情况。

五、确保特种设备安全

一是认真宣传贯彻特种设备安全法，加强组织领导，强化责任落实。制定了《铜仁市2015年特种设备安全监察与节能监管工作要点》，编辑发放了《铜仁市特种设备安全监察工作手册》，与各区（县、开发区）及市特检所签订了特种设备安全监管责任书，明确了全年特种设备安全责任和任务目标，召开4次特种设备安全例会并牵头召开了全市特种设备“三大战役”暨电梯安全专项整治工作推进会议，加强安全检查，强化隐患排除，加大违法行为查处力度。全市全年出动检查人员2376人次，开展现场检查1188次，检查使用单位995家（次），检查特种设备5592台，重点监控设备的检查比例达100%，发现问题和隐患375条，整改和处理362条，下达特种设备安全监察指令书105份，复查整改166条，现场查封3起、立案查处特种设备违法案件12起，存在的问题主要涉及安全管理主体责任落实不到位，设备未办理使用登记，使用未经检验，或超期未检的设备以及设备安全附件超过校验有效期等。完成电梯信息确认1294台，电梯应急处置服务平台建设工作有序推进，1294台电梯经审核纳入电梯救援平台，进入率58.31%，发牌212张，贴牌电梯47张，设置网格救援单位43个。二是认真开展重要节假日和重大活动期间特种设备安全检查工作。组织开展了2015年“元旦.春节”“两会”、五一”小长假、“六一”儿童节和全国“安全生产月”、2015中国梵净山生态文明与佛教文化论坛和“中秋”“国庆”期间电梯、游乐设施、客运索道等特种设备安全大检查活动，保障了节假日和重要活动期间的特种设备运行安全。三是认真部署开展“三大战役”。制定下发《市质监局关于打好电梯安全监管大会战、油气化管道隐患整治攻坚战、燃煤锅炉节能减排攻坚战“三大战役”的通知》等文件，深入基层开展督促检查和指导，认真开展特种设备安全隐患大排查及专项整治等行动，以市政府名义召开推进会，开展全面督查，及时发现并消除了一批安全隐患，确保了安全生产。四是服务节能减排，持续抓好淘汰燃煤锅炉工作。全年淘汰燃煤锅炉30台计24.96蒸吨，超额完成省委省政府下达的23蒸吨任务。五是组织开展了高速公路等国家重点建设工程项目使用的特种设备安全大检查活动。根据省政府和省质监局的有关要求，为确保高速公路特种设备安全，制定下发了《铜仁市质监局“平安高速”创建三年行动实施方案》，进一步完善以构建动态监管体系、安全责任体系为核心内容的安全监管的长效机制，对辖区在建的瓮江高速(石阡--江口段)和酉剑高速(沿河--德江段)、铜仁至玉屏城际铁路、沪昆高铁铜仁段等在用特种设备安全进行了突击检查。共检查设备170余台，把发现的问题移交当地市场监管局依《特种设备安全法》的规定进一步调查处理，保障了在建高速公路特种设备的使用安全。六是积极探索新时期特种设备安全监管新思路、新方法。(1) 根据本轮质监部门机构改革带来的形势任务变化新常态，针对基层特种设备安全监管人员普遍无资质、业务不熟悉等情况，积极向省质监局汇报并得到支持，经市政府同意在铜仁举办了1期特种设备安全监察员取证培训班，着力提高基层监管人员的能力素质. (2) 探索在全市成立特种设备行业协会的可行性，提高特种设备行业管理、自律和技术服务能力水平。(3) 支持鼓励碧江区局开展特种设备安全监管新思路新方法探索。(4) 认真贯彻落实国家质检总局新《特种设备目录》调整范围的设备监管，对原目录之内，新目录之外的特种设备进行清理，按照规定要求，将0.1MPa以下的140余台锅炉，130台3T以下的电动葫芦、105台汽车起重机，48台封闭式非公路用旅游观光车辆等不再纳入安全监管范围，并向市政府专题报告. (5) 充分运用特种设备监管信息平台，加强对特种设备动态管理。准确录入相关信息，修改、完善数据库。对无效数据和错误信息进行清理，对监管平台上反映的隐患和问题，通过电话督促，发送短信提示等方式，及时处理，强化落实使用单位、安全监管部门和检验检测三方责任，对提升管理水平、降低管理成本起到了积极作用。(6) 积极推进电梯应急救援体系建设和应急救援处置服务平台的运用。碧江区、德江县等政府批准成立了电梯应急救援中心。七是全面开展油气输送管道隐患治理攻坚战。制定下发了《市质监局油气输送管理隐患整治攻坚战实施方案》，将城镇燃气管道和液化石油气站压力管道纳入了整治范围，完成29家液化石油气充装站和7家天燃气管道排查和登记注册工作。

六、强化法治意识，坚持依法行政、依法执法

一是全面安排依法行政、规范行政执法工作。制定《2015年铜仁市质监局依法行政工作要点》并下发各相关单位执行。二是制定上报了本局“两张清单”。制定了权力清单和责任清单，按要求上报市政府，自觉接受上级和社会各界监督。三是进一步加强法制宣传。制定了本局法制宣传工作计划；制作《中华人民共和国安全生产法》《中华人民共和国行政许可法》和《贵州省企业失信行为联合惩戒实施办法（试行）》宣贯课件；出《中华人民共和国安全生产法》宣传专栏1期，组织相关人员参加《中华人民共和国安全生产法》法律知识考试；开展“3.15”系列宣传活动，制作宣传展板6块，发放宣传资料2000余份（册），接待消费者咨询258人次。四是建立完善法律顾问制度。按市政府有关要求，在法规科加挂了法律顾问室牌子，下发了《铜仁市质量技术监督局法律顾问工作制度》，聘请了法律顾问。五是进一步深化了全局行政审批制度改革。废止了机动车安全检验机构资质许可不再要求提供交通管理部门批准设立的文件、汽车尾气检测也不再提供环保部门批准成立的文件等行政审批的前置要件，降低了准入门槛。优化了审批工作流程，将原来的“窗口受理、审核中心初审、业务科室复审、局领导审批、窗口制发证”优化精简为“窗口受理、窗口首席代表审批、窗口制发证”，行政审批全过程在市行政服务中心窗口运作。下放审批权限，将原来由局领导行使的审批权下放到窗口，由窗口首席代表行使。缩短办理时限，办理时限均降至法定时限的50%以下，承诺时限比优化前再均降3个工作日以上，市局行政许可工作因高效、便民、规范、廉洁而被市委办编发《专题信息》（2015年第20期）刊载推广。认真抓好以“上门服务、预约服务、延时服务”为主要内容的延伸服务，受到了企业好评。派人前往遵义市质监局学习考察行政许可工作改革，学习借鉴该局好的做法。主动配合工商等部门，实现了“三证合一”，取消了“三证合一”的组织机构代码证收费，解决了高新区无办证点的问题，为碧江区和大龙开发区申请了办证点。下发了《铜仁市质量技术监督局行政许可事中事后监督管理制度》，解决了事前审批弱化后的事中事后监管跟进问题。全年受理行政许可申请951件，办结945件；受理组织机构代码证申请1154件，全部办结。六是强化行政执法内部监督检查制度。对本局办理的行政处罚案件进行了法制审查，共审查10起行政处罚案件。对行政许可工作进行4次本级监督检查，确保行政许可工作质量。认真做好机构改革后，原质监人员执法证换证衔接工作，对76人的执法证进行了更换。在市法制办统一部署下，与工商食药监共同举办两期县级执法人员申证培训班，近600人参加了培训学习。严格执行本局行政处罚自由裁量基准制度，对本局可实施的行政处罚进行量化，规范自由裁量权，避免行政处罚显失公平。七是组织开展了行政执法评议考核工作。对各区（县）市场监管局、铜仁高新区、大龙分局及市局稽查局、审核中心2015年1月至10月办理的行政执法、许可案卷进行了评查，将市局稽查局办理的《重庆伊士顿电梯有限责任公司未按照安全技术规范要求维护保养电梯案》、铜仁市万山区市场监督管理局办理的《杭州西奥电梯有限公司在电梯维护保养中未严格执行安全技术规范要求案》和行政许可中心办理的《贵州环通特种设备安装有限公司压力容器（1级）安装许可》案卷报省局参加优秀案卷评审。八是治乱减负支持小微企业健康发展工作。制发了《铜仁市质监局关于进一步治乱减负支持小微企业健康发展实施方案》，本级共免除157家企业办证费用1.5228万元，减免69家企业办证检验检测费用16.37871万元，减免58家企业委托检验检测费用16.8万元。九是认真开展行政执法工作，依法打击严重违反质监法律法规的行为。继续组织开展了“质监利剑”消费品类（旅游产品专项）、“质监利剑”食品包装物等类、农资专项打假、建材产品专项整治、“双打”专项行动、消防产品专项执法检查、化妆品专项执法检查、特种设备专项执法、计量专项执法、能源产品专项执法、汽车配件专项执法等专项执法检，依法打击危害广大人民群众身体健康和生命财产安全以及危及公共安全的违法行为。市局稽查局不仅自筹配套资金1.77万元分别购买了1台甲缩醛调和汽油快速检测仪、1台型号二甲醚气体检测仪，还主动为江口县市场监管局解决了多台执法记录仪，为石阡县市场监管局向省质监局稽查局争取到2套二甲醚现场检测仪；江口县市场监管局自筹配套资金0.54万元购买了1台二甲醚气体检测仪。全年全市办理质监行政案件295起（其中大要案件7起），查获违法产品涉案货值金额230万元，全市未出现区域性、行业性、系统性的重大质量安全问题。接省质监局12365投诉举报中心交办事项20件，办结20件。

七、技术机构能力建设

一是认真抓好重点项目实施。举全局之力抓好铜仁市武陵山产品质量检验检测中心项目建设，总投资1657万元、建设面积7851平方米的项目一期工程于6月27日正式开工且进展顺利，特检中心大楼主体工程完成，其他主体工程完成74.05%，综合检测大楼和食堂加紧建设，计划于2016年年底完工。市检验所2011年开始实施的“食品安全检测能力建设专项项目”和2014年开始实施的“贵州省锰产品质量监督检验中心项目”及市特检所2014年开始实施的“特种设备安全阀校验能力提升项目”通过了省质监局的考评验收，该3个项目资金共计286.5万元。进一步加强了对省级石材产品检测中心（思南）建设的指导，各项工作有序推进。二是积极争取技改技装项目。向省质监局申报本年度的技改技装项目2个，等待立项。三是加强市级两所能力建设，发挥了技术支撑作用。市检测所进一步完善和加强内部管理，钢筋能力验证整改扩项获得省质监局颁发的资质证书；申请的食品生产3个类别4个申证单元的发证检验资质通过了省食品药品监督管理局的评审；积极参加省质监局组织的磷肥、钢筋、普通混凝土砌块3种产品监督抽查承检机构的竞争性遴选；新建燃气表计量标准装置通过考核并取得资质证书；自筹资金82.46万元更新和新建计量标准项目；申报《更新和完善锰产品质量检测项目》技改技装项目1个和《食品相关产品检验检测能力项目》《医用数字摄影（CR、DR）系统X射线辐射源》2个储备项目；配合市食药监局开展对20家食品生产企业申证现场核查，配合本局行政许可审核中心开展对2家机动车安全技术检验机构资格许可、1家工业产品生产许可证核查、12家实验室资质认定开展现场评审；完成26个产品类别的691批次产品的监督抽查检验及委托检验，检定在用计量器具7438台/件。市特检所主动适应新常态，主动服务特种设备安全监管工作及特种设备使用单位，《实验室资质认定》（自愿认证）获证；《特种设备检验检测机构核准申请》（到期换证核准）获国家质检总局核准；自筹资金购买了多功能电梯限速器校验装置并投入使用；引进了2名急需的超声波检测人员；检验各类特种设备及危险化学品包装物4021台（其中检验电梯2666台），检验压力管道16条，校验电梯限速器487台、校验安全阀849只，检验气瓶1240只，发现安全隐患开出整改通知书2000余份。

（市质监局办公室）

安全生产监督管理

【概况】2015年，全市按照国务院《关于进一步加强企业安全生产工作的通知》和《关于坚持科学发展安全发展促进安全生产形势持续稳定好转的意见》等要求开展工作，安全生产形势总体概况如下：

一、全市2015年安全生产目标完成情况

（一）基本情况。全市各级各部门认真落实安全生产责任制，不断强化依法监管，开展重点行业和领域事故隐患排查治理及专项整治，安全生产实现“五下降、四稳定”。

1. 五下降

全年发生各类事故87（含铁路7起5人），死亡73人，伤104人，直接经济损失636.03万元。与上年同期相比，事故起数减少14起，下降13.86%；死亡人数减少10人，下降12.05%；受伤人数减少26人，下降20%；经济损失减少147.58万元，下降18.83%，死亡人数占全年严控制指标的91.25%。发生较大事故2起、死亡7人，同比减少5起，下降71.43%、死亡人数减少21人，下降75%。未发生重大以上事故。年内未发生较大以上事故的有9个区(县)（印江县、江口县、万山区、玉屏县、松桃县、德江县、石阡县、铜仁高新区、大龙开发区）。

2. 四稳定

重点行业（领域）中22个行业（煤矿、危化品、烟花爆竹、冶金、水上交通、农业机械、特种设备、食品加工、民爆、水利工程、渔业船舶、旅游、林业、人员密集场所、烟草、城市燃气、通讯系统、物流、电力、地质灾害、地质勘探、监狱系统）“零事故、零伤亡”；有3个行业死亡人数（道路交通、铁路交通、非煤矿山）同比分别下降1.85%、50%、80%；1个行业（建筑施工）持平。“元旦”“春节”“两会”“五一”“十一”“五中全会”等重要时段未发生较大以上生产安全事故。

（二）相对指标完成情况。

全市实现生产总值760亿元，按省下达从严控制指标计算，亿元GDP生产安全事故死亡率为0.096（省下达严控制指标0.108）；车辆拥有量46万余辆，全年道路交通死亡62人，道路交通万车死亡率为1.34（省下达严控制指标1.70）；全年工矿商贸从业人员70万人，死亡8人，工矿商贸企业从业人员10万人死亡率为1.114（省下达严控制指标1.231）。煤矿实现“零事故、零死亡”，煤矿百万吨死亡率指标在省下达从严控制指标（0.800）以内。

二、特色工作

1. 深化煤矿专项整治。推进煤矿关闭工作。根据省煤矿关闭领导小组关于铜仁市煤矿关闭工作安排，铜仁市共关闭煤矿5座。开展隐患排查治理工作。以“一通三防”为专项整治重点，深化煤矿瓦斯、水害、顶板等防治工作，开展市级煤矿隐患排查治理专项检查9次，覆盖辖区5个产煤县，检查煤矿59矿次，其中检查生产矿井17矿次，发现隐患101条（其中重大隐患2条），整改101条，整改率100%；巡查停建（关闭）煤矿42矿次，未发现停建（关闭）煤矿违法违规开采建设现象。做好“谈心对话”工作。按照国家、省、市关于开展新一轮“千名干部与万名矿长谈心对话”活动安排部署，市政府副市长张明4月25日带队到青杠林煤开展谈心对话活动。

2. 深化危爆物品专项整治行动。天津港“8·12”瑞海公司危险品仓库特别重大火灾爆炸事故发生后。市委书记夏庆丰作出批示，要求全市立即开展危爆物品专项整治，市政府成立3个督查组，对28家危险化学品生产企业、2家油库、254家危险化学品经营企业，7家烟花爆竹生产企业、19家烟花爆竹批发企业、14家道路危险货物运输企业、1家民爆生产企业、2家民爆物品销售企业（8家分公司）进行全面检查。发现问题隐患694条，下达执法文书142份。

3. 深化非煤矿山安全监管。开展今冬明春和两会期间及春节后复工复产工作，加大对汛期尾矿库和水害严重的地下矿山及高陡边坡露天采石场的监管督查，严厉打击三超（超能力、超定员、超强度）及建设矿山赶工期行为。开展“专家会诊”监管和“查大系统、除大隐患、防大事故”等专项行动。检查126家（次）非煤矿山企业，下达执法文书85份，排查隐患863条。查处非法生产建设行为10起，查处无采矿许可私挖乱建行为2起，停止火工品和动力电源供应8起。暂扣安全生产许可证4本，责令立即停产停建行为14起，查处建设工程超期建设行为9起。突出三项监管。8月份启动全市专家会诊监管工作，按照一矿一策的要求对全市地下矿山和尾矿（渣）库逐一进行专家会诊，在此基础上逐矿（库）下达执法文书。完成“专家会诊”矿山企业30家，排查隐患418条。全市微信助力监管的手机客户专用端微信号登记汇总工作完成，“非煤矿山安监通”向安全监管人员、企业负责人、各级政府分管领导和有关专家调试开通。全市非煤矿山基本信息网上填报审核工作完成市级审核128家。

4. 创新安全监管。全市安全监管系统推行“两分开、两追究”工作机制。即“行政审批与日常监管分开、日常安全监管与行政处罚分开；落实企业隐患排查治理责任的追究和安全生产责任事故政府及部门监管主体责任的追究”。制定年度检查计划，检查目录。解决谁去查、查几次和怎样查、查什么的问题。12月8—12日，中国安全生产报记者对铜仁市安全监管系统“两分开、两追究”进行专访，12月22日，《劳动时报》以“让‘刀’更快职责更清”大幅报道。《中国安全生产报》将其作为主版专题报道。烟花爆竹零售经营网点实施安全检查记分制。9月，率先在思南县推进烟花爆竹零售领域推行记分管理制度，记满12分，吊销经营许可证。全年28家零售经营店因记满12分，被吊销经营许可证；11月16日，中国安全生产报进行专题报道。率先在印江县推行非煤露天矿山科技化安全监管。全县非煤矿山生产区域、作业平台、边坡等重点部位实现24小时远程在线视频动态监控，作为数据化监管在全市安全系统推广，并获省安全监管局认可。

5.成绩显著。铜仁市安全监管局2015年度绩效考核获得“一等奖”，获得全省安全生产工作目标考核“优秀奖”，全省排名第三。

（市安监局办公室）

出入境检验检疫

【概况】2015年，贵州检验检疫局铜仁办事处检验检疫进出口货物及其包装共计518批次，货值2544.9万美元，同比增长47.6%，其中，出口货物及其包装509批次，同比增长72.4%，货值2001.8万美元，同比增长96.4%，进口机电设备9批次，货值543.1万美元；进口汽车登检共计784台；检出不合格货物12批次，货值159万美元；新增出口食品生产企业备案2家。积极推动辖区出口食品农产品质量安全示范区建设，协助和支持铜仁市出台了《关于铜仁市创建出口农产品质量安全示范区实施意见》，思南县正式获批为贵州省出口茶叶质量安全示范区。贵州大龙汇成新材料有限公司通过了省级出口工业品质量安全示范企业考核，获得“贵州出口质量安全示范企业”称号，申报材料通过质检总局审核并同意推荐为“中国出口质量安全示范企业”。严格落实目录外商品监督抽查制度，分别对进口服装和出口矿产实施抽检；完成进出口食品化妆品风险监控任务，对辖区的4个绿茶、8个红茶实施抽检。积极开展宣传培训，“食品安全周”“国门生物安全进校门”“消费品质量安全‘进社区、进学校、进乡镇’”“第二届全国质检科技周”等宣传活动扎实有效，并与市商务局联合举办了“2015年全市外贸外资工作培训座谈会”。

（铜仁办事处办公室）

工商行政管理

【概况】2015年，铜仁市工商局全面贯彻落实全省工商行政管理工作会议精神，坚持以“发展、服务、和谐”为主线，以商事登记制度改革为先导，主动适应工商体制新常态，努力开创市场监管新局面。

一、深化商事改革，营造便利化、法治化营商环境取得新成效

1. 市场主体总量不断攀高。积极落实改革政策措施，有效降低了市场主体准入门槛，激发了市场主体发展活力。截至12月底，全市各类市场主体178260户、注册资本1462.12亿元，同比增长27.12%、116.45%。其中：内资企业3297户、注册资本504.91亿元；私营企业22514户、注册资本644.19亿元；个体工商户147833户、资金数额137.42亿元；农民专业合作社4575户、出资总额109.85亿元；外商投资企业41户、注册资本57.66亿元。2015年，全市新登记市场主体42634户、注册资本786.61亿元。其中：企业6513户、注册资本745.12亿元，个体工商户36121户、资金数额41.49亿元。

2. 改革成效逐步得到显现。商事制度改革，注册资本实缴改为认缴，解决了企业资金短缺、验资繁琐的问题，为企业节省了费用；“先照后证”实施以来，新开业市场主体39211户中有18764户享受“先照后证”带来的红利，为企业赢得了盈利增收的宝贵时间；“三证合一、一照一码”将企业办证由“复杂”变为“简单”，解决了企业主办证难的问题，自2015年10月8日正式启动“一照一码”以来，全市颁发营业执照2132份，撬动注册资本141.43亿元，改革成效逐步显现。

3. 微型企业健康持续发展。2015年新发展微企1700户，注册资本27052.5万元，带动就业8689人。兑现财政补助15户68.25万元；市级配套资金到位502万元，各县配套资金到位930万元，审定2014年度税收奖励689户407.46万元，兑现贷款支持284.5万元。全市办理“个改企”536户，206户微企转入中、小型企业，5户升为规模企业，958户微企入驻县乡村三级园区聚集发展，引导具有发展潜力的微企树立品牌商标意识，申办微企注册商标184件，获注册75件。

二、全力服务发展，营造公平有序、诚信市场环境新成果

1. 探索市场监管取得新成效。提请市政府出台《铜仁市商事登记管理办法》《铜仁市商事登记后续监管工作方案》和《铜仁市商事主体前置改后置行政审批事项权责清单》，梳理出82项权责清单，进一步厘清了部门间职责边界，落实了后续监管责任。开展市场主体信息年报公示，截至年报年度日（6月30日），全市2013年度年报公示率为89.85%（其中企业78.01%、个体91.93%），2014年度年报公示率为90.20%（其中企业77.05%、个体92.74%），名列全省前列，获市委书记夏庆丰和省局杨正国局长的肯定批示。开展企业公示信息抽查工作，积极推行“双告知”程序和“双随机”抽查工作机制，年报抽检个体户1044户，随机抽查企业896户，依法将59户企业列入经营异常名录，责令整改73户；未依法履行信息公示义务的企业被列入经营异常名录9420户（次），责令改正履行信息公示义务的412户企业办理申请移出经营异常名录，信用约束作用初步显现。

2. 维护市场秩序取得新成效。做好依法监管和案件查处工作，严厉打击“傍名牌”、治理商业贿赂、整治公用企业限制竞争等违法行为，共查处各类违法案件195件，案值274.58万元，罚没款109.25万元。开展集中整治非法集资专项行动，摸排“投融资理财咨询类”公司139户，约谈90余户。开展“打传销反欺诈保平安”集中整治行动，在11个区县推进“无传销城市”创建工作，捣毁传销窝点5个，遣散涉嫌人员430人。玉屏县打击传销规范直销“三网五格五机制”监管模式得到省打传办高度评价和推广。加大网络市场监管力度，规范企业网络商品交易及有关服务的备案工作，开展网络巡查3159次，备案发放标识54户。加强广告监管，检查户外广告755件，监测广告9173条（次），办理广告登记505件，查处违法广告案16起。以新《广告法》颁布实施为契机，认真履行整治虚假违法广告联席会议牵头部门职责，提请市政府办印发《铜仁市整治虚假违法广告联席会议工作制度》，被省工商局全省推广。加强农资、成品油、旅游市场等重点领域的监管，检查农资经营户1843户，抽检农资50余批次，立案查处农资案10件；抽检成品油114个批次，对4个批次不合格成品油予以依法处理；检查旅游市场经营户9652户，审查旅游合同22份。开展“守合同重信用”企业推荐、评审，353家企业获认定，铜仁市伍寰家居广场先后被省工商局和国家工商总局评定为2014-2015年省级诚信示范市场和全国诚信示范市场。拓宽融资渠道，办理动产抵押登记26份，帮助企业获得融资3.5亿元。

3. 创建商标品牌取得新突破。打造本土品牌，指导德江县“桐达”、“神王”和万山区“皇通”“梵净山及图”等15件商标企业申请注册商标，引领企业走自主创牌之路。加强商标培育和保护，全市新增注册商标778件，新获著名商标14件，“梵净山”茶获中国驰名商标认定，“印江茗粉”和“松桃苗绣”成功申报为地理标志证明商标。到年底，全市地理标志证明商标达11件。通过艰辛维权，保住“石阡大关”商标品牌。深入开展“双打”工作，共查办侵权假冒案件71件。

4. 消费维权工作取得新成就。推进流通领域消费维权，以重点领域商品质量监管和服务领域消费维权为抓手，强化消费维权行政保护力度，开展家用电器、装饰装修材料、汽车配件、服装、儿童用品等252个批次的商品质量抽检，依法对不合格的83个批次商品进行了处理。消费维权破冰前行，与广州、佛山签署合作协议，建立消费纠纷联合解决机制和长效合作机制，实现三地跨区域处理消费纠纷，共享消费信息和维权资源。完善12315平台建设，畅通投诉渠道，建立消费维权快速通道48条、消协分会174个、“两站”1674个，聘请义务监督员1850人。全市各级消费者协会受理消费投诉517件，处理497件，消费投诉解决率为96.1%，为消费者挽回经济损失479.35万元；全市“12315”平台受理咨询及投诉举报3265件，办结率99.6%，为消费者挽回经济损失204.2万元。

（市工商局办公室）

财政·税收·商务

财　　政

【概况】2015年，全市各级财政部门主动适应经济发展新常态，积极应对经济下行持续加大带来的减收增支诸多压力，全市财政收入实现稳步增长，经济社会发展重点支出得到切实保障，财政监督管理水平全面提升，预算执行情况总体良好。全市财政总收入完成98.02亿元，同比增收9.73亿元，增长11.02%。其中全市公共财政预算收入完成56.61亿元，同比增收6.47亿元，增长12.92%；非税收入完成11.32亿元，同比降低8.6%，非税收入占公共财政收入的比重为19.99%，比上年降低4.7个百分点，收入质量进一步提高。全市公共财政预算支出完成301.30亿元，（决算口径）增加支出44.82亿元，增长17.48%。

2015年财政重点工作稳步推进。一是财政收入实现预期目标。一方面重点抓好新《预算法》和近期国家出台的一系列财税政策法规的学习、研讨，着力从政策中找准增收点；另一方面强化征管措施，重点分析全市多年来财税收入增长变化的趋势和规律，定期召开财、税、库三家联席会议，着力解决征管过程中的各种问题。二是支出结构不断优化。在资金管理和使用上，牢固树立“过紧日子”思想，不断调整和优化支出结构，统筹兼顾，有保有压，合理安排支出，在全力保证工资（含调资）支出和机构正常运转的基础上，严格控制“三公经费”等一般性开支，支出重点向重点项目建设、教育、社会保障、医疗等民生领域倾斜。三是向上争取成效明显。结合“八争”工作要求，抢抓国家增加中央预算内投资机遇，以项目为载体跑项目争资金。全市争取中央、省级转移支付补助资金236.24亿元，同比增加33.11亿元，增长16.30%，增速高于全省平均水平近3个百分点。同时，还争取政府债券置换转贷资金205亿元，一事一议财政奖补小康路（村以下部分）财政奖补普惠制项目资金2.89亿元，争取延期农业综合开发武陵山政策创新实验区项目，涉及资金5600万元。四是民生政策用足用活。始终坚持有保有压、守住底线、突出重点的原则，全力支持全市民生事业发展。全年投入民生支出247.42亿元，民生支出占公共财政支出的比重达80.18%。五是财政改革稳步推进。政府公共服务外包、国有投资公司改革、一费清试点等改革按时完成阶段性工作任务，拟定了《铜仁市政府性债务管理暂行办法》，完成了PPP模式（政府和社会资本合作）省级示范项目申报工作，对建立全口径预算管理体系进行了尝试，并启动了电子化支付改革试点和乡镇国库集中支付改革，继续试编权责发生制政府综合财务报告等改革任务。　（市财政局办公室）

国　　税

【概况】2015年，铜仁市国家税务局认真贯彻落实贵州省国税局和铜仁市委、市政府决策部署，围绕税收现代化主题，紧扣贵州省国税局“1133”工作思路，全市国税收入保持稳定增长，核心业务建设、队伍建设和文化建设等方面显著提升。

一、依法征税，税收收入稳定增长

2015年全市国税各项收入完成334989万元，同比增长10.06%，增收30633万元。完成省国税局预期目标的101.20%，完成市政府年度预期目标的95.17%。税收收入增速名列全省国税系统第二位。

二、依法治税，税收环境持续优化

深化税务行政审批制度改革。公开行政审批的文件内容、“税务行政处罚权力清单”，并适时开展督查落实。推行税务法律顾问制度，全市12个国税机关实现法律顾问全覆盖。

加强税收宣传教育。结合2015年税收宣传月活动，举办“镜头看税收”摄影赛、开展税收文艺创作活动。深入开展以“法治铜仁”为主题的普法活动。松桃自治县国税局被授予“全省国税系统法治税务示范基地”称号。

三、加强核心业务建设，征管服务质效稳步提升

践行好服务大局、服务税户、服务基层“三个服务”。用好用足各项税收优惠政策，全年累计办理减免退税52400万元，落实税收优惠政策创历史新高。认真落实纳税服务规范，深入开展“国地联合办税”。

深化税收征管改革，夯实税收征管基础。落实《全国税收征管规范（1.0版）》，升级维护《税收征管业务规范操作指南》。稳步推进车辆购置税征管改革。持续开展漏征漏管户清理和纳税人账簿凭证整治工作。强化企业所得税基础管理，管理质效明显提升。

扎实推进税收信息化建设。金税三期成功运行，增值税发票系统升级版顺利推行，信息化保障水平有效提升，双向专网升级扩容顺利完成，市局wifi建设项目和微信公众号建设项目顺利实施。“互联网+”思维融入国税工作全过程，“互联网+税务”行动计划扎根基层。

四、加强干部队伍建设，队伍整体素质不断增强

优化队伍结构提升干部素质。在全市系统开展副科级领导干部选拔及部分科级领导干部岗位调整工作。在县级以下机关全面开展职务和职级并行工作。认真开展干部人事档案专项审核工作。

积极开展文明行业创建活动。通过全国文明单位复查验收，保留“全国文明单位”称号。启动全市国税系统文明行业创建工作。

积极开展党建工作。对系统2012—2014年度涌现的先进党组织、优秀党员和优秀党务干部进行表彰，市局在省委党建工作调研座谈会上作经验交流发言。积极开展党建帮扶工作。

【推行金税三期优化版工程】根据国家税务总局、贵州省国家税务局关于金税三期工程省级应用集中优化版推广工作的要求，金税三期工程省级应用集中优化版于2015年4月在铜仁市国税系统启动推广工作。一是积极筹备，完善制度保障，制定推广工作方案。明确上线管理组织架构，确定集中人员，并召开全市金三期工作启动视频会议。二是认真采集，配合省局做好系统初始化。做好基础代码表、系统参数表采集与审核，采集并核实行政区划代码、国库代码、预算分配比例代码、税务机构代码、税务人员代码，采集与核实街道乡镇基础信息。三是清理比对，完成初始数据准备，市局在全省率先开展行业数据清理工作，提取并集中审核开业纳税人12783户，审核清理存在问题的3385户数据。完成省局下发的24807条疑问数据清理。开展虚假欠税虚假多缴数据清理核销工作。四是内外兼顾，完成业务操作培训，加强对征管应用系统的业务运维管理工作，确保软件的规范、稳定运行，市局共组织了5期对集中办公人员、业务骨干的业务培训，共计培训183人次。2015年7月1日实现“小双轨”。8月1日实现“大双轨”运行。9月8日，成功实现单轨上线运行。

【绩效管理和税收执法责任制提升铜仁国税特色】依托绩效管理实施强基固本工程。绩效管理推动重点工作有效落实，对规范津补贴、金税三期和征管规范落实等194项绩效指标实施严格监控考评，市局对各区（县）国税局扣分指标22项（次）共扣88.06分，对机关科室指标扣分2项（次）共扣42.02分，通过明晰责任，严格考评，全市国税系统工作质量和规范程度得到大幅提升。依托税收执法责任制实施优势特色工程。深入推进税收执法责任制，完善执法监督考核体系和机制，签订税收执法责任书，建立健全税收执法过错责任问责机制。强化执法管理信息系统运行管理，加强预警监控，定期约谈警示。加强执法疑点信息数据库应用分析和核查，推动疑点信息库在税收执法督察中的应用。加强业务培训和经验交流，提高执法人员业务操作技能和纠错能力。通过责任倒逼，增强干部责任意识，压实执法责任，2015年对江口、印江等5个县国税局进行了行政、监察约谈，全市国税系统11个单位均实现了执法考核的“申辩调整前零过错”，在全省名列第一。

【两个评价机制实施改革创新工作】一是建立税源管理质量评价机制。正式运行全市税源管理质量评价管理办法以及征管质量考核基金管理办法，设置业务考核指标51个，纳入考核指标26个。强化过程和结果监控，按月通报税收征管质量考核情况。依托《全国纳税服务规范》，执行《全市国税系统税收征管业务规范操作指南》，理清税源管理业务内容，统一税源管理业务标准。二是建立科级领导干部考核评价机制。出台《科级领导干部考核评价工作方案》，科学设置量化指标，有重点地对市国税机关各部门主要负责人和各区（县）国税局一把手、税务分局局长、稽查局局长进行考核评价，并将考评结果作为干部调整和评先选优的重要依据。

（市国税局办公室）

地　税

【概况】2015年，铜仁市地方税务局全力聚焦依法组织税收收入这个中心，紧抓“三严三实”专题教育和“金税三期”推广上线两条主线，攻坚克难、真抓实干，各项工作有序推进。

一、聚焦一个中心，勤征细管促增长

紧紧依靠省局和市委、市政府的坚强领导，切实抓好组织收入这一主业，把好税收分析这一利剑，守好收入原则这一红线，坚持有税尽收、无税禁收。全年组织两项收入534，575万元，占年度预期目标的102.8%，同比增收68，885万元，增长14.79%。总的结构分析来看，收入质量趋好，收入进度趋快，收入增速趋稳，圆满实现“十二五”完美收官，为助推全市后发赶超、同步小康承载了应有担当。

二、落实两个责任，正本清源优环境

1. 履行主体责任。于7月和11月组织召开了全市地税系统落实“两个责任”集体约谈会和集中推进会，对各单位是否把主体责任放在心上、抓在手上、扛在肩上进行了部署再部署，弛而不息促落实、锲而不舍强监督。坚持地税工作开展到哪里，主体责任就推进到哪里。分别于2015年5月和7月下发通知要求各县区局开展“四风”问题自查自纠和再自查再自纠。同时对万山区局等4个单位开展了巡视检查和执法督察，对涉及主要负责人调整的沿河县局等6个单位开展了离任经济审计，对11个县区局整改落实情况进行了逐一核查。制定了《中共铜仁市地方税务局党组落实党风廉政建设主体责任和监督责任清单》，在系统内逐渐形成了不敢腐、不能腐、不愿腐的良好政治生态。

2. 履行“一岗双责”。自觉把纪律和规矩挺在前面，先后4次召开党组会议安排部署党风廉政建设工作，层层签订党风廉政建设责任书，细化责任分解，层层传导压力。认真履行“一岗双责”，修改完善了班子成员联系基层单位制度，一定程度上了密切了干群关系，提升服务基层质量，为全市地税干部职工干成事、不出事增强了组织保障。

三、毫不松懈推动“金税三期”建设

一是精心谋划。市局党组把“金税三期”作为2015年工作的重中之重，先后多次召开党组会，对“金税三期”工作进行专题研究，反复讨论制定了符合铜仁地税实际的实施方案。二是精密部署。分别召开各类会议13次，对“金税三期”建设各个阶段的工作进行安排部署，实时跟踪进度，及时解决存在的问题困难。要求全市各级地税干部职工，不等不靠、不观不望，树立弱鸟先飞、跛脚先行的意识，务必打赢这场攻坚战；三是精准决战。各单位按照省局制定的时间表和路线图，自加压力，在办公楼显目位置设立金税三期单轨运行“倒计时”提示牌，让干部职工时刻绷紧思想之弦。全程开启“5+2”“白+黑”工作模式，历时两个多月对信息数据进行采集、录入，对预生产环境进行演练操作。7月16日和9月8日，全市地税全面实行双轨和单轨运行，金税三期系统如期成功上线，铜仁地税与全省同步迈向税收现代化的新征程。

四、毫不松懈推进依法治税

一是落实税收政策不打折扣。推行税收优惠一律取高限，弹性税率一律取低限，围绕“大众创业、万众创新”，进一步释放税收政策红利，维护税户权益，支持企业发展，2015年共为11，302户纳税人减免地方各税3704.7万元；二是严肃稽查查处毫不手软。瞄准目标、精准发力，最大限度实现营业税颗粒归仓，全市查补收入共计5126.28万元，充分发挥了税务稽查“以查促收、以查促管”的作用；三是推行纳税评估不留死角。全年评估企业36户，排除风险点193个，评估税款10360万元。

2015年，市地税局机关被授予“全国文明单位”，被市纪委授予“廉政文化进机关示范单位”。1个办税服务厅被评为“全国巾帼标兵岗”，6个县区局被授予“全市文明单位”，3人获铜仁市首届“五一劳动奖章”。

（市地税局办公室）

商　　务

【概况】2015年，全市商务系统紧扣主基调主战略，深入推进商务领域改革，不断加快开放载体平台建设，逐步推动开发区培育升级，持续开展“三外”倍增行动，广泛开展经贸交流，促进流通业提速发展，有效促进消费升级，电子商务等多项商务工作取得重大突破：全市实现外贸进出口额1.76亿美元，同比增长24.1%，居全省第三位；实际利用外资0.81亿美元，同比增长23.3%，居全省第五；社会消费品零售总额165.64亿元，增速11.9%，居全省第四位。电子商务网络交易额达13.8亿元。超额完成各项目标任务，获得省商务厅在内贸、外贸外资、电子商务、开发区工作“全项”先进单位表彰。

一、内贸流通加快发展

全市社会消费品零售总额完成165.64亿元，增速11.9%，居全省第四位。铜仁市全面实施城乡商贸升级行动计划，有各类商品交易市场19个，大型购物中心6个，大型综合超市11个，农贸市场91个，交易额亿元以上交易市场16个。全市累计建成“万村千乡市场工程”农家店2425个，日用品、农资配送中心31个，实现乡镇级农家店覆盖率100%，村级农家店覆盖率达80%。在推进内贸流通体制改革进程中，实现“换档”不“熄火”，以深入实施“万村千乡”“百千市场”工程建设项目为契机，大力推进“五个升级工程”建设，完成乡镇商贸服务中心建设18个、改造农村直营超市35个，农村零售网点796户，推动现代服务业提速转型。实施家政服务体系建设试点项目，培训家政专业人员2833人并全部上岗，家政服务业快速发展。碧江区笑哈哈中国中西部国际商贸物流城、碧江区现代商贸物流园等一批大型物流中心陆续建成，争取到全省首个国家级中小商贸流通企业服务体系建设试点城市成功为铜仁市中小商贸流通企业融资7.61亿元，第五批国家级肉菜流通追溯体系建设试点城市项目有序推进，商贸流通服务体系建设不断完善。培育限上企业250家，市场主体不断扩大。新建一批加油（气）站，有效服务铜仁市成品油市场发展。把加大商务综合执法力度和商务领域诚信建设作为促进商贸流通发展的保障，加强商务特许行业管理，认真做好打击侵犯知识产权和制售假冒伪劣商品工作，全市商贸流通环境得到明显改善，市场秩序进一步改善。

二、对外开放逐步扩大

全市实现外贸进出口额1.76亿美元，同比增长24.1%，居全省第三位；实际利用外资0.81亿美元，同比增长23.3%，居全省第五；争取上级外贸资金3000余万元，助推企业开展外贸活动。贵阳海关、贵州省检验检疫局与铜仁市政府分别签订合作备忘录，贵州出入境检验检疫局铜仁办事处成功设立且有序运行，争取对外经济商务区、大龙保税仓库获批开工建设，大龙开发区汇成新材料有限公司被国家质检总局认定为中国进出口质量安全示范企业。大龙经济开发区和印江自治县分别被认定为“省级综合型外贸转型升级示范基地”和“茶叶省级外贸转型升级示范基地”，思南成功创建省级出口茶叶质量安全示范区，对外开放进一步深化。

三、开发区建设快速推进

全面启动开发区管理体制机制改革，出台《区县省级经济开发区管理体制改革的指导意见》，实行“党政合一”体制，推行“管委会+公司+托管乡镇”运行模式，按照“少而精”原则，在综合机构设置上实行“三办两局”。借助苏州帮扶铜仁市历史契机，在碧江开发区挂牌成立碧江-苏州共建产业园，全方位提升对外开放平台，在全省积极探索“飞地经济”模式，成功的创建了大龙-石阡飞地产业园，累计完成固定资产投资8.5亿元，核心区开发使用土地1360亩，建成标准化厂房14.2万平方米，签约企业22户，其中8户企业投产，提供就业岗位2000余个。大胆创新投融资方式，全市各省级经济开发区均成立了投融资平台公司，结合“贵园信贷通”融资政策，帮助开发区辖区内70余户中小企业融资3亿余元，有效解决了融资难、融资贵等问题，进一步夯实了区内中小经济实体。

四、电子商务强势崛起

市委、市政府高度重视电子商务工作，出台系列扶持、推动电子商务发展的政策措施。特别是2015年新年伊始就召开全市电子商务发展动员大会，市委书记、市长出席会议并作重要讲话，促使铜仁市电子商务强势起飞。10月召开全市电子商务发展现场推进会，市委书记夏庆丰出席会议并作重要讲话，市委副书记、市长陈晏对发展电子商务提出具体要求，为铜仁市电子商务发展营造了良好的环境。2015年争取到全省电子商务培训及农村电子商务现场会、全省电子商务进农村综合示范县座谈会在铜仁市召开。铜仁市坚持“六个结合”发展电子商务在全省电子商务发展大会上作了经验交流，成功承办铜仁首届农特产品网商年货节。由铜仁探索推出的“农村淘宝亲情服务站”“农村淘宝带公益电影放映进农村”等模式被阿里巴巴集团向全国推广。铜仁高新区获批国家级电子商务示范基地，石阡、印江、德江获批全国电子商务进农村综合示范县，碧江、松桃、江口、印江获批全省电商扶贫试点县，全市22个单位进入省级示范点培育名单，建成609个农村电子商务综合服务站。铜仁市成为阿里巴巴第一个农村淘宝市级试点市，中国妇女发展基金会“@她创业计划”试点市，国家扶贫办友成扶贫基金会电商扶贫驿站试点，推动铜仁市电子商务实现了跨越发展。全市从事电商的企业达700余家，网店1300余家，实现电子商务网络交易额达13.8亿元。铜仁市电子商务工作得到夏庆丰书记、申晓庆厅长肯定性批示。

（市商务局办公室）

中石化贵州铜仁石油分公司

【概况】2015年，中石化贵州铜仁石油分公司坚持以“网络、人才、市场、控制、文化”五大发展战略为主线，以‘转变观念 开拓进取 转型发展，为实现“贵州石油梦”助力’为己任，以“比学赶帮超”、四级对标、“县县推标杆 站站建家园”等为抓手，各项工作有序推进，在逆势中稳住了增长，保住了效益。

一、经济效率持续增长

2015年，分公司持续紧盯年度各项经营指标，继续把握市场动向，抢抓地方经济发展带来的红利，确保了经营总量的圆满完成，稳住了成品油市场地位。

二、坚持多元化发展战略，开拓市场有效有力

一是完善加油站服务功能，积极拓展增量创效渠道；二是立足服务、拓展客户，通过联系厂家调试安装加油机，帮助客户维护设备，联系承运商，以及油品的计量验收等，为顾客提供“一条龙”服务，赢得了客户，同时，按照“谁开发 谁维护 谁受益”的考核原则，考核兑现直观的体现到个人；三是扎实开展

“推标杆 建家园”活动，让活动成为提升加油站经营、管理的“助推剂”。坚持“一站一家一策”原则，注重文化引领，铸就和谐小家，从软、硬两方面入手，积极打造示范加油站，竭力为员工营造温馨、健康、和谐的工作环境。

三、狠抓安全生产

1. 牢固树立红线意识，抓牢安全生产工作。一是健全组织、完善制度、明确责任，及时调整了分公司HSE委员会成员，于年初签订了HSE责任书236份；二是按照“碧水蓝天”治理项目管理要求，完成4座加油站的油水隔离池修建及20座加油站的油气回收整改工作；三是加强隐患整改力度，2015年全年，完成全区1座油库及78座在营加油站的静电接地整改，整改率达100%，并在全区6座加油站安装了阻隔防爆材料，保证了加油站平稳运行；四是持续做好安全督查工作，全年组织专项检查、日常检查、综合督查。

2. 切实守护商品安全，拒绝发生质量事故。油品数质量方面：一是及时修订下发了《铜仁石油分公司2015年数质量管理考核细则》，并将油品损耗控制指标分解下发到油库及各片区加油站，采取奖罚并行的机制；二是规范油罐车车体，油品承运车辆全部加装了3G视频监控，为打击偷盗、偷换油提供了有力地技术支撑；三是严格接卸油作业规范流程操作，把好终端成品油销售质量关；四是加强了对小站数质量工作的监管，与全市15座30年以上地罐加油站站长签订了《储罐渗漏监控责任状》，要求站长加强对罐区周边环境的巡查及罐内油品的动态监控，防止因储罐锈蚀导致的油品渗漏事故，确保了油品的数质量安全。五是完善人员配置。在非油品商品安全方面：一是建立完善的商品安全预警机制，下发了《便利店商品安全管理制度》，以“先进先出”的原则销售商品；二是加大门店的抽查力度，不定期抽查门店商品的保质情况，同时，要求门店及时上报处理临期商品，确保商品销售在保质期内；三是加大对便利店员的安全教育及法制教育，将《食品安全法》融入门店的日常管理中，并纳入考核，全年未发生任何食品安全事故。

四、坚持依法治企、坚持从严管理、企业精细化管理水平得以逐步提升

1. 强化财务考核力度与财务风险防控。一是费用管理“三步走”。通过分解下达费用指标，纪检监察介入、部门联动审核、分管领导把关对各项费用进行全面审核，每月对部门、县区公司的费用执行情况进行通报，且对入账后的费用进行倒查、抽查，逐级核实费用的真实性，较好地控制了各项费用的支出；二是全面巩固资金管理体系，通过签订78座加油站的《银行上门收款协议》，明确银行上门收款职责，同时开设邮政分账户，将邮政收款加油站账户纳入银企直联，及时了解加油站资金缴存情况并及时上划，电子收款达到80%，降低了资金风险和资金占用。三是完善油站、门店资金支付系统。全年安装POS机5台，有效降低了收款风险。四是严格发票管理责任追究制，及时下发了《2015年资金、发票管理处罚办法》，对发票的领用等各个环节实行全程监控，重查严处违规开具、使用发票等行为，同时坚持每季度进行发票自查、并配合税务部门开展了15次税务清查和自查工作，有效地降低了企业涉税风险。

2. 夯实信息化管理水平。一是全年完成*座加油站的视频设备安装，有效地降低了经营风险；二是更换了加油站的电脑、打印机等各项老、旧信息设备，为经营工作的开展保驾护航；三是坚持每月对公司的所有计算机进行一次清理、维护，确保了所有的计算机设备都良好运转。

3. 做实法律风险防控工作，强化企业法制管理水平。一是坚持每季度对各部门、各县区公司的合同管理员、经办人员开展合同系统培训及相关法律知识培训，逐步提升了各环节合同经办人员的业务知识水平；二是及时将省公司下发的各类标准文本下发至部门、县区公司，确保合同的拟定合法、规范；三是建立合同流程提醒机制，确保合同流程高效、合规；四是做细合同档案管理工作，在月末、季末、年末进行合同归档工作，要求各类合同必须在完善各项资料、手续之后才能归档。（办公室）

供销合作

【概况】2015年，铜仁市供销合作社联社探索“互联网+供销社”发展模式，围绕适应市场经济需要、适应农业现代化需要、适应农村全面建成小康社会需要的总目标，全市供销社系统干部职工加快和深化改革，创新工作思路和方法，为开创全市供销社工作新局面、艰苦创业、开拓创新。各项工作取得了显著成绩。

1.商品销售总额：年度目标任务16亿元，完成18.3亿元，完成年度目标任务的114.4%，较上年同期增长15.8%。

2.新增农民专业合作社：年度目标任务500个，年内新增农民专业合作社1047个，完成目标任务的209.4%，全市农民专业合作社发展到4575个。

3.农民资金互助合作社试点工作：全市农民资金互助合作社试点19家。农民资金互助合作社共有社员5749人，吸纳基础股金2576.26万元，吸纳互助金3756.55万元，投放互助金4659.87万元。

4.现代高效农业示范园农民专业合作社发展工作：现代高效农业示范园农民专业合作社598户，新增196户，完成年度目标任务的196%。

5.庄稼医院建设任务28个，完成28个，完成年度目标任务的100%。

6.资产总额：年度目标任务34796万元，完成37661万元，完成年度目标任务的108.2%，较上年同期增长13.6%。

7.利润总额：年度目标任务1771万元，完成1849万元，完成年度目标任务的104.4%，较上年同期增长20.9%。

8.所有者权益：年度目标任务7873万元，完成11301万元，完成年度目标任务的143.5%，较上年同期增长50.7%。

9.农资供应量：年度目标任务20万吨，完成22.7万吨，完成年度目标任务的113.5%，较上年同期增长3.7%。

【重点工作开展情况】一是加快推进农村电子商务发展相关工作。按照省委书记陈敏尔“把农业生产资料送下去，把特色农产品卖出去，千方百计增加农民收入”的指示，在铜仁市高新区电子商务产业园建成800多平方米的电子商务服务中心和电子商务展示馆，展示馆内农产品征集569种，覆盖83个农产品企业，134个农民专业合作社，与农特安合作试运行，对接“贵农网”线上运行工作。

二是切实抓好农民专业合作社发展工作。充分发挥供销社在农村合作经济组织建设中的“引领”作用，牵头主抓农民合作经济组织规范运作、健康发展。以资产为纽带，通过合作制、股份合作制等多种方式，组建农民专业合作社联合社，真正与农民结成利益共同体。为进一步加强乡镇级农民合作组织建设，以思南县试点，在思南县组建27个乡镇级农民专业合作社联合会分会。市委办公室《专题信息》第37期（总第65期）刊发《我市农民专业合作社五种发展模式》。思南县常青种养专业合作社的“百家沁”获中国合作经济年度成就奖，被评为50佳合作社产品品牌。

三是稳妥推进农民资金互助合作社工作。在农民自愿的前提下，通过发展合作社，引导农民进行资金互助，对解决农村贷款难，推动农业发展、促进农民增收有着重要作用。市供销社向上积极争取试点，加大对农民资金互助社的监管引导、合规经营、分类清理、规范管理的基础上，稳步扩大试点，强化管理，为农民专业合作社的发展提供资金支持。

四是基层社改造和企业重组工作。在万山下溪供销社、江口闵孝供销社、沿河官舟供销社、德江煎茶供销社按照“开放办社”为主要内容的基层社重建试点；组建由市供销社和石阡、松桃、印江、碧江和万山5个区县供销社入股的鑫源报废汽车拆解股份公司，在铜仁高新区电子商务产业园内购置土地20亩，建设报废汽车拆解场。

五是灵活选拔人才，能人志士带领合作社改革和发展。按照“三定方案”机构设置，召开党组会议，讨论、落实市供销社“三定方案”，统筹调配科室干部，加强领导班子和干部队伍建设，明确人员和职责，提高工作效益。

按照“拓宽基层社负责人选任渠道，鼓励村支两委负责人、农村能人等入社参选”要求，在万山区下溪基层供销合作社率先开展聘请村支“两委”负责人为基层社负责人试点。

【八争工作】一是争政策。1.争取省供销社印发了《关于支持万山转型发展的实施意见》。2.争取贵州省供销社《关于印发贵州省农民资金互助合作组织试点方案的通知》，将铜仁市农民资金互助合作社作为全省试点。

二是争项目、争资金。年度目标任务：争取上级资金620万元。2015年共获批项目10个，同比增长11.1%，争取到位资金761万元，同比增长122.7%，完成年初下达目标任务620万元的203.4%，超额完成目标任务。

三是争现场会。圆满完成全省项目建设现场观摩会工作任务；承办2015年全省供销社学习贯彻中央11号文件专题工作会暨农民资金互助合作社试点现场会；省供销社在铜仁市召开的农民资金互助合作社试点工作推进会等。

四是争改革试点。争取石阡县供销社获总社批准为2015年供销合作社电子商务示范县创建工作单位；争取省供销社将铜仁市列为全省农民资金互助合作组织试点地区。

【电子商务工作】一是改善基层网点，完善全市农村电子商务基层服务。充分发挥供销社系统基层网络比较健全，长期扎根农村、贴身服务农民的优势，利用供销社遍布乡村的实体门店网络和涵盖全面的农特产品资源，依托供销社基层网点发展农村电子商务，实行“互联网+供销社体系网点”的方式，统筹推进铜仁市供销社农村电子商务发展，实现农业生产资料和特色农产品线上线下融合运行。对全市101个基层供销社、1869个村级综合服务站（网点）、137个农村庄稼医院、56个农产品交易市场进行相关资料收集和综合评估，制定改造方案，争取2016年前建成全市供销社农村电子商务综合服务系统，实现线上线下共同发展。全市供销系统运营中心的选点13个（其中县级电商（运营）中心12个；市级电商（运营）中心1个：铜仁市供销社电子商务运营中心）。碧江区、万山区、松桃自治县、玉屏自治县、江口县、印江自治县、思南县、德江县、沿河自治县各1个、石阡县3个。乡镇（村）级电商服务站（点）选点共422个。碧江区50个、万山区15个、松桃自治县80个、玉屏自治县33个、江口县12个、石阡县131个、印江自治县30个、思南县35个、德江县35个、沿河自治县1个。

二是示范引领，建设中心展馆，为农特产品和农资用品提供展示平台。1.在高新区电子商务产业园建成800多平方米的电子商务服务中心和电子商务展示馆。2.开展农村电子商务玉屏试点工作。玉屏县供销社以“互联网+供销合作社+农民合作社”的模式，从事生态农产品开发和农产品电子商务，电商业务以自建电商平台为主，原有基层社为电子商务新网点，主要推广本地农民专业合作社产品。自6月上线后，拥有自营基地20余个，合作伙伴50余家，日均营业额2万余元。

三是开展相关培训，为农村电子商务发展提供充足人力。重视供销社电子商务人才储备，加强对农村电子商务服务人员的培训，以互联网思维、网上代购、农产品代卖、网点管理、市场营销为主要内容，培训供销社农村电子商务人员，为农村电子商务发展提供人才支撑。市供销社共组织相关培训4场，培训人员200余人次，同时派出工作人员赴苏州、省社、秀山等地参观学习，总结借鉴他们的成功经验和做法，为铜仁市农村电商工作提供人才保障。

铜仁市石阡县供销社获总社批准为2015年供销合作社电子商务创建工作示范县，为全省共获批5个县级单位之一。

（市供销社办公室）

烟草专卖

【概况】2015年，实现主营业务收入465601万元，实现税利142019万元，同比（2014年账面税利117278万元）增加6676万元，增长21.1%，其中利润总额66321万元，同比增加2546万元，增长4%；税金75698万元，同比增加22195万元，增长41.48%。2015年实际上交税款92273.41万元，同比增长31%，占全市公共财政预算收入的17.47%。

【国家烟草局局长凌成兴来铜调研】2015年5月16日，国家烟草局局长、总经理凌成兴到铜仁调研"两烟"生产经营工作。贵州省副省长刘远坤，省烟草局（公司）局长（总经理）陈卫东、贵州中烟工业有限责任公司总经理白云峰，铜仁市委书记、市长夏庆丰、市政协主席陈达新、副市长肖洪等陪同调研。凌成兴一行调研了铜仁卷烟营销提税顺价工作情况及铜仁卷烟厂、铜仁复烤厂异地技改项目推进情况。

【烟叶生产】2015年全市落实种烟主体7828户，种植面积1.69万公顷，户均种烟规模1.98公顷，收购烟叶58.5万担；国内计划上等烟比例49%，担均价1265元，高于全省均价37元，实现烟叶税16274.86万元，同比增加832.46万元，增长5.39%；烟农户均收入79919.07万元（其中不含补贴收入73976.64万元，新技术补贴1847.43万元，下部结构补贴1170万元，专分散收补贴2925万元）。

【现代烟草农业建设】推进基地单元管理创新，以德江煎茶、沿河黄土、思南许家坝和石阡石固4个单元为试点，整合资源，优化工作流程，基本实现基地单元、片区、网格与烟叶站、收购线、客户经理一一对应。组建成立育苗、机耕、植保、烘烤、分级专业服务队伍，推广专业化育苗、机耕、起垄、植保、烘烤和分级，推广比例分别达到94.06%、48.38%、45.13%、81.67%、44.32%、100%。拓展应用烟叶生产基础信息管理系统，提高烟叶生产信息化水平。

【援建水源工程建设】在建烟草行业援建水源工程项目1个，为石阡县獐子沟水库项目；申报项目3个，分别为沿河县邓家溪水库、德江县潮溪水库和江口县麻冲水库。

【卷烟营销工作】加强市场调控，积极应对提税顺价影响；推进市场化取向改革试点工作，完善卷烟货源供应流程和货源分配体系，提升市场把握能力。2015年，全市销售卷烟12.2万箱，同比增加1412.5箱，增长1.17%；销售"贵烟"系列品牌54357.12箱，同比增加6278.42箱，增长13.06%；单箱均价30190元，同比增加2544元，增长9.21%；实现销售毛利8.82亿元（不含税），同比增加1.43亿元（不含税），增长19.31%，卷烟销售综合毛利率28.01%。

【卷烟电子商务】探索扁平化需求反馈及服务响应机制，构建线下拜访、线上互动、移动互联"三位一体"营销服务模式，建立铜仁烟草"微信公众平台"，为客户提供立体式、快响应的服务支持。截至年底，全市网上订货户数为14705户，占总零售客户15788户的94%。

【专卖打假工作】2015年坚持"端窝点、打源头、断渠道、破网络、抓主犯"的专卖工作思路，加强与法院、检察院、公安的协作配合，全市所有县（区）局均完成破获1起5万元以上大要案件的任务。全年出动打假2672人次，查处各类案件234起，查扣各类真品卷烟368.85万支，查获假冒卷烟33.32万支，罚没款28万元。破获5万元以上案件19起，刑事拘留15人，逮捕8人，被人民法院判处有期徒刑7人。

（市烟草局办公室）

金　融·保　险

人民银行

【概况】2015年，中国人民银行铜仁市中心支行主动适应铜仁市经济发展四个新常态，加大信贷投入、优化信贷结构、改进金融服务，为铜仁市经济提质增效、转型升级提供有力的金融支持。截至2015年末，铜仁市全金融机构人民币各项存款余额980.31亿元，比年初增加226.16亿元，增长29.99%；铜仁市全金融机构人民币各项贷款余额716.77亿元，比年初增加115.12亿元，增长19.13%。

一、信贷支持力度持续加大，信贷结构不断优化

一是根据铜仁市处于集中连片扶贫开发地区的实际，积极向上级行争取合意贷款增量，落实各项金融政策，引导和推动地方法人金融机构信贷合理适度增长。支持政策性银行、商业银行分支机构向上级行争取信贷资源倾斜，积极支持地方经济发展。其中，2015年农发行铜仁分行获批项目18个、89.85亿元，全年累计发放贷款50.25亿元，重点支持异地扶贫生态移民搬迁、棚户区改造、水利建设等民生工程。国开行贵州省分行在铜获批项目资金68.2亿元，年内发放32.2亿元。二是充分运用支农再贷款、再贴现等货币政策工具，引导金融机构调整优化信贷结构，支持“三农”、小微企业、就业创业等经济社会发展薄弱环节。2015年累计发放支农再贷款22.03亿元，办理再贴现2.72亿元。2015年末，全市小微企业贷款余额93.69亿元，同比增长20.47%；涉农贷款余额440.29亿元，同比增长21.51%。三是支持金融机构创新信贷产品和服务方式，如“现代家园”农户搭桥贷款、“四在农家.美丽乡村”农户集中建房贷款等信贷产品，在推动移民搬迁、缓解融资难融资贵问题方面发挥了积极作用。

二、探索创新金融扶贫模式，推动金融精准扶贫

一是助推市政府转发《铜仁市2015年金融扶贫工作方案》，加强信贷资金与财政资金协调配合，探索政策性、商业性和合作性金融扶贫新模式，《金融时报》及省内主要新闻媒体对此作了采访报道，其中：农发行德江县支行支持做好扶贫生态移民住房项目建设得到国务院办公厅关注。二是规范强化“支农再贷款+银行匹配资金+政府配套政策”运作模式，提供优惠利率贷款支持地方高效农业和特色农业发展（简称“一高一特”）。地方法人金融机构累计运用支农再贷款杠杆化运作发放定向惠农贷款25.84亿元，支持企业256户，农民专业合作社428户，农户1.27万户。三是与扶贫办、省联社审计中心共同助推市政府印发《铜仁市精准扶贫“精扶贷”工程实施意见》，向建档立卡贫困户发放“精扶贷”贷款，每年力争实现5万户、20万人口的脱贫目标。联合扶贫办、省联社审计中心举办铜仁市2015年小额信贷暨“精扶贷”工程培训会，加快推进“精扶贷”工程落地实施。承办武陵山连片特困地区扶贫开发金融服务工作座谈会。

三、金融改革措施顺利实行，维护辖区金融稳定

一是做好《存款保险条例》出台后相关工作，存款保险制度在辖内顺利平稳实施。二是总结近年来辖区推动两权抵押贷款试点工作的进展情况及存在问题，主动加强与地方政府和相关部门的沟通协作，德江县作为省政府向国务院申请成为全国土地承包经营权试点区县之一。三是密切关注农行“三农金融事业部”改革情况，配合地方政府进一步推进地方法人金融机构改革，支持印江联社、松桃联社做好改制为农村商业银行相关工作。四是积极支持银行业新设机构向县域延伸，2015年以来指导全市新增银行营业机构14家接入人民银行管理与服务系统，正常开业。五是助推市政府建立了跨部门金融稳定协调机制，成立金融稳定工作领导小组，合力防范和处置各类金融风险。

四、金融基础设施不断加强，有效改进金融服务

一是推进社会信用体系建设，玉屏县成功创建成为农村金融信用县。与铜仁学院签订“征信教育”合作框架协议，在贵州省首创将征信知识教育纳入国民教育体系。二是拓展金融IC卡在公共服务领域的应用，全市两区4县实现金融IC卡在县域公共交通上的刷卡应用。三是切实做好经理国库工作，服务社会民生。收回万山区代理支库，新设了万山区金库，铜仁高新区金库已申请获批。四是加强人民币流通管理，搭建农村现金综合服务平台158个，全市6家金融机构投入运营小面额ATM机。五是切实转变外汇管理服务方式，支持地方涉外经济发展。2015年末，全市外汇收支累计3341.37万美元，同比增长26.58%；全市结售汇总额累计3440万美元，同比增长13.38%。

【签订银校合作协议 促进征信宣传教育发展】2015年8月5日，人民银行铜仁市中心支行与铜仁学院共同签订《铜仁学院·中国人民银行铜仁市中心支行“征信教育”合作框架协议》，在贵州省首创了将征信知识教育纳入国民教育的先例，建立了校园征信知识宣传教育长效机制，相关工作得到《金融时报》刊载。《“征信教育”合作框架协议》主要涵盖三部分内容，一是将《现代征信学》作为铜仁学院金融相关专业的必修课及选修课进行教学。二是在铜仁学院设立“铜仁市征信教育科研基地”，由人民银行铜仁市中心支行、市辖各家金融机构等相关单位协助支持，开展征信学术探讨与研究，并组织大学生征信教育、知识培训竞赛等教学活动。三是在铜仁市各金融机构设立“铜仁学院金融教学实习基地”，作为铜仁学院金融相关专业认知见习与实习的场所，并发挥铜仁学院的人才、教育和科研优势，促进铜仁学院教学科研服务于铜仁市经济、金融领域的建设发展。

【出台《金融扶贫工作方案》全面推进金融扶贫】人行铜仁市中心支行积极助推铜仁市政府制定出台《铜仁市2015年金融扶贫工作方案》（铜府办发〔2015〕93号，以下简称《方案》），落实扶贫开发金融服务政策措施，提升财政扶贫资金使用效率，充分发挥金融在支持贫困农户发展生产、脱贫致富中的积极作用，相关工作得到《金融时报》刊载。《方案》坚持“政府主导、扶贫贴息、银行助力、精准扶贫”的原则，对建档立卡贫困户发展产业提供金额5万元以下、期限3年以内“无担保、无抵押”信用贷款。金融机构按央行基准利率放贷，中央及省级财政拨付扶贫资金贴息，县级财政建立风险补偿基金对扶贫小额信用贷款产生的风险进行补偿，形成扶贫、财政、银行、保险及相关部门协调配合的新型扶贫模式。2015年全市安排4000万元财政资金用于开展金融扶贫工作。其中2000万元作为风险补偿基金，2000万元用于贷款贴息，撬动银行贷款3.16亿元，覆盖农户6260户（其中建档立卡贫困户5800户）25000人（其中贫困人口23000人）。

（人民银行办公室）

银行业监管

【概况】2015年，铜仁银监分局全面加强分局系统党的建设、落实风险防控责任、提升金融服务质效、深化银行业改革开放、提高依法监管效能。实现辖内银行业发展效率和质量的同步提升，有力支持了地方经济加速发展和后发赶超，工作取得明显成效。

截至12月末，辖内银行业资产余额1091.64亿元，较年初增加

210.87亿元，增长23.94%，其中贷款余额716.76亿元，较年初增加115.1亿元，增长19.13%；负债余额1054.48亿元，较年初增加203.78亿元，增长23.95%，其中存款余额943.07亿元，较年初增加195.34亿元，增长26.12%；不良贷款余额13.8亿元，较年初增加1.99亿元，不良贷款率1.92%，与年初基本持平；实现本年利润18.1亿元，同比多盈3.13亿元。

一、落实风险防控责任，守好系统性、区域性风险底线

2015年，分局坚持主动预防与妥善处置相结合，建立健全“双线”风险防控责任制，狠抓案件防控长效机制建设，落实银行业金融机构风险防控主体责任和各级监管部门风险防控监管责任，切实防范和化解金融风险，辖内银行业运行稳健，风险得到有效管控。

1. 重点领域信用风险得到有效管控。

一是强化存量地方政府融资平台贷款风险管控。促请地方政府完善“借、用、管、还”机制，密切关注债务置换情况，截至12月末，全市名单内平台贷款余额54.33亿元，无不良贷款。二是有扶有控，科学管控主要产能行业风险。实行“名单制”管理，及时提示有关行业市场风险，对于“全局过剩，但局部有优势的产能”，鼓励银行业机构支持企业通过重组和技改走出困境，截至12月末，辖内水泥、锰、煤炭、汞等主要产能行业贷款余额5.9亿元，不良贷款余额0.46亿元。三是密切关注房地产市场风险，新增房地产开发贷款实行报告制，截至12月末，辖内房地产贷款余额117.6亿元（其中房地产开发贷款余额38.97亿元，房地产按揭贷款78.63亿元），不良贷款余额0.9亿元，不良率长期低于1%。四是多方协调维护金融债权。建立“四方”联席会议机制，形成9项共识和措施书面印发全市法院、银行系统。针对辖内地方政府在处置违规小贷公司资产过程中损害银行合法债权问题，向市委市政府做专题汇报，积极吁请维护银行机构合法债权。

2. 严密盯防操作风险。

一是落实案件防控“两个责任”。层层签订责任书，督促落实银行业金融机构案防主体责任，督促机构按季开展案件风险排查，实行案防工作“一票否决制”；落实各监管科室、银监办案防监管责任，结合银监会关于加强内控防范柜面业务操作风险的相关文件要求，全年开展案件防控督查4次。二是保持重点机构案防高压态势，针对邮储行、农村中小金融机构开展业务库和操作风险现场检查，发现轮岗、金库管理、对账管理、重要物品管理、授权管理等方面问题30个，已督促相关银行业金融机构限期整改。

3. 密切关注各类隐性风险趋势。

一是严密防范流动性风险，密切监测法人机构流动性监管指标，指导铜仁丰源村镇银行与贵州银行签订了流动性救助协议，12月末，辖内农村中小金融机构统算流动性比例达45.45%，10家法人机构流动性比例均高于25%。二是关注信息科技风险，认真开展2014年信息科技监管评级，严密关注法人机构信息科技外包风险。三是切实防范化解社会金融风险。在全系统深入开展非法集资专项排查，开展宣传教育月活动，发放宣传资料10万余份，开展宣教活动463场次，设立10个社区宣传专栏。督促银行业金融机构采取有效措施主动发声，与理财咨询类公司做好风险隔离，严防声誉风险。

4. 提高非现场风险监管质效。

一是做实农村中小金融机构资产质量。督促机构按照“准确分类、制定规划、积极清收、科学核销”的总体思路，修订各机构不良贷款压降计划和资本提升规划，做实信贷资产质量。截至12月末，辖内农村中小金融机构贷款不良率2.88%，较年初下降0.42个百分点；12月末，农村中小金融机构资本充足率达12.57%。二是强化非现场监管预警功能，针对存贷比过高、日均存款偏离度较高等问题，发出预警通知书4份，督促机构进行限时整改。三是高质量完成监管评级工作，分局辖内10家法人机构2014年度监管评级结果与省局复评结果一致，3C级机构达9家。四是着力提升非现场监管数据质量，对邮储行铜仁分行开展统计现场检查，发现统计制度贯彻落实、报表数据质量等方面问题20个，并督促相关机构落实整改。

二、银行业改革开放进一步深化，金融服务质效全面提升

2015年，分局认真贯彻落实习总书记在贵州考察时对于扶贫开发的总体要求，围绕铜仁市委市政府重大战略决策部署，坚持支持重点领域与薄弱环节相结合，积极推动银行业体制机制改革，大力提升服务实体经济质效。

1.支持关键领域，扶贫开发成效显著。

一是推动开发性金融扶贫。12月末，国开行在铜仁授信资金达30亿元，发放贷款9.63亿元，惠及茶叶、畜牧、中药材、食用菌和乡村旅游5大特色优势产业，覆盖32个中小企业、46个专业合作社，带动农户3.3万户、12.9万人实现增收致富。二是大力推广扶贫小额信用贷款。对建档立卡贫困户提供金额5万元以下、期限3年以内、免抵押担保的小额信用贷款，已累计发放小额信用贷款129亿元，惠及农户30万户；推动政府设立1.5亿元风险补偿金、2000万元扶贫龙头企业产业发展贷款担保金。三是指导机构开展扶贫金融创新。继续试点“三权”抵押贷款业务，12月末，“三权”抵押贷款余额4亿元，惠及农户5421户、企业24户。推出“喜临门”“幸福家园”“现代家园”“致富通”等支持移民搬迁信贷产品9种，已累计发放移民建房保证贷款9.61亿元，惠及农户10942户。

2.支持重点领域，有效满足融资需求。

一是做好重点领域金融服务工作。定期收集辖内《银行业支持铜仁市重点发展领域基本情况表》，以支持贵州省国家重大工程项目、重大交通基础设施建设为着力点强化融资服务。12月末，在铜贵州省国家重大工程项目贷款余额71.94亿元，同比增长3.13%，重大交通基础设施建设贷款余额99.53亿元，同比增长8.75%。二是助推地方特色经济发展。12月末，“5个100工程”贷款余额86.41亿元，地方特色产业（石材、水、茶叶、中药材、特色食品等）贷款余额25.47亿元，其中“5个100工程”贷款余额比年初增长53.61%。三是搭建政银企融资对接平台，与市政府相关部门联合组织召开市、县两级政银企融资推介会，现场促成签约项目7个，签约金额42.55亿元。

3.支持薄弱领域，推动普惠金融发展。

一是推进“村村通”升级为“村村用”。布设各类机具5300台，覆盖全辖所有行政村，尝试推广“一点五站式”综合金融服务平台，不断扩展服务外延。辖内农信社全面依托“金融夜校”载体普及金融知识，已累计举办1000余场次，培训群众8万余人次。二是持续改进小微金融服务。继续做好小微金融服务统计工作，进行信贷产品创新和推广，建立健全“银税合作”长效工作机制，已利用税务信息累计发放19笔786万元小微企业贷款。截至12月末，辖内小微企业贷款余额168.4亿元，较年初增长19%；申贷获得率95.32%，较年初上升0.52个百分点；贷款户数76846户，较年初增加4765户。三是加大涉农贷款投放力度。通过提高不良贷款容忍度等措施，确保“一个确保、一个力争”目标实现。截至12月末，辖内涉农贷款余额440亿元，较年初增加77.65亿元，增长21.5%。四是加强服务收费监管，降低融资成本。全面开展不规范服务收费清理自查和督查工作，2013至2015年末累计清退不合理收费138万元，引导机构对“一高一特”产业发展发放优惠利率贷款16亿元，为借款农户节约利息1576万元。五是强化消费者权益保护工作。督促银行业金融机构完善消费者权益保护体制机制建设，全年妥善处理消费者投诉4件，开展消费者权益保护现场检查，发现制度建设、执行等方面问题16个。加强银行业公众知识普及教育，全年组织开展宣教活动4次。

4.强化改革开放，推动银行业持续发展。

一是大力开展“引银入铜”工作，全年新增加机构网点11个（其中县域新增网点2个，新增社区支行、小微支行6个），贵阳银行3家支行获省局筹建批复，贵州银行3家支行申报筹建。二是推动农村信用社深化改革。加快推进印江联社、松桃联社改制组建农商行，引导鼓励农业产业化龙头企户等新型农业经营主体参与股权改造。三是大力推进“走出去，引进来”。搭建辖内银行业高管培训平台，银行业协会聘请国内著名专家学者来铜讲学2次，组织辖内高管赴浙江台州学习1次。四是搭建银行业金融机构文化交流平台，成功举办铜仁银行业“践行社会主义核心价值观、争做铜仁银行业仁义之星”主题演讲比赛，大力弘扬正能量。

三、加强履职能力建设，全面提高依法监管效能

2015年，分局坚持严格依法监管与提供高效服务相结合，着力提高监管有效性。

1.“两加强、两遏制”现场检查成效明显。

一是认真开展自查及整改工作。分局自查发现监管法规建设、监管处罚与纠正情况、监管流程三个方面的8个问题，全部整改到位。二是认真开展“两加强、两遏制”现场检查。共检查各类业务812笔，检查金额73.39亿元，检查发现违规业务137笔，违规金额22.79亿元，涉及信贷业务、存款业务、表外业务等方面的问题40多个。针对以上违法违规行为，对相关银行业机构和高管实施行政处罚3件，处罚金额125万元。同时责成相关机构对51名相关责任人分别给予行政和经济问责。

2.监管有效性不断提升。

一是依法办理行政许可事项，截至12月末，共办理行政许可事项97项，其中，依法对农行铜仁分行2名不具备高级管理人员职务所需相关专业知识、经验及能力的拟任高管不予核准。二是提高现场检查效率。按计划实施现场检查，科学合并检查项目，完成现场检查项目18个，投入2437个工作日。三是推广应用EAST系统，开展应用培训1次，完成5个现场检查模型设计。四是完善功能监管，制定《功能监管责任分工清单》，建立完善了职责清晰、分工明确的功能监管与机构监管协调机制。五是加强监管办事处履职能力建设。制定印发《铜仁银监分局办事处工作职责》，采取明确权责清单、加强现场指导、加强财务保障、增强基层力量和完善督办考核五项措施强化办事处履职能力。

3.内部管理持续加强。

一是加强政务督办工作。结合省局重点工作任务，制定《铜仁银监分局2015年重点工作计划》，将任务分解细化，按季跟踪进度情况；建立《铜仁分局领导批示事项办理情况表》，按周提示相关部门按时完成各类工作任务。二是加强工作信息反馈。截至12月末，向省局报送《铜仁监管信息专报》54期，向市委市政府报送《信息专报》5期，积极向省局、市委市政府汇报银行业支持重点领域、支持产业发展等方面的工作情况。三是加强干部队伍建设。选拔任用分局机关2名副科级领导干部和4名办事处负责人；加强员工教育，制定《铜仁银监分局2015年干部教育培训方案》，培训495人次。四是加强办公环境安全管理。就办公楼电梯安全问题2次书面函告业主方，组织开展办公环境安全自查，邀请消防官兵开展消防安全知识安全培训和演练。五是加强财务管理基础工作。严格遵守财经纪律，在经费十分紧张的情况下，科学安排各项支出，厉行节约，确保职工工资和监管中心工作需求；加强固定资产和政府采购管理，全面规范采购、使用、报废等环节工作。六是加强工会、团委工作。按照规定程序和要求对分局工会进行了换届选举，广泛征求职工合理化建议，积极开展登山、徒步、读书等文体活动，组织职工开展健康体检，联合市银行业协会举办了铜仁银行业首届书法、摄影大赛。深入推进“党建带团建”工作，制定了年度青年工作要点，开展分局领导与青年职工面对面谈成长座谈，深入推动“送金融知识下乡”活动，“情系三农、普惠乡村”青年精品工作项目获省局推荐参与银监会系统评选。　（银监局办公室）

建设银行

【概况】2015年，中国人民建设银行铜仁市分行面对经济金融环境的深刻变化，加强党建工作，加快队伍建设，积极推进业务转型，践行“大资产、大负债、表内表外两翼齐飞”的经营理念，利用建行产品齐全优势，念好山字经，做好水文章，打好生态牌，以“融资”+“融智”，“表内业务”+“表外业务”助推铜仁经济社会发展，各项业务稳步增长，经济效益全面提升。

截至2015年底，一般性存款时点余额86.88亿元，比年初新增9.32亿元。各项贷款余额80.25亿元，比年初增加1.16亿元，其中：正常类贷款80.06亿元，比年初增长1.99亿元；关注类贷款0.12亿元，比年初增长0.01亿元；不良贷款0.07亿元，比年初下降0.45亿元，不良率0.09%，比年初下降0.58%。全行共实现账面净利润总额2.5亿元，比上年同期增加0.04亿元。

2015年1月11日，铜仁万山区支行盛大开业，该机构的成立有力推动当地经济社会发展，更好地服务大众生活。

建行铜仁市分行2015年贷款1800万元、9484万元分别支持沪昆铁路客运专线、安江高速公路等重点项目和重点领域。贷款17950万元分别支持县乡公路、县级医院、棚户区改造、市政交通、水利设施等民生领域建设。投放小微企业贷款58户，金额37600万元，有力地支持小微企业发展。发放自营性个人住房贷款3070户，金额52400万元，发放公积金个人贷款1697户，金额37700万元，解决4767户住房困难问题。

积极贯彻党中央、国务院关于促进小微企业发展的战略部署，落实国家税务总局、银监会开展“银税互动”助力小微企业发展活动的相关要求，加强“税易贷”业务推动，在全省系统内，率先实现了“三个一”，即第一家签下小微企业“银税互动—税易贷”业务合作框架协议；第一家实现业务合作框架协议1市2区5县全覆盖；第一家实现投放。

落实“中国建设银行少数民族大学生成才计划”，分别在铜仁学院、铜仁职业技术学院发放2014—2015学年奖（助）学金，共计受助大学生24人，受助金额72000元。落实中央扶贫攻坚工作要求，根据铜仁市委、市政府的统一安排，建行铜仁市分行自发组织全体员工捐款14650元，资助对口帮扶碧江区木弄村、小江口村、马岩村。

走进社区宣传金融产品，提供金融服务。开展打击非法集资宣传月进社区活动，发放《“远离非法集资建设美好生活”社会宣传手册》《抵制高息集资诱惑 理性选择投资渠道》《打击和处置非法集资宣传资料》《金融知识普及读本》《反假币宣传手册》《反洗钱安全常识》等宣传资料500余份，接待咨询的市民200余人。由于各项工作出色，铜仁市分行营业部荣获铜仁市银行业2015年文明规范服务“十佳示范单位”

（建设银行办公室）

农业银行

【概况】2015年，中国农业银行铜仁分行加大信贷投放力度，助力美丽铜仁建设。一是累计投放27.3亿元法人客户贷款，竭力为全市水利、农业、制造业、房地产开发、市政基础设施建设等经济领域项目建设提供优质高效的信贷融资服务；二是累计发放9.43亿元小微企业贷款，有力支持地方特色产业加工企业、农业产业化龙头企业及招商引资企业健康发展，认真落实银监会提出的“三个不低于”工作要求；三是累计发放13.4亿元个人客户贷款，有力支持地方个体私营经济繁荣发展和居民生活品质提升。贷款规模在四大国有商业银行率先突破百亿元大关。同时，中国农业银行铜仁分行作为项目经办行，办理认购“铜仁市政府和社会资本合作(PPP)项目财政支持基金”9.42亿元，系全国农行系统首单此项业务。

一、主要工作情况

1. 切实践行服务“三农”的市场定位和社会责任。

2015年，中国农业银行铜仁分行以“公司+农户+农行”“就业局+农户+农行”“共青团委+农户+农行”等模式，累计发放农户贷款2.3亿元，积极支持返乡青年、农村妇女创业，有效扶持农业产业化企业上下游产业链农户、农村新型经营主体大力发展种养殖业，助力农户增收致富。同时，着力打通农村金融服务“最后一公里”工程，在全市建立金穗惠农通有效服务点2436个，行政村覆盖率达到75.79%。

2. 持续提升窗口服务能力和

服务水平。

截至2015年底，中国农业银行铜仁分行在全市繁华路段、人流量大的场所累计布放自助设备320台，建立离行式自助银行39个，在各营业网点设置超级柜台31台，竭力扩展服务的空间和时间，多渠道、多方式为广大居民提供优质的金融服务。新成立万山支行获上级行批复，进行网点装修和人员招聘工作。同时，加大对安全用卡、反假币、网络金融诈骗、银行卡非法买卖等金融知识宣传力度，增强市民金融风险防范意识。全年组织开展各类金融知识宣传活动50余次，发放资料5万余份，接受群众业务咨询10万余人次。

3. 强化基础管理，提升风险防控能力。

一是开展“习规章 做农行好员工，学法律 做中国好公民”学习教育活动，大力推进合规文化建设；二是按照“三个重点追究”“三个必须移送”原则，加大违规违纪问题责任人责任追究力度，强化制度威慑力；三是积极开展信用风险专项治理、“两违”专项检查和员工行为排查，同时强化内外部各类检查发现问题整改，防微杜渐，提升风险防控能力；四是大力推进“三化三铁”“三化三无”和“三化三达标”创建工作，有效提升信贷、运营、财会、安全等业务条线基础管理水平。

4. 加强党风廉政建设，营造风清气正良好氛围。

一是通过层层签订责任书，强化督促检查，有效推进“两个责任”落实，充分发挥领导干部示范带动和对员工的监督引导作用，深入贯彻落实中央“八项规定”；二是通过组织员工参观警示教育基地、邀请专家开展预防职务犯罪专题讲座，开展“廉洁家庭”“以案说法、以案明纪”警示教育，有效提升员工的合规意识和廉洁自律意识；三是通过深入开展“两从严”“三严三实”专题学习教育活动，有力推进全行党风廉政建设和反腐败工作，营造风清气正的良好氛围。

二、主要工作措施

1. 擦亮服务“三农”品牌，助力农村居住环境改善。

2015年，中国农业银行铜仁分行立足县域实际，充分发挥服务“三农”政策优势，践行服务“三农”责任，履行支农义务，积极向上级行争取政策、规模和技术支持，助力铜仁贫困区域加快发展。一是创新推出“美丽乡村贷”，并发放贷款5.21亿元。在助力“四在农家·美丽乡村”四项（小康水、小康房、小康寨、小康路）基础设施建设方面起到了积极作用，有力支持贫困区域居住环境改善，促进农村发展，带动自身业务加快有效发展。二是投入资金4.4亿元，支持建设扶贫生态移民工程住房4939套、面积54.3万平方米，惠及贫困农户近2万人，为广大农民就近就业、就学、就医等创造了良好条件，有效改善其居住水平与生活质量，并减轻区域内生态承载压力。同时，带动近3倍信贷资金的投入，提高了财政资金使用效率，有效加速了生态移民进程。为铜仁市扶贫生态移民工程的推进作出重大贡献，成为商业银行创新服务参与贫困地区扶贫的典范之一。

2. 争资金助力地方公共基础设施建设。

面对经济下行、政府投融资需求变化等新形势，通过向总分行积极争取，创新发展新兴业务，以农业银行铜仁锦江支行为项目经办行，成功营销认购PPP项目财政支持基金9.42亿元，为农行系统首笔业务，开启了银政合作推进新兴业务发展的新篇章，为地方公共基础设施建设提供融资服务，有效拓宽自身收入渠道，实现银政共赢。该基金有效解决了铜仁市中长期投资与中短期财政承受能力不平衡的矛盾，撬动社会资本积极参与PPP项目，推动经济良性发展。

3. 助力家庭圆购车梦，提前成有车族。

中国农业银行铜仁分行紧跟当前市场，积极提升城乡服务能力，创新发展。结合铜仁汽车消费热点，与50多家汽车经销商“联姻”，创新推出“农行分期付，七天车上路”金融产品，开发铜仁汽车消费“蓝海”市场，成功营销个人汽车按揭贷款2.56亿元，居全省农行系统首位。着力拉动地方汽车消费市场，提升市民生活品质，增强自身价值创造能力，促进汽车消费市场相关配套产业、旅游产业和社会经济快速发展。

【农业银行铜仁分行大力支持贫困地区生态移民工程建设】2015年，中国农业银行铜仁分行投入资金4.4亿元，支持建设扶贫生态移民工程住房4939套、面积54.3万平方米，惠及贫困农户近2万人。

（农行铜仁分行）

农业发展银行

【概况】2015年，市农发行主动出击、抢抓机遇，以业务发展为中心，以改革创新为动力，探索铜仁模式，做出铜仁特色，信贷支农力度不断加大，发展基础不断夯实。全年累计发放贷款，50.47亿元，同比增加19.53亿元，增幅63.12%；累计申报项目29个、金额199.55亿元；累计获批项目20个、获批金额110.89亿元；累计储备项目32个、金额124.4亿元。

一、主要工作情况

1.粮油及仓储贷款得到新发展。

2015年，累计发放粮油类贷款0.98万元，其中仓储设施贷款0.3亿元。一是以支持地方粮油收储、增储、轮换为重点，大力支持粮油储备体系建设。全年累计发放粮油储备贷款0.78亿元，支持支持地方政府新建、轮换储备粮0.91万吨、储备油0.06万吨，维护了地方粮食安全。二是积极探索支持标准粮食储备库仓容、批发市场体系建设。思南支行成功发放0.2亿元仓储设施贷款，增强铜仁市的粮油仓容能力，有力地推动政府落实粮食安全行政首长负责制要求。

2.中长期贷款实现新突破。

按照“集中力量、突出重点、创新模式、夯实基础”的思路，形成了“发放一批、申报一批、储备一批”的业务发展和信贷支农格局，成效显著。一是贷款发放工作扎实有效。加强沟通协调，充分发挥自身优势，促请相关部门及承贷企业，提前落实贷前条件。同时，加大上跑力度，积极争取信贷规模，全年累计发放中长期贷款49.49亿元，超过上年全年投放量18.55亿元，重点支持了辖内22个民生项目建设，较好地发放政策性支农职能。二是项目推进效果好、有创新。行领导冲锋在前，跑政府、走部门，出策略、积极与规划、国土、住建、可研编制单位等部门密切沟通，全程参与项目建设内容、承贷主体完善、项目设计、可研编制、项目申报等过程，抓住了重点与关键，避免了走弯路、碰钉子，提高了项目申报成效，总行审批项目再次取得新成效，创造了铜仁经验。如市农发行申报的18亿元熊家屯棚户区改造项目获得总行审批，其经验与做法得到省分行和省住建局的认可，在全省交流推广。全年累计申报项目29个、199.55亿元，获批22个、110.89亿元，项目申报成功率显著提高。三是业务发展后劲足。坚持全年营销、持续发展、长远发展的理念，在做好项目申报的同时，紧紧围绕“房、土、水、路”四大重点，紧扣政策，提前介入，扎实做好项目储备工作，千方百计增强发展后劲。全年累计储备项目32个、金额124.4亿元，已批未放贷款余额达到73.19亿元。同时，调整充实了调查平台中心人员，采取以做代训的方式，培养了一批项目评估人员，缓解了当前专业评估人员紧缺的问题。

3.存款和中间业务迈上新台阶。

2015年，市农发行顶住大额同业存款到期、地方财政存款少的压力，采取有效措施，千方百计抓好存款组织和中间业务创收工作，成效显著，存款规模、中间业务收入均达历史新高。一是完善存款考核机制。进一步完善存款客户经理制，发挥高层营销的“破冰”作用，加大了加存款指标考核权重，设置存款专项奖，出台个人存款考核办法，建立起全员营销工作机制。二是大力组织低成本资金。充分发挥贷款投入、项目申报的撬动作用，坚持存贷款一体化营销，切实做好项目关联账户和资金的营销。同时，切实做好项目信贷资金的管理，延伸监管链条，延伸监管链条，合理延长了资金的存放时间，实现了部分资金的行内循环，提高了存款的稳定性。三是创新同业合作方式。与中国银行、农业银行、建行、信用社分别签订了《合作协议》，成功营销中国银行低利率同业存款2亿元，累计营销同业存款3.65亿元，有效拓展存款来源。四是抓好中间业务收入。坚持早部署、早安排、早落实，积极拓展中间业务收入来源渠道，累计实现中间业务收入368.56万元。

二、主要工作措施

1. 做好重要政策及会议精神的宣传，及时调整工作目标与重点。

一是对省分行年初年中行长会议、项目推进会议精神，总行、省分行出台的重要信贷政策、信贷产品，在抓好自身学习贯彻、统一思想行动的同时，及时向地方党政部门进行专题汇报，为政银企达成共识、形成合力奠定了基础。二是为确保新政策、新产品落地生根、开花结果，市农发行加大了调研工作力度，行领导多次带队深入各级政府、支行、企业以及财政、发改、国土等部门调研，充分听取各方面的意见建议，全面了解掌握政府、支行、部门的情况，增强了工作的针对性和有效性。三是针对新变化、新机遇、新要求，市农发行在充分调研、深入分析、科学预判的基础上，及时将全年工作目标和项目营销的工作重点进行调整。通过两个调整，使全行走上了重点突出、加速发展的快车道。

2. 凝聚各方力量，推进项目申报速度。

一是争取到党政主要领导的大力支持。市委市政府主要领导对农发行的工作较为汇报重视，次次都做出批示，市委书记夏庆丰、常务副市长宗文先后5次组织召开全市农发行项目推进会，常务副市长宗文组织市直部门及部分区县领导，就棚户区改造、易地扶贫、大兴水利等项目，召开4次专题会议。市政府成立以宗文为组长的项目推进小组。二是争取到相关部门的通力配合。在市领导的重视与推动下，发改、规划、国土、财政、住建等部门，开设“绿色通道”，安排专人，及时完成了项目申报所需的行政审批手续，为承贷企业注入了优质资产，破解了抵押物不足等难题，加快了项目推进速度，提高了申报成效。三是争取到省分行的帮助。加强了向省分行的沟通汇报力度，得到了省分行领导和专业处室的无私帮助。董明行长、吴飚副行长先后到铜仁调研，开展高端营销，将铜仁的银政关系推向到新阶段。同时，董明行长提出“高大上”（高水平、大金额、上总行）的指示，为市农发行的项目申报指明了方向。吴飚副行长提出了按下“快进键”、跑出“加速度”的要求，加速了项目推进。省分行客户二处陈亮雏处长的亲自把关和相关处室的智力支持，解决了项目申报的技术难题。四是争取到全行员工的无私奉献。面对2015年政策变化大、发展任务重的实际，全行职工顾全大局，各司其职，通力配合，部分职工为争取申报时间、加快申报速度、提高申报质量，经常加班加点，超负荷地工作。全行职工的无私奉献、忘我劳动，为市农发行的业务发展提供了源源不断的内生动力。

3. 加强信贷风险防控。

一是到期贷款全额收回。把到期贷款清收作为全年工作的重中之重，紧紧抓住还款资金提前落实这一关键，落实责任，提前准备，加强沟通，充分借助政府等各方力量，有效防止了逾期贷款的发生。全年累计收回贷款19.93亿元、其中短期贷款2.13亿元，中长期贷款17.8亿元。针对粮油购销短期贷款，实施了近三年的“降、嫁、转、退”风险防控战略目标全部实现，彻底解除了其潜在的风险，促进了客户结构和资产结构更加优化。二是存量与增量贷款风险管控措施有力。加强对客户准入、贷款评估、资金使用等关键环节的管控，规范日常操作，重点围绕贷款发放、资金使用、贷后管理、抵押物管理等关键环节，年内对辖内支行的贷款管理情况进行专项检查3次、综合检查2次，检查面100%。三是日常操作不断规范。以落实省分行信贷基础管理考评制度和项目风险经理制度为抓手，严格贷款支付、抵押物监管、合同履行、CM2006系统等重点工作、重要系统的日常操作；加强法律合规工作，深入开展合规文化“根植年”活动；严格评级授信，把好贷款准入关，前移风险防控“关口”，进一步夯实信贷管理基础。四是严把资金支付关，确保资金安全。针对量大、面广、政策性强的易地扶贫搬迁贷款资金，农发行高度重视，一方面严格遵守上级行出台的各项规章制度，另一方面加强与移民局、扶贫办等相关部门的沟通与配合，严格按照项目进度与用途使用，确保资金安全，严防因挤占挪用而引发一系列风险。

4. 提升安全保障能力。

一是安全管理责任全面落实。层层签订了安全运营、“四无”创建等责任书，形成了层层负责、齐抓共管的工作格局。开展经常性安全教育，组织开展防抢、消防演练各1次，抓好驾驶员安全培训，食堂、办公楼附属设施等安全工作得到加强。二是科技支撑能力不断提高。督促指导有维修改造工作的行，做好机房达标建设；协助各行做好机房UPS电池的更换，分赴支行完成新购路由器的配置工作；完成市分行网络的升级改造，积极做好生产系统运用、维护、管理工作，为全行的业务发展提供了科技保障与支撑。三是审计职能充分发挥。认真做好“一加强、两遏制”专项检查、内控评价、财会基本制度执行情况专项审计等工作;认真做好内外检查发现问题的整改督导工作;积极参加省分行组织的审计工作，审计的纠错、排险、促好职能得到有效发挥。四是组织办公和后勤服务得到提高。重点抓好档案管理一级行申报工作，成功举办了全省系统档案模拟考评观摩会，辖内7个支行全部通过省分行验收。加强了组织办公管理，出台了《铜仁市分行工作催办督办管理办法》，进一步加强了执行力建设，确保政令畅通。严格贯彻落实“八项规定”，修订完善了车辆管理、公务接待、物品采购等制度，改进后勤服务管理，提高后勤保障能力。

5. 扎实开展“三严三实”专题教育。

一是高度重视，认真组织。认真组织全行职工收看总行领导、省分行领导专题党课，并组织讨论，交流体会，加强了对专题党课的理解。先后召开11次党委（扩大）会议，专题研究专题教育计划、专题研讨计划、专题查找不严不实问题等，确保工作实效。二是制定计划，抓实抓好。制定专题教育工作计划，党委班子成员先后在辖内系统开展了4次专题党课、组织开展了3次专题研讨，要求专家授课1次，提升了专项教育效果。三是突出主题，强化学习。认真组织学习中央、总行、省分行党委有关“三严三实”的文件精神和领导重要讲话；重点学习习近平总书记系列重要讲话和指示。市县行长先后参加省分行举办的“三严三实”专题培训班，同时，市分行也举办了“三严三实”专题培训。统筹安排业务工作和专题教育，保证两不误，双促进。坚持每周至少安排一次“三严三实”专题学习，按时上报活动动态。四是坚持问题导向，从严从实查找“不严不实”问题。结合业务发展、内部管理、风险防控、队伍建设，通过领导点、群众提、互相帮，重点查找市分行党委班子及班子成员自身存在的不严不实问题，并剖析问题根源，制定整改措施，纵深推进“三严三实”专题教育，取得了一定成效。

6. 大力推进依法合规经营建设。

一是不断强化依法合规经营意识。出台了法治合规教育培训计划，强化学习教育，全面增强全行员工特别是领导干部的法治思维、合规意识，形成依法经营、合规办事的良好氛围。二是不断完善依法合规经营管理机制。重点围绕“人、财、物”和关系全行发展、职工重大利益等事项，进一步完善了议事、决策程序；对不适应、不适合现行业务经营管理的制度进行了修订和完善，为依法合规经营提供制度保障；加大了违规积分处罚力度，营造“不敢违”的浓厚氛围。三是开展依法合规检查。有机结合内控评价专项检查、政策性中长期贷款“回头看”“财会基础管理专项整治”等全行性检查，合理延伸了范围，深入开展了合规经营检查，全面加强法律合规工作，有效促进了法律合规工作与日常工作有机结合。

7. 纵深推进企业文化建设。

一是规范视觉形象，提升美观度。以德江支行企业文化示范行创建为带动，加强了机关特别是维修改造行的视觉形象建设，全面规范系统营业窗口视觉形象，美化办公环境，提升外部形象。组织参观学习，积极借鉴经验，抓好门楣、形象墙等固定标识的更换，摆放便民设施，规范物品摆放，美好办公环境，为员工提供一个规范、整洁、有序的办公环境。二是做好内外宣传，提高美誉度。及时向行内外放映、宣传农发行的工作亮点和支农成效，取得了一定成效。全年累计在《金融时报》《新华网》《贵州日报》《农业发展与金融》等媒体刊发稿件108篇，同比增加66篇，是历年来刊发稿件最多的一年。三是践行社会主义价值观，增强全行凝聚力。坚持以社会主义核心价值观为引领，深入践行农发行价值体系和员工行为规范，有效凝聚全行力量。积极开展各类文艺活动，在省分行文艺汇演中荣获一等奖；积极帮扶救济活动，全年向困难职工、困难群众、帮扶点累计捐款、帮扶资金7.72万元，展示市农发行勇担社会责任的良好形象。

（农业银行办公室）

中国银行

【概况】2015年，中国银行铜仁分行在铜仁银监分局的正确指导和有力帮助下，根据全市经济工作会议精神，牢牢把握稳中求进的工作总基调，主动适应经济发展新常态，积极向上争取信贷规模、争取资金、争取优惠政策，切实提高金融服务水平，努力组织存款，扩大资金来源，加大信贷投入力度，助力地方政府实现全市经济发展预期目标。

一、2015年主要经营指标完成情况

1.存款保持稳定增长：

截至2015年12月末，铜仁分行人民币各项存款余额41.3亿元，较年初增加6.55亿元。其中，公司存款余额24.8亿元，较年初增加5亿元，储蓄存款余额为16.6亿元，较年初新增1.6亿元。

各外币折美元存款余额153万元，较年初增加54万美元。

2.贷款保持稳步发展：

截至2015年12月末，铜仁分行人民币贷款余额为25亿元，比年初增加2.5亿元。其中公司贷款余额为16.7亿元，比年初增加1.3亿元；个人贷款（含银行卡分期业务）余额为8亿元，比年初增加1.2亿元。全年累计投放贷款资金7亿余元，主要用于积极助推铜仁市各大经济工业园区、教育园区、基础设施建设相关项目的投产运营。

3.资产重量保持良好：

2015年12月末，铜仁分行不良贷款余额为606.69万元，贷款不良率为0.24%。

二、主要工作措施

1.继续贯彻全省工业强省的发展战略，积极支持地方经济发展，大力拓展中小企业，特别是小微企业授信客户的发展，积极支持铜仁市各工业园区经济建设及园区招商企业的发展。2015年铜仁分行累计发放公司贷款6亿多元。投放的贷款主要用于政府保障房、医院、学院、景区建设、电力项目，切实支持地方经济的发展。

2.积极创新融资方式，铜仁分行积极与污水治理、保障房、交通基础设施建设等PPP项目的负责方跟踪对接，并通过撮合业务积极与各区县政府平台公司及产业园区谋求进一步合作，同时积极跟进5个一百工程和大健康产业铜仁项目，寻求合作、服务机会。

3.坚决贯彻落实中央及地方扶贫开发工作会议精神，大力支持地方经济发展带动金融扶贫工作。通过投放保障房项目贷款，培育贫困地区优势特色企业，支持地方景区建设，帮助县域医院发展等举措，在金融扶贫工作上做出努力，切实支持地方积极发展，取得较好的社会效益。

4.加快网点建设步伐，努力提升铜仁分行金融服务辐射能力。新设机构思南县支行、碧江支行已正式营业；新设立的海螺水泥、铜仁一中、铜仁学院等5个自助银行已投入使用，及时满足了客户的金融服务需求。

5.加强资产质量管控，及时化解潜在风险，清收不良贷款。紧抓贷后管理不放松，坚持勤于上门的原则，随时关注授信客户资金流向、变动情况，保持铜仁分行公司贷款不良率为零的优良质量。在零售贷款方面，采取多种手段加强风险资产的清收力度。

（中国银行）

农村信用社

【概况】2015年，全市农村信用社按照“聚焦支农支小，深化信用工程、巩固普惠金融、强化风险管控”的工作思路，主动适应经济金融的新常态，着力实施“五动协同”，大力打造“五个金融”，切实提高发展水平、提高资产质量、提高经营效益，为全市“十二五”圆满收官作出了积极贡献。

截至12月末，各项存款余额337亿元，比年初增加55.05亿元，较上年同期多增30.23亿元，增长19.52%，完成全年任务的129.22%，存款余额、增长额均排全省第6名;各项贷款余额258.4亿元，比年初增加40.98亿元，增长18.85%，完成全年任务的93.13%，贷款余额排全省第6名，增长额均排全省第5名;实现各项收入26.64亿元，较上年同期多收3.99亿元，增长17.62%，完成全年任务的109.3%；各项监管指标持续优化，符合监管部门要求。

一、强化资金组织，着力提升基层金融市场竞争能力

一是“早”字当头，抓好三个活动。为开好头、起好步，年初组织开展了“春天助农行动”“农民工金融服务百日行动”和“基层学木黄活动”，通过精心部署，真抓实干，实现了“开门红”。二是加大普惠金融宣传力度，传递贵州农信“好声音”。创建标准化服务网点146个；在全市8县2区2699个行政村安装“村村通”助农POS机2957个，覆盖率109.6%，让群众享受到了足不出村的金融服务，开展“金融夜校”5021场，发放宣传资料37.5万份，培训群众42.5万人次，提升群众的金融知识普及率。

二、强化支农支小，着力支持地方经济发展

一是深入推进农村信用工程建设。落实市政府印发《创建农村金融信用市实施方案》《深入推进农村信用工程建设的实施意见》，大力推进农村信用工程。全市评定信用农户75.4万户，创建信用组13273个、信用村1661个、信用乡镇86个、信用县2个(印江、玉屏)，诚实守信观念深入人心，基本形成农村信用工程共创共建的良好氛围。二是大力支持农业现代化。三是扎实开展精准扶贫。积极开展“精扶贷”贷款发放工作。认真落实市政府印发《铜仁市精准扶贫“精扶贷”工程实施意见的通知》，制定《铜仁市农信社“精扶贷”评级授信管理指导意见》。发挥主承办银行作用，2015年全市农信社为21.13万户建档立卡贫困户建立了“精扶贷”档案，累计向9064户贫困农户发放“精扶贷”3.77亿元。，贵州日报11月28日头版头条题为《“精扶贷”灵不灵 极贫村试一试》的报道，介绍了松桃联社在太平乡三合村支持贫困户发展努比亚山羊的“10+1”扶贫模式。四是加强“村村通”工作的考核和管理。五是扶持小微企业发展。主动推出返乡农民工贷款、“三权”抵押贷款、“一高一特”贷款、“黔微贷”“贵园信贷通”等贷款品种及“续贷”业务。截至12月末，小微企业贷款余额95.12亿元，较年初增长18.03亿元。

三、强化机制建设，着力提升发展能力

一是建立学习机制，营造良好的学习氛围。先后开展了“基层学木黄”、“高管学沿河”“员工学唐宗辅”“三学活动”，为干部员工创造了一个沟通、交流、学习、互动的平台，启发了干部员工的创新思维。二是建立等级管理机制。三是建立片区管理机制。指导行社积极整合资源，降低经营管理成本，提高工作效率。四是建立业务推广机制。五是建立工作督导机制。

四、强化合规风险管理，着力提升发展质量

一是加强投向调控，优化信贷结构，加快支农支小信贷投放，积极支持实体经济发展。二是加强贷款质量管控。三是加强固定资产管理。四是加强社团及大额贷款风险管理。五是扎实开展信贷规范专项整治，不断提升信贷规范管理水平。

五、强化稽核审计工作，着力推动“从严治社”迈上新台阶

一是开展专项审计。二是充分利用风险监督预警系统，加强非现场监管。三是加强教育培训。

六、强化网点建设及客户服务，着力提升服务水平

一是强化考核激励。二是实行目标责任制。三是加大网点服务标准化建设力度。

（省联社铜仁审计中心）

人保财险

【概况】2015年，中国人民财产保险股份有限公司铜仁分公司（PICCP&C，简称“中国人保财险”，下同）带领全市系统广大员工紧紧围绕分公司“坚持对标市场、强化盈利意识、创新服务理念、加强合规管理”的工作主基调，全面增强各支公司的经营管理能力和可持续发展能力，不断提升销售管理能力和客户服务能力建设，加大电销、网销产品在全市各县域的宣传推广力度，创新发展商业非车险业务，稳步推进三农保险服务网点建设及农业保险业务发展，公司业务发展和经营管理工作有序推进，实现了持续快速健康发展的良好态势，各项工作取得较好成绩。

截至2015年底，中国人民财产保险股份有限公司在全市设有县（区）支公司11个，直属非车险业务部、电子商务营业部、大龙营业部各1个，营销服务部4个，营业和代理网点遍及全区各主要城镇，现有从业人员500余人。业务范围覆盖非寿险市场所有领域，主要开办机动车辆保险、交强险、企业财产保险、责任保险、建筑安装工程保险、家庭财产保险、货物运输保险、农业保险、出口信用保险、人身意外保险、医疗保险、农房保险等，还可根据客户需求，设计开发新的险种。人保财险铜仁分公司从1980年恢复国内保险业务到2015年，保费收入以年均15%以上速度增长，2015年末业务规模已达43700万余元，为社会各类财产承担上几千亿元的风险保障责任，在推进业务持续快速发展的同时，充分发挥了保险经济补偿的重要作用，通过不断积累，具备了坚实可靠的偿付能力。同时，勇于承担社会责任，积极配合政府落实党建帮扶工作，2015年全市开展党建扶贫投入资金242600元。公司连续5年获“守合同、重信用”单位，2014年度和2015年度连续两年综合业绩荣获“全国系统地市级50强公司”等称号，2014年-2015年保费规模在全省系统排名第三位，持续引领行业先锋。

一、2015年主要指标完成情况

2015年共实现保费收入43721万元，同比增加6516万元，增幅17.52%；其中，车险保费收入31631万元，同比增加5959万元，增幅23.21%；农险保费收入4460万元，同比减少1019万元，降幅18.59%。赔付成本21014万元，同比增加1451万元，增速7.42%，低于已赚净保费增速16.7个百分点，其中：直接赔款19823万元，同比增加3024万元，增速18%；综合成本率88.18%，同比下降3.61个百分点；利润总额4504万元，同比增加1971万元，增幅77.82%；市场份额2015年12月份市场份额49.93%，同比下降4.02个百分点，其中：车险市场份额46.70%，同比下降1.47个百分点。

2015年，累计上缴营业税款及附加共计2177万元，代扣代缴车船使用税2639万元，代扣营销员营业税及附加272万元，代扣营销员个人所得税481万元，代扣员工个人所得税74万元。

二、政策性农业保险经营情况

人保财险铜仁分公司深入贯彻落实中央政策性农业保险政策，积极与农业保险政府协办部门配合，加强政策性农业保险的宣导，不断提升广大农户对政策的知晓率，不断提升农业保险的深度和广度，充分发挥农业保险在支农、惠农、保民生上的积极作用。2015年农业保险保费收入4460.11万元，同比减少1018.7万元（联合共保），下降18.59%。其中：种植业保险1712.94万元，同比减少1710.52万元，下降49.96%；养殖业保险283.52万元，同比减少140.02万元，下降33.06%；森林保险2463.66万元，同比增加831.77万元，增速50.97%。承保涉及全市森林790.62万亩、水稻、油菜等农作物共112.08万亩，能繁母猪、育肥猪共4.97万头。赔付支出1360.5万元。

（人保财险办公室　龙智银）

人保寿险

【概况】2015年，中国人寿保险股份有限公司铜仁分公司在强化服务意识的基础上，促进业务持续健康发展，全市系统紧紧围绕“立足实际、自我加压、自求平衡、着眼市场、加快发展、领先同业”的指导思想，按照“大发展、大突破、大提高”的发展定位，做到稳存量、保增量，强化过程管控，均衡推进业务发展，取得了较好的成绩。

一、业务发展

2015年，全市系统实现持续快速发展，总保费收入3.83亿，同比增长12%，绝对值位列全省系统第三位。从业销售人员1624人；团险渠道保费（含大病）收入1.56亿，同比增长26%，短险赔款支出1385万元。全市保费收入与上年同期业务相比有较大幅增长。

二、预算管理

2015年，铜仁分公司严格执行财务管理的相关制度规定，加大对财务制度与规定的执行力度。为确保资源向一线基层的倾斜力度，继续做好费用预算计划执行的预测分析，细化了对基层公司业务拓展费用、直接销售成本等下拨管控手段。定期召开预算分析会，及时为各公司找出经营管理中存在的问题和需调整管控的事项，为各公司强化经营管理、调整公司的经营决策提供数据资料，公司运转较为正常，年度费用在确保业务发展的基础上，实现费用略有盈余。

三、社会管理

2015年，铜仁分公司强化新农合大病医疗补偿工作，积极参与地方党建工作，增强公司社会管理职能，宣传公司品牌形象，提升公司的社会地位。

1.新农合大病医补工作取得新突破。

2015年协议承保总人数为360.46万人，协议保费1.16亿元。根据协议，截至2015年11月底，共补偿15081人次，较上年同期增长26.31%，补偿金额9065.57万元，较上年同期增长11.8%。其中重特大疾病保险补偿人次415人次，较上年同期增长5.87%，补偿金额4361.4万元，较上年同期增长7.97%；大病补充保险补偿14666人次，较上年同期增长27%，补偿金额4704.17万元，较上年同期增长30.77%。2015年申请预付医疗费用共计65人次，预付资金达651.7万元，至年末出院结算50人次，结算金额490.17万元，有效缓解患病群众无钱治病的难题。

解决广大参合群众“因病致贫、因病返贫”的现象，提高重大疾病补偿最高限额，由2014年的40万元提至50万元，让更多的参合群众享受到了国家的惠农政策，有力促进社会稳定和谐发展，承担一个央企的责任和使命。

加强与各区（县）合医局合署办公的合作力度，为参合人员开设的补偿绿色通道，完善规章制度，简化理赔手续，提高补偿时效。铜仁分公司结合铜仁市人民政府对新农合的大病保险补偿政策，专门开发城乡居民大病保险管理信息系统，同时积极开发与新农合信息系统、相关医疗机构HIS系统数据接口，2015年取得突破性进展，实现与省内卫生信息系统平台的对接，从而实现与相关医院的数据推送接收，真正达到“一站式”无缝对接的工作模式，方便快捷全市城乡居民大病保险补偿工作。

通过全国系统调查平台对省外非指定医疗机构发票金额真实性进行委托查勘等方式，做到重特大疾病保险补偿案件“每案必查”，以及需要对部分大病补充保险的补偿案件进行调查，确保补偿工作的准确性和真实性。2015年共审核不合规费用1094.99万元，虚假或不符合补偿案件49件，涉及金额532.13万元。

2.积极履行社会责任，提升公司品牌形象。

2015年，公司积极参与政府管理，发挥社会管理职能，主动支持市委、市政府安排的各项社会服务工作，通过选派专人到石阡县开展驻点帮扶等一系列实际行动，赢得政府与民众的认可与信任，提升了公司形象和社会地位，展示了中国人寿良好的品牌形象和社会影响力。

四、依法合规工作情况

铜仁分公司积极推进全市系统反洗钱工作，组织实施案件风险排查工作。通过开展关键岗位风险防控主题教育活动，切实加强对关键岗位风险的前置管控。通过开展综合治理销售误导工作，持续推进“诚信我为先”活动，切实增强营销员遵纪守法和合规经营意识。通过开展打击非法集资宣传和教育活动，使全体员工、销售人员和广大人民群众对非法集资的危害有了更进一步的认识。通过认真开展效能监察，对检查对象执行制度规定、履行职责、工作效率进行量化评审，发现隐患及时督促整改。内部管控力度得到不断加强，经营风险得到有效遏制。

五、党风廉政工作情况

铜仁分公司党委领导班子立足实际、精心安排，全司上下认真开展“三严三实”专题教育活动，在活动推进中坚持“规定动作不走样，自选动作有特色”，结合公司发展与管理的现实要求，以讲党课的方式围绕“三严三实“认真开展专题教育活动，主要领导及班子成员结合分工工作，带头深入公司管理服务一线，听取基层意见，确保专题教育活动实践不虚、不偏、不空、有序有效进行，分公司党委领导班子在开展深入学习、基层纳谏、问题查摆、深刻剖析、交心谈心的基础上，认真召开“三严三实”专题民主生活会，开展批评和自我批评，进一步集中梳理了问题，明确了努力方向，提出了整改措施，改变了工作作风，加强了廉政建设。

（人保寿险办公室）

太保财险

【概况】2015年，太平洋财产保险铜仁中心支公司完成保费收入1.46亿元，全年保费同比增长22%。基本完成了省公司每月下达的各项任务指标，总体保费增速基本与当地财产保险市场持平，向地方财政缴纳税金2106多万元，其中：营业税金938多万元，代扣代缴税金1168多万元。为当地财政收入做出尽有的贡献。截至12月发案数13961件，同比增长5.59%，赔款金额同比上升29.47%，为当地经济稳定发展提供支撑保障。

一、制定目标，努力落实

2015年初，太保产险贵州分公司召开了业务工作会，给各专州下达了2015年保费计划任务，铜仁公司领导班子参加了本次会议并签订了责任状。领回保费任务后，铜仁公司立即将保费任务分解到团队及个人，并自我加压力争完成1.5亿的挑战目标。为此，对业务的发展作了周密而细致的安排，一是将上级公司开展的业务劳动竞赛活动及时传达到全司干部员工，并力争在活动中获奖；二是强调快到期业务必须提前做好续保工作，同时抓好新保、转保业务；三是各内管部门，尤其是理赔岗、出单岗等相关人员必须严格坚守岗位，不得离岗，其它内勤人员必须做好准备工作，随时做好应对突发事件的准备，为业务一线和理赔外勤员工提供后勤支撑保障；四是安排值班领导，做好统一协调、监督、检查工作。

二、优化人力资源配置，大力发展营销员队伍

1.修改《铜仁中支绩效考核管理办法实施方案》，在工资及奖金收入、分配，交通费、通讯费等展业费用的使用方面，进一步向展业一线、业务骨干倾斜，继续贯彻费用向前台支撑的指导思想，在发放2015年劳动竞赛奖励时，严格按员工在竞赛中为公司所做贡献度兑现。业务进度未达到公司进度，未向公司发展做贡献，拖公司后腿的部门和个人，取消奖金发放资格。

2.将有限的人力资源指标用在刀刃上，针对铜仁公司目前人少事多的现状，2015年铜仁公司在保证各服务网点能力不减弱的同时，严把进人关，严格按省公司用人标准选择各岗位人员做到一人多岗，一人多能。2015年，铜仁公司加强理赔服务质量，新增5名理赔查勘人员，2名理赔单收集人员。对于年保费收入达到一定标准的业务人员，可转为正式合同制员工。

3.大力发展业务员队伍，铜仁公司将健全与完善业务员队伍作为2015年业务发展与队伍增员重要渠道，将营销员队伍建设和发展营销员渠道业务作为重要工作内容。

三、加强内控管理、坚持依法合规经营

2015年，铜仁公司组织全司干部员工进行“两个加强，两个遏制”网络培训学习和测试，同时还向客户进行相关内容宣传；建立“三反五清”专项治理行动实施方案，成立工作小组；开展严厉打击舞弊行为专项行动宣传；组织员工进行全员法制合规专题教育测试；组织全司干部员工观看警示教育视频短片，还学习“关于学习贯彻马凯同志在保险系统基层代表座谈会上讲话精神”；10月组织全司员工进行经营管理违规问题考试。自我检查方面：3月协助省公司法律合规部进行“两个加强、两个遏制”回头看专项自查。5月协助省公司法律合规部抽取1季度的可疑数据进行自查；8月协助省公司法律合规部开展涉嫌非法集资广告资讯信息排查清理活动。11月2-4日，协助总公司进行了内部全面检查，7-8日配合保险监管部门进行了外部检查，为铜仁公司稳健合规经营指明方向。

四、加强内部考核、调整资源配置

1.2015年初，为加强考核力度，充分调动和激励员工积极性，铜仁公司对基本法进行了修改和完善。对员工的能力素质的提升，铜仁公司采取集中分散的形式（集中以集中开会，以会代训，分散即到基层个别指导），利用各种场所对员工进行业务、理赔、内管等知识和技能的培训，提高员工综合素质和展业服务技能。

2.聚集发展，抓机遇。继续抓住上级公司的费用发展和持续激励政策，努力完成2015年任务指标，为明年业务持续发展留下存量，打好基础。

3.细分市场，2015年，铜仁公司的续保工作没有搞好，在2016年的工作中，要加强续保和赔付率考核。对业务量大，质量优的业务要予以不同的政策支持，对各团队、个人业务在公平的大前提下也要细分区别对待。

（太保财险办公室）

太保寿险

【概况】2015年，中国太平洋人寿保险股份有限公司铜仁中心支公司（以下简称太平洋寿险铜仁中支）认真贯彻落实贵州分公司经营管理委员会的精神要求，秉持“互信、协同、最好”的价值理念，采用“聚焦、简单、有效”的工作方法，坚持“持续奋斗、持续赶超、持续健康”的经营方针，全面落实“市场最领先、客户最满意、员工最幸福”的新三年工作指导思想，实现了太平洋寿险铜仁中支市场份额稳步提升，内控管理逐步夯实，经营效益良性发展。2015年是公司发展历程中跨越性发展的一年，太平洋寿险铜仁中支全辖内勤员工82人，铜仁辖内营销代理员1700余人，机构等级由2014年的甲B晋级到甲AA，实现跨越式升级，是全省唯一一家甲AA级机构，全司业务发展态势良好。

一、全面完成各项业务经营指标

按照总公司战略转型的要求，转变保险经营理念，提高服务意识，在太平洋寿险铜仁中支党委、总经理室正确领导下，太平洋寿险铜仁中支公司2015年新保期缴7545.17万元，趸缴1228.78万元，续期保费1591.7万元，合计保费总收入24690.98万元，同比增幅33.6%；理赔共计支出1553.30万元，同比增长122.8%，向地方财政缴纳各项税款616.74万元。

二、各项管控措施落实，保险服务质量提高

（一）内部组织构架完善，软硬件配置齐全。

2015年，太平洋寿险铜仁中支公司铜仁辖区包含县支机构发展至7家，机构等级由2014年的甲B晋级到甲AA，实现跨越式升级。全辖劳动合同制员工82人，营销代理人员近1700余人。太平洋寿险铜仁中支公司党委班子领导充分发挥党员模范带头作用，加强自律的同时，高度重视党风廉政建设，各级干部员工职责分明，营造了良好工作氛围，坚持合法合规经营理念，确保了公司各项保险业务发展有序开展。“一切以客户需求为导向”的服务理念，在铜仁市消费者中获得了良好的声誉，公司多项战略发展规划按步骤有序开展着。

（二）公司各项管控措施落实，服务质量提高。

1.打造高效率、重服务的队伍

2015年，太平洋寿险铜仁中支号召全辖举办多场次培训会议，要求全司干部员工应具备的职业心态和职业举止，在办公场所应该讲礼貌、懂礼仪、学会尊重。通过日常考勤制度为抓手，不断提高我司内控管理规范。通过培训加强了日常工作中学习、沟通、总结和服务意识，不断提升企业员工的防火防灾安全、守法合规、防范非法集资等金融风险意识，打造一支格局、讲标准、重流程、有责任、有担当的干部队伍。

2.响应政府号召，发挥企业正能量。

2015年，太平洋寿险铜仁中支认真学习和传达了市委、市政府的重要工作会议、文件精神，积极响应政府号召，踊跃参与各项社会活动，安排“干群连心·同步小康”驻村干部1名前往闵孝镇堤洪村精准扶贫，党支部和共青团委组织人员前往铜仁市敬老院开展慰问，向贵州贫困山区捐献书本、衣物送温暖，不定期清洁锦江河道卫生，太平洋寿险铜仁中支工会及时了解职工生活工作情况，对有困难的客户、干部职工及时帮扶慰问，使公司的社会形象得到了大力提升，发挥企业应有的社会职能。

3.快速便捷服务，保障客户利益。

2015年，在原有的服务体系建设的基础上，进一步强化服务理念，从战略高度加深对服务的认识，通过明确服务内容、服务标准、具体措施、组织构架职能职责定位和考核办法，建立具有太平洋寿险铜仁中支特色的理赔服务，切实维护了客户应有的权益保障，特别是在处理应急性、突发事件的理赔处置工作上，建立了完善的应急理赔机制，特殊情况下及时开通服务绿色通道，保障及时、快速、有效地客户服务，在所有工作确保合规的前提下，满足客户需求。

（太保寿险办公室）

农业·气象·水务·扶贫

农　业

【概况】2015年，全市实现农业增加值191.1亿元，同比增长6.7%，增速居全省第4位；实现农民人均纯收入6931元，同比增长11.20%，增速居全省第4位。

一、发展壮大农业主导产业

1.抓生态畜牧渔业。实现肉类总产量2.67亿千克、禽蛋产量3110万千克、水产品产量4990万千克、分别同比增长7.3%、44.65%、17.97%。在玉屏温氏等国家级重点龙头企业强势带动下，发展猪牛羊代养户693户。

2.抓生态茶产业。新建茶区1.02万公顷，投产茶园5.53万公顷，建成省级茶叶园区10个、万亩茶叶乡镇63个、万亩茶叶村10个。梵净山茶荣获“中国驰名商标”，2015年先后荣获“各类名茶评比奖项70余个。

3.抓蔬果菌产业。采收蔬菜26.50亿千克，投产果园1.90万公顷，发展食用菌1.25亿棒，实现蔬果菌产业产值40.4亿元。

二、创新农业农村体制机制

推进农村土地承包经营权确权登记颁证，启动9个区（县）16个乡镇232个村试点，建立土地流转服务机构81个，土地纠纷仲裁机构67个，流转耕地11.90万公顷。农村集体经济组织建设快速推进。村集体经济收入10万元以上的村从46个增加到145个，新增99个。创新农业科技服务机制，在34个省级现代农业园区建立农业科技服务工作站。创新农业社会化服务，发展农机合作社89个，植保统防统治组织20个，启动基层动物防疫试点乡镇16个。

三、培育新型农业经营主体

全市新增省级龙头企业14家、市级龙头企业101家，新增规模以上龙头企业10家；新认定市级家庭农场214家，县级家庭农场147家，全市县级以上家庭农场达483家，其中贵州省星级家庭农场10家，占全省总数1/5。以“龙头企业+家庭牧场”带动发展超过500户。据行业统计，农产品加工转化率达46.01%。

四、着力农产品质量安全监管，加强农业行政执法

农产品监管体系建设取得重大突破。全市八个县农产品质量安全机构全部通过“双认证”，印江县获国家农产品质量安全试点县。铜仁市农产品质量安全考核名列全省第二位。2015年还开展农资市场整顿和涉农资金专项检查和渔政船舶安全监管。是年全市农业安全生产工作被省农委评为先进单位。

五、推进农业园区建设及“三个万元”工程

推行“七进园区”和园区景区化“十个一”工程，打造一批星级农业园区，接待游客590万人（次），同比增长64%，旅游收入近10亿元。农业园区完成总产值102亿元，同比增长27%，销售收入81亿元，同比增长38%。建成“万元田”“万元山”5.60万公顷，实现产值98.4亿元。

六、抓新农村建设示范创建

争取省级“四在农家·美丽乡村”新农村建设示范点11个，打造省级美丽乡村“百村大战”示范村11个，完成建设项目178个投资4.59亿元。全市36个省、市级示范村实施民生类的基础设施建设项目95个。启动建设农村污水处理和沼气集中供气项目5个，新农村环境综合治理不断深入。

七、“八争”工作

全年争取项目32个，争取资金2.55亿元，同比增长29.26%。争取全省新农村建设暨美丽乡村“百村大战”现场会、全省山地生态畜牧业发展现场会在铜仁召开。德江县列为财政部农村集体经济发展试点县，思南县列为全国第二批农村集体“三资”管理示范县。在农业招商引资上，全年签约项目169个，签约资金116亿元，到位资金38.6亿元。

八、加强农业适用技术和装备的推广

加快推进农业机械化。实现农机总动力305.2万千瓦，农机综合作业水平28%。完成购机补贴1527.70万元。新建单轨运输机20条。加强农业适用技术推广。推广农业适用技术，获得20余项农业科研成果奖。加强新型农民培训。完成新型农民培训5010人，争取培训项目44个资金2109万元，比上年增长8.50%。

（市农委办公室）

林　　业

【概况】2015年，全市林业工作坚守发展与生态两条底线，以建设生态文明为总目标，以改善生态改善民生为总任务，以全面深化林业改革为总动力，坚持生态保护与产业发展并重，加快依法治林进程，扩大森林资源总量，提升森林质量和林业产值，发挥林业在改善生态和改善民生中的重要作用，全面完成各项工作任务。

一、扎实推进造林绿化

完成2015年营造林生产预安排计划任务37686.47公顷；完成林业通道绿化建设5360.67公顷，建设示范点83.33公顷；实施完成林业裸露山体生态修复治理1703.47公顷；完成“绿色铜仁”荒山造林23364.80公顷，完成巩固退耕还林成果专项项目计划任务10212.53公顷；完成新一轮退耕还林还草工程4966.67公顷。全市参加义务植树人数110万人（次），植树454万株、四旁（零星）植树244万株。2015年，全市森林面积达1008666.67公顷，森林蓄积量达5103万立方米，森林覆盖率达56.03%，排名全省第二位。

二、不断深化林业改革

1.推进林业产业化经营机制改革初见成效。

抓园区化、产业化、生态化的现代山地高效特色林业，建成玉屏朱家场、石阡聚凤2个万亩以上的油茶园区。全市参与林业产业发展的企业、专业合作社、家庭林场等经营主体达到399家，其中2015年新增20家。推进“先造后补”的造林补贴管理模式，全市自主申报造林任务的各类造林主体达1385个，验收合格纳入造林补贴34400公顷，兑现造林补助资金1.03亿元。在石阡县探索推行“苗林一体化”造林模式，谊兴农林有限责任公司在荒山荒地营造竹林333.33公顷，包苗、包栽、包管、包绿，造林合格率达100%，获得第一年造林补贴资金90万元。在松桃县探索建立“造林主体信用等级管理”机制，制定出台《松桃苗族自治县造林主体信用等级管理办法（试行）》，全县纳入信用等级管理平台的造林主体120个。

2.完成国有林场改革前期准备工作

完成全市国有林场改革基础数据的审核上报工作；开展国有林场改革前期调研工作，完成市林业局国有林场改革调研报告；起草完成《铜仁市国有林场改革实施方案》并上报市政府审定；争取获得中央国有林场改革补助资金244万元。

3.初步建立裸露山体治理机制。

召开全市裸露山体生态修复工作会，编制印发林业裸露山体生态修复治理实施方案，完成林业裸露山体生态修复治理1703.47公顷；起草《铜仁市裸露山体生态修复治理工作调度及检查验收制度》《铜仁市裸露山体生态修复治理联席会议制度》等相关制度上报市政府审定。

4.率先在全省启动家庭林场认定工作。

制定《铜仁市示范性家庭林场评选认定办法（试行）》，印发《铜仁市林业局关于开展市级示范性家庭林场评选认定工作的通知》，成立评选认定领导小组，组织各区县开展示范性家庭林场推荐申报工作，全市上报家庭林场37户，认定31户。

5.集体林权制度改革不断深化。

全市新增非林地上林木确权面积680公顷，新增发放林权证29本；补发林权证1940本；流转林地面积280公顷、流转金额0.09亿元；林地抵押贷款面积2240公顷、贷款金额0.93亿元。

三、加快发展林业产业

油茶竹子产业初具规模。全市新建油茶产业基地5400公顷，新建生态竹产业基地3772.60公顷，实施油茶“万元山”工程946.67公顷。累计发展油茶47393.33公顷、生态竹子33660公顷。花卉苗木产业势头良好。全市办理林木种苗生产经营许可证的企业和个人达296家，实施花卉苗木面积达666.67公顷；全市常规造林育苗492.8公顷，总产苗量17136.70万株；绿化大苗育苗面积291.67公顷，总产苗量194.30万株。与碧江区政府和市直相关部门对接沟通，支持碧江坝黄“苗圃小镇”建设，完成摸底调查和《总体规划》《实施方案》编制工作。林下经济产业稳步推进。制定《铜仁市2015年秋冬季林下经济发展实施方案》，推广林下种植竹荪、香菇等林菌模式，林下种植天麻、铁皮石斛等林药模式，林下放养或圈养土鸡、土鸭等林禽模式。完成林下经济发展面积213.33公顷，其中林下种植中药材面积73.33公顷，林下养鸡5.20万羽、涉及林地面积140公顷；累计完成林下竹荪整地面积43.33公顷；落实8个林下经济发展专业村。林业园区建设加快发展。玉屏油茶高效示范园区水、电、路、讯等基础设施进一步完善，成为铜仁市唯一的“5星级农业园区”，被评为“贵州省科技园区”。完成石阡县现代高效生态油茶示范园区发展规划市级审查，新建油茶166.67公顷、中药材33.33公顷、精品茶花10公顷、绿茶20公顷。林业产业产值增幅显著。加快林业主导产业发展和林产品加工利用，林业产业呈现快速增长势头，实现林业总产值50.11亿元，其中第一、二、三产业产值分别为29.15亿元、10.59亿元、10.37亿元，与2014年同期相比，增幅超过65%。

四、加强森林管护

深入开展森林保护“六个严禁”执法专项行动。专项行动期间，全市实际案件发生总数1127起，查结1127起。加大各类涉林案件查处力度。开展“雷霆行动”“天网行动”等系列涉林违法专项行动，各类涉林案件立案858起，打击处理违法人员882人，其中立刑事案件186起，侦破171起（含破获年前案件7起），抓获犯罪嫌疑人120人；受理林业行政案件641起，办结661起（含年前积案20起），打击违法人员732人；受理野生动物行政案件31起，办结31起，打击违法人员30人。开展“连清”和“二调”工作。在全省率先完成全国第九次森林资源连续清查贵州省第七次复查工作，完成固定样地外业调查568个、专项生态状况调查样地数46个。在全省率先启动第四次森林资源规划设计调查工作。严格行政审批及林地管理。办理占用征收林地审批手续61件，涉及林地面积346.60公顷，上缴森林植被恢复费3480.28万元。抓好湿地资源保护与开发利用。完成思南白鹭湖、沿河乌江等6个湿地公园机构组建工作，编制《松桃松江河国家湿地公园总体规划》；石阡县申报为“中国鸳鸯之乡”。开展为期2个月的打击破坏湿地资源专项行动，清理排查出破坏湿地资源案件23起，其中违法侵占湿地15起、污染湿地7起、非法捕捞1起。开展野生动植物保护及自然保护区工作。制定《铜仁市古大珍稀树木及名木保护管理办法》《铜仁市城市植物多样性保护规划》；完成思南四野屯、印江洋溪县级自然保护区升格省级自然保护区评审及申报工作，新建玉屏县南门坡县级自然保护区，全市林业系统自然保护区达8个。铜仁市被国家授予“中国黔金丝猴之乡”。加强森林防火和林业有害生物防治。发生森林火灾5起，其中较大1起、一般4起，过火总面积32.54公顷，受害森林面积23.13公顷，过火总面积同比下降72.70%，受害率为0.027‰。全市林业有害生物防治率87.17%，无公害防治率97%，测报准确率为95.80%，种苗产地检疫率达100%，成灾率为0，没有发现林业有害生物灾害性危害。加强天然林保护。落实森林管护面积695520公顷（其中：国家级公益林面积428266.67公顷、地方公益林面积179466.67公顷、商品林面积63466.67公顷），聘请护林员2323人。兑现森林生态效益补偿基金中央财政9652.08万元、省级地方财政861.44万元。推行森林政策性农业保险工作。全市森林政策性保险面积662180公顷，其中公益林

608966.67公顷、商品林53213.33公顷，承保率分别为99.96%和15%，总保险金额达95亿元，保险理赔金额22.73万元。

五、全力抓好八争工作

“争政策”。争取到国家林业局对铜仁林业发展的帮助支持，选派一名科级干部到国家林业局挂职学习。“争项目、资金”。争取各类林业项目130个、资金5.20亿元，资金同比增长12%。“争现场会、经验交流会”。争取到全国林业扶贫技术培训班、全省林业现代高效农业园区建设现场工作会、全省油茶产业建设与培育技术培训班在铜仁市召开。印江县申报为贵州省首批“省级森林城市”。“争人才”。引进1名林学专业研究生。

2015年，全市林业工作得到省林业厅和市委、市政府的肯定。在森林保护“六个严禁”执法专项行动中表现突出的3个集体和13名职工被省森林保护“六个严禁”专项行动联席会议办公室通报表扬；全国第九次森林资源连续清查贵州省第七次复查、湿地公园建设等工作得到省林业厅通报表扬；林业宣传工作综合排名全省林业系统第二名；精细化管理工作法得到省林业厅门户网站刊文推广；“绿色贵州建设”综合考核排名第二，分别在各市（州）、区（县）政府分管领导参加的全省林业工作会议和春节上班第一天的全省造林绿化推进大会上得到通报表扬；得到市委、市政府主要领导批示“很好”3次、“好”1次。

（市林业局办公室）

水利水务

【概况】2015年，全市水利项目建设全速推进，水利工程质量安全监管有力，水行政综合管理深入推进，水利水务改革成效显著，全市水务工作呈现出更好更快发展良好势头。

一、水务投入创历史新高

全市争取中央及省级水务投资20.49亿元，完成年度目标任务的171%，较2014年同比增长115.34%；完成水务投资22.64亿元，完成年度目标任务的151%，较2014年同比增长28.62%。全市开工建设项目899处。

二、水利工程建设全面提速

全市中型水库投资计划完成率184.50%，抗旱小型水库投资计划完成率52%，新开工建设石阡杀牛冲、思南沙坝、玉屏谢家桥、万山梅子溪、大兴水利枢纽5座水库；建成农村饮水安全工程项目628处，实施病险水库除险加固11座，完成13处抗旱应急引提水项目、88口抗旱机井配套和2条重点山洪沟防洪治理项目，水土保持、烟草援建、农电项等目均按计划提速推进。

三、防汛抗旱取得胜利

全市受灾人口51.79万人次，累计受灾农作物面积1.44万公顷，房屋倒塌1025间，因灾死亡4人，交通公路多处中断，水利工程损毁严重，累计直接经济损失15.33亿元。全市防汛指挥系统强化统筹调度，通过落实汛前预案、防汛责任，开展拉网检查，加强防汛值守，迅速开展抗洪抢险等举措，挽回经济损失8000余万元。

四、民生保障能力大幅提升

发展耕地灌溉面积7333.33公顷，新增蓄水容积2580万立方米，新增有效灌溉面积1606.67公顷，改善、恢复灌溉面积5666.67公顷，新增节水灌溉面积880公顷，综合治理水土流失面积49.19平方千米，新增小水电装机0.3万千瓦，新增排水渠和雨水管79.34千米，新增污水处理能力7.3万吨/日，城镇污水处理率达到80%以上，保护人口4.14万人，保护耕地1546.67公顷，解决36.56万农村居民和6.99万中小学生饮水安全。

五、依法治水能力显著增强

利用“世界水日”“中国水周”等活动，开展水法律法规宣传教育进校园、进社区、进单位活动。编制《铜仁市水资源管理办法》，加强县级城市集中式供水源地水质监测，落实水资源管理“三条红线”。加强水行政规费征收力度，全年收取水行政规费1932万元，其中市本级征收600万元，较2014年同期净增长240万元。加强水行政管理力度。强化水行政许可审批工作，依法依规办证；加强专项执法监管，实现“零”起水事违法案件。

六、水利水务改革增添新活力

重点实施10项水利水务改革任务。完善水务一体化改革。全市城市供排水职能基本实现实质性划转；第一批水利专业政府订单生全部充实基层水务岗位；探索微小型水利工程“自管、自用、自养”模式取得成功。水价综合改革。中心城区完成阶梯水价改革；思南塘头试点区完成农业水价改革并实现水费预缴机制；山区现代水利试点区建设。思南塘头试点区项目建设推进顺利，项目“建、管、养、用”一体化模式得到全省推广。小型水利工程产权制度改革。省、市级改革试点全面完成并通过验收。其他4151处改革试点，均明确所有权、使用权并颁发证书，工程管护、经营效益显著提升。最严格的水资源管理改革。出台《铜仁市水资源保护管理办法》，完成全市取水摸底，城市水资源实时监控与管理系统项目建设推进良好。其他5项改革均落实到位，并取得良好效果。

【大型水库进入国家规划打破历史记录】2015年，江口车坝河、松桃太平、思南花滩子、印江岩口4座大型水库进入省级规划，总投资160亿元。其中江口车坝河、思南花滩子两座大型水库进入国家规划，结束铜仁无大型水库项目的历史。松桃太平、印江岩口2座大型水库争取进入国家规划。

（市水务局办公室）

水文水资源

【概况】2015年，铜仁市水文局立足本职，搞好服务，推进水文测验方式改革，主要体现在以下几个方面：

1.上级领导的关怀。4月，水利部水文局局长邓坚、水利部长江流域委员会水文局局长王俊一行，在省水文水资源局局长高永春一行的陪同下到铜仁指导水文测报、防汛及安全生产工作。

2.站网测验。完成2015年度水文资料整编及2014年度乌江区、沅江区资料汇编工作。玉屏（崇滩）、松桃以及印江3水文站评为甲等资料站。玉屏（崇滩）水文监测站被评为“2013—2015年度省级文明测站”。完成5个区县防洪特征水位等相关修订及报送工作。

3.水情与水资源评价。全年向省内外25个单位发送水情信息2906份，差错率为0.50‰，低于控制范围3‰以内，发送手机水情短信187条、发布网络水情信息220条。编发《铜仁市水情信息简（旬）报》11期、《水情信息快报》22期、《洪水预报》10期。完成《2014年铜仁市水资源水土保持公报》编制工作及铜仁市2015年雨、水情中长期趋势分析预测。

4.水环境监测。完成水质资料整编工作，在2014年水质监测资料评审工作中获全省资料评比第二名。全年完成494个水样的检测工作（常规检测384个，委托检测110个），完成20个水功能区（含18个全国重要水功能区）水质监测工作。

5.中小河流水文基础设施建设全面完工。“中小河流水文监测系统”所涉32个水位站、93个雨量站和29个水文站全部完工，同步完成19个水文站的主体工程验收工作。水环境监测分中心改建项目于10月正式开工建设，总投资828万元。

6.水文测验方式改革。编制完成《铜仁市水文水资源局测验改革实施方案》，11月获省水文局审定批复，自2016年1月起实施。

7.全国城市水文工作试点项目。启动《铜仁城市水文实施方案》编制工作。

8.科技创新。“水文测站水文自动测流控制系统”获贵州省水利学会“贵州水利科学技术奖”三等奖。

（市水务局办公室）

水务投资

【概况】按照国家发展改革委“2015年底前，设市城市原则上要全面实行居民阶梯水价制度”精神和住房城乡建设部《关于加快建立完善城镇居民用水阶梯价格制度的指导意见》，铜仁市中心城区居民阶梯水价于2015年4月1日全面实施。公司获得联合信用评级公司主体信用AA级。铜仁市污水处理二期工程（灯塔污水处理厂）总投资24477万元，建设规模4万吨/日，完成投资14503万元，工程主要工艺构筑物完工，厂区工艺设备安装基本完成，是年底实现进水联合试运行。

一、融资投资

公司综合运用融资平台，创新融资方式，盘活存量资产，开展多渠道融资，融资规模逐步扩大。达成意向性融资534600万元，融资到位资金139600万元；拨付供排水资金34129万元。

二、项目建设

实施供排水建设项目9个（铜仁市碧江区灯塔供水管网一期工程、铜仁市碧江区供水二期工程、铜仁城区排水管网二期工程、铜仁市污水处理二期工程、漩水湾污水处理厂扩建工程、江口县梵净山—太平河风景区污水处理工程、铜仁市中心城区排水（雨水）一期工程、铜仁高新区一体化污水处理设施工程、万山区谢桥新城区代门坡供水工程），总投资97882万元，2015年完成投资21688万元，累计完成投资64856万元。

三、供排水生产

全年实现售水量1986.01万立方米，同比增加12.10%；实现售水收入6396.40万元，同比增加38.10%；供水安装利润81.68万元，同比上升34.28%。全年处理污水1845万立方米（5.05万立方米/日），累计COD削减4797立方米，NH3-N削减633吨，脱泥7072立方米，收取污水处理费1498万元，同比增长12.14%，出厂水水质达到国家一级B标准排放，全面完成节能减排任务。

四、排污口治理

完成排污口治理130个，累计完成市委、市政府明确要治理的56个排污口；定期对主管网上的格栅垃圾和检查井中沉积的泥砂进行清掏，对城市污水支线管网维护120余处，特别是分别组织对大江坪和中南门泵站进行改造，安装机械化除渣格栅机，降低人工捞渣工作强度，同时，对客车站泵站进行清淤和堵漏改造，解决其污水长期外溢问题；对格林公馆、水果市场安装井水专用管道。

五、民生工程

为改进用户缴费不方便问题，公司增加银行代收水费窗口，改造、优化收费服务点；推进“一户一表”改造，免费或优惠给困难群众进行“一户一表”的改造安装，基本实现主城区“一户一表”全覆盖；连通大兴尖岩至职院供水管道，解决职院、铜仁学院等学校师生及附近居民用水难的问题；投入228.4万元对两城区用户水表表前管道维修，保障用户用水安全，化解邻里之间因供水管道维修长期存在的矛盾；开通“96015”24小时客服热线和建立“铜仁水务投资”微信订阅号、“铜仁供排水”微信服务号，提升为民服务的质量和水平。

六、安全生产

安全生产工作层层签订安全生产责任状。召开安全生产和消防专题工作安排会议10余次，不定期开展安全生产检查，发现和消除安全隐患，全年未发生一起安全事故。开展饮用水自检项目32项，水质全分析12次，委托有关水质检测部门检测25项以上，供水水质综合合格率达99.60%，优于《国家生活饮用水卫生标准》。

七、企业文化和获得荣誉

举办公司2015年第一届职工趣味运动会，开展庆“三八”妇女节登山义务环保活动。获得由市妇联、市文体广电新局联合举办的2015年“庆三·八排舞”比赛机关组一等奖；获得铜仁市直单位纪念建党94周年暨抗日战争胜利70周年合唱大赛二等奖；在市直“国企杯”运动会中，获得男子篮球、男女混合拨河、女子定点投篮冠军和男女混合4×100m接力亚军，团体总成绩第一名的成绩。公司被省总工会等8家部门联合授予为“贵州省劳动和谐企业”。

（市水投公司办公室）

扶贫开发

【概况】2015年，铜仁市扶贫开发工作围绕精准扶贫这条主线和“减贫摘帽”目标，按照“探路子、创机制、育品牌、强素质、树形象”的思路，争取专项扶贫资金8亿元，实现全市19.46万人脱贫。

一、“八争”工作

全市争取到位财政专项扶贫资金8亿元，同比增长7%，到位项目271个。在争现场会方面，省扶贫办分别于4月29日、10月22

日在铜仁召开“全省扶贫工作会议”和“全省电商扶贫现场推进会”，全省88个区县扶贫办主任参加会议。在争出经验方面，在全省率先启动扶贫小额信贷“精扶贷”工程，解决建档立卡贫困户因市场信息不对称、产业发展不明、产业发展缺资金、融资缺抵押担保所带来的“贷款难、贷款贵”问题，破解扶贫融资瓶颈，再创铜仁金融扶贫新模式、新经验。在对外宣传方面，3月9日，央视《经济半小时》栏目以《精准扶贫，踏实致富》为题对玉屏县平溪镇马头田村、江口县怒溪镇骆象村精准扶贫机制改革和取得成效进行刊播；6月2日江苏卫视《时代问答》栏目以《扶贫攻坚助推全面小康》为题对玉屏县精准扶贫机制改革和驻村工作队参与精准扶贫工作成效进行刊播；10月17日全国“扶贫日”当天，《央视新闻联播》对碧江区漾头镇九龙村精准扶贫成效进行刊播；10月24日，央视《新闻周刊》题为《贫困的“扶”与浮》节目中，主持人白岩松以“贵州铜仁九龙村依托风景名胜翻身致富”为例，肯定铜仁市精准扶贫工作。2015年，共7批次90人次的省外同行前来铜仁市考察学习精准扶贫方面的经验。8月16—23日，市扶贫办参与筹办中国武陵山（铜仁）首届中药材·新医药博览会。博览会期间，国内外258家中药材、医药、医疗器械、保健品、药膳美食企业的近1000种商品参展，展示展销医药新产品、新技术。入驻企业108户，其中有国药控股、骏达康、武陵山药业、武陵山医疗器械4家大型企业，本地入驻各区县展销馆企业61家，安徽亳州商户43户。会议招商签约仪式共签约项目16个，签约总投资103亿元。

二、“减贫摘帽”工作

市扶贫办印发《2015年扶贫工作要点》，将减贫任务分解和下达到各区县，并指导其按照“县抓落实、工作到村、扶持到户”的原则抓好落实。各区县结合本年度扶贫项目和资金安排情况，逐级将“减贫”目标任务分解落实到乡、到村、到户。全年减少贫困人口19.46万人，贫困发生率下降到18.49%。指导沿河县和九江等18个乡镇按照省里的相关要求，完成“减贫摘帽”申报和中期评估工作，完成“减贫摘帽”任务。

三、产业扶贫工作

全市争取到位产业化扶贫项目专项资金2.20亿元，实施产业化扶贫项目64个。草地生态畜牧业项目涉及9个区县，到位资金6400万元，投放种畜6.55万个羊单位。蔬菜产业化项目涉及3个区县14个村，到位资金900万元，种植蔬菜206.67公顷。核桃产业化项目涉及6个县369个村，到位资金4150万元，新植核桃8266.67公顷。脱毒马铃薯春季种薯扩繁及大田推广项目涉及5个区县，到位资金765万元，完成脱毒马铃薯种植1333.33公顷。油茶产业化项目涉及3个县，到位资金1600万元，完成新植油茶1800公顷。中药材产业化项目涉及5个县23个乡镇77个村，到位资金3400万元，完成中药材种植13180公顷。茶产业化项目涉及5个县12个村，到位资金1800万元，种植茶叶380公顷。精品水果项目涉及5个县，到位资金900万元，种植精品水果1466.67公顷。投入1200万元资金，重点打造8个乡村旅游扶贫示范点。特种水产养殖（澳洲淡水龙虾）试点示范项目涉及5个区县，建成龙虾养殖基地53.33公顷，投放虾苗107万尾，投入资金225万元，项目覆盖贫困农户86户312人。16个省级扶贫园区累计完成投资46.99亿元，其中园区专项财政扶贫资金2700万元，园区总产值达到52亿元，实现销售收入39.5亿元，实现销售利润17.51亿元，带动贫困人口45782户187017人脱贫致富。

四、其他专项扶贫工作

全市获国开行贷款2.60亿，通过实施生态茶、生态畜牧业、中药材、食用菌、精品水果、乡村旅游等，带动6500户22000人贫困人口实现增收致富。争取到位“雨露计划”项目资金3025万元，完成44274人的“雨露计划”培训任务。争取到位集团帮扶项目5个，到位资金1625万元，项目惠及泉口、张家寨、长兴堡、中界和德旺等5个乡镇，项目实施完毕。争取到位资金800万元，全面完成21千米的小康路建设任务。壮大村级集体经济试点工作，项目到位资金1000万元，涉及10个区县10个村，通过一年的扶持，各个试点集体平均资产达120万元、盈利近10万元，村级基础设施得到明显改善。争取到世行贷款项目资金2.66亿元，项目覆盖贫困乡镇23个，贫困人口8.23万人以上。

【脱贫攻坚获“六连冠”】 2015年，铜仁市扶贫开发工作再次获省委、省政府“双线”考评第一名，被誉为全省脱贫攻坚的一面旗帜，成为首个“六连冠”。

（扶贫办综合科办公室）

水库和生态移民

【概况】 2015年，铜仁市移民局各项工作取得成效。

一、扶贫生态移民工作（2015年十大民生工程之一）

2015年，铜仁市实施扶贫生态移民实施8834户38191人，建集中安置点51个，建移民安置房8834套，实施规模占全省总规模的19.09%，居全省所有市州第一位。获得中央及省专项资金补助49648.30万元，创历年最高水平，也是历年上级专项资金到位最多的一年。铜仁市还争取到2015年省级示范点2个，即江口县太平镇“梵山农家”安置点和石阡县中坝镇“农家温泉”安置点，占全省示范点总数的14.20%。是年全市51个安置点均全部完成住房主体工程，移民搬迁入住新家。

二、水利水电移民工作

沙沱电站农村分散移民个人补偿补助资金按照政策全额兑现完毕，实现永久安置，移民生产生活得到全面恢复。移民集中安置点彭华（枕子头）、金三角、楠木园、侯家坨安置点全面完工，移民搬迁入住；潮砥、长堡、新滩、望牌4个集镇（市）完成移民搬迁，入住832户3750人，生产生活基本恢复。彭水电站完成《乌江彭水电站沿河库区移民资金概算清理成果及调概兑现实施方案》上报审核工作，省移民局核准同意。思林电站重点完成库区交通专项的审计、验收工作，移交业务部门。

中（小）型水库移民累计完成移民搬迁1188人，占年度计划850人的139%；完成双河口、军屯、石宝岩、中洞等8个小型和青山冲中型水库移民安置规划报告的审查及审批工作；指导观音滩、马岩、过水湾、栗子园、木瓜溪等5座水库阶段截流验收工作；完成鱼粮水库和长丰水库的蓄水验收工作。

三、移民后期扶持工作

完成2014年度新建大中型水库农村移民后期扶持人口的核定登记工作，移民素质提升及农机具购置补贴兑现惠及移民384人（户）、兑现补贴资金107.99万元。完成2011—2014年度水库移民后期扶持项目推进情况及资金使用情况的自查工作，并将检查情况及存在问题的处理方案会同市财政及时的上报省移民局、省财政厅。组织全市移民部门开展水库移民后期扶持改革创新暨业务培训工作，安排部署水库移民后期扶持“十三五”规划。会同市财政局先后3次对各县水库移民后期扶持资金使用情况的进行督查。

（市移民局办公室）

气　象

【概况】 气象防灾减灾效益明显。2015年汛期，铜仁市共出现46次暴雨和12次区域性暴雨天气过程。针对汛期灾害天气特点，全市气象部门加强向党委政府汇报并得到重视，思南、德江、玉屏、印江等县所有乡镇气象防灾减灾工作纳入地方绩效考核；市、区县建立《重要气象信息专报》直报党政主要领导渠道；市级领导在《重要气象信息专报》等材料上批示17次；各级气象部门组织召开多部门研判会30余次；启动气象灾害应急响应13次共36天；市、县党政领导到气象业务平台带班指挥调度20余次；重大天气过程气象部门开展三个叫应服务600余次；气象与广电、通信等部门建立气象预警信息“绿色通道”；发布气象灾害预警123期，通过12379国突平台发布预警1300余次。市政府及时批复全市人工影响天气作业方案和计划，全市开展防雹减灾作业91次。

公共气象服务保障有力。全年完成100余万户免费发送手机预警信息的用户登记，共发布重大灾害性天气预警信息22次，覆盖人群300余万人（次）；推广气象微博、微信，发展微博粉丝8万余人、微信用户1万余人。县、乡成立气象灾害防御工作领导小组，各街道、社区、乡村建立气象防灾减灾联络人，气象信息员人数达6000人。气象与公路、国土、防汛、交通、旅游、环保等部门签订气象服务合作协议。完成"2015年铜仁自驾旅游年""梵净山申遗""抗战纪念日"，国庆、中秋假期，市旅游发展大会等节假日和活动的气象保障服务；与梵管局合作开展梵净山梯度气象观测，与思南塘头开展水稻夏伏旱外场观测实验；玉屏、江口、印江、德江、松桃5个县局构建公共气象服务平台，各区县开展直通式为农气象服务。创新气象防灾减灾宣传机制，市区县气象部门利用世界气象日、防灾减灾日开展气象防灾减灾科普宣传和讲座，公众防灾减灾意识得到提升。

气象现代化建设得到推进。市政府组织召开气象现代化工作联席会议，成立气象现代化领导小组，建立铜仁市气象现代化工作联席会议制度。全市41个区域站纳入骨干站网改造目标，建成15个农情实景自动观测点。完成40个炮站作业指挥终端和18套安全监控系统建设，市级人工影响天气指挥中心和气象灾害预警中心得到完善，炮站"三化"建设示范基地作为全省炮站信息化建设标杆。气象规划纳入市政府"十三五"规划纲要，并列入全市31个重点专项规划，铜仁市人工增雨外场实验基地建设纳入全省人工影响天气"十三五"重大工程项目。全市气象部门有17个项目进入铜仁市"三年滚动支持重点项目库"。市级影视中心业务系统和设备完成升级，《铜仁市精细化温度预报研究》团队入选省局"2015年贵州省气象局业务技术攻关小组"，《2014年贵州石阡4次罕见大暴雨过程对比分析》列入预报员专项，2人被省气象局选拔为市级首席预报员，加强"1112"人才管理并完成考核。参加全省预报竞赛获团体第3名，暴雨预报模型研究名列全省第二名，综合成绩较历年同期提高3—4个名次，为铜仁市历史最好成绩；个人全能获第7名和第9名，历史个例单项获第1名和第2名的好成绩。综合业务竞赛2人获全省单项第二名；全省综合气象业务竞赛，县局局长和气象台长综合业务基础理论均获全省单项第三名。

气象文化取得优异成绩。加强气象文化建设，市气象局举办"纪念建党94周年暨抗日战争胜利70周年演讲比赛"；在市直机关建党94周年暨抗日战争胜利70周年合唱大赛中获组织奖；获全省气象职工男子篮球赛获冠军；获市级第一批民族团结进步模范单位；市级"花园式"单位；成立共青团支部并开展志愿者活动，1人被市直机关工委评为优秀共产党员和优秀党务工作者；市气象台支部获市直机关"五好"基层党组织；市气象局"全国文明单位"通过中央文明委复查，继续保持荣誉称号。

（市气象局办公室）

工业·能源·供电

工业和信息化

【概况】2015年，完成规模工业总产值685.80亿元，规模工业增加值167.07亿元，增速达12.20%，继续居全省第2位，高于全国6个百分点，高于全省2.30个百分点。完成工业投资381亿元，同比增长22.9%，高出全省6.3个百分点，增速居全省第2位，较上年前移3位。12个产业园区完成工业总产值586亿元，占全市工业总产值的82%；完成投资307亿元，占全市工业投资80.06%。电子信息产业规模总量108.51亿元，同比增长61.96%。电子信息产业投资完成37.6亿元，其中，信息基础设施三年会战完成建设投资11.83亿元。民营经济增加值513亿元，市场主体17.82万户，注册资本金880亿元，民间投资680亿元，新增就业10.10万人。民营经济增加值占GDP比重超过全省近9个百分点。

一、抓运行调度，加快工业经济增长

1.强化工业运行监测分析。建立工业运行监测平台，完善“日监测、旬调度、月分析”工作机制，定期召开工业运行调度会和生产协调会，及时协调解决制约工业运行和企业生产面临的问题。

2.实施财政扶持。贯彻落实省委、省政府各项扶持政策，争取出台电力直接交易政策，出台铜仁市重点行业企业扶持政策，帮助企业降低用电、物流、融资成本，开拓区内市场，帮助企业稳产扩产。

3.保障要素供给。省、市、县三级始终把保障企业生产要素供应、优化资源配置作为运行调度的核心，通过“双服务”大行动、工业“百千万”工程和“民营企业服务年”等帮扶活动工作，全力稳生产、促增长，谋发展。

二、抓项目建设，加快推进产业培育

1.抓传统支柱产业转型升级。武陵锰业、西南能矿等煤电锰一体化项目稳步推进，武陵锰业一期4万吨建成投产。沿河西南水泥120万吨生产线、碧江海螺水泥400万吨生产线建成投产铜仁卷烟厂、铜仁复烤厂异地技改项目有序推进。扶持大龙银星汞业、万山银河化工、万山红晶汞业等企业转型发展，努力打造全国最大的汞化工循环经济基地。

2.发展“五张名片”特色产业。建成碧江农夫山泉33万吨生产线等项目，全市以“五张名片”为主的特色加工业企业达到176户，完成工业总产值96.60亿元，成为铜仁市工业新的支柱。

3.承接产业转移。抓住产业转移机遇，引进碧江百丽、大龙富华、松桃玖鑫、玉屏必登高等一批制鞋企业；引进大龙奇辉、大龙金顺电子、大龙东亿、大龙金轮五金、大龙康宇塑料等打火机企业落户；引进万山银泰铝业、大龙领航新材料、玉屏安泰再生资源科技、玉屏旭阳石化科技、松桃水晶灯饰等一批企业落户，形成产业集聚，实现集群发展。

三、抓园区发展，夯实工业增长基础

按照“产业园区化、园区城镇化、产城一体化”的发展思路，统筹谋划产业园区和城市新区建设，把产业园区作为城市新区的重要节点，将城市服务功能植入产业园区内统筹规划，完善园区功能配套。园区建设工作获得省政府认可，并在8月7日召开的全省园区建设工作大会上作经验交流发言。

1.完善园区基础设施。启动园区纵深推进大龙至老山口、松桃至大兴快速干道、渝怀铁路铜仁东站、大龙货运站等“四线三站”建设，采取市场化运营等模式启动污水处理厂建设。

2.超额完成标准厂房建设任务。全市12个产业园区建成四层以上标准厂房超过400万平方米。标准厂房累计建成面积和2015年新增建成面积均位列全省第一。

3.完善园区功能配套。在园区建设廉租房、公租房配置给园区企业职工使用。加强园区工人技能培训，提升企业员工生产技能。引进园区配套产业，延长产业链，拓宽产业幅。围绕园区核心产业，扶持建设技术研发中心。

4.完善园区考核体系。出台《铜仁市产业园区综合考核评价办法》，从发展规模、发展质量和效益、投资和建设、科技进步和生态环保、经营和服务五个方面对全市产业园区建设和发展进行综合评价。

四、抓基础建设，推进信息平台发展

以智慧城市建设为契机，发展扶贫大数据、佛经大数据、旅游大数据等产业，推动传统企业“触网转型”，扩大企业生存空间，提升企业生存能力。开展“四在农家·美丽乡村”小康讯行动计划。配合省北斗办做好铜仁市北斗统合运用示范项目的实施。组织35家重点企业、201家规模以上工业企业纳入区域两化融合评估体系，参与贵州省两化融合评估体系考评。加快推进4G建设和三网融合试点工作加快第四代移动通信（4G）基础设施建设。开展三网融合试点小区建设。全面启动铜仁市构建全域信息网络全覆盖工作。

五、抓环境优化，加快民营经济发展

引导民营企业入园发展，形成一大批小商品大产业、小买卖大市场的民营企业群体。加大民营企业科技创新力度，全市多数民营企业完成技术改造和技术升级，大多数食品加工企业取得QS认证，特别是制药行业的GMP改造完成，并通过认定。开展优秀民营企业家表彰活动，铜仁市民营企业多次获得百佳创业小老板、百佳个体工商户、十佳民营企业家、改革创新奖、社会贡献奖、优秀服务奖等省级表彰和奖励。发挥融资担保机构功能，解决企业资金难题。开展企业上市帮扶工作。

供　电

【概况】2015年，铜仁市电网建设投资6.85亿元；完成售电量64.48亿千瓦时，同比下降1.58%；客户年均停电时间25.37小时/户，同比下降22.38%；综合供电可靠率99.87%，同比提高0.03个百分点；综合电压合格率85.64%，同比提高6.43个百分点；第三方客户满意度75分；综合线损率4.75%。未发生人身、电力安全、设备、交通和火灾事故，连续3年安全事件数、等级数“双下降”。是年，先后荣获南方电网公司“创先杯”变电站节能竞赛“一等奖”“最佳进步奖”；贵州电网公司档案竞赛团体二等奖、通信网络传输二等奖、调度自动化团体三等奖、2015年安全生产先进企业；铜仁市2015年度安全生产工作先进单位、职工法律知识大赛优秀组织奖。贵州日报等主流媒体对“电力快车进村寨”活动进行集中宣传报道。爱心妈妈綦芳荣获第四届感动南网人物、贵州省国资委“学习雷锋标兵”荣誉称号、公司2014—2015年表扬立功二等功；松桃孟溪、思南塘头供电所获公司“我最喜爱的明星供电所”称号。

一、电网建设

1.电网规划持续优化。编制完成《铜仁“十三五”配电网规划》，将石阡泉都、松桃三川220千伏输变电工程列入贵州电网“十三五”规划项目库，完成石阡泉都220千伏输变电工程可研审查。

2.电网建设项目有序推进。开工项目175个，投产项目7个，实现计划项目投产率100%。推进碧江500千伏及万山老山口、铜仁城东220千伏等输变电工程，建成投产沪昆高铁（东段）供电工程、玉屏三家桥220千伏输变电工程等重点项目。

3.基建管理逐步规范。所有在建项目获得贵州电网公司“赢得值”红绿灯考核优秀。500千伏铜松乙线等6个工程获贵州电网公司达标投产工程命名，220千伏三家桥变电站项目获贵州电网公司优质工程。

二、供电服务

1.全方位客户服务体系有序推进。配备客户经理75位，加强跟踪服务，确保“5个100工程”等重点用电项目“早用电、用好电”。走访大客户51次，帮助企业解决供电问题5个，梳理并处理业扩受限点13个。为34户重要客户开展用电安全风险量化评估工作，开展专项安全检查3次、例行检查2次、培训1次，指导重要客户完成安全隐患治理，做好安全用电工作。

2.非现金缴费比例大幅提升。完成“三厅”（网上营业厅、掌上营业厅、短信营业厅）测试及运用，对全市POS机全部进行升级，全年实现非现金缴费比例72.83%，同比提高50.46个百分点。

3.客户停电时间减少。强化停电指标过程管控，试点开展设备运维差异化管理，全面推广使用移动作业平台，统筹规划检修、基建项目停电时间，推广带电作业、零点作业，全年客户年均停电时间25.37小时/户，同比下降22.38%。

4.用电宣传力度加大。联合铜仁电视台“今晚六点半”栏目开展电力专题宣传6期，对阶梯电价、客户安全用电、节能、电力设施保护等方面进行宣传，提高全市人民安全用电意识。

三、企业创新

1.县级供电企业创先试点工作。启动玉屏供电局创先试点工作，以玉屏新店供电所为重点，开展供电所信息化建设，实现生产、营销和服务等核心业务表单信息化，配变TTU、专变负控表计全覆盖，电费代扣100%。

2.科技创新取得新突破。开展的11个职工创新项目，荣获6项科技类表彰，其中获南方电网公司表彰2项、贵州电网公司表彰4项；获国家专利6项。

四、应急保供电

修编突发事件总体应急预案和14个专项应急预案，成立应急抢修队伍10支、专业工作组15个，与16支施工队伍签订应急联动协议。全年保供电171天（次），投入抢险人员7547人（次）、车辆2092车（次）、应急发电车58台（次）、应急发电机57台（次），完成纪念抗日战争胜利70周年、梵净山生态文明及佛教文化论坛等重要保供电任务62次，完成石阡、松桃等县抗洪抢险复电工作，开展松桃杨家沟锰矿塌方救援抢险复电工作，得到石阡县委县政府表扬。

五、电力体制改革

配合政府推进49家大用户进行电力直接交易，全年直接交易电量22.83亿千瓦时，降低用电企业成本1.06亿元。

（铜仁供电局办公室）

城建·住房·管理

城乡规划管理

【概况】2015年市城乡规划局不断创新规划理念、提高编研水平、转变工作作风、提升服务质量、完善体制机制，全市城乡规划工作呈现大变化、大发展。

一、继续加强规划编制工作，强化规划引领作用

（一）规划编制

市城规委2015年第4次会议审议通过依据《铜仁市城市总体规划（2013—2030）》和市政府工作报告完成的《铜仁市城市风貌规划》，规划编制单位按照城规委意见进行修改完善；2015年5月11在上海市经市城规委办组织国内知名专家对《铜仁市中心城区控制性单元规划》进行评审，并原则通过，规划编制单位按照城规委意见修改完善；《铜仁市中心城区地下空间综合开发利用专项规划》和《铜仁市地下空间开发利用专题（研究报告）》于2015年2月11日经市城规委2015年第3次会议审议通过，规划编制单位按照城规委意见修改完善；上报《铜仁市架梁山山体城市公园设计》等待市城规委会审议；《铜仁市碧江区中南门历史文化街区整治规划》于2015年10月21日在市城规委第9次会议审议通过；《铜仁市控规单元及规划数字化信息管理和维护平台》通过市城规委专家咨询会后，又在市城规委专题会议上原则通过，等待市城规委会审议。

委托贵州省城乡规划设计研究院编制《铜仁市中心城区近期建设规划(2016—2020)》，完成前期现场踏勘及资料收集工作；委托中国城市科学规划设计研究院编制《铜仁市中心城区绿地系统(生态屏障)专项规划（含砚台山、新寨山、付家山山体公园规划及文笔峰公园二期修规）》，完成前期现场踏勘及资料收集工作；由市九龙地矿公司委托中国城市规划设计研究院编制《铜仁市中心城区海绵城市专项规（2015—2030）》，铜仁市城乡规划局协助，处于合同签订阶段；委托上海同济城市规划设计研究院编制《铜仁市中心城区综合管廊（管沟）专项规划（2015—2030）》，完成前期现场踏勘及资料收集工作；委托上海复旦规划建筑设计研究院编制《思南、印江城市组群同城化发展专项规划（2015—2030）》，完成前期现场踏勘及资料收集工作；委托上海同济城市规划设计研究院编制《铜仁市中心城区管线综合规划》，完成前期现场踏勘及资料收集工作；2015年9月29日，市城规委第8次会议原则通过《铜仁市正大健康产业园修建性详细规划》。

全年城镇化率达到44%，比2014年提高3个百分点。

（二）规划指导

指导除江口县、石阡县外其余各区县经开区总规的审批工作(其中思南县经开区总规于2015年3月27日获省政府批复，万山经开区规划2015年8月7日省政府批复)；指导石阡县完成国家历史文化名城保护规划的编制并上报省厅审查；指导松桃县完成寨英历史文化名镇保护规划编制，等待省住建厅审查；指导思南县开展安化街申报历史街区工作；帮助完成寨英镇及云舍村保护规划审批；完成铜仁市74个列入中国传统村落村中53个的保护规划编制工作，11个获批保护发展规划村落启动实施，获得资金的传统村落26个，通过部级审查的9个，通过省级审查的8个，31个传统村落保护发展规划报省住建厅，待省部级审查（申请2016年补助资金）。获得资金的26个村中，同时配合市住建局完成第四批329个村落的申报工作；配合和协助区县住建局，完成2015年100个农村集中建房点的选址、规划编制及审查工作；帮助江口县完成寨英镇及云舍村保护规划审批；对6个环梵净山村庄旅游规划进行督促和指导并修改完毕，待市政府审批；2014年新增的孟溪镇总体规划得以正式批复，至此，全市17个示范小城镇全部批复实施。

督促及协助17个示范小城镇完成控规编制及审查工作（其中，塘头、官舟、洪渡、中坝、本庄、太平控规获批复；许家坝、煎茶、合兴完成初审；寨英、盘石、木黄完成初稿未报批；孟溪报批，万山、田坪完成初稿；坝黄、大龙启动）；督促江口、松桃、印江三县开展剩下12个村庄的规划编制工作；配合市政府起草《梵净山四大天王寨十八罗汉村建设两年行动计划（2015—2016）》。

二、加强城市功能的完善，保障城市健康发展

坚持把人民群众关心的基础配套等配建标准纳入规划条件强制性范围，强化公建配套。在审查项目和出具工程规划许可时，不但审查项目是否符合相关规范要求，还重点审查相关城市公共服务设施规划配建是否到位。全年出具建设工程放线定位通知书33份，办理建设项目规划选址43项、建设用地规划许可30项、建设工程规划许可30项。指导和帮助全市城市综合体项目加快进度，按要求上报省厅城市综合体相关调度表、项目投资额、施工进度等数据，将思南思丰财富广场调入省级城市综合体，9月2日完成城市综合体项目招商推荐会，完成万山区西南国际商贸城和碧江区麒龙国国际会展城规划方案调整，协助思南思丰财富广场、江口天元国际通过省联席会、市城规委办审查。2015年全市城市综合体共投入资金10.02亿元。

三、提高规划服务水平，加强规划机制体制建设

全年登记审查项目113个，召开专家咨询会20次，专家咨询评审项目105个，原则通过80个、未通过项目25个；召开城规委会议9次，城规委会议审查63个，原则通过48个；批准实施（规划备案）项目29个。

办理建设工程规划许可证109个，其中新办证88个，附件换正本20个，补证1个。办证面积合计：182.10万平方米。出具建设项目规划设计条件通知书33份，总用地面积610公顷；规划红线图39份，总用地面积203公顷，发放选址意见书14份，用地规划许可证18件。出具建设工程放线定位通知书53份。

为完善机制体制建设，草拟《铜仁市农村开发建设管理办法》；报请市政府出台《铜仁市城市规划管理技术规定》和《关于进一步优化城乡规划工作职能的意见（试行）》；在市城规委2015年第1次会议审议通过《铜仁市锦江两岸生态景观廊道建设管理规定》；《关于规范铜仁市中心城区房屋屋顶建设行为的通知》完成公示；为促进乡镇规划管理委员会进一步实体化运行，对思南、松桃、德江、沿河等县乡规委的运行情况进行调研后，起草《关于进一步加强乡规委实体化运作的指导意见》，报市政府审定。

市规划展览馆由原碧江区规划馆划转，因电子设备、软件损坏，致长期无法开馆。针对这一情况，市城乡规划局于4月对馆总规划图进行更换，对无法使用的电子设备、软件进行维修，与碧江区机关事务局协调空调供给。经过维修，6月1日正式开放，将参观时间改为每周3天，展览馆全年接待参观人数548人次。

四、严格执法行政，加大规划批后监察力度

铜仁市城乡规划局加大日常巡查力度，坚持做到“保障重点、兼顾一般、全面覆盖”，进一步完善执法制度，保证执法程序不脱节，做到第一时间赴现场，第一时间处理违法案件。会同市城管局、两区政府查处违法违规建筑，协助完成“两违”建筑认定，参加各类专项整治和重大执法活动。开展日常巡查及执法巡查300余次，下达执法文书共63份，其中《停工通知书》14份，《整改通知书》28份，《限期自行拆除通知书》10份，《行政处罚决定书》11份；接违规建设信访29

件，全部办理完结；受理房开商和私人违法建设案件29件，办理完结19件，处罚违法建设面积18330.41平方米，处罚金额165.60万元。配合碧江、万山区政府拆除各类违法建筑2194起，占地面积约73078.18平方米，建筑面积约427619.94平方米。对思南县、石阡县、玉屏县、德江县、大龙经开区进行专项规划督察。

五、加强规划宣传力度，提高依法行政能力

在各类媒体发布规划信息10余篇。4月开展为期5天的执法证培训班，全市120余名基层执法人员参加培训。11月9日在北京举办第三期规划建设专题研究班。

经调研，起草《铜仁市城乡规划管理责任追究办法》《关于对违法建筑依法实施行政处罚时建（构）筑物工程造价计算标准的通知》。

六、功能提升工程

（一）火车站站前广场改造工程

为实现火车站站前交通和城市交通无缝对接，打破传统站前广场人流集散单一模式，把铜仁市火车站打造成“上进下出”的立体交通枢纽，结合铜仁火车站站前广场改扩建及地下空间开发利用城市综合体项目建设的特点，对其建设内容和工程推进进行细化。《铜仁火车站站前广场地下空间概念设计方案》，于4月30日通过市城规委第6次专家咨询会审查，设计单位按提出的修改意见进行完善。同时，推进《铜仁市火车站站前广场交通组织规划》报审工作，待市政府批准后根据规划出具相关规划技术指标，加快推进项目建设。9月17日，工程通过铜仁市地价委员会2015年第三次会议确定价格，进入土地挂牌阶段。

（二）市规划展览馆建设工程

5月11日至13日，市政府副市长率有关部门负责人，到上海市和苏州市考察规划展览馆等建设。考察结束后，市城乡规划局成立铜仁市城市规划展览馆筹备领导小组，明确负责人，制定工作方案及项目工期计划表。经研究论证，提出市城市规划展览馆项目选址意见，计划继续在原桃源广场项目规划中市城市规划展览馆位置选址建设。

七、全面深化改革工作

（一）推进“多规融合”试点

《玉屏侗族自治县“多规融合”试点规（2014—2030）》通过省“多规融合”改革试点工作厅级联席会议审查，基本完成“一张蓝图”编制。为构筑“一个平台”，推行审批“一张表格”，完善与之配套“运行机制”，为全市探索出一条“多规融合”改革经验，进而全面推进全市“多规融合”改革，加快新型城镇化建设山水园林城市建设，经研究讨论后，拟定《铜仁市推进玉屏县“多规融合”改革工作方案》，方案上报市政府审定。

（二）推进乡镇规划管理委员会实体化运行

《关于成立乡（镇）规划管理委员会的通知》印发后，全市163个乡镇（含谢桥、茶店办事处），均按要求成立乡镇规划管理委员会。全年全市召开乡镇规划管理会议约200次，实际审议议题约350个。为优化镇（乡）规划管理委员会议事决策流程、完善议事内容、建立健全相关工作机制，发挥镇（乡）规划管理委员会在镇（乡）、村规划管理工作中统筹协调、最终决策的作用，推动乡镇规划管理委员会进一步实体化运行，发挥镇乡规划工作在全市新型城镇化推进中的作用，市城乡规划局对沿河谯家镇、印江中坝乡、板溪镇、思南塘头镇、玉屏田坪镇等乡镇规划委员会运作情况进行调研，拟定《关于规范乡镇规划管理委员化会实体化运作的指导意见（征求意见稿）》，呈市政府审定。

（三）探索建立城乡规划数字化信息管理平台

铜仁市城乡规划局网上规划审查系统开始试运行，10月22日，第一个建设项目选址意见书在系统中审结，代表“一书三证”业务审批子系统初步建立，全面进入试运行。市城乡规划局电子办公系统（OA系统）实现全局运行，共处理公文634份，均能按照相关程序实现进行流转，全局约90%左右的公文实现电子办公系统（OA系统）流转及办理。

（市城乡规划局办公室）

住房和城乡建设

【概况】2015年，全市住房和城乡建设工作以重点工作“12345”工程为抓手，圆满完成各项工作目标任务。

围绕夯实基础，加快城市基础设施建设。全年完成城市基础设施建设投资134.17亿元，占全年投资任务的111.81%，同比增长13%。开工建设（新建、续建、改扩建）城市道路201千米，新增城市道路（建成）89.20千米，占全年任务的148.67%；新建、续建、改扩建城市桥梁20座，城市公园、景观24处，城市场馆8座。

围绕城乡统筹，推进示范小城镇建设。全市17个示范镇新开工、续建和改扩建“8+X”项目332个，完工120个；完成“8+X”项目和其他项目投资47.16亿元，招商85个，签约120.3亿元、到位94.22亿元。围绕“1+10”项目建设，推动镇村联动发展。全市省级示范镇由3个增加到5个，省定市级示范镇由7个增加到9个。全年向上争取专项补助资金0.31亿元。

围绕民生导向，大力实施保障性安居工程。2015年，全市城镇保障性安居工程建设（改造）任务为77605套（户），年度基本建成35870套，基本建成、分配入住均完成省定指标，保障房“三进”经验在全省推广，全省保障房开工现场会在江口召开，向上争取补助资金32.36亿元，年度目标考核获全省第二名、奖金3000万元。省下达农村危房改造任务52916户，11月底全面完成改造任务，通过省年度级绩效考评验收，向上争取补助资金4.30亿元。启动农村集中建房示范点建设100个，集中建房1万户(含省下达2500户小康房任务)，100个建房点配建“六通八有”基础设施和公共服务设施项目1175个，完成设施配套9.70亿元，农村集中建房经验在全省推广，并写入省、市“十三五”规划。

围绕市场需求，加快房地产业健康发展。累计完成房地产开发投资145.86亿元，分别占省、市政府目标任务153.54%、100.59%，其中住房投资100.89亿元，约占总投资69.17%。全市商品房实际销售面积297.36万平方米（其中商品住宅245.17万平方米），同比增长20.51%；销售金额100亿元（其中商品住宅67.20亿元），同比增长13.49%。

围绕转型升级，进一步推进建筑业发展。实现建筑业增加值64.2亿元，同比增长20%。全面落实五方责任主体项目负责人质量终身责任制，全年市直在建项目未发生一起重大质量安全生产事故。全面开展老楼危楼大排查大整治。以智慧城市创建为平台，推动绿色节能产业的快速发展。

围绕一业振兴，加快优秀旅游目的地建设。《思南乌江白鹭洲风景名胜区总体规划》获省政府批复，完成《万山夜郎谷风景名胜区总体规划》评审，实施九龙洞国家级风景名胜区旅游基础设施建设，九龙洞风景名胜区在全国执法检查中获良好等次，协助推动梵净山申遗工作。完成传统村落保护发展规划编制32个，其中15个纳入中央资金补助名单，11个传统村落开工项目177个、完成投资0.18亿元，石阡县国荣乡楼上村、碧江区漾头镇茶园山村被列入省级10个示范性传统村落，向上争取补助资金0.52亿元。

围绕依法治市，切实提高依法行政水平。清理行政权力，制定部门权力清单和责任清单目录。对全市住房城乡建设系统进行行政执法检查，聘请法律顾问。选派干部职工参加住建部、省住建厅组织的各类法律法规培训、执法培训，组织干部职工参加全市学法考试获优秀等次。依法依规办理人大代表主办件7件，办结率100%。

（市住建局办公室）

城市管理

【概况】2015年，全市城市管理干部职工1069人，其中市级318人、县级751人。铜仁市城市管理局内设办公室、综合科、财务和后勤保障科3个科室，设机关党委1个；市纪委派驻纪检组、市监察局派驻监察室；有碧江分局、万山分局、铜仁高新区分局3个正科级派出机构；有5个事业单位，其中有铜仁市城市综合执法支队、铜仁市市政公用设施管理处、铜仁市园林局、铜仁市环境卫生管理处4个副县级单位和铜仁市城市管理信息中心1个正科级单位；有1个直属企业，铜仁市生活垃圾无害化处理有限公司。2015年8月下旬，根据铜仁市委《优化主城区环卫管理体制专题会议纪要》(一届专议〔2015〕7号)、市政府《关于理顺主城区环卫管理工作机制的专题会议纪要》（铜府专议〔2015〕60号）和市委书记夏庆丰8月20日专题调研铜仁主城区沿江步道环境卫生整治工作时的要求，碧江分局、万山分局、铜仁高新区分局3个派出机构的人、财、物分别划入碧江区、万山区政府和铜仁高新区管委会管理，城市综合执法和环境卫生两项职能划转至碧江区、万山区政府和铜仁高新区管理。

【市容秩序管理】2015年联合公安、工商、属地政府等对门店延伸、占道经营、占道作业开展集中整治。1至8月共开展集中整治20余次，取缔延伸门店经营、流动摊点750余个，暂扣各类物品200件；取缔占道经营夜市摊点36处，暂扣各类物品300余件；拆除破损墙体广告6000余平方米、不规范指示牌200余块、大型户外广告26块5000余平方米，清除野广告3000余处；查处渣土运输车辆带泥上路200辆次、商砼运输车辆带泥上路60余辆次，限期整改建筑施工30家、行政处罚30家。从规划、住建、国土等部门各抽调2人、城管抽调6人组建控制和查处违法建设领导小组办公室，下设碧江、万山、大兴三个控违中队，查处违章建筑2654起、占地面积16.4万平方米、建筑面积45.88万平方米、围墙43米，拆除违章建筑2594起、占地面积16.1万平方米、建筑面积45.07万平方米、围墙43米。结合执法体制调整和职责转换情况，对主城区城市综合执法开展常规督查20余次、专项督查2次。同时联合市文明办、整治办对区县开展月考核工作，下发了相关督查和考核通报。

【环境卫生管理】2015年，新建、改建公厕9座，购置环卫督查车1辆、垃圾箱200个；翻新喷漆手推车304辆、亮化垃圾收集房5座，维修大型环卫车辆120余次、垃圾中转站300余次、手推车200余次、垃圾斗20余个、电动车300余次，维修公厕30座、600余次、1300余处；环卫工人每日凌晨5点进行作业、7点进行常规保洁，公路路面和隔离护栏以机械清扫为主，人行道、死角、死面以人工作业为主，清扫保洁率达100%；城市公厕实行24小时免费开放；垃圾清运实行驾驶员承包制，垃圾实现日产日清，垃圾清运率达100%，主城区全年处理垃圾12万吨、处理率达93%以上，全市城乡垃圾无害化处理率达82.33%以上，全市城乡垃圾无害化处理率居全省第7位。9月1日，环卫管理体制下划后，围绕主城区清扫保洁、垃圾清运、公厕管理、河道河岸及沿江步道、环卫设施等开展日常督查20余次、发现问题100余处，编制督查通报5期，对印江县进行暗访1次。

【市政设施建设维护】2015年，铜仁市政府十大功能提升工程百花路整体改造工程全面建成，总投资1018.64万元；木杉河湿地公园栈道及景观工程全面建成，总投资376万元。采取白天检查灯杆、线路，晚上调试灯泡的办法维修路灯2900余盏、更换电缆3000余米、检修控制柜90余次，路灯亮灯率达98%以上，超国标3个百分点。引进沥青路面冷补法，采取冷热互补的方式维修公路破损路面，维修沥青路面37000余平方米，路面完好率达95%以上。日常维修实行计量派工制，施工队伍按照派工单核定的人员、时间和维修内容施工，现场验收后确认工时，修复人行道板2200余平方米、公路中央物理隔离护栏2789米。将路段巡查明确到人，实行上下班交叉巡查，对审批建设内容实行跟踪督查，逐步实现网格化管理。按照年初计划对各区县燃气行业进行检查、对燃气主管部门进行督查，查处违法生产经营行为3起、督促整改安全隐患700余项。

【园林绿化建设维护】2015年，锦江南路、锦江北路、金鳞大道1656株乔木、1787株灌木成功载入电子地图，并植入二维码数据库，市民和工作人员可随时扫描二维码了解树木信息。1月份木杉河湿地公园实现卫生服务外包。全年修剪主次干道及公园绿篱约26万平方米、行道树7800余株，清除杂草3.5万平方米，补栽公园、广场、游园及道路绿化色块苗木16万株、行道树528株，人工抗旱浇水51次900余车，更换公园照明灯炮3000余颗、灯杆153根、电线2600余米、各种配件500余件，维修管道112次、更换配件90余件，补植草皮1800余平方米，清洗三江公园A区沿江栈道26次，巡查文笔峰、架梁山公园40余次，查处破坏绿化违法行为30余次；重要节庆摆放花卉5次20余万盆。大兴新区交通绿岛建设方案编制完成，文笔峰、架梁山山体灯光改造项目前期设计、项目建议书、可研报告完成，笑哈哈国际物流园、蓝波湾房开项目、西外环绿化验收合格。

【十大功能提升工程——百花路整体改造工程全面完工】百花路位于中心血站至水泥厂，由原S305省道铜（仁）修（文）线中的一段改造而成，是铜仁西出的重要通道。该道路在长期的使用过程中，路面坑洞、翻砂等损坏程度严重，车辆过往扬尘四起，市民反映较为强烈，网络戏称“扬尘路”，引起市委、市政府的高度重视，列入2015年市政府十大功能提升工程。

鉴于百花路原为S305省道，实为城市主要干道，铜仁市政府决定将百花路整体改造工程交由市城管局实施。该工程全长2000米、宽22米，按城市次干道标准建设，附属设施有雨水管、人行道、行道树、通信管廊等，总投资1068.14万元，于7月分开工建设，12月全面完工，用时仅5个月。项目实施过程中，按照工期短、用钱少、质量好3个要求，优化建设施工方案、合理使用建设资金、强化工程监督管理，用最短的工期、最少的资金、最好的效果、最优的质量建成了市政道路样板。

（市城管局办公室）

住房公积金管理

【概况】2015年，铜仁市住房公积金管理中心各项工作取得成效。

一、各项业务健康较快发展

1.住房公积金覆盖面扩宽。全市住房公积金应缴单位5138个，应缴职工在岗人数156168人，实缴单位2774个135209人。非公企业缴交公积金209个5921人，其中，新增非公企业30个572人缴存住房公积金。

2.住房公积金归集额大幅增长。全年全市归集住房公积金150539万元，同比增长14.90%，占全年任务数的108.41%；全市住房公积金归集总额为650636.58万元，累计归集余额为462274.28万元。

3.住房公积金使用效能增强。全市审批发放住房公积金贷款6311户、135124.60万元，贷款户数、金额同比分别增长10.40%、8.59%，占全年任务数的112.60%。全年办理住房公积金提取业务32293笔64150.83万元，办理资金量同比增长46.51%。全市累计审批发放公积金贷款37138户、614384.55万元，帮助职工购建住房495.05万平方米，贷款余额为457982.07万元，个贷率为99.07%；累计为职工办理住房公积金提取业务94574笔188362.30万元。

4.住房公积金风险防范加强。全市收回公积金贷款40429.44万元，其中收回逾期贷款47.59万元，累计逾期贷款余额60.45万元，逾期率为0.03‰，与上年同期持平，低于省控指标。碧江、万山、松桃、玉屏、江口、石阡、印江、思南、沿河贷款逾期率均为零。

5.住房公积金增值收益较快增长。1—12月住房公积金业务收入17117.88万元；业务支出6763.01万元，其中，住房公积金利息支出5269.33万元，实现增值收益为10354.87万元。

二、公积金服务效能提升

为更好地服务于缴存职工，适应工作需要，提高中心服务质量，5月28日挂牌成立碧江管理部；加强对管理中心12329热线服务的监管，及时对政策咨询、余额查询、投诉建议等服务进行解答，每月汇总一次服务监管指标信息，及时总结，不断提升公积金管理中心12329热线服务水平；重视公积金管理中心网站业务问答平台舆情工作。针对特殊行业职工、残疾职工等不便到管理部办理业务的缴存职工，积极开展上门服务、延时服务和预约服务；优化服务流程，精减办事环节；做好进驻市行政服务中心有关工作，加大贷款审批发放力度，发挥住房公积金使用效能，彰显住房公积金的住房保障作用和资本带动作用。

三、加强风险防控

组建内审组对各管理部各项业务工作进行内部审计，对存在的问题，提出整改建议，督促各管理部落实住房公积金管理法规，做好住房公积金管理工作，杜绝违规违法行为。加强内部财务监督，对各管理部住房公积金运行情况进行分析，每月按时对账和上报财务报表，并对各管理部住房公积金财务进行监督检查；加强逾期贷款催收管理，严格住房公积金提取审查工作，防止骗提、套取住房公积金等违规行为，全市住房公积金管理规范、安全运行。

【铜仁市12329住房公积金服务热线被省住建厅评为创新奖】全省住建系统创新奖评选结果出炉，铜仁市12329住房公积金服务热线被评为创新奖。

铜仁市住房公积金服务热线电话开通后。市民只需要拨打12329即可足不出户享受住房公积金咨询服务、查询服务以及投诉建议等服务。

公积金热线以上班时间内话务员人工服务、8小时外自助语音提示服务的方式，回答缴存职工的政策咨询。全年系统呼叫6870次，缴存职工询问均得到满意答复，为群众问事、办事搭建新的平台，架起一座密切联系群众的桥梁。

【市公积金管理中心组建“廉政建设办公室”】1月，市住房公积金管理中心组建党风廉政建设办公室，专门负责抓好中心党组党风廉政建设主体责任的落实。

为落实纪检监察工作“三转”要求，中心党组探索落实主体责任的新途径，突出党组履责重点，组建党风廉政建设办公室，抽调一名熟悉党风廉政建设的干部具体负责日常工作。中心形成廉政建设办公室与驻中心纪检组、监察室各负其责，共同抓好党风廉政建设“两个责任”落实的格局，党风廉政建设和反腐败工作得到强化。

【碧江管理部正式对外办理业务】6月1日，市公积金中心碧江管理部正式对外开办业务。

原铜仁管理部负责铜仁市直及碧江区住房公积金各项业务办理，随着住房公积金业务的发展，不能适应形势需要，公积金窗口办件扎堆、拥堵现象时有发生。为优化服务，市公积金中心专题向市编委报告，请求解决办事机构问题，市编委办批准成立碧江管理部。

碧江管理部服务大厅位于铜仁市行政服务中心二楼，设有归集、提取、贷款窗口及缴存职工等候区，主要负责碧江区住房公积金归集、提取、贷款、信息查询和信访投诉等服务。

【市公积金中心机关党委成立】经市直机关工委同意，成立中共铜仁市住房公积金管理中心机关委员会。7月1日，市住房公积金管理中心召开机关党委成立大会，中心全体党员选举产生5名中心机关党委委员。

环 保·旅 游

环境保护

【概况】2015年市环保局以“九个强力”处理好经济发展与生态保护关系。主要完成以下工作：

一、强力推进总量减排工作

加强督查，联合多部门或单独开展减排督查31次，编制年度减排计划，推进重点减排工程建设，市政府组织召开两次污水处理项目建设推进会，确保重点项目得到落实。加大污水处理、水泥、火电等减排企业污染防治设施巡查，推进污水管网建设，开展雨污分流、清污分流改造，生活污水收集率有新提高。加强在线监测设施数据有效性审核、重点污染源监督性监测，重点督促企业自行监测，及时向社会公布监测结果。

二、强力推进环境执法工作

开展“六个一律”环保“利剑”执法专项行动，检查企业1129家（次），发现环境问题797个，下达《责令改正环境违法决定书》566份，立案查处企业103家（次），罚款359.60万元，其中大龙处罚款金额超过100万元。对三和锰业集团鑫旺有限公司、贵州大龙汇成新材料有限公司、贵州省松桃群兴锰业有限责任公司、贵州红星发展大龙锰业有限责任公司分别罚款40万元、38万元、30万元、20万元，并责令企业立即停止违法行为。获贵州省“六个一律”环保“利剑”执法专项行动先进集体称号。深化联动机制，与公安机关联动执法32次，移送案件5起，网上追逃2人，行政拘留1人，批捕犯罪嫌疑人2人，取保候审1人；依法对16家小造纸厂、6家洗涤厂作出停产停业决定；对思南县东方红纸厂负责人黎某行政拘留10日，对思南孙家坝纸厂负责人网上追逃。将拒不履行环保行政处罚决定的贵州石阡大关酒业有限公司、贵州蛮王酒业有限公司、贵州铜仁阳明科技实业有限公司、铜仁天翼混凝土有限公司移交法院强制执行，追缴罚款44万元，落实环保设施建设资金327万元。抓好网格化工作，实现环境监管全覆盖。铜仁市169个乡镇（含办事处），175个居委会、2699个村委会纳入网格化管理，明确每个网格的责任领导和具体责任人。

三、推进污染防治工作

推进科特林水泥厂水泥窑协同处置生活垃圾项目建设，项目实现日处理生活垃圾达100吨。加强机动车尾气污染防治，建成汽车尾气检测站14家，发放机动车环保合格标志80521份，淘汰黄标车4782辆。加强重金属污染防治，争取中央重金属污染防治资金9100万元、省级补助资金345万元。推进油气污染治理，完成147个加油站、1个油库、36台油气运输车油气改造治理工程。开展危险废物规范化管理，建成市级环境应急物资储备库，成功处置松桃硫酸泄漏、万山区苯泄漏事件，大气污染防治工作在全省考核中名列第二名。

四、推进生态环保工作

推进土壤污染治理工作，完成万山区922个土壤样品加密调查，获省级土壤加密调查专项补助资金147万元，江口县创建省级生态县通过省环境保护厅组织专家技术评估；获省级命名生态乡（镇）5个，生态村10个，创成12个市级生态示范村；完成已命名省级生态乡镇（村）村的复查，争取农村环保专项资金7260万元。强化水环境保护，完成189个千人以上集中式饮用水源地划分工作并获省政府批复，通过三峡库区上游及影响“十二五”水污染防治规划项目完成情况考核。

五、推进建设项目管理工作

审批办理项目环评手续1204个，其中市级审批95个，县级审批1109个；验收76个，其中市级验收7个，县级审验收69个。全面清理行政职权和审批服务事项，最大限度下放审批权限，制定《铜仁市建设项目环境影响评价文件分级管理目录》(2015年本)，除应由环保部、省环境保护厅审批和明确规定由市环境保护局审批的项目外，其它项目审批权限一律下放到县级环保部门。开展“未批先建”违法行为整治工作，清理“未批先建”项目310个，停止或取消项目61个，整改224个。开展建设项目环境影响技术评估，受理项目环评技术评估126个，市级项目审批环评技术评估执行率100%。

六、推进环境监测工作

加强监测能力建设，市环境监测站达到国家西部二级站标准，碧江区、松桃县、玉屏县、思南县、印江县、沿河县、江口县环境监测站达到国家西部三级站标准，争取新增建设舞阳河、锦江河2个出境断面水质自动监测站。完成国控污染源监督性监测，每月对各区（县）城集中式饮用水源地、生态功能区考核断面、松桃“锰三角”17个水质断面以及锦江流域水质断面专项监测，中心主城区集中式饮用水源地水质达标率100%。主要河流监测断面符合或优于III类水质标准；加强空气质量自动监测，并适时发布数据。2015年，中心城区空气质量优良率98.10%，在全省增比进位中，铜仁市城镇集中式饮用水指标列全省第一名，较上年提升8名；空气质量列全省第四名，较上年提升2名。获同步小康创建工作先进单位。

七、推进环保工作改革

推进企业信用等级评定改革，在水泥行业评定诚信企业1家，警示企业、守信企业各2家。发布生态环境信息，每日在市属主要媒体发布空气质量，发布方式呈现多元化，发布方式从单一的周报扩展为日报、周报、月报；推进排污权交易试点工作，完成8家水泥企业排污权储备初审，排污储量上挂省环境保护厅排污权交易平台。编制完成《铜仁市土壤保护与污染治理机制（征求意见稿）》并上报市政府。推进环境保护第三方监督、第三方评估机制工作。

八、推进环保宣传、精神文明建设工作

开展“6.5”世界环境日宣传活动，传播和弘扬生活方式绿色化理念。创建绿色学校、绿色社区，创成省级绿色学校达12所，市级绿色学校36所、绿色社区28个。加强信息编发力度。通过网站发布信息887条，同比增长18.30%，开通微博微信平台，被中国环境报社评为先进单位。获创建全国民族团结进步示范市单位称号。政协提案办理工作连续3年获先进单位。

（市环保局办公室）

旅游发展

【概况】2015年，铜仁市旅游行业认真贯彻落实全市经济工作会议、全市旅游工作会议精神，紧紧围绕“四化同步”发展战略，深入推进“自驾游服务年”行动方案的实施，积极谋划“高铁时代”现代旅游，加快推进重点旅游景区建设，积极推动旅游跨界融合，着力深化旅游体制机制改革，强势推进旅游市场宣传营销，做到了步调一致、节奏合拍、重点突出、推进有力。

一、产业规模不断壮大，综合实力明显增强。

全市旅游业加快转型发展，旅游经济指标快速增长，产业地位明显提升，产业实力不断增强。2015年全市接待游客3100.02万人次，同比增长22%；实现旅游收入240.18亿元，同比增长23.5%，分别是2010年的3倍、4倍，年均增长25.3%、32%。旅游收入增速连续5年位列全省第三。全市旅游收入增加值达72.26亿元，占全市GDP的9.5%。旅游业态不断创新，旅游景区景点建设工程取得新成就。2015年，梵净山景区荣膺“全国生态旅游示范区”，梵净山、石阡、思南获得省级度假区试点单位，新增A级景区4家，其中4A级景区两家（江口云舍、石阡佛顶山）、3A级景区4家（德江高家湾、玉屏屏山公园、石阡五德桃源、江口鱼粮溪），全市A级景区达21家。国家级风景名胜区增加到3个，国家级自然保护区3个，国家地质公园1个，国家地质矿山公园1个，国家湿地公园7个。星级旅游饭店38家，其中四星级9家；旅行社21家，旅游服务中心2家；持证导游1200多名，旅游运输企业6家，乡村旅游接待点达210余个，农家乐经营户1680家。带动社会就业21.3万人，受益人数40.1万人。

二、旅游产品日益成熟，核心竞争力全面提升。

旅游投入的不断加大，全年完成投资24亿元，加快旅游产品的开发和利用，核心竞争力不断增强。深入实施全省“100个旅游景区”建设工程，全力推进梵净山、九龙洞等重点景区提质升级，思南石林、九天温泉、亚木沟、寨沙侗寨、玉屏茶花泉、德江洋山河等一批新景区、新产品精彩亮相，全市有15个景区先后进入全省“100个旅游景区”行列，梵净山列入世界自然遗产预备名录，万山汞矿遗址列入世界文化遗产预备名录。通过实施“四在农家、美丽乡村”基础设施建设行动计划，建成市级乡村旅游示范点共20余处，创建国家级休闲农业和乡村旅游示范县和示范点各1个，省级休闲农业和乡村旅游示范点7个；74个行政村被列入全国乡村旅游扶贫试点村，18个行政村列入全省乡村旅游转型升级示范村；18个农业示范园区打造成星级景区，农旅融合有了新突破。开发建设一批森林公园、湿地公园、农业公园和各类主题广场，景城融合迈出新步伐。开发了万山汞矿遗址、思南安化古街、石阡万寿宫古建筑群等一批遗址观光与文化体验旅游产品，文旅融合有了新进展。

三、基础设施加快完善，旅游服务实现新突破。

以交通为主的旅游基础设施建设的极大改善，市内旅游交通不断完善，先后建成的梵净山环线公路、江梵旅游公路及复线，九龙洞、苗王城、思南石林等重点景区旅游公路，实现旅游交通的无缝衔接。全市城区、高速公路、景区的旅游交通标识系统初步完成，车站、景区、高速公路服务区游客服务功能逐步完善，星级饭店、主题酒店、商务宾馆、休闲娱乐场所遍布全市，建立了较为完整的旅游服务网络。强力推进“厕所革命”，2015年全市新建（改扩建）旅游厕所84座，分别被国家旅游局、省旅游局表彰为全国、全省旅游厕所建设先进市。

四、旅游营销深入开展，市场拓展取得新成效。

坚持“高端展示、受众对外”，在央视等主流媒体黄金时段，沪昆高速、杭瑞高速等重要路段宣传展示“梵天净土·桃源铜仁”文化旅游品牌形象。加强重点客源市场营销，通过“走出去、请进来”等方式，大力巩固省内及湘渝川客源市场，重点开发长三角、珠三角旅游市场。加大区域合作，强化活动营销，策划推出“季季有主题、月月有活动”，加大了对“梵天净土·桃源铜仁”品牌以及以梵净山为核心的旅游产品推介，铜仁旅游产品在国内外的影响力和吸引力显著提升。

五、旅游行业治理水平稳步提升，人才建设取得新成效。

积极扶持和培育市场主体，制定实施《铜仁市促进旅游产业发展奖励办法（试行）》，加大对旅行社、A级景区、星级饭店、旅游车队等涉旅企业的扶持和奖励。市财政全年累计发放扶持奖励资金100万元，争取中央、省奖励补助景区建设、乡村旅游发展资金2878万元；协调落实星级饭店用电优惠政策，全年为全市星级饭店节约运营成本近1000万元。建立健全旅游协会组织，市县成立了旅游协会，促进企业间抱团发展，客源组织能力显著提高，市场开拓能力极大增强。大力开展人才培育工程，持续举办旅游饭店、乡村旅游从业人员、导游（讲解）员培训，累计培训人数1000余人次。景区、酒店积极引进专业管理团队，提升专业化服务水平。大力加强旅游市场规范治理，加大对旅游企业、旅游场所经营服务行为、安全生产的监督和指导，全市全年未发生一起旅游安全责任事故，旅游市场实现了“质量、秩序、安全、效益”四统一目标。

【铜仁全域旅游日益凸显】铜仁市

加快旅游业与现代农业、城镇建设、民族文化、信息产业的融合发展。按照“园区景区化、农旅一体化”工作目标，玉屏茶花泉、江口鱼梁溪农业公园、松桃正大茶园的农业园区进一步提升旅游服务功能，成为具有较高知名度和市场吸引力的热门旅游景区。在景城融合上，加大了梦幻锦江、印江美女峰、思南兽王山等城市公园项目建设。在文旅融合上，加快大明边城、云舍历史文化名村、思南安化古街等景区建设，打造了“云中仙舍”“月上寨沙”、苗王城绝技绝活等民族歌舞表演。在旅游业与信息化融合发展上，推进梵净山、九龙洞景区智慧景区建设步伐，苗王城景区与驴妈妈旅游网开展全面合作，开创“互联网+景区”模式。

【节庆活动聚集人气效果显著】 市、区（县）上下联动，精心组织，持续开展“季季有主题、月月有活动”，共举办60余项文化旅游活动。其中，“美丽梵净山·铜仁过大年”系列活动、中国梵净山生态文明与佛教文化论坛、碧江端午龙舟大赛、环梵净山国际公路自行车大赛等节庆活动成为铜仁文化旅游的闪亮名片，在省内外具有较高的知名度和吸引力，营造了良好的旅游氛围，助推入铜游客的持续攀升，旅游市场初步形成了高潮迭起的良好局面。

【大交通引领大旅游】 沪昆高铁贵州东段2015年6月18日开通至12月，旅客进出量达到54.4万人次，在全省高铁站点中名列第三。铜仁凤凰机场元至12月旅客吞吐量突破34万，比2014年翻一番。暑期后，梵净山、苗王城等景区游客接待量较往年同期增长了40%以上，重庆、广州等重点客源市场游客稳中有升，沪昆高铁沿线的上海、长沙、怀化、贵阳等城市游客增长较快。大量游客的涌入，促进了梵净山环线乡村旅游的持续火爆，“黄金周模式”成为梵净山旅游新常态。

（办公室）

梵净山保护区管理

【概况】 2015年，贵州梵净山国家级自然保护区管理局紧扣加速发展、加快转型、推动新跨越主基调，切实坚守发展与生态两条底线，坚持以推进生态文明建设为主线，统一思想和行动，凝聚智慧和力量，推进了保护区可持续发展，完成全年各项工作任务。

一、依法加强保护与管理，维护生态安全

1.坚持依法治林，强化林政执法管理。保护区管理局围绕保护第一的思路，推进依法治区进程，建立健全执法队伍内部监督约束机制，加大资源林政执法监管力度，坚持打防并举，确保自然资源健康持续发展。按照上级统一安排部署开展森林资源保护专项整治活动，坚持文明规范执法，加大对林业行政案件的执法监督及查处力度，严厉打击破坏森林资源的违法行为，公开曝光典型案件，开展以案说法，增强警示震慑效果，有效保护区内生态资源安全。全年发生林业行政案件7起（其中黑湾3起、印江4起），查处7起，查处率100%。累计损失苗木92株，没收苗木92株，损失林木5.5038立方米，损失林地0.02112公顷，罚款13884元，行政处罚人数9人，处罚单位1个（铜仁市水文局建站打桩）。

2.森林公安队伍依法充分履职。为认真加强和创新社会管理工作，打击涉林违法犯罪活动，保护区森林公安机关按照上级部门的安排部署，结合保护区林区治安出现的新情况、新问题，坚持打防并举，标本兼治，忠实履职尽责，积极开展“枪爆物品大清查”“禁种铲毒“、“雷霆行动”、森林保护“六个严禁”等各项整治行动，进一步打击各类破坏资源的违法犯罪活动，有力震慑了犯罪分子嚣张气焰，有效保护森林资源，维护林区社会秩序稳定。全年接（处）警92次，出动警车227台次，警力480人次。受理各类案件24起，侦破、查处21起（其中立刑事案件8起：侦破5起，起诉4起5人，刑事拘留3人，行政拘留2人，采取强制措（取保候审）1起3人；未破3起：护国寺盗伐林木案，收缴杉圆木3.3030立方米、“控沟”非法猎捕、杀害濒危野生动物案、马槽河卡边盗伐楠木案）。林政案件7起，查处7起，行政处罚16人、治安案9起，处理9起（其中治安调解4起15人），罚款12054元；处理交通事故6起；处理野外违章用火3起。救助类警情59起。找回走失游客6人，找回游客遗失丢失现金19550元，找回游客丢失手机11部台、相机1台、金戒指2枚，车钥匙2提，救助野生动物4只（其中金丝猴2只、猕猴1只，毛冠鹿1只）。检查清理木材交易市场、经营加工场所8处，清理野生动物驯养繁殖场6处、涉嫌经营野生动物的宾馆、餐馆等场所22家。根据“提前介入，有序开展，确保安全”的工作原则，共参加重要节假日和各种重要活动警卫任务的安全保卫工作35次，出动警力626人次，警车106台次，圆满地完成节庆假日和各种重大警卫任务的安全保卫工作。

3.切实抓好森林防火工作。保护区管理局认真执行“预防为主，积极消灭”方针，确立“隐患险于明火、防范胜于扑救、责任重于泰山”的指导思想，认真落实森林防火责任制，与江口、印江、松桃三县建立森林防火工作信息共享、部门联动的协作机制。分别与3个管理总站、6个公司签订了森林防火目标责任书，明确责任范围和责任人，落实具体的森林防火工作任务。落实森林防火各项预防措施，开展防火宣传教育和野外巡护检查，加强值班调度、气象监测和物资贮备，保持信息畅通，运转高效，采取多种措施，突出重点时节、重点地段、重点时期火源的管理，根据不同气候条件适时发布森林防火通告及禁火令。在森林防火重点时段、清明节紧要期，认真开展隐患排查，查找薄弱环节，督促整改。加大火源管理力度及增加巡护工作任务，对重要路口路段，采取了派人蹲点、守候等有针对性的防范措施，在紧要期的重点时段，对重点地区、重点路口进行了设点守候和防范，切实做到山林有人巡、卡点有人守、坟区有人看、路口有人守，及时发现和制止燃放烟花爆竹、上坟烧纸、农事用火等行为，确保森林防火工作不留死角。实现梵净山国家级自然保护区全年未发生重大森林火灾。

4. 健全内部管理机制，促进规范高效运转。加快保护区的建设和发展，在日常工作中实行目标管理责任制，强化制度约束和监督考核机制，规范办事程序，把政务工作重要事项及政务工作职能、办事程序公布于众，维护人民知情权利，方便群众办事、接受群众监督，完善《首问负责制》《岗位责任制》《限时办结制》等多项工作制度。并严格实施上下班考勤制、因病因事请销假制、外出办事报告制等管理制度，认真执行防火值班、车辆管理、野外巡护、科研监测、档案管理等工作制度。严格执行部门预算制度和“收支两条线”管理规定，严格执行政府采购的各项规定，有效防止了违纪违规行为的发生，确保了资金运行健康。通过建立健全各项规章制度，形成用制度管人、管事、管物的有效管理机制，保护区干部职工增比进位意识明显提高，工作能力和管理能力得到明显提升，如林业行业决算工作成绩突出，被评为林业行业决算报表和省级部门决算先进单位，受到省林业厅通报表彰。

二、林业重点工程建设稳步推进

2015年，保护区管理局认真贯彻执行国家、省有关天保工程政策精神，坚持以保护培育天然林资源为中心，加大森林管护力度，实现森林资源可持续发展，创新探索的天保管护新模式、新机制。为确保天保工程建设质量和资金使用效果，保障梵净山国家级自然保护区管护工作及时有序展开，自然资源得到有效保护，保护区天保工程严格按照《天保工程森林管护实施方案》相关规定，认真对照天保工程二期实施情况核查要求，对保护区天保工程二期实施情况和2014年度工作进行自查。全年到位资金491.26万元（其中国有林管护补助233.30万元、生态效益补年偿基金243.96万元、社会保险补助12万元、政社性补助2万元），此外有省林业厅追加61.7万元（政社补助15.1万元、森林管护费46.6万元），使用国有林管护补助为主的的资金195.44万元用于124名天保护林员、森林保安巡护补贴及相关社会保险等。开展生态效益补偿基金兑现工作。顺利完成梵净山自然保护区内的森林资源连续清查第七次复查工作。通过省级和市级培训，保护区管理局根据自身实际情况并结合贵州省森林资源“二类调查”技术规程，分四个工作组全面启动了第四次森林资源规划设计调查工作。

认真落实工程规划和国家有关政策，一是完成保护区2013年公益林补偿基金兑现的核查工作和2014年度公益林管护核查工作以及2014年度公益林管护自查自纠工作。二是组织实施保护区165311亩集体林公益林补偿基金的兑现工作，共兑现生态效益补偿基金2438337元（其中有89亩因林权纠纷未能兑现），兑现率达99.95%。三是完成对梵净山保护区2015年度国家级重点公益林631543亩生态补偿基金的申报，申请森林生态补偿基金480.72万元，全部为中央财政补偿基金。四是组织完成梵净山保护区公益林管理系统基础数据录入、梵净山保护区公益林相关基础数据的复核认定工作并呈报省厅。五是完成对2015年度公益林管护核查、2014年度补偿基金兑现核查和2015年度补偿基金兑现的工作安排。全年森林生态效益补偿基金的使用符合专项资金使用规定，未发生挪用、截留等现象，资金管理和使用运行正常。

三、全方位开展交流合作，提升科研监测能力

为建设现代化研究型保护区，促进保护区科学研究能力建设，保护区管理局利用资源优势，结合大专院校和各科研院所的人才优势，加大引智工作力度，为加强机构能力建设、强化保护区资源管理、增强社区群众的保护意识、发展周边社区经济，围绕保护区规范化发展主题，先后与美国圣地亚哥动物园、美国圣地亚哥州立大学、英国伦敦动物协会等国际机构和中科院动物研究所、贵州大学、深圳仙湖植物园、铜仁学院等多家国内科研单位广泛联系、深入合作，开展彼此间多角度深层次的互动交流，建立长期的人员互访机制，共同促进研究合作和野生动植物保护工作。同时，为减少保护管理的盲动性，实现更有效的保护，切实强化科研监测，依据《国家陆地生态系统定位观测研究站网管理办法》（林科发〔2014〕98号）有关规定开展生态站建设与运行工作，围绕数据积累、监测评估和科学研究等核心任务，严格执行相关技术标准规范，通过国家林业局的初步审查、现场考察、专家论证，贵州梵净山森林生态系统国家定位观测研究站符合入网要求，2015年12月被国家林业局批准加入国家陆地生态系统定位观测研究站网生态站名录。可行性研究报告经省林业厅组织的专家审查，上报国家林业局待批。

2015年，保护区管理局开展二次本底的植被、苔藓地衣、湿地资源、鸟类、两栖爬行、小型兽类等各项调查和研究工作。梵净山第二次本底资源调查的《中国梵净山大型真菌》一书正式出版。完成两栖爬行类动物、土壤、小型兽类、鸟类、鱼类、蜘蛛、中草药等项目的野外调查工作，相关文稿、图片进行编辑校对后送交出版社。与贵州科学院生物研究所合作，完成对黑湾河、盘溪河、牛尾河、肖家河、余家沟、牛角洞、大河等区域的水质监测和两栖动物多样性监测，为“两栖爬行动物多样性”一书的分子测序部分提供大量的样本。对“远红外相机监测梵净山林下隐蔽性动物”项目完成验收工作，在保护区实验区和核心区周边新装红外相机43台，全年获取红外照片82968张，视频13354个，收集到黔金丝猴、藏酋猴、猕猴、黑熊、野猪、白颈长尾雉、红腹角雉、红腹锦鸡、豪猪、猪獾、狗獾、豹猫、黄鼠狼、苏门羚、毛冠鹿、鸟类和鼠类等野生动物的大量信息。开展野生动物疫源疫病调查与监测工作，救助野生动物5起，救助黔金丝猴2只、猕猴1只、藏酋猴1只、毛冠鹿1只、蛇雕1只，顺利救活野生动物4只，放归1只。按时完成野生动物疫源疫病监测网络上报，全年未发生野生动物疫源疫病情况。

四、生态文明宣传教育工作迈上新台阶

梵净山国家级自然保护区森林覆盖率达95%，大气、水源、土壤、环境均无污染，空气中的负氧离子含量最高值达12至16万个/立方厘米，吸引着越来越多的海内外游客前来旅游度假。在10

月中旬湖北武汉市举办的“2015中国森林旅游节”的中国森林氧吧论坛高峰论坛上，通过邀请植物、生态、景观、旅游等方面专家，对森林区域的负氧离子浓度、空气清新度、自然景观优势、休憩服务条件和交通便捷度等指标进行评价，尤其是对负氧离子、空气颗粒物、空气细菌含量等森林健康因子进行定量的科学评价，梵净山自然保护区成功入选国家林业局公布的首批“中国森林氧吧”榜单，被遴选推介成为全社会森林体验、休闲养生的中国森林精华之地。

为弘扬生态文化，实现生态旅游发展和生态建设的良性互动，筹办好梵净山论坛生态文明主题研讨会和编辑“梵净山”专辑，更好地加强对梵净山国家级自然保护区生态旅游自然资源、生态环境的宣传保护，通过积极对接邀请，促成中国人与生物圈国家委员会秘书处分别于3月、4月两次组织中国人与生物圈国家委员会部分专家、学者20余人次来梵净山实地考察，并与铜仁市委、市政府进行座谈交流，对铜仁市生态建设保护特别是梵净山生态保护管理等提出了建议意见。6月28日至30日，2015梵净山中国“人与生物圈计划”战略研讨会召开，中科院院士、中国人与生物圈国家委员会主席、北京大学原校长许智宏等领导、专家出席并作主旨演讲。许智宏主席为中国人与生物圈国家委员会梵净山培训基地授牌，梵净山成为全国第二家中国人与生物圈国家委员会“中国生物圈保护网络（CBRN）成员培训基地”。研讨会上，与会人员围绕中国世界生物圈保护区战略目标及行动方案进行讨论。中国人与生物圈委员会有关领导、专家，来自全国各地的有关保护区管理局负责人参加研讨会。梵净山保护区管理局按照组委会要求所做的相关服务、对接工作得到参会人员、市委、市政府领导的充分肯定。

为提高社区群众保护意识，保护区管理局积极开展生态文明理念普及工作，先后在松桃县桃花源村小学、牛角洞组举办黔金丝猴主题野生动物图片展、“小小绿卫兵”俱乐部等活动，让社区农户了解红外相机在保护和监测野生动物的功能，讲解野生动物保护常识。相继与伦敦动物协会强化合作，签订谅解备忘录，旨在进一步的加强水质监测和大鲵保护方面的工作；与伦敦动物协会和三特公司一道策划在梵净山景区进行大鲵保护的宣传教育活动；与圣地亚哥动物园合作在太平镇中心小学举办“小小绿卫兵”梵净山亲子游活动，选取30对家长和小学生，在保护区工作人员和志愿者的带领下，感受梵净山的物种多样性，并接受教育。积极支持和配合、参与市委、市政府组织的梵净山申报世界自然遗产的相关工作，负责专家考察线路的选择、陪同等工作，2015年共接待国内外专家50余人次，为申遗工作奠定基础和创造条件，同时全方位展示梵净山。积极支持和配合、参与市委、市政府组织的梵净山创建5A级景区的相关工作，与三特公司一道基本完成梵净山自然保护区生态旅游区内的责任与任务分解目标。经认真研究，回复省政协民主党派提案1件，回复市政协委员提案2件。

五、着力加强安全生产监管，确保生态旅游有序进行

2015年，保护区管理局坚持以科学发展观为指导，奉行以人为本、安全发展的理念，始终把人民生命安全放在首位，强化安全生产的“底线”思维和“红线”意识，进一步强化安全生产"一岗双责"，根据“谁主管、谁负责”的工作原则，结合保护区范围的具体实际，将安全生产工作指标任务细化、量化，层层分解，落实到人，与各总站、区内企业负责人签订安全生产目标责任书，明确了各责任人的安全工作任务和内容，完善了安全生产工作责任制和事故追究制，强化各单位负责人的安全责任感，提高了广大干部职工及区内从业人员的安全生产意识，安全工作有了纪律要求，保障了入区游客观光和考察的生态旅游安全。

为有效防范和坚决遏制重特大事故发生，促使安全生产各项工作任务落到实处，把集中开展大检查作为保护区安全生产工作的首要任务，按照“全覆盖、零容忍、严执法、重实效”的总体要求，切实认真地开展了“安全生产月”以及今冬明春等各项安全生产大检查工作，广泛地悬挂横幅、张贴海报，向社区群众、景区职工和广大游客宣传安全生产知识和旅游安全须知，提高安全防范意识。根据辖区内的实际情况，为确保节日期间的安全，进一步坚持安全生产检查日常化，狠抓安全生产大检查和隐患整治，狠抓森林防火工作，狠抓大型活动和森林旅游安全。重点对区内的龙泉圣景怡心苑、梵净山生态植物园开发有限公司、武陵景区管理有限公司、三特观光车有限公司等多家企业进行安全生产大检查。经安全生产工作检查人员进行的涵盖森林防火、特种设备、道路交通、景区营运、建筑施工、地质灾害、消防安全等全方位日常性检查、重大节日的检查、企业专项检查，有效杜绝了安全生产事故的发生。经过精心组织，周密安排，认真分析和总结往年节假日旅游高峰期游客集中入区旅游形成爆满的形势，制定各节假日工作方案、应急预案等，根据工作方案狠抓措施落实，圆满完成全年各节假日的旅游安全，确保区内无重大安全事故的发生，同时也杜绝徒步旅游者从非旅游区进入保护区旅游造成对森林资源及生物多样性的破坏。通过全面落实安全生产责任制，加强安全生产的监督管理工作，全力营造了“遵章守法、关爱生命”的良好氛围，安全管理制度进一步完善，安全责任进一步明确，切实保障了入区生态旅游宾客的生命财产安全，较好的完成全年安全生产工作的目标任务。

六、多措并举开展社区帮扶与项目建设工作，促进林区协调发展

为促进社区建设和发展，保护区管理局进一步加强与社区乡镇、村组的联系与沟通，累计支持梵净山、峰坝、净河、桃花源村等周边社区基础设施建设资金10余万元，帮助社区村组解决建设和发展难题，改善了社区群众生产生活条件，增强周边群众脱贫致富能力。积极协调配合相关部门开展好各类项目工程建设，在保护区周边社区组织实施了2014年度节材改灶项目，完成项目投资9.66万元，共发放电磁炉233套，惠及保护区所涉3个乡镇4个行政村12个村民组233户社区群众880人。据测算，可减少价值118余万元折合约3960立方米的森林资源消耗，提升梵净山保护区及周边社区节能意识，社会反响积极，进一步密切了保护区与社区关系。同时，进一步增强群众爱护环境、保护资源、节约能源的意识，提高能源利用效率，有效保护自然资源和改善社区环境，创建生态文明示范保护区，通过积极争取并申报完成梵净山保护区2015年度的节材改灶项目，获得项目资金10万元。进入实施方案编制、社情调查、项目实施筛选、采购手续办理、物资采购以及节能宣传碑牌的制作阶段。多渠道筹措资金，加快基层站所基础设施建设步伐。总面积866平方米、总投资为135.332万元的坝溪和河口两个管理站管理用房工程建设相继竣工并通过验收。投资73.147万元的徐家沟管理站433平方米的新建站房及附属工程建设也竣工并通过验收。投资50.00万元的平定管理站站房主体工程建设正进行站房装饰装修、水电安装、室外平整硬化等附属工程建设。投资19.63万元拆除和新建了试验场旧围墙（危墙）、投资5.05万元建设了试验场救护中心围栏、投资6.91万元完成河口管理站新站房的堡坎建设。通过做好这些工程项目的资金争取和规划建设工作，努力解决好基层一线干部职工最关心、最直接、最现实的利益问题，逐步改善基层管理站所工作生活条件，促进基层干部职工认真履职尽责，安心基层工作，为生态文明建设事业建功立业。

（办公室）

交通·邮政·通信

交通运输

【概况】2015年，全市交通运输发展实现“三超一赶”目标，即完成交通固定资产投资176亿元，超过全省144亿元平均水平；高速公路通车里程达595.60千米，超过全省555千米平均水平；普通国省干线二级以上公路建成337千米，超过全省200公里平均水平，建制村通畅率达到75.8%，赶上全省75%的平均水平。

一、基础建设持续加快

全面完成全市交通运输“十二五”规划目标任务，交通基础设施从瓶颈制约阶段迈向基本适应阶段。

1. 高速公路建设项目。沿河至德江、江口经石阡至瓮安高速公路建成通车，完成投资108.66亿元，其中，沿德高速完成投资48.83亿元，12月30日正式通车，江瓮高速完成投资52.18亿元，12月31日正式通车，松铜公路后续工程完成投资6.70亿元，德江至务川高速公路启动征地拆迁和控制性工程开工建设，完成投资1.50亿元。实现县县通高速公路，高速公路里程从“十二五”初的28千米增加到595千米，拥有高速公路出省通道4个，占全省的4/15。

2. 国省干线提级改造项目。由市交通运输局组织实施的S303德江县城至共和港口、G320线大龙至玉屏段、S203思南县城至灯油坝、新增S201玉屏至板凳寨、新增S103万山郭家至黄道公路、S304松桃孟溪至新民、S305江口潘家坝至凉亭坡公路7个133千米国省干线改造项目顺利推进，建成96千米，完成投资12.70亿元，占年度目标任务的100%。新民至印江县城、德江圣溪坳至梅子坳、思南大岩关至汪家沟、思南灯油坝至塘头、石阡板桥至冷龙、沿河李溪至德江圣溪坳6个、227千米国省干线改造项目，建成184千米，共完成投资14.80亿元，占年度目标的100.3%。

3. 农村公路建设项目。2015年全市新建县乡道提级改造49.40千米，通村油路建设项目506个3083千米。

4. 客运站（场）和公共交通设施建设项目。建成乡镇客运站42个，完成投资3360万元。建成玉屏、思南、松桃、德江、石阡，江口、万山7个二级客运站，完成总投资5.03亿元。主城区新增公交站点99个，完成投资29.11万元，出租车停靠点59个，完成投资7.79万元，新建城区公交综合停保场一个，完成投资7800万元。

5. 水运建设项目。思林、沙坨水电通航设施建设分别完成投资0.75亿元和1.05亿元，思林电站设施建成、沙坨电站设施建设进入扫尾阶段。实施完成乡镇渡口100道，实施便民码头6个，建成5个。锦江航运工程完成前置手续办理，部分项目实质性开工。

二、行业管理迈上新台阶

1. 质量管理。探索创新质量监督方法，严格推行施工标准化、首件认可制、启动建设智慧质监平台、社会监督管理办法，聘请社会监督员734人，覆盖项目393个、乡镇141个，覆盖率达90%以上。

2.公路养护管理扎实有效。创建生态文明示范路803.10千米，投入农村公路养护资金3759万元，水毁抢修资金2490万元；利用公益性岗位安置、低保群众参与、公路沿线村民家庭承包等模式落实养护人员3068人；制止违法建筑4344平方米、拆除违法建筑260平方米；查处超限车辆869台、超限率为2.80%。

3.公路运输管理不断加强。组建铜仁市智慧交通投资管理有限公司，公路完成客运量7088万人、旅客周转量655500万人/千米、货运量3271万吨、货物周转量620200万吨/千米。建制村通客车率为87.04%，增长率为1.20%。

4.水上运输管理。完成碧江、思南、德江、石阡、江口区县海事航务整合。开通运营锦江水上公交。思南完成第一艘500吨级LNG双燃料集装箱船舶建造检验工作，并于11月初在思南成功下水。

水运完成客运量680万人；客运周转量1308万人/千米；货运量143万吨；货物周转量42000万吨/千米。

5.安全生产管理。水上交通安全和交通工程建设施工安全保持零事故、零死亡，实现连续第15个水上运输平安年；生产经营性道路交通安全发生事故4起，死亡5人。

（办公室）

公路·路政

【概况】2015年，铜仁市公路处围绕建设群众满意公路，实行精准发力。在通村沥青（水泥）路建设方面，提前启动实施年度建设计划，多渠道筹集建设资金，保障年度目标任务的顺利完成。在公路管养方面，以示范创建带动全面管养，以机制创新助推提质增效，全市农村公路管养工作取得显著成效。2015年，铜仁市公路处被交通运输部评为“农村公路养护与管理先进集体”，省公路局评为“2014—2015年全省农村公路管理养护第一名”；市直机关工委评为“五好基层党组织”。

一、工程建设提质增效

总投资206574万元，完成通村沥青（水泥）路建设项目448个3082.90千米，建制村通畅率达75.90%，赶超全省平均水平。总投资36255.40万元，完成省下达养护工程2125.12千米。在省公路开展的各次督查工作中均名列前茅。

二、是养护水平全面提升

全市农村公路养护指标PQI中等路率县道沥青（水泥）路达62.80%、乡道沥青（水泥）路达59.99%、无铺装路面好路率县道达92%、乡道89.70%、村道98%，超额完成上级下达61%、57%、75%、70%、65%以上的养护指标。创建生态文明示范乡镇10个、生态文明示范路63条813千米。

三、路产路权有效保护

在全市范围开展为期一年的农村公路专项整治活动，车辆超限运输、建筑控制区内违规建房等治理工作取得成效，路产路权得到保护。全年全市路政执法立案、结案25起，车辆超限运输率为2.70%，比省下达目标任务下降了0.80个百分点。

（办公室）

邮　　政

【概况】2015年，围绕“三抓一强化”工作思路，依靠“信心、责任、落实、推广”八字工作法，推进体制改革和机制创新，加快发展方式转变和业务结构调整，各方面工作都取得新成绩。

一、注重长远发展，企业经营平稳健康推进

1.收入规模更加壮大。2015年，全市邮政累计完成业务收入22135万元，同比增长3.32%，收入绝对值同比增加710万元，完成省公司计划的97.20%。其中，邮务类业务完成收入5904万元，同比增长2.65%，占总收入的比重为26.70%，收入绝对值同比新增152万元；代理金融类业务完成收入14200万元，同比增长2.80%，占总收入的比重64.10%，收入绝对值同比新增387万元；包裹快递类业务完成资费收入1438万元，同比增长33%，占总收入的比重为6.50%，收入绝对值同比新增356万元；其他业务收入完成593万元，同比下降23.90%，占总收入的比重为2.7%，收入绝对值同比减少185万元。全市邮政业务收入规模继续保持全省第五位。

2.经营质量稳步提升。全市邮政完成收支差额253.68万元，同比增加873.67万元，控制在省公司规定的范围内。资产负债率为59%，同比下降15.39%，资产负债率更趋合理。企业利润控制较好，期末货币资金存量新增868.16

万元，同比增长35.65%。国有资产保值增值率为107.95%，同比增长6.49个百分点。全市邮政办公费、会议费和业务招待费同比大幅下降29.41%。全年催缴各类欠款893.72万元。全员劳动生产率从2014年的22.79万元提升到24.43万元。员工年收入同比增长20%，一线员工增长达到25.50%。

3.专业经营更趋主动。全市净增余额40021万元，新增余额绝对值全省排名第三位。截至11月，新增市场占有率为9.40%，全省排名第一位。全市邮政代理储蓄余额规模整体达到78.65亿元，排名全省第四位，规模市场占有率为15.10%，全省排名第1位。包裹快递业务上门揽收能力不断增强，包裹寄递量逐月增长。全年协议客户收入514万元，同比增长196%，业务量同比增长328%。标件业务实现收入1120.60万元，同比增长43.40%，增幅全省第一。“二代证”项目继续保持良好发展态势，累计完成117556件，实现收入105.80万元，同比增长19.60%，收入绝对值全省第二，其中快证占比达36%，全省第一。松桃、印江两县分公司单项收入规模突破20万元。通过整治，全市包裹快递及时投递率由前三季度的全省挂末上升到年末的全省第六位，城市当日妥投率由全省倒数第二上升到全省第四位，四季度PDA实时反馈率列全省第二位，达到省公司90%考核标准。此外，还获得铜仁市年度优秀快递企业称号，获奖10万元，同时荣获出铜产品补助最高奖，获奖18.26万元。包裹快递专业获全省业务发展综合考核第二名。增值业务邮信通项目全年新增用户27万户，实现收入1717万元，占专业收入的64%。石阡、印江、思南、碧江等区县分公司进军农村电商市场。邮保通业务与人保、人寿财险和平安保险建立合作关系，警邮业务在火车票销售全市新增22个代售点。函件业务“3·15”项目开发客户数196家，同比增加61家，实现收入79.70万元。百礼汇礼品册项目以节日礼品、客户维系和员工生日慰问为切入点，实现收入36.60万元。“儿童商演剧”项目收入15.70万元。报刊业务完成报刊大收订流转额3812万元，完成计划的106.78%，其中党报党刊同比增收14%，行业报刊同比增收6%，大收订缴款率达到95%。在全省的专业发展评比中，报刊专业位列全省第一。集邮业务组织集邮品鉴会，实现收入206万元。开展“抗战70周年”邮票首发活动，销售抗战主题邮品51万元。碧江区分公司开发龙舟节嘉宾礼品邮折2000本，玉屏县分公司开发纪念玉屏萧笛巴拿马获奖100周年个性化邮折1000枚，江口县分公司组建集邮协会，专业局在铜仁学院建成全市首家青少年集邮活动示范基地。

4.改革创新力度加大。改革包裹业务局，剥离经营职能，成立揽投业务局，抢抓现业包裹快递业务发展。加强营销体系建设，将客户服务部由原来的归口邮务局转归市场部，出台《营销岗位定岗定级管理办法》，提升营销岗位绩效管理水平，强化总部项目开发。整合11183、11185客户服务平台，纳入监督保障部与业务档案归并管理，省公司、省速递物流公司考核的相关重点指标，从全省第9跃升到全省第2位。组开铜仁至印江、思南、石阡、德江、沿河夜间二频次环线邮路，全程高速。加大对代理金融业务转型发展能力的支撑，配齐代理金融网点人员。创新干部考核方式，实行干部末位考核，对考评后三名分别作出戒勉谈话和撤职处理。

二、注重能力建设，企业管理更加精细

1.财务管理。强化财务基础管理，健全规章制度，确保财务信息质量。严肃财经纪律，细化各项指标，加强收支合法性管理，确保财务制度和财经纪律的权威性和严肃性。规范财务核算，认真审核原始票据，细化财务报账流程。强化经营支撑，抓好降本增效工作，加强对经营发展和能力建设的支撑保障。强化现金管控，加大对非生产性成本费用的管控和欠费管理力度。组织市公司各部门培训，确保ERP系统顺利上线。加强与税务部门协调，减免相关税赋35万元。

2.人力资源管理。通过优化流程、科学排班、工时管理以及业务外包等手段，盘活人力资源，面向社会招聘48位B类工，有147位劳务工转聘为合同工，省级劳模、松桃县分公司投递员孟文彪破格转聘为A类工。完成领导干部个人有关事项报告，签订领导干部合规领取薪酬承诺书和领导人员因私出国（境）证件集中保管承诺书，加大干部监管力度。出台领导干部考核办法，加大干部考核力度。组织各类培训41次，受训人数超2500人（次）。组织全市营销技能竞赛，在省公司知识竞赛评比中获得团体第三名。整理完善全市员工档案，健全人资系统。

3.网运管理。完成元旦春节，“双十一”“双十二”等旺季邮运生产任务及汛期邮运工作，全年进口邮件量同比增长89%，出口邮件量同比增长90%，转口邮件量同比增长147%。在省公司“双十一”工作评比中，铜仁网运所有服务质量指标在全省靠前，几乎包揽各类奖项。推进生产作业流程改革，对松桃县、江口县和万山区邮件实施分拣前置处理，加快邮件传递速度。完成普邮与速递两网的整合，加快邮件的处理速度。改扩建石阡、松桃两县内部处理场地，提升县域邮件内部处理能力。开展提升服务质量专项整治活动，网运生产指标全省领先，全市邮政生产作业水平不断提高。8月在铜仁高新区一周内建成一个邮件处理中心和邮政电商展示平台，得到省、市各级领导的肯定。

4.安全管理。在重大节假日期间，落实24小时值班及领导带班制度，执行安全检查考核管理办法，对全市95个金融营业场所进行安全评估，平均得分97.50分，实现省公司要求安全评估高于90分的总目标。在全市邮政代理金融网点开展金融网点防爆、防抢、防火演练，全年演练105场，干部职工的安全防范意识得到提高，全年无重大安全事故发生。10月，江口坝盘邮政支局堵截一起抢窃案件发生，确保员工人身安全和企业资金安全，得到集团公司、省公司的通报表扬。

三、注重夯实基础，企业内生动力明显增强

1.营投建设力度加大。投入215万元，用于完善市内邮运体系，将县乡邮路由周三班调整为逐日班，投入200万元，在全市各乡镇配齐乡邮员，解决农村乡邮投递“最后一公里”问题，基本达到邮政普遍服务要求。市分公司相关部门对全市邮件验视、封装、书写规格、营业服务规范、信筒（箱）开取和电子簿册使用情况进行常态监督检查。同时加强营业员业务培训，帮助县区分公司编制县乡邮路及农村投递路线作业计划，推进村邮站建设，延伸投递渠道。是年全市新建村邮站97个，统一配备143台PDA。

2.工程建设步伐加快。完成36个普遍服务网点建设工作，同比多建设21个，投资额1270.91万元。江口邮政综合楼建设完工。沿河县河东支局及农资配送中心因政府规划要求，按照省公司县局房管理办法，正在招投标阶段。完成松桃、石阡县的生产场地改造，采购70余万元的皮带机、扫描枪等新设备，提升县域邮件的处理配送能力。

3.精神文明纵深推进。碧江区邮政中心支局、松桃县城市中心支局、思南县城中心支局3个单位荣获全省“青年文明号”。松桃县分公司孟文彪荣获“省劳动模范”称号。万山区分公司吴秋莲荣获“市劳动模范”称号。市公司机关一支部荣获铜仁市直机关工委先进基层党组织。德江县分公司、江口县分公司党支部被地方县委评为“五好”基层党组织。市公司雷时国荣获集团公司空白乡镇邮政局所补建工作先进个人。市公司代靖、石阡分公司杨兴、江口分公司杨秀清获全省邮政安保、视察工作先进个人。刘建荣荣获铜仁市直机关工委优秀党务工作者。万山区分公司罗锐、熊英荣获全市“最美青年”。

4.邮政形象不断提升。整合企业内外部媒体优势，加大对外宣传力度。全年印制业务宣传资料百万份，匹配业务宣传经费120余万元，耗资50万元，在公路旁、汽车站、田坎边，刷制醒目的墙体广告，设置务工人员返乡接待站，让邮政绿随处可见。加强新闻宣传工作力度，在地方电视台、报纸、网站等媒体加强对邮政工作的宣传报道力度，内部新闻工作评比从全省第9提高到全省第4位。

5.和谐企业初见成效。年初提出为员工办好“十件实事”的承诺，全部、超额兑现：向全市邮政企业员工每人春节、国庆发放1000元、“五一”发放500元节日慰问费；公正地开展优秀员工转聘工作；全面落实干部职工带薪年休假制度；完成第四期邮政职工重大疾病医疗互助保险工作；组织全市干部职工、离退休老同志体检；提高助学救助力度，对2015年考取统招本科以上的26名职工子女分别奖励1000元助学金，特别困难的11名职工子女分别奖励了3000元；在省公司的格外关心下，12月发放“双薪”；调增5%的增量补贴；开展困难职工帮扶工作，全年发放救助金16万元；开展“职工小家”建设工作，对2015年验收合格的10个“小家”，除上级单位给予的3万元资金补助外，市分公司另外每个补助2万元。公司还搬进装修一新的机关职工新食堂，给全市的护卫人员买意外伤害保险、买防弹衣，全市邮政干部职工两次上调工资等等。为此，市分公司2015年累计新增现金支出1032万元。

（办公室）

电信公司

【概况】2015年，中国电信股份有限公司铜仁分公司认真贯彻市委、市政府及省公司工作部署，面对激烈的市场竞争环境，以规模效益双提升为发展目标，团结和带领全市电信干部员工，务实进取、强化执行、苦干实干，各项工作逐步取得积极进展。

一、主要指标完成情况

2015年全年完成收入3.01亿元，实现净利润1832万元。全年移动用户发展7.92万户，完成省公司下达目标，宽带用户发展2.45万户，完成省公司下达目标。宽带服务满意度业内保持领先，实现全年无省级及以上新闻媒体曝光事件、无群体性恶性服务质量事故发生，无重大投诉事件。越级投诉处理及时率达到100%，本级投诉处理及时率≥98.5%，部省级(含省通管局)百万客户投诉率为2.13件次/季度，全业务月客户投诉率为2.2‰。客户服务各项指标均完成省公司下达目标。完成信息基础设施建设投资3.19亿元。全市乡镇所在地3G网络覆盖率达100%，全域3G网络覆盖率达96%；全市2G网络覆盖率达99.01%；纵深推进4G、智慧城市、光网城市网络建设工程，全面落实信息基础设施建设工作，网络质量与能力不断提升。全年新增宽带接入能力5.1万端口，新增行政村通宽带121个。完成乡镇的全光网络改造176个，覆盖375个自然村。实现印江刀坝乡会堡村等34个行政村、德江龙坝等8个行政村及思南磨石溪村通宽带，德江上街等33个自然村、思南杨子等112个自然村、玉屏公鸡硐等7个自然村通电话的目标，在投资成本、人员等资源极为紧张的情况下，千方百计解决了30个行政村通宽带、104个自然村通电话的问题。安全生产工作实现预期目标。全年无员工因工责任伤亡事故、无火灾责任事故、无重大通信责任事故、无交通安全责任事故、无资金安全责任事故、无重大工程质量责任事故、无信息安全责任事故发生。

二、推动规模发展

扎实开展为民服务创先争优活动。加强服务前置管理和服务预警管理，集中整治客户投诉重点，针对服务短板，实施责任追究。全年无重大服务质量事故、新闻媒体曝光事件发生。提高运维精确管理水平，全面完成地方重大活动通信保障任务。

三、支撑规模发展

推进队伍建设工作，促进企业持续发展。优化完善党组管理干部规定，组织单位（部门）负责人集中培训，提升中层管理人员经营管理水平。选拔聘任后备干部，确保企业管理人才承前启后，后继有人。在继续推进本地网维护骨干队伍建设的基础上，完成市级营销骨干队伍的选拔组建工作。倾力打造渠道经理、客户经理、支局长、店长四支专业队伍，实施纵向一体化管理，突出以销售业绩与创收能力为核心的考核导向，使其成为营销组织与渠道服务的中坚力量。

全力投入抗洪抢险，彰显电信企业形象。面对2015年数次特大暴雨灾害及由此造成的多个区域山体滑坡、公路阻断、房屋倒塌，电力、通信、供水全面瘫痪，中国电信股份有限公司铜仁分公司及时启动通信保障预案、快速安排部署，领导深入各地、靠前指挥，所有干部员工众志成城、不畏艰险、不计个人得失，迅速奔赴抗洪抢险第一线并以最快的速度恢复灾区通信，为全市抗洪救灾提供了高效的通信指挥保障，受到了市委、市政府的高度评价。

网络建设、运行维护、客户服务、财务管理等工作紧紧围绕市场经营，进一步夯实基础管理，优化网络结构，改善网络质量，提升客户感知，防范经营风险，全面增强支撑服务能力，为业务发展提供坚强保障。

加强安全生产、维稳信访工作，强化新闻危机预警和前置干预，为企业持续健康发展保驾护航。（办公室）

移动公司

【概况】2015年，铜仁移动全体干部员工围绕“认识新常态、适应新常态，实现新发展”的工作思路，以能力提升为基础、以队伍建设为抓手，使得各项业务发展呈现良好态势、4G领先优势进一步提升、网络建设与维护实现质的跨越。

一、业务发展

公司抢抓发展机遇，适时调整营销模式和资源投入方向，力促第三条曲线业务增长。在完成全年目标任务的同时，收入结构进一步优化。同时，公司根据市场需求调整流量套餐结构，降低4G入网门槛，提升农村市场4G终端普及率。打造十户联防“6995”业务平台为平安铜仁提供信息化支撑。

二、网络建设

公司在全省率先完成4G建设任务，实现全市县城及乡镇以上、高校、3A景区、高速公路的全覆盖和全市农村区域有效覆盖，在全省4G三期工程建设竞赛中荣获最佳网络质量奖。同时，全力提升项目管理和风险防控水平，规避了项目管理风险。

在网络规模进一步扩大的同时，持续开展网络结构优化和短板整治，网络规模和质量显著提升；全面开展综合资源清查，重点对资源准确性进行专项整治和提升；提升全业务运营支撑能力，打造高品质的宽带业务、提升客户满意度。是年资源数据合规性排名全省第二；专线投诉处理及时率从年初82.05%提升至100%。

公司还完成全市汛期通信应急保障各项工作。累计开展4次大型抢修，投入1542人（次）、应急抢修车辆385车（次）；完成群星演唱会、石阡旅发大会等18次大型应急通信保障工作。

三、夯实基础管理、发挥党团组织中坚作用

夯实基础管理。加强内部审计和内部管理，构建闭环管理工作机制，提升公司风险管控水平，通过调动全员学法积极性、强化法律意识助推依法管理、依法经营、依法维权；印发《铜仁分公司工作规则》，在强化规则意识的同时着力提升执行力；抓安全生产基础建设，针对性做好防范和隐患整治；全面规范招投标流程、严肃招投标纪律。运用现代化物流管理手段加强仓储物流管理，提升库房使用率及资源利用率。

优化人力资源管理模式。建立人才梯队和人才“蓄水池”，保障人力资源的稳定性和持续性。优化薪酬结构和量化薪酬制度，通过在岗认证及劳务派遣转制促进人岗匹配，提升员工归属感。是年400名员工通过在岗认证，通过率95%，199名员工成功转制。

公司和个人荣获多项荣誉，其中金滩营业厅、江口分公司获全国“巾帼文明”示范岗奖牌；万山分公司建设部员工刘勇获“贵州省劳动模范”称号；公司员工在铜仁市职工经典诵读选拔赛中荣获全市第一名。

（办公室）

联通公司

【概况】2015年，铜仁联通深化实施集团公司“移动宽带领先与一体化创新”战略，适应新常态，拥抱新思维，坚持“双轮驱动、聚焦能力、变革创新”，坚定不移地深化改革、加快发展、推进转型、夯实基础、强化执行，努力克服宏观政策调控、行业竞争加剧等诸多不利因素带来的影响，加快提升支撑保障能力，坚定推进规模有效发展，有力保障公司经营发展持续增长，取得了稳中有进、稳中向好的有利态势。同时，扎实开展教育实践活动并取得良好成效。面对日益激烈的市场竞争，公司采取一系列措施，全体员工团结一心，奋勇拼搏，全力抓好服务保障工作，加大市场营销力度，加快网络建设步伐，企业生产经营稳步发展。2015年铜仁联通全年主营收入同比增长2.85%，超全省行业增幅0.85PP，移动宽带同比增长27.85%，移动用户和宽带用户得到较好发展。

一、围绕企业发展，认真抓好各项业务发展

（一）以“移动宽带领先及一体化”战略为引领，切实抢抓战略发展机遇，坚持“双轮驱动”战略引领三大业务两块市场加快发展，全面启动4G业务发展，着力开展流量攻坚，有序组织营销竞赛，全力推进各项业务快速发展。公司围绕贯穿全年的营销竞赛拉动经营高速增长，有效促进业务发展和用户规模的增加。积极开展“校园活动”“跨越·提能杯”“三严三实杯”等主题营销活动，推进各项主要业务实现快速规模增长，有效促进业务发展。

（二）持续深化大服务机制提升工作，强化工作执行和监督考核力度。深入开展服务创新争优活动，持续提高投诉预处理能力。通过完善监督考核，实施投诉闭环有效管理，建立高效的投诉处理反馈机制，实现投诉全过程管控，进一步提升服务质量和服务水平。为了持续提升服务能力，2015年全市营业员全部通过了营业员资格认证考核。同时，公司以改善客户感知和降低用户投诉为着力点，持续开展“零容忍”行动，持续开展投诉能力整改工作，有效降低投诉量。加强了全员对4G业务的销售意识、服务意识及学习意识，全面提升公司服务质量和品牌形象。

二、强化网络支撑能力，加强建维基础管理工作，为市场发展提供了强有力的支撑

（一）工程建设工作：2015年不断加强4G网络建设，全年新增4G基站546个、3G基站1489个。新建光缆7645千米，为移动基站、宽带的开通，以及网络安全提供了强有力的传输保障；为加快启动宽带预安排工程及乡镇宽带建设，全年新增宽带端口4.75万个。同时继续深入推进共建共享，积极与移动、电信共建共享协商。

（二）运维工作：深入推进网络维护工作，全年以降低故障率和故障历时、加强固网修障工作为工作目标。全年完成500个基站扩容工作和1940个站点优化工作，完成651个投诉及新建楼房的深度覆盖工作，进一步优化系统资源，完成割接120次，完成全市宽带带宽的扩容工作，满足市场发展需求，完成城域网出口带宽扩容至60G，宽带上行总带宽由88G扩容为204G，解决了宽带资源不足的问题。公司2015年的主要运维指标逐步趋好，各项考核基本压缩在省分公司考核指标之内，网络运行质量得到进一步提高。

三、加强基础管理工作，有效提升公司内部管理水平

（一）切实推进企业基础管理，以改革促转型，实现财务上收集中，强化管理、财务分析工作，依托银行系统实现营业款实时归集，提高资金归集效率。同时，继续加强内控建设培训以及相关制度、流程的建立、完善和实施，有效提升经营管理水平，规范日常管理工作。

（二）进一步加强安全生产管理，高度重视安全生产和保密工作。公司认真组织开展全市安全生产大检查和保密自查工作，切实加大安全生产宣传，组织员工参加安全生产知识的学习，增强全员安全生产意识，全年未发生责任安全事故和失泄密事件。

（三）基础管理工作得到全面深化。转变工作作风，提升运营效率，切实推进企业基础管理，有效提升经营管理水平。同时，加大对闲置资产、库存物资的有效利用，提高闲置物资的利用效率。

四、加强企业党建工作、精神文明建设工作和企业文化建设进一步加强，营造了较为浓厚的和谐氛围

认真对照中央巡视组反馈意见和省分公司有关部署，坚持“一手抓业务、一手抓党建”，开展“四好”班子和“五好”支部创建活动。创新推行完成县级党组织全覆盖，公司党委下辖基层支部从8个增加到12个。认真组织学习贯彻习近平总书记系列重要讲话精神，持续推进“三严三实”专题教育实践活动，不断强化党员干部作风建设。认真贯彻落实中央“八项规定”和省委“十项规定”，加强党风廉政建设和反腐败警示教育，认真落实主体和监督“两个责任”，推进纪检监察体制机制改革，健全纪检监察体系，完善纪检监察工作机制；认真贯彻落实“三重一大”决策制度，凡公司重大决策、重要人事任免、重大项目安排和大额度资金使用等重大事项公司纪检部门均参与审定和监督审定相关程序；深入开展执法监察工作，加大违规违纪事件查办力度。重视并加强工会工作，组织开展形式多样的群众性经济技术创新活动和文体活动，推进企业民主管理，营造和谐的企业氛围。加强和谐企业建设，为基层一线新建“职工小家”，组织开展形式多样的劳动技能竞赛和文体活动，有效增强了企业的凝聚力。（办公室）

无线电管理

【概况】 2015年，铜仁无线电管理分局贯彻落实全国、全省无线电管理工作会议部署，以打击“伪基站”“黑电台”专项行动和无线电频率使用情况核查专项活动为抓手，开展各项无线电管理工作，较好的完成各项工作任务。

一、以宣传凝共识，促进无线电行业发展

根据国家局下发的《关于印发<2015年全国无线电管理宣传工作实施方案>的通知》（国无办函〔2015〕4号）文件精神和省局的安排部署，铜仁分局先后动员三大运营商、广电、报社、网站、机场、铜仁市实验中学等10余家单位参与进行多种形式的联合宣传，摆放固定展板42快，悬挂大型宣传海报1幅，宣传横幅标语5幅，发放文化衫、水杯子、漫画宣传手册、宣传月特刊等宣传资料和宣传品2000余份，手机短信300余万条，登报3版，网站宣传稿3篇，电视滚动宣传标语1周，开展科普进校园活动1次。全方位普及无线电频谱资源基本知识和无线电管理法律法规，促进无线电行业健康发展。

二、以频率使用情况核查专项活动为契机，强化无线电基础管理

根据《国家无线电办公室关于开展频率使用情况核查专项活动的通知》（国无办〔2015〕2号）文件要求，铜仁分局梳理出频率数据122条，其中有效数据102条；相关频率指配文件32份，其中有效文件22份。走访重点用频单位，核查频率数据56条，核查电台设备70余台。频率监测数据与台站数据库比对2834条，确保数据准确无误

三、以考试培训为抓手，加强对业余无线电台的管理

6月14日，首次在铜仁市设置业余无线电台操作技术能力（A类）考试考点。此次考试有汽车之家车友会、越野E族、车友会E族3个组织共42人报名，40人参加培训和考试，考试过关率95%。通过培训、考试、颁证等形式，核查业余台站26个。

四、组织《条例》立法调研工作座谈会，推进无线电管理法制建设

6月24日，省经信委牵头组织的立法调研组到铜仁开展调研，铜仁分局组织铜仁市法制办、铜仁市司法局、三大运营公司等多家设台单位及无线电设备销售商，在铜仁分局会议室召开《贵州省无线电管理条列（草案）》立法调研座谈会，会上大家对如何规范移动通信信号干扰器的使用，网上销售无线电设备的管理等一系列问题进行探讨，相关单位提出多条意见和建议。

五、强化日常工作，提高频率台站管理水平

按照省局频率台站处工作规范指导，优化台站设置审批程序，规范各类台站分类管理，做好台站的资料的收集、整理和归档，做到台站资料完整，参数准确、详实。全年完成行政审批14起，新增台站2458座，核查台站655个，指配频率1组，回收频率1组，年审单位18家，换发执照302本，年审执照2810本，报停台站12个，收缴频率占用费69150元。

六、开展日常无线电监测工作和节假日、重大活动保障工作

按照国家局和省局的要求，开启全市6个监测站对相关频段进

行监测、分析，积累、上传月报监测数据，累计监测3万余小时，并按照要求及时上报各类报表。春节、两会、清明、抗战胜利70周年、国庆期间执行24小时值班，对广播、电视、公安等重要频段进行不间断监测，累计监测792小时，未发现异常情况；铜仁传统龙舟赛期间，对公众通信、对讲频段进行保护性监测，完成保障任务。

七、开展防范和打击利用无线电设备进行考试作弊工作

全年参加全国高考、公务员考试等各类考试14次，出动人员95人次、车辆24次，技术设备74台（套），发现作弊频点4个，查获2起，干扰压制2起，抓获2人，作弊嫌疑人员移交公安机关处理。

八、开展打击“伪基站”“黑电台”、卫星电视接收干扰等工作

受理干扰投诉4起，其中卫星电视干扰、航空干扰、“伪基站”“一声响”各1起。在公安机关的配合下，查获“伪基站”设备1套、“一声响”设备9套（含电话卡122张），抓获涉案嫌疑人员3人，移交公安机关进行处理。

（办公室）

教　　育

教　育

【概况】2015年，铜仁全市教育工作坚持以“提质量、强内涵”为重点，在深入推进教育领域综合改革的基础上，全力攻坚教育“9+3”计划、“4+2”教育突破工程、山村幼儿园建设、新“两基”等四项重点工作，大力实施师资队伍建设、学校内涵发展、教育教学质量、校园安全管理、营养餐管理等五项工程，努力实现法治建设、教育督导、督查调研、党风廉政、常规管理等五个加强，全面完成年度目标任务，并取得了新突破。

2015年，全市有各级各类学校2522所。其中：小学1606所（完全小学929所，教学点677个）、初级中学215所（普通初中183所、九年一贯制学校32所）、特殊教育学校6所、高（完）中40所（高级中学24所，完全中学15所，十二年一贯制学校1所）、中等职业学校16所（中等职业技术学校13所，附设中职班3所）、幼儿园635所、普通高等教育学校1所、职业高等教育学校2所（铜仁职院和贵州工程职业技术学院）、幼儿师范高等专科学校1所。

全市有各级各类在校（园）学生863825人。其中：幼儿园、学前班136935人，小学生333966人，初中生206887人，高中生111214人，中职学生44015人，高校学生29132人（铜仁学院9491人，其中：本科生7399人，专科生979人，成人本科生829人，成人专科生284人；铜二职院13503人，其中：专科生13422人，成人专科生81人；铜仁幼儿师范高等专科学生5361人，其中专科生5063人，成人专科生298人；贵州工程职业技术学院777人），特殊教育学生1676人（其中特殊教育学校学生727人，随班就读学生949人）。

全市有各类教职工55805人，专任教师48744人。其中：幼儿园教职工8788人，专任教师5565人；小学教职工20999人，专任教师20533人；初中（含九年一贯制学校）教职工13237人，专任教师12821人；特殊教育教职工172人，专任教师157人；高（完）中教职工8295人，专任教师6478人；中职教职工2162人（校内1613人，校外聘请549人），专任教师1533人；高等院校教职工2152人，专任教师1657人（铜仁学院803人、铜仁职院736人、铜仁幼专389人、贵州工程职业技术学院224人）。

全市九年义务教育巩固率达到86.48%，学前三年毛入园率达到91.7%，高中阶段毛入学率达到90%，在全省率先基本普及高中阶段教育，高等教育毛入学率达到34.46%。

一、深入推进教育领域综合改革

从四个方面推进9项教育改革。主要通过实行改革责任制、细化改革方案、强化改革督查、建立问责机制等措施，督促各项改革稳步推进。组织召开了全市学生营养改善计划现场观摩推进会，印发了《铜仁市人民政府办公室关于进一步规范义务教育学生营养改善计划管理工作的通知》（铜府办发〔2015〕76号）、《市委办、市政府办关于印发铜仁市加强留守儿童困境儿童关爱救助保护工作实施方案的通知》（铜党办发〔2015〕87号），出台《铜仁市人民政府办公室关于印发铜仁市全面提升普通高中教育教学质量三年行动计划（2015—2017年）》《铜仁市公办省级示范性普通高中体制管理的意见》《关于进一步规范中小学教师岗位履职考核工作的指导意见》，《铜仁市实施乡村教师队伍建设“三个一工程”方案（2015—2020年）》。研究拟定了《关于加快普及校园足球的实施意见》《铜仁市两城区基础教育提升五年行动计划（2016—2020年）》和《铜仁市人民政府关于加快发展现代职业教育的意见》。

二、全力攻坚教育“9+3”计划

按照省教育“9+3”计划工作方案，3月25日召开专题会议对2015年工作任务进行了安排部署。一是抓好控辍保学，在实施“三项制度”基础上，实行个案管理机制，将每位学生的入学动员、控制辍学落实到县乡政府及部门领导、村组干部、学校校长、学校教师头上，创新“控辍保学”工作机制，全市初中、小学辍学率分别为0.1132%、0.0029%。二是调整布局结构。按照“小学向乡镇集中，小县初中向县城集中、大县初中向中心区和乡镇集中，普通高中出城，办好必须保留教学点”的思路，优化中小学校布局结构，全市小学从1074所调整到929所，新增初中学校5所；按照“市级统筹、高职引领、错位发展、内联外引、规模办学”的思路，优化中职学校空间布局，逐步把中职学校规模做大、专业做强、效果做优、办出特色，重点打造7所中职学校相对集中的专业。三是实施免费中职教育全覆盖，中职招生实行政府教育“双线”目标责任制，通过召开校长、班主任、教师、学生、家长五个层次会议，引导学生及家长就读中职，完成中职招生38946人，超出任务数3946人，中职学生流失率降低到2.77%。完成7所中职学校“百校大战”建设工程，铜仁市交通学校、德江县中职学校新建完成并投入使用，铜仁市医护学校、石阡县中职学校、沿河县中职学校大部分工程竣工投入使用，松桃县职校新校区、思南县职校新校区主体均完工。四是抓好义务教育发展，建成农村寄宿制学校108所，农村中小学寄宿率分别达到77.93%、35.27%。全面实现农村中小学生免费营养午餐。实施“国培”计划、“省培、市培”计划，送培率达100%。铜仁主城区新增城镇义务教育学校12所，整体搬迁铜仁学院、铜仁一中，整合市民族中学和市实验中学，化解“大班额”程度达到82%。建设标准化农村留守儿童之家137个，创建“三类示范”校57所，建设少年宫87所，开展“两流”儿童关爱工作。推进教育信息化工程，新增接入宽带中小学学校96所，建设“班班通”2778个，实现乡镇以上中小学“校校通”覆盖率达到100%，中小学（不含教学点）“班班通”班级覆盖率达到84.98%。五是强化工作措施。加强组织领导，形成主要领导亲自抓、分管领导具体抓、其他领导协同抓、教育部门牵头抓、各部门配合抓的良好工作格局。把“9+3”重点工作纳入“双百日攻坚”行动项目，纳入年度绩效目标考核内容，每年拿出专项资金进行奖补，对排位全省靠后的区县领导和部门领导实行双约谈。制定了教育“9+3”计划年度工作方案，印发《铜仁市教育“9+3”计划2015年目标任务分解表》，签订目标责任书，明确工作任务和完成时限。建立督查机制，实行“周报告、月督查、月调度、月通报”工作机制。11月市政府组织召开教育重点工作滞后约谈会议，对完成情况进行通报，对存在问题及时整改落实。采取“向上争、财政给、银行贷、社会融、企业投、对口帮、存量换”等举措，投入20多亿元实施“百校大战”。压缩党政机关行政经费5%资金2990万元用于教育“9+3”计划。强化宣传舆论，借助报刊、电视、网络、手机报、标语、微信等载体，多形式宣传教育“9+3”计划，做到家喻户晓。

三、全面推进山村幼儿园建设

全市建成山村幼儿园2005所，初步形成“政府主导，社会参与，资源整合，招转并举，集团管理”的山村幼儿园办园模式，实现农村学前教育覆盖率、普及率和幼儿发展水平大幅提高。市委夏庆丰书记应邀出席第四届反贫困与儿童发展国际研讨会，作了《从100个到2005个，山村幼儿园建设可复制、可推广》专题国际交流发言，引起国内外专家学者共鸣和热议。以市政府名义申报的“贫困地区办普惠学前教育之路”获教育部主办的第四届全国教育改革创新典型案例特别奖。一是做好统筹规划。出台了《铜仁市学前教育三年二期行动计划（2014-2016年）》，按照《铜仁市山村幼儿园建设两年行动计划》，制定路线图、时间表，明确了责任人，与各区县教育局签订了责任状，通过周报告，月督查、季调度督促，各区县完成山村幼儿园建设年度任务。乡镇以下农村地区从119所公办幼儿园增加到2005所，学前教育资源覆盖面从10%增加至100%。解决4.1万农村适龄儿童的入园问题，缓解3000多人的就业压力。二是加强教师配备。增加公办幼儿教师编制，建立幼儿教师准入机制，严把教师进口关，公办幼儿园新招聘的教师必须具备幼教专业合格学历和资格证。根据教师培养计划加大教师培养力度，努力健全幼儿教师培养培训体系，把幼儿教师培训纳入基础教育教师继续教育范畴，系统组织幼儿园教师和园长培训，提升业务水平。三是加强监督管理。落实《中小学幼儿园安全教育制度与预案》，加强幼儿园园舍安全、消防设施、饮食卫生、接送车辆、大型玩具使用等方面的安全督查，全市幼儿园无重大安全责任事故发生。加强收费制度、资金使用情况的督查，公办幼儿园严格执行规定收费标准，民办幼儿园按照《民办教育促进法》及其实施条例规定报当地发改、教育部门备案后执行。四是促进提质升级。全面推行学前教育“集团化”办园，扩大幼教集团数量，完善集团内部管理机制，全市幼教集团增加至32个。加强学前教育工作研究，鼓励实验园积极参与贵州省课程改革，积极申报省、市教科研课题。构建教研网络，组建教研团队，划分责任片区。以碧江区第二幼教集团、松桃县第一幼教集团为试点，探索集团教研工作新方法。扎实开展学前教育宣传月活动，防止和纠正学前教育“小学化”倾向。

四、全力实施“4+2”教育突破工程

2015年铜仁市实施教育工程项目共七类743个项目校数，1026个单体项目，计划投资14亿元。其中：全面改薄标准化农村寄宿制学校212个项目校数，442个单体项目；学前教育闲置校舍改建幼儿园364个单体项目，新建、扩建幼儿园125个单体项目；民族地区普通高中建设项目2个项目校数，5个单体项目；集中连片特困地区普通高中项目7个项目校数，14个单体项目；城镇义务教育学校项目12个项目校数，48个单体项目；受地质灾害威胁学校治理项目学校21所，28个单体项目。一是精心实施。将教育工程项目建设列入全市经济社会发展重要内容抓落实，列入“十大民生实事”项目，作为年度绩效考核重要内容，市、区县政府分别成立工作领导小组，加强组织领导，解决突出问题，确保工程顺利推进。二是部门联动。教育、国土、财政、发改、建设等部门建立联席会议制度，落实各单位、学校职责，合力推进工程项目实施。同时，组建指导组，到学校指导项目建设。三是加强督查。加强对项目工程推进情况的跟踪，实行月调度、月督查、月通报制度，先后召开专项调度会5次，召开联席会议3次，开展教育工程专项督查6次，促进工程保质保量完成建设任务。四是筹集资金。“十二”五以来，铜仁市教育工程建设总投资达130余亿元，除上级补助外，市、县两级政府采取银行贷款、BT模式、政府融资等方式，筹措资金达70余亿元。保障了教育工程所需的基本资金。

五、深入开展“新两基”和教育督导工作

一是全面启动实施“新两基”。2014年，铜仁市在全省先行启动基本普及十五年教育工作，印发了《市委、市政府关于全面深化教育改革基本普及十五年教育的意见》。年初制订了《2015年基本普及十五年教育工作方案》，成立了“普十五”工作领导小组，明确目标任务，制定了时间表、路线图、工作量。先后于6月中旬、8月底和11月组织召开“新两基”工作推进会，安排部署全市2015年“新两基”工作。完成对碧江区、万山区、玉屏县“普十五”工作开展了过程督查、市级复核，协助省教育厅开展对3个区县督导评估验收。指导玉屏县义务教育基本均衡发展工作，顺利通过省、国家评估验收。对思南县、德江县推进县域义务教育初步均衡发展工作进行了过程督查、经费审计、公众满意度监测和督导评估验收。对碧江区、印江县义务教育初步均衡发展存在问题的整改情况进行了跟踪督查。二是加强督导队伍建设。开展了第二届市政府兼职督学换届工作，新聘请55人为市政府兼职督学，对市直学校责任督学进行了调整，为教育督导队伍注入了新的生机和活力。指导各区县科学划分督学责任区，合理配置中小学校责任督学。召开了2015年度教育督导工作调度会。三是积极创建省级示范性普通高中。督促、指导江口中学顺利通过省教育厅第二次评估，成功晋级为省级示范性普通高中，全市现有省级示范性普通高中学校13所，高于全省各市州平均数。指导铜仁一中创建省级一类示范性普通高中和明德衡民中学创建省级示范性普通高中。四是开展教育督导评估和监测工作。对碧江区、万山区、玉屏县人民政府暨党政主要领导教育工作进行了过程督查、市级复核，指导三个区县做好迎接省人民政府督导评估考核验收的相关工作。对松桃县、沿河县基本普及高中阶段教育进行了督导评估，10个区县的基本普及高中阶段教育通过了市级督导评估。对石阡县中等职业教育发展工作进行了督导评估，5个区县通过了中等职业教育发展工作市级督导评估。开展了2015年度学前教育、义务教育和高中阶段教育相关指标跟踪监测工作。

六、切实加强基础教育管理

一是抓好教育常规管理。实行常态化督查，开展春季、秋季开学检查，针对检查情况进行通报并督促整改落实。扎实抓好中小学幼儿园招生入学管理，推行义务教育“就近、划片、免试”入学，落实双流（留）儿童少年入学政策。探索小学五年制、初中四年制办学体制，落实户籍制度改革教育配套措施。实施城区教育资源布局调整，有效化解城区学校“大班额”。进一步规范学校办学行为，严禁乱补课、乱收费，监督指导按规定使用和征订教材、教辅材料，开设义务教育书法课程。组织开展了中小学暑期教材培训。开展省、市、县“减负提质示范校”“四在学校·幸福校园”示范校、“三生四爱五心五好”示范校等评选活动。二是加强招生考试管理。全面完成普通高中招生任务，本年度普通高中招生40437人，完成招生任务34300人的117.89%。严把省级示范高中学生学籍资格审核关，坚持综合评价和择优录取的原则，严格按照规定程序执行，确保招生秩序稳定。全面开展全市中考体育测试工作，试行市级统一组织考试，抽派体育监考人员送考下乡，体现考试的公平性、公正性和公开性，取得很好的工作成效和社会效果。完成各类考试、学业水平认定和学籍业务办理。组织普通高中学业水平考试达50余万科次，审核办理普通高中毕业证19379册，集中办理40437名高一学生学籍。三是抓好德育及体艺工作。加强社会主义核心价值观主题教育，开展“祖国好·家乡美”主题教育和“明礼知耻·崇德向善”读书活动。开展省级优秀学生评选推荐和市级“三好学生”、优秀学生干部评选工作。推进中小学道德讲堂建设。开展《国家学生体质健康标准》测试和上报工作，举办了第十七届中学生“三好杯”篮球赛和第二届中学生羽毛球比赛、全市第五届中小学生艺术展演活动、第二届高中交响乐（器乐）展演活动。组织中小学生参加全省第二届机器人比赛。铜仁市7所学校被评为2015年第一批全国学校体育工作示范学校。实施特殊教育提升计划，出台了《铜仁市人民政府关于加快特殊教育事业发展的实施意见》。开展特殊教育教学视导及“送教”下县活动，组织特殊学校骨干教师参加省、市培训，积极开展铜仁市特殊教育课题研究培训。四是抓好留守儿童关爱工作。高度重视留守儿童关爱服务工作，市政府3次组织召开专题会议进行安排部署，印发了《铜仁市加强留守儿童困境儿童关爱救助保护工作实施方案》（铜党办发〔2015〕87号）、《市政府办关于做好全市农村留守儿童关爱工作的紧急通知》等文件，落实救护救助关爱保障机制，开展摸底调查工作，建立留守儿童台账。同时，结合“控辍保学”个案管理，确保留守儿童教育管理取得实效。五是加强民办教育管理。扎实开展无证民办学校清理整顿工作。11月10日—13日，组织对全市无证民办学校清理整顿工作进行了全面督查。同时，按照年检工作情况，完成102所民办学校换证、办证工作。针对民办学校（园）安全管理中存在的问题，印发了《铜仁市民办学校（园）安全规范化管理意见》《铜仁市民办学校（园）安全工作考核办法》《铜仁市民办幼儿园安全管理考核细则》《铜仁市民办中小学校安全管理考核细则》。此外，还完成民办教育招商引资工作，引进招商引资项目10个、民营资金10.48亿元。六是确保校园安全稳定。校园安全责任事故连续三年实现双降目标；平安校园创建三年行动计划圆满收官，村级以上1693所学校达到平安校园创建标准。全市15所学校获得“省级安全文明校园”称号，3名教师获省级“消防示范课”表彰。铜仁市校园安全工作得到各级充分肯定，平安校园“护校行动”在《贵州社会治安综合治理动态》第14期上以专题向全省推广，在全省教育系统消防应急疏散“反恐防暴”演练现场推进会上作经验交流发言，思南县被省综治委、教育厅、司法厅列为“贵州省矛盾纠纷试点县”。代表贵州省在中国教育学会中小学安全教育与安全管理第九届学术年会上作经验交流发言，并作为教育部学校安全教育典型范例。

七、强化师资队伍建设

一是计划补充学校老师。全市招聘特岗教师1144名，其中：国家级特岗922名、县级特岗222名。组织市直学校招聘新教师26名，引进21名教育部直属免费师范毕业生、研究生。二是加强中小学教师继续教育。在全市教育系统广泛开展“争做‘四有’、‘三者’好老师”主题教育活动；组织新教师岗前培训1968人、中小学班主任远程培训8436人；组织实施“国培计划”7680人、“省培计划”1007人；组织校（园）长、教师赴大连、苏州开展影子培训230人。组织8433名班主任参加远程教育专项培训，300名中小学校长参加“教育部—中国电信中小学校长信息技术应用能力提高项目”远程网络培训。完成2014年中小学教师继续教育年度考核44066人，1504名市级以上骨干教师、62名市级名校长年度考核；组织评审认定第三批市级名校长27人、市级骨干教师169人；组织铜仁市申报第二批中小学省级名师工作室的市级评审并送省参评；建立市级名校长工作室73个。三是开展教师资格认定和职称评审工作。认定1457人普通高中、中职教育和中职学校实习指导教师资格。开展中小学教师职称评审工作，完成3624名申报中高级专业技术职务人员材料的初审等工作。四是做好语言文字工作。成功举办第三届中国汉字听写大会铜仁市选拔赛，组队参加贵州省第三届省级选拔赛并荣获集体二等奖，2名选手入选贵州代表队参加全国赛；组织开展2015年语言文字规范化示范校评选，市二完小等5所学校获“贵州省语言文字规范化示范小学”称号，组织参加第十一届全国语文规范化知识大赛，铜仁市八中、思南县八中、思南县凉水井中学等42名同学获贵州赛区二等奖。完成江口、玉屏两县三类城市语言文字城市达标验收工作。组织开展普通话测试42期15246人次。

八、全面提升教育教学质量

一是课程改革稳步推进。报请市政府印发了《铜仁市全面提升普通高中教育教学质量三年行动计划2015—2017年》（铜府办发〔2015〕120号），制定《铜仁市高中攻坚薄弱学科暨省级示范性普通高中帮扶方案》和《铜仁市普通高中高效课堂打造行动实施方案》，使全市内的优势资源得以互补，加强了学校之间的交流。以思南县、江口县、碧江区为课改试点县，共有6个区（县）全面启动课改工作。二是扎实开展教研活动。先后组织开展高中语文、生物、信息技术、化学、英语等14科次的优质课竞赛，举办高中语文、历史学科能力竞赛，共有337名教师参加。组织24科次参加国家、省级优质课比赛，获国家级一等奖1人，省级一等奖8人、二等奖18人、三等奖22人、组织奖8个。开展了中小学教师实验操作技能培训基地遴选评估等活动。组织“周末教研讲堂”“名师送教”“德育讲坛”、学科教学渗透法制教育送教、学科能力竞赛等20余科次教研活动。开展教学帮扶活动，邀请苏州市教科研专家一行19人，授课13节，开展不同类型讲座15场，近1000名教师参加，教学水平得到较大提升。组织各区县教研员47人赴苏州进行集中培训。举办规划课题及微型课题培训。申报立项市级课题283个，申报贵州省教育科学规划课题108个，申报省级课题结题8个。三是高考取得较好成绩。全市35093人参加普通高考，文、理科成绩600分以上220人（理科114人、文科106人），居全省第四位。其中：一本上线3748人，比上年增加529人；二本及以上上线人数10057人，比上年增加768人，二本以上上线率从全省第九位提升到第五位；全市专科以上共录取30973人，比上年增加4435人；专科以上录取率达88.26%，提高3.3个百分点，比全省平均水平高出2.19个百分点；有13人名学生被清华大学、北京大学录取。

九、切实保障教育经费和教育资助。

一是积极争取，大力筹措教育经费。2015年共争取上级资金20.77亿元（其中中央资金15.23亿元，省级资金5.54亿元），争取到市级教育费附加资金及教育事业发展资金0.87亿元；二是加强资金监管力度，提高资金使用效益。共开展专项检查8次，并对检查中发现的问题下发了整改通知，提出了整改要求及整改时限；三是强化收费许可，严格项目收费。对市直学校行政事业性收费项目进行清理，据实填写年度收费情况报告，确保收费项目不遗漏，并顺利通过了物价、财政部门审核，建立健全收费项目台帐，在政务网上向社会进行了公示，接受了社会各界的监督。四是认真落实教育资助。2015年铜仁市受资助各级各类学生822719人，受资助家庭贫困教师34人，资助资金87455.83万元。五是开展营养改善计划管理改革。在思南县试点“智慧云平台学生营养餐校校通”并取得成功，帮助松桃县和德江县获得“阳光校餐”国家试点。2015年全市有1704所农村义务教育学校实施营养改善计划，其中：小学1503所、初中201所，实施率达100%。享受农村义务教育营养改善计划学生共395257人，享受率达100%。

十、扎实抓好党风廉政建设。

一是抓“两个责任”。将党风廉政建设和反腐败工作与中心工作统一部署、统一落实、统一检查、统一考核。层层签订党风廉政建设责任书，严格实行“一岗双责”，形成“党组统一领导，班子成员分工负责，科室各负其责的工作机制”。二是抓廉政教育。坚持每周一次干部职工集中学习，重点学习党的十八大、中央纪委全会、《准则》《条例》的学习，通报省市纪委有关违规违纪方面的案例，请省教育厅领导和市检察院专家作廉政报告和警示教育。三是抓作风建设。扎实开展师德师风做“四有”好老师教育活动，抓好道德讲堂廉政文化进校园工作。严格招生纪律，严肃追究高考、中考监考失职的19名老师的责任。对25名中学校长和两个区县教育局长违反招生纪律行为进行诫勉谈话。深入开展向“不找熟人办不事开刀”专项整治。四是抓民生铸廉。加强民生资金的监督管理，2015年开展交叉检查2次、市级明查暗访5次，纠正高中助学金违规发放资金2.072万元，清退违规补课费154.526万元，对8名责任人进行诫勉谈话、对1人进行了约谈。五是抓案件查办。全力支持纪检监察机构落实“三转”工作要求，严肃查处违纪违规案件。全市教育系统纪检监察机构累计受理群众来信来访446件，初核446件，转立案查处164件，164人受到党纪政纪责任追究，移送司法机关4人。党风廉政建设工作得到上级肯定，铜仁市在全省教育系统党风廉政建设和反腐败工作会上作交流发言。　　（办公室）

铜仁学院

【概况】2015年，铜仁学院围绕全面建成武陵大学的奋斗目标，按照“上水平，出特色”的工作要求，将深化改革贯穿于学校事业发展的各个领域，并着力实施内涵提升“十大行动计划”，构建夯实内部治理能力建设和大学文化建设两大支撑保障，人才培养质量明显提升，科学研究水平显著提高，服务社会能力得到增加。

2015年9月，学校完成从老校区到川硐新校区的整体搬迁，实现在铜仁市的“一校一址”办学目标。学校有专任教师526人。其中具有博士学位93人、硕士学位268人；教授(含二级、三级教授)82人，副教授233人，“双师双能型”教师227人。有省高校创新团队6个，省高校学术带头人2人，省内外高校专兼职博士生、硕士生导师37人。有获国务院特殊津贴，贵州省核心专家、贵州省省管专家、贵州省优秀青年科技人才1人。入选全省智库学者、省高校教学指导委员会专家委员、市管专家41人。

学校设有43个本科专业，涵盖十大学科门类，形成以林学、教育学、理学、工学为主要学科门类，以梵净山林业生态、锰钾汞高效利用和治理、梵净山文化生态、区域高等教育和职业教育四大特色学科群为重点支撑，多学科协调发展的学科专业集群体系，紧密对接地方产业链-创新链，全面服务区域经济社会发展。建有省级重点学科3个、重点支持学科3个，省级特色专业2个，省级综合改革试点专业3个，省级实验教学示范中心1个、省高校重点特色实验室2个。2013年至今，学校获国家级、省级本科教学工程项目立项35项，获省级教学和教育科学研究成果奖11项，2015年获省级社科出版教材52部。

学校有全日制本科生8517人。2015年学校面向全国8个省、自治区、直辖市招生。专业招生方向达49个，招生计划总数2455名，到校新生2262人，报到率为97.10%，较2014年提高了1个百分点，顺利完成2016届毕业生生源资格审查。2015届毕业生人数为2176人，本科毕业生初次就业率89.02%，年终就业率96.2%。175名免费师范毕业生完成选岗签约仪式，顺利走上工作岗位。

学校建有全国人文社科基地、省级2011协同创新中心、院士工作站、博士后科研工作站、工程技术中心、特色重点实验室、产学研基地、科技创新团队等科研创新平台38个。建有武陵民族文化研究院、梵净山研究院、区域高等教育与职业教育研究院及所属研究中心等科研机构18个，合作共建乌江农林经济特色学院1个。2015年荣获贵州省哲学社会科学优秀成果奖二等奖3项，三等奖8项，排名全省第五、地方高校第一。2011年至2015年，承担国家级课题19项，省部级课题183项、委托课题近200项，获得专利86项，出版专著83部，获得科研经费5466.5万元，2015年科研经费超1500万元。

2015年学校招收留学生65名，筹建国际教育学院。先后与泰国、美国、印尼等国的21所高校签订了合作协议，选派了103名学生前往美国、印尼、台湾等国家和地区的大学进行为期半年的短期研修。制定《铜仁学院2015年国际化办学绩效考核指标》等，建立“学生出国留学工作流程”等制度，使涉外工作有章可循。

学校与各市县政府以及大龙经济开发区、大兴高新技术园区、灯塔工业园区、铜仁市食品药品监督局、铜仁市水务局、铜仁市统计局、梵净山管理局、中国移动公司、中国电信公司、东太集团、威顿化工、红星锰业、金丰锰业、农夫山泉、梵净山经济植物基地等200余家行业、企业签署了产学研合作协议，形成了“校政企协同、产学研一体”的新型利益共同体。

【铜仁学院完成整体搬迁】 9月1日，学校完成从老校区到川硐新校区的整体搬迁，实现了在铜仁市的“一校一址”办学目标。现学校占地面积66.67公顷，建筑面积33.9万平方米；实验实训中心5万平方米，教学科研仪器设备总值1.5亿元，馆藏纸质图书92万册，电子图书283.3万册。

【铜仁学院召开首届科技大会】 12月31日，学校召开2015年科技工作会暨博士后科研工作站成立大会。大会回顾了学校科技工作取得的成绩，明确新形势下学校科技工作目标任务，校长侯长林作了题为《找准方向，夯实基础，用科技创新引领学校快速发展》的讲话；大会共表彰科研先进集体6个，先进个人4个，优秀科研管理人员3。大会启动博士后科研工作站，副校长罗红芳宣读《人力资源社会保障部、全国博士后管委会关于批准设立博士后科研工作站的通知》《全国博士后管委会办公室关于同意李勇等三位同志做博士后的通知》。

【硕士点建设迈出实质性步伐】 成立专业硕士点申报领导小组，启动林业、职业教育专业硕士点申报工作。经省教育厅批准，学校与贵州师范大学开展联合培养专业学位研究生。

【贵州省铜仁学院院士工作站成立】 6月10日，贵州省铜仁学院院士工作站揭牌暨中国科学院南京土壤研究所与铜仁学院合作签约仪式。经省科技厅批准，学校与中科院南京土壤研究所签署了战略合作框架协议，成功建立铜仁学院矿区土壤环境科学技术院士工作站，实现铜仁市院士工作站建设零的突破。院士工作站的建立标志着学校在推进产学研合作、引进聚集高层次人才方面迈上新台阶，为学校在重大项目研究、成果转化、科技合作交流等方面搭建了新平台，也为加快学校转型发展和创办武陵大学奠定了基础。

【铜仁学院博士后科研工作站成立】 9月人力资源社会保障部、全国博士后管委会批准铜仁学院设立博士后科研工作站。12月31日，博士后科研工作站正式成立。为加强对两站的管理，学校成立了铜仁学院博士后管理办公室和铜仁学院院士科研工作站管理办公室。学校23名博士分三批申请进铜仁市文化科技产业创新研究中心做博士后，第一批博士向人力资源社会保障部、全国博士后管委会上报审批。

【铜仁学院省部级哲学社会科学科研成果创历史新高】 11月3日，学校在贵州省第十一次哲学社会科学科研成果评奖中，共获得11项省部级奖项，其中二等奖3项，三等奖8项，获奖数超过学校历次获奖之和，在全省高校和科研院所中排名第五，在地方高校中排名第一，开创了学校省部级奖项的获奖新高。

【铜仁学院全面推进教育教学改革】 制定《铜仁学院关于深化教育教学改革的若干意见》等制度，坚守课堂底线，深化教学改革；制定《铜仁学院关于鼓励应届生报考硕士研究生的办法》，加大对学生报考硕士研究生的支持力度，2015年学校学生报考硕士研究生上线80人，其中985大学8人，211大学40人，创历史新高；制定《铜仁学院精品课程评定办法》等制度，强化专业课程体系，推进应用转型，共完成38项校级课程改革项目立项评审工作；出台《铜仁学院本科教育教学奖励办法》等，逐步构建教育教学荣誉体系，隆重召开首届“明德学生奖”颁奖典礼，有6个团体和10个个人获奖；出台了《铜仁学院自主学习学分制的实施与管理办法》，创新培养机制，加强自主学习。

【铜仁学院确定为贵州省普通本科高校向应用型高校转型发展的试点学校】 12月16日，省教育厅网站发布《省教育厅关于确定5所本科高校为我省向应用型高校转型发展试点学校的通知》，铜仁学院被确定为贵州省普通本科高校向应用型高校转型发展的试点学校。这表明学校转型发展工作获得省级层面的大力支持，迈入又一个新的台阶。

【铜仁学院与德江县政府合作共建铜仁学院乌江农林经济学院】 2015年9月由德江县政府投资5000万元，并保证每年300万元办学经费，学校负责所有的招生、教学，校县共同负责管理的铜仁学院乌江农林经济学院正式建成，首批800多名师生入驻，各项方面教学管理工作有序推进。

【铜仁学院服务地方经济社会发展】 学校派出博士团参与铜仁市“四化同步，一业（旅游业）振兴”发展战略的具体策划、调研与制定；参与市委、市政府“乌江经济走廊”等产业转型升级方案被采用。完成《铜仁市创建仁义之城理论与实践》重大决策课题，积极推广“仁义之城”的城市精神和“综合生态观”的治市理念，继续打造“桃源铜仁”的地域文化名片，承办全国桃源文化研讨会。完成市政府向国家发改委呈报的“梵净山国家公园体制试点方案”、向国家旅游局呈报的“梵净山申创五A级风景名胜区质量报告”“梵净山申创生态示范园区报告”；设计“铜仁市国防教育馆”“梵净山人文生态科普博物馆”。推进2011协同创新项目，落实《铜仁学院产学研合作教育提升行动计划》，制定《铜仁学院服务地方与特色培育提升行动计划》，依托学校教育资源，积极与市直有关部门、各个区县政府、行业部门（协会）、龙头企业共建发展战略研究中心。

（办公室）

铜仁职业技术学院

【概况】2015年，铜仁职院团结带领全院师生员工做了大量工作，学院办学实力持续增强，内涵建设的核心地位日益突显，顺利成为国家民族事务委员会与贵州省人民政府共建院校，学院各项事业迈上了新的台阶。

一、实践教学、技能大赛有新突破

与大龙经济开发区、铜仁高新产业技术开发区共建大龙微软技术实践中心和铜仁高新区电子商务公共实训基地，均获批贵州省2015年第二批校企共建公共实训基地建设项目，资助资金100万元；校企共建共管的校外实践基地增加至355家；举办院级职业技能竞赛45项，参加省级赛28项、国家赛10项，19名学生、3名教师获省级及以上奖励，获奖人数、级别对比往年有所提升；学生张智波在全国农产品质量安全检测竞赛项目中获三等奖，医学院133康复专业学生参加全国康复技能大赛获团体三等奖，单项二、三等奖，实现了铜仁职院学生参加全国职业技能大赛获奖零的突破。

二、科研基地、项目亮点突出

由铜仁职院领衔的贵州省民族中兽药工程技术研究中心获批，成为贵州最高层次的科研创新平台及人才团队；民族中兽药分离纯化技术国家地方联合工程中心获聘为铜仁市科技特派员法人团队；与企业开展多种形式的科技合作，研发出雪花牛肉、藤茶黄酮饲料添加剂等多项新成果；博士后科研工作站有1名博士后进站。

全院申报国家、省部、市厅级各类科研立项13项，到位经费240万元，比2014全年到位经费增长30%；首次在全院组织大学生开展科学训练，提升在校大学生创新能力，申报大学生科研训练项目17项。

三、校园文化建设成果丰富

学生刘建英被评为贵州省2015年“感动校园十大人物”，为铜仁市唯一获此荣誉的大学生，受到媒体广泛关注，学生肖汝兰获提名奖；“高校社团‘文化养心、实践育人’路径及机制探索”项目获全国第八届高校校园文化建设优秀成果评选优秀奖；“五元文化、立德树人”获全省校园文化建设优秀成果三等奖；在全省大学生校园文化活动月中，铜仁职院共24人次参加省级比赛（不含网络比赛），报送参赛作品35幅，23人次在7大项、9小项中获奖，其中集体奖2项；活动月期间，同步开展院级活动46场次，学生参与人数达72000余人次，人均参加活动3.6场次，展现了铜仁职院大学生健康向上、立志成才的精神面貌和青春风采。

四、国际化办学活力增强

加强与印度尼西亚、巴基斯坦、越南、泰国等国高校和招生机构的合作，招生渠道进一步拓宽，稳定了留学生招生规模，在校留学生人数153人，留学生生源国增加到13个（俄罗斯、老挝、越南、蒙古、叙利亚、尼泊尔、印度尼西亚、巴基斯坦、印度、喀麦隆、索马里、卢旺达、埃塞俄比亚）；留学生奖学金申请取得历史性突破，93名留学生成功申请到省政府留学生奖学金，在兄弟院校中名列前茅；9月初，铜仁职院留学生代表贵州省高校留学生承担第八届“中国—东盟教育交流周”全部的文艺表演，受到国家、省相关领导和国际嘉宾的称赞；全年完成赴马来西亚北方大学、台湾朝阳科技大学交换生任务20余人次；修订《留学生违纪处分管理办法》《来华留学生管理规定》《留学生奖学金管理规定》，留学生管理模式进一步优化；与跨国公司——四川开元集团老挝分公司签署毕业生实习与就业合作协议，为留学生实习就业开辟了新的途径。

【铜仁职院成为国家民委与贵州省人民政府共建院校】 2015年12月16日，国家民族事务委员会和贵州省人民政府签署共建铜仁职业技术学院协议，铜仁职院成为国家民委与地方政府“省部共建”的2所高职院校之一。这是对铜仁职院发挥职业教育优势，服务民族地区经济社会发展所取得的成绩的充分肯定，也为促进铜仁职院加快改革和发展步伐，进一步提升办学能力和办学水平，更好地服务地方经济社会发展特别是服务少数民族和民族地区经济社会发展，提供了更为有利的条件和环境。

【招生就业工作再创佳绩，整体生源质量有所提高】 2015年教育厅下达铜仁职院高职招生计划7857人，总录取新生7756人，比2014年增长747人，计划完成率98.7%。到校新生6202人，其中普通高职5007人，列全省公办高职院校第1名；全院总体报到率达79.9%，与2014年基本持平；积极向政府部门争取落实政府订单300人，向省教育厅争取少数民族专项计划150人；本年度整体生源质量明显提高，省内普通文科录取最低投档分达330分，超省控线110分，政府订单文科录取最低450分，超省控线230分，普通理科最低投档分达247，超省控线47分，政府订单理科录取最低337分，超省控线137分。

就业方面，2015年，铜仁职院共有毕业生3531人，截至8月31日，有3471名毕业生实现就业，初次就业率达到98.30%，毕业三个月后的平均稳定率为69.65%；就业工作“一把手”工程落到实处，双困生帮扶机制逐步完善，创新创业教育取得较大进展，就业评价更加科学合理。

【创建全国优质高职院校工作获市政府支持并正式启动】 铜仁市政府将“启动铜仁职院全国优质高职院校创建工作”写入2015年政府工作报告。铜仁学院全面启动宣传、动员工作，举办优质高职院校建设系列讲座十余次，出台《铜仁职业技术学院高等职业教育创新发展行动计划（2015－2018）项目建设工作方案》，以承担任务和项目为载体，精心部署，深入推进全国优质高职院校建设。

（铜仁职院党政办　刘江涛）

铜仁幼儿师范高等专科学校

【概况】 铜仁幼儿师范高等专科学校现有占地面积585亩，其中建成357亩，正在建设228亩，规划建筑面积415亩。建有行政办公楼、图书大楼、教学楼2幢、实训大楼、学生公寓4幢、学生食堂、运动场等建筑，共有建筑面积13.9万平方米，能够基本满足学生正常的学习、生活需求。有在校学生9138人，其中，学校本部学生总人数8359人，校本部教学班级167个，大专生5550人。现有教职工389人，其中专任教师271人。专任教师中，副高及以上职称教师76人，占专任教师总数的28.0%；中级职称教师115人，占专任教师总数的42.4%。专任教师中，具有硕士学历教师124人，占专任教师总数的45.76%，具有本科学历教师146人，占专任教师总数的53.87%。

一、办学规模实现新突破

2015年对原有9个系部进行了整合，建立了学前教育系、初等教育系、艺术与体育教育系、外语与旅游系4个教学系和继续教育系，面向四川、重庆、湖北、广西、湖南、贵州6个省（市）招生。全年计划招生3887人，实际招生3946人，专科新生报到率达85.2%，高于全省平均报到率10.1%，位列全省高职高专第一名。

二、学生管理及思政教育探索新模式

实施“123456”特色办学实施意见。通过省教育厅组织的学生事务“一站式”服务验收；健全全方位学生资助体系，累计资助金额突破2000多万元。完善“校、系”二级管理工作机制，举办第二届辅导员职业能力大赛，并在贵州省第二届辅导员职业能力大赛上荣获一等奖。积极构建“3456”立体德育模式，顺利通过全省大学生思政治教育工作评估验收并获优秀等次。

三、校园文化打造新品牌

开展“武陵之春·魅力幼专”文化艺术节、“武陵金秋·激情幼专”体育节、“爱满武陵·和谐幼专”建校日系列活动以及“社团文化活动月”“十佳歌手比赛”等活动，组织参与“创建全国民族团结进步示范市互观互检”活动。参加国家、省、市组织的各项赛事，荣获中华全国总工会授予的“职工书屋”“全市民族团结进步示范单位”等奖项10余次，首次拍摄制作了《爱在这里》专题形象片、《印象幼专》宣传册。

四、教学科研掀起新高潮

出台《科研经费管理办法》《学术委员会章程》等7个文件。教师在省级以上刊物发表论文200篇，其中核心论文16篇。主编的《幼儿教师礼仪》入选了“十二五”职业教育国家规划教材，有在研立项课题47项，其中国家级课题2项，省级课题11项，市委重大决策问题研究课题1项。学报正式更名为《黔东人文与教育研究》。

五、对外交流与社会服务开拓新局面

与泰国斯巴顿大学、台湾朝阳科技大学、铜仁学院等11所国内外高校建立了合作关系；启动实施“千人留学计划”，组织50名师生次赴泰国斯巴顿大学、台湾朝阳科技大学短期交流学习，接待国（境外）师生来访30余人次，接待省内外交流考察88人次；承办了2015年武陵山区学前教育发展与改革研讨活动，启动实施“125”学前教育发展协同创新计划，承担了“国培计划（2015）—铜仁市乡村幼儿园新任教师访市州名园项目”“铜仁市2015年市级示范幼儿园评估培训”“全市幼儿教师技能大赛”等活动。

（幼儿师专　张佳佳）

铜仁第一中学

【概况】铜仁一中建校于1938年，抗战胜利后，由贵州省接办，更名为“贵州省立铜仁中学”；新中国成立后学校由人民政府接管，改名为“贵州省铜仁中学”；1973年定名“贵州省铜仁第一中学”。2001年通过省教育厅的评估，成为贵州省首批二类示范性普通高中。2012年由市委、市政府斥巨资6亿余元，建立川硐新校区。2015年9月实现整体搬迁。有教学班级96个，在校学生5300余人。学校占地约34公顷，总建筑面积13万多平方米。可容纳7200名学生。2015年，学校以提升教育教学质量为抓手，以提高管理、服务水平为保障，以迎评升类为契机，不断加强师资队伍建设，不断提高办学水平，改革创新，锐意进取，努力拼搏，跨越发展。实现了“稳中有升，顺势而上”的质量目标。2015年被教育部评为“全国教育科学‘十二五’规划教育部规划课题先进科研学校”“全国教育信息化创新应用先锋学校”，被市委、市政府评为“教育系统先进集体”“铜仁市民族团结进步创建活动模范单位”、全市教育工作目标管理考核一等奖、全市教学质量一等奖等。

一、作风建设取得新进步

通过开展“三严三实”专题教育活动，加强学习党的政策、党的纪律，学习习近平总书记系列重要讲话，贯彻落实党的方针，政策。责任意识、规矩意识、务实作风深入人心。全校教职员工遵纪守法，爱岗敬业，求真务实。

二、立德树人取得新成果

学校把德育教育融入各类实践活动之中，一是积极开展社团活动，二是放手让学生进行自主管理。学校充分发挥学生的主观能动性，让学生自己来管理自己和班级，锻炼学生的组织能力、管理能力和创新能力，为学生的终身发展奠定坚实基础。

三、学校建设取得新进展

2015年学校整体搬迁至新校区，实现了平稳过度。学校规模进一步扩大。现有96个教学班级，5400多名学生。图书馆、综合楼、体育馆、科技楼等正式投入使用，各项建设进入全面收尾工作阶段。

四、升类工作实现新突破

学校自启动升类工作以来，领导关怀，专家引领，百姓支持，师生同心，成功完成省教育厅的一轮评估，各项指标均达到评估要求，评估专家组对学校办学情况较为满意。

五、办学水平再创新佳绩

2015年高考，学校600分以上

94人，占全市的42.73%。清华、北大录取6人，一本录取人数1113人，一本录取率为65%；二本以上共录取人数1633人，二本以上录取率为97%，实现“稳中有升，顺势而上”的质量目标。学校被铜仁市委、市政府评为“教育系统先进集体”“全市高中教育目标考核及教育教学质量一类A校一等奖”。

六、办学特色得到新彰显

学校从学生实际出发，深化“分层引导，分类育人，开发潜能，多元发展”的特色办学模式，开发校本教材十多种，社团活动丰富多采，促进学生多元发展，提升学生综合素质。高考招生多渠道录取实现新突破。传承办学特色，创新办学价值体系，培育了三个方面的具体特色，即实践式德育，发展性技术教育，梦慧足球，使办学特色有系统的载体和支撑。

七、队伍建设再上新台阶

教师队伍建设和干部队伍建设得到进一步加强。学校新增贵州省名校长工作室1个，贵州省高中数学、高中英语、高中信息技术名师工作室各1个。学校现有贵州省名校长工作室1个，贵州省名师工作室4个，进一步发挥名师的示范引领作用。2015年新进人员23人，教职工达442人，其中在职341人，离退休101人。71人被评为市级以上骨干教师；校长汪滲被评为铜仁市“十佳校长”；10人被评为全市优秀教师、班主任和先进教育工作者。学校评选了“十佳好老师”和“十佳教坛新秀”，促进了教师队伍的专业化发展。

八、学生能力得到新提升。

通过省运会、市运会、全省足球比赛、举行寝室文化节、卢阳春文化艺术节、田径运动会、学生科技创新大赛、书画作品展、歌咏比赛等活动，促进了学生全面发展。学校被评为全国“足球学校”，贵州省“三生四爱五心五好示范学校”，铜仁市“教育系统先进集体”等。

九、教育科研取得新成绩。

2015年学校承接3个国家课题，3个省级课题，17个市级课题，13个校级课题，教师发表论文100多篇，全省优质课一等奖3人次，全市优质课一等奖7人次。代泽斌编写的《我们的风景》由光明日报出版社出版。

十、示范引领有了新起色。

继续发挥示范引领作用，先后与市内兄弟学校开展帮扶活动，与贵阳一中、成都七中等省内外学校进行学习交流；与美国兰姆师教育留学中心、香港华仁书院等合作交流，示范引领作用得到进一步发挥。

（铜仁第一中学办公室）

铜仁市民族中学

【概况】铜仁市民族中学秉承“博学、明理、健体、报国”的校训，深化教育改革实践，大力推进素质教育，促进学生全面发展，彰显办学特色，推动了学校的教育教学事业的发展。

一、两校整合工作稳步进行，校园改扩建工作有序推进

学校自2014后6月起按照铜委〔2012〕37号文件、市委一届〔2014〕第2号常委会议纪要精神，与市实验中学整合，在铜仁市实验中学的校址上建成了新的铜仁市民族中学。2015年8月，经过一年时间的磨合，两校区教职员工思想得到统一，全面完成中层干部、年级组长、教研组长、备课组长的整合调整工作。新民中秉承办人民满意教育的宗旨，努力整合两校办学资源，汲取原来两校的优长，推动了学校教育教学的长足进步。2015年学校校园规划获政府审批通过，市人民政府将市民族中学改扩建工作列入省政府督办项目，计划到2018年全面完成改扩建工程。

二、教风、学风、校风建设取得显著成绩

学校形成各种正能量的合力，使整个学校的校风得到好转。在教风上，强化师德师风意识，制定《铜仁市民族中学教师教学行为规范十严禁》；在学风上，制定《铜仁市民族中学学生行为十六条禁令》；在工作纪律上，制定《铜仁市民族中学教职工考勤办法》。

三、办学质量明显提升

1. 教育教学成效显著，高考成绩理想。2015年高考成绩再上台阶，顺利完成各项既定目标。高考最高分636分，600分以上3人，学校一本上线128人，本科上线950人，本科升学率达62%，及格率、平均分均达到或超过省及格率、平均分。

2. 强化安全意识，建设平安校园。2015年学校以市委市政府及市教育局的一系列有关安全工作重要指示和会议精神为指导思想，完善各项规章制度，扎实开展“平安校园”建设活动，保障师生生命财产安全、维护校园正常秩序、消除安全隐患，确保了校园的安全与稳定。

3. 做好教育民生工程，切实保障学生利益。学校的教育民生补助项目主要有：“普通高中国家助学金”、浙江余姚中学资助的“阳明班助学金”、北京罗麦公司资助的“启明班助学金”、贵州省民委资助的“民族班助学金”等。至2015年秋季学期，每学期资助资金总额达209.24万元。在这些教育民生补助项目的实施过程中，学校严格按照规定的程序进行审核、认定、评议、发放，杜绝了故意刁难、吃拿卡要、虚报冒领、优亲厚友、贪污侵占、私分滥发、截留挪用、套取骗取等现象，绝对保证了学生应该享受的利益。

4. 注重宣传，加大开放力度，学校形象整体提升。多次在铜仁市电视媒体宣传经验与做法，得到了社会的好评。学校为每班开通电视，学生坚持每天观看新闻联播，加强学生爱国主义教育和对时事的了解，教师可利用网络优质教育资源为教学服务，受到学生和家长欢迎。加大向一流学校学习的力度，借鉴了一些名校的先进管理经验，对学校形象塑造和学生行为习惯养成意义极大。

四、教师专业化发展成效明显

学校有教职员工352人，专任教师319人，其中高级教师131人。教师队伍中有贵州省名校长工作室主持人1人，贵州省名师工作室主持人1人，铜仁市首批名师工作室主持人2人，特级教师4人，铜仁市市管专家1人，省市级教学名师5人，省级普通话测试员5人，国家级骨干教师2人，省市级骨干教师人48人，“乌江园丁”48人，硕士研究生16人。学校重视“走出去、请进来”，先后派出近百名教师外出赴清华大学、上海师范大学、省团校等参加各类培训。举办各类校际交流，邀请衡水中学、苏州中学、上海天山中学等全国知名学校的专家教师来校讲学、交流，给教师及时“充电”；出资支持英语组陈燕老师赴英国留学学习；推选各学科的老师参加省市的各类优质课比赛，鼓励教师撰写、发表专业论文，教科研成绩显著。

五、特色教育硕果累累

始终按照“特色办学、全面育人”的总体思路，切实推进学校的发展，积极践行“4+2”特色教育工程，高度重视学生“艺术和体育”两方面素质和特长的培养，并取得了卓越的成绩，坚实的巩固了多年来所获得的“先进”“特色”“示范”等诸多荣誉的成果。在此基础上，2015年被贵州师范大学体育学院授牌为“教育实习基地”和“篮球后备人才培养基地”。

【教风、学风和校风建设卓有成效】2015年，铜仁市民族中学通过广大师生员工的努力，在教风、学风、校风建设上，取得了显著成绩。

教风上，学校全面贯彻《教师行为准则》，结合实际出台了“教师教学行为十严禁”，加大了对教师上课、晚自习下班辅导及监考的督查，及时纠正教师的各种不规范行为，极大师德师风建设，教风实现明显好转。

学风上，学校全面贯彻《中学生守则》《中学生日常行为规范》，结合实际出台了“学生管理十六条规定”，加大了对学生不规范行为的督查力度，加强养成教育，重视升旗仪式和主题班会的教育活动，大力表彰优秀学生，形成了尊师重学、全面育人的良好风尚。

在工作纪律上，出台了《铜仁市民族中学教职工考勤办法》，实行了行政人员上下班、教师晚自习打卡制度、规范了教职工请假程序。在学校大力弘扬正气，表彰先进，涌现了一批优秀班主任、优秀教师和先进教育工作者，形成各种正能量的合力，使整个学校的校风得到了根本性的好转。

【铜仁市民族中学特色教育成果显

著】 铜仁市民族中学特色教育始终按照“特色办学、全面育人”的总体思路，切实推进学校的发展，取得了一定的成果。

特色教育抢抓特色办学，铜仁民族中学培养了一大批优秀的运动员，他们在各级比赛中均取得了优异的成绩。2015年学校男女篮参加铜仁市第十七届中学生“三好杯”篮球赛中，学校男篮、女篮队均荣获冠军。2015年学校男女足参加铜仁市足球三级联赛中，男足队荣获冠军、女足队荣获第四名。2015年学校羽毛球代表队参加铜仁市第二届中学生羽毛球比赛活动中，男子荣获单打金牌。学校教职工在参加由中共铜仁市委宣传部、铜仁市文体广电新闻出版局主办、铜仁市羽毛球协会承办的2015“快乐铜仁”主题系列活动健康暨“我运动·我快乐”羽毛球比赛中荣获殊荣。12月31日特色教育工作处派遣艺体组唐必林老师带队参加铜仁市迎新年“体彩杯”万人万米健身长跑活动，学校女生荣获女子组第一名、第五名、第六名等多项优异成绩。2015年被贵州师范大学体育学院授牌为“教育实习基地”和“篮球后备人才培养基地”，是对学校特色办学成就的认可，民族中学特色教育正蓬勃崛起。

（铜仁市民族中学）

科学技术

科技

【概况】2015年，铜仁市科技局紧紧围绕市委、政府中心工作，深化科技体制改革，创新引领经济社会发展，取得“九个新进展”。

一、深化科技体制机制改革获得新进展

制定出台《铜仁市科技计划体制改革方案》，按企业创新能力、协同创新等5个板块，设置工业科技攻关、农业科技攻关、科技计划后补助等14个专项。推行项目管理公开公示制度。建立科技计划管理综合信息平台，逐步实现科技计划项目网上申报、网上评审、网上立项、网上验收等全流程信息化管理体系。

二、企业自主创新能力获得新进展

新认定高新技术企业4家、省级众创空间1个、省级工程技术研究中心1个，新获得省级科技型成长企业备案19家企业，获得省科技厅培育行动计划立项企业14家，获得省知识产权优势企业培育工程项目支持3家企业，获批省级创新型企业3家。

三、对外科技合作获得新进展

一是铜仁学院新建院士工作站1个。二是中科院过程所与铜仁市成立“中科院-铜仁市联合科技服务中心”，并启动了生物工程中试平台建设、等合作重点工作。三是与苏州市科学技术局开展对口帮扶活动，签订了《苏州市科技局铜仁市科技局战略合作协议》。

四、知识产权工作获得新进展

全面贯彻实施知识产权战略，出台《铜仁市促进知识产权质押融资工程的意见》（铜府办发〔2015〕102号）。2015年全市专利申请量1664件，超全年目标任务750件的122%；专利授权量646件，超全年目标任务300件的115%，再创铜仁市专利申请历史新高。市知识产权局1人获全国知识产权系统先进个人荣誉称号。

五、农业科技园区上档提速获得新进展

2015年，全市新获批3家省级农业科技园区，成功创建了铜仁市第一个国家级农业科技园区，为铜仁市农业产业化、规模化、集约化和现代化奠定坚实基础。

六、科技成果转化与应用获得新进展

完成2015年铜仁市科学技术奖评审工作，共评选出项目21项，其中进步奖10项，转化奖10项，合作奖1项。5家企业获得贵州省科技创新券支持，立项金额100万元。制定了市级科技特派员工作站的建设方案，建立3个科技特派员工作站，认定科技特派员创新创业团队8个、科技特派员110个，开展创新创业服务工作。

七、创新型人才培养和建设获得新进展

7家企业和职院兽药团队进入贵阳萃智杯第四届中国创新创业大赛（贵州赛区）复赛，2家企业成功进入决赛，1家企业获得决赛第三名的好成绩，进入全国决赛，获得创新创业基金的支持。组织9名专业人才申报“千”层次创新人才、2名专家申报“百”层次创新型人才。启动铜仁市专家库的建设工作，入库专家数达500人。

八、党建帮扶获得新进展

帮扶印江县合水镇白元村。建立驻村干部生活、工作、保险等工作机制，制定帮扶计划，落实驻村工作经费，建立“民情大数据”，积极开展支部联建活动。

全年争取省发改委80万元资金，协调路灯经费12万元，投入经费9万元，帮扶效果明显。

九、科技培训获得新进展

承办的人社部专业技术培训项目“2015国家级防震减灾技术更新高级研修班”在铜仁成功举办，进一步增强了铜仁市地震工作在全省、全国的影响力。

（铜仁市科学技术局）

科学协会

【概况】2015年，铜仁市科协工作以服务主基调，服务主战略作为推动科协工作的出发点，以“服务地方经济社会发展、服务全民科学素质提升、服务广大科技工作者、加强自身建设”为工作定位，认真履行科协职能，充分发挥好党和政府联系科技工作者的桥梁和纽带作用，抓住服务地方经济社会发展这一主线，有效推动了全市科协事业的发展。

一、召开全市科协工作会议

3月25日，铜仁市科协工作暨全民科学素质工作领导小组成员会议在花果山人民会堂召开，市委常委、副市长张矛出席会议并作讲话。李国忠代表市科协一届四次全委会和全民科学素质工作领导小组副组长作工作报告。各区（县）分管全民科学素质工作区（县）长、科协主席，市直全民科学素质工作领导小组成员单位共60余人参加会议。

二、组织开展科普宣传活动

1.组织参加公益科普宣传活动13场。2月10日，在凤凰机场开展服务返乡人员的“雁归·暖冬志愿服务行动”，向返乡人员发放回乡创业优惠政策、公民科学素质200问等政策知识，服务返乡人员200人。2月13日，参加市委组织在大龙举办的“文化·科技·卫生”三下乡，现场向群众发放“食品安全”宣传手册500册，发放《公民科学素质200问》500本，发放健康知识宣传之香烟危害健康宣传手册300册。3月5日，在锦江广场举行“学习雷锋服务月”科技咨询服务活动，现场为群众展出国家级动物保护品种、科学防灾避险等科普展板18块，发放青少年素质教育读本、雷锋的事迹等宣传资料600份。5月12日，在金滩广场开展主题为“科学减灾”第七个“防灾减灾日”科普宣传活动。活动现场向市民展出科学防灾避险系列科普展板24张，设立咨询台免费向公众发放家庭应急避险手册500册、科学防灾避险和灾前自然灾害现象前兆等科普资料2000份，发放关注科普，保护生命雨伞100把，家庭科学用油限量器100个，受益群众3000人次，为提升公众科学处理自然灾害的能力和防范意识奠定基础。累计为近3000群众发放各类宣传资料万余份。5月18日，在玉屏县开展全国科技活动周系列活动。现场展出由中国科协科普部赞助的“膳食指南、画说饮食误区及禁忌、夏季健康小常识、生活中的几限、绿色能源生物质能”和市科协自制“预防疾病倡导健康生活方式、食品安全从自己做起”等与群众生活、生产息息相关的科普展板内容，倡导公众摒弃生活中不良吃、住、行、玩所带来的负责影响，自觉养成科学健康的文明生活和工作方式。咨询台前免费向公众发放健康生活丛书之食品安全、吸烟危害与控烟效果、核能知识问答等科普类宣传书籍资料。现场共设置20余个咨询台，共展出各类科普展板68块，发放各类书籍600册（份），受众5000余人次。6月16日，在锦江广场举行以“尚德守法 全面提升食品安全法制水平”为主题的“2015年全国食品安全宣传周”活动，活动中，围绕食品安全法律及科普知识，向市民们宣传如何鉴别食品安全等知识，现场以咨询台、展板、发放宣传资料等开展形式多样，内容丰富的宣传活动。参加活动工作人员近60人，受益群众2000余人次，累计发放各类宣传资料3000余份。6月29日，在万山夜郎谷开展科普宣传进村活动。7月3日，在江口县鱼良溪村举办80人的蔬菜种植培训。7月17日，在碧江桐木坪举办生（香）猪养殖培训基地，培训80人农村科普带头人，现场开展养殖技术推广咨询，受益群众200余人。8月25日，在松桃县孟溪镇开展香菇栽培培训，培训60余人，展出健康宣传系列展板24块，受益群众达500人次。9月8日，组织邀请中国科协“大手拉小手”院士专家科普报告团来铜为江口中学、幼儿师专、铜仁二中、铜仁学院等五所大中学校3000多名师生作科普报告。9月15日，邀请到省反邪教常务理事刘捷为铜仁一中师生作“崇尚科学反对邪教”暨科学道德进校园报告会（全省仅2场）。报告用大量理论与现实典型事例，列举邪教对人类的危害，倡导师生相信科学，抵制邪教对人类思路的侵蚀和对家庭社会的重大危害性。倡导学生做一名有知识、有文化、志向远大，有社会责任感的有志青年，同时结合邪教的危害性过渡到科学道德在尊师重教工作中的重要性和必然性，引导广大教师要倡导科学，教书育人要以德为先。9月19日，在碧江区锦江广场举行“全国科普日活动”启动仪式，活动现场组织近年来两城区受表彰的农技协、科普示范基地、科普带头人拿出各自种（养）植的产品供群众参观品尝，围绕公民科学知识，开展现场竞猜活动，提升公众参与科普，学习科学知识，应对自然灾害的应变能力。10月30日，在沿河县晓景乡开展“科普宣传进村”活动。现场展出健康生活、膳食指南、自然灾害防范等各类关系群众生命安全健康的科普展板24块，发放健康生活—吸烟危害，生猪养殖、果蔬种植类技术手册500册，惠及群众500余人次。

2.组织开展“崇尚科学反对邪教”科普报告会（讲座）。为有效构筑学校防邪反邪科普阵地建设，市科协党组书记、主席李国忠亲自到各区（县）开展反邪防邪科普报告进校园活动，采取每县讲解2场科普报告的形式向广大师生讲解邪教对人类的危害，对人类思想的侵蚀，特别是对学校学生世界观、人生观、价值观的腐蚀与误导。全年开展20场反邪防邪科普报告进校园20场，近8000余名师生聆听他的“反邪教”科普报告。

3.编印科普宣传手册。组织联合市食安办、老科协、全民科学素质工作领导小组办公室等相关部门编写防灾避险、食品安全、农村实用技术、疾病防范与处理、节能降耗与生态文明生活手册等科普宣传资料或手册。如联合市教育局、市老科协、市全民科学素质工作办公室共同编印《科学安全健康生活丛书》系列科普常识宣传手册2万册；印发《公民科学素质知识200问》3.5万册发放到市全民科学素质纲要工作领导小组成员单位及市直相关部门和县级科协；印发1万册青少年《反邪教手册》读本。

4.成功组织申报2015年基层科普行动计划、中央引导地方科技发展项目设备购置和省科协科技致富“二传手”扶贫项目。2015年成功申报中国科协表彰奖励的农村专业技术协会5个100万元，农村科普示范基地3个60万元，社区益民计划1个20万元，农村科普示范带头人2人10万元，共获奖补资金190万元。通过铜仁市委市政府努力，由市科协科普服务中心申报的中央引导地方科技发展项目设备购置获国家财政320万元资金补助按程序划拨到铜仁学院。争取到省科协实施科技致富“二传手”培训项目2个10万元的资金补助。

三、全力推动《全民科学素质纲要》工作实施

1.加强对全民科学素质工作的统筹指导。一是市全民科学素质纲要工作领导小组办公室及时印发《铜仁市2014-2015年公民科学素质先进区县创建工作推进方案》，同时转发《贵州省创建公民科学素质先进区（县）的管理办法》将有关创建标准、测评指标印发至各区（县）创建办，使得创建工作顺利开展。二是组织召开全民科学素质工作领导小组成员会议。3月26日在花果山人民会堂召开全市全民科学素质工作会议，会议对上年全民科学素质工作取得的成绩进行了总结与回顾，安排部署了2015年全民科学素质工作。三是加强对创建公民科学素质先进区（县）督查。2015年4月邀请市人大、市政协相关领导组成督查组对全市各区（县）创建公民科学素质先进县工作进行了二次督促检查，对创建工作中所取得的成绩、存在的问题和改进措施提出了明确要求。四是召开迎检验收动员部署会。9月17日在花果山人民会堂召开全民科学素质工作领导小组成员会议。会议对各区（县）创建公民科学素质先进县和全体成员单位“十二五”以来实施全民科学素质工作考核指标和资料的收集整理提出了要求。要求各成员单位要认真梳理本单位实施全民科学素质工作落实情况及资料汇总。五是2015年10月19日－27日对各区（县）创建公民科学素质先进县进行实地督查。六是经省全民科学素质工作领导小组复检验收，全市10个区（县）成功创建公民科学素质先进县。实现全省9个市（州）中唯一市全覆盖成功创建公民科学素质先进县。

2.以“百万公众网络学习工程”活动为平台，提升五类重点人群科学素质。一是通过争取，“百万公众网络学习工程”活动正式纳入市绩效考核。二是在碧江区锦江宾馆四楼多功能厅成功举办市级公民科学知识竞赛，万山区代表队获冠军并在省级决赛中获三等奖成绩。三是《公民科学素质200问》纳入全市干部职工理论学习考试范围，覆盖全市机关在职干部职工近6.5万人。

3.抓好科普基础设施建设。积极推动建设LED科普宣传显示屏建设，经过市科协努力争取，争取省科协建设资金60多万元分别在石阡建8块、印江建8块、松桃建2块的LED科普宣传屏，市科协匹配投入建设资金达10万元。

4.开展青少年科技辅导员工作。2016年5月下旬，邀请青少年科技辅导员老师分别到德江、印江、江口、碧江、松桃五县开展了5期青少年科技辅导员老师培训班，为五区（县）共计培训了500名科技辅导骨干老师。

5.开展服务地方优势产业的农村科普带头人实训工作。组织全市各区、县农村科普带头人、种植大户和科技示范户开展涵盖种植、养殖的农村实用技术培训班，合计培训396人次。7月2－3日在江口县鱼良溪开展蔬菜和猕猴桃种植培训，受训人数为102人；7月16－17日，在碧江区桐木坪乡开展生（香）猪养殖推广培训班，受训人数为88人；8月24－25日在松桃县孟溪镇开展香菇能手培训班，受训人数为82人；9月24－25日在德江县开展天麻种植实用技术推广培训班，受训人数为124人。

6.开展服务雁归人员的电子商务创业培训。8月3日，在铜仁市大兴工业园区电商孵化基地（铜仁市金滩创业培训基地）成功举办了2015年度淘宝电子商务创业培训班，对来自全市范围内的70余名创业青年进行了培训。贯彻落实了党中央、国务院关于大众创业，万众创新的重大战略决策，以铜仁市大数据产业发展为平台，拓宽了广大城乡青年就业渠道，培育了一批致力于网上经营的创业人才，推动铜仁特色农产品品牌宣传网络化，促进农村电子商务产业发展，为促进铜仁经济的健康发展提供了动力。

7.服务企业开展专利应用培训。9月22日在宝鑫大酒店与市科技局联合举办了铜仁市企业专利应用工程师培训会。全市各区县科协、科技局相关负责人及全市64家科技型企业代表共130人参加了培训。培训后，共有25家企业拷贝并注册了“专利数据检索系统数据库”，为提高企业知识产权保护意识和能力，助推企业转型升级发挥了积极作用。

8.开展“大手拉小手”院士专家贵州校园行科普报告会。9月8日，中国科学院植物研究所副研究员关秀清，中国科普作家协会常务理事、副秘书长、科普作协国防委员会副主任、空军大校焦国力、中国医药教育协会专家委员会常务委员、特聘教授、“慢病防治健康行”国家示范项目专家讲师团团长刘立，中韩科学创意研究中心发起人、韩国积木教育研究所专家研究员马金漪，中国科学院地理科学与资源研究所副研究员杨汝荣等5位专家来铜，分别在江口中学作《生命中的化学》、铜仁学院作《航空母舰的秘密》、铜仁幼儿师专作《生命科学基础在少年》、铜仁民族中学作《神奇的青藏高原》的五场科普报告会。3000名师生参加报告会。

9.完成中国科协流动科技馆巡展工作。2015年，中国科协流动科技馆分别在沿河县、江口县、玉屏县、松桃县圆满完成巡展，为城镇劳动者、未成年人、社区居民、机关领导干部和公务员提供科普知识套餐现场观摩体验，切身体验科学的魅力，加深对科学的理解，感悟科学的力量，体会科技的永无止境，形象地诠释科学道理。受众人数达13万多人次。

四、加强科协自身建设

1.筹备成立社区科普大学。4

月24日在市老干局举行成立市级社区科普大学揭牌暨开班仪式。市委常委、副市长张矛出席揭牌仪式并作讲话。同时，积极支持各区（县）成立社区科普大学，为筹备成立区（县）拨付5000元经费，到12月初，全市10个区（县）成立社区科普大学。市级科普大学依托老教办远程教育开通了服务基层的20套农村实用技术推广视频教学片。

2.加强学会、协会组织建设。一是指导市医学会成立内科学会分会。6月27日，市医学会内科学会分会成立暨学术交流会在花果山维景大酒店成功举行，贵州医科大学临床学院院长方颖莅临大会指导并致辞。二是12月5-6日，市医学会在思南县举办了普通外科学学术会议，邀请贵州省医院，贵州医科大学、遵义医学院普外专家赴思南讲学，参会人员达150人次。三是指导成立铜仁市中小企业发展促进会，该协会现有各类中小企业团体会员72个。

3.加强党建帮扶工作的落实。按照市委市政府的要求，扎实做好联乡驻村、“四帮四促”工作的深入开展，明确了党建帮扶工作驻村干部、挂帮干部，共同帮扶松桃县孟溪镇桃子坪村的党建扶贫和计生贫困户帮扶，深入推进“四帮四促”和新农村建设工作。7月1日，市科协组织干部职工前往孟溪镇开展建党慰问老党员的送温暖活动。聘请铜仁职院教授到孟溪镇红岩村为葡萄种植农户开展技术培训与指导，为孟溪镇农民举办了一起香菇种植培训班。向党建帮扶桃子坪村拨付通村公路建设经费5万元，慰问计生困难户20户计2万元，支助香菇协会灾后重建经费5万元。这些活动受到当地政府和农民的一致好评。加强对社会治安综合治理联系点孟溪镇的帮扶，为该镇解决办公经费5000元用于社会治安综合治理工作。

4.加强党风廉政建设。认真组织干部职工学习《党员领导干部廉洁从政若干准则》《中国共产党廉洁自律准则》《中国共产党纪律处分条例》等内容，积极参加纪委举办的党风廉政建设宣传工作活动，培养干部勤政廉政、爱岗敬业的精神，努力营造廉洁、高效、求实、奉献的机关氛围。同时加强对机关作风建设工作力度。积极组织干部职工加强作风建设方面的教育和培训，从思想上纠正不正之风源头、行动上教育不正之风的行为，坚决制止惩治吃、拿、卡、要等不良现象的发生。

5.抓好“多彩贵州·桃源铜仁”文明行动。围绕市委市政府提出的“五城联创”，积极配合“五城联创”工作小组及辖区、办事处、社区等相关部门开展“五城联创”工作。每月开展一次全民义务劳动日，并按调整后的帮扶实施方案做好相关工作，从办公经费中调剂1.8万元用于帮扶小区的环境卫生整治。

（万国海）

铜仁科学院

【概况】为深化科技体制改革和机制创新，提升科技、科研的整体实力和水平，铜仁市委、市政府于2015年决定整合组建铜仁科学院，立足解决资源分散、科研力量单薄、承担重大科研课题能力较弱等问题，逐步提升全市科研成果转化及推广应用整体实力，使科技成为铜仁实现后发赶超、同步小康的强劲动力。

一、机构设置

根据《铜仁市机构编制委员会关于设立铜仁科学院的通知》(铜市机编[2015]10号)，铜仁科学院于2015年11月6日设立，为市政府直属全额预算管理的正县级事业单位，核定事业编制90名，设院长1名，党委书记1名，副院长3名，纪委书记1名，所需编制从进行整合的“五所一中心”划转。

按照市委、市政府“对上保留、对内整合、对内指导”的机构组建原则，除拟组建必要的行政管理科室外，在院属科研所上保留原农业科学研究所（副县级、国家农作物品种铜仁区域试验站）、林业科学研究与技术推广所、科技情报研究所(大数据研究应用中心)、水利科学研究所、旅游经济研究所，同时增设化工冶金研究所、梵净山生物资源研究所。

二、筹建情况

1.实地调研科研机构现状。

2015年12月，科学院领导班子对原“五所一中心”及其主管部门进行走访调研，全面了解科研所人员现状和工作运行情况，并形成《成立铜仁科学院有关情况的调研报告》上报市委市政府。报告中对“五所一中心”机构现状进行了分析，并对今后铜仁科学院运行管理提出建议。

2.解决科学院办公选址问题。根据副市长杨同光于12月22日主持召开的科学院筹建协调会工作安排，科学院领导班子多次与市机关事务局等商议并实地考察办公场地选址问题，形成三个长远选址方案并报市委市政府：一是选择铜仁高新区完成主体工程建设的科技孵化中心部分房屋作为集中办公场所；二是铜仁科学院与铜仁科技馆统筹建设；三是林科所现有房屋拆除后还建。将原农校老校区作为铜仁科学院挂牌及过渡办公场所。

3. 成立筹备办公室。根据市委市政府对科学院筹建工作的安排，于2015年12月15日成立科学院筹备办公室，对筹备期间工作任务进行了梳理，并制定任务分解及进度表，开展筹建工作。

（王小丽）

社会科学

讲师团

【概况】2015年，铜仁市委讲师团全面落实年初工作要点确定的各项工作任务，集中精力抓好干部理论教育、理论研究、理论宣传、社科普及和其他工作，圆满完成全年工作目标和任务，充分发挥了讲师团在宣传思想工作中统一思想、凝聚力量、鼓舞人心的积极作用。

一、围绕党的中心工作，积极开展宣讲辅导

1.服务省、市委、市政府工作大局，紧紧围绕广大党员干部普遍关心、关注的热点、疑点、难点问题，精心备课，认真宣讲，推动了理论的普及与延伸。一是积极为各级、各部门和广大党员干部提供理论服务，开展多方面的宣讲辅导。2015年的宣讲工作主要围绕以下内容展开：宣传党的十八届三中、四中、五中全会精神；习近平总书记系列重要讲话精神；开展社会主义核心价值体系；“三严三实”教育活动。通过理论服务澄清人们关注的重大理论和现实问题，着力激发全省各方面真抓实干、创先争优的积极性和创造力；同时，顺应加快转变经济发展方式的主线要求，开展经济形势和国家宏观经济政策的宣讲。宣讲作为讲师团主要工作贯穿全年，全年宣讲60多场。二是认真搞好理论宣讲骨干的培训工作。7月下旬，举办全市理论骨干暨德师培训班，培训理论骨干40余人，骨干德师20人。培训班邀请铜仁市专家学者进行专题辅导，取得良好的教育效果。

2. 以“宣传部长上讲堂”为载体，积极开展日常宣讲。采取内外结合、上下结合，按照市委宣传部总体部署，先后组织宣讲专家及宣讲分别赴区县、市直部门开展宣讲30场次，有效带动各级领导干部、广大乡贤人物上讲堂。同时结合中心工作、重点工作开展日常宣讲，如“三严三实”的宣讲、作风建设的宣讲、道德讲堂等各时期的日常宣讲。编写《讲好铜仁新故事·传播铜仁好声音》宣讲稿，积极配合市关工委组织老干部在全市范围开展了一轮主题宣讲，共宣讲20余场次。

3. 紧贴群众实际，积极开展“送理论下基层”活动。以全市“六进村”活动为切入点，围绕群众关心的社会热点、难点问题，积极开展内容充实、形式活泼的“送理论下基层”活动。先后到大龙高新区、玉屏县田坪镇、沿河县晓锦乡开展以“守底线、走新路、奔小康”为主题的“惠民政策宣讲进村”活动，发放理论宣传资料500余份。

二、围绕理论重点，进一步深化理论教育和理论宣传

坚持理论联系实际，通过强化培训、编印资料书，办好理论刊物，组织开展征文活动，有效开展理论教育和理论宣传工作。

1.认真开展主题教育。重点开展“四个全面”战略布局、习近平总书记视察贵州时的重要讲话精神、“谈弘扬社会主义核心价值观”、自觉践行“三严三实”等主题教育宣讲活动。为全市各级党政机关、市直机关思想道德大讲堂和事业单位作了60多场辅导报告，直接受众人数8000余人次。

2.结合学习宣传贯彻党的十八届三中、四中全会精神、中央、省委、市委决策部署和习近平总书记视察贵州时的重要讲话精神，组织编印《2015年形势与政策学习宣传资料》书5000册，编印2015年度全市理论学习考试辅导读本6万余册，并发放全市各级各部门、各区县，为干部群众提供理论学习参考材料。

3.充分发挥工作职责，认真开展理论征文活动。积极配合市委宣传部开展全市“三严三实”征文活动，收集各类征文10余篇，汇总上报市委宣传部。

4.巩固《铜仁论坛》主流阵地，增强理论宣讲的吸引力和舆论引导力。一是牢固树立“跟踪社会前进步伐，研究方针政策走向；倡导求是工作态度，营造学习思考风尚；着眼科学发展进程，提升理论实践素养”的办刊宗旨，积极为各级党委中心组提供服务，打造刊物品牌，提高办刊质量和社会影响力。二是围绕形势任务和热点难点问题，有针对性地开辟诸如“铜仁发展热词”“三严三实”“新语新论”“经济观察”“社会与民生”等栏目，集中回答当前理论与实践的重大现实问题，收到良好的宣传效果。三是建立和完善文章外审和逐级审阅制度，提高文章的约稿率、修改率和淘汰率，有效提升刊物的质量水平。

三、主攻难点，深入调研，进一步加大理论研究力度

围绕中央和市委、市政府的工作部署，积极承担省、市有关部门的调研课题，加强理论研究。以科研之智，咨决策之政；以科研之慧，育教学之果。

1.加大理论研究力度，研究成果显著。全年完成调研课题4项，省调研课题1项，全市重大调研课题2项，市委市政府临时安排重要调研课题1项，自主策划调研课题1项，完成调研报告3个，理论研究文章11篇。《加强推进基层理论宣讲工作创新的思考》《理论宣讲常态的破与立》获得贵州省讲师团系统理论研讨会二等奖、《印江创新基层理论工作的探索与实践》获得贵州省讲师团系统理论研讨会三等奖。

2.结合全市“三严三实”教育活动和中华传统美德文化建设开展调研活动。先后赴周逸群故居、印江县“木黄红二六军团会师”红色革命地、大龙高新区等地深入开展调研。撰写《如何践行社会主义核心价值观》《党员干部要念好工作作风建设“三字经”》《大龙经济开发区申创国家级经济开发区的策略研究》等理论文章10多篇。

四、强学习，注重督查，进一步推进全市理论学习考试

为强化全市在职干部理论学习，检验学习效果，巩固学习成果，与市委宣传部、市委组织部于11月20日联合组织全市近7万多在职干部参加理论学习统一考试。

五、强自身建设，努力提升干部队伍的综合素质

1.抓学习，夯实理论功底。把学习放在第一位，制定“每周一次集中学、两月一交流、半年一总结、每年一考核”的学习制度，充分利用单位集体学习、外出学习、集中培训、自学等形式，努力提升自身素质。同时要求教学人员备好3个以上的专题课，阅读5本以上的理论书籍，坚持看新闻、读党报。通过这些强有力的措施，进一步提高全体人员的学习能力与理论素养。

2.抓教学，提升宣讲水平。在教学中，针对不同的教育对象，创新教学方法，最终形成互动式、讨论式、案例式等教学法，从而增强宣讲的针对性、趣味性、直观性；针对重大宣讲活动，坚持集体备课，通过确定课题、集体讨论、形成提纲、设计课件等几个必经环节，不仅确保宣讲的质量，也切实提高了教学人员的宣讲水平。

3.拓渠道，提升调研能力。在实际工作中，积极创新工作思路，拓宽调研渠道，通过开展“送理论下基层、进农村、进社区、进企业”“扶贫帮困”等活动，既为宣讲工作和调研课题找到了准确详实的一手资料，又掌握了基层干部的理论需求，还提升了理论调研能力，同时为进一步搞好理论教育工作打下坚实的理论基础。（办公室）

社　科　联

【概况】2015年，市社科联全面贯彻落实科学发展观，围绕市委、市政府的中心工作，积极开展社科研究、学术研讨和社科普及等各项工作取得了较好的成效，稳步推进社科工作向前发展。

一、积极开展课题研究，抓好创新课题申报

组织全市广大社科工作者开展2015年“贵州省社科联理论创新课题”申报工作，并推荐3项课题申报全省创新课题。经省学术委员会评审，铜仁学院申报的《梵净山佛教的“本土化”及其社会功能研究》、玉屏文联申报的《贵州“囤”文化研究》等科研成果得到省社科联的立项资助。

二、抓好社科理论普及工作

一是根据省社科联的要求，积极协助完成省社科联在铜仁市开展的“社科理论走基层”活动，邀请了贺松、蔡顺华教授在铜仁作了《如何认识和发展大健康产业》和《新时期大学生人价值取向和人生坐标》专题报告会和讲座。采取市、区县、乡镇三级联动，分级组织宣讲团陆续深入社区、乡村、企业、机关、学校开展宣讲普及社科活动的方式，开展“社科理论走基层”活动和社科普及周活动。深入全市各区县和高校举行15场宣讲报告会。三是推出多位全国优秀社科普及名家和全国优秀社科普及工作者。“铜仁人文社科普及基地——铜仁学院基地”被评为全国优秀人文社科普及基地。

三、着力推进社科成果转化

按照市委的要求，切实推进铜仁市第二次（总第七次）社科评奖获中的优秀成果转化，铜仁市第二次（总第七次）社科评奖活动中获一、二等奖的优秀社科研究成果，整理编辑成《铜仁市第二次（总第七次）社科评奖优秀科研成果选编》，并发放至市直各部门，充分发挥社科成果资政、育人、指导实践的作用，为铜仁市经济社会发展提供理论指导和实践借鉴。组织铜仁市优秀社科成果参加贵州省第十一次哲学社会科学科研成果奖申报。推荐68项社科成果申报省第十一次哲学社会科学科研成果奖，全市12项成果获奖，《高校校园文化基本理论研究》《高等学校贷款风险的控制与化解研究》《品牌联合稀释效应模型及其实证研究》3项获得二等奖。《王鹏运研究》《贵州省加强和创新社会管理研究》《高职引领中职教育发展的模式建构与选择》等9项获得三等奖，在全省市州获奖等次数量排第一。

（办公室）

文化·体育·广播电视

文化体育广播电影电视

【概况】2015年，铜仁市文体广电新闻出版局按照“抓产业强活力，抓创作强基础，抓活动强支撑，抓方法强共识，抓联动强效应”的工作思路，大力推进铜仁文化体育广电新闻出版各项事业。

【文化惠民工程】加快城乡文化建设，全年实施“村级农体工程”301个、“乡镇农体工程”37个、“全民健身路径工程”35个，总投资2343万元。完成9个高山无线发射台站基础设施建设工程。新建4个县城数字影院，全市有县城数字影院15家42个厅3299个座位，实现数字影院县城全覆盖；完成2771个行政村农村公益电影放映35262场，占全年任务总数106%，全省排位第三。全年订购影片151部，放映66904场，累计观影人数达205.5万余人次。

【文化体制改革】按照铜仁市委《关于全面深化改革先行启动36项行动的决定》要求，制定《铜仁市创新基层公共文化服务机制实施方案》《铜仁市创新基层公共文化服务改革试点工作方案》文化体制机制改革的办法措施文件，在玉屏自治县亚鱼乡郭家湾村、江口县民和镇、印江自治县朗溪镇河西社区、思南县塘头镇青岗坝村、万山区下溪乡启动了市级示范点建设，并取得一定成效。成功申报第三批国家级基层公共文化服务体系建设示范项目——农村文化“种子工程”，并在玉屏自治县试点实施。全省流动图书延伸服务现场会和贵州省区域文化联动片区农村文化“种子工程”专题讲座分别在松桃自治县、玉屏自治县召开。

【文体产业】启动全市文体广电新闻出版“十三五”发展规划编制工作及“十三五”文化产业、体育产业发展专项规划编制。推进铜仁市桃源文化产业集团组建工作。对全局系统国有资产进行摸底调查，制定《铜仁市文化产业集团组建工作细化方案》并经市委全面深化改革领导小组第十三次会议、市政府常务会议和市委常委会议审议并原则通过。推进县域文化产业发展“三个一工程”。向省文化厅申报11个县域文化产业发展“三个一工程”项目，松桃苗绣基地获得2015年贵州省文化产业示范基地称号，获贵州省首届（2015年）国际民族民间工艺品博览会刺绣类两个一等奖、一个二等奖。松桃梵净山文化旅游开发有限公司手工编织研发创意项目被国家文化部列入2015年度全国特色文化产业项目。完成广播电视广告收入500余万元，全市广播电视行政事业单位总收入达1500万元。完成体育彩票销售收入1.605亿元，占全年总任务数的126.38%以上。

【文体活动】组织开展“中国梦·富民梦”“三下乡”文艺演出43场次；开展“梵天净土·桃源铜仁”之“春潮涌动、仲夏放歌、武陵金秋、隆冬畅想”群众文化系列活动；举办画展、摄影展、书法展、美术展和纪念抗日战争暨世界反法西斯战争胜利70周年合唱大赛、广场舞蹈大赛等群众文化活动；与苏州市、南昌市文化交流活动，进一步宣传并推广铜仁文化品牌；开展首届铜仁市“群星奖”和2015年度“五个十”文艺创作评选工作。创作的纪实文学《透明的红蜡烛》《最善的人最美的心》《青春的温度》《铁骨治黑恶 热血铸忠诚》等四篇编入由贵州人民出版社出版《追赶太阳的人》一书。开展“红红火火过大年”全民健身志愿服务活动、全国“龙腾狮跃闹元宵”大联动、“多彩贵州”龙舟（独竹漂）系列赛活动、“发展体育运动、增强人民体质、同心共筑中国梦”全民健身系列等活动110余次。成功举办第五届中国传统龙舟大赛（铜仁·碧江站），来自全国20支龙舟代表队参加比赛，现场观众达1.8万余人次。承办全国舞龙邀请赛、“李宁·红双喜杯”2015年中国乒乓球协会会员联赛、贵州省老年人工作会议和第七届老年人运动会柔力球交流比赛、“体育彩票杯”全国百城千村健身气功交流展示系列活动暨贵州省第十一届健身气功交流比赛等重大赛事。成功举办2015年环梵净山国际公路自行车邀请赛暨梵净山登山大赛、2015铜仁市“万能杯”业余俱乐部足球联赛、魅力梵净·动力铜仁2015贵州·铜仁中国西部汽车场地越野争霸赛等赛事，推进体育与旅游融合发展。组织参加各项体育竞技比赛200余次、体育教学任务30余次，培训教练员、裁判员和社会体育指导员300余人。其中，组团552人参加贵州省第九届运动会青少年组、公开组、大学生组、职工组等4个组别、26个大项、233个小项的竞赛，取得22枚金牌、17枚银牌、25枚铜牌，总奖牌数64枚的好成绩。铜仁市代表团获本届运动会体育道德风尚奖。

【文物、非遗保护】启动实施碧江区中南门古城文物遗址、石阡万寿宫、黔东特区革命根据地遗址等国保单位和重点文物的修缮保护工作，累计争取保护资金8000万元。开展全市文物安全检查10余次。全年争取省级非物质文化遗产保护项目10个，项目金额160余万元。争取非物质文化遗产保护中央专项资金299万元。完成贵州省非物质文化遗产博览馆铜仁市参展项目所涉及的展品安排和所有展品图片、视频、实物的征集工作。完成第三批市级非物质文化遗产项目代表性传承人申报和认定，共认定44名并向社会公布。完成第四批省级非物质文化遗产项目代表性传承人的申报工作，被省文化厅认定12名。开展全市非物质文化遗产数字化工作培训，启动20项国家级、省级非物质文化遗产代表性项目数字化工作。举办第十个“保护成果·全民共享”主题的“文化遗产日”活动，营造全社会共同参与文化遗产保护的良好氛围。

【文化市场】强化文化市场的监管和服务，全市文化市场经营户信息和行政审批工作全部纳入新系统管理。完成网上办公大厅建设。全年新增网吧32家、娱乐场所1家、演出市场1家。与北京市石景山区文委行政执法队结成了帮扶对子，签署了《北京市石景山区文委执法队与贵州省铜仁市文化市场综合执法支队帮扶合作意向书》，选派执法业务骨干相互交流学习。编印了《文化市场综合执法队伍业务技能训练考核大纲（试行）》和《文化市场综合执法法律法规资料汇编》，提升全市文化市场执法队伍业务水平。针对重要节日节点，开展全市网吧、校园周边文化市场、歌舞娱乐场所和游艺娱乐场所、非法教辅教参、印刷业专项检查整治行动10余次，出动执法人员4155人次，出动执法车辆900余台次，检查文化经营单位1434家次，受理举报4件，查处违规经营单位132家次，立案查处10起行政处罚案件，办结案件10件，收缴各类非法出版物、音像制品、电脑软件、印刷品等20000多册（盘），集中销毁3万余册（盘），保障了文化市场健康繁荣发展。

（市文体广电新局办公室）

广播电视台

【概况】2015年，铜仁市广播电视台把握正确舆论导向，坚持讲政治、讲团结、讲创新，做到抓民声、抓聚焦、抓人才，努力推进广播电视宣传工作迈上新台阶，为铜仁市经济社会跨越发展提供强大精神动力、思想保证和舆论支持。

一、树立新闻立台主导意识，提高宣传报道质量

立足巩固宣传主阵地，围绕重大时政内容，认真统筹，精心策划，先后在《铜仁新闻联播》

《今晚6点半》等新闻品牌栏目中开设如《回眸2014》《全面深化改革一年来》《两会直通车》《纪念中国人民抗日战争暨世界反法西斯战争胜利70周年》《寻访乌江》《深入推进“三严三实”专题教育》《迎高铁、促发展》《“整脏治乱”攻坚年我们在行动》《平安时空》《微话铜仁》《相聚苏州》等一系列有分量、有看点的专栏，播发大量来自基层、贴近生活、贴近实际、贴近群众的新闻报道，顺利完成全市经济社会发展重大主题宣传和重要活动宣传，充分发挥了主流媒体的舆论引领作用。

其中，《寻访乌江》以记者体验式采访推出系列报道21期，重点展示乌江流经地——石阡、印江、思南、德江、沿河在坚守“生态和发展”两条底线中，各族干部群众自强不息、开拓奋进的志气和信心，以及打造乌江经济走廊，积极融入长江经济带，实现跨越的历史进程。《迎高铁、促发展》栏目除报道好高铁开通前准备工作的进展动态和开通当天的运营情况外，着重策划了高铁促进铜仁市经济社会发展的深度报道，如“沪昆高铁引领铜仁旅游迈入新时代”“沪昆高铁将成为大龙经济发展增添新引擎”“大龙：抢抓沪昆新机遇 谋划高铁新生活”等，让该栏目既成为观众了解高铁进展的窗口，同时通过本栏目展示铜仁迈入高铁时代后的新机遇、新发展、新变化。《平安时空》是首档与市委政法委联合主办，全市公检法司、交警、消防等多部门参与的法制专栏。自3月30日正式开播后，广播电视台克服人手少、任务重的困难，全年播出节目157期，播发新闻稿件552条。该台记者采访315条，通讯员送稿106条，各区县台送稿131条。为充分发挥矛盾纠纷调解职能，努力提高社会矛盾纠纷化解水平，按照市委书记夏庆丰的要求，2015年11月，《平安时空》新增一档调解类节目《身边的调解故事》。通过《平安时空》栏目组的努力，《平安时空》影响力快速提升，经成为全市最有影响力的政法类电视节目，《平安时空》微信平台每条新闻的阅读量均超过5000次。《铜仁新闻联播》全年播发稿件6340条，其中电视3662条，广播2678条；《今晚6点半》节目共播出时长达12440分钟。

二、强化对外宣传，突出品牌营销，达到定位思维推送铜仁新形象

按照铜仁市委、市政府“高端展示、受众对外”的外宣工作主基调，围绕“武陵之都、仁义之城”的城市品牌，落实市委、市政府“定位思维推送铜仁新形象”的宣传要求，通过走出去、请进来的方式，努力争取省级以上媒体的大力支持，切实将外宣阵地前移，定期安排业务骨干赴央视贵州站和省台进行跟班学习，不断加大与省级以上媒体的互动、合作力度，确保了外宣工作稳步向纵深推进。

2015年，在确保主题策划向省级以上媒体推送的基础上，着重承担省级以上媒体的约稿采访任务，高质量完成一系列重点报道。《高铁成为武陵山区扶贫路》在央视《新闻直播间》播出；《夏天好去处：江口云舍》《六龙山的美味竹笋》在央视二频道播出；《铜仁：农村淘宝的新鲜事》《沪昆高铁贵州东段即将开通 黔东迎来开放发展新机遇》在《贵州新闻联播》作为头条播出；《沪昆高铁贵州沿线各地抢抓发展新机遇》《铜仁：精准扶贫惠民生》《铜仁：四到位促“两个责任”落地生根》《玉屏县：“民心党建”基金暖人心》《铜仁：多管齐下整脏治乱》等主题报道在《贵州新闻联播》重要版块播出。

截至12月22日，在《贵州新闻联播》播出各类稿件260条；1至11月在央视各频道播出新闻63条/次，在贵州省广播电视台新闻综合广播共播出稿件535条，排名位居全省第二。在第30届（2014年度）贵州新闻奖和贵州广播影视节目奖评选中，铜仁广播电视台有17件作品分获不同奖项。其中，《铜仁：“一业突破”改写发展格局》《杨再炼和他的“十个一”工作法》均获第30届（2014年度）贵州新闻奖二等奖、2014年度贵州广播影视节目奖一等奖。

三、优化广播电视节目，推广线下活动，努力探索媒体融合发展新路

1.合理开设电视节目，形成固定的自办节目带。在重点做好电视频道定位和改版的同时，注重强调播出的整体效果，关键处理好5个频道尤其是主频道（1套新闻综合频道）与其他频道的相互呼应，及专业化分工，相继推出《市长会客厅》《人大代表访谈》《政协委员访谈》等访谈类节目，《铜仁报道》《平安时空》《高新区新闻》等新闻节目，《行走铜仁》《文化旅游报道》等文化旅游类节目和《车生活》《我爱我家》《铜城购物》《仁城大搜罗》《M2现场》等城市生活类栏目及《铜城故事》系列微电影，平均每天自办节目量从原来的60分钟延长到200分钟以上，初步形成固定的自办节目带。

2.精心办好广播节目，提升广播频率新形象。自2014年广播频率实现原有节目全新改版以后，2015年初，对两个频率进行重新定位，103.6定位为交通旅游广播，90.7定位为新闻综合广播，直播节目由6档增为15档，有融新闻性、社会性于一体的《铜仁新闻联播》《廉政大家谈》《资讯早8点》；有多向交流、充满趣味性的互动节目《麻辣双璜》《音乐下午茶》；有体现服务性、实用性的《缤纷车世界》《新居时代》《交通违法查询》《会生活》等，全天播出节目时长超过24小时。同时还引进《在清华听演讲》《明星魔幻秀》等优秀节目，进一步丰富节目类型，为广大听众带来耳目一新的感觉。

3.科学有序编排节目，不断强化技术保障，确保广播电视节目安全正常播出。为保障节目编排的科学合理，实行编播三级审核制，全台完成节目上载2280小时；创意制作《建设美好幸福新铜仁》《武陵之都 仁义之城》《最美多彩贵州 美在桃源铜仁》《讲文明 树新风》《“三严三实”专题教育》《绿色出行 从我做起》等公益宣传片50余部；完成《干群连心 同步小康——铜仁市深入实施“民心党建”工程巡礼》《桃源铜仁 最美高速》《盛开在武陵山区的幼教之花—贵州省铜仁市山村幼儿园建设工作纪实》《建人民想要的好城市——铜仁市创建全国文明城市纪略》等30余部专题片的拍摄制作。在全市第三届“讲文明树新风”公益广告评选中，铜仁广播电视台13件作品分获视频类、广播类不同奖项。其中，《保护锦江篇》获广播类一等奖，《飞来横祸》获视频类二等奖。

4.推广线下活动，探索媒体融合发展新路。不断创新管理机制，切实将企业的经营理念引入广播电视事业的发展中，变管理为经营，努力走适合自身发展的新路。先后举办2015“仁城购”电商购物节暨汽车生活体验节、《我爱我家》《车生活》开播周年庆典、2015第四季中国好声音铜仁赛区选拔、中国首席少儿模特大赛铜仁赛区选拔、2015铜仁市第七届房地产展示交易会等活动，打破“自娱自乐”的传统发展模式，成功与第三方合作，实现互利共赢。特别是继开通“铜仁广电传媒网”和《铜仁新闻联播》、广播频率、文化旅游频道等微信公共平台，《我爱我家》和《车生活》新浪微博平台后，通过连续两个月的努力，打造的“仁城购”电商购物平台于5月正式上线，迈出了传统媒体向新兴媒体融合发展的坚实步伐，为智慧城市建设作出有益尝试。

（办公室）

铜仁网站

【概况】 2015年，铜仁网站访问量约4千万次，日均访问量达到11万次，年内最高访问峰值达到20万次。在新闻报道、舆论引导等方面都取得较好的成绩。2015年9月，网站成功举办全国地方新媒体发展高峰论坛暨第八届中国地市新闻网联盟年会，全国150余家地级市主流媒体负责人和清华大学、人民大学、腾讯、百度、新浪等行业专家代表220人出席会议。在本届年会上铜仁网获得“2015年度十大最具影响力品牌”；铜仁网站长黄江中被授予“十大领军人物”称号。2015年5月，铜仁网被评为“泛成渝网盟2014-2015年度十大新媒体发展领军网站”。

一、新闻宣传工作

1.发挥“主流媒体”引领作用，服务全市中心工作 一是围绕学习贯彻十八届三中、四中、五中全会精神、习近平总书记视察贵州重要讲话精神及市委、市政府方针政策，开辟“2015年铜仁市两会”“深入推进“三严三实”

专题教育”“迈向智慧城市的铜仁路径”“2015全省项目建设现场观摩会”“纪念抗战胜利70周年”等专题，及时传递党委政府声音；二是围绕全市重点工作、重大事件、重要活动，深度提炼采写反映铜仁工业产业体系构建、社会管理创新、城乡生态优化提升等创新经验的新闻稿件。其中，《武陵之都：一片前景广阔的投资热土》《武陵风生水起 产业好戏连台》《用改革创新赢得铜仁发展优势》《2015中国梵净山生态文明与佛教文化论坛隆重开幕》《铜仁，著名的不只是梵净山》等新闻备受关注，向外界充分展示铜仁良好的投资环境，树立铜仁山青、水秀、人美的良好形象。三是围绕铜仁发展新定位，继续开辟“创建全国民族团结进步示范市”“‘铜城仁者’2014年度人物颁奖典礼”“五城联创”“整脏治乱-认认他是谁”等专题，及时让群众知晓其重大意义，营造全市上下共谋新发展的良好氛围。全年本网共发布各类自主图、文新闻信息约2万条，转载全国各类正规渠道新闻信息共5000余条，策划制作专题30余个。

2. 立足“为民”根本定位，提高新闻可读性。一是结合同仁社区网民反映问题，及时安排记者跟进采访、报道。全年发布调查类新闻稿件40余篇，其中《铜仁：城区街道溢污水部门回应无专项资金》《网友发帖问低保 部门回应解难题》《“快递下乡”实现农村市场双向发展》《黄灯亮了请停一停》《银行卡免年费 市民需主动申请》《下水道外溢几年终解决》等稿件及时为网民答疑解惑、反映市民心声，有效促进社会和谐发展。二是结合铜仁民风民俗、自然风光等组织记者、通讯员开展新闻采风，以图组这种直观的形式，报道群众感兴趣、想了解的新闻趣事。全年组织记者、通讯员采风10次，形成图品专题42个，其中“山水如画”“多彩贵州·最美高速”“醉美铜仁——变化新貌”等专题关注度近10万人次。

二、舆论引导工作

1. 打造“互联网+信访”工作，网上舆论得到有效导控。同仁社区《社情民意》栏目，收到网民诉求和建议2000余条，依然成为群众网络信访的重要渠道。经梳理，其中诉求问题1320余条、甄别、协调、处理和回复1265条，回复率占96%；建言献策600余条。编辑上报《网络舆情》周刊41期、特刊7期，领导签批部门处理30余条（次）。其中《遵义的房屋坍塌情况正在铜仁上演》《机制木炭厂大肆排污环保部门为什么不管》《仁宸锦江老板卷款逃跑是真的吗》等民生类问题受到市委领导高度重视，签批交相关部门解决，矛盾隐患得到及时化解。

2. 策划、组织乡村旅游，传播传统文化。社区凝聚网友，策划、组织乡村旅游行，积极传播正能量。与碧江区联合策划组织路腊品年味、瓦屋农耕文化系列、六龙山拔笋节等乡村旅游传播、推广活动，举行铜城仁区万人诵读国学经典活动。活动参与人数达上万人，通过铜仁网及网友自媒体发布新闻图片上千条。开展爱心助学、帮贫济困等慈善活动10余次，捐赠钱物折合人民币10余万元，参加人员近1000人，惠及碧江、松桃、万山等困难群体1000余人。铜城仁者联合会参与省市纪念抗战胜利70周年“网友大合唱”活动，荣获省优秀奖。

三、“微铜仁”公众号运行情况

2015年4月1日，接手“微铜仁”微信公众号运行管理工作，运行效果良好。一是公众号关注度提高。“微铜仁”共有“粉丝”数量33571人，新增6089人。二是信息阅读量增加。从4月1日起，共采编发布信息1000余条，自主原创信息150余条；总阅读数153万余人次，平均阅读数1406余人次，头条总阅读数33.5万余人次。原创采编信息120余条。其中《新名词：沪昆高铁铜仁站》的信息，阅读量4万余人次，各类微信公众号竞相转发；《铜仁城区调水价，教你明白又省钱》《腾飞大龙—经开区别样的风景》《五问：“铜仁+互联网”凭什么抢“双响炮”?》等原创信息得到粉丝的高度点赞。6月17日，习近平考察贵州。“微铜仁”及时整理编排新华网微博报道，于6月18日0时发布该信息，到上午8时左右，阅读量达到1万余人次；5

月4日，即时发布图文信息《永远祝福铜仁——刘奇凡在全市领导干部会议上的讲话》，两天的阅读量高达3.7万余人次；5月5日，及时发布《夏庆丰：努力开创铜仁经济社会发展新局面》；8月24日，“微铜仁”发布《陈晏简历：曾任铜仁市人民政府副市长，贵安新区党工委副书记》一文。三是跟进热点专题报道。发布《“心灵环保·世界和谐”论道梵净山》信息11篇；开设整脏治乱专题，发布“认认他是谁?”“整脏治乱 人人有责”相关话题信息8篇；转发相关“铜仁好声音”系列信息58条；发布《醉美多彩贵州·美在桃源铜仁》各类篇章63篇。

四、中国梵净山文化旅游官网管理运行情况

一是网站综合指标急速上升。网站百度权重值峰值达到4，网站访问量达到500万人次。全年撰写新闻稿857篇，发布信息9300条次；平均每周文稿浏览量为4.6万次；网站在百度中的自然排名名列“梵净山”关键字网站搜索排名第一位，成为铜仁展示文化旅游产业的重要平台和窗口。二是旅游服务能力不断提升。完善充实官网旅游服务信息；每月推出各类旅游服务专题，多方合作开展线上、线下活动，提高网民对网站的“粘连度”，尤其是在各个旅游旺季来临时，提前策划主题宣传专题，开通假日咨询热线。全年推荐文化旅游专题30个，组织各类线上、线下活动37个。

五、工作创新情况

一是改变“武陵山微指数”统计的方式，引入“WCI”评价指标。依托全国地市新闻网盟组织引入清华大学谷尼大数据研究中心软件统计程序，替代过去人工统计“武陵山微指数”的方式，以国内专业数据指标对全市各公众号样本进行科学评价和排名。二是建立精品微栏目。设计、开发《天下铜仁人》《梵净天下灵》精品专题微栏目主页，方便网民在“微铜仁”自定义栏中就能很快查阅到栏目中的全部新闻，延展了精品栏目和经典信息的传播影响力。三是创新推广手段。通过与第三方合作共同完成微信平台二次开发系统，包括微论坛、微投票、微调研等微应用，微支付、微众筹、微秒杀等微功能，微信墙、摇一摇等微活动，集字游戏、摇钱树、砸金蛋等微游戏。

（铜仁网站）

卫生·计生·老龄·食品药品管理

卫生和计划生育

【概况】2015年，全市卫生计生工作以实施《铜仁市全面提升医疗卫生服务能力三年行动计划（2015-2017年）》为契机，牢牢把握“保基层、强基本、建机制”主基调，围绕实现人人享有基本医疗卫生服务和人口“双降”总体目标，不断继续深化医药卫生体制改革、全力推进人口计生“双诚信双承诺”和“三按月”绩效目标管理，取得一定工作成效。

一、卫生事业发展有序推进

（一）医疗卫生服务能力不断提升

一是扎实推进卫生基础设施建设。全市2014-2015年卫生基础设施建设项目共256个，总规划投资31817.8万元，总建设规模119219平方米，中央和省级到位资金13836.8万元，总的资金到位率为67.7%，资金累计使用17.44%。目前，已竣工120个，处于装修阶段47个、主体施工阶段62个、基础施工阶段16个，前期规划阶段11个。市人民医院于9月28日启动整体搬迁，完成50%搬迁工作。市妇保院搬迁项目开展。

二是县级公立医院综合改革全面推进。不断强化制度建设，报请市政府印发《铜仁市县级公立医院综合改革工作推进计划》《市人民政府办公室关于进一步深化医药卫生体制改革的意见》《关于全面推开县级公立医院综合改革的实施意见》等文件，强化对县级公立医院综合改革的指导。根据省卫生计生委工作安排，于10月24日前除碧江、万山两区外的8个县15家县级公立医院启动实施县级公立医院综合改革，全面取消药品加成政策，实施药品零差率销售。

三是社会办医环境进一步优化。出台《铜仁市促进民营医疗机构发展与管理办法（试行）》，在扶持鼓励民营医疗机构发展方面，《办法》提出10条措施，在加强民营医疗机构管理方面，《办法》提出了12条措施，为鼓励和引导社会资本举办民营医疗机构，促进民营医疗机构健康有序发展提供政策保障。2015年新批准设置民营医院2所，均为专科医院。

四是卫生人才队伍建设不断加强。完成2015年度5983人全国卫生专业技术资格“三项考试”工作，2015年度市直卫生计生事业单位57个职位的招聘考试工作。积极争取农村定向订单医学生培养工程，共招收200名订单定向医学生。认真组织实施全科医生转岗培训和乡村医生中专学历教育工作。完成2014年全市全科医生转岗培训开班工作，与铜仁职院联合完成2014级的157名乡村医生中专学历教育第三学期的教学工作。协助国家卫计委科教司成功完成“卫生适宜技术推广武陵山区行”行活动任务。完成了市政府2015年95名铜仁职院免费医学毕业生和贵州省2010年42名农村订单定向免费医学本科生的分配安置等工作。全年全市共引进硕士研究生17人，博士研究生1人，副高级职称1人。

五是强化传统医学特色，提升中医药服务能力。全市8家二甲中医院顺利通过省中医药管理局二级中医院持续改进工作中期复核。思南县民族中医院中医骨伤科等6个省级中医重点专科顺利通过了省级评审验收，填补铜仁市医疗机构省级重点专科的空白。开展民间师承和确有专长人员的能力评估，组织完成全市首次传统医学确有专长考试，39人通过考试；完成2012年以来中央中医药公共卫生服务项目的清理，强化建设期的管理和往年项目的归档，思南县作为全省推荐接受了国家中医药管理局的专项评估。顺利完成思南县全国基层中医药服务先进单位复核工作。

六是基层医疗卫生机构服务能力不断提升。全市推荐上报省卫生计生委“建设群众满意的乡镇卫生院”27所，松桃苗族自治县盘信镇中心卫生院等6个乡镇卫生院，由省级上报国家作为全国2015年度拟命名的“群众满意乡镇卫生院”。完成乡镇卫生院等级创建市级评审工作。认真开展二级以上医疗卫生机构对口支援乡镇卫生院项目，共组织安排16所二级以上医疗卫生机构对口支援沿河、松桃等7个县的42所乡镇卫生院。积极开展村医待遇落实情况督查。市级财政下拨2015年度全市村医定额补助经费和年度考核激励经费共计187.13万元。区（县）每月对村医待遇落实情况统计上报，市级每季度公示。截止年底，全市由有社区卫生服务中心14所，社区卫生服务站36所。

七是巩固完善基本药物制度。积极组织医疗机构医务人员开展了国家基本药物临床应用培训，提升了医务人员使用国家基本药物的临床应用能力。在全市各级各类医疗卫生机构配置药品（疫苗）电子监管系统的客户端软件和条码扫描器等相关设备，对药品（疫苗）进行核注核销。组织全市政府办各级各类医疗机构完成2016年药品带量采购计划网上直报工作。按时拨付基本药物资金，确保医疗机构正常运行。截止目前，共拨付基本药物资金2778.27万元，其中：中央资金758万元、省级补助资金1822万元，市级补助资金198.27万元。

（二）公共卫生服务水平不断加强

一是加强疾病预防控制，提高群众健康水平。截至2015年10月21日，全市无甲类传染病报告，甲乙丙类传染病总发病率287.89/10万，与去年同期相比下降9.61%。无重大突发传染病疫情。免疫规划工作以乡（镇）为单位疫苗接种率达95%以上，继续维持无脊灰状态，免疫规划疫苗针对传染病逐年下降。结核病、艾滋病、麻风病防治工作有序开展，继续开展重性精神障碍患者筛查工作，卫生应急综合示范区（县）创建工作稳步推进。

二是妇幼主体指标全部控制在目标值以内。全市孕产妇住院分娩率为99.04%；孕产妇死亡率17.7/10万；婴儿死亡率7.31‰；5岁以下儿童死亡率9.99‰；孕产妇系统管理率86.61%。德江县妇幼保健院创建二级甲等妇幼保健机构通过省级评审。22家爱婴医院全部通过了省级复核验收。实施了妇幼健康优质服务示范工程，德江县妇幼健康优质服务示范工程评估获全省第一名，向国家卫计委推荐接受国家级验收。积极开展孕前优生健康检查，共检查人数为22803对，其中农村21392对，城镇1411对，完成省下达任务数的104.84%，开展优生健康教育45605人次。

三是深入开展爱国卫生运动。碧江等6个区（县）病媒生物防制通过国家考核评估，获得创建国家卫生城市（县城）“首张门票”。松桃等3个区（县）抓好国家（省级）卫生县城巩固工作，沿河县省级卫生县城通过省级复审。卫生乡镇（村寨）创建得到加强。国家卫生乡镇创建实现零的突破，省级卫生乡镇创建较去年增加266%，省级卫生村寨创建较去年增加341%，市级卫生乡镇（村）创建得到较大幅度提升。完成水质卫生监测项目350点，水质卫生合格率达到76%，较去年增加310%。推进无害化卫生厕所建设，较上年上升4个百分点。

（三）新农合制度不断完善

2015年，全市参合人数达360.72万人，参合率为99.28%。继续深化新农合重大疾病商业保险，截止10月底，全市新农合重大疾病共计补偿13141人次，补偿金额7867.88万元。启动跨省就医费用结报试点及市内即时结报工作，与重庆西南医院等5家医疗机构签署了新农合重大疾病现场直补协议。全市参合群众因患肺癌等24种重大疾病以及当次医疗费用达10万元及以上的参合群众在以上医院住院出院结算开展现场直补，同时，为重大疾病患者开辟就医绿色通道，切实减轻参合群众就医筹资与垫资压力。在沿河、玉屏县开展提高农村贫困人口医疗救助保障水平促进精准扶贫试点工作。对特困供养人员等11类试点目标参合人群的医疗费予以提高报销比例。

（四）卫生信息化建设不断推进

启动医疗联合体试点工作，以市人民医院作为医疗联合体试点核心医院，松桃、碧江、万山三家县级医院为县级合作医院，以及上述三区县辖区9家乡镇卫生院为乡镇级合作医院开展医疗联合体试点工作。建立涵盖治疗、康复和护理功能的连续、全程服务链，逐步实现“基层首诊、分级诊疗、双向转诊，共享医疗资源”，有效控制医疗费用，为群众提供分级、连续、节约、高效的医疗卫生服务。

（五）健康医疗产业项目有序推进

一是组织完成汉方集团与市人民医院签订药品配送协议，工作正常运转。2015年3月开始配送后，累计1140万元药品，配送品种达400余种。二是汉方集团干细胞库项目进入试生产阶段，正在开展原料储存业务，与石阡、印江、江口、德江县部分医疗机构签订了原料供应协议；生物技术工厂项目全部设备调试完毕，相关资料报市食品药品监督管理局，待省食品药品监督管理局审批认证。

二、人口计生工作稳步推进

（一）主体指标完成情况

据报表统计，全市2015年度常住人口出生36934人，人口出生率为9.63‰，常住人口符合政策生育率为97.56%；流动人口出生3456人，流动人口符合政策生育率92.19%。

（二）计划生育“三按月”绩效管理和“双诚信双承诺”工作成效得到巩固

全市村（居）推进比例达100%，群众签约率达95.51%，示范村（居）比例达62.15%。出台《铜仁市计划生育“三按月”绩效管理工作规范（试行）》，在任务下达等方面进一步细化方案。碧江区“三按月”绩效管理对乡、村两级实行“三个一”档案管理，得到省卫生计生委的肯定。

（三）计划生育家庭发展工作得到有效落实

完成2015年计划生育利益导向“四项制度”政策奖励扶助对象资格确认，国家奖励扶助目标人群、特殊困难家庭救助对象信息录入PADIS系统工作。全市累计有10147人享受奖励扶助、1471人（含并发症人员）享受特别扶助。市级下拨匹配资金1185.37万元。按时完成了农村“两户”女孩71名考生参加高考加10分审核上报工作。全市各区（县）“三结合”帮扶11278户，占年任务11000户的102.53%，各级共投入帮扶资金1280.17万元，实施“三结合”帮扶项目11个，投入帮扶资金210万元，惠及计生家庭550多户。制定了《关于全面深化创建幸福家庭活动的实施方案》积极实施创建幸福家庭计划。

（四）流动人口工作有序推进

流动人口服务管理“1+2”模式有序推进，全市三类重点信息反馈率、流动人口避孕节育、一孩生育证、手术服务信息通报接收率在有效期内均达99%以上，流动人口网格化管理和市内流动人口协作联系及信息共享机制形成，全省流动人口服务管理现场观摩会在江口县成功召开。

（五）人口出生性别比综合治理进一步加强

全市出生人口性别比修正后为109.57，低于省目标值（111.94）2.37。一是全面落实孕产妇全程管理服务。二是扎实开展集中整治“两非”工作。全市共结案并录入“两非”案件系统82件，占年任务数80件的102.5%。三是开展了关爱女孩行动。与团市委共同制定《铜仁市2015年圆梦女孩志愿行动活动方案》，营造有利于女孩生存发展的氛围和环境，促进出生人口性别结构平衡。

三、卫生计生综合执法不断加强

积极开展了2015年医疗卫生和传染病防治专项监督检查工作，对落实《传染病防治法》等法律法规进行监督检查；加大对《传染病防治法》等法律法规落实情况监督；联合市委宣传部、市公安局、市工商局等七家单位下发《铜仁市开展打击非法代孕专项行动工作方案》，净化人类辅助生殖技术服务环境，维护正常的生育秩序；扎实推进民营医院分级量化管理》，提升民营医院医疗服务水平；开展了卫生行政执法案卷评查工作，持续改善卫生计生执法案卷评查质量。全年全市申请人民法院执行社会抚养费征收案件执行885件，征社抚费1152.6万元，执行案件数占年任务的104.12%，全市共计征收社会抚养费4044.31万元。

四、卫生计生宣传不断加强

市、县两级积极开展干部人口理论等政策知识的培训100多场次。万山区成功申报2015年度省级人口文化精品园试点县项目，全市新建村级人口文化大院343个；在公路沿线设立人口计生公益宣传广告牌112块。被市级以上媒体采用的卫生计生新闻2000多篇，其中被省部级以上媒体采用284篇，铜仁市无负面舆情发生。市级新建《健康铜仁》微信、微博，整合了市级卫生计生部门网站，开通后推送人口计生信息600余篇（条）。印江、碧江卫生计生局开通微信平台，石阡、玉屏、万山等区县开通手机报，石阡县拍摄人口计生微电影《妈妈的爱》《新生·心声》，在优酷网上热播。全市开展“护航青春·寄语花季—青春健康教育进校园”活动140场次，开展讲座168场次，受益学生34642人次。全市各级卫生计生部门开展有特色的卫生计生宣传服务活动达1300余场次，发放宣传品500多万份，开展咨询、义诊15多万人次。

（办公室）

卫生监督

【概况】铜仁市卫生监督局共设有五科一室，22人。根据宗旨和业务范围，在2015年开展了全面工作。

一、创新机制，量化分级，实行“三强化”“五制度”

制定出台《铜仁市民营医疗机构量化分级管理办法》及评分标准，强化科学评估、强化动态管理、强化结果运用。在全市范围内，推行医疗机构不良执业行为积分管理，实行积分累计制度，根据不良积分累计情况，在校验期可给予暂缓校验，不能通过校验，注销《医疗机构执业许可证》等处置，并对法人负责人给予一定的行政处分；实行纠错制度，医疗机构对卫生监督部门记分有异议的，可在收到《医疗机构不良执业行为记分通知书》15日内向上一级卫生行政部门申诉，经核实后可以更正或撤销；实行积分周期归零制度，12个月为一周期，共12分，期满归零，重新进行下一周期记录积分；实行积分预警制度，设置预警区间，对不良执业行为进行集中预警，加强指导管理；实行多方监督制度，每半年将医疗机构的不良执业行为和积分情况通过报纸、网络媒体进行公示。形成了变被动监督为主动监督，一方监督为多方监督，自我发展为竞争发展的良性循环执业模式。

二、全国卫生监督职位分级管理首创

按照中共十八届三中全会的《决定》中“建立公务员的职务与职级并行，职级与待遇挂钩制度”精神要求，铜仁市卫生监督局抢抓原卫生部在全国开展卫生监督职位分级试点工作的机遇，先行先试，在全市推行卫生监督职位分级管理试点工作，成为全国卫生监督职位分级管理唯一全覆盖的市（州），得到国家、省卫计委的高度肯定，创造了卫生监督职位分级管理铜仁经验，先后三次受国家卫计委邀请在全国相关会议上作交流发言。

三、查办卫生违法案件

在查办卫生违法案件专项工作中，查办案件数8525件，罚款处罚金额数743万余元，铜仁市靠全省前位，排第四位。其中松桃县名列全省区县的第2位。

（办公室）

计划生育协会

【概况】2015年，全市各级计生协会紧紧围绕中心、服务大局，进一步深化计生协合格村创建和“百万会员帮带”活动，认真开展计生协产业发展合作社和家庭服务中心建设，深入推进“五大幸福计生行动”，主动参与医疗卫生和公共服务，扎实开展“三严三实”专题教育活动，各项工作取得新的进展和成效，为全市卫生计生工作转型发展贡献了力量。

获得全省计生协工作“目标任务完成奖”。江口县在全省计生协“百万会员帮带”活动暨计生基层群众自治工作现场观摩会上做经验交流、德江县在全省人口福利·生育关怀基金工作推进会上做经验交流、碧江区在全省流动人口计生协组织建设工作会上做经验交流、德江县探索解决村级计生协专职人员工作报酬的做法获得“全省计生协工作进步奖”。

一、着力强基固本

修订完善《铜仁市计生协合格村和重点合格村创建工作标准》《村级计生协会基本工作制度暂行规范》，提出“合格村”创建五年规划和“重点合格村”培育三年规划。以“会员帮带”为载体，积极参与“精准扶贫”。在计生协合格村创建工作中，组织会员与群众结帮带对子8万余对，探索会员帮带参与精准扶贫，从住房改善、疾病防治、经济发展等方面逐户分析、精准帮带计生困难家庭。截至年底，全市创建计生协先进村和合格村共计1391个，其中重点合格村55个。11月，在思南县召开县乡分级督促指导计生协会工作推进会，着力明确各自职责、实行分级负责、一级抓好一级、严格督促指导、推进工作落实。

二、积极参与公共卫生

联合举办禁烟控烟暨健康知识讲座、5·12护士节技能比赛，做好“韩红爱心·百人援贵”公益活动后勤保障工作，积极开展生殖健康“三进”和安全急救知识“三进”活动。联合开展“少数民族生殖健康促进”项目、“四个60工程”活动和“学生安全万校行—贵州省中小学意外事故急救知识教育”试点活动。深入推进“青春健康教育进校园活动”，建立了“青春健康教育巡回讲座工作机制”。

三、创新参与社会治理

新建家庭服务中心15个，新建计生协产业发展合作社13个，建成村级生育关怀基金195个，筹集资金789.69万元；新建会员之家100个，文艺宣传队100支；联合举办“5·29”活动、“促进少数民族群众生殖健康项目”启动仪式暨“7·11世界人口日”公益活动、“8·12国际青年节”生育关怀暨青年志愿服务活动。

四、扶助计生民生

承办“幸福微笑——贵州千名唇腭裂儿童救助行动”2015走进铜仁公益活动，63名唇腭裂儿童获得免费整形修复；新建幸福守望乐园11个，选派14名计生家庭留守儿童参加“夏令营”活动；全市在建“幸福工程”项目24个，其中松桃孟溪桃源香菇基地领办人李春学获“最美协会人——中国计生协十佳人物”光荣称号，成为贵州唯一入选人；利用卫生资源，推出“健康同行”系列关怀救助活动；组织开展了“幸福家庭”和“幸福母亲”评选活动。市计生协会为“干群连心·同步小康”联系村—碧江区坝黄镇宋家坝村协调解决产业路建设、产业发展和民生工程资金22.4万元，市计生协帮扶资金8.5万元，筹建村级生育关怀基金12.7万余元；协助村两委争取一事一议项目2个，人畜饮水工程项目1个，申报成功塘边坡组传统民族村落项目1个。

【开展计生协合格村创建】 修订完善《铜仁市计生协合格村和重点合格村创建工作标准》《村级计生协会基本工作制度暂行规范》，2015年4月16日在德江县召开了全市计生协工作会议，重新认定了“合格村”创建数量，根据“心中有全局，手中有典型”的工作方法，提出了“合格村”创建五年规划和“重点合格村”培育三年规划。在计生协合格村创建工作中，组织会员与群众结帮带对子8万余对，以“会员帮带”为载体，积极参与“精准扶贫”，探索会员帮带参与精准扶贫，从住房改善、疾病防治、经济发展等方面逐户分析、精准帮带计生困难家庭。截至年底，全市创建计生协先进村和合格村共计1391个，其中重点合格村55个。

【“韩红爱心·百人援贵”走进铜仁】 2015年8月28日至29日，全国政协委员、空军政治部文工团副团长、著名藏族歌唱家韩红率“韩红爱心·吴太感康·百人援贵”大型公益医疗援助行动团队走进铜仁，分别到松桃县人民医院、德江县煎茶镇卫生院开展诊疗援助活动。活动期间，韩红爱心团队为松桃县人民医院建立了1个

“韩红爱心·复明中心”，韩红女士与香港艺人张卫健先生在现场共同为“复明中心”揭牌，为“复明中心”捐赠人工晶体500个、电动手术床、眼科AB超等医疗器材，并将按计划对“复明中心”医生进行专业培训；向松桃县正大乡捐赠救护车1辆；为松桃县免费治疗115例白内障患者；向松桃和德江两县贫困家庭赠送“爱心药箱”共计1000个；在德江县煎茶镇卫生院建立“乡村爱心急救室”1个；来自多家知名医院的眼科、神经内科、骨科等21个专科的医疗专家，共为1100余名贫困患者进行免费诊疗，对筛查出的贫困重症患者，该基金会还将会为其提供后续医疗救助；分别向德江、石阡、沿河、印江四县各捐赠SUV医疗巡诊车1辆。

【“幸福微笑——贵州千名唇腭裂儿童救助行动”第三次走进铜仁公益活动】 2015年9月17日至27日，由贵州省计生协，铜仁市委、市政府主办，铜仁市卫生计生委、市计生协会承办的“幸福微笑—贵州千名唇腭裂儿童救助行动”第三次走进铜仁公益活动在铜仁妇女儿童医院举行。来自杭州微笑行动慈善医院的50余名医疗专家、志愿者，在铜仁市各区（县）上报的86名唇腭裂患儿中筛查出了63名适合手术的患儿，其中年龄最大的17岁，最小的6个月，分别于18日至21日接受了免费修复整形手术。2013年至2015年，“幸福微笑——贵州千名唇腭裂儿童救助行动”公益活动连续三次走进铜仁，先后为铜仁市198名计生家庭唇腭裂儿童进行了整形修复手术，接受治疗患儿均顺利康复，重新绽放出幸福的微笑。

（铜仁市计生协会办公室）

红十字会

【概况】 2015年，铜仁市红十字会在贵州省红十字会的指导下，协助政府独立自主地开展人道主义和社会救助工作，为弱势群体服务，为构建“和谐铜仁”贡献力量。

一、贯彻总会十大会议精神，树立责任意识与大局意识

中国红十字会第十次全国会员代表大会于5月5日在京隆重召开，铜仁市红十字会常务副会长袁丽君与综合科科长、贵州唯一“全国红十字会系统先进工作者”获得者刘俊华随贵州代表团参加会议，并受到习近平等党和国家领导人的亲切会见。5月13日，组织各区（县）常务副会长召开业务工作会议，传达学习了总会十大会议精神，重点学习了习近平总书记、刘延东副总理讲话精神及《中国红十字事业2015-2019年发展规划》等。会议要求各区（县）红会要及时传达会议盛况，切实抓好“十大”精神的学习贯彻工作。通过会议精神的贯彻落实，进一步理清了工作思路，明确了工作目标，切实增强了全市各级红会干部做好红十字工作的责任心及使命感。

二、围绕党委政府中心工作，为“和谐铜仁”建设做贡献

一是加强政治理论学习。利用每周一例会、中心组学习及业务工作会议等，认真组织学习党的十八届三中、四中、五中全会精神、习近平总书记系列重要讲话精神、省委十一届五次、六次全会精神等，通过经常性学习教育活动的开展，使广大党员干部始终保持忠于党、忠于事业、忠于人民。二是深化教育活动成果。按照“两方案一计划一措施”的要求，认真做好教育实践活动的各项后续工作，落实整改措施，践行整改承诺，真正把“为民务实清廉”主题贯穿到红十字各项工作中。三是加强党风廉政建设。严守中央“八项规定”和省、市“十项规定”，加强廉政建设，规范公务活动，勤俭节约、移风易俗，以规范廉洁的形象取信于民。四是民心党建工作扎实有效。2015年，本会的驻村帮扶点确定为玉屏县亚鱼乡郭家湾村，遍访联系点为玉屏县朱家场镇甘龙村和桐木村，综治帮扶点为江口县怒溪镇。驻村帮扶方面：先后投入资金4万元对郭家湾村21户计生贫困户、30余名贫困学生进行资助；“七一”对10户困难党员进行了慰问。同时，针对帮扶村没有村集体收入的实情，帮助解决了村办公经费15000元；协调市公路管理处解决了村级公路维修资金4万元；解决村敬老院爱心厨房建设资金1万元；将“绿色家园健康新村”爱心互助金10万元注入民心党建基金，用于该村产业扶持及弱势群体救助工作。综治及平安建设方面：11月13日，深入综治联系点江口县怒溪镇开展综治平安建设工作，为怒溪镇解决综治维稳办公经费5000元。精准扶贫方面：本会主要领导带领驻村工作人员先后四次深入甘龙村及桐木村，详细了解贫困村的基本情况、贫困人口数量、导致贫困的主要原因及帮扶需求等，为贫困村脱贫致富出谋划策，并解决帮扶资金11800元。

三、紧扣年度目标任务，红十字事业健康有序发展

一是着力加强应急救援工作。

1. 增设备灾救灾中心。2015年元月，根据工作需要增设了备灾救灾中心一个，为财政全额拨款的正科级事业单位，编制3人。

2. 加强救援队伍建设。积极配合省红会做好供水和大众卫生救援队队员的选拔推荐工作，拟定了本年度救援队伍建设工作计划。6月13--19日，选派2人参加中国红十字会主办、省红十字会承办的中国红十字供水和大众卫生救援队的培训及演练。通过演练，使参训人员的实地操作能力和救灾救援能力得到提高。

3. 帮助灾区灾后重建。进入6月份以来，全市1区、7县持续普降大到暴雨，灾区人民生命财产遭受重大损失。红十字会及时启动了自然灾害应急预案，并第一时间将灾情向省红十字会、中国红十字总会上报，积极争取上级的救灾款物，得到社会各界的大力支持。6月5—9日，会主要领导多次分赴重灾区开展灾情实地调查，指导区、县红会抗洪救灾。7月6日，争取到省红会抗洪救灾慰问物资50万元，陆续发放重灾区（县），用于灾区灾后重建工作。

二是巩固加强应急救护工作。

1. 将救护培训纳入政府采购目录。加大了将群众性现场救护培训纳入政府采购目录、进入财政预算的争取力度，得到市委市政府的高度重视与大力支持。6月中旬，市政府办下发了《关于印发铜仁市人民政府向社会力量购买服务实施方案的通知》（铜府办发〔2015〕107号）文，正式将群众性现场救护培训纳入市政府采购目录。

2. 深入开展应急救护知识培训。一是充分利用“5·8红十字博爱周”“6·14世界献血者日”“世界急救日”等重大节日，广泛开展应急救护培训进社区、进企业、进军营活动；二是与市委党校、市旅游局等部门联合，大力开展应急救护知识进各种培训班与民兵训练营；三是结合支部联建与道德讲堂宣讲工作，将应急救护知识培训普及到农村、社区。四是争取到15万元的“红十字生命健康安全教育项目”，完成1200人救护员培训、1600人亲子讲座、1000人群众性应急演练、4场主题宣讲等系列活动。上半年，共完成群众性现场救护培训1.6万余人。

3. 创建急救知识进社区示范点。成功申报了碧江区市中办事处东门社区、西门社区作为红十字应急救护志愿服务示范点和急救知识进社区项目示范点。

4. 争取到“幸福天使红十字救护站”项目。2015年5月，市梵净山太平河景区争取到了总投资21万元的幸福天使“美丽中国行”全国博爱救护行动暨以爱育爱“幸福天使红十字救护站”援建项目，项目建成完工，等待上级验收。

三是广泛开展人道救助活动。

1. “红十字博爱送万家”活动。2015年元旦、春节期间，争取到省红会“红十字博爱送万家”慰问物资价值229万元，共开展慰问活动40余场次，为3万余名困难群众及弱势群体送去了党和政府的温暖。努力争取2016年“红十字博爱送万家”慰问物资，让贫困群众过上幸福祥和的元旦新春佳节。

2. 开展经常性的助医助残活动。（1）“康恩贝健康之旅博爱行动”顺利举办。上班年，红十字会争取到浙江康恩贝集团有限公司捐赠的价值130余万元的药品，并自筹物资10余万元，在全市五个区（县）启动“康恩贝健康之旅博爱行动”，药品基本发放完毕。（2）继续开展“博爱在铜仁·光明照人间——贫困白内障患者复明救助活动”“红会博爱在铜仁·大坪医院来救心”——儿童先天性心脏病免费救助活动（为13名贫困家庭先天性心脏病患儿实施免费手术）。（3）继续实施大病医疗救助。根据患者疾病类型、家庭困难程度等，为重症患者提供相应救助。（4）“小天使基金”“天使阳光基金”救助工作。向省红会申报“小天使基金”项目9人、“天使阳光基金”项目1人，待上级红会审批。（5）开展关爱残疾人、特殊学生慰问活动。在世界助残日、麻风病日期间开展残疾人关爱活动，与区（县）联合开展特殊学生慰问活动，共开展救助活动15场次，受益群众达1200余人。（6）艾滋病预防宣传、关爱工作。在年初及“12·1”期间，主要领导亲自深入防艾项目单位及患者家中，了解感染者的生产生活及工作情况，重点关爱了53名艾滋感染者。充分利用“5·8红十字博爱周”“6·26世界禁毒日”“6·14世界献血者日”“12·1艾滋病预防宣传日”开展大型宣传活动，发放艾滋病预防宣传资料7000余份。

3. 深入推进关爱留守儿童、贫困学生救助活动。一是争取到苏州瑞年嘉诚慈善基金对口帮扶江口县张屯小学100万款物的捐赠项目，并于9月9日在张屯小学开展“爱涌瑞年 情系老区 播撒慈善 传递爱心”首批捐赠款物（30万元）交接仪式。二是争取到省红会300余万元的贝因美与能力多爱心奶粉，全部发放完毕。三是总投资40万元的石阡县河坝场乡永和博爱小学援建项目竣工投入使用。

四是积极推动生命接力工程。

1. 参与和推动无偿献血。在“5·8”“6·14”“6·26”等重大节日及纪念日期间，联合市献血办、市中心血站，动员无偿献血宣传志愿者开展红十字法律法规、无偿献血知识宣传活动，发放宣传资料15000余份。

2. 造血干细胞捐献工作。2015年全年，采集造血干细胞血样257份，有碧江区和平中学的老师杨锐、铜仁旅游服务中心导游高源、万山区杨昊林3名志愿者成功实现了捐献，挽救了3名白血病患者的生命。

3. 人体器官捐献工作。2015年，省红会将铜仁市列入全省人体器官与细胞组织捐献五个试点市之一。为保障该项工作的正常运转，红十字会及时成立了人体器官与细胞组织捐献工作领导小组，挂牌成立了人体器官捐献工作站，配备了相应的办公设施，聘请了两名工作人员负责此项工作，元月底召开了动员会，正式启动了该项工作。在“5·8红十字博爱周”期间，开展了以“器官捐献 生命永续”为主题的系列宣传活动，发放人体器官捐献倡议书3000余份，为8名捐献志愿者报名登记。6月24--26日，参加了全省人体器官与细胞组织捐献工作业务培训会，系统地学习了人体器官与细胞组织捐献知识，为试点工作的有效开展指明了方向。12月10日，联合市卫生计生委，组织各区（县）卫生计生局、各区（县）红十字会、市直有关医疗机构召开了全市人体器官与细胞组织捐献工作推进会议。会议的召开，将助推全市红十字系统、卫生计生系统形成密切联系、通力合作的工作局面，促使人体器官与细胞组织捐献工作取得实质性进展。

五是筹资宣传工作取得新突破。

1. 加大宣传与执法力度，提高红十字公信力。一是借助省内外媒体，加大信息宣传力度。红十字会报送信息曾在中国红十字报、中国人道网、贵州日报、铜仁日报社、铜仁新闻网等多家省内外媒体刊载，并在铜仁电视台等新闻媒体播放。二是利用道德讲堂（德师宣讲）建设契机，让红十字理念深入人心。在道德讲堂宣讲过程中，以弘扬红十字精神为主线，继续在学校、农村、社区、企业、机关等推进红十字运动基本知识的传播，共开展宣讲12余场次。三是加大执法检查力度，维护红十字会声誉。按照省红会要求，在巩固上年清理整顿成效的基础上，继续开展冠名医疗机构的信息核实工作，进一步理顺和规范了全市冠名医疗机构的管理体制，较好地维护了红十字会声誉。2015年4月，市人大调研组对铜仁市《中华人民共和国红十字会法》的贯彻落实情况进行督促检查，通过检查，督促各级政府和有关部门进一步加大对《红十字会法》的宣传贯彻力度，为全面推进依法治会创造了良好的舆论环境。四是打造自身宣传阵地，扩大宣传覆盖面。开通了铜仁市红十字会微信公众平台，发布信息51条（次），在业务交流、信息宣传方面取得一定成效；编辑《铜仁红十字》7期，采集信息70余（篇）条，分发市级有关部门、各区（县）红会，进一步提高了全市红会系统通讯员的信息处置能力。

2. 筹资与宣传结合，拓展筹资渠道。以“绿色家园行动”“博爱在铜仁”等项目筹资为抓手；一是通过举办大型专场活动，在市区人员密集场所设置募捐箱开展现场募捐。二是借助有关媒体向机关团体、企事业单位发出募捐倡议，主动上门对接，号召广大爱心人士为“尼泊尔、西藏地震”及困难群众捐款捐物。全年筹集资金17.5万余元。

3. 抓好对口帮扶工作，争取帮助与支持。主动加强与对口帮扶城市苏州市红十字会及其它省、市红会的交流与合作，拓展筹资渠道。一是6月30日，经对口帮扶城市苏州市红会牵线搭桥，瑞年嘉诚慈善基金对口帮扶江口县张屯小学100万款物的捐赠项目正式落户。二是9月初，争取到苏州市红十字会帮扶资金5万元，用于松桃自治县7.15特大洪灾及弱势贫困群众救助。三是争取到苏州市姑苏区红会对口帮扶江口中学、江口第三中学21名贫困优秀学子，连续帮扶三年。10月28日上午，在江口中学和江口三中举行了“苏州市姑苏区红十字会与铜仁市江口县红十字会结对爱心助学金发放仪式”，为21名贫困优秀学子发放助学金19000元。四是为切实改善碧江区部分偏远贫困地区幼儿园和小学的教学设施和教学能力，争取到苏州市爱心企业和爱心人士捐赠120万元的“碧江区希望童园暨山村幼儿园计划”项目。五是12月3日，苏州市红十字会对口帮扶玉屏自治县及江口县各20名贫困优秀学生，帮扶资金2万元。六是12月21-24日，常务副会长张武率碧江、万山等有关区（县）红会负责人赴苏州对接对口帮扶工作，争取到苏州红会5万元的“红十字博爱送万家”慰问物资，相关帮扶工作正在进一步对接中。

六是组织能力建设取得新进展。

1. 强化红十字干部队伍建设。一是抓专职干部培训，提高干部职工业务水平。4月8日，组织各区（县）红会召开2015年全市红会工作会议，重点就党风廉政建设、红十字运动基本知识进行专题培训。5月13日，组织各区（县）红会常务副会长召开业务工作会议，传达学习总会十大会议精神。二是外出交流学习，着力提升干部职工综合素质。3-4月，选派副会长王贵军参加了由市委组织部举办的“县级干部培训班”，系统地学习了习近平总书记系列重要讲话精神及党的十八大、十八届三中、四中、五中全会精神等。5月28日，常务副会长袁丽君率全市红会系统信息员参加了总会举办的新闻传播业务培训班，重点学习了新闻采访与写作等知识。9月20-23日，副调研员刘秋辉赴广州参加了全国红十字会系统新闻发言人暨宣传骨干培训班，系统地学习了红十字新闻发布工作和新闻发言人工作制度建设有关规定。9-11月，选派综合科科长刘俊华参加了由市委组织部举办的第30期“中青班”的学习培训，对新时期党的民族政策，党的“四个全面”战略布局及怎样做一名党的好干部等有了全面深刻的认识。同时，选派干部参加全省供水和大众卫生救援队培训及演练、人体器官与细胞组织捐献业务培训班等。通过交流学习，进一步提升了全市红会干部的学习能力、实践能力和创新能力。

2. 深化红十字志愿服务与青少年活动。按照《铜仁市红十字志愿服务管理办法》，探索建立志愿者招募、培训、管理的保障机制。一是年初与有关区（县）红会联合，组织红十字志愿者赴基层开展弱势群体关爱活动。在“5·8”“6·14”“6·26”“9·12”等重大节日期间，组织红十字志愿服务者开展志愿服务活动20余场次。二是按照铜仁市志愿服务联合会的统一要求，组建了铜仁市红十字会志愿服务队，单位全体干部职工实名注册为红十字志愿者，逐步实现志愿服务规范化、常态化。

（红十字会办公室）

老　　龄

【概况】2015年，全市老龄工作以省老龄办工作要点为主线，以切实保证老龄事业发展“十二五”规划的落实为核心，以提升城市社区养老服务质量为抓手，以推进农村养老服务网络建设重点，以规范基层老年组织管理为带动，以落实医养结合提升养老服务质量为突破，务实创新，扎实工作，较好地完成全年各项工作任务。

一、基本情况

全市10个区县及2个经济开发区，共有60岁以上老年人60.3万，占总人口的14.1%。铜仁市投入运营的现行各类养老服务机构有867个，主要由4个城市福利院、1个光荣院、145所农村敬老院、92个城乡居家养老服务站(点)、620个农村互助幸福院和5个民办养老机构组成。有3个老年公寓养护楼和6个老年人日间照料中心属于在建项目。2015年底，全市有养老服务床位达1.67万张，养老服务床位数占老年人的比例是30.15‰，实现了老龄事业发展“十二五”规划目标。城市养老服务基本实现全覆盖。受经济发展的影响，农村养老服务相对滞后，存在养老服务总量不足、服务水平不高、农村养老服务有盲区等问题，难以满足老年人多元化的养老服务需求。

二、贯彻上级会议精神并抓好任务部署

铜仁市以省市、州老龄办主任会议精神为指引，抓好会议传达部署工作。一是抓好汇报，争取多方支持。市老龄办拟定贯彻全省老龄委第十四次全体会议及老龄办主任会议精神汇报提纲，积极向民政局党组，以及市委、政府分管领导进行专题汇报，得到大力支持。市委常委、组织部长陈代军就如何贯彻落实好上级会议及老龄办主任会议精神签署意见，为贯彻落实会议精神奠定了基础。二是召开会议，加强组织建设。5月22日，召开老龄委第四次全委扩大会议暨全市老龄办主任会议，各区（县）分管领导、老龄办主任、市直19个成员单位等领导参加会议。会议传达了全省老龄委第十四次全体会议及全省老龄办主任会议精神。市民政局、老龄办负责人作全市老龄工作报告，对全年工作重点进行了安排。市政府副秘书长杜胜贵在会上通报2014年度区县老龄办绩效工作考核情况。市委常委、组织部部长陈代军在会上作讲话。三是抓好部署，明确工作目标。按照全省会议精神，结合铜仁实际，印发《2015年全市老龄工作要点》，从十个方面对全市老龄工作进行部署。在全市民政工作会议上，市政府与各区（县）政府分别签订《养老服务发展目标责任书》，要求各区（县）按照上级要求，理清思路，把握重点，制定措施，及时召开会议认真贯彻省、市会议精神，有计划、有步骤地抓好全年各项工作的落实。

三、完成老龄事业发展“十二五”规划检查评估工作

一是抓工作部署。按照省老龄办的统一部署，铜仁市印发了《关于开展〈贵州省老龄事业发展“十二五”规划〉执行情况检查评估的通知〉的通知》，对市直成员单位和各区（县）进行任务部署。要求各区（县）在政府统一领导下，根据“十二五”规划中提出的各项目标、任务和要求，逐项抓好落实，并及时上报老龄事业发展“十二五”规划自查评估报告。二是抓综合审核。要求市直成员单位对《规划》中涉及自身的内容，认真开展自评工作，并按时将自评情况交市老龄办，由市老龄办对市、县各项指标进行综合审核。9月5日完成对《规划》落实情况的全面检查评估，并呈报市政府和省老龄委。三是抓重点指标落实。每千名老年人拥有30张以上床位，是“十二五”规划的重要指标和省政府与铜仁市签订目标责任状的主要内容，11月，铜仁市就超额完成这一指标任务。在10月23日省老龄委来铜仁市进行老龄事业发展“十二五”规划落实情况的评估检查中，检查组唐映祥组长对铜仁市的“十二五”规划落实情况进行肯定。

四、完善城市养老服务设施建设

一是规范城市居家养老服务管理。按照市老龄委《关于加快推进和完善城市居家养老服务工作实施意见》，针对各区（县）实际，对发挥作用不明显的城市居家养老服务站、点进行清理，对全市正常运转的33个城市居家养老服务站，从工作机制、服务设施、服务人员、服务水平等方面，进一步进行规范。二是抓居家养老服务质量提升。倡导各区（县）借鉴碧江区委托海都集团管理城区居家养老服务的社会管理经验；思南县还组织到遵义等地学习城市居家养老服务管理经验，使城市居家养老服务质量得到整体提升。农村居家养老服务开展正常活动的达59个。三是扎实推进日间照料中心项目建设。铜仁市中央彩票公益金资金支助的6个老年人日间照料中心项目基本完成，2015年又增加碧江区、万山区、玉屏自治县、德江县老年人日间照料中心项目，实现每个区（县）建有日间照料中心的目标。四是加强养老服务重点项目建设。市老年公寓养护楼以公建民营租赁方式于9月29日和铜仁恒盛建材有限公司签定运营租赁合同，实现了社会化管理。万山区的老年公寓养护楼营运项目招商完成招标，进入装修阶段。玉屏自治县老年公寓养护楼完成主体工程建设，进入营运招商谈判。五是大力推进引资发展工作。2月，由副市长杨同光带队，率市老龄办到杭州华龄集团等开展养老服务项目招商工作。华龄集团先后两次来铜仁考察养老服务项目发展工作，达成在铜仁建立高端养老养生基地的意向性协议。思南县引进的200张床位的城区老年公寓项目完成主体工程建设；松桃自治县又引来占地600亩、1000个养老床位的万福城养老服务中心项目。

五、扎实推进农村养老服务网络建设

一是抓政策制定。为推进全市农村养老服务网络建设，解决农村留守老年人的养老问题，铜仁市人民政府办公室《关于印发铜仁市农村互助幸福院建设五年行动计划（2015—2019年）的通知》。文件规定以村为单位，用五年时间，完成全市农村互助幸福院网络建设，从根本上解决农村留守、空巢老人的养老服务问题。二是抓项目落实。2015年，铜仁市获得中央彩票公益金支助的农村互助幸福院项目146个，有5个区（县）完成项目建设任务投入使用。三是抓项目督促。按市政府计划要求，全年新增加500个农村互助幸福院。为保证农村互助幸福院项目建设的落实，市政府办下发《关于开展2015年农村互助幸福院建设督查的通知》，并组建3个督查组，对各区（县）农村幸福院建设情况开展督查并对督查结果进行通报，同时作为对各区（县）年度绩效考核的内容。通过督查，建设进度得到加快，年底，全市农村幸福院建设项目完成示范型41个，标准型83个，普通型225个，基本完成全年目标任务。

六、切实加强老龄宣传工作

一是认真筹备第三届贵州“福彩杯”老年合唱大赛。按照省老龄办《关于举办第四届贵州“福彩杯”老年合唱大赛的通知》精神，铜仁市认真组织，明确专人负责，充分做好前期准备。10月14日，组队赴贵阳参加贵州省第三届“福彩杯”老年合唱大赛，荣获老年合唱大赛二等奖。二是务实抓老龄法规宣传。铜仁市把学习新修订的《中华人民共和国老年人权益保障法》作为年度重要工作来部署，要求各区（县）在宣传深度和广度上下功夫，将老龄法规宣传向基层延伸，完善对各区（县）新农村建设点的尊老敬老“文化墙”等建设。4月14日，市、区（县）两级民政局、老龄办等部门开展法律咨询服务一条街宣传活动，发放宣传资料1100余份。鼓励各区（县）围绕“五个老有”宣传敬老、爱老、助老先进典型和模范事迹，开展尊老敬老表彰活动，不断扩大老龄工作的社会影响。三是抓养老文化平台搭建。利用全市在石阡县召开第四届旅发大会的良好契机，市老龄办积极配合市人大、石阡县县委，创办石阡长寿之乡网站，组织开展长寿文化征文活动，开展“长寿村”“长寿街“、“长寿食品”评定活动，编辑《百岁老人秘笈》丛书等工作。在第一届海南老龄博览会上。铜仁积极申报“中国最佳适宜养老居住城市”“中国老龄产业优秀品牌”等项目，有效推进全市的养老服务文化发展。四是规范老龄信息宣传工作。完成对铜仁市老龄网站的清理工作，完善网络宣传项目，适时更新网站内容。对各区（县）在各种新闻媒体上宣传报道老龄工作信息，按照不同等次推行激励措施，鼓励对老龄工作的信息宣传。全年各区（县）老龄办共出老龄工作简报112期，市老龄办编制工作信息18期，在各种报刊发表文章56篇。按照“五个老有”要求，分别在《铜仁日报》《贵州老年报》对铜仁市开展的老龄工作进行专版宣传报道。

七、创新开展村级老年协会管理

一是抓组织建设推进。按照《省老龄办印发全国老龄工作委员会办公室关于加强基层老年协会建设的意见的通知》的要求，铜仁市实现各区（县）居委会100%建立老年协会；农村老年协会达到90%的工作目标。全市有村委会2674个，建立村级老年协会2410个。二是开展星级协会争创工作。按照老龄办《关于印发贵州省村（居）老年协会工作考核与评估办法的通知》，铜仁市各区（县）开展争创全省星级老年协会自评工作，并及时向省老龄办申报8个村级老年协会的申报材料。三是抓好基层组织管理创新。借助市政府推进全市农村幸福院网络建设的机会，市老龄办采取对已建成农村老年协会的村优先布点的刺激措施，要求村级老年协会进一步完善制度，建立对农村幸福院项目的管理机制，实行“院”“会”合并管理。这样既节约资源，方便老年人管理，又为基层减轻负担。

八、加强老年维权规范管理工作

一是规范老年人信访诉求管理。将老年人的信访诉求信息资料是否规范、是否做好信访回复工作等情况，列入老龄工作年度考核内容，对各区（县）的老年信访工作进行规范。二是加强高龄老年人生活补贴发放工作。因个别县的财政困难，对高龄老年人生活补贴发放迟缓，市老龄办加强协调和督促工作，推动工作有效落实。全年各级共发放高龄老年人生活补贴3903万余元。三是规范老年证办证管理。全年全市免费办理老年优待证4588本，没出现乱收费、乱办证等违纪违规情况。四是完成百岁老年人信息统计工作。经入户调查登记，全市有215名百岁以上老年人，并对百岁老人基本情况建立了个人信息电子档案，实行动态管理。五是开展节日走访慰问活动。市、区（县）在元旦、春节、老年节期间，均由党委、政府分管领导带队，组织民政、老龄办等相关部门负责人，开展对高龄、特困、失独、贫困等老年人进行走访慰问活动，全市、区（县）、乡三级在这些节日期间，共组织慰问活动171次，发放慰问品、慰问金（含物资折价）216.27万元。六是开展老年先进人物推荐工作。按照省老龄办的要求，铜仁市认真开展老年人先进人物的资料收集上报工作，松桃自治县九江乡农民刘仁平被评为“全国孝亲敬老模范”。

九、重视老龄调研与应用工作

一是安排留守老人调查工作。按照省老龄办和民政厅的安排，市老龄办联合民政局印发《关于开展农村留守老人基本情况调查摸底工作的通知》，对该工作进行认真部署，并按照通知精神圆满完成调查工作任务。二是开展中国老年人营养与健康抽样调查。先后在松桃自治县和印江自治县组织第四届老年人健康问卷调查培训，由各区（县）民政局和老龄办共同开展调查工作。在碧江区开展城市社区老年人生活状况调查工作。三是开展市直部门调研活动。按照市政府《关于加强养老服务业发展实施方案》，对所市直涉部门开展发展现状调研督查工作，有力推进全市老龄事业统筹协调发展。四是加强常规工作调研。市老龄办把调研工作作为抓政策创制的重要基础，对全市养老服务等重点涉老工作认真开展调研。推荐的《石阡失能老人生活情况调查报告》《对碧江区留守老人养老问题的调研与建议》被省老龄办评为调研报告优秀奖。

十、切实推进养老服务创制工作

一是推行医养结合。市老龄办联合民政、卫计部门开展了联合调研，并形成综合报告，并拟定《铜仁市养老与医疗机构推行医养结合实施方案》呈报市政府，市政府办以铜府办发〔2015〕41号文件印发该《方案》，并完成与卫计部门的医养结合相关对接，明确在医疗机构增挂老年人疗养病房标牌。二是推动政府购买服务。市老龄办向市政府拟定《铜仁市政府购买养老服务暂行办法》，由市财政局进行综合统筹。三是推进养老机构建设。由市民政局与市住建局联合向市政府呈报《〈关于在全市建设100个农村老年人日间照料中心的通知〉的请示》，要求对城乡集中建房区域，必须完善养老服务设施。

十一、加强老龄自身建设

一是完善老龄委机构建制。调整充实老龄委领导机构。根据工作发展需要，以市老龄委名义将老龄委成员单位从原来的19个调整增加24个。二是加强老龄办干部建设。市委对市老龄办调整增加了1名正处级非领导职数，并从市招商投资促进局调入1名年轻干部充实到事业发展科。三是重视老龄队伍素质提升。在加强对各区（县）老龄干部配置的同时，市老龄办分别于5月22日和11月12日，两次组织召开全市老龄工作干部培训会议，为全市老龄干部素质提升奠定良好的基础。四是强化对老龄工作的督导管理。7月，市政府办下发了《关于开展2015年农村互助幸福院建设督查的通知》，组织了3个工作督查组，对各区县的各项老龄业务资金、养老项目经费、高龄老龄人补贴等，开展了检查活动，有效保证各项资金的使用安全。

（市老龄委办公室）

食品药品监督管理

【概况】2015年，铜仁市食品药品监督管理工作以确保人民群众饮食用药安全为目标，把深入开展食品药品安全专项整治与强化食品、药品、医疗器械、保健食品和化妆品日常监管结合起来，与深化机构改革推进职能整合结合起来，与探索创新管理确保食品药品安全结合起来，与推进党风廉政加强警示教育结合起来，标本兼治，着力治本，大力净化了食品药品市场秩序，较好地完成全年的各项工作任务。

一、成功探索食品药品机构改革的“思南模式”

在机构改革中，先行先试，不断创新，在全国、全省成功探索了区（县）、乡（镇）、村（社区）三级食品药品机构改革的“思南模式”，即县质监、工商、食药监“三局合一”，组成市场监管局（食品药品监管局），市场监管分局（食品药品监管分局）在机构设置所在乡镇与市场监管站（食品药品监管站）“局站合一，合署办公”。“思南模式”得到中央编办机构改革调研组和省政府、省食品药品监管局及省编办的高度肯定，并在全省作为县级机构改革样板推行。率先在全省建立的区（县）、乡（镇）、村（社区）三级食品药品监管网络，被省、市电视、报纸、网络等新闻媒体广泛报道，《中国医药报》还头版头条刊发了铜仁市《党政同责落实到村，制度规范落脚到户，监管责任明确到人，铜仁市局抢抓改革先机铸就打假利剑》文章。2015年11月4日，省政府食品药品监管体制改革现场会在思南县召开。

二、成功创建农村食品药品监管“三员制度”

印发《关于推进铜仁市农村食品药品安全监督员、协管员、信息员制度的指导意见》，在全省率先推出由各行政村（社区）支书、主任、会计分别担任农村食品药品安全监管监督员、协管员、信息员的“三员制度”，“三员制度”模式在全省推广。

三、全面推行农村集体聚餐备案管理制度

制定了《铜仁市集体聚餐备案指导工作指南》，坚持县级监管部门指导，乡（镇）主要负责，村（社区）协助的工作原则，实行报告登记与现场指导相结合的管理模式。并将集体聚餐食品安全纳入村规民约，明确备案管理工作程序，按规模实行分级管理。

四、率先建立食品工业园区

针对食品生产加工小作坊“脏、乱、差、多、小、散”等问题，支持碧江区创建食品工业园区，鼓励和引导小作坊入驻园区“抱团”发展。园区实行统一管理、统一标准、统一取证、统一品牌、统一检验、统一配送、统一供暖供气“七统一”模式。监管部门在园区成立驻园食品安全监管站，设立与加工能力相适应的实验室、检验室，配备专业检验人员。年内有多家食品生产企业入驻园区。从运转情况看，园区示范集聚效应明显，具有较强的发展潜力和竞争优势。

五、高标准打造武陵山现代医药物流园。

武陵山现代医药物流园作为2015年全省第二次项目建设现场观摩会的主要观摩点之一，得到省委主要领导的高度肯定。同时举办了中国武陵山（铜仁）首届中药材暨新医药博览会。武陵山现代医药物流园是集“贸易、加工、仓储物流配送、检验检测、商务配套”于一体的现代医药物流园区，可承接以中药材和中药饮片及现代医药研发、交易、仓储、配送等业务。园区全面投入运营后，年销售额可达50亿元，可带动周边农户16余万户从事中药材产业。

六、重拳出击查处大案要案

一是查获碧江区“福尔马林”浸泡加工有毒有害牛筋、牛肚、牛蹄案，现场查获成品或半成品11435千克，货值金额20余万元，案值2000余万元，移送公安部门立案侦察，属贵州省最大的制售有毒有害肉制品案，得到市委书记夏庆丰的高度肯定。二是查获思南县走私牛肉、牛排、鸡爪、猪肚、猪脚等肉制品360吨，案值约2000万元，属贵州省最大的走私动物肉制品案，中央电视台第四频道《中国新闻》进行了报道。三是查获碧江区问题冷冻牛肉和鸡爪51吨，并由市政府组织进行销毁，《贵州日报》《中国医药报》、省、市、区电视台和报刊、网站等20多家媒体作了报道，在全省影响较大。四是查获不合格保健食品“挺华牌源根胶囊”，案值200余万元，是全省首次查获不合格保健食品案。五是联合市公安局和市盐务局在碧江区打掉了制售假冒食盐窝点，现场抓获犯罪嫌疑人5名，查扣假冒低钠食用盐6750包、海藻盐4800包、制盐原料约43吨、机器7台，属全省首次由市食安办牵头、查处最彻底的食盐案。这一系列食品药品大案要案的查处，引起了社会各界的广泛关注，赢得了群众的认可和好评。

七、食品药品组织工作与保障和食品药品机构改革工作

全年召开食品安全例会四次，讨论研究了一系列重大食品安全工作问题。对各区（县）政府的食品安全目标考核工作纳入政府绩效目标考核内容，与各区（县）政府签订了责任状。及时对各区（县）人民政府和食安委成员单位开展了半年工作督查与年度工作督查。

八、开展专项整治与宣传工作

根据省、市要求开展节日期间食品安全专项检查、走私冷冻肉制品专项整治、食盐专项整治、校园及其周边食品安全专项检查等专项检查和整治工作。组织开展“食品安全宣传周”、野生菌食物中毒防治宣传、全市食药监系统新《食品安全法》知识竞赛、安全用药用械宣传和问题食品药品集中销毁宣传等活动。

九、食品安全责任事故考核与事故应急处理

拟定《铜仁市人民政府食品安全事故应急预案》并由市政府办下发，2015年12月8日，在南长城大酒店举行了2015年食品药品安全事故应急演练。全市全年没有发生一起较大以上食品安全事故，食品安全稳中趋好。

十、食品生产环节监督管理

严格落实食品生产许可制度，对全市173家获证企业全部实行年审。按照省级要求共抽检249批次，对辖区食品生产企业抽检实现100%覆盖。年度食品生产环节共有91批次抽检不合格，对91个不合格和风险监测问题企业全部开展约谈工作，并严格开展后处理工作。

十一、食品流通环节监督管理

深入到11个区（县）的32个乡镇以消费热点指向的100余种食品进行定量抽检。共计开展食品定量检测810批次，检测出不合格样品31批次，合格率为96.17%。开展保健食品抽样检测29批次，检测出不合格样品2批次，合格率为93.10%。

十二、餐饮服务环节监督管理

对全市学校食堂实施网格化管理，实施率达100%。完成餐饮服务环节290批次抽样任务，不合格19批次，向不合格食品的区县下达了《食品案件线索移送及督办函》，后处理工作全部完成。完成年度量化评定等级4945家，年度量化分级等级评定率96.11%，完成96%的工作目标。制定《铜仁市2015年餐饮服务食品安全示范工程创建实施方案》，完成1个示范县、2个示范景区、1个示范乡镇、示范店创建初评工作，申报材料上报待省局复核。

十三、药品监管工作

对全市所有药品生产企业进行了2次药品GMP跟踪检查，检查覆盖率100%。对麻醉药品、精神药品经营企业每季度进行一次专项检查，共进行4次专项检查。组织开展农村药品专项整治工作，检查涉药单位1050家次；组织开展了整治“两非”专项行动、中药饮片专项检查、含特殊药品复方制剂专项检查等专项整治工作。

十四、药品不良反应监测工作

全市上报不良反应报告5548份，超出每百万人口400份的上报标准。可疑医疗器械不良事件报告889份，超出每百万人口100份的上报标准。

十五、医疗器械监管工作

对筹建中的1家医疗器械生产企业，开展了1次抽查工作，抽查比例达100%；对29家医疗器械批发企业进行了上下半年各一次的抽查，完成不少于1次以上的抽查频次工作，抽查比例达100%。对全市体外诊断试剂经营和使用单位进行专项检查，并对各县专项整治情况进行了督查。

十六、稽查工作

餐饮食品任务290批次，完成抽样290批次；药品任务200批次，完成抽样200批次；医疗器械任务40批次，完成抽样40批次。对不合格的药品和医疗器械均按要求进行核查。对经检验不合格的产品依法进行了立案查处。

（办公室）

区·县概况

碧江区

【概况】碧江区位于铜仁市的东南部，全区总面积1012平方千米，耕地面积7925公顷。地处贵州高原向湘西山地丘陵过渡的斜坡地带，地理坐标介于北纬27°32′18″－27°52′40″，东经108°56′13″－109°28′20″。辖川硐新区管委会、灯塔工业园区管委会、5个民族乡、3个镇、5个街道办事处，50个村民委员会、40个居民委员会。2015年，全区户籍总人口322815人，其中非农业人口146225人；少数民族223411人，占总人口的69.21%。人口出生率7.89‰，死亡率为4.28‰，自然增长率4.28‰。人口较多的少数民族有土家、侗、苗族等。主要矿藏有汞、钾、磷、钼、钒、铅、锌、铁、锰、锑、铀、石灰石、石英砂等。森林覆盖率60.83%。

2015年，区委、区政府团结带领全区广大干部群众，按照“守底线、走新路、奔小康”的总体要求，紧扣“主基调、主战略”，大力实施新型工业化、新型城镇化、农业现代化和文化旅游产业化“四大发展战略”，坚持用综合生态观引领经济社会发展，坚持改革开放创新，积极主动适应新常态，统筹稳增长、调结构、惠民生、防风险，全区经济社会呈现出经济健康发展、民生持续改善、社会和谐稳定的良好态势。

一、综合实力稳步提升

全区地方生产总值完成129亿元，增长14.8%，增速全市第一；财政总收入完成30.97亿元，增长8.5%，其中公共财政预算收入完成11.34亿元，增长2.2%；固定资产投资完成222.36亿元，增长5.5%，其中产业投资占比达到36.5%；规模以上工业增加值完成28.8亿元，增长14.2%，增速全市第一；社会消费品零售总额完成40.71亿元，增长12.2%，增速全市第二；城镇、农村居民人均可支配收入分别达到24427元、9410元，增长11.2%、11.3%；存、贷款余额分别达到314.38亿元、215.2亿元，增长27.4%、14.8%。全面小康实现程度达到96.3%，在全市率先通过全面小康创建达标验收，获“全省同步小康创建十佳示范区(县)”称号。

二、三次产业进一步优化

三次产业结构由上年的8.2：38.8：53调整为9.1：38.1：52.8，产业结构更趋合理。新型工业化发展迈上新台阶。深入实施工业三年大攻坚，着力扩总量、调结构、强园区、优服务、增效益，传统产业转型、新兴产业壮大同步推进，重点围绕“一心三品”，培育和发展特色产业。新增规模以上工业企业15户，总数达到58户。实现大数据信息产业增长25%，新型建筑建材业增长20%。实现规模以上工业总产值104.2亿元，增长18.5%，其中产业园区工业总产值占全区工业总产值的95%以上，聚集效应显著提升。碧江经开区荣获“全省新型工业化产业示范基地”称号。现代农业发展迈上新台阶。建成农业示范园区12个，其中和平、坝黄、瓦屋3个园区列入省级现代高效农业园区，总产值达到6.91亿元。建成万元田1.51万亩，万元山1.68万亩，蔬菜、水果、油茶、核桃、中药材等特色产业种植面积达到18.8万亩，粮食作物种植面积25.08万亩。新增区级以上农业龙头企业18家，发展农村专业合作社295家，完成土地流转4万余亩。实现农林牧渔业总产值18.07

亿元，增长6.8%。以文化旅游业为重点的第三产业发展迈上新台阶。扎实推进“梦幻锦江”建设，“水上公交”全面运营。成功举办2015年中国传统龙舟大赛、瓦屋油菜花观光月、六龙山拔笋节等系列活动。加强资源宣传推介和营销策划，积极推进智慧旅游开发，吸引18家旅游电商合作运营，全年接待游客570万人次，实现旅游总收入54.06亿元，增长25.8%，增速全市第二。民营经济发展迅猛，新增民营企业1185户、个体工商户7271户，民营经济增加值占全区生产总值的比重达到50.6%。武陵山现代医药物流园、万丰国际商贸物流园、笑哈哈商贸物流园等基本建成，荣获“中国西部绿色物流基地”“全省现代服务业发展基地”等称号。电子商务快速发展，规划建设电子商务产业园，吸引11家电商知名企业入驻，建成电商运营主体195家，被省扶贫办列为电商扶贫试点区（县）。

三、城乡面貌明显改善

按照“规划引领、拉开路网、提升老城、建设新区、产业支撑、产城一体”的思路，扎实推进城市建设“三年大会战”，城镇化率达到66.72%。老城改造提质。大力实施中心城区城市功能“十大提升工程”，杨柳塘殡仪馆一期、中南门古城改造等项目有序推进，武陵大道建成通车，睿力大道铁路桥即将建成；南岳半岛、西外环等片区开发建设和粮食直库、桐梓坳、桂花塘等棚户区改造快速推进；大江坪至花果山等沿江步道改造提质升级；建成29所环保公厕并免费开放；完成小十字农贸市场升级改造和174条背街小巷硬化亮化；智慧小区建设加快推进，建成示范小区26个，城区环境不断改善。新区建设提速。碧江行政中心搬迁入驻，桃源大道、五福大道和环东路等骨干路网建设初步成型，武陵大道延伸段建设加快推进；川硐教育园区教育、卫生、治安等公共基础设施建设不断完善；碧江经开区新建道路11千米，累计建成道路9条23千米，基本形成了“四横五纵”的路网格局。示范小城镇和美丽乡村建设加快。坝黄镇示范小城镇实施“8+X”项目24个，累计完成投资3.1亿元，漾头、和平小城镇建设顺利推进。率先实施“平改坡”工程。“六项行动计划”完成投资3.41亿元，建成小康路106.8千米；马岩水库推进有序，顺利实现大坝封顶，实施饮水安全工程15处，新增改善灌溉面积1.74万亩，解决了1.53万人农村饮水安全问题；建成小康电输电线路109.18千米；完成小康房250户；启动8个农村集中建房市级示范点建设，实施5个村庄整治和458户农村住房提升工程，完成农村危房改造2139户；新增11个自然村通电话通宽带。城镇管理力度加大。按照重心下移和“人随事走”的原则，深化城市管理体制改革，推行城市“网格化”精细管理，开展城区环境卫生万人整治专项行动，重点整治了农贸市场、商贸城、滨江公园和背街小巷的卫生与秩序；“两违”整治力度持续加强，拆除违章建筑（含彩钢棚）50余万平方米，“五脏五乱、五差五臭”得到有效整治，城乡面貌明显改观。

四、生态优势逐步显现

生态保护力度加大。全面落实绿色贵州建设三年行动计划，完成营造林2.29万亩，森林资源管护46.62万亩，森林覆盖率达60.83%。环境整治力度加强。强力推进“六个一律”环保“利剑”行动和锦江河污染专项整治，关停4家“冒烟”企业，城市空气质量、集中式饮用水源地水质达标率100%。绿色产业发展加快。碧江经开区被评为全省首批清洁生产试点示范园区。新医药大健康、水产等生态产业加快发展，同德药业、农夫山泉等知名企业相继落户碧江，荣获“全省大健康医药产业发展示范区”称号。

五、改革开放创新活力增强

深化改革成效明显。深化行政审批制度改革，减少行政许可审批环节150个，压缩许可时限56%。乡镇规划委员会实体化运行、小部制改革全面铺开；深入推进农村“三权”改革，启动土地所有权、承包权、使用权“三权分置”试点，在全市率先颁发农村不动产权证，办理抵押贷款12.15亿元，荣获“全省第五轮农村改革试点先进区(县)”称号。商事制度改革深入推进，启动实施

“三证合一”登记制度，实体经济活力不断释放，在坝黄镇开展扩权强镇试点，下放权限7类147项。完成机关公务用车制度改革。创新力度不断加大。创新投融资体制机制，深化国有企业和财税体制改革，整合组建区城投集团，融资到位资金26.3亿元。在全省首设住房保障服务中心，变“三级审核”为“集中受理”；建立国税、地税联合办税机制。对外开放成效明显。深化昆山对口帮扶合作，铜仁·苏州共建产业园区落户碧江。创新招商模式，全年签约项目105个，签约资金134.9亿元，到位资金97.45亿元。深入实施“抓四资促四业”三年行动计划，大力发扬“八争”精神，向上争取项目402个，到位资金12.84亿元，引进各类专业人才276名，共有13次省、市级现场经验交流会在碧江区召开。

六、社会事业加快发展

脱贫攻坚扎实推进。深入实施“33668”扶贫攻坚行动计划，完成扶贫生态移民915户3658人，减少贫困人口0.86万人，贫困发生率下降到8.84%；精准扶贫试点成效突出，漾头镇九龙村精准脱贫模式得到中央和省新闻媒体相继报道，成为全国、全省样板。就业创业取得新突破。突出抓好高校毕业生、城镇困难家庭和返乡农民工等重点人群就业，城镇新增就业人数9569人。深入实施“雁归工程”，新增在外人员回乡就业创业4812人，转移农村劳动力就业5300余人，城镇登记失业率为3.87%。社会保障体系日趋完善。全区各项社会保险参保24.1万人次，基金征缴达到1.16亿元。启动机关事业单位养老保险制度改革，建立“基本医疗保险、大病保险、医疗救助”三重医疗保障；城乡低保工作持续加强，城乡居民养老保险制度和医疗保障制度实现全覆盖，城乡社会救助体系基本建立；开工建设保障性安居工程1.3万套。教育事业稳步提升。深入实施教育“9+3”计划和“4+2”突破工程，城区新增中小学学位2800个，大班额化解率达80.8%；大力实施“3361”师训强教工程，中、高考成绩一直名列全市前列；建成山村幼儿园37所、学校塑胶运动场9个，二中、八小等6所学校被评为“全国青少年校园足球特色学校”。“两项”督导和普十五教育工作通过省政府考核验收。医疗卫生、计生事业健康发展。启动实施医疗卫生服务能力提升三年行动计划，新建17个村级卫生室、6个计生服务站。城乡医疗卫生服务体系进一步完善，每千人拥有床位数4.42张。人口计生工作实现“双降”目标。文化体育事业全面发展。大力实施文化惠民工程，初步形成覆盖城乡的公共文化服务体系，建成各类体育协会健身站点6个，农体工程15个，乡镇村农体工程实现全覆盖。社会治理持续加强。深入开展“7+3”治安整治和深化平安碧江“五项行动”，推行社会网格化服务管理试点和调处矛盾纠纷奖励补助，认真做好群众来信来访和矛盾纠纷排查化解工作，人民群众安全感测评连续4年保持全市第一。加大安全生产监管整治力度，安全生产形势持续保持稳定，未发生重特大安全生产事故。（崔进）

【铜仁突击查获问题冷冻肉26.6吨】 2015年1月21日，铜仁市食品药品监管局联合市公安局、碧江区政府及其相关部门执法人员，集中开展以牛肉为为主的问题冷冻肉检查行动，查获问题冷冻肉26.6吨。

根据群众举报，联合执法组突击检查了铜仁市碧江区昌发冷冻食品经营部、吴刚冷冻店等8家冷冻食品经营户，查获问题冷冻肉26.6吨，其中预包装冷冻肉约13.8吨。成立专案组，对无生产厂家、无生产日期、无保持期、无食品生产许可、无食品标签的冷冻肉展开抽样检验检测和调查取证工作。根据《食品安全法》规定，对8家冷冻食品经营户依法作出没收冷冻肉并处罚款的行政处罚。

【碧江区一检察室获全国“一级规范化检察室”称号】 2015年1月，铜仁市碧江区人民检察院派驻检察室，在最高人民检察院组织开展的第四届派驻监管场所检察室规范化等级考核评定中，被评定为全国“一级规范化检察室”。

【铜玉城际铁路碧江区段建设进度快完成工程量的60%】 铜玉城际铁路工程建设启动以来，至2015年2月碧江段8千米建设任务完成工程量的60%。铜玉铁路在碧江区施工内容主要包括特大桥1座、大桥3座、中桥1座、隧道工程3座，特大桥施工完成50%，两座中桥完成60%，红岩坡隧道完成50%，洞老上隧道完成40%，铜仁一号隧道作为碧江段最长的隧道，经过施工单位科学合理施工，隧道贯通时间将比计划工期提前。

作为铜玉铁路控制性工程的锦江双线特大桥位于碧江区大明边城锦江河畔，跨越滨江大道、锦江及大明边城，全桥长度为960米，跨度130米，要在需暗水中进行基础施工、搭设栈桥和水上操作平台等，施工难度较大，通过施工方科研攻关团队的努力，成功解决暗水施工这一技术难题。

【漾头镇九龙村获“全国文明村镇”称号】 2015年3月6日，由中央文明委评定公布的第四届全国文明城市（区）、文明村镇、文明单位名单中，漾头和龙村荣获文明村镇称号。此外，铜仁市还有4个村镇被授予第四届全国文明村镇称号，即德江县堰塘乡高家湾村、思南县塘头镇青杠坝村、沿河县沙子镇南庄村、印江县木黄镇。

【碧江区获“省级卫生应急综合示范区”称号】 2015年3月6日，省卫生和计划生育委员会授予碧江区“省级卫生应急综合示范区”称号。

2014年10月，铜仁市碧江区向省卫计委申报省级卫生应急综合示范区，经市卫计委评估推荐、省级卫生应急综合示范县（市、区）管理办公室资格审核、专家组现场复核评估等，达到省级卫生应急综合示范县（市、区）标准。

【碧江区教育系统两人获“贵州省敬业奉献好人”称号】 2015年4月24日，铜仁市碧江区寨桂九年一贯制学校教师饶维明和白水九年一贯制学校教师滕树萍老师获得贵州省文明办颁发的“‘明礼知耻·崇德向善’敬业奉献贵州好人”荣誉称号。

饶维明参加工作30多年来，他以校为家，关爱他人。课余时间，饶维明是学校的义务“勤杂工”，凡事不论大小，不论公事私事，他随叫随到。他是人们称呼的“饶木匠”，带着自制工具箱，给学校维修水管电路，修补路面墙洞；为花草树木修枝剪叶，开着自己的摩托车送水、送人。

1999年滕树萍因车祸坐上轮椅，滕树萍顽强克服困难和病痛，在轮椅上用自学的书法、绘画、电脑等技能坚持工作，教学生书法和电脑，主动办文化长廊、校园网、为教学服务，资助和鼓励学生。

【碧江区法院被评为全国“有效实施失信被执行人示范法院”】 2015年5月8日，铜仁市碧江区法院被评为全国“有效实施失信被执行人示范法院”。碧江区法院启动失信被执行人信息曝光公布措施以来，充分利于公安网络查控报警系统，对经多次通知拒不执行生效裁判文书的被执行人作了拘留决定，并通过公安网络查控报警系统对其进行监控。碧江区法院对52名失信被执行人作出了拘留决定，并录入公安网络查控报警系统。

【扶贫日 央视《新闻联播》关注碧江区扶贫攻坚】 2015年10月17日，是扶贫日，中央电视台《新闻联播》头条播出“各界热评习主席主旨演讲：落实总书记指示 全面消除贫困”新闻，该新闻以贵州铜仁市碧江区和河南省许昌县袁庄村为点，对两地加大力度，实施扶贫攻坚的做法和成效进行了报道，画面镜头重点展示碧江区漾头镇九龙村在推进扶贫攻坚中的新变化。

“十二五”期间，铜仁市碧江区实现全区6个贫困乡镇和33个贫困村“减贫摘帽”，贫困人口由十一五末的6.54万人减少到2014年底的2.31万人；农民人均纯收入十一五末的4351元增加到2014年底的8458元。

【国务院扶贫开发领导小组来碧江区调研】 2015年11月16日，国务院扶贫开发领导小组专家委员会主任范小建一行来碧江区调研扶贫开发工作。省扶贫办党组书记、主任叶韬，市人大常委会副主任、区书记陈代文，副市长肖洪，区委副书记、区长杨彪等陪同调研。

范小建一行来到漾头镇九龙村，在村委会听取相关负责人及陪同人员对扶贫工作措施、取得的成绩汇报，查看了精准扶贫档案资料，并仔细询问精准扶贫“双线合一”工作的开展情况。随后，范小建一行实地察看龙江新村农村集中建房建设情况，详细询问搬迁农民如何就业、如何脱贫致富等生产生活情况。

【碧江区法官赖桑被列为“全国模范法官”候选对象】 2015年11月19日，《贵州日报》就贵州省评选推荐的“全国模范法院、全国模范法官”候选对象进行公示。此次表彰，全省评选推荐“全国模范法官”候选对象2名，赖桑就是其中之一。这是全市法院系统进入2015年“全国模范法官”候选对象的唯一人选。

【碧江新区行政中心举行揭牌仪式】 2015年12月2日，铜仁市碧江区新区行政中心举行揭牌仪式，区四大班子领导出席揭牌仪式。市人大常委会副主任、区委书记陈代文为中国共产党铜仁市碧江区委员会揭牌；区委副书记、区长杨彪，区委常委、副区长胡志勇为铜仁市碧江区人民政府揭牌；区人大常委会主任金勇为铜仁市碧江区人民代表大会常务委员会揭牌；区政府主席刘先银、副主席杨秀雄为中国人民政治协商会议铜仁市碧江区委员会揭牌；区委常委、区纪委书记罗钧贤为中国共产党铜仁市碧江区纪律检查委员会揭牌。铜仁市碧江区新区行政中心位于川硐老塘片区，与凉湾、茅坪两座水库相邻。2012年，碧江区按市委、市人民政府要求，全面启动碧江新区行政中心建设。至2015年11月初步建成一个总占地面积22万平方米，建筑面积15万平方米，主楼可容纳2000余人办公的行政中心。12月4日，区委、区政府在新行政中心举行升国旗仪式，标志着碧江区新行政中心正式启用。

【全省新一轮异地扶贫搬迁项目集中开工仪式在碧江区举行】 2015年12月2日，全省新一轮异地扶贫搬迁项目集中开工仪式（铜仁）在碧江区河西办事茅溪村安置点举行。

仪式上，杨彪介绍茅溪安置点的项目情况：茅溪异地扶贫搬迁安置点为碧江区2016年申报实施项目。该安置点拟安置人均耕地少，生存环境较差，基础设施条件薄弱的精准扶贫对象，共147户659人。其中拟迁入茅溪村37户138人，拟迁入新庄村45户193人，拟迁入卜口村65户328人，贫困人口搬迁比例为100%。安置点新建住房面积1.47万平方米，总投资3954万元，其中住房投资2822万元，配套水、电、路等基础设施1132万元，争取中央专项基金2636万元，群众自筹资金791万元。随后，夏庆丰宣布铜仁市新一轮异地扶贫搬迁项目集中开工，出席的市、区两级领导为工程奠基。

【碧江区职校迎接省级示范性中职学校评估专家验收】 2015年12月25日至26日，由贵州省人民医院护士学校校长李俊华为组长的贵州省级示范性中等学校评估专家组对铜仁市碧江区中等职业学校进行评估验收。副区长谭欧阳，区政协副主席、区教育局局长杨长印及市、区相关部门负责人陪同验收。

铜仁市碧江区中等职业学校始建于1989年，共开设护理、助产、汽车维修、学前教育、酒店管理等7个专业，现有70个教学班，在校生3647人，任教教师198人，学校占地面积239.6亩。该校2014年开启省级示范性中等职业学校创建工作，2015年10月向省、市、区主管部门申报省级示范性中等职校。12月25日，区职校召开评估验收汇报会，谭欧阳代表区委、区政府对专家组一行的到来表示热烈欢迎。会后专家组通过资料查阅、推门听课、实地查看、与在校师生座谈、观看学生技能展示等方式对区职校进行评估。26日，专家组召开评估验收反馈会，专家组从区职校的学校管理模式、基础设施条件、教育教学、校企合作、学生就业等多方面进行反馈，专家组对碧江区职校的办学特色给予高度评价。

（碧江区档案局办公室）

铜仁高新区

【概况】 铜仁高新区的前身是铜仁市大兴科技工业园区，2012年8月经贵州省人民政府批准为省级高新技术开发区。2013年6月对大兴镇托管后直管区域面积为119平方千米。2014年底，省政府批准的《铜仁市城市总体规划(2013—2030)》将铜仁高新区纳入铜仁市主城区，作为铜仁主城区的北部新城区，包括大兴和正大两个功能组团，规划面积达173.87平方千米。市委、市政府并明确把铜仁高新区作为黔东工业聚集区的关键节点、全市新型工业发展的重要增长极和全市高新产业发展集聚区建设发展。铜仁凤凰机场座落区内，开通至北京、上海、南京、厦门、广州、深圳、昆明、长沙、杭州、贵阳等10多条航线，区内两条城市快速干道铜兴一道、铜兴二道从左右连接主城区，距铜仁火车站仅需8分钟车程。杭瑞、松铜高速公路在园区交汇，铜仁北站、苗王城站5分钟内在园区均能实现互通。邻近铜仁学院、铜仁职院等一批高等教育和职业教育机构，对高新区引进和利用外资、发展高新技术产业，扩大出口创汇、发展外向型经济等具有强大的教育资源和人力资源支撑能力。

铜仁高新区辖大兴镇和碧江区川硐镇尖岩村部分、滑石乡豹子云村的一部分，2013年6月，按照市委、市政府的总体战略部署，高新区托管松桃自治县大兴镇。大兴镇辖3个社区和6个行政村，共有88个村民组、66个自然寨。2015年度全镇4140户22391人，常住人口20883人，出生率为10.53‰，自然增长率为6.8%。民族以苗族为主。森林覆盖率为65.4%以上。

2015年，高新区按“以旬保月、以月保季、以季保年”思路，紧盯主要经济指标，强化日常统计监测，细化责任分解，加强工作调度，全区实现营业总收入26.69亿元，同比增长21.92%；完成规模以上工业总产值10.67亿元，占全年目标任务数(10.5亿元)的101.6%；规模以上增加值2.01亿元，累计增速13.3%；完成固定资产投资48.5亿元(50万口径)，其中完成500万口径固定资产投资20.03亿元，占全年目标任务数(14亿元)的143.07%；完成社会消费品零售总额1.78亿元。2015年铜仁高新区基础进一步巩固，获国家、省、市项目支持和荣誉肯定，被省发改委认定为省级综合型生产性服务业集聚区，成为全市首家省级现代服务业集聚区；电子商务与信息产业园获批国家级电商示范基地，成为全市首个全省第二个国家级电商示范基地。2015年高新区工作主要体现在以下几个方面：

一、项目建设不断提速，发展配套日渐完备

全年投入基础设施建设资金76986万元，其中电子商务与信息产业园配套、A\B标准厂房配套、一（二）期廉租房配套基本完成，科技孵化中心配套、2014年廉租房配套、C类标准厂房配套及15#、16#路等5.06平方千米范围内的基础设施基本建成，能够完全满足企业建设和生产需要。完成A、B、C类标准厂房建筑10124平方米，在建D类标准厂房建筑面积94848平方米即将完成，完成电子商务办公楼建筑面积144870平方米，在建电子商务办公楼建筑面积35062平方米，完成生活配套建筑面积8841平方米。完成保障性住房1948套，建筑面积97400平方米，并分配。铜兴二道建设项目快速推进，40公顷生活配套服务区、57.2公顷新兴产业园、电子商务产业园三期等项目正在启动，创新创业、生活服务环境大大改善，项目承载能力不断增强。

二、招商引资积极推进，市场主体不断增加

通过“走出去、请进来”模式，积极参加省、市组织招商推介活动，主要领导或分管领导带队，分别赴北京、上海、深圳、福建、江苏等地招商20余次，广泛邀请有投资意向的客商来区实地考察，共接待100余批次客商来区考察。通过整合资源，创新招商引资方式，发动部门招商，发挥部门职能和人脉资源优势，挖掘潜能参与招商工作，为布局全国招商网络，捕捉招商信息，对接推动招商项目奠定良好基础。

通过不断充实并完善招商信息项目库，保障了项目储备能力的不断提升，2015年新签约招商引资项目29个，签约资金45.20亿元，完成全年目标任务数(35亿元)的129.14%；新、续建项目到位资金52.38亿元，完成全年目标任务(42亿元)的124.7%：其中省外3000万元以上项目到位资金36.40亿元，完成全年目标任务(32亿元)的113.8%。通过围绕“四新”(新材料、新能源、新医药、新信息)产业招商，吸引了如汉方大健康、华迪斯锂电、万豪电动车、汽摩产业园以及西拓集团、上海宅尚等为代表的一批新兴产业项目在高新区聚集，梵净天馨百合精深加工、乌江不锈钢管、万泰LED光电等一批项目建成投产。

三、深化改革稳步推进，加速发展条件日趋成熟

通过对财政及投融资体制领域改革，加速推进国税、地税机构的成立，金库设立得到批复，启动入库工作；大兴高新开发投资公司及其子公司逐步壮大，为高新区解决融资难问题奠定基础。依托其在谈的项目融资近10亿元；农工商公司成为带动农民脱贫致富新载体和壮大集体经济主抓手；运用“贵园信贷通”帮助园区企业融资，解决企业融资难、融资贵的问题。通过进一步完善高新区机构设置和管理体制，破解机构不对应、体制机制不顺畅等矛盾，盘活人力资源，提高了办事效率，为经济快速发展提供有力的体制机制保障。创新创业使环境更加优化，通过开展创新创业活动，改善提升服务环境，在招商引资的同时加大招才引智力度，不断汇聚创新资源，先后获批国家级电子商务示范基地、省级综合型生产性服务业集聚区、省级创业孵化示范基地。汇创互联智造、梵灵创客咖啡在高新区人才大厦挂牌成立，被列入省级众创空间，搭建或即将建成博士工作站、生产力促进中心、大学生青年创业园、省科学院食品检测和成果转化中心、中科院过程所—铜仁联合科技服务中心等十余个创新创业服务平台。

四、大扶贫战略行动深入推进，民生工作成绩显著

2015年，通过不断完善扶贫考核体制，进一步落实党政一把手负总责的工作责任机制，实现贫困村驻村工作全覆盖和干部与贫困户结对帮扶全覆盖。2015年，完成新一轮贫困户识别和建档立卡“回头看”工作，精准识别贫困户763户2837人；完成154户694人贫困人口脱贫目标、一个贫困村实现出列；稳步推进2015年产业化扶贫项目实施，完成2014年195户800人扶贫生态移民住房建设和部分基础设施建设；全力推进教育扶贫工程，完成“雨露计划”5人，资助贫困高中、中职及大学贫困生42人；开展农业实用技术培训2场次124人次；通过开展遍访贫困村贫困户工作，找准致贫原因，按照“五个一批”16项措施，认真完善贫困户帮扶措施；发展生产脱贫一批1683人，易地搬迁脱贫一批1006人，生态补偿脱贫一批110人，发展教育脱贫一批265人，社会保障兜底一批345人；实施完成4个农村饮水安全项目和1个病险水库治理工程，惠及本区5个村9个村民组，有效解决了2535人农村饮水安全和123公顷耕地灌溉困难问题：完成绿化造林任务面积203公顷，通道绿化13.3公顷，巩固退耕还林成果补植补造299.1公顷。

五、服务企业机制更加完善，富商安商的良好氛围不断形成

2015年高新区按照打造服务高地、政策洼地的要求，逐步完善管委会领导和各部门挂钩联系企业制度，按照不同行业企业的特点以及企业不同成长阶段的需求，有针对性地出台一系列的扶持政策帮助企业做大做强。着眼于提升开发区软实力，把服务客商、服务企业、服务项目放在更加突出的位置，按照“一个项目一个领导一个责任人一个联络员”的标准配置，组建20多支项目服务工作队，完善项目跟踪服务机制、项目督查机制。同时，专门成立企业服务工作组，各部门抽调一名工作人员，每名工作人员每周至少解决一个具体问题，通过“周例会、月调度会”等形式及时研究解决企业发展过程中的困难和问题。通过“三个一”制度，从项目洽谈、手续办理，到开工建设、建成投产，以至企业经营，提供“一站式”“保姆式”的精细化服务，全力打造优质服务的金字招牌；及时出台《铜仁高新区2015年扶持微型企业发展工作方案》《铜仁高新区小微企业“助保贷”业务实施方案》等，2015年园区内35户微型企业评审通过，享受了微型企业有关优惠政策。按照上级部署的“民心党建”工程、“百千万工程”“雁归工程”“双千双助”“民营企业服务年”等工作，全力开展民心党建进园区、干部队伍驻企业活动，并逐步形成常态化机制和长效机制，进一步树立了“三型三心”服务理念，培育了“双强六好”企业。

六、加强培育创新主体企业

2015年成功备案科技型企业4家、分别是梵灵众筹有限公司、明阳科技、梵净天馨和贵州恩伟西。科技型企业科技储备逐年上升，拥有科技型企业从业人员599人，科技型企业范围内主要涉及新能源、新材料、生物医药、装备制造、咨询服务等领域。2015年，园区引进敏新生产力促进中心、科创生产力促进中心等4家科技服务机构，成功申报国家级科技企业孵化器1家，培育省级众创空间1家。

【机构设置】铜仁高新区设置的机构共有24个，分别是：党政办公室；纪工委(监察分局)；组织人事部；经济发展局；财政局；住房和城乡建设局；环境保护局；安全生产监督管理局；招商引资局；农业经济发展局（扶贫开发办公室）；社会事业发展局；科学技术局；项目规划处；企业服务中心；总工会；团工委；科学技术协会；城市管理分局；规划分局；公安分局（市公安局派出机构）；国土资源分局（市国土局派出机构）；国家税务局(市国家税务局派出机构)；地方税务局（市地方税务局派出机构）；工商行政管理分局（市工商行政管理局派出机构）。

【进驻企业】进驻企业92个，分别是：贵州梵净天馨生物科技有限公司、贵州同利鑫实业有限公司、贵州德发铝塑五金制品有限公司、上海华平信息技术有限公司、贵州爱义智能家具有限公司、贵州锐通电子科技开发有限公司、贵州永福高新工程检测有限公司、贵州省铜仁华迪斯新能源有限公司、贵州省铜仁市宏源现代商贸物流有限公司、贵州梵灵众筹有限责任公司、贵州苗益健医药技术开发有限公司、贵州梵三江创意产业有限公司、贵州烟叶复烤有限责任公司、铜仁合益气体有限公司、铜仁同辉厨业有限公司、铜仁高新区华众电子商务有限公司、中关村意谷(北京)科技服务有限公司、上海宅尚生活用品有限公司、贵州汉方医药资产管理有限公司、贵州聚源科技有限公司、贵州省铜仁狂野助力车制造有限公司、贵州宅尚电子商务有限公司、中国烟草贵州中烟工业有限责任公司、四川创淘网络科技有限公司、浙江万泰集团有限公司、湖南新鑫电力特种变压器有限公司、江西剑合建材有限公司、安徽康蓝光电股份有限公司、南京三棱集团、湖南常德鼎城伟力化工合成材料厂、湖北众邦蔚蓝投资控股有限公司、文馨门窗有限公司、贵州省大兴锦铄混凝土有限公司、兆瑞玻璃有限公司、南京黔东机械实业有限公司、贵州联创真节能设备有限公司、贵州长通有限公司、雷士照明恩纬西照明有限公司、东莞市阳明电池科技有限公司、湖南省自然堂中药饮片有限公司、广东宜居控股股份有限公司、贵州省铜仁金马印刷有限公司、汉方大健康产业园、浙江博旭照明科技有限公司、深圳市爱美化妆品有限公司、深圳市齐骏通信科技科技有限公司、重庆安仁工业服务有限公司、贵州正能电气有限公司、贵州融颐智慧云电商孵化管理有限公司、黑龙江中惠地热股份有限公司、贵州融颐智能家居产业孵化管理公司、贵州铜仁龙骏助力车有限公司、贵州东太农业股份有限公司、广州增城市英服装有限公司、贵州铜仁高新区康源塑料制品有限公司、东莞市盈聚电子有限公司、中贵能科技股份有限司、铜仁博美家居有限公司、宏宇门业、中山市华盛家居制造有限公司、贵州省铜仁市新家园集成吊顶装饰有限公司、江西建工集团、中航长城万鼎工程有限公司，中铁二十三局集团有限公司、上海华平信息技术股份有限公司、贵州顺风物流实业有限公司、铜仁光年印刷包装有限公司、铜仁市恒永食品配送有限责任公司、贵州盛煌农业科技有限公司、铜仁市铜仁大峡谷旅游开发有限责任公司、铜仁市继梅养殖专业合作社、铜仁市鸿运汽车贸易有限公司、松桃县鼎新新材料有限公司、贵州万昌置业有限公司、铜仁市鑫源报废汽车回收有限公司、大兴高新区幸福家园环保建材有限公司、贵州松桃鑫石代石业有限公司、铜仁市舒心科技有限责任公司、贵州华锋钢构有限公司、铜仁君安木业有限公司、铜仁市港台不锈钢防撬门窗厂、铜仁飞越车业有限公司、贵州铜仁超诣投资股份有限公司、铜仁高新区乌江不锈钢有限公司、贵州建工集团有限公司第五公司、中国核工业第二二建设有限公司、贵州铜仁大鑫玻璃有限公司、深圳市斯丹登科技有限公司、江西腾扬楼宇科技有限司、铜仁市正和饲料有限公司、贵州荣景建材有限公司、贵州兴通电杆有限公司。

【铜仁高新区多个企业获得省级以上示范称号】 2015年，铜仁高新区获得省级以上荣誉称号主要有：国家级电子商务示范基地、贵州省电子商务示范基地、贵州省省级现代服务业集聚区、贵州省创业孵化示范基地、贵州省重点现代服务业集聚区、贵州省大众创业万众创新示范园、贵州省省级众创空间、高新互联智造众创空间、中国妇女发展基金会创业计划试点单位、铜仁高新科技孵化器被科技厅拟推荐为国家级科技产业科技孵化器、贵州宅商电子商务有限公司获得省级电子商务电子商务示范企业培育点、铜仁高新区大兴镇获得省级电子商务示范乡镇培育点、铜仁高新区大兴镇大兴社区获得省级电子商务示范村（社区）培育点、狂野公司工会组装车间分工会荣获全国模范职工小家荣誉称号。

【2015年电子商务产业园创佳绩】 2014年10月，铜仁高新区电子商务产业园被认定为首批省级电子商务示范基地。2015年6月，成功获批商务部第二批国家级电子商务示范基地（全省第二家）。同时2015年改革创新也获得省直各部门的高度认可，2015年获得省经信委、省发改委、省人社厅、省科技厅、团省委等5个省直部门的授牌（分别是“大众创业万众创新示范园”“生产型综合性现代服务业聚集区”“贵州省首批首批众创空间”“省级创新创业孵化基地”“青年创业就业示范园”），其中，“生产型综合性现代服务业聚集区”获省发改委专项补助资金100万元（全市第一家）、“贵州省首批首批众创空间”获省科技厅专项补助资金100万元（全市第一家）。另外，园区企业贵州宅尚电子商务有限公司荣获全省十佳电子商务企业荣誉称号，贵州创淘公司荣获“团中央文明号”，铜仁高新区大兴镇、大兴社区分别荣获省级电子商务示范镇和示范村/社区称号。铜仁电子商务产业也得到了全国媒体的广泛关注，铜仁高新区产业发展获得cctv新闻联播、朝闻天下、腾讯、贵州日报、贵州电视台、当代贵州等知名媒体的相继报道。2015年，梵灵创客咖啡在高新区人才大厦挂牌成立，成为全市首家创客空间，大学生青创园落户高新区电子商务产业园，成为首个团市委牵头入驻产业平台，入驻电子商务产业园企业68家。

【铜仁高新区依托电商发展成绩斐然】 2015年，铜仁高新区被贵州省发改委认定为省级综合型生产性服务业集聚区，成为全市首家省级现代服务业集聚区；电子商务与信息产业园获批国家级电商示范基地，成为全省首个国家级电商示范基地，被贵州省人社厅认定为省级创业就业孵化示范基地，成为全市首个创业就业孵化示范基地，示范铜仁首家创客空间-梵灵创客咖啡在高新区人才大厦挂牌成立，成为全省首家创客空间。是年，高新区组建博士工作站1个，获批高新技术企业2家、创新型企业1家，建成了生产力促进中心、创新创业服务中心、科技孵化中心、国家级电子商务及信息产业基地、中国科学院·铜仁过程研究所、大学生青年创业园、省级众创空间、省级综合型生产性服务业集聚区等12个产业服务平台，入驻园区注册企业达287家，规模以上企业14家，实入驻电商企业68家。

【铜仁高新区电子商务示范基地——互联网+如火如荼】 2014年12月，由阿里巴巴集团联手铜仁市政府打造的“农村淘宝”铜仁市级运营中心在铜仁高新区电商产业园正式运营，铜仁市成为阿里巴巴在中西部“千县万村”的第一站和中西部农村淘宝示范市。2015年有60多家电商企业和个人进驻，累计独立访客528.41万人次，点击率989.63万人次，交易单数50.69万单，“双十一”实现销售额2829万元。该电子商务与信息产业园主要包含电商企业孵化器和集聚地、大学生创业园、农特产品线下展示体验中心、物流快递分拣配送基地、基于电商的数据应用中心及呼叫中心等。

（铜仁高新区党政办公室）

万　山　区

【概况】 万山区，隶属于贵州省铜仁市，曾是中国最大的汞工业生产基地。1966年2月，经国务院批准正式设立万山特区，隶属铜仁地区。2011年11月，国务院批复同意撤销铜仁地区设立地级铜仁市，设立万山区。现国土面积842平方千米，人口17万，辖9个乡（镇、街道）、85个行政村（居）。

万山区位独特，交通便利。沪昆、杭瑞、环省3条高速公路穿境而过；湘黔铁路、株六复线、渝怀复线3条铁路环绕四周，10分钟到达铜仁火车站，30分钟到达大龙、玉屏、新晃火车站和沪昆高铁铜仁南站，1小时到达湖南怀化火车站；随着沪昆高铁的开通，万山进入高铁时代，1小时可达贵阳，2小时可达长沙、成都、昆明，4小时可达广州、南昌；铜仁凤凰机场、湖南芷江机场如同一双翅膀，分列万山区两侧，距铜仁凤凰机场仅30分钟，距湖南芷江机场不足1小时。优越的区位条件和四通八达的交通格局，使万山从过去的边缘山城变成纵横贯通的交通枢纽，具有十分便捷的物流优势。

万山资源丰富，物产丰饶。初步探明的矿种有汞、钾、锰、钒、钼、铜、锌、大理石、磷、重晶石、石灰岩、白云岩等20多种，其中钾矿石远景储量50亿吨，磷矿储量700万吨，锰矿储量1500万吨以上，重晶石储量218.8万吨，石灰岩储量10亿吨，白云岩储量20亿立方米。自然植被、野生动物、珍稀动物种类繁多。

万山山川秀丽，气候宜人。集山、水、林、洞于一体的喀斯特岩溶地貌自然风光独具特色，空气清新、四季分明，雾、雪、凉爽是万山独具的自然景观和气候特色，是避暑休闲的理想之地。有历史悠久、风景秀丽的中华山；有被国家老龄委授予“长寿村”的挞扒洞，有神奇诡秘的黄腊溶洞，有山清水秀、花鸟作歌的长寿湖国家湿地公园，有闻名的中国鼟锣民间艺术之乡黄道，有鬼斧神工、惊险刺激的夜郎谷省级风景名胜区，有被列入中国世界文化遗产预备名单的万山汞矿遗址，有970千米的“地下长城”，有国家4A级景区、贵州唯一的国家矿山公园。发展大健康产业、养生产业和文化旅游产业优势得天独厚。

万山政策独特，优势明显。2009年3月，被国务院列为第二批全国资源枯竭型城市，是贵州省唯一享受国家资源枯竭型城市政策扶持的地区。2011年10月，被国务院列为武陵山片区区域发展与扶贫攻坚规划（2011–2020年）中心城市，享受国家连片特困地区特定的扶贫开发政策。2013年5月4日，习总书记对万山的转型发展作出肯定性重要批示，要求万山用好用活国家政策，加快推动转型可持续发展。中共中央、国务院、国开办下发的西部开发、支持贵州发展等一系列文件政策为万山发展增添了无穷动力。贵州省委、省政府专门出台支持万山转型发展意见，30多个省厅局相继出台特惠政策。铜仁市也从工业发展、现代农业、文化旅游、电子商务等方面制定政策措施，助推万山转型发展提速，为投资兴业者叠加更为宽泛的政策红利，释放出更加强劲的发展活力。

万山，经济社会发展迅速。国民经济持续快速发展，生产总值、人均生产总值、税收收入、旅游总收入、金融机构存贷款余额等增速位居全省前列。

一、社会经济发展情况

2015年9月，万山区顺利平稳实现了行政中心搬迁。2015年万山区生产总值38.16亿元，比2014年增长14.4%；全社会固定资产投资76亿元，比2014年增长22%；规模以上工业总产值57亿元，实现规模以上工业增加值12.7亿元，比2014年增长13.4%；农林牧渔服务业总产值12.8亿元。城乡居民收入稳定，城镇居民人均可支配收入23109元，比2014年增长12.1%，农业人口人均可支配收入7001元，比2014年增长14.4%。财政、税收收入持续增长，实现财政总收入5.06亿元，比2014年增长24.7%。公共财政预算收入2亿元，比2014年增长32.8%，财政支出17.09亿元，比2014年增长22.3%，税收收入4.73亿元，比2014年增长28.2%。全区金融机构存款余额37.7亿元，比2015年初增长49.3%，金融机构贷款余额17.8亿元，比2015年初增长31.3%。

2015年，在全省47个非经济强县综合测评中，排名全省第八、全市第一。全面小康总体实现程度达95.27%。

二、文化旅游情况

2015年底，各景区及农家乐接待游客46.3万人次，同比增长28.6%，实现旅游总收入2.69亿元，同比增长31.8%，全年接待境外游客370人次，创旅游外汇收入8.1万美元。完成招商引资签约资金75亿元，与企业成立合资公司共同运营的“两馆一场”（体育馆、游泳馆、体育场）项目，全部完成。

引进企业合作开发国家4A级景区—万山国家矿山公园和夜郎谷景区项目，投资20亿元对原废弃的贵州汞矿遗址进行整体连片开发，建设中国第一个矿山休闲怀旧小镇——朱砂古镇。改建了汞工业博物馆、苏联专家楼、怀旧影院，建设了朱砂古镇游客服务中心、玻璃栈道、时空隧道、人民公社食堂、云雾天台、悬崖天池、俄罗斯西餐厅等景点。建设了朱砂工艺品产业园，建成了全国首家朱砂工艺品O2O销售体验中心，并正式投入运营。投资5.9亿元，实施了谢桥新区木杉河湿地公园景观工程，建成铜仁第一个水幕电影、音乐喷泉、体育公园。大型音乐喷泉水幕电影作为木杉河流域综合开发项目的一部分，地处万山区谢桥铜仁体育馆，总投资2000多万元，由音乐喷泉、水幕电影、火喷、彩色激光表演等部分组成。从2015年11月上旬开工建设，用时仅一个半月，在2015年12月底进入设备调试阶段。

万山区将发展高端山地特色生态农业放在首要位置，于2015年4月，从全国著名的蔬菜之乡山东寿光引进九丰高效农业示范园建设项目，投资5亿元打造集蔬菜种植、智能观光、育苗研发、食品加工、生态养老、海洋鱼类观赏等为一体的九丰山地高效农业综合体，建成蔬菜生产大棚13.8万平方米和占地1.5万平方米、全国最大、科技含量最高的单体智能大棚。完成游客服务中心、生态停车场、蔬菜雕塑、观光河道、观光步道、风雨桥、万亩葵花基地建设，以及公路沿线村寨美化亮化。正规划建设水族馆、花卉大世界、候鸟小木屋养老中心。

制作城市形象宣传片，实现首次通过央视1台黄金时间宣传万山。国际频道《走遍中国》栏目播出在万山长寿湖湿地公园拍摄的《寿村把寿寻》专题片，CCTV发现之旅频道《发现中国》栏目播出《万山朱砂传奇》，中国旅游卫视《文明中华行》连续热播走进万山专题节目《万山蜕变》。举办万山首届丹砂文化暨商贸物流博览会、鼟锣文化艺术节，成功打造一台反映万山丹砂文化的歌舞剧《丹砂恋》。

引进万山欢乐世界项目，总投资20亿元，占地1500亩，建设陆地公园、水上乐园和野生动物园三个板块，征拆工作完成，于2015年12月全面开工建设，并订购17亿元游乐设备。

三、招商引资情况

2015年，新签约1000万元以上项目78个，到位资金97亿元，比2014年增长36.94%，实现招商引资历史最好水平，欢乐世界、九丰农业、太平洋商业广场等一批好项目落户万山。同时争取到上级相关部门项目406个，资金到位19.13亿元，比2014年增长19.7%。

（万山区档案局 吴天忠）

松桃苗族自治县

【概况】全县总面积3400平方千米，耕地面积2.67万公顷;辖17个镇、6个乡、496个行政村、5个街道办事处、13个社区、15个居委会。2015年总人口72万余人，其中少数民族占68.2%，非农业人口5.4万人，全县人口出生率达10.3‰，人口自然增长率5.21‰。人口较多的少数民族有苗族、侗族、土家族。主要矿藏有锰矿、铅锌矿、汞矿、磷矿、石灰石、大理石、页岩气等。森林覆盖率达58.4%。

2015年，紧紧围绕省委、省政府“两加一推”主基调和“工业强省、城镇化带动”主战略，按照市委、市政府“四化同步、一业振兴”决策部署，深入实施“五县五化”发展战略，圆满完成“十二五”目标任务。

综合实力更加强劲。2015年实现地方生产总值达103.4亿元，同比增长13.9%。完成财政总收入10.24亿元，同比增长0.71%。完成50万元以上全社会固定资产投资146.25亿元，同比增长12.8%。完成社会消费品零售总额21.4亿元，是2010年的2.2倍，年均增速16.8%。城镇、农村居民人均纯收入分别达21769元、6643元，是2010年的2倍、2.2倍，年均增速14.9%、17.5%。金融机构存贷款余额分别达103.8亿元、68.7亿元，同比增长32.8%、18.7%，是2010年的2.4倍、3.4倍，年均增速为18.8%、27.7%。深化投融资改革，升级武投实体公司平台，完成融资44.3亿元。加大招商引资力度，五年来累计招引项目231个，是“十一五”时期的2.1倍；到位资金209.4亿元，是“十一五”时期的5.8倍。

经济结构不断优化。三次产业经济结构比由2010年的34.8:31.7:33.5，2014年为25:33.5:41.5，2015年调整为24.9:33.4:41.7。现代农业发展壮大。建成5个省级、7个市级、15个县级农业园区，实现园区乡镇全覆盖，入驻龙头企业87家。实现农业生产总值45.42亿元，实现农业增加值25.6亿元，是2010年的1.8倍，年均增速6.4%。粮经比达40：60。引进阿里巴巴、京东商城、华商街等涉电商企业46家，建立电商服务站71个，推进“线上”与“线下”产业融合，助推现代农业产业化发展。工业经济发展升级。建成贵州松桃经济开发区，完成规模以上工业总产值103.4亿元，是2010年的3.9倍，年均增速31.3%；规模以上工业增加值完成28.1亿元，是2010年的4.3倍，年均增速33.8%。加大国有企业改制，68户国有企业完成53户改制，改制率达77.9%。全县工业企业126家，规模以上工业企业47家，民营经济实体户数发展到20443户。文化旅游持续升温。全县旅游总收入达24.5亿元，是2010年的10.8倍，年均增速60%。苗王城、潜龙洞进入全省100个旅游景区行列。

基础设施不断完备。建成大思高速松桃段、松铜高速大兴至松桃北段，境内通车里程达61.5千米，国道326坝芒至关子门、原304省道孟溪至新民公路改扩建工程建成通车；硬化通村沥青（水泥）路1556.5千米；建成城北、城南两个二级客运站，交通配套服务设施更加完善。完成道塘水库建设，开工建设妙隘水库，完成9座小（一）型和31座小（二）型病险水库加固；实施449处人畜饮水工程，解决32.9万人饮水困难，自来水普及率达61%；实施水土保持工程4处、中小河流治理工程13处，完成3座小型电站建设。新建110千伏变电站3座，扩建110千伏变电站1座。建成通信基站800座，网络覆盖率达98.9%。

城乡环境不断改善。坚持规划先行。完成县城第四轮总规修编，城区规划面积拓展到58.5平方千米，基本形成“一轴两翼三区”城市格局。坚持城乡统筹。完成18个县城区域修规、9个片区控规、27个乡镇总规，乡镇总规修编率达100%，完成12个集中建房点规划、69个小康村寨规划，“双星三规四特五村”发展体系基本形成。县城建成区达15.2平方千米，城镇化率达40%，绿化率达37.1%。坚持新旧并举。城南、城北两个城市综合体轮廓初显，外滩、景山、城北、水塘河、决基安置点五大片区棚户区改造基本完成，建成城南公园、丹霞公园，启动飞灵峰、观音山、十里松江画廊等景区景点建设，形成“七星耀松桃、五水汇金龙”“山水城市”格局。坚持路网先行。湘渝大道、蓼皋北路、平块大道、公园路、梵净山大道、桃源大道、景山大道、花鼓大道、九龙大道、希望大桥南门路、杨芳路等城市主次干道相继建成，“四纵八横”城市路网基本形成。坚持建管并重。投资2.2亿元，实施城区“白改黑”工程，强化环境整治，城乡面貌焕然一新。五年来完成营造林2.33万公顷，治理岩溶面积260平方千米，治理石漠化面积96.5平方千米，全县森林覆盖率由2010年的51.1%增加到58.4%。加强饮用水源保护及周边污染源整治，出境断面水质达到国家地面水Ⅲ类标准，城镇饮用水源水质达标率100%。强力推进节能减排，空气质量稳定在国家Ⅱ类标准以内，环境质量在全市名列前茅。

社会事业不断发展。五年减少贫困人口12.3万、18个乡镇“减贫摘帽”。实施新农村试点60个、农村危房改造2.5万户、房屋立面改造1.6万户；完成廉租房建设3550套、教师公租房1060套、城市棚户区改造5666户。教育事业突破发展，投入14.5亿元，实施各类教育工程603个，办学条件极大改善；招聘中小学、幼儿园教师1143人，教师素质不断提高；实现高中县城化、山村幼儿园全覆盖。大力发展文化体育事业，完成乡镇农民体育健身工程6个、村级农民体育健身工程117个、全民健身路径工程17个、户户通33760户、村村通19247户，建成28个乡镇综合文化站、449个农家书屋。启动民政福利园区建设，敬老院基本实现乡镇全覆盖，救助农村低保36.7万人次，发放救助资金22.4亿元、城乡医疗救助金9638.5万元，救助58.4万人次。全县农村新农合参保率达99.6%。

【刘仁平获第五届全国道德模范提名奖】第五届全国道德模范评选于2015年4月启动，历时半年，按照群众推荐、层层遴选审核、社会公示监督以及万名公众代表和评委会投票等环节，共评出62名全国道德模范和265名提名奖获得者，贵州省被授予全国道德模范1人，提名奖6人。松桃苗族自治县刘仁平获提名奖，是铜仁市唯一入围提名人。

刘仁平，男，51岁，九江乡地安村农民。刘仁平怀着一颗敬老爱幼的心，对13位没有任何血缘关系的孤寡老人和4个孤儿进行精心照料，在苗乡传为佳话。近年来，刘仁平共免费医治病人和帮扶贫困学生300多人，累计帮扶资金达10多万元，出资43万元为孤寡老人修了一栋建筑面积340平方米的住房，由分散供养转为集中供养，被当地群众誉为“大好人”。刘仁平先后获贵州省“十佳敬老好儿女”“助人为乐道德模范”，并被全国敬老爱老助老组委会授予“中华孝亲敬老楷模”荣誉称号。

【国家档案局副局长、中央档案馆副馆长胡旺林到松桃检查档案工作】 2015年9月9日，国家档案局副局长、中央档案馆副馆长胡旺林到松桃，重点检查档案馆建设、档案库房、档案借阅室设置，以及信息化建设等工作情况，并现场听取相关负责人的工作汇报，对松桃档案工作取得的成绩给予较高评价，并对松桃档案人的精神面貌、松桃城的宜居环境表示赞赏。之后，胡旺林要求，要进一步加大《档案法》的宣传，不断提高“三个服务能力”，进一步加大信息化投入，进一步完善政府对档案事业投入机制，扩大档案部门事业预算，加快档案数字化、信息化进程。

【松桃获“山村幼儿园”建设一等奖】 为确保“山村幼儿园”全覆盖工作的顺利实施，松桃根据中国发展研究基金会“山村幼儿园计划”实施模式，按照“分散设点，就近入园”原则，在全县实施“山村幼儿园计划”100个幼教点和“希望童园”27个幼教点外的基础上，增设了311个幼教点。县人民政府还预算投入2000多万元，用于幼教志愿者工资发放、幼教点教室维修改造、幼教志愿者培训、幼儿课间点心、幼儿教材、教学材料、玩教具等。松桃山村幼儿教育事业各方面发展得到极大的改善和提高。2015年，铜仁市人民政府表彰松桃为2014年度全市“山村幼儿园”建设一等奖。

【松桃遭遇百年难遇特大洪灾】 2015年7月14日夜晚至15日8时，松桃蓼皋镇、太平营乡、大坪场镇、孟溪镇、大路乡、冷水溪乡、乌罗镇、九江乡、黄板乡、妙隘乡等18个乡镇普降暴雨到特大暴雨，其中孟溪降雨量达到303毫米，县境内大小河流水位迅猛上涨。据县水文站监测，松江河最高水位达360.54米，松江河沿线发生严重洪涝灾害，县城出现内涝的地段有福乐多超市、菜市场、大十字、世昌广场、人民银行、星月湾、国际大酒店停车场等地，另有乡镇30户农户房屋被洪水淹没，部分山塘、水库开始溢洪。据统计，全县受灾人口12.5万人，紧急转移5518人，集中安置538人，倒塌房屋55户165间，严重损毁89户178间，主城区车辆损毁312台，商铺1100余户，大型超市1家，金融部门受损8家，直接经济损失2.3亿元。

（松桃自治县档案局　黄豪俊）

玉屏侗族自治县

【概况】 玉屏侗族自治县位于东经108°34′—109°09′，北纬27°28′—27°31′。地处贵州省东北边缘，铜仁市东南部，东临湖南新晃县，西连镇远和岑巩县，北与碧江区、万山区接壤。距铜仁市68千米。土地面积517平方千米，耕地面积5787.5公顷，人口密度232人/平方千米。2015年末，辖4镇2乡，84个村委会，9个居委会，854个村民小组、53个居民小组。总人口157498人，常住人口出生率10.46‰，人口自然增长率4.83‰。

一、经济综合实力明显增强

2015年，全县地区生产总值完成62.62亿元，同比增长13.9%；全社会固定资产投资完成138亿元，同比增长22%；全社会消费品零售总额完成8.97亿元，同比增长11.5%；旅游总收入完成15.39亿元，同比增长21.3%；公共预算收入（县本级）和支出分别完成3.91亿元、15.5亿元，同比分别增长9.2%、20.4%；金融机构存贷款余额分别达到47.41亿元、51.53亿元，同比分别增长53.7%和21.7%；人均地区生产总值达到52358元，同比增长12.7%，城镇、农村居民人均可支配收入分别达到23278元、8709元，同比分别增长11.2%、10%。

二、项目建设加快

2015年向上争取中央预算内项目22个，总投资达36919.59万元，其中争取中央预算资金7417.21万元。项目涉及公租房配套基础设施建设工程、综合档案馆、国有林场危旧房改造基础设施建设、易地扶贫搬迁工程、农村引水安全、教育、卫生项目建设等。全年招商引资签约项目64个，签约总金额79.26亿元，开工项目62个，开工率96.88%。2015年列入省市重点建设项目和重大工程项目11个。其中续建项目2个、新建项目9个。11个项目总投资165039万元，当年计划投资79552万元、完成投资79393万元，占年计划的99.8%。

三、产业结构不断优化

三次产业结构由2014年10.75:56.30:33.11调整为2015年的10.75:55.28:33.97，首次出现一二产比重下降，三产比重上升。主要体现在：一是农业发展持续向好。2015年成功创建3个省级、2个市级和1个县级农业示范园区，实现农业示范园区乡镇全覆盖。培育市级以上农业龙头企业8家。大力发展油茶、中药材、畜牧、果蔬四大产业，走出了一条“小区养猪、大棚种菜、山上栽果、林下种药、水中养鱼”的具有玉屏特色的现代高效农业发展新路。二是工业经济稳步增长。2015年规模以上工业（2000万以上口径）完成产210.06亿元，比上年增长14%，实现增加值31.32亿元，比上年增长13.4%，年度各项指标均超额完成。三是现代服务业快速发展。积极推进文化旅游产业发展，茶花泉景区、屏山景区先后荣获国家AAA级景区称号。2015年，全县共接待游客260.07万人次，实现旅游收入15.39亿元。创新“互联网+供销合作社+农民专业合作社”模式，建立全省首家专业农产品电子商务平台—中国农特安农产品电子商务平台，发展自营基地20余个，合作伙伴50余家，日均营业额3万余元。

四、城乡建设全面加强

玉屏侗族自治县被列为国家新型城镇化综合试点地区、全省“多规融合”试点县；城区（含大龙）面积扩大到15平方千米，市政道路达到41.68千米，城镇化率达到48.8%。旧城改造率达26.8%，城市基础设施和配套服务功能进一步完善；现代城、民族风情园、康华花园等重点房地产开发项目有序推进；茅坪新区开发基本完成，县行政中心完成搬迁入驻。城市管理更加精细，“网格化”管理、“整脏治乱”“两违”整治行动常态化开展，环境卫生、交通秩序大为改善，城市更加“宜居、宜业、宜游”。实施“美丽乡村·四在农家”六项行动计划，建成示范村寨28个，城乡一体化进程明显提速。

五、生态建设成效显著

坚守发展与生态两条底线，耕地保有量控制在1.44万公顷以上，完成人工造林1.13万公顷，退耕还林0.158万公顷，治理石漠化68.27平方千米，森林覆盖率达到47%，城市人均公共绿地面积达8平方米。大力发展循环产业，加快淘汰落后产能，全面完成单位GDP能耗累计下降目标，超额完成化学需氧量和二氧化硫减排任务。县城空气质量及集中式饮用水水源地水质达标率均为100%，城市污水处理率达到87.92%，城乡生活垃圾无害化处理率达到85%。

六、改革创新扎实推进

政府机构改革撤销、划转部门6个，新组建部门4个，整合部门职能12项，更名、挂牌36个。严格落实权力清单和责任清单制度，梳理出53项行政管理权限下放到乡镇。释放改革服务发展红利，行政审批更加快捷，方便群众办事。

七、社会事业协调发展

一是农村扶贫攻坚见实效。县委县政府扎实推进科学治贫、精准扶贫、有效脱贫，完成生态移民412户1675人，减少贫困人口6000人，贫困发生率下降到4.94%。二是教育事业发展提速。建成8所公办幼儿园，51个山村幼教点，实现县、乡、村三级全覆盖，学前三年毛入园率94.5%。在全市首批通过国家义务教育均衡发展和三类城市语言文字评估验收。三是科技创新效果明显。成功创建省级可持续发展实验区和省级农业园区；获批高新企业1家、科技型小巨人企业4家；申报科技项目34项、获批20项。四是社会保障体系日趋完善。各项社会保险参保10.5万人次，基金征缴达到10.04亿元。城乡居民养老保险、医疗保障实现全覆盖，程乡社会救助体系基本建立。五是县政府以民生工程为重点的十件实事基本完成。六是文化建设、卫生事业、国防教育、人防战备、双拥工作、征兵和民兵整组、预备役、优抚安置、民族宗教、妇女儿童、人才科技、老龄、残疾人、关心下一代、外事侨务、公积金、档案史志、统计、气象等工作都取得新的成就。

【玉屏实现100%建制村通油路】 2015年，玉屏投入交通建设资金7.69亿元，完成“美丽乡村”小康路建设31千米，实现100%建制村通油路建设目标。在全市率先实施城乡公交一体化试点，县境内开通6条公交线路，投入40余辆公交车，为农村群众出行提供了优越条件。

【玉屏品牌形象大幅度提升】 2015年玉屏侗族自治县综合测评排位上升至第25位；全面小康实现程度达95%以上。玉屏形象品牌知名度和美誉度大幅提升，先后获得“国家新型城镇化综合试点地区”“全国民族团结进步创建活动示范县”“全国义务教育基本均衡达标县”“全国计划生育优质服务先进县”、全省唯一县级层面“综合改革试点县”“全省平安创建先进县”“农村金融信用县”“省级文明城市”等10余个国、省称号。

【玉屏城镇建设规模成型】 玉屏被列为国家新型城镇化综合试点地区、全省“多规融合”试点县；《玉屏侗族自治县城乡规划建设管理条例》成为贵州省首个经省人大常委会批准的县级层面综合性法规。玉屏城镇建设步伐加快，至2015年底，城区（含大龙）面积扩大到15平方千米，市政道路达到41.68千米，城镇化率达到48.8%。经省人民政府批准，撤销平溪镇设立平溪、皂角坪两个街道；撤销新店乡，设新店镇。

【玉屏平安建设创佳绩】 2015年，玉屏侗族自治县政法综治维稳工作以创新机制化解社会矛盾为重点，以平安建设“六项行动”为抓手，以提升司法公信力为目标，以严管队伍为根本，扎实开展各项工作，取得了可喜的成绩。人民群众安全感为98.4%，较2014年上升2.4个百分点，全市排名第1位；全县政法机关综合满意度为97.8%，全市排名第2位。2015年铁路护路联防工作荣获全省一等奖；全县没有发生影响社会稳定的群体性事件、群体性上访事件和重大刑事案件，实现了全县社会稳定和政治安定。

【玉屏各村设立“民心党建”基金】 2015年，从年初开始，玉屏县委县政府在全县各村设立“民心党建”基金，增强村级组织凝聚力，着力解决群众生产生活中的“小、急、需”问题，表彰农村先进典型，引导村民讲美德、树新风，提升了村级组织治理能力。乡镇采取“政府主管、联建部门引导、村级组织自治、社会共同参与”筹资模式，在各村设立“民心党建”基金。各乡（镇）第一年按照每村5000元的标准划拨“民心党建”专项帮扶经费给试点村作为启动资金，联建部门在帮扶期内按每年帮扶不低于5000元的标准进行帮扶投入，村级组织每年从村级集体经济纯收入中提取5%作为基金，本村或户籍在本村的雁归人员、国家工作人员、成功人士及社会各界人士捐助。至8月，玉屏自治县共筹集“民心党建”基金654万元。

【五个侗族自治县联办节目开播】 2015年5月2日，贵州玉屏侗族自治县、湖南通道侗族自治县、芷江侗族自治县、新晃侗族自治县、广西三江侗族自治县等三省五个侗族自治县和黎平县共同创办的《全国侗语新闻联播》正式播出，有效展示侗族地区民族团结进步景象，成为侗族地区宣传党和国家民族宗教政策、法律法规的重要平台。

（玉屏县档案局办公室）

江　口　县

【概况】 江口县总面积1869平方千米，耕地面积10860公倾，森林覆盖率67.73%。辖2个乡（其中2个民族乡），6个镇，2个街道办事处，148个村民委员会、10个居民委员会(社区)。2015年末常住人口17.37万人，其中少数民族13.78万人。常住人口出生率10.69‰，总出生率10.1‰，自然增长率4.98‰，符合政策生育率97.0%，人口较多的少数民族有土家族、苗族、侗族。主要矿藏有：金、磷、钒、钼、锑、铁、铜、钨、玉带石、国画石、石英沙等。

经济概况：2015年生产总值40.1亿元，比上年增长12.6%；农林牧渔业总产值18.5亿元；同比增长6.4%，工业总产值21.14亿元，同比增长7.9%；财政总收入3.55亿元，同比增长22.1%，其中地方财政收入1.8亿元；财政总支出18亿元。金融机构存、贷款余额分别达49.77亿元、44.16亿元，社会消费零售总额7.57亿元；城镇居民人均可支配收入22338元，同比增长11%；农民人均纯收入6839元，同比增长11%。签约招商引资项目41个，签约资金74.7亿元，到位资金90.04亿元。全社会固定资产投资完成102亿元，增长22.3%。

一、农业经济稳步增长

粮食播种面积1.62万公顷，粮食总产量6.81万吨。全县经济作物播种面积3.74万公顷，粮经比调整为32:68，农业总产值18.5亿元。新增县级以上龙头企业16个，新增农民专业合作社24个，新增高级家庭农场21家，农业产业经营带动农户3.16万户，产业化经营带动农民增收3380万元，农业招商引资到位资金1.53亿元，新增农产品加工企业2个，新增茶叶企业2个，新增土地流转面积0.24万公顷。创建万元基地0.43万公顷，其中创建万元山0.174万公顷，万元田0.254万公顷。完成茶叶无公害产地认证0.62万公顷，无公害蔬菜产地认证0.572万公顷，水稻产地认证0.35万公顷。成功首获贵州省“休闲农业与乡村旅游示范县”称号，成为首个制定贵州省藤茶生产地方标准县，实现绿色食品认证“零突破”。成功举办全省新农村建设暨美丽乡村“百村大战”现场会。茶寨生态茶产业园区、艾坪特种水产养殖园区、黑岩葡萄产业园区获市级农业园认定，创建6个县级农业园区，实现农业园区乡镇全覆盖。

二、工业经济加速发展

工业固定资产投资12亿元，新引进项目10个，新建和续建项目33个，新投产项目8个。规模以上工业企业累计完成产值21.14亿元，同比增长7.9%；实现销售收入20亿元，同比增长22.9%；完成工业增加值5.2亿元，同比增长10.6%。江口县小康混凝土有限公司、贵州省铜仁爱能聚新能源科技有限公司、江口县世佳电气科技有限公司、铜仁市江口县大地矿业有限公司等4户企业成功入规。全年累计完成工业增加值34.2亿元，凯德特色产业园区完成标准厂房建设8万平方米，市场主体累计完成1.14万户，新增注册资本9.54亿元，完成民间投资34.4亿元，新增就业3020人。完成通信光缆长度0.53万千米，实现通讯营业收入0.39亿元；累计入网有线电视用户1.64万户；工业企业非普通工业完成用电量4045.94万千瓦时。组建县镇（街道、乡）电商办，建成县级电商运营中心1个和58户农村淘宝服务站，被列为全国电商扶贫试点县，农村电商工作列全省第7名、全市第1名。成功争取香港屈臣氏矿泉水资源开发、贵州劲嘉国际大健康产业园区（梵净谷）开发建设等亿元以上重大项目。

三、基础设施明显改善

建成小磨王隧道右线、工业园区一号及三号道路和老大桥至幸福桥沿江大道东段；完成窍湾至回龙寺排洪沟和小磨王排水工程、江口县生活垃圾卫生填埋场工程环保验收工作、农村垃圾收运系统申报工作；开工建设凯德新区污水处理厂和天然气管网工程；启动县城亮化工程、太平河沿岸景观和楠木路工程。完成城镇基础设施建设投资8.14亿元，新增城市道路5158米。房地产投资8.26亿元，批准商品房预售面积38.86万平方米，销售商品房面积14.18万平方米。城镇化率达41.92%，县城建区面积7.5平方千米。农村集中建房点共8个，完成建房户数为889户。投入农村危房改造资金3746.31万元，完成危房改造5215户，改造面积为286290平方米。开工建设保障性安居住房8080套，总投资15.99亿元，完成投资2.1亿元，争取棚户区改造贷款8.77亿元，到位2.5亿元。被省城镇保障性安居工程建设工作联席会议评为全省“住房保障示范县”，并获资金1000万元。全年累计争取国家投资12.8亿元。完成省市县重点项目26个、投资22.5亿元。完成交通运输固定资产投资10亿元，其中完成安江（江口段）高速公路投资56388.74万元，并建成通车；S305江口县城潘家坝至凉亭坡公路改造工程，路线全长11.82千米，投资20165.26万元；江口至梵净山县乡道改造项目投资11400万元，通村公路投资11490万元，硬化农村公路178.9千米。完成水利建设投资2.38亿元，实施农村安全饮水工程50个，新增解决饮水困难人口2.59万人，新增和改善恢复灌面0.12万公顷；完成病险水库加固3座、地下水利用机井8口、改造维修渠道17千米。骨干水源鱼粮水库验收蓄水，干渠主体建设基本完成。石宝岩、军屯、麻冲水库均获审批。桃映、闵孝红石和官和龙眼睛3座小水电实现增效扩容。

四、文化旅游产业快速提升

成功承办2015年中国梵净山生态文明与佛教文化论坛、“美丽梵净山·铜仁过大年”活动、环梵净山国际自行车邀请赛、梵净山户外旅游节暨登山大赛、梵净山第三届风光摄影大赛等营销活动。举办中国南方旅游广播联盟“呼吸梵净·寻找云舍”宣传推介活动、百家旅行社走进江口踩线活动、江口县2015年汽车自驾游服务年启动仪式暨目标行动自驾汽车俱乐部贵州过大年活动，组织参加香港、台港、上海、北京、苏州等旅游客源地市场推介会、商品展销会和旅游博览会12次。梵净山景区进入国家5A级景区预备名单和世界自然遗产备选名录。梵净山被评为“美丽中国”最受欢迎生态旅游景区、国家生态旅游示范区、中国“森林氧吧”。亚木沟、云舍成功创建国家4A级景区，鱼粮溪农业公园评为3A级景区；云舍景区被列为第三批全国特色景观旅游名镇名村、贵州“十佳美丽乡村”之“最具看点名胜乡村”，寨沙侗寨3A级景区被评为全国金融扶贫与乡村旅游示范点。旅游工作在全省10个国家级生态功能重点县中综合排名第三，在全市10个区县中排名第二。全年接待游客540.12

万人次，同比增长25.3%。实现旅游综合收入45.14亿元，同比增长24.9%；入境游客13702人次，创外汇收入374.62万美元。旅游增加值占全县服务业的比重为76.7%，同比增长5.6%。

五、生态环境有效保障

出台生态环境损害、生态红线保护党政领导干部问责办法。组建环保法庭，严厉打击破坏生态环境违法犯罪。成功创建省级生态县，国家级生态县建设规划通过专家评审。6个乡镇、7个行政村分别被命名为省级生态乡镇、省级生态村。全县水质、空气达标率均为100%。城镇生活污水集中率和城镇生活垃圾无害化处理率分别为79.3%、86.3%。完成“绿色江口”营造林建设3.29万亩、造林绿化0.27万公顷，治理水土流失面积11.28平方千米，全县森林覆盖率达67.73%，在全省21年生态重点县中排第三，全市排第一。

六、社会各项事业全面发展

全年完成各类民生投入14.5亿元，减少贫困人口1.05万人，实现20个贫困村出列。鱼良溪村被评为“贵州省扶残助残先进集体”。江口精准扶贫模式和建档立卡方法被省扶贫办作为贵州扶贫样板在全省推广。江口中学成功申创为省级示范性普通高中，承办全省校园足球四级联赛高中总决赛和全市校园足球三级联赛小学总决赛，中考综合成绩和小学六年级端检测获全市第一名，县实验幼儿园等3所幼儿园作为全省第二轮学前教育三年行动计划暨山村幼儿园现场会观摩点。县三中代表铜仁市参加2015年中国汉字听写大会贵州赛区比赛，获省级二等奖，2名学生晋级全国总决赛。引进各类紧缺专业人才68人，招聘57人；城镇新增就业人数3654人，转移就业农村劳动力4200人，城镇登记失业率控制在4.2%以内，开展职业技能培训1702人。新增“雁归人员”创业就业2500人，新增“雁归人员”创办企业和个体工商户325户，“雁归人员”专业技术人才、经营管理人才和技能人才230人，建成“雁归人员”创业园和创业孵化园各1个。完成城乡居民基本养老保险参保101058人，基金征缴710万元。广播电影电视“村村通”通过省市验收，首家数字影院正式营业。云舍村古建筑群获第5批省级文物保护单位，李欣胜、胡政法分别被授名为瓦寨锣鼓和羌历年市级传承人。实现进京赴省非访为零，重大节庆实现“一降两为零”。安全生产连续5年未发生重特大事故。排查矛盾纠纷227起，化解227起，没有发生严重影响社会政治稳定的案事件，人民群众安全感测评连续2年排全市前3位。

（江口县档案局　宋云）

石阡县

【概况】石阡位于贵州省东北部，铜仁地区西部，地跨东经107°44′55″—108°33′47″，北纬27°17′5″—27°42′50″。地处湘西丘陵向云贵高原过渡的梯级大斜坡地带。属中亚热带湿润季风气候区，年平均气温17.9℃，年内最高气温为37.2℃；年降雨量1189.5毫米，最大日降水量为214.0毫米，全年日照总时数为935.0小时。县域东临江口、岑巩县、南接镇远，施秉县，西边凤冈、余庆县，北靠印江、思南县。全县总面积2172.4平方千米，耕地面积5.83万公顷。县城区面积达10.9平方千米，城镇化率达41%。辖11个乡（其中9个民族乡），7个镇、无街道办事处，302个行政村、8个居民委员会。年末总人口41.39万人，其中少数民族34.04万人，非农业人口7.31万人。常住人口出生率9.48‰，自然增长率4.93‰，符合政策生育率97.58%，人口较多的少数民族有仡佬、侗族。主要矿藏有煤、铁、重晶石、黑滑石、大理石、石灰石、硫铁矿、电碳岩、汞、铅锌、铜、锰等，森林覆盖率62.5%。

综合实力大力提升，经济实现快速增长。地方生产总值完成59.60亿元，同比增长13.6%，其中：一产、二产、三产增加值分别完成21.85亿元、8.37亿元、29.38亿元，同比增长6.5%、16.8%、16.7%，三次产业结构调整为36.7:14.0:49.3；全县人均地方生产总值19547元（以常住人口计算），同比增长13.3%。工业总产值完成27.17亿元，同比增长14.5%；其中2000万元规模以上工业增加值完成6.92亿元，同比增长13.6%。500万元以上固定资产投资完成48.54亿元，同比增长13.3%；财政总收入完成6.25亿元，同比增长19.2%；公共财政预算收入完成3.04亿元，同比增长5.4%；公共财政预算支出260868万元，同比增长7.5%；社会消费品零售总额完成9.55亿元，同比增长12.1%。全年全县金融机构各项存贷款余额之和达126.16亿元，同比增长36.25%。其中金融机构存款余额完成72.85亿元，同比增长38.1%，贷款余额完成53.32亿元，同比增长33.8%。城乡居民个人储蓄存款余额40.91亿元，同比增长7.38%，金融机构存贷比例达136.48%（剔除财政性存款128万元）。

农村经济平稳发展。全县实现农林牧渔业总产值37.01亿元，同比增长6.8%，其中：农业产值23.76亿元，同比增长7.8%；林业产值1.42亿元，同比增长9.2%；牧业产值9.53亿元，同比增长4.0%；渔业产值1.17亿元，同比增长9.2%；农林牧渔服务业产值1.13亿元，同比增长2.8%。实现农林牧渔业增加值21.85亿元，同比增长6.5%。其中，实现农业增加值14.43亿元，同比增长7.5%；林业增加值0.85亿元，同比增长9.0%；牧业增加值5.47亿元，同比增长3.8%；渔业增加值0.51亿元，同比增长9.0%；农林牧渔服务业增加值0.59亿元，同比增长2.6%。全县农作物总播种面积90828公顷，同比下降0.15%，其中：粮食作物播种面积46396公顷，同比下降5.59%，经济作物播种面积44432公顷，同比增长6.24%。在经济作物播面中，其中：油料播种13775公顷，同比增长4.2%；烟叶播种4392公顷，同比增长5.50%，蔬菜及食用菌播种13654公顷，同比下降18.95%；药材播种（人工种植面积）1665公顷，同比增长5.38%；瓜果类（含果用瓜）播种456公顷，同比增长17.83%；其他农作物播种6232公顷，同比增长10.87%，茶叶采摘面积15726公顷，同比增长26.89%。按季节农作物分类，夏收粮食播种12358公顷，同比下降7.44%，秋收粮食播种34038公顷，同比下降9.58%。全年粮食总产量136524吨，同比增长5.06%，其中：夏粮总产量33997吨，同比增长8.58%；秋粮总产量102527吨，同比增长3.94%。经济作物中，其中：油料产量25061吨，同比增长9.26%；烟叶产量6951吨，同比增长13.30%；药材产量10752吨，同比增长8.02%；蔬菜及食用菌产量221988吨，同比增长6.98%。

畜牧业稳定发展。全县牛存栏数68088头，同比增长8.1%；生猪存栏198832头，同比增长0.62%；羊存栏72269只，同比增长3.1%；家禽存栏705232只，同比增长1.1%。牛出栏14203头，同比增长2.7%；生猪出栏225952头，同比增长0.1%；羊出栏71062只，同比增长13.9%；家禽出栏810788只，同比增长10.84%；全年肉类总产量24560吨，同比增长0.82%，其中：猪肉产量19574吨，同比增长0%；牛肉产量1695吨，同比增长1.38%；羊肉产量1370吨，同比增长7.87%；禽蛋产量7718吨，同比增长6.97%。

林业生产稳步发展。全年林业产值14163万元，同比增长69.1%，松脂、银杏、竹笋等主要林产品产量保持平稳增长。当年荒山荒（沙）造林面积6696公顷，人工造林5985公顷，零星植树51万株，木材采伐量53000立方米。

渔业实现增长。全年水产品产量达4638吨，同比增长2.05%。淡水水域养殖（不包括稻田养殖）4422公顷，同比增长1.87%。

农田水利建设步伐加快。农田有效灌溉面积26.113千公顷（39.17万亩），建成水库19座，总库容2524.26万立方米。堤防总长度2.699千米，保护界牌2500亩良田。年末农村饮水安全和基本安全人口26.4382万人，农村饮水工程全年供水量598.26万立方米。新增农田有效灌溉面积276.67公顷（0.15万亩），新增改善恢复农田面积103.33公顷（0.42万亩），新增除涝面积0公顷（0万亩），新增节水灌溉面积380公顷（0.57万亩），新增治理水土流失面积2.4平方千米。

强农惠农政策得到较好落实。财政支农支出55465万元，占地方财政支出比重21.26%。兑付87320户农户的种粮补贴资金支出

125万元，农资综合补贴4182.6万元，争取上级扶贫资金19365万元，退耕还林补贴资金支出2345万元，兑付率达100%。农村公益事业建设“一事一议”财政奖补资金4921.5万元，同比增长46.6%。

工业经济保持较快增长。全年工业总产值为27.16亿元，规模以上工业企业达39户，新增7户，产值为217960万元，实现工业增加值(可比价增长率)69164万元，同比增长13.6%。

主要工业产品产量有升有降。精制茶、瓶(罐)装饮用水、灯具及照明装置等主要工业产品产量实现稳步增长，而大米，白酒主要工业产品产量则实现负增长的态势。全年规模以上工业企业产品销售率为97.29%，同比增长1.4个百分点。

建筑业较快增长。资质内建筑企业实现建筑业总产值11424.6万元，同比增长10.1%；资质内建筑企业竣工房屋产值6909.5万元，同比增长31.7%；施工房屋面积7.89万平方米，同比增长7.25%；房屋竣工面积5.34万平方米，同比下降0.4%，其中，住宅竣工面积3.19万平方米，同比增长下降29.2%。

固定资产投资稳步增长。全年全社会固定资产投资完705870万元，同比增长9.26%；限额以上（即计划总投资50万元及以上）固定资产投资548492万元，同比增长22.3%。

招商引资成果丰硕。全年招商引资签约项目70个，签约资金132亿元，招商引资共计到位资金126.61亿元，同比增长68.8%。其中：新建项目70个，到位资金96.9亿元；续建项目44个，到位资金29.71亿元。

旅游业发展步入快车道。全年接待游客280.41万人，同比增长24.8%，旅游收入23.65亿元，同比增长23.5%。

交通运输业迅速发展。新增客车13辆，新增货车43辆；拥有客运车226辆；营运货车478辆，同比增长5%；县城拥有出租车120辆，公交车12辆。公路客运量达1899万人次，旅客周转量达123051万人千米，分别同比增长12.0%和18.0%；货运量达321.2万吨，货物周转量为47497万吨千米，分别同比增长48.0%和25.0%（以办理营运手续为准）。石阡公路管理段管养里程167千米，203线管养里程59千米，305线管养里程108.18千米。

电力通信稳步发展。新建110千伏变电站和35千伏变电站1座，改造35千伏变电站1座，实现县城双电源互导互供，提高供电的可靠性和稳定性。新建通信基站51个，实现4G信号18乡镇驻地全覆盖，3G信号县内全覆盖。

各种商业保险市场运营良好。全年全县保费收入0.73亿元，比上增长27.61%，其中:人寿保险保费收入0.26亿元，同比增长29.5%;人寿保险赔款支出0.15亿元，同比增长下降32.29%;财产保险保险费收入0.46亿元，同比增长29.29%。赔款支出0.15亿元，同比下降32.29%。

文化教育事业继续发展。全县公共财政预算支出中用于教育事业的支出达到6.59亿元，同比增长23.36%。全年全县有各级各类学校279所，其中：高级中学4所，初级中学24所（其中九年制学校5所），小学68所，教学点56所，幼儿园123所，特校1所，中职2所，党校1所。专任教师4262人，其中：中等职业学校教师125人，中学专任教师1817人（初中专任教师1179人，高中专任教师638人），小学专任教师1884人（含特殊教育25人），幼儿园专任教师436人。在校学生71220人，其中：小学在校生27515人，中学在校生30161人，中等专业学校在校学生2401人，三残儿童在校生238人，在园（班）幼儿10905人，幼儿入园率同比提高3.1个百分点(2014年入园率89.5%，2015年入园率92.6%)。适龄儿童入学率99.96%，其中:女童入学率99.95%;初中升学率96.48%。高考录取情况：提前录取168人，一本111人（含“211”工程43人），二本498人，三本226人，专科1507人。总计录取2453人，录取率86.13%。

科技创新能力发展势头良好。全年专利申请任务数40件，完成数77件，其中发明任务数15件，完成数23件，同比增长86.6%，专利授权任务数15件，完成授权数37件，较上年增加23件，全年完成达240%；共投入科技人才培训资金120万元，向国家、省、市成功申报科技项目7个，项目资金215万元，安排科技发展基金150万元用于全县科技人才创新奖励、引进培训等工作；“三区”科技人才16人，向市政府推荐科技特派员20余人，涵盖科技、农业、畜牧、茶叶等领域（找农牧科技局），获市级科技特派员聘用8人；科技成果转化奖一等奖1项，二等奖2项；民营科技企业3家，新增3家；科技型备案企业3家，新增9家；技术合同认定2家；争取省地震局安居工程示范项目25万元。

文化广电事业蓬勃发展。全县拥有文化馆、图书馆、文物管理所各1个，公共图书馆图书馆藏量约25万余册。建成和运行“数字图书进农家”21户。开展文化三下乡——小戏小品下乡演出20余场次。在302个村放影3624场，观众达54万人次，组织开展送文化下乡活动达到20余场次以上。有广播电视台1个，广播综合人口覆盖率为91.01%。有卫星电视地面站72761座，电视综合人口覆盖率为98.51%，实施广电村村通37500户。全县共建成农民体育健身场地95个（4个乡镇级、91个村级），建设村级“农家书屋”302个、“数据图书进农家”21户，“文化信息资源共享工程”村级服务点92个。全年电脑体育彩票销售额达1246万元。

医疗卫生服务体系不断巩固提升。全年一般财政预算支出中用于医疗卫生的支出达到31258万元，同比增长9.87%。新农合惠民政策实现全覆盖。全县参加新型农村合作医疗参合率达98.04%，参加合作医疗的乡(镇)及行政村覆盖率达100%。孕产妇系统管理率达85.02%，住院分娩率达99.87%，新生儿死亡率4.94‰。全县无甲类传染病发生，报告乙、丙类传染病1014例，总发病率为332.15/十万，死亡3例，死亡率为0.98/十万，发病数与上年同期1042例比下降2.69%。全县共有县、乡两级医疗卫生单位28个，二级综合医院2所，其中二级中医院1所，乡镇卫生院17所，社区卫生服务中心1个，民营医院5所，妇幼保健机构（院）1所，疾病预防控制中心1个，卫生监督检验机构1个。村级卫生室307所。县、乡两级医疗机构有卫生技术人员1682人，在编卫生技术人员958人，其中：执业（助理）医师434人，注册护士596人，村级卫生技术人员413人。开放床位1756张。

人口出生率和自然增长率双下降。全县户籍人口出生人口3833人，户籍人口出生率为8.78‰，同比下降0.11个千分点。常住人口出生3496人，常住人口出生率为9.48‰，同比同期上升0.09个千分点。常住人口符合政策生育率为97.85 %，同比度下降0.22个百分点；流动人口符合政策生育率为94.66 %，同比度下降0.09个百分点；出生人口性别比为106.97，同比上升1.12个比值；人口自然增长率为4.93‰，同比下降0.03个千分点。年末，全县户籍总户数125761户，户籍人口413887人，其中：乡村人口326974人，城镇人口86913人。常住人口30.51万人。

居民生活水平不断改善逐年提高。城镇居民家庭人均可支配收入21760元，同比增长10.9%，其中：工资性收入14730元，同比增长11.9%；经营净收入2402元，同比增长16.61%；财产净收入4518元，同比增长5.58%；转移性收入109元，同比增长4.07%。全县农村居民人均可支配收入6834元，同比增长11.2%，其中纯收入构成中：工资性纯收入2322元，同比增长11.79%；财产性净收入3798.7元，同比增长11.26%；转移性纯收入651.77元，同比增长8.64%。生活消费支出6530.82元，同比名义增长24.28%。全县单位从业人员期末人数13963人，同比同期增长6.23%；其中：在岗职工期末人数10444人，同比同期增长4.18%；单位从业人员平均人数13670人，同比同期增长8.04%，其中：在岗职工平均人数10166人，同比同期增长2.65%；单位从业人员工资总额934872千元，同比同期增长43.56%；在岗职工工资总额867255千元，同比同期增长44.94%；单位从业人员平均工资68389元/人，同比同期增长32.88%；在岗职工从业人员平均工资85309元/人，同比同期增长41.20%。

城镇就业工作形势稳定。城

镇新增就业人数4325人，下岗失业人员再就业人数771人，就业困难对象再就业581人，城镇人口登记失业控制在3.63%以内，转移农村劳动力7514人，累计开发公益性岗位491人，完成职业技能培训1969人，新增“雁归人员”创业就业3330人，新增创办各类企业和个体工商户538户。

社会保障体系建设取得新进展。一般财政预算支出中用于社会保障和就业支出达到26904万元，同比增长6.02%。全年全县社会保险总参保271912人，征缴社会保险费14656.99万元，其中：基本养老保险人数达7685人，征缴基本养老保险费6999.85万元；失业保险参保人数达10083人，征缴失业保险费954.19万元；基本医疗保险参保人数达32523人，征缴基本医疗保险费4529.15万元（再其中：城镇职工基本医疗保险参保人数达13862人，征缴基本医疗保险费4480.84万元；城镇居民基本医疗保险参保人数达18661人，征缴医疗保险费48.31万元）；工伤保险参保人数达11143人，征缴工伤保险费433.57万元；生育保险参保人数9962人，征缴生育保险费70万元。城乡居民社会养老保险参保人数达200516人，征缴养老保险费1670.23万元。全年按时足额发放基本养老保险待遇25634人次，支付养老金5184万元，按时足额实行社会化发放失业金388人次，失业金52.63万元，核算退休待遇118人，金额19.15万元，支付医疗保险待遇3745.79万元，支付工伤保险待遇435.37万元，支付生育保险待遇7.28万元，按时发放城乡居民养老保险待遇694271人次，支付待遇4892.52万元。城乡低保实现了“按标施保，应保尽保”。全年享受城市低保3486户、人数达5786人，共发放城市低保金1776万元；农村居民低保33779户、人数达78724人，共发放农村低保金12109.3706万元；本年度共有15865人次困难群众得到医疗救助，发放城乡医疗救助金1721.15万元。

社会福利和救助事业健康稳步发展。各类社会福利院、敬老院17个，拥有床位数1480张，全年在院人数962人，同比增长38%，社区居家养老服务站2个。

生态建设力度进一步加强。完成营造林面积7600.13公顷（11.40万亩），其中：人工造林3175.4公顷（4.76万亩）。实有封山育林4424.73公顷(6.64万亩)。石漠化治理面积16.69平方千米，共有自然保护区(佛顶山自然保护区)1个，面积12636公顷（19万亩）。全县有森林面积135871.49公顷（203.8万亩），活立木蓄积量791万立方米，林地面积133309.84公顷（200万亩），森林覆盖率为62.5%。

环境保护工作取得新成效。公共财政预算支出中用于环境保护的财政支出达4106万元，同比下降29.82%。据环境监测表明：二氧化硫削减率达22.08%，其排放量达4563.8吨；化学需氧量为3946.15吨；氨氮排放量453.89吨；饮用水源达标率为100%。

安全生产形势持续稳定好转。全县发生各类生产安全事故68起（全部是道路交通），死亡23人，受伤84人，直接经济损失39万元；与上年同期相比，事故起数增加32起，上升88.89%，死亡人数持平；其中：路外事故62起，死亡18人；统计内事故6起，死亡5人，与上年同期相比，事故起数少2起，下降起数减少2起，下降25%，死亡人数增加1人。

【石阡非遗博物馆】11月28日，石阡县非物质文化遗产博物馆正式开馆，耗时17天，是贵州全省建设博物馆选址最佳、用时最短、展陈最全、反响最好的县级博物馆。博物馆位于万寿广场东部，馆内展品约100件，以石阡木偶戏、仡佬毛龙、说春3个国家级项目、2位国家级传承人为支点，石阡悄悄年等9个省级项目、4位省级传承人为主轴，五位市级传承人为起点，石阡传统花灯等47个县级项目及56位县级传承人作为内容，展示石阡县非物质文化遗产保护及传承成果。

【石阡二轮县志】11月24日，石阡县志（1986—2010）出版发行，历时13年。首次印刷4000册，每册书籍附数字碟片1张，书号ISBN 978—5144—1783—8，中国版本图书馆CIP数据核字（2015）第269817号。全书133章471节

841页共1560千字，彩页72面：包括概述、大事记、人物、图照、附录及专业志28篇。

【安江高速开通】12月31日20:00点，安江高速正式开通，石阡至贵阳车程缩短为2小时。安江高速在石阡实现3个全线之最，过县域路线最长，达69.17千米，全线最长隧道和特大桥分别是石阡隧道和凯峡河大桥，设石固、甘溪、聚凤3个匝道收费处，1个综合服务站，在城郊龙凤村与思剑高速公路互通对接。安江高速公路采用BOT+EPC模式建设，路线全长143.272千米，投资额160.0304亿元，双向四车道，起点位于江口县境闵孝镇岳家寨，与杭瑞高速大兴思南段T型枢纽交叉，终点至瓮安银盏，顺接贵瓮高速公路，经铜仁市江口县、石阡县、遵义市余庆县、黔东南州黄平县等地至黔南州瓮安县，与在建的贵阳至瓮安高速公路顺接。全线有桥梁97座，其中特大桥4座，共33082.97米，占全线总长的23.54%；有隧道23座，特长隧道2座，共27929.15米，占全线总长的19.89%；桥隧比为43.43%。全线共设置1处管理分中心，10处匝道收费处、1处养护工区，3处服务区、4处停车区、1处路政和3处交警中队。

【杨华强在世界残疾人游泳锦标赛上获佳绩】4月，巴西圣保罗世界残疾人游泳锦标赛上，石阡残疾人杨华强荣获男子S7级50米碟泳第一名、50米自由泳第一名，100米自由泳第二名，200米个人混合泳第三名和100米仰泳第四名。

【多鳞四须鱼巴“消失”30年后重现石阡】贵州省生物研究所生物多样性监测研究团队在进行生物多样性检测项目过程中，在石阡鸳鸯湖国家湿地公园发现一种贵州特有、“消失”了30多年的鱼类——多鳞四须鱼巴。多鳞四须鱼巴(Barbodes polylepis Li et Chen)是鲤形目鱼巴亚科鱼类中的一个自然类群，一般生活于较浅湖区湖湾处中上层水体；鱼体延长，稍侧扁；头长大于或等于体高；眼较大，侧上位；眼间隔稍隆起，眼间距显著大于吻长；两对须，甚细小;口角须稍长于吻须，背鳍末根不分枝鳍条为强壮的硬刺，后缘具锯齿，其长度约等于头长。鳞中等大，胸部鳞片稍小。鳃耙短而尖，排列较紧密，体长300mm左右。喜栖息于较浅湖湾中下层，主要摄食枝角类和桡足类浮游动物。是中国特有的种类。1978年4月，多鳞四须鱼巴的模式标本采集于贵州毕节，仅采集到2尾标本，1987年由李德俊和郑建州作为一鱼类新种共同发表。从新种发表后的近30年未曾有关于此物种的相关报道，一度认为已经消失。此次发现证实了其野外种群还未绝灭，在动物地理学及动物系统演化等方面将有重要研究意义。

【石阡举办全国舞龙邀请赛暨“仡佬毛龙节”】3月1日，石阡举办2015年“龙腾狮跃闹元宵”贵州·石阡全国舞龙邀请赛暨“仡佬毛龙节”，是石阡县承办铜仁市第四届旅发大会的开门活动，来自四川、重庆、湖南等5个省市及石阡境内18个乡镇的共118支竞技和表演龙灯队。活动由贵州省体育局、铜仁市人民政府主办，贵州省体育局社会体育运动管理中心、铜仁市文体广电新闻出版局、中共石阡县委、石阡县人民政府承办。开幕式上，举行了毛龙点睛、万人齐颂“龙福式”仪式。浙江台州学院队、贵阳息烽队、贵州石阡队获竞技组一等奖，评出竞技组二、三等奖共10名，编扎奖10名，表演奖50名。中央电视台、人民日报社、新华社、香港商报社、贵州日报社、贵州广播电视台等媒体记者对活动进行了采访报道。

【胡万武荣获“希望工程园丁”奖】3月，青阳乡大坪志敏希望小学教师胡万武获“2014年中国名师联盟·希望工程园丁”称号，获1000元人民币奖励。“中国名师联盟·希望工程园丁奖”由中国青少年发展基金会联合中国名师联盟共同发起，是中国社会参与最广泛、最富影响的民间公益事业，旨在表彰奖励在农村贫困地区基础教育事业中做出突出成绩的优秀乡村小学教师，弘扬人民教师献身教育事业的崇高精神，倡导尊师重教、关心支持农村贫困地区基础教育发展的社会风尚。

【石阡百岁老人升至50位】“中国长寿之乡”石阡新增5位百岁老人，全县百岁老人升至50位，占总人口10.8/10万，主要分布在龙塘、甘溪、本庄、聚凤、青阳、石固、大沙坝、河坝、花桥、汤山等10个乡镇。出生于1905年2月7日的鄢成武是石阡长寿第一人，家住石阡县本庄镇狮柳村老寨组。

【石阡县获“中国鸳鸯之乡”称号】4月8日，中国野生动物协会授予石阡县“中国鸳鸯之乡”称号。鸳鸯，是国家二级重点保护野生动物，属于珍稀濒危物种。县境内，鸳鸯群种主要分布在鸳鸯湖、凯峡河、洋溪河等河流湿地。鸳鸯湖分布的鸳鸯数量最多，种群密度最大，鸳鸯数量增加至1000多对，700多对鸳鸯已成留鸟。在贵州省内具有稀有性和独特性，在全国范围内具有很高的保护价值和科研价值。

【鸳鸯湖国家湿地公园网站正式开通】5月，贵州石阡鸳鸯湖国家湿地公园网站（http://www.gzssqyyh.com）正式开通。网站共设置公园概况、法律法规、湿地宣传、湿地保护、湿地类别、湿地保护与监测、湿地安全、景点介绍、湿地服务、互动专区等十个栏目，是一个集湿地宣传、科普教育、旅游服务互动交流为一体的综合性网站。

【《白毛女》作者贺敬之为石阡题词】5月，原文化部部长、92岁高龄的贺敬之为石阡题词，题词的内容是：“寿星遍地　石阡探秘”和“情姐下河洗衣裳”，为石阡的文化及旅游注入了新的元素。贺敬之系中国现代著名诗人和剧作家，先后任文化部副部长、中宣部副部长、文化部部长。创作有歌剧《白毛女》、歌曲《南泥湾》作词、诗歌《回延安》《桂林山水歌》《三门峡颂歌》《雷锋之歌》《西去列车的窗口》等。歌剧《白毛女》获1951年斯大林文学奖，是中国新歌剧发展的里程碑。

【石阡突降大暴雨 干群合力抗洪魔】6月2日19时30分到6月3日2时，石阡出现暴雨以上量级的降雨，最大降雨量为汤山镇249.1毫米，最大小时降雨量为78.9毫米。其中超过200毫米的有10站，主要河流龙川河最高水位为454.63米，超警戒水位0.63米。造成全县18个乡镇不同程度受灾，县城城区因遭受短时强降水，县城周边山洪暴发，导致城区积涝、道路损毁、房屋倒塌、山体滑坡等灾害。截至6月3日17时30分，全县转移人口19252人，龙井乡1人死亡、1人失踪；农作物受损面积66589亩。初步统计经济损失达6.995亿元。全县房屋倒塌21户，损毁房屋482户，商铺损失1446间；172条公路中断，5座桥梁冲毁，21处路基塌方；10处水利基础设施损毁，37个村供电中断，4个乡镇63个村通讯中断；城区路网损毁严重，供水中断，部分区域供电暂时中断。

【央视10套《文明密码》走进石阡拍摄纪录片】3月20日至26日，央视10套《文明密码》栏目摄制组来石阡参加“醉美多彩贵州·美在桃源铜仁”百名记者走进石阡踏春行和拍摄《文明密码——民俗风情》等纪录片。央视10套《文明密码》是2012年推出的特别栏目，是央视的品牌栏目，收视率高，在海内外具有较大的传播力和影响力。节目通过对人物、遗迹、物品、风俗等记录、挖掘、评述，来展示这些现象背后所隐藏的文明真相，用科学的态度和方法破解大千世界的种种谜团。栏目组在石阡进行7天的拍摄活动，通过对石阡独具特色的夜郎古郡文明历史和民风民俗、饮食文化等拍摄，集中宣传展示“温泉之城.长寿石阡”的新形象，拍摄的系列节目定位是《石阡仡佬敬雀节》《石阡苔茶长寿宴》等，每集为55分钟。

【石阡旅发大会】石阡举办铜仁市第四届旅游产业发展大会，涉及总投资超过100亿元的44个基础设施建设项目，包含开幕式、“美丽乡村快乐行”走进石阡、旅游商品展、黔东美食节、夜郎古泉开园以及中国自然保护区生态文明建设国际高峰论坛、贵州省书画名家现场创作及作品拍卖会、贵州省第八届行草书大赛颁奖等12项系列活动。11月28日9时在石阡县中坝镇举行铜仁市第四届旅游产业发展大会暨2015年贵州梵净山温泉长寿文化旅游节开幕式，由中央电视台“美丽乡村快乐行”栏目组策划，著名女高音歌唱家李丹阳演唱主题歌曲《美丽石阡欢迎您》。演出与石阡山、水、泉、茶、非物质文化等元素有机融合，充分释放真山真水的视觉冲击和原汁原味的感官享受。活动最后对石阡“佛顶山‘国家AAAA级旅游景区’”“中国鸳鸯之乡”和“中国香果树之乡”称号进行授牌。

【中国乒乓球协会会员联赛】 7月31日，“李宁·红双喜杯”2015年中国乒乓球协会会员联赛（贵州石阡站）在石阡中学运动场开幕，历时3天。比赛由中国乒乓球协会、铜仁市人民政府主办，贵州省群众体育运动管理中心、贵州省乒乓球协会、铜仁市文体广电新闻出版局承办，特邀国际级裁判长肖翔领衔的仲裁执法团队担任赛事仲裁，来自全国15个省（直辖市）、29个市（县）的44支代表队412名参赛运动员参加比赛，是一次加深石阡体育项目与外界交流的集中体现，也是一次展现铜仁文化旅游形象，彰显石阡特色旅游资源优势、促进石阡体育事业加快发展的机遇。中央电视台7频道、中国经济网、搜狐网、中国企业报、网易、腾讯大苏网、新华社贵州分社、贵州卫视5频道、当代贵州、西部开发报、贵州都市报、贵州民族报、贵阳晚报、铜仁日报、铜仁电视台等媒体参加开幕式。

【县法院获“全省文明单位”称号】 1月，县法院获省委、省政府“2012—2014年度全省文明单位”称号，继2011年获“全省文明单位”称号后，再次获此殊荣。是全市法院系统唯一一个连续两次获此殊荣的基层法院，还先后荣获“全省优秀法院、全国优秀法院、全国模范法院”等荣誉称号。

【首届“信德杯”山地自行车越野赛举行】 1月17日，举行石阡县首届“信德杯”山地自行车越野赛。以“绿色环保·全民健身·快乐骑行”为主题，倡导绿色出行、健康生活新风尚。比赛分男子组和女子组两个类别进行，比赛时间为1小时，全程8千米。分别设一等奖1名，奖金500元，价值100元骑行装备1件及证书；设二等奖2名，奖金各400元，价值100元骑行装备1件及证书；设三等奖3名，奖金各300元，价值80元骑行装备1件及证书；设优胜奖4名，奖金各100元，奖品为价值50元骑行装备1件及证书。来自贵阳市、镇远县、思南县、江口县等地的160余名山地自行车骑行爱好者中，镇远自行车协会的米久江、向付召分别获得男子组、女子组冠军。

【首部本土计生微电影在大沙坝乡举行开机仪式】 1月23日，首部反应县计生、卫生工作的微电影《妈妈的爱》《新生·心声》在大沙坝乡何家坝村计生幸福院举行开机仪式，演员均来自实际工作者、当地干部和群众。《妈妈的爱》取材现实案例，讲述的是计生工作者关心留守儿童的感人故事；《新生·心声》则讲述时下紧张的医患关系。为展示和宣传卫生计生工作者落实国家政策，投身医改、服务群众的良好形象，是精神文明建设和文化建设领域的一件喜事，对宣传计生工作的方式、方法是一种探索和创新。对营造人口计生和谐、健康、稳定的人口环境和提高医疗卫生建设将产生深远的影响。

【石阡四项文化遗产入第四批省级非物质文化遗产代表性项目名录】 1月，省文化厅确定的第四批省级非物质文化遗产代表性项目名录中，石阡薅草锣鼓、石阡苔茶制作技艺、石阡傩戏、石阡印染工艺榜上有名。第四批省级非物质文化遗产代表性项目名录共121项(140处)，其中新增项目75项(77处)，扩展项目46项(63处)。石阡薅草锣鼓列为新增项目传统音乐，石阡苔茶制作技艺列为新增项目传统技艺，石阡傩戏列为扩展项目传统戏剧，石阡印染工艺列为扩展项目传统技艺。

【石阡县3个村落列入“中国传统村落”】 3月，住房和城乡建设部、文化部、文物局、财政部公布全国有273个传统村落列入2014年第二批列入中央财政支持范围的中国传统村落名单，其中贵州45个村落、铜仁市11个村落，石阡县花桥镇施场村、国荣乡楼上村、石固乡公鹅坳村，榜上有名。中国传统村落，原名古村落，是指民国以前建村。2012年9月，将习惯称谓“古村落”改为“传统村落”。与物质与非物质文化遗产大不相同的另一类遗产，是一种生活生产中的遗产，同时又饱含着中国传统村落的生产和生活。

【河坝场乡“文笔山”奖教奖学基金正式启动】 5月31日，河坝场乡“文笔山”奖教奖学基金在河坝小学正式启动。基金由乡籍爱心人士安育基先生发起，旨在推进河坝场乡整体教育水平，促成优质教育养成，培养学生良好的道德素养。安育基为基金个人捐款壹拾万元用于奖教奖学基金的前期启动费用。“文笔山”奖教奖学基金分为奖教和奖学金两类，主要有教师类的教学质量奖、教学基本功比武奖和学生类的创造发明奖、升学优秀奖等。

【汉字听写代表队取得优异成绩】 5月，由汤山中学和文博中学联合组建的汉字听写参赛队在铜仁市赛区第三界中国汉字听写大会选拔赛，获得团体总分第一名和个人晋级冠军的优异成绩，共有来自碧江区、万山区、铜仁学院附中等11支代表队参加市级复赛。“中国汉字听写大会”是中央电视台联合国家语委开展的一项弘扬传播中华优秀文化、增强全民族热爱汉字书写的教育类活动。

【石阡《苔茶传统手工加工工艺》参展文博会亮相央视《焦点访谈》】 5月14日，在深圳举行第十一届中国（深圳）国际文化产业博览交易会，是中国唯一一个国家级、国际化、综合性的文化产业博览交易会，石阡县夷州贡茶有限责任公司的《苔茶传统手工加工工艺》首次进入会展且获得与会者的一致好评，5月15日亮相央视《焦点访谈》。

《苔茶传统手工加工工艺》以“中国苔茶之乡”"中国长寿之乡”“中国矿泉水之乡”“中国温泉之乡”4块国字号品牌为核心通过创意转化、市场探索，传承传统的苔茶制作过程而来。工艺既让广大消费者品尝到地道香醇的石阡苔茶，又亲身体验石阡苔茶的传统制作过程。

（石阡县档案局　徐大勤）

印江土家族苗族自治县

【概况】 印江土家族苗族自治县位于贵州省东北部、铜仁市西部，中国十大避暑名山——梵净山西麓，全县总面积1969平方千米，辖17个乡镇（街道），总人口44.5万人。是中国书法之乡、中国名茶之乡、中国长寿之乡，全国生态保护与建设示范区、全国科普示范县、全国法制宣传教育先进县、中国最美文化生态旅游名县、中国蔡氏古法造纸艺术之乡、国家级餐饮服务食品安全示范县，贵州十佳最美风景县、全省社会治安综合治理模范县、省级金融信用县、省级文明卫生县城、省级森林城市。

印江人杰地灵，民族风情浓厚，有土家长号、傩戏、土家花灯；书法底蕴丰厚，以题写“颐和园”匾额而名扬海内外的严寅亮先生就是其杰出代表之一，孕育了前国务委员戴秉国、美籍太空博士吴学超等一批仁人志士。

印江物产丰富，气候宜人，文化旅游资源丰富多彩，位于县城东部的梵净山被誉为天然的生物基因库，是闻名遐尔的五大佛教名山之一，被国务院划定为国家级自然保护区，是世界“人与生物圈”保护区网成员，梵净山绿茶多次荣获国家级金奖，花岗石、紫袍玉等产品蜚声全国。

2015年，全县完成生产总值74.22亿元，年均增长16.3%；完成财政总收入5.1亿元，年均增长24.9%；公共财政预算收入2.7亿元，年均增长22.0%；完成固定资产投资113.1亿元，年均增长45.7%；完成工业总产值34.1亿元，年均增长28.3%；城镇居民人均可支配收入21770元，农村居民人均可支配收入6701元，年均分别增长15.1%和17.2%；社会消费品零售总额12.0亿元，年均增长15.1%；全县金融机构存款余额80.1亿元、贷款余额67.4亿元，年均分别增长20.0%和26.1%。

2015年，全县三次产业结构

由上年的32.0：21.7：46.3调整为29.0：20.7：50.3，经济结构进一步优化。工业经济提质发展。推进经开区转型为电子商务产业园，成功入选“全国电子商务进农村综合示范县”；全县发展规模以上企业51户，扶持发展“万户小老板”266户、微型企业766家，民营经济户数达1.4万户。现代农业快速发展。实现农业总产值31.2亿元。积极打造3个省级现代高效农业示范园区升级版。全县生态茶园面积达35万亩，“梵净山”茶商标被认定为中国驰名商标。食用菌产业生产基地规模达8000万棒。核桃、水果、烤烟等产业健康发展。全县有各类农民专业合作社429个，农业微型企业396家。成功创建“国家农产品质量安全县”。旅游产业稳中有进。完成全县旅游产业发展总体规划修编及棉絮岭至蘑菇石生态步道建设规划。加快推进美女峰景区建设，完善了长寿谷、杜鹃花海、甘川等景点配套设施。“天王寨”“罗汉村”和凤仪、亚盘林等旅游新业态建设加快推进。江瓮高速洋溪互通完成项目建设，杭瑞高速印江东互通及连接线工程、S304新民至印江县城改扩建工程等项目快速推进。全县公路通车总里程达2838千米，农村客运通达率达86.9%，实现乡镇通油路、建制村通公路两个100%目标。农村公路建设、养护管理、客运发展连续五年位居全市第一，被省交通厅、省公路局授予“全省农村公路建管养运一体化建设示范县”。栗子园中型水库即将完成大坝浇筑，偏岩中型水库可研报告获省发改委批复。启动了绿荫塘、山岔两座小（一）型水库建设。病险水库除险加固、农村饮水安全工程等水利项目建设快速推进。峨岭110千伏变电站项目完成主体工程，新寨110千伏变电站项目加快推进，群众生产生活和产业发展用电保障能力得以增强。通信有线网络覆盖236个村，无线通信网络覆盖率达99%。按照建设“精致、特色、宜居”城镇的总要求，加快推进特色城镇化，带动城乡统筹发展。完成城镇基础设施建设投资12.5亿元。建成观音沟湿地公园、城市农业公园、东郊河滨公园。有序推进大圣墩山地体育公园、城周森林屏障和书法文化广场、“四馆合一”项目建设。争取到保障性住房、农村危房改造、小城镇建设、城镇化发展专项资金及奖励资金共3.59亿元。完成7248户农村危房改造工作，10个农村集中建房点年度建设工作，新建公共租赁住房3512套，实施城市棚户区改造2492户。成立了乡镇规划委员会。木黄省级示范小城镇，沙子坡、杨柳等小城镇建设加快推进。全县城镇人口达19.4万人，城镇化率提高到43%。全年实现2万贫困人口脱贫，贫困发生率下降4.98个百分点。深入实施教育“9+3”计划、“4+2”教育突破工程；学前三年毛入园率达92.4%，义务教育巩固率达90.0%，高中阶段毛入学率达90.6%；兑现教育教学质量奖326万元，教育教学质量稳步提高。县人民医院成功创建为二级甲等医院，县中医院成功创建为二级甲等中医院，并分别与贵州省人民医院和贵阳中医学院第一附属医院建立了医联体合作关系；启动了县人民医院（中医院）整体搬迁和疾控中心（卫监所）项目建设；在全市率先开展了新农合第三方评审工作，启动了县内外就医现场直补、重特大疾病医疗保险、大病医疗保险工作；全县新农合参合率达98%以上。城镇登记失业率控制在3.8%以内。社会保险覆盖率达95%以上。城乡低保基本实现应保尽保。森林覆盖率达60.23%。全县无较大以上安全生产事故发生，社会和谐稳定，群众安全感满意度不断提升。

【依托资源优势做大做精做强茶产业】按照“四个选好”（选好茶区、选好茶地、选好茶农、选好茶苗）、“四个转变”（从荒山荒坡向旱田熟土转变、从茶-烟-粮间作向茶-椒-菜间作转变、从布局分散向集中连片转变、从数量效益型向质量效益型转变）、“双增目标”（茶农增收、茶企增效）要求，强势推进茶产业发展。全县发展生态茶园2.33万公顷，投产茶园1.44万公顷，引进和培育茶叶加工企业258家。“梵净山翠峰茶”成功注册地理标志产品证明商标，荣获世界名茶、中国名茶评比金奖，全市茶产业发展现场会连续三年在该县召开，该县茶产业发展工作得到了时任国务院总理温家宝等中央、省、市领导的关心和肯定，并分别在全省、全市茶产业发展大会上作经验交流发言。

【强化科技引领做大做强食用菌产业】2015年，该县新发展食用菌8256万棒，采取“公司+基地+农户”的食用菌产业发展模式，大力推行袋料栽培香菇黑木耳技术、香菇胶囊菌种繁育与应用技术，食用菌成活率达98%，实现产值5.28亿元，新增劳务收入1.2亿元，参与种植农户户均增收3.89万元以上，人均增收9183元以上，成为贵州省最大的食用菌生产基地。成功创建全国科技进步县，全县食用菌产业被列入全省科技重大专项扶贫项目，于2015年成功列入国家农业科技园区。规划到2016年全县发展食用菌8400万棒，建成黔东北地区最大的食用菌基地。

【花海印江】位于梵净山西线的新业乡、永义乡、木黄镇等地有数万公顷杜鹃花树，是梵净山独特的文化旅游资源。每年四月初，杜鹃花陆续开放，漫山遍野的杜鹃花千姿百态，五彩缤纷，为梵净山文化旅游增添了一幅美丽画卷。从2011年至今，该县依托这一独特自然生态资源，成功举办了六届主题为“盛世杜鹃花·醉美梵净山”的“梵净山杜鹃花节”，吸引了不少游客进入梵净山西线、陶醉杜鹃花海。

【绿壳鸡蛋】2015年，县委、县政府把绿壳蛋鸡养殖作为畜牧养殖的主导产业，在全县范围内推广，利用财政扶贫资金、国开行贷款资金扶持发展绿壳蛋鸡75.6万羽，积极打造新业乡40万羽绿壳蛋鸡养殖专业乡，新建存栏10万羽绿壳蛋鸡种鸡场1个，发展绿壳蛋鸡养殖示范户82户，创建省、市标准化蛋鸡养殖示范场4个，全县共有标准化蛋鸡养殖示范场达12个，全县绿壳蛋鸡养殖健康发展。新业乡“黔芙蓉”绿壳蛋鸡养殖专业合作社采取“公司＋合作社＋农户”的发展模式，发展社员115人，散户养殖320余户，养殖规模达22万羽以上，实现利润近1027万元。

【印江长寿现象成因】印江县境内原始生态保存完好，全县森林覆盖率达52.06%。境内的梵净山是全县生态系统平衡的“调节器”，其周边负氧离子含量最高达每立方厘米4.5万个，高出其他地区3倍，为周边人群的健康长寿发挥了重要作用；该县属亚热带湿润季风气候，冬无严寒，夏无酷暑，空气质量优良天数达95%以上，为健康长寿创造了良好条件；该县饮水中含有丰富的矿物质，是优质山泉水，长期饮用能达到益寿延年的效果；该县有多种绿色精品水果、天然珍贵中药和野生食用菌，含抗癌物质或有抗癌作用的药物12种。同时，该县历来崇尚“百善孝为先”的古训，多人被国家、省、市评为“孝亲敬老之星”。2009-2011年全县百岁老人比例稳定在8/10万以上，2011年全县80岁以上老人占全县总人口的1.5%，2000年人均预期寿命74.6岁，高于全国平均水平3.1岁。

（印江县档案局办公室）

思南县

【概况】思南县位于铜仁地区西部，地处武陵山腹地，乌江流域的中心地带，东与国家级自然保护区梵净山毗邻，南与泉都石阡县接壤，西与历史名城遵义地接，北经乌江至涪陵达重庆。全县地域面积2230.5平方千米，耕地面积76000公顷。辖17个镇、3个街道办事处、8个民族乡，有汉、土家、苗、蒙古等18个民族，总人口约70万。其中少数民族36.6万人，人口较多的少数民族有土家族20.8万人，苗族14.1万人。非农业人口5.79万人。人口出生率9.48‰，自然增长率3.76‰，符合政策生育率97.21%。主要矿藏有：煤、铁、硫铁、雄雌黄、重晶石、大理石、石英砂、石灰石等。装饰石材资源远景储量10亿立方米以上，潜在经济价值4.2万亿元以上。县内有出露面积近5平方千米的连片喀斯特石林，被国土资源部命名为“国土资源科普示范基地”“思南乌江喀斯特国家地质公园”。全县有11个地热泉点，日出水量1.2万吨，被中国矿业联合会命名为西南片区第一家“全国温泉开发利用示范区”。县境内气候温和，适宜多种作物种植和蚕桑、中药材、果蔬等特色农业发展。形成生态畜牧业、生态茶、优质烤烟、特色经果林、无公害蔬菜、中药材六大特色产业。森林覆盖率达到50%，县城空气质量优良率达到100%，乡镇以上集中式饮用水源地水质达标率为100%。

2015年经济社会发展稳中有进、稳中向好，各项主要经济指标呈现出总量更大、质量更优、均量更高的良好态势。一是经济实力跃上新台阶。全年完成生产总值105.2亿元，增长19.3%；固定资产投资195.5亿元，增长13.1%；社会消费品零售总额22.39亿元，增长15%；金融机构存、贷款余额分别为110亿元、98亿元，增长20%、10%；城乡居民人均可支配收入分别为24975元、7385元，增长27%、23.2%；城镇新增就业10200人。在非经济强县中，经济总量排全省第9位，全市第2位；固定资产投资总量排全省第8位，全市第1位；社会消费品零售总额排全省第9位，全市第1位。二是财税收入取得新成绩。实现财政总收入10.1亿元，增长12.6%，首次突破10亿元大关。国税收入3.17亿元，增长18.07%，地税收入5.53亿元，增长18.1%。公共财政预算收入4.91亿元，增长16%。财政总支出38.89亿元，增长18.22%，增支6亿元，增长、增支均创历史新高。争取债券转贷指标20.1亿元。财力总量和增量居全市第一。产业结构实现新调整。完成农林牧渔业总产值44.39亿元，粮食总产值5.39亿元，粮经比稳定在40：60。实现规模工业总产值76亿元，增长13.4%；规模工业增加值15.75亿元，增长14.1%，县属规模工业企业达80家，亿元以上企业36家。全年接待游客293万人次，旅游总收入21.88亿元，增长28.44%。

2015年成功举办中国·思南第三届花灯艺术节、中央民族歌舞团“走基层·送欢乐”活动、全省野钓邀请赛等重大活动30余场次；乌江水利风景区成功申创为国家级水利风景区，白鹭湖风景区获省级批复；完成地方文献及古籍书库创建，完成川主宫古建筑群、周和顺盐号保护性修缮工程。

一、2015年脱贫攻坚取得新成效

全县共减少农村贫困人口3.08万人，贫困发生率下降4.99个百分点，兴隆乡、杨家坳乡实现了“减贫摘帽”，长坝、香坝等18个乡镇“减贫摘帽”复核验收顺利通过，全面实现整县脱贫。

二、基础设施实现新突破

投资12.35亿元实施交通设施基础建设项目196个，实现“乡乡通油路、村村通公路”的目标。投资5.36亿元实施国省干道改扩建项目3个48千米，建成通村水泥路项目127个611.6千米，全县421个建制村实现了通水泥路的目标，通畅率达73.73%，实施县乡道及危桥改造维修项目11个、农村公路安全保障项目17个，投资403.37万元实施渡口便民码头20个，客运站场2个，启动思印城际快速干道、环白鹭湖公路前期工作。投资4.5亿元实施水利工程项目134个，有效解决7.85万人的饮水安全问题；投资6169万元实施电网建设项目21个；完成信息基础建设投资2.3亿元，4G网络实现乡镇全覆盖。完成城镇基础设施投资15.2亿元、房地产投资15.07亿元，城镇化率达到了45.59%。

三、民生工程扎实推进

投资9647万元实施“一事一议”项目476个，建成通组路201千米、人行便道198千米；建设农村客运招呼站150个，开通农村客运线路15条，覆盖行政村65个，受益群众达9.1万人。邵家桥、孙家坝等生态移民安置点建设有序推进，完成643户2800人建房工作。建成小康房280户，完成农村集中建房1300户、农村危房改造7499户。社会事业全面发展。县域义务教育初步均衡发展取得阶段性成果，思中新校区项目建设稳步推进，思源实验学校正式开班招生；“新两基”工作启动实施，教育“9+3”计划圆满完成，建成标准化学校14所，课改工作获全国十大区域课改样本命名，高考一本录取人数达1152人。第一人民医院、塘头卫生院、许家坝卫生院项目进展顺利，共完成投资2.7亿元。完成孙家坝、合朋溪、长坝等卫生院建设项目；新农合参合率达99.32%，实现了新农合大病保险全覆盖。累计完成职业技能培训2300人，农村劳动力转移就业15500人，发放就业贴息小额担保贷款960万元，扶持规模创业13户，"雁归人员"就业创业3528人。完成"农体工程"42个，完成农村公益性数字电影放映4332场次。社会秩序和谐稳定。全面健全"三圈五体系"机制，扎实推进"平安思南""7+5"治安专项整治行动，全面实施"天网工程"，实现了大街小巷天网全覆盖，社会治安形势持续稳定。人民群众安全感和满意度分别位于铜仁市第二位、第一位。

【思南荣获"美丽中国十佳旅游县"称号】 2015年1月14日，第四届中国旅游产业发展年会发布了"中国旅游风云榜"，思南县荣获"美丽中国十佳旅游县"称号，是贵州省唯一上榜县份。中国旅游产业发展年会是中国旅游报社联合中国旅游协会共同举办的高端品牌活动，旨在为中国旅游业发展搭建年度性、专业化、高端化的宣传、交流与展示的平台。

【2015年第二次全省项目建设现场观摩会走进思南】 2015年8月17日至18日，出席2015年第二次全省项目建设现场观摩会走进思南，先后观摩塘头现代农业园区和九天温泉城。17日，由省委副书记、省委政法委书记谌贻琴和副省长刘远坤率队。18日，由省委常委、常务副省长秦如培率队。在全国重点小城镇、全省"双百"工程示范镇塘头，以大旗山、关中坝、机场坝、芭蕉坝、将军坝、渔林坝等"一山五坝"为载体的塘头现代高效农业示范园区，2014成功创建为全省100个重点农业示范园区之一。园区总规划面积达24500亩，核心区面积达14500亩，辐射带动面积达10000亩，形成了以精品水果和特色养殖为主导的新兴产业集群。该园区2014年争取成为全省首批4个山区现代水利工程试点之一。在关中坝投资3000多万元建成一期工程并投入使用。园区还创建电子商务平台，形成"互联网+农业园区+特色产品"的现代营销体系，构建"互联网+扶贫产业"的新型扶贫模式。吸引17家企业50多种农特产品入网展示和销售，网上销售额近20万元，网站关注量达30多万人次。

【全省山地生态畜牧业发展暨产业化扶贫现场观摩会在思南举行】 2015年9月17日至18日，全省山地生态畜牧业发展暨产业化扶贫现场会在思南县召开，实地观摩许家坝现代高效农业生态养殖示范园区。副省长刘远坤，省农委党组成员、副主任、省畜牧兽医局局长黄晓分别率队；铜仁市委副书记、代理市长陈晏，副市长肖洪参加观摩。园区按照"政府引导、园区带动、项目支撑、企业搭台、农户参与"的山地生态畜牧业发展模式，引进贵州绿量农业发展有限公司建起许家坝现代高效农业生态养殖示范园区，园区内培育家庭农场3个、养殖专业合作社5个、代养户56户，带动养殖户118户，核心区存栏牛1500多头、羊1200多只。

【中国百名摄影家走进思南举行创作年会暨第十七届全国艺术摄影大赛颁奖盛典】 2015年9月7日，中国百名摄影家走进思南举行创作年会暨第十七届全国艺术摄影大赛颁奖盛典。中国艺术摄影家协会名誉主席王本志，顾问梁祖宏、李忠诰，主席张春贵，执行主席郭万章，以及来自中国艺术摄影家协会和台湾、美国等地的摄影家等400多名嘉宾出席盛会。一年一度的中国艺术摄影大赛，由中国艺术摄影家协会携同中国摄影网、观者中国摄影网、《摄影导报》倾力打造。第十七届征稿时间4个月，共收到全国各地及新西兰、美国、香港、台湾等海内外6539位摄影家参赛作品33632幅（组）。经专家组评选，分综合类、艺术类、纪实类、风光类、人像类、花卉动物类、工业建筑类等分别评出金、银、铜及优秀等奖项，并对征稿中作出突出贡献的单位及个人予以表彰。活动由中国艺术摄影家协会、中共铜仁市委宣传部、思南县人民政府、贵州省青年摄影家协会主办，铜仁市旅游发展委员会、铜仁市文体广电新局、共青团铜仁市委、铜仁市文联、铜仁市梵净山申遗办、铜仁电视台承办。

【中央民族歌舞团“走基层.送欢乐”活动走进思南暨中国·思南第三届花灯艺术节开幕式文艺晚会】 2015年10月17日，中央民族歌舞团“走基层·送欢乐”活动走进思南暨中国·思南第三届花灯艺术节开幕式文艺晚会在县体育场隆重举行。由中央民族歌舞团专为APEC参会国元首创作的舞蹈《快乐脚步》，在2007年意大利圣·天使国际比赛中荣获铜奖的刘婷演唱《我的深情为你守候》《一杯美酒》；把传统民歌运用美声与民族唱法结合起来的歌唱家张宝柱演唱《我和草原有个约定》《中国人》；蒙古国国立艺术大学硕士、马头琴独奏家朝克勒图演唱《呼麦与万马奔腾》；第一位把民族歌曲带进“金色大厅”的蒙古族歌唱家萨仁呼演唱《赞歌》《父亲的草原，母亲的河》；曾在中央国家大剧院演出的塔吉克族男儿们带来舞蹈《阳光洒满帕米尔》；曾获中国演艺名人公众形象满意度“最佳表现男艺人奖”的扎西顿珠演唱《净土》《幸福等待》；傣族双人舞《孔雀》；曾获得全国新人新作“金色彼岸之声”专业组银奖的阿旺演唱《天路》《卓玛》；专为北京APEC各国元首创作的舞蹈《鱼跃龙门步步高》；哈尼族歌手，国家一级演员杨倩琳演唱《玛依拉变奏曲》《花腰女》；荣获第七届中国舞蹈“荷花奖”民族民间舞比赛金奖的哈尼族女子群舞《山谷迴响》；曾荣获全国未来词曲作家、演唱家金奖的蓝剑演唱《中华一家亲》；彝族姑娘们表演的舞蹈《彩霞》；国家一级演员曲比阿乌演唱《情深意长》《幸福的歌儿献给你》等节目。

【思南成功举办第二届中国·思南（全国）舞龙大赛】 2015年9月23至24日，第二届中国·思南（全国）舞龙大赛在思南县体育场举行。大赛设置了竞技舞龙、传统舞龙、南狮、北狮4个项目，有来自安徽、广西、湖南、广东、上海及省内全国8个省(区)、区(县)的51支代表队、1300余名运动员参赛，规模宏大，盛况空前。其中竞技龙11支、南狮3支、北狮3支、传统舞龙34支(县内31支、外地3支)。新华社贵州分社、央视网、中国旅游报、人民网贵州分社、中央人民广播电台、香港商报、贵州日报、贵州商报、贵州都市报、贵州民族报、贵州电视台、贵州人民广播电视台、多彩贵州网、贵州晚报等省、市相关媒体应邀前来现场对活动进行采访报道。

【思剑高速公路乌江特大桥获中国建设工程“鲁班奖”】 2015年11月17日，2014至2015年度中国建设工程鲁班奖(国家优质工程)表彰大会在北京召开，由中铁二局一公司承建的贵州省思南至剑河高速公路乌江特大桥喜获中国建设工程最高奖——“鲁班奖”。这是贵州省2014至2015年度获得的唯一一项鲁班奖。乌江特大桥全长2167米，位于思南县乌江腾龙峡风景区，是贵州思剑高速公路的重点工程。该桥横跨乌江峡谷，220米主跨飞越地势险要的乌江天险，施工难度大，承担施工任务的中铁二局一公司在施工中解决“主墩物流运输、超高0号段施工以及超长距离、超高扬程泵送混凝土”等难题，应用了建筑业推广使用的10项新技术中的7大项，22小项，自主研发了65吨大型绞坡道物流运输系统及运输方法等5项新技术，各项工序做到一次成优，大桥轮廓尺寸精准、线条圆顺，色泽一致，桥面平顺、缝宽均匀，动、静载试验及结构物各项指标均满足要求，938个分项工程均一次验收合格。

【思南乌江水利风景区成功申报为国家水利风景区】 2015年12月3日，水利部公布第十五批国家水利风景区名单，思南乌江水利风景区成为61家国家水利风景区之一。思南乌江水利风景区位于贵州省思南县境内，为城市河湖型水利风景区，由思南县境内的乌江流域及河段两岸可视范围组成的区域，规划面积86平方千米，其中水域面积45平方千米，于2014年11月经贵州省水利厅批准成为省级水利风景区。景区交通区位优势明显，距贵阳375千米，距铜仁140千米，东邻国家级自然保护区梵净山70千米，西靠历史文化名城遵义160千米。景区旅游资源丰富，拥有白鹭湖国家湿地公园、乌江喀斯特国家地质公园、全国重点文物保护单位周家盐号、旷继勋烈士故居、府文庙和万寿宫六大国家级品牌以及腾龙峡旅游休闲度假区4A级景区、万圣山省级森林公园4A级景区。景区文化底蕴深厚，拥有丰富多彩的水文化、盐运文化、民俗文化、历史文化、名人文化、龙舟文化和土司文化等。

【思林水电站500吨级升船机过船调试成功】 2015年12月30日，乌江思林水电站500吨级升船机过船调试成功，成为贵州省首个投入运行的大型通航工程。思林水电站500吨级通航工程总投资6.1亿元，位于思林水电站大坝左端，由上游引航道、过坝中间通航道、升船机塔楼段、下游引航道四部分组成，全线总长951.8米，升船机采用钢绳卷扬机平衡重式垂直升船机方案设计，升船机最大提升高度为76.7米，年通航能力达到341.3万吨。思林升船机过船调试成功，标志乌江全线复航迈出了关键的一步，为全省融入长江经济带，助推经济社会更好更快发展和实现同步小康工作提供了一条环保、经济、便捷的交通大动脉。

【思南第三小学科学微电影《口味》荣获全国二等奖】 2015年11月10日，在教育部2015年“圆梦蒲公英”全国中小学生暑期科学微电影主题比赛活动中，思南县第三小学组织拍摄的科学微电影--《口味》脱颖而出，荣获全国二等奖。

（思南县档案局　彭伟）

德　江　县

【概况】 德江地处贵州省东北部，铜仁市西部，娄山山系与武陵山山系交汇处。东与印江土家族苗族自治县接壤，东北与沿河土家族自治县毗邻，南与思南县为邻，西南接凤冈县，西依务川仡佬族苗族自治县，北部插入沿河土家族自治县、务川仡佬族苗族自治县之间。总面积2072平方千米，境内属中亚热带季风性湿润气候，季风气候明显，其特点是气候温和，热量资源丰富，降雨量充沛，水热同季，冬无严寒，夏无酷暑。主要河流有乌江、马蹄河、川岩河、冷水河、马儿河。主要矿种有：煤、铁、硫铁、铅、锌、锑、汞、莹石、重晶石、电石灰岩、石灰岩、白云岩、硅石、大理石、方解石、粘土、陶土、高岭土等，各类矿床（点）100余处，以煤、铁、硫等为大宗。粮食作物以水稻、玉米、小麦、红薯、马铃薯等为主，畜牧业以饲养羊、牛、猪、鸡为主。至2015年底，全县辖街道2个（青龙、玉水）、镇11个（煎茶、潮砥、枫香溪、稳坪、合兴、复兴、共和、平原、长堡、高山、泉口）、土家族乡8个（堰塘、龙泉、钱家、沙溪、楠杆、桶井、荆角、长丰），344个村（社区），2926个村（居）民小组。年末总人口54.6万人。总人口中，以少数民族为主，占总人口的62.48%，

2015年，县委、县人民政府带领全县各族人民，贯彻落实上级指示精神，以科学发展观为指导，深入贯彻落实习近平总书记系列重要讲话精神，突出建设黔东北铁路交通枢纽和区域性中心城市发展主题，以加快转变经济发展方式为主线，以建设“实业德江、活力德江、满意德江”为目标，按照“强基础、兴产业、抓增长、促稳定、保民生”的要求，解放思想，攻坚克难，开拓奋进，勇于争先，快速推进全面小康社会建设进程，各项任务目标完成较好，经济社会实现新发展。

一、综合实力实现新跨越

经济增长显著。2015年，全县实现地方生产总值84.6亿元，比2014年增长14%。财政总收入9.22亿元，比2014年增长20%，其中地方财政收入5.2亿元，增长18.3%。全社会固定资产达96亿元，增长12%；人民生活水平大幅提升，城镇居民人均可支配收入达21860元，增长11.2%；农民人均可支配收入达6600元，增长11.7%；全县金融机构存贷款余额分别达67.3亿元、60.2亿元，增长26%、21%；社会消费品零售总额达15.8亿元，增长12.3%。工业发展后劲增强，全年实现工业总产值53亿元，增长23%，其中规模工业产值49.4亿元，增长20.7%。2015年城北工业园区新增入驻企业22家，新增就业人员450人，建成标准厂房面积6万平方米。现代农业快速推进，在稳定粮食种

植面积，保证粮食安全的基础上，加快产业结构调整，着力推进农业产业化进程，实现农业总产值37.8亿元，增长6.7%。有序推进现代烟草农业建设，实现烟叶收购13.54万担，产值1.78亿元，实现税收3576.17万元。大力发展中药材产业，完成中药材种植面积0.18万公顷，其中新增栽培天麻面积27.5万平米。狠抓三个万元工程建设，建成“万元山”0.27万公顷、“万元田”0.27万公顷。现代高效农业示范园区建设强势推进，现有高效农业示范园区19个，其中省级农业示范园区4个、市级农业示范园区5个、县级农业示范园区10个，共入驻企业63家，其中省级龙头企业5家。

二、基础设施建设实现跨越发展

在交通建设方面，2015年，全县农村公路通车里程突破4700千米，公路通畅率达87.1%。沿德高速公路建成通车，黔北机场落户德江；在水利建设方面，开展水利“三年会战”和小康水行动计划，全年开工实施水利建设项目141个，完工122个，全年新解决5.6万农村人口和0.39万名师生安全饮水，改善和恢复灌溉良田0.17万公顷，保护耕地面积0.04万公顷。长丰中型水库顺利通过市政府验收，观音滩中型水库实现大坝封顶，大木尧小型水库实现大坝截流；在区域性中心城市建设方面，完成良家坝、钱家和关口3个片区规划方案编制，控规面积达44平方千米，城市建成区面积扩展到20平方千米，城市道路面积扩展到183万平米，城镇化率达43.7%。大犀山森林公园、县一中体育馆主体工程完工，开工建设城北60米大道桥梁工程、人民公园二期和玉溪河综合整治项目。完成乌江大道延伸段、县职校连接乌江大道、城北新农村四号路延伸段道路工程建设；在电力建设方面，2015年全县供电量突破4亿千瓦时大关，完成4.37亿千瓦时，比上年增长8.39%，完成城北35千伏及110千伏高压线线路迁改，龙泉220千伏变电站开工建设。

三、改善民生取得新成就

2015年全县实施农村危房改造5208户，实施10个村集中建房安置点共1295户，实施易地移民搬迁350户，实施棚户区改造7535户，新建公租房4047套。全年完成造林面积0.67万公顷，森林覆盖率达53%。全年发放城市低收入家庭住房租赁补贴2353户，累计发放补贴金额515.4万元。2015年全县公益事业一事一议财政奖补普惠制项目98个，共硬化通组公路和连户路142.95千米，安装太阳能路灯880盏。扶贫攻坚取得新成效。2015年全县减少贫困人口2.3万人，贫困发生率下降5.999个百分点，实现桶井、长堡2个乡镇“减贫摘帽”，45个贫困村出列。实现新增城镇就业6036人，转移农村劳动力9482人，城镇登记失业率4.08%。

四、社会事业全面进步

2015年全县小学实现零辍学，初中辍学降至0.02%；三残儿童少年入学率达93.72%。乌江农林经济学院、思源实验学校实现招生办学。卫生加快发展，完成妇幼保健院“创二级甲等妇幼保健院”工作，成功申报煎茶镇中心卫生院、高山镇中心卫生院为一级甲等卫生院，长堡镇中心卫生院、复兴镇中心卫生院、枫香溪镇卫生院、龙泉乡卫生院为一级乙等卫生院。文体广电旅游事业实现新发展，枫香溪会议会址纪念馆布展工程全面完工，安化县文庙修缮工程全面完工，完成乡级农体工程7个，村级农民体育健身工程36个。全年旅游接待人数281.4万人次，旅游收入26.6亿元，德江县首届旅游产业发展大会在五彩洋山河景区成功举办。

【省委宣传部长张广智到高家湾调研】 2015年2月4日，省委常委、宣传部长张广智一行到德江县高家湾调研，铜仁市委常委、宣传部长刘婕，县委书记张珍强等陪同调研。张广智实地查看了高家湾村的积德榜真人真事展板、干群连心室、农家书屋和道德讲堂。张广智指出，积德榜内容要定时更换，做到内容丰富，影响力更大；驻村人员要发挥自身优点，通过道德讲堂平台，为群众多讲授自己的专业技术知识，同时利用空闲时间，多学习国家政策以及理论知识，补齐短板，努力让自己变得更优秀，多与群众交流，对提高工作能力有帮助；

农家书屋的图书要根据时代、政策的变化发展，及时更新变换，应具有流动性，以满足不同职业、不同年龄段人群的需求；道德讲堂开展的内容要丰富，要充分挖掘身边真实的好人好事，解剖典型事例，教育群众，结合正、反面教材，警醒群众。开展的内容层次要鲜明，上至国家文件精神、县域政策，下至身边好人好事，多层次讲解，共同协调推进此项工作开展;邀请的讲师要多样，针对不同群体，可请不同职业的讲师，结合不同事例进行不同讲授，共同传递道德正能量，促使讲堂发挥最大效应。同时，他还指出，德江名字有德，就是要崇德向善，起带头作用，要继续加强道德讲堂建设，总结可复制、可推广的经验，力争在全省范围内推广。

【副省长何力到长堡镇走访慰问】 2015年2月16日，副省长何力赴德江县长堡镇走访慰问困难群众和孤寡老人。县委书记张珍强，县委副书记、县长商友江等陪同慰问。何力深入偏远村组走访慰问百岁老人袁德纯和陈启荣、张信贵、王大寿、王正桥等困难户。每到一处，何力都与他们亲切交谈，为他们送上慰问品和慰问金。当日，何力还前往长堡镇敬老院，看望慰问生活在那里的20位孤寡老人。他要求，镇党委政府要从良好的养老服务中彰显关注民生的情怀。并叮嘱敬老院工作人员要继续提升服务水平，用心照料好老人的生活起居，让他们充分享受健康幸福的晚年生活。

【市委书记、市长夏庆丰到德江调研】 2015年5月22日，市委书记、市长夏庆丰到德江调研城镇化建设、城乡统筹发展等工作，市委常委、统战部长陈康，市政府秘书长杨维权，市委副秘书长田杰，市委副秘书长、市委政策研究室主任钱刚，市交通运输局局长李世凡，市发改委副主任、市重大项目办常务副主任胡宪文，市教育副局长龙宪碧，市扶贫办党组成员、总畜牧师张廷刚，中共德江县委书记张珍强，县委副书记、县长商友江陪同调研。夏庆丰一行先后到黔北（德江）机场露青场址、堰塘乡露青村山村幼儿园、合兴镇高速公路安置点、贵州信息工程职业学院、观音滩水库、颐年春酒厂、伟才实验学校、第二人民医院、沿德高速德务高速公路枢纽互通工程、木材产业园、城北经济开发区部分企业调研，详细了解城镇化、城乡统筹发展、产业发展、园区企业、基础设施建设等工作开展情况。夏庆丰指出，这次到德江调研感受很深，一是城乡面貌变化大，发展势头好。二是干部精神状态好，执行力强。三是县委、县政府发展思路正确，定位清晰，未来发展潜力大。四是德江社会和谐稳定，政治生态良好。并强调，城市发展，每个阶段有每个阶段的特点和特征，要按照“抓产业、抓交通、兴教育、兴文化”的思路，努力建成黔东北中心城市。在抓产业方面，关键是要抓载体，要规划建设好各类产业园区；在抓交通方面，沿德高速公路要尽快建成通车，要拿出连接机场的道路计划方案，提前规划，德江机场争取本年开工建设，乌江航道要整治，昭黔铁路建设争取进入国家路网十三五规划，县内通乡、通村公路要提级改造，综合枢纽站要提前规划建设；在兴教育方面，要合理布局幼儿园、小学、初中、高中等各类学校；积极办好九年义务教育；在兴文化方面，德江是土家族文化底蕴比较深厚的地方，傩文化、舞龙炸龙都很有特点，很有影响力。要保护和传承傩文化、土家文化、舞龙炸龙文化。

【省政协副主席班程农来德调研】 2015年7月6日，省政协副主席班程农赴德江，就草地生态高效畜牧业工作发展情况进行专题考察调研。省农委副主任、省畜牧兽医局局长黄晓，市政协主席陈达新，县委书记张珍强，县委副书记、县长商友江，县政协主席陈健，省水库生态移民局、省畜牧推广站有关负责人及市、县有关人员陪同考察调研。班程农一行前往长丰乡米阳山省级草地生态高效畜牧核心示范园区，实地察看兴丰牧业发展有限公司畜牧养殖、牧草加工、牧草种植等情况。班程农强调，要进一步用足用好用活政策，不断强化畜牧业对经济发展和农牧民增收的支撑能力；要立足山地、生态特色，发挥资源、环境优势，大力推广高产饲料地建设，改“以粮换肉”为“以草换肉”，大力发展草地生态畜牧业；要正确引导更多的企业家多渠道增加资金投入生态畜牧业建设；要下大力气培育和壮大龙头企业，着力推进草地生态畜牧业专业化、产业化、现代化进程；要切实加强人力资源开发和人才队伍建设，为畜牧业加快发展提供坚实的人才、技术保障；要将草地生态畜牧业发展写入“十三五”规划中，并有计划地发展；要建好养殖、加工、销售、观光旅游为一体的产业链来壮大草地畜牧业。

【全市第十七届中学生“三好杯”篮球赛在德江举行】 7月24日至28日，由市教育局、市文体广电新闻出版局和德江县政府共同主办的全市第十七届中学生“三好杯”篮球赛在德江一中体育举行。市教育局党组书记、局长龙丽红，市文体广电新闻出版局党组书记、局长詹凤华，县委书记张珍强，县委副书记、县长商友江，县人大常委会主任何先美，县政协主席陈健，市正县级督学刘大顺等领导出席开幕式。开幕式上，德江县有关中小学表演了傩韵操、摆手舞、舞龙等节目。来自全市各县区和市直学校的13支男队和13支女队参赛。经过78场次激烈角逐，铜仁市民族中学男女队双双夺冠，铜仁二中获男子组第二名，德江一中获第三名，铜仁一中获第四名，思南六中获第五名，沿河民中获第六名，铜仁八中获第七名，松桃民中获第八名；德江一中获女子组第二名，铜仁一中获第三名，印江一中获第四名，铜仁二中获第五名，沿河二中获第六名，松桃民中获第七名，思南六中获第八名。市教育局党组成员、副局长黄国刚主持闭幕式，市教育局副调研员刘元平，德江县副县长杨绪鹏，江口县委常委，副县长刘敏等为获奖单位颁奖。比赛评选表彰优秀运动员26名，优秀教练25名员，优秀裁判员13名和体育道德风尚奖6个。闭幕式上举行“三好杯”篮球赛会旗交接仪式，下一届“三好杯”篮球赛将在江口县举行。

【黔东北畜禽交易中心开市】 2015年8月8日，位于德江县复兴镇的黔东北畜禽交易中心正式开市，来自湖南、重庆、广东等周边省市数百经纪人前来探市，3500多头肉牛进场交易，当日实现交易率达100%，交易额近2000万元。复兴牛市历史悠久，曾经远近闻名，是贵州三大牛市之一，进入二十世纪后期，因管理不善、环境卫生差、畜牧税费统收不规范等诸多原因，导致该市场逐渐衰落，直至关闭，严重影响了该镇畜禽的流通及畜牧业的持续健康发展，一度引起群众怨声载道。2014年，复兴镇党委政府决定，重振牛市，将牛市实施搬迁。通过招商引资，引进德江鸿宝牧业有限公司，投资3000万元，择址在德江县复兴镇联合村新修建贵州德江黔东北畜禽交易中心。中心占地120亩，项目规划为畜禽交易区、活畜暂养区、办公服务区，设施齐全，功能完善。项目于2015年2月8日开工建设，2015年8月8日建成开市，开市首日迎来3500多头肉牛进场交易，有2万群众前来庆祝牛市开市，来自湖南、重庆、广东等周边省市数百经纪人前来探市，当日实现交易率达100%，交易额近2000万元。

据了解，该交易中心年交易量可达40万头（只）牲畜，可实现年营业收入近4000万元，是黔东北片区最大的畜禽交易市场，将直接带动德江县164个养殖小区以及3562户各类养殖大户的牲畜养殖，并且交易辐射邻近的沿河、印江、思南、务川、凤冈等20个县市。每逢农历一、六和四、九日都将进行交易。

【乌江农林经济学院落户德江】 2014年11月18日，在铜仁学院党委书记李树新、德江县委书记张珍强等见证下，铜仁学院党委副书记、校长侯长林、德江县委副书记、县长李云德作为双方法人代表正式签订铜仁学院与德江县政府共建“乌江农林经济学院”合作协议签约仪式在铜仁学院举行。协议规定：乌江农林经济学院属铜仁学院二级特色学院建制，实行“以校为主、校县共建、联合培养”的合作办学模式。办学层次为应用技术本科教育，校址设在德江县城南县职校内。铜仁学院负责招生工作、学科专业、师资队伍、教学管理、科学研究等内涵建设；德江县全额投资解决办学基础设施、教学科研设备、实习实训基地等条件建设。学院计划2015年9月招生开学，先期满足300至500名师生教学科研、实习实训的办学规模。今后，根据地方经济社会发展需求，逐年扩大办学规模。2015年3月30日，在县职校举行共同建设乌江农林经济学院正式筹建工作启动仪式，铜仁学院党委委员、副院长田永国，县委副书记、县长商友江，县人大常委会主任何先美，县政协主席陈健等领导参加启动仪式。并组建工作组，成立乌江农林经济学院管委会。经双方共同努力学院于2015年9月正式开学，学院有文理预科生（理综200人、文史100人）、铜仁学院二三年级三个专业本科生200人、大四实习生400余名，共计900余名学生就读。根据规划，学院将逐年扩大办学规模和招生规模，建立科研工作站。

【德江首届旅游产业发展大会】 10月30日，以“多彩贵州，五彩洋山河”为主题的德江县首届旅游产业发展大会在德江县洋山河国际旅游度假区举行。来自省内外的300多名嘉宾与全县各族群众相聚在五彩洋山河畔，共商乡村旅游发展大计。会议强调，要深入贯彻落实习近平总书记视察贵州时的重要讲话精神，紧紧抓住“美丽乡村·让多彩贵州更加精彩”及“梵天净土·桃源铜仁”的大旅游发展机遇，加快推进黔东北铁路交通枢纽和区域性中心城市建设，积极培育新支柱产业，切实把德江打造成武陵山区旅游发展新高地。

省政协副主席陈海峰，铜仁市副市长胡洪成出席并讲话。中交一公局贵州沿德高速公路投资建设有限公司总经理王铁红，多彩贵州网有限责任公司党委书记、董事长晏世忠，铜仁市政协副主席龙海，遵义市委常委、仁怀市委书记张翊皓，贵州观赏石协会会长麻少玉，省新闻出版广电局副局长杨水平，市人大原副主任张观涛，省农委党组成员、副主任肖荣军，苏州市吴中区委常委、宣传部长乐江出席会议。县委书记张珍强致辞，县委副书记、县长商友江主持会议，县人大常委会主任何先美，县政协主席陈健，县委副书记黄继荣以及县四家班子在家领导出席会议。张珍强代表县委、县政府及全县各族群众向各位领导和来宾表示热烈欢迎，向关心支持德江经济社会发展的各界人士表示衷心感谢。会上，举行了招商引资项目签约仪式，4个具有代表性的项目集中签约，涉及生态旅游、生态环保、电子商务、医药大健康产业等项目，签约资金20.8亿元。会后，与会领导和嘉宾观摩了洋山河国际旅游度假区，以及县城的人民公园、大犀山森林公园、乌江石文化城、高家湾城市农业公园等项目。当日，前往洋山河国际旅游度假区的游客人数达3万人以上。

应邀参会的有省直、市直有关部门负责人，苏州市吴中区，德江县周边邻近的酉阳、秀山、彭水、凤凰、正安、务川、遵义、镇远、思南、石阡、沿河、松桃、印江、江口、万山、玉屏县（区），铜仁高新区等有关领导和部门负责人，省内外部分旅行社负责人、部分企业投资商代表，省内外部分新闻媒体界、文艺界朋友。

【德江投资4千万元发展电商】 2015年，德江县切实加大农村电商投入力度，先后投入4000多万元为农村电商发展打下坚实的基础。其中，投入3600万元，在经开区建设3栋标准化厂房共2.4万平方米，作为县电商产业园用房；整合相关资源、安排专项工作经费363万元，协调电信、移动、联通等通信运营企业优先接通规划布点中未通宽带的行政村光纤专线121千米，对已通宽带的行政村网络进行扩容升级和线路检修；安排110万元对第一批55个农村淘宝服务站合伙人运营、开业、培训等方面予以支持和奖励；投入资金30万元对云智速度到村快递物流体系按照每个点0.6万元/年打造农村快递上下行配送，引导顺丰、申通、韵达、圆通等11家快递公司以整体入驻或设立代办点方式入驻电子商园。

【德江多措并举推进精准扶贫】一是开展双识别工作。该县组织召开全县精准扶贫双识别工作培训会，安排部署建档立卡贫困户信息再调查、再识别工作，通过认真核查，进一步完善基础信息调查表和系统数据，并完成县级自查和通过市级验收。经识别，全县共有建档立卡贫困户28246户104695人，其中，五保户835户1125人，低保户2037户3910人，低保贫困户6074户22285人，一般贫困户19300户77375人，实现民政长期保障户、重点保障户与扶贫五保户、低保户完全合一。二是突出精准扶持。围绕贫困户及贫困人口现状，深入分析致贫原因，并按照分类施策、分类指导原则，制定了《德江县2015年精准扶贫工作实施方案》，对有发展能力的贫困户安排产业项目、开展技能培训等，对产业没有覆盖的贫困户鼓励和扶持发展以家禽养殖为主的“庭院经济”，对无劳动能力的贫困户实行民政低保兜底，提高精准扶贫的针对性和实效性。三是项目实施到村到户。围绕“六个到村到户”和“23578”要求，全年实施核桃0.13万公顷、茶园0.1万公顷、天麻27.5万平方米，新增食用菌1000万棒、精品水果0.03万公顷，创建万元山、万元田各0.27万公顷，改造农危房8000户，实施扶贫生态移民房350套、搬迁1600人，并将项目主要安排在贫困村、贫困户，确保扶贫资源配置到村到户。四是抓好精准扶贫示范村建设。安排财政扶贫资金3000万元用于60个贫困村精准扶贫示范村建设，其中县级领导联系帮扶示范村32个，每村安排50万元资金用于发展1—2个主导产业和壮大村级集体经济，为60个贫困村年底出列奠定了基础。此外，德江县委、县政府还出台《德江县贫困乡镇党政班子和领导干部经济社会实绩考核办法》等，集中力量解决贫困突出问题，真正做到精准扶贫、精准脱贫。至2015年底，全县减少贫困人口2.3万人，贫困发生率下降5.999个百分点，实现桶井、长堡2个乡镇“减贫摘帽”，45个贫困村出列。

（德江县档案局　李飞）

沿河土家族自治县

【概况】沿河土家族自治县位于贵州省东北角、铜仁市西北部，地处黔渝湘鄂四省市边区结合部的乌江中下游。全县国土面积2468.8平方千米，辖22个乡镇（街道），429个村、6个社区、14个居委会，总人口67.67万人，其中以土家族为主体的少数民族人口占总人口的66.3%，是全国四个单一的土家族自治县之一，贵州省唯一的单一土家族自治县，也是国家新阶段扶贫开发工作重点县。1984年被国务院批准为革命老区县和对外开放县。

2015年，在市委、市政府和县委的正确领导下，以实施“三年大会战”为主抓手，全力推进全县经济社会加速发展、加快转型、推动跨越。实现地方生产总值83.82亿元，比上年增长12.9%；财政总收入7.64亿元，比上年增长8.9%，其中一般预算收入3.91亿元，比上年增长6.6%；固定资产投资137.77亿元，比上年增长18.6%；规模以上工业增加值10.3亿元，比上年增长14%；农村居民人均可支配收入6622元，比上年增长11.1%；城镇居民人均可支配收入21767元，比上年增长10%；金融机构存款余额达到81.6亿元，比上年增长19.2%，贷款余额达到50.3亿元，比上年增长23.9%；全面小康实现程度达到86.9%。主要抓了以下六个方面的工作。

一、着力深化改革，促进经济健康运行

一是聚焦改革目标，明晰思路措施。严格按照省委、市委关于深化改革的决策部署，明确生态文明、市场经济、宣传文化旅游等“十大重点领域”改革目标，涉及30项改革措施75个具体任务，完成乡镇行政区划调整，明确37个部门、22个乡镇（街道）职能职责。二是列出责任清单，狠抓特色创新。以市、县改革创新奖评选标准为导向，制定《改革创新奖评选办法》和《改革创新奖2015年度评选细则》，以《沿河土家族自治县2015年全面深

化改革特色责任工作清单》为重点，列出“生态、金融、市场、民生、治理”17项特色工作责任清单，先后有20余期改革动态在《贵州改革交流》《今日铜仁》《铜仁市改革动态》等媒体上刊载。实施“三证合一”工商登记制度，“金税三期”上线运行。完成砂石矿资源整合工作。培育新景茶业、四松天麻保健食品等9家公司入驻中国铜仁馆。三是建好动态台账，强化跟踪督促。制定《改革工作备案和跟踪督查办法》《全县重点工作动态排名考核办法》，由县委改革办、绩效办、督查办定期或不定期对各责任单位改革工作推进情况进行联合跟踪督促检查，分月、季度、年度督查考核，对账问效。

二、着力项目建设，促进投资快速增长

一是全力抓好项目编制和争取工作。抢抓实施生态文明先行示范区、“四在农家·美丽乡村”基础设施建设六项行动计划、“5个100工程”、交通“三年会战”、水利“三大会战”等政策机遇，申报2016年中央预算内投资项目87个，总投资38.96亿元。筛选纳入国家、省、市“十三五”规划重大项目201个(亿元以上项目)，总投资2860亿元。争取中央预算内投资项目37个，总投资6.5亿元。二是全力抓好项目实施。全年实施重点建设项目238个，项目总投资174.31亿元，其中中央预算内投资项目59个，总投资9.6亿元，重点加大刚强汽车贸易服务中心、官舟示范小城镇、甘溪水库、当坝水库、邓家溪水库、洪渡风情小镇、天然气供气、一恒商业广场、官舟高级中学、第三医院、谯家白茶基地及加工、萤石重晶石开采及加工、沙坨大桥复建、乌江三桥、沙沱库区防洪治理、体育场、枕子头移民安置等17个省市重大工程和重点项目建设及中界中药材示范园、3200t/d熟料新型干法水泥生产线及配套低温余热发电技改项目、浙江商贸城、重晶石萤石综合开发、江山皮草鞋业生产、贵州华诚后勤管理服务、刚强汽车贸易城、贵州云露富硒茶基地建设及加工、晓景珍稀白茶基地建设及加工、智慧医疗项目、第三医院、民族中学新校区、官舟示范小城镇、县城湿地公园及县城两岸亮化、县城风貌改造等15个2016年全省项目建设现场观摩会（铜仁）备选项目建设工作。三是全力抓好招商引资。全年签约项目57个，签约资金97.75亿元，占全年应签约资金53亿元的184.4%；全年到位资金75.25亿元（含续建项目），占全年应到位资金任务73亿元的103%。

三、着力城镇管理，促进基础建设步伐加快

一是加强城镇规划编制。启动县城新一轮控制性详细规划和近期建设规划编制工作，完成县城黄金山片区控制性详细规划和高速公路出口风貌整治规划；完成思渠荷叶、新景白果、后坪茶园、黑獭大溪等8个“传统村落”保护规划编制申报；完成浙江商贸城、乌江商业中心、沿河·阳光星座、乌江画廊·洪渡风情小镇等15个重大项目的修建性规划审查。拆除县城规划区违法建筑380户2.48万平方米。二是加快县城基础设施建设。县城至坝坨二级油路建成通车，启动县城温泉大道延伸段建设（中医院至城南敬老院），人行景观桥基本建成，县城工民用天燃气管道河东新区全面完成，县城乌江湿地公园恢复工程全面完工。三是狠抓旧城改造和新区开发。城北风情街三期、河东粮站片区、月亮岩片区、外贸片区等旧城改造稳步推进，一恒商业广场、乌江商业中心、乌江丽都、天瑞国际、嘉怡居加快推进。城镇建成区面积达到35.8平方千米，承载人口21.56万人，城镇化率达41.5%。

四、着力产业结构调整，促进经济优化升级

一是发展现代农业。大力发展生态畜牧业、生态茶叶、生态果蔬药、生态烤烟“四大支柱”产业。全年种植粮食5.25万公顷，下降7.15%，完成粮食产量20.08万吨，增长0.81%；油料作物总产量2.03万吨，增长0.21%；蔬菜32.6万吨，增长37.79%；茶叶0.64万吨，增长23.08%；中药材0.17万吨，增长74%。收购烟叶11.3万担，占市分任务11.3万担的100%，产值1.4亿元，烟农户均收入8.9万元。二是发展新型工业。新建标准厂房1.14万平方米，新增规模以上工业企业3家，规模以上工业企业总数达31家。新入驻工业园区企业33家，新投产项目10个，江山皮草鞋业、贵州华诚后勤管理服务、刚强汽车贸易等项目建成投入使用。三是发展文化旅游产业。基本建成沙洲城市农业公园，启动黎芝峡候渡坪旅游景区和洪渡风情小镇旅游综合开发及下坝城市农业公园项目建设，完成乌江画廊4A级旅游景区和沙洲城市农业公园3A级旅游景区申报工作。与上海城投公司达成开发大溪虎头、候渡坪、思渠码头等旅游项目建设框架协议。举办了沙子南庄乡村旅游赏花周活动。全年接待游客306万人次，增长19%，实现旅游综合收入21.01亿元，增长19%。

五、着力环境保护，促进生态环境持续向好

一是加强生态建设。以打造"天蓝、地绿、水净"为目标，积极实施县乡造林绿化"绿色贵州"三年行动计划，新增营造林0.612万公顷、森林抚育林70.07万公顷、城郊公共绿化面积1.32万平方米，治理石漠化面积13.05平方千米。以落实森林保护"六个严禁"执法专项行动为契机，严厉打击各类破坏森林资源的违法犯罪活动，查处林业案件139起。二是抓好环境保护。深入开展"六个一律"环保"利剑"专项行动，建成官舟、和谯家重点集镇污水处理工程，完成乌江流域环境治理和城乡环境综合整治工作，启动县城生活垃圾收运系统和谯家生活垃圾无害化处理工程及思渠、洪渡污水处理工程建设。县城集中式引用水源地水质达标率达100%，城镇污水处理率达85.2%，城市（县城）环境空气质量达标率100%。

六、着力民生工程实施，促进社会事业协调发展

一是扶贫攻坚"减贫摘帽"扎实开展。全县实现减少贫困人口3.72万人，占目标任务的100%，4个"减贫摘帽"乡镇减少贫困人口1.47万人，占目标任务的100%。开展产业技能培训40期2000人，开展"雨露计划·圆梦行动"工程，资助贫困大学生842人。完成种草100公顷，新建圈舍8200平方米，投放种养4200只。二是移民搬迁安置有序推进。彭水电站沿河库区累计完成搬迁安置3997户1.73万人，沙沱电站沿河库区累计完成搬迁安置1011户4880人，红星桥安置区、田坝及滨江安置区、丁字口安置区、乌江丽都安置区搬迁入驻，核定后期扶持人口1.86万人，两大电站累计使用移民资金27.11亿元。三是文化和教育事业加快发展。实施农体工程35个、路径工程2个。大力实施教育"9+3"计划和"4+2"教育突破工程，建成山村幼儿园121所，完成民族中学整体搬迁工作，实施农村义务教育学生营养改善学校332所，享受营养改善学生7.36万人。新招聘特岗教师100人，建成4所学前教育工程和1559套教师公租房。四是卫生和计生工作进一步增强。加快医药卫生体制改革，积极推进基本公共服务均等化。县医院整体搬迁实施，县中医院综合楼完工。新农合参合率达99.27%，增长0.45%；新农合补偿37.85万人次，补偿资金1.51亿元。大力开展人口计生攻坚，全县常住人口出生4799人，出生率9.09‰，上升0.12‰；自然增长率4.53‰，上升0.39‰；常住人口符合政策生育率97.4%，上升0.18%。五是社会保障得到新提升。完成农村危房改造7344户；新建81处农村安全饮水工程，新增解决6.79万人农村人口安全饮水问题；组织开展了城乡低保核查和提标工作，城乡低保人口达6.17万户11.8万人，全年发放低保金1.41亿元、医疗救助金1396.7万元。城镇职工"五大保险"覆盖面不断扩大，实现城镇新增就业5740人，占任务的100%。

【省长陈敏尔到沿河自治县农村、社区和企业等地进行调研】 1月20日，省委副书记、省长陈敏尔深入沿河自治县农村、社区和企业等地了解群众生产生活情况，走访慰问全国人大代表、老党员、贫困群众和困难企业，代表省委、省政府送来诚挚的问候和新春的祝福。在听取沿河自治县工作情况汇报后，他强调：一是要注重大生态理念；二是要注重大通道布局；三是要注重大健康产业。在念好"山"字经，做好水文章，打好生态牌中，他要求：一要把绿色贵州三年行动计划实施好；二要因地制宜发展山地现代高效农业；三要重视山水特色的新型城镇化和美丽新农村建设；四要重视水系保护建设和水上航运事业发展。

【沿河土家族自治县乡镇行政区划调整为三个街道办事处、19个乡（镇）】 1月23日，贵州省人民政府同意沿河土家族自治县乡镇行政区划调整，《省人民政府同意沿河土家族自治县乡镇行政区划调整》批复：同意撤销沿河土家族自治县和平镇、黑獭乡、沙子镇、黑水乡、甘溪乡、泉坝乡、中寨乡、黄土乡、新景乡、板场乡、中界乡、塘坝乡等12个乡（镇）建制，设置新的和平街道、团结街道、沙子街道、黑水镇、甘溪镇、泉坝镇、中寨镇、黄土镇、新景镇、板场镇、中界镇、塘坝镇。重调整后形成三个街道办事处、17个镇、2个乡。6月23日，沿河自治县举行乡（镇）行政区划调整集中授牌仪式，并宣布乡镇行政区划调整后的班子任命。

【沿河自治县首条乌江山峡百里画廊旅游专线游船正式开通】 4月30日上午9时，随着山峡1号旅游客船缓缓从旅游码头驶出，标志着沿河自治县首条乌江山峡百里画廊旅游专线游船正式开通。游客踏上专线即可"一站式"游遍乌江山峡百里画廊、麻阳河国家级自然保护区、龚滩古镇等5个特色景点，领略山水田园，村落风光和千年古县文化底蕴。

【沿河浙江商贸城举行开工奠基庆典仪式】 2015年7月10日，位于沿河自治县坝坨新区黄板石的沿河浙江商贸城举行开工奠基庆典仪式。该商贸城规划占地面积80亩，总投资6亿元。奠基庆典仪式上，中国商业联合会市场委员会与沿河土家族自治县人民政府签署"中国市场'百城万亿'增长计划沿河行动"备忘录。中国商业联合会领导授予该商"中国市场'百城万亿'增长计划重点培育项目""中国品牌市场示范基地"贸城匾牌。沿河县委书记任廷浬，县委常委、常务副县长曹勇，县委常委、政法委书记张勇，副县长赵杰，政协副主席赵茂虎及中国商业联合会副会长王民等领导出席开工奠基庆典仪式。

【沿河自治县档案馆晋升为市县级"国家一级综合档案馆"】 8月13日，国家档案局档案馆（室）业务指导司司长许卿卿带领国家档案局一级综合档案馆测评专家组一行5人，对沿河自治县档案局（馆）进行测评验收，以总分96.8分的高分通过测评，晋升为市县级"国家一级综合档案馆"。

【沿河召开脱贫攻坚千人誓师大会】 12月13日，沿河自治县决战决胜脱贫攻坚誓师大会召开。县委书记任廷浬作讲话时讲话强调：要拿出"敢叫日月换新天"的气概，鼓起"不破楼兰终不还"的劲头，以决战决胜的勇气打赢扶贫开发这场输不起的攻坚战，确保全县如期脱贫，同步全面建成小康社会！县委副书记、县长何支刚主持会议，并带领参会人员进行了宣誓。县人大常委会主任席宁，县委副书记龙海成、符宁强，县委常委曹勇、田斌、何志天、张勇、刘明军和县人大、县政府、县政协在家领导，以及各部门、乡镇（街道）、村（居、社区）主要负责人1000多人参加会议。

【沿河至德江高速公路建成通车】 12月30日，沿河至德江高速公路建成通车。这条由中交第一公路工程局有限公司采取BOT(即建设-经营-转让)模式建设的高速公路，全长104千米，平均海拔750米，最高处1200多米，总投资106亿元。沿德高速公路的建成结束了沿河不通高速公路的历史，是贵州实现县县通高速公路目标最后通车的几条高速公路之一。沿德高速公路打通后，包茂高速(渝湘段)和杭瑞高速(思遵段)得以顺利连通，其过境沿河后与重庆酉阳的高速公路相接，成为黔东北地区进入重庆的交通要道，是贵州通往湖南、湖北最快捷的公路。

【沿河人民医院整体搬迁，软硬条件得到根本改善】 12月31日，沿河自治县人民医院实现从原医院整体搬迁到二桥桥头新修建的医院。新修建的人民医院按照三级综合医院规划标准建设，占地面积70600平方米，建筑面积34000平方米，总投资2.83亿元。有住院综合楼、门急诊大楼、医技大楼等，有编制床位600张，配置核磁共振、CT、数字减影血管造影X线机、数字胃肠机、乳腺机等大型的先进医疗设备，基本能满足群众看病需求。

（沿河县档案局办公室）

大龙经济开发区

【概况】2015年，党工委、管委会认真贯彻主基调主战略，围绕招商引资、项目建设、基础设施建设，紧扣环境保护、产业链延伸和产业聚集“新三大攻坚战”，继续推进园区经济社会发展，开发区经济社会建设发展亮点纷呈。完成顺利迎接孙志刚省长调研、全省项目建设现场观摩、保障沪昆高铁铜仁南站开通运营、创建省级外贸转型升级示范基地、省级清洁生产试点示范园区、省级返乡农民工创业示范园、省级生态示范镇等工作。荣获全省“开发区工作先进单位”“小城镇建设工作先进单位”，成为全省首批培育的千亿级经济开发区。申报国家级开发区工作取得阶段性成果；社会事业、宣传文化等工作均取得新突破。

经济增长继续保持高位运行。全年开发区生产总值完成41.61亿元，同比增长19.09%；完成规模以上工业产值145.41亿元，同比增长26.51%；完成规模以上工业增加值24.39亿元，同比增长13.6%；50万元口径固定资产投资完成149.98亿元，同比增长26.8%；完成进出口总额达30035万美元，同比增长19.42%；工业用电量14.43亿千瓦时，同比增长13.8%；完成财政总收入4.05亿元，同比增长11.61%。

基础设施配套继续快速发展。全年开发区在建基础设施项目26个，完成投资76亿元。其中开发区1号主干道（二期）项目完成路面硬化；5号主干道项目舞阳河大桥建成通车；G320国道改造项目完成油路铺设的90%；沪昆高铁铜仁南站站前广场项目完成主体工程建设的80%；建成标准厂房面积13.06万平方米，保税仓项目完成进场物流道路建设，正在进行场内基础设施建设；北部工业园区1200万吨仓储项目完成前期选址及规划；铁路专线项目获成都铁路局批复；保税物流中心申报快速推进；污水处理厂完成联动调试；“两馆一中心”建成投入使用；“五横五纵”道路交通体系基本成型，园区基础设施配套更加完善。

招商融资继续取得良好成效。全年开发区招商引资共签约项目48个，签约资金76.1亿元、同比增长26%，到位资金86.2亿元（含续建项目）、同比增长21.6%，项目履约率100%，开工率100%，投达产率70%。2015年，共计开展各类招商推介活动162次，累计推介项目81个，涉及投资总额180亿元；其中参加省级平台项目招商2次，参加市级平台项目招商5次，党工委、管委会班子成员带队招商61人次。2015年，开发区与普华永道（PWC）建立了项目推介战略合作伙伴关系，实现了招商引资方式的转型升级。2015年，开发区完成申请授信贷款融资84.78亿元，获得融资审批授信24.88亿元，融资到位资金15.33亿元，位居全市前列；PPP项目列入国家财政部示范项目2个，名列全省第一。

项目建设继续扎实推进。全年开发区累计完成产业投资50.89亿元，新建和续建重点项目23个，项目建设继续快速推进。其中中伟锂电、新华高端机械、恒鑫化工、恒泰橡塑、远大金属、鑫浩高分子材料等一批重点项目实现投产，新型储能电池、煤电锰一体化、创益管业、蓝宝石项目加速推进，以中伟玻璃、东亿电气等为代表的轻工产业继续稳产扩产。

城镇建设步伐继续加快。全年开发区继续以省级示范小城镇建设为抓手，围绕城镇化基础配套设施建设，继续加快城镇建设步伐。2015年，开发区城镇建设在建项目27个，建成项目11个，新建项目14个，建成和达标项目10个，完成投资21.42亿元，其中建成“8+X”项目7个，龙凤大道提级改造、日间照料中心项目、胜利镇村联动等项目有序推进，城镇道路照明节能改造、架枧生态河道治理、中心超市等项目全面竣工，城镇配套更加健全，城镇建设继续推进，成功迎接全省小城镇建设2015年度绩效考核，荣获省级示范小城镇综合考评全省第二名。

安全生产形势平稳。按照党政同责、一岗双责、齐抓共管要求，时刻保持高度警惕，落实安全生产工作责任，全年开发区层面召开安全生产工作会议4次、安委会重点成员单位会议5次。深入开展危化品、烟花爆竹、非煤矿山（尾库矿）、冶金工贸等领域安全生产监管工作和“六打六治”“今冬明春大检查”“安全隐患大排查大整治”等专项行动。全年计开展执法检查450次，出动执法人员1500余人（次），检查企业320家（次），排查隐患360余处，全部完成整改，整改率100%。安全生产形势相对平稳。

综治维稳扎实有效。以综治维稳为中心，以创建“平安大龙”为载体，全面加强社会创新管理，认真做好新形势下群众工作。建立了情报、侦察、防范、应急“四位一体”工作机制，深入开展了以“7+X”治安整治、打击“三强”违法行为等专项战役，严厉打击各类违法犯罪活动，扎实推进“平安大龙”建设。全年接待群众来访62批88人次，化解60批83人次，排查化解矛盾纠纷270余起；受理治安案件182起，查处182起，查处210人，查处率100%；共立刑事案件154起，破案65起，破案率42.2%；有效维护了开发区发展稳定大局。

民生事业继续同步发展。在狠抓项目推进，加快园区建设，促进经济发展的同时，开发区坚持大力推进民生工程，发展民生事业，切实保障和改善民生。2015年，开工建设保障性住房1501套，实施棚户区改造1303户，完成农村危房改造556户；实施“一事一议”财政奖补项目22个、总投资220万元；实施镇村联动项目、总投资7930万元；饮水工程项目13个、总投资117万元；完成贫困人口精准识别，启动大扶贫战略行动；期末从业人员12380人，同比增长8.98%；农民人均纯收入实现10404元，城镇居民可支配收入24697元。

【大龙开发区大龙镇荣获省级示范小城镇绩效考核第一名】 2月9日，贵州省100个示范小城镇2014年建设工作绩效考评排序结果发布，大龙经济开发区大龙镇获全省第一名。2013年度，大龙镇荣获示范小城镇考评第四名。

大龙镇于2012年8月被省政府确定为省级示范小城镇，开展示范镇建设工作以来，积极实施新型城市化战略，大力推进以“8个1”“8+3”“8+X”建设项目为重点的城镇基础设施建设工作，按照“工矿园区型”的发展定位，以打造“产业集聚之城、绿色宜居之城、物流活跃之城、文化交融之城”，“生态文明工业新城”为目标，大胆创新、大力整合，全速推进城镇化改革进程。按照“区镇合一、运营一体化，产城互动、空间一体化，城乡统筹、管控一体化，多型并进、项目一体化”四个一体化全速推进，取得了一些可喜成绩。

【铜仁市开发区工作座谈会在大龙召开】 3月10日，全市开发区工作座谈会在大龙开发区召开，市委书记刘奇凡出席会议并作重要讲话，市委常委、常务副市长宗文主持并讲话，副市长杨同光、张明出席会议，市直相关部门负责人、全市各开发区（高新区）负责人参加会议。与会人员观摩考察了大龙开发区石阡产业园、中伟锂电产业园、微软技术实践中心、东亿电气、星龙玻璃、政务服务中心等，实地了解大龙开发区在园区建设、产业发展和政务服务等方面的情况。刘奇凡指出，开发区大有希望，一座城市发展的希望在开发区，一定要把开发区的文章做好，把开发区这盘棋下好。铜仁要后发赶超，关键在开发区。

【沪昆高铁铜仁南站正式通车】 2015年6月18日13点02分，由贵阳北开往长沙南的G3002次列车缓缓驶入沪昆高铁铜仁南站，铜仁南站迎来了首批旅客，这个时刻注定被历史铭记。铜仁市人民政府副市长夏虹宣布铜仁南站开通，标志着铜仁正式迈上高铁时代。市政府党组成员，大龙开发区党工委书记、管委会主任吴东来，玉屏县县委书记王俊铭、县长杨德振，石阡县县长黄万清受邀出席开通仪式。铜仁南站（大龙）是沪昆高铁进入贵州的第一个站，也是铜仁市的第一个高铁站，对铜仁深化“向东开放、向东借势、向东融合”理念影响深远，对大龙创建国家级开发区、打造黔东工业经济中心、建设生态文明工业新城意义重大。

【全市项目建设观摩会在大龙举行】 6月7日，市委书记、市长夏庆丰，市人大常委会主任雷甘霖，市政协主席陈达新，市委副书记阳向东等市四大班子领导率队到大龙开发区，对一批重点项目建设情况进行现场观摩。市直各部门主要负责人、各区县主要领导，市内各商业银行负责人，市政府党组成员，开发区党工委书记、管委会主任吴东来参加观摩。观摩团先后对沪昆高铁铜仁南站、石阡产业园新华高端机械（湘拖）制造项目、中伟锂电产业园、东亿电气打火机生产项目、中伟玻璃生产项目进行观摩。

夏庆丰对大龙开发区日益完善的园区基础设施建设和高速稳定的产业发展表示满意，认为大龙开发区好项目、大项目不断上马，回头看的的项目也是越看越大，品种越来越多，在国内经济下行的情况任然保持了高速稳定的增长实属不易；希望大龙开发区继续保持这种良好的发展态势，为铜仁工业经济发展做出更多贡献。

【大龙入选全省首批清洁生产试点示范园区】 7月31日，省经信委会同省环保厅、省财政厅召开贵州省清洁生产试点示范园区创建工作推进会，公布了省级首批清洁生产试点示范园区名单，大龙开发区入选。这是继上年开发区荣获国家级循环化改造试点示范园区后在生态工业经济上取得的又一成就。自2011年以来，大龙开发区秉承将工厂建设在花园内，在工厂内建花园的理念，逐步从招商引资向招商选资转变，引进高效益、低消耗的项目，同时对现有的产业进行转型升级，完善产业链，实现企业与企业之间“三废”的综合利用，最大程度减少对环境的影响。

【全省项目观摩会到大龙开发区观摩】 8月18日至19日，省委副书记、省委政法委书记谌贻琴，省委常委、常务副省长秦如培分别带领2015年贵州省第二次项目建设现场观摩会第二观摩组、第三观摩组到大龙开发区现场观摩重点项目建设情况。

此次主要观摩大龙石阡产业园的贵州新华高端机械装备制造有限公司和打火机生产基地的龙头企业东亿电气科技有限公司。观摩组一边走，一边看，一边议，听取企业负责人的工作情况汇报，详细了解企业发展历程、战略规划、产品研发销售和职工收入等情况。

“这是我第三次来大龙，每一次都有很大的变化，这次来又有新的变化。干部精神面貌好，体制创新有突破，企业有大发展，希望大龙开发区能早日成为国家级开发区。”省委常委、常务副省长秦如培在大龙观摩时说。

省委副书记、省委政法委书记谌贻琴在大龙观摩后作重要点评，大龙石阡产业园的飞地经济模式让人深受启发，东亿电气工业精准扶贫做的很好，要把打火机的每一个环节都引到这里、落户到这里，把全产业链做大做强。大龙已经飞起来了，我们希望她飞得更高。

【省委副书记、代省长孙志刚到大龙调研】 12月5日，省委副书记、代省长孙志刚首次来铜仁首站看大龙。孙志刚一行走进贵州大龙汇成新材料公司，实地查看烟气脱硫煤电锰一体化循环经济项目。他鼓励企业坚持创新引领，依托当地好政策、好资源，扎下根来加快发展。他要求开发区营造好投资环境，加大招商引资力度，引进项目，推进当地经济的快速发展。

12月6日下午，孙志刚在大龙开发区为民服务中心召开座谈会，宣讲中央扶贫开发工作会议精神，听取铜仁市和各区县工作情况汇报，对铜仁市经济社会发展取得的成绩给予了充分肯定。

【大龙银星汞业荣登贵州民营企业100强第30名】 10月31日，2015贵州民营企业100强排名单出炉，贵州大龙银星汞业11.7亿元的营业收入荣登2015贵州民营企业100强排行第30名。铜仁上榜企业仅有4家，银星汞业位列第一。

【中伟锂电产业园一期工程试产】 12月18日18时18分，中伟锂电产业园一期工程中伟正源新材料成功投料试车，全面进入试生产运营阶段。大龙开发区党工委副书记滕明勇，党工委委员、管委会常务副主任王贵军，经济发展顾问、中伟锂电项目常务副指挥长赵五四，贵州中伟集团董事长邓正明以及首批中伟锂电项目100多名员工参加投料试产仪式。中伟锂电产业园二期、三期工程有序推进当中，计划二期在2016年4月投产，三期在2016年6月投产，三期全部投产后，将实现年销售收入可达70亿元，实现利税10亿元，解决就业岗位1300个。

（大龙经开区办公室）

国民经济社会统计表

2015年铜仁市行政区划统计表

单位:个

	乡、镇、办事处					村委会	社 区 居委会
	合计	乡	其中:民族乡	镇	办事处		
总 计	173	51	38	96	26	2745	210
碧江区	13	5	5	4	4	50	40
江口县	10	2	2	6	2	148	11
玉屏县	7	2		3	2	84	9
石阡县	18	11	9	7		302	8
思南县	28	8	8	17	3	489	37
印江县	17	1		13	3	365	9
德江县	21	8	8	11	2	310	34
沿河县	22	2		17	3	429	20
松桃县	28	6		17	5	501	24
万山区	9	6	6	1	2	67	18

2015年铜仁市各区、县年末总人口统计表

单位:万人

	年末总人口(常住人口)	年末总人口(户籍人口)		年末总人口(常住人口)	年末总人口(户籍人口)
铜仁市	312.24	436.83	思南县	50.01	68.01
碧江区	31.16	31.28	印江县	28.48	44.97
万山区	11.51	16.10	德江县	37.11	54.58
江口县	17.37	24.65	沿河县	45.08	67.67
玉屏县	12.03	15.75	松桃县	48.98	72.44
石阡县	30.51	41.39	—	—	—

2015年铜仁市各区、县人口自然增长率统计表

单位:‰

	人口出生率	人口死亡率	人口自增率
铜仁市	12.80	6.93	5.87
碧江区	10.99	6.55	4.44
万山区	11.41	6.63	4.78
江口县	12.65	6.81	5.84
玉屏县	12.91	6.93	5.98
石阡县	11.79	6.63	5.16
思南县	12.97	6.93	6.04
印江县	12.30	6.73	5.57
德江县	12.63	6.86	5.77
沿河县	12.77	6.83	5.94
松桃县	12.78	6.83	5.95

注:由市计生局提供。

2015年铜仁市分区、县生产总值统计表

（按当年价格计算）

单位:亿元

	生产总值		第一产业	第二产业	第三产业
	绝对数	增长%			
铜仁市	770.89	12.7	191.10	221.21	358.58
碧江区	128.63	14.8	11.64	49.05	67.94
万山区	38.16	14.4	9.32	15.86	12.98
江口县	41.43	12.6	13.12	11.21	17.10
玉屏县	62.62	13.9	6.73	34.62	21.27
石阡县	59.6	13.6	21.85	8.37	29.38
思南县	101.37	13.6	26.55	24.32	50.50
印江县	74.22	13.6	24.12	14.81	35.29
德江县	84.57	14.0	23.49	17.16	43.92
沿河县	84.55	12.9	26.60	15.47	42.48
松桃县	103.45	13.9	27.67	33.83	41.95

注:分区、县数相加不等于全市数。

2015年铜仁市分区、县农林牧渔业总产值统计表

单位：万元

	农林牧渔业总产值	农业产值	林业产值	牧业产值	渔业产值	农林牧渔服务业产值
铜仁市	3214814	1896842	112588	859414	128585	127385
碧江	190743	122262	6100	45273	8608	8500
万山	150418	91795	11797	38040	3486	5300
江口	216537	140516	8688	50920	7758	8655
玉屏	119993	69023	3965	34190	5580	7235
石阡	370054	237611	14163	95322	11658	11300
思南	442448	248290	15992	132750	25302	20154
印江	373420	227829	11578	104282	17741	11990
德江	378029	228252	17566	101977	13604	16610
沿河	428955	254061	11954	126788	18096	18056
松桃	454177	277203	10785	129852	16752	19585

2015年铜仁市各区、县农作物播种面积和产量统计表

	粮食作物合计		夏收粮食	
	农作物播种面积（公顷）	粮食播种面（公顷）	播面（公顷）	总产量（吨）
铜仁市	616513	353012	103382	341413
碧江	37238	17618	2698	10459
万山	24464	12070	1443	5236
江口	34429	16517	4164	16154
玉屏	22366	9554	1658	6321
石阡	86573	46396	12358	33997
思南	100980	59960	18610	51590
印江	63694	37355	15008	52860
德江	84956	48865	17667	59024
沿河	85988	55017	18656	58842
松桃	75852	50040	11120	46930

2015年铜仁市各区、县畜牧业主要畜产品生产情况统计表

单位：头/只

	生猪存栏	生猪出栏	牛存栏	牛出栏	羊存栏	羊出栏	家禽存栏	家禽出栏
铜仁市	2160247	2282835	617100	143160	797031	787352	6583535	8012437
碧江	127970	123094	26564	4546	18600	16710	648575	767800
万山	92132	116533	28731	5954	13756	8793	305073	468569
江口	111352	152186	34607	4756	16073	14954	257305	331915
玉屏	65615	96690	20497	7550	12830	13402	205994	293985
石阡	198832	225952	68086	14203	72269	71062	705232	810788
思南	423870	429920	85638	22155	81675	83447	1174180	1368202
印江	187882	271570	50685	17954	67200	68937	997760	1217465
德江	207230	243370	72330	21160	189750	185290	408020	488420
沿河	356486	275862	133473	24370	223772	215651	736620	883147
松桃	388878	347658	96489	20512	101106	109106	1144776	1382146

2015年铜仁市各区、县畜牧业主要畜产品生产情况统计表

续表　　　　单位：吨

	肉类总产量					禽蛋产量
	肉类总产量	其中：①猪肉产量	②牛肉产量	③羊肉产量	④禽肉产量	
铜仁市	250836	200845	17093	15159	14565	22915
碧江	13442	10853	544	318	1423	1040
万山	12048	10194	710	170	866	536
江口	15302	13482	568	288	602	1240
玉屏	10232	8393	903	256	540	417
石阡	24560	19574	1695	1370	1483	7718
思南	45047	37996	2652	1637	2509	4089
印江	30018	23862	2138	1328	2210	1659
德江	28577	21470	2529	3515	880	2320
沿河	33484	24359	2896	4160	1576	1406
松桃	38126	30662	2458	2117	2476	2490

2015年铜仁市规模以上工业企业总产值统计表

单位:万元

	总计	碧江区	万山区	江口县	玉屏县	石阡县	思南县	印江县	德江县	沿河县	松桃县
总　　计	6013095	517575	585061	205226	1868811	187150	655668	266552	492935	198446	1035670
一、按登记注册类型分组											
内资企业	5946019	513536	585061	205226	1868811	187150	655668	266552	492935	198446	972634
国有企业	306318	30046	14723	12231	55383	16988	51609	20570	29071	21421	54278
中央企业	23706						23706				
地方企业	282612	30046	14723	12231	55383	16988	27903	20570	29071	21421	54278
集体企业	42910									3874	39036
股份合作企业	20727		20727								
联营企业	3992					3992					
国有与集体联营企业	3992					3992					
有限责任公司	1950143	282223	409472	71161	311782	27771	164914	167729	62249	96144	356699
国有独资公司	207227	38334			135631		22863		10399		
其他有限责任公司	1742916	243890	409472	71161	176151	27771	142050	167729	51850	96144	356699
股份有限公司	187266	10552		53801			9038	23048	2622	3796	84408
私营企业	3355471	190715	140140	68033	1489879	135329	383303	55206	391158	73212	428498
私营独资企业	164189	2232		9875	14179		22286	6026	49253	21854	38485
私营合伙企业	47062						5211		5939	4711	31201
私营有限责任公司	2592413	153281	101003	58158	1246422	135329	317744	49180	169242	36212	325843
私营股份有限公司	551807	35202	39137		229278		38062		166724	10434	32969
其他企业	79192				11768	3070	46805		7834		9715
港、澳、台商投资企业	67076	4040									63036
合资经营企业(港或澳、台资)	40298										40298
合作经营企业(港或澳、台资)	26778	4040									22738

注:铜仁卷烟厂、铜仁供电局、梵净山烟叶复烤有限责任公司、思林发电厂、沙沱发电厂不是独立的法人单位,故本表不含其数据。

2015年铜仁市规模以上工业增加值统计表

单位:万元

	总计	碧江区	万山区	江口县	玉屏县	石阡县	思南县	印江县	德江县	沿河县	松桃县
工业增加值	1670719	303380	126014	52401	352429	69164	198838	68411	121413	103213	275456
在总计中:轻工业	550277	156405	25890	43405	57028	46070	55361	37820	70468	27779	29974
重工业	1120442	146975	100124	8996	295401	23094	143477	30591	50945	75434	245482
在总计中:国有企业	311855	216955	2694	2352	10818	3288	53774	4024	6586	3921	9889
集体企业	33895										32735
股份合作企业											
股份制企业	1223344	85572	123320	48522	333231	64498	127279	64387	96607	88190	191702
外商及港澳台商投资企业	15887	853									14524
其他经济类型企业	85738			1527	8379	1378	17784		18220	11102	26605
在总计中:国有控股企业	467854	216281	3447	4127	58310	6709	63692	13596	7426	69696	23221
在总计中:私营企业	655211	29967	12511	19120	221839	46612	111895	12707	92015	21559	88109
在总计中:非公有工业	1091738	80869	107379	46942	277376	50208	133942	52910	106941	32332	203915
在总计中:大中型工业企业	481692	202579	897	2261	86227	3112	55603	11873	4660	61587	52888
其中:国有企业	292353	199085	0	2265	10727	3117	54264	4065	4668	3983	10178

2015年铜仁市主要工业产品产量统计表

指标名称	计量单位	本年	比去年%	指标名称	计量单位	本年	比去年%
锰矿石原矿	万吨	649.04	38.4	钾肥（折氯化钾100%）	吨	2356.42	54.6
大米	万吨	22.23	28.9	化学试剂	吨	33794.91	5.1
饲料	万吨	3.01	-51.3	硅酸盐水泥熟料	万吨	514.99	40.0
混合饲料	万吨	3.01	-51.3	水泥	万吨	666.92	23.5
精制食用植物油	万吨	1.92	51.2	其中：强度等级42.5水泥（含R型）	万吨	73.57	54.2
鲜、冷藏肉	万吨	4.17	3.2	强度等级52.5水泥（含R型）	万吨	23.03	0
饮料酒	千升	186290.69	137.7	商品混凝土	万立方米	849.36	19.0
其中：白酒（折65度，商品量）	千升	4657.69	-1.7	砖	亿块	8.82	14.8
啤酒	千升	181399.00	147.2	铁合金	万吨	87.09	14.2
软饮料	吨	375254.33	84.8	锰硅合金（折合含锰硅量合计82%）	万吨	9.65	5.2
包装饮用水	吨	375254.33	84.8	十种有色金属	万吨	0.77	133.3
精制茶	吨	14986.68	10.0	锑品	吨	5926.60	180.2
卷烟	亿支	69.00	-1.4	汞（金属汞）	吨	1822.56	52.6
人造板	万立方米	21.59	49.7	摩托车整车	辆	99762	90.1
其中：胶合板	万立方米	21.34	48.0	灯具及照明装置	万套（台、个）	156.70	62.6
家具	万件	36.76	48.4	发电量	万千瓦小时	1184921	5.4
其中：木质家具	万件	36.76	48.4	其中：火力发电量	万千瓦小时	230804	-14.1
硫酸（折100%）	吨	116440.05	13.7	水力发电量	万千瓦小时	954117	11.5
农用氮、磷、钾化学肥料总计（折纯）	吨	25618.42	1.6	自来水生产量	万立方米	3245	-1.7
氮肥（折含氮100%）	吨	23262.00	16.3				

2015年铜仁市全社会固定资产投资完成额统计表

计量单位:万元

	合计	其中		
		固定资产投资	房地产	限额以下
铜仁市	12612295	10902719	1109048	600528
碧江区	2223598	1878066	223576	121956
万山区	700844	627541	60483	12820
江口县	1035720	916282	109612	9826
玉屏县	1150172	939969	61433	148770
石阡县	705870	638148	44614	23108
思南县	1790903	1623775	107063	60065
印江县	1131020	929721	73063	128236
德江县	959872	819510	124921	15441
沿河县	1451805	1367737	73785	10283
松桃县	1462491	1161970	230498	70023

2015年铜仁市全社会客货运输量统计表

指标名称	计量单位	总计	公路运输	水路运输	航空运输
客运量	万人	3383	2679	671	34
旅客周转量	万人千米	295844	278568	17276	–
货运量	万吨	3035	2998	37	0
货物周转量	万吨千米	577011	575616	1395	–

2015年铜仁市公路通车里程统计表

（按行政区划分）

计量单位：千米

	总计	高速公路	国道	省道	县道	乡道	村道
总计	24807	596	1124	1811	4784	6589	9904
碧江区	989	46	43	67	250	244	339
万山区	1047	22	56	101	178	266	425
江口县	1366	76	75	177	232	266	540
玉屏县	838	58	41	41	151	216	332
石阡县	3245	105	172	132	620	882	1333

续表

	总计	高速公路	国道	省道	县道	乡道	村道
思南县	3855	75	63	374	725	1025	1593
印江县	3011	25	156	241	571	807	1212
德江县	3245	73	162	164	672	1001	1172
沿河县	3602	58	130	285	682	970	1476
松桃县	3609	58	225	229	703	912	1482

2015年铜仁市邮政通信统计表

	邮政业务总量	年末移动电话	年末宽带用户
计量单位	万元	部	户
合　计	22414	2356969	243715
碧江区	3818	269498	48620
万山区	823	71300	9574
江口县	1435	142450	16413
玉屏县	1018	116922	14438
石阡县	2207	252978	21370
思南县	2977	343420	37233
印江县	2279	234600	22900
德江县	2014	325589	25474
沿河县	2354	269283	24556
松桃县	3489	330929	23137

2015年铜仁市民用车辆拥有量统计表

计量单位：辆

	总　计	营　运	非营运
总　计	464879	35822	428913
一、汽车	176190	21064	154982
1、载客汽车	140878	6312	134422
2、载货汽车	30469	11053	19416
3、其他	4843	3699	1144
二、摩托车	288601	14676	273925
三、挂车	88	82	6
四、拖拉机	0	0	0

2015 年旅游收入统计表

	接待人数（万人次）	同比增长(%)	旅游收入（亿元）	同比增长(%)	入境游客（人次）	同比增长(%)	外汇收入（万美元）	同比增长(%)
铜仁市	3100.02	22.0	240.18	23.5	80078	14.4	1696.87	17.5
碧江区	578.32	24.3	54.06	25.8	33205	14.0	690.13	15.0
万山区	46.30	28.6	2.69	32.1	371	12.4	8.01	33.1
江口县	540.12	25.3	45.14	24.9	13702	14.4	370.29	15.6
玉屏县	260.07	25.1	15.39	21.3	5253	14.4	89.14	41.8
石阡县	280.41	24.8	23.65	23.5	4504	14.8	82.99	43.3
思南县	286.24	24.7	21.85	23.6	4851	14.1	110.01	12.2
印江县	325.41	23.2	25.63	21.3	9500	14.9	200.01	13.0
德江县	154.13	23.3	6.96	21.9	1396	15.2	24.33	69.5
沿河县	310.49	23.5	21.61	22.3	4167	14.4	70.50	12.9
松桃县	318.54	24.1	24.49	23.4	3129	16.0	51.46	15.6

2015年分区、县社会消费品零售总额统计表

计量单位:万元、%

	2015 年	比上年±%
总　计	1656408.7	11.9
碧江区	407111.6	12.2
万山区	97839.2	11.9
江口县	83008.5	11.9
玉屏县	89655.3	11.5
石阡县	95471.9	12.1
思南县	223859.1	11.7
印江县	120274.1	12.1
德江县	157538.7	12.3
沿河县	167872.1	11.6
松桃县	213778.3	11.4

2015年铜仁市文化艺术及广播电视业统计表

	计量单位	2015年
一、文化艺术		
剧团	个	5
文化馆	个	11
图书馆	个	11
艺术馆	个	
二、广播		
有线广播站	个	163
其中：乡	个	163
广播覆盖率	%	89.53
三、电视		
广播电视农村直播卫星用户	户	631365
电视覆盖率	%	97.32

2015年铜仁市卫生机构统计表

	计量单位	合计	为上年%
总 计	个	512	102.8
一、医院	个	101	104.1
二、乡镇卫生院	个	159	98.8
三、社区卫生服务中心	个	18	128.6
四、采供血机构	个	6	200
五、妇幼保健院（所、站）	个	11	100
六、诊所、卫生所、医务室	个	187	101.6
七、疾病预防控制中心（防疫站）	个	11	100
八、卫生监督所	个	11	100
九、医学在职培训机构	个	2	100
十、其他卫生机构	个	6	150

2015年铜仁市学校基本情况统计表

	学校数	在校生数（人）	招生人数（人）	毕业人数（人）	教职工人数	
					合计	其中：专职教师
一、高等学校	4	29132	11685	6006	2152	1657
其中：铜仁学院	1	9491	2852	2254	803	540
铜仁职院	1	13503	4984	3752	736	628
幼儿师专	1	5361	3072	—	389	317
贵州工程学院	1	777	777	—	224	172
二、中等职业学校	16	44015	17587	10546	2162	1613
三、普通中学	255	318101	106209	104363	21532	19299
其中：初中	215	206887	65847	73251	13237	12821
高中	40	111214	40362	31112	8295	6478
四、小学	929	333966	51610	66177	20999	20483
五、特殊教育	6	1676	439	155	172	157
六、幼儿教育	635	136935	—	—	8788	5565

2015年铜仁市分县、区财政总收入统计表

单位：万元

	2015年	比上年±%
合　计	980211	11.0
碧江区	309695	8.5
万山区	50602	24.7
江口县	35510	22.3
玉屏县	79481	11.9
石阡县	62546	19.2
思南县	94777	12.6
印江县	51109	3.7
德江县	92240	19.9
沿河县	76382	8.9
松桃县	102421	0.7

分区(县)主要经济指标及位次(一)

	年末常住总人口(万人)	年平均常住人口(万人)	生产总值(亿元)	位次	人均生产总值(元)	位次
铜仁市	312.24	311.95	770.89	—	24712	—
碧江区	31.16	31.05	128.63	1	41433	2
万山区	11.51	11.50	38.16	10	33197	3
江口县	17.37	17.37	41.43	9	23858	5
玉屏县	12.03	12.01	62.62	7	52140	1
石阡县	30.51	30.49	59.6	8	19547	9
思南县	50.01	49.98	101.37	3	20282	8
印江县	28.48	28.47	74.22	6	26070	4
德江县	37.11	37.08	84.57	4	22807	6
沿河县	45.08	45.06	84.55	5	18766	10
松桃县	48.98	48.96	103.45	2	21132	7

分区(县)主要经济指标及位次(二)

	农林牧渔业总产值(万元)	位次	人均农林牧渔产值(元)	位次	粮食总产量(吨)	位次	人均粮食产量(公斤)	位次
铜仁市	3124814	—	10017	—	1348985	—	432.4	—
碧江区	190743	8	6144	10	83398	7	268.6	10
万山区	150418	9	13086	2	49594	9	431.4	6
江口县	216537	7	12470	3	66740	8	384.3	8
玉屏县	119993	10	9991	6	40880	10	340.4	9
石阡县	370054	6	12137	4	136524	6	447.8	5
思南县	442488	2	8853	9	228406	2	457.0	4
印江县	373420	5	13116	1	138515	5	486.5	2
德江县	378029	4	10195	5	175051	4	472.1	3
沿河县	428955	3	9521	7	189770	3	421.2	7
松桃县	454177	1	9277	8	240107	1	490.5	1

分区(县)主要经济指标及位次(三)

	烤烟产量(吨)	位次	人均烤烟产量(公斤)	位次	肉类总产量(吨)	位次	人均肉类产量(公斤)	位次
铜仁市	30571	—	9.8	—	250836	—	80.4	—
碧江区	—	—	—	—	13442	8	43.3	10
万山区	—	—	—	—	12048	9	104.8	2
江口县	1871	7	10.8	4	15302	7	88.1	4
玉屏县	110	8	0.9	8	10232	10	85.2	5
石阡县	6758	2	22.2	1	24560	6	80.6	6
思南县	4813	4	9.6	6	45047	1	90.1	3
印江县	2800	5	9.8	5	30018	4	105.4	1
德江县	6770	1	18.3	2	28577	5	77.1	8
沿河县	5202	3	11.5	3	33484	3	74.3	9
松桃县	2247	6	4.6	7	38126	2	77.9	7

分区(县)主要经济指标及位次(四)

	规模以上工业产值(万元)	位次	人均规模以上产值(元)	位次	500万以上固定资产投资(万元)	位次	人均固定资产投资(元)	位次
铜仁市	6858105	—	21985	—	7523486	—	24118	—
碧江区	1129641	2	36387	3	1212404	1	39053	3
万山区	568717	5	49475	2	547710	9	47648	2
江口县	213180	10	12276	7	609069	7	35075	4
玉屏县	1852004	1	154205	1	664715	5	55347	1
石阡县	217960	9	7149	10	485383	10	15919	10
思南县	771402	4	15434	5	965743	2	19323	7
印江县	258337	8	9074	8	664022	6	23324	5
德江县	493342	6	13305	6	591631	8	15956	9
沿河县	324334	7	7199	9	924138	3	20511	6
松桃县	1029188	3	21023	4	858671	4	17540	8

分区(县)主要经济指标及位次(五)

	社会消费品零售额(万元)	位次	人均消费品零售额(元)	位次	财政总收入(万元)	位次	人均财政总收入(元)	位次
铜仁市	1656409	—	5310	—	980211	—	3142	—
碧江区	407112	1	13114	1	309695	1	9976	1
万山区	97839	7	8511	2	50602	9	4402	3
江口县	83009	10	4780	4	35510	4	2045	7
玉屏县	89655	9	7465	3	79481	5	6618	2
石阡县	95472	8	3131	10	62546	7	2051	6
思南县	223859	2	4479	5	94777	3	1896	8
印江县	120274	6	4225	8	51109	8	1795	9
德江县	157539	5	4249	7	92240	4	2488	4
沿河县	167872	4	3726	9	76382	6	1695	10
松桃县	213778	3	4367	6	102421	2	2092	5

分区(县)主要经济指标及位次(六)

	公共财政预算收入(万元)	位次	人均公共财政预算收入(元)	位次	公共财政预算支出(万元)	位次	人均公共财政预算支出(元)	位次
铜仁市	566071	—	1815	—	3013021	—	9659	—
碧江区	113350	1	3651	1	272068	6	8764	5
万山区	20042	9	1744	3	169400	9	14737	1
江口县	17961	10	1034	6	180430	8	10390	3
玉屏县	39085	6	3254	2	155024	10	12908	2
石阡县	30449	7	999	7	260868	7	8556	7
思南县	49122	4	983	8	388857	1	7780	9
印江县	26907	8	945	9	294954	5	10360	4
德江县	50165	3	1353	4	320704	4	8649	6
沿河县	39089	5	868	10	366896	2	8143	8
松桃县	59318	2	1212	5	365198	3	7460	10

注:市本级公共财政预算收入120583万元;市本级公共财政预算支出238622万元。

ZH

Z

省政府副省长何力（左一）一行在市、县领导陪同下莅临我院调研

省卫计委副主任张光奇（中）在县领导陪同下到我院新区指导

德江县人民医院

德江县人民医院创立于1939年，现已发展成一所融医疗、教学、科研、预防、保健、康复、急救为一体的三级综合医院。

医院长期与贵州省人民医院、遵义医学院附属医院、贵州医科大学附属医院、解放军第174医院、第三军医大学新桥医院和浙江省台州市中心医院等友好结盟。已签约挂牌遵义医学院附属医院德江医院。

医院先后荣获国家“节约型公共机构示范单位”，全国五一巾帼标兵岗，贵州省“红旗文明单位”称号，贵州省“五一”劳动奖状，贵州省“五个好”基层党组织，贵州省“群众满意的医疗机构”，贵州省“十佳服务窗口”称号，全省精神文明建设工作先进单位。

德江县人民医院为全市同级医院首家二级甲等医院。后被贵州省卫计委认定为三级综合医院。

医院现有职工总数960人，有市级重点专科5个，市级重点建设专科5个，有县重点学科13个。其中正高级职称6人，副高级职称42人，硕士研究生16人。医院编制床位800张。是贵州省助理全科医师培训基地之一，全院占地面积2.09公顷，总建筑面积5.12万平方米。新区规划建设用地26.20公顷，已在兴建中。

医院拥有飞利浦1.5T核磁共振、GE64排螺旋CT，乐普数字减影大C臂机，飞利浦16排螺旋CT、蔡司S88手术显微镜等国内外先进医疗设备。在市内乃至省内县级医院中率先开展了全髋、全膝关节置换术，前颅底鼻腔相通性肿瘤及颅底重建术，心脏、心脑血管及外周血管介入手术等多项高难度手术。先后举办了10余次贵州省继续医学教育培训班，荣获地区科技进步奖24项，荣获省、市科学技术基金项目立项19项，获国家专利发明奖9项。

德江县人民医院将继续秉承厚德、求实、和谐、创新的院训，营造文化、完善制度、深化内涵、提升等级、努力加快建成黔东北区域医疗救治中心。

省卫计委组织等级医院评审专家组到我院调研三乙创建工作

“三乙”启动会